本书获青海范大学人文社会科学研究专项资助出版

西北早期区域史学术研讨会暨第十一届中国先秦史学会年会论文集

李健胜　主编

陕西新华出版传媒集团
三秦出版社

图书在版编目（CIP）数据

西北早期区域史学术研讨会暨第十一届中国先秦史学会年会论文集/李健胜主编. —西安：三秦出版社，2020.8
ISBN 978-7-5518-2179-7

Ⅰ.①西… Ⅱ.①李… Ⅲ.①西北地区－地方史－先秦时代－文集 Ⅳ.①K294-53

中国版本图书馆 CIP 数据核字（2020）第 113057 号

西北早期区域史学术研讨会暨
第十一届中国先秦史学会年会论文集

李健胜　主编

出版发行	陕西新华出版传媒集团　三秦出版社
社　　址	西安市雁塔区曲江新区登高路 1388 号
电　　话	（029）81205236
邮政编码	710061
印　　刷	陕西隆昌印刷有限公司
开　　本	787mm×1092mm　1/16
印　　张	40
字　　数	850 千字
版　　次	2020 年 8 月第 1 版 2020 年 8 月第 1 次印刷
标准书号	ISBN 978-7-5518-2179-7
定　　价	420.00 元
网　　址	http：//www.sqcbs.cn

前　言

2019年7月27日至28日，由中国先秦史学会、青海师范大学主办，青海师范大学黄河文化研究院承办的"西北早期区域史学术研讨会暨第十一届中国先秦史学会年会"在青海西宁召开。100余位专家学者莅临此次学术盛会，共收到学术论文90余篇。会议论文选题广泛，会场讨论热烈。研讨会期间，中国先秦史学会还举行了换届选举。

本次会议的一些论文承传了王国维先生提出的"二重证据法"，以地下实物与纸上遗文互相勘对来证释古史。古代文明与国家起源问题一直是先秦史学界关注的重点，本次会议的讨论进一步丰富了相关研究的广度与深度。利用甲金文字、传世文献研究古史的论文较多，利用聚落考古资料进行西周社会史研究的尝试是本次会议的一大亮点。郭店简、上博简、清华简的出土为先秦史研究提供了新材料，围绕出土简牍讨论古史问题已然成为显学，本次会议的多篇论文体现了这方面学术动向和最新成果。西北早期区域历史的讨论也是本次会议的一个侧重点，乔虹研究员专题讲述了青海地区的一些考古新发现。

值得一提的是，罗运环先生的论文通过梳理先秦史学会三位前任会长（徐中舒、李学勤、宋镇豪）的治学历程，深入剖析了他们的学术特点和学术事业成功的奥秘，借此启迪后学承续学统。

"西北早期区域史学术研讨会暨第十一届中国先秦史学会年会"是中国先秦史学会首次在青海地区举办的高水平学术会议，也是青海师范大学首次承办的中国先秦史学会年会，对于促进青海师范大学乃至青海地区的先秦史研究具有深远的意义。

借会议论文集出版之际，向给予支持和帮助的各位专家学者致以最崇高的敬意！

编　者
2020年4月1日

目　　录

郑国东迁始于"晋文侯二年"说
　　——古本《竹书纪年》与《清华简》桓公"克郐"的启示 ………… 白国红 1
周穆王"西征"与草原丝绸之路 ………………………………………… 蔡运章 10
礼乐文化传统与老子、孔子的思想 ……………………………………… 陈寒鸣 32
天下之中与禹都阳城探索 ………………………………………………… 陈隆文 44
考古资料所见周人居豳时代的社会生活 ………………………………… 杜　勇 61
中华人民共和国成立以来的巴蜀文化研究 ……………………………… 段　渝 68
西周"信"思想刍议 ……………………………………………………… 付瑞珣 76
《列子·杨朱》与杨朱思想研究 ………………………………………… 葛志毅 89
竖刁、易牙、开方及其他
　　——从上博简（五）《鲍叔牙与隰朋之谏》谈起 ………………… 郭　丽 100
关于清华简《摄命》的几个问题 ………………………………………… 黄怀信 108
新出文献与"曾国之谜"的新认识 ……………………………………… 黄锦前 112
先秦祼祭用器新探 ………………………………………………………… 鞠焕文 121
新出土文献与古史研究中的问题 ………………………………………… 李　锐 133
"南河"地望解析 ………………………………………………………… 李世佳 138
从裁辅天地到天人合一：中华生态文化的思想域分 …………………… 李学功 145
简论晋"作公族"的"流官"性质 ……………………………………… 李毅忠 153
尧舜禹时期的气候重建与大禹治水 ……………………………………… 李忠林 162
清华简《程寤》所见太姒寤梦与周王受命问题再探 ………… 李健胜　牛杰群 169
中国河套及周边地区距今 8000—4000 年民居的变迁及其原因
　　………………………………………………………………… 刘俊男　邓　敏 177
新出文献与《国语》研究概论 …………………………………………… 刘　伟 195
说卜辞中的"雉众" ……………………………………………………… 刘义峰 202
中国先秦史学会三任会长与先秦史研究 ………………………………… 罗运环 211

— 1 —

关于商周金文族徽内涵的新思考	雒有仓 219
出土文献与周文王称王史事研究	吕庙军 227
论出土秦律中的俗禁问题	吕亚虎 243
荀子的历史书写与历史回忆	
——兼论荀子的存在意识	马斗成 李 遥 261
由清华简《摄命》的"奔告"说伯摄之职的秩级	
——兼申毛公鼎铭文之"楚（胥）赋"当为职官	宁镇疆 277
清华简与楚昭王"迁郢于鄀"问题考辨	牛鹏涛 289
唐虞时代君主世袭制的初步形成和早期形态	彭邦本 294
《春秋》"鼷鼠食郊牛角"新解	彭 华 李佳喜 304
说"东方物所始生，西方物之成熟"	沈长云 313
由清华简《封许之命》释春秋金文的"天命""大命"	苏 辉 318
古周原与大东嵎	
——从扶风岐山发现异国铭文谈起	孙敬明 李宝垒 326
红山文化正坐造像与欧亚大陆的早期中西交通	田广林 周 政 任妮娜 335
西周金文"京宫""周庙""康宫"考辨	
——西周宗庙制度研究之一	王 晖 346
李希霍芬中国陆路边疆商道考察奠定"丝绸之路"基础	
——以《李希霍芬中国旅行日记》为中心	王 健 368
禹都阳城与天下第一都	王 琳 387
两汉时期青海羌人牧业生活述论	王 梅 394
夏商之际史事新认识	
——清华简《尹至》《尹诰》补释	王 青 402
卜辞"登人"与商代户政关系新探	王少林 415
雩祭与作土龙探微	卫崇文 422
《庄子·天下篇》与《荀子》的学术批评之比较	魏建震 431
从司法权不统一看先秦时期"议事以制"的随意性	魏晓立 438
甲骨文"盦"与"薵"为一字异体补说	吴丽婉 446
清华简《摄命》撰作时代及相关问题探微	吴毅强 451
近出昔鸡簋铭文及相关史实考论	谢乃和 462
天人之际：先秦儒家天人关系论	谢耀亭 474

周秦人名解诂二考	熊贤品	488
"儒墨互补"视域下孟墨关系研究	薛柏成	496
周初中原地区贵族墓葬铜礼器器用的二系分途	杨 博	507
岐山召伯甘棠图碑考略	杨慧敏 唐少敏	519
陈独秀《实庵字说》及郭沫若对《字说》的"读"、"驳"	张广志	528
清华简《尹至》"夏有祥，在西在东"新解	张 卉	535
先秦赵国封君封邑地望考	张润泽	546
先秦都城视域下中原区域文化的考古学观察	张新斌	556
周代军用乐器考	赵东玉	565
先秦中国与古代希腊	赵世超	571
美国甲骨学者白瑞华小传	傅路德 作　郅晓娜 译	586
唐嘉弘先生学术论略	周书灿	590
文书与春秋时期的国家行政	朱红林	605
论甲骨文中之"河"与河神	朱彦民	622

郑国东迁始于"晋文侯二年"说

——古本《竹书纪年》与《清华简》桓公"克郐"的启示

白国红（天津师范大学历史文化学院）

摘　要：本文通过梳理新、旧文献，重新解读古本《竹书纪年》"晋文侯二年，同惠王子多父伐郐，克之，乃居郑父之丘，名之曰郑，是曰桓公"这条资料，得出其为一条信史的结论。郑桓公于晋文侯二年（前779）伐郐，是因周宣王被弑引发的王室追责行动。桓公因功受赏"郑父之丘"，此地实际上成为郑国东迁的早期基地。因而，将"晋文侯二年"视为郑国东迁肇始之年是成立的。

关键词：古本《竹书纪年》；清华简；晋文侯二年；郑国东迁；宣王被弑

郑国东迁，是两周之际的一件大事，其为何东迁？始迁于何时？东迁的收功者到底是郑桓公还是郑武公？这些问题，是探讨郑国东迁的基本内容。至于郑国东迁对于两周之际政局的影响，则需要从更宏观的角度和层面展开论述。传世文献对郑国东迁是有记载的，但由于文字的简略，很多细节没有交代清楚，因此，学术界对于此问题争议较多，歧见迭出。清华简的面世，尤其是第二辑《系年》与第六辑"郑史三篇"的公布，给我们提供了新的线索，引发了我们对郑国东迁所涉及的具体问题的重新思考。因为会期在即，撰写论文的时间紧迫，这里我们只探讨"郑国东迁始于何时"这个问题。

一、主流观点的介绍

学术界主流观点认为，郑国东迁始于郑桓公出任王室司徒，鉴于"王室多故"而与史伯探讨"逃死"之策以后。这一观点的史料依据主要来自大家耳熟能详的《国语·郑语》"史伯为桓公论兴衰"篇，其文曰：

> 桓公为司徒，甚得周众与东土之人，问于史伯曰："王室多故，余惧及焉，其何所可以逃死？"史伯对曰："……其济、洛、河、颍之间乎！是其子男之国，虢、郐为大，虢叔恃势，郐仲恃险，是皆有骄侈怠慢之心，而加之以贪冒。君若以周难之故，寄孥与贿焉，不敢不许。周乱而弊，是骄而贪，必将背君，君若以成周之众，奉辞伐罪，无不克矣。若克二邑，邬、弊、补、舟、依、䟣、历、华，君之土也。若前华后河，右洛左济，主芣、

骓而食溱、洧，修典刑以守之，是可以少固。……申、缯、西戎方强，王室方骚，将以纵欲，不亦难乎？……王心怒矣，虢公从矣，凡周存亡，不三稔矣！君若欲避其难，其速规所矣，时至而求用，恐无及也。"……公说，乃东寄帑与贿，虢、郐受之，十邑皆有寄地。……幽王八年而桓公为司徒，九年而王室始骚，十一年而毙。①

《史记·郑世家》有大致相同的记载，其文曰：

郑桓公友者，周厉王少子而宣王庶弟也。宣王立二十二年，友初封于郑。封三十三岁，百姓皆便爱之。幽王以为司徒。和集周民，周民皆悦，河雒之间，人便思之。为司徒一岁，幽王以褒后故，王室治多邪，诸侯或畔之。于是桓公问太史伯曰："王室多故，予安逃死乎？"太史伯对曰："独雒之东土，河济之南可居。"公曰："何以？"对曰："地近虢、郐，虢、郐之君贪而好利，百姓不附。今公为司徒，民皆爱公，公诚请居之，虢、郐之君见公方用事，轻分公地。公诚居之，虢、郐之民皆公之民也。"……桓公曰："善。"于是卒言王，东徙其民雒东，而虢、郐果献十邑，竟国之。

二岁，犬戎杀幽王于骊山下，并杀桓公。②

对照《郑语》与《郑世家》的记载，可以清楚地看出二者的承袭关系，《郑世家》的记载脱胎于《郑语》是毋庸置疑的。由此可知，司马迁著述《史记》时，《国语》的确是他参考的重要资料之一③。《史记》对《国语》中有关郑国东迁内容的忠实转载，说明司马迁是信从《国语》对这一事件的记录的。因此，自汉代以来，有关郑国东迁始于"史伯为桓公论兴衰"之后，几乎成为定论。现代学者多踵继其说，其中对此观点进行过充分论证的是华裔学者李峰，他有如下阐释：

明显地，郑国的东迁是在郑桓公成为周王室司徒之后。笔者认为，正是他担任了周王室这一重要职位，并能利用在成周主政的便利，郑桓公才有可能把自己宗族的私欲强加于虢、郐这样的小国之上。……郑桓公任周王室司徒是在幽王八年，即公元前774年，……这些史料明确地把郑国东迁的时间定在公元前774年之后至前771年西周灭亡之前。④

不止于此，李峰还依据《汉书·地理志》注所引臣瓒"幽王既败，二年而灭郐，四年而灭虢"⑤ 一语，进而对郑国东迁的历程做了分析：

根据这些史料我们可以基本上肯定，大约在幽王九年到十一年（前

---

① 《国语》，上海古籍出版社，1978年，第507—524页。
② [汉]司马迁：《史记》，中华书局，1982年，第1757—1759页。
③ 《史记·五帝本纪》篇末有太史公曰："予观《春秋》《国语》。"《史记》卷一，第46页。
④ 李峰：《西周金文中的郑地和郑国东迁》，《文物》2006年第9期。
⑤ [汉]班固：《汉书》，中华书局，1962年，第1544页。

773—前771年),郑桓公将郑氏宗族的家产由关中西部的郑地东移至成周,暂寄居东虢和郐国小邑。平王东迁以后第二年,郑武公首先灭掉东虢(引者按:原文笔误,应为郐国),再于平王四年灭掉郐国(引者按:原文笔误,应为东虢),从而建立了郑国在中原地区的新基地。这是所能得到的对郑国东迁历史的最为合理的认识。①

由上面所引两段文字可知,李峰是在肯定郑国东迁不会早于郑桓公为司徒之年(前774)这个时间节点的前提下,将郑国具体实施的东迁行动划分成两个阶段:先是郑桓公由关中始封地东出虢、郐"借地而居",再由继任者郑武公最终实施了对郐、虢二国的灭亡行动,占地建国。

就我们目力所及,李峰的见解代表了大多数学者对这一问题的看法。

二、新、旧文献有关桓公"克郐"的记载对主流观点形成挑战

如果我们局限于上文引用的文献及学者的论述,那么,郑国始迁不早于郑桓公担任王室司徒的时间(前774)这个说法就是不易之论。然而,《水经·洧水注》所引古本《竹书纪年》的一条佚文却对上述说法形成了挑战:

> 晋文侯二年,同惠王子多父伐郐,克之,乃居郑父之丘,名之曰郑,是曰桓公。

晋文侯二年,当周幽王三年,即公元前779年。据此佚文,早在郑桓公出任王室司徒的前五年,他就有"伐郐,克之"之举。此说显然与《国语·郑语》及《史记·郑世家》记载的郑国对东方的经营应在郑桓公为王室司徒(前774)之后的说法相冲突,更与郑国是晚在周平王二年(前769)才由郑武公"克郐"而于东方建国的传统认识难相兼容。如果承认郑桓公在"晋文侯二年"有"克郐"之事,则传统的主流观点就难以成立了。因此,支持主流观点的学者们从不同的角度否定此条佚文关键信息的可信性。

他们首先抓住了这条佚文确实存在一个讹字的把柄,即"同惠王子多父"中的"惠"字。"王子多父"即郑桓公友,"友"为其名,"多父"为其字,这在学术界是有共识的,但"惠"这个显而易见的讹字却给学者们带来困惑,因为此字既与"厉王"之"厉"的繁写"厲"类同,又与"宣王"的"宣"字形似,由此引爆了一个原本不是问题的问题,即对郑桓公身份的质疑——传统观点认为郑桓公为厉王之子,两千多年来从无异议,但清代学者雷学淇首倡异说,认为郑桓公应为宣王之子,其主要依据就是将《水经注·洧水》所引古本《竹书纪年》这条佚文中的"惠"字解为"宣"字。此说既出,又得到陈槃等著名学者的补充论证,由此在学术界造成一段公案,幸有学者张以仁广罗史料、旁征博引、梳理诸说,撰著长文以正本清

---

① 李峰:《西周金文中的郑地和郑国东迁》,《文物》2006年第9期。

源，重新夯实了"郑桓公应为周厉王之子"的结论①，顺带解决了"同惠王子多父"中的"惠"字应为"厲"字的问题。这一问题的圆满解决，本来是学术界的幸事，支持郑国东迁主流观点的学者却因此而提出了另外两个质疑：

一是认为佚文所言郑桓公"克郐"不可信。如李峰就直言"郑国对郐虢之役不可能早于郑桓公成为周王室司徒的时间"②，他根据今本《竹书纪年》中相对应的这条资料记为"（幽王二年）晋文侯同王子多父伐郐，克之。乃居郑父之丘，是为郑桓公"③，联系幽王十一年鄫与申、犬戎联合灭掉西周王朝的事实，断言"鄫国本来就是周幽王室的敌人"，因而"今本《竹书纪年》的'鄫'不误，而古本《竹书纪年》的'郐'则是错的"④。简言之，郑桓公是"克鄫"，而非"克郐"，直接否定了郑桓公有"克郐"之事。

二是认为佚文所记"晋文侯二年"这个时间节点不可信。如邵炳军就认为"《洧水注》引《竹书纪年》'晋文侯二年'当脱一'十'字"⑤。即：他认为"晋文侯二年"当为"晋文侯十二年"之误。晋文侯十二年正当公元前769年，是学术界公认的郑武公伐灭郐国之年，则他认为《洧水注》所引佚文应该反映的是郑武公"克郐"之事。

上述两位学者所论虽各有据，但一为易字解史，一为增字解史，均为古史研究中的大忌，难以令人信服。尤为关键的是，清华简的面世否定了以上诸说，《郑文公问太伯》篇记太伯之言曰："昔吾先君桓公后出自周，以车七乘，徒三十人，鼓其腹心，奋其股肱，以协于庸偶，摄胄擐甲，擐戈盾以造勋。战于鱼丽，吾乃获函、訾，覆车袭介，克郐迢迢，如容社之处，亦吾先君之力也。"⑥太伯为郑国重臣，其对于本国先君事迹应有准确的掌握，他明言郑桓公有"克郐"之事，印证了《水经·洧水注》引古本《竹书纪年》记载的郑桓公"克郐"之语无误。分析简文可知，郑桓公"克郐"当为"胜郐"而非"灭郐"之意，由桓公此次出战的兵力"以车七乘，徒三十人"和最终的战果"如容社之处"即可得出这样的结论。史伯在为桓公论兴衰时特意指出济、洛、河、颍之间的"子男之国"以"虢、郐为大"，又说到"郐仲恃险"，则郐国山川险要易守难攻不容置疑，况且，郐国还是一个古老的西周封国，根基深厚。相比之下，郑国晚至周宣王二十二年（前806）始封，国力在短暂的时间内难以迅速壮大，而且郑桓公又是劳师远伐，从遥远的关中西部东出，兼以

---

① 张以仁：《郑桓公非厉王之子说述辨》，《张以仁先秦史论集》，上海古籍出版社，2010年。
② 李峰：《西周金文中的郑地和郑国东迁》，《文物》2006年第9期。清华大学出土文献研究与保护中心、李学勤主编：《清华大学藏战国竹简（陆）》，中西书局，2016年，第119页。
③ 《竹书纪年》卷二，《四部丛刊》，商务印书馆，1920年，第16页。
④ 李峰：《西周金文中的郑地和郑国东迁》，《文物》2006年第9期。
⑤ 邵炳军：《郑武公灭桧年代补证》，《上海大学学报》（社会科学版）2005年第1期。
⑥ 清华大学出土文献研究与保护中心编、李学勤主编：《清华大学藏战国竹简（陆）》，第119页。

所率兵力有限，因此，面对实力依然雄厚的对手，其"克郐"取胜已是不易，能在郐地获取"容社之处"而立足已是相当大的成功，说其"灭郐"则与客观形势不符。故而，郑桓公的"克郐"（胜郐）与公元前769年的郑武公"克郐"（灭郐）根本没有冲突，反而更加真实地反映了郑国东迁过程的曲折与艰辛。

既然郑桓公的"胜郐"不同于郑武公的"灭郐"，而武公灭郐的时间史籍中又有明白的交代是发生在平王二年（前769），那么，郑桓公"胜郐"的时间节点必在公元前769年之前，它会有可能发生在佚文所记的"晋文侯二年"吗？根据我们对史料的梳理和分析可知，郑桓公伐郐发生在晋文侯二年（前779）是可信的，这个事件实际上关联着周王室的一桩秘闻——宣王被弑。且看下面的分析：

周宣王崩逝于公元前782年，《史记·周本纪》正义引《周春秋》云："宣王杀杜伯而无辜，后三年，宣王会诸侯田于圃，日中，杜伯起于道左，衣朱衣冠，操朱弓矢，射宣王，中心折脊而死。"① 《国语·周语上》也有"杜伯射王于鄗"的记载②。这两条文献涉及两个地名，一是宣王"田于圃"的"圃田"，二是杜伯射宣王之处"鄗"。圃田，古泽薮名，《周礼·夏官·职方氏》有载："河南曰豫州……其泽薮曰圃田。"③ 是著名的周王田猎之地，据文献记载，西周中期穆王曾田猎于此，宣王也在这里从事声势浩大的田猎活动，详见下文。圃田猎场范围广大，《穆天子传》记载"天子里圃田之路，东至于房，西至于□丘，南至于桑野，北尽经林煮□之薮，南北五十□"④。其地在今河南省中牟县西部。鄗，韦昭注认为即"鄗京也"⑤，徐元诰梳理诸说，发现"是皆以鄗为镐京之镐矣"⑥。然而，《左传·宣公十二年》有"晋师在敖、鄗之间"的记载，杨伯峻注曰："敖、鄗为二山名，俱在今河南省荥阳县之北。"⑦ 描写宣王田猎场景的《诗经·小雅·车攻》也有"建旐设旄，搏兽于敖"之句，郑玄笺曰："敖，郑地，今近荥阳。"⑧ 是以胡承珙曰："鄗，即敖鄗，韦以鄗为鄗京，误矣。"⑨ 据上述考证可知，鄗应该是圃田猎场中的一座山名或一个地名，因此，《周春秋》所言的杜伯射王于圃田，与《国语》所讲的杜伯射王于鄗，实质是指一事——周宣王在圃田猎场举行规模宏大的田猎活动时，被弑

---

① ［汉］司马迁：《史记》卷四，第146页。
② 《国语》，第30页。
③ ［汉］郑玄注，［唐］贾公彦疏：《周礼注疏》，［清］阮元校刻：《十三经注疏》，中华书局，1980年，第862页。
④ 《百子全书》，岳麓书社，1993年，第4083页。
⑤ 《国语》，第32页。
⑥ 徐元诰：《国语集解》，中华书局，2001年，第30页。
⑦ 杨伯峻：《春秋左传注》，中华书局，1981年，第730页。
⑧ ［汉］毛亨传，［汉］郑玄笺，［唐］孔颖达疏：《毛诗正义》，［清］阮元校刻：《十三经注疏》，中华书局，1980年，第428页。
⑨ 徐元诰：《国语集解》，第30页。

于鄐。剔除《周春秋》中有关"杜伯射王"的神秘色彩,我们能够得到宣王在田猎之时意外被弑的真相,一代中兴之主,未得善终。

结合史伯所言的郐国所在之地"济、洛、河、颍之间",我们惊讶地发现,郐国疆域与囿田猎场有重合之处。于是,有以下大胆的推测:《水经·洧水注》所引古本《竹书纪年》记载的郑桓公伐郐之事,有极大的可能与宣王被弑有关,因为晋文侯二年,恰当公元前779年,正是宣王三年丧期期满之时。国丧结束,依周礼追究宣王被弑的责任,杜伯家族自是首当其冲,这也许能够解释为何到春秋时期杜伯后裔不再出任王官而是落脚于晋国——背负弑王罪名的杜伯家族自然难以再在周王室朝廷立足①。除杜氏家族之外,郐国也成为被追责的对象,或许因为宣王被弑的地点在郐国管辖的势力范围之内,则宣王之死郐国难逃干系。至于宣王被弑事件中,郐国与杜伯家族是否还有更多的勾结而惹怒王室,因为文献不足征,我们已难以再做更深的探究。可以肯定的是,在宣王丧期期满之时,郑桓公的确将兵锋指向了东方的郐国,这正是《水经·洧水注》所引古本《竹书纪年》佚文记载的郑桓公"伐郐,克之"事件。

根据我们对相关文献内容的分析,可以确认郑桓公伐郐,是受王室之命行事的,以下两点可为证明:一是清华简所言桓公"鼓其腹心,奋其股肱,以协于庸偶,摄胄擐甲,擐戈盾以造勋"。清华简整理者注曰:"造,《书·君奭》郑注:'成也。'"② 勋,《国语·周语中》韦昭注曰:"王功为勋。"③ 则"造勋"之意是"为王朝或王室建立功勋"。显然,清华简所记郑桓公"克郐"是受王命出征而建立的功勋。因为王室既有"司勋"④之官,又有"庸勋"⑤之例,故而,郑桓公在"克郐"成功后,原本的畿内郑国在东方郐地获得了一块新的封地,就是清华简所言的"容社之处",也就是《水经·洧水注》所引古本《竹书纪年》佚文所讲的"郑父之丘"。这是郑桓公不辱王命而得到的酬劳。二是古本《竹书纪年》讲到与郑桓公一同出征伐郐的还有晋文侯,如果不是王命使然,很难解释晋国之君的随征行为。郑桓公伐郐受王命而行,且有他国诸侯协同作战,也可反证郐国在此时的确犯了周王室难以容忍的罪行,不然,周王室如何会对一个早在西周立国之初就已臣服的古老方国大动干戈呢,而遍寻文献,除了宣王被弑,别无他载。

根据上面的考述,我们重新审视《水经·洧水注》所引古本《竹书纪年》"晋

---

① 《左传·襄公二十四年》记杜伯后裔范宣子之言曰:"昔匄之祖,自虞以上为陶唐氏,在夏为御龙氏,在商为豕韦氏,在周为唐杜氏,晋主夏盟为范氏。"可知,春秋时期晋国范氏源于西周时期的杜伯家族。
② 清华大学出土文献研究与保护中心编、李学勤主编:《清华大学藏战国竹简(陆)》,第121页。
③ 《国语》,第47页。
④ 《周礼·夏官司马第四》记有"司勋"一职,[清]阮元校刻:《十三经注疏》,第841页。
⑤ 杨伯峻注曰:"庸勋,正谓于有功勋者酬之。"杨伯峻:《春秋左传注》,第424页。

文侯二年,同惠王子多父伐郐,克之,乃居郑父之丘,名之曰郑,是曰桓公。"这条记载,可以做出如下解读:晋文侯二年(前779),周宣王丧期期满,周王室指派郑桓公与晋文侯联合伐郐,追究郐国在宣王被弑事件中的责任,或许正是因为师出有名,占据了道义的制高点,国力尚弱的郑桓公和刚刚在国内夺回政权的晋文侯,竟然战胜了根基深厚的郐国,维护了王权的尊严。因功而受赏的郑桓公,由此在郐地取得了一块意义非凡的封地——郑父之丘,作为郑国在东方的"容社之处"。

前文的论述证明了《水经·洧水注》所引古本《竹书纪年》佚文是一条可信的史料,既然如此,晚至公元前774年以后郑国始迁的主流观点无疑就受到了挑战。下面,我们需要论证的是晋文侯二年(前779)的桓公克郐事件的确属于郑国东迁的肇始环节。

三、郑国东迁始于晋文侯二年(前779)

我们认为,将晋文侯二年(前779)作为郑国东迁的肇始之年是合适的,理由如下:

(一)宣幽之际,宗周畿内的政治环境与自然环境均已极度恶劣

首先,就是发生在公元前782年的宣王被弑事件,虽然宣王被弑的具体地点远在东方的圃田猎场,但是杜伯家族属于宗周畿内封君则是史有明言的[1],一个畿内封君家族有能力远赴他方弑杀周王,其家族势力之盛真令人心惊,其家族对于王权的蔑视也已登峰造极。宣王被弑事件暴露了这一时期周王室与畿内封君的矛盾已达到难以调和的地步。

其次,宗周畿内封君因领地纠纷而引发的冲突频繁而激烈。厉王时期的散氏盘铭文记录的夨、散二国约界之事就是这种现象的典型代表,至宣、幽之世更趋严重,只以畿内郑地来说,就有姜姓郑伯家族、郑井叔家族、郑虢氏家族与晚封的郑桓公家族共处一地,相互之间的冲突绝难避免,有学者据金文资料发现"在郑地有财产的井氏宗族""似乎衰落,其土地、民人均处于被其他宗族并吞的状态"[2]。在这几个家族中,最晚受封而挤进郑地的桓公家族,其尴尬境遇可想而知。

再次,天灾加剧了宗周的动荡。据《国语·周语上》记载:"幽王二年,西周三川皆震","三川竭,岐山崩"[3]。时人发出"山崩川竭,亡之征也","周将亡矣"这样的恐慌之声[4]。

---

[1] 杨伯峻注杜伯之国所在地云:"唐杜,杜注谓'二国名',误。实一国名,一曰杜,一曰唐杜,犹楚之称荆楚,……今陕西西安市东南,长安县东北有杜陵,盖即唐杜故国。"
[2] 李峰:《西周金文中的郑地和郑国东迁》,《文物》2006年第9期。
[3] 《国语》,第26、27页。
[4] 《国语》,第27、26页。

由上可知，宣幽之际宗周陷入的困局毫不逊色于幽王末年宗周的混乱局面，而当此之时，姬姓郑国的始封君桓公正当盛年①，已有二十多年的从政经历，是一位成熟的政治家了。为自己的家族寻求更好的出路和生机，应该是其孜孜以求的目标，相较于困顿的宗周，富庶而地大的东土依然有发展的余地，放眼东方，郑桓公需要的是一个合适的机会。

（二）从郑桓公对新封地"郑父之丘"的极度重视可知

学者们对于"郑父之丘"的地望有多种解释，或认为在京兆郑县（今陕西省渭南市华州区）②，或认为在今河南省郑州市③，或以为在关中西部，是原姜姓郑氏的居地④，或认为是陕西省凤翔县附近的郑地⑤，如上文所论，我们认为《水经·洧水注》所引古本《竹书纪年》佚文中的"郑父之丘"就是清华简桓公克郐所得"容社之处"，则其地望在郐国地域范围之内，具体位置不详，前辈学者言其在今河南省郑州市附近或近是。

按照《世本·居篇》的记载，桓公的姬姓郑国都于宗周畿内郑地的棫林，这是郑氏家族的根据地。而西周的贵族拥有几块分处不同地方的封土是很常见的事，所以郑桓公因功受赏新的封地"郑父之丘"并不奇怪，也并不意味着他接受了新的封地后，就一定要忽略原封地，而将自己家族的重心转移到新的封地，只将其作为自己家族的一块飞地即可。然而，我们用历史的眼光来审视桓公对待郑父之丘的态度，可知，从获取这块新的封地开始，郑桓公就已做出了东迁的战略部署，并逐步落实。其步骤如下：

首先，迅速对新封地展开经营。《左传·昭公十六年》记有郑国大臣子产回顾郑氏先人草创东方基业的艰辛："昔我先君桓公与商人皆出自周，庸次比耦，以艾杀此地，斩之蓬蒿藜藿而共处之，世有盟誓，以相信也。"⑥可见，桓公在东方新得的封地是一块尚未开发的蛮荒之地，为了能加快开发的速度，桓公不仅亲力亲为，而且与自己的属民达成同甘共苦、相互扶持的誓约，其开发新地的急迫心情与庄重态度跃然纸上，如果不是他认为畿内根据地已难以作为郑氏家族的依靠，急切地要为家族另辟新基地，他何须如此笃定于一块蛮荒之地的垦殖。

---

① 据我们的推算，宣王被弑时，郑桓公应是约45岁的年龄。见拙文《武姜非郑武公元配说》，《北京师范大学学报》，待刊。
② 这是陈槃的观点，见氏著《春秋大事表列国爵姓及存灭表譔异》，上海古籍出版社，2009年，第87—88页。
③ 这是清儒雷学淇的观点，见陈槃《春秋大事表列国爵姓及存灭表譔异》所引，第84页。
④ 这是华裔学者李峰的观点，见氏著《西周金文中的郑地和郑国东迁》，《文物》2006年第9期。
⑤ 庞小霞：《西周井（邢）氏居邑与商周郑地》，《考古与文物》2014年第3期。
⑥ ［晋］杜预注，［唐］孔颖达疏：《春秋左传正义》，［清］阮元校刻：《十三经注疏》，中华书局，1980年，第2080页。

其次，与郐联姻，是其有意东迁的又一佐证。

周代贵族的婚姻，基本上都属于政治联姻，往往与一些大事件相关联，王室的婚姻如此，各级贵族的婚姻也不例外。笔者在《叔妘为郑武公元配及两周之际相关史事辨析》①一文中，曾考证过叔妘本是郐国之女，她在郑桓公"伐郐，克之"之后，与时为郑世子的掘突（即以后灭郐的郑武公）结为婚姻。这场婚姻缔结的原因，就郐国来说，很大的可能是为了修复与周王室的关系；而对郑国来说，就有些意味深长了，郑国的根基远在宗周畿内，且受封时日尚浅，如果为了巩固畿内的基业，桓公为其世子选择婚姻，畿内封国是最佳的联姻对象。然而，桓公却为其世子选择了远在东方且新败于己手的郐国作为联姻对象，我们认为就是因为此时他已有东迁的打算，桓公的布局隐晦而深远。

总而言之，宣幽之际，宗周畿内无论是自然生态还是政治生态都已严重恶化，郑桓公作为一位成熟的政治家，具有高屋建瓴的政治远见，为自己的家族寻求新的出路已在其谋划范畴之内。从郑国东迁的整个过程来看，桓公克郐无疑是整个链条上的重要一环，没有郑桓公克郐，就难有之后的借地而居，更不会在幽王之难突发时，郑国能够成功实现东迁。故而，说郑国东迁始于晋文侯二年（前779）有其依据。

四、结论

本文通过对新、旧文献的梳理，重新解读古本《竹书纪年》"晋文侯二年，同惠王子多父伐郐，克之，乃居郑父之丘，名之曰郑，是曰桓公"这条资料，得出其为一条信史的结论。郑桓公于晋文侯二年（前779）伐郐，是因周宣王被弑引发的王室追责行动。桓公因功受赏"郑父之丘"，此地实际上成为郑国东迁的早期基地。因而，将"晋文侯二年"视为郑国东迁肇始之年是成立的。

本文为天津市2019年度哲学社会科学规划项目"新材料视域下两周之际郑史研究"（TJZL19-001）阶段性成果。

---

① 拙文《叔妘为郑武公元配及两周之际相关史事辨析》，待刊。

周穆王"西征"与草原丝绸之路

蔡运章（洛阳市文物考古研究院）

摘　要：周穆王"西征"是西周时期的重大事件。本文认为：一是周穆王西征的故事应当视为信史。周穆王从西周成周城出发，向北出雁门关，西行经蒙古草原到达"仑之丘"，观赏"黄帝之宫"而后到达"西王母之邦"的故事，不但见于先秦两汉文献的记载，而且跟随穆王西征的"毛班""井利"两位重臣都能在西周金文里得到印证。二是周穆王西征的路线正与商周时期新疆"和田玉"以及古埃及人发明的蜻蜓眼玻璃珠以及帕提亚双翼神兽的东传路线相吻合。三是周穆王西征的路线，应是草原"丝绸之路"的滥觞。这条在商周"玉石之路"上形成的"丝绸"贸易通道，至迟在西周春秋时期就已开通。它的东方起点，正是周代的京师洛邑。

关键词：周穆王；周穆王西征；草原玉石之路；草原丝绸之路

周穆王"西征"是西周时期的重大事件。新疆"和田玉"运往中原地区的古道，被称为"玉石之路"。值得注意的是，周穆王"西征"的往返路线，与古老的"玉石之路"和草原"丝绸之路"都有着密切的关系。本文谨就这些问题略作论述。

一、周穆王"西征"的历史故事

周穆王是西周王朝的第五位国王，距今2900多年。《史记·周本纪》载："成康之际，天下安宁，刑错四十余年不用。"据古本《竹书纪年》和班簋诸器铭文，周穆王继承西周初年周公、成王开创的基业，兴兵征伐"淮夷""扬越"的叛乱，"三年靖东国，无不成"[1]，巩固了西周王朝的统治。他还以"西征犬戎"为名，"西征昆仑丘"、会"见西王母"的传奇故事成为后世美谈。

（一）古史所见周穆王"西征"的事迹

据《左传·昭公十二年》："昔穆王欲肆其心，周行天下，将皆必有车辙马迹焉。祭公谋父作《祈招》之诗，以止王心，王是以获没于祗宫。""祭公谋父"是祭国（在今河南省郑州市东北）的先公，《逸周书》有《祭公》篇。《国语·齐语》引管仲的话说："昔吾先王昭王、穆王，世法文、武远迹以成名。"《管子·小匡》也说："昔吾先王，周昭王、穆王，世法文、武之远迹，以成其名。"这是春秋时期对周昭

---

[1] 杨宽：《西周史》，上海人民出版社，1999年，第558—562页。

王"南征"荆楚和周穆王"西征"犬戎功业的肯定和追念。

古本《竹书纪年》载：周穆王"十七年，西征昆仑邱，见西王母"。然而，周穆王"西征昆仑邱"的事迹，在战国以前的史书里，却语焉不详。值得庆幸的是，在西晋太康二年（281），汲县战国魏襄王墓出土的《穆天子传》里，详细记录了周"天子西征"的事迹。

西晋太康二年（281），在汲县战国魏襄王墓出土了大批竹简，包括古本《竹书纪年》十三篇、《穆天子传》五篇、《易经》两篇、《易繇阴阳卦》两篇、《国语》三篇、《杂书》十九篇等"大凡七十五篇"。这批古籍运抵京师洛阳时，发现已"多烂简断札，文既残缺，不复诠次"（《晋书·束皙传》），况且全书均用战国篆文写成，时人难以卒读。晋武帝命荀勖、和峤等人重新编排次第，改用当时通行的隶书写定，就是我们今天看到的《穆天子传》。

据《穆天子传》，周穆王在毛公班、邢公利等臣僚的护送下，"自宗周瀍水以西"出发，"天子北征，乃绝漳水"，"北循虖沱之阳"，出雁门关，向西经过"河宗之邦"和"昆仑丘"，会见"西王母"的故事，传颂至今。"宗周"即西周时期的东都成周城，在今洛阳市老城东北瀍河两岸。这说明周穆王"西征"是从东都成周出发的。

（二）周穆王"西征"乃"绝隃之关隥"

周穆王"西征"时，"自宗周瀍水以西"出发。据《穆天子传》卷一："戊寅，天子北征，乃绝漳水。……甲午，天子西征，乃绝隃之关隥。"郭璞注："瀍水，今在洛西，洛即成周也。漳水，今在邺县。隃，雁门山也。"因西周成周城的王宫位于瀍河西岸，故曰"自宗周瀍水以西"出发。"漳水"即漳河，有两个源头，清漳水源出今山西省平定县西南，东南流入今河南省林州市北与浊漳水汇合。浊漳水源出今山西省长子县西南，东南流入河南省境内。两条漳水在河南省境内汇合后，成为今河南省与河北省的界河，后与卫河汇合而流入黄河。周穆王所"绝"的"漳水"，当指浊漳水而言。"隃之关"即隃关。《尔雅·释地》："北陵西隃，雁门是也。"《说文·阜部》："隃，北陵西瑜，雁门是也。""雁门关"在今山西省代县西北。"隥"，坡道。

由此可见，周穆王"西征"是从东都成周城出，向北越太行、跨漳水、过雁门关后，折向西北沿黄河北岸向西挺进的。

（三）周穆王"西征"与河伯冯夷部族

周穆王越过西域的戎狄地区，沿着黄河上游顺利地长途旅行，得到沿途游牧部落的欢迎和支持，特别是得到河伯冯夷部族的大力支持和具体引导。

"鄡伯絮"到"智之境"迎接周穆王。据《穆天子传》卷一："辛丑，天子西征，至于鄡人。河宗之子孙鄡伯絮，且迎天子于智之〔境〕。先豹皮十、良马二六，天子使井利受之。""鄡伯絮"是河宗氏的首领，"智之境"即春秋时晋国智氏居住的地方，当在今山西省的西北部。这是说"邶伯絮"到智氏的境内迎接穆王一行。

"河宗氏"在阳纡山下招待周穆王。河伯冯夷本是居住在黄河中游岸边的古老部族。"河宗氏"则是河伯冯夷部族的后裔①。"戊寅，天子西征，骛行，至于阳纡之山，河伯无夷之所都居，是惟河宗氏。河宗柏夭逆天子燕然之山，劳用束帛加璧，先白□，天子使祭父受之。""阳纡山"即今内蒙古的大青山，因位于河套之北而名阳纡山，而后改名阴山。这里是西周中期河伯部族居住的中心地区。"燕然山"乃是今阴山的一个支脉。"河宗柏夭"当是河伯部族主管宗教祭祀的神职官员。

"河宗柏夭"为穆王举行祭祀河神的盛大祭典。《穆天子传》卷一记载：

> 天子命吉日戊午，天子大服：冕祎，帗带，搢瑁，夹佩，奉璧，南面立于寒下。曾祝佐之。官人陈牲全五□具。天子授河宗璧。河宗柏夭受璧，西向沉璧于河，再拜稽首，祝沉牛马豕羊。河宗□命于皇天子，河伯号之，帝曰："穆满，女当永致用旹事。"南面再拜。河宗又号之，帝曰："穆满，示女春山之宝。"诏女昆仑□舍四平泉七十，乃至于昆仑之丘，以观春山之宝，赐女晦。天子受命，南向再拜。己未，天子大朝于黄之山，乃披图视典，用观天子之宝器。

郭璞注："春山，《山海经》'春'字作钟，音同耳。"是"春山"即钟山。《淮南子·俶真训》说："譬若钟山之玉。"高诱注："钟山，昆仑也。""春山"即昆仑山（今名祁连山）的主峰，在今甘肃省酒泉市南。这说明在祭祀大典的仪式上，河宗柏夭当即便施展巫术手法，沟通河伯之神，河伯之神再上通天帝。于是，河宗柏夭就代表河伯大声呼号，传达天帝的命令。一是命令让穆王永久主管人间事物。二是命令穆王到昆仑山去参观春山的宝物。接着，河伯就向穆王"披图视典"，就是观看《河图》与《河典》，以便其沿河西行前往昆仑山。

《水经·河水注》引《穆天子传》说："天子西征，至阳纡之山，河伯冯夷之所都居，是惟河宗氏，天子乃沈珪璧礼焉。河伯乃与天子披图视典，以观天子之宝器，玉果、璇珠、烛银、金膏等物，皆《河图》所载。河伯以礼，穆王视图，方乃导以西迈矣。"河宗柏夭向天子奉献"《河典》，乃乘渠黄之乘为天子先，以极西土"。从此河宗柏夭就奉上帝和河伯之命，成为周穆王沿河西征的得力向导。

（四）周穆王登"仑之丘"

据《穆天子传》卷一："乙丑，天子西济于河，□爰有温谷乐都，河宗氏之所游居。"这说明到西周中叶，河宗氏不仅已迁到河套以东龙门一带，而且河套以西的地区也是他们时常"游居"的地方。

据《穆天子传》卷二，周穆王在河宗柏夭的引导下，"吉日辛酉，天子升于仑之

---

① 蔡运章：《商周倗国铜器与河伯冯夷国族——兼谈山西绛县西周倗国墓地的族属问题》，《湖南科技学院学报》（哲学社会科学版）2015年第6期。

丘，以观黄帝之宫"。郭璞注："黄帝巡游四海，登仑山，起宫室于其上。"这说明周穆王"西征"时，曾登临昆仑山观看祭祀"黄帝"的神宫。

"仑山"即昆仑山。《山海经·海内西经》载："昆仑之虚"的西北有"帝之下都"。这是天神黄帝在昆仑山休息的地方。《淮南子·墬形训》说：昆仑丘"乃维上天，登之乃神，是谓太帝之居"。这是说昆仑山同上天相联系，登上它，便可成为神人，这里就是天神居住的地方。

"仑之丘"在什么地方？我们今天常说的昆仑山在今新疆西南塔里木盆地的南面，即"和田玉"的著名产地。从古代的交通条件看，周穆王"西征"到达那里的可能性不大。据《史记·大宛列传》记载："汉使穷河源，河源出于寘，其山多玉石，采来，天子案古图书，名河所出山曰昆仑云。"这是说公元前128年，张骞从西域返回长安，途经塔里木盆地南沿，终于查明和田玉的真实产地。张骞了解到"于寘之西，水皆西流，注西海。其东，水东流，注盐泽，河原出焉。多玉石"（《汉书·西域传》）。于是，汉武帝就把那座出产和田玉的大山命名为"昆仑"山。因此，位于今新疆西南部的昆仑山脉，绝非周穆王所到的"昆仑之丘"。

据《山海经·海内东经》载："国在流沙中者，埻端、玺映，在昆仑虚东南。"又说："西胡白玉山在大夏东，苍梧在白玉山西南，皆在流沙西，昆仑虚东南。昆仑山在西胡西，皆在西北。"所谓"流沙"即位于今甘肃省西部的沙漠地区。这说明"昆仑墟"当在"流沙"的西面。

汉代的敦煌郡有"昆仑塞"，亦称之为"昆仑障"。《后汉书·西域传》载："今以酒泉属国吏士二千余人集昆仑塞。"李贤注："前书敦煌郡广至县有昆仑障也，宜禾都尉居也。"据崔鸿《十六国春秋》卷七，前凉张骏时，酒泉太守马岌上书说："酒泉南山即昆仑之体，周穆王见西王母乐而忘归，谓此山也。"所谓"酒泉南山"即祁连山，主峰海拔5547米，是我国西北地区著名的高山。

古代汉语中的"昆仑"，本是对天体的称呼。"昆仑"可读如混沦，通作混沌。《广雅·释训》："混混沌沌，转也。"《文选·郭璞〈江赋〉》："或混沦乎泥沙。"李善注："混沦，沦转貌。"《广韵·混韵》："混沌，阴阳未分也。""混沌"有天体旋转之义，可引申为宇宙未生的本始状态。《周礼·春官·大宗伯》有"以黄琮礼地"，郑玄注："礼地以夏至，谓神在混沦者也。"《经典释文》："沦，本又作崙。"所谓"神在混沦"就是天帝居住在昆仑山上的意思。"昆仑"之义不仅在于山高可以通天，而且由于山顶作"穹隆"形，如同所谓"穹苍"而得名[1]。

"祁连山"则是古代西北少数民族对"天"的称呼。《汉书·武帝纪》载：天汉二年（前99）"夏五月，贰师将军三万骑出酒泉，与右贤王战于天山"。颜师古注：

---

[1] 吕微：《"昆仑"语义释源》，马昌仪主编：《中国神话学论文选萃》，中国广播电视出版社，1994年。

"即祁连山也。匈奴谓天为祁连。今鲜卑语尚然。"杨宽先生指出："胡人谓天曰祁连，以为祁连山可以上通到天，同时以为祁连山顶作穹隆形，有所谓'昆仑之体'，因而以为即是昆仑。从《穆天子传》来看，昆仑之丘是这座山的总名，舂山是这座山北面的最高峰。所以天帝的命令是：'乃至于昆仑之丘，以观舂山之宝。'"①

由此可见，《穆天子传》里所说的"仑之丘"，当指今甘肃省酒泉市南部的祁连山脉，直至"今新疆哈密北部的天山"东部②。

（五）周穆王"西征"途经"赤乌氏"

据《穆天子传》卷二，穆王经过"昆仑之丘"向西挺进。"甲戌，至于赤乌。赤乌之人其献酒千斛于天子，食马九百，羊牛三千，穄麦百载。"这说明周穆王"西征"途经"舂山"西三百里的"赤乌氏"。

《山海经·大荒西经》有"赤国妻氏"。据《汉书·西域传》，乌孙国有"户十二万，口六十三万"，"不田作种树，随畜逐水草，与匈奴同俗"。颜师古注："乌孙于西域诸戎其形最异。今之胡人青眼、赤须，……本其种也。"《汉书·张骞传》说：乌孙"本与大月氏俱在祁连、敦煌间"。颜师古注："祁连山以东，敦煌以西。"乌孙氏属"青眼、赤须"的白色人种，本来居住在今甘肃省祁连山和敦煌地区，西汉初年迁居到今新疆西部的伊犁河流域。杨宽先生指出："赤乌氏可能即乌孙氏。因为乌孙原来在敦煌、祁连山之间，颜师古说到'胡人多青眼赤发'，因而称为赤乌氏。"③ 这说明"赤乌氏"即原本居住在今甘肃西部的乌孙部族。

（六）周穆王与"西王母"相会

周穆王离开赤乌氏继续向西，经过长途跋涉，最终到达西王母的国度。据《穆天子传》卷二："庚戌，天子西征，至于玄池。天子三日休于玄池之上，乃奏广乐，三日而终。"穆王"乃遂西征，癸亥，至于西王母之邦"。"玄池"即天池，"西王母之邦"当在今新疆天山北麓的准噶尔盆地。

"西王母"是古代传说中的神奇人物。据《山海经·西山经》记载："玉山，西王母所居也。西王母其状如人，豹尾虎齿而善啸，蓬发戴胜，是司天之厉及五残。"郭璞注："蓬头乱发。胜，玉胜。""玉胜"，古代妇女的玉质首饰。"厉"，通疠，是恶疾的通名。"五残"指五刑残杀的毒气。《山海经·大荒西经》说："有人戴胜，虎齿，豹尾，穴处，名曰西王母。"这是说西王母居住在玉山上的洞穴里，长着人的形状，蓬头乱发，冠戴玉饰，披有虎齿豹尾的装束，掌管着医治恶疠的五刑残杀毒气的仙药。这完全是原始社会母系宗教首领的模样（图一）④。

---

① 杨宽：《西周史》，第619页。
② 林梅村：《丝绸之路考古十五讲》，北京大学出版社，2007年，第57页。
③ 杨宽：《西周史》，第618页。
④ 高有鹏等：《中国古代神话与民族精神三题》，《中国科学报》2019年1月19日。

图一 西王母像

据《穆天子传》卷三,穆王会见西王母时,赠送给西王母大量丝织锦帛:

吉日甲子,天子宾于西王母。乃执白圭玄璧以见西王母,好献锦组百纯,□组三百纯。西王母再拜受之。

"锦组"指五色的丝绸。"纯"是布帛单位名,一纯为四十尺,约合今9.2米。这是目前所见中原丝绸西传的最早文献记录。

第二天,周穆王便在瑶池宴飨西王母。宴会开始后,西王母起身为周天子献唱歌谣助兴。其词曰:

白云在天,
山陵自出。
道里悠远,
山川间之。
将子无死,
尚能复来。

这首歌词译成今天的话,是说:

白云飘荡在蓝天,
出自高山峻岭间。
道路漫长且悠远,
山川隔阻多艰难。
但愿大王能长寿,
还能再来重相见!

周穆王听到西王母动情的歌声，也即兴回答说：

予归东土，

和治诸夏，

万民平均。

吾顾见汝，

比及三年，

将复尔野。

这是说我将返回东都，治理中原百姓，希望万民平安。我会思念着您，不会超过三年，我将再来看您。这说明周穆王会见"西王母"的场面，融洽和睦，温情脉脉，尽欢而返。

周穆王会见西王母后，"己亥，天子东归。"开始返回的路程。

(七) 周穆王褒奖"河宗柏夭"

河宗柏夭不但学识渊博，而且熟悉黄河中上游地区游牧部落的语言和风土人情。当周穆王"披图视典"后离开"河宗氏"时，"天子之御"有"造父、三百、耿翛、芍及"四人，"柏夭"骑"渠黄之乘"为天子的先导，向周天子介绍沿途的山川地理和风土人情。

河宗柏夭在引导周穆王"西征"的过程中，深得穆王的信任。穆王"西征"返回时路过"巨蒐"部落，"巨蒐"部落首领向天子"献马三百、牛羊五千、秋麦千车、膜稷三十车，天子使柏夭受之"。这说明河宗柏夭曾代表周天子接受沿途部落奉献的礼品。

当周穆王"西征"返回时，"天子主车，造父为御，□□为右。……柏夭主车，参百为御，奔戎为右。"这说明"柏夭"由骑马变为乘车，并由天子原来的御夫"参(三)百"为其驾车。由此可见柏夭地位的升迁。

河宗柏夭引导穆王"西征"有功，受到褒奖。柏夭乘车陪同"天子至于鄢人，鄢伯絮觞天子于澡〔渗〕泽之上"。周穆王临别时，"命柏夭归于其邦"，册封他为"河宗正"。也就是册封柏夭为周王朝主管祭祀河神的最高职官。这应是对河宗柏夭辛勤向导的最好褒奖。由此可见，西周中业河伯冯夷部族与周王朝的密切关系。

周穆王"西征"的过程，穿越戎、狄地区，会见诸如赤乌氏、剖间氏、智氏、浊繇氏、西夏氏、巨蒐等部族，相互赠送礼品，得到沿途各部族的大力支持。这些都应当是真实的故事。

(八) 穆王"西征"后返回"宗周"成周城

据《穆天子传》卷四，"癸亥，天子南征"，"命毛班、逢固先至于周，以待天子之命。癸酉，天子命驾八骏之乘，赤骥之驷，造父为御，□南征翔行。径绝翟道，升于太行，南济于河，驰驱千里，遂入于宗周。""翟"，通作狄，是对北方少数民族的通称。"翟道"指经过北方少数民族地区的道路。这是说周穆王"西征"返回时，翻越"太行",南渡黄河,回到"宗周"成周城。"甲申,天子大朝于宗周之庙。乙酉,天子[属]六师之人于洛水之上。"这是说周穆王返回成周城后,便在"宗周"太庙举行祭祀典礼。乙酉日"天子"将"六师之人"安顿在洛水岸边,结束了这次历时长久的"西征"路程。

二、周穆王"西征"应为信史

《穆天子传》这本书,编订于战国初年。此书的"许多内容与《山海经》《楚辞·天问》等书所载神话传说相合",然因书中"多夸张之语",再加上有的学者将书中一些地名,随意穿凿附会,致使清代《四库全书》的编者就把它列入"小说类"书籍。神话学家袁珂先生也认为:"《穆传》确非实录,而只能算是含有神话因素的小说。"[①] 然而,当今学者通过认真研究,多以为周穆王"西征"应为信史。兹约略补充说明如下:

(一)周穆王"西征"的文献学佐证

《穆天子传》的内容与古史记载周穆王的事迹相合。荀勖在《穆天子传序》中指出:"古文《穆天子传》者,太康二年,汲县民不准盗发古冢所得书也。……其书言周穆王游行之事。《春秋左氏传》曰:'穆王欲肆其心,周行于天下,将皆使有车辙马迹焉。'此书所载,则其事也。王好巡守,得盗骊、绿耳之乘,造父为御,以观四荒。北绝流沙,西登昆仑,见西王母,与太史公记同。"这是最早肯定《穆天子传》重要史料价值的论述。

周穆王"西征"时,"造父"为"天子之御"及其"八骏之乘",均见诸先秦、汉代史籍。据《山海经·中次六经》:"(夸父之山)其北有林焉,名曰桃林,是广员三百里,其中多马。"郝懿行案:"《史记·赵世家》云:'造父取桃林盗骊、骅骝、绿耳,献之穆王。'"《史记·秦本纪》载:"造父以善御幸于周缪王,得[赤]骥、温骊、骅駵、騄耳之驷,西巡狩,乐而忘归。徐偃王作乱,造父为缪王御,长驱归周,一日千里以救乱。穆王以赵城封造父,造父族由此为赵氏。"《史记·赵世家》说:"造父取骥之乘匹,与桃林盗骊、骅骝、绿耳,献之缪王。缪王使造父御,西巡狩,见西王母,乐而忘归。""造父"是秦、赵两国的先祖,因为周穆王驾车"西征"而闻名。因此,以往学者多将《穆天子传》列入"起居注"一类的西周官方实录。

(二)周穆王"西征"的金文佐证

特别重要的是,毛公班、邢侯利都是辅佐穆王"西征"的朝中重臣。近年来学者们相继发现,《穆天子传》里穆王的大臣"毛班"和"井利",虽然不见于其他先秦传世文献,但却在西周金文里得到印证。

---

① 袁珂:《古神话选释》,人民文学出版社,1982年,第451页。

1. "毛班"即西周金文中的"毛伯"

《穆天子传》里亦称"毛公",是周文王之后毛国的君主。西周班簋铭文说:"王令毛伯更虢城公服,……王令毛公以邦冢君、徒驭、夷人伐东夷㾟戎。"① "㾟戎"即"徐戎",见《尚书·费誓》。这是周穆王命毛伯接替虢城公的职务去征伐东夷㾟戎的记录。

杨树达《毛伯班簋跋》说:"余按毛伯班之名经传未见,惟《穆天子传》卷四云:'……命毛班、逢固先至于周,以待天子之命。'……《穆天子传》一书,前人视为小说家言,谓其记载荒诞不可信,今观其所记人名见于彝器铭文,然则其书固已有所据依,不尽为子虚乌有虚构之说也。"② 唐兰先生也说:"毛班见《穆天子传》,此书虽多夸张之语,写成时代较晚,但除盛姬一卷外,大体上有历史依据的,得此簋正可互证。"③

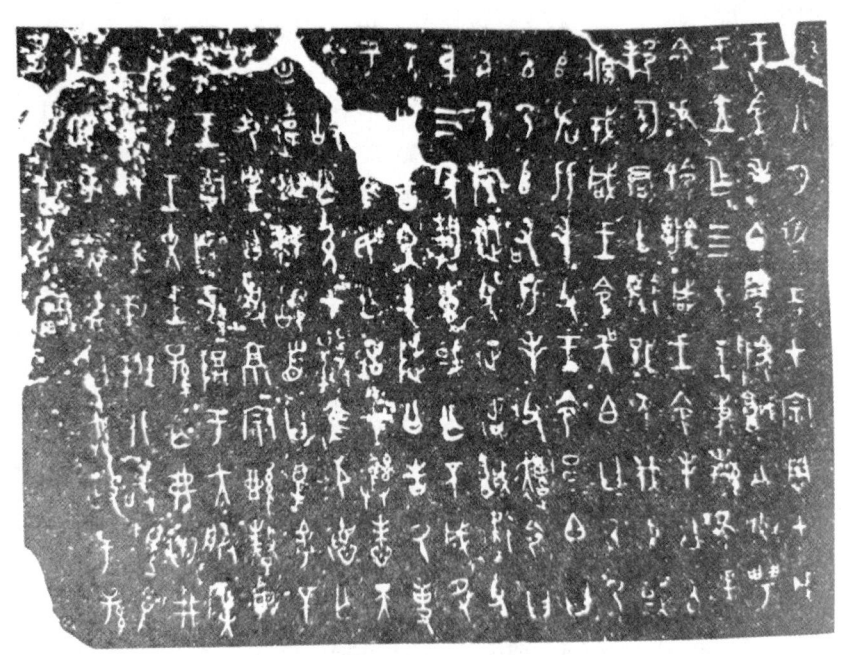

图二 毛伯班簋铭文拓片

1965年,洛阳北窑M333号西周墓出土一件毛伯铜戈。这位"毛伯"与班簋铭文中的"毛伯"可能同为一人。毛伯戈的发现,"正是西周中期毛国之君仕于周王室

---

① 中国社会科学院考古研究所:《殷周金文集成》(以下简称《集成》),中华书局,2007年,04341。
② 杨树达:《积微居金文说》卷四。
③ 唐兰:《西周青铜铭文分代史征》,中华书局,1986年,第347页。

的反映"①。

2. "井利"即西周金文中的"宰利"

据《穆天子传》卷一,"河宗之子孙獬伯絮且逆天子于智之[邦],先豹皮十、良马二六。天子使井利受之。""癸丑,天子大朝于燕然之山、河水之阿。乃命井利、梁固聿将六师。"郭璞注:"井利,穆王之嬖臣。""井",通作邢。"井利",或称为"邢候""井公",当是周公后裔邢国的君主。"嬖臣",穆王的亲近臣僚。"聿",发语辞。"聿将六师",就是统率穆王"西征"的全部军队。这说明邢利统率穆王"西征"的军队,并代表穆王接纳河宗氏贡献的方物,可见其地位的显赫重要。

这位"井利"在西周金文里亦有线索可寻。西周中期前段的穆公簋盖铭文:

　　王乎宰利赐穆公贝卅朋,穆公对王休。②

师遽方彝铭文（图三）:

　　王乎宰利赐师遽瑁圭一、瑑璋三。③

这两件铜器的年代均属西周中期前段,大体相当于穆王时期。器铭中的"宰利","宰"是职官名,"利"是其私名。当时的"宰"是掌管"王家内外"事务、传达宫中命令的重要职官④。

图三　师遽方彝铭文拓片

---

① 洛阳市文物工作队:《洛阳北窑西周墓》,文物出版社,1999年,第227页,图一二三:4;蔡运章:《洛阳北窑西周墓青铜器铭刻》,《甲骨金文与古史新探》,中国社会科学出版社,1996年。
② 《集成》,04191。
③ 《集成》,09897。
④ 张亚初、刘雨:《西周金文官制研究》,中华书局,1986年,第40、41页。

李学勤先生指出："《穆传》内人物有毛班、井利、逢固、高奔戎等多人。毛班是历史实有的人,已为穆王时青铜器班簋证实。可见《穆传》虽有神话色彩,并不是纯属子虚。井利也是穆王朝中重臣。……以《穆天子传》卷六与《周礼》对照,可知井利的官职是宰。……因此,穆公簋铭里的宰利,很可能便是文献中的井利。"① 这说明西周金文中的"宰利"与《穆天子传》里的邢利,不论是时代和在朝中的地位,都基本相同,两者实为一人。

(三)周穆王"西征"的考古学佐证

夏启是夏代的第二位君王,他的都城在哪里?一直是考古学者探寻的重要课题。以往学者多以为夏启即位于阳翟。据《汉书·地理志》颍川郡有"阳翟县",班固注:"夏禹国。"应劭曰:"夏禹都也。"《帝王世纪》曰:"禹受封为夏伯,在豫州外方之南,今河南阳翟县是也。"《史记·周本纪》集解引徐广曰:"夏居河南,初在阳城,后在阳翟。"《水经·颍水注》:"颍水自竭东迳阳翟故城北,夏禹始封于此为夏国。"《左传·昭公四年》:"夏启有钧台之享。"杜预注:"河南阳翟县南有钧台坡,盖启享诸侯于此。"《吴越春秋·越王无余外传》:"启遂即天子之位,治国于夏。"据今本《竹书纪年》,夏启"元年癸亥即位于夏邑,大享诸侯于钧台,诸侯从"。徐文靖笺:"按《郡国志》颍川阳翟禹所都,盖禹始封于此,为夏伯。启即位居此,故曰夏邑。"这说明夏启最初是在阳翟即王位的。也就是说,夏启最初的都城在阳翟,即今河南省禹州市东北。然而,在今禹州市北有春秋战国时期的阳翟故城遗址,尚未发现有夏代初年大规模的文化遗存,不具备夏代都城的基本条件。

夏启的都城在"黄台之丘"。据《穆天子传》卷五:"丙辰,天子南游于黄室〔台〕之丘,以观夏后启之居,乃□于启室。"李善《文选·谢惠连〈雪赋〉》注、徐坚《初学记》卷二、欧阳询《艺文类聚》卷二均引作"天子游黄台之丘"。《水经·洧水注》说:"洧水又东南,赤涧水注之。水出武定冈,东南流经皇台冈下。又历冈东,东南流,注于洧。"杨守敬按:"此皇台冈在今密县东。"丁山先生指出:"'黄台之丘'可确指其即赤涧水旁之黄台岗。"②

河南省新密市古城寨发现的新砦龙山文化古城址,该城址位于溱河东岸,距今4600—4000年。全城平面呈长方形,城垣除西侧被水冲毁外,东、南、北三面保存完整,城外有宽34—90米的护城河,总面积约100万平方米。南北两城墙的中部各有一门,至今仍是当地居民出入城内外的通道。城垣为先挖好以生土为底的基槽,再在基槽上起板分块夯筑。每层版筑墙高约1米,宽1—1.3米,长1.4—2米。城内

---

① 李学勤:《穆公簋盖在青铜器分期上的意义》,《文博》1984年第2期。
② 丁山:《由三代都邑论其民族文化》,《中央研究院历史语言研究所集刊》第五本第一分册,1935年。

发现有房屋、陶窑、水井、墓葬、灰坑以及大型夯土廊庑式宫殿建筑基址。城址内外包含有仰韶文化至战国时期的文化遗存，但以龙山文化为主。城中略偏东北的位置，发现一处大型夯土建筑基址。这处基址坐西朝东，南、北、东三面都有回廊，面积约 2000 平方米。其中一主殿面积达 300 平方米①。

该遗址的年代约为公元前 2000—前 1900 年，相当于夏代初年。赵春青、许顺湛等先生申述丁山先生卓见，以为新砦遗址的位置正与"黄台冈"相合，当是"夏启之居"②。因此，考古发现的新密市新砦古城址，有可能就是夏启时期都城遗存。

（四）周穆王"西征"的地名学佐证

"虎牢关"在今河南省荥阳市西北，本名为"制"。《左传·隐公元年》载："制，严邑也，虢叔死焉。"杨伯峻注："制，地名，即今河南省荥阳县汜水公社，亦名虎牢。""虢叔"指西周末年的东虢君主，因凭恃居有"制"邑险关而不修德行，终被郑国灭掉。《左传·隐公五年》载："郑二公以制人败燕师于北制。"杨伯峻注："北制，即虎牢。"《左传·襄公二年》载："孟献子请城虎牢以偪郑。"杨伯峻注："虎牢即北制。"这说明在西周初年的"制"邑，到春秋时期已被称为"虎牢"，成为古都洛阳的东部屏障。

"虎牢"得名的缘由。据《穆天子传》卷五："甲辰，浮于荥水。……有虎在乎葭中。天子将至，七萃之士高奔戎请生捕虎，必全之，乃生捕虎而献之。天子命之为柙，而畜之东虞（虢），是为虎牢。"郭璞注："因以名其地也，今荥阳成皋县是。""荥水"即荥泽，在今荥阳市境。这说明《穆天子传》是最早记录"虎牢"得名缘由的著作。正是由于周穆王在东虢"制"地畜养猎获生虎的缘故，"虎牢"的名称一直沿用到今天。

因为河宗柏夭陪同周穆王"西征"的缘故，"穆天子西征的史迹"，在河宗氏部族间"世代口头相传，就不免要掺入"河宗氏先祖的"神话"传说。这就是《穆天子传》"充满了神话色彩"的重要原因。尽管因年代久远，书中有许多西域地名和部族难以考稽，但这并不影响周穆王"西征"故事的真实性。因此，周穆王"西征"故事的基本内容，应当视为信史。《穆天子传》"独特的史料价值"，已得到学术界的肯定③。

---

① 河南省文物考古研究所等：《河南新密市古城寨龙山文化城址发掘简报》，《华夏考古》2002 年第 2 期。
② 赵春青：《新密新砦城址与夏启之居》，《中原文物》2004 年第 3 期；许顺湛：《寻找夏启之居》，《中原文物》2004 年第 4 期；张莉：《夏代早期都城研究》，杜金鹏、许宏主编：《二里头遗址与二里头文化研究》，科学出版社，2006 年。
③ 杨宽：《西周史》，第 603—613 页。

三、穆王西征与草原"玉石之路"

中华民族崇尚玉器的习俗由来已久。周穆王"西征"时带回大量西域美玉。其实,早在殷商西周时期,新疆和田玉就已通过草原"玉石之路"输送到中原地区。

(一)周穆王"取玉三乘""载玉万双"

据《穆天子传》卷二:"辛卯,天子北征,东还,乃循黑水。癸巳,至于群玉之山。……天子于是取玉三乘,玉器服物。于是载玉万双,天子四日休群玉之山,乃命邢侯待攻玉者。"郭璞注:"黑水出昆仑山西北隅而东南流。""群玉之山"即《山海经·西次三经》所说西王母居住的"玉山"。这说明穆王"西征"时带回大量西域的美玉,还向当地"攻玉者"学习制玉技术。

(二)草原"玉石之路"的开通

"玉"本是一种美石。据《说文·玉部》:"玉,石之美。"我国古代玉石的产地很多,《山海经》就记有120多处[1]。考古发现说明,早在距今5000多年前的原始社会末期,我国东北地区的红山文化、东南地区的大汶口文化和良渚文化先民,就开始制作大量精美的玉器,将之作为沟通人神的礼器和贵族身上的装饰品。到距今4000年前后的夏代,洛阳偃师二里头夏文化遗址出土的玉璋、七孔玉刀等玉器,都已达到很高的制作水平。商周时期,玉器已成为君子美德的象征。孔子说:"夫昔者,君子比德于玉焉。"(《仪礼·聘礼》)就是很好的说明。

商代以前,玉器的原料多来自我国内地不同的地区,有"钟山玉""蓝田玉""岫岩玉""南阳玉"和"蜀玉"等品种。商代晚期以降,来自新疆和田地区的"和田玉",以其色泽圆润、晶莹剔透的特质,备受世人的崇尚。而后新疆"和田玉"便逐渐占据我国玉器市场的主导地位。"和田玉"也被称为"昆仑玉"。郭宝钧先生曾指出:"昆仑玉进入中原,或可上溯到殷周之间。"[2] 这在殷商西周时期考古发现里,已得到充分的证实。

1976年安阳殷墟妇好墓出土755件。这些玉器经初步鉴定,"有新疆玉、透闪玉、岫岩玉和南阳玉四种,但以新疆玉居多数"[3]。现在看来,新疆玉输入中原可追溯到武丁时。

1989年,江西新干大洋洲发掘的一座商代墓葬里,出土150余件玉器和近千件小玉珠、小玉管。经初步鉴定,其中大多数都属于和田玉[4]。

---

[1] 杨伯达:《古玉史论》,紫禁城出版社,2004年,第23页。
[2] 郭宝钧:《中国青铜器时代》,生活·读书·新知三联书店,1963年,第64页。
[3] 中国社会科学院考古研究所:《殷墟的发现与研究》,科学出版社,1994年,第323—328页。
[4] 赵朝洪:《先秦玉器和玉文化》,袁行霈主编:《中华文明之光》,北京大学出版社,1999年,第150页。

1963—1972年，洛阳北窑西周贵族墓出土玉器200多件，大多也属和田玉①。

这些考古发现，说明至迟在商代晚期，新疆和田玉运往中原地区的"玉石之路"，就已经开通。由此可见，中原地区连接西域诸国的通商道路，早在殷商西周时期就已开通。

（三）战国文献里的"玉石之路"

昆仑山上的美玉，在先秦两汉文献里多有记载。据《山海经·海内西经》记载，昆仑山上有"珠树""文玉树"。"文玉树"是指五彩玉树。《淮南子·墬形训》载，"玉树"在昆仑山的"西"部。《河图括地象》说："昆仑山上有琼玉之树。"屈原《楚辞·九章·涉江》说：

> 驾青虬兮骖白螭，吾与重华游兮瑶之圃。登昆仑兮食玉英，与天地兮同寿，与日月兮同光。

王逸注："重华，舜名。瑶，玉也。圃，园也。"洪兴祖补注："《山海经》云：'槐江之山，上多琅玕金玉，实惟帝之平圃。'五臣云：'瑶圃，玉英，皆美言之。'"《尔雅》：'西北之美者，有昆仑虚之璆琳琅玕焉。'"由此可见，昆仑山出产的美玉，在古人心目中的重要地位。

商周时期通向西域的"玉石之路"，在古文献里有明确记载。据《战国策·赵策一》，苏秦给赵惠文王的信中说：

> 秦以三军攻王之上党而危其北，则句注之西非王之有也。今鲁句注、禁常山而守，三百里通于燕之唐、曲吾。此代马、胡驹不东，而昆山之玉不出也，此三宝者，又非王之有也。

"上党"在今山西长治、晋城地区。"句注"为险塞名，在今山西省代县西北。"鲁"，通作"旅"，有"拒绝"之义。"常山"，《战国纵横家书》作"恒山"，因避汉文帝刘恒讳而改，在今河北省曲阳县西北。"山"即昆仑山，在今新疆于田县南，"昆山之玉"即产自昆仑山的和田玉。"胡驹"，《史记·赵世家》作"胡犬"。这是说如果秦国以三军进攻赵国的上党而危害其北部地区，那么句注山以西的土地就不是赵国的了。因此，代地的马匹和胡地的名狗就不能向东走来，"昆山"的宝玉也就运不出来了。这三种宝物大王就不再拥有了！

苏秦写给赵惠文王的这封书信，不但见于传世的《战国策》，而且在1973年马王堆汉墓出土的帛书《战国纵横家书》里，也有大体相同的记录。这个故事发生的时间，当在公元前285年②。这是最早明确记载和田玉东传路线的珍贵文献。

---

① 洛阳市文物工作队：《洛阳北窑西周墓》，图版五三至五九，文物出版社，1999年，第149—159页。
② 马王堆汉墓帛书整理小组：《战国纵横家书》，文物出版社，1976年，第92页。

秦相李斯在秦王政十年（前237）上书说："今陛下致昆山之玉，有隋、和之宝，垂明月之珠……此数宝者，秦不生一焉。"正义曰："昆冈在于阗国东北四百里，其冈出玉"（《史记·李斯列传》）。这说明从新疆和田通向中原的"玉石之路"，直到战国末年仍然畅通。

由此可见，由新疆和田的玉石产地，通向中原地区的草原"玉石之路"，早在殷商西周时期就已畅通。这条东西交往的商业古道，为后来的草原"丝绸之路"奠定了坚实的基础。

四、穆王"西征"与草原"丝绸之路"

穆王"西征"会见西王母时，赠送给西王母大批丝织品。而他在返回时，带回大量玉器珍宝。其实，商周时期通向西域的草原"玉石之路"，与后来草原"丝绸之路"本为一条通向西域的往返大道。这不但有历史文献记载，而且还可得到大量考古发现的证实。

（一）草原"丝绸之路"的肇端

丝织技术是中华民族的伟大发明，距今已有五六千年的悠久历史。夏鼐先生指出："我国是世界上最早饲养家蚕和织造丝绸的国家，并且在相当长的时期内是全世界唯一从事家蚕饲养和织造丝绸的国家。"[1] 中华先民用丝绸制作的衣裳，质地柔软，轻薄光滑，色泽明亮，备受世界各国人民的青睐。

丝绸的伟大发明，不仅泽被炎黄子孙，而且早在东周秦汉之时，就伴随着驼铃的声响，远泊西方世界。1877年，德国学者李希霍芬在《中国》一书里指出："从公元前114年到公元127年间，连接中国与河中（指中亚阿姆河与锡尔河之间）以及中国与印度，以丝绸之路贸易为媒介的西域交通路线。"这里把中华文明与中亚、欧洲、非洲古代文明相互交流的路线概括为"丝绸之路"的论述，得到学术界的认同。

著名的"丝绸之路"就是古代中国从黄河中游的洛阳、长安出发，经中亚、西亚以及东南亚、印度连接欧洲和北非，以丝绸贸易为主要媒介的文化交流之路。西方的考古发现证明，欧洲出土最早的中国丝绸是公元前6世纪。在德国西南部城镇荷米歇尔发掘的6号墓中，已发现公元前六世纪的中国家蚕丝。在希腊雅典西北陶工区发掘的约公元前400年的墓葬中，出土有6件丝织物和一束丝线[2]。20世纪40年代，在中国新疆阿尔泰山区巴泽雷克墓地发现战国时期的凤纹刺绣。1977年，新疆托克逊阿拉沟28号墓出土一幅长、宽各17厘米的凤鸟纹刺绣方巾，时代属于春

---

[1] 夏鼐：《我国古代蚕、桑、丝、绸的历史》，《考古》1972年第2期。
[2] 沈福伟：《中西文化交流史》，上海人民出版社，2006年，第20页。

秋时期①。这说明早在春秋战国时期,丝绸就已开始走向西方世界。

20世纪80年代,苏联考古学家在位于南西伯利亚阿尔泰山北麓巴泽雷克地亚的一座平民小墓里,发现一件属于中国战国中期的"四山纹"铜镜(图四)②。这种铜镜在洛阳和楚地战国墓里常有发现(图五)③,当是从中原地区流传过去的商品。

图四　巴泽雷克地亚平民墓里发现的战国"四山纹"铜镜

图五　洛阳战国墓出土的"六山纹"铜镜

(二)新疆和中原地区发现的蜻蜓眼玻璃珠

在中国丝绸不断输往西方的同时,西方的蜻蜓眼玻璃珠和有翼神兽等艺术品,也不断地传到中原地区。蜻蜓眼玻璃珠是古埃及人约在公元前5世纪发明的玻璃珠

---

① 王小甫等:《古代中外文化交流史》,高等教育出版社,2006年,第11页。
② 林梅村:《丝绸之路考古十五讲》,北京大学出版社,2007年,第51、52页。
③ 霍宏伟、史家珍主编:《洛镜铜华——洛阳铜镜发现与研究》,科学出版社,2013年,图16—18。

技术。这种玻璃珠经费尔干纳盆地（在今乌兹别克斯坦、塔吉克斯坦境内），在我国新疆轮台、民丰，山西太原、长治，河南新乡、新郑、洛阳、固始，湖北随州的春秋战国墓葬里都相继出土①。

1. 新疆民丰县尼雅遗址发现的蜻蜓眼玻璃珠

1995 年，中日尼雅遗址学术考察队在编号为 95MN1 号墓地 M8 里，发掘出土蜻蜓眼式玻璃珠 4 件，均为圆鼓形，有白珠蓝眼、湖蓝色珠蓝眼和黑珠黄眼等，直径 0.8—1.2 厘米②。

2. 山西太原、长治出土蜻蜓眼玻璃珠

1987 年，山西省太原市金胜村发掘的 251 号春秋晚期的赵卿墓里，出土各类精美的青铜器、玉器等文物 3421 件。其中，有蜻蜓眼玻璃珠 17 件③。

1970 年，山西长治分水岭 270 号春秋晚期墓出土蜻蜓眼玻璃珠和玻璃管数件④。

3. 河南辉县出土吴王夫差剑镶嵌玻璃珠

20 世纪 30 年代，河南省辉县琉璃阁战国墓出土的吴王夫差剑上，镶嵌有硅酸盐玻璃珠⑤。

4. 河南省新乡市战国墓出土蜻蜓眼玻璃珠

河南省新乡市西北鲁堡战国墓出土蜻蜓眼玻璃珠 5 件，编为 M59：4 号的 1 件为二十八眼珠，胎质为白色，蜻蜓眼为蓝色，直径 2.2、孔径 0.5 厘米（图六）⑥。

图六　新乡市战国墓出土蜻蜓眼玻璃珠

---

① 林梅村：《丝绸之路考古十五讲》，北京大学出版社，2007 年，第 68 页。
② 新疆文物考古研究所：《新疆民丰县尼雅遗址 95MN1 号墓地 M8 发掘简报》，《文物》2000 年第 1 期。
③ 山西省考古研究所等：《太原金胜村 251 号春秋大墓及车马坑发掘简报》，《文物》1989 年第 9 期。
④ 山西省文物工作委员会晋东南工作组等：《山西长治分水岭 267、270 号东周墓》，《考古学报》1974 年第 2 期。
⑤ 崔墨林：《河南辉县发现吴王夫差铜剑》，《中原文物》1981 年特刊。
⑥ 河南省文物考古研究院：《河南新乡鲁堡墓地发掘简报》，《中原文物》2018 年第 3 期。

5. 河南省新郑市郑韩故城出土蜻蜓眼玻璃珠

河南省新郑市郑国祭祀遗址出土蜻蜓眼玻璃珠1件，编为T573H1880：182号。呈八面圆球形，中有圆形小孔，青灰色琉璃质，器表镶有湖蓝色蜻蜓眼玻璃珠，每个玻璃珠周围都有白、黑相兼的小圆纹。高1.1、直径1.2、孔径0.5厘米（图七）。

图七　新郑市郑国祭祀遗址出土蜻蜓眼玻璃珠

这里的战国晚期墓葬里还出土蜻蜓眼玻璃珠6件。其中，编为T604M769：11号的1件，形制与T573H1880：182号略同。土白色胎质，器表镶有浅湖蓝色蜻蜓眼玻璃珠，玻璃珠的周围涂有朱红色。直径1.6、孔径0.5厘米。编为T616M818：1号的1件，扁圆形体，湖蓝色胎质，器表镶有浅湖蓝色蜻蜓眼玻璃珠，每个玻璃珠周围都有一圈浅白色的小圆纹。高0.8、直径1、孔径0.3厘米。编为编为T603M840：1号的4件，扁圆形体，胎质与T604M769：11号类似。高0.6、直径0.8、孔径0.4厘米①。

6. 洛阳发现的蜻蜓眼玻璃珠

洛阳出土西周晚期青铜鼎的腹部，已镶嵌有蜻蜓眼玻璃珠②。

自1957年以来，在洛阳市小屯村东北发现四座东西并列的战国时期西周君的墓葬，墓葬均呈"甲"字形。1973年，在其中的四号墓里出土蜻蜓眼玻璃珠32件。其中，彩色玻璃珠3件，球状1件，蓝色玻璃球上嵌以白、黄二色的小圆珠，直径2厘米（图八）。鼓形者2件，表面为蓝、白、黄三色图案，中穿圆孔，鼓径1.8厘米。另外还有29件圆球形和环形蓝或黑色料珠③。

---

① 河南省文物研究所：《新郑郑国祭祀遗址》，大象出版社，2006年，第843、872页，图五七一：12，彩版六八：2，彩版七四：3、4、5。
② 高至喜：《论我国春秋战国时的玻璃器》，《文物》1985年第12期。
③ 洛阳市文物工作队：《洛阳西郊四号墓发掘简报》，《文物资料丛刊》（第9辑），文物出版社，1985年。

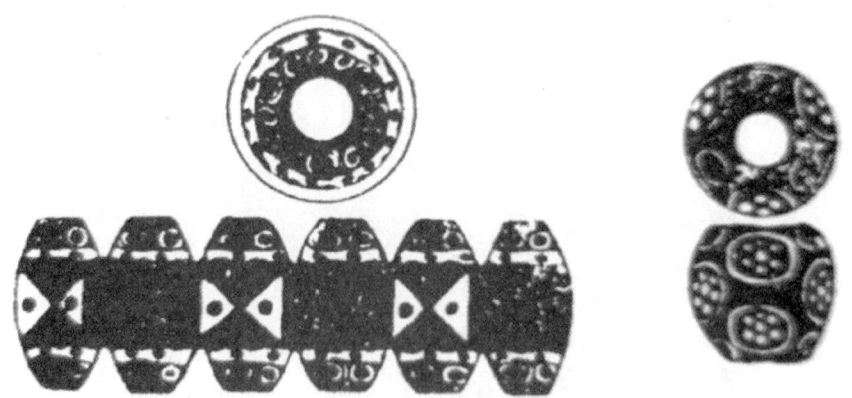

图八　洛阳市西郊四号战国墓出土蜻蜓眼玻璃珠

1992年，在洛阳市西工区针织厂发掘的CIM3943战国晚期墓里，出土大量精美文物。其中，有蓝宝石蜻蜓眼玻璃珠6件，直径1.8—2.8、高1.4—2.5、孔径0.8—1厘米（图九）。还有镶嵌18枚蜻蜓眼玻璃珠的山字纹铜镜1件①。

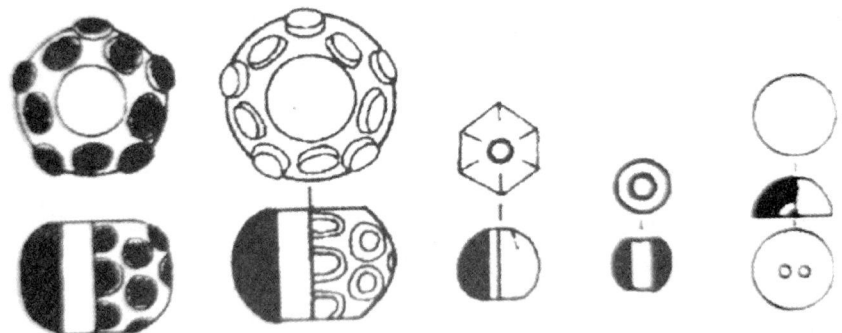

图九　洛阳市西工区针织厂战国墓出土蜻蜓眼玻璃珠

2004年，在洛阳市西工国际贸易中心综合楼发掘的战国中期墓里，出土各类青铜器、玉器和陶器一百多件。其中有蓝宝石玻璃珠5件，状似八棱圆形，天蓝色底，各面中间嵌以深蓝宝珠，周围饰以白、蓝相间的色调。直径0.9、孔径0.2、高0.7厘米（图十）②。

图十　洛阳市西工战国墓蜻蜓眼玻璃珠

---

① 洛阳市文物工作队：《洛阳市西工区CIM3943战国墓》，《文物》1999年第8期。
② 洛阳市文物工作队：《洛阳中州中路东周墓发掘简报》，《文物》2006年第3期。

7. 河南省固始县春秋墓出土蜻蜓眼玻璃珠

1978年，河南省固始县侯古堆一号春秋晚期"甲"字形竖穴墓里，出土有蜻蜓眼玻璃珠多件。这座墓主人是一位30岁左右的妇女。同墓内出土的宋公栾铜簠铭文"有殷天乙唐孙宋公栾乍其妹句敔王夫人季子媵匜"21字。宋公栾即宋景公（前516—前441），其妹嫁给吴王夫差。这座大墓应是吴王夫差夫人的墓葬①。

8. 湖北省江陵市曾侯乙墓出土蜻蜓眼玻璃珠

1978年，湖北省随县擂鼓台发现战国早期的曾侯乙墓里，不仅出土有大批精美的青铜器、漆木器、金器、玉器、陶器、骨器、竹简和丝织品等文物，还出土有蜻蜓眼玻璃珠173件②。这些蜻蜓眼玻璃珠本是死者佩戴的一串完整的项链，其形制大小与古埃及的玻璃珠几乎完全相同（图十一）③。

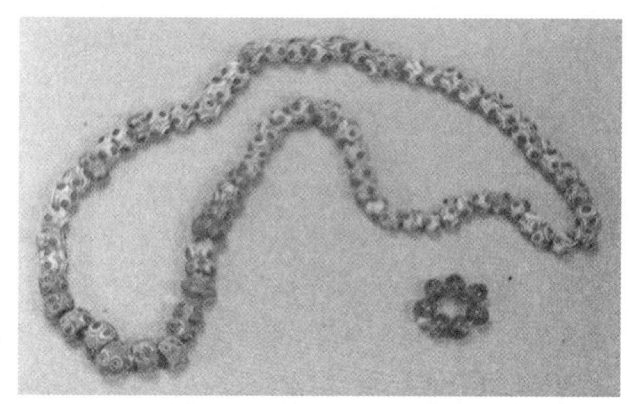

图十一　湖北曾侯乙墓出土蜻蜓眼玻璃珠

（三）考古发现的帕提亚双翼神兽

在位于今阿富汗高原西部到伊拉克幼发拉底河沿岸，有个被西方史籍称为帕提亚的古国。帕提亚在汉语里曾译作"安息"，并且常把帕提亚王族姓氏冠以安姓。如东汉末年来华传教的安世高，唐代葬在洛阳的安菩等，皆为安息人。这个看似清雅休闲的国度，却是古代丝绸之路上热闹非凡的关键枢纽和中转站。

帕提亚的富商大贾，不但把中国的丝绸西运罗马帝国，而且也把罗马帝国的文化东传中原地区。安息国有一种被称为"格里芬"的双翼神兽，本是古希腊神话"太阳神"的化身。这种神兽沿着丝绸之路，途经帕提亚不断向东传播，成为东西方文化交流的实物见证。

1974年，在河北省平山县发掘的战国中山王墓里，不但出土有蜻蜓眼玻璃珠，而且还发现具有帕提亚（安息）艺术风格的错银双翼铜神兽（图十二）④。这件双翼

---

① 固始侯古堆一号墓发掘组：《河南固始侯古堆一号墓发掘简》，《文物》1981年第1期。
② 湖北博物馆：《曾侯乙墓》，文物出版社，1989年，第423—425页，彩版二〇：3、4。
③ 林梅村：《丝绸之路考古十五讲》，第67页。
④ 河北省文物考古研究所：《战国中山国灵寿故城》，文物出版社，2005年。

铜神兽，造型精美，生动传神，带有浓厚的波斯艺术风格，可能就是仿自塞琉古时期的波斯艺术作品①。

图十二　河北平山中山王墓出土错银双翼铜神兽

1955年，在洛阳市郊区孙旗屯村修建秦岭防洪渠时出土两件东汉双翼石兽，高1.09米，长1.66米。它们身若虎豹，首类狮子，头上有角，张嘴龇牙，颌下有长须下垂。昂首挺胸，怒目眈眈，肩生双翼，长尾拖地，四肢作疾走状，大有一跃腾飞之势。雕刻手法简练，生动传神，栩栩如生。这两件石兽为雌雄一对，独角者名天禄，双角者为辟邪。石辟邪颈部背后阴刻隶书"缑氏嵩聚成奴作"7字。"缑氏"，汉代县名，在今偃师市缑氏镇。"嵩聚"乃聚落名，"成奴作"标明这件神兽是由成姓工匠刻制的。

1963年，在伊川县彭婆乡东高屯村出土一件东汉石神兽，形制与孙旗屯村出土的两件基本相同。1992年，在孟津县老城乡油坊街村出土的一件东汉石神兽，高1.9、长2.97米，雕琢粗放，造型威武，昂首弓颈，扩口吐舌，身生双翼，气势磅礴，是当时皇权威严统治的象征（图十三）②。

图十三　孟津老城乡油坊街出土的东汉石神兽

---

① 林梅村：《丝绸之路考古十五讲》，第83页。
② 洛阳市地方志编纂委员会：《洛阳市志·文物志》，中州古籍出版社，1995年，第298页。

洛阳出土这四件东汉时期的石神兽，当是从"格里芬"双翼神兽演化而来的瑞兽。这种双翼神兽本是太阳神的化身，应是帕提亚（安息）艺术对中原文化深刻影响的产物，也是东汉雕刻艺术的典型代表。

五、结语

周穆王"西征"是西周时期的重大事件。这个故事被战国早期成书的《穆天子传》记载而留传了下来。我们通过对《穆天子传》的初步考察，可以得出三点基本认识。

一是周穆王"西征"的故事应当视为信史。周穆王从宗周成周城出发，向北跨过黄河，跨越漳水，出雁门关，再向西经蒙古草原到达"仑之丘"（在今甘肃省酒泉市南），观赏"黄帝之宫"，而后到达"西王母之邦"（在今新疆准噶尔盆地），会见西王母。这个故事不但见于先秦两汉文献的记载，而且跟随穆王"西征"的"毛班""井利""造父"三位重臣以及许多地名和相关部族，能在历史文献、西周金文和考古发现里得到印证。

二是周穆王"西征"的路线正与草原"玉石之路"相符合。这条道路恰与商周时期新疆"和田玉"以及古埃及人发明的蜻蜓眼玻璃珠以及帕提亚双翼神兽的东传条路线相吻合。

三是周穆王"西征"的路线，应是草原"丝绸之路"的滥觞。顾实先生指出："《穆传》载穆天子曰：'予归东土。'西王母曰：'徂彼西土。'此东土、西土对举者，犹今言东方、西方之对举也。以东、西对举，而有东西交通之孔道，自然之事也。"① 这条在商周"玉石之路"上形成的"丝绸"贸易通道，至迟在西周春秋时期就已开通。它的东方起点，正是周代的京师洛邑。因此，周穆王"西征"往返的道路，堪称中国通往中亚和欧洲"丝绸之路"的滥觞。

综上所述，《穆天子传》记载周穆王"西征"的历史故事，为研究我国西周时期的历史以及草原"玉石之路"和"丝绸之路"的形成，都具有重要的历史价值。

---

① 顾实：《穆天子传西征讲疏》，商务印书馆，1934年，第22页。

礼乐文化传统与老子、孔子的思想

陈寒鸣（天津市工会管理干部学院）

摘　要：老子和孔子大体生活于同一时代，承受相同的历史文化传统，即源于上古巫祝文化的三代，尤其是宗周礼乐文明；遭逢并应对着同时代的社会问题，即在礼崩乐坏的现实条件下怎样重构社会秩序。老子以"道"为核心提出其思想体系而开创了道家学派，孔子以"仁"为核心提出其思想体系而开创了儒家学派，从而把中国思想引领到具有"哲学的突破"之意义的诸子时代。他们的思想对中华民族的心理——精神素质起了形塑作用，并对中国社会和中国文化产生深远影响。

关键词：礼乐文明；老子；孔子；"哲学的突破"；"轴心时代"

在中国五千年文明史上，出现过许多具有伟大创造精神的杰出思想家，而就对中华民族的心理——精神素质起了形塑作用，并对中国社会和中国文化产生深远影响角度来看，在所有具有伟大创造精神的杰出思想家中，老子和孔子无疑是最重要的。他们的思想至今仍有价值意义，当代中国人的思想和思维、行为方式等仍自觉或不自觉地以老子、孔子思想为基础。

一

老子和孔子大体同时代①，而老子年长于孔子，曾任周守藏室之史，因见周之衰而退隐。《礼记·曾子问》《孔子家语·观周》《庄子》《史记·孔子世家》《史记·老子韩非列传》等中都有关于孔子问礼于老子或孔子某些关于礼的见解"闻诸老聃"或孔子见老聃并对其颇有称道的记载。孔子见过的这位后来著述了五千言《道德经》的老子，是否如有些论者所说就是太史伯阳②，可置不论，但孔子见过老子，向他请

---

① 张岱年先生为高明《帛书老子校注》所作序中谓："《老子》三十六章有'报怨以德'之语，《论语》中记载孔子对于'报怨以德'的批评。足证孔、老同时的传说并非虚构。"
② 何新《古本老子〈道德经〉新解》本台湾学者周次吉之说而发挥道："所谓'老子'与其认为是一个人，不如认为是一个老氏群体，一个世族，也是一个学派。""黄老之学传于上古，至晚周主系传于太史伯阳及老聃（聃和龘通，即龙也。老子又号称李耳，'李耳'乃是楚方言中老虎之名，龙虎上古本可通名，应即老彭氏世族所宗之图腾）。老氏世传天道而世任商周之史官，传习天道、治国及修身之术。至老聃亦尝任史官及兰台之官，或曾为孔子之师，并传天道于孔子。而太史伯阳（又称伯阳父，父者，老也）处周之末世，知天下将大乱而避世出走，至函谷关为关尹喜传讲其家学秘诀，即今本《道德经》。"

教过有关"礼"的问题,并且,这位老子著有《道德经》——目前所知的,中国历史上第一部个人著作——传世①,这应该是事实。诚如董平教授所说:"只不过孔子究竟在何时拜访老子而向他请教,则古史失载,今天已经无法详考了。孔子原以博学多闻而著称,其'学而不厌',竟至于'发愤忘食,乐以忘忧',那么他向曾做过'周守藏室之史'的老子去请教周礼,似应在情理之中。"②

基本同时代的老子和孔子,承受着相同的历史文化传统,这就是源于上古巫祝文化的夏商周三代,尤其是宗周礼乐文明。大体说来,三代以前是巫祝文化期,夏、商、周三代则是礼乐文明期,尤以西周为极盛。周初封建诸侯,周公制礼作乐,造成孔子所景仰的"郁郁乎文哉"的礼乐文明。礼乐文明是从巫祝文化发展而来的。"礼"之本义,据许慎《说文解字·示部》:"礼,履也,所以事神致福也。从示从豊。"所谓"豊",据《说文》乃"行礼之器,从豆,象形"。近人王国维考证,"豊"诚为礼器,然非"从豆"而是"象二玉在器之形",且"乃会意字而非象形字"。古者行礼以玉,《尚书·盘庚》所谓"具乃贝玉"说的就是以玉礼神。从甲骨卜辞中"囲"(即"豊")字的结构上看,是在一个器皿里盛二玉以奉于神。王氏《观堂集林》卷六《释礼》据之得出结论:

> 盛玉以奉神人之谓之囲若豊,推之而奉神人之酒醴亦谓之醴,又推之而奉神人之事通谓之禮。

是"礼"之本义乃指祭神之器,而后引用为祭神的宗教仪式,再而后才泛指人类社会日常生活中的各种行为仪式。其渊源于上古巫祝文化当无疑义。关于礼乐文化源自巫祝文化,文献记载中也有所暗示,如《易经·豫卦》:"先王以作乐崇德,殷荐上帝,以配祖考。"《礼记·乐记》谓:"礼乐顺天地之诚,达神明之德,隆兴上下之神。"同篇又说:"乐者敦和,率神而从天;礼者辨宜,居鬼而从地。故圣人作和应天,作礼以配地。"既然有着如此渊源关系,那么,礼乐文化中非常明显地保留着巫祝文化的残余也就不足为怪了。如《礼记·祭统》说:"凡治人之道,莫急于礼;礼有五经,莫急于祭。"梁启超《志三代宗教礼学》曾据之发挥道:

> 礼也者,人类一切行为之规范也。有人所以成人之礼,若冠礼是;有人与人相接之礼,若士相见礼是;有人对于宗族家族之礼,若昏礼丧礼是;有宗族与宗族间相接之礼,若乡射饮酒诸礼是;有国与国相接之礼,若朝聘燕享诸礼是;有人与神与天相接之礼,则祭礼是。故曰:"礼所以承天道

---

① 1993年,湖北荆门郭店楚墓中出土发现有三种《老子》的节抄本,尽管与传世的今本《老子》颇有差异,但可以肯定早在春秋晚期就已有《老子》即《道德经》一书行于世了。张岱年先生在为高明《帛书老子校注》所作序中说:"战国时期,秦汉之际,《老子》一书可能已有不同传本。"在流传过程中会有一些后世观念羼入其中,但此乃正常现象,并不足以改变《老子》即《道德经》的基本成书时代。

② 董平:《老子研读》,中华书局,2015年,第6页。

以冶人情也。"（原注：《礼记·礼运》）诸礼之中，惟祭尤重。盖礼之所以能范围群伦，实植本于宗教思想，故祭礼又为诸礼总持焉。

"祭礼"就是历代礼典中的效社宗庙之礼，它以祭祀天神、地祇、人鬼三元系列神为内容，故又统称为"三礼"。《尚书·尧典》记帝曰："咨四岳，有能典朕三礼？"孙星衍《尚书今古文注疏》卷一引马融注谓："三礼，天神、地祇、人鬼之礼。"又郑玄注云："三礼，天事、地事、人事之礼。"

侯外庐先生依据马克思"亚细亚生产方式"理论研究古代社会，"断定'古代'是有不同路径的。在马克思、恩格斯的经典文献上，所谓'古典的古代'，'亚细亚的古代'，都是指的奴隶社会。但是两者的序列却不一定是亚细亚在前。有时古典列在前面，有时两者平列，作为'第一种'和'第二种'看待的。'古典的古代'是革命的路径；'亚细亚的古代'却是改良的路径。前者便是所谓'正常发育'的文明'小孩'；后者是所谓'早熟'的文明'小孩'。用中国古文献的话来说，便是人惟求旧、器惟求新的'其命惟新'的奴隶社会。旧人便是氏族（和国民阶级相反），新器便是国家或城市"①。他十分精当地指出："如果我们用'家族、私有、国家'三项来做文明路径的指标，那末，'古典的古代'是从家族到私产再到国家，国家代替了家族；'亚细亚的古代'是由家族到国家，国家混合在家族里面，叫作'社稷'。因此，前者是新陈代谢，新的冲破了旧的，这是革命的路线；后者却是新陈纠葛，旧的拖住了新的，这是维新的路线。前者是人惟求新，器亦求新；后者却是'人惟求旧，器惟求新'。前者是市民的世界，后者是君子的世界。"② 此一论断符合中国古史实际。如西周的宗法制度就是以氏族血缘为基础的国家制度，是把国家融合于宗族，或者说是将统治宗族提升为国家的一个典型。而所谓"周礼"，则是由上古氏族习俗提炼、转化、上升而来的西周社会的典章制度和礼仪规范。这样一种由氏族而家族、而国家，并且国家混合于家族之中，形成以王权为中心的氏族贵族专政的中国古代文明发展路径，表明氏族共同体的解体过程就是国家建立的过程，亦即原始巫祝文化衰落、礼乐文明兴起的过程。这样的文明路径，决定了古代礼乐文化具有下列性质与特征：其一，源于宗伯（宗法）和巫祝（宗教）的礼乐文明之兴起与发展，扩大了宗法的范围、缩小了宗教的范围。祭器包容于礼器之中，而礼器（如鼎、尊、爵等）则发展成为权力与氏族等级地位的标识。这样，礼乐便为氏族贵族所专有，并表现为国家政治制度。其二，礼乐"用于宗庙社稷，事于山川鬼神"，所谓"仁近于乐，义近于礼。乐者敦和，率神而从天；礼者辨宜，居鬼而从地"（《史记·乐书》）。礼乐成为社会政治伦理的衡尺。如周武王革殷命时，曾宣布殷纣王三大罪状，即殄废先王明德、侮蔑神祇不祀、昏暴商邑百姓。这三条就是以维护

---

① 侯外庐：《中国古代社会史论·自序》，人民出版社，1955年。
② 侯外庐：《中国思想通史》第一卷，人民出版社，1957年，第11—12页。

宗庙社稷、尊奉礼乐为由而提出来的，也是后来宗周敬天法祖、明德保民思想的依据。其三，宗周政治是氏族贵族的专政，文化也为氏族贵族专有，此即所谓"学在官府"。其四，孟子说："王者之迹熄而《诗》亡，《诗》亡而后《春秋》作。"（《孟子·离娄下》）从史诗到史书，反映出时代的大转折。《诗》是宗周礼乐文化的代表，而《春秋》则是礼乐崩坏时代的史书。

老子尝为周守藏室之史，而史官之职本是由"通天以属神"的巫发展而来。他承受着这样的历史文化传统，当然是精通礼乐文明的，所以，在《礼记·曾子问》中可以见到有关老子精于礼的记载：

曾子问曰："古者师行，必以迁庙主行乎？"孔子曰："天子巡守，以迁庙主行，载于齐车，言必有尊也。……吾闻诸老聃曰：'天子崩，国君薨，则祝取群庙之主而藏诸祖庙，礼也。卒哭成事，而后主各返其庙。君去其国，大宰取群庙之主以从，礼也。祫祭于祖，则祝迎四庙之主，主出庙入庙，必跸。'"

曾子问曰："葬引至于堩，日有食之，则有变乎？且不乎？"孔子曰："昔者吾从老聃助葬于巷党，及堩，日有食之，老聃曰：'丘止柩就道右，止哭以听变。'既明反，而后行，曰：'礼也。'反葬而丘问之曰：'夫柩不可以反者也。日有食之，不知其已之迟数，则岂如行哉？'老聃曰：'诸侯朝天子，见日而行，逮日而舍奠。大夫使，见日而行，逮日而舍。夫柩不蚤出，不莫宿。见星而行者，唯罪人与奔父母之丧者乎。日有食之，安知其不见星也？且君子行礼，不以人之亲痁患。'"

曾子问曰："下殇，土周葬于园，遂舆机而往，涂迩故也。今墓远，则其葬也，如之何？"孔子曰："吾闻诸老聃曰：'昔者史佚有子而死，下殇也，墓远，召公谓之曰：何以不棺敛于宫中？史佚曰：吾敢乎哉？召公言于周公，周公曰：岂不可？史佚行之。下殇用棺，衣棺，自史佚始也。'"

子夏问曰："三年之丧卒哭，金革之事无辟也者，礼与？初有司与？"孔子曰："夏后氏三年之丧，既殡而致事，殷人既丧而致事。《记》曰：'君子不夺人之亲，亦不可夺亲也。'此之谓乎？"子夏曰："金革之事无辟也者，非与？"孔子曰："吾闻诸老聃曰：'昔者鲁公伯禽有为为之也。'今以三年之丧，从其利者，吾弗知也！"

如此等等。正因为老子精于礼，好学敏求的孔子才会"适周问礼"，向老子拜访请教（《史记·孔子世家》）。《史记·老子韩非列传》载其事："孔子适周，将问礼于老子。老子曰：'子所言者，其人与骨皆已朽矣，独其言在耳。且君子得其时则驾，不得其时则蓬累而行。吾闻之：良贾深藏若虚，君子盛德，容貌若愚。去子之骄气与多欲，态色与淫志，是皆无益于子之身。吾所以告子，若是而已。'"而据《孔子世家》，孔子将别，"老子送之曰：'吾闻富贵者送人以财，仁人者送人以言。

— 35 —

吾不能富贵,窃仁人之号,送子以言,曰:'聪明深察而近于死者,好议人者也;博辩广大危其身者,发人之恶者也。为人子者毋以有己,为人臣者毋以有己。'孔子自周返于鲁,弟子稍益进焉"。

精于礼而又亲历了周室之衰的老子,不仅认识到古老的礼制已不适合春秋末年的时势,而且更感知到在礼崩乐坏的社会现实中,礼已徒成虚饰,故而正如其"来自神巫却反对神巫",他"精于礼而反对礼"①,以致斥责"礼"是"忠信之薄而乱之首"。老子注意到当时社会思潮中已经开始流行的"道"的观念,如"国家之败,失之道也,则祸乱兴"(《左传·昭公五年》)、"川泽纳污,山薮藏疾,瑾瑜匿瑕,国君含垢,天之道也"(《左传·宣公十五年》)、"天道不谄,不贰其命"(《左传·昭公二十六年》)、"盈必毁,天之道也"(《左传·哀公十一年》)、"夫以强取,不义而克,必以为道,道以淫虐,弗可久已矣"(《左传·昭公元年》)、"哀死事生,以待天命。非我生乱,立者从之,先人之道也"(《左传·昭公二十七年》)等,但他反对那些将天道神秘化的说法,如"天道多在西北,南师不时,必无功"(《左传·襄公十八年》)、"岁及大梁,蔡复,楚凶,天之道也"(《左传·昭公十一年》)之类。老子自觉地将"道"作为其"哲学的中心观念,他的整个哲学系统都是由他所预设的'道'而开展的",并且,在以"道"为理论基础和核心观念的前提下,他"由宇宙论伸展到人生论,再由人生论延伸到政治论"②,从而形成前所未有的颇具体系的思想。这样,"老子将带有浓厚宗教色彩的原始天人关系改造成富有哲学意义的天人关系,尤其偏重个人(而不是人人之际)的超越,此后道家、道教蔚为与儒家、佛教并驾齐驱的学派或教派,而都奉老子为鼻祖。这位'古之博大真人'与远古神守之制有极为密切的联系——其实道家、道教都与原始文化的潜流息息相关,可见神守时代的文化传统生生不息,像奔腾的大海,构成中国文化深厚宽广的底蕴,灌溉每个中国人,儒家也受其影响"③。

二

孔子与老子承受着同样的历史文化传统,并且,孔子所生长的鲁国保存礼乐文化最为完备。《左传·襄公二十九年》记,吴季札观礼于鲁,其所见有周乐,有德康叔、武公之《卫风》,有表太公之《齐》,而闻歌《秦》则听夏声,歌《唐》则思陶唐氏等,确乎是集宗周礼乐文化之大成了。又,昭公二年,晋韩宣子来聘于鲁,观书于太史氏,见《易象》与《鲁春秋》,赞曰:"周礼尽在鲁矣!"《庄子·天下篇》说:"《诗》《书》《礼》《乐》者,邹鲁之士、缙绅先生多能明之。"甚至到"春秋

---

① 吴锐:《中国思想的起源》第三卷,山东教育出版社,2003年,第1034页。
② 陈鼓应:《老子哲学系统的形成》,见陈鼓应《老子注译及评介》,中华书局,1984年,第1页。
③ 吴锐:《中国思想的起源》第三卷,第1038页。

末世，中国古代社会正走着它的迂回的路线，政权下移，由诸侯而大夫，由大夫而陪臣。氏族单位到地域单位的变革过程，比之希腊社会，显然具备了'难产性'"①，而宗周礼乐文化传统在鲁存在如故，如据史籍记载：

> 齐仲孙湫来省难，……归曰："不去庆父，鲁难未已。"……公曰："鲁可取乎？"对曰："不可，犹秉周礼，周礼所以本也。臣闻之，国将亡，本必先颠而后枝叶从之；鲁不弃周礼，未可动也。"（《左传·闵公元年》）

可见，古代经典如《易》《诗》《书》《礼》《乐》便是儒学的本源，而邹鲁缙绅之士则是儒家的先辈。正如侯外庐先生所说："邹鲁缙绅先生的儒术（《诗》《书》、礼、乐），正是以'先王为本，今世为用'的过渡思想，正是春秋社会'私肥于公'的反映。""孔子是否缙绅先生中人虽不敢强断，但他既生于保存了'周索'的典章文物的鲁国，则他曾受缙绅学术传统的长期熏陶，并从而开创了儒家学派，在'私学'的中国思想史起点上完成了发端的一环，实无可疑。所以《论语》中记载孔子言《诗》、《书》、礼、乐者甚多，如'兴于《诗》，立于礼，成于乐'，'不学《诗》无以言，不学礼无以立'等等。"②

作为一个学派的儒家，虽由孔子创立于春秋末叶，但"儒"却起源甚早，《汉书·艺文志》及刘向《七略》均认为儒"出于司徒之官"，而近人章太炎《国故论衡·原儒》则以儒为术士之称，"儒"实与初民社会交通人神的巫祝活动有关。"儒"就源自巫及与巫有着密切关联的祝史，换言之，上古的巫史文化乃是文明时代儒文化的源头。"而以孔子为代表的儒家，也正是由原始礼仪巫术活动的组织者、领导者（所谓巫、尹、史）演化而来的专职监智保存者。"③孔子之所以有异于往昔之"儒"而真正成为儒学和儒家学派的开创者，乃是因为他在春秋末叶社会变革时代，不仅传承了巫史以来的传统，而且更把源自上古并存留于当世的社会习俗提取、转化为自觉的思想意识；既依守传统（如其"礼"学），又创发新知（如其"仁"学），更将此二者冶为一炉，建构起博大精深的思想体系。文廷式谓："自有儒术，而巫教仅为斋祝之言，不能如罗马、犹太之祭司动司生杀也。"④这既是以巫祝为主体的宗教权力的衰落，亦是人文取代了神文，这是时代的进步，历史的进步。

这样，与精通礼乐文化而又力批礼乐文化的老子不同，孔子依据其"损益"史观，对传统礼乐作了加工改造。《史记·孔子世家》说："孔子之时，周室微而礼乐废，《诗》《书》缺。追迹三代之礼，序《书传》，上纪唐虞之际，下至秦缪，编次其事。曰：'夏礼吾能言之，杞不足征也。殷礼吾能言之，宋不足征也。足，则吾能

---

① 侯外庐：《中国思想通史》第一卷，第138页。
② 侯外庐：《中国思想通史》第一卷，第139—140页。
③ 李泽厚：《孔子再评价》，李泽厚：《中国古代思想史论》，人民出版社，1985年，第11页。
④ ［清］文廷式：《文廷式集》下册，中华书局，1993年，第903页。

征之矣。'观殷夏所损益,曰:'后虽百世可知也,以一文一质。周监二代,郁郁乎文哉。吾从周。'故《书传》《礼记》自孔氏。孔子语鲁大师:'乐其可知也。始作翕如,纵之纯如,皦如也,绎如也,以成。''吾自卫反鲁,然后乐正,《雅》《颂》各得其所。'古者《诗》三千余篇,及至孔子,去其重,取可施于礼义,上采契、后稷,中述殷周之盛,至幽厉之缺,始于衽席,故曰:'《关雎》之乱以为《风》始;《鹿鸣》为《小雅》始;《文王》为《大雅》始;《清庙》为《颂》始。'三百五篇,孔子皆弦歌之,以求合《韶》《武》《雅》《颂》之音。礼乐自此可得而述,以备王道,成六艺。孔子晚而喜《易》,序《彖》《系》《象》《说卦》《文言》,读《易》,韦编三绝,曰:'假我数年,若是,我于《易》则彬彬矣。'孔子以诗书礼乐教,弟子盖三千焉,身兼六艺者七十有二人。"这正是对《论语·述而》所谓"子所雅言,《诗》《书》,执《礼》,皆雅言也"的很好疏证。

从思想文化史角度看,孔子对传统礼乐文明的改造,最重要的表现为其言"礼"论"仁",更纳"仁"入"礼",把"礼""仪"从外在的规范约束解说成人心的内在要求,把原来的僵硬的强制规定提升为生活的自觉理念,把宗教性、神秘性的东西变而为现世的人情日用之常,从而使伦理规范与心理欲求融为一体;并且,孔子由"亲"及人,由亲亲而仁民,既肯认既存的等级秩序,又强调某种"博爱"的人道关系。《礼记·哀公问》记孔子之言:"古之为政,爱人为大。所以治爱人,礼为大。……是故君子兴敬为亲,舍敬是遗亲也。弗爱不亲,弗敬不正。爱与敬,其正之本与!"后来的儒者继承了这种思想,如郭店楚简《唐虞之道》曰:

> 尧舜之行,爱亲尊贤。爱亲,故孝;尊贤,故让。孝之方,爱天下之民。让之□,世无隐德。孝,仁之冕也;让,义之至也。六帝兴于古,咸由此也。

> 爱亲忘贤,仁而未义也;尊贤遗亲,义而未仁也。……爱亲尊贤,虞舜其人也。

"亲"和"贤"本是当时社会生活中分属两个不同角色序列的人物,前者指血缘关系上的人物;作为自然人,表现为家族内部的父母兄弟等。后者则指有德有才之人。"亲亲"是自然情感,"尊贤"是从"爱人"出发的理智考量,即须选择"德行道艺逾人者"负责公共事务。唯有"尊贤",即由贤者为社会提供服务,才能把"爱"落到实处,否则徒谈"仁爱",空而无用。在这里,"道"由"情"生,表现了人类进入文明门槛之初自然与人文的内在连接,尧、舜等古圣先贤"爱亲"而"尊贤",堪称楷模。孔子把"爱与敬"即既"亲亲"又"尊贤"作为"正(政)之本",《唐虞之道》的作者则指出六帝之兴"咸由此也"。这样,"孔子贵仁"(《吕氏春秋·不二》),他以"仁"为核心而提出其思想体系,并以此为基础形成发展起儒家学派。孔子以来的历代大儒亦无不以"仁"为根本宗旨,把"仁"作为最核心的价值观,视为根本之道,故"孔门之学,以求仁为宗"(潘平格:《潘子求仁录辑要》卷一《辨清学脉上》),"仁"成为孔子以来中国儒学传统的精神基础。我们甚至可以说,一部儒学发生发展的历史,实质上就是仁学史。

众所周知,在孔子之前,许多先哲已将"仁"作为美德来使用了。就目前能够看到的文献而言,《尚书·金縢》曰"予仁若考",《诗经·齐风·卢令》云"其人美且仁",春秋时代,人们已把现实社会生活中的很多优良行为用"仁"来描述或界定,如《左传》中有"以君成礼,弗纳于淫,仁也""度功而行,仁也""出门如宾,承事如祭,仁之则也""大所以保小,仁也"等记述,《国语》中亦有"畜义丰功谓之仁""爱亲之谓仁""仁不怨君""仁人不党""仁者讲功"等观念。前贤都以"仁"作为一种美德。美德与恶德构成矛盾。孔子将"仁"提升到一个前所未有的高度,借以克服各种恶德。在他的思想体系中,"仁"既是总德,又是最高的道德人格精神境界。这是孔子对传统"仁"的重大发展,也是他在中国思想史上做出的卓越贡献之一。在孔子看来,作为一种道德品性的"仁",贯串、充盈于其他各种德性之中,每一种道德行为都内在地体现着"仁"的精神。这正如其弟子子夏所说:"博学而笃志,切问而近思,仁在其中矣。"(《论语·子张》)孔子从不轻易以"仁"许人,即便他自己亦不敢以仁者自居。但另一方面,"仁"是不是遥远而又高不可及呢?不是的。孔子所讲的"仁"实实在在地存在于现实社会生活之中,只要道德主体愿意践行"仁",它就会同智慧和勇气一同萌发,促成内在品性的变化。"仁"是孔子思想的核心价值。它建立在人的类别意识的基础之上,而非经济地位和政治特权的差异上。钱穆先生指出:"所谓'仁',即是指导各个人在人群中如何做人之大道。而仁则在人心中,与生俱来。故仁即是人之性,而主要乃表现在人情上。一应理智之发展,应有其指导原则,即不能离仁而走向不仁的路上去。仁中有爱,但爱不即是仁。'仁'与'爱'之分辨,亦为中国儒家所重视。因单讲爱,则易流入'欲'。欲的分数多了,反易伤其爱。"[①] 这是从概念与心理层面来解读孔子的"仁",有其超越时空的合理性。

三

在老子和孔子以前,不仅中国的思想自上古巫祝文化以来已经历了长期的发展过程,至西周,礼乐文明已发展到堪称圆熟之境,而且还产生出一些适应新的社会变化需求而有利于宗周思想的新观念,但这些都未及从理论上作系统概括。老子、孔子相继跃登历史舞台,标志着此前思想的综结。他们在旧秩序崩坏的社会现实中,分别以"道"、以"仁"为核心提出各自的思想体系,其后继者又以这两个思想体系为基础发展其学,从而形成发展起儒家学派和道家学派。尽管"世之学老子者则绌儒学,儒学亦绌老子"(《史记·老子韩非列传》),但老子、孔子各以其学把中国

[①] 钱穆:《孔子与论语》,九州出版社,2011年,第125页。

思想引领进入到西方学者所谓"哲学的突破"(Philosophic breakthrough)之轴心时代，此即春秋末叶至战国之世，百家争鸣的诸子时代。就此而言，在由远古巫祝文化发展而来的礼乐文明这样一种历史文化传统背景下产生的老子和孔子，既是中国思想史上旧时代的终结者，又是新时代的开创者；他们都具有伟大的理论创造精神。

德国哲学家卡尔·雅斯贝尔斯（1883—1969）最早提出"轴心时代"（Axial Age）的说法，认为公元前800年到公元前200年这一时期，世界历史上充满了不平常的事件，人类的精神基础同时或独立地在中国、印度、波斯、巴勒斯坦和希腊开始奠定；而且，直到今天，人类的精神仍然附着在这种基础上。对雅斯贝尔斯揭示出的这种"轴心时代"的开启，国外有学者把它解释为"哲学的突破"，如余英时绍述美国当代社会学家帕森思的观点道："在公元前一千年之内，希腊、以色列、印度和中国四大文明古国，都曾先后各不相谋而方式各异地经历了'哲学的突破'的阶段。所谓'哲学的突破'即对构成人类处境之宇宙的本质发生了一种理性的认识，而这种认识所达到的层次之高，则是从来都未曾有的。与这种认识随而俱来的是对人类处境的本身及其基本意义有了新的解释。"① 人是社会的人，思想是社会的思想。具有"哲学的突破"意义的"轴心时代"之开启，乃是由于作为历史存在之主体的人自觉介入了思想文化的运动，"没有那些敏感的生命主体深入其所处的特定时代环境，并以其在这种特定环境下的独有体验为基础进行历史的反思，就不会有所谓的'哲学的突破'"②。

老子、孔子所以能将中国思想引领进入"哲学的突破"之轴心时代，就在于他们在礼崩乐坏、社会危机深重的春秋末世，自觉介入了思想文化运动。老子以其亲历周室之衰的生命体验为基础进行历史反思和现实批判，深刻揭露客观存在着的社会矛盾与对立："大道废，有仁义；智慧出，有大伪；六亲不和，有孝慈；国家昏乱，有忠臣。"（十八章）"天下多忌讳，而民弥贫；民多利器，国家滋昏；人多伎巧，奇物滋起；法令滋彰，盗贼多有。"（五十七章）"民之饥，以其上食税之多，是以饥；民之难治，以其上之有为，是以难治。"（七十五章）更试图以其所揭扬的"道"来消解这种矛盾与对立，即"想把'有之'的社会，回复到'无之'的社会"③。这当然不能真正解决"拆散"时代的现实问题而重构出一个新的社会，但正如徐复观先生所说：

> 作为道家开山人物的老子，正生当不仅周室的统治早经瓦解；并且各封建诸侯的统治，亦已开始瓦解；贵族阶级，亦已开始崩溃；春秋时代所流行的礼的观念与节文，已失掉维持政治、社会秩序的作用的时代。这正

---

① 余英时：《士与中国文化》，上海人民出版社，1978年，第28页。
② 韩德民：《礼：从历史到哲学》，《中国文化研究》1997年春之卷。
③ 侯外庐：《中国思想通史》第一卷，第261页。

是一个大转变的时代。当时不仅已出现了平民的知识分子;并且也出现了在《论语》中可以看到的"避世"的知识分子。在这种社会剧烈转变中,使人感到既成的势力、传统的价值观念等,皆随社会的转变而失其效用。人们以传统的态度,处身涉世,亦无由得到生命的安全。于是要求在剧烈转变之中,如何能找到一个不变的"常",以作为人生的立足点,因而可以得到个人及社会的安全长久,这是老子思想最基本的动机。①

并且,尤其值得注意的是,"顺着古代宗教坠落的倾向,在人的道德要求、道德自觉的情形之下,天由神的意志的表现,转进而为道德法则的表现。儒家由道德法则性之天,向下落实所形成的人性论,系以孔孟为中心,成为中国文化的主流。但由宗教的坠落,而使天成为一自然的存在,这更与人智觉醒后的一般常识相符。在《诗经》《春秋》时代中,已露出了自然之天的端倪。老子思想最大贡献之一,在于对此自然性的天的生成、创造,提供了新的、有系统的解释。在这一解释之下,才把古代原始宗教的残渣,涤荡得一干二净;中国才出现了由合理思维所构成的形上学的宇宙论"②。

至于孔子,称尧颂舜,寄寓着他希望在现世实行有如上古那样的仁德之政,以实现"老者安之,朋友信之,少者怀之"(《论语·公冶长》)的社会理想。他具有强烈的社会情怀,其思想核心"仁"更是批判理论与社会理想的缩写。只有结合孔子所处的时代背景,才能深入思考"仁"的社会功用。当时,贵族骄奢淫逸,平民困苦不堪,社会等级森严,列国征战不休,乱象丛生,亟须变革。变革的形式多种多样。有激烈的革命,有渐进的改革。有人将孔子塑造为革命家,有人将孔子视为改革派,还有人将孔子扭曲为复辟分子。这些都是后人的一曲之见,与孔子本人相去甚远。孔子思想的立足点在于道德,在社会生活中确立"类"的意识,倡导"爱人",将人类与禽兽区分开来,防止出现统治集团虐待生民、流民冲击社会秩序的恶性事件。从道德的起源到人类意识的确立,再到人类相爱的理想社会,孔子思想的轮廓逐渐清晰,正如张君劢所言:"道德之起也,由于物之各爱其类,飞禽走兽之于子,无有不育哺而卵翼之,其在人类则为慈为孝,由父子兄弟,扩充而为社会,则有分工合作,而相助、相托、相约之关系,由之以生。而信义仁爱、忠恕勇侠之道随之而至,此皆出于人类相爱之心,不可一日离者也。"③ 道德理想一直萦绕在儒者的心头,指引着他们改良世道人心。孔子确立"仁"的崇高地位,成功地使士人摆脱远古宗教观念的束缚,凸显人道的重要性,将天道解释为符合人道的进化秩序。这对此后两千多年的中国传统社会产生了极其深远的影响。注目于中华法系的异彩

---

① 徐复观:《中国人性论史·先秦篇》,上海三联书店,2001年,第289页。
② 徐复观:《中国人性论史·先秦篇》,第287页。
③ 张君劢:《义理学十讲纲要》,中国人民大学出版社,2009年,第26页。

纷呈，我们不难发现这样一个道理，"由于中国文化，不在宗教方面特别发展，法律自亦随之而不能宗教化矣。中国文化所以不走向宗教途径者，此因华夏民族与其文化，出自多元，而彼此胸襟阔大，对于所会合之各族文化，兼容并收，仍任各族之信仰同存，因而产生多神现象，自然不能形成宗教；法律比较有统一性，自不能将各族的信仰规定于法律之内，且多神并存，亦不成其为宗教矣。"① 在儒家的理论框架中，人性显得尤为可贵，人性可以拓展为五常之性，它与天道实现吻合。人性是真实不虚，尽管它在不同历史阶段呈现为不同的样态，但是有些恒定的道德理念决不会磨灭。我们不能否认人性的真实性和普遍性。"在中国文化史上，由孔子而确实发现了普遍的人间，亦即是打破了一切人与人的不合理的封域，而承认只要是人，便是同类的，便是平等的理念。"② 这是中国历史乃至整个人类历史上第一次真正意义上对人性觉醒的理性主义呼唤；正是有了孔子的这思想，正是由于有孔学及孔子所开创的儒学作为中国思想文化的核心，才使得中国文化是人学而非神学。

将中国思想引领进入到"哲学的突破"之轴心时代的老子和孔子，都是具有创造精神的伟大思想家。如果说老子的创造性主要表现在其所提出的哲理深邃的"道"论上，那么，孔子的创造性就在于培养士人，打破贵族对权力的垄断，为平民阶层跻身政治领域搭建津梁。在当世社会已发生严重变迁式动乱的背景下，基于对"小人'疾贫'与君子求富"这样一种现实的肯认，孔子不仅揭橥"有教无类"之旨而对私学及先秦子学思潮的勃兴"尽了'金鸡一鸣天下晓'的首创任务"，而且他还以其"性相近也，习相远也"（《论语·阳货》）的光辉命题，"承认了国民参与政事的合理性"，其门下"弟子即以国民阶级占绝对多数（只有南宫适、司马牛二人以贵族来学），而'问为邦''学干禄''可使南面''可使为宰''可使治赋'者，实繁有徒"。进一步考察，孔子"不但肯定'仁远乎哉？我欲仁斯仁至矣'，而且主张'仁者爱人'"，"把道德律从氏族贵族的专有形式拉下来，安置在一般人类的心理的要素里，并给以有体系的说明"③。清儒潘平格所谓"孔门之学，以求仁为宗"（《潘子求仁录辑要》卷一《辨清学脉上》），堪称的论。而要"为仁""求仁"以达到仁的境界，就必须首先有个道德意识的自觉。因此，孔子旗帜鲜明地提出"仁远乎哉？我欲仁，斯仁至矣"。尽管"仁"不仅是总德，而且还是本体性的道德范畴，但它发乎内而著乎外，并不是从外面强加的制度或行为规范，而是人们只要有了自身的自觉便可在现实社会生活中可以感知可以体现可以达到的。这就使其依据时代精神而创新性提出的"仁"学，极高明而道中庸。诚如张岱年先生所说："仁是一个极崇高而又切实的生活理想，不玄远，无神秘，而有丰富义蕴。孔子对于中国思想之贡献，

---

① 陈顾远：《中国法制史》，商务印书馆，2011年，第51页。
② 徐复观：《中国人性论史·先秦篇》，第57页。
③ 侯外庐：《中国思想通史》第一卷，第144—145页。

即在阐明仁的观念。"① 孔子所提出的这一史无前例的思想,意义非凡。"仁远乎哉? 我欲仁,斯仁至矣。"朱熹《论语集注》释之曰:"仁者,心之德,非在外也。放而不求,故有以为远者。反而求之,则即此而在矣,夫其远哉?"② 这是中国历史乃至整个人类历史上第一次真正意义上对人性觉醒的理性主义呼唤! 中国人素来注重"人禽之别";人与禽兽究有何别? 根本处就在于唯有人才有理性主义的道德自觉。这是人自身内在固有的,它不需要超凡入圣的佛菩萨或上帝之类的神祇去呼唤,只要是人,一旦唤醒了这内在固有之物便有了人的自我自觉,从而与禽兽判然两别。这样的思想引导着人们洞彻人生的真谛:"人不需要神灵来拯救,而需要自己来成就。"③ 孔子反复强调"仁"的社会功用,不仅影响了两千多年的传统社会的基本构造,而且决定了中国文化的基本内核只能是人学而绝非神学。

---

① 张岱年:《中国哲学大纲》,中国社会科学出版社,1982年,第261—262页。
② [宋]朱熹:《四书章句集注》,岳麓书社,1985年,第127页。
③ 姜广辉:《〈论语〉的魅力》,姜广辉:《中国文化的根与魂》,辽宁教育出版社,2014年,第119页。

天下之中与禹都阳城探索

陈隆文（郑州大学历史学院）

摘　要：作为中原核心的伊洛河——郑州地区是新中国考古工作开展最早的地区，登封王城岗遗址的发现使古代文献中"禹居阳城"之说得以落实。禹都阳城选择在"天下之中"的嵩山及其周边区域与中国古代传统宇宙结构观念有密切的关系，这一系统观念在西周以后经由周公的总结而发展成为周人建都的理论和原则。

关键词：王城岗；禹都阳城；天下之中

一、"天下之中""土中"与"地中"

"天下之中"是一个古老的历史概念，"天下"原意是指天子统治下的国土，"天下之中"最初的含义是指国土的中心位置。

"天下""四海"等词汇的具体含义，古代思想家进行了阐释。《中庸》解释"天下"为"天之所覆，地之所载"。《礼记·曲礼》有"君天下为天子"，郑玄注曰："天下，谓外及四海也。"

"天下之中"也算是我国最早的宇宙观。

上古时期先民认识宇宙存在着两种天地说，即浑天说和盖天说，被称为地方性的宇宙论。这两种学说在《山海经》中都有反映。

浑天说是把大地想象为平圆形状，"天下之中""土中"与"地中"就是华夏族的居地，具体地说就是以夏王朝都城阳城附近为中心的地域，此为"天下之中"的地区，从这个中心地区向外，直达四海。

求"地中"之说，它的缘由是因周人灭商以后，到底应把国家建立在什么地方，"天下之中"的理论应运而生。有人认为是周公首创了"天下之中"的概念，实际上是周公总结了前人的宇宙观和理念，而在新时代的应用，成为周代建都的理论和原则。"天下之中"是由"天下"与"中"一系列空间概念构成。在这里有两层意思：一是指受命于天，二是指天下之中的土地。"中"是对"天下"这一空间中心的划分。天下只有在与"中"的概念联系在一起，"天下之中"理论才会完整地表达出来。由此可见"中"是这一理论最核心的概念。在先民中有"尚中"与"择中"的意识。相传黄帝即居"天下之中"。《淮南子·天文训》曰："中央土地，其帝黄帝，其佐后土，执绳而制四方。"这种以"土"居中央，以黄帝为统领四方之帝的理论,在思想上所遵循的即"尚中"原则。据现代学者研究,在夏代就已表现有"尚中"与"择中"的意识。所以有的学者认为"天下、中国、四方、九州岛、四夷"似乎在夏代以前就已存在。《左传·僖公二十四年》引《夏书》曰:"地平天成。"在甲骨文中有"立中"一词,各家解释不一。有的认为应将"立中"与商代的圭表测量联系起来,认为"商人树立测量日景的'中'相当于《周礼》上所记载的'圭表测景'的表"①。按"中"字在甲骨文和金文中,都是一个象形字。象征着一根带旗子的杆,垂直立在地面上,杆上有两根、四根、六根或在金文中是许多根带状物或者绳子,而不是面积较大的旗帜②。《周礼》上所述圭表测景之法,就是在一块平地的中央,立一根杆,杆上挂着八根绳子,绳子如果都附在杆上,就表示杆是正的,也就是垂直的,然后在日出和日入时观察杆子的影长,以此来定东南西北方向。值得注意的是孔颖达《毛诗正义》就曾对《诗经》中《定之方中》里对圭表测景的解释与《考工记》的不同加以分析,这些都是古代对一年四季天体运行测定很宝贵的科技成果,值得重视。所以萧良琼先生认为"中"是一种最古老最原始天文仪器,通过它可以测定方位和四时变化,所以也很神秘,这种神秘观念在古书中也有某些痕迹。此说正确可取③。在这里有的学者把"中"字简单的解释为旗,"可见中之本意为旗"④。此说不妥,值得商榷。有的学者认为卜辞的"立中"是占卜平息大风的一种礼仪。不管怎样解释,它是用日晷的指针表示其中心位置这一点是很重要的⑤。有了中心,自然方位就很明确,所以商代有"中商""东土""南土""西土"等观念的产生,而且特别重视方位与天气变化的关系。在这里周公总结前人的"尚中"理念,在新形势下创建王都的理论与原则。这里至少有三方面的内容。第一,"居天下之中以统领四方"的政治统治思想,突出了都城作为政治统治中心的性质和功能,是谓"天下之中"理论的政治意义。第二,"天下之中"是"为天下之凑"的经济中心思想,突出了都城作为经济中心的性质和功能,是谓"天下之中"理论的经济意义。第三,"定天保,依天室"为均教化的文化中心思想,突出都城作为文化中心的性质和功能,是谓"天下之中"理论的文化意义。在这里必须指出的是上述"天下之中"不仅是"宇宙观",而且也是一种建都理论与原则,同时也是一种施政理念和治国方略。远古王者幻想,只要居一个具体天地阴阳和谐的位置施行政令,就可以轻而易举地达到人君和谐之治。由于这样王者可以不偏不倚地均统

---

① 萧良琼:《卜辞的"立中"与商代的圭表测景》,《科技史文集》(第十辑),上海科学技术出版社,1983年。
② 萧良琼:《卜辞的"立中"与商代的圭表测景》,《科技史文集》(第十辑)。
③ 萧良琼:《卜辞的"立中"与商代的圭表测景》,《科技史文集》(第十辑)。
④ 赵诚:《甲骨文简明词典:卜辞分类读本》,中华书局,1988年,第219页。
⑤ [美]吉德炜:《晚商的方舆及其地理观念》,马保春翻译整理,《九州》(第九辑),商务印书馆,2007年。

天下，于民则可以衷心地服侍天子，从而达到长治久安的和谐之治。这是天下之中产生的思想背景，也是最初为什么与建都联系在一起的根本原因，也是择"天下之中"建都的一个原则，也是一条治国方略。总之，它是远古"天人合一"的和谐的人治思想的产物。所以《左传·桓公三十二年》云："昔成王合诸侯，城成周以为东都，崇文德焉。"它是先民"宇宙观"的具体发挥与运用。所以"天下之中"涵盖了宇宙观、政治理论和实践方法三方面的内容，同时也表现出三者的统一，成为中国早期比较成熟的建都理论与原则。

《史记·周本纪》曰："成王在丰，使召公复营洛邑，如武王之意。周公复卜申视，卒营筑，居九鼎焉。曰：'此天下之中，四方入贡道里均。'"《尚书·召诰》曰："王来诏上帝，自服于土中。"孔传："于地势正中。"《逸周书·作雒解》："俾中天下……乃作大邑成周土中。"《汉书·地理志》谓："昔周公营洛邑，以为在于土中，诸侯蕃屏四方。"文中的"土中"即"天下之中"。为什么建都位于天下之中？这是古人建都的一个基本原则。《吕氏春秋·审分览·慎势篇》云："古之王者，择天下之中而立国。"《新书·属远》曰："古者天子地方千里，中之而为都。"为什么要都中央？《周礼》说是"阴阳和中，百物阜安"。班固《白虎通》说是"处中以领四方"。谯周《法训》说是"顺天地之和而同四方之统"。左思《魏都赋》说是"宅中图大"。《五经要义》说是"总天地之和，据阴阳之正，均统四方，以制万国"。荀子也说："王者必居天下之中，礼也。"《盐铁论·地广》云："古者天子之立于天下之中，……夫治国之道，由中及外，自近者始。近者亲附，然后来远；百姓内足，然后恤外。"所以古人"择天下之中而立国"，这是一条建都的基本原则。《吕氏春秋·季冬纪·序意》又曰："上揆之天，下验之地，中审之人，三者皆适，则无为而行。"基于此，所以古人择"天下之中"而立国。

在历史上我国之所以称"中国"，就是与"择天下之中而立国"的传统思想分不开的。如《周礼·地官·载师》称"天下之中"为"国中"，"以廛（民居之通称）里任国中之地"。周公更是直接称"天下之中"为"中国"。此说见何尊铭文。故《毛诗》曰："中国，京师也。"具有"中央之国"的含义。"中国"在古人天下观中，位居中央，是"王"或"天子"施政的核心区域，据有此地是"正朔"的重要表现。也是对王权为"天下"权力中心的经典表述，实际上是"天下"权力中心和王朝的政治格局演变在人们观念中的反映。"王畿"在京师所在地，故也称"中国"。"中国"的范围，在这里应该指出的最早的范围，就是和夏代建立我国第一个奴隶制王朝禹都阳城分不开的。最早许慎《说文解字》曰："夏，中国之人也。"以后《汉书·地理志》颜师古注说："夏，中国。"《后汉书·班彪传》李贤注说："夏，中国也。"《战国策·秦策》鲍彪注也说："夏，中国也。"在这里为什么把夏解释成中国呢？《史记·天官书》曰："及秦并吞三晋、燕、代，自河山以南者中国。"《史记正义》曰："河，黄河。山，华山也。从华山及黄河以南为中国也。"这正表明了中国的地域概念。也正是夏人兴起的地方,夏文化最初兴起分布的地区。所以古人称"中国"最初就是夏人居住的地区。故《说文解字》曰"夏,中国之人也",同时也是中国传统文化的根本所在地区,所以这种民族又称华夏族。因此西周初年武王灭商后,要选定都城做王都周的政治统治中心。《史记·周本纪》记载:"王曰:'定天保,依天室,悉求夫恶,贬从殷王受。日夜劳来定我西土,我维显服,及德方明。自洛汭延于伊汭,居易毋固,其有夏之居。我南望三涂,北望岳鄙,顾詹有河,粤詹雒、伊,毋远天室。'营周居于雒邑而后去。"

1963年陕西宝鸡出土的青铜器何尊铭文曰:"唯武王既克大邑商,则廷告于天,曰'余其宅兹中国,自之乂民'。"唐兰曰:"中国指周王朝疆域的中心,即指洛邑,后来就建立成周。"① 而以后到汉代已有演变。中国的范围更广大,《汉书·郊祀志》曰:"天下名山八,而三在蛮夷,五在中国。中国华山、首山、太室山、泰山、东莱山,此五山黄帝之所常游,与神会。""中国"为天下核心,据有可以成为号令四夷的正统王朝。因此,我们说"天下之中"思想观念的运用最初应是在夏代,而西周时期就正式确立为建立王都的原则。

所以《逸周书·作雒解》云:"乃作大邑成周于土中,城方千七百二十丈,郛方七百里,南系于洛水,地因于郏山,以为天下之大凑。"《孝经援神契》云:"成王即位而营洛邑,以天下中,四方贡职道里均。"《汉书·地理志》云:"昔周公营洛邑,以为土中,诸侯蕃屏,故立京师。"《后汉书·杜笃传》云:"成周之隆,乃即中洛。"

《尚书·召诰》:"王来上帝,自服于土中。"周秉钧《尚书易解》注:"土中,谓洛邑,在九州之中也。"曾运乾《尚书正读》注:"土中谓洛邑,为天下中也。"

《周礼·地官·大司徒》曰:"以土圭之法测土深,正日景,以求地中。日至之景,尺有五寸,谓之地中,言王勘问上帝,考之于龟,拟用事于土中也。"王世舜《尚书译注》:"土中,谓天下之中,指洛邑。"李民《尚书译注·召诰》:"土中、中国,当时的洛邑一带居天下之中,故称土中。"顾颉刚《尚书校释译论》注"土中"曰:"谓王于土地之中央听从上帝之指示也。"孙星衍《尚书今古文注疏》曰:"土中,谓王城,于天下为中也。"引《论衡·难岁篇》云:"儒者论天下九州,以为东西南北,尽地广长,九州之内五千里,竟三河土中,周公卜宅,经曰,'王来绍上帝,自服于土中。'雒则土之中也。"《水经·河水注》引《孝经授神契》曰:"八方之广,周洛为中,谓之洛邑。"《帝王世纪》云:"周公相成曰……卜居洛水之阳,以为土中。"南朝陈后主《洛阳赋》诗云:"建都开洛汭,中地乃城阳。"唐高宗《建都诏》云:"此都中兹宇宙,通贡于四方。"等,不一而足,可谓洛阳为天下之中的源远流长。

在这里有一个问题,就是在陈后主《洛阳赋》中提到"中地乃城阳"。所谓

---

① 唐兰:《西周青铜器铭文分代史征》,中华书局,1986年,第76页。

"中地"即"地中",即周公择"地中"。"城阳"就是"阳城"。如何认识在阳城求"地中"与周初营建洛邑问题?《史记·周本纪》记载:武王灭商后,"武王至于周,自夜不寐"。后武王告诉周公旦"定天保,依天室"。又说"'自洛汭延于伊汭,居易毋固,其有夏之居,我南望三涂,北望岳鄙,顾詹有河,粤詹雒、伊,毋远无室。'营周居于雒邑而后去"。

《史记·周本纪》这一段话,在《逸周书·度邑解》中也有同样的记载。《逸周书·度邑解》曰:"叔旦恐,泣涕共手。王曰:'……自洛汭延于伊汭,居阳无固,其有夏之居。我南望过三涂,我北望过于有岳,鄙顾瞻过于有河,宛瞻于伊、雒,无远天室。其名兹曰度邑。'"有岳,山名,即太岳,在今山西省霍州市;三涂,地名,在今河南省嵩县西南。在这里武王考察灭商后周初的地理形势,要建立周的统治中心应在什么地方,得出一个初步想法,内容有两点,第一是有夏之居,即夏文化的中心地,第二是离天室不远,可以依靠"天室",保佑成周王朝。对天室,在金文里天亡簋铭文有明确记载:"王殷三方,王祀于天室。"天室即太室,"天""太""大"古为一字。铭文中的天室指嵩山。《左传·昭公四年》:"四岳,三涂,阳城,大室,荆山中南,九州之险也,是不一姓。"《逸周书·度邑解》王曰:"旦!予克致天之明命,定天保,依天室。"天室即天祭之室,应在中央。故《汉书·五行志》引左氏曰:"前堂曰太庙,中央曰太室屋,其上重屋,尊高者也。"由于天室在嵩山阳城,为求天保佑,而后周公才有此求"地中"之事。而"地中"也是在周公营洛邑之时,如何求"地中"?《周礼·地官·大司徒》有如下的记载:"以土圭之法测土深,正日景,以求地中。"贾公彦疏曰:"地中者为四方九服之中也。"

《荀子·大略篇》云:"欲近四旁,莫如中央,故王者必居天下之中,礼也。"

《白虎通义·京师篇》云:"王者必即土中何?所以均教道,平往来,使善易以闻,为恶亦以闻,明当惧慎。《尚书》曰:'王者诏上帝,自服于土中。'"

《史记·周本纪》曰:"成王在丰,使召公复营洛邑,如武王之意。周公复卜申视,率营筑,居九鼎焉。曰:'此天下之中,四方入贡道里均。'"

《太平御览·皇王部》引《帝王世纪》云:"周公相成王,以丰、镐偏处西方,贡不均,乃使邵公卜居洛水之阳,以为土中。"

"所谓地中者,乃二中也,此惟赤道下,二分天中,天地之中气谓之地中,天地所合,地之中气与天之中气合也。"上引《周礼·地官·大司徒》的话原文很长,现抄录如下:"以土圭之法,测土深,正日景,以求地中。日南则景短,多暑;日北则景长,多寒;日东则景夕,多风;日西则景朝,多阴。日至之景,尺有五寸,谓之地中。"郑玄注则引郑司农的话作进一步说明:"土圭之长,尺有五寸。以夏至之日,立八尺之表,其影适当与土圭等,谓之地中,今颍川阳城地为然。"以上郑玄这段话肯定周公以圭求地中,应是在颍川阳城,而不是在其他地区。

中国自古以来以豫州即洛阳一带为天下之中,如从建表观天而言,阳城则又视为中心的中心。"地中"亦即"天下之中",所以《周礼正义》说:"地中者,为四方九服之中也。"今登封阳城为当时天下的中心所在。

在这里要说"阳城周公测景台"应在何时建造。有的学者认为是在唐代,这个说法不确切。周公为什么在登封设测景台求地中与在洛邑求地中是一致的。这实与我国第一个奴隶制王朝在此出现有密切关系。它与周王朝武王灭商后在此建都有密切的关系。所以周王朝在登封求地中。

《新唐书·地理志》的"河南府河南郡阳城"条下记载"有测景台,开元十一年,诏太史监南宫说刻石表焉"。这说明我们现在看到的石表的确建立于开元十一年(723),这也是大家公认的看法,但在这里应该注意到阳城这个地方,在开元十一年以前,并不是没有测景台,而是早已建有一座测景台,南宫说所做的事,就是奉诏在这里刻一个新石表而已。

《周礼注疏》的作者贾公彦对上引《周礼·地官·大司徒》测景以定"地中"的一段话,以及郑玄注又有一段疏解:"郑司农云,颍川阳城地为然者,颍川郡阳城县是。周公度景处,古迹犹存。"贾公彦撰《周礼注疏》约在唐高宗永徽年间(650—655),时间比姚玄辩阳城测景还稍早一点,所以贾公彦和姚玄辩的时代,都比南宫说早。

在这里应注意比《新唐书·地理志》、贾公彦《周礼注疏》记载更早的还有郦道元《水经注》。《水经注》卷二十二:"颍水迳其县故城南,昔舜禅禹,禹避商均,伯益避启,并于此也。亦周公以土圭测日景处。"杨守敬按:"《周礼》,大司徒以土圭之法测土深,正日景,以求地中,日至之景尺有五寸,谓之地中。《注》,郑农云,土圭之长,尺有五寸。以夏至之日,立八尺之表,其景适与土圭等,谓之地中,今颍川阳城地为然。《疏》,颍川郡阳城县是周公度景之处,古迹犹存。《元和志》,测景台在告成县城内西北隅,高一丈,唐告成即旧阳城县治。"

《水经注》卷二十二又曰:"县南对箕山,山上有许由冢,尧所封也。……《春秋左传》曰:夏启有钧台之乡,是也。杜预曰:河南阳翟县南有钧台。……颍水自揭东迳阳翟县故城北,夏禹始封于此,为夏国,故武王至周曰:吾其有夏之居乎?遂营洛邑。徐广曰:河南阳城,阳翟则夏地也。"

"周公测景台"又叫"测影台",学名"八尺表",俗称"无影台"。是我国古代立八尺表土圭测影的遗址,是测量日影、验证时令季节的仪器。周文王四子(周公姬旦)为营建洛邑曾在此测验日影。唐开元十一年(723),太史监南宫说等人以周公土圭之制换"石圭石表"。意思是当年周公测影,是在这个地方,在南宫说"刻石表"之前,这个地方曾立有日表。为了证明阳城是"天下之中",对做太阳观测用的测景台和测景表做出这样特殊的设计,造出"无影"的奇观。这种情形,科学工作者认为这"大概古今中外是绝无仅有"。可见周公测景台在天文学上的地位,它的出现不是偶然的。

在中国二里头遗址与二里头文化国际学术讨论会上,大家"较为一致地认为二里头遗址是迄今可以确认的中国古代文明和国家形成时期年代最早的王都遗址"。又认为:"二里头文化结束了万邦时期,即氏族社会在万邦时期解体。二里头文化证明了国家的统一,二里头遗址是统一王朝的中心。夏王朝统治的中心区域位于伊洛河地区。"还认为"二里头文化是中华文明形成历史上最早出现的核心文化,其与后来的商周文明一道,构成早期华夏文明的基本质"。并且认为:"二里头遗址是迄今可确认的中国最早的王朝都城遗址,堪称'华夏第一都'。"[①] 因此笔者认为周代的周公测影台设在登封阳城崇山处,实与我国第一个奴隶制王朝在这里出现有关。

二、崇山与禹都阳城地望

鲧、禹为夏后氏先人,他们的居处与活动应在何处?目前史学界流行一种说法,认为在崇山,阳城在河济之间的濮阳,并认为"禹都阳城即濮阳"[②]。

古本《竹书纪年》与《世本》称"禹居阳城"。如何理解这个"居"字?这个"居",笔者认为就是"都"的含义。《史记·封禅书》曰:"三代之居,皆在河洛。"张守节《正义》:"《世本》云:'夏禹都阳城,避商均也。又都平阳,或在安邑,或在晋阳。'《帝王世纪》云:'殷汤都亳,在梁,又都偃师,至盘庚徙河北,又徙偃师也。周文、武都酆、鄗,至平王徙都河南。'案:三代之居皆在河洛之间也。"《汉书·地理志》注、《续汉书·郡国志》注,均引用此说。在这里应该如何理解古本《竹书纪年》的记载?王国维先生在《古史新证》中指出,《竹书纪年》是战国时魏人作,今书非原本,但是它应该是早于《世本》的;又说:"《世本》今不传,有重辑本汉初人作,然多是古代材料。"[③] 在这里如果我们引用《世本》的材料,尤其是汉代宋衷的注,恐不能为据。所以《世本》中又有"禹居阳城,在大梁之南"之说,而此说是据《太平御览》卷一五五,从王应麟《地理通释》所引,因此,禹居阳城在大梁之南不应作为主要根据。

王国维先生还认为:"《左氏传》《国语》为春秋战国之初作,至汉始行世。"[④] 应该说是比较早、可靠的历史文献。而《尚书》,王国维先生又认为"《虞夏书》中如《尧典》《皋陶谟》《禹贡》《甘誓》,《商书》中如《汤誓》文字稍早而简洁,或系后世重编,然至少亦必为周初人所作"。其他"诸篇皆当时所作也"[⑤]。时间越早其可信程度越高,越晚其可信程度越小。因此,笔者认为汉代宋衷所注"禹都阳城"

---

① 王学荣、许宏:《"中国·二里头遗址与二里头文化国际学术研讨会"纪要》,《考古》2006年第9期。
② 沈长云:《禹都阳城即濮阳说》,《中国史研究》1997年第2期。
③ 王国维:《古史新证——王国维最后的讲义》,清华大学出版社,1994年,第9页。
④ 王国维:《古史新证——王国维最后的讲义》,第9页。
⑤ 王国维:《古史新证——王国维最后的讲义》,第3页。

在"大梁之南"的说法,只能是代表他个人的意见,不应是对历史实际情况的真实记录。但这里有一点应该说是正确的,即"禹都阳城"应是事实。

关于禹都阳城的地望,《国语·周语》曰:"昔夏之兴也,融降于崇山。"现在结合有关材料可以看出,嵩山,又名崇山,而对"融降于崇山",韦昭注认为:"融,祝融也。"古代文献怎么把祝融与夏兴起于崇山联系在一起呢?《山海经》关于夏族的始祖是这样记载的:《海内经》记"黄帝生骆明,骆明生白马,白马是为鲧"。《山海经》又认为黄帝是夏鲧始祖,从族系上应是黄帝之后的一支,因此夏禹应在中原地区。所以《大荒南经》又记"鲧妻士敬,士敬子曰炎融,生骥头"。据袁珂先生考证,骥头即骥兜;丹朱,为鲧的另一支后裔。这说明夏族的兴起应在中原地区,不应在河济之间。这里明明白白说明,鲧妻士敬,士敬子曰炎融,降生炎融的地方应是崇山。为什么叫崇山?《国语·周语》:"夫宫室不崇。"韦昭注曰:"崇,高也。""崧",韦昭又注曰:"崇高山也。夏居阳城,崇高所近。"黄丕烈曰:"嵩,崇古今字。今各本《国语》皆为后删去嵩,崇之语。"汪远孙曰:"嵩山在今河南登封县北十里。"在河济之间,其他地区是找不到崇山的。

以上说明崇山就是嵩山,而以高著称,自然是采用《国语》韦昭注:"嵩,高也。"而崇山之名与《国语·周语》"有崇伯鲧"是有密切关系的。韦昭注曰:"有虞,舜也。鲧,禹父。崇,鲧国。伯,爵也。尧时在位,而言有虞者,鲧之诛,舜之为也。"鲧为"崇伯",《国语·周语》有"有崇伯鲧,播其谣心,是也。"所以"禹"又称为"崇禹"。《逸周书·世俘解》曰:"籥人奏《崇禹生开》三钟终,王定。"在这里崇与嵩相通,所以韦昭注《国语·周语》"昔夏之兴也,融降于崇山"曰:"崇,崇高山也。夏居阳城。崇高所近。"

《史记·封禅书》又曰:"以三百户封太室奉祠,命曰崇高邑。"《汉书·郊祀志》作"以山下户凡三百封崈高,为之奉邑"。颜师古注:"崈",古"崇"字是也。"崈"亦作"嵩"。《汉书·地理志》颍川郡"崈高":"古文以嵩高为外方山。"顾颉刚先生说:"《尚书·禹贡》正义'嵩高山在颍川、嵩高县',古文以为外方山是也。"《史记》以嵩高为中岳,即传说中鲧、禹之故封。汉武帝以封禅东幸缑氏,礼登中岳、太室,所以特尊"嵩为岳者"①,此说正确可取。

我们从历史地理角度进行考察,崇山,即以后嵩山。《史记·封禅书》正义引《括地志》曰:"嵩山,亦名曰太室,亦名曰外方也。在洛州阳城县西北二十五里。"王玉哲先生认为"崇山"或"有崇"原始的崇应来源于山西②。恐不确。《诗经·大雅·崧高》曰:"崧高维岳,骏极于天。维岳降神,生甫及申。""崧"字,《礼记》

---

① 顾颉刚:《四岳与五岳》,《史林杂识初编》,中华书局,2005年,第39页。
② 王玉哲:《夏文化研究中的几个问题》,中国先秦史学会编:《夏史论丛》,齐鲁书社,1985年,第5页。

《韩诗外传》及《初学记》所引《诗》皆作"嵩"。《尔雅·释山》："山大而高,崧。"朱熹《诗集传》也说:"山大而高曰崧。"又曰:"岳,山之尊者。"在这里王玉哲先生说"嵩高维岳"的"岳"是山西的太岳(霍山),因而把嵩高也说成是山西的有嵩,是值得研究,山西太岳从来没有称为嵩高的。因为只有河南省登封市的中岳嵩山才称为嵩高。《史记·封禅书》记汉武帝"东幸缑氏,礼登中岳太室。从官在山下闻若有言'万岁'云。问上,上不言;问下,下不言。于是以三百户封太室奉祠,命曰崇高邑"。王玉哲先生认为"崇高中岳"是由汉武帝登礼颍川郡之太室山之后,"于是河南始有嵩高山,所以,崇山、有崇本在山西,而大河以南有嵩高、崇山、有崇等名皆以后从西古地名层化而来"①。这完全是颠倒了历史的真相,此说不符合实际,"有崇伯鲧"崇山最早是见于《国语》记载,而且附近有"阳城"。在山西有阳城与崇山,但能不能与太室联系在一起。因此王玉哲先生之说是无根据的。这里还应明确指出,山西的阳城县,有二说,早年丁山先生在《由三代都邑论其民族文化》一文中认为,由于汤字在金文中作唐,推论"阳城"故名曰"唐城",又说"谓唐城在翼城西者较确"。丁氏之说只能说成唐即成汤,只能与商史发生关系,但却不能与夏史发生联系。阳城即唐城,这也只是一种推论,并无更多的证据来说明古阳城就在山西。其二是汉濩泽县说。罗泌《路史》卷十二"禹避舜子于阳城"说的诬罔,濩泽之阳城是说它属泽州(今晋城),所指为汉朝的濩泽县,自唐以后,才取为阳城县,可见汉濩泽县在汉以前并不能叫阳城,这样禹兴起于山西说就落空了。故《山西历史地名通检》曰:"濩泽县,西汉置,属河东郡,东汉不改。""唐初属泽州,天宝元年(742)改名阳城,天祐二年(905)朱全忠避父(诚)讳,复曰濩泽。五代唐仍名阳城。故治在今阳城县三十里泽城村。"② 在这里应该指出,阳城县在东,属今山西省晋城市辖区,而太岳吕梁山在西,无论如何空间方位是难以对应的。古本《竹书纪年》最早记载:"夏后氏禹居阳城。"《汉书·地理志》颍川郡阳翟下,颜师古注:"臣瓒曰:'《世本》禹都阳城。《汲郡古文》亦云居之。'"《后汉书·郡国志》颍川郡阳翟下李贤注引《汲冢书》曰:"禹都阳城。"《孟子·万章上》云:"禹避舜之子于阳城。"赵岐注:"阳城在嵩山下。"《史记·夏本纪》谓"禹辞避舜之子商均于阳城",裴骃《集解》引刘熙曰:"今颍川阳城是也。"《史记·五帝本纪》记载:"禹亦乃让舜子。"张守节《正义》引《括地志》云:"禹居洛州阳城者,避商均,非时久居也。"其他一些历史著作,如《太平御览》卷八二载:"禹避舜之子商均于阳城",《通志》卷三上记:"禹避舜之子于阳城。……益避禹之子居箕山之阴。"卷四一又谓:"禹在阳城,避商均之地而非都也。"从以上记载来看,阳城到底是禹避商均之地,还是禹都呢?应该统一起来,不管是都还是避均

---

① 王玉哲:《夏文化研究中的几个问题》,见中国先秦史学会编《夏史论丛》,第6页。
② 刘纬毅编著:《山西历史地名通检》,山西教育出版社,1990年,第244页。

之居地，都与禹发生联系，证明禹的活动皆与阳城有关。最早提出"禹避舜之子于阳城"的是战国时的孟子。而古本《竹书纪年》为战国时魏人所作，提出"夏后居阳城"。"居"应有都的含义，所以《世本》明确提出"禹都阳城"。

顾祖禹《读史方舆纪要》卷四八"登封县"载："古阳城也，禹避商之子于阳城即此。《世本》言禹都阳城，误也。"此说不确。我们不能把禹都阳城与避商均子割裂开来看，这是不恰当的，应该纠正。清人阎若璩《四书释地》"阳城箕山之阴"条谓："阳城山名。汉颍川郡有阳城县，以山得名，五代周省入登封。"阳城山即今东岭山，在告城镇东北。章炳麟在《神权时代居山说》明确指出："夏禹所居曰嵩山，夏都阳城，即嵩山所在，古无'嵩'字，但以'崇'字为之，故《周语》称鲧为崇伯鲧，《逸周书》称禹为崇禹。"此说正确可信。

值得注意的是，作为上古政治、宗教的中心，是离不开山的。钱穆先生曾撰《中国古代山居考》①，全面揭示了古人山居的事实，并指出"穴处即岩处，穴在岩旁，不在地下"。《孟子·尽心下》云："是故得于父民而为天子。"直接用"父民"泛指人民，正说明古人是山居的，大量的考古材料也证实"我国新石器文化遗址都是沿小河的黄土台地或小丘冈"②。章太炎还曾明确提出"神权时代天子居山说"，"综考古之帝都，颛顼所居曰帝丘，虞舜所居曰蒲阪，夏禹所居曰嵩山"③。从这里可以看出禹都阳城在嵩山脚下，应该是有其特殊地理条件和历史宗教含义的，它不是随意假设的。

根据文献材料和地下考古发掘相结合证实"王城岗龙山文化二期东西相连的两个城址的发现和城内龙山文化二期许多重要遗迹与遗物的发现，对探索夏文化是一个重大的突破。这两座龙山文化二期城址的位置，和文献记载的夏代阳城地望十分吻合，所以我们初步认为王城岗的两座龙山文化城址有可能就是夏代城址，而且很有可能就是夏代的阳城城址"④。

马世之先生结合文献记载与有关历史传说认为："王城岗龙山文化晚期小城与大城均称'阳城'，小城大约是鲧作之城和禹所避居的阳城，大城则应为夏建国后禹所都的阳城。"⑤ 这个结论应该说是正确的。不过还应该补充说明，河南省著名考古学专家安金槐先生最早提出王城岗是禹都阳城，其理由至少有四点：

---

① 钱穆：《中国古代山居考》，见钱穆《中国学术思想史论丛》，东大图书公司，1977年。
② 何炳棣：《黄土与中国农业的起源》，香港中文大学出版社，1969年，第116页。
③ 吴锐：《中国山文化通论》，中国社会科学院历史研究所编：《古史文存》（综合卷），社会科学文献出版社，2004年，第355页。
④ 河南省文物研究所、中国历史博物馆考古部：《登封王城岗与阳城》，文物出版社，1992年，第32页。
⑤ 马世之：《登封王城岗城址与禹都阳城》，《中原文物》2008年第2期。

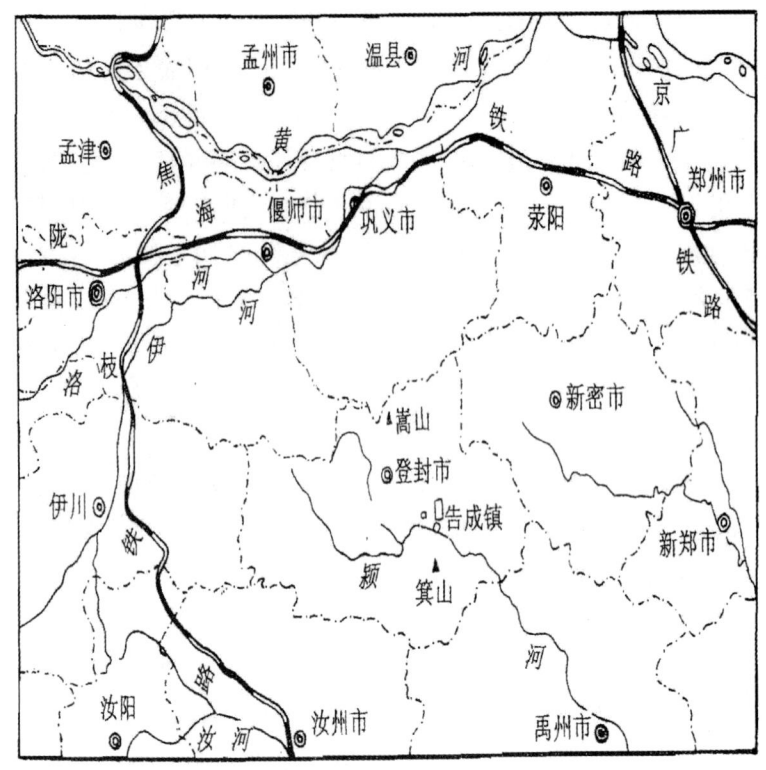

图一 河南登封市告成镇王城岗遗址位置图①

1. 王城岗城址的文化内涵是属于豫西文化类型,豫西龙山文化中期与晚期文化遗存有可能属夏文化的范畴。因而这座城址可能属于夏代城址。

2. 王城岗城址的年代距今四千二三百年,大体上是在夏代纪年的早期或接近早期。

3. 王城岗城址的地理位置,基本上和有关文献记载夏代早期阳城的地望相吻合。王城岗的名字由来已久,(王都所在地才称王城)。从地名学这个角度考察,只有王都所在地才能称王城,这绝对不是偶然的。

4. 登封告城镇一带发现东周到汉代时期的阳城遗址,也是确定夏代阳城遗址位置的重要凭证。②

在这里我想补充说明,确定王城岗遗址为禹都阳城,不仅有文献材料,而且更重要的还有考古发掘材料③。

---

① 北京大学考古文博学院、河南省文物考古所:《登封王城岗考古发现与研究》(下),大象出版社,2005年,第794页。

② 马世之:《登封王城岗城址与禹都阳城》,《中原文物》2008年第2期;河南省文物考古研究所、北京大学考古文博学院:《登封王城岗考古发现与研究(2002~2005)》,大象出版社,2007年,第14页。

③ 朱金槐:《试论登封王城岗龙山文化城址与夏代阳城》,见《中国考古学会第四次年会论文集(1983)》,文物出版社,1985年,第1—6页。

1977年考古工作者在告城镇的东北发现了东周"阳城"遗址，一般说是春秋、战国至秦汉时阳城遗址，出土了大量遗物①。其中出土一批陶文，以阴文为主（阳文很少），以钤印者居多，大多施印于明显易见之处，陶文的内容，有官印，也有私印。"其时代包括春秋、战国、秦和汉代，而以战国时期为主。"据初步统计，陶文大多是1个字，最多的也仅4个字。二至四字的有8种，可识的字共计37个。值得重视的是出土有"阳城仓器"，共发现13件，其他还有以"阳城"为姓氏的陶文，在口沿上竖向钤印"阳城"阴文的字。上述陶器上的"阳城"与"阳城仓器"上的"阳城"二字很相似，亦属于战国时期，完整的战国的陶量器，过去发现不多，这次发现既有明确的出土地点，又有地名的印证，这就为度量衡史的研究提供了重要资料。故李先登先生认为："由于'阳城仓器''阳城'等陶文的发现，最终而有力地确定了这次在告城镇东北发现的古代城址是春秋、战国至汉代的阳城之所在，解决了多年来文献记载的分歧。"②

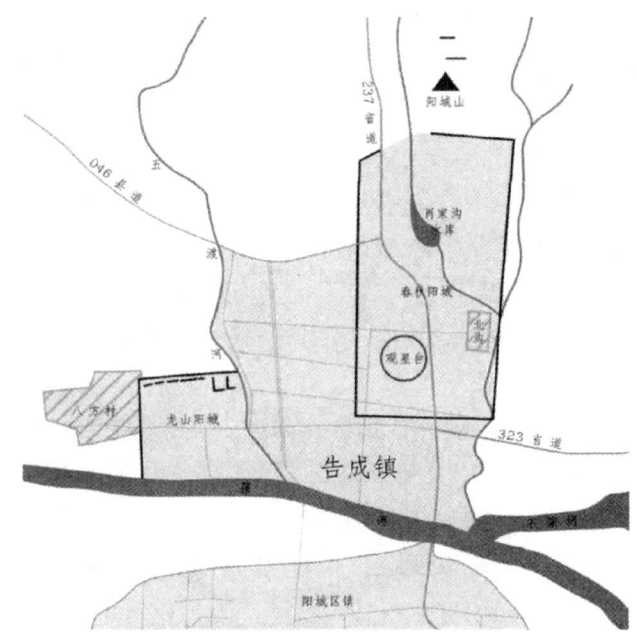

图二　春秋阳城与龙山阳城位置示意图③

---

① 中国历史博物馆考古调查组、河南省博物馆登封工作站、河南省登封县文物保管所：《河南登封阳城遗址的调查与铸铁遗址的试掘》，《文物》1977年第12期；李京华：《东周阳城地下输水管道和贮水池的初步发掘》，《中原文物》1980年第1期。
② 李先登：《河南登封阳城遗址出土陶文简释》，《古文字研究》（第七辑），中华书局，1982年，第218页。
③ 燕明、郝红星：《追寻"禹都阳城"河南登封王城岗遗址考古发现历程》，《大众考古》2017年第2期。

但在这里有一个问题应注意，上述阳城遗址，笔者认为是战国时期的阳城遗址，因出土有贮水管道，为东周阳城，这点是毫无疑问的。但有的学者似乎提出东周阳城应有春秋郑邑城和战国韩邑阳城之分①。这个意见笔者以为很正确，具有启发性。在告城镇东北发现的阳城遗址内主要为战国时期的遗存，加之出土带有"阳城仓器"铭文的战国陶器，证明此处应为战国韩国阳城。所以《史记·韩世家》："文侯二年（前385）伐郑，取阳城。"《史记·周本纪》："（赧王）五十九年（前256）秦取韩阳城负黍。"因此，公元前385年至前256年之间，阳城原是韩地。这个结论可信。

20世纪70年代，在河南省新郑市"郑韩城"也曾发现一件"八年阳城令戈"，其铭文："八年，阳城命（令）□□，工师（合文）□尚（？）冶趣。"② 已有学者考证应属"韩"③。

但1987年3月，在河南省登封县告城镇八方村，又发现了一件阳城令戈④，这两件铜戈与何琳仪先生所讨论的八年阳城令戈考的阳城应是一地，也认为"均属韩国"⑤ 我认为此看法有值得商榷之处。

在登封县告城镇八方村东部王城岗一带，发现有大量的春秋文化遗存，特别是近年来发现有春秋时期的大壕沟，为寻找春秋时代郑国阳城提供了重要资料。《史记》的《郑世家》《韩世家》与《六国年表》都记载韩文侯二年（前385），"韩伐郑，取阳城"，说明春秋时应有郑国阳城的记载。因此，徐旭生先生认为在《孟子》《竹书纪年》中亦有阳城的记载，告城镇古阳城应是一种最普遍的说法，为直接证实禹都阳城的存在找到重要证据。

1995年，考古工作者在与八方村王城岗相对的颍河南岸的箕山北麓属告城镇袁窑村北的坡地上，发现了一处东周墓地，其中三号墓是一座春秋前期的中型墓葬。葬具为一椁二棺，单人葬，墓室下有腰坑，内埋一狗。墓内出土了大量铜礼器，有鼎5件、簋4件、方壶2件，以及甗、扁壶、盘、盒各1件。从其中2件铜鼎上的铭文来看，墓主人应是郑伯公子子耳⑥。值得注意的是，该墓地距八方王城岗春秋遗址的直线距离约2000米，由此可以断定八方王城岗可能是春秋时期阳城之所在。如果我们在这里结合1987年在河南省登封县告城镇八方村发现的一件阳城令戈，共两件

---

① 李京华：《行田、箕山、阳城考》，《李京华文物考古论集》，中州古籍出版社，2006年，第69—72页。
② 郝本性：《新郑"郑韩故城"发现一批战国铜兵器》，《文物》1972年第10期。
③ 黄盛璋：《试论三晋兵器的国别和年代及相关问题》，《历史地理与考古论丛》，齐鲁书社，1982年，第89—99页。
④ 马全：《河南登封县八方村出土五件铜戈》，《华夏考古》1991年第3期。
⑤ 何琳仪、焦智勤：《八年阳城金戈考》，《古文字研究》（第二十六辑），中华书局，2006年，第213—215页。
⑥ 郑州市文物考古研究所、登封市文物局：《河南登封告城东周墓地三号墓》，《文物》2006年第4期。

戈，铭文分别为：

八年，阳城命（令）□□，工师［合文］□尚（?），冶趣。（新郑出土）

七年，阳城命（令）韩禾，工师［合文］□宪，冶弋阝（?）。（八方村出土）

这两件戈的铭文文字古朴，笔画工整，从款式上看与新郑郑韩故城发现的一批战国铜兵器字体略有不同①。因此笔者认为应是春秋郑国阳城的真实证据。最近又新发现的八年阳城令戈，同样应是春秋战国时郑国兵器。何琳仪先生认为把八方村出土的郑国兵器断定为韩国兵器欠妥，应为郑国阳城兵器，春秋战国时器物②。

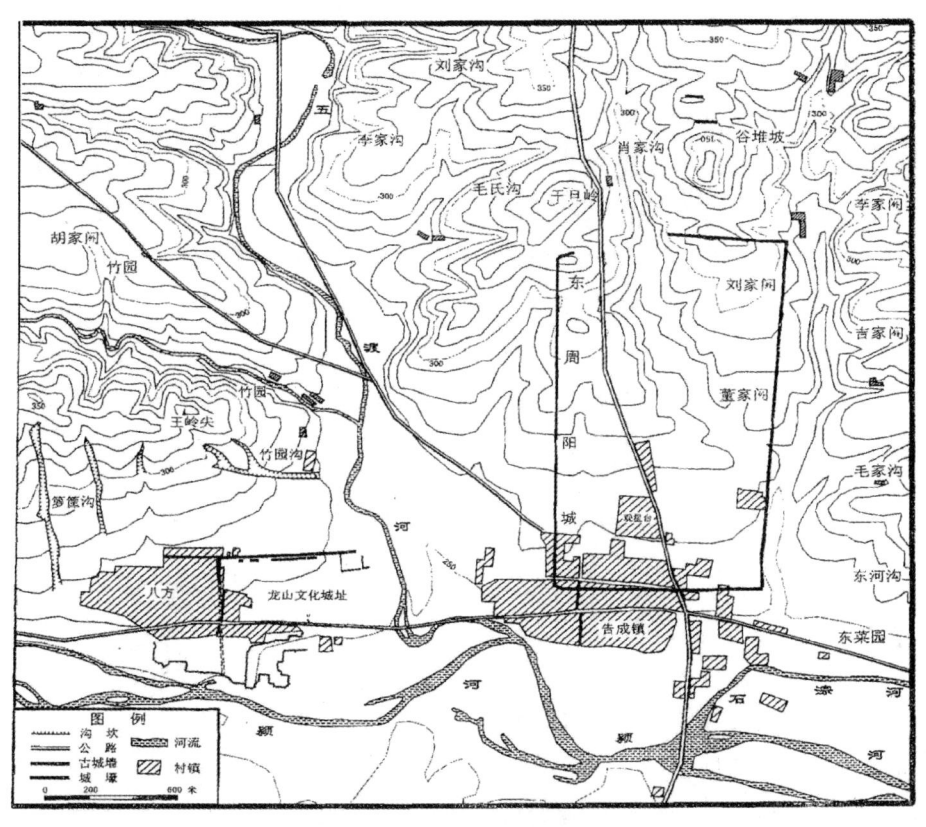

图三　王城岗遗址与东周阳城遗址位置图③

以上这些重要材料在最近北京大学考古文博学院、河南省文物考古研究所合编《登封王城岗考古发现与研究》一书没有具体反映出来，甚表遗憾。只是说："联系到在此地新发现的大壕沟，是否为春秋郑国阳城的城壕呢？不过至今尚未发现春秋

---

① 郝本性：《新郑"郑韩故城"发现一批战国铜兵器》，《文物》1972年第10期。
② 何琳仪、焦智勤：《八年阳城令戈考》，《古文字研究》（第二十六辑），第213—215页。
③ 北京大学考古文博学院、河南省文物考古所：《登封王城岗考古发现与研究》（下），第794页。

时期的夯土城墙，这也为春秋郑国阳城的确定蒙上一层迷雾。"应该指出的是："八方王城岗早期大壕沟（城壕）的发现和丰富的春秋文化遗产文化遗存，以及袁窑春秋时期郑伯公子子耳墓的发现，似可以推定春秋郑国阳城的存在，同时可以推定其应距离郑伯公子子耳墓不远。八方王城岗一带或许就是春秋郑国阳城之所在。"① 在这里作者留有余地，没有肯定八方村为春秋时期阳城遗址，现在看来八方王城岗一带虽然没有发现城墙，但我们可以肯定应为春秋时期的古阳城遗址之所在。至少有三条理由：第一，出土有"阳城"铭文的铜戈；第二，发现一条深大的壕沟；第三，发现大量的春秋时代文化遗存，尤其是郑伯公子子耳墓的发现。这三条证据，完全可以证实春秋古阳城就在告城镇八方王城岗。值得重视的是在王城岗我们发现龙山文化晚期大城为禹都阳城，这一推测应是没有错误的。从另一个方面说明春秋时期郑国"阳城"的称谓，实质上应是源于"禹都阳城"之"阳城"的。所以春秋郑国阳城的发现直接为禹都阳城确定提供了可靠有力的证据。现在一些考古工作者还期盼春秋时郑国阳城夯土城墙的发现和春秋时期"阳城"铭文之陶器②。实际上是用不着陶文与夯土城墙的发现来证实。因为"从八方王城岗春秋遗址以早期为多、晚期少见的情况看，告城镇东北的阳城的修筑当始于春秋晚期"③，这个论断是正确的，战国时期将阳城迁至告城镇东北的高岗处，可能是为了避水患，这完全是真实的，不需用更多的考古材料来证实，因为五渡河的水，已经把王城岗古城遗址冲毁一个口。这也反映了古代黄河流域水患与城市变迁之间的相互关系，同时也证明登封王城岗古城就是禹都阳城的所在。

三、天下之中在郑洛间

从历史上看，河洛地区是早期人类繁衍生息理想的地理区域，所以三代之都皆在河洛地区。

第一，伊洛河流域的景观生态系统具有多重过渡性特征，气候处于北亚热带向暖温带的过渡带，地形处于二级阶梯向三级阶梯的过渡带，纬度处于中纬度向高纬度的过渡地带。它地处黄河和伊、洛河之间，属暖温带气候区，西部丘陵起伏，东部平原沃野，地形复杂，土壤适宜农耕。尤其是嵩山周围处于黄土高原的东南边缘，土壤多为第四纪形成的黄土。黄土中的主要矿物有石英、云母、长石等，其他矿物有高岭石、蒙脱石、蛭石和重矿物④。黄土不易风化，结构疏松，有利于毛细现象的形成，可以把下层的肥力和水分带到地表，形成黄土特有的自行肥效。所以这种土

---

① 北京大学考古文博学院、河南省文物考古所：《登封王城岗考古发现与研究》（下），第794页。
② 北京大学考古文博学院、河南省文物考古所：《登封王城岗考古发现与研究》（下），第794页。
③ 北京大学考古文博学院、河南省文物考古所：《登封王城岗考古发现与研究》（下），第794页。
④ 郑洪汉等：《黄土高原黄土——古土壤的矿物组成及其环境意义》，《地球化学》1994年增刊。

壤有利于旱地粟作农业的发展。因此，经济类型处于粟作物和轮作农业的过渡带。地形的复杂，为人类提供了适宜的生态环境和多种多样的生活资料来源。

从人文地理上看，这里的文化特征是处于四方文化的辐辏之地。如颍水流域就位于南北交通的要冲，也是东西方人们频繁接触的地区。在这里发现有石家河文化的因素。东方的大汶口文化也早已传播到这一地区，因而提供了丰富的文化信息。

以上这些过渡性特征及其具有的多重边缘效应，使伊洛河流域不仅具有多重的生态适宜性，而且也有了很强的环境承载力。所以，优越的地理环境加上人们的勤奋，使这里的经济、文化都比较发达，从而使这里成为早期王朝建立国都之地。伊洛河流域先后出现禹都阳城、二里头夏都、偃师商城、西周成周、东周王城、汉魏故城、隋唐洛阳城等举世闻名的王朝都邑。在这一片面积不过数万平方千米的土地上，上下3000年间先后成为13个王朝的政治、经济、文化中心。夏王朝早期在这里建立国都，绝对不是偶然的。它显示出在这里在中国人类文明史和世界城市发展史上都占有独特的地位。它表明伊洛河流域的城市文明演进过程具有显著的稳定性、兼容性和可持续性发展的特征。

根据文献记载，伊洛河流域是夏族兴起的地区，具体地说，颍水上游一带是夏族活动的中心地区，我国历史上第一个奴隶制国家政权产生在这里，首先出现在当时伊洛文化最发达的颍河上游地区，表明颍河上游地区的自然环境在各个方面都优于周围地区，这是夏王朝首先在该地区产生并称得上发展的一个重要间接因素。

第二，作为中原核心的伊洛——郑州地区是我国考古工作开展得最早的地区，历年发现的新石器时代遗址最多。当学术界对仰韶文化和龙山文化关系认识还很模糊的时候，1954年洛阳孙旗屯的发掘，首先提出了从仰韶文化向龙山文化过渡的问题。严文明先生在为赵春青《郑洛地区新石器时代聚落的演变》一书写序时说："1959—1960，北京大学考古专业的师生在洛阳地区进行田野考古基础实习，大规模地发掘了王湾遗址，几次实习的资料极为丰富。当仰韶文化被划分为半坡类型和庙底沟类型为时不久，对两个类型孰早孰晚还争论不休的时候，我们都在进行更加细密的文化期和研究发展谱系的工作。经过初步整理，我们认识到那里的新石器时代文化自成体系，从仰韶到龙山至少可以分为八个时期。如果细致划分，甚至可以分到十期以上，发展脉络十分清楚。可惜这批资料至今没有整理发表，以至于学术界难以充分利用。"又说："龙山时期在郑州、伊洛地区是一个大发展时期，在那里除发现有许多中原龙山文化和二里头文化的遗存外，还获得了一大批由龙山向二里头过渡的被称为新砦期的遗存。从而把中原地区文明起源以及夏文化的探索又向前推进一步。"[①] 这些充分表明我国第一个奴隶制国家诞生在这里绝对不是偶然的，是历

---

① 严文明：《〈郑洛地区新石器时代聚落的演变〉序》，赵春青：《郑洛地区新石器时代聚落的演变》，北京大学出版社，2001年。

史发展的必然结果。伊洛河平原成为中原文明的诞生地，它应是环境和人类活动相互选择的结果，是人类长时期自身劳动创造活动所积淀的经济文化发展的结果。这应是在伊洛河流域产生国家的直接原因。

而禹都阳城的出现，应该是标志着我国第一个奴隶制国家的出现，我们应该把伊洛河流域与禹都阳城结合起来，不能把颍河与伊洛河平原割裂开来看待，中国古代文明诞生的整个豫西地区，或称伊洛河流域，也应包括颍河及嵩山周围一带。在新密发现的古城寨遗址就位于嵩山东麓的开阔地带。作为中国古代国家产生的核心区域——伊洛河流域，具备了优越的地理条件。伊洛河流域所在的洛阳盆地，其面积较山南的告城盆地大10倍以上，而且地势坦荡，河流密集，所以成为周人建都之地。把"有夏之居"作为周人选都洛邑地区的重要条件，由于伊洛流域四通八达，可攻可守，是比较理想的建都之地。所以作为"天下之中"的洛阳盆地更有利于控制黄河南北广大地区的经济、文化交流，因此，周人灭商后势力的发展要求建都洛邑作国都的一个重要原因。

考古资料所见周人居豳时代的社会生活

杜　勇（天津师范大学历史文化学院）

摘　要：周人居豳时代约在夏末商初至武乙统治初年，历时三百多年，是周族发展史上的奠基性阶段。但文献对这个时期周人的社会生活状况几无记载。今由长武碾子坡遗址、彬州断泾遗址的考古资料分析，可知是时周人处于穴居状态，农业工具以石铲、石刀为主，畜牧业比农业更显发达。生活用具以陶制鬲、罐、盂和瓮等最为常见，乳状袋足鬲和瘪裆鬲一直并存发展，但前者大大多于后者，似乎是周人戎狄化生活方式的反映。铜器窖藏的发现，显现出个别特权家族的存在，说明当时出现了社会分化和等级，成为公刘以后早期国家存在的社会基础。卜骨和葬俗具有较为浓厚的宗教思维色彩，卜骨和陶器上的文字或符号不仅映射出周人的精神生活，也是社会文明与进步的重要标志。周人居豳时代发展中的国家与社会，正大踏步走向一个充满生机与活力的新世界。

关键词：周人；居豳时代；社会生活；考古资料

周人居豳时代约在夏末商初至武乙统治初年，《史记·匈奴列传》谓其"三百有余岁"，夏商周断代工程拟定的年表在450年左右。不管怎样，这都是一个漫长的岁月，是周族发展史上的奠基性阶段。但在这个阶段，除公刘迁豳于文献略有记述外，其他先公则仅见其名，相关史实无从稽考。因此，借助考古资料来揭示周人居豳时代的社会面貌，具有特别重要的意义。

周人居豳时代的都邑在今陕西省彬州市东北①，以彬州市、旬邑县为中心，西北到今长武县，东南延伸至今淳化县境，应是其主要活动区域。这一带历史上曾为南豳州或邠州所辖，形成一个独立的政治地理单元。考古工作者在此有过多次考古调查②，在长武碾子坡遗址、彬州断泾遗址、旬邑孙家遗址、枣林河滩遗址、淳化枣树沟脑遗址做过考古调查发掘③，其中断泾遗址、碾子坡遗址的商代遗存基本处在周人

---

① 杜勇：《漆即豳都考议》（待刊）。
② 北京大学考古文博学院：《陕西彬县、淳化等县商时期遗址调查》，《考古》2001年第9期；西北大学文化遗产学院：《陕西彬县商周时期遗址考古调查》，《中国历史博物馆馆刊》2016年第3期。
③ 陕西省考古研究院商周考古研究室：《2008—2017年陕西夏商周考古综述》，《考古与文物》2018年第5期。

居豳时代,为我们了解当时的社会状况提供了可资利用的考古资料。

断泾遗址位于彬州市区东南9千米的泾河右岸,遗址东西800米,南北700米,发掘面积200平方米。其商代遗存包括灰沟1条,灰坑22个,墓葬4座,文化特征与碾子坡商代遗存相同。发掘者把断泾商代遗存分为两期,认为一期遗存的年代"略早于碾子坡先周文化早期遗存,约与殷墟一期相当","二期遗存的年代约与迁岐以后的先周文化相当"①。从断泾一期遗存的年代和所处地理位置来看,发掘者判定此是公刘迁豳以后约当商王武丁时期的先周文化遗存,应该是可信的。

断泾一期遗存未见墓葬报道,出土陶器以泥质灰陶为主,占72.4%,次则夹砂红陶、夹砂灰陶,另有少量泥质灰皮褐陶和泥质红陶。纹饰以绳纹为主,素面次之,绳纹兼弦纹又次之,另有少量弦纹、绳纹附加堆纹和方格纹。器形主要有鬲、罐、盂、瓮、甗、豆、盆、簋等。发掘者将一期遗存部分陶器与碾子坡文化早期的同类器物加以比较,认为二者"有较多共同之处"②。所对比的五件陶器可列表如下:

断泾遗址一期与碾子坡早期陶器形态比较表

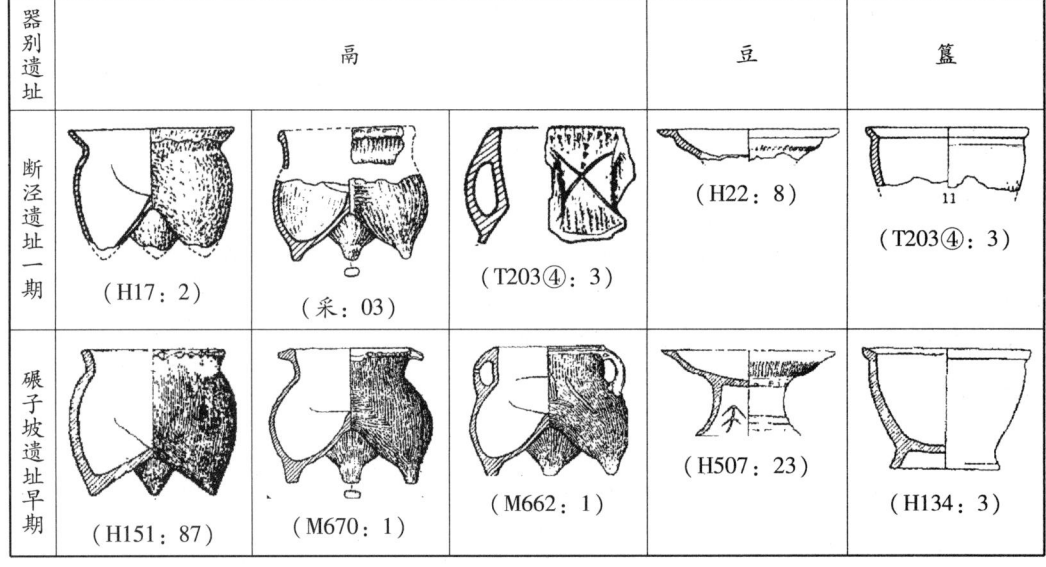

发掘者通过这种比较,意在判定断泾一期的年代,至于此期遗存与碾子坡文化早期是否为同一族属,未作进一步说明。由于断泾遗址与碾子坡商代遗存文化特征

---

① 中国社会科学院考古研究所泾渭工作队:《陕西彬县断泾遗址发掘报告》,《考古学报》1999年第1期。
② 中国社会科学院考古研究所泾渭工作队:《陕西彬县断泾遗址发掘报告》,《考古学报》1999年第1期。

相同，考古学界把断泾遗存也归入碾子坡类遗存①。

碾子坡遗址位于泾河上游支流之一的黑水北岸，西北距长武县城约17.5千米，东南距彬州市约24千米。遗址面积50万平方米，发现大量商代房址、陶窑、灰坑、灰沟和墓葬。陶器种类有鬲（多为分裆袋足鬲，连裆鬲很少）、甗、簋、豆、盆、罐、尊、瓮、器盖等。其商文化遗存分为两期，早期包含墓葬和居址，"年代略早于古公亶父时代，大致与殷墟二期文化的年代相当"；晚期只有墓葬，其年代"大致是迁岐前夕或稍晚"②。尽管学者对此年代的判定尚有不同意见，认为有的单位可早到殷墟一期③，有的可晚至周初④，甚至一、二期在时间上也未必衔接⑤，但这些细节问题，对长时段历史考察来说似不必太过拘泥。无论如何，碾子坡文化在时间和空间上与周人居豳时代是有重叠的，换言之，把碾子坡商代遗存看作先周文化，在历史文献与考古资料的有机结合上是有其优长的。但这个观点并不是考古学界都能接受的，原因是碾子坡文化与其他先周文化遗址的面貌不尽吻合。

一段时间以来，人们把区别先周文化的标准锁定在连裆鬲与袋足鬲的分野上。故而大都认为以连裆鬲为代表的郑家坡文化是先周文化，以袋足鬲为代表的刘家文化为戎狄文化。而碾子坡文化既有袋足鬲又有连裆鬲的文化现象虽给学者带来一定困惑，但固有的信心并未动摇，认为以连裆鬲甚少的碾子坡文化与刘家文化类同或为其分支⑥，或以为是豳人⑦、密须⑧、阮人⑨的文化遗存，歧见纷出。运用相同的标准却得出不同的结论，说明判定属族的考古文化标准或标准的掌握上是有问题的。当碾子坡遗址发掘后，即有学者认为确定这种标准"理由是不充分的"⑩。《1997年沣西发掘报告》显示，先周晚期周人的文化面貌并不纯粹，既有连裆鬲，又有分裆

---

① 中国社会科学院考古研究所编：《中国考古学·夏商卷》，中国社会科学出版社，2003年，第425页。
② 中国社会科学院考古研究所泾渭工作队：《陕西长武碾子坡先周文化遗址发掘纪略》，《考古学集刊》(6)，中国社会科学出版社，1989年，第123—142页。
③ 刘军社：《先周文化研究》，三秦出版社，2003年，第207页。
④ 王巍、徐良高：《先周文化的考古学探索》，《考古学报》2000年第3期。
⑤ 雷兴山：《先周文化探索》，科学出版社，2010年，第203页。
⑥ 邹衡：《再论先周文化》，《周秦汉唐考古与文化国际学术论文集》，《西北大学学报》（增刊）1988年。
⑦ 张天恩：《先周文化早期相关问题浅议》，见陕西历史博物馆编《西周史论文集》，陕西人民教育出版社，1993年。
⑧ 田仁孝、张天恩、雷兴山：《碾子坡类型刍论》（摘要），《文博》1993年第6期；张天恩：《古密须国文化的初步认识》，《远望集——陕西省考古研究所华诞四十周年纪念文集》，陕西人民美术出版社，1998年。
⑨ 刘军社：《论碾子坡文化》，《远望集——陕西省考古研究所华诞四十周年纪念文集》。
⑩ 中国社会科学院考古研究所泾渭工作队：《陕西长武碾子坡先周文化遗址发掘纪略》，《考古学集刊》(6)，第123—142页。

鬲，分裆鬲即由先周袋足鬲演变而来。因而发掘者进一步指出，"认为袋足鬲代表姜戎文化，连裆鬲代表姬周文化，这种认识似过简单。一个部族文化是包含了各个方面的综合体，其日用陶器也应是多种器类的组合。因此，我们观察分析其文化时应注重其组合，而不应仅重一两种器物，否则可能会以偏概全，影响结论的准确性。"并以沣西H18为代表的一批先周晚期遗存为基准，全面分析碾子坡类遗存的文化面貌，认为"碾子坡早期遗存可视为先周晚期文化的主要源头"①。这个见解有相当的说服力和影响力，即使有的先前相信郑家坡文化为先周文化的考古学家，后来也改变看法，认为碾子坡文化是先周文化，其族属既包括姬姓周人，也可以包括非姬姓的戎狄族群②。

考古学界对于何为先周文化的问题还在争论之中。比较起来，我们更赞同碾子坡文化为先周文化的意见。主要理由是：（1）先周文化不只是一个考古学问题，由于牵涉族属的判定，也就成为一个重要的历史学问题。从历史学的角度看，判定考古学文化的族属，若与可靠的历史文献所载相关部族活动的时空范畴不相契合，就很难取信于人。在这一点上，以碾子坡文化为先周文化遗存具有不容置疑的优势和力量。其他如姜戎、密须、阮人文化说，似可不予考虑。（2）碾子坡文化面貌的多样性与复杂性，在历史文献中也是有迹可寻的。上文说到《诗经·大雅·公刘》显示公刘迁往豳地，与其原住戎狄之民相融合，"君之宗之"，形成新的"豳人"社会有机体。其时虽重农耕，但戎狄游牧之俗仍很浓厚，乃至古公亶父徙居周原后仍须"贬戎狄之俗"。故碾子坡文化具有刘家类遗址的姜戎文化因素，或视豳地之外的其他碾子坡类遗存为戎狄文化，都是有一定文献依据的。（3）郑家坡文化与碾子坡文化在内涵上有较大差异，或为当时"他旁国"文化的一个类型。太王迁岐，除其私属、豳人外，"及他旁国闻古公仁，亦多归之"③。其他旁国应为周人和戎狄之外其他邻近部族的政治实体，即使归周成为政治上的附庸，仍可保持自身政治上的独立性，形成不同的文化面貌。这与晚商时期周人臣属于殷而有自己独立的文化系统是同样的道理。

如果碾子坡、断泾遗址商文化遗存可以视为武丁前后的先周文化，我们对居豳时代周人的社会状况就会有更多的了解和认识。下面根据碾子坡遗址发掘报告《南邠州·碾子坡》④ 有关内容略加分析。

一是居住情况。《诗经·大雅·绵》谓古公亶父居豳之时，"陶复陶穴，未有家

---

① 中国社会科学院考古研究所：《1997年沣西考古发掘报告》，《考古学报》2000年第2期；王巍、徐良高：《先周文化的考古学探索》，《考古学报》2000年第3期。
② 雷兴山：《先周文化探索》，第295页。
③ 《史记·周本纪》，中华书局，1982年，第114页。
④ 中国社会科学院考古研究所泾渭工作队：《陕西长武碾子坡先周文化遗址发掘纪略》，《考古学集刊》(6)；中国社会科学院考古研究所：《南邠州·碾子坡》，世界图书出版公司，2007年。

室"。陶即掏也,"陶复"谓"旁穿之,地覆于上","陶穴"谓"正穿之,上为中霤(中室)"①。前者为地穴式窑洞建筑,后者为半地穴式建筑,此与碾子坡遗址发现的房址类型相符合。遗址发现先周房址21座,其中地穴式洞式房址12座,半地穴式建筑房址6座,地面建筑房址3座。各座房址的平面形制,计有方形、长方形、椭圆形、长条形、不规则形等五种。房屋大小不一,面积一般在4—10平方米之间。地面房屋讲究,面积可达二三十平方米。半竖穴式和窑洞式房屋多有一条窄长的门道,开于一面墙的正中或偏于一侧。门道底部作斜坡形,地面有一层坚硬的路土。房墙壁面一般接近垂直,修整平齐,洞穴的墙壁保存高度由0.5—1.2米不等。除地面建筑外,其他两类房屋墙上多有壁龛,以半月形最为常见。各房址最常见的是设置一个灶坑,形制多为口大底小,斜壁,底平。有的还有壁炉。半竖穴式建筑的居住面中央常有一个柱洞,表明房内立柱是搭架屋顶盖的主要承重设施。地面建筑的下部均为夯土基址,表面平坦坚硬。建筑方法是先筑一个夯土台基,然有在其上筑墙和盖顶。

二是生产工具情况。常见的砍伐、敲砸工具有斧、锛、凿、杵和锤斧等,均为石制,也有少量的骨凿。其中锤斧最为常见,正视为长三角形,近中一孔,为先周文化最具特征的一种工具。农业生产工具出土数量不多,主要是挖土用的铲和收割用的刀与镰。多为石制,骨制品限于铲且不多见,蚌制器不见出土。这与岐、丰镐遗址出土农具数量大且多为蚌制品迥然有别。农作物遗留只发现高粱。畜牧业生产工具不多,主要是骨制的刀和削,用于剔骨脱肉和剥取兽皮。发掘中搜集到大量的兽骨,主要是牛、马、羊和猪等牲畜的骨头,其中又以牛骨最多,显然是居民食后的残余。手工业工具出土有磨石、铜锥、骨锥、骨针、纺轮和制陶工具等。纺轮分陶制和骨制两种,出土数量非常多。铜锥、骨锥、角锥和骨针则与缝纫有关。渔猎工具仅见骨、角镞和石、陶弹丸,数量较少,猎获物主要为鹿,说明采集、狩猎经济比重不大。车马器仅铜泡和残角镳各一件。

三是生活用具情况。遗址发现陶窑13座,生产的陶器主要为生活用具。陶质以夹砂红陶居多,泥质红陶次之,泥质灰陶和夹砂灰陶较少。纹饰以线纹、绳纹为主,其他纹饰有弦纹、方格纹、指窝纹、戳纹和附加堆纹以及部分磨光、素面陶。陶器的制作,除鬲和甗的袋足系模制外,余皆为泥条盘筑,大多数器物口沿经过慢轮修整。主要器类有分档袋足鬲、分档甗、盆、豆、瓿、簋、折肩罐、尊、瓮等。其中鬲与甗是其代表性器物,时代特征明显。陶鬲分为两类,一类为高领乳状袋足鬲,三足连接处内隔较高,另一类是数量甚少的瘪裆鬲(连裆鬲),裆间微内凹。甗的上部为甑,下接分档袋足鬲。此外,在遗址铜器窖藏中曾出土2件铜鼎和1件铜瓿,鼎出土时尚有烟炱,质料为红铜,为典型的商代铜器。

---

① [清]马瑞辰:《毛诗传笺通释》,中华书局,1989年,第814页。

四是精神生活情况。卜骨在遗址中比较常见，是其宗教信仰遗物。所用骨料绝大多数是牛的肩胛骨，个别用马骨或其他兽骨，加工粗简，未去骨臼，削平脊根略加磨平即行使用。卜骨上有圆钻和灼而无凿，钻往往施于脊根的一面，另一面罕见。灼的位置则在无脊根的一面。在众多的卜骨中，发现8片有文字或符号或其他刻画标记。有的刻画符号被读为"天"[]（标本H131：15）或"周"（标本H302：12），如下图：

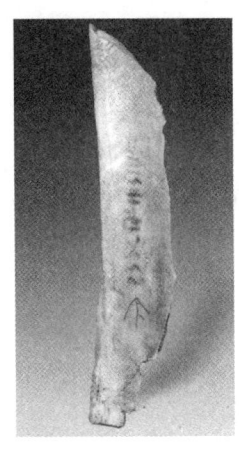 

标本 H131：15　　　　　　　　标本 H302：12

此外，还有数量不多的陶文或符号，多刻画于陶器的外壁，以单个形式存在，两个或多个字连书的情况较为少见。有的陶文或符号还见于甲骨文和商周铜器铭文，具有明显的相似性或相承性。

五是墓葬情况。遗址只发现小型墓，一般成片分布。主要为土坑竖穴墓，个别为偏洞室墓。葬具主要为木棺，个别墓用石板围成石棺，也有用席子作葬具的墓葬。每墓葬一人，葬式有俯身（男性）、仰身（女性）两种。部分墓葬每两座一组并穴而葬，人骨或均为男性，或均为女性，或一男一女，前两种情形当反映血缘的同一性，最后一种情形应是姻亲关系。绝大多数墓葬没有随葬品，有随葬器的也只有一件鬲，或一件豆，随葬两件陶器者极少。随葬陶鬲，大多为分裆袋足鬲，个别为连裆鬲，极少数墓还有铜镞、铜铃等。

从上述情况来看，遗址地穴窑洞、半地穴建筑较为简陋，地面建筑虽少，却有较高的建筑规格和质量；墓葬均为小型墓，随葬陶器较少，但铜器窖藏的发现，显现出个别特权家族的存在。这说明当时出现了社会分化和等级，成为公刘以后早期国家存在的社会基础。农业工具主要以石铲、石刀为主，数量较少，农作物品种只发现高粱一种，看来农业并不发达，周人"彻田为粮"恐怕只限于长期定居的农耕家族。而食余的牛、羊等残骨的大量发现，可见畜牧业的繁盛，甚至可能是周人与戎狄混居状态下的主要生产方式。生活用具以陶制鬲、罐、盂和瓮等最为常见，乳状袋足鬲和瘪裆鬲一直并存发展，但前者大大多于后者，似乎也是周人戎狄化生活方式的反映。卜骨和葬俗具有较为浓厚的宗教思维色彩,卜骨和陶器上的文字或符号不仅映射出周人的精神生活,也是社会文明与进步的重要标志。周人居豳时代的国家与社会,经过数百年的发展,正大踏步走向一个充满生机与活力的新世界。

本文为国家哲学社会科学基金重大项目"多卷本《西周史》"(17ZDA179)阶段性成果之一。

中华人民共和国成立以来的巴蜀文化研究

段 渝（四川师范大学巴蜀文化研究中心）

摘 要：中华人民共和国成立以来，巴蜀文化研究取得了丰硕的成果，尤其在巴蜀的族属、地域与迁徙，巴蜀的社会经济，巴蜀古代文明，巴蜀与中原和周边文化的关系，巴蜀文字以及巴蜀文化与南方丝绸之路等研究上，取得了大量重要成果，在有些问题上还取得了突破性进展，在学术界产生了重要影响。

关键词：巴蜀文化；新发现；主要成果；研究展望

20世纪40年代初，卫聚贤首次提出了"巴蜀文化"的概念，激发了一大批学者对巴蜀文化的研究热情，学者们纷纷著文参与讨论，提出了一些很有见地、很有水平的观点，并在讨论中提出了巴蜀文化和历史研究的一些基本课题，包括巴蜀的地理位置，巴蜀与中原的关系，考古学上巴蜀遗物的真伪，以及巴蜀史料的纠谬释疑，等等。从那时以迄于今，学术界在巴蜀文化的研究领域取得了丰硕的成果，尤其是中华人民共和国成立的70年来，由于考古工作全面深入开展，大量新材料不断问世，使学术界得以比较充分地运用当代考古新成果，对巴蜀文化进行不懈探索，取得了一系列令人瞩目的新成就，不但彻底否定了前人所谓"蜀无礼乐，无文字"的旧说，而且提出了"三星堆文明""巴蜀古代文明"和"巴蜀是中华文明又一个发源地"的崭新论断，使学术界对巴蜀文化的重要学术地位有了更加深刻的认识，正如李学勤教授所总结的那样："可以断言，如果没有对巴蜀文化的深入研究，便不能构成中国文明起源和发展的完整图景"，"中国文明研究中的不少问题，恐怕必须由巴蜀文化求得解决"①。

一、巴蜀考古的新发现

巴蜀文化研究是建立在以考古学和古文献为主要材料的基础之上的，由于文献不足征，考古学的新发现就愈益显示出其特殊地位和作用。可以说，巴蜀文化研究的若干重大进展，大多是充分运用考古新材料的结果。

70年来巴蜀地区的考古新发现层出不穷，其中的重要发现有：四川广元宝轮院和重庆巴县冬笋坝船棺葬、成都羊子山土台、四川新繁水观音遗址和墓葬、四川彭

---

① 李学勤：《略论巴蜀考古新发现及其学术地位》，《中华文化论坛》2002年第3期。

州竹瓦街铜器窖藏、成都百花潭中学 10 号墓、重庆涪陵小田溪战国土坑墓、四川犍为巴蜀墓群、四川青川墓群、四川新都战国木椁墓、四川荥经巴蜀文化遗存、四川广汉三星堆遗址、成都十二桥遗址、四川绵阳边堆山遗址、重庆云阳李家坝遗址、重庆忠县哨棚嘴遗址、成都平原宝墩文化城址群、成都市商业街大型船棺、独木棺墓葬、四川茂县营盘山遗址、成都市金沙村商周遗址、四川宣汉罗家坝墓葬和遗址、四川阆中城坝遗址等。

除此而外，在四川和重庆大体均有先秦时期的古文化遗存出土。在四川省和重庆市的行政区划以外，也有不少巴蜀文化遗存发现，较重要的有陕南、鄂西、湘西和贵州等地区，为研究巴蜀文化的空间分布、文化内涵以及文化交流与传播等课题提供了新材料。这些考古新发现，促进了学术界对巴蜀文化的新认识，使人们对以前关于巴蜀为蛮荒之地的陈旧看法彻底改观，取得了古代巴蜀是一个高度发展的文明社会的新共识。

二、巴蜀文化研究的主要成果

70 年来的巴蜀文化研究，可以大致划分为三个阶段：

第一阶段，20 世纪 50 年代至 60 年代，主要研究内容为巴人和蜀人的族属、地域、迁徙、列国关系等。

第二阶段，20 世纪 70 年代至 80 年代中期，主要研究巴蜀的来源、政治、经济、社会制度等，对传统研究有所突破。

第三阶段，20 世纪 80 年代后期至今，主要研究巴蜀文化的来源，巴蜀古文明的起源、形成、内涵、内外关系等，无论在研究方向、研究范围还是在研究的理论方法等方面，都取得了重要进展，使巴蜀文化研究出现了崭新气象，研究更加深化，研究领域越来越广泛。

巴蜀文化研究涉及的范围相当大，内涵非常丰富，成果层出不穷。学术界在巴蜀的族属、地域和迁徙，巴蜀的政治经济和社会形态，巴蜀古代文明的起源与形成，巴蜀文化与中原和周边文化的关系，巴蜀文化与南亚、西亚和东南亚的关系，南方丝绸之路研究，巴蜀文字、巴蜀符号、巴蜀图语，宗教和巫术，巴蜀的哲学与学术，艺术，科学技术，氐羌民族研究，濮越民族与夷系研究等十多个方面，对巴蜀文化开展了长期探索，取得了大量新成果。限于篇幅，这里仅着重谈谈下面几个问题。

1. 巴蜀的族属、地域和迁徙研究

中华人民共和国成立后对巴蜀文化的第一阶段讨论中，族属、地域和迁徙问题是一个重要内容。这个问题在巴蜀文化研究中事关重大，所以至今仍有争论。

徐中舒首先提出，巴为姬姓，是江汉诸姬之一，为周族。史籍所载巴为廪君后代，兴起于巫诞之说，并不正确。巴与濮原为两族，后因长期杂居成为一族，故称巴濮。巴人原居川鄂之间，战国时受楚逼凌，退居清江，秦汉时期沿江向西发展①。蒙文通认为巴国不止一个，秦灭的巴是姬姓之巴，楚灭的巴是五溪蛮，为槃瓠后代②。邓少琴、童恩正等认为巴人出自廪君③。蒙默认为，古代没有一个单独的巴族，先秦至少有4个巴国，即廪君之巴、宗姬之巴、巴夷賨国和枳巴，分别活动在夷水、汉水、渝水及涪陵水会，分属蜒族、华夏族、賨族和獽蜒族④。李绍明则提出了广义的巴人和狭义的巴人这个概念，认为广义的巴人包括"濮、賨、苴、共、奴、獽、夷、诞之蛮"，其族属未必一致，狭义的巴人则指巴国王室，即"廪君种"，其主源可追溯到濮越人，其次源可追溯到氐羌人，但一经成为一个统一的民族共同体，就与昨天那些母体民族告别了⑤。段渝则认为巴国为姬姓，巴人是众多族群组成的亚民族集团，巴文化是巴国文化和巴地文化复合共生的文化⑥。

关于蜀人，主要有两种意见，一种认为蜀人出自氐羌民族系统，一种认为蜀人出自百濮民族系统。这两种意见中，也有种种分歧，不一而足。一般认为，夏商时代的蜀人，即蚕丛、柏濩、鱼凫，与氐羌民族有关，杜宇、开明则与百濮民族有关。也有学者认为蜀人既非西北氐羌，亦非江汉濮人，而源于商代黄河中下游的一支氏族⑦。关于历代蜀王的族属，张勋燎认为鱼凫氏源于川东巴人⑧，徐中舒、唐嘉弘认为蜀王开明氏为荆楚之人⑨，童恩正认为是巴人⑩，段渝认为应如史籍所述为原居贵州鳖水的濮人，既非楚国人，亦非巴国人⑪。

关于三峡地区的巴文化，许多学者认为与古蜀文化即顺江东下的三星堆遗址文化有关，也有学者认为三峡地区文化较早影响了成都平原古文化。

以上问题是逐步深化的，主要成果在于明确了古代巴、蜀民族组成的多元性，明确了巴、蜀民族与长江上游、中游和岷江流域及江汉地区的古代民族的深厚关系，对于深入研究长江流域的古代民族和文化具有重要意义。至于分歧的原因，主要在于对直接材料和相关材料的理解不一，同时在理论上也有分歧以至模糊不清之处，

---

① 徐中舒：《巴蜀文化初论》，《四川大学学报》（社会科学版）1959年第2期；《巴蜀文化续论》，《四川大学学报》（社会科学版）1960年第1期。
② 蒙文通：《巴蜀史的问题》，《四川大学学报》（社会科学版）1959年第4期。
③ 童恩正：《古代的巴蜀》，四川人民出版社，1979年，第13页；邓少琴：《巴蜀史迹探索》，四川人民出版社，1983年，第5页；董其祥：《巴史新考》，重庆出版社，1983年，第67页。
④ 蒙默：《试论古代巴蜀民族及其与西南民族的关系》，《贵州民族研究》1983年第4期。
⑤ 李绍明：《川东南土家与巴蜀南境问题》，《思想战线》1985年第6期。
⑥ 段渝：《巴人来源的传说与史实》，《历史研究》2006年第6期。
⑦ 孙华：《蜀族起源考辨》，《民族论丛》（第2辑），四川省民族研究所，1983年。
⑧ 张勋燎：《古代巴人的起源及其与蜀人、僚人的关系》，《南方民族考古》1987年第1辑。
⑨ 徐中舒、唐嘉弘：《古代楚蜀的关系》，《文物》1981年第6期。
⑩ 童恩正：《古代的巴蜀》，四川人民出版社，1979年，第76—77页。
⑪ 段渝：《四川通史》第1册，四川人民出版社，1993年，第65—66页。

在研究方法上也存在若干差异。

2. 巴蜀社会经济研究

史料记载巴蜀蛮荒落后，无文字，无礼乐，俨如原始社会末叶的军事民主主义。从20世纪50年代到70年代，由于巴蜀地区的考古发掘尚不充分，限制了学术界对巴蜀经济发展程度的认识，一般认为蜀有高等农业，至迟在战国已具备了国家形式，巴则是部落组织，尚未形成国家，从殷周到战国，巴蜀的经济和文化还落在中原后面①。这种看法，在巴蜀文化研究中曾长时期占据主导地位，只是到1986年以后，由于广汉三星堆遗址的重大考古发现，学术界才开始改变了这种传统认识，逐步认识到商代蜀国已拥有相当发达的社会经济。

巴蜀的社会经济问题在20世纪80年代以后成为研究的热点之一，这方面的研究主要集中在农业、手工业、商业等方面。学术界在蜀人拥有比较发达的农业，巴人以粗耕农业兼营狩猎畜牧等方面，基本拥有共识，但在蜀地农业的起源方面，则存在分歧。有的认为蜀人的农业源自川西北高原岷江流域，有的认为蜀人的稻作农业源于云南，有的则认为蜀地稻作农业是土生土长，或与长江中游水稻的传播有关。

考古中，巴蜀墓葬内常出土一种形制如璜的"桥形币"，有学者认为是巴蜀的一种货币。对于三星堆出土的大量穿孔海贝，多数学者认为是用于交易的贝币。这样，考古发现便证明了古蜀国确有发达的商业。徐中舒还提出，成都是古代的自由都市②。学术界普遍认为，先秦时期成都平原与中原各地以至中亚地区都存在商业贸易关系③。也有学者认为，商代成都平原三星堆古蜀王都和成都，就已初步形成为中国西南同南亚、西亚进行经济文化交流的枢纽④。

3. 巴蜀古代文明研究

1996年以来，由于成都平原宝墩文化（含三星堆遗址一期文化）的发现，使得学术界对古蜀文明起源尤其城市起源的进程有了比较明确的认识。一般认为，宝墩文化古城的政治组织是发展比较充分、形态比较完整的酋邦组织，宝墩文化古城群应是成都平原最早出现的酋邦社会，它是文明的前夜，预示着文明时代的即将来临⑤。

20世纪80年代三星堆遗址尤其是1986年一、二号祭祀坑的发掘，使学术界认识到，古蜀青铜文化的年代至少可上溯到商代中期，比起传统的看法，早了近千年。通过对三星堆遗址的试掘和发掘，确认了古城城墙和方圆达3.5—3.6平方千米的古

---

① 徐中舒：《巴蜀文化初论》，《四川大学学报》（社会科学版）1959年第2期。
② 徐中舒：《成都是古代自由都市说》，《成都文物》1984年第1期。
③ 童恩正：《略谈秦汉时代成都地区的对外贸易》，《成都文物》1984年第2期。
④ 段渝：《古代巴蜀与南亚和近东的经济文化交流》，《社会科学研究》1993年第3期。
⑤ 段渝：《古代的蜀国》，四川人民出版社，2002年，第87页。

城址，因而认识到三星堆是商代蜀国的都城。而2001年以来成都市金沙遗址的发掘，又确认了成都是商末至西周时期古蜀国的都城。在此基础上，学术界比较全面系统地研究了巴蜀早期城市，提出了巴蜀城市的起源模式、城市结构功能、城市体系等问题，并将巴蜀古代城市同中外早期城市进行了概略的比较研究①。

在对巴蜀古代文明起源的讨论中，一些学者运用酋邦制理论来分析巴蜀古代文明的起源，认为宝墩文化古城的政治组织是发展比较充分、形态比较完整的酋邦组织，由各座古城的共存所形成的古城群，则是成都平原最早出现的酋邦社会，它是文明的前夜，预示着文明时代的即将来临②。有的学者在早年蒙文通所说巴蜀不过是两个区域内联盟的盟主或霸君的基础上，认为从宝墩文化古城直到秦灭巴蜀，历代古蜀王朝均为共主政体③。另有学者从成都平原考古学文化序列的角度，讨论了古蜀文明起源尤其城市起源的进程④。这些分析讨论，把巴蜀古代文明起源的研究向着纵深方向推进了一步。

巴蜀国家的问题，得到了比较深入研究。学术界通过对三星堆文化的物资流动机制的研究，提出古蜀王权性质是神权政体，从分层社会的复杂结构、基本资源的占有模式、再分配系统的运作机制、统治集团的分级制体系等方面对此进行了深入分析讨论，并讨论了王权的深度、广度和阶级结构、民族构成等问题。学术界充分认识到，三星堆宏阔的古城、辉煌的青铜文化，是商代长江流域城市文明和青铜文化的杰出代表。从青铜文化而言，其青铜合金技术、铸造工艺和青铜制品种类均有十分鲜明的特点，达到相当成熟的水平。李学勤因而提出，蜀文化是与商文化平行发展的古文明⑤。关于古蜀文明有其独立而悠久的始源，有独特的文化模式和文明类型，是一支高度发达的灿烂的古代文明等观点，在学术界已取得普遍共识。

学术界对三星堆青铜雕像的文化来源进行了广泛深入研究，或认为来自中原文化，与殷墟、西安老牛坡、湖南出土的青铜面像或青铜礼器上的浮雕有一定关系⑥；或认为雕像、神树等与古代西南民族的传统有关，但青铜器的出现则与中原文化的传播有关⑦；或认为金杖、雕像无论在中原、长江流域还是古蜀地本身都没有发现其

---

① 段渝：《巴蜀古代城市的起源、结构和网络体系》，《历史研究》1993年第1期。
② 段渝：《政治结构与文化模式——巴蜀古代文明研究》，学林出版社，1999年，第52—53页。
③ 彭邦本：《古城、城邦与古蜀共主政治的起源》，《四川文物》2003年第2期。
④ 江章华、颜劲松、李明斌：《成都平原的早期古城址群——宝墩文化初论》，《中华文化论坛》1997年第4期；江章华、王毅、张擎：《成都平原先秦文化初论》，《考古学报》2002年第1期。
⑤ 李学勤：《三星堆饕餮纹的分析》，《三星堆与巴蜀文化》，巴蜀书社，1993年，第79页。
⑥ 宋新潮：《商代青铜面具小考》，《考古与文物》1989年第6期。
⑦ 罗开玉：《三星堆遗址与古代西南文化关系初论》，《四川文物》1989年专辑。

文化来源，应与对外来文化的采借有关①。

4. 巴蜀文化与中原和周边文化关系研究

学术界大多认为，古蜀文化是以土著文化为基础，在新石器文化的基础上发展起来的，具有鲜明的个性和特征。史籍记载了黄帝与蜀山氏的关系，这在三星堆文化中有所反映，古蜀的某些陶器形制和玉器形制便与中原二里头文化（夏文化）有关，证明蜀国君主确与古史传说中的颛顼有关②。通过对宝墩文化古城与文献记载的分析，不论从古城、字符还是龙崇拜来看，蜀与夏禹均有文化上的同源关系③。关于古蜀与黄帝、颛顼、大禹和夏文化的关系问题，由于最近几年岷江上游尤其是茂县营盘山遗址的发掘，看来已出现了进一步加以实证的契机。

关于商代的巴，目前对殷卜辞中是否有"巴"还存在相当分歧，巴与商文化的关系亦少有专文研究。

关于巴蜀与商王朝的关系，学术界或认为巴蜀文化属于中原文化范围内的一种地方文化④，或认为古蜀是殷商的西土和外服方国⑤。一般认为，古蜀文化在政治上是独立的实体，同商王朝不存在直接隶属的关系，商代三星堆文化在文字、城市、青铜器等方面，以及在国家政体方面，均与中原商文化有较大差别，有其自身的生长点。尽管三星堆文化在其起源、形成和发展过程中，受到中原文明较多的影响，采借了中原青铜器和陶器中的某些形式，但从整体上看，仍然具有明显的自成体系的结构框架，是与商文化平行发展的文化，是古代长江上游的一大文明中心。

巴蜀与周文化的关系方面，由于有少量文献可征，意见比较一致，近年的主要成果是根据考古所获大量资料，明确了巴蜀参与伐纣，西周初年古蜀国成为西周王朝的封国，与周王朝有较密切的关系。巴国为姬姓，是周武王分封到南方的一大诸侯国，文化上受到中原文化深刻的影响，但主要的还是当地土著文化。

巴蜀与周边文化的关系，考古资料和文献资料说明，巴蜀文化与甘南、陕南、鄂西、湘西、滇东北及黔西和黔北等地区的古文化都存在交流和互动关系，对此学术界基本没有异议。但对于文化交流传播的主次和方向等问题，还存在不同认识。

5. 巴蜀文字研究

20世纪50年代，在四川东部地区发掘的船棺葬内出土的青铜器和铜印章上铸刻有大量不同于中原汉语古文字系统的文字和符号。20世纪70年代以后，又陆续在重

---

① 段渝：《论商代长江上游川西平原青铜文化与华北和世界古文明的关系》，《先秦史研究动态》1989年第3、4期合刊；霍巍：《广汉三星堆青铜文化与古代西亚文明》，《四川文物》1989年专辑。
② 李学勤：《〈帝系〉传说与蜀文化》，《四川文物》1992年专辑。
③ 林向：《三星堆遗址与殷商的西土》，《四川文物》1989年专辑。
④ 冯汉骥：《西南古奴隶王国》，《历史知识》1980年第2期。
⑤ 林向：《蜀与夏——从考古新发现看蜀与夏的关系》，《中华文化论坛》1998年第4期。

庆地区、川西平原以及四川盆地南部等地发现了巴蜀青铜器铭文、铜印章以及漆器铭文和陶器符号，在与四川相邻的湖南、云南也发现了巴蜀青铜器铭文或巴蜀铜印章。学术界提出了"巴蜀文字""巴蜀符号""巴蜀图语"等概念，从文字源流、构成条例以及与汉语古文字的关系等方面进行了深入研究①。一般认为，巴蜀文字是指先秦至西汉前期以今四川盆地为中心的巴人和蜀人创制并使用的文字。巴蜀文字按其特点分为方块表意字和象形文字两类，但巴蜀古文字的释读，目前还处在实验阶段。

6. 巴蜀文化与南方丝绸之路研究

随着对三星堆文化的深入研究，学术界提出殷商时期古蜀文化与南亚、中亚和西亚文明具有某种联系。主要依据是古蜀文化的青铜雕像群、金杖、金面罩、青铜神树以及海贝、象牙等文化因素集结，不仅与殷商时期的中国文化异趣，而且在古代巴蜀也没有其来源的蛛丝马迹，而这些文化因素却能在古代印度河文明和古代近东文明中找到渊源②。据此学术界开展了南方丝绸之路研究，取得了相当的成果。南方丝绸之路研究目前在学术界达成了多方面的共识，认为这是一条以商品贸易、民族迁徙和文化交流为主的多功能道路，是中外文明交流互动的重要线路。南方丝路国内的起点是成都，其开通年代或认为在先秦，或认为在汉代。

三、巴蜀文化研究展望

总结当前的各项成果，展望未来，我们以为巴蜀文化研究在以下几个方向的研究尚有待深入，可望取得重要进展。

1. 巴蜀古代文明的起源与形成

古蜀文明方面，成都平原宝墩文化的衰落和三星堆文明兴起的关系，应是今后深入研究的重点课题之一。在巴蜀文字，科技史、冶金史方面，在生产资源、自然资源和生产力布局、生产的组织管理形式及其社会机制等方面的研究，都有待深入开拓。在巴文化方面，巴国与渝东长江三峡地区巴文化的关系问题，亦应深入研究。

2. 巴蜀文化与中原文明和周边文明的关系

巴蜀文化与中原文化关系的研究，应成为今后研究的重点项目之一。当前已初步建立了古蜀文化的发展序列，然而这个序列与中原文化的发展演变有什么关系，实质怎样，尚须进一步探索。巴蜀文化与周边文化的关系，应着重对巴蜀与长江三

---

① 四川省博物馆：《四川船棺葬发掘报告》，文物出版社，1960年；童恩正：《从四川两件铜戈上铭文看秦灭巴蜀后统一文字的进步措施》，《文物》1976年第7期；李学勤：《论新都出土的蜀国青铜器》，《文物》1982年第1期；王家祐、李复华：《关于"巴蜀图语"的几点看法》，《贵州民族研究》1984年第4期。段渝：《巴蜀古文字的两系及其起源》，《成都文物》1991年第3期，《考古与文物》1993年第1期。

② 段渝：《中国西南早期对外交通——先秦两汉的南方丝绸之路》，《历史研究》2009年第1期。

峡鄂西地区、陕西南部汉中地区，以及云南东部以及贵州西部和北部等古代文化的关系等问题的研究。

3. 巴蜀文化与南方丝绸之路的关系

南方丝绸之路研究是20世纪80年代提出的重要课题，迄今已取得若干重要成果。今后除对线路尤其是国外段线路的详细考察外，应着力探讨道路沿线中外各地文明的交流途径、方式、内容和机制等，以及南方丝路与西北丝路和海上丝路的关系等问题，以期对中国古代的对外文化交流及交通诸问题提出新的课题和认识。

西周"信"思想刍议

付瑞珣（青海师范大学历史学院）

摘 要：诚信，是社会主义核心价值观的重要内容，是当今中国价值追求的精神纲领之一。回溯古典，在商代晚期的铜器铭文中便有"信"字的出现，西周文献中"信"的记载更为丰富，不惟如此，"允""孚""亶""谌""忱"等字也都具有"信"的含义。西周中晚期至两周之际，随着周王权的衰落，引发了一系列的社会政治动荡，进而导致"弗信"思潮兴起，在"弗信"思潮引起的反思中，"信"德逐步成熟。

关键词：西周；信德；弗信；思想史

从先秦元典到社会主义核心价值观的提出，作为传统思想文化"五常"之一的"信"德是贯穿于中华民族历史长河中的最为重要的优秀品质。那么早期"信"思想滥觞于何时呢？学界普遍将其溯源至春秋时期，或将研究视角聚焦于东周诸子的"信"思想，客观上导致了一种西周无"信"说的状态①。随着研究的推进，西周社会面貌被更多维地揭示出来，在此背景下详疏西周文献，不惟可对前贤故说予以修正，更可勾勒西周"信"思想之概貌。笔者不揣谫陋，试以分析。

一、西周文献之"信"

西周出土文献与传世文献中均有"信"字，这是西周拥有"信"思想之明证。

---

① 阎步克先生较早关注早期"信"思想。他认为："春秋时普遍盟誓和崇尚信义，确是西周所没有的。"其理由有三：第一，甲骨、金文等殷商、西周时期的古文字材料中鲜有"信"字；第二，传世文献中的"信"多为动词信任的含义，并非一种德目；第三，西周社会尚未形成"信"德的土壤。详见阎步克《春秋战国时"信"观念的演变及其变迁》（《历史研究》1981年第6期）。其后，何怀宏《春秋时代的"诚信"观》（《学术月刊》1994年第5期）、徐难于《试论春秋时期的信观念》（《中国史研究》1995年第4期）、姜建设《在反欺诈中提升：春秋时代对于诚信的体验、认同与诠释》（《郑州大学学报》〔哲学社会科学版〕2003年第6期）等均将视角聚焦于春秋时期。虽然也有学者阐发某早期典籍所反映的诚信思想，但仍未以西周"信"思想为研究客体，详见唐贤秋《〈周易〉中的"诚信"思想探微》（《广西民族学院学报》〔哲学社会科学版〕2004年第3期）。总之，由于西周文献中关于"信"的记载稀少、不直接，就目前所见思想史研究成果来看，绝大多数论著对西周时期的"信"思想避而不谈。少有关注者亦多持消极的态度，或否认其存在，或认为其内涵融于其他德目中，学界普遍呈现一种西周无"信"说的状态。

下文从此两方面分论。

（一）商周彝铭的"㕁"

《说文·言部》释"信"为："从人从言。会意。㕁，古文从言省。䚱，古文信。"段玉裁从其说，曰："人言无不信者，故从人言。"古文字中，从人从言的"信"字始见于战国，写作"㐁"（《睡虎地秦简·为吏之道》12）。此外，"信"还有诸多不同写法，从仁从言者作"㐂"①、从言从身者作"㐃"（《集成》2451）、从言从千者作"㐄"（《包山楚简》121）等。可见，"信"字含义的核心在于"言"，而"人、仁、身、千"等偏旁的不同表明，"信"字当非会意字，而应为形声字。值得注意的是，《说文》还提到了"㕁"字，许慎认为"从言省"，有学者指出，"古文字中从口从言相通，言和口为意近形符，古文字构形中往往通用，称作'形符互作'……所以从口人声的'㕁'字实际是'信'字的异体字。"② 而"㕁"字早在商代晚期就已出现，殷彝中便有铭为"㕁每"的爵器（《集成》08138），其或为人名之意。又卜辞中载有"取女"（《合集》676 反），其字从人从口，有学者认为是"㕁"字③。西周晚期的胡叔鼎铭文中也有作为人名的"㕁姬"（《集成》02767）。可见"㕁"不仅是"信"的异体字，很有可能是其更早期的写法。如此，在春秋时期流行起来的"信"德，实可追溯到殷商、西周时期。

早期铭文中"㕁"字虽少，但以"㕁"为人名的现象不能忽视，实际上，西周时人多有以"德"或德目命名的现象。比如，以"德"为名，有德（《集成》02461、02661、03388、03733）、叔德（《集成》03942）、德叔（《集成》00141）、德尹（《集成》04198）、德克（《集成》03986）等；以"孝"为名，有孝孟（《集成》04267）、伯孝（《集成》04407）、鄀仲孝（《集成》03918）等；以"友"为名，有友（《集成》00875、00915、03385、04194、04204、04465）、多友（《集成》02835）、友父（《集成》02188、03726）、友员（《集成》02789）等；以"义"为名，有义（《集成》09453）、义伯（《集成》03619）、义仲（《集成》02238）、义叔闻（《集成》03695）、义公（《集成》03624）、义妣（《集成》03667）、仲义父（《集成》02207、02541、04386、09964）等。西周晚期还有一个名为"义友"（《集成》04032）之人，他的名字是由两个德目组成的。因此，以德目作为人名在西周是较为常见的事情。反之，根据"㕁女""㕁每""㕁姬"等名字的出现，完全可以推测殷商、西周时人对"信"可能有了初步的伦理道德意识。

（二）西周传世文献中的"信"

不仅西周金文中有"信"的早期文字"㕁"，传世文献中的"信"也并非尽为动

---

① 何琳仪：《战国古文字典》，中华书局，1998 年，第 1136 页。
② 史国豪、张俊成：《说"信"》，《汉字文化》2017 年第 5 期。
③ 刘驰：《中国古代的信用与"信"》，《中华文史论丛》2007 年第 4 辑，第 323—374 页。

词"相信"之意,亦有伦理思想之含义。兹将殷商、西周文献所载"信"列于下:

(1) 尔无不信。(《尚书·汤誓》)
(2) 起信险肤。(《尚书·盘庚上》)
(3) 是信是使。(《尚书·牧誓》)
(4) 信。懿!公命我勿敢言。(《尚书·金縢》)
(5) 信之。(《尚书·无逸》)
(6) 天不可信。(《尚书·君奭》)
(7) 底至齐信。(《尚书·顾命》)
(8) 罔中于信。(《尚书·吕刑》)
(9) 有客信信。(《诗经·周颂·有客》)
(10) 申伯信迈。(《诗经·大雅·崧高》)
(11) 庶民弗信。(《诗经·小雅·节南山》)
(12) 辟言不信。(《诗经·小雅·雨无正》)
(13) 君子信谗。(《诗经·小雅·小弁》)
(14) 君子信谗;君子信盗。(《诗经·小雅·巧言》)
(15) 谓尔不信。(《诗经·小雅·巷伯》)
(16) 无信谗言。(《诗经·小雅·青蝇》)
(17) 信彼南山。(《诗经·小雅·信南山》)
(18) 有言不信。(《周易·困》)
(19) 闻言不信。(《周易·夬》)

按照词义划分,(1)、(3)、(5)、(6)、(11)、(12)、(13)、(14)、(15)、(16)、(18)、(19)都是动词"相信""信任"的意思。(4)、(10)"信"是副词"确实""真的"的意思,这应该是动词"相信"含义的延伸。(2)、(17)的"信"通"伸"。其中,(2)"起信"的含义,学者所持略有差异。刘起釪赞同清儒江声的说法,认为"起",兴造,造言;"信"通"伸",意为申说①。孙星衍认为"起信"就是"兴信","信"就是相信的意思②。"相信"是一种态度,"申说"更强调行动,从后文"予弗知乃所讼",可知被盘庚所指责的这些贵族,绝非仅仅是"相信"谣言,更应参与了谣言的"申说"。(17)"信"亦通"伸",诗句意为延绵的终南山。(9)"有客信信"之"信",是动词"住宿两宿"之意,《左传·襄公十八年》"子庚门于纯门,信于城下而还"也是此意③。"住宿两宿"的含义也当来自"伸"。

---

① 顾颉刚、刘起釪:《尚书校释译论》(第2册),中华书局,2005年,第937页。
② [清]孙星衍:《尚书今古文注疏》,中华书局,1986年,第266页。
③ [晋]杜预注,[唐]孔颖达等正义:《春秋左传正义》卷三三,[清]阮元校刻:《十三经注疏》,中华书局,1980年,第1966页。

(7)"厎至齐信"与(8)"罔中于信"情况较为复杂,下文分述。

"厎至齐信"系《尚书·顾命》所记周康王之言,其内容应该是西周史官的实时性记录。"厎至"即"致行","推行而厎其至也"。关于"齐信",学界有不同的解读。伪孔《传》将"齐"训为"中",曰:"致行至中信之道。"孔颖达说:"孔以'齐'为'中',致行中正诚信之道。"又将"中"理解为"中正"。戴钧衡则将"齐信"释为"忠信",说:"'齐'训'中',古中、忠一字。"蔡沈未取伪孔《传》的说法,认为:"'齐信'者,兼尽而极其诚也。"① 按,上述经说各有所凭,但无论采用哪种说法,"厎至齐信"的"信"作为伦理德目而言都是切实的,表诚信之义。

相似的难题也存在《尚书·吕刑》"罔中于信"中。先儒对此便有两种不同的释读。其一,解释为"与……相合"。如伪孔《传》载:"皆无中于信义",孔颖达《疏》:"'中',犹当也。皆无中于信义,言为行无与信义合者。"② 又,蔡沈《书集传》曰:"无复诚信相与。"③ 其二,以清儒俞樾为代表,认为"于"通连词"与","中"通"忠"。其《群经平议》载:"'于'犹越也,越犹与也。《康诰》篇'告女德之说于罚之行',《多方》篇'不克敬于和',并用'于'字为连及之词……然则'罔中于信'者,'中'与'忠'通。"④ 同样,无论在"皆无中于信义"的语境中,或是理解为"无中与信也","罔中于信"的"信"也是伦理德目无疑。

综上,无论是传世文献还是出土文献,西周时期都有伦理道德含义的"信"。殷商、西周彝铭中有"信"字的较早写法"𠇑",均是人名,由于以德目作为人名在西周是较为常见的事情,所以推测"𠇑"也具有一定的伦理道德性。传世文献中的"信"确实多以动词相信为多见,然而《顾命》之"厎至齐信"与《吕刑》之"罔中于信"都是作为伦理道德含义的"信"德。

二、西周"信"观念的不同表达

西周时期,不惟以"信"字表达"信"观念,《尔雅》便载:"允、孚、亶、展、诚、亮、询,信也。"⑤ 虽然《尔雅》成书较晚,其中所载诸字也鲜见于西周金文,但在可信的西周传世文献中却常见"亶""允""孚""谌""忱"等字,故以此为考察对象,亦可窥西周"信"观念之面貌。

(一)亶

亶,《说文·㐭部》释为"多谷",段玉裁注曰:"亶之本义为多谷,故其字从

---

① 顾颉刚、刘起釪:《尚书校释译论》(第4册),第1858页。
② 顾颉刚、刘起釪:《尚书校释译论》(第4册),第1946页。
③ [宋]蔡沈:《书集传》,中华书局,2016年,第249页。
④ [清]俞樾:《群经平议》卷六,上海古籍出版社,1996年,第98页。
⑤ [晋]郭璞注,[宋]邢昺疏:《尔雅注疏》卷一,[清]阮元校刻:《十三经注疏》,中华书局,1980年,第2569页。

向。引申之义为厚也、信也、诚也。"① 在可信的商周传世文献中，亶见诸下：

(1) 诞告用亶。(《尚书·盘庚中》)
(2) 亶乘兹大命。(《尚书·君奭》)
(3) 是究是图，亶其然乎。(《诗经·小雅·棠棣》)
(4) 祈父，亶不聪。(《诗经·小雅·祈父》)
(5) 择三有事，亶侯多藏。(《诗经·小雅·十月之交》)
(6) 胡臭亶时，后稷肇祀。(《诗经·大雅·生民》)
(7) 靡圣管管，不实于亶。(《诗经·大雅·板》)
(8) 古公亶父。(《诗经·大雅·绵》)

此 8 则文献可以分成四类。第一类为人名，(8)"古公亶父"是周人先公自当无疑。第二类为副词，可释为"确实"，(4) 为《小雅·祈父》，《诗序》曰"刺宣王也"，全诗凡章三，均是讽刺祈父之言辞，并无刺王之意，但其为西周晚期诗作当不错。"亶不聪"是诗人讽刺祈父"确实不聪明"之意。第三类为动词"信任"，(5) 为《小雅·十月之交》，毛《传》曰："有司国之三卿，信维贪淫多藏之人也。"② 此"亶"当为信任。

第四类如 (1)、(2)、(3)、(6)、(7) 都是诚、信之意。(1)、(2) 之"亶"，或作"单"，于省吾认为："单、亶古通……《尚书》'单'字多读作殚，尽也"③，此意通"诚恳"。"诞告用亶"大意是"诚恳地（对不愿迁殷者）劝告"，"亶乘兹大命"之意为"虔诚地承此大命"。(3) 为《小雅·棠棣》，毛《传》曰："亶，信也"，郑《笺》释之："信其如是。"④ (6) 为《大雅·生民》，《诗序》曰："尊祖也。后稷生于姜嫄，文武之功起于后稷，故推以配天焉。"该诗为西周祭祖之作，全诗共八章。引文"胡臭亶时"，郑《笺》曰："何芳臭之诚得其时乎？"⑤ 结合后句"后稷肇祀"看，其说可从，此"亶"为祭祀虔诚意。(7) 为《大雅·板》，毛《传》曰："亶，诚也"，郑《笺》曰："管管然以心自恣，不能用实于诚信之言，言行相违也。"⑥ 此 5 例"亶"皆为诚、信之意。

可见，亶的含义与上文所述信的含义在人名、副词"确实"、动词"信任"以

---

① [汉] 许慎撰，[清] 段玉裁注：《说文解字注》，上海古籍出版社，1981 年，第 230 页。
② [汉] 毛亨传，[汉] 郑玄笺，[唐] 孔颖达等正义：《毛诗正义》卷一二，[清] 阮元校刻：《十三经注疏》，中华书局，1980 年，第 447 页。
③ 于省吾：《双剑誃尚书新证》，中华书局，2009 年，第 74 页。
④ [汉] 毛亨传，[汉] 郑玄笺，[唐] 孔颖达等正义：《毛诗正义》卷九，[清] 阮元校刻：《十三经注疏》，第 409 页。
⑤ [汉] 毛亨传，[汉] 郑玄笺，[唐] 孔颖达等正义：《毛诗正义》卷一七，[清] 阮元校刻：《十三经注疏》，第 532 页。
⑥ [汉] 毛亨传，[汉] 郑玄笺，[唐] 孔颖达等正义：《毛诗正义》卷一七，[清] 阮元校刻：《十三经注疏》，第 548 页。

及意为"诚、信"等伦理道德意涵方面有诸多吻合之处。亶更倾向于个体内心的道德状态,这与春秋以降的"诚"思想更为接近。

(二)允

允,《说文·儿部》释曰:"允,信也,从以儿",段注补充:"《释诂》、毛《传》皆曰:'允,信也。'"① 甲骨文中便习见允字,作 𠃌(《京津》463)、𠃌(《前》7·40·1)等,徐中舒认为:"象人头顶着标志之形,所象何意不明。前人考释亦众说纷纭,如谓:象人回顾形,点首允许之状……均属付(附)会立说不足取……字之本义无从得知。"② 虽然从字形上难以确定允字的本义,但西周传世文献的"允"确多与信之内涵相近。

首先看今文《尚书》的相关引述:

(1) 允蠢!鳏寡哀哉。(《大诰》)
(2) 兹乃允惟王正事之臣。(《酒诰》)
(3) 惟天不畀,允罔,固乱弼我。(《多士》)
(4) 厥愆,曰"朕之愆",允若时,不啻不敢含怒。(《无逸》)
(5) 公曰:"君,告汝。朕允保奭,其汝克敬以予,监于殷丧大否。肆念我天威。予不允惟若兹诰。"(《君奭》)

(1) 蠢,动乱。据文意,是武庚动乱。允,当为副词"确实"之意。(2) 杨树达说:"'允'读为'骏',长也。'畯'字金文皆作'畍',畍从允声也。允、畯同音。"③ 前文所述,"畯臣天子"之"畯"确为长久意。按,后文"兹亦惟天若元德"——其意为"惟有这样才配做天所承认的大德"④,与"兹乃允惟王正事之臣"为对文,故此"允"解读为副词"真的",引文译为"这样才能真的配做周王室的臣子"较宜。(3) 于省吾释之为:"言惟天不与,信乎丧亡,故继续辅弼于我也。"⑤ 准此,"允"所含有的信息具有伦理道德的价值。(4) 允为副词"确实"意,句子大意是"(殷代贤王及周文王)犯了错误,会说'是我的错',他们确实如此,不仅仅是做到不敢生气而已。"(5) 引文有两个允字,伪《孔传》释前者为"诚信",后者为"信"⑥。于省吾认为两个允字为"兄"字的讹误,其理据有三:一,古文"兄"作"𠑶",与允相似,魏《三体石经》作《无逸》"允若时"为"兄若时"可为旁证;二,据《穀梁传》《论衡》《白虎通》等文献记载,召公谓周公兄长;三,

---

① [汉]许慎撰,[清]段玉裁注:《说文解字注》,第405页。
② 徐中舒:《甲骨文字典》,四川辞书出版社,1989年,第958页。
③ 杨树达:《积微居读书记》,中华书局,1962年,第26页。
④ 顾颉刚、刘起釪:《尚书校释译论》(第3册),第1415页。
⑤ 于省吾:《双剑誃尚书新证》,第200页。
⑥ [汉]孔安国传,[唐]孔颖达等正义:《尚书正义》卷一六,[清]阮元校刻:《十三经注疏》,中华书局,1980年,第225页。

认为前者言允，后者言不允，语义矛盾。按，此说的前两条证据是合乎道理的，但不能以此导致结论，问题的关键在如何理解第三条证据。实际上，释允为信，前后文意并不龃龉。引文大意可理解为"周公说：'君奭啊，我告诉你，我是信任你的。你要遵守敬德和我一起以殷人丧亡为借鉴，长念及我周家的天威。我不信任你，怎能给你这样的告诫啊！'"故，遵从传统说法，释允为信意。综之，今文《尚书·周书》引6例"允"字有副词"确实"，动词"信任"以及诚信的道德含义。

其次，《诗经》亦多有允字的记载：

(6) 允王维后……允王保之。(《周颂·时迈》)

(7) 允文文王。(《周颂·武》)

(8) 肇允彼桃虫，拚飞维鸟。(《周颂·小毖》)

(9) 实维尔公允师。(《周颂·酌》)

(10) 岂居允荒。(《大雅·公刘》)

(11) 王犹允塞，徐方既来。(《大雅·常武》)

(12) 显允君子，莫不令德。(《小雅·湛露》)

(13) 显允方叔。(《小雅·采芑》)

(14) 允矣君子，展也大成。(《小雅·车功》)

(15) 仲允膳夫。(《小雅·十月之交》)

(16) 淑人君子，怀允不忘。(《小雅·鼓钟》)

(6) 为《周颂·时迈》，《诗序》云："巡守告祭柴望也。"① 全诗一章，描述了祭天地山川的场景。李山认为其是武王克商后于成周祭天的诗作，其论可从②。故《诗序》所谓"巡守"恐为汉儒误，《时迈》当系周初诗作。引文两处"允"字，郑《笺》均释为信，"允王维后"训为："信哉，武王之宜为君"；"允王保之"训为："信哉，武王之德，能长保此时《夏》之美。"③ 此两允当理解为副词"确实"。(7) 为《周颂·武》，《诗序》云："奏《大武》也。"郑《笺》云："《大武》，周公作乐所为舞也。"据《左传·宣公十二年》载："武王克商，作《武》。"该诗当为周初诗作。此"允"亦为副词"确实"之意。(8) 为《周颂·小毖》，《诗序》云："嗣王求助也。"郑《笺》云："毖，慎也。天下之事当慎其小，小时而不慎，后为祸大，故成王求忠臣早辅助己为政，以救患难。"结合诗文，此诗当为周初诗作。郑玄训"肇允"为"始信"，可从。(9) 为《周颂·酌》，《诗序》云："《酌》，告成《大

---

① [汉]毛亨传，[汉]郑玄笺，[唐]孔颖达等正义：《毛诗正义》卷一九，[清]阮元校刻：《十三经注疏》，第588页。
② 李山：《〈诗经·时迈〉篇创作时地考》，《河北学刊》2002年第2期。
③ [汉]毛亨传，[汉]郑玄笺，[唐]孔颖达等正义：《毛诗正义》卷一七，[清]阮元校刻：《十三经注疏》，第589页。

武》也。言能酌先祖之道以养天下也。"近贤高亨认为《酌》系《大武》之诗歌①，该诗为周初诗作较可信。郑玄认为："允，信也。王之事所以举兵克胜者，实为女之事信，得用师之道。"王先谦则认为："《诗》言尔之举事既荷天宠，又得人和，信可为后世师法矣。时周公归政成王，天下太平，告成《大武》，诗不得专言文武用兵之事，以为义当如此也。"②按，西周彝铭中的"师"多指军队而言，鲜有"教师"之指，更无"师法"之意味，两者相较，郑说较为平实，可从。故此"允"当为"信"，"允师"即是"信义之师"。（10）系《大雅·公刘》，《诗序》认为其是周初召公戒成王之作③，诗载先周史事，上承《生民》，下启《绵》，均是西周时期的史诗。此"允"为副词"确实"，"豳居允荒"是说公刘所居豳地确实广大。（11）系《大雅·常武》，《诗序》云："召穆公美宣王也。"从诗文中有南仲、程伯休父等周宣王时人，故此当为西周晚期诗作。引文"王犹允塞，徐方既来"，郑《笺》曰："王重兵，兵虽临之，尚守信自实满。兵未陈而徐国已来告服，所谓善战者不陈。"④其"允"为信义。（12）为《小雅·湛露》，《诗序》云："天子燕诸侯也。"不明其具体创作时代，盖为西周之诗。引文"显允君子"之"允"为副词"确实"之意。（13）为《小雅·采芑》，《诗序》云："宣王南征也。"其为西周晚期诗作。此"允"同（12）均为副词"确实"之意。（14）为《小雅·车攻》，《诗序》云："宣王复古也。"其为西周晚期诗作。引文"允矣君子，展也大成"，郑《笺》言："允，信。展，诚也。'大成'，谓致太平也。"此"允""展"均表示"确实"之意。（15）为《小雅·十月之交》为西周晚期诗作，引"仲允"为人名。（16）为《小雅·鼓钟》，《诗序》云："刺幽王也。"盖西周晚期诗作。引文"怀允不忘"，郑《笺》释为："至信不可忘。"此"允"当为信德之意。综之，《诗经》中西周各篇中的"允"大概有副词"确实"、人名、伦理含义的信德等意涵。

复次，其他西周文献亦有"允"之记载。如《周易》中，《晋》卦有"众允，悔亡"、《升》卦有"允升，大吉"的记载。前者"允"为动词"相信"，或道德意味的"诚信"；后者为副词"确实"之意为妥。西周彝铭中鲜有"允"字，仅见于西周中期的班簋（《铭图》5401）所载"允哉显"，其意为副词"确实"；及西周晚期的师訇簋（《铭图》5402）所载"夷允三百人"，该字或为夷人的专名⑤。

西周文献中的"允"多可训诂为"信"，其含义包括人名（或专名）、副词"确实"，动词"信任"以及诚信的道德含义。

---

① 董治安编，高亨著：《高亨著作集林》（第4卷），清华大学出版社，2004年，第301页。
② [清] 王先谦：《诗三家义集疏》，吴格点校，中华书局，1987年，第1057页。
③ [汉] 毛亨传，[汉] 郑玄笺，[唐] 孔颖达等正义：《毛诗正义》卷一七，[清] 阮元校刻：《十三经注疏》，第541页。
④ [汉] 毛亨传，[汉] 郑玄笺，[唐] 孔颖达等正义：《毛诗正义》卷一八，[清] 阮元校刻：《十三经注疏》，第576—577页。
⑤ 马承源：《商周青铜器铭文选（3）》，文物出版社，1988年，第175页。

（三）孚

孚，《说文·爪部》释为"卵孚也。从爪，从子。一曰信也。"，徐锴《说文系传》解释道："鸟之乳卵，皆如其期，不失信也。"① 段玉裁更说："鸡卵之必为鸡……人言之信如是矣。""孚"之古文字作"甹""曑""甹""甹"等②。在殷契与西周金文中，"孚"多通"俘"，为动词"俘获"、名词"俘虏"之意。卜辞多有"孚人"（《合集》137反、35362反）的辞例，彝铭仅以多友鼎为例，"孚戎车百乘一十又七乘""京师之孚""献孚"等均为其意。

传世文献中的"孚"多有"信"的含义。如《诗经·大雅·文王》"万邦作孚"，毛《传》曰："孚，信也。"郑《笺》曰："天下咸信而顺之。"③《下武》"成王之孚"，郑玄以为"信"④。《尚书》亦载有"孚"字。如：

（1）天既孚命正厥德。（《高宗肜日》）

（2）作周孚先。（《洛诰》）

（3）我不敢知曰：厥基永孚于休……若卜筮，罔不是孚。（《君奭》）

（4）五辞简孚……简孚有众……狱成而孚，输而孚。（《吕刑》）

（1）古文《尚书》作"孚"，以"信"意，今文经作"付"，或"附"，有"付与"义⑤，据文义，皇天"付与"更为通顺，姑从今文经说。（2）的争议较大，杨筠如、屈万里认为此"孚"即为"信"⑥，而章太炎认为其为"郛"，是指"包络王城成周悉在其中"，顾颉刚、刘起釪从其说⑦。按，上文还有"作周恭先"之语，将"周孚"连读为"周郛"，文义扞格。姑从"信"说。（3）两"孚"均为动词"信任"之意。（4）前两个"孚"，《史记·周本纪》均作"信"，伪孔《传》、孔《疏》、蔡《传》均以"孚"为"信""无可疑也"。后两"孚"，伪孔《传》云："断狱成辞而信，当输汝信于王"，此两"孚"亦为"信"之义。

《周易》卦爻辞言及"孚"多达40处左右，其中还有《中孚》卦，有学者探究

---

① ［五代·南唐］徐锴：《说文系传》，华文书局股份有限公司，1971年，第240页。
② 古文字诂林编纂委员会编纂：《古文字诂林》（第3册），上海教育出版社，2001年，第331页。
③ ［汉］毛亨传，［汉］郑玄笺，［唐］孔颖达等正义：《毛诗正义》卷一六，［清］阮元校刻：《十三经注疏》，第505页。
④ ［汉］毛亨传，［汉］郑玄笺，［唐］孔颖达等正义：《毛诗正义》卷一六，［清］阮元校刻：《十三经注疏》，第525页。
⑤ 顾颉刚、刘起釪：《尚书校释译论》（第2册），第1008页。
⑥ 杨筠如：《尚书覈诂》，陕西人民出版社，2005年，第221页；屈万里：《尚书集释》，中西书局，2014年，第191页。
⑦ 顾颉刚、刘起釪：《尚书校释译论》（第3册），第1494页。

"孚"的本义①，亦有学者在"孚"为"信"基础上讨论《周易》中的"诚信"思想②。总之，西周文献的"孚"可训为"信"当无疑问。

（四）谌与忱

传世的西周文献中多见"谌"与"忱"，《说文·言部》释"谌，诚谛也"，《心部》释"忱，诚也"③，故后儒将之训诂为"信"。如《诗经·大雅·荡》"天生烝民，其命匪谌"，毛《传》释"谌，诚也"④。又，《诗经·大雅·大明》"天难忱斯"，毛《传》释"忱，信也"⑤。可知，"谌"与"忱"亦表诚信之意。不惟上引诗文，《尚书》载两字亦多为"信"意：

（1）乃心钦念以忱动予一人……尔忱不属。（《盘庚》）
（2）天棐忱辞……越天棐忱。（《大诰》）
（3）天畏棐忱……蔽时忱。（《康诰》）
（4）若天棐忱，我亦不敢知……天难谌。（《君奭》）
（5）尔曷不忱裕之于尔多方……图忱于正……尔不克劝忱我命。（《多方》）
（6）迪知忱恂于九德之行。（《立政》）

（1）前"忱"意为真诚，后"忱"则为"沈"误⑥。（2）"棐"即"匪"，"棐忱"就是不信之意，（3）、（4）之"棐忱"亦是。（3）"蔽时忱"，于省吾解释为"败是信用也"，可从。（4）据前，"谌"为"信"无疑。（5）第一个"忱"字，孙星衍训为"信"，该句意为："尔四国之民何不诚信开道于尔多方乎？"⑦ "图忱于正"，伪孔《传》训为"谋信于正道"⑧，蔡沈认为："欲图见信于正者。"⑨ 故第二个"忱"亦为"信"。第三个"忱"还是"信"的含义，伪孔《传》释曰："汝不能劝信我命。"可从。（6）伪孔《传》认为"忱恂"即为"诚信"，蔡沈则指出：

---

① 徐山：《释"孚"》，《周易研究》2007年第4期；朱慧芸：《〈周易〉古经之"孚"新解》，《周易研究》2007年第4期。
② 傅礼白：《〈易经〉中的诚信观》，《理论学刊》2003年第5期；唐贤秋：《〈周易〉中的"诚信"思想探微》，《广西民族学院学报》（哲学社会科学版）2004年第3期。
③ ［汉］许慎撰，［宋］徐铉校定：《说文解字》，中华书局，2013年，第46、218页。
④ ［汉］毛亨传，［汉］郑玄笺，［唐］孔颖达等正义：《毛诗正义》卷一八，［清］阮元校刻：《十三经注疏》，第552页。
⑤ ［汉］毛亨传，［汉］郑玄笺，［唐］孔颖达等正义：《毛诗正义》卷一六，［清］阮元校刻：《十三经注疏》，第505页。
⑥ 顾颉刚、刘起釪：《尚书校释译论》（第2册），第909页。
⑦ ［清］孙星衍：《尚书今古文注疏》，第465页。
⑧ ［汉］孔安国传，［唐］孔颖达等正义：《尚书正义》卷一七，［清］阮元校刻：《十三经注疏》，第229页。
⑨ ［宋］蔡沈：《书集传》，第214页。

"忱恂者,诚信而非轻信也。"① 有学者考察西周文献的"忱"及"谌"确为"信"之含义,但"从'甚',从'尤'之字常有'极''盛'之义……故'谌''忱'二字皆有'因过度相信从而导致迷信'的意思"②,确乎灼见。

综上,西周文献中"亶""允""孚""忱""谌"等字均有"信"的含义,其包括有动词"信任"、副词"确实"、名词人名及伦理道德意涵的"信"德。可知,西周时期"信"的观念已经较为普遍。但仍不可否认的是,西周时期的"信"思想远没有春秋时期那般成熟,其演变的节点在于西周晚期至两周之际一系列历史动荡造成的"庶民弗信",进而促成"信"德的成熟。

三、西周中晚期"信"思想之流行

西周时期的主要意识形态是以"皇天上帝"为代表的宗教信仰,主要的道德精神是"孝""友"等血缘伦理思想,在宗教与伦理之间是周王的天下共主的政治地位。一方面,周王是"皇天上帝"的"元子",是至上神在人间的代理;另一方面,周王也是血缘宗法体系的顶端,"孝""友"等血缘伦理德目的本质也是拱卫王权。宗教、伦理与政治呈现着交织的状态,即阎步克先生所谓的西周是"混沌粘滞"的社会,据此阎氏认为西周时期"尚未形成'信'德的土壤"③。实际上,阎说大致符合西周的早中期,而在西周中晚期至两周之际,随着周王权的衰落,一系列社会政治动荡导致了传统的天命观念及血缘伦理观念遭到破坏。

动荡始于周厉王时期的"国人暴动"。厉始革典,厉王弭谤,国人暴动,天子流彘。上无天子,诸公并治,史称"共和"。学界关于"共和"名称有所争议,然无论是作为姬姓诸侯的卫武公伯和"干王政",还是周、召二公共治,历时十四年之久的"共和执政"化解了国人暴动的政治危机的同时,无法改变天子流放,诸侯秉国政的现实,这无疑对宗法原则与政治伦理造成了极大的破坏。不惟如此,被视为皇天上帝"元子"的周王,被国人流放的本身,也促成了时人对传统意识形态——天命的强烈质疑。金文显示,西周中后期,"天子"的称号频繁出现,对比东周时期周王称"天王"的事例,可推测西周中后期,周天子政权合法性的地位也遭到质疑。

其后,周宣王"不籍千亩"而千亩之战的失败、立鲁国次子而鲁国内乱,更直接动摇了西周传统的"皇天上帝"信仰与嫡长子继承制的宗法准则。据《国语·周语上》记载,周宣王即位后"不籍千亩",虢文公劝谏:"不可。夫民之大事在农,上帝之粢盛于是乎出,民之蕃庶于是乎生,事之供给于是乎在,和协辑睦于是乎兴,

---

① 〔汉〕孔安国传,〔唐〕孔颖达等正义:《尚书正义》卷一七,〔清〕阮元校刻:《十三经注疏》,第230页;〔宋〕蔡沈:《书集传》,第217页。
② 赵琪:《从"谌""忱"二字看周人的天命观》,《北京师范大学学报》(社会科学版) 2012年第4期。
③ 阎步克:《春秋战国时"信"观念的演变及其变迁》,《历史研究》1981年第6期。

财用蕃殖于是乎始,敦庞纯固于是乎成,是故稷为大官。"① 虢文公从"重农"的重要性角度劝谏宣王,却并未成功。实际上,作为"上帝之粢盛"的千亩"帝籍"有着突出的神道设教功效,宣王的违礼之举显然是对传统"皇天上帝"信仰的破坏。故史家将宣王晚期"千亩之战"的失败归咎于宣王的"不籍千亩"也不无道理②。作为"中兴之主"的宣王在维系西周晚期政局之外,也常有违礼之举。鲁武公带长子括与幼子戏拜见宣王,周宣王喜爱戏,于是立之为鲁太子,樊仲山父劝谏:"今天子立诸侯而建其少,是教逆也。若鲁从之而诸侯效之,王命将有所壅,若不从而诛之,是自诛王命也。是事也,诛亦失,不诛亦失,天子其图之!"③ 宣王未听劝谏,废长立幼,破坏了西周血缘政治赖以稳定的基础,造成了鲁国的内乱。

及至幽王,无故废太子宜臼而立伯盘,是为父不慈;宜臼联合诸侯、外族对抗幽王、伯盘,是为子不孝、为兄弟不友、为臣不忠;西周灭亡后,宜臼为平王,王子余臣为携王,二王并立,而王朝卿大夫与邦君诸侯或纷纷站队,或冷眼旁观④。王朝处于"三事大夫,莫肯夙夜,邦君诸侯,莫肯朝夕"的乱局⑤。

时人对旧有的以"孝""友"等血缘伦理为纽带的政治伦常失去耐心的同时,对"皇天上帝"的信仰也失去了信任。因而在两周之际的文献中,常有"怨天"诗句。前文述及,"忱""谌"对于"信"而言,更强调了"因过度相信从而导致迷信"的意思,由此周初与西周晚期对"天"的态度有了明显的差异。周初时人信仰"皇天上帝"的同时,强调"天棐忱""天难谌",即不要过度迷信上天。至西周晚期,时人则反复吟咏"怨天"的诗句。如《雨无正》"浩浩昊天,不骏其德……旻天疾威,弗虑弗图"、《十月之交》"天命不彻"、《小旻》"旻天疾威,敷于下土"、《板》"上帝板板,下民卒瘅"等,都表达了对皇天上帝的抱怨与怀疑。不惟如此,前引西周晚期文献多有"不信""弗信"的诗句,而"不信"的社会思潮引起的反思,正是"信"思想逐步成熟的基础。

可见,西周中晚期已经具备"信"思想产生的土壤了,在此基础上,"信"思

---

① 徐元诰:《国语集解》,中华书局,2012年,第15—16页。
② 相关问题可详参谢乃和、付瑞珣《从清华简〈系年〉看"千亩之战"及相关问题》,《学术交流》2015年第7期。
③ 徐元诰:《国语集解》,第22页。
④ 由于学界对古本《竹书纪年》和清华简《系年》关于两周之际史事的记载有诸多不同意见,两周之际的历史脉络仍未有公论。综合史料记载与时贤论说,两周之际的历史脉络大体为:公元前771年,宗周覆灭,其后,携王与平王并立至少九年,即公元前771至前762年,其间双方争执正统,王朝卿士与邦君诸侯各有所从。于是,晋文侯乃立平王于京师,三年后即公元前759年,平王东迁。又过九年,即公元前750年,晋文侯杀携王于虢。详见谢乃和《从新出楚简看〈诗经·雨无正〉的诗旨——兼论东周时期的"周亡"与"周衰"观念》,《史学集刊》2017年第4期。
⑤ [汉]毛亨传,[汉]郑玄笺,[唐]孔颖达等正义:《毛诗正义》卷一二,[清]阮元校刻:《十三经注疏》,第447页。

想普遍流行于社会生活中,这可从"誓"内含的变化中得以窥见。"誓",《礼记·曲礼下》记载"约信曰誓"①,西周早期乃至夏、商时期多用为军事誓词,如《尚书》中《甘誓》《汤誓》《牧誓》等。从誓词内容上看,早期的"誓"包括天帝信仰、官人之法、安民之政、祭祀传统等方面②,从另一个角度而言,在宗教、政治、血缘的交织中,"誓"所蕴含的"信"思想尚未独立。而至西周中晚期,具有鲜明"信"思想的"誓"频见于司法诉讼类的彝铭中。如五祀卫鼎(《集成》2832)载有"事(使)厉誓",该器的年代为西周中晚期③,记述了卫与厉两人发生了土地纠纷之事,"使厉誓"是断案的诸卿大夫让厉立誓将田补偿给卫。可见西周中晚期的经济社会中,"誓"摆脱宗教、血缘,在司法过程中已然具有了"信"思想的内涵。同为西周中晚期的散氏盘(《集成》10176)记述矢氏赔付散氏土地,让其他人立誓为证之事,其所体现"信"思想更加明确。此外,倗匜(《集成》10285)、酅比簋盖(《集成》4278)等彝铭均有相似记载。这些铜器铭文是西周中晚期"信"思想普遍流行的确证。

结　语

以上,西周时期已经普遍存在"信"之思想。不仅商周彝铭中有作为人名的"仁"以希冀"信"德,在较为可信的西周文献中亦载有伦理道德的"信",《尚书·顾命》之"厎至齐信"与《吕刑》之"罔中于信"均为其例。不惟如此,西周"信"思想还有"亶""允""孚""忱""谌"等不同的表达。由此,学界关于西周无"信"思想的说法应该重新审视。

当然,应该指出的是西周时期的主要意识形态是以"皇天上帝"为代表的宗教信仰,主要的道德精神是"孝""友"等血缘伦理思想,"信"思想虽然普遍存在,但仍未被时贤抽象总结,致使文献中"信"的记载相对稀少。西周中晚期至两周之际,随着周王权的衰落,引发了一系列的社会政治动荡,进而导致"弗信"思潮兴起,在"弗信"思潮引起的反思中"信"德逐步成熟。春秋时期,经诸子的反复论说,"信"思想进步被提炼升华,成为中华民族最为重要的优秀品质之一。

---

① [汉]郑玄注,[唐]孔颖达等正义:《礼记正义》卷五,[清]阮元校刻:《十三经注疏》,中华书局,1980年,第1266页。
② 谢乃和:《从〈尚书〉"三誓"看三代早期国家的正统性观念构建》,《军事历史》2019年第2期。
③ 学界关于五祀卫鼎的年代有穆王、共王、懿王、夷王等不同说法,依次见于戚桂宴《董家村西周卫器断代》,《山西大学学报》(哲学社会科学版)1980年第3期;庞怀青等:《陕西省岐山县董家村西周铜器窖穴发掘简报》,《文物》1976年第5期;李学勤:《试论董家村青铜器群》,《文物》1976年第6期;彭裕商:《董家村裘卫四器年代新探》,《古文字研究》(第二十二辑),中华书局,2000年,第86页。该器为西周中晚期当无异议。

《列子·杨朱》与杨朱思想研究

葛志毅（大连大学中国古代文化研究中心）

摘　要：《列子·杨朱》篇应为晚出文献，但不能否认其纂集者应掌握了相当数量流传下来能够反映杨朱真实思想的原始资料，但其又未能完全掌握杨朱轻物重生、全性保真的道家自然主义性命论真谛。如《杨朱》篇纵欲思想乃对杨朱顺性适欲之乐生观念理解偏颇所致，其中可见庄子虚无放任思想影响下的魏晋士风。其他如涉及的名实及君臣道息等问题，亦无不可见魏晋以来之思想影响痕迹。

关键词：《列子·杨朱》；杨朱；重生论；纵欲论；人性自然

几十年的考古发现，激发人们对20世纪疑古思潮的反思，于是有"走出疑古时代"的呼唤，对当时被疑为伪书的古书重予评估，其中包括被疑为魏晋时代成书的《列子》，其间如许抗生、胡家聪等认为不伪，应为先秦文献[①]。

在对《列子》的争议中，其《杨朱》篇被认为是魏晋时纵欲主义思想的典型代表，此说得到较多认可。关于魏晋思想，昔人曾有评论，如顾炎武论正始风俗时论及"其弃经典而尚老庄，蔑礼法而崇放达，视其主之颠危若路人然"[②]，此无疑是对两汉经学礼教人伦的最大反叛。钱穆则认为可用"个人自我之觉醒"，概括魏晋以下三百年之学术思想[③]，若用今日语言表述，"个人自我之觉醒"实即要求人性解放之思想。较多人一直认为《列子·杨朱》代表了这一观念，并认为其表现出典型的纵欲主义思想。如果是这样，那么它是否就反映了杨朱的真实思想呢？对此必须评判考量。

一、《杨朱》篇与杨朱思想辨析

先秦两汉典籍中关于杨朱的断片记载，罕见对杨朱其人其说较详细的直接称引，或如有学者指出竟系寓言[④]，因此杨朱研究出现较大难度。如《杨朱》篇这样以

[①] 许抗生：《〈列子〉考辨》，《道家文化研究》（第一辑），上海古籍出版社，1992年；胡家聪：《从刘向的叙录看〈列子〉并非伪书》，《道家文化研究》（第六辑），上海古籍出版社，1995年。
[②] ［清］顾炎武：《日知录》卷十三《正始风俗》，岳麓书社，1996年，第470页。
[③] 钱穆：《国学概论》，商务印书馆，1997年，第147页。
[④] 吕思勉：《先秦学术概论》，中国大百科全书出版社，1985年，第42—43页。

"杨朱曰"形式较详细集中地记载杨朱思想言论的专篇,实为仅见,故应引起注意。但研究表明,《杨朱》篇作者并未真正掌握其轻物重生、全性保真的思想真谛,在纂集成篇的过程中,混入魏晋时的纵欲享乐思想,使人误以为杨朱乃纵欲主义的代表。其纂集者应该掌握了相当数量流传下的原始资料,我们仍可借助对其记载内容和文字的剖析,考求到杨朱的重生思想真相。但《杨朱》篇与杨朱思想真相不是一回事,至少杨朱重生思想与纵欲主义绝对无关。

我们必须综括相关记载,总结出杨朱重生思想的宗旨真谛。《孟子》中三处提及杨、墨两家,他说:"杨子取为我,拔一毛利天下而不为也。"① 但孟子所言不全可信,有偏颇。首先,他把墨子"兼爱"与杨朱"为我",各说为一偏,以"子莫执中"为近道而赞之。这显然是为使其说模式化而对杨朱思想进行剪截规范;此外他只说杨朱"拔一毛利天下而不为",却不讲他"悉天下奉一身不取"的一面。所以孟子对杨朱宗旨的论说有保留和剪辑规范,不尽客观可信。但通过他"辟杨墨"的主张,可知杨朱思想在当时影响之大。《韩非子·显学》提到"不以天下大利易其胫一毛……以为轻物重生之士也"②。孟子辟杨墨,但《荀子》中不见"杨墨"之称,仅在《王霸篇》提及"杨朱哭衢途"一事,值得关注。《吕氏春秋·不二》谓"阳生贵己",可与孟子所谓"为我"相比勘。《淮南子·氾论训》记孔子、墨子、杨子、孟子诸家先后相攻诘,又谓"全性保真,不以物累形,杨子之所立也",是认识杨朱思想实质的重要记载。与孟子"杨子取为我,拔一毛而利天下不为"之说相比,倒是《杨朱》篇所述较全面可信。《杨朱》篇曰:"古之人损一毫利天下不与也,悉天下奉一身不取也。人人不损一毫,人人不利天下,天下治矣。"是乃杨朱理想中的天下之治。因为人生于世,各安其位,即无利于人,亦无害于人,天下以此实现大治③。考《杨朱》篇中亦有可与"古之人损一毫利天下不与也,悉天下奉一身不取也"相对勘之言,即所谓"故智之所贵,存我为贵;力之所贱,侵物为贱",以及"君臣皆安,物我兼利,古之道也",皆可相互对勘,互阐其义,即君臣,物我各安其分,互不相扰,是乃合于道家清静无为,寂寞恬淡的自然致治理想。此外,儒家为美化自己学说的正义性,斥道家养生派为"禽兽"。当日孟子称杨墨两派"无父无君是禽兽",后荀子斥道家养生派它嚣、魏牟"纵情性,安恣睢,禽兽行"。察它嚣、魏牟学说应与杨朱相类,故荀子禽兽之说应承自孟子。无独有偶,《管子·立政·九败》亦有相类说法,即"滋味也,声色也,然后为养生。然则从欲妄行,男女无别,反于禽兽",此或承儒家影响,亦以道家养生派为纵欲的禽兽。以道家养生派为纵欲禽兽,只表明儒家代表的一种学术门户偏见,无多少道理可言。

---

① 杨伯峻:《孟子译注》,中华书局,1962年,第313页。
② [清]王先慎:《韩非子集解》,中华书局,2011年,第459页。
③ 吕思勉:《先秦学术概论》,第43—44页。

道家重生派认为身体生命重于天下国家，天下国家之价值不足以与身体生命相比。《吕氏春秋·重己》曰："今吾生之为我有，而利我亦大矣。论其贵贱，爵为天子，不足以比焉；论其轻重，富有天下，不可易之；论其安危，一曙失之，终身不复得。此三者，有道者之所慎也。"此特别点明，在有道者眼中，天下无有可与身体生命之价值相比者。故有道者认为治身重于治天下国家，《庄子·让王》曰："道之真以治身，其绪余以为国家，其土苴以治天下。由此观之，帝王之功，圣人之余事也，非所以完身养生也。今世俗之君子，多为身弃生以殉物，岂不悲哉！"此以圣人之本在治身，王天下大业乃人生余事，唯全身养生之事无足与比者。出于这种认识，《吕氏春秋·先己》曰："昔者，先圣王成其身而天下成，治其身而天下治。故善响者不于响于声，善影者不于影于形，为天下者不于天下于身。"《吕氏春秋·执一》记楚王问治国之道于詹子，詹子曰："以为为国之本在于为身，身为而家为，家为而国为，国为而天下为。故曰：以身为家，以家为国，以国为天下。"道家重生派由身及于天下，乃由重及轻之序；与儒家修身齐家治国平天下在形式上似同，但二者实不同，即道家养生派乃由重及轻，身最重故由身入手，儒家是由近及远的过程，近从身起，依次推及国家天下。儒道两家由身及天下之形式似同，但立意根本不同。由此可考察《杨朱》篇"杨朱见梁王，言治天下如运诸掌"一章。有论者谓此不合《杨朱》篇主旨，故疑其为伪作。其实明白治身重于治天下之意，此章自迎刃而解。对杨朱"治天下如运诸掌"之言，梁王反问："先生有一妻一妾而不能治，三亩之园而不能芸，而言治天下如运诸掌，何也？"杨朱的回答中有曰："将治大者不治细，成大功者不成小，此之谓也。"故此章完全是阐释治身重于治天下之义，反映了杨朱重生的本旨。"如运诸掌"乃袭用儒家语，见《论语》《礼记》。

战国道家重生派都主张制欲、顺性、养生，绝对反对放任纵欲，故杨朱作为重生派成员，绝不会是纵欲主义者。那么《杨朱》篇的纵欲主义叙述，应如何理解，就成为必须关注的问题。杨朱重生，首先必须注意养生。《庄子·庚桑楚》有所谓"卫生之经"，纵欲绝非合理的养生方式，必为杨朱不取；而从先秦的相关记载看，所有重生、养生者都主张顺性节欲，反对放任纵欲，杨朱亦不当例外。《吕氏春秋·重己》曰："凡生之长也，顺之也，使生不顺者，欲也，故圣人必先适欲。"按"适欲"即节欲。《吕氏春秋·本生》又曰："是故圣人之于声色滋味也，利于性则取之，害于性则舍之，此全性之道也。"对声色滋味应以利害加以取舍。《吕氏春秋·适音》又曰："四欲之得也在于胜理，胜理以治身则生全以，生全则寿长矣。"按"胜理"即合理地治身养生，这就必须节欲而非纵欲。《吕氏春秋·本生》又提出，因富贵而不知节制，反不如贫贱困难免于致患为好，故其又曰："贵富而不知道，适足以为患，不如贫贱。贫贱之致物也难，虽欲过之，奚由？出则以车，入则以辇，务以自佚，命之曰招蹶之机。肥肉厚酒，务以自强，命之曰烂肠之食。靡曼皓齿，郑、卫之音，务以自乐，命之曰伐性之斧。三患者，贵富之所致也，故古之人有不肯贵福者,由重生故也。"按因"重生"而拒绝富贵,就是对于富贵淫佚易致病害生的恐惧。那么,杨朱"重生",会是放任纵欲者吗?因此适度节欲止贪,是正确的养生态度。《淮南子·精神》曰:"若夫至人,量腹而食,度形而衣,容身而游,适情而行,余天下不贪,委万物而不利。"此主张"适情而行",不贪不利。又提出"适情辞余,以己为度,不随物而动"的原则,即一定要适可而止,不要贪饕逐物不已。综之,所有养生、贵生、尊生、全生思想都主张合理节欲,反对放任纵欲。《杨朱》篇纵欲思想乃对顺性适欲之乐生观念理解偏失所致,或者也可以说,乃在以纵欲享乐的极端形式,理解阐释杨朱的顺性乐生思想。作为重生论者,杨朱绝不会是纵欲主义者。

中国古代崇尚中和之道,反对任何的极端倾向,由此论之,极端纵欲必在摈弃之列。杨朱顺性乐生即以适度满足生理需求为度,是适度的养生中道,绝非纵欲。有学者以为《庄子·盗跖》出于杨朱后学之手,其中多论养生之道,如曰:"无足曰:'必持其名,苦体绝甘,约养以持生,则亦久病长陁而不死者也。'知足曰:'平为福,有余为害者,物莫不然,而财其甚者也。'"是既反对"约养以持生",亦反对"有余为害",主张"平为福",即满足基本的养生需求,适可而止,以不"约"、不"余"为度。《杨朱》篇提出"忧苦犯性"与"逸乐顺性"两种态度。所谓"逸乐顺性",即能保证基本生存条件,使人能顺适地度过生死自然过程。所谓"忧苦犯性",主要指无法满足人的基本生存需求,陷入愁苦困顿之中,无法顺遂生死自然过程。所以"逸乐顺性"与"忧苦犯性",乃建立在基本生存条件保证的基础上,并以能否顺遂生死自然过程为基线。《杨朱》篇记一事例曰:"原宪窭于鲁,子贡殖于卫。原宪之窭损生,子贡之殖累身。"且对此评论曰:"然则窭亦不可,殖亦不可,其可焉在?曰:可在乐生,可在逸身。故善乐生者不窭,善逸身者不殖。"是大贫损生,大富累身,那么,最适宜办法即不贫不富,使人得以满足基本生存需求,过上"乐生""逸身"的安适生活,从而保证"逸乐顺性",避免"忧苦犯性"的人生状态。

《杨朱》篇提出杨朱道家自然主义的重生观。据《杨朱》篇所述,因有感于人们的生生之苦,不仅含辛劬劳,复拘牵于名利,有如重囚累梏,不得释放人性自由,于是提出其自然主义的重生论。他主张服从人性自然,破除仁义礼法束缚,率性而动,从心而行。道家崇尚自然,杨朱的重生论核心即顺性自然,以适情逸乐的方式,释放人性自然,表达人性自由。所以杨朱的重生论本是在贯彻道家的自然主义,放荡纵欲违背人性自然,必不为杨朱遵从。在《杨朱》篇中可见到这类表述,如:"故从心而动,不违自然所好……从性而游,不逆万物所好。"按所谓"从心""从性"皆即不违"自然"之义。管夷吾告养生于晏平仲有曰:"肆之而已,勿壅勿阏。"即顺性而行,不使自然之性有所壅闭阻阏。又曰:"凡此诸阏,废虐之主。去废虐之主,熙熙然以俟死,一日、一月、一年、十年,吾所谓养也。"即不假人为,听任岁月流逝，安然对待死亡，以尽自然天年，是即所谓养。管子又告以送死曰："既死，岂在我哉！焚之亦可，沉之亦可，瘗之亦可，露之亦可，衣薪而弃诸沟壑亦可，衮衣绣裳而纳诸石椁亦可，唯所遇焉。"此亦不假人为干予，听任自然遭遇而随顺终老。循顺自然，因任大化，故管子自谓尽生死之道。《杨朱》篇又提出，人性生死作为自然过程，乃人力所无法干予左右者。孟孙阳问杨朱曰："有人于此，贵生爱身，以蕲不死，可乎？"曰："理无不死。""以蕲久生，可乎？"曰："理无永生。生非贵之所能存，身非爱之所能厚。"即生死乃一自然过程，不会因人存贵生爱身之心而不死，亦不会因人之祈求年寿而久生，因为此皆有违生死常道，人应理性客观地对待生死，即既生则应究心于性之所欲而顺性以行，直至终老，一任自然而不得有意加速或延缓其生死存亡过程。曰："既生，则废而任之，究其所欲，以俟于死。将死，则废而任之，究其所之，以放于尽。无不废，无不任，何遽迟速于其间乎？"此外，人亦因种种局限不得不取资外物以为养生之助，只是应理性客观地对待自身与外物的关系。因为自身与外物皆非人所能任意支配主宰者，二者俱客观地存在于天下，容不得人有丝毫私心在其间。《杨朱》篇曰："然身非我有也，既生，不得不全之；物非我有也，既有，不得而去之。身固生之主，物亦养之主。虽全生，不可有其身；虽不去物，不可有其物。有其物，有其身，是横私天下之身，横私天下之物。不横私天下之身，不横私天下之物，其唯圣人乎？公天下之身，公天下之物，其唯至人矣，此之谓至至者也。"按身物俱附于道，道为天下之公，人不可得私，故有此"横私"云云。那么，能以公天下之心看待身、物者，自应为圣人、至人。身、物俱附于天地之道，故因物全身者亦合于大道之公，如此循理合道，依于自然而行，可谓入于去己无我，冥合自然大化之妙的胜境。是乃道家虚无因任的物我观及生死观。因纵欲放荡有横私天下身、物以为我有之嫌，有违以身、物为天下之公的自然主义，故纵欲放荡决为道家养生论所难容。

杨朱又提出人性自然之变异问题：

《杨朱》篇认识到人性欲求对人格导向及社会文化的多方面影响作用。人性欲求有自然性的一面，亦有社会性的一面，二者间有交集渗透，不是恒定不变的。《杨朱》篇曰："生民之不得休息，为四事故，一为寿，二为名，三为位，四为货。有此四者，畏鬼，畏人，畏威，畏刑；此谓之遁民也，可杀可活，制命在外。不逆命，何羡寿？不矜贵，何羡名？不要势，何羡位？不贪富，何羡货？此之谓顺民也。天下无对，制命在内。"杨朱指出，人们烦扰不宁，只因受贪欲支配，汲汲对于长寿、名誉、势位、货财的过度追求所致。此欲为身累者，唯恐不得所求，故常怀患得患失的诸多恐惧，此所谓违背自然本性的遁民。此身为物累者，失去内在自我人格，只能听任外物的支配主宰。继又提出不违背命运，何羡慕长寿？不看重显贵，何羡慕名誉？不追求权势，何羡慕地位？不贪图富有，何羡慕货财？此可谓之顺从自然本性之民。此身无物累者，不受外在因素干扰诱惑，一切受内在人格主导。此实指出欲望膨胀对人可产生违背自然人性的误导。但此影响也会因人格观念之异而不一定如此,可以改变。但这需要社会文化教育的配合,强化对道德人格理念的启发、塑造、引导。《杨朱》篇接下去说:"故语有之曰:'人不婚宦,情欲失半;人不衣食,君臣道息。'"即人若不婚娶做官,情欲会丧失一半;若无衣食需求,君臣之道就会止息。此指出一些社会制度的设计与人性欲求互为关联,故人性欲求在社会层面的反映影响是深入和多方面的,欲完全加以阻止,殊非易事,因势利导不失为一个办法,只是需要社会文化教育的配合。总之,人性欲求既与社会文化密切相关,二者间又具有交集互渗,那么,所谓人性自然也不是简单的自然属性所可概括。人是社会性动物,人性自然中必然会有社会属性的渗透交集。这点具有认识上的重要意义。

自然是道家思想中一重要概念,其属性内含相对固定,乃指与社会文化相对的世界存在本色形态。相关人性自然概念则前后有所变化,最早应指人类原本的生理属性特征,如目能视,耳能听,鼻能嗅,口能食,四肢能勤动等,即未经社会化之前的人类生理本能。但杨朱谈到的人性自然已包含若干社会化因素在内,这点很重要。察社会中不同阶层因生活内容及生活质量之异,对生活条件的适应要求已有不同。所谓人性自然,会因其生活经验或习惯的熏染较前有所变化,所谓习与性成,习惯成自然,皆乃讨论人性自然时应予关注者。后来较前变化的人性自然已不是自然本能,已有了欲求倾向,即目欲色,耳欲声,鼻欲香,口欲味,体欲逸等,已是社会化的人性自然,此已为杨朱注意到。《杨朱》篇曰:"周谚曰:'田父可坐杀。'晨出夜入,自以性之恒;啜菽茹藿,自以味之极。肌肉粗厚,筋节腃急,一朝处以柔毛绨幕,荐以粱肉兰桔,心惛体烦,内热生病矣。商鲁之君与田父侔地,则亦不盈一时而惫矣。故野人之所安,野人之所美,谓天下无过者。"按此"晨出夜入,自以性之恒"已不是先天的人性自然,而是已渗入习性文化因素的后天人性自然。"日出而作,日入而息"的长期劳作方式,已使"晨出夜入"被认为是农夫的"性之恒"。农夫们晨出夜入的劳作,食粗饭粝,身体变得粗壮结实,已适应此简单粗糙的生活方式。一旦改变其生活条件,被以轻软,食以粱肉,农夫反会因不适而生病。假使宋、鲁之君与农夫换位生活,他们因身为贵族很快会疲惫痛苦不堪而生厌弃。所以农夫出于久已习惯此粗陋生活的人性自然,必会认为天下之美无以过此。遵循此自然人性养生的理论,必会因社会阶层之不同而有所差异,很难一概而论。上举贫穷与富贵二者间循自然养生的观念,彼此截然不同。《杨朱》篇下述宋国田夫自美负暄之乐,或对乡豪称道戎菽,甘枲茎芹萍子者,皆野人田夫之所安、之所美,而为富室、乡豪所甚不堪而厌弃之例,是乃人性自然受生活条件浸润熏染,借助贫富之异而表现出的不同。故所谓逸乐顺性与忧苦犯性二者间的界限,及其在社会生活中的具体命义究竟如何,不可简单一概而论,一定要顾及人性自然如何在社会生活中变异,是乃杨朱重生思想对人性自然概念认识深刻之处。杨朱认识到人性自然的这种属性特征，也为其通过宣传自己的重生理论，使之影响人们的认识而奏效，提供了可能。此乃杨朱关于人性自然理论的积极意义所在。

二、对《杨朱》篇所涉及几个问题的辨析

关于《杨朱》篇与名实问题：

《杨朱》篇中多讨论名实问题，此名实问题与魏晋玄学关系甚深。汤用彤曾提出，"玄学的理论，原是上承魏初名家思想变来的"，又说："约在魏文帝的时候北方风行的思想主要是本于'形名之学'（形名或作刑名，省称名家），特别偏重于人事政治方面（名教）的讨论。这个'名家'的根本理论是'名实之辩'"。汤氏还有一个重要见解，他认为魏晋玄学思潮有二源，其一为汉末三国时的荆州派《易》学，其二为曹魏"形名家"言①。当然，汤氏又指出魏晋名家与先秦惠施、公孙龙之不同。汤氏谈魏晋名家名实之辩的由来，乃从汉代察举征辟的人才选用制度入手。因为选举制度涉及人物品鉴，即主要关于士人名行的考察品题，亦即对士人行为操守的名实之辨。他在《读〈人物志〉》一文中说："溯自汉代取士大别为地方察举，公府征辟。人物品鉴遂极重要。有名者入青云，无闻者委沟渠。朝廷以名为治（顾亭林语），士风亦竟以名行相高。声名出于乡里之臧否，故民间清议乃隐操士人进退之权……历时既久，流弊遂生，辗转提携，相互揄扬。厉行者不必知名，诈伪者得播令誉……则知东汉士人，名实未必相符也。及至汉末，名器尤滥……天下人士痛名实之不讲，而形名之意见重，汉魏间名法家言遂见流行。"以下举崔寔、仲长统、王符、徐干、刘廙等人著作中有关综核名实，正名督实的论议，证明其时关于"形名、名形之辩，为学术界所甚注意之问题"②。据汤氏所论，可见汉魏时代新名家言的讨论成为一时潮流，其影响甚广。《杨朱》篇中讨论名及名实问题较多，必是受到此汉魏晋时代名实讨论的若干影响所致。

名与利相关，名乃可以满足人性欲求的工具，从而让人享有安乐舒适的种种实惠，名也因此成为人们最大的追求目标。《杨朱》篇因此把名作为一个核心概念来讨论，在篇首与篇中及篇末的论述中前后照应阐释。篇首提出名可为人带来当身的富贵及死后的荣名，同时名亦可惠及宗族、乡党、子孙。名的诸种好处外，其最大弊病是"名乃苦其身，燋其心"，逐名对人身心的这种伤害，应是带给人生的最大不幸。这里实际论及如何享名之利及除名之弊的首要问题，其下针对现实中"实名贫、伪名富"的荒唐诡诈现象，指出那些使用权谋伎俩骗取荣名且又坐享实利的事例，即"尧、舜伪以天下让许由、善卷，而不失天下，享祚百年。伯夷、叔齐实以孤竹君让而终亡其国，饿死于首阳之山"。对此"实名贫，伪名富"的现实，《杨朱》篇

---

① 汤用彤：《汤用彤学术论文集》，中华书局，1983年，第302、298、304页。
② 汤用彤：《汤用彤学术论文集》，第202—203页。

作者显然持批判摒弃态度。此外对前文相关的"实无名、名无实、名者伪而已矣",予以论证。即舜、禹、周、孔四圣,"生无一日之欢,死有万世之名。名者,固非实之所取也"。桀、纣二凶,"生有从欲之欢,死被愚暴之名,实者,固非名之所与也"。此对名实关系的透辟论述,回应了有关前文名实论题的讨论。相关在篇末又提出如何正确对待名利的问题,即指出享用名利要以适度为宜,不使成为人性之累。其曰:"名固不可去,名固不可宾邪? 今有名则尊荣,亡名则卑辱。尊荣则逸乐,卑辱则忧苦。忧苦,犯性者也;逸乐,顺性者也。斯实之所系矣。名胡可去? 名胡可宾? 但恶夫守名而累实。守名而累实,将恤危亡之不救,岂徒逸乐忧苦之间哉!"即名不可摒弃不顾,因为名之得失关系到忧苦犯性与逸乐顺性的性命得失问题;而人的生存所决定,性命生死是任何人所无法摆脱、必须面对的基本人生问题,因此其主张在坐享名利所致逸乐之实时,须适度满足人性欲求,使逸乐感觉有个适宜度,切不可纵欲无度,贪求无厌,过度逸乐乃至沉溺淫侈,必累及身心年寿,招致失性丧命之祸,如此则救死恤亡之不暇,何来逸乐顺性之可言。由于适度逸乐,乃人的生存所必须,可以轻松身心,有益年寿养生,且可避免前言因过度求名计算所致"苦其身、燋其心"之害。由此《杨朱》篇在篇首、篇中及篇末关于名及名实关系的讨论,可见《杨朱》篇有通体全面的思想内容设计,并运用首尾一贯,通篇照应的方式深入给予阐释。可以认为,《杨朱》篇对人性的自然欲求基本持肯定态度,只不过主张应控制在适度范围内,且加以理性把持的原则,以顺适自然与益生而非害生为度。因此历来关于《杨朱》篇反映了魏晋时代纵欲主义的说法,颇值商榷。以上的分析证明,杨朱重生之义的真谛,在逸乐顺性,反对忧苦犯性,绝非放荡纵欲;这层意义贯穿在其关于名实的深入讨论中。

《杨朱》篇论及"君臣道息"的问题:

有学者指出,魏晋时儒微道盛,"而道家门户之中,王充所激动之自然主义与无君思想一时较仅主清静之治者尤为盛行",又曰:清谈祖述老庄,"其政治思想,则可按其消极程度之深浅,分为无为与无君两派"①。此指出自然主义与无君思想之关联,以及魏晋思想中的无为与无君两派。《杨朱》篇中两次提到"君臣之道息",是因其思想中有提倡人性自然的一面,而君臣之道恰有违碍束缚人性自然的一面,因此它提出"君臣之道息"的说法。无君应为太古自然之世的黄金时代,它体现了人类社会原初状态下的自由童趣。进入国家后,君臣制度设立,人们失去最初的朴拙自由,始受到礼法仁义的钳制约束。魏晋思想中的无君论,即是对原始社会历史的回顾。首先是阮籍,他指出原初时代的自然清静之治,"昔者天地开辟,万物并生。大者恬其性,细者静其形……强者不以力尽,弱者不以迫畏。盖无君而庶物定,无臣而万事理"。后因文物声明日启,导致"君立而虐兴,臣设而贼生。坐制礼法,束

---

① 萧公权:《中国政治思想史》(二),辽宁教育出版社,1998年,第335、337页。

缚下民，欺愚诳拙，藏智自神"①，即随文明进化而来的是机诈欺虐，并由它取代了自然完美的太古时代；原来无君无臣，事物安定自治的清静之世，被继起的虐贼并兴的君臣世道所代替，势力祸乱与纷扰不宁自此起。继之有鲍敬言所倡"无君论"。《抱朴子·外篇·诘鲍》记鲍敬言"以为古者无君胜于今世"。他认为君臣之道的设立，既非天心，亦非人愿，而是强凌弱，智诈愚社会斗争的结果，太古自然之世本无君。《诘鲍》曰："曩古之世，无君无臣，穿井而饮，耕田而食，日出而作，日入而息。泛然不系，恢尔自得，不竞不营，无荣无辱。山无蹊径，泽无舟梁。川谷不通，则不相并兼；士众不聚，则不相攻伐。……势利不萌，祸乱不作。干戈不用，城池不设，万物玄同，相忘于道……其言不华，其行不饰。安得聚敛以夺民财，安得严刑以为坑阱？降及杪季，智用巧生，道德既衰，尊卑有序……澶漫于淫荒之域，而叛其大始之本……尚贤，则民争名；贵货，则盗贼起；见可欲，则真正之心乱；势利陈，则劫夺之涂开。造剡锐之器，长侵割之患……使夫桀、纣之徒……使彼肆酷恣欲，屠割天下，由于为君，故得纵意也。君臣既立，众慝日滋。而欲攘臂乎桎梏之间，悉劳于涂炭之中；人主忧慄于庙堂之上，百姓煎扰乎困苦之中，闲之以礼度，整之以刑罚。是犹辟滔天之源，激不测之流，塞之以撮壤，障之以指掌也。"鲍敬言描述了太古之世静谧淳朴的田园生活，日出而作，日入而息，无竞争欺夺，无战争攻伐，无人聚敛民财，无刑罚压迫之法，人物相安，各得其所，社会生活在平静安宁之中自然进行着。一旦物质与精神发展，引发了文明进化，启发人们利欲之心，社会的纷争攘夺就此开始，而且愈演愈烈，不可止息。为寻求一种秩序，于是君臣制度设立。但由君臣制度带来的礼乐刑罚秩序，与文明社会开启的社会纷争与矛盾冲突相比，二者关系有如杯水对车薪那样无济于事。鲍敬言虽明确提出无君论，但将由原始自然状态进入到国家文明的种种不适，归罪于文明进化，却同老庄，尤其是庄子一脉相承的，表现了道家反文化的蒙昧主义立场。无君论的出现与庄子有很大的间接关系，如阮籍、鲍敬言俱好老庄。老庄倡导自然放任，反对礼乐仁义秩序，其所谓自然无为就是无礼乐仁义制度的原始社会状态。庄子等虽颇多对太古自然无为之世的描述，但并未明确提出无君论。鲍敬言之高，在他又指出君主的专制权势，使之具有鱼肉世人，作恶天下的资本，君主的设立开启了文明社会的万恶之源。说虽有偏颇，决不可谓无理。庄子虽多描述太古清静无为之自然状态，但对君臣制度代表的秩序仍给予厚望，《庄子·人间世》："臣之事君，义也，无适而非君也，无所逃于天地之间，是之谓大戒。"无君论的提出，应是受现实启发，对原始社会反思而产生的升华。魏晋时代政治斗争的残酷挤压，使人产生原本无君的想望，并伴生企盼人性彻底解放的要求，《杨朱》篇受此影响，因此出现"君臣道息"之

---

① ［魏］阮籍：《大人先生传》，载《全上古三代秦汉三国六朝文》（二），中华书局，1987年，第1315页。

说。有学者评价说："故严格言之,魏晋以前未尝有无君之思想。致阮籍乃首发其端,鲍生复大畅其说。秦汉数百年尊君之传统思想,遂遭遇空前之抨击。"① 是可见无君思想发生于魏晋之世,其影响及于时代之意义。儒道两家政治理想互异,因此两家社会理想亦异。道家政治理想乃自然无为,因此恬淡淳朴的原始社会成为道家社会理想寄托。儒家政治理想乃礼乐仁义,因此唐虞三代太平之治成为儒家理想社会模型。先秦时代关于道德废有仁义之说,道德既为道家的自然本体概念,那么,其说亦为太古原始社会向其后唐虞三代社会转进的意义,提供了借鉴。《礼记·礼运》有关于大同,小康的论述,后人认为此大同之说杂有老庄道家因素,其由盖与此有关。鲍敬言在魏晋之世倡"无君论",亦使道家关于太古原始社会的理解深入一层,亦应加深人们对原始社会的认识。相关《杨朱》篇"君臣道息"之说,应同"无君论"之间,存在某种影响联系。

关于老庄与放荡纵欲思想之蔓衍流行:

从汉代黄老至魏晋老庄,前后经历转变。陈澧引洪稚存曰:"自汉兴,黄老之学盛行,文景因之以致治。至汉末,祖尚玄虚,于是始变黄老而称老庄。陈寿《魏志·王粲传》末,言嵇康好言老庄。老、庄并称,实始于此,即以注二家而论……注《庄子》实自晋议郎清河崔譔始,而向秀、司马彪、郭象、李颐等继之。"② 按黄老与老庄思想精神互异,黄老乃道法结合,其中含申韩刑名,因此黄老的基本思想是因循督责精神,重在以道法治世,故成就了汉初政治。老庄乃纯道家思想,其基本精神乃虚无放任,故颓废纵欲之风与老庄于魏晋之际的得势不无关系。《晋书·向秀传》说向秀注《庄子》:"发明奇趣,振起玄风,读之者超然心悟,莫不自足一时也。惠帝之世,郭象又述而广之,儒墨之迹见鄙,道家之言遂盛焉。"可证魏晋玄学风靡一世,《庄子》的影响有极大作用。当时士人受《庄子》放任思想影响者多有其人,如嵇康自言:"又读《老》《庄》,重增其放,故使荣进之心日颓,任逸之情转笃。"③《庄子》放任颓废思想在当时的流风影响可见一斑。这里的问题是,何以黄老盛行于汉代,而庄子在汉代的影响则不甚大,非要到魏晋之世才突显其影响?是乃社会历史时代使然。即《庄子》放任颓废思想风靡士林,还与魏晋之际特殊的政治环境有关,这可举《晋书·阮籍传》的记述为例说明之。其曰:阮籍"尤好《庄》《老》,嗜酒能啸,善弹琴。当其得意,忽忘形骸,时人多谓之痴,……籍本有济世志,属魏晋之际,天下多故,名士少有全者,籍由是不与世事,遂酣饮为常。文帝初欲为武帝求婚于籍,籍醉六十日,不得言而止。钟会数以时事问之,欲因其可否而致之罪,皆以酣醉获免。……籍闻步兵厨营人善酿,有贮酒三百斛,乃求为

---

① 萧公权:《中国政治思想史》(二),第350页。
② [清]陈澧:《东塾读书记(外一种)》,生活·读书·新知三联书店,1998年,第238页。
③ [唐]房玄龄等:《晋书》卷四十九《嵇康传》,中华书局,1982年,第1371页。

步兵校尉。遗落世事，虽去佐职，恒游府内，朝宴必与焉。会帝让九锡，公卿将劝进，使籍为其辞。籍沈醉忘作，临诣府，使取之，见籍方据案醉眠。使者以告，籍便书案，使写之，无所改窜。辞甚清壮，为时所重。……籍又能为青白眼，见礼俗之士，以白眼对之。……由是礼法之士疾之若仇，……籍嫂尝归宁，籍相见与别。或讥之，籍曰：'礼岂为我设邪！'邻家少妇有美色，当垆沽酒。籍尝诣饮，醉，便卧其侧。兵家女有才色，未嫁而死，籍不识其父兄，径往哭之，尽哀而还。……时率意独驾，不由径路，车迹所穷，辄恸哭而反。"按所谓"属魏晋之际，天下多故，名士少有全者"，指当时司马氏集团向曹魏夺权，士人夹在二者之间，如何全身自保便成为一个必须思索的问题，或者不善应对，就成为此政治斗争的无谓牺牲品。阮籍本有济世之才志，但面对这样的局面，设法佯狂做出些违背礼法之态，是为借此回避尖锐的现实，以为明哲保身之举。他有意昏酣纵酒和违背男女大防，皆是为借此瞒过世人之不得已。但他积郁心中的隐忍悲愤，充满无处倾诉表白之痛苦。他借此佯狂放荡，亦可得某些发泄自慰。至驱车穷途，恸哭而返，完全是其愤懑无奈压抑悲情的一种自然喷发。阮籍是魏晋士人在此险恶政治斗争中明哲保身的典型代表，是不愿做统治集团争权斗争牺牲品的苦苦挣扎。他为全生自保故意纵酒和违背男女大防的行为，虽已有违当日礼法，但仍有相当的清醒克制，未至太过极端程度。不及他的等而下之者，所为纵欲放荡程度往往超过他许多，其通常做法大抵不出酒、色两道。《杨朱》篇中公孙朝、穆兄弟分别纵欲放荡于酒、色，其极端激烈纵欲超过阮籍无算，可为当时这类纵欲士人的代表。总之，《杨朱》篇中的纵欲放荡描述，必与魏晋的特殊时世与世风有关联。其中庄子书的盛行，扩大虚无放任的思想影响，士林响应，从而更助长纵欲风气的流衍风行。

三、结语

综之，《列子·杨朱》篇应为晚出文献，但不能否认其纂集者应掌握了相当数量的流传下来能够反映杨朱真实思想的原始资料，但其又未能完全掌握杨朱轻物重生、全性保真的道家自然主义性命论真谛。如《杨朱》篇纵欲思想乃对杨朱顺性适欲之乐生观念理解偏颇所致，其中可见庄子虚无放任思想影响的魏晋士风。其他如涉及的名实及君臣道息等问题，亦无不可见魏晋以来之思想影响痕迹。

竖刁、易牙、开方及其他

——从上博简（五）《鲍叔牙与隰朋之谏》谈起

郭　丽（山东理工大学齐文化研究院）

摘　要：根据上博简（五）《鲍叔牙与隰朋之谏》，齐桓公为政后期，齐国发生日食，鲍叔牙、隰朋因此在政治、经济诸多方面提出谏议，其中特别是要桓公远离竖刁、易牙。竖刁、易牙、开方是齐桓公后期的重要大臣，他们在桓公去世前后对齐国的政治产生重要影响。本文对竖刁、易牙、开方的生平，他们之间的关系，他们对齐国政治产生的影响等方面做出探讨。

关键词：竖刁；易牙；开方；上博简

上博简（五）《鲍叔牙与隰朋之谏》记载齐地发生日食之后，齐桓公问讯日食发生的原因，及如何消除可能带来的灾害①。鲍叔牙和隰朋提出谏议，认为桓公应当远离女色，重视民众生活，减轻税收，远离竖刁与易牙。齐桓公听取谏议，采取措施，取得了很好的效果。易牙、竖刁还有史籍记载的卫公子开方诸人，在齐桓公去世前后对齐国的政治产生了很大危害，影响了齐国的历史进程。然竖刁、易牙、开方诸人的生平，研究者关注不足，易牙、竖刁、开方的关系如何，研究者尚无暇言及，笔者尝试论之。

一

上博简（五）《鲍叔牙与隰朋之谏》中，隰朋与鲍叔牙谏议齐桓公："或以竖刁与易牙为相，二人也，朋党群丑，娄朋娶与，赠公教而睽之，不以邦家为事，从公之所欲更。"又云："今竖刁匹夫而欲知万乘之邦而贵尹，其为灾也深矣；易牙之邪者食人，其为不仁厚矣。"② 日食发生的时候，竖刁、易牙在齐桓公朝为主要的官员，二人结交朋党，纵容齐桓公的个人喜好，不关心齐国的国事，为达到个人目的，对齐国的政治造成危害。鲍叔牙和隰朋认为，竖刁、易牙是奸邪之人，此与历史文献

---

① 关于日食发生的时间，研究者有多种论说，笔者专文做出考察，认为日食发生的时间，当在齐桓公四十一年（前645），即管仲去世前后这段时间，见郭丽《上博简（五）〈鲍叔牙与隰朋之谏〉发生时间考及其他》，《山东理工大学学报》（社会科学版）2011年第2期。
② 释文参李学勤《试释楚简〈鲍叔牙与隰朋之谏〉》，《文物》2006年第9期。

记载吻合。《说苑·贵德》:"竖刀、易牙,毁体杀子以干利,卒为贼于齐。"竖刀、易牙在齐桓公去世之前,逐渐掌握了国家权力。他们在齐桓公去世之后,拥立新君,造成国内局势混乱。《春秋繁露·灭国下》:"齐桓卒,竖刀、易牙之乱作。"《说苑·权谋》:"及桓公殁,竖刀、易牙乃作难。"他们拥立公子无诡做国君①,纯粹是为了捞取政治资本,无所谓政治抱负与政治主张。竖刀、易牙拥立新的国君后,齐桓公的其他儿子亦不甘示弱,前后共有五个儿子争夺王位,王位不断易人,影响了齐国的稳定,导致齐国霸主地位的丧失。

二

竖刀,《左传》作"寺人貂",杜预注曰:"寺人,内奄官,竖貂也。"《史记·齐太公世家》作"竖刀","刀"与"刁"通。现有文献中,对竖刀记载最早的是《左传·僖公二年》:"齐寺人貂始漏师于多鱼。"僖公二年为公元前658年,此是齐桓公二十八年。杜预注曰:"齐桓多嬖宠,内则如夫人者六人,外则幸竖貂、易牙之等,终以此乱国。传言貂于此始擅贵宠,漏泄桓公军事,为齐乱张本。"孔颖达疏曰:"此人名貂,幼童为内竖之官,以为齐侯所宠,后虽年长,遂呼为竖貂焉。此时为寺人之官,故称寺人貂也。言漏师者,漏泄师之密谋也。漏师已是大罪,此云始者,言其终又甚焉。"②则竖刀掌握权力甚早。当时,齐国非常强盛,管仲全面管理齐国行政,隰朋、鲍叔牙、宁戚、宾胥无诸位卿大夫也各有重任③,在此种情况下,竖刀仍然掌握了部分政权,并在外交上泄露齐国的国家机密,其本性逐渐显露。

竖刀为获得齐桓公的信任,做出了巨大牺牲。齐桓公喜好女色,后宫人数众多,很混乱,竖刀自宫来管理后宫。《韩非子·二柄》:"齐桓公妒而好内,故竖刀自宫以治内。"管仲早已看到这个问题,故临终之前,谏议齐桓公驱逐竖刀。《史记·齐太公世家》记载,管仲病危,与齐桓公讨论接替其职位的人选,管仲认为竖刀"自宫

---

① 《史记》作"无诡",《左传》作"无亏"。
② [晋]杜预注,[唐]孔颖达等正义:《春秋左传正义》,[清]阮元校刻:《十三经注疏》,中华书局,1980年,第1791页。杨伯峻《春秋左传注》曰:"寺人,宦官之为宫中侍御者,《周礼·天官》有寺人之官。貂,竖貂。《国语》《管子》《吕氏春秋》及《说苑》诸书'竖貂'并作'竖刁'。""多鱼,高士奇《地名考略》以为或在今河南省虞城县界。"杨伯峻:《春秋左传注》,中华书局,1981年,第283页。
③ 《国语·齐语》:齐桓公"唯能用管夷吾、宁戚、隰朋、宾胥无、鲍叔牙之属而伯功立"。上海古籍出版社,1998年,第247页。

以适君，非人情，难亲"①。《吕氏春秋·知接》的记载与此相似，齐桓公曰："竖刁自宫以近寡人，犹尚可疑邪？"管仲对曰："人之情，非不爱其也，其身之忍，又将何有于君？"② 管仲根据人之常情判断，认为竖刁自宫，不爱自己身体，其背后必然隐藏巨大野心。

　　管仲去世之前谏议齐桓公驱逐竖刁，这与简文中鲍叔牙与隰朋之谏相合。简文中，齐桓公听取了鲍叔牙与隰朋的谏议，驱逐了竖刁，这当在管仲去世之后。但竖刁离开之后，后宫没有人管理，齐桓公因为"官中乱，复反竖刁"③。竖刁返回时，齐桓公重要的辅佐管仲、隰朋已经去世，这给竖刁以夺权的机会。根据《左传·僖公十七年》记载，齐桓公有三位夫人，"王姬、徐嬴、蔡姬，皆无子。"然"齐侯好内，多内宠，内嬖如夫人者六人：长卫姬，生武孟。少卫姬，生惠公。郑姬生孝公。葛嬴生昭公。密姬生懿公。宋华子生公子雍"。在如夫人生的六个儿子中，齐桓公与管仲选定郑姬之子公子昭为世子，"公与管仲属孝公于宋襄公，以为大子"。但是"雍巫有宠于卫共姬，因寺人貂以荐羞于公。亦有宠，公许之，立武孟"④。卫共姬是如夫人中年龄最长的一个，其子武孟，即公子无亏。齐桓公立公子昭为王位继承人之后，又在管仲去世之后，答应立无亏做世子，因之王位的继承出现了混乱，《左传》载，"管仲卒，五公子皆求立"。这场王位的争夺，在齐桓公去世之后明朗化了。桓公四十三年冬去世，易牙与竖刁勾结宫内之人，立无亏为国君，公子昭"奔宋"。竖刁诸人拥立无亏，当然是为获得拥立之功，以获取政治资本。

三

　　中国古代厨师易接近君主。伊尹即以烹调技艺干商汤，而得到商汤的赏识与任用。《史记·殷本纪》云："伊尹名阿衡。阿衡欲奸汤而无由，乃为有莘氏媵臣，负

---

① ［汉］司马迁：《史记》，中华书局，1959年，第1492页。《管子》亦有记载，根据《管子·小称》，管仲说："公喜宫而妒。竖刁自刑，而为公治内。人情非不爱其身也，于身之不爱，将何有于公？"黎翔凤：《管子校注》，中华书局，2004年，第608页。《管子·戒》中，管仲对齐桓公说："今夫竖刁，其身之不爱，焉能爱君？君必去之。"黎翔凤：《管子校注》，第522页。《韩非子》亦有记载，《韩非子·难一》："管仲有病，桓公往问之。管仲曰：'微君言，臣故将谒之。愿君去竖刁……君妒而好内，竖刁自宫以治内；人情莫不爱其身，身且不爱，安能爱君？'"［清］王先慎：《韩非子集解》，中华书局，1998年，第351页。《韩非子·十过》："夫人之情莫不爱其身，公妒而好内，竖刁自獖以为治内，其身不爱，又安能爱君！'"［清］王先慎：《韩非子集解》，第73页。《说苑·权谋》："管仲有疾，桓公往问之曰：'仲父若弃寡人，竖刁可使从政乎？'对曰：'不可！竖刁自刑以求入君。其身之忍，将何有于君？'"［汉］刘向撰，向宗鲁校证：《说苑校证》，中华书局，1987年，第320页。
② 陈奇猷：《吕氏春秋新校释》，上海古籍出版社，2002年，第979页。
③ 黎翔凤：《管子校注·戒》，第527页。
④ ［晋］杜预注，［唐］孔颖达等正义：《春秋左传正义》，［清］阮元校刻：《十三经注疏》，第1809页。

鼎俎，以滋味说汤，致于王道。"治国与烹调有相通之处，故《老子》云："治大国若烹小鲜。"河上公注："鲜，鱼。烹小鱼不去肠，不去鳞，不敢挠，恐其糜也。治国烦则下乱。"① 易牙因为其高超的烹调技艺而得到齐桓公的赏识，因而从政，固无不可。然其怀有个人野心，不以国家为念，此为易牙遭到批判的主要原因。

易牙的味觉功能特别好，能够品尝味道之微异，这是成为好厨师的重要条件。《淮南子·道应训》云，孔子曰："菑、渑之水合，易牙尝而知之。"《淮南子·泛论训》亦云："串儿、易牙，淄、渑之水合者，尝一哈水而甘苦知矣。"易牙烹调食物，味道亦佳美。《战国策·魏策二》云："齐桓公夜半不嗛，易牙乃煎敖燔炙，和调五味而进之，桓公食之而饱，至旦不觉。"② 因之易牙成为善于烹调美味之厨师的代名词，《荀子·大略》："言味者予易牙，言音者予师旷，言治者予三王。"

易牙为博得齐桓公的宠信，烹其子以享齐桓公。《史记·齐太公世家》云：易牙"杀子以适君"。易牙杀其子，以婴儿之身为桓公烹饪。《管子》与《淮南子》认为易牙乃是烹其长子而献之齐桓公。《管子·小称》："夫易牙以调和事公。公曰：'惟烝婴儿之未尝。'于是烝其首子而献之公。"《淮南子·主术训》："昔者齐桓公好味而易牙烹其首子而饵之。""首子"，长子，《史记·宋微子世家》："微子开者，殷帝乙之首子而帝纣之庶兄也。"然据《韩非子·十过》："夫易牙为君主味，君之所未尝食唯人肉耳，易牙蒸其子首而进之。"《韩非子·难一》："易牙为君主味，君惟人肉未尝，易牙烝其子首而进之。"则是易牙烹其孩子之首而进献桓公。要之，易牙杀其子而烹是没有问题的。《吕氏春秋·知接》云：齐桓公曰"易牙烹其子以慊寡人"。《说苑·权谋》："易牙解其子以食君。"可做如是观。

易牙的地位开始较竖刁为低。上文提到的"雍巫有宠于卫共姬，因寺人貂以荐羞于公，亦有宠，公许之立武孟"。雍巫受到无亏之母长卫姬的宠信，通过竖刁献美味于齐桓公，因之齐桓公答应立武孟为太子。这可能是私下应允，没有经过正式程序。杜预注："雍巫，雍人名巫，即易牙。"孔颖达疏曰："此人为雍，宜名巫，而字易牙也。"则"雍巫"即是易牙。桓公去世，易牙与竖刁联合宫内与他们关系亲近的人，将对立的官吏杀死，立公子无亏为齐王。之后因宋襄公的干预，无亏在位三个月即被齐人杀死，《史记·齐太公世家》："孝公元年三月，宋襄公率诸侯兵送齐太子昭而伐齐。齐人恐，杀其君无诡。"孝公继位。但是孝公不能安抚众位同父兄弟，并没有意识到其王位并不稳固，还急于讨伐邻国，《左传·僖公二十六年》云："齐师侵我西鄙，讨是二盟也。夏，齐孝公伐我北鄙。"杨伯峻云："齐孝公仍以霸主自居，不以鲁与他国盟会为然，竟以为讨。"③ 鲁国请求到楚国的援助，"公以楚师伐齐，

---

① 王卡点校：《老子道德经河上公章句》，中华书局，1993年，第235页。
② 《战国策》，上海古籍出版社，1985年，第847页。
③ 杨伯峻：《春秋左传注》，第439页。

取穀。置桓公子雍于穀，易牙奉之以为鲁援"①。杜预注："雍本与孝公争立，故使居穀以偪齐。"孝公在宋襄公的帮助下登上了王位，但易牙并不甘心自己的失败，又伺机在鲁国的协助下拥立公子雍，并没有成功。公子雍，宋华子之子。上博简《鲍叔牙与隰朋之谏》中，"公身为亡道，进华孟子"，李学勤认为简文中的华孟子即是宋华子②，说明宋华子直到齐桓公的晚年还受到桓公宠幸。

易牙为个人利益而不顾国家利益，其险恶用心早已为管仲发现。圣人能够见微知著，即是此义。管仲去世之前，告诫齐桓公说："今夫易牙子之不能爱，将安能爱君？君必去之。"③ 易牙的行为亦引起了后世人的戒惧。《墨子·所染》："其友皆好矜奋，创作比周，则家日损，身日危，名日辱，处官失其理矣，则子西、易牙、竖刁之徒是也。"《淮南子·精神训》："桓公甘易牙之和而不以时葬。"人当戒慎自身的修养，克制过分的欲望，以避免引起灾祸。

四

尽管上博简《鲍叔牙与隰朋之谏》中没有提及卫公子开方，开方在齐国历史上造成的影响却不容忽视。开方很有政治才能，但做事是为谋取个人利益的最大化，其行为影响了齐国王位的更迭和政治局势的变化。

开方本是卫国公子，因为卫国狭小，故到齐国仕宦。根据《管子》记载，卫公子开方早年得到了齐桓公与管仲的任用，《管子·大匡》云："公子开方之为人也，慧以给，不能久而乐始，可游于卫。"开方聪明活泼，喜欢做事，但没有恒心，故管仲推荐开方做与其他国家交往的工作。房玄龄《管子注》曰："其人性轻率，不能持久。"《管子·小匡》亦载："公子开方为人巧转而兑利，请使游于卫以结交焉。"兑，喜悦。管仲已经发现开方为人善于取巧，喜好利益。

开方做事符合齐桓公的心意，故在管仲生病的时候，齐桓公认为开方也是为相的适合人选。"管仲病，桓公问曰：'群臣谁可相者？'管仲曰：'知臣莫如君。'""公曰：'开方如何？'"④ 管仲了解开方，故谏议齐桓公去逐。管仲认为开方"倍亲以适君，非人情，难近"⑤。又云："公子开方事公十五年，不归视其亲。齐、卫之

---

① 杨伯峻：《春秋左传注》，第439页。
② 李学勤：《试释楚简〈鲍叔牙与隰朋之谏〉》，《文物》2006年第9期。
③ 黎翔凤：《管子校注·戒》，第608页。
④ ［汉］司马迁：《史记·齐太公世家》，第1492页。《韩非子·十过》亦云："管仲老，不能用事，休居于家，桓公从而问之曰：'仲父家居有病，即不幸而不起，政安迁之？'管仲曰：'臣老矣，不可问也。虽然，臣闻之：知臣莫若君，知子莫若父。君其试以心决之。'齐桓公曰：'然则卫公子开方何如？'"［清］王先慎：《韩非子集解》，第73页。
⑤ ［汉］司马迁：《史记·齐太公世家》，第1492页。

间,不容数日之行。臣闻之,务为不久,盖虚不长。其生不长者,其死必不终。"①还说:"西郭有狗嘡嘡,旦暮欲啮,我猳而不使也。今夫卫公子开方,去其千乘之太子,而臣事君。是所愿也得于君者,是将欲过其千乘也。君必去之。"② 开方在多年的仕宦生涯中,政治才能提高,且能花言巧语,很得桓公喜爱。尽管齐桓公听取管仲的谏议,驱逐开方,但是桓公很快发现,"逐公子开方,而朝不治"③。且齐桓公的内在虚荣之心亦得不到满足,"利言卑辞不在侧,复反卫公子开方"④。这给开方带来机会。开方趁齐桓公去世,国家混乱之机,"以书社四十下卫"⑤,将齐国四十社的土地和人口送给卫国。古制二十五家立社,把社内人名登录簿册,谓之"书社"。房玄龄注曰:"古者群居,二十五家则共置社,谓以社数书于策。"春秋时期送别国以土地人口,常以书社为单位,《左传·哀公十五年》:"昔晋人伐卫,齐为卫故,伐晋冠氏,丧车五百。因与卫地,自济以西,禚、媚、杏以南,书社五百。"杜预注:"二十五家为一社,籍书而致之。"⑥ 要之,开方在齐桓公去世,新君未立之机,将齐国许多土地和人口送给卫国。不仅如此,开方还参与了竖刁、易牙树立无亏做齐王的行动,且瓜分齐国的权力,"易牙、竖刁、堂巫、公子开方四人分齐国"⑦。

无亏为易牙、竖刁、卫公子开方所共立。然无亏为齐王,没有得到民众的支持,似亦没有合法的程序,在宋襄公的干预下,孝公成为齐君。登上王位的孝公,并没有与竖刁、易牙、卫公子开方的势力联合。开方等待机会,谋取政治资本。根据《史记·齐太公世家》记载,齐孝公立"十年,孝公卒,孝公弟潘因卫公子开方杀孝公子而立潘,是为昭公。昭公,桓公子也,其母曰葛嬴。"开方帮助齐孝公之弟潘,杀死孝公之子,潘成为齐王,是为昭公。开方有拥立之功,昭公在位十九年,这一段时间开方在政治上当具有相当的影响。较之竖刁、易牙的失败,开方的政治才能

---

① 黎翔凤:《管子校注·小称》,第608页。
② 黎翔凤:《管子校注·戒》,第522页。《韩非子》亦有记载,《韩非子·十过》载,管仲云:"齐、卫之间,不过十日之行,开方为事君,欲适君之故,十五年不归见其父母,此非人情也。其父母之不亲也,又能亲君乎!"[清]王先慎:《韩非子集解》,第74页。《韩非子·难一》:"开方事君十五年,齐、卫之间不容数日行,弃其母,久宦不归;其母不爱,安能爱君?臣闻之'矜伪不长,盖虚不久。'"[清]王先慎:《韩非子集解》,第351页。
③ 黎翔凤:《管子校注·小称》,第609页。
④ 黎翔凤:《管子校注·戒》,第527页。
⑤ 《吕氏春秋·知接》,陈奇猷:《吕氏春秋新校释》,第979页。《管子·小称》云:"公子开方以书社七百下卫矣。"黎翔凤:《管子校注》,第609页。记载书社数量有不同,大概"四""七"字形接近,在流传过程中出现讹误,具体情况已经不可辨识。
⑥ [晋]杜预注,[唐]孔颖达正义:《春秋左传正义》,[清]阮元校刻:《十三经注疏》,第2175页。
⑦ 黎翔凤:《管子校注·小称》,第609页。

更高一些。

五

《公羊传·僖公十六年》:"冬十有二月,公会齐侯、宋公、陈侯、卫侯、郑伯、许男、邢侯、曹伯于淮。"注曰:"桓公德衰,任竖刁、易牙,堕功灭项,自此始也。"僖公十六年,即公元前644年,此为齐桓公四十二年①。管仲去世之前,再三谏议齐桓公去逐竖刁、易牙、卫公子开方,齐桓公也暂时听取了管仲的谏议,去逐三人。管仲去世之后十个月,"隰朋亦卒"。桓公重新任用竖刁、易牙、卫公子开方,其结果是内政的混乱,外交的失利,政治上走向下坡。

齐桓公四十三年,竖刁、易牙、开方逐渐掌握了齐国的政权,他们看到齐桓公年老体衰,将不久于人世,就包围桓公的宫殿,拥立新的国君。作为春秋五霸之首的齐桓公,最后在饥渴交加中,带着羞愧之心去世②。桓公的五位公子忙着争夺王位,"以故宫中空,莫敢棺。桓公尸在床上六十七日,尸虫出于户。十二月乙亥,无诡立,乃棺赴。辛巳夜,敛殡"③。敛,通"殓",意为给死者穿衣,入棺。殡,死者入殓后停柩以待葬。齐桓公去世没有及时殡葬,"以乱故,八月乃葬齐桓公"④。根据周代礼制,齐桓公殡、葬的时间都超过了礼俗规定的时间。《礼记·王制》云:"天子七日而殡,七月而葬;诸侯五日而殡,五月而葬;大夫、士、庶人三日而殡,三月而葬。"郑玄注:"尊者舒,卑者速。"若是超过了殡、葬的时间,则需要记录下来,以示讽刺。《左传·隐公元年》曰:"天子七月而葬,同轨毕至。诸侯五月,同盟至。大夫三月,同位至。士逾月,外姻至。"孔颖达疏:"唯过期乃葬者,传言缓,以示讥耳。"⑤

根据上述内容,可以发现,齐桓公任用管仲、隰朋、鲍叔牙诸人,取得了宏大的霸业,一时间各路诸侯莫不拥戴。桓公亦因竖刁、易牙、开方在个人感情方面打

---

① 桓公四十一年,管仲、隰朋卒。《史记·齐太公世家》:"是岁(桓公四十一年),管仲、隰朋皆卒。"
② 《管子·小称》:"公曰:吾饥而欲食,渴而欲饮,不可得,其故何也?"黎翔凤:《管子校注》,第609页。《韩非子·十过》:"桓公渴馁而死南门之寝。"[清]王先慎:《韩非子集解》,第74页。《吕氏春秋·知接》:齐桓公"蒙衣袂而绝乎寿宫"。陈奇猷:《吕氏春秋新校释》,第979页。
③ [汉]司马迁:《史记·齐太公世家》,第1494页。
④ 《韩非子·十过》:"公守之室,身死三月不收,虫出于尸。"[清]王先慎:《韩非子集解》,第74页。《吕氏春秋·知接》:"虫流出于户,上盖以杨门之扇。"陈奇猷:《吕氏春秋新校释》,第979页。《管子·小称》:"死十一日,虫出于户,乃知桓公之死也。葬以杨门之扇。"黎翔凤:《管子校注》,第609页。
⑤ [晋]杜预注,[唐]孔颖达等正义:《春秋左传正义》,[清]阮元校刻:《十三经注疏》,第1717页。

动了他，故也得到任用。齐桓公的晚年，管仲、隰朋同年去世，鲍叔牙大概也在此前后时间去世，竖刁、易牙、开方逐渐掌握了权力，干预并影响了齐国历史。桓公去世之后，竖刁、易牙、开方联合起来，拥立无亏作为齐君，此时他们是一个团体。无亏被杀之后，竖刁不知所终；易牙借助鲁国的力量，企图拥戴公子雍作新君，没有得逞；开方则与公子潘联合起来，在孝公去世之后，杀死孝公之嫡子，潘成为齐君。则无亏死后，竖刁、易牙、开方的利益团体发生了分化，他们之间的争夺，影响了齐国国君的废立和齐国的历史进程。早年齐桓公称霸，与诸侯盟会，为维护纲常秩序，主张确立嫡子的稳固地位，使嫡、庶地位分明，不能以庶易嫡。《穀梁传·僖公九年》记载，齐桓公与诸侯盟誓："毋雍泉，毋讫籴，毋易树子，毋以妾为妻，毋使妇人与国事。"① 但是晚年竖刁、易牙通过不正当手段，在明知齐桓公已经立公子昭为世子的情况下，使齐桓公私下答应立无亏为君主，这实际是立了两个世子。桓公诸子看到有机可乘，纷纷争夺王位，政治混乱不可避免。竖刁、易牙、开方是诱使齐桓公政治毁颓的外因，齐桓公作为君主，晚年不能明辨是非，任用感情上与之亲近之人，是造成齐国混乱的主要原因。

本文受教育部哲学社会科学研究重大课题攻关项目"中华优秀传统文化的学理建构、价值认同与教育策略研究"（17JZD044）支持。

---

① ［晋］范宁集解，［唐］杨士勋疏：《春秋穀梁传注疏》，［清］阮元校刻：《十三经注疏》，中华书局，1980年，第2396页。《管子·大匡》记载与此接近，言齐桓公与诸侯盟誓，使"诸侯毋专立妾以为妻，毋专杀大臣，无国劳，毋专予禄；士庶人毋专弃妻，毋曲堤，毋贮粟，毋禁材。"黎翔凤：《管子校注》，第365页。《霸形》亦云："毋贮粟，毋曲堤，无擅废适子，无置妾以为妻。"黎翔凤：《管子校注》，第460页。《管子·君臣下》认为："内有疑妻之妾，此宫乱也。庶有疑适之子，此家乱也；朝有疑相之臣，此国乱也。任官无能，此众乱也。四者无别，主失其体。""故妻必定，子必正，相必直立以听，官必中信以敬。"黎翔凤：《管子校注》，第593页。

关于清华简《摄命》的几个问题

黄怀信（曲阜师范大学孔子文化研究院）

摘 要：清华简（捌）所收《摄命》篇中之"㝅"或"䇂"为人名，不应释读为"摄"；《说文》"䇂"字属于形误，不应从双"臣"相背，而应从双"耳"作"䇂"；"䇂（䇂、㝅）"与"冏"音义皆不同，《说文》注二音当分据《史记》与《古文尚书》；《䇂（䇂、㝅）命》与《冏命》非同篇，《史记》误混；《史记》置《䇂命》于穆王，完全错误；"伯䇂（㝅）"与"伯冏"不同人，《䇂（㝅）命》不能证明《古文尚书》之伪。

关键词：摄；䇂；䇂；㝅；冏

新近公布的清华简（捌），收有被隶定为"摄命"的一篇①。原考释及相关研究认为，其"摄命"即《书序》之"䇂命"，应当就是《尚书》中失传已久的《冏命》的真正古文原本，证明今本《尚书》中的《冏命》确系"伪古文"；同时认为，《书序》中的"伯䇂""伯冏"，就是此篇中的"伯摄"之讹。可见此篇确实关系重大。笔者近读《摄命》及相关文章，对原释文及各家说产生些许怀疑，今提出几点意见，谨请方家学者批正。

一、"㝅"字不应释为"摄"

观照片可知，简文"攝（摄）"字在原简作"㝅"。该字形上从"䎹"（或相背）；下像张臂跨步之人。显然，此字与"摄"无关。因为《说文》"攝（摄）"下云："引持也。从手聂（聶）声。"②"聂（聶）"下云："附耳私小语也。从三耳。"③ 说明"摄"是一完全形声字，虽从三"耳"，而与其义无关。可见二字意思完全不同。郭店简《缁衣》"朋友攸㝅以威仪"之"㝅"字可以读为"摄"，因为它是通假，作动词。而简文作人名，不能反用通假字。所以，此字不应释为"摄"，是首先可以肯定的。而上从"䎹"，下像张臂跨步之人的字，无疑就是"䎹"下有"大"若"夻"之字。《说文》无该字而有"䇂"，值得怀疑。

---

① 清华大学出土文献研究与保护中心编、李学勤主编：《清华大学藏战国竹简（捌）》，中西书局，2018年，第109—120页。
② ［汉］许慎：《说文解字》，中华书局，2007年，第215页。
③ ［汉］许慎：《说文解字》，第250页。

二、《说文》"奰"字形误

《说文》"奰"字解云:"惊走也。一曰往来也。从亣、皕。《周书》曰'伯奰',古文'皕',古文'囧'字。"① 如此之字,显然不与简文上从"耳"下从"大"若"亣"之字同,因为从上从"耳"下从"大"若"亣",不但没有惊走之义,反而有安处之义。《说文》"耳"字明训"安也",可见确非一字②。所以,以义,简文之字不能是《说文》之"奰";以形,《说文》"奰"字应该上从"耳"或双耳相背。"奰"字所从之"皕",《说文》解为"乖也。从二'臣'相违"③,可见其字确与所谓惊走没有关系。所以,《说文》"奰"字本应作上从"耳",似乎可以肯定。而今《说文》无上从"耳"之字,其"奰"字完全可能就是"奰"或"奭"字之误隶。

三、"奭"与"囧"不同字

简文之"奭"与《说文》之"囧",从文字学角度讲无疑不能同字。因为从字形看,"奭""囧"二字完全没有关系;从字义看,"囧"字《说文》训"窗牖丽廔阐明,象形"④。而《说文》此训,无疑有其道理,因为古文字"囧"正像窗棂之形。所以,其字与"皕"字亦绝无关系。至于读音,《说文》"奰"字为"从亣、皕",属会意字。其音最大可能就是读与"皕"同,与"囧"音也没有关系,所以现在一般字书对"奰"字都注 guǎng、jiǒng 二音。可见二字形、音、义皆无关系。就是说"奰"与"囧",完全是两个不同的字。而《说文》又谓"古文'皕',古文'囧'"(按前"古文"应是"今文"之误),说明二字最多只能反映今古文或传本有不同,与文字本身没有关系。《说文》"奰"下所附徐铉等亦曰:"皕,居况切。皕,犹乖也。皕亦声。言古囧字,未详。"⑤ 可见连徐铉等人已不能知其详而存疑。总之,"奰"或作"囧",应该属于不同传本文字有异所致。而二字互用的例子,就明见于《尚书·囧命》《书序》和《史记》(详下)。

四、《奰(奭)命》与《囧命》非同篇

《书序》于《尚书·囧命》之序明作"穆王命伯囧为周太仆正,作《囧命》"⑥。此"囧",无疑是本于其所见之《尚书·囧命》原文。而《史记·周本纪》则曰:

---

① [汉]许慎:《说文解字》,第215页。
② [汉]许慎:《说文解字》,第250页。
③ [汉]许慎:《说文解字》,第66页。
④ [汉]许慎:《说文解字》,第42页。
⑤ [汉]许慎:《说文解字》,第215页。
⑥ [汉]孔安国传,[唐]孔颖达等疏:《尚书正义》,[清]阮元校刻:《十三经注疏》,中华书局,1980年,第246页。

"穆王即位,年五十矣。王道衰微,穆王闵文武之道缺,乃命伯臩申诫大仆国之政,作《臩命》,复宁。"《集解》引孔安国曰:"伯冏,臣名也。"① 可见所言确当为一事,只是人名不同而已。同时也可见,孔安国所读《书》字亦作"冏"。《史记》之所以以《冏命》为《臩命》,只能是因其作者以"伯冏"与"伯臩"为一人之故。所以二者必有一误。按常理,我们应当相信《尚书》及《书序》,因为《史记》时代毕竟较晚。那么《史记》之"伯臩"究竟有没有错?这似乎仅从清华简《𥓓命》本身就能够解决问题。

《尚书·冏命》开篇"王若曰"下即称"伯冏",说明此"冏"为穆王长辈②。而清华简《𥓓命》十处"王曰"下均称"𥓓",不仅无一有"伯"字,而且开篇"王曰"下还作"吉力(嘉)姪(侄)邲(愍)𥓓",说明"𥓓"为王侄,是王晚辈。清华简《𥓓命》篇篇尾虽亦有"白(伯)𥓓"之称,但其文明作"士𢀭佑白(伯)𥓓"和"王乎作册任册命白(伯)𥓓",显然都是史官所言,与"王曰"性质不同。所以,此王与彼王、此𥓓与彼冏,必不能同为一人。可见𥓓绝对不会就是冏,或者《冏命》绝对不会就是《𥓓命》。所以我们可以肯定地说,《史记》置《臩命》于穆王,是完全错误的。那么,它也就不能证明《书序》及《尚书》之"伯冏"就是"伯臩"。

五、《𥓓命》不能证明《古文尚书》之伪

综上可知,《𥓓命》与《冏命》不同篇,"伯冏"与"伯𥓓"不同人,《史记》所记有误。《史记》之所以误"伯冏"为"伯𥓓",盖因司马迁当时误认"伯冏"与"伯𥓓"为一人,又误认《冏命》与《𥓓命》为同篇的缘故。或者其当时只知有"伯𥓓"之人,而未见记其事之真《𥓓命》篇文的缘故。或许大家不愿意相信这一点,因为《史记》向有"信史"之誉。而事实恐怕不这么简单。比如关于周孝王,《史记》之《三代世表》以为是"懿王弟",而《周本纪》则以为是"共王弟"。可见必有一错。这就说明,即使是"信史",也不能没有一点错误。所以,我们不能迷信《史记》,不能只因《史记》之文而否定《书序》及《尚书》之文。再说,《尚书》及《书序》时代毕竟要早于《史记》。而今人之所以宁愿相信《史记》而不肯相信《书序》,原因无非是有"《古文尚书》是伪书"的先入之见。如果我们抛开这种观念,实事求是地去探求,结论恐怕会不一样。所以我们认为,关于《𥓓命》能否证明《古文尚书》之伪,尚不能轻易断言。

---

① [汉]司马迁撰,[南朝·宋]裴骃集解,[唐]司马贞索隐,[唐]张守节正义:《史记·周本纪》,中华书局,1982年,第134—135页。
② [汉]孔安国传,[唐]孔颖达等正义:《尚书正义》卷十九,《十三经注疏》,第246页。

六、《𫊣命》"九月既望壬申"当属孝王九年

根据我们一贯对西周月相词语的基本认识,即"旁生霸""既生霸""既望""既死霸"中的"旁"读"傍",谓傍临;"既"谓过后,与"旁(傍)"相对;"生",谓生出、开始显现或自无变有;"死",谓亡、无或自有变无,与"生"相对;"霸",是指月中阴影,而能见到月中阴影,也就是肉眼能看到月的亮。因为"生霸""死霸"本身都是瞬间的现象,所以不独立用来纪日,所以我们只能看到"旁生霸""既生霸""既死霸"之名。而各月相词语的具体含义为:

旁生霸:专指傍临新月出显的那一天(即既生霸前一日);

既生霸:指新月出显后(初二、三至十四、五)①;

既望:指月满以后(十六、七至二十七、八);

旁死霸:专指傍临死霸的那一天(即既死霸前一日)

既死霸:指残月隐去以后(二十八、九至来月初一、二)②。

并以公元前1044年1月9日武王克商日为定点(《利簋》铭文"甲子朝岁贞"天文学计算可证),我们认为,《𫊣命》"九月既望壬申"当属周孝王九年周历九月十七日。换算为公历,为公元前894年9月7日。

---

① 按:之所以举两日,因为月有大、小。下同。
② 黄怀信:《周人月相纪月法探实》,《文博》1995年第5期。

新出文献与"曾国之谜"的新认识

黄锦前（兰州大学历史文化学院）

摘　要：就近年关于"曾国之谜"的新争论，本文据有关新出土资料如随仲嬭加鼎、随大司马嘉有戈等，对旧说加以检讨，据曾侯與编钟及叶家山西周早期曾侯家族墓地出土青铜器等新证据谈关于曾国始封、族姓和族源等问题的新认识，就上曾太子般殷鼎、曾（随）大司马家族成员器群及唐侯制随夫人器群等对曾随关系提供的新证据进行解读。

关键词：曾国之谜；随；仲嬭加鼎；曾侯與编钟；叶家山墓地；上曾太子般殷鼎

20世纪70年代末，在湖北随县（今随州市）发现了著名的曾侯乙墓[①]，但据文献，东周时期该地属随，因而引起历史、考古学界的广泛关注与热烈讨论，这便是学界所艳称的"曾国之谜"。有学者指出，曾、随系一国二名[②]，此说已广为学界所接受，但仍有学者提出异议，现在随着新材料的不断出土，曾、随系一国可以定论。

一、旧说的检讨

近年有关"曾国之谜"的讨论，主要集中在两点，一是随仲嬭加鼎的发现及随之而来的关于曾随关系的新讨论；二是叶家山西周早期曾侯墓地发现后，关于曾国的始封、族姓及族源问题的争论。

[①] 湖北省博物馆：《曾侯乙墓》，文物出版社，1989年；湖北省博物馆：《曾侯乙》，文物出版社，2018年。

[②] 石泉：《古代曾国——随国地望初探》，《武汉大学学报》（哲学社会科学版）1979年第1期；后修订辑入氏著《古代荆楚地理新探》，武汉大学出版社，1988年，第84—104页；李学勤：《曾国之谜》，《光明日报》1978年10月4日，《文物与考古》副刊第92期；李学勤：《笔谈〈湖北随县曾侯乙墓出土文物展览〉》，《中国历史博物馆馆刊》总第2期，第14、15页，后辑入氏著《新出青铜器研究》（增订版），人民美术出版社，2016年，第124—127页；李学勤：《论汉淮间的春秋青铜器·再论曾国之谜》，《文物》1980年第1期，第55、56页，后辑入氏著《新出青铜器研究》（增订版），第130、131页；李学勤：《续论曾国之谜》，《江汉论坛》编辑部编：《楚学论丛》（《江汉论坛》1990年增刊）1990年9月。

随仲嬭加鼎共两件,现分藏中国国家博物馆和湖北省博物馆①,铭曰:

唯王正月初吉丁亥,楚王媵随仲嬭加飤繇,其眉寿无期,子孙永宝用之。

一般认为其年代为春秋中期②,楚共王时器,"随仲嬭加"应即见于传世的王子申盏盂盖③"王子申作嘉嬭盏盂"的"嘉嬭",盏系王子申为嘉嬭出嫁所作媵器④,可由新见之加嬭簋⑤铭得以进一步证实⑥。

仲嬭加既是楚女,则其名字前所冠之"随",应即其夫国之称,一般认为应即文献记载的汉东姬姓随国⑦,可信。

之前公布的新蔡简甲三25有"郑宪习之以随侯之……"⑧的记载,陈伟云"随侯"是人名,指随国之侯⑨。随仲嬭加鼎的发现,再次确认了文献记载的随国的存在。2012年年末,随州文峰塔曾国墓地M21出土一件随大司马嘉有戈(M21:1)⑩,又一次确证了文献的有关记载。

以前在铜器铭文中,一直未能找到作为国名的"随"以与文献记载相对应,因而关于曾、随关系的讨论,有种种推测⑪。陈伟据新蔡简的材料,认为通行的曾、随

---

① 曹锦炎:《"曾""随"二国的证据——论新发现的随仲嬭加鼎》,《江汉考古》2011年第4期;中国国家博物馆、中国书法家协会:《中国国家博物馆典藏甲骨文金文集粹》(69),安徽美术出版社,2015年,第286—290页;吴镇烽:《商周青铜器铭文暨图像集成续编》(第3卷),上海古籍出版社,2016年,(以下简称《铭续》),第251—253页,第0210号。
② 曹锦炎:《"曾""随"二国的证据——论新发现的随仲嬭加鼎》,《江汉考古》2011年第4期;张昌平:《随仲嬭加鼎的时代特征及其他》,《江汉考古》2011年第4期。
③ 《殷周金文集成》(中国社会科学院考古研究所:《殷周金文集成》,中华书局,1984年—1994年。以下简称《集成》)9.4643。
④ 拙文《随仲嬭加鼎补说》,《江汉考古》2012年第2期。
⑤ 《铭续》(第1卷),第477页,第0375号。
⑥ 拙文《读近刊曾器散记》,载《秦始皇帝陵博物院院刊》(第8辑),三秦出版社,2018年;《铭续》第1卷,"前言",第13—14页。
⑦ 曹锦炎:《"曾""随"二国的证据——论新发现的随仲嬭加鼎》,《江汉考古》2011年第4期;张昌平:《随仲嬭加鼎的时代特征及其他》,《江汉考古》2011年第4期;高成林:《随仲嬭加鼎浅议》,《江汉考古》2012年第1期。
⑧ 河南省文物考古研究所:《新蔡葛陵楚墓》,大象出版社,2003年,第189页,图版七九。
⑨ 陈伟:《读新蔡简札记(四则)》,中山大学古文字研究所编:《康乐集——曾宪通教授七十寿庆论文集》,中山大学出版社,2006年,第81页。
⑩ 湖北省文物考古研究所、随州市博物馆:《湖北随州市文峰塔东周墓地》,《考古》2014年第7期,第30页图四〇、四一;湖北省文物考古研究所:《三苗与南土——湖北省文物考古研究所"十二五"期间重要考古收获》,江汉考古编辑部,2016年10月,第104页。
⑪ 有关意见可参看湖北省博物馆:《曾侯乙墓》(上册),文物出版社,1989年,第470—471页;吴良宝:《再说曾国之谜》,吉林大学边疆考古研究中心编:《新果集——庆祝林沄先生七十华诞论文集》,科学出版社,2009年,第627页;张昌平:《曾国青铜器研究》,文物出版社,2009年,第372—390页。

为一国两名的说法应该重新考虑①,甘大明也认为,曾、随为一国两名的可能性不大,它们很可能是不同的、曾经并存于江汉流域的两个国家②。吴良宝指出,单纯依据楚简此条材料尚不足以否定曾、随为一国两名的意见,陈伟只提出质疑而非否定,这是很谨慎的处理方式③。

随仲嬭加鼎发现后,学界就此问题又展开了争论。有学者认为,这对于传统认为曾、随为一国的倾向性看法或有颠覆性意义。如曹锦炎认为,这足以说明曾、随系两国,之前所谓的曾、随为一国的看法断不能成立了④。张昌平也持类似的意见⑤。

董珊对出土资料及古书所记载的有关曾国及曾随的关系进行了重新梳理,认为"随"是曾国都,国都名"随"逐渐取代旧国名"曾",故传世文献只见后起的新国名"随"。春秋中晚期的楚王为"随季芈加"作鼎及新蔡简的"随侯",即是春秋晚期至战国早期楚国已开始称姬姓曾国为"随",这个新兴名称"随"被战国早、中期成书的《左传》《国语》等传世文献继承,旧名称"曾"随着此时曾国的衰亡,就湮没不显了⑥。高成林亦指出,就目前的资料而言,尚不足以推翻曾、随为一国的论断⑦。我们认为,从目前的材料来看,上述意见较为合理。若曾、随非一国,则历年考古发掘所获曾国遗迹和遗物所表明的两周时期曾文化的分布范围⑧和文献记载的汉东姬姓随国之间的诸多矛盾就很难作出合理的解释。因此,对有关问题的正确认识,可能还需要进一步深入研究才能得出,而不应仓促予以否定。前些年,吴良宝就曾明确指出,即使将来出土了明确称为"随"国的金文资料,也不能根本性地否

---

① 陈伟:《读新蔡简札记(四则)》,中山大学古文字研究所编:《康乐集——曾宪通教授七十寿庆论文集》,第81页。
② 甘大明:《曾国之谜再研究》,吉林大学古籍研究所硕士学位论文(历史文献学,指导教师:吴振武、吴良宝),2005年5月。
③ 吴良宝:《再说曾国之谜》,吉林大学边疆考古研究中心编:《新果集——庆祝林沄先生七十华诞论文集》,第627页。
④ 曹锦炎:《"曾""随"二国的证据——论新发现的随仲嬭加鼎》,《江汉考古》2011年第4期。
⑤ 张昌平:《随仲嬭加鼎的时代特征及其他》,《江汉考古》2011年第4期。
⑥ 董珊:《从出土文献谈曾分为三》,复旦大学出土文献与古文字研究中心网站,2011年12月26日,http://www.gwz.fudan.edu.cn/SrcShow.asp?Src_ID=1751。
⑦ 高成林:《随仲嬭加鼎浅议》,《江汉考古》2012年第1期。
⑧ 张昌平:《曾国青铜器的发现与曾国地域》,《文物》2008年第2期;张昌平:《曾国的疆域及中心区域——先秦时期历史地理的考古学研究个案》,徐少华主编:《荆楚历史地理与长江中游开发——2008年中国历史地理国际学术研讨会论文集》,湖北人民出版社,2009年,第49页;又《曾国青铜器研究》,第326—344页。

定曾、随为一国的意见①。从现有的材料及研究进展来看，这种看法应比较中肯②。近年，李学勤又就新出随仲嬭加鼎（李文称"楚王鼎"）重申了他关于曾、随系一国两名的观点③。

二、新证据与新认识

2011年叶家山墓地一期发掘后，叶家山的"曾"与过去传世和出土铜器铭文中的汉东姬姓之"曾"即文献中的"随"究竟是什么关系，自然是大家都十分关心的首要问题。有关材料甫一公布，便引起了热烈的讨论，因材料有限，众说纷纭，或认为其系后来姬姓曾国的直系祖先，或认为其当为姒姓曾（南曾），与位于宗周附近的姒姓之曾（西曾）是同一族氏的两个分支④，因当时尚缺乏直接证据，笔者自己也曾一度倾向于二者应非一源的看法。但这个问题很快就得到了彻底地解决。

2009年，随州文峰塔墓地M1出土三套曾侯與编钟：

（1）曾侯與编钟（M1：1、2）⑤：唯王五月吉日甲午，曾侯與曰：伯适上庸，佐佑文武，达殷之命，抚定天下。王逝命南公，营宅汭土，君庇淮夷，临有江夏。周室之既卑，吾用燮就楚。吴恃有众庶，行乱，西征、南伐，乃加于楚。荆邦既孰，而天命将误。有严曾侯，业业厥□，亲敷武功，楚命是拯，复定楚王，曾侯之灵。穆穆曾侯，壮武畏忌，恭寅齋盟，代武之堵，怀燮四方。余申固楚成，整复曾疆。择辞吉金，自作宗彝。和钟鸣皇，用孝㠯享于辟皇祖，以祈眉寿、大命之长，其纯德降余，万世是常。

（2）曾侯與编钟（M1：3、4、5、6、7、8）⑥：唯王十月〔吉〕日庚午，曾侯與曰：余稷之玄孙，穆（？）詷（？）敦敏（？），畏天之命，定徇

---

① 吴良宝：《再说曾国之谜》，吉林大学边疆考古研究中心编：《新果集——庆祝林沄先生七十华诞论文集》，第629页。
② 拙文《随州新出随大司马嘉有戈小议》，《江汉考古》2013年第1期。
③ 李学勤：《新见楚王鼎与"曾国之谜"》，载氏著《青铜器入门》，商务印书馆，2013年，第140—144页。
④ 有关讨论可参见拙文：《楚系铜器铭文新研》，吉林大学博士后出站报告（历史文献学，合作导师：林沄），2012年8月，第263—264页。
⑤ 湖北省文物考古研究所、随州市博物馆：《随州文峰塔M1（曾侯與墓）、M2发掘简报》，《江汉考古》2014年第4期，第15页，图版二二，第17—25页，图版二三—三三，拓片三—一三，摹本一—六，第71页图一、二。
⑥ 《江汉考古》2014年第4期，第26—31页图版三四—四二，拓片一四—一八，摹本七—一〇，第34页拓本一九、二〇，摹本一一、一二，第36页图版四七—四九，第35页图版四三—四六，第37页图版五〇—五二，拓片二一，第38页图版五三，拓片二二，第39页图版五四—五七，第40页图版五八—六〇，拓片二三。

曾土，恭寅斋盟。吾以祈眉寿，……临观元洋，嘉树华英。吾以及大夫，宴乐爰飨，进士备御，肃肃仓仓，余永用畯长，难老黄耇，弹终无疆。

（3）曾侯與编钟（M1：9、10）①：唯王□月 吉 日□□，……万民其……有祀（？）是……保……

编钟的形制纹饰与安徽寿县蔡侯墓、河南淅川下寺楚墓、湖北随州曾侯乙墓等出土的同类型编钟②风格皆近似，年代当在春秋晚期后段。从钟铭内容来看，M1：1、2 记吴楚之战吴师入郢之事，《左传·定公四年》载吴师入郢时在公元前 506 年，编钟制作年代应晚于此。M1：1、2 铭文纪年曰"唯王五月吉日甲午"，李学勤认为"吉日"即"朔日"③，查张培瑜《中国先秦史历表》（简称《历表》），公元前 461 年，周历五月甲午朔④，与铭文吻合。M1：3 纪年为"唯王十月吉日庚午"，查《历表》可知，其制作年代可能为公元前 473 年⑤。二者相差十余年⑥。文峰塔 M1 出土的编钟及戈⑦皆有"曾侯與"之名，简报据此结合该墓的规模及随葬品规格等材料，推定其墓主为曾侯與⑧，应可信。

将曾侯與编钟"伯适上帝，左右文武，达殷之命，抚定天下。王逑命南公，营宅汭土，君庇淮夷，临有江夏"与叶家山 M111 出土犺簋（M111：67）⑨"犺作剌考南公宝尊彝"及陕西岐山出土太保玉戈⑩"六月丙寅，王在丰，命太保省南国，帅汉，诞殷南。命曾侯辟"合观，可知姬姓曾国系周成王封南公于今随州一带所立，册命曾侯者系召公奭，因南土地区的形势需要而受封于南土，其地望在以今随州为

---

① 《江汉考古》2014 年第 4 期，第 41 页图版六一、六二、六三，拓片二四、二五、二六。
② 安徽省文物管理委员会、安徽省博物馆：《寿县蔡侯墓出土遗物》，科学出版社，1956 年，图版十八、二〇；河南省文物研究所、河南省丹江库区考古发掘队、淅川县博物馆：《淅川下寺春秋楚墓》，文物出版社，1991 年，图版五八—六〇；湖北省博物馆：《曾侯乙墓》（下册），文物出版社，1989 年，彩版四、图版三七。
③ 李学勤：《由蔡侯墓青铜器看"初吉"和"吉日"》，《中国社会科学院研究生院学报》1998 年第 5 期。
④ 张培瑜：《中国先秦史历表》，齐鲁书社，1987 年，第 173 页。
⑤ 张培瑜：《中国先秦史历表》，第 171 页。
⑥ 拙文《曾侯與编钟铭文读释》，《中国国家博物馆馆刊》2017 年第 3 期。
⑦ 《江汉考古》2014 年第 4 期，第 13 页图版二〇，拓片二。
⑧ 湖北省文物考古研究所、随州市博物馆：《随州文峰塔 M1（曾侯與墓）、M2 发掘简报》，《江汉考古》2014 年第 4 期。
⑨ 黄凤春、胡刚：《说西周金文中的"南公"——兼论随州叶家山西周曾国墓地的族属》，《江汉考古》2014 年第 2 期。
⑩ 庞怀靖：《跋太保玉戈——兼论召公奭的有关问题》，《考古与文物》1986 年第 1 期，第 71 页图二；徐锡台、李自智：《太保玉戈铭补释》，《考古与文物》1993 年第 3 期，第 74 页图三；吴镇烽编著：《商周青铜器铭文暨图像集成》，第 35 卷第 373—374 页，第 19764 号；拙文《曾国始封的新证据——重读太保玉戈铭》，待刊。

中心的淮水、汉水及江水汇合处，约今南阳南部、随枣走廊、南至京山一带；叶家山的"曾"与传世和出土铜器铭文中的汉东姬姓之"曾"即文献中的"随"实一；钟铭所记曾国的有关史实与文献记载的随国几无二致，是曾、随合一的铁证，以往学界关于曾、随的关系的争论，应可得出结论性意见①。

"南公"或称"南宫"，又见于叔夨鼎②、大盂鼎③、南宫乎钟④等，系文王子，因其居住宫室称谓而得名。叶家山 M107 出土曾伯爵"曾伯作西宫宝尊彝"⑤，"西宫"又称"西宫伯""宫伯"，见于叔夨鼎⑥、季盠鼎⑦、或者鼎、簋⑧、伯夈方鼎⑨、伯曲甗、卣、盉⑩及曾大攻尹季怡戈⑪等，指召公奭，即叶家山 M111 所出太保钺之"太保"，与南宫系兄弟，无怪乎曾侯與编钟铭"曾侯與曰：余稷之玄孙"⑫。

曾侯與编钟铭文既解决了近年学界关于叶家山之曾族属问题的困惑，又彻底平息了几十年来关于"曾国之谜"的种种争论，因而是一篇史料价值极高的珍贵文献。

三、进一步的讨论

随州叶家山和文峰塔墓地所出犺簋、曾侯與编钟等铜器铭文的有关记载，已清楚地揭开了"曾国之谜"的核心谜底。因材料的日新月异，曾国始封、族姓和族源、曾随关系、曾侯世系、曾都及疆域变迁等重要问题渐次得到解决或基本解决，所谓的"曾国之谜"已逐渐揭开，而不再是谜。自 1978 年曾侯乙墓发掘以来一直方兴未艾、及至近年叶家山墓地等新发现又迅速升温的有关"曾国之谜"问题的讨论，至

---

① 拙文《曾侯與编钟铭文读释》，《中国国家博物馆馆刊》2017 年第 3 期。
② 《集成》4.2342。
③ 《集成》5.2837。
④ 《集成》1.181。
⑤ 湖北省文物考古研究所、随州市博物馆：《湖北随州叶家山 M107 发掘简报》，《江汉考古》2016 年第 3 期。
⑥ http：//www. metmuseum. org/collection/the – collection – online/search/44513？rpp = 30&pg = 1&ft = Ritual%2BTetrapod%2BCauldron%2B%28Fangding%29%2B&pos = 1&imgno = 0&tabname = online – resources。
⑦ 《集成》4.2340。
⑧ 《集成》5.2662、6.3675。
⑨ 《铭续》（第 1 卷），第 261、262 页，第 0213 号。
⑩ 吕章申：《海外藏中国古代文物精粹·英国国立维多利亚与艾伯特博物馆卷》，112，安徽美术出版社，2014 年，第 204、205 页；《集成》10.5340、15.9427。
⑪ 《集成》17.11365。
⑫ 拙文《由叶家山 M107 所出"西宫"铭文谈曾国的族源问题》，待刊。

此基本可以终结。但也有少数学者仍坚称曾、随为两个不同的国家①。

1981年4月山东临朐泉头村墓葬出土一件上曾太子般殷鼎（M乙:1）②：

    上曾太子般殷乃择吉金，自作鬻彝，心圣若虑，哀哀利锥，用孝用享，
既穌无测，父母嘉持，多用旨食。

因该鼎出自山东，铭文又称"上曾"，故学界一般认为该鼎系山东姒姓之曾器③，而鲜有不同意见，只有王恩田指出根据其形制、铭文书体、词汇等，该鼎应为姬姓曾器④。从器形、纹饰、铭文内容、文例及字体等各方面来看，该鼎应系湖北姬姓曾国之器，而非山东姒姓之曾，当可确定无疑。上曾太子般殷与曾子訳鼎⑤的"曾子訳"应系同人，"訳"为其名，"般殷"系其字，其身份为姬姓曾国太子，后即位为曾侯，年代为春秋早期前段。鼎铭既称"上曾"，则当时必有"下曾"，这与两周时期曾国都城曾有多次迁徙有关⑥。

上曾太子般殷鼎国属的准确判定，可廓清过去有关不正确的认识，对现在一些学者仍坚持的几个曾国的纠葛和混乱也可起到祛疑的作用。

上揭2012年发掘的文峰塔墓地M21出土的随大司马嘉有戈，中直援，起脊，锋略呈圭首形，中胡三穿，阑下端有齿，长方形内，上有一横穿，援、内均较平直，内略上扬，年代应在春秋中期左右⑦。

该墓还出土曾孙卲壶（M21:3）⑧和曾孙卲簠（M21:5）⑨各一件：

（1）曾孙卲之大行之壶。

（2）曾孙卲之行簠。

---

① 曹锦炎：《"曾""随"二国的证据——论新发现的随仲嬭加鼎》，《江汉考古》2011年第4期；张昌平：《曾随之谜再检视》，《中国国家博物馆馆刊》2015年第11期；张昌平：《从五十年到五年——曾国考古检讨》，《江汉考古》2017年第1期；杜勇：《曾随非一辨惑》，《天津师范大学学报》（社会科学版）2017年第4期。

② 《集成》5.2750；临朐县文化馆、潍坊地区文物管理委员会：《山东临朐发现齐、郳、曾诸国铜器国》，《文物》1983年第12期，图版二:8，第4页图一三。

③ 孙敬明、何琳仪、黄锡全：《山东临朐新出铜器铭文考释及有关问题》，《文物》1983年第12期；李学勤：《试论山东新出青铜器的意义》，《文物》1983年第12期；后辑入氏著《新出青铜器研究》，第208—215页；黄盛璋：《山东诸小国铜器研究——〈两周金文辞大系〉分国考释之一章》，《华夏考古》1989年第1期；张昌平：《曾国青铜器研究》，第381页。

④ 王恩田：《上曾太子鼎的国别及其相关问题》，《江汉考古》1995年第2期。

⑤ 《集成》5.2757；湖北省文物考古研究所：《曾国青铜器》，文物出版社，2007年，第428—429页。

⑥ 拙文《复议上曾太子般殷鼎国别及相关问题》，未刊稿。

⑦ 拙文《随州新出随大司马嘉有戈小议》，《江汉考古》2013年第1期。

⑧ 湖北省文物考古研究所、随州市博物馆：《湖北随州市文峰塔东周墓地》，《考古》2014年第7期，第27页图二四:1。

⑨ 《考古》2014年第7期，第26页图一九:2。

据铭文，作器者曾孙卲系曾侯之孙。该墓同出铜器，还有一件铜甗（M21：11），另有一批带"曾"字铭文的铜器未公布，发掘者认为墓主系曾孙卲①。

位于其北部不远的 M32 出土曾孙伯国甗（M32：9）②、曾大司马国鼎（M32：8）③ 和曾大司马伯国簠（M32：6）④ 各一件：

（1）曾孙伯国之行甗。
（2）曾大司马国之行鼎。
（3）曾大司马伯国之飤簠。

对照可知，"曾孙伯国"系曾侯之孙，"伯"系排行，"国"为其字，职任曾国大司马。曾孙伯国即曾大司马伯国系 M32 的墓主⑤。

综合有关材料来看，曾孙卲与曾孙伯国关系应很密切，或皆系随大司马嘉有之后⑥。这也可以进一步说明，曾即随，随即曾。

近年出版的《商周青铜器铭文暨图像集成续编》著录有一件私人收藏的阳侯制随夫人壶⑦，铭作：

阳侯制随夫人行壶，其永祜福。

黄凤春指出，该壶年代应为春秋早期偏晚阶段或春秋中期早段，"阳"应读作"唐"，唐侯应是汉东的姬姓唐国，而非山东的姬姓阳国，这是一件唐侯为随夫人制作的行壶；说明此时唐随关系非同一般。黄文同时公布了随州市博物馆所藏铭文与壶铭基本相同的 3 件唐侯制随夫人鼎等有关材料，推定这些器物可能都出自随州义地岗的同一座墓葬⑧，基本可信。

"唐侯制随夫人"器群的发现，为曾随为一说提供了新的证据，可平息关于"曾国之谜"的争论。

---

① 湖北省文物考古研究所、随州市博物馆：《湖北随州市文峰塔东周墓地》，《考古》2014 年第 7 期；湖北省文物考古研究所：《三苗与南土——湖北省文物考古研究所"十二五"期间重要考古收获》，江汉考古编辑部，2016 年，第 104 页。
② 《考古》2014 年第 7 期，第 28 页图三一：1。
③ 《考古》2014 年第 7 期，第 25 页图一七。
④ 《考古》2014 年第 7 期，第 26 页图一九：4。
⑤ 湖北省文物考古研究所、随州市博物馆：《湖北随州市文峰塔东周墓地》，《考古》2014 年第 7 期。
⑥ 拙文《曾孙卲与曾孙怀铜器系联》，西南大学汉语言文献研究所主编：《出土文献综合研究集刊》（第八辑），巴蜀书社，2018 年，第 65—70 页。
⑦ 《铭续》第 3 卷，第 110 页，第 0829 号。
⑧ 黄凤春：《谈"唐侯制随夫人"壶的国别、年代及相关问题》，复旦大学出土文献与古文字研究中心网站，2018 年 7 月 19 日，http://www.gwz.fudan.edu.cn/Web/Show/4278；武汉大学简帛网，2018 年 7 月 19 日，http://www.bsm.org.cn/show_article.php?id=3193。

附记： 湖北随州枣树林墓地 M169 出土加嬭编钟①"伯舌受命，帅禹之堵，有此南洍。余文王之孙子，穆之元子，之邦于曾"，"伯舌"即"伯适"，李学勤认为即南宫括，应可信。钟铭可进一步明确首任曾侯南公即南宫括，系文王子；可进一步确认曾随为一，彻底揭开曾国之谜，祛除疑问，解决争端。据周王孙戈②"周王孙季怡"、曾大攻尹戈③"穆侯之子西宫之孙曾大工尹季怡"及加嬭编钟"余文王之孙子，穆之元子"，"西宫"应与"周王""文王"系同人，指周文王，而非召公奭，应据改。详拙文《加嬭编钟及有关曾楚史事》（未刊稿）。曾公得壶"曾公得择其吉金，用作宗彝尊壶，用享以孝于辥皇祖南公皇考桓叔"，"南公"与曾侯與编钟及犺簋的"南公"为一人，系曾人始祖，周文王子伯适，曾国始封君。详拙文《曾公得壶释读及有关问题》（未刊稿）。

---

① 湖北省文物考古研究所、北京大学考古文博学院、随州市博物馆、曾都区考古队：《湖北随州枣树林墓地 2019 年发掘收获》，《江汉考古》2019 年第 3 期；郭长江、李晓杨、凡国栋、陈虎：《嬭加编钟铭文的初步释读》，《江汉考古》2019 年第 3 期。
② 《集成》17.11309；湖北省文物考古研究所：《曾国青铜器》，文物出版社，2007 年，第 317—318 页。
③ 《集成》17.11365；《曾国青铜器》，第 319—320 页。

先秦祼祭用器新探

鞠焕文（东北师范大学文学院）

摘　要：近年来，随着考古材料的不断丰富和古文字研究的不断深入，一些纷如聚讼的问题渐渐明晰。本文受甲骨文"祼"（🍶）字的启发，结合内史亳觚铭文的记载，认为旧称为觚的青铜器具是可以用于祼祭的。再结合觚这种器具形制上的独特性，与考古材料中器物组合关系，认为祼祭过程中觚处于中心环节，即在整个祼祭过程中灌酒于觚是最核心、最重要的环节；觚在成套礼器中的功能比较单一，性质比较单纯，因此我们认为凡是有觚存在的成组成套青铜礼器，都应该可以用于祼祭。为排除干扰，我们选取有禁承托的青铜礼器作为封闭单元进行考察，清理出祼祭所用器具可能包括：禁、尊、卣、壶、罍、方彝、罐、斗、斝、盉、觚、爵、角、觯、钟，其中罐、觚、爵、钟三者另有铭文可证其可用于祼祭。这是祼祭用器可能用到的所有青铜器具，而具体到某一祼祭过程，可能并不如此完备。

关键词：祼祭；用器；铭文；形制；功能

祼祭用器，礼书中自有记载。

《周礼·春官·郁人》曰：

> 郁人掌祼器。凡祭祀、宾客之祼事，和郁鬯以实彝而陈之。凡祼玉，濯之、陈之，以赞祼事。诏祼将之仪与其节。凡祼事，沃盥。大丧之渳共其肆器；及葬，共其祼器，遂狸之。

郑玄注："祼器，谓彝及舟与瓒。""肆器，陈尸之器。《丧大记》曰：'君设大盘造冰焉，大夫设夷盘造冰焉，士并瓦盘，无冰，设床襢笫，有枕。'此之谓肆器。天子亦用夷盘。"

礼书原文仅载祼器包括彝、肆器、祼玉。彝，在此乃宗庙祭器总称。肆器，沃盥之器。祼玉，赞祼之玉器。这些称谓都是不同功用之祼器总名，至于它们具体指的是那一种器具，礼书语焉不详。经儒所注，也多有不同，且不一定符合实情。

又《周礼·春官·司尊彝》曰：

> 春祠夏禴，祼用鸡彝、鸟彝，皆有舟。其朝践用两献尊，其再献用两象尊，皆有罍，诸臣之所昨也。秋尝冬烝，祼用斝彝、黄彝，皆有舟，其朝献用两著尊，其馈献用两壶尊，皆有罍，诸臣之所昨也。凡四时之间祀，追享朝享，祼用虎彝、蜼彝，皆有舟，其朝践用两大尊，其再献用两山尊，

皆有罍，诸臣之所昨也。

这里面的鸡彝、鸟彝、斝彝、黄彝、虎彝、蜼彝、舟、各种尊等到底是指那种器物，学界实际上是没有定论的。我们也无法从这些传世典籍中确知每一件裸祭用器是什么。

近年来，随着新材料的不断出土和发现，以及学界研究的不断深入，裸祭相关问题有了重新认识和深入研究的可能。如对"裸"字古文字字形▇（《合》32571，下文记作裸₁）的考释，我们认识到裸祭用斗进行①；对柄形器的综合研究，证明柄形器应为裸祭之用瓒②；内史亳同的发现，一方面使我们知道了觚形器的真正名称为"同"，更重要的是铭文中还点明了它也是用于裸祭的③。而根据"裸"字另一异体（▇《花东》475，下文记作裸₂）可判断商周之际的裸祭主要是在旧称为觚的器物中进行的。裸₁之右侧斗在裸₂中简化为"口"形，裸₁之"示"即裸₂右上之类倒三角形的部分，也即旧称为柄形器现考证为瓒的东西。裸₂为"裸"字构形最为复杂和全面的一种形体。古文字裸（裸₁裸₂）显示的是裸祭中心环节，即以斗挹取鬯酒，浇灌于置于觚中代表祖先的神示之上，以像祖先歆之。而就目前的材料来说，觚比较明确的用途是用于裸祭，再结合其独特形制，我们认为成套成组青铜酒器中若存在觚这种器具，那么这套酒器基本上是用于裸祭的。此前我们已经对裸祭用器青铜觚之功用及组合件问题有了一个基本的讨论④，下面我们将结合几则新材料对裸祭仪式中可能用到的其他器具进行探讨。

一、裸祭用爵

关于爵⑤的功用，学界众说纷纭，莫衷一是。历来有"温煮酒""滤酒""鬯酒""饮酒""亦煮亦饮""注酒"等诸多说法⑥，但至于其中哪种说法更加合理，

---

① 贾连敏：《古文字中的"裸"和"瓒"及相关问题》，《华夏考古》1998年第3期。
② 贾连敏：《古文字中的"裸"和"瓒"及相关问题》，《华夏考古》1998年第3期；李小燕、井中伟：《玉柄形器名"瓒"说——辅证内史亳同与〈尚书·顾命〉"同瑁"问题》，《考古与文物》2012年第3期。
③ 内史亳同：成王赐内史亳醴，裸，弗敢虩，作裸同。"虩"字确释为何，尚无定谳，暂从释"虩"的意见。但其意当如他铭中之"沮"（弗敢沮）、"丧"（弗敢丧）。
④ 鞠焕文：《殷周之际青铜觚形器之功用及相关诸字》，《中国文字研究》（第十九辑），上海书店，2014年。
⑤ 最近有学者研究认为这种旧称为"爵"的三足器其真正的名称为"觞"，参李春桃《从斗形爵的称谓谈到三足爵的命名》，《历史语言研究所集刊》第八十九本第一分册，2018年，第47—118页。为便于理解，我们暂仍沿用旧称。
⑥ 杜金鹏：《商周铜爵研究》，《考古学报》1994年第3期；李少龙：《青铜爵的功用、造型及其与商文化的关系》，《南开学报》1999年第1期。

现在学界仍聚讼不休。爵之功用仍有讨论的余地。吴镇烽先生公布的一件有铭青铜爵可为这一问题的解决提供一些新的思路。

《商周青铜器铭文暨图像集成》① 卷 16 第 08274 号著录了此器,时代为西周早期,2010 年 5 月 3 日见于西安,尾外侧铸铭 3 字,器形及铭文见图一、二:

图一　　　　　　　　图二

铭曰:"王祼彝。"

其中"祼"字作形,与内史亳同"祼"字几乎全同,释为"祼"没有问题。"彝"是对此类青铜器的统称。"王祼彝",即王进行祼祭所用的彝器。此铭表明,爵毫无疑问是用作祼祭的。

如此一来,我们就能够确知祼祭用器中必定有爵。这是此前典籍未能明记,学者未能辨明的。

这里我们还面临着一个不容回避的问题,即既然爵用于祼祭,那么它在祼祭中处于何种位置?如果它在祼祭中的位置得不到合理的解释,那么它用于祼祭的结论仍将难以让人信服。但实际上是有很多证据证明它的这种功用和地位的。

第一,从组合关系来看,青铜爵与觚组合紧密,功用应该相同。青铜爵与觚往往相伴而出,且往往等量配对而出②,不仅是青铜质的,而且陶质的这两类器物也被发现经常相伴在一起出土③。表明它们组合的紧密程度很高。我们已经证明青铜觚是用于祼祭的④,那么青铜爵也应该是用于祼祭的。

第二,从祼祭流程和器物形制上看,青铜爵也应用于祼祭。首先看祼祭流程,在拙文中我们已经根据青铜觚及其组件初步推断出了祼祭的部分流程,我们重录于下:

---

① 吴镇烽:《商周青铜器铭文暨图像集成》,上海古籍出版社,2012 年 9 月。下文简称《商周》。
② 容庚、张维持:《殷墟青铜器通论》,文物出版社,1984 年,第 62 页;朱凤瀚:《中国青铜器综论》(上),上海古籍出版社,2009 年,第 243 页。
③ 李济:《殷墟青铜器研究》,上海人民出版社,2008 年,第 5 页。
④ 鞠焕文:《殷周之际青铜觚形器之功用及相关诸字》,《中国文字研究》(第十九辑)。

同①在殷周之际主要用于祼祭，在祼祭举行前有专门人员奉出，祼祭时将盖子拿开，将象征祖先的神示（瓒玉）放在木质、玉质或铜质塞子上以待灌，灌时用特制的铜斗或玉斗将鬯酒慢慢浇灌于瓒上，鬯酒沫瓒而下并聚集于凹形塞子上，聚集后的鬯酒再沿绿松石细管或柱棒缓缓流下，象神灵歆饮之。<u>祼祭结束</u>，专门人员将瓒取下放入鱼皮质袋子中②，祼后的鬯酒倾倒而出与其他的鬯酒一同作为酢赏赐给亲属以获得祖先保佑。祼毕，将盖子盖好以避灰尘，专职人员归藏之③。

由于当时没有注意到爵在祼祭中的地位和作用，我们对祼祭过程的拟复稍有出入，这里只作少许修改即可，即将加着重号的"祼祭结束"去掉，整个祼祭在"祼毕"处才真正结束。

我们讲到在觚中灌鬯这一隆重而居于核心地位的过程结束后，其觚内的鬯酒是需要倒出来的。但我们知道，青铜觚口部极度外侈，倾倒液体时液体水流面必定很宽，什么样的容器能够很好地接鬯而进行分酢呢？爵恰恰符合这个要求。爵的特征是长流有尾，流、尾恰成一个横宽较宽的口状，这样就能够很好地接受水流面较宽的液体注入。青铜觚、爵的形制亦是配合完美。此二类器物的形制也决定了青铜觚、爵在祼祭过程中的直接相接性。我们认为爵作祼毕分酢之用，其在祼祭中的位置处于由觚倒酒入爵之处。

如果以上两点推测还不能完全说明问题的话，下面字形上的特征会为我们提供更直接有力的证据。

第三，字形上的证据。

甲骨文、金文中有字形作如下状：

甲骨文：▨、▨（《合》3945正），▨、▨（《合》3947正），▨（《合》3947反），▨（《合》1138），▨（《英》416），▨（《花东》205），▨（《花东》349），▨（《花东》441）。

金文：▨（师克盨盖），▨（何尊）。

这些字形在甲骨文、金文中不管它们到底写的是哪个词，单从文字构件来看，觚爵关系十分密切则毫无疑问。

---

① 即旧称为觚者，彼文根据新出青铜器自名改称此种器物为"同"；本文为方便起见，无需作特殊强调时一仍旧称。
② 原注李小燕、井中伟：《玉柄形器名"瓒"说——辅证内史亳同与〈尚书·顾命〉"同瑁"问题》，《考古与文物》2012年第3期。
③ 鞠焕文：《殷周之际青铜觚形器之功用及相关诸字》，《中国文字研究》（第十九辑）。

二、祼祭中可能用到的其他酒器

加拿大传教士福开森曾作为大都会博物馆在中国的代理人,成功劝说大都会用全年收藏费用购藏清朝大臣、著名藏家端方家族所藏青铜器一组二十多件(1931),它们出土于陕西宝鸡戴家湾,展示了西周青铜器的配置、组合和摆设方法①。这组青铜器是中国现代科学发掘之前唯一可以确定出土地点的流传器。见图三:

图三

这套成组的青铜器包括:斗 1、觚 1、角 1、爵 1、斝 1、盉 1、尊 1、禁 1、罐② 1、卣 2、觯 3。

按其用途③可分为如下几类:

1. 承器:禁
2. 盛酒器:尊、卣、罐
3. 挹注器:斗
4. 温酒器:斝
5. 和酒器:盉
6. 祼酒器:觚

---

① 详细介绍可参看陈昭容《宝鸡出土青铜禁及其相关问题》(未完稿),"中央研究院历史语言研究所"主办:《第四届古文字与古代史国际学术研讨会——纪念董作宾逝世五十周年论文集》,2013 年 11 月 22—24 日,第 227—247 页。又可参端方《陶斋吉金录》,清光绪三十四年(1908)金陵石印大本,卷一·一至十四页。

② 图三斗后右器,谢明文先生认为是罐,可从。参氏著《谈谈金文中宋人所谓"觯"的自名》,复旦大学出土文献与古文字研究中心网站,2014/12/25,http://www.gwz.fudan.edu.cn/SrcShow.asp?Src_ID=2406。

③ 本文器物用途参照朱凤瀚先生观点,并参以己见,且只讨论眼前器物的功能,不考虑其历史演变上的用途。朱先生观点可参看氏著《中国青铜器综论》。

7. 饮酒器：爵、角、觯

从这种组合关系和各器物的用途来看，盉是这套器物中的核心，分类中的前5种器具都是准备或服务性器具①，第7种为仪式最后环节时的用具。

盉是用在裸祭中的，那么这套器物中的其他几件亦用作裸祭是可以肯定的。

科学发掘具有相似组合器者又见于竹园沟13号墓。在墓主右侧与二层台之间的空档里，放置一组礼器，其左上角为一长方形漆木禁（原发掘报告称为"盘"），其上放有尊1、卣2、爵1、盉1、觯1、斗1、铜棒1、玉瓒（原发掘报告称为"玉柄形饰"）1、觯1，另有一盉与漆木禁相叠压，可能原也是禁上之物，埋藏期间有所滚落②。见图四、五、六：

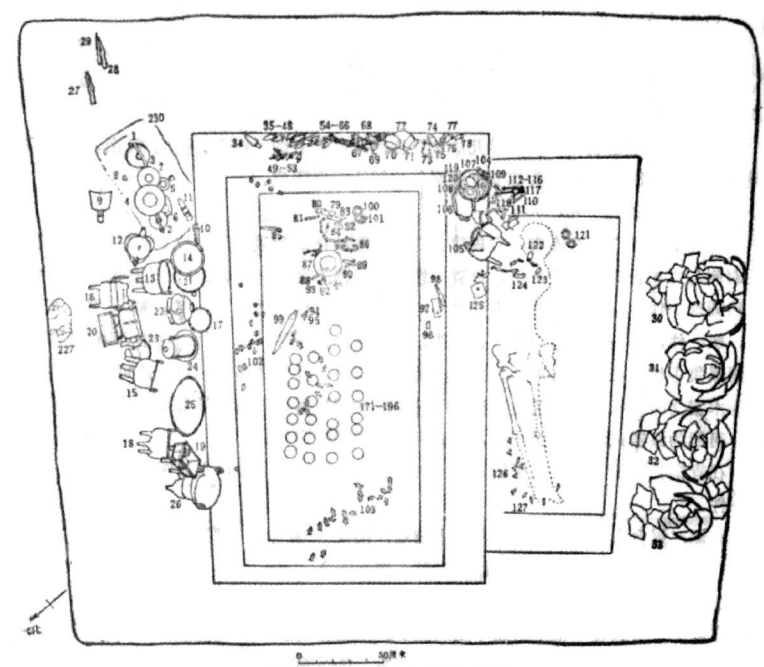

图四（采自《宝鸡强国墓地》图三四）

---

① 朱凤瀚有类似观点："觯自殷代中期始出现迄殷代晚期，其并未成为铜礼器组合中的主要成分，与卣、罍、壶等皆为盉爵等基本组合中的辅助成分，但至西周早期，觯成为重要组合成分，有一爵者往往配有一觯（着重号为引者所加），有二爵者则配以一盉一觯，表明有以觯取代盉的趋势……"，见氏著《中国青铜器综论》（上册），第251页。

② 卢连成、胡智生：《宝鸡强国墓地》（上册），文物出版社，1988年，第47—48页。

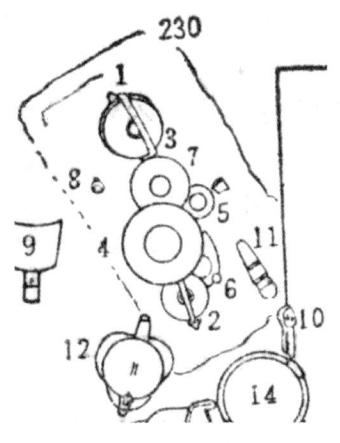 

图五（图四局部放大） 图六（采自《宝鸡強国墓地》图版一四）

这套酒器出土时皆站立，而其侧食器均倾斜，互相叠压在一起①，见图六。说明这套酒器在埋藏期间基本没有发生错位，发掘时的情况反映的应该就是当时入殓时的情况，其搭配及相对位置反映的也应是当时的真实情况，具有极高的参考价值。从相对位置来看，两卣（图五·1、2）分处禁之两端，其中青铜斗（图五·3）位于卣1之中，觚、尊（图五·7、4）处于两卣之间，爵（图五·6）位于尊前，觯（图五·5）位于觚前，盉（图五·12）位于这套酒器之后。此外还有一件青铜仪仗器旄（图五·10）及一件玉器瓒（图五·11）位于整套酒器之前。这套酒器还有一个重要特点，此前学者没有论及，即从相对位置来看，它们基本以卣、觚、尊为中线，其余器具前后分布；也即这套酒器的摆设是有层次的，中心线后方为笨重之器盉及觚的附件——觚盖②（图五·8），中心线前第一层为觯、爵，中心线前第二层为玉器瓒。前面我们讲过，这套酒器埋藏期间的相对位置基本没有改变，保留了入葬时的情形，酒器如此摆放绝非随意而为，而定是受当时的礼制影响，按器物在礼制中的地位及使用顺序来摆放的。和酒需要手持器皿来回晃荡，并不是一种儒雅的行为，且盉体笨重，在祭祀顺序上又先于其他器具，因此盉位于最后方。真正隆重而关键的环节是，由卣挹酒入尊，再由尊挹酒灌于瓒，而鬯酒沫瓒入觚，像祖先神

---

① 卢连成、胡智生：《宝鸡強国墓地》（上册），第47页。
② 简报整理者视之为铜棒，疑为搅拌器，参《宝鸡強国墓地》（上册），第85页；我们不同意这种观点。整理者所绘制的示意图显示此器为点状，而非条状，参正文图五，说明此物是垂直于地面的；从整理者所提供的墓葬照片来看，此物也确实是垂直于地面的。若其下端没有其他物体相连，作为一个直径0.6厘米的棒状物是不可能竖立于禁面历经岁月而不倒的。这样的棒状物也出土于叶家山墓地，见正文图七，二者形制完全相同。叶家山出土棒状物垂直于铜觚之上，我们已经论证，它们可能是觚盖的柄，柄下所接之盖可能是木质的，已腐化不存，详参拙作《殷周之际青铜觚形器之功用及相关诸字》，《中国文字研究》（第十九辑）。所以我们认为这件"铜棒"实际上是觚盖的柄部，"铜棒"也恰恰处在觚的后面，可参看图五，也能证明这一点。在分类时我们把它作为觚盖而归入裸酒器一列。

饮酒这一过程；所以卣、尊、盉处于中心线上，在礼制中处于中心环节。中心环节结束，鬯酒从盉中倒入爵中进行分酢、陈酢，再由爵将酢酒倒入觯进行享酢；爵、觯是灌酒后的环节，所以它们位于中心线之前。至于瓒、旌，因为它们不属于酒器，因此单独放置于漆木禁的最前面；酒器的位置大体反映了它们各自在裸祭中的使用顺序的。这也证明了我们前面对爵在裸祭中地位、作用的推断。整体来看，盉位于中心位置，这与前面我们通过器物之间功用关系所作出的推断是相符的。

按其用途可分为如下几类：

1. 承尊器：禁
2. 盛酒器：尊、卣
3. 挹注器：斗
4. 和酒器：盉
5. 裸酒器：盉、盉盖
6. 饮酒器：爵、觯
7. 赞裸器：玉瓒
8. 仪仗器：旌

这套器具品类更加齐全，比大都会博物馆所藏多出了赞裸器和仪仗器。而这多出来的品类中赞裸器玉瓒尤为值得关注。

前面弁言中我们讲过，此前称为"玉柄形器"之物实际上就是典籍中所载之瓒，是用于裸祭的，且这种玉器使用情况比较单一，基本只用于裸祭。竹园沟十三号墓地出土的这一漆木禁上放有此物件，说明禁上的其他酒器无疑是用于裸祭的。

相似的组合，最近又有出土。

2011 年随州叶家山 M28 号墓出土了一套酒器，按材质分为两大类：一、漆木器，包括漆木盉 1、漆木禁 1；二、青铜器，包括爵 2、盉 1、觯 1、尊 2、卣 2、盉 1。器类及其组合关系见图七①：

这组器物，发表者描述如下：

> M28 将铜爵、盉、觯、尊、提梁卣等酒器集中放置在一长方形漆案上，漆案东西向放置，长 1.08、宽 0.64 米，为黑底红彩，绘有两周红色长方形彩绘②。

按其用途可分为：

1. 承器：禁

---

① 湖北省博物馆、湖北省文物考古研究所、随州市博物馆编：《随州叶家山：西周早期曾国墓地》，文物出版社，2013 年。
② 湖北省博物馆、湖北省文物考古研究所、随州市博物馆编：《随州叶家山：西周早期曾国墓地》，第 77 页。

图七

2. 盛酒器：尊、卣
3. 和酒器：盉
4. 祼酒器：瓢
5. 饮酒器：爵、觯

此套器物出土时基本处于站立状态，器物间相对位置未发生太多变化，参考价值较高。

品类上，与端方所藏、竹园沟十三号墓所出器相比，缺少了挹酒器和温酒器，但这并不能妨碍它成为一套祼祭用器的可能性，因为祼祭中的关键器具瓢仍然存在。并且值得注意的是，祼酒器瓢不仅有青铜质的，还有一件纹饰彩绘特别精美华丽的漆木质瓢，更显示出瓢在这套酒器中的特殊地位。

以上是我们以禁为纽带而搜集到的较为典型的例证。之所以以这种视角（以禁为纽带）进行考察，是因为它可以确定是一个封闭的单位，单位内的关系是比较单纯的，可以避免因其他器类的混入而影响研究的真实性。

以上数例说明，具有这种独特组合关系（以禁为纽带）的器具群并不是偶然现象。而是在当时的礼制中普遍存在的。其中若是有瓢存在，那么这套礼器应主要是用于祼祭的，这可从各器物之间的形制、功用关系推定。以此种思维为基础，我们就可以系联确定祼祭可能用到的器具。

问题探讨至此，这几套酒器中除了瓢和爵有铭文证明它们确是用于祼祭外，我们所强调的其他器具也是用于祼祭还只是一种推测。我们需要更直接的证据来证明这种推测是可信的。

这套酒器中罐的功用问题争议较大，此前学界连它用于饮酒还是盛酒都不能达成统一意见。2011年随州叶家山M27号墓出土了一件青铜罐，罐内附斗，罐上铸有

铭文4字,曰:

作宝瓒(祼)雚(罐)①。

"罐"是此类青铜器的自名②,"祼"即祼祭。铭文明确无误地指明了罐是用于祼祭的。这很好地证明了前面我们通过组合、系联关系推定这些器具用于祼祭是正确的。

先秦文献中不少关于斝的记载,其中如下几条值得在此提及:

《礼记·明堂位》:"灌尊,夏后氏以鸡夷(彝),殷以斝,周以黄目。其勺,夏后世以龙勺,殷以疏勺,周以蒲勺。"

《周礼·司尊彝》:"秋尝冬烝,祼用斝彝、黄彝。"

《左传·昭公十七年》:"若我用瓘斝玉瓒。"

按,其中的"灌""瓘"皆是"祼"之同音假借,说明斝确实是行祼礼的酒器。同时,《礼记·明堂位》中所提及的祼祭用"勺",实际上指的应是斗,典籍中也明确记载了祼祭要用斗。

以上是我们根据器物功能、组合、系联关系以及铜器铭文、传世文献记载得出的结论,我们认为祼祭所用酒器可能包括1. 承器:禁;2. 盛酒器:尊、卣、壶、罍、方彝、罐;3. 挹注器:斗;4. 温酒器:斝;5. 和酒器:盉;6. 祼酒器:觚;7. 饮酒器:爵、角、觯。这些统计是包括可能涉及祼祭的所有的酒器,具体到某一祼祭过程,由于受到各种实际因素的影响,组合情况可能不尽相同。这些推断还需要进一步的论证。

另外,关于上面我们推定的这些祼祭用器(部分),周聪俊先生在多年前也已从祼——鬯酒——礼器这个系联角度作出了一定的判断③,我们这里是从新的角度来考察的,可相互补充说明。

三、祼祭所用乐器

吴镇烽先生在《商周》一书中披露了四件一组流散的春秋晚期小邾国青铜器郳公戟父镈(北京3件,香港1件),形制、纹饰、铭文相同,大小相次,著录器号分别为15851、15816、15817、15818。镈铭80字曰:

---

① 铭文释读从谢明文先生意见。参氏著《谈谈金文中宋人所谓"觯"的自名》,复旦大学出土文献与古文字研究中心网站,2014/12/25,http://www.gwz.fudan.edu.cn/SrcShow.asp?Src_ID=2406。

② 铭文释读从谢明文先生意见。参氏著《谈谈金文中宋人所谓"觯"的自名》,复旦大学出土文献与古文字研究中心网站,2014/12/25,http://www.gwz.fudan.edu.cn/SrcShow.asp?Src_ID=2406。

③ 周聪俊先生曾对这些名称进行了梳理论述,请参看氏著《祼礼考辨》,文史哲出版社,1994,第129—172页。

王正九月元日庚午，余有融（融－终）之子孙，郳（郳）公韍（韦）父，惕戁（勤）大命，保朕邦家，正和朕身，台（以）正朕𩓝（服），台（以）共（恭）朝于王所，受𧶠（贶）吉金，井（刑）鐾（铸）和钟，敬监（临）𣤶（祼）祀，乍（作）朕皇祖龏（龏－恭）公、皇考惠公彝，爯（称）𣤶（祼）𧃍（瓒），用旂（祈）寿考，子之子孙之孙，永者（固）是保。①

铭文中所包含的价值，学者多有论述。如通过这篇铭文，可以进一步印证小邾国是陆终后裔这样的世系信息等②。而这篇铭文的另一价值却未引起学界的重视。在讨论之前，我们先对其中涉及的铭文释读问题进行明确。

𣤶，字形首见，裘锡圭先生目验原器后，将之释为“祼”③。董珊先生认为“𣤶”从吹、果声，读为祼祭之“祼”。“吹”是歌部字，也可能是加注声旁。都是正确的释读意见。

𧃍，裘锡圭④、董珊先生释为“瓒”。正确可从。

关于“受贶吉金刑铸和钟敬临祼祀作朕皇祖恭公皇考惠公彝称祼瓒”一句的断句问题。

周亚先生断为“受贶吉金，刑铸和钟，敬临祼祀，作朕皇祖恭公、皇考惠公彝。称祼瓒，”⑤ 将“称祼瓒”属下读，作为下句的起句。

董珊先生断句情况见上录释文，从释文来看，“爯”句与上句连读。但是从董先生后面的释读来看，他也是认为“称祼瓒”属下读，这其实跟周先生的意见相同了。

这样断句，其文意则为：受金，作钟，恭敬地将之用临祼祭，为父之祖恭公、考惠公作这套礼器编钟。举行祼祭礼，以求福佑。

下面我们来看郳公父韍镈的价值。

这是一篇讲专门为祼祭铸造青铜器的铭文，其所记载的祼祀信息，为我们研究周礼之祼礼提供了可靠的材料。

同时，它铸造于春秋晚期，使我们能够窥见春秋时期祼祭的情况，为我们对祼祭断代研究提供了材料。

---

① 铭文释读综合了周亚先生和董珊先生的意见，周亚先生意见见氏著《郳公镈铭文及若干问题》，《古文字研究》（第二十九辑），第 387 页。董先生意见见氏著《郳公父二器简释》，载复旦大学出土文献与古文字研究中心网站，2012/4/10，http://www. gwz. fudan. edu. cn/SrcShow. asp? Src_ ID = 1821。以下所引董先生观点皆出此文。

② 董珊：《郳公父二器简释》，载复旦大学出土文献与古文字研究中心网站，2012/4/10，http://www. gwz. fudan. edu. cn/SrcShow. asp? Src_ ID = 1821；孙刚：《东周齐系题铭研究》，吉林大学博士学位论文，2012 年，第 66 页。

③ 周亚：《郳公镈铭文及若干问题》，《古文字研究》（第二十九辑），第 393 页补记。

④ 周亚：《郳公镈铭文及若干问题》，《古文字研究》（第二十九辑），第 393 页补记。

⑤ 周亚：《郳公镈铭文及若干问题》，《古文字研究》（第二十九辑），第 387 页。

再者，它明确记载"作钟，用临祼祀"，这是前所未见的，使我们确知祼祭时要有音乐相伴，为我们拟复祼礼仪式提供了可靠的细节。

它还明确无误地告诉我们，祼祭中有钟这一器类。这也是典籍所未记载的。

四、小结

通过以上探讨，我们明确了祼祭用器中的器物品类情况。爵与钟镈有铭文记载，可以确定祼祭中是要使用它们的。同时在整个祼祭过程中，酒器是有一定组合的，这可能包括：1. 承器：禁；2. 盛酒器：尊、卣、壶、罍、方彝、罐；3. 挹注器：斗；4. 温酒器：斝；5. 和酒器：盉；6. 祼酒器：瓡；7. 饮酒器：爵、角、觯；8. 乐器：钟。当然这并不是全部，祼祭用器可能还有其他器物，有待我们日后继续研究。

本文为国家社科基金一般项目"商周金文资料库建设与相关问题研究"（项目号：19BZS016）阶段性成果。

新出土文献与古史研究中的问题

李 锐（北京师范大学历史学院史学研究所）

摘 要：近年出土文献特别是简帛中，有不少和古史相关的篇章。不少人借之讨论古史问题，裘锡圭先生由之评价疑古派的古史得失，并且仍然信奉顾颉刚古史从大禹开始的观点。其说引起了学界的注意。郭永秉先生也利用出土文献谈古史问题，其后他解读裘锡圭先生的文章时对一些问题有深入讨论，对一些新公布材料的解读也欲从顾颉刚、裘锡圭之说，但实质上与顾颉刚之说有很大不同。所论问题的关键，看似讨论禹和文王的神性问题，其实是古书史料的认识问题、古史的时间与空间问题，而不是态度的问题。当前应该在方法和理论上进行反思，以告别旧的范式，探索新的范式。

关键词：出土简帛；古史；疑古；走出疑古；顾颉刚

中华人民共和国成立以来，中国境内出土了不少青铜器、简帛，特别是郭店简、上博简、清华简，为我们提供了不少古史文献。在由出土简帛古书引导的李学勤先生等提出的"走出疑古时代"的大趋势中，裘锡圭先生的一些文章引起了注意。

裘锡圭先生发表了《新出土先秦文献与古史传说》①，他根据出土文献重新评价了疑古派的成就，说疑古派在古书研究问题上失大于得，在古史研究上却是得大于失。最初读裘先生此文，是在2004年谢维扬先生于上海主办的一个小型会议上，我发现裘先生竟然是顾颉刚以大禹为古史开端说的坚定支持者。在那个会议上，更多的人是对夏商周断代工程的结论提出质疑和批评，发表自己的见解。裘先生的文章引起了注意，《文史哲》编辑部专门派人采访了裘先生，并发表了访谈录，但裘先生的意见恐怕还是出乎一些人的意料，没有得到预想的结果。其间，《文史哲》发表了一系列有关疑古的文章，后来举办了"上古史重建的新路向暨《古史辨》第一册出版八十周年国际学术研讨会"，会后没有出版论文集，有不少文章刊登在《文史哲》上。但如果裘先生的访谈文章不算正式论文，那么大概除了谢维扬先生的文章之外，《文史哲》上刊登的相关文章颇有倾向性，即是推崇顾先生的"疑古"，而实际上那次会议中有不少文章是反对"疑古"的。网络上也出现了对于"疑古"和"走出疑古"的很多争论，兼及对夏商周断代工程的评价。

此后我陆续看到了一些关于上古史的文章，也利用出土文献来谈疑古的问题，

---

① 裘锡圭：《新出土先秦文献与古史传说》，《中国出土古文献十讲》，复旦大学出版社，2004年。

反复阅读了裘先生所赠《中国出土古文献十论》中的相关篇章。我不同意顾颉刚先生以禹为古史开端的讲法。因为顾先生的意见遵循的是西方由神话、史诗到历史的路数，他在胡适的指导下，把《尚书》中的相关篇章时间往后推，《虞夏书》定得晚，最后干脆把《吕刑》也推晚，故而信《诗》不信《书》是他师法西方因而最受质疑之处，然而这恐怕也是西方学者对其学说最能接受之处。近来张国安《终结"疑古"》一书指出顾颉刚无法解决推晚《尧典》而其中历法很早的问题①，正指出了顾颉刚研究《尚书》年代的一个重大弊病，并且谈到了不为人注意的胡适、钱玄同未给《古史辨》作序的问题。裘先生根据燹公盨铭文说禹确实是受上天之命下地的神，佐证顾颉刚的说法。但是古代不仅禹，而且商汤、文王、秦、楚等的君主乃至后世称王称帝者均称自己为天所命或得天命，这是古代人的思维模式问题，不能说禹受天命就是神，文王受天命则仍然是人。而且裘先生由燹公盨铭文推测，《洪范》当很早，但《洪范》里正讲到了禹之前的鲧——尽管裘先生对《洪范》是否全部文字都形成得很早有保留，但是并没有专门说到鲧的问题。为此我写了不少相关的文章②。

　　近年中西书局出版《中西学术名篇精读·裘锡圭卷》，读到友人郭永秉解读裘先生的《新出土先秦文献与古史传说》，对于拙说有采用，也有商榷。商榷部分的关键问题是认定大禹治水乃天帝所命，禹乃神，禹受命与文王受天帝之命不同，文王为纣臣，是人③。这是坚持裘锡圭先生的说法。

　　其实禹的传说久远，他是否曾为谁之臣（后世说为尧、舜）、谁之子（一般说为鲧），早已不可确考。以不知为没有，这种默证恐不如阙疑为好。退一步讲，即使禹是神，那么天帝更是神，神命禹可以理解，后来天帝大神为什么要命人呢？当时人以文王得天命有神性，为什么就一定说他作为纣的臣子只能是人呢？为什么不可以一而再再而三地命禹呢？为什么不再派遣神去人间呢？清华简《厚父》讲上帝派遣皋陶去辅佐夏启，其实就透露了不少问题，因为皋陶的神性一般是很少被提到的，通常是作为禹的臣属出现。如今《厚父》却说皋陶也是被派的，则不论是从被派还是作为臣属来看，禹既然是神，则皋陶也得是神。可是皋陶又和夏史发生了关系，则禹恐怕也不得不和夏史有关。这是顾颉刚先生所看不到的材料。但其实禹被顾颉

---

① 张国安：《终结"疑古"》，人民出版社，2017年，第93—97页。
② 参见李锐《由新出文献重评顾颉刚先生的"层累说"》，《人文杂志》2008年第6期；《疑古与重建的纠葛——从顾颉刚、傅斯年等对三代以前古史的态度看上古史重建》，《清华大学学报》（哲学社会科学版）2009年第1期；《经史之学还是西来之学："层累说"的来源及存在的问题》，《学术月刊》2009年第8期；《"二重证据法"的界定及规则初探》，《历史研究》2012年第4期；《上古史研究之反思——兼论周人古史系统的转变与礼制之变化》，《河北学刊》2015年第6期；《上古史新研——试论两周古史系统的四阶段变化》，《清华大学学报》（哲学社会科学版）2016年第4期。
③ 黄天树、沈培、陈剑、郭永秉解读：《中西学术名篇精读·裘锡圭卷》，中西书局，2015年，第327—338页，特别是第329页注25。

刚先生作为古史的开端,说是禹后来成了有天神性的人,根本原因恐怕并不是禹被商周史诗都提到过,而是以禹为所谓有天神性的人、可以瓒禹之绪的《閟宫》,是东周鲁僖公时的诗,这可以证成胡适的"东周以上无史论"。而"东周以上无史论"所根据的是古希腊信史是从第一届奥林匹亚运动会开始①,此前则为《荷马史诗》所记的史诗时代。为此顾颉刚要说禹和夏没有关系,夏史是虚构的;为此顾颉刚要在出版的《古史辨》中隐略他已在甲骨文中看到了商代的祖先名字。他的目标是史学革命,他的研究方法是用神话史诗到信史,去符合西方从古希腊的神话史诗到信史的"科学"史学;他一度曾采用的《尚书·吕刑》,后来也把年代推晚——换句话说,根据西方的"科学"史学,研究古史只能从史诗开始,其他材料都不能用。可是介于神人之间的禹,实在可以根据别的材料,提出其前的传说人物,拉长神话或传说时代的系谱。但是恪守只用诗不用书的规则,就只有一个半神半人的禹,其后是商周。这就是顾先生当初重构的古史系统。

其实,禹和文王的神性问题,只是表面的问题。抛开依从西方"科学"古史系统和有目的的史学革命不论,疑古派的古史论述,在史料年代排列存在根本上的问题。疑古者考订古书年代,按年代排列史料,按时间先后叙述古史这种线性的受进化论影响的研究方法,本来有很强的主观性,且已经受到了按空间为主,时间为辅,分系研究史料方法的冲击——此法导源于王国维、傅斯年、徐旭生等(顺便可以说一下,王国维以春秋铜器证禹固然不坚实,但他举秦齐东西两大国,已经有地域观念在),甚至包括顾颉刚论昆仑与蓬莱神话,都有所体现,蒙文通、杨宽则各自成一体系。但是当出土古书、文献越来越多之际,研究者误用"二重证据法",以为出土古书、文献既已推翻疑古派的史料序列,便可以重排古史序列,重建古史,则仍然是在走疑古派的老路。出土古书、古文献确实盘活了一些史料,但是如果不借助古文献的出土,改变我们过去指导研究的观念,则无论出土文献还是传世文献,都只不过是文献;出土文献远不如传世文献系统、完备;出土文献无不要受传世文献的校勘、通假、释读、断代、定性来剪裁——于是研究观念的"成见",决定了文献的作用。所以裘先生说"疑古"与"信古"的争论,并不在于方法和理论的差距,而很大程度上"是一个根本的态度问题"。而我却认为,"走出疑古"与"信古"不同;"疑古"与"信古"的争论,早就结束了,"疑古"与"走出疑古"(或者被标签为"信古")的争论,也该告一段落了。"走出疑古",其走出疑古书的成绩,目前争论不大;走出疑古史的成绩,虽然尚有一些争议,但走出以大禹为古史开端,应该说在此之前已经是多数人的共识。虽然学术并不以多少论成败,但如果不能解答诸多疑问,而坚持以大禹为古史开端,终究难以服人。"走出疑古",路向何方?

---

① 胡适在《中国哲学史大纲》中相信中西方历学家推算的《诗经·小雅·十月之交》所记日食为公元前776发生,他所说的东周开始之年可能是公元前776年而非一般认为的公元前770年,正好和古希腊第一届奥林匹亚运动会开始的时间相同。

是重建中国上古史,还是重建中国古典学,复兴子学,或是完成梁启超所说的"以复古为解放",复先秦之古?这些旗帜或都有其合理性,但若不在方法和理论上进行反思,以告别旧的范式,探索新的范式,而是一步一步地后退,修修补补,则所得成绩,终不免再被推翻。所以,现在是一个根本的能否打破成见,在宥与别宥的问题,而不是态度问题。什么态度对?什么态度不对?这不好判断,或只能以裘先生之是非为是非,这岂非又回到了胡适、顾颉刚他们参加辩论时既是辩手又是裁定古书是否为伪书的裁判这种境地?所以他们无往而不胜,虽败亦胜。

郭永秉先生对于有虞世系有探索①,也论及了东周人历史观念中的虞夏商周四代观念,还说及清华简《厚父》②,认为禹和夏发生关联并不会太晚。这些问题与顾颉刚说之关键——禹与夏没有关系,存在重大差别,所以郭先生根据新材料,要修正顾先生的说法。郭先生在文章中严格地依从文献的年代作说,自然十分稳妥,但也有疑问。裘锡圭先生谨慎地由燹公盨论证了《洪范》中某些相关内容的年代更早,不知道此中讲鲧的一段能否被他们判作早出。《洪范》中说:"我闻在昔,鲧堙洪水,汩陈其五行;帝乃震怒,不畀洪范九畴,彝伦攸斁。鲧则殛死,禹乃嗣兴,天乃锡禹洪范九畴。"天、帝虽异,掌握洪范则一;鲧禹或皆为神,可能"嗣兴"未必能被承认为父子,但先后顺序则很明显。然则即使是神,也有在神谱上的先后问题,或许皋陶在系谱的更后面……再后来天帝无神可派,只能派商汤、文王这样被其臣民歌颂为神的人了?《洪范》中的这一段若早出,则虽不见于《诗经》,但郭先生既然可以据一个是不是夏书还不能确定的《厚父》(因为时王称禹没有一点以之为祖先的意思,而文中称孔甲为先哲王,其后只有帝皋、帝发、桀三代,帝发能不能如此称孔甲、问厚父太成问题;而若由此怀疑夏世系的可靠性,则恐怕难以服人),修正顾先生的说法,我们自然也可以根据比较确定为商书或周初书的《洪范》修正顾先生的说法:既然禹可作为古史的开端,鲧自然有资格作为开端的开端。可是如果禹和夏有关系,郭先生在夏之前还设定了虞,作为神的禹,还是要在虞之后,这已经和顾先生、裘先生的看法有所区别了。

其实更需讨论的问题是,禹之外的传说,该如何评价?就时间来说,燹公盨把禹治水传说的下限提到了西周中期,商周史诗虽然提到了禹,可是甲骨文并没有讲为神或为人的禹(有些学者认为有禹,但乏人采信),殷商高祖夒目前还不明确对应什么,但在当前条件下,其时代或许和禹接近。就空间来说,《左传·昭公十七年》所讲少皞之虚,大辰之虚,大皞之虚,祝融之虚,颛顼之虚,恐也各有其传说。故郯子讲其祖少皞,子产讲实沉、台骀,而这些博物君子所讲,当时的闻人或有不知

---

① 郭永秉:《帝系新研——楚地出土战国文献中的传说时代古帝王系统研究》,北京大学出版社,2008年,第57—71页。
② 郭永秉:《论清华简〈厚父〉应为〈夏书〉之一篇》,李学勤主编:《出土文献》(第七辑),中西书局,2015年,第116—130页。

者。这些传说的时代、细节虽已不可尽考,但却可以提示我们,在商周之前,还有不少氏族在神州大地上活动。近来考古发掘及至苏秉琦先生的满天星斗说,人类学酋邦理论等,都可以支撑这一点。古人整合古代的有关传说而成古史系统,尤其是炎黄二帝系统和五帝一元系统,是在权力、礼制、统治术、意识形态的指导下做的一项工作,是一种话语,并不全是历史事实。顾颉刚先生在风云际会之时,指出了三皇五帝之古史系统所存在的问题,引起了很大反响。但是他所论主要是根据古书的时代先后来排古史的顺序,合乎进化论的"科学",操作也很简明,却并没有重视不同空间区域古史载入古书的问题,这就涉及古书的形成和古书中史料年代与古书形成年代不一致的问题,这些问题比依据古书年代来论古史年代复杂得多。所以在如今还要用顾先生当年的观念、方法乃至理论来重建古史,恐怕就不合适了。如果不明白顾颉刚之说的来源,穷源反本,而只是亦步亦趋地落实其说的可信性,排除不利于其说的疑难,弥缝其说的不足,并以为如此重建古史才踏实,恐怕值得商量。也有不少人把疑古抽离于具体的历史情境之外,以"疑"为史料批判或学术研究的基本态度、怀疑精神,为顾先生的疑古开脱,这也值得商量。

"疑古"与"信古"并不是两军对垒,在疑、信的方法和理论之外,还有其他的方法与理论。在大量系统文字目前仅初见于殷商时期的情况下,认为依据考古学的进步,辅以科学、中立的文献考证,可以重建真正的上古史,其实是力图说明历史叙述如实地反映了远去的历史真实,这几乎不可能。把古人的传说截然划分为神话、信史,汲汲于天神英雄化与英雄神话化之争,在一些学者开始反思"神话"这一舶来品能否适用于中国的时候,还为顾颉刚的神话说作证,值得反思。我们不应该再纠缠于此类问题。

拙作《新出土文献与上古史新研》的压缩版在《清华大学学报》发表后,李先生看到了这篇文章,他说会引起争论的。此文是否会引起争论尚不敢说,也许李先生是在表示他自己对古史系统有另外的看法。

补 记

2019年2月24日0点11分,李学勤先生与世长辞,先生对于古史系统的想法,再也无从请益了。但是他在甲骨分期、金文断代、题铭分域、竹简系年等方面的奠基性成果,走出疑古、重新估价中华文明、重写学术史、整理旧籍等方面的开拓性成绩,以及见于古文字、考古学、文史哲等诸多方面的成就,必将泽被学林,启迪后进,长盛不衰!

本文写作得到"中国国家起源研究的理论与方法"(12&ZD133)子课题、上海085社会学学科内涵建设科研项目、北京师范大学"学术思想专题研究"(201904)科研基金的资助。

"南河"地望解析

李世佳（四川大学历史文化学院）

摘　要：《左传·僖公二十八年》记载有"南河"一词，学界传统观点认为"南河"即今天河南省延津县东北方之黄河棘津渡口。笔者通过考察春秋时期黄河中下游地区主要津渡，再结合对"西河""东河""南阳""东阳"等地理称谓及春秋时期晋国对外交通古道、诸国"假道之礼"的详细解析，认为"南河"当是一区域地名，具体到鲁僖公二十八年《传》文，其所指宜为晋国南阳地区的"盟津"，而非卫国"棘津"。

关键词：南河；棘津；盟津

《左传》载鲁僖公二十八年（前632），晋、楚两大强国间爆发了春秋史上的第一场大决战——城濮之战，结果晋胜楚败。其中，记载战争伊始晋师行军路线为：

二十八年春，晋侯（晋文公）将伐曹，假道于卫。卫人弗许，还，自南河济，侵曹、伐卫。

上引文当中的"南河"一地，西晋杜预注："从汲郡南渡出卫南而东。"① 北魏郦道元云："河水又迳东燕县故城北，河水于是有棘津之名，亦谓之石济津，故南津也。"② 今人杨伯峻先生申之："南河即南津，亦谓之棘津、济津、石济津，在河南省淇县之南，延津县之北。"③ 前贤注家皆将"南河"定位在今天河南省延津县东北方之棘津渡口。

揆诸史籍，诸家关于"南河"地望的界定有待商榷。"南河"作为一地理概念，其所指甚广，具体到鲁僖公二十八年晋军济河之地，当非卫国"棘津"，而是属晋国南阳地区之"盟津"。本文拟在前贤已有研究成果基础上，就此问题展开详细论证，不当之处尚祈方家不吝赐正。

---

① [晋] 杜预注，[唐] 孔颖达等疏：《春秋左传正义》，[清] 阮元校刻：《十三经注疏》，浙江古籍出版社，1998年，第1824页。
② [北魏] 郦道元著，陈桥驿校证：《水经注校证》，中华书局，2007年，第133页。东燕，《左传》鲁隐公五年（前718）："卫人以燕师伐郑。"燕，杜预注："南燕国，今东郡燕县。"孔颖达疏："南燕国，姞姓，黄帝之后也。小国无世家，不知其君号谥。"东燕，或称南燕，地在河南延津县境。参见《春秋左传正义》，《十三经注疏》，第1727页。
③ 杨伯峻：《春秋左传注》（修订本），中华书局，2009年，第451页。

一、春秋时期黄河中下游地区主要津渡分析

春秋时代及其以前的黄河河道，《尚书·禹贡》云："导河积石，至于龙门；南至于华阴；东至于厎柱；又东至于孟津，东过洛汭，至于大伾；北过降水，至于大陆；又北播为九河，同为逆河，入于海。"① 即黄河出积石山（在今青海、甘肃交界的青海省贵德县），一路至今陕西省韩城市的龙门山，龙门以下一段南流至华阴向东，经三门过盟（孟）津与洛水汇流，再过大伾山北流，越漳河，经今河北省曲周县以东向北分为数支分道入海，其中最北者为主流，至今深州市南折而东，循漳河至青县西南，又东北经天津市东南入渤海。此河道最早见于《禹贡》记载，故又称"禹河"。

据上，古时黄河在今陕西、山西、河南、河北诸省整体走向是由北而南，折而东向，复折而东北入海，其东西、南北渡河之津要见于《左传》者凡数处，由上而下依次有浦津、茅津、盟津、延津、棘津等。

1. 浦津，属晋。浦津关之东为今山西省永济市，西为陕西省大荔县，因东岸浦阪而得名，又名夏阳津，"自河东而言曰蒲阪津，自关中而言曰夏阳津"②，黄河自此折而东，故又名河曲，秦、晋两国间之征伐聘问往来多经此道。《竹书纪年》云："晋惠公十五年（前636），秦穆公率师送公子重耳，涉自河曲。"③ 同年，秦穆公诱杀晋文公重耳叛臣瑕甥、郤芮于河上。鲁文公十二年（前615），晋、秦两国战于河曲。鲁成公十一年（前580），秦、晋为成，秦桓公不肯涉河。鲁昭公元年（前541），秦后子造舟于河，归取酬币，终事八返。上诸多历史事件俱发生在浦津渡口及其附近区域。

2. 茅津，属晋④。津北对茅城，古茅邑，故谓之茅津，又谓之大阳津，以河北即古大阳县而名。《左传》载鲁文公三年（前624）"秦伯伐晋，济河焚舟，取王官及郊，晋人不出，遂自茅津济，封殽尸而还"。清顾栋高云："茅津在今山西解州平陆县，南岸为河南陕州州治，距河七里。"⑤ 即在今山西省平陆县西南，对岸为河南省三门峡市陕州区。

3. 盟津，属晋。在今河南省孟津县东北，孟州市西南，春秋前即是黄河著名渡口。《竹书纪年》："周师渡盟津而还。"⑥《史记·周本纪》："（周武王）东观兵，至

---

① 李民、王健：《尚书译注》，上海古籍出版社，2004年，第78页。
② ［清］顾祖禹撰，贺次君、施和金点校：《读史方舆纪要》，中华书局，2005年，第1796页。
③ 方诗铭、王修龄撰：《古本竹书纪年辑证》（修订本），上海古籍出版社，2005年，第80页。
④ 按，茅津原属虢国，虢都上阳与重要都邑下阳的往来通道。鲁僖公二年（前658）晋灭虢下阳，鲁僖公五年（前655），又灭上阳，遂据有茅津。
⑤ ［清］顾栋高：《春秋大事表》，中华书局，1993年，第961页。
⑥ 方诗铭、王修龄撰：《古本竹书纪年辑证》（修订本），第239页。

于盟津……诸侯不期而会盟津者八百诸侯。"① 降于春秋，晋与周、郑诸国聘使会盟、出军征伐等，路必由此。《左传》载鲁僖公二十八年（前632），城濮之战晋胜楚败，晋文公回师召周襄王狩于河阳，是由盟津渡河北返。鲁宣公十二年（前597），晋楚又战于邲地，晋中军佐先縠先济河，是从盟津由北向南；至晋败而宵济河，舟中之指可掬，则是由南而北。

4. 延津，属郑。在河南汲县（今卫辉市）南。《水经》："河水又东北，通谓之延津。"②《左传》载鲁隐公元年（前722），郑共叔段"命西鄙、北鄙贰于己，……又收贰以为己邑，至于廪延。"杜预注："廪延，郑邑，陈留酸枣县，北有延津。"③ 鲁襄公三十年（前543），郑国游吉奔晋，驷带追之，及酸枣，用两珪质于河，即在延津。

5. 棘津，属卫。在河南汲县（今卫辉市）南、延津县东北，与上延津渡口相距不远。《左传》载鲁昭公十七年（前525）晋用兵于陆浑氏："晋荀吴帅师涉自棘津。"顾栋高云："陆浑，河南府嵩县，在晋南。是时晋欲假用牲于洛以袭陆浑，故不由孟（盟）津，而东南涉棘津以掩其不备。"④

以上即是春秋时期黄河中下游地区常见的津渡口岸，此诸常见的津渡又位于黄河及周边特定的历史地理区域之内。

二、西河、东河、南阳、东阳、南河诸地理名称分析

古时以黄河、太行山为坐标，形成了诸多历史地理概念，计有西河、东河、南阳、东阳、南河等。

西河，《尚书·禹贡》："黑水西河惟雍州。"胡渭云："河经龙门而南，至于华阴，为西河。"⑤ 又《战国策·魏策一》载："魏武公与诸大夫浮于西河。"何建章注："今陕西省与山西省间之黄河古称西河。"⑥ 即黄河由北向南直流的一段谓之"西河"。又《史记·仲尼弟子列传》："孔子既没，子夏居西河教授，为魏文侯师。"《孙子吴起列传》："文侯以吴起善用兵，廉平，尽能得士心，乃以为西河守。"唐司马贞《史记索隐》："在河东郡之西界，盖近龙门。"⑦ 则"西河"又可进一步代指今陕西东部黄河西岸地区。与"西河"相对应，黄河下游折而东北流穿入卫、齐疆

---

① [汉] 司马迁：《史记》，中华书局，1959年，第120页。
② [北魏] 郦道元著，陈桥驿校证：《水经注校证》，第132页。
③ [晋] 杜预注，[唐] 孔颖达等疏：《春秋左传正义》，[清] 阮元校刻：《十三经注疏》，第1716页。
④ [清] 顾栋高：《春秋大事表》，第961页。
⑤ [清] 胡渭著，邹逸麟整理：《禹贡锥指》，上海古籍出版社，2006年，第299页。
⑥ 何建章：《战国策注释》，中华书局，1990年，第813页。
⑦ [汉] 司马迁：《史记》，第2203页。

域内的一段,谓之"东河"①,《礼记·王制》:"自东河至于西河,千里而近。"② 是河相对而为东西也。

南阳,《左传》载鲁僖公二十五年(前635),晋文公向周襄王请隧,周王弗许,为补偿晋侯而"与之樊、温、原、攒茅之田,晋于是始启南阳",杜预注:"在晋山(太行山)南河(黄河)北,故曰南阳。"③ 据陈伟先生研究,文公所受之南阳,除去见于《传》文的樊、温、原、攒茅四邑,还应囊括见于《国语·晋语四》的"州""陉""絺""鉏"四地,合计八邑④,因此,"南阳","是一个区域地名",大体在太行山以南、黄河以北的今河南省沁阳市、济源市一带⑤。与"南阳"相比列的还有"东阳",《左传》载鲁襄公二十三年(前550)齐庄公伐晋,晋"赵胜帅东阳之师以追之"。杨伯峻注:"东阳乃泛指晋属太行山以东之地,大略有今天河北邢台地区及邯郸地区一带地。"⑥ 亦是一区域地名。

据上,与黄河有关联的"西河""东河""南阳""东阳"等概念均为区域地名称谓。比类而观,"南河"亦当如此。从河曲之南,折而东经晋、周、郑诸国之界的河段,统可称之为"南河",有时又可指河段内某一具体点。举例而言,晋南境有险隘崤山,在今河南省洛宁县西北三十千米,西接陕县界,东接渑池县界,《左传》载鲁僖公三十三年(前627)晋、秦两国崤之战即发生在此地。又《尚书·秦誓》:"秦穆公伐郑,晋襄公帅师败诸崤,还归作秦誓。"孔颖达疏:"崤山险陕,是晋之要道关塞也。从秦向郑,路经晋之南境于南河之南崤关而东适郑。"⑦ 由此可知,崤山附近一段黄河亦可称之为"南河"。又《尚书·禹贡》:"荆及衡阳惟荆州……浮于江、沱、潜、汉,逾于洛,至于南河。"这里的"南河",是指河南洛阳、巩义一带的河,也是由洛入河的地方⑧。

综合而言,始于黄河由北南向直转为西东向之河曲,向东越春秋时期晋、周、郑诸国界,此一大体西东向的河段,是为"南河",而此河段内的某些重要地点,亦可冠以"南河"之名。具体到鲁僖公二十八年(前632)《传》文所载晋军假道于卫弗许而后"还自南河济"之"南河",固宜为黄河南河河段之内的某处津渡。

---

① [清] 顾栋高:《春秋大事表》,第963页。
② 王文锦:《礼记译解》,中华书局,2001年,第192页。
③ [晋] 杜预注,[唐] 孔颖达等疏:《春秋左传正义》,[清] 阮元校刻:《十三经注疏》,第1820—1821页。
④ 陈伟:《晋南阳考》,《历史地理》(第十八辑),上海人民出版社,2002年,第157—167页。
⑤ 马保春:《晋国地名考》,学苑出版社,2010年,第278页。
⑥ 杨伯峻:《春秋左传注》(修订本),第1078页。
⑦ [汉] 孔安国传,[唐] 孔颖达等疏:《尚书正义》,[清] 阮元校刻:《十三经注疏》,浙江古籍出版社,1998年,第256页。
⑧ 侯仁之主编:《中国古代地理名著选读》(第一辑),学苑出版社,2005年,第23页。

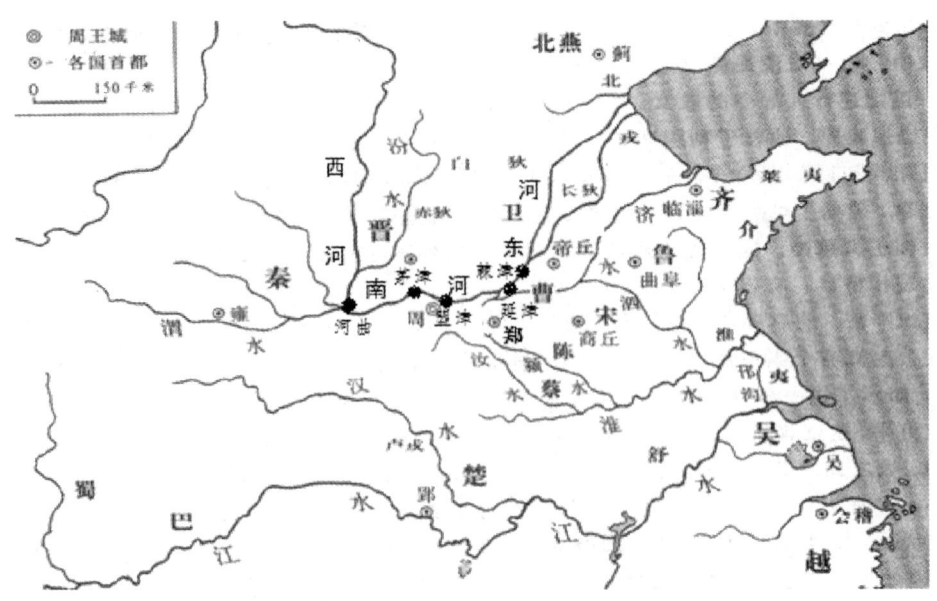

春秋时期黄河水系及主要津渡示意图

"棘津"的可能性首先排除。如上所述黄河各河段划分的区域,河曲以北,是为西河,河曲以南折而东经周、郑界为南河,更折而东北,穿入卫、齐境为东河。据此,"棘津"是归属于黄河下游之东河河段的,与南河无涉。然在黄河中下游地区其他诸多津渡中,其所指究竟何处呢?这是下面我们要分析的重点。

三、春秋时期晋国对外交通古道及诸国假道之礼分析

《左传》载鲁隐公五年(前718),"曲沃庄伯以郑人、邢人伐翼,王使尹氏、武氏助之,翼侯奔随。"杜预注:"翼,晋旧都,在平阳降邑县东。"杨伯峻注:"翼,今山西省翼城县东南。"① 至鲁成公六年(前585)晋景公迁都于新田(今山西省侯马市),翼始终为晋都所在。今人宋杰先生在文章中将春秋时期整个大中国之地理形势分成三部分:一是周、郑、宋、卫、陈等诸国所在的"中间地带";二是齐、秦、楚、晋等强国所在的"弧形中间地带";三为"周边区域","位于中国大陆的外缘,是春秋时期落后少数民族的主要活动区域"。周、郑等所在之"中间地带"与晋、楚等所在之"弧形中间地带"之间有大量的河川等天然地理障碍,两地带国家相互之间的聘请、宾旅来往必有一定的交通路线②。

当是时,晋人与周、郑、卫、宋、曹中原诸国交往的通道,当自晋都翼(今山西省翼城县)出发,东向翻越今山西翼城之乌岭山,遂进入沁水流域,继而顺沁水

---

① 杨伯峻:《春秋左传注》(修订本),第44页。
② 宋杰:《春秋战国之地域分析与列强争霸战略》,《首都师范大学学报》(社会科学版)1999年第2期。

而下，至于晋国南鄙南阳地区，自南阳地区又有南下、东进两条交通路线：

南下，由南阳地区济盟津渡口，可达成周；东南向，可经郑国而至曹、宋、陈、鲁等。

东进，由南阳地区向东，进入今天河南省焦作地区，再经卫国棘津渡口济河而至曹、鲁、齐等。《左传》载鲁文公五年（前622），"晋阳处父聘于卫，反过宁，及温而还"。说的是晋国大臣阳处父由卫反晋，经过了宁地（今河南省获嘉县北）、南阳地区温地（今河南省温县西南）回到晋都翼城，此条道路差不多与晋师东进路线相一致，仅方向反逆罢了。

再细品《左传》所载鲁僖公二十八年（前632）"晋侯（晋文公）将伐曹，假道于卫。卫人弗许，还，自南河济，侵曹、伐卫"一句话，可获得以下两条信息：

其一，晋军伐曹，首选了东进路线（即翼都—沁水—南阳—卫国棘津—曹），因卫国拒绝假道而受阻。

其二，"还自南河济"，《尔雅·释言》："还，复，返也。"宋邢昺疏："皆回返也，《春秋》书师还又曰至河乃复之类是也。"① 推测晋军自晋都翼城出发，假道使者必自先行借道，被拒之后与晋军相遇于晋南阳—卫棘津一线间，东向不同遂"还自南河济"说的是晋军原路回师而重新从"南河"渡河，而"还自南河济"并未提到再次假道，则"南河"无疑当属晋地，有以下两个佐证。

佐证一，周初封建诸侯，各有分地，至春秋时期犹存120余国，如此众多的诸侯国，地形犬牙交错，相互交织，此种情况之下诸国相互之间的交通往来大多需经过他国之境，这就形成了春秋史上屡见的"假道之礼"。《仪礼·聘礼》："若过邦，至于竟，使次介假道。束帛将命于朝。"汉郑玄注："诸侯以国为家，不敢直径也。"② 外出人员途需经某国时，副使（次介）先行献束帛于朝，允许而后可行。《国语·周语中》："（周）定王使单襄公聘于宋，遂假道于陈以聘于楚。"周虽微弱，尚存天子之名，陈尤小国，王使过小国亦必假道，则不假道而径行，唯行于本国能如此。过人国而不假道是甚为严重的政治事件。《左传》载鲁宣公十四年（前595），楚庄王使申舟（文无畏）聘于齐，曰："无假道于宋。"及宋，宋人止之，宋执政卿华元曰："过我而不假道，鄙我也，鄙我，亡也。"乃杀之。杨伯峻注："鄙我者，视我为其边鄙之邑县也。"③ 楚使申舟（文无畏）过宋国而不假道，在宋人看来是楚国以宋为楚之鄙邑，则国非国，终杀楚使。又《左传》载鲁定公六年（前504）："公

---

① ［晋］郭璞注，［宋］邢昺疏：《尔雅注疏》，［清］阮元校刻：《十三经注疏》，浙江古籍出版社，1998年，第2581页。
② ［汉］郑玄注，［唐］贾公彦疏：《仪礼注疏》，［清］阮元校刻：《十三经注疏》，浙江古籍出版社，1998年，第1048页。
③ 杨伯峻：《春秋左传注》（修订本），第755页。

（鲁定公）侵郑，取匡，为晋讨郑之伐胥靡也。往不假道于卫；及还，阳虎使季、孟自南门入，出自东门，舍于豚泽，卫侯怒，使弥子瑕追之。"鲁侵郑而不假道于卫，终遭卫军报复驱赶。

佐证二，"春秋时，犹尊礼重信也"①，有志于争当霸主的大国更需尊礼，孟子曰："以力假仁者霸。"② 荀子曰："信立而霸"，霸者，"不欺其与"③。大国若欲做天下诸侯的霸主，须持礼、有德、讲信。城濮之战当口，恰好系晋、楚两强争霸的关键时刻，晋国不可能直接违背礼制不假道而径从他国"南河"而济。

综上所述，通过考察春秋时期黄河中下游地区主要津渡，再结合对"西河""东河""南阳""东阳"等地理称谓及春秋时期晋国对外交通古道、诸国"假道之礼"的详细解析，认为《左传》所载鲁僖公二十八年（前632）晋军"还自南河济"之"南河"应当是晋国南阳地区的"盟津"，而非属卫之棘津。

本文为国家社科基金项目"周代晋国世族社会研究"阶段成果之一。

---

① ［清］顾炎武著，黄汝成集释，栾保群、吕宗力点校：《日知录集释》（全校本），上海古籍出版社，2013年，第749页。
② ［清］焦循撰，沈文倬点校：《孟子正义》，中华书局，1987年，第221页。
③ ［清］王先谦撰，沈啸寰、王星贤点校：《荀子集解》，中华书局，1988年，第205页。

从裁辅天地到天人合一：
中华生态文化的思想域分

李学功（湖州师范学院）

摘　要：中华生态文化与思想厚积于农耕文明的深厚土壤，薄发于当下贞下起元的新时代，立基点始终不脱天地人关系的协调、进步与发展。自《周易》提出"裁辅天地"的生态协调论，至道家老庄一脉的"道法自然"论，到儒家荀子的"天人相分"论，以及邹衍的"天人合一"论。不难发现，传统生态思想与文化的发端始自轴心时代的思想家和社会，存录于先秦秦汉文献典籍中。历史不断地证明，实现进步的关键是新思想的引领。中华生态文化的创造性、传承性和天下意识，在历史的节点折射出思想的域分弛张，隐含着人与自然生命共同体的思考指向。

关键词：生态思想；裁辅天地；道法自然；天人相分；天人合一

20世纪初，美国学者杜威（John Dewey）曾提出过一个问题："一直很少有人预示过，人类可以借助于技术来控制自然的力量与法则，以建立一个秩序、正义和美丽的王国。"[①] 当历史进入21世纪，一个新的百年已然开篇的时候，百年前的杜威之问言犹在耳。

回顾工业文明的历程，人类的确是在自觉或不自觉中试图借助技术的力量去改变世界，一方面是工业化进程凯歌行进，一座座城市如森林般拔地而起，产业传奇与财富故事联袂上演，让人不能不感叹生产力的伟大奇迹；一方面却是它的负效应所带来的全球性生态危机，使人类的生存环境备受质疑和考验，真是"三分春色描来易，一段伤心画出难"[②]。

显然，单凭借助于"技术"控制自然的力量与法则，就想建立一个秩序、正义和美丽的王国是根本不可能的。同理，脱离抑或告别传统，意欲以一种全新的文化结构去构建人类新的精神价值系统，既不可能也不现实。因此，解决之道唯有发展。习近平同志在党的十九大报告中明确指出：发展是解决一切问题的基础和关键，"发

---

① ［美］杜威：《确定性的寻求：关于知行关系的研究》，上海人民出版社，2004年，第2页。
② ［明］汤显祖：《牡丹亭》，百花洲文艺出版社，2015年，第98页。

展必须是科学发展，必须坚定不移贯彻创新、协调、绿色、开放、共享的发展理念"①。并且把"构筑尊崇自然、绿色发展的生态体系"②，视作构建人类命运共同体的一项重要内容，提出中国应当"成为全球生态文明建设的重要参与者、贡献者、引领者"③。由此出发，深刻领会习总书记提出的"坚守中华文化立场，立足当代中国现实"，"创造性转化，创新性发展"④ 要求的精神实质。有时常常在想，为什么世界几大文明古国唯有中华文明能世罕其匹一路走来传续迄今，其中一个重要原因，就是中华民族有鉴往知来的文化传统，重视历史的借鉴作用，正所谓"述往思来"。对历史的省思与重温，一方面使我们温故知新，"苟日新，日日新，又日新"⑤；一方面使我们在文化敬畏中永远不自满。因此，重温中华民族先贤大哲历久弥新的生态思想，做好"创造性转化，创新性发展"，更好地建设美丽中国，不仅必须，而且必要。

一、"裁辅天地"与"协天地之性"：顺天应人的生态协调思想

宋释道原《景德传灯录》有谓："青青翠竹总是法身，郁郁黄华（花）无非般若。"⑥ 这是佛教的一种譬喻，说的是大自然的一草一木皆有其性，皆有其存在的理据。考诸人类生态思想的萌蘖期，那是一个"事鬼敬神"⑦ 的时代，在初期思想家的探索和思考，即是在神的地盘和光影中萌动而生。于是进一步的有了"事鬼敬神而远之"的人文主义取向，当然这是一种神权观念下的虽"远之"，却"未渎神"⑧ 的价值立场，与"青青翠竹总是法身"所表达的礼待生物观念，理同心一。

中国古代早期启蒙思想的代表人物陈亮《梅花》诗谓："欲传春信息，不怕雪埋藏。"⑨ 翻检轴心期先秦时代的文献典籍，不难发现这种尊礼自然的思想表达，在思想家的思考和史籍叙录中所在多有，熠熠生辉。如"绝地天通"的思想观念。"绝地

---

① 习近平：《决胜全面建成小康社会 夺取新时代中国特色社会主义伟大胜利——在中国共产党第十九次全国代表大会上的报告》，人民出版社，2017年，第21页。
② 习近平：《决胜全面建成小康社会 夺取新时代中国特色社会主义伟大胜利——在中国共产党第十九次全国代表大会上的报告》，第25页。
③ 习近平：《决胜全面建成小康社会 夺取新时代中国特色社会主义伟大胜利——在中国共产党第十九次全国代表大会上的报告》，第6页。
④ 习近平：《决胜全面建成小康社会 夺取新时代中国特色社会主义伟大胜利——在中国共产党第十九次全国代表大会上的报告》，第41页。
⑤ 《礼记·大学》，参见丁鼎《礼记解读》，中国人民大学出版社，2010年，第596页。
⑥ [宋] 释普济：《五灯会元》卷三，《文渊阁四库全书电子版》，上海人民出版社，迪志文化出版有限公司，1999年。
⑦ 《礼记·表记》，参见丁鼎《礼记解读》，第552页。
⑧ 《礼记·表记》，参见丁鼎《礼记解读》，第552页。
⑨ [宋] 陈亮：《梅花》，缪钺等：《宋诗鉴赏辞典》（新一版），上海辞书出版社，2015年，第1235页。

天通"语出《国语·楚语下》,韦昭注云:"绝地民与天神相通之道。"① 说明在古人的认识中,天地是可以相通的。这种认识产生的缘由,在许倬云先生看来,"可能因为中国文化以精耕农业文化为主,中国需从天地与自然讨生活,而向来自视为宇宙秩序的一分子,并对天地抱着尊敬的态度。敬畏自然界的风、霜、雨、雪,视江、湖、树、石为神明"②。因乎此,古文《尚书·武成》明确反对"暴殄天物"③,提倡"好生之德"④。

在对天人关系的把握和认识中,《周易》之《易传·象》提出了"天地交,泰,后以裁成天地之道,辅相天地之宜,以左右民"的主张。对此,程颐、王阳明等诸多思想家从治道原则出发,将其理解抽绎为"裁成辅相"说。如程颐认为,"天地之道不能自成,须圣人裁成辅相"⑤;王阳明认为,"遵王之道,会其有极,便自一循天理,便有个裁成辅相"⑥。张岱年先生站在哲学的高度提出,"裁成辅相论,可以说是一种天人协调论,一方面要适应自然,一方面又要加以引导开发,使人类与自然界相互协调起来"⑦。

今天我们站在生态文明建设的新起点,重新认识"裁成天地之道,辅相天地之宜"的精神内涵,愚以为,"裁成辅相"说转换至天地生态关系新的视角下,可以创造性地转化为"裁辅天地"这一新的生态协调思想命题。在"裁辅天地"的生态观下,生态文明建设不仅要顺乎自然,合乎天地之道的自然规律,还要"致良知"⑧,充分发挥人的主观能动作用,从而在对天地自然的裁辅、调适中,实现自然与人类要求的协调发展。

"裁辅天地"生态观更进一步的清晰阐述,则是"协于天地之性"的生态协调

---

① 《国语·楚语下》,《文渊阁四库全书电子版》,上海人民出版社、香港迪志文化出版有限公司,1999年。
② 许倬云:《中国文化与世界文化》,贵州人民出版社,1991年,第50页。
③ 屈万里:《尚书集释》,《屈万里全集》,联经出版事业公司,1983年,第321页。按,《礼记·王制》也有"暴天物"的议论,尽管对古文《尚书》人们多定谳其伪,但作为传流千年的文本,史实真伪是一个问题,文本存在本身则是一个文化问题,它毕竟表达、记录了一种思想的声音,自有不容轻忽的文化价值。由《礼记》参酌古文《尚书》,此亦可见反对暴殄天物是那个时代人们的共识。参见丁鼎《礼记解读》,第183页。屈万里先生认为,古文《尚书》之《武成》篇中"暴殄天物"系"改易礼记王制之文"。参见屈万里《尚书集释》,《屈万里全集》,第321页。
④ 《尚书·大禹谟》,屈万里:《尚书集释》,《屈万里全集》,第308页。
⑤ [宋]朱熹编:《伊川语录》,《二程遗书》卷二十二上,《文渊阁四库全书电子版》。
⑥ [明]王守仁:《传习录上》,《王文成全书》卷一,《文渊阁四库全书电子版》。
⑦ 张岱年:《论易大传的著作年代与哲学思想》,《张岱年全集》(第五卷),河北人民出版社,2007年,第231页。
⑧ [明]王守仁:《博约说》,《王文成全书》卷七,《文渊阁四库全书电子版》。

思想，这无疑是对《周易》"万物资生，乃顺承天"① 思想认识的发展和升华。翻检《左传》，"协天地之性"的思想出自春秋著名政治家子产，其谓："哀乐不失，乃能协于天地之性，是以长久。"② 所表达的其实就是朴素的人性与天性和谐统一，既顺乎自然，又顺应人类调适乃至改造自然的要求。将之升华到生态观上，便是参天地、赞化育，天人协调的生态文明思想。

二、"道法自然"：大美不言的生态伦理观念

"道法自然"语出《老子》第二十五章，其文谓："人法地，地法天，天法道，道法自然。"在张岂之先生看来，"道家思想的核心是'自然'。……世界上最自然的东西莫过于'道'"③。这个看法直击道家思想的核心要素，深中肯綮。

由此联系到庄子"天地有大美而不言"的思想表达，其文谓："天地有大美而不言，四时有明法而不议，万物有成理而不说。"④ 笔者浅见，庄子之"不言"乃缘于"敬"，缘于"尊重"，是对天造地设的自然、人文的仰望和尊重。再进一步说，"不言"是缘于礼敬前贤已有的规律性认识，是基于千锤百炼的为人所公认的审美标准。因此，所谓"不言"者，非真不言也。这是庄子的自谦，展示的是庄子的人格和气度，格局与视野。

老庄道家一脉"天地有大美而不言"的"道法自然"思想，主张人与自然的和谐相处，强调人类的顺其自然，不干预自然的进程。细析之，就是对天道、自然多一分礼敬，就是尊重普遍性原则，尊重公理、常识。此正《礼记》所谓"万物并育而不相害，道并行而不相悖"⑤；也一如儒家孔子生态认识观所表达的："天何言哉？四时行焉，百物生焉，天何言哉？"⑥ 吕绍纲先生研究《周易》时观察到，"《周易》不言人胜天的问题……它认为天与人本来就是统一、和谐的，人的任务只是从实践和认识两方面实现这种统一与和谐"⑦，"《周易》主张作为主体的人要尽可能实现并保持本已存在的天人之间的和谐一致的关系"⑧。进一步的思考不难发现，"天地有大美而不言"，某种意义上其实也是一种启示，即启示人们：现在是到了走出"人类中心主义"的时候了。

观道家思想，不妨这样说，乃是以天道论人道。"道法自然"无妨看作是一种生

---

① 《周易·象辞》，《周易注疏》卷二，《文渊阁四库全书电子版》。
② 《左传·昭公二十五年》，杨伯峻：《春秋左传注》，中华书局，1981年，第1459页。
③ 张岂之主编：《中国思想文化史》，高等教育出版社，2013年第2版，第96—97页。
④ 《庄子·知北游》，《庄子注》卷七，《文渊阁四库全书电子版》。
⑤ 《礼记·中庸》，参见丁鼎《礼记解读》，第535页。
⑥ 《论语·阳货》，《论语注疏》卷十七，《文渊阁四库全书电子版》。
⑦ 吕绍纲：《周易阐微》，吉林大学出版社，1990年，第146页。
⑧ 吕绍纲：《周易阐微》，第152页。

存方式，这是因为唯有人的生存有意义，如此，认识才具有发现的意义和价值性。就此而言，"道法自然"是《老子》预设的一种理念，或者说是一种类理念的命题。考察、认识人类的生产事业活动，法自然、师造化，反映的是一种朴素的生态伦理观、价值观。道家立足于一种天道的自然观，推引出"生而不有，为而不恃，长而不宰"①的不干预、不折腾的人道无为思想。这种思想在更深层的意义上，呈现出从自然伦理到生态伦理的哲学启示。就伦理面向而言，道德伦理面对的对象是人，其所诉诸的是对人的要求。而生态伦理则是在人与自然环境关系的参照系中进行价值判断，由此生态伦理一经成立便被赋予了一项特殊权重，一种责任担当：即衡量、评判一个人的价值及其行为。饶有意味的是，先秦哲人生态伦理观所建基的支点乃是"不言"。此恰如古语所云："慎勿为好。"② 做还是要做的，只是不盲目、不妄做。

三、"天人相分"与"天人合一"：责任域分的生态理想

"天人相分"是战国时期著名思想家荀子提出的一个重要的理论命题。值得指出的是，人们长久以来多关注于荀子思想的两个面向：一是"性恶论"；一是"人定胜天"论。特别是过于强调和突出荀子"制天命而用之"的"人定胜天"思想，而对其"天人相分"思想的认识和发掘远远不够。

关于"天人相分"，《荀子·天论》有谓："明于天人之分，则可谓至人矣。"③明确提出了"明于天人之分"的"天人相分"观。在荀子看来，"天"有"天职"，即"天行有常，不为尧存，不为桀亡"④。天职所在就是天自有其客观运动规律，天并不包管人间百病。故天不能使人贫（"天不能贫"），不能使人病（"天不能病"），不能使人遭祸（"天不能祸"），不能使人富（"天不能使之富"），不能使人美善（"天不能使之吉"），也不能使人全（"天不能使之全"）⑤。明确了天的职责，荀子更进一步指出人也有人的职任，提出"天有其时，地有其财，人有其治"⑥，强调人之职不在于"与天争职"，而在于"知天"。在荀子看来，人唯有知天，正确认识自然运行的变化和规律，方能做到"其行曲治，其养曲适，其生不伤"⑦。

荀子明确界分天人关系，明确人类与自然的角色、定位，进而明晰天、人责任

---

① 《老子道德经》（卷上），《文渊阁四库全书电子版》。
② 《世说新语·贤媛》，《文渊阁四库全书电子版》。
③ 《荀子·天论》，《文渊阁四库全书电子版》。
④ 《荀子·天论》，《文渊阁四库全书电子版》。
⑤ 《荀子·天论》，《文渊阁四库全书电子版》。
⑥ 《荀子·天论》，唐人杨倞注云："人能治天时、地财而用之，则是参于天地"。参见《文渊阁四库全书电子版》。
⑦ 《荀子·天论》，《文渊阁四库全书电子版》。

的不同，这一思想认识，跳脱于那个时代，回荡在历史的天空，在21世纪的今天仍可以为人类生态文明建设提供思想的养分和支持。不唯如此，1993年出土的郭店楚简之《穷达以时》篇也明确提到："有天有人，天人有分。察天人之分，而知所行矣。"① 联系荀子曾任楚兰陵令，居于楚，讲学于楚的经历，"天人相分"思想材料在楚地的发现，似并非偶然。遗憾的是，长时期以来我们高张的是"人定胜天"的大旗，而忽略了荀子等人思想的另一重表达，即人与自然的力量其实是各有定位、各有边界、各有相应的责任。

几乎与荀子同时，战国时期另一位思想家邹衍对天人域分的思考成果，便是"天人合一"说的出现。根据赵世超先生的研究，"天人合一"说出现于先秦，落点于邹衍。之所以如此，乃是因为"'天人合一'说的基础是阴阳五行"②。翻检先秦典籍，《周易》重阴阳变化，《洪范》重五行之说，至邹衍将两者合流融汇为"天人合一"的新理论。赵世超先生认为"在阴阳家初创的'天人合一'体系中，阴和阳是平等的；两者均衡地消长，共同构成自然界运行和人类社会发展的基础"③。只是邹衍的思考更多地着眼于天下、人事，关切点在于对君权变化的理论阐释与支撑，对此赵师为文有深刻的剖析④。

"天人合一"思想在董仲舒时代发挥到最高阶段⑤，先秦史大家刘节对此亦有相应论说⑥。董仲舒的天人说，突出强调了天象气候变化与人的行为的关系，认为"天人相与之际，甚可畏也"⑦。也因此，董氏的天人说究其实乃是一种天人感应论，只是它是两个秩序——自然、人文秩序的打通和观照，自有其思想域分的意义。天人说自汉迄宋的域分发展，张岱年先生的研究颇具代表性和总结性，他提出汉宋哲学关于"天人合一"主要有三说：即从汉代董仲舒揭橥天人关系，到宋代张载明确提出"天人合一"思想以及二程的"天人合一"观⑧。其中最具价值者当是张载"民吾同胞，物吾与也"⑨的"民胞物与"的"天人合一"思想。在张载看来，天地犹如父母，人民是我的同胞，万物都是我的同伴。这种天人合一的生态思想，无

---

① 荆门市博物馆编：《郭店楚墓竹书》，文物出版社，2011年，第42页。
② 赵世超：《"天人合一"述论》，《瓦缶集》，人民出版社，2003年，第324页。
③ 赵世超：《"天人合一"述论》，《瓦缶集》，第329页。
④ 赵世超：《"天人合一"述论》，《瓦缶集》，第307—331页。
⑤ 许倬云：《中国文化与世界文化》，第50页。
⑥ 按，刘节先生认为，在思想史上"很明白地提出'天人合一'说的是西汉早期思想家董仲舒。"参见刘节《中国思想史上的"天人合一"问题》，《刘节文集》，中山大学出版社，2004年，第295页。
⑦ ［汉］班固：《汉书·董仲舒传》，《文渊阁四库全书电子版》。
⑧ 张岱年：《中国哲学中"天人合一"思想的剖析》，《北京大学学报》（哲学社会科学版）1985年第1期。
⑨ ［宋］张载：《张子全书》卷一，《文渊阁四库全书电子版》。

疑是美丽中国建设可资借鉴的重要内生性资源。由上述的讨论可知,先秦之被誉为人类文明轴心时代,端在于先秦时期的思想家抱持天下意识,究于天人之际,确乎做出了既超越前人又启迪后昆的理论贡献,这种贡献震古烁今。

当然,上述所论仅是就思想的层面言之,中华文化生态思想在实践层面的践行也是异彩纷呈。史籍文献记载,早在春秋时期,华夏民族就有"里革断罟"① 保护渔业生态的佳话,说的是鲁大夫里革对鲁宣公不顾时节任意捕鱼的做法进行劝谏和抵制。其中并有类于今天休渔期、禁猎期的生态保护制度的史料。如:"鸟兽孕,水虫成,兽虞于是乎禁罝罗,矠鱼鳖,以为夏槁,助生阜也。鸟兽成,水虫孕,水虞于是乎禁罝麗。"② 春秋战国以降,特别是古代长三角和珠三角民众更是创造了桑基鱼塘、果基鱼塘等基塘农业生态系统,应当说,这是古人对物质和能量的多层次利用的成功范例,也是中国农耕文明对世界的伟大贡献。

1934年,周作人在《大公报·文艺副刊》曾撰文谈到,西洋在16世纪发现了人,18世纪发现了妇女,19世纪发现了儿童③。后有学者续补道:20世纪发现了白痴和天才,21世纪将发现人的潜能④。综而论之,其实这是周作人闲坐苦雨斋从西方历史的角度,或者说是在他尚未摆脱欧洲中心主义思维影响下所作的思考与认识。反观中国历史,我们可以看到对人的发现和认识,对天人关系、天地道德的重视和敬畏始终是中华文明的重心所在。冯友兰先生曾将人的境界划分为四个层次:自然境界、功利境界、道德境界、天地境界⑤。依此而言,道法自然可以看作是自然境界,制天命而用之、协于天地之性以及裁辅天地等可以归之于功利境界,天人相分则可以看作是道德境界,而天人合一乃是一种天地境界或曰天地道德境界。一如《礼记·中庸》所言:"天地之道:博也,厚也,高也,明也,悠也,久也。"⑥ 论及此,对明明德、亲民、止于至善的"大学之道",自然有了一种别样的理解和感悟。"亲民",朱熹解作"新民"⑦。所谓新民,说得直白些,就是知识变化气质,知识改变命运。"大学"者要承担起知识化民、知识新民的使命和责任,这其中一项重要的任务无疑是重新认识、重新阐释传统生态思想文化,并使之臻至虽历久却弥新的新境界。

近代以来,特别是现代工业化浪潮一时间阻断了农耕文明状态下的文化反哺归

---

① 徐元诰撰,王树民、沈长云点校:《国语集解》,中华书局,2002年,第167页。
② [清] 马骕:《绎史》卷八十,《文渊阁四库全书电子版》。
③ 周作人:《论救救孩子——题〈长之文学论文集〉后》,孙玉蓉编:《书边闲语》,天津人民出版社,2011年,第88页。
④ 李光伟:《第四代人之梦:自我实现与超越》,天津人民出版社,1991年,第1页。
⑤ 冯友兰:《人生四境界》,长江文艺出版社,2016年,第125页。
⑥ 《礼记·中庸》,参见丁鼎《礼记解读》,第532页。
⑦ 参见丁鼎《礼记解读》,第593页。

乡的传统。令人欣慰的是，走出人类中心主义，反思工业文明之失，不仅正在成为人们的共识，而且已经化为执政党的目标和行动。党的十八大将生态文明纳入"五位一体"作为治国施政理念，并逐步建立起系统完整的生态文明制度体系及其相关的制度安排，习近平总书记在党的十九大报告中明确提出"我们要建设的现代化是人与自然和谐共生的现代化"①。这是一个负责任的大国、大党面向世界的庄严宣示。

恩格斯曾说：历史的最后动力的动力，"不是短暂的爆发和转瞬即逝的火光，而是持久的，引起重大历史变迁的行动"②。将中华文化的优秀成分，挹注于构建人类命运共同体，这是一项巨大而持久的事业。如何从传统中，辩证地吸收生态思想的合理内核，"跻登更高阶的融合"③，是我们的愿景，也是努力的方向。可以预见，只要我们坚持社会主义生态文明建设不动摇，立足于汲取并创造性转化中华优秀传统生态思想与生态智慧，在实践中创新发展，并持之以恒坚持不懈地予以推进，生态文明建设一定会成为持久的，引起重大历史变迁的行动。果如此，则"五更春鸟满山啼"④的美丽乡村我们可以期待，"依旧青山绿水多"⑤的美丽中国我们更可期待。

---

① 习近平：《决胜全面建成小康社会 夺取新时代中国特色社会主义伟大胜利——在中国共产党第十九次全国代表大会上的报告》，第50页。
② 《马克思恩格斯选集》第4卷，人民出版社，1995年，第249页。
③ 许倬云：《我者与他者：中国历史上的内外分际》，生活·读书·新知三联书店，2015年，第151页。
④ ［宋］张耒《福昌官舍》，原诗谓："小园寒尽无雪泥，堂角方池水接溪。梦觉隔窗残月尽，五更春鸟满山啼。"参见谢成明、张华编著《唐宋诗词名句鉴赏辞典》，新疆人民出版社，1999年，第474页。
⑤ ［宋］朱熹：《水口行舟》，原诗谓："昨夜扁舟雨一蓑，满江风浪夜如何？今朝试卷孤篷看，依旧青山绿水多。"参见丘幼宣鉴辑《历代绝句选鉴》（上），福建教育出版社，2016年，第480页。

简论晋"作公族"的"流官"性质

李毅忠（西华师范大学历史文化学院）

摘　要：晋"作公族"是春秋时期的一个重要事件。对于"公族"这一术语，只有优先从政治角度而非血缘角度考量，才有助于厘清该术语的真正含义：公族是公室内部尚未别族、需要依靠国君和公室资源生活的同姓子弟，战时则作为国君的亲卫军参战。晋"作公族"选择卿室子弟充任公室公族子弟，一定程度上具有流官的性质，是我国古代官僚制度的一个重要源头。

关键字：春秋晋国；公族；官僚；流官

三国时期魏文帝设九品官人法后，历代将不入九品之官称流外官（亦有品级，明清称未入流），流外官转入九品称入流，流外官亦称流官①。此后，该词又用于指称被纳入中央集权行政范围内、由中央政府任命、有一定任期、与边疆羁縻地区世袭土官、乡官相对的官员。这个意义上的流官及该词自唐代开始行用，最早见于《唐会要》卷九十二，在武宗会昌二年一封奏议中提到，元和六年与元和七年曾"敕河东，凤翔、鄜坊、邠州，易、定等道，令户部加给课料钱共六万二千五百贯文，吏曹出，得平流官数百员，时议以为至当"②。到了明清时期，为加强对边疆地区的治理，遂厉行改土归流，设立行政区划进行统治。

可以说，改土归流的过程就是一个官僚化的过程。所谓官僚，按照马克斯·韦伯的说法，官僚体制"作为采用非世袭招募官员的制度"，"首先是在世袭国家里产生的"。纯粹（即理想情况下）的官僚体制内的官员具有若干特点：个人自由并仅在事务上服从官职的义务；处于固定职务等级制度中；职务权限固定；根据契约受命；根据专业业务资格任命；有固定薪酬；视其职务为唯一或主要职业；可升迁；个人不得占有职务；接受严格而统一的职务纪律和监督等。韦伯将官僚制分为合理性的与合法性的两类，"传统型统治"社会下的官僚制具有合法性但缺乏合理性，"合法型统治的最纯粹类型，是那种借助官僚体制的行政管理班子进行的统治"。他同时承认，无论在何种社会下，"官僚体制统治的顶峰不可避免地有一种至少是不纯粹官僚

---

① 《隋书·志第四·礼仪四》："元正大飨，百官一品已下、流外九品已上预会……从三品已下、从九品已上及奉正使人比流官者，在阶下。"（[唐]魏徵等：《隋书》，中华书局，1973年，第184页。）
② [宋]王溥：《唐会要》，中华书局，1955年，第1668页。"吏曹"一作"曹省"。

体制的因素，它只不过是通过一个特殊的行政管理领导班子进行统治的范畴"①。笔者注意到，在公元前607年，晋"作公族"这一事件中，实际上就包含着若干由世袭制向官僚制度转变的因素：

> 初，骊姬之乱，诅无畜群公子，自是晋无公族。及成公即位，乃宦卿之适而为之田，以为公族。又宦其余子，亦为余子；其庶子为公行。晋于是有公族、余子、公行。赵盾请以括为公族，曰："君姬氏之爱子也。微君姬氏，则臣狄人也。"公许之。冬，赵盾为旄车之族，使屏季以其故族为公族大夫。②

下面我们将以这段文字为中心，讨论晋"作公族"中所包含的官僚化因素，以就教于方家。

一、"公族"及其划分

"公族"一词是治先秦史学者所无法绕开的问题，然而，对"公族"这一术语的解释却存在着诸多歧义和认识模糊的情况。有鉴于此，在我们讨论晋"作公族"中包含的官僚化因素之先，首先需要以《左传》与《国语》文本为基础，厘清公族一词的含义。由于存在着多种解释，兹不一一列出，这里仅选取有代表性的观点。首先，在传统上，对于前引文字，杜注"晋无公族"谓："无公子，故废公族之官也"。杨伯峻先生进一步注云：

> 公族有二义，凡公之同姓子弟曰公族，此广义之公族也。僖二十八年《传》云："原轸、郤溱以中军公族横击之。"中军公族者，中军中由晋公室子弟所组成者也。文七年《传》云："公族，公室之枝叶也。"公族即指宋昭公欲去之群公子，亦广义之公族。公族大夫亦省曰公族，此狭义之公族。"自是晋无公族"者，晋自此以后无公族大夫之官也。③

首先需要指出的是，杨注谓狭义之公族系"公族大夫"之省是循着杜注的思路而来，应当说，这一认识是存在着某些问题的。所谓晋无公族，并非是指晋国无公族大夫之官，而是指晋国公室已经不存在后文"作公族"时所安排的公族、余子、公行这一整套资源了，否则作公族时，只需要在公族之中挑选贤良，设立公族之官去管理这一套既有人员即可。对此，日人竹添光鸿笺曰"此公族以人言，即公之族属也，非以官言也"④，得其旨。此时晋作公族的原因在于，晋襄公大逐群公子及骊

---

① [德]马克斯·韦伯著：《经济与社会》（上卷），林荣远译，商务印书馆，1997年，第245—247、254页。
② 杨伯峻：《春秋左传注》，中华书局，2009年，第663—665页。
③ 杨伯峻：《春秋左传注》，第664页。
④ [日]竹添光鸿：《左氏会笺》卷十，富山房合资会社，1978年，第15页。

姬之乱后，自曲沃桓叔以下，已经没有居住在晋国国内的公室子弟，其周围的群体自然也就相应地不存在了，当赵括担任公族大夫时，须要带去"其故族"，之后才能在此基础上成为公族大夫的原因正在于此，也就是说，借此变动，这些赵氏故族也与赵括一道具有了公族身份。而且，从一些史料所载可以推断出，晋国所设的公族大夫之官的定额为四名①，与晋至少有三军六卿的数目无法一一对应，在这个意义上，说公族大夫省称公族也是不正确的。《国语·晋语八》载范宣子与和大夫争田，时为公族大夫的祁奚云："公族之不恭、公室之有回、内事之邪、大夫之贪，是吾罪也。若以君官从子之私，惧子之应且增也。"②将公族与公室对言，即是说，他公族大夫的这个官属于"君官"，只负责管辖公室内部的事务，争田属于国事，已超出其管辖范围。这条史料明确地告诉我们，所谓公族大夫，就是管理公族、余子和公行这些公室子弟的官员，绝不能省称为公族，参互以下两段史料亦可为证：

> 夏四月，韩须如齐逆女。……叔向言陈无宇于晋侯曰："彼何罪？君使公族逆之，齐使上大夫送之，犹曰不共，君求以贪。"③

> 韩襄为公族大夫，韩须受命而使矣。④

第二条史料中明言，韩襄为公族大夫，而韩须则未能与之并列，可见后者并非公族大夫，而在前一条史料中他之所以被称为公族，其原因在于韩须在公族、余子与公行中的公族大类之列（很可能属于大类中的公族部分）。叔向在这里特别指出，韩须是公族并与齐国的上大夫陈无宇对比，就是为了强调他的公族身份与陈无宇的上大夫身份是相当的。

既然在晋国，公族大夫并非狭义公族，公族主要包括的是公室之内的人员，那么，春秋时期普遍意义下的公族究竟涵盖了哪些范围呢？朱凤瀚先生曾从《左传》的记载出发，详细地解释过"公族"这一术语，同样将其分为狭义和广义两类，抄录于下：

> 东周文献中所见"公族"可以做一种广义的理解，即指包括有历代国君之后裔（也就是历代国君未继位的庶子们的家族）在内的亲属集团。当然时公所在的近亲家族亦应包含于其内。而此种广义的公族成员与时公的亲属关系未必皆限于五服以内……但在此种宗族中，时君所在近亲家族与诸遗族间，实际只有名义上的宗族关系，即大、小宗关系。春秋时期，列国内广义公族中的诸先君遗族本身均已分化为若干分支族氏，各自独立。

---

① 《国语·晋语七》："使兹四人者为公族大夫。"（徐元诰：《国语集解》，中华书局，2002年，第407页）《左传·成公十八年》："荀家、荀会、栾黡、韩无忌为公族大夫，使训卿之子弟共俭孝弟。"《左传·襄公十六年》："祁奚、韩襄、栾盈、士鞅为公族大夫。"
② 徐元诰：《国语集解》，第424页。
③ 杨伯峻：《春秋左传注》，第1228—1231页。
④ 杨伯峻：《春秋左传注》，第1268页。

各家族间只有名义上的血缘亲属关系，基本上不再具有共同的宗教、政治或经济的联系，甚至亲族观念亦日益淡薄。所以，严格起来说，此种宗族已不再属于我们所说的家族。

狭义的公族亦有两种形态，一是初形，指国君在世时与其若干直系后代近亲组成的家族。二是发展形态，指国君去世后，此种家族的初形发展而成的亲属集团。从史料展示的实际情况看，狭义公族的初形必定是一个统一的规模不会太大的亲属组织实体，而其发展形态，在初始之时由于其成员多具有公子、公孙身份，故仍多以公族成员资格直接干预君权。但当其规模发展到一定程度时，即要从中分化出若干相互独立的卿大夫家族，如郑国诸穆、鲁国三桓等。此种亲属集团虽然仍有观念上的血缘亲近感与共同的政治利益，但未必再是一个统一的亲属组织实体，已只是在观念上仍保留着公族的名义，以所出国君谥号为称，或在某些场合下联合起来干预政治。①

朱凤瀚先生在划分公族时，是以血缘亲疏关系为主、政治关系为辅加以考量的，其狭义公族范畴内又可分为两种类型，最狭之义的初形为与国君有很亲亲缘关系的直系亲属，而发展形态中则包括了公子、公孙和已经分化出去的卿大夫家族；而诸侯国内的广义公族则包括了历代国君后裔的所有同姓成员。可以看出，其广义公族的范畴与杨伯峻先生给出的为"公之同姓子弟"具有很大的重合性。

下面，笔者将对朱凤瀚先生的狭义公族范畴作进一步的界定，以考查其是否准确。《国语·晋语二》载：

> 骊姬既杀太子申生，又谮二公子曰："重耳、夷吾与知共君之事。"公令阉楚刺重耳，重耳逃于狄；令贾华制夷吾，夷吾逃于梁。尽逐群公子，乃立奚齐。焉始为令，国无公族焉。②

我们知道，骊姬之乱时，韩氏与诸姬中的"栾、郤、胥、原、狐、续、庆、伯"及祁氏③中，已有数氏存在，若以公族为诸姬，就与"国无公族焉"之语抵牾，我们姑且首先承认此处的公族为狭义之最狭者，这也在我国语言模糊性允许的范围内。可以看出，此处的公族即"群公子"的同义语，亦即韦注所云"献公之庶孽及先君之支庶也"④。宋国的公族队伍也十分庞大，同样发生过此类事件，《左传·文公七年》载宋昭公欲逐群公子，却招致叛乱：

> 夏四月，宋成公卒。于是公子成为右师，公孙友为左师，乐豫为司马，

---

① 朱凤瀚：《商周家族形态研究》（增订版），天津古籍出版社，2004年，第435—437页。
② 徐元诰：《国语集解》，第281页。
③ 杨伯峻：《春秋左传注》，第1236页。
④ 徐元诰：《国语集解》，第281页。

鳞瞩为司徒，公子荡为司城，华御事为司寇。昭公将去群公子，乐豫曰："不可。公族，公室之枝叶也，若去之，则本根无所庇荫矣。葛藟犹能庇其本根，故君子以为比，况国君乎？此谚所谓'庇焉而纵寻斧焉'者也。必不可。君其图之！亲之以德，皆股肱也，谁敢携贰？若之何去之？"不听。穆、襄之族率国人以攻公，杀公孙固、公孙郑于公宫。六卿和公室，乐豫舍司马以让公子卬。①

和《国语·晋语二》所载一样，这里的群公子也可和公族对应。我们知道，宋之六卿全为历代国君之裔，其中"公子成为右师，公孙友为左师……公子荡为司城"，表明他们与国君都在极为亲密的直系血缘关系链上，然而宋昭公驱群公子时，他们却不在被逐之列。上举二例均具有排他性，从这一点出发，笔者认为，优先从血缘亲疏关系角度对公族进行划分是不妥当的做法。如果优先从政治角度考虑，则更有条件将公族的性质看得较清楚：在《左传》的语境下，所谓的公族应该是在国君的公室范围内（未受命别族）、与国君有着不同程度血缘亲属关系的团体。这无论对晋国的"作公族"，还是对春秋时期各诸侯国而言，都是适用的。在宋国的这次事件中，对于处于公室管辖范围内的穆、襄之族而言，他们的叛乱只是公室内部的事务，与卿大夫的家族没有直接关系，因此，宋之六卿并不牵连在内，才能担任调停者的角色。而公子成、公孙友、公子荡之所以已经不在公族之列，正是因为他们在被委以要职的同时，已经取得了别为他族的资格，公孙固、公孙郑等则仍由公室管辖，属于公族范围。由此，从政治优先的角度考量，公族的一个重要区分标准是：已经从公室中别家、别族者不应包含在公族之内，公族不包含自国君繁衍出的、已有封地家庙的同姓家族及其子弟。简言之，公族就是要依靠国君和公室资源才能生活的同姓子弟，这大概才应是狭义公族所指。在公元前605年的郑国：

> 襄公将去穆氏，而舍子良。子良不可，曰："穆氏宜存，则固愿也。若将亡之，则亦皆亡，去疾何为？"乃舍之，皆为大夫。②

所谓"舍"即授予官爵与相应的土田，同时具有别族的资格。郑襄公、子良及另外多人均为郑穆公之子，郑襄公本想只封子良为大夫，使其得到别族的资格而驱逐他人，但因子良不同意而都成为大夫。这就是"郑国七穆"的由来，造成此后郑国国政长期由七穆之后把持，实际上，成为大夫的这部分人就已经不在狭义公族的范围内了。

基于这一认识，我们就可解释史料中出现的公族这一术语的合理性。在城濮之战中，"原轸、郤溱以中军公族横击之"，就是说，这时晋文公率领的是公族队伍，此事的年代介于晋"诅无畜群公子"与"作公族"两个事件之间，之所以有"中军公族"存在，可能即系采用后来"作公族"的相似方法而临时组建，而它也可能是

---

① 杨伯峻：《春秋左传注》，第556页。
② 杨伯峻：《春秋左传注》，第679页。

可资晋成公作公族时的参考先例。这里的公族与鄢陵之战中"范匄自公族趋过之"①和"栾、范以其族夹公行"② 一样，都属于中军，也与此战楚国一方的"中军王族"③ 有类似的性质，均为名义上属于公室的子弟。根据史料的记载及两周时期的政治、军事结构的高度合一性来看，作为直属于王室或公室的群体，包括楚国在内，公族这个群体的存在与战时的编制相挂钩，在整个天下，都具有相似的结构和形态，即类于晋作公族的公族、余子与公行等，是周王或国君的亲卫军。在公族、余子与公行的狭义公族范围之内，其中的公族这一部分又是地位最高的，可谓狭义公族的最狭之义。

与此同时，在春秋时期又的确存在着仅从血缘关系上将公室同姓不分近支远支、不论是否别族，一概地称为公族的现象，这一类大概就是所谓的广义或泛用的公族含义。对于史料中记载的宋国戴、武、宣、穆、庄、桓、襄、平、元之族；甘简公之弟过欲去之的"成、景之族"④ 周王室的"惠、襄之族"⑤ 及"灵、景之族"⑥ 等都可以包括在这个类别之中，而我们从政治角度界定的狭义公族，在这种情况下就不起作用了。《国语·晋语四》所云"贾佗，公族也，而多识以恭敬"⑦；《国语·楚语上》令尹子木所云"彼有公族、甥、舅，若之何其遗之材也"⑧；《左传·昭公三年》叔向所云"晋之公族尽矣。肸闻之，公室将卑，其宗族枝叶先落，则公室从之。肸之宗十一族，唯羊舌氏在而已。肸又无子，公室无度，幸而得死，岂其获祀？"⑨ 亦皆属于这一类别。

综上，先秦史料中见到的公族一词实际上有三层含义：1. 在政治、军事意义上，未别族且内部可分为公族、余子和公行三个部分的公室子弟，战时加入（名义上）直属于国君的编队；2. 公族、余子、公行中的公族部分；3. 从血缘关系上，泛指诸侯国内的国君同姓。在这三层意义中，第一义当系公族的基本义，第二义最狭。

---

① 徐元诰：《国语集解》，第395页。
② 杨伯峻：《春秋左传注》，第886页。
③ 从西周时期起，周王室的公族就只称公族而不称王族，因此僭翩之乱后周敬王返国，"入于王城，馆于公族党氏，而后朝于庄宫"。（《左传·定公七年》）。再联系鲁隐公被弑前祭钟巫后曾"馆于寪氏"（《左传·隐公十一年》），顾炎武说"寪氏"系"言非有名位之人，盖微者，如司马昭族成济之类"（［清］顾炎武撰，［清］黄汝成集释：《日知录集释（外七种）》，上海古籍出版社，1985年，第1973页。），称某氏者则未必已别族。
④ 杨伯峻：《春秋左传注》，第1334页。
⑤ 杨伯峻：《春秋左传注》，第853页。
⑥ 杨伯峻：《春秋左传注》，第1435页。
⑦ 徐元诰：《国语集解》，第329页。
⑧ 徐元诰：《国语集解》，第489页。
⑨ 杨伯峻：《春秋左传注》，第1237页。

二、晋"作公族"的"流官"性质

在界定之后再回头来看，所谓晋"作公族"就是设立了第一义下的公族群体，与其他诸侯国相比，晋国的公族具有如下几个不同的特点：1. 超越了同姓的限制；2. 在卿族中举材；3. 具有时效性。前两点，在晋"作公族"的原文中已经反映得非常清楚了，这里只对第三个特点稍作申说。

以公族之官中最核心的公族大夫为例，我们见到一些曾担任公族大夫的人后来成为晋国之卿。其例如，鄢陵之战时，范宣子在公族之列①；晋厉公被弑前、范文子去世后他成为范氏家主，因此在晋悼公新立时，他就不在四位公族大夫之列了②；到了襄公九年，他已成为中军佐，即正式被命为卿了③。据《国语·晋语九》邮无正语，赵文子同样经历了这个晋升程序：

> 昔先主文子少鲜于难，从姬氏于公宫，有孝德以出在公族，有恭德以升在位，有武德以羞为正卿，有温德以成其名誉，失赵氏之典刑，而去其师保，基于其身，以更复其所。④

史料表明，栾盈、士鞅等人大体也是循此路线走上卿位的。此外，《左传·襄公七年》关于韩无忌的一段记载亦可证公族大夫有"流"的性质：

> 冬十月，晋韩献子告老，公族穆子有废疾，将立之。辞曰："《诗》曰：'岂不夙夜？谓行多露。'又曰：'弗躬弗亲，庶民弗信。'无忌不才，让其可乎？请立起也。与田苏游，而曰'好仁'。《诗》曰：'靖共尔位，好是正直。神之听之，介尔景福。'恤民为德，正直为正，正曲为直，参和为仁。如是，则神听之，介福降之。立之，不亦可乎？"庚戌，使宣子朝，遂老。晋侯谓韩无忌仁，使掌公族大夫。⑤

另据《国语·晋语七》载，韩无忌在这个场合下自述厉公之乱时曾"备公族，不能死"⑥，《左传·成公十八年》载其在晋悼公新立时已被任为公族大夫，这能够反映出他的升迁情况。韩献子告老时，韩无忌自知天生残疾，难堪韩氏家主之任而让于韩起，他原本应随之失去担任公族大夫的资格，然而晋悼公认可他的"仁"，让他继续和终身担任，其谥"公族穆子"就是对他的一种哀荣和认证。

"宦卿之适而为之田，以为公族"，就是说，让卿的嫡子连同其部分族众担任公族，同时将公室的土田分配给他们，作为他们为公室服务的俸禄。按照常理，当卿

---

① 徐元诰：《国语集解》，第395页。
② 杨伯峻：《春秋左传注》，第909页。
③ 杨伯峻：《春秋左传注》，第966页。
④ 徐元诰：《国语集解》，第448—449页。
⑤ 杨伯峻：《春秋左传注》，第951—952页。
⑥ 徐元诰：《国语集解》，第412页。

辞世或告老时，其嫡子必须回归本族，出任家主或卿，同时其所担任的公族职位就要让出，其族众自然也会带回（但由同族子侄继任时可能会被部分保留），因此在正常情况下，公族内部设立的各种职位不可能是终身制的，而是由卿族中的少壮担任。尽管并无一个统一的规定任期，这种根据家主或国君更换而出现的变动，自然就具有一定程度上的"流"官性质：公室的土田始终属于公室，出任公族职位的卿族子弟无法带走，作为俸禄的性质甚明。从前引祁奚之语可知，公族大夫有固定的执掌，这同样是官僚制度的一个显著特征。然而，在这项制度得到了严格执行的同时，其选材范围又被限定在卿族内部，可谓是一种有条件的流官，总的来说，相对于其他诸侯国，晋国的这种制度具有进步性，是向官僚制演进的重要一步，这是尤应注意的。

当晋国由各个卿族抽调人选组成公族已成制度后，其最核心的公族大夫设为定额四名，这并非因人任官而具有稳定性，与晋国三军六卿制因家族势力而不断调整规模是存在差别的。虽然这可能是源于公室资源有限而不得不如此，但从官僚制度发展方面来说，这种稳定性比变动的三军六卿制更具有进步性。

从这个角度可以看出，在晋国设立公族之初，认为它削弱了晋国公室力量的看法是不正确的，这并非"实去而名存，枝害而本废"①，反而有助于加强公室的力量。直接地，晋国设立公族后，公室资源得到了有效管理，自然就能够加强公室的力量。同时，这一制度的确立为晋国各大卿族的青年子弟提供了历练机会，加之所设职位有数量限制，他们必须围绕这些职位展开竞争，成为一片试验田，有着为晋国和卿室培养接班人的客观作用。鲁昭公二十八年，晋国祁氏、羊舌氏被灭后，"分祁氏之田以为七县，分羊舌氏之田以为三县"，遴选人担任县大夫时，"谓知徐吾、赵朝、韩固、魏戊，余子之不失职、能守业者也；其四人者，皆受县而后见于魏子，以贤举也"②。知徐吾、赵朝、韩固、魏戊这四人能够担任县大夫，可能就是他们作为本家族的余子，在出任公室的余子、为公室服务时能够尽职尽责，其才能才为晋执政所发现；这几个人都在本县事务上手后才来见魏舒，也体现出某种程度上的自信。与此同时，卿族子弟管理公室，这又是公室对卿族的一种恩与，必然能够加强晋国公室与各大家族的封建关系。我们知道，在封建社会里，为封臣养育子弟被视为加强恩主与仆从之间私人关系的良方，因受赵氏抚养之恩，韩厥力主复兴赵氏、韩起让赵武担任上军将③即其例，在中世纪的欧洲与日本的封建社会里，同样不乏类似例子。

晋国的公族制度与三军六卿制度相互配合，一个作为公族服务于公室；一个服

---

① ［日］竹添光鸿：《左氏会笺》卷十，第17页。
② 杨伯峻：《春秋左传注》，第1494页。
③ 杨伯峻：《春秋左传注》，第839、999页。

务于整个晋国，具有强化三军六卿制度的效果。在形式上，公族大夫与卿都由国君任命，但在程度上则有所差别：命卿时需要考虑家族强弱与个人的资历、能力多种因素，要照顾到晋国的整体利益，往往靠晋国国君与各卿的合力决定；而公族大夫由于仅限于管理公室内部资源和处理内部事务，主要决定权则在于国君，就可以更多地从各家族子弟的才干上考虑。

结　　语

或许出于对公族术语解释的偏差等方面的因素，长期以来，晋国公族的这种官僚性质并未得到学人注意。然而，它不仅曾经在很长一段时间内实践过，也应当是我国官僚制发展的一个重要源头，为战国时期各国变法提供了一定程度的依据。

然而在另一方面，正是由于晋国公族的选材范围受到限制，个人身份仍是一个主要的出任资格，因此公族的人员配置无法避免地会根据六卿力量的变化而变化。例如当某一个强家出现了数卿时，公族中的相应职位也多由该家族的候选人担任，如荀氏强大时，同族的荀家、荀会就曾同时出任公族大夫①。但如果我们将晋"作公族"之后晋国公族的情况与马克斯·韦伯的纯粹官僚体制下官员的特点相比较则可看出，在好几个方面都能做到一定程度的相符。与之相似，在唐代的边疆地区，同样存在着土官的区域性流官化现象②，这也能从侧面证明世卿世禄制的解体和官僚制的确立是一个长期的渐进过程。

本文得到国家社科基金项目"周秦政体变迁研究"（18BZS034）资助。

---

① 杨伯峻：《春秋左传注》，第909页。
② 罗凯：《略论唐代岭南地区的世官制与区域流官制》，《史林》2018年第4期。

尧舜禹时期的气候重建与大禹治水

李忠林（陕西师范大学历史文化学院）

摘　要：长期以来，受思维定式的影响，历史和考古工作者都习惯于在文献记载中完善对大禹治水的认识，也习惯于通过聚落形态和考古遗存所反映的社会分层来认识早期文明的起源。古气候学家对全新世气候的研究成果或许能为我们认识大禹治水及其连带的早期文明形成提供全新的视觉。气候转暖和东亚季风的加强，大大减弱了气候灾害的烈度，为大禹治水取得成功提供了某种可能性。在广大疆域范围内的治水活动，促进了全国性的行政协调和管理机制的建立，这一机制为早期国家的形成提供了先导。

关键词：大禹治水；气候重建；东亚季风区；文明起源

"大禹治水"历来被看作古史书写的开篇首章，但在二十世纪二三十年代，随着疑古思潮的盛行，这一历史事件受到普遍质疑，甚至是否有禹其人也在讨论之列①。其实，许多域外文明在其元史时期也都流传着大洪水的集体记忆，《圣经》中诺亚方舟的故事为大家所熟知，希腊神话中也有大洪水的记载，古埃及的《亡灵书》中所说的"一场大洪水降临世上，把地球变成一个大水坑"。此外，我国一些少数民族也有类似的传说，如云南彝族人的创世神话中也说宇宙初为干燥时代，后为洪水时代，这一点也受到早期研究者的注意②。

一般认为，我国的古代文明起源于夏代，相当于考古学上的二里头文化时期，而最新的文明探源工程报告认为，早于二里头文化的龙山文化已经出现了文明因素。这一文化在中原地区的代表山西襄汾陶寺遗址可以看作尧舜时期的物质遗存。也就是说，尧舜禹时期，即考古学上的中原龙山文化到二里头文化时代，我国中原地区的古代文明初步形成并得到发展。而这正是传说中的大禹治水事件的发生时期。《尚书·尧典》云：

> 帝曰："咨！四岳。汤汤洪水方割，荡荡怀山襄陵，浩浩滔天，下民其咨，有能俾乂？"佥曰："於！鲧哉。"帝曰："吁！咈哉，方命圮族。"岳

---

① 顾颉刚：《讨论古史答刘胡二先生》，顾颉刚主编：《古史辨》（第一册），上海古籍出版社，1982年，第105—150页。
② 丁山：《禹平水土本事考》，《古代神话与民族》，商务印书馆，2005年，第179—217页。

曰:"异哉!试可乃已。"帝曰:"往,钦哉!"九载,绩用弗成。①

《尚书·益稷》云:

> 帝曰:"禹,汝亦昌言。"禹拜曰:"都!帝,予何言?予思日孜孜。"皋陶曰:"吁!如何?"禹曰:"洪水滔天,浩浩怀山襄陵,下民昏垫。予乘四载,随山刊木。暨益奏庶鲜食。予决九川,距四海,浚畎浍距川。"②

从中可以看出,洪水是在大禹接受禅让之前,夏王朝尚未建立时得到治理的。

就世界范围而言,几个主要的早期文明体在起源时间上是不一致的,其他域外文明集体记忆中的洪水是否就是这次洪水,其他文明的起源是否一定和大洪水有关联。为了深入思考这些问题,我们需要对公元前第三个千年,特别是其后半段向第二个千年过渡时期的气候进行考察和重建。

一、尧舜禹时期的环境变化与气候重建

我国疆域主要分布在东亚地区,在第四纪的古地理时期可以划分为青藏高寒区、西北干旱区和东部季风区三个地理单元。其中东部季风区覆盖了黄河、长江流域主要的新石器文化,以《尚书》为代表的早期文献所记载的尧舜禹的活动范围就在这个区域,具体说来,处于中原地区。

对第四纪全新世高分辨率古气候的研究在近年取得了长足的进展。因为全新世属于第四纪冰期结束后的后冰期时代,气候以温暖为主基调。但在这 10ka③ 的时间里,气候也有着明显的振荡,出现过气温快速下降的冷事件。根据 bond 的研究,自 1.4kaB.P.、2.8ka B.P.、4.2ka B.P.、5.9ka B.P.、8.1ka B.P.、9.4ka B.P.、10.4ka B.P. 到 11.1ka B.P. 共出现过 8 次冷事件,依次编号自 1 到 8④。其中,冷事件 3 和冷事件 4 与早期文明密切相关,冷事件 5 处于新石器文化时期。

最新的研究将冷事件 3 的时间调整为 4.0ka⑤,同样冷事件 4 和 5 分别调整到 5.5ka 和 8.2ka⑥。王绍武在《全新世气候变化》中讨论过这几次冷事件,大体上可以认为 8.2ka 事件强度约为新仙女木事件的强度的 1/3 到 1/2 之间。新仙女木事件是末次冰消期持续升温过程中一次突然降温的典型非轨道事件,该事件时的温度距平约 -10.6℃ 到 -12.1℃。顺便说一下,新仙女木事件被认为是第四纪冰期以后最大

---

① 顾颉刚、刘起釪:《尚书校释译论》,中华书局,2005 年,第 76—77 页。
② 顾颉刚、刘起釪:《尚书校释译论》,第 433 页。
③ ka 为 1000 年,下文中的 ka B.P. 是指距今(1950)1000 年。
④ Bond G, Showers W, Cheseby M, et al. 1997. A pervasive millennial ~ scale cycle in North Atlantic Holocene and glacial climates. Science, 278: 1257—1266.
⑤ 吴文祥、刘东生:《4000a B.P. 前后东亚季风变迁与中原周围地区新石器文化的衰落》,《第四纪研究》2004 年第 3 期。
⑥ 王绍武:《全新世气候变化》,气象出版社,2011 年,第 109、112 页。

的一次降温，其温度变化幅度能达到冰期－间冰期（100ka）旋回振幅的3/4[①]。而5.5ka和4.0ka事件的强度要弱于8.2ka事件。5.5ka事件标志着早全新世到中全新世气候的转折，其形成原因主要与地球轨道要素，海洋环流及太阳活动的变化有关[②]。

4.0ka事件与我们讨论的问题密切相关，国外学者甚至认为这次降温事件是新仙女木事件以来最为寒冷的一次降温[③]，标志全新世后期的开始。我国许多地区都记录到了这次降温事件，具体如下表：

代用指标	指示（降温、干旱或季风强度减弱事件）年代	资料来源
敦德冰芯 $\delta^{18}O$ 曲线	4.2ka—4.0ka	Yao T D, Thompson L G, Trend and features of climatic changes in the past 5000 years recorded by the Dunde ice core. Annals of Glaciology, 1992, 16: 21—24
四川省红原县泥炭沉积物（包括单一植物残体苔草和混合植物的纤维素 $\delta^{13}C$ 曲线）	4.2ka—4.0ka	Hong Y D, Hong B, Lin Q H et al. Correlation between Indian Ocean summer monsoon and North Atlantic climate during the Holocene. Earth and Planetary Science Letters, 2003, 211 (3—4): 371—380
黑潮强度	4.2ka—4.0ka	Jian Zhimin, Wang Pinxian, Saito Yoshiki et al. Holocene variability of the Kuroshio Current in the Okinawa trough, Northwestern Pacific Ocean. Earth and Planetary Science Letters 2000, 184 (1): 305—319
南海北部陆坡表层海水盐度	4.2ka—4.0ka	Wang L J, Samthein M, Holocene variations in Asian Monsoon moisture: A bidecadal sediment record from the South China Sea. Geophysical Research Letters, 1999, 26 (18): 2889—2892
广东湛江湖光岩玛珥湖	4.25ka	刘嘉麒、吕厚远、Negendank J 等：《湖光岩玛珥湖全新世气候波动周期性》，《科学通报》2000年第11期。

这次气候事件具有广域性的特点，是北半球普遍发生的气候突变事件，包括极低和热带亚热带山地冰芯、湖泊年层沉积物、石笋以及树木年轮等高分辨率代用指标对此均有记录。

[①] 王绍武：《全新世气候变化》，第109页。
[②] 王绍武：《全新世气候变化》，第113—114页。
[③] Perry C A, Hsu K J. Geophysical, archaeological, and historical evidence support a solaroutput model for climate change. Proceedings of National Academy of Science of USA, 2000, 97 (23): 12433—12438.

代用指标	指示（降温、干旱或季风强度减弱事件）年代	资料来源
格陵兰冰芯的 EOF1 值	2215B.C.—1940B.C.	Weiss H, Beyond the Younger Dryas collapse as adaptation to abrupt climate change in ancient West Asia and the eastern Mediterranean In Bawden G, Reycraft R eds. Confronting Natural Disaster Engaging the Past to Understand the Future. Albuquerque University of New Mexico Press, 2000. 75—98
格陵兰冰芯的氖值	2275B.C.	同上
底格里斯河与幼发拉底河的河源区凡湖降水变化石英含量曲线	2250B.C.—2050B.C.	Lemcke G, Sturm M, $\delta^{18}O$ and trace element measurements as proxy for the reconstruction of climate changes at Lake Van (Turkey): Preliminary results. In Dalfes N, Kukla G, Weiss H eds. Third Mlillennium B.C. Climate Change and Old World Collapse. NATO ASI Series, 49. Berlin: Spinger Verlag, 1997. 653—678
以色列洞穴 $\delta^{18}O$ 曲线	4.15ka	Barmatthews M, Ayalon A, Kaufinan A et al. The eastern Mediterranean paleoclimate as a reflection of regional events Soreq Cave, Isrea. Earth and Planetary Science Letters, 1999, 166 (1—2): 85—95
阿曼湾海洋沉积物粉尘堆积异常值	2200B.C.	Cullen H M, Menocal P B, Hemming S et al. Climate change and the collapse of the Akkadian Elmpire: Evidence from the deep sea. Geology, 2000, 28 (4): 379—382
乞力马扎罗山冰芯 NIF3	4.0ka	Thompson L G, Thompson E M, Davis M E et al, Kilimanjaro ice core records: Evidence of Holocene climate change in Tropical Africa. Science, 2002, 298: 589—593
秘鲁北部瓦斯卡兰山地冰川岩芯	4.2ka	Thompson L G, Thompson E M, Henderson K A, Ice core palaeoclimate records in tropical South America since the Last Glacial Maximum. Journal of Quatemary Science, 2000, 15 (4): 377—394
美国西南部内华达州印度公园树木年轮宽度	2170B.C.	Weiss H, Beyond the Younger Dryas collapse as adaptation to abrupt climate change in ancient West Asia and the eastern Mediterranean In Bawden G, Reycraft R eds. Confronting Natural Disaster Engaging the Past to Understand the Future. Albuquerque University of New Mexico Press, 2000. 75—98

许多国外学者的研究也证实了 4.2ka—4.0kaB.P. 这段时期内的全球性的气候突变事件及其对人类活动的影响，如 Weiss[①]、Marchanta[②]、Peiser[③] 等。

我们也已经注意到，这次突变事件是以干旱和寒冷为典型特征的，这似乎与同一时段东亚地区尧舜禹时代的大洪水集体记忆存在矛盾。如何在气候动力学上解释这一现象成为一个问题，吴文祥的研究给出了答案。

东亚夏季风降雨是由来自高纬大陆的干冷气团和来自热带海洋的暖湿气团相互作用的锋面系统造成的，锋面在某一区域滞留时间长，降水就会显著增加，反之，降水就会显著减少。因此，我国处于东部季风区的广大陆地上的降水是不一致的，在气候冷事件发生时往往会出现北旱南涝的局面。研究表明，古季风环流的变化是对地球轨道变化引起的地表吸收太阳辐射热及其季节性旋回的响应，10kaB.P. 时，北半球受到的太阳辐射达到最大值，季风锋面雨带移动至北向临界点附近，从而为黄河及其以北地区带去了大量的降雨，出现了高湖面记录。此后太阳辐射逐步减弱，到了 4.2ka—4.0ka B.P. 左右，降温叠加地球轨道因素，北方干冷气团增强，南方热带暖湿气团减弱，季风环流减弱，锋面雨带快速南移。内蒙古岱海湖泊的水位在 4.0ka 左右急剧退缩，位于巴丹吉林和腾格里两大沙漠之间夏季风边缘区的石羊河野马湖泊在 4.2ka 干旱化加强。民勤盆地石羊河终端湖泊在 4.0ka 左右由一个稳定的湖泊环境演变为湖泊沼泽环境，表明气候趋向干旱。这些地区都位于季风区的北部边缘，这显然是季风锋面雨带南移的结果。基于这样的分析，由于锋面雨带的南移，中原偏南和南方地区的降雨会增加而形成水涝。大致在同一时期，华北的白洋淀、长江中下游地区的鄱阳湖、洞庭湖和太湖却处在形成和扩大之中，这一点也得到了新石器时代考古学的证实，太湖流域许多良渚文化末期遗址都有一层淤泥覆盖，在太湖、淀山湖和澄湖等多处湖泊的水底发现了良渚文化遗址。吴文祥用"北旱南涝"来概括中国地区在 4.2ka—4.0ka 期间的这次气候突变，这里的"北"是指东亚季风区的北部边缘地带，随着锋面雨带的南移，这一地区将不再受季风环流的控制和影响。推测北部边缘地带的干旱还可能导致植被覆盖的降低，从而增大了土壤侵蚀率，使黄河中泥沙量增加，最终导致黄河决溢，河道在华北大平原上摆动[④]。《尚

---

① Weiss H, County M A, Wetterstom W et al. The genesis and collapse of third millennium North Mesopotamian civilization. Science, 1993, 261 (20): 995—1004.
② Marchanta R, Hooghiemstra H, Rapid environmental change in African and South American topics aroud 4000 years before present: A review. Earth—Science Review, 2004, 66: 217—260.
③ Peiser B J. Comparative analysis of Late Holocene environmental and social upheaval: Evidence for global disaster in the late 3rd millennium B. C.: In Peiser B J, Patner T, Bailey M E eds. Nature Catastrophes During Bronze Age Civlizations: Archaeological, Geological, Astronomical and Cultural Perspectives (BAR International Series 728). Oxford: Archaeo press, 1998: 117—139.
④ 研究表明，黄河在干冷期决堤的频率高于暖湿期。吴文祥、刘东生：《4000a B.P. 前后东亚季风变迁与中原周围地区新石器文化的衰落》，《第四纪研究》2004 年第 3 期。

书》所谓"汤汤洪水方割,荡荡怀山襄陵,浩浩滔天"就是对这种景观的描写。

总之,4.2ka—4.0kaB.P.气候事件在北半球主要表现为干冷,但我国东部季风区的季风降雨与西太平洋副高压进退有极大的关系,出现了"北旱南涝"的局面。这就是尧舜禹时期的环境变化的基本特点。

二、对大禹治水方略和效果的评估

根据《尚书》的记载,这次洪水发生在尧的时代,一直持续到舜和禹的时代才基本得到控制。禹的父亲鲧因为治水不力而被处死。父子二人先后治理洪水,效果却截然不同,这是什么原因造成的,早在战国时期,屈原就对此有过疑问,他在《天问》中写道:"纂就前绪,遂成考功。何续初继业,而厥谋不同?洪泉极深,何以填之?地方九则,何以坟之?应龙何画?河海何历?鲧何所营?禹何所成?"[①] 后来的文献往往将鲧的失败归因于"堙障"而造成"壅防",如《尚书·洪范》中箕子说"鲧堙洪水,汩陈五行"[②],《山海经·海内经》云:"洪水滔天,鲧窃帝之息壤以堙洪水。"[③] 均将禹的成功说成是"疏导"的结果。"堙障"也罢,"壅防"也罢,都是指修筑堤坝,疏导大概指的是疏浚河道。从后世治理黄河的基本方法来看,往往是筑坝垒堤与疏浚河道两者并用。先秦时期实行世官世业制度,许多家族都世世代代执守一业,如周人的先祖弃主农业,秦人的先祖伯益主牧业等。从禹接续鲧治水推测,这个家族是以水利为主业的。所以,鲧对治水不会是个门外汉,他治水失败应该不是方法上的问题。

从事全新世气候变化研究的学者已经指出,公元前2050年,相当于4.0ka,随着气候转暖,东亚季风已经彻底恢复到了正常状态,考虑到气候恢复是一个渐变的过程以及各项代用指标的误差,至迟在夏王朝建立前,即公元前2070年前若干年,气候已经开始了明显的自我修复,东亚季风区北部边缘的干旱得到缓解,植被进一步恢复,黄河的泥沙减少,河水泛滥频率减少,北方干冷气团和海洋暖室气团交汇的季风锋面雨带开始北移,南方的洪涝基本结束。

公元前2050年这个标准的时间点也可以得到上文提到的敦德冰芯、四川省红原县泥炭沉积物、黑潮强度以及南海北部陆坡表层海水盐度等资料的印证。

上边的分析说明,在夏王朝建立之际气候已经开始恢复,大禹治水时的气候环境明显要好于鲧的时代。鲧治水的时候,正是这次气候变化的峰值时期,气候变率

---

① [宋]朱熹:《楚辞集注》,上海古籍出版社,2001年,第55页。
② 顾颉刚、刘起釪:《尚书校释译论》,第1146页。
③ 袁珂:《山海经校注》,巴蜀书社,1992年,第536页。

增大①,各种灾害性气候频仍,给治水带了许多人力不易克服的困难。这或许正是大禹治水取得成功的原因。

三、大禹治水的历史意义

大禹治水历来都是古史书写开宗明义的第一章,但正如我们在上文中分析的那样,鲧的失败和禹的成功不只是人力的结果,主要还是"天",即自然因素起了决定性的作用。治水最重要的意义在于,通过治水工程的实施,在全国范围内建立了行政协调和管理机制,有效调动人力资源完成重大的社会集体事务。这一机制为早期国家的形成提供了先导,并最终导致了夏王朝统一国家的成立,从而标志着东亚地区的人类社会步入文明时代。

汤因比曾用"逆境的美德"来称道那些诸如环境恶化、资源短缺等对人类发展不利的因素,在他的挑战应战理论中,正是这些看似不利的因素,最终促进了人类社会的不断发展。全新世4.0kaB.P.的冷事件在北半球不同文明演进中的作用却因为各种文明所出阶段不同而大异其趣。在古埃及和两河流域的美索不达米亚,文明早在公元前3000年前后已初步成型,在4.0kaB.P.的干冷气候来临时,社会内部出现了明显的动荡。粗线条来看,埃及文明进入第一中间期,出现了衰落的迹象;两河文明从公元前2191年阿卡德王国灭亡到公元前1894年阿摩利人建立古巴比伦王国,中间除过乌尔第三王朝外,基本也处于小国林立的混乱状态。

在我国中原的周边地区,出现了一系列重要的新石器文化,这些文化包括齐家文化、老虎山文化、龙山文化、石家河文化和良渚文化。从发展水平来看,这些文化都已经有了较高的发展水平,有的甚至接近文明的门槛,但这次干冷气候引起的北旱南涝,却对中原周边地区的新石器文化造成了沉重打击,许多文化都出现了明显的衰退②。只有中原的龙山二里头文化在这次气候事件中,以治理水患为契机,建立了有效的行政管理机制,实现了向文明社会的跃迁。

长期以来,受思维定式的影响,历史和考古工作者都习惯于在文献记载中完善对大禹治水的认识,也习惯于通过聚落形态和考古遗存所反映的社会分层来认识早期文明的起源。古气候学家对全新世气候的研究成果或许能为我们认识大禹治水及其连带的早期文明形成提供全新的视觉,也希望小文能够引起历史学界对自然科学相关领域成果的重视,进一步推动上古史的研究。

---

① 气候变率(climatic variability)是指气候从一种状态变到另一种状态的速度,即气候变化的速度。气候变率与灾害性天气的发生频率有关。
② 吴文祥、刘东生:《4000a B.P.前后降温事件与中华文明的诞生》,《第四纪研究》2001年第5期。

清华简《程寤》所见太姒寤梦与周王受命问题再探

李健胜（青海师范大学黄河文化研究院）
牛杰群（青海师范大学历史学院）

摘　要：清华简《程寤》所载太姒寤梦反映了周人以梦占判断吉凶，并以梦兆体会天意、预示人事的观念意识，其与天命观念的内在关联主要表现在以梦兆预示政权兴替，并借此建构周初政权的合法性。从太姒寤梦的具体内容看，《程寤》所载并非文王受命，也非文武受命，而是武王受命。《程寤》中虽有祥瑞受命的内容，但更强调以德受命，反映出周人思想文化中理性因素占据主导地位的事实。

关键词：清华简；《程寤》；太姒吉梦；合法性

清华简《程寤》记载了文王之妻太姒梦见商廷生棘，太子发取周廷梓树植于商廷，周梓化为松柏棫柞而受商命于皇天，以及文王训诫太子发之事。《程寤》为《周书》之一，散佚甚久，一些内容散见于《博物志》《艺文类聚》《太平御览》等。整理者认为该简文与周人艳称的"文王受命"有关[1]，这一看法很大程度上影响了研究者的思考方向，以往研究成果偏重于考察简文与文王受命[2]、文武受命[3]的关系问题，对太姒寤梦的解读不够深入，对周王受命问题的理解也存在一定偏差。本文在前贤研究基础上，再探太姒寤梦与周人天命观的内在关联，简文所见周王受命及其相关问题。

一、太姒寤梦与周人天命观的内在关联

清华简《程寤》开篇云："隹王元祀正月既生魄，太姒梦见商廷惟棘，小子发取周廷梓树于厥间，化为松柏棫柞。寤惊，告王。"文王举行消除灾害的"祓"，"币告"于"宗祊社稷"，祈祷于"六末山川"，斥责商人之神，举行"望"祭，"烝"

---

[1] 清华大学出土文献研究与保护中心编、李学勤主编：《清华大学藏战国竹简（壹）》，中西书局，2010年，第135页。
[2] 刘国忠：《清华简〈程寤〉与"文王受命"》，《文史知识》2012年第5期；晁福林：《从清华简〈程寤〉篇看"文王受命"问题》，《北京师范大学学报》（社会科学版）2016年第5期。
[3] 陈颖飞：《清华简〈程寤〉与文王受命》，《清华大学学报》（哲学社会科学版）2013年第2期。

祭,"占于明堂"后,"并拜吉梦,受商命于皇上帝"①。

若清华简《程寤》所载是实时的历史记载,那么太姒寤梦当发生于文王出羑里回到程之时,它反映了周人以梦境表达天命信仰的思想观念,而通过梦占来判断吉凶的传统则由来已久。据《帝王世纪·自皇古至五帝》,黄帝梦见"大风吹天下之尘垢皆去,又梦人执千钧之弩,驱羊万群。"黄帝寤梦后占卜,"得风后于海隅,登以为相。得力牧于大泽,进以为将"②。这是有关传说时代梦占的记述。甲骨卜辞载有商王梦见地震、战争、狩猎、飞禽野兽、祖先等,他们视梦为鬼魂对做梦者忧咎祸孽的示兆,有时将梦因归于先王、先妣,并利用甲骨占卜梦之吉凶,"卜以问疑",贞问梦兆所示祸忧,如"己亥卜,争,贞梦王亡囚"(《合集》17443)。"壬午卜,王曰贞又梦。□午卜,王(曰)贞又囚"(《合集》24123)。有时还结合梦象来占梦释梦,如"癸丑卜,争,贞旬亡囚。王固曰:㞢希,㞢梦。甲寅,允㞢来艰。左告曰:㞢㞢㞢自益,十人㞢二"(《合集》137正)。商王有时还以杀牲裸鬯或告梦致祭的仪式来禳除梦忧。商人早已有吉梦、凶梦的观念,"惟考之卜辞,则知此种信仰,在殷高宗武丁之世,即早已完成"③。商人释梦之法一般采取较简明的直解法,王梦有时徇询臣下,但还没有专职的占梦官④,也未见将解梦与政权更迭之事相联系的卜辞。

《汉书·艺文志》云:"杂占者,纪百事之象,候善恶之征。……众占非一,而梦为大,故周有其官。"⑤ 据《周礼》,礼官之属设有占梦一职,"占梦掌其岁时,观天地之会,辨阴阳之气,以日月星辰占六梦之吉凶。一曰正梦,二曰噩梦,三曰思梦,四曰寤梦,五曰喜梦,六曰惧梦。季冬聘王梦,献吉梦于王,王拜而受之;乃舍萌于四方,以赠恶梦,遂令始难欧疫"⑥。据说当时有"三梦之法",一曰《致梦》,二曰《觭梦》,三曰《咸陟》,且视梦为"人精神所寤可占者"⑦。从太姒寤梦后文王的一系列祭祀、占卜行为看,周人十分重视梦占,把它看作传达天意的重要方式,梦之吉凶的观念较商人更为明确,已经掌握了把某种梦象经过一定形式的转换,以梦兆形式预示人事的转释之法。

---

① 清华大学出土文献研究与保护中心编、李学勤主编:《清华大学藏战国竹简(壹)》,第136页。
② 徐宗元辑:《帝王世纪辑存》,中华书局,1964年,第21页。
③ 胡厚宣:《殷人占梦考》,《甲骨学商史论丛初集》(第三册),齐鲁大学国学研究所专刊,1944年,第451页。
④ 宋镇豪:《甲骨文中的梦与占梦》,《文物》2006年第6期。
⑤ [汉]班固:《汉书·艺文志》,中华书局,1962年,第1773页。
⑥ [汉]郑玄注,[唐]贾公彦疏:《周礼注疏》,[清]阮元校刻:《十三经注疏》,中华书局,1980年,第807—808页。
⑦ [汉]郑玄注,[唐]贾公彦疏:《周礼注疏》,[清]阮元校刻:《十三经注疏》,第803页。

以梦占传达天意、比喻人事是周人的文化传统。《尚书·周书·泰誓中》记载,周武王在孟津誓师时,曾有过梦占之举:"天其以予乂民,朕梦协朕卜,袭于休祥,戎商必克。"①"朕梦""朕卜"指武王梦兆和之后的占卜,它们都是吉兆,意味着伐商必胜。《泰誓》未像清华简《程寤》那样详记梦境具体内容,《墨子·非攻下》云:"武王践功,梦见三神,曰:'予既沈渍殷纣于酒德矣,往攻之,予必使汝大堪之。'武王乃攻狂夫,反商作周,天赐武王黄鸟之旗。"② 天神不仅通过梦境告诉武王"予既沈渍殷纣于酒德矣",只要勇敢攻商,必定大胜,还赐予武王"黄鸟之旗"。周武王也以占卜形式来确认梦兆吉凶,并借此领受天命,正如司马迁所言:"自古圣王将建国受命,兴动事业,何尝不宝卜筮以助善……王者决定诸疑,参以卜筮,断以蓍龟,不易之道也。"③ 总之,从清华简《程寤》《周书·泰誓中》所载太姒寤梦、武王吉梦看,周人笃信天命,还以占卜探测天命的做法,反映出周文化的理性意识中夹杂着非理性因素④。

以梦兆表现天意,以天帝鬼神信仰配合现实政治需要的观念意识,不仅仅是商末周初的文化现象,它也一直存续于与《程寤》有关的佚文中。《逸周书·程寤解》云:"文王去商在程,正月既生魄,大姒梦见商之庭产棘,小子发取周庭之梓树于阙间,化为松柏棫柞,寤惊,以告文王,文王乃召太子发占之于明堂。王及太子发并拜吉梦,受商之大命于皇天上帝。"⑤《逸周书·程寤解》叙述的重点是太姒所做吉梦让文王意识到"受商之大命"。《艺文类聚·灵异部下·梦》载:"大姒梦见商之庭产棘,太子发取周庭之梓树于阙,梓化为松柏棫柞。寐觉,以告文王。文王乃召太子发,占之于明堂。王及太子发,并拜吉梦,受商之大命于皇天上帝。"⑥ 该篇的叙述重点也在于文王以吉梦"受商之大命"。《帝王世纪·周》载,"十年正月,文王自商至程。太姒梦见商庭生棘,太子发取周庭之梓,树之于阙间,梓化为松柏柞棫。觉而惊,以告文王。文王不敢占,召太子发,命祝以币,告于宗庙群神,然后占之于明堂,及发并拜吉梦,遂作《程寤》。"⑦ 该篇侧重于记述太姒之梦为吉梦一事。尽管侧重点各有不同,但这些传世文献与清华简《程寤》一样,都反映了非理性的观念意识,可以说是周人天命观在文本层面的延续。受周人天命观影响,《程

---

① [汉]孙安国传,[唐]孔颖达等正义:《尚书正义》,[清]阮元校刻:《十三经注疏》,中华书局,1980年,第181页。
② 吴毓江撰,孙启治点校:《墨子校注》,中华书局,1993年,第221页。
③ [汉]司马迁:《史记·龟策列传》,中华书局,1959年,第3223页。
④ 罗新慧:《周代天命观念的发展与嬗变》,《历史研究》2012年第5期。
⑤ 黄怀信、张懋镕、田旭东:《逸周书汇校集注》(修订本),上海古籍出版社,2007年,第183页。
⑥ [唐]欧阳询撰,汪绍楹校:《艺文类聚》,上海古籍出版社,1999年,第1355页。
⑦ 徐宗元辑:《帝王世纪辑存》,第82页。

寤》所载商庭"惟棘"被后世视为一种政治隐喻。西汉伍被为淮南中郎,他看出淮南王刘安有不轨之心,劝谏之曰:"王安得亡国之言乎?昔子胥谏吴王,吴王不用,乃曰:'臣今见麋鹿游姑苏之台也。'今臣亦将见宫中生荆棘,露沾衣也。"① 西晋索靖"知天下将乱,指洛阳宫门铜驼,叹曰:'会见汝在荆棘中耳!'"②《昭明文选·祖饯》载诗:"洛阳何寂寞,宫室尽烧焚。垣墙皆顿擗,荆棘上参天。"③ 显然,"荆棘"隐喻的是奸邪之心或败政失德。当然,随着时代的演进,"惟德是辅"④ 的观念意识逐步强化,成为周人理性意识中的核心精神,《潜夫论·梦列》载:"太姒有吉梦,文王不敢康吉,祀于群神,然后占于明堂,并拜吉梦。修省戒惧,闻喜若忧,故能成吉以有天下。"⑤ 该篇的叙述重点是太姒吉梦促使文王慎行修德而有天下,契合了周人重"德"的思想观念。

总之,清华简《程寤》篇相关内容反映的虽然是巫鬼时代人们思想层面的真实⑥,但也集中体现了周人以梦兆及祭祀、占卜体会天意、表达现实需求的观念意识,而太姒寤梦与天命观念的内在关联则主要表现在以梦兆预示政权兴替,并借此建构周初政权的合法性。

二、太姒寤梦与周王受命

清华简《程寤》公布后,学者们对与之相关的文王、武王受命及受命时间展开热烈讨论,尤其是利用传世文献及金文材料研探文王受命到底是七年、九年还是十二年等悬而未决的问题。笔者认为,如结合学界有关清华简《程寤》文体的研究成果,并详解太姒寤梦的具体内容,可以发现,太姒寤梦一事说的是武王受命,并非文王受命,也非文武受命。

从文体看,除清华简《程寤》外,《逸周书》中的《寤儆解》《和寤解》《武寤解》《史记解》等都属于"寤"体类文献,这类文献的特点在于"寤"与梦境息息相关,《说文》云:"寤,寐觉而有信曰寤。"段玉裁注改正为"寐觉而有言曰寤"⑦,意为惊醒后有话要说。"寤"还与"惊""悟"紧密联系,其表现形式为梦

---

① [汉]班固:《汉书·伍被传》,第2168页。
② [唐]房玄龄等:《晋书·索靖列传》,中华书局,1974年,第1648页。
③ [南朝·梁]萧统选,[唐]李善注,韩放主校点:《昭明文选》(中),京华出版社,2000年,第36页。
④ [汉]孔安国传,[唐]孔颖达等正义:《尚书正义》,[清]阮元校刻:《十三经注疏》,第227页。
⑤ [汉]王符著,[清]汪继培笺,彭铎校正:《潜夫论笺校正》,中华书局,1979年,第322页。
⑥ 刘光胜:《真实的历史,还是不断衍生的传说——对清华简文王受命的再考察》,《社会科学辑刊》2012年第5期。
⑦ [汉]许慎撰,[清]段玉裁注:《说文解字注》,上海书店,1992年,第347页。

后的感悟①。太姒惊醒后，把梦境告知文王，"王弗敢占，诏太子发，俾灵名凶，祓"②。文王担心此梦不吉，不敢占卜，诏令太子发，令巫师说是凶梦，遂举行"祓"祭。据《说文》，"祓祭"乃"除恶祭也"③。之后又举行了一系列的祭祀、占卜，才确定太姒之梦为吉梦。太姒是文王之"贤妃"，《诗经·大雅·思齐》："大姒嗣徽音，则百斯男。"④ 简文没有明确说明太姒惊醒后"悟"的具体内容，但结合上下文可知，此梦境之"悟"者不是太姒而是文王，受命者不是文王而是武王。

太姒梦见商王庭长满荆棘，太子发将梓树植于其间，它们立刻化为"松柏棫柞"。整理者认为荆棘比喻奸佞朋党，而"松柏棫柞"比喻贤良善人⑤，申超先生通过比对以松、柏、棫、柞比喻人事的各类文献，得出它们皆为良木，"可以指代贤臣"，象征着太子发将会率领贤臣占领商都，推翻商朝的结论⑥。文王听闻太姒之梦后，不敢占卜，诏令太子发前来，已然通过具体行为表达了对梦境之"悟"。文王意识到他这一代无法灭商，而太子发会"受商命于皇上帝"，于是训诫太子发慎重对待天命，其文云："发，汝敬听吉梦……惟商戚在周，周戚在商，欲惟柏梦，徒庶言延，剌又勿亡秋明武威，如棫柞亡根。呜呼，敬哉。朕闻周长不贰，务择用周，果拜不忍，绥用多福。惟梓敝不义，苁于商，俾行量亡乏，明明在向，惟容纳棘，亿亡勿用……"⑦ 除强调商周水火不容，太子发一定要谨遵天命、不可松懈、立志灭商外，文王主要是根据梦境要求太子发要教化民众、争取人心，尤其是要做好贤臣之表率，否则他们会像无根之"棫柞"，无法发挥辅佐之功。可见，无论是太姒寤梦的具体内容，还是文王的训诫之辞，都能反映出太姒所做之梦昭示着太子发将会率领贤臣攻灭商朝，梦占过程中，文王始终是以巫者身份引导太子发接受天命，真正受命者是太子发，而非文王。此外，从周原卜骨H11：84"贞：王其䇂，又哉，囟周方伯"⑧、清华简《保训》所载"今朕疾允病，恐弗堪终。汝以书受之"⑨ 等文献

---

① 马智全：《清华简〈程寤〉与〈书〉类文献"寤"体略探》，《鲁东大学学报》（哲学社会科学版）2015年第1期。
② 清华大学出土文献研究与保护中心编、李学勤主编：《清华大学藏战国竹简（壹）》，第136页。
③ ［汉］许慎撰，［清］段玉裁注：《说文解字注》，第6页。
④ ［汉］毛亨传，［汉］郑玄笺，［唐］孔颖达等正义：《毛诗正义》，［清］阮元校刻：《十三经注疏》，中华书局，1980年，第516页。
⑤ 清华大学出土文献研究与保护中心编、李学勤主编：《清华大学藏战国竹简（壹）》，第137页。
⑥ 申超：《清华简〈程寤〉主旨试探》，《管子学刊》2013年第1期。
⑦ 清华大学出土文献研究与保护中心编、李学勤主编：《清华大学藏战国竹简（壹）》，第136页。
⑧ 曹玮编著：《周原甲骨文》，世界图书出版公司，2002年，第64页。
⑨ 清华大学出土文献研究与保护中心编、李学勤主编：《清华大学藏战国竹简（壹）》，第143页。

看，文王只是被商王封为方伯①，且自身也意识到无法领有天命。当然，清华简《保训》晚出，所载未必是商末周初的史实，但即便认定文王受命是事实，与武王伐商、受疆受民相比，也缺乏具体事实为依据。

扩而言之，周族虽一直受商王统治，但其翦商的想法可能由来已久，至文王时，因被商纣囚禁数年，归程后可能已明确树立了取商而代之的意志，而清华简《程寤》所记太姒寤梦应当是一个转折，也是一个契机。就前者而言，文王借此梦境判断当时周族力量还较弱小，没做好取商而代之的准备，或许因此打消了攻商的决定；就后者而言，文王判断出太子发是灭商的主导者，将灭商的希望寄托于太子发。

文王受命是一个十分复杂的问题，周人之所以力倡之，除有政治上造势的目的外②，有武王伐商成功后，为追念乃父，将伐商之功冠于文王的因素；有武王借文王之德掩盖伐商之残酷性的政治考虑；有周公通过宣扬乃父之德为其辅政乃至称王构造合法性的目的；也有周人借此宣扬德治观念的考虑。随着政治形势的变化，文王受命一事不断被注入新的内容，包含其中的思想内涵也发生着变化，当虚无缥缈的天命观念与切实的政治利益纠合在一起时，文王受命问题就成为各种政治观念的注解，而它何时源起、具体内容及表现形式如何，反而显得不甚重要。因此，考证文王受命的具体内容与这一问题生成的思想史背景需要结合起来，才能看清包含其中的历史意味。清华简《程寤》所载周文王训诫太子发的言论中明显有着贤人政治观的思想因素，这或许是周公时代贤能政治观念的遗存，也有可能是春秋战国时期随着儒、墨贤人政治观的流行，《程寤》篇中掺入了"松柏械柞"所指代的任贤用能的思想观念，反映的是春秋战国士人以贤能政治观重构上古历史的观念史现象。

三、从祥瑞受命到以德受命

从传世文献看，周人既标榜祥瑞受命，也强调以德受命。《墨子·非攻下》云："赤鸟衔珪，降周之岐社，曰：'天命周文王伐殷有国。'"③"赤鸟衔珪"乃是典型的祥瑞受命。《诗经·大雅·大明》云："维此文王，小心翼翼。昭事上帝，聿怀多福。厥德不回，以受方国。"④《尚书·周书·康诰》云："惟乃丕显考文王，克明德慎罚；不敢侮鳏寡，庸庸，祗祗，威威，显民……闻于上帝，帝休。天乃大命文王，殪戎殷，诞受厥命，越厥邦厥民。"⑤《诗》《书》宣扬以德受命。此外，出土铭文还

---

① 刘光胜：《〈清华大学藏战国竹简（壹）〉整理研究》，上海古籍出版社，2016年，第185页。
② 李忠林：《皇天与上帝之间：从殷周之际的天命观说文王受命》，《史学月刊》2018年第2期。
③ 吴毓江撰，孙启治点校：《墨子校注》，第221页。
④ ［汉］毛亨传，［汉］郑玄笺，［唐］孔颖达等正义：《毛诗正义》，［清］阮元校刻：《十三经注疏》，第507页。
⑤ ［汉］孔安国传，［唐］孔颖达等正义：《尚书正义》，［清］阮元校刻：《十三经注疏》，第203页。

强调文武以德受命,如毛公鼎铭文"丕显文武,皇天引厌厥德,配我有周,膺受大命"①,"皇天引厌厥德"即是以德受命。

与上述文献不同的是,清华简《程寤》中既有祥瑞受命的内容,也有以德受命的话语。太姒寤梦及之后文王的一系列祭祀、占卜,最后确认该梦是吉梦的内容反映的是祥瑞受命,反映了商周易代之际梦占盛行的风气,也从一个侧面反映了商周政治观念的对立。文王训诫太子发要怀藏文德、守持大道、爱惜人才②的内容,表达的是以德受命,这是区别周人德治与商朝鬼神观念,以及借文王之口传递贤人政治观的文本表达。

同一简文中既有祥瑞受命又有以德受命的内容,集合了两种看似对立的文化价值立场,这或许能够说明简文本身就是"层累"而成的。具体来说,清华简《程寤》所载太姒寤梦及文王祭祀、占卜等内容是该简文的原初部分,或许是史官的实录,也有可能是后世追述此事的最初文本形态。清华简《程寤》所载文王训诫太子发的言论可能是后来加上去的,最早可能出现于周公时期,当时周族上层力倡的德治观念为简文中的文王训诫之语提供了思想底色,也有可能是春秋战国时期才添加上去的,反映了后世关于商周易代过程中周人以德服人的政权合法性建构理念,以及借此标榜的贤人政治观。清华简《程寤》的文本形成过程或许可以反映出"书"类文献形成的具体方式,以及所附载观念的历史演变过程,反映了史实与观念的彼此依存和相互投射。该简文的原初形态反映的是商周易代时期的文化观念和价值立场,后来添加上去的内容则是由思想观念规导而成的,从而形成文本"层累"的事实和思想观念的递进。总之,简文本身的"层累"过程昭示了周初政权合法性建构在政治观念层面上的"层累",也说明简文与其所表现的思想观念之间在一定程度上构成对应性关系,即从遵梦而行至遵德而行。

还有一种可能是简文或许不是"层累"而成,但内容本身的确可以分为两个部分。由于缺乏直接证据,这篇"书"类文献的形成时间难以确定,若是史官的实录,那么它应当是《周书》中形成甚早的文本,若是后世的追记或者是春秋晚期至战国中期士人仿照"书"类文献创制而成,那么它的制作应当也有所依凭而非向壁虚构,加之埋入地下后,未再经历战国晚期乃至西汉前期士人的添加、改造,很大程度上保持了文本的原始状态,从而与其他流传系统中的类似篇章形成一定差异。据此,或许可以确定该简文形成之初,其前半部分反映的就是祥瑞受命,后半部分表达的就是以德受命,这种文本结构本身就能反映作者的写作意图。

就后一种情况来看,清华简《程寤》所表达的从遵梦而行到遵德而行的思想观念,典型地反映了周人天命观的演变过程及其思想特质。如前所述,太姒寤梦及文

---

① 《历代碑帖法书选》编辑组:《毛公鼎铭文》,文物出版社,2005年,第3—4页。
② 黄怀信:《清华简〈程寤〉解读》,《鲁东大学学报》(哲学社会科学版)2011年第4期。

王的祭祀、占卜反映出周人观念意识中的非理性因素。从文王训诫太子发的内容看，简文彰显了周人的理性思维，文本的写作虽然从太姒寤梦所反映的祥瑞受命写起，但文本主题最终还是落在了德治上，这说明非理性因素在周人的观念意识中虽然占据一定的思想空间，但并非是他们思想观念的主核。从遵梦而行到遵德而行的文本构造本身也说明，受时代背景及文化观念等诸因素影响，周人文化中的确有非理性的天命鬼神信仰，但其文化底色是以德治理念为代表的理性精神。当然，也应注意到，德治思想是春秋战国时期流行的政治观念，清华简《程寤》所见德治理念也有可能是这一思想在上古文献中的投射，说明这一时期的德治观念具有强大的观念塑造能力，经这一观念改造过的文献与原初的文本形态及其所表达的观念愈渐疏远，可能体现了春秋战国时代的主流政治观。

中国河套及周边地区距今 8000—4000 年民居的变迁及其原因

刘俊男 邓 敏（重庆师范大学历史与社会学院）

摘 要： 研究距今 8000—4000 年中国河套及周边地区民居演变可得出如下三方面新认识：第一，民居演变的规律是——距今约 7800 年前的深半地穴式，距今约 7300 年前的地穴式兼深半地穴式，距今约 6700—6400 年前的深半地穴式，距今约 6500—6000 年前的浅地穴式及地面式，距今约 5900 年及 5500 年前的深半地穴式，距今约 5300 年前房址不多见，距今约 5200—4900 年的地面式，距今约 4800—4000 年前窑洞及浅地穴式等多种形式的演变。第二，导致民居的这种演变的原因不是习俗或爱好，也不是外来影响所致，而最主要的原因是由气候的冷暖变化造成的。不同时期的地穴深、浅的复杂演变规律如同其他器物形制演变规律，可以作为考古学相对年代的判定的参考标准，也可据此考察环境的变迁。同时，近 8000 年来民居的发展也呈现着向地面式房子发展的总趋势，这应当是人们尽可能地享受阳光的需要。第三，距今 4300 年左右的气候应与距今约 7300 年、5300 年的气候相当，不应是温暖期。

关键字： 河套及周边地区；史前时期；房屋建筑；气候

从考古发掘可知，中国河套及周边地区的史前民居经历了一系列变迁，主要体现在穴深的变化及窑洞房址的出现上。多年来学者们从不同角度做了广泛的研究，如罗晓艳《试论关中地区仰韶文化晚期房址的特点》[1]、魏兴涛《豫西晋南和关中地区仰韶文化初期遗存研究》[2]、王炜林等《陕西白水县下河遗址大型房址的几个问题》[3]、杨鸿勋《仰韶文化居住建筑发展问题的探讨》[4]、李小龙、程鹏飞《中国北方地区新石器时代窑洞式建筑结构演变研究》[5]、杨菁《渭水流域史前房屋建筑形式

---

① 罗晓艳：《试论关中地区仰韶文化晚期房址的特点》，《文物》2016 年第 7 期。
② 魏兴涛：《豫西晋南和关中地区仰韶文化初期遗存研究》，《考古学报》2014 年第 4 期。
③ 王炜林、张鹏程、袁明：《陕西白水县下河遗址大型房址的几个问题》，《考古》2012 第 1 期。
④ 杨鸿勋：《仰韶文化居住建筑发展问题的探讨》，《考古学报》1975 年第 1 期。
⑤ 李小龙、程鹏飞：《中国北方地区新石器时代窑洞式建筑结构演变研究》，《草原文物》2015 年第 1 期。

与技术发展研究》①、陈宇鹏《晋南地区史前房址的比较研究及相关问题探讨》②。然而学术界的研究多以某个具体时段的民居为对象，尚未见从新石器时代至铜石并用时代的长时段研究，也未揭示其发展变化的规律及原因。如果能找到民居变迁的规律及其真正原因，那么，我们或可将房址的穴深变化作为一项类型学依据来考量遗址的相对年代，并考察当时的自然环境。本文拟以中国河套及周边地区新石器时代开始以来依次出现的房址为研究对象，来探求其演变规律并试图找到其演变的原因，请同仁指正。

根据考古界对房址的流行称号及笔者的理解，本文将穴深在0.4米左右的称为半地穴式，穴深在1.5米以上的称为地穴式，介于二者之间的或称深半地穴式，以便读者理解本文的叙述。

一、距今8000—4000年间的房址建筑状况

距今8000年以来，中国河套及周边地区史前房屋样式多且各具特色，房址穴壁深度基本反映了其建筑形式，其间房址穴深有多次变深、变浅波动，考古报告中房址穴深记录，大体可分为四个阶段。

（一）距今约8000—6700年间的房址建筑状况

这一时期，该地区发掘有房址遗迹的遗址，主要有陇东地区的甘肃秦安大地湾一期早段4座及晚段10座③；关中地区的陕西宝鸡关桃园5座④、高家村1座⑤，临潼白家村2座⑥，渭南北刘1座⑦、李家村1座等⑧。我们主要以秦安大地湾一期早、晚遗存及关桃园遗址等发掘较为完整、遗存较为丰富的典型遗址为例进行分析。

1. 大地湾一期早段房址遗存

大地湾遗址，位于甘肃省秦安县城东北45千米处的五营乡邵店村东南，该遗址第一期遗存距今7800—7300年，分为早晚两段⑨。早段年代上限为距今7800年，

---

① 杨菁：《渭水流域史前房屋建筑形式与技术发展研究》，西北大学硕士研究生学位论文，2014年，第1—95页，未刊。
② 陈宇鹏：《晋南地区史前房址的比较研究及相关问题探讨》，山西大学硕士研究生学位论文，2008年，第1—51页，未刊。
③ 甘肃省文物考古研究所：《秦安大地湾》，文物出版社，2006年，第21—26、71页。
④ 陕西省考古研究院、宝鸡市考古工作队：《宝鸡关桃园》，文物出版社，2007年，第72—75页。
⑤ 宝鸡市考古工作队：《陕西宝鸡市高家村遗址发掘简报》，《考古》1998年第4期。
⑥ 中国社会科学院考古研究所：《临潼白家村》，巴蜀书社，1994年，第11—13页。
⑦ 西安半坡博物馆、渭南市博物馆、陕西省考古研究所：《渭南北刘遗址第二、三次发掘简报》，《史前研究》1986年第Z1期。
⑧ 陕西省社会科学院考古研究所汉水队：《陕西西乡李家村新石器时代遗址一九六一年发掘简报》，《考古》1962年第6期。
⑨ 甘肃省文物考古研究所：《秦安大地湾》，第706、709—716页。

在各发掘区第 5 地层下开口遗迹中共清理出 F342、F371、F372、F378 房址 4 座,形制均为深半地穴式,平面皆呈圆形,且皆有洞柱。F342 穴壁残存深度最浅,为 0.16 米,面积约 3 平方米,有 16 个柱洞,房址内没有出土遗物,疑为仓库。F371 穴壁残存深度最深,为 0.94 米,面积约 6 平方米,有 12 个柱洞,出土了近 30 多件遗物。F372 穴壁残深 0.78 米,面积约 7 平方米,有 11 个柱洞,出土遗物 10 余件。F378 穴壁残深 0.76 米,面积约 5 平方米,有 10 个柱洞,出土遗物近 10 件①。F371、F372、F378 房址和灰坑围成一个扇形包围着 F342,F342 没有发现用火痕迹和遗物,面积小且穴浅,柱洞数量却是其他三座房址的两倍。类似现象在河南省下王岗遗址也曾出现,长排房西边用九个柱子围成直径为 4.36 米的区域,没有发现居住面、灶址和墙壁的痕迹,苏秉琦、严文明等推测这类建筑为干栏式粮仓②。

3 座用于居住的房址,其地穴部分较深,经笔者计算,平均穴深约 0.83 米,若将疑是仓库的 F342 算在内,则平均穴深约 0.66 米。面积一般在 6 平方米以下。

2. 大地湾一期晚段房址遗存

大地湾一期晚段遗存,其年代下限为距今约 7300 年,没有发现房址,但发现疑似房址的灰坑 10 座。发掘者认为灰坑 H398 为一处重要的房址,坑深为 1.34 米,面积 10 余平方米,出土了 20 余件较齐全的生产生活工具,出现了用火遗迹以及炭化的稷和油菜植物种子遗存③。同理,H3116、H382、H396、H3107、H363、H3114、H254、H10、H12 皆出土了可复原的各类生产、生活器具,灰坑大多为平底直壁或斜壁,显然是人工有意建筑而成的。面积最小的 H396 仅一平方米,但其内有罐形鼎、钵形鼎、筒状深腹罐、圆底钵、壶、杯、石铲、石刀,也应是民居,或为仓库,在艰苦的上古时代,人们不一定都能直身而睡。H12 只有 1.7 平方米,但其内也有石盘及陶器,因此也当为民居,可能为加工粮食的房址。其他房间皆有 10—20 件陶、石器等比较齐全的生产生活工具,面积大多在 4—10 平方米之间④,因此,我们认为这些灰坑也都是不同用途的房址。

晚段房址均没有柱洞,出现了穴深分别为 1.34 米（H398）和 1.7 米（H363）且面积均约 10 平方米的规格相对较高的建筑,这类建筑或可称为地穴式建筑。经笔者计算,10 座灰坑平均穴深约 0.85 米,面积大多在 4—10 平方米左右。因此,我们认为晚段建筑形制应是地穴建筑或深半地穴建筑。

3. 关桃园遗址

关桃园遗址,位于陕西省宝鸡市陈仓区拓石镇官道塬村,其前仰韶第三期遗存距

---

① 甘肃省文物考古研究所:《秦安大地湾》,第 722 页。
② 苏秉琦主编,张忠培、严文明撰:《中国远古时代》,上海人民出版社,2010 年,第 172 页。
③ 甘肃省文物考古研究所:《秦安大地湾》,第 698、60 页。
④ 甘肃省文物考古研究所:《秦安大地湾》,第 71、723—724 页。

今7300—6900年①。开口于仰韶文化层之下的遗迹有5座房址,均为深半地穴式,为方形和圆形,以"坑壁作墙体":F4为长方形,东、西、北壁残高0.25米,面积约为6平方米;F5形制不明,残存面积约12平方米;F6为长方形,穴深1.4米,面积约5平方米;F7为圆形,穴深0.45米,面积约3平方米;F10(H202)为圆形,穴深0.8米,面积约4平方米②;经计算,有穴深记录的4座房址平均穴深为0.7米。

由上可知,距今8000—6700年间,房址遗迹较少,其总体趋势是:房址由深半地穴式,变成地穴式,再变成深半地穴式。

(二)距今约6700—5900年间的房址建筑状况

这一时期,该地区发掘有房址遗迹的遗址较多,主要有陇东地区的甘肃秦安大地湾第二期156座③、师赵村第二期2座④;关中地区的陕西西安半坡遗址⑤、临潼姜寨一期120座⑥、宝鸡北首岭中层1座⑦、龙岗寺遗址半坡类型仅存房址的地面和墙皮残块⑧、西乡何家湾遗址半坡类型35座⑨;内蒙古中南部地区的石虎山20座⑩、凉城王墓山坡下24座⑪。

我们主要以姜寨一期遗存、秦安大地湾二期遗存、凉城王墓山坡下遗址等发掘较为完整、遗存较为丰富的典型遗址为例来分析。

1. 姜寨一期房址遗存

姜寨一期遗存,位于陕西省西安市临潼区城北,地处临河东岸的第二台地上,出土房屋遗存共120座,形制以浅半地穴式和地面式为主,平面以圆形和方形为主,分为三批建筑而成⑫,各批次房址的形制状况如表1所示。

关于姜寨一期I段年代,测定了两个房址内木炭样品的碳十四数据,其中,ZK-

---

① 陕西省考古研究院、宝鸡市考古工作队:《宝鸡关桃园》,第325页。
② 陕西省考古研究院、宝鸡市考古工作队:《宝鸡关桃园》,第72—75、341页。
③ 甘肃省文物考古研究所:《秦安大地湾》,第77页。
④ 中国社会科学院考古研究所:《师赵村与西山坪》,中国大百科全书出版社,1999年,第20—22页。
⑤ 中国科学院考古研究所、西安半坡博物馆:《西安半坡》,文物出版社,1963年,第9—34页。
⑥ 西安半坡博物馆、陕西省考古研究所、临潼县博物馆:《姜寨——新石器时代遗址发掘报告》,文物出版社,1988年,第16—35页。
⑦ 中国社会科学院考古研究所:《宝鸡北首岭》,文物出版社,1983年,第22、131页。
⑧ 陕西省考古研究所:《龙岗寺——新石器时代遗址发掘报告》,文物出版社,1990年,第9页。
⑨ 陕西省考古研究所、陕西省安康水电站库区考古队:《陕南考古报告集》,三秦出版社,1994年,第54页。
⑩ 内蒙古文物考古研究所,日本京都中国考古学研究会:《岱海考古(二)——中日岱海地区考察研究报告集》,科学出版社,2001年,第19—109页。
⑪ 内蒙古文物考古研究所、北京大学中国考古学研究中心、"聚落演变与早期文明"等课题组:《岱海考古(三)——仰韶文化遗址发掘报告集》,科学出版社,2003年,第26—112页。
⑫ 西安半坡博物馆、陕西省考古研究所、临潼县博物馆:《姜寨——新石器时代遗址发掘报告》,第39—42、358—370页。

0265（原编号 T36F14）树轮校正年代为 4772B.C.—4350B.C.；BK77041（原编号 F29 木橼）为 5970±110B.P.①，根据《碳–14——树轮校正年代对照表》，树轮校正年代为距今 6625±135 年②。可见，Ⅰ段绝对年代上限可达 6625±135 B.P.。Ⅱ段测定了一个房址内木炭样品的碳十四数据，ZK–0264（原编号 T57F17：1 柱洞）为 5745±140 B.P.③，树轮校正年代为 6405±220 B.P.④。Ⅲ段没有碳十四数据，根据报告中认为姜寨一期距今 6100—5600 年（未经树轮校正）⑤，我们暂认定Ⅲ段的年代下限为距今 5600 年，校正后其绝对年代约为距今 6200 年。

表1 姜寨一期遗存房址建筑批次的形制状况

批次	总数	地穴式	圆形半地穴式	方形半地穴式	地面式
第一批	42座	F124	F15、F28、F45、F50	F11、F14、F27、F29、F30、F35、F52、F75、F141、F142	F23、F37、F43、F48、F51、F60、F61、F64、F76、F83、F89、F90、F91、F93、F94、F105、F107、F110、F118、F120、F121、F123、F125、F126、F128、F130、F138
	总计	1座	4座	10座	27座
第二批	60座	F119、F144、F145、F146	F40、F73、F109、F127、F129	F7、F10、F17、F36、F41、F42、F46、F47、F53、F56、F70、F86、F88、F97、F98、F132、F139、F140	F13、F21、F22、F26、F33、F34、F44、F49、F58、F63、F68、F69、F71、F72、F74、F79、F80、F81、F82、F92、F95、F99、F100、F103、F104、F106、F108、F111、F112、F116、F117、F131、F137
	总计	4座	5座	18座	33座
第三批	18座	F12	F85	F57、F66、F78	F1、F8、F19、F20、F24、F31、F38、F39、F62、F77、F96、F101、F102
	总计	1座	1座	3座	13座

---

① 中国社会科学院考古研究所：《中国考古学中碳十四年代数据集 1965—1991》，文物出版社，1992年，第262—263页。
② 中国社会科学院考古研究所：《考古工作手册》，文物出版社，1982年，第439—463页。
③ 中国社会科学院考古研究所：《中国考古学中碳十四年代数据集 1965—1991》，第263页。
④ 中国社会科学院考古研究所：《考古工作手册》，第439—463页。
⑤ 西安半坡博物馆、陕西省考古研究所、临潼县博物馆：《姜寨——新石器时代遗址发掘报告》，第346页。

报告中描述了房址地穴部分的墙壁建筑状况：地穴式、圆形半地穴式房屋"均以坑壁做墙"①，其中圆形半地穴式房址F40，壁高为5.9米②，笔者怀疑F40的墙壁高度有误，既属半地穴房址，就不会很深，即使有外砌墙壁，也未见过当时存留这么高的；方形半地穴式房屋"深者以坑壁做墙，浅者坑壁上另做矮墙"③，不知其房屋的真实穴深，但据保存完好的F17，以坑壁为墙，深0.48—0.56米④，且方形半地穴建筑的穴壁大都在0.5米左右，本文将方形半地穴的穴深均按0.5米计算。

除F40房址外，根据报告中"附表一"的房址穴深数据⑤，将地面建筑以穴深均为0米、方形半地穴的穴深均按0.5米计算，可知，姜寨一期遗存三批房址的平均穴深分别约为0.28、0.26、0.16米。

2. 大地湾二期房址遗存

大地湾第二期遗存距今6500—5900年⑥，共发现房址156座，形制均为半地穴式，平面以方形为主，圆形房址只有2座。本期遗存按地层叠压关系可以划分为Ⅰ、Ⅱ、Ⅲ三段，分别有房址37、73、46座⑦。报告中明确记载穴深数据的房址共18座，属Ⅰ段的有F5、F17、F229、F246、F255、F310、F349、F360等8座，属Ⅱ段的有F245、F301、F303、F605、F712、F714等6座，属Ⅲ段的有F1、F238、F355、F709等4座⑧。经计算，有穴壁深度记载的Ⅰ、Ⅱ、Ⅲ段房址的平均穴深分别约为0.67、0.62、0.37米。

报告中认为该期大约距今6500—5900年，二期较早的标本BK79029碳十四数据为5780±80B.P.，校正后为6440±190 B.P.，则该期Ⅰ段年代上限应6500 B.P.。该期Ⅱ段测定了两个房址内木炭样品的碳十四年代，BK93176（原编号F714）为5530±160 B.P.，经树轮校正后，其年代为6185±185 B.P.⑨；WB80-54（原编号F232）为5255±90 B.P.，树轮校正年代为5890±115 B.P.。可见，Ⅱ段绝对年代

---

① 西安半坡博物馆、陕西省考古研究所、临潼县博物馆：《姜寨——新石器时代遗址发掘报告》，第29—30页。
② 西安半坡博物馆、陕西省考古研究所、临潼县博物馆：《姜寨——新石器时代遗址发掘报告》，第360页。
③ 西安半坡博物馆、陕西省考古研究所、临潼县博物馆：《姜寨——新石器时代遗址发掘报告》，第16页。
④ 西安半坡博物馆、陕西省考古研究所、临潼县博物馆：《姜寨——新石器时代遗址发掘报告》，第23页。
⑤ 西安半坡博物馆、陕西省考古研究所、临潼县博物馆：《姜寨——新石器时代遗址发掘报告》，第358—369页。
⑥ 甘肃省文物考古研究所：《秦安大地湾》，第707页。
⑦ 甘肃省文物考古研究所：《秦安大地湾》，第77—82、113—114页。
⑧ 甘肃省文物考古研究所：《秦安大地湾》，第82—110页。
⑨ 中国社会科学院考古研究所：《考古工作手册》，第439—463页。

上限可达 6185±185 B. P. 。Ⅲ段只有 1 个碳十四测年数据，BK93182（原编号 F709）为 5010±90 B. P.①，经树轮校正年代为 5620±115 B. P.②。原报告说Ⅲ段的这个数据可能受到污染，舍弃，我们觉得这个数据较为妥当，因为它与当时气候背景下的房址穴壁深度相适应。

3. 凉城县王墓山坡下遗址

王墓山坡下遗址，位于内蒙古自治区凉城县岱海东南岸，地处王墓山西北坡的下部，树轮校正年代约距今 5710±200 年③，房屋遗迹基本叠压于第 3 层下，共发掘清理出 24 座房址，均为半地穴式，形制除ⅠF8 为不规则形外，其余皆为圆角方形。报告中描述了所有房址的穴壁现存高度，ⅠF2 四周穴壁现存高 0.1—0.15 米，坑穴最浅为 0.1 米；ⅠF7 四周穴壁现存高 0.15—0.73 米，坑穴最深达 0.73 米。笔者依据报告正文中关于房址穴深的数据计算④，24 座房址现存穴深平均约为 0.43 米。

由上可知，距今约 6700—5900 年间，房址遗迹较多，其总体概况为：房址地穴深度变浅，形制以地面式、浅半地穴式为主；平面以方形为主，出现了大规模的聚落。

（三）距今约 5900—5000 年间的房址建筑状况

这一时期，该地区发掘有房址遗迹的遗址较多，主要有陇东地区的甘肃秦安大地湾第三期 19 座及第四期 56 座⑤；关中地区的陕西白水县下河 3 座⑥、彬县（今彬州市）水北第二期 4 座⑦、西坡遗址⑧、陇县原子头三期 23 座⑨、杨官寨半坡四期

---

① 甘肃省文物考古研究所：《秦安大地湾》，第 706 页。
② 中国社会科学院考古研究所：《考古工作手册》，第 439—463 页。
③ 内蒙古文物考古研究所、北京大学中国考古学研究中心、"聚落演变与早期文明"等课题组：《岱海考古（三）——仰韶文化遗址发掘报告集》，第 243 页。
④ 内蒙古文物考古研究所、北京大学中国考古学研究中心、"聚落演变与早期文明"等课题组：《岱海考古（三）——仰韶文化遗址发掘报告集》，第 24—112 页。
⑤ 甘肃省文物考古研究所：《秦安大地湾》，第 290、397 页。
⑥ 陕西省考古研究院、白水县文物旅游局：《陕西白水县下河遗址仰韶文化房址发掘简报》，《考古》2011 年第 12 期。
⑦ 陕西省考古研究院、咸阳市文物考古研究所：《陕西彬县水北遗址发掘报告》，《考古学报》2009 年第 3 期。
⑧ 河南省文物考古研究所、中国社会科学院考古研究所河南一队、三门峡市文物考古研究所、灵宝市文物保护管理所、荆山黄帝陵管理所：《河南灵宝市西坡遗址 2001 年春发掘简报》，《华夏考古》2002 年第 2 期。
⑨ 宝鸡市考古工作队、陕西省考古研究所：《陇县原子头》，文物出版社，2005 年，第 53—68 页。

34座①、扶风案板二期5座②、宝鸡关桃园仰韶晚期4座③、蓝田泄湖西王村类型3座④、华县（今渭南市华州区）泉护村一期1座及二期2座等⑤；内蒙古中南部地区察右前旗庙子沟52座、大坝沟45座⑥。

我们主要以水北二期遗存、西坡遗址、庙子沟遗存、下河遗址、大地湾遗址等发掘较为完整、遗存较为丰富的典型遗址为例进行分析。

1. 水北二期房址遗址

水北二期遗存，位于陕西省彬县（今彬州市）炭店乡水北村，属于庙底沟类型，绝对年代为4000B.C.—3100B.C.⑦。该期发现了2座五边形建筑F1、F4，开口均呈第4层下，F1为地面式建筑，分前后室，后室大体成不规则五边形；F4为半地穴式建筑，地穴保持高度0.1—0.55米，是典型的五边形房址，五边形与西坡遗址同类房址很相似；F2开口于第4层，为长方形，穴深为0.1—1.1米；F3也开口于第4层，地面残，穴深不知⑧。从房址形状及开口层位综合判断，F1应最早，因为处在五边形房址起始阶段，时间当在距今6000年左右；F4与西坡遗址五边形房址宜大体同时，F2、F3当为较晚的房址。综合判断，F1、F4、F3、F2，大体分别处于距今约6000、5800、5400、5100年。穴深则依次为0、0.55、1.1、0.1米。因房址发现较少，相对时间仅为推断，水北遗址早段暂按F4穴深0.55米体现在图一（上）。

2. 西坡遗址

西坡遗址，位于河南省灵宝市阳平镇西坡村西北。共发现7座五边形建筑，均为深半地穴式，分早、晚两期，早期房址有F105⑨、F106⑩、F108⑪，除F108房址

---

① 陕西省考古研究院：《陕西高陵杨官寨遗址发掘简报》，《考古与文物》2011年第6期。
② 西北大学文博学院考古专业：《扶风案板遗址发掘报告》，科学出版社，2000年，第76—79页。
③ 陕西省考古研究院、宝鸡市考古工作队：《宝鸡关桃园》，第220页。
④ 中国社会科学院考古研究所陕西六队：《陕西蓝田泄湖遗址》，《考古学报》1991年第4期。
⑤ 北京大学考古学系：《华县泉护村》，科学出版社，2003年，第27、78—79页。
⑥ 内蒙古自治区文物考古研究所：《庙子沟与大坝沟——新石器时代遗址发掘报告》，中国大百科全书出版社，2003年，第7—146、287—348、477—501页。
⑦ 张雪莲、仇士华、钟健等：《仰韶文化年代讨论》，《考古》2013年第11期。
⑧ 陕西省考古研究院、咸阳市文物考古研究所：《陕西彬县水北遗址发掘报告》，《考古学报》2009年第3期。
⑨ 河南省文物考古研究所、中国社会科学院考古研究所河南一队、三门峡市文物考古研究所、灵宝市文物保护管理所、荆山黄帝陵管理所：《河南灵宝西坡遗址105号仰韶文化房址》，《文物》2003年第8期。
⑩ 中国社会科学院考古研究所河南一队、河南省文物考古研究所、三门峡市文物考古研究所、灵宝市文物保护管理所、荆山黄帝陵管理所：《河南灵宝市西坡遗址发现一座仰韶文化中期特大房址》，《考古》200年第3期。
⑪ 中国社会科学院考古研究所河南一队、河南省文物考古研究所、三门峡市文物考古研究所：《河南灵宝市西坡遗址庙底沟类型两座大型房址的发掘》，《考古》2015年第5期。

穴深不明，其余两座房址平均穴深约为 0.83 米；晚期房址为 F3、F102、F104①、F107②，经计算，平均穴深约为 0.68 米。

早期房址 F105 的年代据发掘报告推测约距今 5500 年以前③。晚期房址 F102 内 ZK－3118 木炭标本碳十四测定数据为 4743±58B. P.，树轮校正年代 3640B. C.—3380B. C.④。可见，该遗址晚期绝对年代约 3510B. C.。而早期当比这个数据更早，这个地区庙底沟文化的数据有 ZK－0101 校正年代为 3990B. C.—3780B. C.⑤，相比水北遗址同类建筑所处时代，估计西坡早期年代约为 3885B. C.、晚期很可能在 3510B. C.。

3. 庙子沟中、晚段房址遗存

庙子沟遗址，位于内蒙古自治区乌兰察布市察哈尔右翼前旗新风乡庙子沟村南，该遗址分为早、中、晚三段。早段距今约 5800 年，中段在距今 5400 年前后，晚段在距今 5000 年以前⑥。该遗址共发现房址 52 座，均为浅地穴式建筑，平面以近方形为主，面积大多在 10—20 平方米之间。除 F16、F52 不知其所属分期外，中段房屋遗迹共 15 座⑦，地穴部分残存深度在 0.1—0.58 米之间，房址 F7 穴壁最浅为 0.1 米；房址 F3 穴壁最深为 0.58 米⑧。笔者根据报告"附表一：庙子沟遗址房址登记表"中房址的穴壁深度数据计算得知⑨，中段房址的穴壁部分现存深度约为 0.33 米。

庙子沟晚段遗存距今约 5000 年，共发现房址 35 座，地穴部分残存深度在 0.1—0.7 米之间，房址 F43 现存穴壁最浅，约为 0.1 米；房址 F39 现存穴壁最深，约为

---

① 河南省文物考古研究所、中国社会科学院考古研究所河南一队、三门峡市文物考古研究所、灵宝市文物保护管理所、荆山黄帝陵管理所：《河南灵宝市西坡遗址 2001 年春发掘简报》，《华夏考古》2002 年第 2 期。

② 中国社会科学院考古研究所河南一队、河南省文物考古研究所、三门峡市文物考古研究所：《河南灵宝市西坡遗址庙底沟类型两座大型房址的发掘》，《考古》2015 年第 5 期。

③ 河南省文物考古研究所、中国社会科学院考古研究所河南一队等：《河南灵宝西坡遗址 105 号仰韶文化房址》，《文物》2003 年第 8 期。

④ 中国社会科学院考古研究所考古科技实验研究中心碳十四实验室：《放射性碳素测定年代报告（二九）》，《考古》2003 年第 7 期。

⑤ 张雪莲、仇士华、钟健等：《仰韶文化年代讨论》，《考古》2013 年第 11 期。

⑥ 内蒙古自治区文物考古研究所：《庙子沟与大坝沟——新石器时代遗址发掘报告》，第 531 页。

⑦ 内蒙古自治区文物考古研究所：《庙子沟与大坝沟——新石器时代遗址发掘报告》，第 545—549 页。

⑧ 内蒙古自治区文物考古研究所：《庙子沟与大坝沟——新石器时代遗址发掘报告》，第 21、10 页。

⑨ 内蒙古自治区文物考古研究所：《庙子沟与大坝沟——新石器时代遗址发掘报告》，第 545—549 页。

0.7米①。笔者根据报告"附表一"中穴深数据计算可知②，晚段房址穴壁残深平均约为0.34米。

4. 下河遗址

下河遗址，位于陕西省白水县西固乡下河西村，距今5300—4700年③，发现3座半地穴五边形建筑，F1、F2、F3的穴壁残高分别为0.1—0.55、0.2—0.4④、0.5米⑤。笔者根据3座房址残存最高处尺寸计算其平均穴深，约为0.48米。

5. 大地湾四期房址遗存

大地湾遗址第四期，距今5500—4900年⑥，共发现房址56座，均为地面式建筑，平面呈长方形或方形。根据地层叠压关系及遗迹间打破关系，本期遗存分为Ⅰ、Ⅱ、Ⅲ三段⑦，从报告中"附表一：大地湾遗迹检索表"可以看出⑧，本期大多数房址属于Ⅱ、Ⅲ两段，以Ⅲ段数量最多，因此，大地湾房址遗迹所在年代主要为距今5200—4900年左右。

由上可知，距今约5900—5000年间，新石器文化遗址数量多、聚落规模大，房址遗迹较多，其总体概况为：房址的穴深较浅，形制以浅半地穴式和地面式为主；平面以方形、五边形为主，面积大多在10—20平方米之间。此段最为特别的是出现了新型五边形建筑（如表2），即面积在100—300平方米之间的特大型五边形半地穴式建筑，室内的居住面或墙壁或石块表面大都有红色颜料的痕迹，同时室内都有大而深的火塘及其附属设备，且出土遗物较少。而属于距今5900年与5300年左右的房址很少。

---

① 内蒙古自治区文物考古研究所：《庙子沟与大坝沟——新石器时代遗址发掘报告》，第548页。
② 内蒙古自治区文物考古研究所：《庙子沟与大坝沟——新石器时代遗址发掘报告》，第545—549页。
③ 尚雪、张鹏程等：《陕西下河遗址新石器时代早期农业活动初探》，《考古与文物》2012年第4期。
④ 程鹏飞：《仰韶文化庙底沟期大型半地穴式房址研究》，《文化遗存与公众考古》（第二辑），2016年，第40页。
⑤ 陕西省考古研究院、白水县文物旅游局：《陕西白水下河遗址仰韶文化房址发掘简报》，《考古》2011年第12期。
⑥ 甘肃省文物考古研究所：《秦安大地湾》，第707页。
⑦ 甘肃省文物考古研究所：《秦安大地湾》，第397页。
⑧ 甘肃省文物考古研究所：《秦安大地湾》，第714—717页。

表2 河套及周边地区大型五边形房址资料表

遗址	房号	穴深（米）	灶址（米）	居住面	复原面积（m²） 室内	复原面积（m²） 总面积	柱洞（复原）室内	柱洞（复原）墙壁柱	遗物
水北遗址	F1	地面式	直径1.3，深1.15（有烟道）（墙表面涂朱）	料姜石与沙土混合（似现代水泥）	125	190	9	40以上	瓶、罐、钵、盆
水北遗址	F4	0.1—0.55	长轴0.9、短轴0.6、深0.55（有烟道）	草拌泥	35		4	24	瓶、盆、钵等
西坡遗址	F105（早）	0.7—0.85	深0.6	灰白色细泥层，表面涂朱	204	372	4	41以上	瓶、盆、杯、斧等
西坡遗址	F106（早）	0.4—0.8	直径1.45，深0.9（有矮坎）	含料姜石的地面，表面涂朱	240	270	4	41	无
西坡遗址	F108（早）	被F107叠压							
西坡遗址	F3（晚）	0.5	半径0.52，深0.76（内有红色石块）	深灰色细泥硬面	57	75	2	13	无
西坡遗址	F102（晚）	0.7—0.77	口径1.05—1.12，底径0.85—0.98，深0.76（有进风道、红色石块）	青灰色细泥土硬面（柱础石表面涂朱）	68	98	4	52	陶盆
西坡遗址	F104（晚）	0.6—0.68	口径1.4，深0.96（有进风道、红色石块）	青灰色硬面	83	106	6	48	陶盆、尖底瓶
西坡遗址	F107（晚）	0.65—0.78	长径0.88、短径0.66（有两层台、通风口、泥制挡火墙）	石灰硬面	169		4	85	瓶、盆、罐、钵等数件
下河遗址	F1	0.1—0.55	由操作间、火门、连通灶组成；火塘，口径1.8、底径1.3、深2；地面灶，长1.6、宽1.7—1.9、深0.2	白灰面	304.5	364.85	4	38	瓶、罐、钵等
下河遗址	F2	0.2—0.4	由火门、火塘组成；火塘，直径1.1、深0.6	白灰面	181.44	240.6	2	20	陶片、石器等

（四）距今5000—4000年间的房址建筑状况

这一时期，该地区发掘有房址遗迹的遗址较多，主要有陇东地区的大地湾五期3

座①、阳坬遗址33座②；关中地区的姜寨五期12座③、西安米家崖第三期6座④、商县紫荆第五期1座⑤、浒西庄庙底沟二期12座、赵家来客省庄二期10座等⑥；内蒙古中南部地区的老虎山遗址70座、园子沟遗址85座、面坡遗址19座、西白玉遗址23座等⑦。

我们主要以浒西庄庙底沟二期文化遗存、园子沟遗址、赵家来客省庄二期文化遗存等发掘较为完整、遗存较为丰富的典型遗址为例进行分析。

1. 浒西庄庙底沟二期房址遗存

浒西庄遗址，位于陕西省武功县西部的漆水河西岸，其庙底沟二期文化遗存年代距今约4700—4400年，共发现了房址12座，均为浅半地穴式，平面以长方形为主，面积大多在8.4—12平方米之间，除F5外，其余11座房址均属该段晚期。根据报告中"附表一：浒西庄庙底沟二期文化房址统计表"房址穴壁高度数据，同期房址中，F3的穴壁最浅，深0.06米；F6的穴壁最深，深0.4米。经计算，11座房址的平均穴深为0.19米。

表3 距今8000—4000年房址建筑状况

遗址	时间（年）	房址数量	形制	平面	平均穴深（米）
大地湾一期早段	距今7800左右	4	深半地穴	圆形	0.66（0.83）
大地湾一期晚段	距今7300年以前	10	深半地穴、地穴式	圆形	0.85
关桃园遗址	距今7300—6900	5	深半地穴	圆形、方形	0.7
姜寨一期Ⅰ段	距今6625±135	42	浅半地穴、地面式为主	方形、圆形	0.28
大地湾二期Ⅰ段	距今6500	37	深半地穴	方形为主	0.67
姜寨一期Ⅱ段	距今6405±220	60	浅地穴、地面式为主	方形、圆形	0.26
姜寨一期Ⅲ段	距今6200	18	浅地穴、地面式为主	方形、圆形	0.16
大地湾二期Ⅱ段	距今6185±185	73	半地穴	方形为主	0.62

---

① 甘肃省文物考古研究所：《秦安大地湾》，第666—670页。
② 庆阳地区博物馆：《甘肃省宁县阳坬遗址试掘简报》，《考古》1983年第10期。
③ 西安半坡博物馆、陕西省考古研究所、临潼县博物馆：《姜寨——新石器时代遗址发掘报告》，第317页。
④ 陕西省考古研究院：《西安米家崖——新石器时代遗址2004—2006年考古发掘报告》，科学出版社，2012年，第326页。
⑤ 王世和、张宏彦：《1982年商县紫荆新石器时代遗址的发掘》，《文博》1987年第3期。
⑥ 中国社会科学院考古研究所：《武功发掘报告——浒西庄与赵家来遗址》，文物出版社，1983年，第17、98页。
⑦ 内蒙古文物考古研究所：《岱海考古（一）——老虎山文化遗址发掘报告集》，科学出版社，2000年，第508—517页。

续表

遗址	时间（年）	房址数量	形制	平面	平均穴深（米）
水北遗址	距今6000—5100左右	4	地面式、半地穴	五边形、方形	0.1—1.1
西坡遗址早期	距今约5835	3	深半地穴	五边形	0.83
王墓山坡下	距今5710±200	24	半地穴	方形为主	0.43
大地湾二期Ⅲ段	距今5620±115	46	半地穴	方形为主	0.37
西坡遗址晚期	距今约5460	4	深半地穴	五边形	0.68
庙子沟中段	距今约5400	15	半地穴	近方形	0.33
下河遗址	距今5300—4700	3	半地穴	五边形	0.48
大地湾四期	距今5200—4900	56	地面式	近方形	
庙子沟晚段遗存	距今5000年以前	35	半地穴	近方形	0.34
杨官寨遗址	距今5000—4000	34	窑洞、地面式		
浒西庄庙底沟二期	距今4700—4400	12	半地穴	近方形	0.19
圆子沟遗址	距今4500	85	窑洞	"吕"或"凸"字形	
赵家来客省庄二期	距今4300—4000	10	半地穴、半窑洞半起墙式、窑洞式	近方形为主	0.31

从表3、图一a可以看出，距今8000—4000年河套及周边地区典型遗址房址建筑总的发展趋势：形制呈深半地穴式、地穴式、深半地穴、浅半地穴式、地面式、窑洞式的发展趋势；平面呈圆形、方形、"吕"或"凸"字形的发展趋势；穴壁深度波动变换，整体呈变浅的趋势发展，特别是距今8000—6700年间，穴深均较深，以深半地穴式为主，而距今6700—4000年间穴深虽波动频繁但大多较浅，出现了大量地面式和窑洞式建筑。此外，还发现了距今7300年大地湾一期晚段的地穴式建筑，距今约5835年西坡遗址早期的深半地穴建筑，这两次状况违背总趋势而格外变深。

房址建筑为什么会出现这种变化？是风俗习惯的主动改变还是环境使然？梁思成先生在《中国建筑史》中说道："建筑之始，产生于实际需要，受制于自然物理，非着意创制形式，更无所谓派别。"① 如黄河流域气候较干冷，盛行半地穴式建筑；长江流域气候暖湿，盛行干栏式建筑。而对于河套及周边地区来说，我们研究后认为，房子式样的变化，很可能是古气候的变化导致的。因此，将史前房址遗迹与史前全新世气候环境结合起来探讨，就有着实际意义并可能反映历史的真实。

---

① 梁思成：《中国建筑史》，生活·读书·新知三联书店，2014年，第1页。

二、河套及周边地区距今 8000—4000 年的气候状况及其与房址的关系

施雅风、姚檀栋先生根据祁连山敦德冰芯氧同位素比率值（其符号是 $\delta^{18}O$ 值）每变化 1×10^{-3}，温度较全新世①平均值（-10.9×10^{-3}）差 1.63℃②，将全新世气温变化分为四个阶段，全新世 $\delta^{18}O$ 值波动变化及其温度状况如图一 a 所示，图一 b 右边数轴数据为笔者据施雅风等学者绘制的敦德冰芯全新世氧同位素比率波动变化数据及其计算方法算得，计算方式如下：

$$\frac{\delta^{18}O \text{ 值} - (-10.9 \times 10^{-3})}{1 \times 10^{-3}} \times 1.63℃ = \text{气温（距全新世平均值）}$$

根据施雅风、姚檀栋等几位学者多篇论文的描述，我们将气温变化的四大阶段归纳如下：

第一阶段为距今 8500—7200 年，为气候由冷变暖的频繁波动阶段③，在距今 8700 年的强低温事件后，迎来距今 8500—8400 年的极高温事件，其冰芯氧同位素比值高至 -9.96×10^{-3}，是全新世最高温所在，距今约 8000（-10.3×10^{-3}）和距今 7600（-10.65×10^{-3}）年也分别出现高温事件。在此之后，出现了 3 次降温事件，其冷峰大约出现在距今 8100（-11.08×10^{-3}）、7800（-11.35×10^{-3}）④、7300（-11.8×10^{-3}）年，而距今 7300 年左右降温最剧⑤，从图一 b 可知，低于全新世平均值（-10.9×10^{-3}）1.5℃左右。

第二阶段为距今 7200—6100 年，是大暖期的鼎盛阶段，其总体趋势呈稳定发展状态，气候稳定且较温暖。其间有两次高温事件，大概距今约 6600（-10.3×10^{-3}）⑥和距今约 6200 年（-10.4×10^{-3}）⑦，换算为温度，当时世界平均温度分别高于全新世平均值（-10.9×10^{-3}）1℃及 0.8℃左右；两次低温事件大概发生在距

---

① 所谓全新世是指末次冰期结束后气候转暖的冰后期，一般把距今 11500 年作为全新世的起始，是人类进入文明时代的重要时期，是我们当前正处于的地质历史时期。（参见王绍武《全新世气候变化》，气象出版社，2011 年，第 17 页。）
② 姚檀栋、施雅风：《祁连山敦德冰芯记录的全新世气候变化》，施雅风、孔昭宸编：《中国全新世大暖期气候与环境》，海洋出版社，1992 年，第 207 页。
③ 施雅风、孔昭宸、王苏民等：《中国全新世大暖期的气候波动与重要事件》，《中国科学》（B 辑）1992 年第 12 期。
④ 姚檀栋、施雅风：《祁连山敦德冰芯记录的全新世气候变化》，施雅风、孔昭宸编：《中国全新世大暖期气候与环境》，第 207—208 页。
⑤ 施雅风、孔昭宸、王苏民等：《中国全新世大暖期的气候波动与重要事件》，《中国科学》（B 辑）1992 年第 12 期。
⑥ 徐国昌：《气候变化对良渚文化发展和消失的影响》，《干旱气象》2008 年第 1 期。
⑦ 施雅风、孔昭宸：《中国全新世大暖期气候与环境》，第 76 页。

今约7200年①和距今6500年左右②，其峰值均在 -11.1×10^{-3} 左右，低于全新世平均值0.3℃左右。

第三阶段为距今6000—5000年，气候冷暖波动频繁和剧烈，温度整体偏凉。该期出现了4次暖峰：暖峰峰值均低于 -10.40×10^{-3}，大概出现于距今5800③、5700④、5100、5000年左右⑤；敦德冰芯记录显示3次降温事件，其中冷峰大概出现在距今5900⑥、5500⑦、5300年左右⑧，气温低于全新世平均值各约为0.6、1.4、0.7、1.5℃，其中距今约5900年（-11.83×10^{-3}）和距今约5300年（-11.78×10^{-3}）降温最剧，与距今7300年的低温事件相当⑨。

第四阶段为距今4900—2900年，气候更迭较和缓，温度整体偏暖。2000年间出现5次暖峰，暖峰的冰芯氧同位素比率值均达 -10.35×10^{-3} 以上，其大概年代分别为距今约4700⑩、3600⑪、3400⑫、3000—2900年左右（-10×10^{-3}，高于气温距平约1.5℃）⑬，敦德冰芯记录显示距今约4500—4200年期间有一高峰，应为高温事件，但翻阅众多资料，均没有找到其高温事件的具体历史时间。另外，敦德冰芯记录了5次冷峰，冷谷值最低到 -11.35×10^{-3}，其大概年代分别为距今4800⑭、4500⑮、4140—3890、3500⑯、3100年左右⑰。

---

① 施雅风、孔昭宸：《中国全新世大暖期气候与环境》，第208页。
② 施雅风、张丕远等：《中国历史气候变化》，山东科学技术出版社，1996年，第156页。
③ 孙亚芳：《甘青地区全新世气候变化研究》，兰州大学出版社，2008年，第51页。
④ 徐国昌：《气候变化对良渚文化发展和消失的影响》，《干旱气象》2008年第1期。
⑤ 施雅风、张丕远等：《中国历史气候变化》，第437、433—434页。
⑥ 姚檀栋、施雅风：《祁连山敦德冰芯记录的全新世气候变化》，施雅风、孔昭宸编：《中国全新世大暖期气候与环境》，第208页。
⑦ 施雅风、孔昭宸：《中国全新世大暖期气候与环境》，第1—8页。
⑧ 施雅风、孔昭宸、王苏民等：《中国全新世大暖期的气候波动与重要事件》，《中国科学》（B辑）1992年第12期。
⑨ 姚檀栋、施雅风：《祁连山敦德冰芯记录的全新世气候变化》，施雅风、孔昭宸编：《中国全新世大暖期气候与环境》，第208页。
⑩ 侯光良、方修琦：《中国全新世气温变化特征》，《地理科学进展》2011年第9期。
⑪ 姚檀栋、L. G. Thompson：《敦德冰芯记录与过去5ka温度变化》，《中国科学》（B辑）1992年第10期。
⑫ 李秉成、胡培华、王艳娟：《关中泾阳塬全新世黄土剖面磁化率的古气候阶段划分》，《吉林大学学报》（地球科学版）2009年第1期。
⑬ 姚檀栋、施雅风：《祁连山敦德冰芯记录的全新世气候变化》，施雅风、孔昭宸编：《中国全新世大暖期气候与环境》，第207—209页。
⑭ 施雅风、孔昭宸：《中国全新世大暖期气候与环境》，第60页。
⑮ 李秉成、胡培华、王艳娟：《关中泾阳塬全新世黄土剖面磁化率的古气候阶段划分》，《吉林大学学报》（地球科学版）2009年第1期。
⑯ 施雅风、张丕远等：《中国历史气候变化》，第433—434页。
⑰ 施雅风、孔昭宸：《中国全新世大暖期气候与环境》，第208—209、9页。

综上，距今 8000 年以来，中国气温距全新世平均值（-10.9×10^{-3}）的变化幅度大概在 -1.5—$1.5℃$ 之间，这研究结果和方修琦、侯光良学者近年研究中国全新世期间气温的波动幅度相符合①。

我们从表三、图一研究发现，决定房址建筑形制的标志之一——穴壁深度，其与气候变化有关，房址穴深的发展趋势与气温升降大抵吻合，随气温的上升而逐渐变浅，随气温的下降而逐渐变深，而从近万年至今，总体趋势是地穴越来越变浅，但有几次违背总趋势而格外变深，而这正与几次气候冷峰相合。

从图一 b 之原图可知，近万年以来，第一次冷峰出现在距今 8700 年前后，河套及周边地区太冷，以致很少有人居住；直到距今约 7800 年前的大地湾一期早段文化出现。第二个冷峰期出现在距今约 7300 年前，如图一 b，大地湾一期晚段的房址变成地穴式或深半地穴式以避寒，直到关桃园遗址，仍为深半地穴式建筑。第三次冷峰出现在距今约 5900 年，西坡遗址早期的五边形大房址的平均穴深达 0.83 米，而比西坡早期 F105 略早，为五边形大房址起始阶段的水北遗址 F1 却是地面式大型建筑，这正好反映了距今约 6000 年前的水北遗址早段处于大暖期，而距今约 5900 年为冷峰期。第四次为小冷峰，在距今约 5500 年，因而西坡遗址晚期房址的穴深为 0.68 米。距今 5300 年前后，河套及周边地区的房址很稀少，在此次冷峰过后，人烟才又繁荣起来，出现了郑州西山古城之类城池。除上述几次冷峰时期房子穴深在 0.7 米以上之外，其他时期的房址地穴深度多不足 0.4 米，有时甚至全部或多数房址变成地面房址。从图一 b 可知，距今约 4600 年前也有个小冷峰，这时，河套及周边地区普遍地兴起了窑洞式建筑，这种建筑既能很好地享受阳光，又能避寒，其避寒的程度大体相当于 0.3 米深的半地穴建筑，因为这两个时期气温大体相似。由半地穴发展到窑洞是古人的一大进步。

而在距今 6600 年，6200 年，5200—4900 年，4400 年前后为暖季，因而有姜寨一期、大地湾二期 2 段、姜寨一期 3 段、大地湾四期、浒西庄庙底沟二期的浅地穴式或全部地面式建筑。如浒西庄庙底沟二期的浅地穴式房址穴深很浅，只有 0.19 米，大地湾四期则全为地面式。

在图一 a，我们可以看出，地穴穴深变化的总趋势是越来越浅，与气温的变化不完全平行，这大约是因为人们在总体适应气温变化的同时，越来越想往地面发展，因为毕竟地穴越浅，享受到的阳光越多，这大概就是地穴穴深总体与气温升降同起同落的同时，人们还越来越想往地面发展，这也就是大约距今 4700 年以来，出现窑洞式房址的原因。

但是，有一点疑问需要指出，即距今 4300 年前后，按上列众多古气候研究专家

---

① 方修琦、侯光良：《中国全新世气温序列的集成重建》，《地理科学》2011 年第 4 期。

的研究，气候应是变得较为温暖，这从图一也可以看出来，而这与考古的事实相抵触。因为距今约 4300 年之时，内蒙古中南部的老虎山文化消失，而陶寺文化、石峁文化开始出现，这说明内蒙古中南部已经变得不适合居住农业人口，有的则南下石峁或陶寺文化区，有的则留在原处放牧，遗址就不易发现。这个时期的地下遗存表明，气候异常，北方变冷。田广金、郭素新二位说："调角海子剖面显示，在距今 4300 年前后降温，代表寒冷气候的云杉再度出现；岱海年均温也降至零摄氏度以下（参见孔昭宸等《中国北方全新世大暖期植物群的古气候波动》，《中国全新世大暖期气候与环境》，海洋出版社，1992 年，第 199 页）；晋北阳高县的泥炭层亦显示了该地距今 4400 年出现过降温（同上，第 48—65 页）。调角海子剖面距今 3780—3660 年出现一薄层泥炭层，主要孢粉浓度下降……"① 与此同时，南方多雨，长江下游的良渚文化城址、长江中游的陶家湖、门板湾城址等废弃（遗址发掘报告称可见明显的水淹遗迹）。

基于此，笔者认为，图一及前引诸家关于气候变迁的描述在距今 4300 年左右的时期有所不详，距今 4300 年左右的气候应是非常寒冷，其寒冷的程度与距今约 7300 年，5300 年两次相当，因为这时期与上面两个时期内蒙古地区都是少有人烟。这一点也是本文研究得到的新认识。

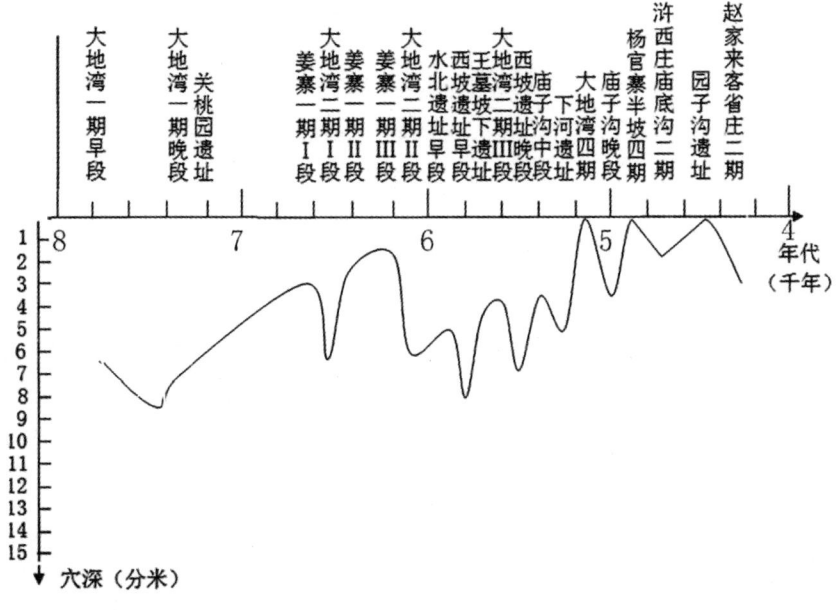

a

---

① 田广金、郭素新：《北方文化与匈奴文明》，江苏教育出版社，2005 年，第 24 页。

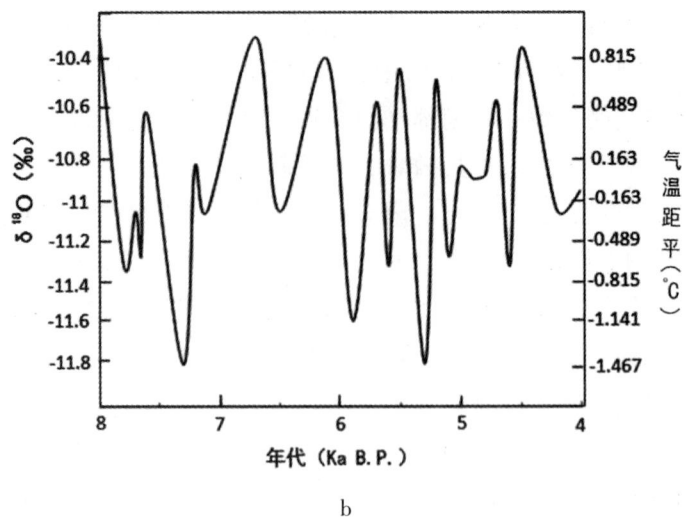

b

图一 河套及周边地区房址平均深度与气温变化对比示意图

图一a：近8000—4000年河套及周边地区房址地穴平均深度变化图；图一b：近8000—4000年$\delta^{18}O$波动及相应温度变化图。

图一b来源：姚檀栋、施雅风：《祁连山敦德冰芯记录的全新世气候变化》，施雅风、孔昭宸编：《中国全新世大暖期气候与环境》，第207页。右边的气温距平数据，即各年代与全新世平均气温数的气温差，由笔者据上述变化原理计算所得。原图为近万年来的曲线，笔者只取了近8000—4000年的曲线。

注：图一b原图与个别年代的对应画得不太准确，当以正文中所叙述的年代为准，图只示意。

三、结语

通过对距今8000—4000年前中国河套及周边地区民居的研究，我们得到如下几点新认识：第一，发现该地民居有着如下演变规律，即主要经历了距今约7800年前的深半地穴式，距今约7300年前的地穴式兼深半地穴式，距今约6700—6400年前的深半地穴式，距今约6500—6000年前的浅地穴式及地面式，距今约5900年及5500年前的深半地穴式，距今约5300年前房址不多见，距今约5200—4900年的地面式，距今约4800—4000年前窑洞及浅地穴式等多种形式的演变。第二，发现了导致民居的这种演变的原因不是习俗或爱好，也不是外来影响所致，而最主要的原因是由气候的冷暖变化造成的。不同时期的地穴深、浅的复杂演变规律如同其他器物形制演变规律，可以作为考古学相对年代的判定的参考标准，也可据此考察环境的变迁。同时，近8000年来民居的发展也呈现着向地面式房子发展的总趋势，这应当是人们尽可能地享受阳光的需要。第三，我们认为诸多古气候研究专家对距今4300年左右的大变冷表达不够，这时期的气候当与距今7300年，5300年时期相当。

新出文献与《国语》研究概论

刘 伟（曲阜师范大学历史文化学院）

摘 要： 从汲冢竹书发现以来，与《国语》相关的出土文献有过多次发现，其中有《国语》及注的部分文本，也有与《国语》内容相近可以比较的文献，还有与《国语》风格类似的更多语类文献。尽管新出文献中与《国语》及注直接相关的资料不多，也可在一定程度上为《国语》及注的文本比勘提供有价值的参照系。新出文献有助于我们更好地理解包括《国语》在内的语类文献的性质与流传，为我们提供了进一步深入考察"语"类文献的新机遇，对这些新发现的"语"类文献本身的研究，以及由此出发所作的对"语"类文献与《国语》关系的认识，也由此得到推进。对这些文献的整理与研究，也就成为"《国语》学"的重要研究对象，必将使新时期"《国语》学"的体系建构更加完整。

关键词： 新出文献；《国语》研究；"语"类文献；"《国语》学"

新出文献对史学研究的推动作用，在一百多年来已经得到了充分证明。从晚清民国时期中国史学的四大发现，到 20 世纪 70 年代以来包括马王堆帛书、郭店简、上博简、清华简等在内的多次重要发现，无论是在内容上还是在方法上，都极大促进了早期中国史各领域的研究。作为先秦时期的重要文献，《国语》相关问题的研究也由此而在深度和广度上得到拓展。

一、新出《国语》相关文献简述

据史料所载，与《国语》相关的出土文献，最早见于世当在西晋时期。《晋书》卷五十一《束皙传》云："太康二年①，汲郡人不准盗发魏襄王墓，或言安釐王冢，得竹书数十车。"这批战国古墓中发现的文献包括十几种古书共 75 篇，除了《竹书纪年》《穆天子传》等重要典籍之外，还有"《国语》三篇，言楚、晋事"。发现之初，晋武帝便"以其书付秘书校缀次第，寻考指归，而以今文写之"。时任著作郎的著名学者束皙"得观竹书，随疑分释，皆有义证"。

---

① 竹简出土时间有争议。有四种说法：咸宁五年（279 年，《晋书·武帝纪》）、太康元年（280 年，《春秋左传集解·后序》）、太康二年（《晋书·束皙传》）及太康八年（《尚书·咸有一德》正义）等。

进入 20 世纪以后，与《国语》相关的新材料又有几次发现，以下略述之。

20 世纪 40 年代，著名艺术家董希文在敦煌民间交易市场上购藏写本《国语》及注残卷一页，其后被日本书法家青山杉雨在旧书店收购，并由其子于 1997 年捐赠给敦煌研究院收藏①。

1973 年 12 月，在湖南长沙马王堆三号汉墓出土了大量帛书，有《老子》《周易》等多种文献的早期文本以及一些古佚书，总计达 12 万多字。其中还有一种被命名为《春秋事语》的古书，可辨识 2000 余字，记录了春秋时期的一些史事和言论，其中事迹多见于《左传》，言论则与《左传》不同②。

1987 年，湖南省慈利县城关的石板墓地中发现了战国时代的一批竹简，根据竹简整理者介绍，竹简中有和《国语·吴语》类似的内容，所见史事包括黄池之盟和吴越争霸等，而且基本见于今本，但也有不见于今本者。整理者因此指出，慈利简中《吴语》的发现，证明了《国语》在楚地的流传，而且是目前所见最早的《国语》抄本③。

1977 年出土的阜阳汉简中，也有被整理者称为《春秋事语》的内容，其中见于《国语》和《左传》的内容各有两章，其写法和马王堆出土的《春秋事语》类似，也可能是《国语》的选本④。

2008 年公布的上博简《吴命》篇，共 9 支简、375 字。竹简残损严重，除第九简为完简外，余皆残缺，因此编连和释读有很大难度。此篇记载了春秋后期吴楚争

---

① 关于此写本残卷的收藏与流传等问题，可参看笔者《敦煌写本国语及注残卷若干问题辨析》一文，《齐鲁学刊》2019 年第 5 期。
② 参看晓菡《长沙马王堆汉墓帛书概述》，《文物》1974 年第 9 期。对于《春秋事语》与《左传》《国语》的相关问题，学界也有不少讨论。可以参看赵争《长沙马王堆帛书春秋事语研究综述》一文，载《阿坝师范高等专科学校学报》2011 年第 4 期。也可参看笔者《马王堆帛书春秋事语性质论略》（载《古代文明》2010 年第 2 期）及与赵争的商榷文章《马王堆帛书〈春秋事语〉性质再议》（载《古代文明》2011 年第 1 期）。
③ 张春龙：《慈利楚简概述摘要》，载北京大学古代文明研究中心编《古代文明研究通讯》（第 6 期），2000 年。此文发表后，作者又于同年 8 月在北京举办的"新出简帛国际学术研讨会"上对这批楚简做过类似介绍。
④ 参见韩自强《阜阳汉简〈周易〉研究·附〈儒家者言〉〈春秋事语〉》，上海古籍出版社，2004 年。

雄的重要历史事件，可以与《国语·吴语》相互参考①。

2017年公布的清华简《越公其事》篇②，共75支简，原分为11章，属语类文献，详细记载了句践灭吴的过程。全篇基本完整，结尾有篇题，李守奎先生已经指出其内容与《国语》之《吴语》和《越语》密切相关，残缺处之文义大都可据《国语》相关内容补出③。

从上面所举来看，与《国语》相关的诸次发现均出现在历史上的"发现时代"，与中国出土文献史上的重要事件密切关联。从西晋时期的汲冢书，到20世纪初轰动世界的敦煌文书等四大发现，再到20世纪70年代以来的多次重大发现，与《国语》相关的新材料均在其中。这一方面证明《国语》一书自从其面世以来一直流传不息，但从另一方面来说，学界对这些与《国语》相关发现的研究却一直不温不火，至今仍有进一步深入研究的余地，而新出文献的相关研究必然可以对《国语》研究发挥重要的推动作用。

二、新出文献与《国语》及注文本整理与研究

汲冢竹书本《国语》是传世本之外第一次发现的《国语》文本。由《晋书》所载可知，当时学者所言《国语》三篇，当是对竹书相关内容与传世本《国语》中晋、楚相关文字比对之后所作的结论。因此，在历代相关史籍中，均将其视为《国语》的一种本子，清代学者姚振宗、秦荣光还将其以"《汲冢国语》三篇"或"《国语》三篇"之名分别补入《汉书·艺文志》《晋书·艺文志》④。只有明代学者胡应麟对此提出疑问，认为"《国语》三篇，言楚、晋（事），恐非左氏《国语》也"。至于其理由，胡应麟认为"于《纪年》，见诸国之史不特《梼杌》《春秋》；即此亦见《国语》不独丘明矣"⑤。推其逻辑，盖以为相关记载不独见于《国语》，与诸国

---

① 此篇载马承源主编《上海博物馆藏战国楚竹书（七）》，上海古籍出版社，2008年。关于此文的性质，学界也颇多争论。整理者曹锦炎先生认为"从文章内容到体例，《吴命》篇有可能为《国语·吴语》佚篇"。王连成认为这是一篇檄文，文风类似于《尚书》中有关"誓"的篇章（《〈上博七·吴命〉释字四则》，"简帛研究网"，2009年1月9日）。单育辰认为《吴命》篇为"吴国的外交辞令之汇抄"（《上博七〈凡物流形〉〈吴命〉札记》（修订），武汉大学"简帛网"，2009年6月5日）。王青则认为《吴命》篇应该属于原始的"吴语"，是《国语·吴语》的史料来源之一（《"命"与"语"：上博简〈吴命〉补释》，《史学集刊》2013年第4期）。
② 清华大学出土文献研究与保护中心编、李学勤主编：《清华大学藏战国楚简（柒）》，中西书局，2017年。
③ 李守奎：《越公其事与句践灭吴的历史事实及故事流传》，《文物》2017年第6期。
④ [清] 姚振宗：《汉书艺文志拾补》卷二，《二十五史补编》本，中华书局，1995年；[清] 秦荣光：《补晋书艺文志》卷一，《二十五史补编》本，中华书局，1995年。
⑤ [明] 胡应麟：《少室山房笔丛》卷十七《三坟补逸上》，中华书局，1958年，428页。

史事不独见于列国《春秋》相类。胡氏之说虽看似合理，但能看到竹书原貌的晋代学者之论断显然更加可信。

自汉代以来，为《国语》作注者虽然不乏其人，但正如宋庠《国语补音叙录》所云："自郑众、贾逵、王肃、虞翻、唐固、韦昭之徒，并治其章句，申之注释，为六经流亚，非复诸子之伦。自余名儒硕生好是学者不可胜纪。历世离乱，经籍亡逸，今此书唯韦氏所解传于世，诸家章句遂无存者。然观韦氏所叙，以郑众、贾逵、虞翻、唐固为主而损益之，故其注备而有体，可谓一家之名学。"除韦昭注之外，汉唐之间的其他《国语》注本均已不存。因此，20世纪40年代发现的敦煌写本《国语》及注残卷，便具有其独特价值。此残卷虽仅存《周语下》正文及注的少量内容，所存注文与当今流行之韦昭注不同，对其作者也有不同猜测，但其为学界提供了一种从未见过的《国语》注本，使我们得以一窥汉唐间古注的原貌①。而慈利简《吴语》、上博简《吴命》和清华简《越公其事》等篇的内容，可以与今本《国语》的相关内容相比勘，解决二者文本研究中的若干疑难问题。如石小力先生曾利用《越公其事》解决今本《国语》中的一些字词讹误和训释，如"挟经秉枹"之"经"为假借字，表示某一种兵器，"委质"为"秉利"之形近讹字，"达"为"将"之讹，"越君其次也"为夫差之语，"次"读为"使"等。而利用今本《国语》也可以解决《越公其事》释读中的一些疑难问题，如《越公其事》中的"疋战疋北"即今本《国语》之"三战三北"②。由此看来，尽管新出文献中与《国语》及注直接相关的资料不多，也可在一定程度上为《国语》及注的文本比勘提供有价值的参照系。

三、新出文献与"《国语》类"文献研究

新出文献有助于我们更好地理解包括《国语》在内的语类文献的性质与流传。对于《国语》一书的体例和性质，学界讨论已久，唐代学者刘知幾在《史通》中把《国语》体裁列为六体之一，后世则多视其为我国最早的国别体史书，而其书的鉴诫意义与政治属性也日益受到重视。考诸《国语》本身，楚国名臣申叔时便曾对楚庄王谈到"语"的鉴诫作用："教之语，使明其德，而知先王之务用明德于民也。"作为一部以列国档案为主要资料来源、以政治借鉴为主要目的的史学著作，《国语》详细记录了西周春秋以来活跃在政治与社会领域的众多人物的言论与事迹，揭示出具有主观能动性的人在国家治乱兴衰中所起的作用，为春秋战国之际的君主臣属们提

---

① 可参看笔者《敦煌写本国语及注残卷若干问题辨析》一文，《齐鲁学刊》2019年第5期。
② 石小力：《清华简〈越公其事〉与〈国语〉合证》，《文献》2018年第3期。另外，袁金平曾利用清华简《系年》校正《国语·吴语》韦昭注，认为《国语》"以间陈、蔡"一句中的"间"应读作"县"，即以陈、蔡为县，韦昭的注将之释为"假"，理解有误。可以参看其《利用清华简〈系年〉校正〈国语〉韦注一例》一文，《社会科学战线》2011年第12期。

供了可资参考的样本①。《国语》一书的记言色彩非常突出，自然而然地便与出土文献中的"语"类文献联系在一起，这类文献也可称为"事语类"或"《国语》类"或"《国语》体"②。而马王堆帛书《春秋事语》、阜阳汉简《春秋事语》、清华简《越公其事》等几次相关发现，为我们认识"语"类文献及其与《国语》的关系提供了重要的参考资料。

楚人申叔时在谈"语"的作用的同时，也谈到用"春秋""世""诗""礼""乐""令""故志""训典"等来教育贵族子弟，可见这些称谓都是某一类别的书籍，也体现了当时知识分子对文献典籍分类特点与性质功能的基本认识。正如俞志慧先生所指出的，探讨"语"这种文类的体用特征、存在形式、渊源与流变、思想史、学术史和文献学意义，借此展现当时人们的一般知识和思想，尤其是春秋战国思想家的知识背景和思想平台，进而揭示在"语"的传播过程中若干文化现象的现代启示，具有重要的学术意义③。

出土简帛中的相关材料，为我们提供了进一步深入考察"语"类文献的新机遇，对这些新发现的"语"类文献本身的研究，以及由此出发所作的对"语"类文献与《国语》关系的认识，也由此得到推进。如清华简《越公其事》篇，李守奎先生认为其与《国语》有共同的史料来源，糅合了《吴语》与《越语》中的部分史料，具有"语类史书"的语言风格④。子居先生则指出，《越公其事》"最后两章与《国语》的《吴语》《越语》相似"，但并非首尾全同，该篇当有"不同的材料来源"⑤。熊贤品认为，《越公其事》提供了新的吴越争霸史事材料，与此前的记载存在一些不同，如越使者至吴求和之记载，与《左传》同，异于《国语·吴语》；篇中以吴王是议和的主导者，和《国语》《史记》不同；相较于《国语》《史记》中吴越议和的记载，在情节上突出君主而淡化臣子；无越王至吴服事及卧薪尝胆、西施至吴的情节；越国图强之策不同。因此，《越公其事》的叙事风格更近似于《韩诗外传》《说苑》⑥。再如马王堆汉墓帛书《春秋事语》，学界对其性质也有不同认识。裘锡圭先生认为是《汉书·艺文志》春秋家中《铎氏微》一类的书，唐兰先生认为不属《左传》系统，可能是《汉书·艺文志》中所说的《公孙固》十八章⑦。李学勤先生认

---

① 参看拙著《史之思——〈国语〉的思想视界》，山东人民出版社，2013年，236页。
② 可以参看李零《简帛古书与学术源流》一书中对简帛文献的分类方法，生活·读书·新知三联书店，2004年。
③ 俞志慧：《语：一种古老的文类——以言类之语为例》，《文史哲》2007年第1期。
④ 李守奎：《〈越公其事〉与句践灭吴的历史事实及故事流传》，《文物》2017年第6期。
⑤ 子居：《清华简七〈越公其事〉第一章解析》，http://www.360doc.com/content/17/1213/16/34614342_712738856.shtml
⑥ 熊贤品：《论清华简七〈越公其事〉吴越争霸故事》，《东吴学术》2018年第1期。
⑦ 裘、唐二先生之说见《座谈长沙马王堆汉墓帛书》，《文物》1974年第9期。

为其内容是从《左传》简化二来,是早期《左传》学的正宗产品,为《左传》非伪作说提供了新的证据①。吴荣曾先生看法相似,认为是这时《春秋》学的一项成果②。还有学者重拾《左传》为刘歆造作的旧说,认为《春秋事语》是《左传》编纂中曾采用过的一种底本③。笔者对此也曾有过讨论,提出《春秋事语》可能是《国语》选本的猜测,赵争先生为此发表过商榷文章,认为《春秋事语》应是一种颇受《左传》影响的"语"类古书④。由上面的简单介绍可以看出,学者对马王堆帛书《春秋事语》性质的认识可谓众说纷纭,其原因在于尚没有确切证据证明其与《左传》《国语》等传世文献之间的直接关系。

但也要指出的是,出土"语"类文献与《左传》《国语》等传世文献之间的共性也不可忽视,通过对这些不同文献的比较研究,有助于我们对其间关系以及早期史学叙述方式的深入理解。如于凯通过对"《国语》类文献"的梳理,认为"事语类"的史书有"因类萃集"的现象。围绕特定历史主题,加以汇编。包括"事语类"文献在内的涉史类简帛古书的发现,对我们理解早期历史书写的基本面貌、传本系统及体例特征,以及早期历史文献传播和分衍机制,具有重大意义。对出土文献的研究表明,中国古代的早期历史书写,与史官之学有紧密关联,书写体例也极为多元,由此形成了不同组合的涉史类古书流传系统,其中,不同地域、不同流派的涉史文献,有所交叉、分离或者整合,但各系统所依据的史料源头,却有高度的"同源性",彼此之间呈现为"同源异流"与"多元共生"的复杂态势⑤。这样的认识虽然未必符合"语"类文献形成、编纂与流传的历史实际,但也是值得重视、具有参考价值的一家之言。

结　语

自从《国语》成书至今两千多年来,历代学者对其的整理与研究一直延续不绝。但比较遗憾的是,在学术研究日益专门化的今天,作为一门细分学科的"《国语》

---

① 李学勤:《帛书〈春秋事语〉与〈左传〉的传流》,《古籍整理研究学刊》1989年第1期;又收于《失落的文明》,上海文艺出版社,1997年,第363—374页。
② 吴荣曾:《读帛书〈春秋事语〉》,《文物》1998年第2期。
③ 徐仁甫:《马王堆汉墓帛书〈春秋事语〉和〈左传〉的事、语对比研究——谈〈左传〉的成书时代和作者》,《社会科学战线》1978年第4期;王莉:《〈春秋事语〉研究二题》,《古籍整理研究学刊》2003年第5期。
④ 刘伟:《马王堆帛书春秋事语性质论略》,《古代文明》2010年第2期;赵争:《马王堆帛书春秋事语性质再议——兼与刘伟先生商榷》,《古代文明》2011年第1期。
⑤ 于凯:《早期古史书写及其体例的流变与分衍——以近40年新发现涉史类简帛为中心》,《社会科学战线》2018年第10期。

学"还没有实现初步的构建。尽管已经有学者使用"《国语》学"这一词语①,但并没有对这一概念的内涵与外延进行明确的界定。简单地说,所谓《国语》学,就是研究《国语》的一门学问。和《左传》学、诗经学、论语学、史记学等相比照,其研究对象可以包括几个方面:《国语》的成书与性质、编纂体例、版本源流;《国语》的语言、文学、思想等各方面的专题研究;历代《国语》相关的注释、整理与研究;《国语》的海外传播与译介;《国语》与相关文献的比较研究。而新出"语"类文献在出土简帛古书中占据很大分量,上博简、清华简、马王堆帛书等重要发现中均可见到不少篇章,其中有前文所举与《国语》直接相关者,也有与《国语》性质类似者,对这些文献的整理与研究,也就成为《国语》学的重要研究对象。通过以上诸方面的研究,必将使新时期"《国语》学"体系建构更加完整而立体,我们对《国语》其书的流变及其在中国学术文化史上的地位与影响也就会有更清晰的把握。

国家社科基金项目"《国语》研究史"(15BZS065)

---

① 陈鹏程先生曾发表《汉代〈国语〉学概述——〈国语〉学史研究之一》(《兰台世界》2009年第24期)、《战国时期〈国语〉研究的萌芽——〈国语〉学史研究之二》(《赤峰学院学报》(汉文哲学社会科学版)2013年第11期)、《〈尔雅〉郭璞注引〈国语〉谫论——〈国语〉学史研究之三》(《宜宾学院学报》2015年第2期)、《略论刘知幾对〈国语〉的接受与研究——〈国语〉学史研究之四》(《中北大学学报》(社会科学版)2016年第4期)等一系列文章,讨论了《国语》学史上的若干问题。仇利萍、杨世文《〈国语〉学的奠基与展望——近10年来〈国语〉研究述评》(《北京理工大学学报》〔社会科学版〕2012年第3期)也说,与《国语》相关的各方面的研究既各自独立又紧密联系,初步形成了"《国语》学"这一专门的学术领域。

说卜辞中的"雉众"

刘义峰（中国社会科学院古代史研究所）

摘　要：甲骨文中常见"雉众"一语，"雉众"之"雉"分别作"至""銍""雉""堲""𨌰"，用字虽不同，但多从"至"声，应读为《周礼·夏官·大司马》"及致"之"致"。"丧众"指人众的亡失，与"雉众"意义正相反。"雉众"指的是战争中将领召集人众意图发起军事进攻的行为。

关键词：甲骨文；雉众；丧众；周礼

在甲骨文军事卜辞中常见"雉众"一语，或作"雉王众""雉人"。关于"雉"的解释主要有四种观点：一、于省吾将其读为"夷"，训为"伤亡"。认为这类卜辞是贞问戍守或征伐时众人有无伤亡之义①。"犹之'不丧众'亦作'不丧众人'也"②。二、杨树达在《卜辞求义·屑部第二十》"至"字条下说："《藏龟》二三三页之一云：'不至众'。杨树达按：至盖假为失，失众犹他辞云'丧众'也。"在同部"雉"字条下，他又说："《前编》二卷八页之五云：'雉众，弗𢦏？'树达按：雉亦假为失。"③ 他所引两条卜辞均属于"雉众"卜辞。三、陈梦家认为"雉可能是部别、编理人众"④。四、屈万里认为，雉众之雉，疑当读为《周礼·夏官·大司马》"及致"之致，郑司农注："致，谓聚众也。"⑤

以上四种观点，当前学界以支持前两说的为多，赞同第四说的最少。第三说曾经一度得到一些支持，但近年来声音渐稀。其实这个问题的核心就在于："雉众"之"雉"应该怎样释读；"雉众"与"丧众"是否可以等同；我们应如何理解"雉众"在商代战争中的地位和作用。

一、释"雉"

陈梦家在论述这个问题时，先汇总该类卜辞，并指出："以上的'雉'字，武丁

---

① 于省吾：《甲骨文字释林》，中华书局，2012年，第63页。
② 于省吾：《双剑誃殷契骈枝三编》，中华书局，2009年，第25页。
③ 杨树达：《卜辞求义》，中华书局：中华书局，2013年，第84页。
④ 陈梦家：《殷虚卜辞综述》，中华书局，2013年，第609页。
⑤ 屈万里：《殷虚文字甲编考释》，"中央研究院"历史语言研究所，1961年，第325页。

作'至'，廩辛作'𦐇'，康丁从矢，或增土。"① 这说明，陈氏当时已经认识到，"雉众"之"雉"在写法上有时代差异，这在当时是非常可贵的。下面我们按照"雉"字的不同写法，分为五类进行考察。

（一）至众

贞：多射不至众。（《合集》69［宾组］）

"雉众"之"雉"作"至"，仅见于宾组卜辞，字形作"![]"。《新甲骨文编》《甲骨文字编》均将其归在"矢"字头下，杨树达、陈梦家将其释作"至"。甲骨文中"至"一般作"![]"，从矢从一，一表示箭矢所至。"![]"亦从矢从一，一表示所至之处，不过箭头已经没入其中，该字形应是"至"字的异体。甲骨文还有一个与"![]"相倒的字形，作"![]"，根据正倒无别的原则，该字形在下列卜辞中也应读为"至"，如果读为"矢"，则很难讲得通。

□丑卜，王贞：余作……值，于之至。（《合集》20546［𠂤组］）

我以方至于宗。

弜至。（《屯南》313［历组］）

叀剌子至亡有任。一（《合集》32193［历组］）

（二）至众

不至众。

其至众。（《合集》26889［无名组］）

……至众。（《合集》26893［无名组］）

"雉众"之"雉"作"至"，仅见于无名组卜辞，字形作"![]"，从二"![]"，从数点。数点像中箭后溅出之血滴形，表明箭矢已达。前面已将"![]"释为"至"，"![]"字从二"至"，应释为"至"。《说文·至部》："至，到也。从二至。"

（三）雉众

癸丑卜，狄贞：戍逐其雉王众。（《合集》26881［何组］）

贞：戍□弗［雉］王［众］。吉

［贞：戍］吕□雉［王］众。（《合集》26882［何组］）

贞：非行用，𢦏，不雉众。（《合集》26887［何组］）

贞：弜用非［行］，叀祕行用，羌人，于之不雉人。（《合集》26896［何组］）

其雉众。

不咏。

---

① 陈梦家：《殷虚卜辞综述》，第609页。

戊雋弗雉王众。

其雉众。(《合补》8979 [无名组])

受不雉王众。吉

其雉众。(《合集》26884 [无名组])

……擒㦰，不雉众。(《合集》26886 [无名组])

戊衛不雉众。(《合集》26888 + 《合集》28060 [无名组])

……令戊佛于宁……雉众。(《合集》26892 [无名组])

叀散用刖沙，于之㦰叔方，不雉众。(《合集》27996 [无名组])

于□田霸，伐尸永方，擒㦰，不雉[众]。(《屯南》873 [无名组])

……右旅……雉……王众。(《屯南》2064 [无名组])

叀入，戊辟立于□，自之𨔵羌方，不[雉人]。

……戊辟立于尋，自之羌方，不雉人。(《合集》26895 [无名组])

癸戊凤伐㦰，不雉[人]。

癸于旦乃伐㦰，不雉人。(《合集》26897 [无名组])

"雉众"之"雉"作"雉"，主要见于何组卜辞和无名组卜辞。宾组卜辞也见一例，我们放到与"丧众"卜辞比较时再做讨论。"雉众"或作"雉人"，意思是一样的。雉，本义指雉鸡，亦称野鸡。《说文·隹部》："雉，有十四种：卢诸雉、乔雉、鳵雉、鷩雉、秩秩海雉、翟山雉、翰雉、卓雉，伊洛而南曰翚，江淮而南曰摇，南方曰㠶，东方曰甾，北方曰稀，西方曰蹲。从隹，矢声。"《合集》10921："允获麋二、雉十七。"《合集》40834："获麋一，雉五十。"此处假借为"雉众"之"雉"。

(四) 堕众

□丑卜，五族戊弗王[众]。吉

戊芇堕弗王众。

戊带弗堕王众。

戊冎弗堕王众。

戊逐弗堕王众。

戊何弗堕王众。

五族其堕王众。

戊芇其堕王众。

戊带其堕王众。

戊逐其堕王众。(《合补》8982 + 《屯南》4200 [无名组])

……堕众。(《合集》26891 [无名组])

右戊不堕众。

中戊不堕众。吉

左戊不堕众。吉 (《屯南》2320 [无名组])

翌日王其令右旅眔左旅眔见方，戈，不雂众。

其雂。（《屯南》2328 [无名组]）

遟伐羌方，于之擒戈，不雂众。（《屯南》3038 [无名组]）

"雉众"之"雉"作"雂"，仅见于无名组卜辞，雂，从雉从土，雉亦声，字形像"雉"立于土堆上。在无名组"雉众"卜辞中，"雉""雂"两种写法都有，与无名组同时的何组卜辞也写作"雉"。这两种写法并无根本不同，增"土"旁只在于强化雉鸡之特征。雉鸡常成群结队，少则三五只，多则十几只。雄雉发起挑战时站立在地平面的高处，如土堆上。"雉"增"土"作"雂"，充分体现了雉鸡这一生活习性。

（五）錐众

不錐众。

錐众。（《合补》10941 [黄组]）

不錐众。（《合集》35344 [黄组]）

不錐众。王占曰："引吉"。一

其錐众。吉。二（《合集》35345 [黄组]）

丙辰卜，在𠂤，贞：叀大又先……美，𠂤利，不錐众。（《合集》35346 [黄组]）

其錐众。吉

中不錐众。王占曰："引吉。"

其錐众。吉

左不錐众。王占曰："引吉。"

其錐众。吉（《合集》35347 [黄组]）

錐众。（《合集》36346 [黄组]）

"雉众"之"雉"作"錐"，仅见于黄组卜辞。在黄组中，从至从隹的"錐"字只用于"雉众"卜辞，从夷从隹的"䧹"字只用于田猎卜辞，表示猎获物雉鸡。如《合集》37364："获象十，䧹十又一。"《合集》41801："获麋五、兔一、䧹六。""雉众"之"雉"，在黄组中改从"至"声，作"錐"，说明"至"声更接近本字读音。

如上所述，"雉众"之"雉"作"至""銍""雉""雂""錐"。尽管用字不同，但多从"至"声。我们认为当如屈万里所说，应读为《周礼·夏官·大司马》"及致"之"致"。郑司农谓："致，聚众也。"《周礼》中相关记载如下：

《周礼·地官·大司徒》："大军旅、大田役，以旗致万民。"

《周礼·地官·乡师》："及期，以司徒之大旗致众庶。"

《周礼·夏官·大司马》："中春，教振旅，司马以旗致民，平列陈，如战之陈。"

《周礼·夏官·大司马》:"及致,建大常,比军众,诛后至者。"

二、"雉众""丧众"辨析

卜辞中除"雉众"外,还常见"丧众"一语,信从于省吾或杨树达观点的学者多将二者等同。因此,辨明二者之间的关系就显得尤为必要。

(一)"丧众"释义

卜辞所见"丧众"卜辞如下:

乙酉卜,王贞:𢀛不丧众。(《合集》54[𠂤组])

己亥卜,贞:𢀛不丧众。

其丧众。(《合集》61[𠂤历间组])

己亥卜,贞:𢀛不丧众。

其丧众。五(《合集》62+《合集》41455[𠂤历间组])

……毕唯其丧众。(《合集》31998[历组])

□□卜,贞毕不丧众。(《合集》31999[历组])

贞:我其丧众人。(《合集》50[宾组])

贞:并其丧众人。三月。(《合集》51[宾组])

□□卜,古贞:并亡灾,不丧众。(《合集》52[宾组])

贞:毕不丧众人。(《合集》57[宾组])

贞:毕其丧众。(《合集》58[宾组])

己卯卜,宾[贞]:…不丧众。(《合集》59[宾组])

辛巳卜,㕚,□丧众,受方祐。(《合集》64[宾组])

甲子[卜],贞:𢀛涉以众,不丧众。(《合集》22537[出组])

其呼戌御羌方,于義𠦪,雉羌方,不丧众。(《合补》8969[无名组])

除"丧众"外,卜辞中还有"丧工""丧人""丧羌""丧羊""丧师"等。

……丧工。[一]二三[四五]六七[八]

……其丧工。一二三(《合集》97正[宾组])

贞:我有丧人□在……令……。(《合集》1080正[宾组])

……告其丧人。三(《合集》1084[宾组])

丁亥卜,余,弗其丧羌。(《合集》21153[𠂤组])

己未卜,王贞:用,不唯丧羊,甾若。(《合集》20676[𠂤组])

□□贞:壴允丧师。(《合集》32914[历组])

《说文·哭部》:"丧,亾也。从哭从亾。会意。亾亦声。""亾"同"亡"。《说文·乚部》:"亡,逃也。"丧在甲骨文中应用较为广泛,其义为亡失、逃亡。"丧师"亦见于金文,大盂鼎铭"故丧师",即"因此丧失了军队"。《国语·周语上》"宣王既丧南国之师",韦昭注:"丧,亡也。败于姜戎氏时所亡也。""丧众"多用于军事卜辞，义同于"丧师"。上引《合集》22537和《合补》8969就是两例比较典型的卜辞。《合集》22537卜问：𪊨率众进击，不丧失军队吗？《合补》8969卜问：戍在義卣这个地方抵御羌方，战胜羌方，不丧失军队吗？

（二）"雉众""丧众"共版同卜例

以往讨论"雉众"与"丧众"关系时，多按同音通假，将"雉"读为"夷"，训为"夷伤"，或将"雉"读为"失"，从而将"雉众""丧众"视为同义关系。但其实并没有找到直接的证据。这次我们在检索"丧众"卜辞时，发现了一例"雉众""丧众"同版共卜的例子，证明它们不仅不同义，而且意义正相反。

贞：弗其雉。

贞：其丧众。

贞：弗其受有祐。

贞：其艰。

贞：翌辛卯㞢求雨燮，晕雨。（《合集》63正［宾组］）

本版卜辞共五条，其中前四条与第五条之间有界划隔开。其中第一条"雉"字下半部分残泐，但从其字形上半部分判断，是"雉"字无疑。据第二条卜辞，"雉"字后面应是省略了"众"字。还有一种可能，就是"众"字在下面缺失的甲骨上。但无论有无"众"字，都不妨碍其"雉众"意思的表达。这段卜辞的文例很特别。如依正反对贞，第一条为"贞：弗其雉"，第二条应为"贞：其雉众"，但第二条却是"贞：其丧众"。这就产生了一个疑问，"雉"和"丧众"究竟是什么关系？不过不用急，接着看第三条和第四条卜辞。第三条卜辞为"贞：弗其受有祐"，如按照正反对贞，第四条应为"贞：其受有祐"，但第四条却是"贞：其艰"。那么"受有祐"与"艰"什么关系呢？受有祐，即得到神灵保佑。艰，艰难、灾难。显然，"受有祐"和"艰"是反义关系。同理，"雉"与"丧众"也是反义关系，"丧众"是指人众的亡失，而"雉"则就应是人众的聚集。我们前面将"雉"读为"致"，郑司农注为"聚众"，正与此合。该版卜辞坐实了"雉众"与"丧众"之间的关系，是反义关系，而不是同义关系。

三、"雉众"的性质和作用

"雉众"之"雉"应读为"致"，"雉众"即"致众"，郑司农训为"聚众"。我们找几组相对比较的完整的卜辞，来看看"雉众"在商代战争中性质和作用。

（一）第一组

辛巳卜，在寻衛……吉

弗及。

戍衛不雉众。

戍亡𢦏。

叀咏有𢦏。
叀雟有𢦏。(《合集》26888 +《合集》28060[无名组])
其雉众。
不咏。
戍雟弗雉王众。
其雉众。
……告。(《合补》8979[无名组])

以上两版无名组卜辞,有相同的人物,内容均与"雉众"相关,可能是同时所卜。前者存六条卜辞,后者存五条卜辞。我们以《合集》26888+《合集》28060这版为例,看看其主要内容。该版第一条卜辞下半部分残缺,根据第二条卜辞,残缺部分应是卜问"及"的内容。《说文·又部》:"及,逮也。"甲骨文用作本义,即追及、逮获。第二条"弗及",就是追不上的意思。在寻衛,驻扎寻地的武官,亦即戍衛。前两条卜问是否能追上敌方的问题,第三条卜问:"戍衛不召集民众吗?"召集民众的目的显然是为了追击敌人。第四条卜问:"戍衛不能获胜吗?"𢦏,读为"剿"①,训为消灭。第五条、第六条则对咏、雟可能获胜的问题进行了卜问。从该版卜辞看,"雉众"是进行战争的重要环节。反复卜问体现了统治者对战争胜利的渴望,他们力图通过占卜趋吉避凶,选取可能获胜的武官来召集人众、出任将领。

(二) 第二组

□丑卜,五族戍弗雉王[众]。吉。
戍屰弗雉王众。
戍带弗雉王众。
戍凸弗雉王众。
戍逐弗雉王众。
戍何弗雉王众。
五族其雉王众。
戍屰其雉王众。
戍带其雉王众。
戍逐其雉王众。(《合补》8982 +《屯南》4200[无名组])
癸丑卜,狄贞:戍逐其雉王众。(《合集》26881[何组])
贞:戍□弗[雉]王[众]。吉。
[贞:戍]凸□雉[王]众。(《合集》26882[何组])
王叀次令五族戍羌。(《合集》28053[无名组])
癸巳卜:王其令五族戍𩰋伐,𢦏。(《合集》28054[无名组])

---

① 陈剑:《甲骨金文字补释》,《甲骨金文考释论集》,线装书局,2007年,第99—106页。

《合补》8982 +《屯南》4200 这版无名组卜辞可以说是很有代表性的一版"雉众"卜辞,整版都在围绕五族戌是否"雉众"进行卜问。《合集》26881 及《合集》26882 为何组卜辞,内容也与五族戌有关。这几版卜辞应是同时所卜。涉及五族戌的还有《合集》28053、《合集》28054 这两版。通过内容,可知五族戌的驻防对象、作战对象都是羌方。五族戌"雉众"卜辞按照五族戌、戌芔、戌带、戌凸、戌逐、戌何的顺序,先依次卜问"弗雉王众",再依次卜问"其雉王众",这里就涉及了投入战争的兵员数量、由谁来担任将领等问题。这说明了当时这场战争的规模很大,商朝统治者渴望能够获得这次战争的胜利,所以才会对相关问题反复卜问。

(三)第三组

　　甲辰卜,在丬牧延启,又…邑曰…在滥。引吉

　　弜悔。吉

　　癸酉卜:戌伐,右牧畢启夷方,戌有。引吉

　　……𢦏。引吉

　　中戌有𢦏。

　　左戌有𢦏。吉

　　亡𢦏。

　　右戌不雉众。

　　中戌不雉众。吉

　　左戌不雉众。吉(《屯南》2320[无名组])

　　弗𢦏。吉。二

　　不雉众。王占曰:"引吉。"一

　　其雉众。吉。二

　　壬申卜,在攸,贞:右牧畢告启,王其呼戌比寯伐,弗悔,利。一

　　……利。(《合集》35345[黄组])

　　其雉众。吉

　　中不雉众。王占曰:"引吉。"

　　其雉众。吉

　　左不雉众。王占曰:"引吉。"

　　其雉众。吉(《合集》35347[黄组])

以上三版卜辞应为同时所卜,《屯南》2320 为无名组晚期卜辞,其中右牧畢这个人物又见于黄组的《合集》35345。而《屯南》2320 关于右戌、中戌、左戌"雉众"的卜问似与《合集》35347 相关联,《合集》35327 属黄组卜辞。因此,无名组晚期卜辞确实与黄组卜辞并存,下限已到帝辛时期①。《合集》33006:"王作三师,

---

① 李学勤:《帝辛征夷方卜辞的扩大》,《中国史研究》2008 年第 1 期。

右、中、左。"而此右戍、中戍、左戍亦是三师。关于三者"雉众"与否的卜问关乎战争中军力的调配,以及由其中哪一个先率众发起挑战的问题。《逸周书·克殷解》:"武王使尚父与伯夫致师。"孔晁注:"挑战也。"

综上,商代战争中的"雉众"即"致众",指的是战争中将领召集人众意图发起军事进攻的行为,富有强烈的挑战意味。由何人率领军队,如何调派军队对战争胜负起着至关重要的作用。因此,"雉众"才会被商代统治者高度重视。《尔雅·释诂》:"雉,陈也。"《方言》:"雉,理也。"陈梦家据以认为"雉"可能是部别、编理人众。这样的解释有古训依据,应该说是有一定道理的。因为,战争中召集兵员、聚集人众后,必然要进行类似整编的行动。

中国先秦史学会三任会长与先秦史研究

罗运环（武汉大学历史学院）

摘　要：综合研究中国先秦史学会三任会长（徐中舒、李学勤、宋镇豪）在学界尚属首次，本文主要探讨三任会长治学之所以成功的奥秘。较早确定业有专攻的研究方向（分别为殷周之际社会变迁、中国古代文明、殷商史）；较早确定术有专攻的古文字学（分别为甲骨文金文、甲骨文金文简帛、甲骨文）；在主要研究方向与非主要研究方向之间善于使用坚持与放弃的辩证法；先秦时期国别史和区域文化的研究比其他任何时段的都重要，他们能使区域与整体二者的研究相辅相成。这些都是他们治学的主要启示以及成功的奥秘之所在。

关键词：三任会长；徐中舒；李学勤；宋镇豪；先秦史

中国先秦史学会，从1982年5月下旬成立以来，至今业已37年，学会的会长已历三任，第一任会长是徐中舒先生，第二任会长是刚过世的李学勤先生，第三任会长就是现任会长宋镇豪先生。这三任会长既是国内外著名学者，也是我们学会中先秦史研究学者的优秀代表。综合总结他们治学的成功奥秘将有益于学会的发展和后辈学者的成长。以往没有对此三任会长的综合研究，本文抛砖引玉，不对之处请诸位多多指正。

总结三任会长，也就是"三位代表"治学的成功奥秘，在这里我不想研讨他们的治学方法，如"二重证据法""多重证据法""多学科交叉研究"，等等。也不打算讨论他们的学问是何以和怎样"中西融会，古今贯通""理论扎实与视野开阔"，以及在学术上有何重要的贡献。在这里我只打算研究他们治学成功的最主要的东西及对后辈学者的成长最管用的东西。

一、"业"有专攻

唐代韩愈《师说》中有一句名言："闻道有先后，术业有专攻。"意思是说，获得学问知识虽有先有后，但只要在专业和技术上有特长，就具备了为人之师的条件。我们治学，我们治先秦之学又何尝不是这样呢？虽说先秦史在史学学科外的人看来，已是够专了，但在业内研究的人却不少，如果你只是泛泛地研究，研究方向、研究目标和技能上没有特长，也就是"术业没有专攻"，这在先秦史研究领域是很难获得一席之地的。在这方面三任会长做出了表率性的工作。下面笔者想借韩愈《师说》

"术业有专攻"的名句,分别从"业"与"术"两个方面研究三任会长的"术业有专攻"。"术"有专攻将留到下一部分谈,本部分只谈"业"有专攻。

徐中舒先生治学的主要研究方向是古文字学与先秦史。而在古文字学与先秦史这两者中,先秦史又是徐先生最重要的主攻方向,在先秦史中重点又在殷周之际的社会变迁。大家从徐先生的自选论文集《徐中舒历史论文选辑》中可以看到①。徐先生入清华后的第一篇历史论文,即毕业论文《从古书中推测之殷周民族》(1927年),认为殷周是东西两个不同的民族。此文虽然是由考古学家李济先生所指导,显然也受到授课老师王国维先生殷周之际历史研究的影响。从此以后殷周之际的社会变迁便成了徐先生毕生学术研究的主旋律。如《殷周文化之蠡测》(1931年)、《殷周之际史迹之检讨》(1936年)、《井田制度探原》(1944年)、《论殷代的氏族社会组织》(1951年)、《试论周代田制及其社会性质》(1955年)、《论西周是封建制社会——兼论殷代社会性质》(1957年)、《论尧舜禹禅让与父系家族私有制的发生和发展》(1958年)、《论商於中、楚黔中和唐宋以后的洞——对中国古代村社共同体的初步研究》(1978年)、《对古史分期问题的几点意见》(1979年)、《殷周史的几个问题》(1979年)、《西周史论述》上、下(1979年)、《论殷周的外服制——关于中国奴隶制与封建制分期的问题》(与唐嘉弘合撰,1982年)等,都是围绕这一主旋律展开的。

李学勤先生治学的主要研究方向也是古文字学和先秦史。李先生的学术成果以古文字学(甲骨文、金文、简帛学)为多,但大部分的研究指向都是"中国古代文明研究","杂"而不散。据清华大学教授刘国忠先生说,李先生在二十世纪五六十年代,就立志从事中外古代文明的比较研究,并为此做了很多准备。只是由于历史的原因,这些规划后来没有能够实现②。李先生的中国古代文明研究,始于1980年。李先生在《东周与秦代文明·新版后记》中说:"《东周与秦代文明》撰写的缘起,是美国哈佛大学张光直先生给我的一个电话。1980年,张光直先生所著《商代文明》出版,由于书的成功,他计划组织一系列从考古学论述中国古代文明的书,已经约定匹茨堡大学许倬云教授写《西周文明》,当时在哈佛访问的中国社会科学院考古研究所王仲殊先生写《汉代文明》,于是问我愿否撰写其中的一段。我原想秦代一般是与汉代连写,但王仲殊先生书规模已定,同时秦也是东周大国,就接受把书题写作《东周与秦代文明》了。"③ 在写作过程中,首先写出的就是第二年,即1981年5月在西安第二次先秦史讨论会上,李先生所作的《重新估价我国古代文明》的学术报告。针对中国古代文明常常被估计得比较迟、比较低的情况,提出有必要结

---

① 徐中舒:《徐中舒历史论文选辑》,中华书局,1998年。
② 刘国忠:《李学勤:半部学术史,一位李先生》,《中国科学报》2019年3月6日。
③ 李学勤:《东周与秦代文明》,上海人民出版社,2007年,第329页。

合考古学的成果和文献的科学研究，对中国古代文明作出实事求是的重新估价。从此以后中国古代文明研究成为李先生的学术研究指向。除《东周与秦代文明》（1984年）之外，还有《失落的文明》（1997年）、《中国古代文明十讲》（2003年）、《中国古代文明研究》（2005年）、《走出疑古时代》（2007年）、《李学勤讲中国文明》（2008年）、《李学勤谈中国古代文明》（2010年）、《通向文明之路》（2010年）、《三代文明研究》（2012年）等①。此外，李先生不仅主编了《中国古代文明与国家形成研究》（1997年），还主持了旨在研究和排定中国夏商周时期的确切年代，为研究中国五千年文明史创造条件的"夏商断代工程"。最后还带头创建了"出土文献与中国古代文明研究协同创新中心"。

现任会长宋镇豪先生治学的主要研究方向也是古文字学和先秦史。在先秦史领域他虽然也研究中国早期文明及社会性质问题，如与人合著的《早期奴隶制社会比较研究》（1996年）、《中国古代文明与国家形成研究》（1997年）等著作，以及《商代邑制所反映的社会性质》（1994年）等论文；虽然也有先秦史的各阶段的研究，如：《中国春秋战国习俗史》（1994年）、《中国法书全集1·先秦秦汉卷》（2009年）等著作，以及《中国春秋战国时期的信仰礼俗》（1995年）、《春秋战国时期的服饰》（1996年）等论文，但宋先生最主要的研究方向还是"甲骨文与殷商史"。宋先生主攻"甲骨文与殷商史"，主要在四个方面发力：其一，对学界已有甲骨文成果的汇辑。如主编《百年甲骨学论著目》（1999年）、《甲骨文献集成》（40册，2001年）等。其二，研究整理《甲骨文合集》及《甲骨文补编》以外的甲骨文。先后合编和主编出版了著录甲骨文的书8部之多，尤其是主持完成了大型的《甲骨文合集三编》的研究整理工作，以及还在进行中的天津博物馆和山东博物馆的甲骨文整理工作。这些整理工作，不仅为学界提供了新资料和研究新成果，也为自己研究殷商史提供了更为扎实的基础。其三，加强问题研究。恢复并主编了原有书刊《甲骨文与殷商史》，出版了"新1—8辑"（2008—2019）。其四，系统深入地拓展殷商史研究领域。宋先生不仅独著《夏商社会生活史》《中国饮食史·夏商卷》《中国风俗通史·夏商卷》等著作，还组织团队研究，以重建商代史为目标，出版了多卷本《商代史》（11册，2010—2011年出版），填补了大型殷商断代史巨著的空白。总之，宋先生的甲骨文与殷商史研究相辅相成、相得益彰，已成为成功的范式。

二、"术"有专攻

三任会长在"业"的专攻方面的成就是与其"术"的专攻是分不开的。他们之所以能在先秦史领域取得超人的成绩，一个共同特点就是在"术"的方面精通古文字学和善于运用考古学资料。不过要特别指出的是，三任会长对考古学资料虽然利

---

① 参见宫长为《李学勤学术年谱》，《邯郸学院学报》2013年第6期。

用的多，但不是他们专攻的"术"，只有古文字学才能算他们专攻的"术"。原因很简单，考古学资料一般学者和其他学科的人都会利用。而古文字学就不一样，原始文本属于古文字，不懂古文字的人也可以利用，但他所利用的文本不是原始文本，是二手的释文文本。释文是否都对就一言难尽了。如果你所依据的释文是错误百出，你利用这种错误百出的释文再来搞什么二重证据法，那就更离谱了，是一错再错。三任会长之所以成功，很大程度是得益于他们对古文字学的精通。

古文字学对先秦史的研究之所以重要，除了"术"的重要意义外，还有一个更重要的因素，就是古文字史料在先秦史史料中分量重要。大家知道，先秦史史料与其他各断代史都不一样，除了有限的传世文献之外，大量的是出土文献和考古资料。甲骨文是研究商代和西周初年历史的重要史料；金文是研究商代晚期到战国时代历史的重要史料，战国简帛是研究春秋战国以及春秋以前历史的重要史料。盟书、石刻、古玺文、封泥、古钱文等是研究春秋末年战国时期历史的重要史料。还有陶文也是研究先秦史的一种史料。这样的史料状况，在中国断代史中绝无仅有。试想如果你不懂古文字学，就难以准确地利用这些大量的古文字史料。你不精通古文字学，就难成大的气候。所以，研究先秦史"术"的方面，最需要精通古文字学。这也是三位会长成功的重要启示。

精通古文字学，三位会长的学术经历已做出了最好的诠释。他们精通到什么的程度？古文字学已成为他们的研究方向，不仅为古文字学界所认可，而且是古文字学界的著名学者。他们在古文字学界有大量成果，徐中舒先生主持编纂了大型辞书《汉语大字典》《汉语古文字字形表》《殷周金文集录》《甲骨文字典》等多种工具书。徐先生不仅对古文字有系统的研究，而且对古文字的释读也有重要贡献。如徐先生在著名的《耒耜考》中释出甲骨文的"耤"，并指出甲骨文"耤"字形旁为"耒"，从而使宋代以来对"耤"字的纷纭众说一扫而空，得到学界公认。《金文嘏辞释例》《禹鼎的年代及相关问题》等都是徐先生研究金文的重要论著，至今仍具有重要的学术价值。由此可见徐先生对古文字学的精通程度。

李学勤先生和其他研究先秦史的同龄人不一样，他几乎完全立足于古文字学（出土文献）进行中国古代文明研究，古文字学功底深厚。李先生19岁（1952年）从清华大学肄业而进入中国科学院考古研究所参加编著《殷虚文字缀合》工作。这种缀合工作是最锻炼人的，李先生甲骨文功底之所以好，与他这种早年的缀合工作是分不开的。李先生所提出的殷墟甲骨分期"非王卜辞说"与"两系说"，虽然曾经引起很大争议，但最后渐成定论。20世纪60年代，他又开始研究青铜器及青铜器铭文，用考古学的类型学方法，即从形制、纹饰、铭文、功能、工艺等多方面来进行研究，开拓了青铜器研究的新局面。20世纪70年代起，由于简牍帛书的大量出土，他又着手从事简帛的整理研究工作，晚年更是专注清华简的整理研究工作。在古文字学方面，由于其见识深邃，常与裘锡圭先生被学界并称为当世两大权威。

现任会长宋镇豪先生，师承著名甲骨学与商史研究大家胡厚宣先生。他精通古文字学，专在甲骨学。在 30 多年的学术生涯中，他考释甲骨文字 20 多个。在对学界已有甲骨文成果的汇辑、在对《甲骨文合集》及《甲骨文补编》以外甲骨文的研究整理做出了重大贡献。宋先生是甲骨学研究领域的领军人物。

三、坚持与放弃

善于使用坚持与放弃的辩证法，也是治学的一个重要秘诀。人生会遇到许多工作，有的工作从一开始就有兴趣，有的工作是从无兴趣到有兴趣，也有的是业余爱好。人的"术业"兴趣爱好可能很多，平均用力难得精通，有专攻才能有精通。在多项有兴趣爱好的"术业"中，要善于选择值得坚持专攻的术业，不断放弃非专攻的术业，才能达到彼岸，斩获成功。三任会长治学的成功经历为此作出了最佳的诠释。

徐中舒先生 60 岁以前，处于旧中国时代。那时就职双重选择，徐先生从清华大学毕业后，先后到合肥六中、上海立达学园、复旦大学、暨南大学、中央研究院历史语言研究所、北京大学、四川大学、乐山武汉大学、成都燕京大学、华西协和大学、南京中央大学等单位从事教学、兼课或做专职研究。徐先生 60 岁以后处于新中国时期，工作比较稳定，除继续担任川大教授外，还曾兼任西南博物馆和四川博物馆馆长。在他的经历中既有中学和大学任教的经历，也有研究单位做专职研究的工作经历。除了古文字学和先秦史这一主要研究方向外，他还曾从事过有关中国古典文学研究，明清史档案资料的整理与研究，先秦传世文献的教学与研究。他从清华大学毕业后一度对中国古典文学感兴趣，发表论文有《木兰歌再考》（1925 年）、《〈木兰歌再考〉补编》（1926 年）、《古诗十九首考》（1927 年）、《评〈中国文学变迁考〉》（1927 年）、《五言诗发生时期的讨论》（1927 年）等。特别是《古诗十九首考》（1927 年）发表后引起两个人的重视，一位是复旦大学中文系主任刘大白，因而徐先生先后被聘为复旦大学和暨南大学中文系教授。如果徐先生继续沿着这条路走下去，有可能向中国古典文学方向发展。另一位重视他的《古诗十九首考》这篇论文的是陈寅恪先生，因而 1930 年徐先生又被推荐到中央研究院历史语言研究所工作。徐先生在历史语言研究所工作八年，发表了《耒耜考》等一系列学术论著，受到学术界的重视，确定了古文字与先秦史研究方向。其中 20 世纪 30 年代初期徐先生虽也参加整理清代内阁大库所藏明清档案，成绩颇著，还先后发表了《内阁档案之由来及其整理》《再述内阁大库档案之由来及其整理》《明初建州女真居地迁徙考》等论文，但明清史研究并没有成为他主要的长期的研究方向。徐先生古文字学与先秦史研究，最初是从清华大学学习时奠基的，上面谈到的他大学毕业论文就初显这一主要研究方向，而确定这一主要研究方向是他到中央研究院历史语言研究所工作之时。但他自从确定了古文字学与先秦史这一主要研究方向之后，一直坚持，在坚持中适时放弃非主要研究方向，博涉与专精相结合而大获成功。徐先生曾强调做学问"切忌在学习之始就把基础学习的面铺得过宽过大，盲目地去追求所谓的博。反造成学习重点不突出，知识不系统，不扎实，精力分散，结果是事倍功半，甚而一事无成，造成时间精力的极大浪费"。徐先生的治学经历充分体现了他博涉与专精的读书治学原则。

李学勤先生的治学经历主要在中华人民共和国成立之后，他工作比较稳定，先后在中国社会科学院考古所和历史所及清华大学出土文献研究与保护中心工作。李先生对自己的学术研究方向有过两次定位，第一次定位是在大学毕业后到中国社会科学院考古所工作，定位研究方向为甲骨文等古文字学。第二次定位是20世纪80年代初，定位研究方向为中国古代文明研究。就在第一次定位没过几年，即《殷虚文字缀合》编成之后，于1954年春，李先生开始由中国社会科学院考古所转到历史所工作，李先生以为会让他继续做甲骨文研究，但侯外庐先生说李先生是清华大学哲学系出身，研究思想史合适，就做了侯先生的助手。参加侯先生《中国思想通史》第1—3卷的修订和第4卷的写作工作。尤其是在新编第4卷（宋元明部分）时，曾一度对宋元明思想史产生过兴趣，还写作发表了《禅宗的兴起及其对道学的影响》《北宋唯心主义道学形成》《宋元时代的道教及其与道学的关系》《吕坤的元气守"恒"学说及其进步思想》《方以智的治学精神》《方以智"公因反因"说的辩证法思想》《校点方以智〈东西均〉》《李贽的封建叛逆思想》等，还有时代早的如《柳宗元〈天对〉在中国唯物主义史上的科学地位》《古代的"大同"理想》等。但李先生在研究宋元明思想史这一主要工作的同时，还利用工作之余写了许多有关先秦的东西，比如，1954年（21岁）写出了第一本专著《殷代地理简论》（1959年出版）。诚如李先生所说："跟着侯先生参加《中国思想通史》的工作，接触到许多学术课题，后来很希望继续研究，苦于没有机会。"但李先生能始终坚持古文字学（甲骨文、青铜器及其铭文、简帛）这一主要研究方向，对很希望继续研究的宋元明思想史等方向只能割爱放弃。李先生曾自我结论说："我所致力的领域，常给人以杂多的印象，其实说起来也很单纯，就是中国历史上文明早期的一段，大体与《史记》的上下限差不多。问题是对这一段的研究不太好定位，有的算历史学，有的算考古学，还有文献学、古文字学、科技史、艺术史、思想史，等等，充分表明这个领域学科交叉的综合性质。这一领域，我想最好称为'中国古代文明研究'。"（《中国古代文明十讲·序言》）

现任会长宋镇豪先生的学术经历始于中国改革开放之后，1978年宋先生被中国社会科学院研究生院录取，师从著名甲骨学与殷商史家胡厚宣，从1981年进入历史研究所先秦史室工作，主要从事古文字学与中国先秦史研究，主攻方向是甲骨学与殷商史。但在单位工作，有分工也有合作，有个人的主攻方向，也有集体合作的项目，关键是要正确处理好个人研究方向和集体合作写作任务的关系。宋先生在这方向处理得比较好。宋先生也写过在先秦之内主攻之外的《中国春秋战国习俗史》《中国法书全集1·先秦秦汉卷》等著作，以及《中国春秋战国时期的信仰礼俗》《春秋战国时期的服饰》等论文。但宋先生始终坚持自己的主攻研究方向，不恋战于非主攻方向，对非主攻方向能做到完成任务即止。正是在坚持与放弃得当，宋先生本人的研究和其所率领的团队的研究，能保证时间和精力在甲骨学与殷商史方向做深入系统地研究工作，取得了空前的成就，为世人所瞩目。

四、区域与整体

先秦时期国别史和区域文化的研究比其他任何时段的都重要。早在远古时代，用已故考古学家苏秉琦先生的话说，原始文化是满天星斗。远古时代的文化就是由满天星斗逐渐凝聚起来，形成五帝社会。但在西周以前的国家，基本上是万邦联合体。这种情况到商代后期略有改观。西周时采取分封制，中央王朝的凝聚力明显加强，但随着中央王朝的国力削弱，到春秋战国出现分裂割据，所谓春秋五霸、战国七雄是就其大国而言，还有许多中小诸侯国。这些诸侯国虽然仍在周天子天下的框架之内，但基本上是一种独立性质的国家，在各方面都形成了各自的特点，如没有国别史和区域文化的研究，只有宏观笼统的研究就难以深入。另一方面，先秦国别史和区域文化在各地历史和文化史中具有举足轻重的地位。因而先秦国别史和区域文化的研究，既是先秦史研究的重大课题，也是地方历史文化接地气的重要研究课题。因此三任会长都很重视，我们的学会也特别重视，大家想想，有哪一个学会与地方文化研究结合的那么紧密，联系那么多。下面谈谈三任会长重视和研究国别史和区域文化的情况。

首任会长徐中舒先生，1937年应中英庚款董事会与四川大学的协聘，来到四川大学历史系任教。徐先生自从居蜀任教于四川大学以来，就致力于四川地方史的研究，主要表现在四个方面。其一，作《蜀锦》（1942年）一文，记述了著名的蜀地特产。其二，考证出土文物的特点及其与中原的关系，如《四川彭县濛阳镇出土的殷代二觯》《四川涪陵小田溪出土的虎钮錞于》《青川木牍简论》等论文。其三，探索四川古时与邻接地区的相互关系，如《论〈蜀王本纪〉成书年代及其作者》《试论岷山庄王与滇王庄蹻》《宋代斗夷源于楚国令尹子文说》《川甘边区的白马人为古氐族说》《〈交州外域记〉蜀王子安阳王史迹笺证》《古代蜀楚的关系》（与唐嘉弘合作）、《古代都江堰情况探源》等论文。其四，整体研究四川文化，如《古代四川之文化》（1940年）、《巴蜀文化初论》（1959年）、《巴蜀文化续论》（1960年）、《论巴蜀文化》（1982年）。这些研究四川地方史的论著，涉及广泛，见解深透，对四川地方史的研究具有不可磨灭的开拓之功。这些研究成果都受到学术界的普遍重视。

李学勤先生重视国别史和地域文化的研究，主要从考古学和古文字学的角度进行的。《东周与秦代文明》是李学勤先生的一部重要专著，该书共分两大部分、第二部分是综合写中国古代文明的各项重要成就，而第一部分第十四章（第十六章按作者原意英文版放在第二部分）即：周（东周），晋，韩，赵，魏，晋附近列国，中山，燕，齐，泗上诸侯，楚，楚以北列国，徐、吴、越，巴、蜀与滇，秦，统一后的秦等，写各诸侯国和各地区以及秦朝在文明进步过程具有代表性的重要考古文物和制度文化。他在《中国古代文明十讲》一书中特设第八讲"古代文明与区域文化研究"专章，收了《多彩的古代地域文化》《夏商周与山东》《青铜器与山西古代史的关系》《蜀文化神秘面纱的揭开》。此外，在第三、七两讲中还收有《良渚文化与文明界说》《简帛和楚文化》。

宋镇豪先生重视国别史和地域文化的研究，如他所主编的 11 卷本《商代史》就有 5 卷，即卷一《商代史论纲》、卷五《商代都邑》、卷六《商代经济与科技》、卷九《商代战争与军事》、卷十《商代地理与方国》等，都设有专章研究方国和地方史。此外，他还在《商周干国考》[①] 一文中，通过甲骨文、金文、考古学、历史地理、零星文献的搜汇、综合和考察，对这个久已失落的古老小国钩沉探赜。指出，干国灭于吴国，春秋时期的吴国灭干之战，是吴国跻身中原政治的最初之举，此战拉开了吴国与中原诸侯争雄历史的序幕。他还主编了《嬴秦文化与远古文明——中国（莱芜）第二届嬴秦文化与远古文明工作会议论文集》，等等。

总之，作为学者，无论是业、还是术有了专攻，就能为成功创造基本的条件。但在人的一生中工作可能会有变动，有的或许多次变动，即使没有变动，在终身固定的工作单位，不可能没有集体项目，不可能不会被安排别的非主要研究方向的研究和写作任务；不可能不会因为种种原因，产生其他新的研究方向和其他新的研究课题，但若能在主要研究方向和非主要研究方向之间善于使用坚持与放弃的辩证法，始终坚持既定的主要研究方向，不断地放弃非主要研究方向，主要研究方向才能得到深度和广度的开拓，成就才能辉煌。另外，先秦时期国别史和区域文化的研究比其他任何时段的都重要，若能将区域与整体的研究有机地结合，二者则能达到相辅相成的效果。这些就是三任会长治学成功的奥秘之所在，是他们学术经历的深刻启示。

---

① 宋镇豪：《商周干国考》，《东南文化》1993 年第 5 期。

关于商周金文族徽内涵的新思考

雒有仓（淮北师范大学历史与社会学院）

摘 要：近年新提出的"祭礼标志说"和"职衔称谓说"虽然对于认识族徽内涵具有启示意义，但只对部分族徽言之成理，而不能用以解释全体族徽内涵。金文族徽作为商人及其后裔的家族名称铸刻在青铜礼器之上，往往代表着祖先形象和家族集体，承载着当时社会浓厚的祖先崇拜观念和家族情感。由于来源和构成复杂，金文族徽除表示"族氏名"外，还有体现血缘关系、家族集体、身份地位、族氏关系、民族认同等多种内涵。正确认识金文族徽多重内涵，对于深入认识商周社会家族形态、社会结构、民族融合都具有较重要的意义。

关键词：族徽；内涵；来源

金文族徽是商周青铜器上用以表示族氏名号的文字。由于这类铭刻含义独立，构形独特，经常单独出现或相互组合，缺少文例比附，学者们对其含义解释历来见仁见智。自郭沫若先生提出"族徽"即"族名"说[1]以来，容庚、林沄先生进一步论证"族徽"不是由"姓"构成，而是表示"氏名"的文字[2]，学界由此逐渐达成了"族徽"内涵为"族氏名"的共识。然而，由于金文族徽的来源与构成较为复杂，近年来随着研究的不断深入，学者们对传统看法提出了质疑，并从不同角度提出了一些新的见解。笔者不揣谫陋，拟结合这些新的看法，谈一些粗浅认识，请专家学者批评指正。

一、近年提出的新看法

关于金文族徽的内涵，目前提出了两种不同于传统认识的新看法：一种看法认为金文族徽是"祭礼标志"，另一种看法认为是"亲属和职衔称谓"。

（一）祭礼标志说

杨晓能先生认为，商周考古发现同一墓葬或同一窖藏出土多种族徽的现象，以

---

[1] 郭沫若：《殷彝中图形文字之一解》，《殷周青铜器铭文研究》，科学出版社，1961年，第11—20页。该文对金文族徽的解读表述有"族徽""族号""族氏""氏族名""国族名号"等不同概念。
[2] 容庚：《商周彝器通考》，哈佛燕京学社，1941年，第67—73页；林沄：《对早期铜器铭文的几点看法》，《古文字研究》（第五辑），中华书局，1981年，第43页。

及有些族徽跨地域、跨族属分布,都说明族徽"在大多数情况下没有起到区别不同氏族的作用","不具有区分族氏和血缘关系的功能"①。从字形看,族徽的结构形式大多为"图形文字",其见于青铜器发挥着多重功能,可区分为族徽和专名、占卜记录、祭祀礼仪标志三类,其中"大多数都是特定祭祀礼仪的标志"②。此外,在商代和西周时期青铜器外底部位经常有一些较写实的动物如龙、鸟、蝉、龟、虎、马以及兽面、人面、刀纹等图像,它们"既有纹饰的外表,又有铭文的功能",是反映远祖神灵的"图像铭文",兼具纹饰与文字的双重功能③。这就是说,"史前动物图像在青铜时代早期发展演变为三种形体,即文字形式的图形文字(尤指动物形的图形文字)、图案形式的图像铭文(在青铜器外底)和装饰形式的纹样(在青铜器表)",其功能分别是:"青铜器器表纹饰以图像化的形式展现当时共享的宗教观和宇宙观,传播以兽面纹为代表的包罗万物的众神动物崇拜,致力于宣传王朝宗教,为王朝统治的合法性和凝聚力服务;其不仅肩负装饰的功能,又承担传播青铜时代早期宗教信仰和政治教化的责任。图形文字的主体是制作(和首次使用)青铜礼器时具体祭礼的记录,还有所信奉的神灵、作器者的族徽或徽识、作器时的占卜记录、其他专用名词诸如某一特定群体和事项的名称等。图像铭文是历代所崇拜的动物形远祖和动物神灵的象征,是跨越时空、文化、氏族的超级载体,或为那些代表性和影响力介于纹饰与图形文字之间的远祖神灵的一种特殊表现形式,目的是追念远祖、追记远古神灵崇拜,同时兼顾特殊铭文的功能。"④

(二) 亲属和职衔称谓说

曹大志先生认为,商周青铜器常见"族徽"大多数都是"亲属和职衔称谓",其实质是作器者个人的简短署名,不是表示集体作器的族氏名。因为"铜器是贵族宴飨、祭祀的器皿,这些活动发生在贵族的住宅和宗庙内,一般没有不同家族的铜器混用之虞,所以铜器上并没有标明家族称号的必要"。复合族徽是"因为作器者个人使用了两个以上的亲属职衔称谓",其中"官称的数量最大,在铜器上可以多于3个,既可能是兼任多职,也可能是多年历任的职务"。从族徽墓葬分布看,殷墟从未发现过普遍出土同样"族徽"的墓地,商王朝周边地区也不存在"方国遗存",以往所谓"方国遗存"实际上是商王朝设置在外围的统治据点,所出"族徽"代表的是驻任当地的贵族官僚,说明"以往认为的很多'国族'应是官员,商代政府比以

---

① 杨晓能:《商周青铜器纹饰和图形文字的含义及功能》,《文物》2005年第6期。
② 杨晓能:《另一种古史:青铜器纹饰、图形文字与图像铭文的解读》,生活·读书·新知三联书店,2008年,第275、284、287页。
③ 杨晓能:《另一种古史:青铜器纹饰、图形文字与图像铭文的解读》,第209—213页。
④ 杨晓能:《另一种古史:青铜器纹饰、图形文字与图像铭文的解读》,第382页。

前认识的更加集中而官僚化"①。

上述两种新说,对于深入认识金文族徽内涵,皆具启发意义。但就新说的观点来源而言,早有学者提出了相似的看法。例如,在"祭礼标志说"之前,已有学者提出"祭名说",认为族徽 🧍、🧍、🧍 像斩杀人头形,与商代的人头祭有关;而 🧍、🧍 上部显然不是火,也不是山,而是头上顶着的祭品;🧍 中间的人形显然是倒祭的执行者,他左手持钺,右手执一倒立人形,这个倒立的人形就是倒祭中使用的人牲②;甚至有学者否认族徽存在,认为"在铜器里根本没有所谓的族徽","金文中所谓族徽应为祭名"③。但这种看法,已有学者指出多属猜测,未曾关注族徽内涵的复杂性④。如果稍加推敲,便知其不可信。例如 🧍、🧍、🧍 固然像斩杀人头形,但焉知其含义不是方濬益所言"皆克敌记功"之表示⑤,或与当时祭祀殉葬杀人者职业无关?又如"🧍"若为"大人举子为尸"之祭礼标志,则其应在祭器上大量出现才对,然而铭 🧍 铜器不仅见于武器、盥洗器(矛、盘,《集成》11413、10038),也见于工具用器(罐盖,《总集》7923),这些器物大多都不用于祭祀,说明它不是祭名或祭礼标志,而是铜器所有权和使用权的表示⑥。客观而论,"祭礼标志说"对于少数族徽虽能言之成理,但对于全体族徽而言,则难以让人信从。因为多数族徽出现次数较少,不可能是具有普遍意义的祭祀礼仪之标志。必须指出,近年新提出"祭礼标志说"不同于以往"祭名说"的猜想推测,立论较为严谨,其从艺术史角度全面审视金文族徽背后的宗教文化观念,认为族徽内涵和实际功能较为复杂,进而揭示出前人注意不多的"图像铭文"含义及其功能,这对深入认识金文族徽的类别和内涵都具有重要意义。

"亲属和职衔称谓说"除将"妇"等个别亲属称谓视为"族徽"外,其核心观点认为族徽是"职衔称谓",即为职官或职事有关的名称。以职官或职事作为族氏名号,前辈学者称之为"准族徽",认为它不代表具体的族氏⑦;或称为"职徽",认为它代表着世袭的职业群体⑧。马叙伦先生最早对这类族徽进行过研究,他将"🧍"释为"佣",认为这是从事担贝贸易的族氏;释 🧍 为"皿鬲",认为这是以造皿鬲为业的族氏;释 🧍 为桎梏形,认为这是以造桎梏为业的族氏;释 🧍 为"言",认为这是

---

① 曹大志:《"族徽"内涵与商代的国家结构》,《古代文明》(第12卷),上海古籍出版社,2018年,第71—122页。
② 何崝:《商文化管窥》,四川大学出版社,1994年,第57、69、158页。
③ 黄奇逸:《商周研究之批判》,《四川大学学报》(哲学社会科学版)1990年第4期。
④ 张振林:《对族氏符号和短铭的理解》,《中山大学学报》(社会科学版)1996年第3期。
⑤ 方濬益:《缀遗斋彝器考释》卷五,商务印书馆,1935年,第10页。
⑥ 雒有仓:《商周青铜器族徽文字综合研究》,黄山书社,2017年,第26页。
⑦ 张懋镕:《试论商周青铜器族徽文字独特的表现形式》,《文物》2000年第2期。
⑧ 洪家义:《从古代职业世袭看青铜器中的徽号》,《东南文化》1993年第3、4期。

器主善于调味者即膳夫之属；释▨为"酒"，认为这是作器者以造酒为业的表示；释▨为"戈"，认为它表示的是兵器制造者①，等等。后来，日本学者白川静更进一步按族徽形体将其分为建筑、作战、制造工具、驯养动物、其他5类33个职业名称②；汪宁生先生则结合民族史材料，认为武器、工具、器皿类族徽多以擅长某职事为称，而人形与物件相结合的族徽多与该族的职业或职务有关③。客观来看，将有些族徽视为源自"职官或职事"的族氏名号是没有问题的，但如果将所有族徽都视为"职衔称谓"那就不对了，至于为构建自己的"新体系"而轻率否认考古发现的商代族墓地和方国遗存，进而将商代国家也看成是高度官僚化的政府组织，那就错了④。尽管如此，"亲属和职衔称谓说"对深入思考族徽内涵仍具有两方面启示意义：一是金文族徽无论是个体还是整体，以往多认为它只具有一种内涵，现在看来由于族徽沿袭时间甚长，它应具有两种以上内涵；二是金文族徽中的官名在以往研究中重视不够，而"职衔称谓说"的提出，无疑有助于推动对金文族徽中官名或职事名称的研究。

我们认为，近年有关族徽内涵认识提出的新看法，明显存在着如下三方面的问题：一是未能区分"族徽"与"非族徽"之别，将数字易卦、亲属称谓等误认为是族徽；二是对"族徽来源"与"族徽内涵"未加区分，认为源自人名、地名、官名、职衔、祭名的族徽，都是"职衔称谓"或"祭礼标志"；三是未充分考虑族徽来源的复杂性，常用"这部分族徽"解释"那部分族徽"甚至"全体族徽"的内涵。事实上，金文族徽经长期发展，来源十分复杂，族氏名的构成也并非整齐划一，因而对于金文族徽内涵的认识，尚需做更进一步的探讨。

二、金文族徽的刻写用意及其家族情感

无论金文族徽的内涵如何，现存商周青铜器实物及其族徽铭文制作，总是能够或多或少的透露出古人铸刻金文族徽的一些用意与想法。这是我们深入了解金文族徽内涵的一个重要方面。

首先，从铸刻部位看，金文族徽与铜器表面的图案花纹装饰不同，它们大多位于器腹内壁、内底、圈足内壁、鋬阴、盖内等隐蔽部位。这些地方一般都不引人注意，说明它不是作为观赏的对象，而是作器者有意留下的标记符号，其中以▨、▨、▨、▨、▨、▨（《集成》189、7755、7752、6802、6803，《铭图》13141、6825）等较为典型。那么，这些标记符号究竟是临时的记号，或者为铜器作坊的徽号，还

---

① 马叙伦：《读金器刻辞》（1940），中华书局，1962年，第6、10、11、10、14、22页。
② ［日］白川静：《殷の基础社会》，《立命馆创立五十周年纪念文集·文学篇》，京都，1951年。
③ 汪宁生：《从原始记事到文字发明》，《考古学报》1981年第1期。
④ 详参拙文《金文族徽的内涵、性质与商代的族墓地》，《三代考古》（八），科学出版社，2019年。

是铜器使用者（所有者）的家族名号呢？从时代看，不同时期的铜器上常见有相同的标记符号，如∱见于商代晚期至西周晚期铜器有10多件，时间长达四五百年，说明它们不是临时记号。从用法看，这类标识符号常与父、祖等亲属称谓联署，如"∧父丁""彐父""☩父戊""∨父己""i祖丁""V祖乙"（《铭图》13141，《集成》8298、8535、9015、5602、8318）等，说明它们不是制铜作坊的徽号。从组合看，标识符号与常见族名结合，如"丨尧""竹""竹彐""H戈"（《集成》7066、8270、8271、8233—8234）等，有时与"亚""册"组合，如"亚☒""册SS册，作父乙尊彝"等（《集成》8786、《铭续》972），说明族徽是作器者的家族名号。族徽作为家族名号，除注明铜器的所有者或制作者，即标明所有权和使用权之外，它还是血亲关系的象征，具有"慎终追远"的深层含义。这就是说，族徽对于今人来说，不过是一个个族氏名称而已。但对于古人来说，族徽还代表着基于血缘关系的某种亲情和家族情感。

其次，从刻写情况看，金文族徽常见采用肥笔、象形和对称美化的写法，书写位置多在铭文首尾，时常单独成列，显得形体高大。这应当是祖先崇拜观念的直观体现。典型如作册令因受明公赏赐而作器（《集成》9901），《铭文》"父丁"字体肥硕，族徽"☒册"题铭于末尾，单独书写而布局特殊。又如字体工美的"☒父丁""☒父丁""☒父丁"（《集成》9350、1578、1598）等，族徽位于铭文之首，占据至少两个字的位置，显得高大醒目。类似如盘铭"☒"（《集成》10030）将字体高大的族徽☒置于中心位置而将"册册"对称排列在两旁，"☒"（《集成》10026）则将"丁"写作小圆点置于族徽☒之上。这种明显突出、强调、美化族徽的写法，无疑表达着当时人们对祖先的崇敬、爱戴、缅怀、赞美之情。

我们知道，商人十分迷信，凡事必卜问鬼神，宗教祭祀和祖先崇拜弥漫在社会生活的方方面面。这就是所谓"殷人尊神，率民以事神，先鬼而后礼"①。正是在这种宗教文化背景下，作为奉献给祖先神灵的铜器之标记——金文族徽，也承载着当时社会浓厚的祖先崇拜观念和家族情感。因此，对当事人来说，族徽就是奉献于祖先神灵用器的题铭和标识，它不仅是家族名号，代表着家族组织、家族集体，还代表着祖先形象、祖先功业、祖先对子孙的佑助等。可见，金文族徽对于古人而言，它具有多种内涵，并不是通常所认为的"族氏名"那么简单。

三、对金文族徽多种内涵的思考

金文族徽自商代早期出现至春秋中晚期消亡，前后历时一千余年，其内涵随着

---

① ［汉］郑玄注，［唐］孔颖达等正义：《礼记正义·表记》，［清］阮元校刻：《十三经注疏》，中华书局，1980年，第1642页。

构成与来源的变化而显得十分复杂。有些族徽以单一族氏名的形式出现，有些以复合形式即两三个或四五个族氏名结合出现。有些族徽来自人名、地名、国名，有些与官名、职事、封号有关，有些则由约定俗成的刻画符号转化而来。因此，金文族徽的内涵不能一概而论，需要分类认识。窃以为，单一族徽作为自称的族氏名，其基本用意在于表示本族与他族之别，即为作器者对于自身血缘关系的表示与认同；复合族徽表示族氏之间相互关系，通常并不代表由多族构成的族组织；来自官名的族徽（准族徽）主要是为了表示家族曾经获得的地位、荣宠或出身，即为家族社会地位的体现。其中，族徽内涵有如下几点需进一步明确。

（一）表示"族氏名"

族徽所表示的族氏名，在已经进入了父权制时代的商周社会，主要是各父系家族的"氏"名，而不是"姓"①。从铜器断代情况看，有些族徽如"👤"从二里岗时期一直延续至西周中期，前后沿袭五六百年，说明族徽是长期沿用的族名而不是人名。作为氏名的族徽，在当时社会代表着依靠婚姻和血缘关系形成聚居在一起具有共同经济生活的亲属组织，即为家族名号。由于家族名号大多世代沿袭，因而作为氏名的族徽往往又是族名。作为族名，族徽既可指聚居在一起的低层次家族亲属群体，亦可指称非聚居的若干分支家族构成的高层次族组织。当族徽指称低层次的家族亲属群体时，族名与氏名无别，"族"即"氏"；当族徽指称分支家族组成的高层次族组织时，族名与氏名有别，"族"为合称即族属，"氏"为分支家族名称。这就是古人所谓："族者，属也，与其子孙共相连属，其旁支、别属则各自立氏。"② 在通常情况下，族徽即氏的命名，大多沿袭自父祖的氏名，或按居住地命名。按居住地命名的族徽，表明该族占有一块与族氏名称相同的土地，即有"胙土命氏"的含义。当家族首领担任了某官职或得到了某封邑，其子孙可以用这个官名或封邑之称作为新的氏名，以示荣耀。这就是《左传·隐公八年》所谓："官有世功，则有官族，邑亦如之。"族徽的使用，也有相同的情形与内涵。例如史墙盘记载商末周初的微氏家族烈祖投靠周人（《集成》10175），在昭穆时期的折、豐诸器上有族徽"🖋"（《集成》6002、5996），这一新氏名就是微氏家族任作册之官的表示。按《左传》记载，命氏的另一种情形是"诸侯以字为谥，因以为族"，孔疏："以字为族者，谓

---

① 学界普遍认为，金文族徽中不见古"姓"，目前所见"姓"在铜器铭文中都不用作族徽，"彝铭所见族徽均应为'胙之土而命之氏'的氏徽"（说见李伯谦《冀族族系考》，《考古与文物》1987年第1期）。王长丰先生最近检出《集成》8622等有"曹"姓，认为族徽中包含"姓"（说见王长丰《殷周金文族徽内涵研究》，《文物鉴定与鉴赏》2018年第21期）。这一问题尚待更进一步深入研究。

② ［晋］杜预注，［唐］孔颖达等正义：《春秋左传正义·隐公八年》，［清］阮元校刻：《十三经注疏》，中华书局，1980年，第1733页。

公之曾孙以王父字为族也。"① 对照青铜器铭文可知，商末著名的邲其卣（《集成》5414）族徽为"亚獏"，西周早期的亞邲其罍（《近出》925，《新收》650）族徽为"亞邲其"，二者族徽不同应当是"曾孙以王父字为氏"的例证。显然，这种以祖先名字命名的族徽，具有称颂、褒扬先人社会声望的用意。总之，金文族徽虽然都是家族名号的表示，但因"族氏名"的来源与构成不同，其内涵有所差异。

（二）体现血缘关系

族徽作为族名，只有同族成员才能使用，因而具有表示血缘关系的含义。根据现有材料，族徽所表示的血缘关系，至少体现在如下三方面：（1）族徽常与父、祖、妣、母等亲属称谓连缀，例如"㒸父丁""天父乙""入祖乙""戈妣辛""㐬母癸"（《集成》1574、3159、8316、1515、826）等，说明族徽表示作器者与受祭者之间血缘关系。（2）在同一件铜器铭文中，有三代人共用一种族徽如"盐示己祖丁父癸"（《集成》5265），也有祖、父二代共用一种族徽者如"㐬祖丁父乙""冊祖己父辛""木祖丙父辛""亞共祖乙父己"（《集成》8993、5146、1997、5199）等，说明族徽是世代同族关系的表示。（3）在同一家族铜器中，有祖、父、孙使用同一种族徽，如史墙盘记载微氏家族世系为"高祖—烈祖—乙祖—折—豐—墙—瘨"，在折、豐、瘨的铜器上都缀有族徽"𩁹"（《集成》9248、5996、4463），说明该族徽是同一家族不同世系成员具有相同血缘的反映。

（三）体现家族集体

族徽作为家族名称，代表的是家族集体，主要体现在三方面：（1）作为祭祀礼器，在祭祖或丧葬活动中使用铸刻有族徽的铜器，具有向世人和祖先神灵展现家族名号的用意，这既可使已故成员在家族过往历史中的位置得以确定，又可以使活着的成员重新确认家族集体身份以及彼此之间的关系，从而创造和形成集体记忆，增强集体意识，提高家族凝聚力。（2）作为实用器，在日常生活中常以礼器宴享宾客或同族聚餐，铸刻在这类铜器上的族徽，代表的是家族集体身份。（3）在兵器和"旅彝"上，常见铸刻有族徽，例如天戈、㒸矛、束戈、戈作旅彝卣、亞㠯作旅彝壶（《集成》10630、11413、10646—10648、5773/5141、9545）等。这种见于"用征用行"之器的族徽，具有体现家族集体身份的用意。

（四）表示族氏之间关系

从铜器题铭来看，能够表示族氏之间关系的是复合族徽，单一族徽不具备这种内涵。复合族徽通常由两个或三四个族氏名组成，其突出特点是族氏名的构成及组合形式不稳定，这是族氏之间存在分化、联合、联姻、迁移、流动等复杂关系的反映，并不代表多个族氏组成的独立族组织。复合族徽所表示的族氏关系，具体包括

---

① ［晋］杜预注，［唐］孔颖达等正义：《春秋左传正义·隐公八年》，［清］阮元校刻：《十三经注疏》，中华书局，1980年，第1734页。

三个方面：一是族氏分化关系，二是族氏联姻、联合或联盟关系，三是族氏迁移与流动关系，即因居住地、封号、职事等变化而造成族氏名的改变，这种改变实际为族氏社会关系和社会地位变化的表示①。

（五）体现身份地位

主要有三种表现：（1）在结构上看，常见有族徽附加官名的现象，如"亞舟""羊册""寑印"（《集成》1406、6171，《近出》852）等。这是家族具有相应政治身份地位和荣耀的表示。（2）从来源看，常见有些族徽从人名转化而来，例如龚、邲其、子渔等较早见于甲骨文记载为人名，后来见于青铜器为族氏名。这种来自人名的族徽，大都具有称颂、赞美、褒扬先人社会声望的用意。（3）从考古资料来看，族徽铜器的随葬与墓主人的身份等级密切相关。墓葬等级越高，随葬族徽铜器的数量和种类越多。在平民墓地的同一墓组或墓群中，仅有个别墓葬出土族徽铜器。这种情况说明在一个家族内部，能够使用族徽铜器的墓主人的身份可能是族长或贵族官僚，或是在家族中有特殊地位的人。

（六）表示民族认同

主要体现三方面：（1）在家族内部，对于嫁入本族的异姓女子、为各级族长提供家政服务的异姓家臣、在贵族领地生活的异姓土著居民来说，他们使用同样的族徽，即有家族认同的含义。（2）从家族外部看，虽然各家族彼此的族徽不同，种类和数量众多，但都是以族徽来标识家族名称，说明在族群内部存在着共同的习俗，族徽是殷商民族共同体的重要标志。在长期发展过程中，一些原本不使用族徽的家族群体，开始接受和使用族徽。这是殷商民族共同体内部族氏融合认同的体现。（3）异姓族氏使用族徽，对于以族徽作为标志的子姓商族来说，是异姓家族与商人融合认同的表现。例如，殷墟地区考古发现有姜姓之龏、改姓之𢦏、妘姓之𠀱、妊姓之史等异姓族氏②，他们使用的族徽龏、𢦏、𠀱、史等，应当都具有与殷商文化融合认同之义。商代晚期常见的族徽"戈"，按《史记·夏本纪》所载"禹为姒姓，其后分封，用国为姓，故有夏后氏、有扈氏……斟氏、戈氏"③，可知戈族实为夏人后裔族群。夏人后裔戈族使用族徽"戈"，显然也有表示夏商族群认同的含义。

本文为2017年度国家社会科学基金项目"金文族徽与商周族群认同研究"成果，批准号17BZS038。

---

① 雒有仓：《商周青铜器复合族徽新探》，《古文字研究》（第二十九辑），中华书局，2012年。
② 陈絜：《试论殷墟聚落居民的族系问题》，《南开学报》2002年第6期。
③ 百衲本为"斟氏、戈氏"，索隐本"斟"后脱"氏"作"斟戈氏"。清人梁玉绳等据索隐本怀疑百衲本"戈"上"氏"为衍文，实误。中华书局点校本依据百衲本补"氏"，作"斟（氏）戈氏"。

出土文献与周文王称王史事研究

吕庙军（邯郸学院文史学院）

摘　要：周文王受命称王问题是历史上一大学术公案。本文主要从周原甲骨、文王玉环、清华简等出土文献新材料角度以及文王的生称和谥称的视角探讨了文王受命、称王的历史含义和思想意义及其间关系。论文也并对王国维的诸侯境内称王学说进行了辨析。

关键词：周文王；受命称王；清华简；王国维

关于周文王生前是否称王，学术界主要有两种观点：一种是主张周文王生前即已称王，在这种说法中又分为周文王晚年称王和即位称王两种；另一种是认为周文王生前并未称王，唐代以后这种观点占据上风。刘国忠教授根据清华简《保训》关于文王纪年"惟王五十年"的记载，认为周文王从即位起就已经称王了[1]，并且认为"惟王五十年"，"这五个字可以对千百年来学者们聚讼不清的有关周文王事迹的争论起到拨云见日之功效，意义非常重大"[2]。说清华简《保训》发现"意义重大"，此言不虚；若单就其中"惟王五十年"记载，可以结束文王称王与否问题争论，下此结论似为时尚早。因为周文王受命称王的问题是历史上遗留的一大学术公案，其牵涉中国上古史多方面问题，其复杂性自不待言。所以我们有必要综合各种文献材料详细加以研究考察，期望得出令史学界信服的见解。

一、周原甲骨文与文王称王

传世文献存有周文王在殷末称王的记载，然而，传世文献多属于后人追记的性质，可能难以完全证明文王称王的事实。那么，如何证明文王在当时已经称王，就是一个非常关键的问题了。在其他文献中有否文王直接称王的有力证据呢？

1977年周原甲骨文的发现为周文王是否称王问题提供了实物证据。经过学者对周原甲骨的多年研究，最初很多有争议的问题逐步达到较为一致的意见。如周原甲骨的族属问题，当属于周人无疑；甲骨卜辞中出现的"王"是商王还是周王的问题，

---

[1] 刘国忠：《〈保训〉与周文王称王》，《光明日报》（国学版）2009年4月27日（12版）；又见刘国忠《周文王称王史事辨》，《中国史研究》2009年第3期。
[2] 刘国忠：《〈保训〉与周文王称王》，《光明日报》（国学版）2009年4月27日（12版）。

现在学者多认为是周王；更进一步说，周原甲骨卜辞中的"王"不是武王而是文王等。这些研究成果为我们研究周文王称王问题提供了坚实的基础。

研究周原甲骨中"王"为何人，是商王还是周王？在学者细致比较下，也基本弄清了周人称王和商人称王的区别：周原甲骨中对商王的称述常常以"衣王"或"商王"的形式，而对周人本族首领的则仅称作"王"，如：

H11：3：衣王田，至于帛，王隹（隻）田。

H31：2：唯衣微子来降。

H11：261：商王肜。

学术界对上述卜辞做过不少研究，对于"衣王"即是"殷王"，学者间认识较为一致。因为"衣""殷"两字音同字通，周人称"殷"为"衣"。同样，在金文中也有不少此例。周初武王时器天亡簋载有"衣王"，沈子它簋亦有"克衣"。这些辞例可证明甲骨卜辞所记"衣王"就是"殷王"之说无疑。然对于H11：3中"王惟田"之"王"系谁，学者之间意见存在分歧。综观学术界的论述，基本有两种观点。一种观点认为"王"仍指"衣（殷）王"，如徐锡台先生、朱歧祥先生等均持此说。徐锡台先生认为"王隻田"的意思就是"殷王进行田猎且有所收获"①。朱歧祥先生也进一步指出，本图版读法应该由左向右，前言"衣王"，后则省称为"王"；前言"田至于某地"，后接言"获田"，前后文才能呼应②。另一种观点认为"王"是指"周文王"，此种看法以严一萍先生为代表。他认为"衣王"当是"帝辛"，"王隻田"之"王"乃是周王，当即文王③。曹定云先生认为，该片卜辞中，"衣王"与"王"同版，很明显，这是两个"王"，而不是一个"王"。既然"衣王"是"殷王"，那后面的"王"必为"周王"，即周文王。周原所出甲骨，无论从制作形态，还是文字特征来看，均应是周人卜辞。在那个时代，"邦国"甚多。周人称"殷"为"大邦"，称自己是"小邦"④。

经学者研究，周原甲骨应属于周文王时期的卜辞，文王在周原地区建立殷先王宗庙并对商先王祭告，是在"商室少卑，周实继之"背景下，周人力图证明天命转移的一种形式。为寻找"代商"的天命依据，周人不仅"扬梦以说众"，而且通过卜筮等形式祈告上天和殷先王，以便获得"天命转移"的合法性。周原庙祭甲骨刻辞是文王为验证天命问卜而"受殷王嗣位之命"的重要物证⑤。

在陕西省岐山县凤雏村西周甲组宫殿遗址西厢2号房出土的周原甲骨H11：163

---

① 徐锡台：《周原甲骨文综述》，三秦出版社，1987年，第14页。
② 朱歧祥：《周原甲骨研究》，学生书局，1997年，第5—6页。
③ 严一萍：《周原甲骨》，《中国文字》（新一期），艺文印书馆，1980年。
④ 曹定云：《周原甲骨"二王"同猎与"文王囚羑里"——兼论周原卜辞族属》，宋镇豪主编：《甲骨文与殷商史》（新三辑），上海古籍出版社，2013年。
⑤ 李桂民：《周原庙祭甲骨与"文王受命"公案》，《历史研究》2013年第2期。

载："今秋，王斯克往密。"我们根据《诗经·大雅·皇矣》："密人不恭，敢拒大邦，侵阮徂共。王斯赫怒，爰整其旅，以按徂旅。……侵自阮疆。"以及《史记·周本纪》对周文王称王之"明年，伐犬戎，明年伐密须"的记载，周原甲骨所载"王斯克往密"之王当指周文王。此事说明周文王业已称王。此片卜辞可视作文王当时已称王的有力证据。已故先秦史专家徐中舒先生曾经指出，周原甲骨大部分是文王时代遗物，除庙祭甲骨外，H11：136"今秋王西克往密"等涉及密事的七片刻辞定为文王时期，其中四条明言密事，另三条提到"西克事""往西无咎"，徐先生认为亦指文王克密之事①。除此片甲骨卜辞外，在周原甲骨中还有几例文王当时已称王的直接证据。不妨将这些甲骨卜辞列举如下：

H11：1：癸巳彝文武帝乙宗，贞王其邵祭成唐□，服二女，其彝：血三豚三斯又正。

H11：82：……在文武……贞，王其邵禘□天，□典册周方伯，……斯正无左，王受有祐。

H11：84：贞，王其拜祐大甲，册周方伯。□，斯又正。不左于受右（祐）。

H11：112：彝文武丁□，贞，王翌日乙酉，其祈再中……文武丁豊，……左王。

H11：3：衣王田，至于帛，王隹（隻）田。

围绕上述甲骨对"王""周方伯"的记载，学术界有学者据"王""周方伯"两者并称提出周文王并未称王的观点；还有学者认为"王""周方伯"系同一人而提出周文王称王的观点。对于前一种观点，王玉哲先生②、杨向奎先生③均有论述；对于后一种观点，王晖先生认为："此片中'王'与'周方伯'是一人而不是两人：'王'是贞人所用的称谓；'周方伯'是对所祭的殷先王而言，是以过去的君臣关系来称呼的。'册周方伯'是告殷先王大甲之语，故自称'周方伯'。一人而二称是因所言对象不同而加以区别，不应把'周方伯'与'王'分为二人。"④ 说庙祭甲骨中的"王"是周文王，还面临着一个疑问，为何周文王在周原建立殷王宗庙对成汤、太甲、文武丁等殷先王进行祭祀？学者多表示不能理解。

在解释周地为何会出现祭祀殷先王的宗庙这个关键问题时，王晖还指出，周王祭祀大乙、大甲、文丁等殷先王，亦并非不合"神不歆非类，民不祀非族"的祭祀

---

① 徐中舒：《西周甲骨初论》，徐亮工编：《川大史学·徐中舒卷》，四川大学出版社，2006年，第225页。
② 王玉哲：《陕西周原所出甲骨文的来源试探》，《社会科学战线》1982年第1期。
③ 杨向奎：《宗周社会与礼乐文明》，人民出版社，1992年。
④ 王晖：《周原甲骨属性与商周之际祭礼的变化》，《历史研究》1998年第3期；及其《周文王受命称王考》，《陕西师范大学学报》（哲学社会科学版）2002年第4期。

原则，这是因为商末季历、文王相继娶商王室贵族、王族之女为妻，与商朝结成甥舅关系，文王、武王也因此与殷先王有了直接的血缘关系。所以文王为外舅帝乙立宗庙，为外王父立神宫，并在其中祭祀殷先王①。此说将商周之间血缘关系拉近，较为合理地回答了长期困惑学术界的"神不歆非类，民不祀非族"的难题。另一个不可忽视的原因是周王是臣属于殷王统治的，故才会在周地出现周人祭祀殷先王的宗庙。如此亦可更好理解先秦典籍记载商纣王"弃成汤之典""弃阙其先神而不祀"，而放弃对上帝先王的祭祀最终成为周人革命的一个重要原因，也成为周人争取殷民的有力武器。

晁福林认为："关于周文王是否称'王'的长期争论，在周原甲骨文出土以后，应当有一个明确而肯定的结论，即可以完全断定他确曾在'受命'之后称王。"② 晁先生的看法代表了相当一部分学者认为文王生前已称王的观点。

李桂民先生在全面爬梳周原凤雏甲骨的基础上，认为最有争议的四片庙祭甲骨是同一时期卜辞，都是克商前周文王时期卜辞，其语境与商末的周人受命有关。周原凤雏庙祭甲骨的具体内容是周人为验证天命对殷先王的问卜③。

然而，对于用周原甲骨卜辞证明文王当时已称王也同样存在若干疑问，一是甲骨卜辞中有"王"与"周方伯"并称，究竟是指一人还是两人？二是在周原甲骨卜辞中为何出现祭祀商王文武丁的宗庙，这与文献记载的"神不歆非类，民不祀非族"及"鬼神非其族类，民不祀非族"的礼制不符，该如何解释这个问题显得十分必要。晁福林先生认为："这两片卜辞中的'王'，应当就是周文王，因为在周文王之后，周武王已经没有必要在周原为商先王立庙示敬。"④

周原甲骨卜辞多属于殷周时期卜辞。其中周原甲骨卜辞 H11：2 属于周武王时期卜辞，主要记载了微子来降之事。"周原甲骨文是周人不同时期的刻辞记录，有的在克殷之前，有的在克殷之后。"⑤

周原甲骨中记有两处"周方伯"，周方伯是否就是传世典籍上的西伯呢？周文王在文献记载中有西伯、周方伯、伯昌等名号。《楚辞·天问》："伯昌号衰，秉鞭作牧。"⑥ 周文王称作"西伯"，见诸《尚书·西伯戡黎》《孟子·离娄上》《孟子·尽

---

① 王晖：《周原甲骨属性与商周之际祭礼的变化》，《历史研究》1998 年第 3 期。
② 晁福林：《从上博简〈诗论〉看文王"受命"及孔子的天道观》，《北京师范大学学报》（社会科学版）2006 年第 2 期。
③ 李桂民：《周原庙祭甲骨与"文王受命"公案》，《历史研究》2013 年第 2 期。
④ 晁福林：《从上博简〈诗论〉看文王"受命"及孔子的天道观》，《北京师范大学学报》（社会科学版）2006 年第 2 期。
⑤ 李桂民：《周原庙祭甲骨与"文王受命"公案》，《历史研究》2013 年第 2 期。
⑥ 董楚平：《楚辞译注》，上海古籍出版社，1986 年，第 116 页。

心》《史记》等文献。《尚书·西伯戡黎》曰："西伯既戡黎。"①《孟子·离娄上》《孟子·尽心上》等不乏西伯记载，前者云："我闻西伯善养老者。"《史记·周本纪》载曰："赐弓矢斧钺，使得征伐，为西伯。"②周原甲骨卜辞中有两次出现"周方伯"，《史记·周本纪》有"政由方伯"之记述，《史记集解》引郑众云："长诸侯为方伯。"可见，方伯当如多数学者以为某方之君长即称某方伯的看法。李学勤先生认为："文献所谓'方伯'乃若干方国之长。"③这个看法是正确的。《礼记·王制》中记载"方伯"有多处："千里之外设方伯。……天子使其大夫为三监，监于方伯之国，国三人。"④揆诸史书，在有周诸先王中，只有周文王曾经为西伯。周原甲骨中出现的"周方伯"应为周文王无疑。在诸多文献中，《史记》记载最为详细清楚。如《殷本纪》载曰：

> （纣）以西伯昌、九侯、鄂侯为三公。九侯有好女，入之纣。九侯女不憙淫，纣怒杀之，而醢九侯。鄂侯争之强，辨之疾；并脯鄂侯。西伯昌闻之，窃叹。崇侯虎知之，以告纣，纣囚西伯羑里。西伯之臣闳夭之徒，求美女奇物善马以献纣，纣乃赦西伯。西伯出而献洛西之地，以请除炮格之刑，纣乃许之。赐弓矢斧钺，使得征伐，为西伯。⑤

又如在《周本纪》载道：

> 公季卒，子昌立，是为西伯。西伯曰文王……崇侯虎谮西伯于殷纣曰："西伯积善累德，诸侯皆向之，将不利于帝。"帝纣乃囚西伯于羑里。闳夭之徒患之，乃求有莘氏美女、骊戎之文马、有熊九驷、他奇怪物，因殷嬖臣费仲而献之纣，纣大说，曰："此一物足以释西伯，况其多乎！"乃赦西伯，赐之弓矢斧钺，使西伯得征伐。曰："谮西伯者，崇侯虎也。"西伯乃献洛西之地，以请纣去炮格之刑，纣许之。西伯阴行善，诸侯皆来决平。⑥

结合传世文献《礼记·王制》《史记·殷本纪》等传世文献与周原出土甲骨卜辞可以知道：只有文王称作西伯，也只有纣王册封文王为西伯。有学者提出，周原甲骨中两例"册周方伯"之记载，是指"周人各部或臣服周人的庶邦首领，即《史记》所载献挚商纣、求赦文王的闳夭一类的人，是周王的下属，而非西伯文王本

---

① 曾运乾：《尚书正读》，华东师范大学出版社，2011年，第121页。
② [汉] 司马迁：《史记》，中华书局，1982年，第116页。
③ 李学勤：《周文王时期卜甲与商周文化关系》，《人文杂志》1988年第2期。
④ [汉] 郑玄注，[唐] 孔颖达等正义：《礼记正义》，[清] 阮元校刻：《十三经注疏义》，中华书局，1980年，第1325—1326页。
⑤ [汉] 司马迁：《史记》，第106—137页。
⑥ [汉] 司马迁：《史记》，第116—117页。

人"①。这种观点是与文献记载不符合的,周原甲骨两例"册周方伯"正与《史记》记载相互契合。自周文王被纣册命为西伯后,凭借纣王所赐"弓矢斧钺",具有了不经王命,独自公开地征伐其他诸侯方国的权力了。虽然不敢说记此卜辞者就是周文王本人,但周文王被册命为西伯"是西方诸侯之长,或者说共主"②应该是符合历史实际的。简言之,文王的权力大于其他诸侯方国确是事实。

由此看来,周原甲骨卜辞中出现的周方伯当就是传世文献中的西伯,而学者们基本同意周原甲骨卜辞中的"王"是周文王,"衣王"是殷王,故我们可据周原甲骨实物记载推断周文王生前确已称王,当是符合历史实际的结论。

二、文王玉环与文王称王

1993年在山西曲沃天马—曲村遗址北赵村晋侯墓地31号墓发现一件文王玉环,其上刻文字曰:"文王卜曰:我暨唐人弘战贾人。"③计有12字。李学勤先生指出,此件文物所载的"是文王时期久已失传的一件史事。……玉环上的文字并不是文王当时刻的,'文王'乃是身后的谥法。实际上,文王终身无称王之事。"④王晖先生认为,"这件文王玉环是周文王时所卜,也是其所制所刻。'文王'之'文',并非谥号,谥法是西周中期穆王共王及其前后才产生的。此同武王时利簋铭文中的'武王'之"武",是尊号美名。文王玉环刻辞中的'文王'就是周文王,说明文王在世时已称王,并有'文'字的尊号美名。从上述出土的古文字资料看,周文王在世已称王是可以肯定的。"⑤

按照王晖先生的说法,文王后来的谥号应该与其生前"尊号美名"存在着重合的联系。同时,王晖先生也推断说:"此环铭文所记之事应在文王平虞、芮之讼前。不过,李先生接收张守节之说,以为文王当时并未称王,我认为是不妥的。周原甲骨文中既有'王',亦有'周方伯'……不应把'周方伯'与'王'分为二人。这就正好印证了《周本纪》所说的文王'受命而称王'的说法。因此,曲沃晋侯31号墓发现的文王玉环铭文中的'文王'应是当时所刻,并非是后来的追记。"⑥文王玉环是当时所刻抑或后人追记之争论成为判断文王是否称王的关键。

---

① 北京大学考古学研究中心、北京大学震旦古代文明研究中心编:《古代文明》(第5卷),文物出版社,2006年,第150页。
② 田昌五:《周原出土甲骨中反映的商周关系》,《文物》1989年第10期。
③ 学界对其中个别字释读不一,如孙广明先生认为,周文王联合"唐人"大战之敌人,并非"贾人",而是"壶(胡)人"即匈奴。参见孙广明《文王玉环铭文考——兼说"壶""复"》,《宝鸡文理学院学报》(社会科学版)2012年第5期。
④ 李学勤:《文王玉环考》,《华学》(1),中山大学出版社,1995年。
⑤ 王晖:《周文王受命称王考》,《陕西师范大学学报》(哲学社会科学版)2002年第4期。
⑥ 王晖:《古文字与商周史新证》,中华书局,2003年,第63页。

孙广明先生同意李学勤先生文王玉环"并非当时所刻"的说法，并认为："H11：1、82、84、112 为武王克商后，在殷都朝歌期间随军周人史官所卜记；陈全方《西周甲文注》解说 H11：1 大概是对的；H11：82、84 可能与武王为其父周方伯追王加谥、祷告天地有关；H11：112 为贞问在朝歌举行庆典安排之事；卜辞中'王'为周武王。"① 孙氏之说延续了学界周原甲骨卜辞中"王"是周武王的观点。孙广明还指出："《左传·僖公十年》所云：'神不歆非类，民不祀非族。'恐不适用于朝代更替之特殊政治时期。《淮南子·泰族训》：'周初丰镐之地，方不过百里，而誓纣牧之野，入据殷国，朝成汤之庙。'成汤庙都朝拜过，武王入商纣之父庙、祖父庙祭奠并陈述其罪也在情理之中。"② 正如前文我们所论和学者研究指出，商周两族之间关系并非如一些学者所说的差异之大，实际上商周两族不仅存在政治婚姻的血缘关系，而且周人长期以来是臣属于商王统治的。故以"神不歆非类，民不祀非族"强调商周之间的关系，是不符合历史实际的。另说武王朝成汤之庙及其后代帝乙、帝辛之庙固然有此可能，但不能以此否认周文王祭祀殷先王的史实。

文王祭祀商王的史实，学者有所讨论。如刘桓先生认为："文王向商朝先王致祭祈求保佑，也并不奇怪。……《吕氏春秋·顺民》说'文王处岐事纣'，'祭祀必敬'，可见周人可以祭商朝先王。另外，《书·多士》称：'殷王亦罔敢失帝，罔不配天其泽。'《召诰》称'天既遐终大邦殷之命，兹殷多先哲王在天'，周人相信商朝先王死后升天，祭祀他们也是有灵验的，因而相信他们可以保佑周方。"③ 周人作为商人的臣属之邦，对殷之王是由衷敬畏的；而只是后来殷周交恶，如文丁杀季历、纣王囚文王等一系列事件后，再加上殷纣王惨无人道，不敬畏上帝，不祭祀先王，故成为周人讨伐之口实。

从文王玉环引出的周原甲骨卜辞"王"的身份争论以及周人是否可以拜祭商代祖庙的讨论，我们可以清楚看出，周原甲骨卜辞中"王"应是周文王无疑，作为殷商的臣属之邦和结成政治婚姻的纽带，从而使商周两族关系既有政治从属关系，也存在血缘亲属关系，周王在周原设立殷先王之宗庙并祭祀也就不足为奇了。

总之，对于文王玉环能否说明文王是否称王问题，笔者以为该玉环出土于晋侯墓地，相距文王时代不远，该玉环可能为唐叔虞分封时为周成王所赐，从而晋人一直保存起来，最后成为晋侯之随葬品。基于以上学者探讨，文王玉环很可能是文王时期的物品，这件文王器物的出土对于文王生前称王可作为一个重要辅证。至于要

---

① 孙广明：《文王玉环铭文考——兼说"壶""复"》，《宝鸡文理学院学报》（社会科学版）2012 年第 5 期。
② 孙广明：《文王玉环铭文考——兼说"壶""复"》，《宝鸡文理学院学报》（社会科学版）2012 年第 5 期。
③ 刘桓：《甲骨集史》，中华书局，2008 年，第 127 页。

坚强证实文王生前已经称王尚需要其他材料方面的证据。

三、清华简与周文王称王

近年新发现的清华简记载有文王称王的历史信息。清华简《保训》开篇即曰"惟王五十年",这个"王"显然指周文王;清华简《程寤》亦曰"惟王元祀正月既生魄,大(太)姒梦见商庭惟棘",此"王"也指周文王,是清华简两篇文献有关文王纪年的记载都从一定程度上支持了"文王称王"说。

《保训》作为周文王对武王的遗嘱,"其中'惟王五十年'一语,可以证明周文王在生前已经称王,但并不能证明他何时(即位)称王。"① 王辉认为:"'惟王五十年'只是战国时人传说的周文王纪年,文王生前并未受天命称王","《保训》大多具有春秋乃至战国的时代特征","极可能只是战国儒者代拟的周文王遗言,'惟王五十年'也未必是周文王临终时的真实纪年"②。清华简《保训》"惟王五十年"、《程寤》"惟王元祀"之文王元年与传世《尚书·无逸》"文王受命惟中身,厥享国五十年"可以相互比证,对文王称王的历史真相提供一定程度的揭示。

清华简《保训》"惟王五十年"提供了文王称"王"的直接证据。《保训》篇作为文王临终告诫太子发的遗言,"是有关周文王在世期间史事的最后材料,但是篇中所用的称谓仍是'王'而非'文王'。……周文王生前虽然已经自称为王,但他并没有自称为文王,文王的'文'字为其死后的谥号,其时代应该在周武王克商建立周朝之后。……如果我们把周文王生前自称为王和死后谥号为文王当做两件不同的事情区别开来,就可以对这些看似矛盾的文献记述予以合理的解释。"③

文王称王与受命问题长期纠缠在一起。传世文献《尚书·无逸》载"文王受命惟中身",孔颖达《尚书正义》说:"经言'受命'者,郑玄云:受殷王嗣位之命。然殷之末世,政教已衰,诸侯嗣位,何必待王命?受先君之命亦可也。王肃云:文王受命,嗣位为君。不言受王命也。"④ 郑玄将"文王受命"理解成"受殷王嗣位之命",即文王接收纣王册命为西伯;王肃、孔颖达则认为文王受命或是"受先君之命"。

司马迁《史记·周本纪》中记载"西伯受命称王",学者对此也认识不一。有的认为是文王受到商纣王的赏赐弓矢斧钺,从而得专征伐;有的认为诸侯咸尊西伯为王。文王受命究竟所受何命?学界争论不止。近代国学大师王国维先生根据《尚书》中"受命"与"降命"的分析,在《周开国年表》中指出:"降命之命,即谓

---

① 于振波、车今花:《关于周文王的即位与称王》,《湖南大学学报》(社会科学版)2011年第2期。
② 王辉:《清华楚简〈保训〉"惟王五十年"解》,《考古与文物》2009年第6期。
③ 刘国忠:《〈保训〉与周文王称王》,《光明日报》(国学版)2009年4月27日(12版)。
④ [汉]孔安国传,[唐]孔颖达等正义:《尚书正义》,[清]阮元校刻:《十三经注疏》,中华书局,1980年,第222页。

天命。自人言之，谓之受命；自天言之，谓之降命。"① 王国维先生因此指出，文王受命就是受天命。正如前文所论，我们认为王国维先生的这个认识是非常正确的。文王受命就是受天命，其重要内容之一就是受民受疆土，大盂鼎铭文（《集成》2837）："丕显文王受天有大命……先王受民受疆土"就是明证。

对于文王称王疑案，晁福林先生曾经指出，周文王当殷末之世即已称王②。按晁先生所据文献除了司马迁《史记》明言文王"受命称王"外，其他文献只是说文王受命，均未明言文王"称王"；另据晁先生近文指出，文王平虞、芮之讼而受拥戴，进而受命称王是战国秦汉以降广泛流行于世的说法，当代学者也每每相信此说。但晁先生通过对《诗经·绵》和毛传的说法分析，发现并没有因虞、芮质平而文王受命之说。因此，他认为此说当为司马迁所增衍③。这样，否定了《史记》的记载，那么文王"称王"就成了无根之谈。何况，即使不否定《史记》记载，其中所云"谥为文王"，与文王"受命称王"矛盾。惜晁先生未能细查，故有此论。总之，据以上文献很难使人们相信文王"称王"的证据的确凿性。因此文王"称王"问题不可与"受命"简单等而视之。要证明文王生前已经称王，尚需要更加确凿的证据加以说明之，才能使这个问题真正解决。

晁先生认为周文王称王的最直接的证据应当就是周原甲骨文。然而据上博简《容成氏》记载，殷纣王无道而众邦国反叛时周文王所表现出的韬光养晦之策甚为明显。其文曰："文王闻之曰：'唯（虽）君无道，臣敢无事乎？唯（虽）父无道，子敢无事乎？孰天子而可反？受闻之，乃出文王于夏台之下而问焉，曰：'九邦者其可来乎？'文王曰：'可。'文王于是乎端褰裳以行九邦，七邦来备（服），丰、镐不备（服）。文王乃起师以乡（向）。"④ 上引简文，说明文王在纣王时不可能公开称王。这又如何解释呢？

周人尤其强调受命开始于周文王。笔者甚同意晁福林先生的文王、武王、成王的连续受天命之说，但亦可发现他将文王受天命与称王问题似乎有等同之嫌，这虽然可以作为一种观点进行论证，但我们以为两者的等同也存在着一定的矛盾。如清华简《保训》《程寤》对文王纪年的记载就发生相互抵牾。因此，文王称王问题尚需要从其他方面重新进行论证。

---

① 王国维：《观堂集林（外二种）》，河北教育出版社，2001年，第618页。
② 晁福林：《从上博简〈诗论〉看文王"受命"及孔子的天道观》，《北京师范大学学报》（社会科学版）2006年第2期。
③ 晁福林：《从清华简〈程寤〉篇看"文王受命"问题》，《北京师范大学学报》（社会科学版）2016年第5期。
④ 马承源主编：《上海博物馆藏战国楚竹书（二）》，上海古籍出版社，2002年，第287页。

四、文王的生称与谥称

西周王号是生称还是死谥的问题，向来是学术界一个颇为争议的问题。研究周初诸王称王问题，如文王称王、周公称王等都不可能绕开这一难题。在学术界，关于文王称王属于时王王号生称、美称还是王号死谥说是仁智互见之说。文、武是文王、武王的谥号（死称美名）还是生时的美称？无疑成为我们研究的重要课题之一。在研究此问题之前，有必要对文王名号进行简单回顾。

据诸种文献记载，文王名号有昌、西伯昌、伯昌、文王、西伯、周方伯、穆考、文考、文祖等不同称号。《尚书·酒诰》载："乃穆考文王，肇国在西土。"清代孙星衍以《诗经·载见》"率见昭考"，毛传"昭考，武王也"，谓武王为昭，则文王为穆也。笔者以为，周初尚未产生昭穆制度，文王称穆，武王称昭，纯属巧合。杨筠如先生对此有很好的解释，认为："庙中之有昭穆，疑非周初之制。《诗》《书》之称昭穆，皆美先王之辞。……与庙中之昭穆无涉。"① 然曾运乾先生相信以上说法，"穆考者，郑云：'自始祖之后，父曰昭，子曰穆。'按周自后稷始基，十五世而至文王，弟次当穆，故称穆考。《诗·载见》'率见昭考'《传》云：昭考，武王也。"文王为穆考，故武王为昭考。"②

文王死后有穆穆文王、文考等称呼。《尚书·武成》记载："王若曰：'呜呼！群后。惟先王建邦启土，公刘克笃前烈，至于大王，肇基王迹，王季其勤王家，我文考文王，克成厥勋，诞膺天命，以抚方夏。大邦畏其力，小邦怀其德。惟九年，大统未集。予小子其承厥志，底商之罪……惟有道曾孙周王发将有大正于商……'"

《尚书·大诰》："王若曰：'……天降威，用宁（文）王遗我大宝龟，绍天明，……曰民献有十夫，予翼以于敉宁（文）、武图功……天休于宁王，兴我小邦周。宁王惟卜用，克绥受兹命。'"

《尚书·康诰》："惟乃丕显考文王，克明德慎罚，……用肇造我区夏，越我一二邦，以修我西土。惟时怙冒闻于上帝，帝休。天乃大命文王殪戎殷，诞受厥命，越厥邦厥民。"

《尚书·酒诰》："王若曰：'明大命于妹邦。乃穆考文王，肇国在西土，厥诰毖庶邦庶士越少正、御事，朝夕曰：'祀兹酒。'惟天降命③，肇我民，惟元祀。'"④

《礼记·中庸》记载："周公成文、武之德，追王太王、王季，上祀天公以天子

---

① 杨筠如：《尚书覈诂》，陕西人民出版社，2015年，第277页。
② 曾运乾：《尚书正读》，华东师范大学出版社，2011年，第182页。
③ 天降命于君，谓以付天下。盖降命，皆有右助福佑之义也。见《尚书覈诂》，第278页。
④ 杨筠如说："元祀，谓天子受命改元而后称元祀。"见《尚书覈诂》，第278页。

之礼。"① 能否据此记载仅记追王太王、王季而没有追王"文王",作为文王已经称王的直接证据呢?我们认为似乎不宜如此轻易下结论。因为同样是《礼记·大传》记载武王"追王"其中包括文王,"牧之野,武王之大事也。既事而退,柴于上帝,祈于社,设奠于牧室。遂率天下诸侯,执豆笾,逡奔走;追王大王亶父、王季历、文王昌,不以卑临尊也。"② 此说所谓周之三王之号是后人追述的,这似乎告诉我们周之三"王"当时并未称"王"。周人谥法是否是"生前为美名,死后则为谥号"?譬如王晖先生引用"文王玉环"器物上所记"文王卜曰"是否就是文王自称王说的证据以及利簋铭文称"武王"是否属于生前美名?这些出土文献所反映的能否视作文王生前已经称王的证据。值得注意的是,司马迁在《周本纪》中有一段文字涉及文王称王的谥号问题,"西伯盖即位五十年。盖益《易》之八卦为六十四卦。诗人道西伯,盖受命之年称王而断虞、芮之讼。后十年而崩,谥为文王。改法度,制正朔矣。追尊古公为太王,公季为王季:盖王瑞自太王兴"③。又记载:"古公卒,季历立,是为公季。公季修古公遗道,笃于行义,诸侯顺之。公季卒,子昌立,是为西伯。西伯曰文王,遵后稷、公刘之业,则古公、公季之法,笃仁,敬老,慈少。"④ 从司马迁所记两段文字来看,文王以前周人先祖称公不称王,如古公、公季等。而称古公为太王、公季为王季,应该是周人(武王)对其追尊;而文王时期在其晚年仅称"王","文王"之前"文"字当是文王崩后的谥号,所以张守节《史记正义》据《谥法》解释曰:"经纬天地曰文。"⑤ 可见文王当时仅是称"王"而非"文王"。在周人看来,"王瑞自太王兴"意谓从古公开始具有王者气象,不能以为古公此时称王。虽然王国维曾说诸侯境内称王与称公无异,但就周人政治势力的发展大小来说,一国或一族内称"王"与称"公"还是有所不同的。如两者果真相同,武王就不会追尊其先祖为"王",这说明王的地位还是要远高于公的。另据周族古公、公季直到西伯,又曰"西伯曰文王",司马迁似乎以为文王开始称王,后人称其为"文"王,正是文王崩后周人给他加的谥号。

我们知道,王在生前是没有谥号的,至于文王死后加谥号"文"并不是问题的核心,文王生前是否自称"王"才是问题的关键。

对"元祀"所指,王国维先生认为就是文王受命称王的元年,他说:"天之降命如何?'肇我民,惟元祀'是也。元祀者,受命称王配天改元之谓。《洛诰》曰:

---

① [汉]郑玄注,[唐]孔颖达等正义:《礼记正义》,[清]阮元校刻:《十三经注疏》,第1628页。
② [汉]郑玄注,[唐]孔颖达等正义:《礼记正义》,[清]阮元校刻:《十三经注疏》,第1506页。
③ [汉]司马迁:《史记》,第119页。
④ [汉]司马迁:《史记》,第116页。
⑤ [汉]司马迁:《史记》,第119页。

'王肇称殷礼,祀于新邑,咸秩无文。'又曰:"惇宗将礼,称秩元祀,咸秩无文。"又曰:'记功,宗以功,作元祀。'是为成王初平天下后之元祀。而《酒诰》之'肇我民,惟元祀',是为文王受命之元祀。《洪范》称'惟十有三祀王访于箕子','十三祀'者,文王受命之十三祀,武王克殷后之二年也……《洛诰》曰'惟七年',是岁为文王受命之十八祀,武王克商后之七年,成王嗣位,于兹五岁,始祀于新邑,称秩元祀。"①

《尚书·无逸》:"厥亦惟我周太王、王季,克自抑畏。文王卑服,即康功田功……文王受命惟中身,厥享国五十年。"② 成王时期,周公即以周太王、王季追尊先王,此处"文王"之"文"当是谥号之称,而文王当时已经称王史实难以否定。正如周公死后谥称"周文公",其中"文"乃为谥号。

否定文王称王的一个重要原因是孔子赞颂文王"三分天下有其二,以服事殷"这句话,并称美文王"至德"。实际上,由于不少儒者囿于时代思想和当时礼法,孔子只是看到了外在的结果,而未曾看到商周关系表象下的暗潮涌动。《礼记》中记载"周公成文武之德,追王太王、王季,上祀先公以天子之礼",同时也记载"追王大王亶父、王季历、文王昌,不以卑临尊也"。这两种说法:一是文王未曾追王,一是文王也被追王,这似乎反映出战国时期学者在文王称王问题上的分歧。葛志毅先生指出,历来称文王时三分天下有其二犹服事殷是其仁,其实不然,是乃周不敌商的无可奈何③。综合以上多种文献,笔者较为赞成文王当时已经称王的观点,而非后人所加的美称或谥称。

五、王国维"称王"学说之检讨

王国维先生对殷周历史研究学术贡献甚大,其《殷周制度论》《周开国年表》在学术界一直被视作名篇。而由他创立的"古诸侯境内称王"说亦为学者们研究周文王、周公称王问题时屡见引用,并奉为圭臬。王氏《古诸侯称王说》一文篇幅不算长,为了讨论方便,兹将王氏这一观点和论据摘录下来:

> 世疑文王受命称王,不知古诸侯于境内称王,与称君、称公无异。《诗》与《周语》《楚辞》称契为玄王,其六世孙亦称王亥,此犹可曰后世追王也。汤伐桀,誓师时已称王。《史记》又云"汤自立为武王",此亦可云世家追纪也。然观古彝器铭识,则诸侯称王者,颇不止一二觏。徐、楚之器无论已。矢王鼎云"矢王作宝尊",散氏盘云"乃为图矢王于豆新宫东

---

① 王国维:《观堂集林(外二种)》,第 618 页。
② [汉] 孔安国传,[唐] 孔颖达等正义:《尚书正义》,[清] 阮元校刻:《十三经注疏》,第 222 页。
③ 葛志毅:《周公摄政史实再考》,《求是学刊》1999 年第 6 期。

廷",而矢伯彝则称矢伯,是矢以伯而称王者也。录伯冬敦盖云:"王若曰:录伯冬□自乃祖考有劳于周邦。"又云:"冬拜手稽首,对扬天子丕显休,用作朕皇考釐王宝尊敦。"此釐王者,录伯之父。录伯祖考有劳于周邦,则其父釐王非周之僖王可知。是亦以伯而称王者也。彳伯敦云:"王命仲到归彳伯裘。王若曰:彳伯,朕丕显祖玟珷膺受大命,乃祖克□先生翼自他邦,有□于大命,我亦弗望(忘)。赐汝□裘。彳伯拜手稽首,天子休,弗望小□邦归夆,敢对扬天子丕显鲁休,用作朕皇考武彳几王尊敦。"彳伯之祖自文武时已为周属,则亦非周之支庶,其父武彳几王,亦以伯而称王者也。而录伯、彳伯二器,皆纪天子锡命以为宗器,则非不臣之国。盖古时天泽之分未严,诸侯在其国自有称王之俗,即徐楚吴楚(按越)之称王者,亦沿周初旧习,不得尽以僭窃目之。苟知此,则无怪乎文王受命称王而仍服事殷矣。①

早在20世纪50年代,文史大家郭沫若先生即在《金文所无考》"五等爵禄"考证部分引王国维《古诸侯称王说》青铜器铭文佳例,指出"诸侯每称王"与"公侯伯子无定称",并赞誉王国维《古诸侯称王说》"其说无可易矣"②。当今先秦史名家晁福林先生也对王国维《古诸侯称王说》一文服膺有加。晁先生认为王国维《古诸侯称王说》解决了周文王"至德"与他"称王"之举是否矛盾的问题,当时"诸侯在其国自有称王之俗",所以周文王称"王"就无足为奇了③。此后,李桂民博士在论述文王称王时亦赞成王国维《古诸侯称王说》,他认为王国维依据西周青铜器铭文指出"古诸侯于境内称王,与称君、称公无异",但后代学者囿于后代礼法,却无法理解这种诸侯称王的现实④。

然而,学者对王国维《古诸侯称王说》观点高度赞誉的同时,也有学者表达了不同的意见。首先开启检讨王国维《古诸侯称王说》一文观点者当属张政烺先生了。张先生认为:"周时称王者皆异姓之国,处边远之地,其与周之关系若即若离,时亲时叛,而非周时封建之诸侯。文王受命称王,其子孙分封天下,绝无称王之事……称王在古代是一种严重的事情,绝非儿戏。"⑤

当代学者杨升南先生则认为王国维说的"天泽之分未严"是对古文献和铜铭的误解而作的错误结论⑥。

---

① 王国维:《观堂集林(外二种)》,第623—624页。
② 郭沫若:《金文丛考》,人民出版社,1954年,第40页。
③ 晁福林:《从上博简〈诗论〉看文王"受命"及孔子的天道观》,《北京师范大学学报》(社会科学版)2006年第2期。
④ 李桂民:《周原庙祭甲骨与"文王受命"公案》,《历史研究》2013年第2期。
⑤ 张政烺:《王簋盖跋——评王国维〈古诸侯称王〉说》,《古文字研究》(第十三辑),1984年。
⑥ 杨升南:《周公摄政未称王》,《洛阳师范学院学报》2012年第1期。

近年，充分结合清华简等新材料对周文王称王历史问题进行深入论证的刘国忠先生在前人研究基础上对该问题的研究起到了一定推进、深化作用。如他认为王国维《古诸侯称王说》一方面根据文献记载承认了周文王生前称王的事实，另一方面将其政治上的象征意义加以淡化，可以说是对周文王生前称王说的一种折中和调和①。又，刘先生基于对《尚书·西伯戡黎》中纣王执迷不悟的分析，认为周文王受天命称王只是私下里采取的行为，并没有做公开的舆论宣传，商人并不知道周文王受命这一事件。周文王顺服于商纣王，可能更多的只是一种姿态和表面现象，实际上从周文王即位称王开始，就一直怀有灭商的企图②。

综合以上诸家对王国维《古诸侯称王说》一文观点的分析，我们可以看到王说并未成为定说，因此在周文王乃至周公受命与称王问题上仍有讨论的空间和必要。

六、文王受命与称王之关系

关于文王受命和称王的关系，学术界有几种观点：

第一种观点，历史学家司马迁认为文王受命即称王，受命与称王是同时的，二者属等同关系。这种观点对后世影响较大。

第二种观点，伏生《尚书大传》以为文王在六年伐崇后称王，又说文王受命一年断虞芮之质。当今学者李桂民先生也指出，文王受命和文王称王并不同步，称王应在受命之前。他认为在先周时期，一个重要的历史事件是文王受命，而不是文王称王③。这似乎是在说文王受命的意义要大于文王称王。

目前在研究文王受命与称王关系问题中，很少有学者关注到这个细微而重要的问题。多数学者对文王"受命"与"称王"之间关系认识模糊不清，从而笼统将文王受命和文王称王混为一谈，将受命说成是称王。值得说明的是，在这一问题上，大多数学者未注意到此问题的重要性，而仅有个别学者已经自觉将其区分。对于推动周文王受命、称王问题的深入开展具有十分重要的意义和启示。

有关文王受命与称王的关系问题，我们前文已有所涉及。长期以来，由于传统的看法认为文王受命与称王是等同的，属于一个共时性的历史事件：受命即称王，称王即受命。这种看法从而影响了对文王、武王、周公等相关史事的进一步认识。更有学者还从历史角度借以否定了文王受天命的存在，这无疑也给周初历史的研究带来了一定困难。

文王受命在我们今日看来，多认为是政治家欺骗民众的谎言，是不存在的。故

---

① 刘国忠：《周文王称王史事辨》，《中国史研究》2009年第3期。
② 刘国忠：《周文王称王史事辨》，《中国史研究》2009年第3期。
③ 李桂民：《周原庙祭甲骨与"文王受命"公案》，《历史研究》2013年第2期。

有学者认为文王受命的说法"可以视为一个古代神话,不予重视"①。然而,征之于文献,全是充满"天命"的存在。历史学家和注疏家也对文王受命进行了不同的解读,但基本不否定这个史实的存在,司马迁《史记》认为文王受命是指"受天命";王国维以为是"天降命于君谓付以天下"②。更为重要的是,《尚书》中也出现了很多"命"字:《大诰》"其有能格知天命","前人受命";《召诰》"有殷受天命","祈天永命";《洛诰》"以予小子扬文武烈,奉答天命";《多士》亦见"奉答天命"等。以上引文均出自周初诰类档案文献,都属于可靠的重要文献,如无充足理由,我们一般是不能轻易怀疑和否定文王受命这一史实的。

王和先生指出《大诰》中的"天命"是指"天的命令"。"受命"是指"接受天的命令"。《史记·周本纪》与《尚书大传》都记载了文王征伐之事,其中有三事相同,二事不同。但在文王一年平虞、芮之讼上相同。虞、芮之讼是周文王平定周边邻国,巩固后方之举,对周人十分重要。有人提出在《牧誓》中武王集中历数商王纣罪恶,为了最大限度地鼓舞士气,增强战士的斗志。按道理讲,文王受命将得天下,纣王坠天命将失天下,对于上古之人来说,这应是最能鼓舞士气的有力号召,然而《牧誓》中却无一字提及。这说明本来不存在所谓"文王从占卜中得知将得天下"这件事③。我们认为王先生之疑问与《牧誓》所记内容不符。《牧誓》中列举纣王罪恶时也许由于当时具体原因未提及"文王受命"之说,但文中明明提到武王说"今予发惟恭行天之罚",这也就是说武王在奉天命讨伐纣王。与此相似的是青铜器史墙盘在开篇叙述文王时也没有直接说文王"受命",而是说:"曰古文王,初戾和于政,上帝降懿德大屏,匍有上下,合受万邦。"这句话正是在讲"文王受命,奄有天下"④。

因此,《牧誓》文中不出现"受命",而用其他方式表达出来,并不意味着没有这个思想观念。天命内涵是一个不断演变的过程,并非静止不变的概念。在理解不同时期文献时,一定要分清天命的原始意义和后起意义,而不能以后来的意义来解释早期文献如《尚书·大诰》出现的天命;至成王时期,周公东征胜利以后,周人又对天命的理解产生了变化,在颂扬追述文王、武王的功绩时,重新给"天命"内涵赋予了新的含义,周公在天命观念的演变过程中,无疑是一个重要的考量对象。

最后,我们对文王受命和称王之间的关系进行简要总结。

文王受命和称王既存在相同点,也具有异同点。两者之间既有一定的联系,又有一定的区别。称王是受命得以产生的基础和前提,又是受命产生的原因和根源。

---

① 王和:《文王"受命"与周初的年代》,《史林》1990年第2期。
② 王国维:《观堂集林》卷一《与友人论〈诗〉〈书〉中的成语书二》,第34页。
③ 王和:《文王"受命"与周初的年代》,《史林》1990年第2期。
④ 李零:《重读史墙盘》,北京大学古代文明研究中心编:《吉金铸国史:周原出土西周青铜器精粹》,文物出版社,2002年,第46页。

受命是称王的发展和深化,使得称王(王权)更加具有正当性、合法性、神秘性,从而使受命和称王两者的存在亦趋合理化。但是,称王没有受命更具号召力,两者软硬兼施,相互联系,相得益彰。正确理解文王受命和称王的关系,必须将其上升到周代王权和天命政治理论的高度,或许能对这个古老历史课题有所体悟。

论出土秦律中的俗禁问题

吕亚虎（陕西师范大学历史文化学院）

摘 要：战国以来，阴阳思想和五行学说得到极大的完善和发展，以此为信仰原理的各种术数文化蓬勃发展。这种社会文化风习不仅对基层民众日常信仰习俗影响深远，也对统一前后的秦人上层意识领域产生了重要影响，以至在秦律中对一些社会民生俗信以法律明文形式予以禁止。如出土秦律禁杀子，但允杀有"怪物其身"及不全之新生儿、禁吏民以"秦"为名、禁壬癸日哭临及葬以报日，以及禁侍祠者祠未阕而奸于祠所等。从其本质上讲，这种以律令形式规范社会民众俗信的行为，虽蕴含着大一统王朝维护其政权合法性及政治威权之尊严的考量，但也不无受当时社会民众宗教信仰观的影响。通过对这些以国家律令形式禁止的社会民生俗信的分析，有助于我们全面认识秦律及秦文化。

关键词：秦律；生育禁忌；命名避忌；丧葬择日；俗禁

战国秦汉时期，阴阳思想和五行学说得到极大的完善和发展，以此为信仰原理的各种术数文化蓬勃发展。这种社会风习对统治阶层也产生了深远的影响，以至有着重实用、功利性价值观的秦人，在一统天下后，虽实行"焚书坑儒"的文化钳制政策，但仍保留下了许多医书、农书、术数等具有实用性质的书籍。在云梦睡虎地11号秦墓中，不仅出土有体现国家统治阶层意志的秦律，同时也随葬着两部反映当时社会基层民众日常俗信的术数类书籍——《日书》。这一现象，也正是对秦人重实用性价值观的很好体现。

这种流行于社会基层民众中的文化风习对秦的立法也产生了重要影响，以至在秦律中对一些社会礼俗以法律明文形式予以明确禁止。如在出土睡虎地秦简（简称"睡简"）、岳麓书院藏秦简（简称"岳麓简"）所载有关秦律令的简文中，有几条律令内容与当时社会民众日常生活礼俗中的生育禁忌、命名习俗、丧葬时日择吉，以及祠祀谨敬等俗信有关。这些律令禁止内容从其本质上讲，有些虽与大一统王朝在政治上的高度集中化使文化趋向同质的目的有关（如里耶秦简牍中的"秦更名方"），但也不无与当时社会以择吉避凶为主要目的的术数文化信仰兴盛的社会文化大背景有关者（如睡简秦律中对允许"杀子"的法律界定，岳麓简秦律中禁壬、癸日行哭临之事，以及禁黔首、隶臣妾以"秦"为名的规定等）。通过对这些以国家律令形式禁止的社会生活礼俗的分析，有助于我们全面认识秦律及秦文化。

一、秦律允杀"有怪物其身"之新生儿

睡虎地秦简《法律答问》云:"'擅杀子,黥为城旦舂。其子新生而有怪物其身及不全而杀之,勿罪。'今生子,子身全殹(也),毋(无)怪物,直以多子故,不欲其生,即弗举而杀之,可(何)论?为杀子。"(简69)①

此条简文内容涉及两方面问题:其一,不得以多子故而擅自杀子,否则"黥为城旦舂"。此属秦律所禁的"杀子"行为。此类情况常是基于家庭经济条件拮据,"直以多子故,不欲其生,即弗举而杀之",即孩子多,无法养育而杀之。若违律而行,违反者要被处以脸上刺字并罚作城旦舂的徒刑。此一规定反映了当时秦人对于正常新生儿的保护;其二,若新生儿"有怪物起身及不全"者,则可以杀之。此种杀害新生儿的行为则是法律允许的,之所以受法律保护,乃在于新生儿"有怪物起身"或"不全"。

不全,当即身体不健康,有残疾。睡简《日书》甲种《星》篇简文云:"须女……生子,三月死,不死毋晨。"(简77正壹)"东辟(壁)……以生子,不完。"(简81正壹)②"毋晨",即无唇。"不完"即"不全",当指身体不健全,有残疾。此两类情况,应属秦律允许因新生儿"不全"而杀之的范畴。秦自商鞅变法,以耕战为国家之基策,若新生儿身患残疾,其将来不但成为影响家庭发展的因素,也会成为国家的负担,故秦律允许杀之,这既是出于秦人现实政治、社会生活需要的立法,也是秦人"实用性""功利性"文化特点的真实反映。

至于新生儿"有怪物其身"而律允杀之,则是秦人宗教禁忌信仰心理的体现和反映。尽管秦律并未明确规定哪些新生儿属于"有怪物其身"而可杀之者,但据出土秦简资料及传世文献所载,在当时时日择吉之风浓厚的社会大背景下,若在禁忌时日中所生或新生子属于异常发育者,当均在"有怪物其身"之列。

(一)禁忌时日所生者

由睡简《日书》甲种简文可知,当时人们相信在某些时日所生的孩子,其结果为"不吉"。如《生子》篇简文云:"丙子生子,不吉"(简142正壹)、"癸卯生子,不吉"(简149正贰)、"丁未生子,不吉,毋母,必赏系囚"(简143正肆)、"辛亥生子,不吉"(简147正肆)、"辛酉生子"(简147正伍)③。《星》篇简文云:"参,百事吉。……唯生子不吉"(简88正壹)、"东井,百事凶。……生子,旬而死"(简89正壹)④。《除》篇简文云:

---

① 睡虎地秦墓竹简整理小组编:《睡虎地秦墓竹简》,文物出版社,1990年,释文109页。
② 睡虎地秦墓竹简整理小组编:《睡虎地秦墓竹简》,释文第192页。
③ 睡虎地秦墓竹简整理小组编:《睡虎地秦墓竹简》,释文第203—204页。
④ 睡虎地秦墓竹简整理小组编:《睡虎地秦墓竹简》,释文第192页。

"结日，……生子毋弟，有弟必死"(简2正贰)①、"生子毋弟，有弟必死"，言此日生子，其后将不再生子，若再生必将死亡。又，睡简《日书》乙种简文云："凡己巳生，勿举，不利父母，男子为人臣，女子为人妾。庚子生，不出三日必死。"(简247)②"勿举"，意即生而不予哺育、杀之或弃之。又，岳山秦牍文字云："辛卯生子，不弟。"(M36:44) 释文注释修订者云："不弟，疑犹'无弟'。睡虎地秦简日书甲种简2：'生子毋（无）弟，有弟必死。'……睡虎地秦简日书乙种简242：'辛卯生，不吉。'可参看。"③ 除"己巳生，勿举"外，其他简文内容虽未明言这些在不吉生育结果的时日里所生者是否即遭弃养，但从古人对于时日禁忌的迷信观念推之，恐其均当在杀之或弃之不举之列。

由两汉文献所载可知，当时世俗尚流传着忌举正月、五月所生及与父同月所生者。《论衡·四讳》云："四曰讳举正月、五月子。以为正月、五月子，杀父与母，不得举也。"④《后汉书·张奂传》："（武威）其俗多妖忌，凡二月、五月产子与父母同月生者，悉杀之。"⑤《太平御览》卷三六一引《风俗通义》佚文云："不举父同月子。俗说：妨父母。"⑥《风俗通义·正失》云："今俗间多有禁忌生三子者，五月生者，以为妨害父母。"⑦ 俗忌五月生子，似又以五月五日生者最为不祥，此俗战国时即已流传，《史记·孟尝君列传》云："初，田婴有子四十余人。其贱妾有子名文，文以五月五日生。婴告其母曰：'勿举也。'其母窃举生之。及长，其母因兄弟而见其子文于田婴。田婴怒其母曰：'吾令若去此子，而敢生之，何也？'文顿首，因曰：'君所以不举五月子者，何故？'婴曰：'五月子者，长与户齐，将不利其父母。'"司马贞《索隐》引《风俗通》佚文亦云："俗说：五月五日生子，男害父，女害母。"⑧ 秦处战国、两汉之间，忌五月五日生子之俗恐亦难免。故若在五月五日生者，新生儿之父母欲弃之、杀之而不养，应属秦律"有怪物其身"而允许杀之之列。

（二）生而异常者

由于古人对于妊娠过程的不了解，故当产妇一胎多生，或产下畸形及其他异常儿时，不但一般民众相信新生命会给家庭带来灾难，在上层统治者眼中，这也是一种不祥的预兆，是上天特殊警示，意味着人间阴阳不调，五行不畅，如当政者不采

---

① 睡虎地秦墓竹简整理小组编：《睡虎地秦墓竹简》，释文第181页。
② 睡虎地秦墓竹简整理小组编：《睡虎地秦墓竹简》，释文第254页。
③ 陈伟主编：《秦简牍合集》（三），武汉大学出版社，2014年，第107页。
④ ［汉］王充撰，黄晖校释：《论衡校释》，中华书局，1990年，第977页。
⑤ ［南朝·宋］范晔：《后汉书》，中华书局，1965年，第2139页。
⑥ ［宋］李昉等：《太平御览》，中华书局，1960年，第1663页。
⑦ ［汉］应劭撰，王利器校注：《风俗通义校注》，中华书局，2010年，第128页。
⑧ ［汉］司马迁：《史记》（点校本二十四史修订本），中华书局，2013年，第2846—2847页。

取措施及时调控，必将惹怒上天，降祸人间。因此，民间常把出生的异常儿看作是不祥的化身而弃之不举。除以上禁忌时日所生者外，某些非正常产育的初生儿，如《汉书》《后汉书》《风俗通义》等所载之一胎多生、寱生、生而有鬓须、未生而啼腹中，以及畸形儿等，亦当属秦律所谓"有怪物其身"而律允杀之之列。

1. 并生三子者。《风俗通义·正失》云："今俗间多有禁忌生三子者，五月生者，以为妨害父母。"① 又，《太平御览》卷三六一引《风俗通义》佚文亦云："不举并生三子。俗说：生子至于三，似六畜，言其妨父母，故不举之也。"② 由两条文字对比可知，此处所谓"禁忌生三子者"，当指禁忌并生三子者，即一胎多胞者。妇女妊娠，十月期满至而子生，一胎一子为常态，一胎双胞者稀见，至于一胎三胞甚至多胞者，在当时来讲，更属极为异常之胎育现象。晋人干宝所撰志怪小说《搜神记》一书中，即将"有妇人一生三子"看作胎育异象而载入其中③。俗间忌并生三子之缘由，正是因此类生育现象不类人（一胎一子）而似六畜（如犬、猪等一胎多子）之故。因其非常，自属怪异不祥，故而时俗以为此类胎育之新生儿将来会"妨害父母"。"妨"，《说文·女部》："害也。"段注："害者，伤也。"④ 若初生儿将来会不利父母，妨害其寿运的话，其结果当如田婴生子田文于五月五日事，自应在杀之或弃养之列。

因一胎多子属异常少见的人类生育现象，故古人常将此类生育异象看作是某些灾异或阴阳失衡的征兆而加以记载。如《开元占经》卷一一三"人生子异形"条引《天镜》云："妇女一时生三男，不出三年，外国来伐；生三女，国有阴私。"又，《新唐书·五行志》载，"（唐高宗）永徽六年，淄州高苑民吴威妻、嘉州民辛道护妻皆一产四男"、"（唐代宗）大历十年二月，昭应妇人张产一男二女"、"（唐敬宗）宝历二年十二月，延州人贺文妻一产四男"、"（唐昭宗）天佑二年五月，颍州汝阴民彭文妻一产三男"⑤，等等。《五行志》对此云："凡物反常则为妖，亦阴气盛而母道壮也。"此类怪异不祥之产育结果，恐多在溺杀或弃养之列。

2. 寱生者。《太平御览》卷三六一引《风俗通义》佚文云："不举寱生子。俗说：儿堕地，未能开目视者，谓之寱生。举寱生子，妨父母。"⑥ 宋人王应麟《困学纪闻》卷六及明人陈继儒《群碎录》引此文同⑦。"未能开目视者"一语也有引作

---

① [汉] 应劭撰，王利器校注：《风俗通义校注》，第128页。
② [宋] 李昉等：《太平御览》，第1663页。
③ [晋] 干宝撰，汪绍楹校注：《搜神记》，中华书局，1979年，第70页。
④ [汉] 许慎撰，[清] 段玉裁注：《说文解字注》，中华书局，2013年，第629页。
⑤ [宋] 欧阳修、宋祁：《新唐书》，中华书局，1975年，第954—956页。
⑥ [宋] 李昉等：《太平御览》，第1663页。
⑦ [宋] 王应麟撰，栾保群等校点：《困学纪闻》，上海古籍出版社，2008年，第888页；[明] 陈继儒：《群碎录》，商务印书馆，1936年，第5页。

"未可开目便能视者"①，或"便能开目视者"②。"未可开目便能视者"一语语义扞格难通，疑"便能"二字当系衍文。各家所引《风俗通义》此条文字，均本自《太平御览》。未能开目视者，核之《四部丛刊三编》影印日本藏南宋蜀刻本《太平御览》，原文当作"未可开目视者"。

"寤生"一词最早见于《左传·隐公元年》，"初，郑武公娶于申，曰武姜，生庄公及共叔段。庄公寤生，惊武姜，故名曰寤生，遂恶之。"由于《左传》对"庄公寤生"以及何以"惊武姜"之事言语简略，致使汉代以来，学者对"寤生"一词聚讼纷纭、莫衷一是。如《史记·郑世家》云："武公十年，娶申侯女为夫人，曰武姜。生太子寤生，生之难。及生，夫人弗爱。"此以"生之难"即难产解"寤生"，为后世主"寤生"为"逆生说"者所本。杜预注《左传》则云："寐寤而庄公已生，故惊而恶之。"此释"寤生"为武姜寐寤中而生庄公，乃后世"易生说"者所本。我们曾对文献有关寤生的史料进行梳理后得出，"寤生"一词的含义，大体上经历了两个发展阶段：由晋唐至宋元，以杜预说为主，释"寤生"为易生说或梦生说。明清以来，学者据《史记·郑世家》"生之难"之说，以训诂假借立说，多主逆生难产说③。在古代医学条件较为落后的情况下，妇女产育是一件极具风险的事情，《汉书·外戚传》即云："妇女免乳大故，十死一生。"④ 晋医家陈延之所撰《小品方》亦云："古时妇人产，下地坐草，法如就死也。即得生产，谓之免难也。"⑤ 因此，产妇在生产中遇到逆生难产之事，这在古代孕育环境下是极为正常的现象，自然不会引起人们的惊恐不安，亦无须禁忌。倒是产妇在生产时极为顺利的话，反而会因其非常态而为世人所惊怪，并以之为不祥。《史记·周本纪》载周人男性始祖后稷之母姜嫄"居期而生子，以为不祥"而曾多次弃后稷不养，"初欲弃之，因名曰弃"⑥。何以不祥？史迁无说。《诗经·大雅·生民》载后稷出生时状况则云："诞弥厥月，先生如达。不坼不副，无菑无害，以赫厥灵。"毛传云："言易也。凡人在母，母则病，生则坼副，菑害其母，横逆人道。"郑笺云："达，羊子也。大矣后稷之在其母，终人道十月而生。生如达之生，言易也。"⑦ 朱熹集传云："凡人之生，必坼副灾害其母，而首生之子尤难。今姜嫄首生后稷，如羊子之易，无坼副灾害之苦，是显其

---

① [宋] 姚宽：《西溪丛语》，中华书局，1993年，第35页；[清] 刘文淇：《春秋左氏传旧注疏证》，科学出版社，1959年，第6页。
② [清] 顾炎武：《左传杜解补正》，上海古籍出版社，2012年，第9页；[清] 黄生撰，黄承吉合按：《字诂义府合按》，中华书局，1984年，第120页。
③ 吕亚虎：《说"寤生"——民俗学视野下的生育禁忌信仰探析》，《东亚汉学研究》（第8号），东亚汉学研究会，2018年，第29—36页。
④ [汉] 班固：《汉书》，中华书局，1962年，第3966页。
⑤ [晋] 陈延之著，高文柱辑校：《小品方辑校》，天津科学技术出版社，1983年，第24页。
⑥ [汉] 司马迁：《史记》（点校本二十四史修订本），第145页。
⑦ [汉] 毛亨传，[汉] 郑玄笺：《毛诗传笺》，中华书局，2018年，第382页。

灵异也。"① 姜嫄生子如此之易，既然是"显其灵异"，何以又要"以为不祥"而多次抛弃呢？原因其实就在于其生子太易之故，与当时的产育现象不合，以至惊怪而"以为不祥"并多次弃之不欲养。由此可见，在古代，人们常将难产看作常态，不以为意，而将易生看作非常而视为不祥。

此外，由"儿堕地，未能开目视者，谓之寤生"一语可知，古人将胎儿出生时，"未能开目视者"的现象称之为"寤生"。因此，要理解何为"寤生"，首先要搞清楚"未可开目视者"的主语。"未可开目视者"的主体有初生儿与产妇两种解释。若为初生儿，似乎并不合理。因为从产育常识上讲，刚生下来的婴儿，睁眼与不睁眼都是很正常的现象，故初生儿的"未能开目视"或"便能开目视"均不会引起人们的惊惧和不安，也不会被看作怪异之产育现象。若将"未可开目视者"的主体看作是产妇，则寤生现象是说，当胎儿出生时，产妇正处于梦寐之中，未及开目视之而胎儿已生出。这种情况，对于产妇来说，因其不常而受惊不喜初生子则属正常之情绪。诚如明人冯时可所说："寤生者，言武姜寐时生庄公，至寤始觉其生也。夫人之恶者，恶其怪也，恶其惊也。"《风俗通义》所谓"不举寤生子"者，其因或当在此。正因"寤生"者为之产育现象，是以时人忌之，以为此类初生儿将会对其父母有所妨害也。

3. 生而有鬓须者。《太平御览》卷三七四引《风俗通义》佚文云："不举生鬓须子。俗说：人十四五，乃当生鬓须，今生而有之，妨害父母也。"② 按照正常的发育，古代男子十四五岁时方有鬓须，而婴儿出生时即长有鬓须的话，显然属于极为非常之产育现象。此类情况当属秦律所谓"有怪物其身"者，自应为时人忌惮而以其将会妨害父母而弃养之，故而亦当在秦律"有怪物其身"而允许杀之之列。

4. 未生而啼腹中者。《汉书·五行志》云："哀帝建平四年四月，山阳方与女子田无啬生子。先未生二月，儿啼腹中。及生，不举，葬之陌上。三日，人过闻啼声，母掘收养。"③ 此事又见载于《搜神记》卷六"儿啼腹中"条下④，文字虽有出入，但具体内容则大体一致。胎儿未及出生即啼于母腹，这不管在当时还是现在看来都是极为非常怪异之事。故至其初生时，即遭其母所弃，此当属"有怪异其身"而不祥之故也。

5. 畸形者。畸形儿系指婴儿生而形体发育异常者。如双头、连体、多臂等。这类初生儿常被称作"怪胎"，并被古人看作是灾祸恶兆而溺弃不养。如《汉书·五行志》载：汉平帝元始元年"六月，长安女子有生儿，两头异颈面相向，四臂共匈俱

---

① [宋] 朱熹：《诗集传》，中华书局，2017年，第292页。
② [宋] 李昉等：《太平御览》，第1663页。
③ [汉] 班固：《汉书》，第1473页。
④ [晋] 干宝撰，汪绍楹校注：《搜神记》，中华书局，1979年，第81页。

前向，尻上有目长二寸所。京房《易传》曰：'睽孤，见豕负涂。厥妖人生两头。下相攘善，妖亦同。人若六畜首目在下。兹谓亡上，正将变更。凡妖之作，以谴失正，各象其类。二首，下不壹也；足多，所任邪也；足少，下不胜任，或不任下也。凡下体生于上，不敬也；上体生于下，媟渎也。生非其类，淫乱也；人生而大，上速成也；生而能言，好虚也。群妖推此类，不改乃成凶也。'"① 《后汉书·五行志》云：灵帝光和"二年，雒阳上西门外女子生儿，两头，异肩共胸，俱前向，以为不祥，堕地弃之"。又云："中平元年元月壬申，雒阳男子刘仓居上西门外，妻生男，两头共身。"②

畸形儿因其形体的异常而给人们带来心理上的恐慌，并进而被看作某种不祥之征兆。《开元占经》卷一一三"人生子异形"条中就记载了各种畸形儿及其所预兆之不祥。如其引《天镜》云："人生四头两目，世主大哀；人生多头，君王有咎，民颠簸流亡。""人生三目，横兵并起为害。""人生两口，五谷不登，百姓丧亡。""人生多足，是谓大役，其国东西移走，人生有三足，不出二年，国有兵丧。""人生两身，世主被殃，民人散亡。""人生子，头如襄者，主有咎凶。""人生无头，世主方凶"。"人生子无口、鼻、耳、世主凶。"其又引京房说云："人生子，首在背，天下易乡。""人生子有一目，其国不宁。""人生子舌长，天下有兵。人生子有一耳，是谓不聪。人生有三耳以上，是谓多方，其国无王。又曰：是谓多聪，国事无定。人生子有一手，是谓不寿，其国有咎。人生有三臂，有反臣。人生有三手以上，臣谋主。人生三足，是谓不常，天下有兵。"③ 等。正因此类畸形儿的形体异常不类正常儿，故其出生常被时人看作是某种不祥之预兆。对待这些可能给人们带来各种难以预料灾异的"不祥"者，最为简捷的应对办法就是对其采取"堕地弃之"或者直接杀死。秦律所谓"有怪物其身及不全而杀之"者，当包括此类初生儿。

二、秦律禁以"秦"为名

岳麓书院藏秦简简文云：

令曰：黔首、徒隶名为秦者更名之，敢有、有弗更，赀二甲。(2026 正)④

上引简文内容大意是说，黔首、徒隶有以"秦"为名者，须更名。法令颁布后，敢有以"秦"为名，或之前以"秦"为名而于令下后仍不更改的，处以罚二甲的惩处。依据此条简文内容可知：

---

① [汉]班固：《汉书》，第 1473—1474 页。
② [南朝·宋]范晔：《后汉书》，第 3347—3348 页。
③ [唐]瞿昙悉达：《开元占经》，《四库术数类丛书（五）》，上海古籍出版社，1990 年，第 982—984 页。
④ 陈松长主编：《岳麓书院藏秦简》（伍），上海辞书出版社，2017 年，第 200 页。

其一,"有弗更",是说当时黔首、徒隶等群体有以"秦"字为人名者,故秦令要求名"秦"者改名。"敢有"则是说令下后仍敢以"秦"为名者。对于此两种犯律之情况,要处以罚二甲的惩处。从一般认知上讲,国家相关立法具有相对的滞后性,不会对不存在的社会现象做出超前的司法规定。因此,秦颁布此条律令时,此前社会确应有以"秦"为名者,故律令特加禁止之。关于这一点,我们从出土文字资料提供的相关信息也可给予肯定的佐证。如珍秦斋藏"廿一年相邦冉戈二"铭文云:

廿一年相邦冉造,雍工帀(师)叶,工秦。①

陕西历史博物馆藏"卅七年上郡守庆戈"铭文云:

卅七年上郡守庆造,桼(漆)工䝤,丞秦,工城旦贵。②

高平市博物馆藏"卅八年上郡守庆戈"铭文云:

卅八年上郡守庆造,桼(漆)工䝤,丞秦,工隶臣于。③

吴镇烽《铭图》所收另一件未见著录的"卅八年上郡守庆戈"(17298)铭文亦云:

卅八年上郡守庆造,桼(漆)工䝤,丞秦,工隶臣于。④

中国国家博物馆藏"四十年上郡守起戈一"铭文云:

卌(四十)年上郡守起(造),图工帀(师)帀(师)耤(?),丞秦,工隶臣庚。⑤

以上物件铜器年代均为秦昭襄王时⑥。廿一年相邦冉戈上的"工秦"即名"秦"之工师,其与卅七年、卅八年和四十年上郡戈上的"丞秦"当为同一人。"秦"于秦昭襄王廿一年时为工师,到卅七年时已成为漆垣工师之丞,四十年时则改任图工师之丞⑦。又,传世秦印中亦有以"秦"为名者,如阴秦、宜秦、宁秦⑧、姚秦及傅广秦等⑨。秦陶文则有宁秦、杜秦等⑩。除作为权力象征的官印和身份凭证的私印

---

① 萧春源编:《珍秦斋藏金·秦铜器篇》,澳门基金会,2006年,第64页。
② 陕西历史博物馆编、周天游主编:《寻觅散落的瑰宝——陕西历史博物馆征集文物精粹》,三秦出版社,2001年,图版19。
③ 郎保利:《长平古战场出土三十八年上郡戈及相关问题》,《文物》1998年第10期。
④ 吴镇烽:《商周青铜器铭文及图像集成》(第32册),上海古籍出版社,2012年,第378页。
⑤ 王辉编著:《秦铜器铭文编年集释》,三秦出版社,1990年,第71页。此条铭文中的"图"字,王辉先生疑其当为"圜"字之误释,并认为此处的"圜"当为"圜阳"或"圜阴"之省称。
⑥ 王辉、王伟编著:《秦出土文献编年订补》,三秦出版社,2014年,第56、65、66、68页。
⑦ 郎保利:《长平古战场出土三十八年上郡戈及相关问题》,《文物》1998年第10期。
⑧ 许雄志:《秦印文字汇编》,河南美术出版社,2001年,第134页。
⑨ 许雄志主编:《秦代印风》,重庆出版社,1999年,第139、174页。
⑩ 袁仲一、刘钰编著:《秦陶文新编》(下),文物出版社,2009年,第245、580页。

外，古人有佩吉语印的习惯，卫宏《汉旧仪》云："秦以前，民皆佩绶，金玉银铜犀象为方寸玺，各服所好。"① 吉语印在战国时就很兴盛，而在传世秦印中，吉语印占了一定数量。因此，上引秦印"宜秦""宁秦"，由字面意思看，不易判断是私名印抑或是吉语印②。但阴秦、姚秦、杜秦则可确定是以"秦"为名者③，而"傅广秦"则是以"广秦"为复名者。这几枚秦印或陶文的年代虽不可确知，但从秦立法禁以"秦"为名者推测，其或应属秦统一之前秦国的遗物④。游逸飞先生据以上所引有"丞秦"者铜铭认为，此不仅可证实战国晚期秦国确有人取名为"秦"，故秦始皇须下诏改名；更可推测改名的规定甚晚推行，很可能是秦始皇统一天下的新规定。否则战国晚期的上郡丞应当已经改名，不应为"秦"⑤。

值得注意的是，《里耶秦简（贰）》中也见有以"秦"为名者，可为游说另一佐证。如简文云：

廿六年七月庚戌，痽舍守宣、佐秦出稻粟=一石一斗半斗以贷居赀士五朐忍隆□令史庆监。(9-1526)

廿六年七月庚戌，痽舍守宣、佐秦出稻粟=二斗以贷居赀士五巫濡留利□□令史庆监。(9-1903)⑥

廿六年五月庚戌，痽舍守欧、佐秦出梁粟=四斗一升泰半升以食痽□者居赀士五□升 令史肆监。"(9-2303)⑦

---

① ［汉］卫宏：《汉旧仪》（《丛书集成初编》本），商务印书馆，1939年，第1页。
② 《史记·秦本纪》载，"（秦惠文王）六年，魏纳阴晋，阴晋更名宁秦"。张守节《正义》云："《地理志》云华阴县，故阴晋，秦惠王五年，更名曰宁秦，高祖八年更名华阴。"则"宁秦"又为秦县名，出土封泥即有"宁秦丞印"（《秦封泥集》273.1）。《秦陶文新编》一书所收陶文中有"宁秦"，编者以为是宁秦官府制陶作坊的印记。但在传世秦印中也有"宁秦"印，难以判断其是地名、人名，抑或是吉语印。
③ 按，袁仲一、刘钰所编《秦陶文新编》一书中尚收有"杜建""杜遽"等陶文，编者认为"杜"为县名，"建""遽"为人名。但对于书中所收陶文"杜秦"，却认为"杜"为县名，"秦"为制陶工匠的姓。其说似不安。因为在该书中尚收有多件地名+人名形式的印文，如新城章（1300）、宜阳昌（1312）、皮史卯（1363）、安邑禄（1359）、当阳克（1366）等，未见以地名+姓氏形式的印文。故此处的"杜秦"之"秦"亦当为人名。
④ 孙兆华：《从岳麓简"秦更名令"看秦统一对人名的影响》，《鲁东大学学报》（哲学社会科学版）2016年第2期。
⑤ 游逸飞：《里耶8-461号"秦更名方"选释》，魏斌主编：《古代长江中游社会研究》，上海古籍出版社，2013年，第68—90页。
⑥ 湖南省文物考古研究所编著：《里耶秦简（贰）》，文物出版社，2017年，第57、72页。"濡留"为巫县里名，原释文作"需留"，今据里耶秦简牍释读小组《〈里耶秦简（贰）〉简牍缀合续表等文读后记》（武汉大学简帛网2018-05-15首发）一文改。
⑦ 湖南省文物考古研究所编著：《里耶秦简（贰）》，第88页。按，"廿"，整理者原补作"卅"，周海锋《〈里耶秦简〉（贰）初读（一）》（见武汉大学简帛网2018-05-15首发）纠正作"廿"。可从。

三条简文的时间均为始皇二十六年,所涉史事略同,时间跨度也较短,故简文中任厮舍佐的"秦"显为人名且应为同一人无疑。此几条简文时间为始皇二十六年五月或七月间,名"秦"的厮舍佐仍未改名,推其原因,或者岳麓简所载"名为秦者更名之"之更名令在始皇二十六年七月之后颁布,或者秦于统一后即颁行更名令,但此令推行全国尚需时日,未可遽然生效,故佐秦之名于始皇始皇二十六年七月间仍未改之。

此外,在里耶秦简牍第 9－1159 号上尚载有一条更名的简文:"年更名曰殷。"① 学者疑此可能与秦令更名规定有关。②

个人取名有讲究和讳忌,其礼俗由来已久。《左传·桓公六年》载鲁桓公问名于申繻,对曰:"名有五,有信,有义,有象,有假,有类。以名生为信,以德命为义,以类名为象,取于物为假,取于父为类。不以国,不以官,不以山川,不以隐疾,不以畜牲,不以器币。周人以讳事神,名,终将讳之。故以国则废名,以官则废职,以山川则废主,以畜牲则废祀,以器币则废礼。晋以僖侯废司徒,宋以武公废司空,先君献、武废二山,是以大物不可以命。"③《礼记·内则》亦云:"凡名子不以日月,不以国,不以隐疾。"《新书·胎教》亦引青史氏之《记》所载古之胎教之道,王后于太子生后先行悬弧之礼,"然后卜王太子名,上毋取于天,下毋取于土,毋取于名山通谷,毋悖于乡俗,是故君子名难知而易讳也。"④ 三者所言虽异,其意则同。尽管当时有此类命名的礼俗,然从上引《左传》文字来看,当时也有违礼俗而行者。如以官职为名者,晋有僖侯名师徒、宋有武公名司空。有以山为名者,如鲁有具山、敖山,而鲁献公名具,鲁武公名敖等。由上引名"秦"者资料看,秦国在当时也有此类命名违礼现象存在,故秦于统一后颁更名令以禁之。

其二,秦律禁止以"秦"为人名的对象,从此条秦律来看,乃是设定为黔首、徒隶等群体。"黔首"之名,在《战国策·魏策》《吕氏春秋·大乐》《韩非子·忠孝》等文献中已有出现,王念孙据此认为,"黔首"一词最早使用并不始于秦统一之后,"诸书皆在六国未灭之前,盖旧有此称,而秦遂以为定名,非始创为之也"⑤。而据《史记·秦始皇本纪》所载,秦始皇二十六年统一六国后,"更名民曰'黔首'"。"黔首"何义?《史记·秦始皇本纪》裴骃《集解》引应劭说曰:"黔亦黎黑也。"⑥《说文·黑部》亦云:"黔,黎也。从黑,今声。秦谓民为黔首,谓黑色。"《汉书·艺文志》:"至秦患之,乃燔灭文章,以愚黔首。"颜师古注:"秦谓人为黔

---

① 湖南省文物考古研究所编著:《里耶秦简(贰)》,第45页。
② 周海锋:《〈里耶秦简〉(贰)初读(一)》,武汉大学简帛网 2018－05－15 首发。
③ 杨伯峻:《春秋左传注》,中华书局,1990年,第115—117页。
④ [汉] 贾谊撰,阎振益、钟夏校注:《新书校注》,中华书局,2000年,第391页。
⑤ [清] 王念孙:《广雅疏证》,上海古籍出版社,2016年,第578页。
⑥ [汉] 司马迁:《史记》(点校本二十四史修订本),第303—304页。

首,言其头黑也。"又,《汉书·鲍宣传》:"苍头庐儿皆用致富,非天意也。"颜师古注引孟康说曰:"黎民、黔首,黎、黔皆黑也。下民阴类,故以黑为号。汉名奴为苍头,非纯黑,以别于良人也。"①《礼记·祭义》:"明命鬼神,以为黔首则。"孔颖达疏则云:"云'黔首,谓民也'者,黔,谓黑也。凡人以黑巾覆头,故谓之黔首。"② 孔氏"以黑巾覆头,故谓之黔首"之说与颜古"言其头黑也"之说语义大体一致,此说从字面意思上解释"黔首"一词似比"下民阴类,故以黑为号"之说更为合理些。秦统一之前,对于平民的称呼,有民、氓、民氓、民萌、众庶、黔首等众多名目,从中选取"黔首"作为标准的统一称呼,实际上只是秦统一六国以后重新确立、统一名物制度的诸多措施之一,这一名称上的变化,似并不寓含特别的褒贬之意③。而黔首称谓最初使用时,五德终始说的神秘主义影响可能尚未及于民间意识④。但秦始皇在统一六国后偏偏选取有黑色之意的"黔首"作为"民"之标准称谓,这应非巧合,实与他自以为得水德之瑞,以黑色为正的观念有内在之关联。《史记·秦始皇本纪》载,秦统一后,"始皇推终始五德之传,以为周得火德,秦代周德,从所不胜。方今水德之始,改年始,朝贺皆自十月朔。衣服旄旌节旗皆上黑。数以六为纪,符、法冠皆六寸,而舆六尺,六尺为步,乘六马。更名河曰德水,以为水德之始"⑤。在这样的社会政治、文化观念下,更民名为有黑色之意的"黔首"显然应是秦在五德终始说影响下尚黑观念的反映。

秦律所禁以"秦"为名的"徒隶"一词,屡见于《管子》《鹖冠子》《战国策》等先秦文献中。近年来,在出土秦简如睡虎地秦简、里耶秦简、岳麓书院藏秦简中也多见有"徒隶",学界对其身份地位多有讨论。如有认为战国秦时的徒隶指城旦舂、隶臣妾、鬼薪白粲,又能被政府所买卖,具有罪犯奴隶的性质,其刑期是终身的⑥。有认为隶属官府的徒隶由城旦舂、鬼薪白粲、隶臣妾诸群体组成,除官方赦免减罪及赎免外,终身服役,其身份低于一般平民⑦。有将司寇、侯、下吏及居赀赎债者与城旦舂、鬼薪白粲、隶臣妾一起当作徒隶,并认为其来源主要是犯罪、战俘、买卖,单独立籍,有别于身份自有的编户齐民者⑧。总体上看,战国秦时的徒隶当是指隶属于国家,身份低于平民,在官府劳作的某些刑徒(城旦舂、隶臣妾、鬼薪白

---

① [汉]班固:《汉书》,第3089—3090页。
② [唐]孔颖达:《礼记正义》,上海古籍出版社,2008年,第1835页。
③ 肖永明:《读岳麓书院藏秦简〈为吏治官及黔首〉札记》,《中国史研究》2009年第3期。
④ 王子今:《说"黔首"称谓——以出土文献为中心的考察》,中国文化遗产研究院编:《出土文献研究》(第十一辑),中西书局,2012年,第174—193页。
⑤ [汉]司马迁:《史记》(点校本二十四史修订本),第302页。
⑥ 曹旅宁:《释"徒隶"兼论秦刑徒的身份及刑期问题》,《上海师范大学学报》(哲学社会科学版)2008年第5期。
⑦ 孙闻博:《秦及汉初的司寇与徒隶》,《中国史研究》2015年第3期。
⑧ 张佼:《秦简所见徒隶问题研究》,吉林大学硕士学位论文,2016年,第13页。

絭等）和官奴婢（隶臣妾）。

由以上赘述可知，秦律此条所禁对象，乃是一般平民和身份低于一般平民的徒隶群体。那么对于贵族阶层，是否可以以"秦"为名呢？此条律令并未明言。有学者就此认为，秦代有关避讳的规定，也是有等级规定的。这里所划定的范围是黔首和徒隶两大类，也就是说，它是针对没有什么社会地位的一般百姓和徒隶而设定的。因此，如果是有爵位之人，可能就不受此条令文的约束了①。然在已刊布的、被命名为"秦更名方"的里耶8－461号秦牍上，第一栏第十七列文字内容作"诸官为秦，尽更"②。游逸飞先生参照岳麓秦令认为，木方本条文字内容当为省写，原文或作"诸官'名'为秦，尽更"，其意指所有秦朝官吏的私名若有"秦"字，均须更改③。孙兆华先生依据战国初期秦就有对于"初带剑"从上到下的颁令次序这一现象，进一步指出，根据对象不同，部分秦法令的颁布可能有一个从"吏"等特殊群体到"百姓"或"黔首""徒隶"等下层人群的顺序。进而，吏"名为秦者"可能先于"黔首""徒隶"已更名了。"秦更名令"颁布于秦统一后，那么此令当后于"秦更名方"④。由此看来，秦令禁以"秦"为名者，并非仅限于黔首、徒隶等身份低下阶层之群体，对于官吏自然也是适用的，这其实也符合王朝法令适用对象的普及性特点。

秦统一后，何以要禁天下吏民以"秦"为名呢？孙兆华先生将其与先秦礼制相联系，认为秦统一后先后颁布"秦更名方"所见"诸官［名］为秦，尽更"法令以及"秦更名令"，从形式上看，与先秦礼制相合，否决了秦国时期的"非礼"，这很难确定是效仿先秦礼制的一种历史行为。但是可以说，作为新政治形势下的更新制度、更新名物之举，上述两种有关人名法令的颁布从客观上维护了旧的礼制，这也许反映了秦统一后在制度更新的血液了含有旧的成分⑤。这种理解不无道理，但究非主因。因为秦人除"非礼"以秦之国名"秦"为名者外，传世秦印尚有以痤（张痤、王痤、黄痤）、癰（冯癰、李癰、谯癰）、疥（乐疥）、痍（牛痍）、疢（遂疢、王疢、张疢、咸沙里疢）、瘳（焦瘳、杨瘳、王瘳、和瘳）、疕（医疕、贾疕、都船

---

① 陈松长等：《岳麓书院藏秦简的整理与研究》，中西书局，2014年，第257页。
② 陈伟主编：《里耶秦简牍校释》（第一卷），武汉大学出版社，2012年，第156页。
③ 游逸飞：《里耶8－461号"秦更名方"选释》，魏斌主编：《古代长江中游社会研究》，第68—90页。
④ 孙兆华：《从岳麓简"秦更名令"看秦统一对人名的影响》，《鲁东大学学报》（哲学社会科学版）2016年第2期。
⑤ 孙兆华：《从岳麓简"秦更名令"看秦统一对人名的影响》，《鲁东大学学报》（哲学社会科学版）2016年第2期。

工疟）等隐疾为名者①，也有以猪（李猪、段豚、王貗）、犬（熊狗、牛犬）②等畜生为名者。《里耶秦简（壹）》中也见有以"豕"(8-4)、"狗"等六畜为名者③，如士五狗(8-247)、书手狗(8-1094)。何以不见秦以律令形式加以制止呢？这说明，秦王朝以律令形式禁止吏民以"秦"为名，主因并非是出于维护礼制的目的，而更多应是从秦的国家身份认同和现实政治方面的考量，即出于维护新的大一统王朝政治威权的庄严性和神圣性而采取的措施。

这种基于国家身份变化和现实政治考量的举措，在出土秦属虎符上也有很好的体现。如秦在统一六国前，其为周天子统御下的诸侯国之一，其国君即称"君"，故杜虎符上的铭文作"右在君"④。待至秦惠文王四年（前334），"天子致文武胙"⑤，认可秦惠文君称王之举，新郪虎符上铭文即作"右在王"⑥。而到秦统一天下，秦王政称"始皇帝"，阳陵虎符上的铭文则变作"右在皇帝"⑦。由君而王而帝的称谓变换，正与秦由诸侯到大一统王朝的国势发展相一致。这种国家身份的变化导致的更名行为，在里耶秦简"秦更名木方"所载内容中也有反映。如过去称"王"的，现均改称之。如"毋敢曰王父曰泰父""王马曰乘舆马""王节弋曰皇帝""王譴曰制譴""以王令曰［以］皇帝诏""王游曰皇帝游""王猎曰皇帝猎""王犬曰皇帝犬"，等等⑧。秦为嬴族立国之名，也为统一王朝之名，对于吏民来讲，自然不应以此神圣、庄严之国名、王朝名为个人之私名。因此，统一后的秦王朝从国家身份变化和现实政治的威权性和庄严性出发，以律令形式禁止吏民以"秦"为名，自是合乎情理的现实举措。

三、秦律禁壬、癸哭临及葬以报日

（一）秦律禁壬、癸日行哭临之事

岳麓书院藏秦简所载秦律明文规定：

---

① 许雄志编：《秦印文字汇编》，河南美术出版社，2001年，第148—149页。
② 许雄志编：《秦印文字汇编》，第189、196页。
③ 陈伟主编：《里耶秦简牍校释》（第一卷），第28、122、276页。
④ 黑光：《西安市郊发现秦杜虎符》，《文物》1979年第9期。
⑤ ［汉］司马迁：《史记》（点校本二十四史修订本），中华书局，2013年，第258页。1948年在西安市户县（今鄠邑区）境内出土的"秦封宗邑瓦书"，其上文字亦云"四年，周天子使卿大夫辰来致文武之酢（胙）"，与《史记·秦本纪》所载一致，且更为详细。详参陈直《秦陶券与秦陵文物》，《西北大学学报》1957年第1期。
⑥ 孙慰祖、徐谷甫编著：《秦汉金文汇编》，上海书店，1997年，第1页。
⑦ 罗振玉：《秦金石刻辞》卷上，《丛书集成三编》（第31册），新文丰出版公司，1997年，第427页。
⑧ 陈伟主编：《里耶秦简牍校释》（第一卷），第156—157页。

自今以来，禁毋以壬、癸哭临，葬以报日。犯令者，赀二甲。廷卒乙十七。（1706+1784 正）①

整理者注："哭临，见《汉书·文帝纪》：'无发民哭临宫殿中。殿中当临者，皆以旦夕各十五举音，礼毕罢。'"② 整理者注所引，乃是汉代帝崩之丧事哭临之礼。比照简文之义，似较偏狭。按，哭临有两层意思：其一，哭临乃古代丧礼之一。国君死，集众定时举哀或吊祭曰哭临。依周礼，同姓诸侯死，哭临于庙；异姓诸侯死，则哭临于外。如《左传·襄公十二年》云："秋，吴子寿梦卒，临于周庙，礼也。凡诸侯之丧，异姓临于外，同姓于宗庙，同宗于祖庙，同族于祢庙。故鲁为诸姬，临于周庙；为邢、凡、蒋、茅、胙、祭，临于周公之庙。"杨伯峻注："《礼记·檀弓》郑注：'丧哭曰临。'"③ 吴与鲁同为姬姓诸侯，故依礼哭临于周庙。其后相承凡哭于庙者皆谓之"临"。如《左传·宣公十二年》载："十二年春，楚子围郑。旬有七日，郑人卜行成，不吉。卜临于大宫，且巷出车，吉。国人大临，守陴者皆哭。"杜预注："临，哭也。大宫，郑祖庙。"④ 秦汉时，帝崩，仍行哭临之礼。如《史记·孝文本纪》云："其令天下吏民，令到出临三日，皆释服。……毋发民男女哭临宫殿。宫殿中当临者，皆以旦夕各十五举声；礼毕罢，非旦夕临时，禁毋得擅哭。"⑤ 又，《后汉书·礼仪志下》云："登遐，皇后诏三公典丧事……百官哭临殿下。"⑥ 其二，泛指人死后集众举哀或至灵前吊祭。如《三国志·魏书·孙礼传》云："礼为死事者设祀哭临，哀号发心。"⑦ 清人赵翼《哭汪文端师》诗云："至尊亲哭临，诸老各悲牵。"⑧ 此条律令所禁以壬、癸日哭临，非仅只涉及帝丧之哭临，而实际上是针对全国民众丧事的立法。故简文所云"自今以来，禁毋以壬、癸哭临"，大意是说，从今往后，凡是人死举哀或吊祭的哭临之事，禁毋以壬、癸日行之。否则，对违反律令者，处以罚二甲。

何以秦律明文禁止丧事以壬、癸日哭临？此或与当时社会流行的五行学说及五德终始说有关。天干五行理论在出土秦简中已有记载，睡虎地秦简《日书》乙种简文即云："丙丁火，火胜金。戊己土，土胜水。庚辛金，金胜水。壬癸水，水胜火。"⑨ 周家台秦简《日书》简文亦云："［甲乙木，丙］丁火，戊己土，庚辛金，

---

① 陈松长主编：《岳麓书院藏秦简（伍）》，第123页。
② 陈松长主编：《岳麓书院藏秦简（伍）》，第157页。
③ 杨伯峻：《春秋左传注》（修订本），第996页。
④ ［晋］杜预：《春秋左传集解》，上海人民出版社，1977年，第583页。
⑤ ［汉］司马迁：《史记》（点校本二十四史修订本），第542页。
⑥ ［南朝·宋］范晔：《后汉书》，第3141页。
⑦ ［晋］陈寿：《三国志》，中华书局，1959年，第691—692页。
⑧ ［清］赵翼：《瓯北诗钞》，世界书局，1937年，第147页。
⑨ 睡虎地秦墓竹简整理小组编：《睡虎地秦墓竹简》，释文第239页。

壬癸水。"① 可知天干壬、癸于五行属水，这在当时是较为普遍的认知。五德终始说则是战国末期阴阳家邹衍所创。"五德"指金、木、水、火、土五种德性或性能，"五德终始"即是指这五种德性处于从始至终、终而复始的循环相胜运动状态。邹衍将这一学说作为历史变迁、王朝更替的根据，他指出，"五德从所不胜，虞土、夏木、殷金、周火"②，而"代火者必将为水"③。作为一种改朝换代的理论工具，邹衍创设的"五德终始说"被统一六国、建立大一统王朝的秦始皇所信奉，他根据邹衍的"水德"的改革，以证明秦扫六合、一统宇内，代周而立的政权合法性。《史记·秦始皇本纪》对此记载道："始皇推终始五德之传，以为周得火德，秦代周德，从所不胜。方今水德之始，改年始，朝贺皆以十月朔。"张守节《正义》云："秦以周为火德，能灭火者水也，故称从其所不胜于秦。"④《史记·封禅书》亦载道："周得火德，有赤乌之符。今秦变周，水德之时。昔文公出猎，获黑龙，此其水德之瑞。"⑤根据五德终始说，秦变周，得水德之瑞。而据天干五行学说，五行之水所配天干为壬、癸。哭临为丧葬仪式，丧葬之事于五礼属凶礼，本非吉事，作为与王朝德瑞相配之天干壬、癸日自然不宜举行哭临等属丧葬凶礼之仪式。因此，在当时时日择吉风习浓厚的社会大背景下，从维护秦王朝水德之瑞的政权合法性及政治威权之尊严考量，秦以法令禁止壬、癸日行哭临之事，自在情理之中。

（二）秦律禁葬以报日

至于上引简文中的"葬以报日"，乃是承前而省"禁毋"二字，亦即是说，其原文文义应为"禁毋葬以报日"。报日，整理者注曰："报日，秦汉日书中的一种特定的日子，即辛亥、辛卯、壬午三日。孔家坡汉简《日书》3063 简：'辛亥、辛卯、壬午不可以宁人及问疾，人必反代之。利以贺人，人必反贺，此报日也。'"⑥ 按，在出土秦汉简牍资料中，有关"报日"的行事宜忌简文尚有以下几条。如：

[毋]以辛亥、卯、壬午问病[者]，以宁人，人必宁之；以贺人，人必贺之。寅、卯不可问病者，问之必病。（《岳山》M36：44 背）⑦

辛卯、壬午不可宁人，人反宁之。（睡简《日书》乙种简192 贰）

凡酉、午、巳、寅、辛亥、辛卯问病者，代之。（睡简《日书》乙种简193 贰）⑧

---

① 湖北省荆州市周梁玉桥遗址博物馆编：《关沮秦汉墓简牍》，中华书局，2001 年，第 119 页。
② 《文选·齐故安陆昭王碑文》李善注引邹子语。见萧统编、李善等注《六臣注文选》，中华书局，2012 年，第 1104 页。
③ 《吕氏春秋·应同》。见许维遹《吕氏春秋集释》，中华书局，2009 年，第 284 页。
④ [汉] 司马迁：《史记》（点校本二十四史修订本），第 302 页。
⑤ [汉] 司马迁：《史记》（点校本二十四史修订本），第 1635 页。
⑥ 陈松长主编：《岳麓书院藏秦简（伍）》，第 157 页。
⑦ 湖北省江陵县文物局、荆州地区博物馆编：《江陵岳山秦汉墓》，《考古学报》2000 年第 4 期。
⑧ 睡虎地秦墓竹简整理小组编：《睡虎地秦墓竹简》，释文第 239 页。

辛亥、辛卯、壬午不可以宁人(33)

及问疾,人必反代之。利以贺人,(162)

人必反贺之,此报日也。(224)(周家寨M8汉墓《日书》)①

上引几条简文文字虽略有不同,但其内容基本一致,均是讲"报日"的行事宜忌。"报日"对应时日,上引孔家坡汉简《日书》简文及周家寨汉墓M8《日书》简文均明确以辛亥、辛卯、壬午三日当之。上引岳山秦牍文字"[毋]以辛亥、卯、壬午问病[者]"中的辛亥、卯、壬午,即辛亥、辛卯、壬午,此与孔家坡汉简《日书》所说"报日"时日也一致,是知在秦汉时的时日择吉礼俗中,以辛亥、辛卯、壬午三日为报日。

"报日"一词又见于香港中文大学文物馆藏汉简《日书》简文中,原简文云:"[戊]己、甲庚、乙辛、丙壬、癸丁、戊己。报日以得,必三以亡,必五以三。凡三,可以畜六畜。"(简75)② 陈松长先生认为,"癸丁"应即"丁癸"之误倒。"报日"当为报祭之日。而《居延新简》所载探方二七第2号简所记的"复日"干支与此相同。因此,"报日"可能就是"复日",只是时代早晚不同,名称有异而已③。刘国胜先生则认为,"报日"可能是指凡得报应、反受报复之日,属凶日④。按,尹湾汉墓出土的《元延三年五月历谱》中有"五月小……复丁癸"⑤ 的记载,后世选择通书如《星历考原》卷四、《协纪辨方书》卷五均引《历例》云:"复日者,正、七月甲、庚,二、八月乙、辛,四、十月丙、壬,五、十一月丁、癸,三、九、六、十二月戊、己日也。"⑥ 据此可证港中大藏汉简中的"癸丁"确如陈先生所说,应为"丁癸"之误倒。而此处之"报日"亦如陈先生所说,是《居延新简》中的"复日",也即后世选择通书中的"复日"。但从其对应的具体时日及行事宜忌上看,此处之"报日"与上引岳山秦牍、睡虎地秦简、孔家坡汉简中的"报日"虽同名,二者却非指一事。

上引简文中的"问病者",即问候探望患病者。"必代病"或"代之",是说"问病者"必代替病患者患病。"宁"即慰问、安慰之义。简文将"宁人"与"问

---

① 湖北省文物考古研究所、随州市曾都区考古队:《湖北随州市周家寨墓地M8发掘简报》,《考古》2017年第8期。
② 陈松长编著:《香港中文大学文物馆藏简牍》,香港中文大学文物馆,2001年,第39页。
③ 陈松长编著:《香港中文大学文物馆藏简牍》,第40页。
④ 刘国胜:《港中大馆藏汉简〈日书〉补释》,《简帛》(第一辑),上海古籍出版社,2006年,第341—344页。
⑤ 连云港市博物馆、东海县博物馆等编:《尹湾汉墓简牍》,中华书局,1997年,第128页。
⑥ [清]李光地等编:《御定星历考原》,《四库术数类丛书》(九),上海古籍出版社,第75页;[清]允禄、[清]梅瑴成、[清]何国宗等撰:《钦定协纪辨方书》,台湾古籍出版社,2004年,第193页。

疾"并列而言，说明"宁人"和"问疾"属于性质相同的行为。若这些行为发生在"报日"里，后果会是"问病者，必代病""宁人者，人反宁之"。而若在"报日"里"贺人"，则"人必反贺之"，即报日中向别人道贺，也一定会得到别人的道贺。由此看来，"报日"无吉凶可言，其行事结果的吉凶全由行为人的行事之性质决定，即报日里做任何事，最终会得到相应的回报。是"报日"之"报"，当如整理小组所释，为"回报""报应"之义①。正因在秦汉时期的时日择吉俗信中，人们相信"报日"中的行事会得到相应的回报，故若在"报日"中行埋葬之事，便会得到再次丧葬的回报。秦律明文禁止"葬以报日"，其因由或当在此。

此外，在《岳麓书院藏秦简（伍）》所载秦律令中尚有"令曰：县官所给祠，吏、黔首、徒隶给事祠所，斋之，祠未阕而敢奸，若与其妻、婢并，皆弃市，其"(1170+1172背)②的简文，内容涉及禁止县级祠祀活动的参与者在祠祀活动结束前与其妻、婢等在祭祀场所发生性行为。若违禁者，则要处以弃市的严惩。祠祀的对象为各种神灵，在祭祀神灵过程中，不仅强调祭祀品的丰盛和洁净，更讲求参与者态度的虔敬与清洁。故汉律规定"见姅变，不得侍祠"③。"姅"，《说文·女部》云："妇人污也。"何谓"妇人污"？《说文》段注云："谓月事及免身及伤孕皆是也。……按，见姅变，如今俗忌入产妇房也，不可以侍祭祀。"④ 余云岫按曰："月事者，月经也；免身者，生子，谓有恶露也；伤孕者，若小产及胎盘剥离等是也。要之，皆子宫出血之候也。"⑤ 是处于月经期、小产，或生育期中的妇女均属"姅"之范畴，不得参与祭祀活动。《后汉书·礼仪志》亦载有主斋事者在斋戒期间若有污染，则须"解斋"⑥。《后汉书·周泽传》则载周泽任太常之职时，"清洁循行，尽敬宗庙。常卧疾斋宫，其妻哀泽老病，阚问所苦，泽大怒，以妻干犯斋禁，遂收送诏狱谢罪"⑦。泽老病，其妻至斋宫阚问，其犯斋禁之由，应非伤孕或分娩期，或正当月事在身之故。又，居延新简载有一条关于汉代郡县祠祀社稷的记录，明文要求"侍祠者斋戒，务必谨敬、鲜絜、约省为故，褒尚考察不以为意者，辄言如律令"（E.P.F22：154）⑧。以上信息足见秦汉时期的祠祀活动，常要求侍祠者自身的鲜洁

---

① 湖北省文物考古研究所、随州市考古队编：《随州孔家坡汉墓简牍》，文物出版社，2006年，第171页。
② 陈松长主编：《岳麓书院藏秦简（伍）》，第200页。
③ ［汉］许慎撰，［宋］徐铉校定：《说文解字》，中华书局，2013年，第265页。
④ ［汉］许慎撰，［清］段玉裁：《说文解字注》，中华书局，2013年，第631—632页。
⑤ 余云岫编著：《古代疾病名候疏义》，学苑出版社，2012年，第204页。
⑥ ［南朝·宋］范晔：《后汉书》，第3104页。
⑦ ［南朝·宋］范晔：《后汉书》，第2579页。
⑧ 甘肃省文物考古研究所等编：《居延新简——甲渠候官与第四燧》，文物出版社，1990年，第487页。

和态度上的虔敬。而在古人信仰意识中，两性关系如同女子有月事在身一样，常被看作是不洁的行为。因此，若侍祠者在祠祀活动尚未结束时，即在祠所与妻、婢等发生相奸的不洁行为，则是对神灵莫大的亵渎和不敬，不但不会得到神灵的庇佑，甚至因亵渎神灵而致祸咎。祠祀神灵是宗教的行为，是人与神灵沟通交流的仪式。这种与古代民众宗教信仰有关的内容却被秦王朝以律令的形式加以界定，不能不说是受到当时社会宗教信仰习俗的影响。限于篇幅，对于此一问题的讨论，我们当另文再详述之。

本文是教育部人文社科基金项目"出土简帛文献与中国早期术数信仰研究"（批号：16XJA770003）及陕西省社科基金项目"出土简帛文献所见术数信仰研究"（批号：2016H004）阶段性成果。

荀子的历史书写与历史回忆

——兼论荀子的存在意识

马斗成　李　遥（青岛大学历史学院）

摘　要：身份的断裂与古今分界产生了一种失落感和对于存在性的怀疑，它们催生了荀子的历史回忆与历史书写，借此，在荀子那里，过去与现在的平衡得以重新达成。（表现）形式与内容共同赋予了过去新的图景，由是，混沌转向秩序，过去得以为当下所理解。在历史表现中，荀子借由对历史决定论的破除恢复了个体的尊严，赋予了历史有机论的形式。通过历史回忆，荀子确认了人文世界的开端，赋予了过去一种连续性和共时性，并使得起源记忆成为界定群体认同的神话。最终，身份与价值的谱系得以确立，荀子的存在意识也因此而彰显：历史与个体相互成就，我们在历史之中，而历史也在我们之中。

关键词：荀子；历史书写；历史回忆；存在；心态史

历史回忆凸显了过去特定的内容，而历史书写则赋予了这些内容以独特的形式，它们的共同作用使得在历史中追寻存在的维度成为可能。荀子所理解的时代命运是在历史与现实间寻求一种平衡，本文则尝试回答这样一个问题：这种平衡在荀子那里是如何达成的？

一、存在意识、历史书写与历史回忆

存在，便是生命的真实化。在向死而生的历程中探寻真实不虚的终极实在。此心涵摄过去，证成现在，并开出未来。何为"生命的真实存在"？唐君毅指出："存在之无不存在之可能者，方得为真实之存在；而无不存在之可能之生命，即所谓永恒悠久而普遍无所不在之无限生命。"[①] 然而每一生命个体的寿元毕竟有限，在永不止息、无穷无尽的大化洪流之前，个体的短暂易逝难免相形见绌，那么，如何应对无穷？如何以有限的个体生命企及真实无妄的存在之境？进一步说，如果将天地万物与人类群体的存在视为无限生命的一级，而此有限个体的生命则为无限生命之具体表现，那么后者该以怎样的方式成就另一极，如此个体之存在方可拥有超越性的

---

① 唐君毅：《生命存在与心灵境界》，九州出版社，2016年，第13页。

归宿?

在传统思想中,这一诉求往往表现为立人极的宏愿。这种情绪促使每一思想家在经验主义和超验主义的路向中做出选择——通过追溯为此前人类的精神历程赋予某种意义,或借由内省以完成道德主体的挺立。荀子选择了经验主义的方式,他的存在意识——无论是个体还是集体层面——借由历史回忆而萌生催发,并在不断尝试的历史书写中臻于完善。如何确立并继承一种传统?在回忆与书写的行为中,荀子给出了自己的答案。

首先,历史书写。中国传统史学中即有考史、论史、著史之分,而史学体裁(即历史表现的方式)亦有编年、纪传、纪事本末之别,则其对于自然时间状态下的编年史与叙事性的历史间确有自觉之区分,此一概念的提出绝非尽然比附西哲。叙事性的历史书写并非是具有编年准确性的历史证据与事实的简单叠加——就好像我们不能指望把历史证据输入电脑就可以得到一部历史著作一样,没有这种一蹴而就的算法——它是一个去取与整合的过程,也是一个解码与重新编码的过程,这一过程为原先混沌、零散的历史证据与档案赋予了一种一致性。这种一致性就是我们所见到的将单称陈述抟合起来的形式。由于过去并不能直接为我们感受到,同时一个完整的叙述也不具有单称陈述的指称效果,因而叙事性的历史是一种转义,通过这种转义,过去由不在场变为在场,由我们所陌生的存在转变为熟悉之物。海登·怀特指出:"在史学家能够把表现和解释历史领域的概念工具用于历史领域中的材料之前,他必须先预构历史领域,即将它构想成一个精神感知客体……在一个特定领域能够获得说明之前,它必须首先被解释成一个有可分辨的各种事物存在的场所。"① 怀特以为,历史学家的主转义包括四种,即隐喻、转喻、提喻和反讽。这四种转义分别对应着不同的形式论证,即形式论、机械论、有机论和情境论。

其次,关于历史回忆,在广义上它包括了公共性与个体性的两个版本,前者通常以史书为载体而呈现,无论是官修正史还是私人著述——这也是我们的史学史研究所关注的核心。后者则潜藏了一种隐喻:人人都是自己的历史学家。个体的回忆在史学史的领域外别有天地,它关系着每一个体对自我和所属集体身份的界定,它是即时性的,并与个人的情感与价值取向息息相关。它是一种动态的过程,是对个体所接受并储存在记忆中的历史痕迹的整合与重塑。因而在讨论历史回忆时,真理的符合论应该暂时退避,记忆有真假,但回忆则无所谓真假。记忆等同于想到的,也就是一种知识,它可以在编年准确性的尺度上证实或证伪;但回忆则是重构性的。阿莱达·阿斯曼指出:"'被回忆的过去'并不等同于我们称之为'历史'的、关于过去的冷冰冰的知识。被回忆的过去永远掺杂着对身份认同的设计,对当下的阐释,

---

① [美]海登·怀特:《元史学:十九世纪欧洲的历史想象》,陈新译,译林出版社,2013年,第40页。

以及对有效性的诉求。因此关于回忆的问题也就深入了政治动因和国家身份认同建立的核心。"①《荀子》一书中保存了大量对于往事的追溯，在它们不同于史学史所关注的历史著作的意义上，在它们不以纯粹的编年形式而呈现并在叙述中得到整合的意义上，毫无疑问就是一种个体性的回忆。哪些历史进入了回忆而哪些没有？在回忆中浮现的历史呈现出了何种样貌？它们起到了什么作用，它们又是如何达成回忆者所预期的那种效果？所有这些使得我们进入了心态史的园地，而不必对传统的史学史亦步亦趋。

二、荀子的历史书写

（一）决定论的破除

历史书写即是令原本陌生的存在变为熟悉之物，为原本混沌无序的时空赋予某种形式，借此形式，存在得以进入意识，成为可理解的。就好像几何图形中的辅助线一般，在不改变原图的情况下将其变为我们熟悉的形状。一种叙述赖此形式而获得某种内在的一致性，并以隐喻的方式同历史实在建立关联。而这种形式，即确认实在的方式，本身便存在着某种内容，或者说暗示了一种哲学立场。

这不同于思辨的历史哲学②所提出的本质和规律的建议，这种建议通常越俎代庖地抢夺了历史学家的席位，并对历史语言的指称效果深信不疑——遗憾的是，在20世纪70年代的语言转向之后，人们已经认识到历史学家的语言不是透明的。我们并非透过历史叙述的语言去看到历史实在，当我们读到一个叙事的时候，就仅仅是读到了一个叙事而已。它往往习惯性地将一种决定论带入历史叙述中，并声称所发现的某种本质性的存在具有决定其他现象的支配力量。当然，这里不是说它绝无与《荀子》对话的可能，而是说这种立场所带来的视域重合无法获得更广阔的视野与融贯性更强的解释。毕竟在荀子的历史叙述中，并未采取机械论的形式。

何以这么说？首先，关于机械论，海登·怀特认为："机械论者的世界构想同样与其目的结合在一起，但他们倾向于还原，而非综合……人们认为存在于历史领域内的那些客体，都被说成是存在于部分与部分的关系形态中，而它们特殊的外部构

---

① ［德］阿莱达·阿斯曼：《回忆空间：文化记忆的形式和变迁》，潘璐译，北京大学出版社，2016年，第85页。
② 这一思路遥契于奥古斯丁《上帝之城》，肇端于伏尔泰《风俗论》，玉成乎康德、狄尔泰，并在黑格尔、马克思那里发扬光大，最终由斯宾格勒与汤因比登峰造极。较近的版本则是弗朗西斯·福山的《历史的终结》与保罗·肯尼迪《大国的兴衰》。与覆盖率模式和历史主义以及后来的年鉴学派、计量史学不同，它旨在完善一套先验的历史演进模式，在这种模式的决定下，历史进程中的一切亦步亦趋，若合符节。同时，在此话语体系之下，个人的选择往往显得无关紧要，并且未来可依照其演绎规则进行推算。此外，历史哲学家们都提供了不同版本的历史终结论。

造,则由假定支配其相互作用的规律来决定。"① 其次,这一观念可以裹着神学的外衣,也可以戴上科学的面纱。前者诸如种种神创论或末世论,后者则可以将动因归诸地形、气候、种族或干脆是历史学家通过归纳得出的规律。个体在历史中匍匐于尘埃,无论怎样努力也无法摆脱宿命般的定局。然而这种观念并不被荀子采纳,对此的反驳集中在《非相》篇。该篇伊始便指出:"相人,古之人无有也,学者不道也。"相术预示了推算命运的可能,无论终极实在是什么,是天还是诸神,都意味着人类自身的作为终将沦为无济于事的闹剧,而一切道德准则也将失去原本的尊严和效力,这是荀子所不能接受的。随后他便强调:"相形不如论心,论心不如择术;形不胜心,心不胜术;术正而心顺之,则形相虽恶而心术善,无害为君子也。"(《非相》)这当然不是后世俗语中的"祸福由心"——实则这也隐藏了一种相关性。道德行为应当出自纯粹的善好意愿,而非事先获得保障的交易之心,荀子的言下之意是一个人修身择术的可能性并不为任何外在力量所规定,也不受任何超自然意志的制约。最后,上述讨论将我们引到了自由意志的问题。无论《性恶》是否伪作,我们能够确定的那些出自荀子之手的篇章中并无二字连语的情况,《劝学》说:"(学)其义则始乎为士,终乎为圣人。"《儒效》篇亦对成圣之可能加以肯定:"彼学者,行之,曰士也;敦慕焉,君子也;知之,圣人也。上为圣人,下为士、君子,孰禁我哉!"如果学以成圣之路永远敞开,那便很难说荀子的历史叙述是决定论的。需要补充的是,先秦时代"道"字的使用无论所指为何,绝少有后世科学主义泛滥并侵入人文学科后才频频出现的规律之义。《荀子》一书中"道"作为名词出现时的含义多为"人人所可共行之路",《儒效》篇说:"道者,非天之道,非地之道,人之所以道也,君子之所道也。"《修身》篇:"道虽迩,不行不至。"《荣辱》篇:"今以夫先王之道,仁义之统,以相群居,以相持养,以相藩饰,以相安固邪?以夫桀跖之道?"若解作规律便会显得不伦不类。

(二)历史表现:有机论

我们面临的第二个问题是,在荀子的历史叙述中个体以怎样的方式呈现出来?或者,如果思辨历史哲学暗示的机械论无法解释荀子的历史叙述,那么他究竟赋予了历史怎样的形式?荀子臧否古今人物与事件的描述通常作为论据而出现,即在一段说理性的文字后接以历史叙述,这似乎表明了一种统属性的关系。然而这并不意味着荀子赋予了历史叙述以一种演绎的形式,并暗示历史进程是遵循这些前提展开的。如果我们将叙述的过程视作描述与解释的统一②——并期待由此获得某种说服

---

① [美]海登·怀特:《元史学:十九世纪欧洲的历史想象》,陈新译,第24页。
② 奥克肖特指出:"历史学家就像小说家,他(她)所描绘的人物被展现得如此细致入微、如此完美和谐,以至于对这些人物的任何补充性解释都显得多余。"参见 [英]迈克尔·奥克肖特《经验及其模式》,吴玉军译,文津出版社,2005年,第139页。

力，那么通常可以采取的解释方法有四种：首先，认为历史等同于个体的行为活动，当个体的身份、时空连续性与种属关系得以确立，叙述者便视为目的的达成，而不需在此之外多作解释，或者干脆说他认为对于历史个体的详尽描述和一字褒贬本身便蕴含了作者的态度。纪传体通史中个人传记的部分往往采取这一方式，海登·怀特称之为形式论。其次便是方才提到的机械论，通过对历史中部分与部分间的关系加以确定以寻求某种支配历史的因果和规律。再次，有机论——历史中原本零散、不相统属的个体在叙述者的笔下整合为具有更高存在意义的连贯整体，这一方式旨在对历史中分辨出的个体加以综合，并许诺这种更高形式的主体往往在叙述中扮演核心的角色。具体的表现则是历史叙述中的个体不以其个人的特性得到彰显，而让步于其所属的类别。历史的过程表现为不断进行的综合。最后，情境论，认为个体行为的解释需要诉诸他们所处的环境，以一种反讽的姿态否定任何超越性的力量与个人意愿的效力。那么显然，荀子的历史叙述无疑被赋予了有机论的形式。

在这一形式的构造中，个体行为并不以其独一性而呈现并获得令人信服的解释力，譬如《王霸》篇说："羿、逢蒙者，善服射者也；王良、造父者，善服驭者也。聪明君子者，善服人者也。"《臣道》篇："有大忠者，有次忠者，有下忠者，有国贼者……若周公之于成王也，可谓大忠矣；若管仲之于桓公，可谓次忠矣；若子胥之于夫差，可谓下忠矣；若曹触龙之于纣者，可谓国贼矣。"诸如此类，不胜枚举。在这些叙述中，个体的行为依价值原则而得以区分等级，换言之，即所属之类的高下。历史中超越性的价值体现了一种共时性，原本时空相异的个体在叙述中获得了一种共同的身份，仿佛真的有一种所属的层级弥纶古今。由此他们的行为得以解释并获得说服力，而历史也呈现出一种层级分明且上下贯通的情状。下引之文最能体现这种倾向："齐之技击，不可以遇魏氏之武卒；魏氏之武卒，不可以遇秦之锐士；秦之锐士，不可以当桓文之节制；桓文之节制，不可以敌汤武之仁义；有遇之者，若以焦熬投石焉。"（《议兵》）技击、武卒、锐士或皆战国之兵种，而齐桓晋文则分明属于春秋时代，至于汤武则时代更为遥远。在此，自下而上的类属伴随着价值层级的递进而被构建出来，在这一综合中原本不相统属的部分融为一个更大的历史整体，并获得了某种原本不存在的一致性。

三、荀子的历史回忆

（一）古今分界与身份的断裂

并非所有人都会对历史萌生兴趣，或者在证明自己的结论时，也并非所有人都会呼唤过去的在场。只有达成了某种契机，思想的主体才不会将源源不断涌生的现在视作时间的唯一形式。或者，只有经历了特殊的时刻，我们现在所是的那种身份才不会被视作理所应当。存在着两种过去。一种是"实践的过去"，另一种才是我们赋予了历史性的过去。想象一根不断拉伸的皮筋，一端是"过去"，一端是"现在"。最初，两端之间完好无损，只有缓慢的、难以察觉的延伸，没有裂隙也没有分隔。直到某一刻，随着"啪"的一声，皮筋在不断增加的张力之下断为两截，这时，早先难以察觉的变化得以进入人们的视野，过去与现在彻底分隔，并作为一种永远无法寻回的身份而在人们的心中留下了伤痕。在那些敏锐的历史学家心灵中，之前习焉不察的种种一瞬间涌上心头。

我们如何认定在荀子的意识中存在的并非"实践的过去"，而是一种"历史的过去"呢？对此，我们不能想当然地先做一番对于荀子身在其中的那个时代所谓"时代特色"与"时代精神"的描述，而后理所应当地将我们的判断视为荀子自己的感同身受。一方面，譬如柯林伍德在反驳环境决定论时所说，身处海岛的居民可以将目之所及的大海视作通途和有待征服的对象，也可以将其视作无法逾越的屏障，不存在一种先验的决定论。另一方面，我们对往昔时代的界定拥有更多的参照系，同时也受到我们自己时代的影响，这是那些我们试图了解的历史主体所不具备的。想想看那些19世纪的西方史学家，他们赞颂这一时代的民主制与普遍繁荣，仿佛进步与稳定是历史的主旋律，他们因之歌颂希腊城邦时代的美好，浑然不觉此后将面临伯罗奔尼撒战争的悲剧命运。答案应当从荀子对他身在其中的那个时代的描述中寻找。

荀子对于时代状况的评价通常出现于"今"字之后的文句中，而古-今连言则几乎成为行文的惯例。这并非仅仅是儒家学派托古讽今的修辞技巧，托古讽今所潜藏的历史意识仍旧是一种"实践的过去"，它预示着过去与现在拥有一种好像个体记忆一般的连贯性。而历史的过去则暗示了一种断裂。譬如，在《非十二子》中他写道："今之所谓仕士者，污漫者也，贼乱者也，恣睢者也，贪利者也；触抵者也，无礼义而唯权势之嗜者也。"对于士的评价是荀子对知识群体的写照，同时我们注意到，在这之前存在着他对于古代士人的描述，他写道："古之所谓仕士者，厚敦者也，合群者也，乐富贵者也，乐分施者也，远罪过者也，务事理者也，羞独富者也。"（《非十二子》）那是一种完全不同的形象。可以看到，几乎每一种品格在古-今连言的语境中都形成了格格不入的对照。托古讽今往往借助古昔的事例来证成当下决策的可行与否，而在荀子的叙述中不惟难以发现一种一致性，恰恰相反，他似乎在不遗余力地阐明两个世界的断层。同样是在《非十二子》中，荀子对于当时的处境下学者当为、能为之事的建议更能体现这种倾向。在荀子的观念中，理想的统治者当由德才兼备的大儒担任，至少在理论上天子之位绝非儒者不能企及。在荀子对已然作古的三代之治的追忆中，处于政治核心的决策者无不具有圣王的品格。然而在这一段中，他却进行了一种无可奈何的区分："无置锥之地，而王公不能与之争名，在一大夫之位，则一君不能独畜，一国不能独容，成名况乎诸侯，莫不愿以为臣，是圣人之不得势者也，仲尼子弓是也。一天下，财万物，长养人民，兼利天下，通达之属莫不从服，六说者立息，十二子者迁化，则圣人之得势者，舜禹是也。"(《非十二子》)如果荀子懵然不觉并将他所处时代中"圣人不得势"的状态视为常然,应然之事,那么这种区分便无从谈起。在这一段中,古今的分裂行迹昭彰,再无讳言的余地。

然而处此境况,学者将何以应之?荀子回答说:"今夫仁人也,将何务哉?上则法舜禹之制,下则法仲尼子弓之义,以务息十二子之说。"(《非十二子》)此句的关键在"今夫"一语,荀子深知古昔种种杳然长逝,再无重现之可能,而在一个波云诡谲的世界中,虽则法舜禹之制作为一种终极关怀仍旧进入议程,但具体而微的可行之道却不得不是,也只能是"务息十二子之说",得君行道与君师合一的理想不得不让位于现实的折中,他深知自己处在一个截然不同的世界,这个世界昭示了迥异过往的使命。

现在我们可说,在荀子那里,借由这一特殊时刻,回忆的过程戛然而止,看似永无尽头的追溯遇到了某种超语言的崇高性,在这一崇高性面前是截然对立的两种时间。一种是杳然长逝、在真理的平静中抚慰心灵的历史;另一种是波涛汹涌的时间之流,伴随着泥沙俱下的混乱污浊。崇高性的时刻是差异的时刻,也是失去的时刻,在那短暂的、令人心醉的接触后,思想的主体重重地跌入了现实的尘埃,历史作为永远无法寻回的一种身份引起了无限的遐思与渴慕。此后,对于这种失落感的寻求催生了历史回忆和书写,通过文字的摹写与呼唤,来熨平心灵的深壑。

(二)时间的视域

我们拥有两种时间,一种是星球自转及恒星光线的变化所带来的自然意义上的昨天与今天。日升日落所昭示的恒定与机械的自然秩序暗示了一个无始无终的进程,在这里,时间好像一个笼罩在人类命运之上的黑洞,过往被吞噬,变得不可触摸,而未来则在渐次生起的时间感受中有条不紊地降临,宛如那些消逝的时空。这样的时间感体现了作为无机物的宇宙所独有的韵律和节拍,一切变化都如同尘埃的散落聚合,在无穷无尽的天幕之下,星辰史的挽歌悠然成韵。对此,我们可以称之为宇宙时间。另一种时间则是人文时间,它意味着人类的生命不再等同于草木枯荣、潮起潮落,它拥有一个明确的开端,这一开端预示着一个新的群体的诞生,也规定着此一群体的自我界定和认同。这种时间不再是自然序列支配下无意义的重复——在后者那里空间战胜了时间,空间的广延将时间之流消解为支离破碎的片段,并使其依附在自身的结构中,而在前者那里,时间战胜了空间,生命主体意识到了自身迥异于无机物的属性,变化代替了重复,静止让步于运动,人类的历史不再臣服于仿效着宇宙历史的纯粹编年。几乎每一个部族与文明的主叙事中都存在着一个开端,它使得集体的身份得以区别于集体之外的他者,想想基督教的耶稣降世和公元元年,想想伊斯兰教的希吉拉,再比如周部族的后稷或《春秋》开篇的"元年春,王正月",所有这些都标志着一种人文时间的确立:自然史止步于此,之后,便是我们的历史。

不惟如此，时间的界定更是一种权力，是一种话语权的广泛接受，是一种价值秩序的普遍化，也是人文世界对自然世界的胜利。我们有什么天然的合理性要将基督教的纪年视作人类的公共纪元吗？用来确定零时区的格林尼治天文台的本初子午线有什么地理上的优越性吗？在我们习以为常的时间秩序背后隐藏着更为深刻的文化权力，在一个文化共同体的自我认知中时间意识扮演了非同寻常的角色。

历史回忆无法摒弃时间的维度，这可能是我们内在意识的特性，一种回忆总要经历着时间，哪怕不具有一一对应的编年准确性。在此我们会面临另一个问题：回忆中所构想的历史具有怎样的时间性？我们不能说历史本身的连续与否，但回忆中的历史则可以如此区分：它是连续的吗？回忆中的时间是线性的延展还是环形的循环往复？如果回忆本身是一种投影和塑型，那么对过去的构想无疑会关系现在的界定：历史的长河中，我们处在怎样的位置？

在荀子那里，和他的儒家前辈一样，历史回忆中的神创论和宇宙时间被抛弃了，取而代之的是一种人类主体意识的觉醒。这种觉醒赋予了荀子的历史回忆一种独特的人文时间，它拥有着明确的开端，并呈现出一种连续性和共时性。

在《成相》中他以隐喻的方式描绘了象征着时间变化的自然景观："天地易位，四时易乡。列星殒坠，旦暮晦盲。"然而宇宙时间的节拍与人文世界的俯仰生息不再拥有内在的相关性，前者是另一种秩序，一种没有启示性也不具有形而上学般崇高性的秩序，这意味着人类历史的度量——无论是开端还是进程——所遵循的尺度不再是蒙昧状态下的因果性，过去与现在的划分摆脱了无机物的机械锁链，而只能以人类自己的感受为准则。那么，荀子的回忆中具有开端意义的时刻是什么，借由这一时刻，人类从史前史一跃而进入了人文时间？

答案隐藏在荀子对于人禽之辨的论述中。在《非相》篇中荀子指出："人之所以为人者何已也？曰：以其有辨也。"人类自我意识的觉醒使其察觉到这一群体的特殊性，这种特殊性促使他们首先将土石草木等不具有知觉的存在物排除在共同体的雏形之外，进而则是那些拥有知觉、体型相近、且在肤貌等表征上具有相似性的生物。荀子举例说，二足无毛同样是人类种属的自然特征，这一特征也为猩猩所拥有，但后者并不被人类视作其中的一员。进一步来说，自然意义上的血亲如父子关系、生理差别如牝牧间的不同也为人类和禽兽所共享，但后者并无父子之亲与男女之别，人类的"以其有辨"意味着价值层级的确立，意味着他们尽管在生理上无法摆脱宇宙时间的桎梏，但却能够建立独特的价值体系。不过人文时间的开端时刻并未止步于此，因为"以其有辨"尚不是人类价值的终点。荀子认为"辨莫大于分，分莫大于礼，礼莫大于圣王"（《非相》），只有圣王的出现方才意味着一种人文时间的达成："有天有地，而上下有差；明王始立，而处国有制。"（《王制》）何以"明王始立"被视作一种开端？他解释说："势位齐，而欲恶同，物不能澹则必争；争则必乱，乱则穷矣。"（《王制》）在宇宙时间支配下自然欲望的泛滥与冲决只能造就人类群体的混乱和纷争，此时等同于禽兽的人类种群尚不能被视作一个文化意义上的共同体。类似的表述也出现在其他篇章中，如《礼论》篇："人生而有欲，欲而不得，则不能无求。求而无度量分界，则不能不争；争则乱，乱则穷。"《乐论》篇："人不能不乐，乐则不能无形，形而不为道，则不能无乱。"在不能无乱之后则是"先王恶其乱"的人文关怀，此后区别于史前史的人文时间拉开了序幕，先王的礼乐之道使得人类能够以"我们"来界定自己，相较于政权兴衰的编年时间，这样的人文时间无疑具有更为深刻的意义。是文明的确立和文化共同体的形成才是衡量时间的根本尺度，而王朝的更迭与君主的禅继只不过是其中的一个单元。

然而荀子所处的时代又使他不得不对现实中的变化做出回应，如果时间没有止于某处并在回忆中延续到了自身所在的时空，那么"现在"处于怎样的位置？"现在"与过去的联系是怎样的？这一问题已经不是单纯的时间意识所能回答，此处仅需指出现实的效应的确出现在他的时间意识中便足够了。在《正名》篇中他说："今圣王没，名守慢，奇辞起，名实乱，是非之形不明，则虽守法之吏，诵数之儒，亦皆乱也。"由此我们便可大致将荀子所暗示的人文时间做出划分：前圣王的宇宙时间，圣王所开启的人文时间，以及圣贤不得位的现在。如何处理后两者的关系激发了荀子的历史回忆，借此，当下生命个体的存在性问题亦由之而彰显。

此时我们面临着另一个问题，荀子回忆中的历史呈现了怎样的性相？这一问题的答案同样预示了荀子对古今关系的态度，因为对过去的时间许诺对于现在同样适用。通常历史回忆中的时间维度有两种，一是侧重于变化的历时性，二是侧重于一致的共时性。前者凸显了历史中的因革与先后相继，在这一维度中，时间上的在先与在后以其所处时序的不同而呈现出相异的特征，过去不同于现在，而现在又不同于未来，那消逝的过去终将为此后继起的变化所代替，既然已经来到了"现在"，那么未来亦为时不远，在生生不息的变易中并无恒久之物，一切都将成为过往。历时性关注差异，而这种差异使我们不能长久驻足于某一时段。这种时间感受与我们常说的历史主义不无相近之处，后者有两个分支，它们共同作用于崇高性的消解，一是历史客体的历史化，二是经验主体（正在回忆着历史的人）的历史化。那些强调过去与现在彻底脱节或对任何超越性的真理持有怀疑态度的观点无非便是如此。与此不同，荀子的历史回忆呈现了一种共时性，它暗示了一种同位和共在，暗示了在更加宏伟的参照系中，人类拥有了不为岁月侵蚀的恒定与坚凝。由圣王开启的人文时间昭示了一种人类的整体命运，在这一命运的覆盖下，生命个体与世俗的政权在更为深刻的意义上获得了一致性。回忆中遍在于华夏大地的人物与事件在荀子那里获得了超越性的统一，他们不再是依照编年尺度层层继起又转瞬即逝的浪花飞沫，而是作为一个整体获得了战胜时间的力量。在《天论》中荀子指出："百王之无变，足以为道贯。一废一起，应之以贯，理贯不乱。不知贯，不知应变。贯之大体未尝亡也。乱生其差，治尽其详。"无变与道贯即是共时性的体现，此句可视作纲领，而对具体历史实在的回忆更能体现这一点，如《王霸》篇说："其法治，其佐贤，其民愿，其俗美，而四者齐，夫是之谓上一……汤以亳，文王以鄗，皆百里之地也，天下为一，诸侯为臣，通达之属，莫不从服，……无它故焉，四者齐也。桀纣即厚有天下之埶，索为匹夫而不可得也，是无它故焉，四者并亡也。故百王之法不同，若是所归者一也。"在编年的层面上成汤与周文分属不同的部族，后者亦未必有感于前者，桀纣更是不同政权的末代君主，然而在荀子的描述中他们的行为却能够在一种无时间性的价值体系中得到理解和定位，换言之，在他看来，历史在编年尺度上的变化并未造成根本性的差异，先后相继的圣王所共同践履的人道促成并维系了这种一致性。

共时性的时间维度赋予了回忆中的历史一种时间之外的力量，它不惧时光风化，亦不在光阴荏苒中为之褪色。由此，荀子揭示了一个时间层面的隐喻：不是历史在我们之中，而是我们在历史之中。换言之，荀子并未将过去现在化，而是试图将现在过去化。

（三）作为对抗遗忘的回忆

如果说促成回忆的情感因素是对失落感的弥补，那么，是何种缘由令荀子的历史回忆以上述的方式呈现？或者，关于历史回忆——也可以使用其他说法比如重视历史，再比如对历史的了解——在荀子思想中的效用，能否在他的描述中寻得答案？

首先，"遗忘是存储的对手，但是是回忆的同谋"①，就像过去和现在互相纠缠、彼此预设一样，回忆与遗忘也总是携手并进，形影不离。一方面，回忆的动机是为了对抗遗忘。人类过去在时空上的不可触摸造成了一种分离感，这一感受会导致对自我存在的质疑。当逝者如斯的时间之流带走了过往，生命主体会在只余"现在"的巨大惊惶中茫然无措，就像被卷入湍急河流的落水者，他被汹涌澎湃的水流挟裹着前进，失去了所有能够依赖的凭借。回忆正是在这种意义上发挥作用，它如同一块舢板，能够使落水者寻到立足之地。另一方面，回忆本身就是遗忘的过程，前者意味着特定的过往得以凸显并成为前景，一种新的叙事随之成立，而与此同时那些中心之外的、成为背景的部分则变得黯淡无光，被渐渐忘却，直到新的现实激发出新的回忆，它们才会重新进入回忆者的视野。就荀子而言，其历史回忆的伊始正是出于这样的考虑，在《非相》中他指出："五帝之外无传人，非无贤人也，久故也。五帝之中无传政，非无善政也，久故也。禹汤有传政而不若周之察也，非无善政也，久故也。"那么，时间的悠久何以会造成遗忘？他进一步解释道："近则论详，略则举大，详则举小。愚者闻其略而不知其详，闻其详而不知其大也。是以文久而灭，节族久而绝。"（《非相》）此时，遗忘发生了，其表现便是礼与文的消亡，这令人想起了钱穆在《国史大纲》中类似的表述："一项制度之创建，必先有创建该项制度之

---

① ［德］阿莱达·阿斯曼：《回忆空间：文化记忆的形式和变迁》，潘璐译，第22页。

意识与精神。一项制度之推行，亦同样需要推行该项制度之意识与精神。此种意识与精神逐渐晦昧懈弛，其制度亦即趋于腐化消失。"① 回忆的作用正是重塑先王之道及其历史的脉络，孔子说："礼云礼云，玉帛云乎哉？"（《论语·阳货》）孟子说："辞让之心，礼之端也。"（《孟子·公孙丑上》）他们都试图寻找礼乐之道的内在根据。与孔孟不同，荀子并不特别重视反省式的道德自证，而是将历史整体纳入视野，在他看来，历史的绵延本身就具有说服力，而任何精神遗产的价值也当在历史中审视其效用。通过回忆，他将一种原先存在但后来被遗忘的精神恢复到叙事的层面，提升并保存它们。回忆中的历史获得了一种现实的观照，而过去与现在的隔阂也因此冰消雪释。在这种意义上，回忆的过程已不单单是为了对抗遗忘以及随之而来的存在感的流失，它蕴含着一种更为深刻的寄托：回忆是一种对过去的责任，借由回忆，逝去的过往重新焕发生机，往圣先贤的伟大之处不至因为时间的久远而无人问津。扬·阿斯曼指出："社会环境无可避免地要发生改变，伴随而来便是植根于这些社会环境中的回忆将被遗忘，那些来自往昔的文本于是失去了不言自明性，变得需要阐释。"② 回忆的过程便是重构的过程，而重构则意味着从当下出发，为历史赋予某种意义。

第二个问题是：对荀子而言，什么是自己、进而是可以称为"我们"的共同体无法遗忘的？在《非十二子》中他介绍并批判了孔子之后出现的不同学术流派及其观点，虽然这些观点的多样性使其无法在单一主线中得到解释，但荀子的批评所依据的立场却是一致的，开篇他概括性地指出了自己对"十二子"进行批判的动因："（十二子）饰邪说，文奸言，以枭乱天下，矞宇嵬琐使天下混然不知是非治乱之所在。"在荀子看来，他所批评的学者务骋观念的新奇，并将概念的构造与论辩活动视作炫耀其智力的语言游戏，纵使"持之有故，言之成理"，各有其逻辑上能够自圆其说之所在，却失去了知识群体当有的严肃性。《解蔽》与《正名》两篇补充了他对各个学派的观点，其立场与《非十二子》相近，以荀子之语形容便是"凡言不合先王，不顺礼义，谓之奸言；虽辩，君子不听"（《非相》）。那么，怎样的行为是学者应当效法的呢？他认为理想的举措应当是："总方略，齐言行，壹统类，而群天下之英杰，而告之以大古，教之以至顺。"（《非十二子》）此外，他又指出："学也者，固学止之也。恶乎止之？曰：止诸至足。曷谓至足？曰：圣王……学者以圣王为师，案以圣王之制为法，法其法以求其统类，以务象效其人。"（《解蔽》）何以圣王之道被不厌其烦地强调呢？荀子解释说："先王之道，仁义之统……固为天下之大虑也，将为天下生民之属，长虑顾后而保万世也。其流长矣，其温厚矣，其功盛姚远矣。"（《荣辱》）至此，一切变得清晰起来，荀子对先王之道的执着并非来自文化意识上

---

① 钱穆：《国史大纲》，九州出版社，2011年，第445页。
② [德] 阿莱达·阿斯曼：《回忆空间：文化记忆的形式和变迁》，潘璐译，第61页。

的嗜尸成癖，而是过往的人类活动已然证明先王之道在抟合与维系文化共同体上源远流长、粲然可观的作用。由此我们可说，荀子所重视的正是文化的绵延和族群的延续，他念兹在兹、矢志不渝的亦是先王之道所缔造的连续性，这种连续性和文化上的一致性与他所处的时代中动荡流离的局面截然不同，成为一切价值与美好向往的渊薮，并提醒着芸芸众生：现实种种并非自来如此，我们的未来还有另一种可能。这一点也可以通过荀子回忆中的空间意识得到证明。"任何一个群体，如果它想作为群体稳定下来，都必须想方设法为自己创造一些这样的地点，并对其加以保护。因为这些地点……是他们身份与认同的象征，是他们回忆的线索。"① 将回忆形象空间化意味着它具有了供人追思的现实稳定性，这一空间逐渐巩固为真实可感的物世界，并在次第萦绕的文化意识中成为"故乡"。纵使迁徙与漂流迫使族群背井离乡，这种稳定的物质性也不会随之褪色。然而，荀子的回忆中并未强化特定的空间场域，先王与圣贤固然有其诞生之地，三代的政权亦有其国都所在，甚而他所崇敬的前辈学者如孔子亦有纪念性的墓地和园林，但所有这些均未出现在他的回忆中。在荀子的追溯中，天下便是回忆的场域，整个赤县神州便是回忆中的"故乡"，山川、河流以及独特的自然景观皆不能与之相提并论。《正论》篇说："汤武者、至天下之善禁令者也。汤居亳，武王居鄗，皆百里之地也，天下为一，诸侯为臣，通达之属，莫不振动从服以化顺之。"亳地与镐京只是偶然性的与圣贤所在发生联系，它们并未因此成为供人凭吊的文化故乡，因为理想中的王者应当"仁眇天下，义眇天下，威眇天下"（《王制》），部族和地域绝非限制与依托。另一段表述也具有同样的说服力："天之所覆，地之所载，莫不尽其美，致其用，上以饰贤良，下以养百姓而安乐之。夫是之谓大神。"（《王制》）天地之间便是天下，天下则是圣王与礼制的展开之所，纵使现实中依然存在着列国割据和政权的并存，纵使几百年来再无圣王当政泽及天下，荀子的回忆中依然展现了一种关于统一性的主叙事，作为一个民族集体记忆的缩影，在此后的历史中产生了深远的影响。

（四）奠基神话与身份认同

于《赋》篇的结尾，荀子以仿如神谕昭示般的口吻描述了一种深刻的时代感，在喟叹于自然景观的无常变化与人世间种种匪夷所思的乱象之后，他阐述了自己在时间领域的洞见："千岁必反，古之常也……圣人共手，时几将矣。"朱熹释之曰："况今之时，衰乱已极，虽有圣人，亦拱手而不能有为。盖物极必反，时运之开，其亦将不久矣。"② 若有意若无意，荀子预见了一个新的世界，与他身后的历史合若符节。然而在他有生之年毕竟没有目睹这样的变化，因而这一感受仅仅是设想，而非

---

① ［德］阿莱达·阿斯曼：《回忆空间：文化记忆的形式和变迁》，潘璐译，第32页。
② ［宋］朱熹：《楚辞后语》，严佐之、刘永翔主编：《朱子全书》（第19册），上海古籍出版社、安徽教育出版社，2002年，第233页。

结论。不过，我们不能因此将其置于不论不议之列，恰恰相反，正是归属于每一思想家的独特感受塑造了他们追忆历史的不同进向，并由此启发了他们对于过往的诠释。新的时代将要来临，或者正在降临，于是，那些具有敏锐心灵的生命主体必然会面临两个非同以往、与他们所属的群体息息相关的宏大议题：我（们）从何处来？我（们）将要去向何处？这种感受并不仅仅为荀子所独有，在此，我们将荀子视作时代心灵的表征，由他个人意识的抉择以窥见集体记忆的变迁。

个体记忆如何汇聚为集体记忆？又是什么样的条件使得一个群体能够以"我们"来称呼自己？在岁月变迁与漫长时光的侵蚀中，集体身份的一致性该从何处找寻？在荀子看来，这些问题可归结为我们如何从历史中寻找一种存在性，如此，人文时间之内的延续与承继变得可能，过去不再仅仅是宇宙时间上遥远的昨天，而"现在"亦从转瞬即逝的"当下"中解脱出来，成为共时性结构中不可或缺的时位。《议兵》篇思考并回答了这一问题，荀子以为："兼并易能也，唯坚凝之难焉……能并之，而不能凝，则必夺；不能并之，又不能凝其有，则必亡。能凝之，则必能并之矣。得之则凝，兼并无强。"依仗军事力量的暴力攫夺并不足以成就一个文化共同体，后者形成的关键在于"坚凝"之道，它预示着一种凝聚性的结构，并体现在时间与社会两个层面。荀子指出："凝士以礼，凝民以政；礼修而士服，政平而民安；士服民安，夫是之谓大凝。"（《议兵》）"礼"是绵延于历史中的纵向贯通，而"政"是铺陈于社会中的横向感通，它们共同作用于凝聚性结构的形成，后者把人们连接到一起，借由象征性的意义体系和共同经验造就并维系着文化共同体的存在。

《正论》篇描述了这种共同经验在荀子记忆中的留存："圣王之生民也，皆使富厚优犹知足，而不得以有余过度。故盗不窃，贼不刺，狗豕吐菽粟，而农贾皆能以货财让。风俗之美，男女自不取于涂，而百姓羞拾遗……虽珠玉满体，文绣充棺，黄金充椁，加之以丹矸，重之以曾青，犀象以为树，琅玕、龙兹、华觐以为实，人犹莫之扣也。是何故也？则求利之诡缓，而犯分之羞大也。"这里所呈现的是一个富饶丰盈的黄金世界，比《礼运》中"大同世界"的描述更加令人向往，它远离饥荒与战乱，充满了现世无法企及的和谐优美。当记忆浮现并占据了整个思维之时，一种永不再是的身份得以重临并冲淡了离乱之世的哀伤与悲悯，命运的声音回荡着，仿佛长存不灭的光明。在这种感受远远超出了当身所见的一切，在其无法触摸，无法公度，并以一种仰望的姿态得以观照的意义上，它具有非凡的崇高性，好像平地拔起，一瞬间飞腾至高耸入云的峰顶。随后，这种短暂的、动人心魄的一瞥烟消云散，而经验的主体重重地跌入现实的尘埃，方才退却的关于现世的记忆重新占据了思维，一种怅然若失的情绪瞬间充盈，伴随着这种巨大的失落感，紧随其后的描述充满了无奈与失望："夫乱今然后反是……王公则病不足于上，庶人则冻馁羸瘠于下。于是焉桀纣群居，而盗贼击夺以危上矣。安禽兽行，虎狼贪，故脯巨人而炙婴儿矣。"（《正论》）在骇人听闻的惨剧中，"现在"登场，这种巨大的失落感成为记忆中无法抹平的创伤。也正是因此,起源性的历史成为塑造群体认同的神话。

"神话是这样一种历史,人们讲述它,是为了让自己在面对自己和世界时可以找到方向;神话又是关于更高级秩序的真理,它不光是绝对正确的,还可以提出规范性要求并拥有定型性力量。"① 在荀子那里,这种"神话"指向了两个维度,一是作为"奠基性记忆",二是发挥着"与现实对立"的作用。如上文所言,人文时间的开端时刻在于人类摆脱了宇宙时间的桎梏并克服了等同于禽兽的原始冲动,道德意识的醒觉与群体性价值层级的建立被归结为圣王的功绩,在此意义上,后者由"鬼怪"成为祖先,故去的人不再是死人,而是我们生活的一部分,是我们回忆的起点,也是群体身份向过去追溯的过程中无法忽视的存在。生命个体的童年记忆——包括那些珍贵的事物与无法达成预期的遗憾——会作用于他的潜意识,以潜移默化的方式引导着他一生的行为,这种记忆会作为一种象征符号在他遭逢苦难之时转化为无与伦比的精神资源,呼唤过去的在场,赋予罹难之人慰藉与救赎——仿佛童年时刻犯下过错的孩童在长辈的怀中放声哭泣。人类族群的集体记忆也是如此,起源性的神话仿若高悬的明灯,在整个族群颠沛流离之际,指引着他们前行。圣王不同于先知,他们不是神意的宣告者,也非命运的预言家,他们是人人皆可成就的伟大人格,成圣之道便是历史的在场,而人类的命运系于自己之手,也系于每一具有成圣资格的个体之手。最终,这种对人类道德意志的执定作为界定了群体身份的主叙事,在华夏民族此后的思想历程中熠熠生辉。它无时无刻不在提醒着每一分享着起源神话的生命个体:现实的污浊混沌只是短暂的阴霾与尘埃,风吹云散,便能照见河山万里、星辰璀璨。

四、结语:荀子的存在意识

历史书写的形式令原本混沌无序的过去得以为当下所理解,而历史回忆的内容与时空的隐喻则凸显了过去中与当下之生命主体的身份与存在息息相关的部分。借由回忆,往昔不再是渺不相干的记忆碎片,而人文时间与起源神话的确立赋予了过去以照拂当下的价值,由是,生命个体避免了原子化的悲剧,并获得了辨识身份与意义的价值系统。

有机论的历史表现暗示了个体与事件的类属才是更具根本性的存在,这一类属以各种方式呈现于历史中,超越了时间与空间的限制,并塑造、规定与指引着现在的身份谱系,它令现实中的每一种身份变得有迹可循,也使持有不同身份的生命个体安足自立于相适的价值规范——后者既是限制,也是保护,它限制了遵循价值规范的生命个体在社会中的活动,也保障了他们免于惊骇和恐惧的权利,因为这种权

---

① [德]扬·阿斯曼:《文化记忆:早期高级文化中的文字、回忆和政治身份》,金寿福、黄晓晨译,北京大学出版社,2015年,第73页。

利与存在性的寻求息息相关。

如上所言，荀子提及的"人道"乃是人人所可共行之路，但它并非物质性的实存，而是在前赴后继的精神之旅中渐次形成内在价值，故而道路与行道之人休戚与共，俱存俱灭。不同的精神向度造就了不同的道路，也使得那些行道者拥有了共同的身份，这种身份在历史的维度中便可称作谱系。《荀子》一书提及了多种社会身份，而每一身份又可依照其价值层级的高下进行划分，其序列如下表所示。

身　份	
君主	王者、霸者、安存、危殆、灭亡
臣子	圣臣、功臣、篡臣、态臣
士大夫	通士、公士、直士、悫士、小人
学者	大儒、雅儒、俗儒、俗人
价　值	
威严	道德之威、暴察之威、狂妄之威
军队	仁人之兵、王者之兵、功利之兵、危国之兵、亡国之兵
事君之道	大忠、次忠、下忠、国贼
勇气	士君子之勇、小人之勇、贾盗之勇、狗彘之勇
知	圣人之知、士君子之知、小人之知、役夫之知
辩说	圣人之辩、士君子之辩、小人之辩

在荀子的意识中，度量与界定个体的方式并不仅仅停留在区分他们的姓名与时空连续性，换言之，即是在编年准确性的层面加以定位。诚然，每一生命个体都是独特的，这种独特性无法取代，也不可抹杀。但就并在于天地之间的不同生命而言，他们却非孤立存在，形单影只。恰恰相反，不同的生命个体相互联结感通，并由此形成了不同的群体，后者赖以存在的维度既内在又超越于群体中的每一个体，进而，在这一维度不为一时一地所限，且能够为处于其中的生命个体所自觉遵循并于时间层面上延续其存在的意义上，它与个体彼此成就，并成为衡量个体存在性的尺度。荀子的历史回忆与历史书写均致力于证成这种超越了特定时空的一致性，借由共同的回忆与谱系的追溯，自然时间上的在先与在后被赋予了人文世界的意义。如上表所示，类属的存在弥纶天地，每一个体不入于此类即可入于彼类，才出于此类又入于他类，但其间并非没有限制，而出入的过程亦非全凭心意。唐君毅指出："就吾人之本其有限之类概念，所规定之类与生物之类言，则任一生物皆由其不能出之一大类。亦唯赖其不出于此大类，自持其属于此大类，而得在此大类下之各小类中出入，

而于此出入中，表现其生命之所以为生命之本质或本性。"① 这也是荀子不厌其烦地强调人禽之别和君子小人之辨的原因，唯有对已然开辟并确立的价值层级的坚执与认可，方能确保已成的人文世界不至陵夷委顿，甚而出现率兽食人的惨剧。但另一方面，固着胶执于某一特定的类属并将其所属的价值层级无限放大，进而无视其他身份与价值层级的存在，同样会窒息人文世界的生机，是以在荀子那里，既不否认差等秩序的存在，又对知类通达与成圣成贤的可能性予以辩护。最后，对于个体所属之类的重视丝毫没有扭曲、抑制个体的存在，也不等同于一般性的集体主义或潜藏着后人与韩非的法家之学联系在一起的暗示，类属是对个体的超越与升华，是个体获得身份认同与归宿的凭借，也是历史传承与绵延中不可或缺的价值与信念。在荀子看来，生命个体存在于历史的延续中，而历史中所孕育的价值同样存在于个体的延续中，由此，历史成为在场，人类的文化价值免于支离破碎的悲剧，而个体也因对历史的承续与感通获得了更加深刻的存在性，以有限的时空而企及悠久无疆的生命。

  在荀子看来，一种真正的历史传统应当是后继之人不断参与其中的永不停息的意义之流；不是仅供后人凭吊的僵死的躯体，而是流动的同情，是连续选择的一系列可能性。正如"法后王"所暗示的一般——后王作为一种文化符号，并非特指周代之王，也不仅仅包含字面上"后起之王"的含义，法后王不是效法某一特定之人，而只是每一具有成圣资格的个体沟通先王的途径。作为动词的"法"在这里预示了一种路向与可能性，理解为"往承"或具有更强的解释力。"法后王"便是"往承后王之道"或"往继后王之资格"——荀子将传统绵延永续的可能交予源源不绝萌生的现在，现在无尽，传统便无尽。现在不灭，传统亦不灭。经典文本的研读与师法传承鼎足而立，共同构成了延续传统的必由之路。与此同时，荀子提出的为学成圣的模式也以其深远的文化关怀上承慎终追远之意，下启两汉六艺经典化之路，并成为此后的学者文本解读与沟通圣贤的基本方式，作为先秦儒学之殿军，可谓尽了此一时代之使命。

---

① 唐君毅：《生命存在与心灵境界》，第 158 页。

由清华简《摄命》的"奔告"说伯摄之职的秩级

——兼申毛公鼎铭文之"楚（胥）赋"当为职官

宁镇疆（上海大学古代文明研究中心）

摘　要：《摄命》篇的"奔告"，整理者认为系臣下对君王的跑腿传话，本文以为不确。从早期文献来看，涉"奔告"辞例者或是天子之冢卿，或为一方霸主，他们都有代宣王命、布政四方之职权。因此，《摄命》的"奔告"应该理解为冢卿或霸主对王命的布宣或传达。本文认为伯摄被册命之职当为周室之执政卿或与方伯相对的王官之"伯"。《大雅·绵》的"奔奏"，当从王引之读作"奔告"，与《摄命》篇同。《大雅·绵》的"疏附"从异文材料及音理考之，当即毛公鼎的"楚赋"。当前主流意见多指毛公鼎的"楚赋"为赋税，但从文例、语言环境特别是古文字角度看，"楚赋"实当为职事之臣，亦即《多方》篇的"胥伯（赋）"，而该篇及《康诰》的"臬"字古文从"埶"，实当读为"设"。

关键词：摄命；奔告；楚赋；多方；臬

一

清华简《摄命》篇中有"奔告"一词，其文曰：

今是亡其奔告，非汝亡其协，即行，汝！

"奔告"无文字考释疑难，即在后世也是个不难理解的词：类似奔走相告或奔走传告的意思。整理者说"奔告"辞例见于《尚书·西伯戡黎》。其实一则是该篇的序文："祖伊恐，奔告于受。"二则是该篇的首句："西伯既戡黎，祖伊恐，奔告于王。"这两例都像是后人追记的话，不大像《商书》原文之语。这两例中的"奔告"一词很容易让人联想到负责跑腿传话的臣仆角色。正因为此，整理者将这几句解释为："即使无其奔告，事非汝不协，故使汝"，所谓"无其奔告"，显然是把"亡其奔告"理解为"没有人来报告"，等于是举荐人才的意思。但将"今是"理解为"即使"，虽为意译，古汉语亦罕见这种用法。另外，《尚书·西伯戡黎》的这两例"奔告"，都是"下"（祖伊）对上（王）的告。但在我们看来，从强调"非汝亡其协"即册命伯摄的重要性来看，这里的"奔告"其实应该理解为"上"对"下"的"告"。简文这几句字面意思是说：现在没有一个奔走传告的人，因此非你（伯摄）

不行。因此，我们认为真正能对理解《摄命》的这一处"奔告"有参考价值的，其实是《左传》中的一处辞例。昭公三十二年周天子派人请求当时的霸主晋国能召集诸侯"城成周"，晋卿权衡之后答应了，而且派人答复周室说：

> 天子有命，敢不奉承，以奔告于诸侯。迟速衰序，于是焉在。

由上下文来看，这一例中的"奔告"，就不是简单的跑腿传话，它实际上是代王发号施令，凸显了晋国的霸主角色。所谓"代王"，有"天子有命"为证；所谓"晋国的霸主角色"，更有"迟速衰序，于是焉在"为证："工作的进度和工程量的分配，都由我们负责"①——简直是一言九鼎。

伯摄既被王册命类乎晋侯这样的"奔告"之权，说明他的职级也当非常之高，能证明这一点的，还有《摄命》篇的"肇出纳王命"："出纳"王命，其实即代宣王命、布政四方，权力类乎冢卿。学者或过于着意于"出纳"一词，遂谓"出纳王命"就是类乎册命金文中常见的"命某臣呼某臣"接受册命这样跑腿传话的臣仆角色②，与上举《书》序的"奔告"一语雷同，我们认为是不准确的。实则"出纳王命"可以说是彼时的成语，是有特殊含义的，使用的场合也非常有讲究，并非随便什么人都可以当此职命。《摄命》篇伯摄"王子"的身份自不用说，即文献及彝铭中涉"出纳王命"辞例的相关人物，可以说大都是地位显赫的公卿。像《烝民》提到的仲山甫，诗中说他"出纳王命，王之喉舌。赋政于外，四方爰发"。所谓"王之喉舌"正是"出纳王命"即代宣王命的生动写照。文中还说"邦国若否，仲山甫明之""衮职有阙，维仲山甫补之""仲山甫出祖""王命仲山甫，城彼东方"，可以说王家内外，无不见其身影。这样的角色就不是跑腿传话的仆役所能比拟的。再如大克鼎既提到克之祖师华父"克王服，出纳王命"，也说到周王让自己"出纳王命"："昔余既令汝出纳朕命，今余申就乃命"（《集成》2836），学者多已指出，无论是克之祖还是克本人地位都是非常之高的③。小克鼎尤其提到克曾"舍命于成周"，下文会提到，"舍命"即发号施令也。再者，师望鼎铭文亦云："望肇帅型祖考，虔夙夜，出纳王命"（《集成》2812），师望自称是"太师小子"，然则其就是太师的后人④，这种情况下王命其"出纳王命"，地位当亦不低。最后，毛公鼎说到宣王对毛公的册

---

① 沈玉成：《左传译文》，中华书局，1981年，第514页。
② 参见周亚《关于大克鼎的几个问题》，《青铜器与金文》（第一辑），上海古籍出版社，2017年，第215页；韦心滢：《克之家族结构与相关问题研究》，《青铜器与金文》（第二辑），上海古籍出版社，2018年，第118页。
③ 季旭昇：《诗经古义新证》，学苑出版社，2001年，第41—42页。
④ 金文中"小子"一词，学者一度曾认为是职官，晚近学者已有澄清，认为其不过是宗族内晚辈的自称，可参朱凤瀚《商周家族形态研究》（增订本），天津古籍出版社，2004年，第312—313页；王治国：《金文所见西周王朝官制研究》，北京大学博士学位论文，2013年，第121—122页，未刊。

命时也说"历自今，出入敷命于外"，所谓"出入敷命"，"出入"实即"出纳"也，"敷"者，布也，"敷命"即布宣王命，故而"出入敷命"实则还是"出纳王命"之义，这与学者公认的毛公之为宣王时最高执政卿的身份同样是相合的。尤其要提到的是，对于"出纳王命"，师永盂铭文还有非常具体、形象的记载。此铭一则曰益公"入即命于天子"，这等于说先从天子那里接受王命；然后又说"公迺出厥命，赐畀师永厥田……"，所谓"出厥命"正对应"出纳王命"之"出"，就是把刚接受的天子向师永授田之命再向其本人布宣。特别要提到的是，该铭"出厥命"的"公"是金文中赫赫有名的益公，其人在金文中多次出现，作为地位显赫的执政卿，这已经是西周史研究中为学者所熟知的了。由上述例子看，涉及"出纳王命"的辞例多为显贵，故而所谓"出纳王命"就绝非简单的跑腿传话。

上举"出纳王命"的辞例多涉"敷命""敷政"之类语词，我们认为这就是体现王臣"奔告"或"出纳王命"的职守。"敷"古作"尃"，《说文》云："尃，布也"，故"敷命"即"布命"，而"敷政"显然即布政也。《诗经·商颂·长发》："敷政优优，百禄是遒"，《左传》成公二年、昭公二十年两引此《诗经》，俱作"布政优优"，均是其例。《诗经·大雅·烝民》还称："天子是若，明命使赋"，所谓"明命使赋"，毛传："赋，布也。"郑笺："使群臣施布之。"然则，"赋"即"敷"也，故所谓"明命使赋"实即"使敷明命"，可知这同样是"敷命"的结构①。另外，《大雅·烝民》除了说"明命使赋"，下文还有"赋政于外"，郑笺径解为"布政"，仍然是以"赋政"即"敷政"，由此可知，所谓"敷命""敷政"云云者，简直可以说是彼时的成语了。清华简《系年》第一章提到周武王灭商兴周，其说云："以克反商邑，尃（敷）政天下"，《说命下》也说"尃（敷）之于朕政"，两例"尃（敷）"，同样都当读为"布"②。因此，"敷命"或"敷政"都可以说也指宣达王命，布政四方：无论是单言"敷命"或"敷政"，还是"敷命敷政"并举，它们既指布宣王命，也包含布政四方之义，绝不仅仅是传话跑腿那么简单。

明确"敷命""敷政"就是布宣王命、布政四方之义，我们就可以在传世文献中找到更多的可以帮助我们理解伯摄被册命官职秩级的例子。最典型的如《左传·襄公二十五年》郑国的子产献陈捷于晋，晋人责以"何故戎服"？子产回答说：

我先君武、庄，为平、桓卿士。城濮之役，文公布命，曰："各复旧职！"命我文公戎服辅（历）王。以授楚捷，不敢废王命故也。

对于自己"戎服"献捷的理由，子产搬出的是城濮之战后践土之盟的旧事。这里恰提到"文公布命"，由于"敷"可训"布"，其实即晋文公"敷命"也，即晋文

---

① 《烝民》下文还说"肃肃王命，仲山甫将之"，所谓"将""王命"，应该仍然是"敷""王命"的变体。
② 《说命下》的"吾乃尃（敷）之于百姓"之"尃（敷）"亦当读为"布"。

公重耳代宣王命。《左传·僖公二十八年》还记载了周襄王册命晋文公之语："王谓叔父，敬服王命，以绥四国，纠逖王慝。"所谓"服王命""绥四国""纠王慝"云云者，可以说正是毛公鼎铭文中天子告诫父厝的"敷命""敷政"之类内容①。晋文公何以能代宣王命？因为践土之会上，天子正式"策命晋侯为侯伯"，明显也是"策命"的背景，而且还是任命晋文公作"侯伯"，即诸侯之长（《周礼》所谓"九命作伯"）。这表明晋文公由此正式获得很大的权力。权力有多大呢？作为其"侯伯"权力的佐证，一个例子是：恰在晋侯被册命为"侯伯"的僖公二十八年冬天，当卫侯与元咺诉讼失败之后，主持诉讼的晋国不但囚禁了卫侯，而且还杀了败诉卫侯一方的士荣，且砍了鍼庄子的脚，俨然执诸侯生杀之大权。清华简《皇门》曾勉励"自（釐）臣至于有贫私子"这些臣子都要"助王共明祀，敷明刑"，所谓"敷明刑"，同样涉及"敷"，实即"布明刑"也。《皇门》所讲虽不涉册命之举，但对臣子的期许则是一致的。当然，作为"侯伯"的晋文公地位肯定比"自（釐）臣至于有贫私子"这些臣子高得多，因此从对卫侯君臣的处置看，所谓"敷明刑"就更不含糊了。《左传·定公元年》还记载："晋文公为践土之盟，曰：'凡我同盟，各复旧职'"，所谓"晋文公为践土之盟"，正说明晋文公在当时统合诸侯中的主导性；晋文霸主的身份，也与此例中"布命"可训为代王发号施令之义相应。

再如《左传·成公二年》记载晋齐鞌之战，齐国失利。齐国派宾媚人去与晋人媾和，晋人提出以齐君之母萧同叔子为质的苛刻条件，宾媚人施以辞令予以拒绝，其文曰：

> 萧同叔子非他，寡君之母也。若以匹敌，则亦晋君之母也。吾子布大命于诸侯，而曰："必质其母以为信。"其若王命何？且是以不孝令也。……唯吾子戎车是利，无顾土宜，其无乃非先王之命也乎？反先王则不义，何以为盟主？其晋实有阙。四王之王也，树德而济同欲焉。五伯之霸也，勤而抚之，以役王命。

这里的"布大命"实亦"布命"的结构。虽然宾媚人说话的对象"吾子"是晋国主将郤克，但郤克却是代表当时霸主晋国一方的，"吾子布大命于诸侯"与上举襄公二十五年的"文公布命"一样，都彰显了霸主代王发号施令的权力。与此类似，《国语·晋语七》讲到晋悼公复晋之霸业时也说："……于是乎布命、结援、修好、申盟而还。"又言"布命"，这几乎是霸主的专利了。不过，有意思的是，这里的"布大命"一方面强调霸主的权力，但在霸主的权力之外，又说"其若王命何"，而且

---

① 由子产的这段话来看，不只晋文公的"布命"是"敷命"，即"敷王命"；下文还说当时郑国的郑文公也有接受的任务："命我文公戎服辅王"，因此说现在戎服献捷是"不敢废王命故也"，然则无论是郑文公的"戎服辅王"，还是子产现在的戎服献捷，同样也可说是"敷命"，因为所谓"不敢废王命"的言下之意，不就是布王命吗？

"五伯之霸也，勤而抚之，以役王命"，始终不忘"王命"，恰说明：一方面霸主确实拥有代宣王命的权力，但另一方面，从法理上说，这样的权力又是出自"王命"的，这正与诸如《摄命》、毛公鼎中王之"册命"的大背景，甚至晋文公之霸业同样需要天子"策命"之史实相吻合。

有上述铜器铭文及文献中的"敷（布）命""敷（布）政"辞例特别是晋国霸主能"布命"，的史实作参照，不难理解《摄命》中被册命"出纳王命"且"奔告"的伯摄之官职也当是非常高的，我们认为伯摄其人同样也应该是拥有代宣王命、布政四方之权的最高执政卿。反复体会，我们认为该篇的"奔告"与"出纳王命"类似，也当是彼时的成语，它并非"奔"+"告"那么简单。而且，它的使用恐怕也是有特定场合的。循此以观《摄命》的"奔告"，恐怕就不能用《西伯戡黎》的例子来理解了。"今是亡其奔告"，其实是说现在没有一个能够一言九鼎、布政四方的冢卿类人物，因此才凸显册命摄的重要性——"非汝亡其协"，即非你不可。下文还称"丕则高奉乃身"，即国家大事"全靠你了"①，说得可以说更为直白。

二

上文我们说清华简《摄命》的"奔告"，最接近的参考辞例就是《左传·昭公三十二年》体现晋国霸主角色的"奔告"。实则经书中还有一处辞例与此相近，那就是《诗经·大雅·绵》，其文曰：

予曰有疏附，予曰有先后，予曰有奔奏，予曰有御侮。

此段讲文王所谓的"四臣"（《尚书大传》说），其中的"奔奏"（《大传》作"奔辏"），毛传云："喻德宣誉曰奔奏"，郑笺说"奔奏，使人归趋之"。依毛传之说，是"王臣"在"奔奏"，而郑笺的"使人归趋"，明显是外人在"奔奏"，施事主语都不同。但《正义》云："此臣能晓喻天下之人以王德。宣扬王之声誉使人知。令天下皆奔走而归趋之，故曰奔走也。"此明显是在传笺之间调停，强为牵合。王引之批评道：

传笺异义，《正義》合而一之，非也。传以"奏"为告语之义，故曰喻德宣誉。《尧典》"敷奏以言"，《史记·五帝纪》作"遍告以言"，是也。笺则取趋赴之义②。

王氏以"奔奏"之"奏"当训为"告"，批评郑笺的"归附"之说③，并引

---

① 马楠将此句译为"当凭借于高奉乃身"，亦近。参《清华简〈摄命〉初读》，《文物》2018年第9期。
② [清]王引之：《经义述闻》，江苏古籍出版社，2000年，第160页。
③ 《尚书大传》引孔子语谓："远方之士日至，是非奔辏与"，可知与郑笺义同（可参皮锡瑞《尚书大传疏证》卷三，《儒藏·经部》第一册，第120页），大传及郑笺概误会"奔奏"为"辐辏"了。

《尧典》《史记》为证,可信。后来马瑞辰也赞同王说①。"奔奏"之"奏"既训为"告",则又是一处"奔告"文例。毛传对担此职事的定位是"喻德宣誉曰奔奏",所谓"喻德宣誉"其实与我们上文讲"奔告"时提到的宣达王命、布政四方非常接近,这证明此处"奔奏"径读为"奔告"也有其训诂依据。当然,此处也说明相较郑笺,毛传明显更晓古义。而且,有上举金文及文献中"出纳王命"的西周重臣及霸主晋国相参照,说明此诗所言"奔奏"者同样也当为文王身边倚重之臣。

"奔奏"既当理解为"奔告",笔者还拟对前面的"疏附"再作讨论。后世说《诗》者除个别提到"疏附"《尚书大传》作"胥附"外,于此罕有新说,唯林义光、杨树达等先生于此有重要发现。林氏除指出"疏附"或变为"胥附"外,还注意到今《尚书·多方》云:"越惟有胥伯小大多正,尔罔不克臬",而《尚书大传》"胥伯"作"胥赋"。特别要提到的是,林氏还将毛公鼎的"埶小大楚赋"与此作关联思考,认为"疏、胥、楚皆从疋得声,古为同音"②。后来杨树达先生也有类似意见,而且论证更为详尽,今录其说如下:

> 树达按:孙、王(即孙诒让、王国维)说楚赋即《书》之胥赋,是矣。然楚赋何义?王君未能质言,孙君从伏生之说,认胥赋为赋税,尤非是。余谓"胥赋小大多政"皆指臣工言之。《诗·大雅·绵》云"予曰有疏附,予曰有先后,予曰有奔走,予曰有御侮",疏附,先后,奔走,御侮,皆目文王之臣为言。金文之楚赋,《多方》之胥赋,即诗文之疏附也。铭文之"小大楚赋",即《书》文之胥赋小大多政,……埶小大楚赋,犹言治小大臣工矣。③

我们认为林、杨二氏的意见都极具卓识。杨氏说王国维对毛公鼎"楚赋"谓何未能质言,并批评孙诒让指"楚赋"为赋税。其实,王国维同样也是认为"楚赋"为"赋税"的。他在讨论《诗》《书》中的成语时有说云:

> 《多方》云:"越惟有胥伯、小大多正,尔罔不克臬","胥伯",《尚书大传》作"胥赋",按毛公鼎云:"埶小大楚赋。""楚""胥"皆以"疋"为声,是《大传》作"胥赋"为长。而"小大多正",当亦指布缕、粟米、力役诸征,非孔传"伯长、正官"之谓矣。④

其弟子杨筠如之说亦可为证:

> 王先生谓毛公鼎"埶小大楚赋",楚、胥同从"疋"声,是当从大传

---

① [清] 马瑞辰:《毛诗传笺通释》,中华书局,1989年,第826页。
② 林义光:《诗经通解》,中西书局,2012年,第311页。
③ 杨树达:《积微居金文说》,中华书局,1997年,第14页。
④ 王国维:《与友人论诗书中成语书二》,《王国维手定观堂集林》,浙江教育出版社,2014年,第27页。

作"胥赋"为长。而小大多正,当亦指布缕、粟米、力役诸征,非伪孔传伯长正伯之谓矣。①

对于"胥伯"与"胥赋"的异文,王氏明显以"胥赋"为是,并将其往"布缕、粟米、力役诸征"方面理解,以与"赋"相耦合。这样的解释,无疑与传统的伪孔传之说"小大众正官之人"相抵牾。其实,把"胥赋"讲成"赋税",应该是从伏生的《大传》倡始的,因为其引《尚书·多方》"胥赋"的异文,正是出自其讨论所谓"古者十税一"一段②。不过,王国维之说由于有毛公鼎铭文为证,广为晚近治《尚书》者所信从,故以毛公鼎"楚(胥)赋"为"赋税"说,当前几乎也成为学界的主流③。相反,伪孔传之说则几成愚陋,今录当世《尚书》学巨擘顾颉刚、刘起釪之说为代表:

> 至于有释为小大众官守法者,如伪所谓云"有相长事小大众正官之人汝无不能用法",故日人池田末利《全释汉文·尚书》指出此说以"胥伯小大、多正"为"罔不克臬"的主格。"及后来经师们承伪孔传释为众官奉法者,皆由于不识原字义而作出误释,不足据。"④

需要说明的是,王国维虽注意到毛公鼎"楚赋"与"胥赋"的关联,却唯独没有提到《大雅·绵》的"疏附",这无疑影响了他最终的结论。其实,林义光举《尚书大传》"文王得四臣"的典故,且参以《多方》的"胥伯",明显主"胥赋"当为官长,这证明伪孔传之说较《尚书大传》、王国维的所谓"赋税"说无疑更可信,杨树达先生所谓"小大臣工"之论证也极精确。尤其是,从《大雅·绵》来看,"疏附"是与"先后""奔告""御侮"等并列的,且"奔告"一词前面我们已经证明当为代宣王命、布政四方的重臣角色,这就更能证明"疏附"也当为职事之臣,反观《多方》的"胥伯小大多正"也当如伪孔传解为职官或官正,讲成"赋税"则不辞矣。当然,这样一来,为诸家共引的毛公鼎的"埶小大楚赋"一句该作何解自然也就容易明了。前人或就字面解为"楚赋",或采孙诒让之说以"楚"为"胥"即"胥赋",无论"楚赋"还是"胥赋",如前所言还大多往"赋税"方面理解。今天看来,这无疑是有问题的。此句"埶小大楚赋"之"埶",杨树达先生训为

---

① 杨筠如:《尚书覈诂》,陕西人民出版社,2005年,第390页。
② [清]皮锡瑞:《尚书大传疏证》卷六,《儒藏·经部》第一册,第159页。这也说明《大传》虽存"胥赋"这样的重要异文,且伏生于《大传》卷三明明也知道《大雅·绵》之"胥附"为文王臣,但却并没有把他们作关联思考。
③ 郭沫若:《两周金文辞大系考释》,上海书店出版社,1999年,第137—138页。王辉:《商周金文》,文物出版社,2006年,第266页。李峰:《西周的灭亡:中国早期国家的地理和政治危机》(增订本),上海古籍出版社,2016年,第133页下注释1。
④ 顾颉刚、刘起釪:《尚书校释译论》,中华书局,2005年,第1642页。

"治",马承源先生同之①。其实是依"埶"的后起字"藝"为训。依当下的古文字通例,鄙意以为此字当读为"设"②,因此,"埶小大楚赋"即"设小大胥赋(附)",意谓:"设小大'胥赋(附)'之官"——此与《多方》的"胥伯小大多正"文例极为接近。而且,从动宾搭配上看,"设正"或"设官"的文例显然更为顺适,"设""赋税"则不辞。裘锡圭先生曾专门提到"古书中说到置立官职爵位或任人以职等事时,往往用'设'字"③,兹试举相关文例如下(出土文献径用宽式释文):

乃畴方,设正,降民,监德。乃自作配,乡民;成父母,生我王,作臣(豳公盨)

余既设乃服。(清华简《摄命》)

乃设建典命,赤帝分正二卿。(《逸周书·尝麦》)

设六辅。(清华简《子产》)

大材设诸大官,小材设诸小官。(郭店简《六德》)④

设官分职,以为民极。(《周礼》)

凡邦国小大相维,王设其牧,制其职。(《周礼·职方氏》)

建设四辅。(张家山汉简《盖庐》)

上述辞例中"设"的宾语非"官"则"职",即"卿""辅""服""牧"等字,实则也是"官"。这里尤其要提到的是豳公盨的"设正"。当初该器铭文初公布之时,很多学者读其中的"正"为"征",以与《尚书·禹贡》等篇九州"贡赋"的记载相耦合。唯裘锡圭先生将此"正"理解为"官长",可谓至确⑤。前几年笔者亦曾专门撰文指出,豳公盨铭文的所谓"设正",实即"设官",这只要看看下文的"成父母,生我王,作臣",大都为"王""臣"等政治角色就容易明白⑥。"设正"应理解为"设官",最好的例子还是《尚书·立政》篇。关于"立政"之篇旨,《史记·鲁世家》云:"周之官政未次序,于是周公作《周官》,官别其宜;作《立政》,以便百姓,百姓说。"学者遂谓"'立正'就是建立官长……《立政》篇实即《立

---

① 马承源等编:《商周青铜器铭文选》(第三册),文物出版社,1988年,第319页。
② 后来读到石帅帅的硕士学位论文《毛公鼎集释》(吉林大学,2016年,导师单育辰),始知早在2006年,华南师范大学梁丽红在其硕士学位论文《毛公鼎研究》中即已将此字读为"设"。
③ 裘锡圭:《古文献中读为"设"的"埶"及与"埶"互讹之例》,《裘锡圭学术文集》(第四册),复旦大学出版社,2012年,第451页。
④ 此例裘先生文已举,且"设"字从郭永秉读,参其《战国竹书剩义(三则)》,《古文字与古文献论集》,上海古籍出版社,2011年,第87页。
⑤ 裘锡圭:《豳公盨铭文考释》,《裘锡圭学术文集》,第146页。
⑥ 宁镇疆:《清华简〈厚父〉"天降下民"句的观念源流与豳公盨铭文再释》,《出土文献》(第八辑),中西书局,2015年,第103页。裘先生虽以"正"为"官长",但又以此"正"为"五行之官的正",与鄙说有所不同。

正》篇，就是周公对成王讲建立官长、组织政权机构、如何用人行政诸大端"①，可谓良是；而"立"即"设"也，今"设立"直是一词。总之，从上举辞例看，"设""官"的文例可谓至夥，而"设""赋税"则较罕见②。郭沫若解毛公鼎之"埶"为"树"，所谓"树置"与"设置"义近，较之训"埶"为"治"无疑更优③。其实，"埶"字毛公鼎作"󰀀"，石鼓文作"󰀀"，而"树"字本或作"尌"，小篆作"󰀀"，金文或作"󰀀"（《集成》4124 尌仲簋盖），秦简作"󰀀"（《睡虎地秦简〈日书·甲〉》）。学者已经指出，两字不惟左右字形都非常接近，容易互讹④，即字义上也是相通的："埶"字造字本义也是树植、种植的意思。而且，"埶"读为"设"的话，"设立"与"树立"辞义相近，文献中两字也常可通用。《诗经·齐风·南山》："蓺麻如之何。""蓺"字从"埶"，毛传："蓺，树也。"《诗经·周颂·有瞽》："设业设虡，崇牙树羽。"径以"设"与"树"对举。与这里讨论的"官"可"设"之文例相关，文献中也有言"官"是可"树"的。《左传·昭公元年》："王伯之令也，引其封疆，而树之官。"《左传·文公十三年》："天生民而树之君。"所谓"树之官""树之君"，其实同样可理解为"埶（设）之官"或"埶（设）之君"。

另外，从辞例搭配来看，毛公鼎"小大楚（胥）赋"，如谓"楚（胥）赋"是"赋税"，这里的"赋税"还是"小大"的，尤属不辞。而且，从毛公鼎铭文的上文看，所谓"出入事于外，敷命敷政"，均系就宏观的政治立论，下面却讲非常具体的"赋税"或"税收"，此尤怪异而不合情理。当初马承源先生就曾指出：

> 或释楚赋为税赋，但以上王命皆指国之大政，有关治乱与兴衰的问题，不应突然命毛公管理税收，而不合体例。⑤

我们认为马先生之说是很有道理的。这种语言环境的分析，也同样适用于《尚书·多方》：

> 王曰："呜呼！猷告尔有方多士暨殷多士。今尔奔走臣我监五祀，越惟有胥伯，小大多正，尔罔不克臬。自作不和，尔惟和哉；尔室不睦，尔惟

---

① 顾颉刚、刘起釪：《尚书校释译论》，第1661页。其实，清代王引之即早已主"政"为"正"之说，训为官长。但王氏批评《史记》以"政"为"政治"则不够公允。考《史记·鲁世家》明云"官别其宜"，则史公明显也是以《立政》此篇重在讲"官"，与王说"官长"并无不同。王说可参《经义述闻》，第85—87页。又，《立政》之"政"当训为官长，晚近马楠参考毛公鼎铭文又有申证，参其《〈尚书〉、金文互证三则》，《中国国家博物馆馆刊》2014年第11期。
② 裘锡圭先生先后有两文讨论古书中的以"埶"表"设"（除前引裘文外，尚有《再谈古文献中以"埶"表"设"》，《裘锡圭学术文集》第四册，第484页），但我们看裘先生两文中所涉文例没有一例能说明"赋税"也是可以"设"的，最多的辞例则是"官"可以"设"。
③ 郭说参《两周金文辞大系考释》，第138页。
④ 季旭昇：《说文新证》，艺文印书馆，2014年，第399—400页。
⑤ 马承源等编：《商周青铜器铭文选》，第319页。

和哉；尔邑克明，尔惟克勤乃事。

此段"王"训告"有方多士"和"殷多士"，说他们"奔走臣我监五祀"，均系宏观的泛泛而论，接着就说"越惟有胥伯小大多正"，如将"小大多正"讲成"赋税"，太过具体，并不具有必然性①。

当然，我们说《多方》的"胥赋（伯）小大多正"不当作"赋税"讲，除了语言环境外，还由于毛公鼎"埶（设）小大楚赋"的辞例提醒我们，《多方》下文"尔罔不克臬"之"臬"的解读恐怕也需要重新检讨。传统上，"臬"或训为"法"，如将"胥伯小大多正"理解为众官，则谓此指要以众官为法；如将"胥伯小大多正"理解为"赋税"，则说要"法""赋税"；或将"臬"理解为"准"，因此谓"胥伯小大多正，尔罔不克准"，就是说征税要有一定标准。在笔者看来，这些解释恐怕都是有问题的。需要指出的是，《周礼·考工记·匠人》郑玄注："槷，古文臬。"《集韵》亦谓："臬，或作槷。"段玉裁注《说文》时即已注意到"臬"在《匠人》中古体写法。在我们看来，《周礼》中保存的这条"臬"字古文材料是非常珍贵的。据此，"臬"字古文本来上面是从"埶"的，此与毛公鼎"埶小大楚赋"之"埶"字正合，当初王国维亦曾指出"埶、臬声相近"②。但王氏的认识止步于此，而且他还循《多方》之"臬"传统上多训为"法"的惯例，将毛公鼎的"埶"也训为"法"或"准的"（同样是据"埶"的后起字"藝"为训），并为后来很多学者所信从。笔者认为，既然"臬"字古文作"槷"，也是从"埶"，《多方》的"臬"可能也当如毛公鼎般读为"设"："越惟有胥伯（赋）小大多正，尔罔不克设"，实则即"设""胥伯（赋）小大多正"结构的倒装，此与毛公鼎的"设小大楚（胥）赋（附）"，辞例可谓惊人一致：它们都是指"设立小大官正"的意思。《多方》此处"今尔奔走臣我监五祀，越惟有胥伯（赋）小大多正，尔罔不克设"，意谓如今你们（"有方多士暨殷多士"）臣服我监已有五年，且你们自己也设了大大小小的多种职官。尤其是后一句，说他们"自己也设立"了大小职官，接着就称"自作不和，尔惟和哉；尔室不睦，尔惟和哉……"，"自己也设立"职官正对应"自作""尔室不睦"云云，前后文义逻辑衔接可谓尤为允洽。反观过去把"臬"讲成"法"，则无论是说"法大小众官"还是说征税有法（准），此与"自作不和……"以下文义均嫌断隔。当然，我们这样将《多方》的"臬"字改读，还逻辑地面临另一个问题，因为《尚书·康诰》中还有另一例"臬"字，在笔者看来，历来对它的

---

① 在古人的观念中，"国之大事，在祀与戎"（《左传·成公十三年》），远轮不到"赋税"。
② 王国维：《毛公鼎铭文考释》，《古史新证——王国维最后的讲义》，清华大学出版社，1994年，第135页。桂馥的《说文通训定声》对文献中从"埶"之字与"臬"的相假，多有举证。张政烺先生在手批郭沫若《两周金文辞大系》时亦指出此点（此为后来读石帅帅《毛公鼎集释》始知）。

解读也是有问题的。《尚书·康诰》：

> （王曰）：外事，汝陈时臬司师，兹殷罚有伦……汝陈时臬事罚，蔽殷彝。①

其中的"臬"传统上也是多训为"法"，故所谓"陈时臬司师"或"陈时臬事"多理解为"布陈是法"（孔传、曾运乾），或者是"安排"或"布置"（陈列）好司法人员②。其实，其中的"臬"可能同样要读为"设"："陈""设"对举，辞例非常顺适。"司师"为职官，"事罚"为职事，作为"臬"（设）的宾语，同样要比把"臬"讲成"法"合理得多。顺便要提到，金文盠组器（《集成》6013 盠方尊，《集成》9899、9900 盠方彝）铭文都有"总司六师眔八师埶"一句，过去对于其中的"埶"字多有异说，现在看来此字无疑也当读为"设"，同样与设立官长有关："总司六师眔八师设"，即总管"六师"及"八师"（官长）之设置。而且，从辞例上看，"司……设"与《康诰》此处的"设——司师"颇为相近，唯"司"与"设"之间动宾换置罢了。或许有人会觉得作为"司"的宾语，此处"设"的名词属性比较奇怪。其实，作为设官的常用词，单说"设"其实也可以指"官"。我们试以吕服余盘为参照：

总司六师眔八师设 （《集成》6013 盠方尊，《集成》9899、9900 盠方彝）

胥备仲司六师服 （《集成》10169 吕服余盘）

盠组器与吕服余盘所司职责范围，不约而同地均涉"六师"，可谓惊人一致。从辞例来说，两器的"司……设"与"司……服"可以说正相对应。在金文语辞的训诂中，"服"可训为"官"已经是常识，由此不难推知盠组器"司……设"其中的"设"也当为名词性的。

既然毛公鼎铭文当读为"设小大楚赋"，但其中"楚赋"，《大雅·绵》作"疏附"，而《尚书大传》引作"胥附"，今本《尚书·多方》作"胥伯"，而《尚书大传》引又作"胥赋"，然则，何为本字？这还要回到毛传对文王四臣的解释。如前所言，既然毛传对"奔奏"的解释都犹存古义，那其对"疏附"之"率下亲上"的理解恐怕也是应该重视的。准此，前一字尽管有"疏""楚""胥"等异文，但其本字恐怕应作"胥"，训为"相"；而后一字，恐怕本应作"附"。所谓"胥附"，即相亲附之义。顺便说一句，《尚书·梓材》云："（王曰）：无胥戕，无胥虐"，"胥戕""胥虐"作为反面事例，我们怀疑正是与"胥附"相对的。

---

① 《康诰》这几句历来断句就颇为纷纭，如伪孔传、曾运乾先生断为"汝陈时臬，司师，兹殷罚有伦……汝陈时臬事，罚蔽殷彝"，王国维、于省吾、杨筠如、顾颉刚、刘起釪等则断为"汝陈时臬司，师兹殷罚有伦……汝陈时臬事，罚蔽殷彝"，周秉钧先生则断为"汝陈时臬司师，兹殷罚有伦……汝陈时臬，事罚，蔽殷彝"。笔者认为周先生的断句更为近是。

② 顾颉刚、刘起釪：《尚书校释译论》，第1360页。

补记：小文草成后，曾于2019年5月8日于华东师范大学历史系就此做过一次专题讲座。5月15日于网络上注意到吉林大学石帅帅2016年的硕士论文《毛公鼎集释》（导师单育辰），其中第三章有专辟的一部分："《尚书》'胥伯'、毛公鼎'楚赋'为'赋税说'献疑"，其结论也是主"楚赋"当为官正，先得吾心。笔者于此学术史搜检未备，就率尔操觚，有失察之责。由石氏的"集释"得知，将毛公鼎的"埶"读为"设"，最早当是华南师范大学的梁丽红（2006年硕士学位论文），且唐兰先生哲嗣唐复年先生亦曾以毛公鼎"楚赋"为"官正"（唐复年：《金文鉴赏》，北京燕山出版社，1991年）。但梁文依然将"楚赋"理解为"赋税"，则又有不逮。石文论证毛公鼎"楚赋"当为"官正"的主要证据与小文多同，唯其主《尚书》的"臬"当解为"法"，仍守故训；且以毛公鼎的"楚赋"本字当作"胥傅"，"胥"与"傅"俱为官名，则与鄙说有异，特此说明。

清华简与楚昭王"迁郢于鄀"问题考辨

牛鹏涛（深圳大学人文学院）

摘 要：本文结合清华简《楚居》中所记楚昭王至惠王时期的郢都迁徙情况，对《左传》"迁郢于鄀"、《史记》"北徙都鄀""去郢徙鄀"相关问题进行考辨，解决出土材料与传世文献之间的矛盾。在学者"鄀""为"代称的意见基础上，进一步提出"迁郢于鄀"的相关记载属于史著中"后事提前"的体例。徙都的时间不在楚昭王在位之时，而应推至楚惠王即位之后，对应于《楚居》中的"至献惠王自燮郢徙袭为郢"。

关键词：清华简；《楚居》；《左传》；迁郢于鄀

《左传·定公六年》：

> 四月己丑，吴大子终累败楚舟师，获潘子臣、小惟子及大夫七人。楚国大惕，惧亡。子期又以陵师败于繁扬。令尹子西喜曰："乃今可为矣。"
> 于是乎迁郢于鄀，而改纪其政，以定楚国。①

杜预注："终累，阖庐子，夫差兄。舟师，水战。二子，楚舟师之帅。陵师，陆军。……言楚赖子西以安。"吴王阖闾于此之前的鲁定公五年（前505），因秦楚联手反击、越人侵吴、夫概王返国自立等多方面原因从楚国撤师回吴，楚昭王复邦。但吴对楚的攻击并未停止，鲁定公六年即先后败楚之"舟师"和"陵师"，致使楚人再次感到亡国的恐惧，《左传》记令尹子西主导迁都鄀，推行新政。

关于这一事件，《史记·楚世家》也记载说②：

> （楚昭王）十二年，吴复伐楚，取番。楚恐，去郢，北徙都鄀。

《括地志》："饶州鄱阳县，春秋时为楚东境，秦为番县属九江郡，汉为鄱阳县"，"楚昭王故城在襄州乐乡县东北三十二里，在故都城东五里，即楚国故昭王徙都鄀城也。"③ 乐乡的大致疆域范围，在今钟祥西北、宜城西南，位置与鄢郢（即清华简中的为郢）相近。《括地志》讲"番"为饶州鄱阳县，则失之过远，春秋晚期吴、楚交锋多集中于淮水流域。

---

① 杨伯峻：《春秋左传注》，中华书局，2009 年，第 1557 页。
② ［汉］司马迁：《史记》（点校本二十四史修订本），中华书局，2014 年，第 2069 页。
③ ［唐］李泰撰，贺次君辑校：《括地志辑校》，中华书局，1980 年，第 235、188 页。

楚文字中作地名的"番"或"鄱"多见。20 世纪 70 年代在淮水上游地区曾发现有多件春秋早期的番君具铭铜器，如 1974 年河南信阳长台关番伯酓匜："隹（唯）番白（伯）酓自乍（作）也（匜），其万年无疆，子孙永宝用。"1977 年河南信阳吴家店出土的番昶伯者君盘："隹（唯）番昶伯者君用其吉金，自乍（作）旅盘，子孙永宝用之。"同出的番昶伯者君匜："隹（唯）番昶白（伯）者君自乍（作）宝匜，其万年子子孙永宝用亯（享）。"1978 年河南潢川彭店出土的番君伯敝盘："隹（唯）番君白（伯）敝（拢），用其青金，自万年，自孙永用之亯（享）。"战国"鄱序大夫铱"也见有"鄱"字。

何浩、刘彬徽《包山楚简"封君"释地》认为："1974 年以来，在固始以西的潢川、信阳一带，连续出土几批番（潘）器，也表明春秋时淮南确有一个潘国。战国时期楚国潘君的封地，应当是在故潘国东境的寝丘一带。"① 此外，包山 153 号简记有"西与鄱君疋疆"；154 号简"西与鄱君执疆"；175 号简"鄱君之右司马"。徐少华《周代南土历史地理与文化》认为："位于蓼之西南的鄱邑，当不出今河南固始县西部的潢川、光山、商城等县之间。"② 从地理形势看，《史记》所记的吴伐楚"取番"，也应在淮水上游的河南固始、信阳一带。

《史记·吴太伯世家》亦云：

（阖庐）十一年，吴王使太子夫差伐楚，取番，楚恐而去郢徙鄀。

《集解》引服虔曰："鄀，楚邑。"太子夫差，《索隐》引杜预"阖闾子，夫差兄"曰："此以为夫差，当谓名异而一人耳。"《水经》："沔水又迳鄀县故县城南。"《注》："古鄀子之国也。秦、楚之间，自商密迁此，为楚附庸，楚灭之以为邑。县南临沔津，津南有石山，上有古烽火台。县北有大城，即楚昭王为吴所迫，绝郢徙鄀之，所谓鄀郢庐罗之地也。秦以为县。"鄀、鄀并称，是因为二地相近的原因。

《左传·僖公二十五年》："秋，秦晋伐鄀。"杜注："鄀本在商密，秦楚界上小国，其后迁于南郡鄀县。"清华简《楚居》中出现有"鄀"，分别是：

若嚣（敖）酓义（仪）遅（徙）居箬（鄀）。

至堵（堵）嚣（敖）自福丘遅（徙）袤（袭）箬（鄀）郢。

《楚居》记载若敖、堵敖曾居于鄀郢，关于楚昭王徙郢的具体过程有"乾溪之上、嬔郢、鄂郢、为郢（阖庐入郢）、乾溪之上、嬔郢"等，却独不见昭王徙郢的内容。

现将相关简文转录如下：

至卲（昭）王自秦（乾）溪之上遅（徙）居娩＝郢＝（嬔郢，嬔郢）

---

① 何浩、刘彬徽：《包山楚简"封君"释地》，《包山楚墓》（上册），文物出版社，1991 年，第 569—579 页。
② 徐少华：《周代南土历史地理与文化》，武汉大学出版社，1994 年，第 123—136 页。

遷（徙）居鄢=郢=（鄢郢，鄢郢）遷（徙）袭（袭）为郢。盍（阖）庐内（入）郢，女（焉）遅（复）遷（徙）居秦=溪=之=上=（乾溪之上，乾溪之上）遅（复）遷（徙）袭（袭）嫣（鄢）郢。①

赵平安先生《〈楚居〉"为郢"考》在论证"为郢"即湖北宜城的"鄢郢"后，对楚昭王后期"徙都"进一步分析说：

> 为郢的确定，对理解《吴越春秋》"徙于蒍若"也很有帮助。《阖闾内传》："于是太子定，因伐楚，破师拔番。楚惧吴兵复往，乃去郢。徙于蒍若。"徐天祜音注："蒍若，字误，当作'鄀'……"

> 按照我们的理解，蒍若就是鄢鄀。鄢、鄀本为二邑，吴卓信《汉书地理志补注》："《渚宫旧事》：……按鄀本古国，后入楚为别都，其后昭王迁郢于鄀，更称鄢鄀，以鄢与鄀俱在宜城县，地相近，故称鄢鄀，以别于江南（陵）之纪郢也。"童书业也说："'鄢鄀'盖包鄢、鄀二邑而言。"由于鄢包括鄢、鄀，所以鄀可以称鄢鄀。这便是把"迁郢于鄀"或"去郢徙鄀"说成"徙于蒍若"的由来。②

针对清华简《楚居》中未见昭王徙都的内容，学者们认为《楚居》对楚国徙都的记载内容并不完整，涉及如何把握《楚居》内容的问题。赵平安先生敏锐地抓住《吴越春秋》"徙于蒍若"的记载，判断因"为郢"与"鄀郢"相近，楚昭王徙于"鄀郢"与徙于"为郢"相当，认为《楚居》中虽不见昭王"徙鄀"的记载，但有"鄢郢徙袭为郢"的内容，故《楚居》并无失载。

赵文指出"为""鄀"可以代称，我们赞同其说。在文献中二地相近往往合称，如"申、吕"因地点相近，有时甚至"申""吕"互代。上博简（九）《灵王遂申》有：

> 灵王既立，申、息不憖。王败蔡灵侯于吕，命申人室出，取蔡之器。执事人夹蔡人之军门，命人毋敢出。③

王子围弑郏敖而立，是为楚灵王，即位后申、息等北境大县不服。上博简文记楚灵王在吕败蔡灵侯，并命令申人每室都要派人来取蔡之器，并由执事之人在门口负责检查。

与之对应的《春秋》经、传昭公十一年（前531）记：

> 夏四月丁巳，楚子虔诱蔡侯般杀之于申。楚公子弃疾帅师围蔡。冬十有一月丁酉，楚师灭蔡，执蔡世子有以归，用之。（《春秋》）

> 楚子在申，召蔡灵侯。……三月丙申，楚子伏甲而飨蔡侯于申，醉而

---

① 清华大学出土文献研究与保护中心编、李学勤主编：《清华大学藏战国竹简（壹）》，中西书局，2010年，第181页。159页。
② 赵平安：《〈楚居〉"为郢"考》，《中国史研究》2012年第4期。
③ 马承源主编：《上海博物馆藏战国楚竹书（九）》，上海古籍出版社，2012年，第159页。

执之。夏四月丁巳，杀之，刑其士七十人。公子弃疾帅师围蔡。冬十一月，楚子灭蔡，用隐大子于冈山。（《左传》）

《春秋》经传俱云蔡灵侯在申诱执蔡灵侯并杀之，在上博简《灵王遂申》中则记为"王败蔡灵侯于吕"，所讲为同一事，"吕"可以指代"申"。《括地志》："故吕城在邓州南阳县西四十里。"申、吕相距甚近，故楚简中可以代称。无论从简文自证，还是从简文与文献的互证来看，此处吕、申所指显然都为同一地点。具体来讲，我们推测事件发生的地点应在申，上博简文中是以"吕"代"申"，这也是《灵王遂申》中王败蔡灵侯于吕，却令申人室出以取蔡器的原因。

不仅上博简和《春秋》经、传中可以"吕"代"申"，《左传》《史记》等文献所记楚昭王"迁郢于鄀""北徙于鄀""徙郢于鄀"也可以"鄀"代"为"，这里向北徙居的正是湖北宜城附近的"为郢"，赵平安先生的意见是正确的。

不过，认为文献中所记楚昭王复邦后因楚人惧吴而北徙于鄀，即对应《楚居》中楚昭王时的"为郢"，这点却是值得推敲的。如上引赵平安先生《〈楚居〉"为郢"考》一文讲：

《楚居》刚刚发表的时候，有学者指出楚昭王迁都不见于《楚居》，从而认为《楚居》记述楚国迁都可能是不完整的。明确了为郢就是鄀郢，鄀可以涵括鄀，就不会有这种误解了。《楚居》所述昭王时期的都城中，虽然没有鄀，但有为，原来，为涵括鄀，为和《左传·定公六年》的鄀相当。

《楚居》中记楚昭王时期郢都迁徙有乾溪之上、媺郢、鄂郢、为郢（阖庐入郢）、乾溪之上、媺郢。可以看到，楚昭王时居于"为郢"是在"阖庐入郢"之前，"阖庐入郢"后昭王复邦，居处的地点就只有"乾溪之上""媺郢"，与文献所记"北徙于鄀"是在昭王复邦以后的事实存在抵牾。

我们认为这跟《左传》自身的体例有很大关系。《左传》随《春秋》经逐年纪事，但也有较多地方围绕某事前后关系而引申记述，将后事提前或追溯前事，不能全部作为当年之事看待。这种例子在《左传》中为数不少，现陈一例试作分析，如哀公元年（前494）：

元年春，楚子围蔡，报柏举也。里而栽，广丈，高倍。夫屯昼夜九日，如子西之素。蔡人男女以辨，使疆于江、汝之间而还。蔡于是乎请迁于吴。

鲁哀公元年当楚昭王二十二年，此时为报复蔡联合吴人袭楚入郢，楚昭王围蔡。杜预注："辨，别也。男女各别，系垒而出降。楚欲使蔡徙国在江水之北，汝水之南，求田以自安也。蔡师权听命，故楚师还。楚既还，蔡人更叛楚就吴，为明年蔡迁州来传。"楚强行将蔡南迁，便于对蔡进行控制，蔡叛楚之心愈强，于次年迁吴。

《左传·哀公元年》"蔡于是乎请迁于吴"讲的是第二年的内容，因与本年事密切相关，故记载于此。从史学编纂的角度看，任何编年体史书都不可能做到完全的以事随年，这是历史内容的复杂性和相关性决定的。

结合清华简《楚居》记昭王复邦至惠王即位的徙郢情况：

盍（阖）庐（庐）内（入）郢，女（焉）遉（复）遷（徙）居秦╲溪╲之╲上╲（乾溪之上，乾溪之上）遉（复）遷（徙）袭（袭）媺（㛤）郢。至献惠王自媺（㛤）郢遷（徙）袭（袭）为郢。

《左传·定公六年》"于是乎迁郢于鄀，而改纪其政"，也应属于提前述及后事的体例。可理解为：楚昭王复邦第二年，复败于吴，楚人大恐，此后乃迁郢于鄀，并进行政治革新。至于迁郢于鄀的具体时间，结合《楚居》来看，则应是到了楚惠王即位之后。

唐虞时代君主世袭制的初步形成和早期形态

彭邦本（四川大学历史文化学院）

历史上的早期国家，多为君主制政体。中国古代正是典型的君主世袭制国家，君主在整个国家中拥有神圣和法定的最高权位，而君主世袭制遂成为国家公共权力机构特殊的核心。因此，文明时代标志中所谓特殊的公共权力机构的设立这一条，在以古代中国为代表的这类君主世袭制社会，本质上就是古代国家或先秦文献所谓"天下"世袭君权这一特殊的核心权力主体及其组织机构的确立。这样一种人类社会政治组织在东亚大陆起源甚早，而在传说中的五帝尤其唐虞时代，就已初露其冰山一角，需要我们透过远古迷雾，尽可能地揭示其真实面貌。

夏朝以前君主制度是否已经形成，先秦文献记载颇有歧义。

一、否定说

《礼记·礼运》记孔子云："大道之行也，天下为公。选贤与能，讲信修睦。故人不独亲其亲，不独子其子……是为大同。今大道既隐，天下为家。各亲其亲，各子其子，货力为己，大人世及以为礼，城郭沟池以为固，礼义以为纪。以正君臣……禹、汤、文、武、成王、周公由此其选也……是为小康。"

新近发现的楚简《子羔》篇也记孔子曰："昔者而弗世也，善与善相授也。"与同批发现的楚简《容成氏》下述记载可以形成互证和互补：

〔尊〕卢氏、赫胥氏、乔结氏、仓颉氏、轩辕氏、神农氏、樟□氏、庐□氏之有天下也，皆不授其子而授贤。①

《容成氏》称尧本身即以贤德而为天子，"是以视贤，履地戴天，笃义与信"，"以求贤而让焉"；"尧以天下让于贤者，天下之贤者莫之能受也。万邦之君皆以其邦让于贤……而贤者莫之能受也。"又反复说："尧有九子，不以其子为后，见舜之贤也，而欲以为后"；"舜有七子，不以其子为后，见禹之贤也，而欲以为后。禹乃五让以天下之贤者，不得已，然后敢受之"；"禹有七子，不以其子为后，见皋陶之贤也，而欲以为后。皋陶乃五让以天下之贤者，遂称疾不出而死。禹于是乎让益，启于是乎攻益自取。"看来《容成氏》很可能与《礼记·礼运》一样，把禹以后的君主

---

① 李零：《〈容成氏〉释文》，马承源主编：《上海博物馆藏战国楚竹书（二）》，上海古籍出版社，2002年，释文考释第250页。

世袭制与之前的传贤时代明显区分开来。

二、肯定说

此说又有鲜明和模糊之分。前者以《唐虞之道》代表，该篇明确指出：

> 古者尧生于天子而有天下。①

其后简文又引诗总结道：

> 《虞诗》曰："大明不出，万物咸隐。圣者不在上，天下必坏。"治之至，养不肖；乱之至，灭贤。②

意即非大圣大德为天子，世道就注定好不了，即使在其最佳治理状态下，也无法避免不肖之子继位；一旦乱到头，就会隐绝天下圣贤。换句话说，只有圣德之君，才会在其子"不肖"时和平地禅位于天下贤才，反之则仍是君位世袭的"家天下"。

《唐虞之道》的这个观点，实际即后世儒家所谓"父子继立，常道也；求贤而禅，权道也。权者，反常而合道"③。既然父子继立乃常道，则君主世袭制就历来如此了。持相对模糊说法者如《大戴礼记·五帝德》云：

> 孔子曰："黄帝，少典之子也，曰轩辕，生而神灵……"
>
> 宰我请问帝颛顼。……孔子曰："颛顼，黄帝之孙，昌意之子也，曰高阳。"
>
> 宰我曰："请问帝喾。"孔子曰："玄嚣之孙，蟜极之子也，曰高辛。"
>
> 宰我曰："请问帝尧。"孔子曰："帝尧，高辛之子也，曰放勋。"
>
> 宰我曰："请问帝舜。"孔子曰："帝舜，蟜牛之孙，瞽叟之子也，曰重华。"
>
> 宰我曰："请问禹"。孔子曰："高阳之孙，鲧之子也，曰文命。"

《大戴礼记·帝系》又云：

> 少典产轩辕，是为黄帝。
>
> 黄帝产玄嚣，玄嚣产蟜极，蟜极产高辛，是为帝喾。帝喾产放勋，是为帝尧。
>
> 黄帝产昌意，昌意产高阳，是为帝颛顼。颛顼产穷蝉，穷蝉产敬康，敬康产句芒，句芒产蟜牛，蟜牛产瞽叟，瞽叟产重华，是为帝舜，及产象，敖。颛顼产鲧，鲧产文命，是为禹。
>
> 黄帝居轩辕之丘，娶于西陵氏之子，谓之嫘祖氏，产青阳及昌意。青阳降居江水，昌意降居若水，昌意娶于蜀山氏，蜀山氏之子谓之昌濮氏，

---

① 荆门市博物馆编：《郭店楚墓竹简》，文物出版社，1998年，第157页。
② 荆门市博物馆编：《郭店楚墓竹简》，第158页。此处断句未全依原书。
③ 《史记·五帝本纪》司马贞《索隐》。

产颛顼。

　　帝喾卜其四妃之子,而皆有天下。上妃,有邰氏之女也,曰姜原氏,产后稷;次妃,有娀氏之女也,曰简狄氏,产契;次妃曰陈隆氏,产帝尧;次妃曰陬訾氏,产帝挚。

　　禹娶于涂山氏之子,谓之女憍氏,产启。

以上世系,被司马迁结合《尧典》等文献整理成《史记·五帝本纪》,并说:

　　自黄帝至舜、禹,皆同姓而异其国号,以章明德。

在上面这个系统中,五帝虽然出自一系,却还不是夏朝以来君位通常采用的传子为主的制度,因而尽管《大戴礼记》中《五帝德》《帝系》有努力整合的意向,但其结果与成熟的君主世袭制仍然有相当的差距。东周时期的作者整理之目的,明明就是要合于三代以来已成为传统的君主世袭之制,然而我们从这些并非严密的系统背后看到的,却是若干有亲缘和地缘联系的族群组成的早期联盟组织。另外,这个系统可能还保留了其他若干真实的因素,比如把五帝或曰华夷联盟首领统归于黄帝一系,又不是后世父系宗法家庭内真正的亲子或兄弟继及,而是在联盟内一族或其中某重要的一支内比较固定地传承,这在一定程度上也符合史前晚期社会发展分化的史实。

《尚书·尧典》是记载禅让传说最早的文献,但其字里行间却隐含着儒家君主思想的倾向,尽管在这方面可能是最模糊的。《尚书·尧典》云:

　　帝曰:"格,汝舜,……汝陟帝位。"舜让于德,弗嗣。正月上日受终于文祖。

下文又云"舜格于文祖。"伪孔传释"文祖"为"尧文德之祖庙"。这就是说,尧本是世代为君的"天子"之后。《史记·五帝本纪》的相关段落是根据当时可见的《尧典》转写成的,其说法也与现今可见的《尧典》吻合:"舜受终于文祖。文祖者,尧大祖也。"可见《尧典》本身暗含着早期君位世袭制已经或即将出现的信息。这方面的另一内证是,文中叙及尧廷商议嗣君人选时,最先被提到的并不是舜,而是"胤子朱",即其他儒籍中的尧子丹朱。当尧以其不合嗣君德行标准加以否决后,考虑人选才依次由共工、鲧到四岳,最后确定为舜。易言之,倘非丹朱不肖,舜并无禅代机缘,仍是君位世袭。

那么,应当如何看待《尧典》的上述内容呢?能否简单地归结为后世儒家的篡改呢?后者的结论是否定的,要回答前者则需要略作讨论考察。

其实,《尧典》的上述记载可能正好反映了尧舜时代社会某一层面之史实。换句话说,就在所谓"天子"实即联盟共主之位实行禅让或曰推举之制时,其下各主要与盟共同体的首领看来已经是世袭的了。因此,以当时整个"天下"的情形而言,一概简单地说是传子制或传贤制,都有所片面。需要说明的是,《尧典》里讨论的君位,是所谓"天子"或曰共主之位,亦即尧舜联盟最高首领之位。共主按既有传统虽不能世袭，但又已经有了向世袭发展的趋势。《史记·五帝本纪》系根据《尧典》《世本》《五帝德》《帝系》等先秦文献写成。其文云：

> 黄帝者，少典之子，姓公孙，名曰轩辕……轩辕之时，神农氏世衰，诸侯相侵伐，暴虐百姓，而神农氏弗能征。于是轩辕乃习用干戈，以征不享，诸侯咸来宾从。而蚩尤最为暴，莫能伐。炎帝欲侵陵诸侯，诸侯咸归轩辕。轩辕乃修德振兵，治五气，蓺五种，抚万民，度四方，教熊罴貔貅貙虎，以与炎帝战于阪泉之野，三战，然后得其志。蚩尤作乱，不用帝命。于是黄帝乃征师诸侯，与蚩尤战于涿鹿之野，遂禽杀蚩尤。而诸侯咸尊轩辕为天子，代神农氏，是为黄帝。

在神农氏世衰，诸侯相侵伐的征战局面下，黄帝经过"诸侯咸来宾从"，"诸侯咸归"等曲折历程最终成为"诸侯咸尊"之"天子"。然细察当时情景，黄帝本身，也原来只是"天下"一诸侯，如《集解》引谯周曰：乃"有熊国君，少典之子也"；又引皇甫谧云："受国于有熊，居轩辕之丘，故因以为名，又以为号。"是黄帝一身而兼为"诸侯"和"天子"亦即"天下"共主的双重身份。不过，轩辕一名当又为国号兼国君之号，而黄帝一称亦然，故黄帝为天下共主似当不止一代。《索隐》按："《大戴礼》云宰我问于孔子曰：'予闻荣伊曰黄帝三百年，请问黄帝者人耶？何以至三百年？'孔子曰：'生而民得其利百年，死而民畏其神百年，亡而民用其教百年。'"《索隐》又云："少典者，诸侯国号，非人名也。又按：《国语》云'少典娶有蟜氏女，生黄帝、炎帝'。然则炎帝亦少典之子。炎黄二帝虽则相承，如《帝王代纪》中间凡隔八帝，五百余年。若以少典是其父名，岂黄帝经五百余年而始代炎帝后为天子乎？何其年之长也！又按：《秦本纪》云'颛顼氏之裔孙曰女脩，吞玄鸟之卵而生大业，大业娶少典氏而生柏翳'。明少典是国号，非人名也。"以上司马贞引谯周"所著《古史考》之说"，可谓颇具卓识，为我们揭示共主政治秩序下"天子"与"诸侯"的关系提供了线索。当然，黄帝时代，正是从典型的共主推举制向世袭制过渡时期，故黄帝时代长达数百年的史影，既反映了黄帝本亦为国族及其首领之共名，也可能反映了黄帝之国族及其首领曾连续居共主权位较长时期的史实，这与前面揭示的"天下"共主已呈在联盟内由黄帝一族或其中某重要的一支比较固定地传承的趋势相合。既然如此，该族内部各主要支系当早已经形成首领世袭的局面。

尧作为传说中的黄帝族主要支系之首领，也是著名的五帝之一，其支系内部的继承制度当亦如此。因此，当尧老考虑联盟共主接替人选时，丹朱首先进入讨论者视野，反映了当时社会确实已经初步或基本具备"天子"之位世袭继承的条件，世袭之制可谓呼之欲出，只是尚未正式形成而已。而在构成其制即将形成的这些条件中最值得注意者，正是当时与盟"诸侯"或曰各主要共同体实际已经形成的首领世袭继承制度。所以，丹朱虽然没有成为联盟共主，却照样是自身所在族群共同体的世袭君主，故传世文献或径称之为"帝丹朱"和"诸侯"。如《山海经·海内南经》:"苍梧之山,帝舜葬于阳,帝丹朱葬于阴。"①《太平御览》卷六三引《尚书》逸篇云:"尧子不肖,舜使居丹渊为诸侯,故号丹朱。"与《竹书纪年》记"后稷放帝子丹朱于丹水"②,《六韬》③《吕氏春秋·召类》等亦说"尧战欲丹水之浦"相合,则丹水之丹应与丹朱有关,其地应为丹朱族群所建之古"诸侯"国。又《山海经·海外南经》云:"讙头国在其南,……或曰讙朱国。"郭璞注云:"讙兜,尧臣,有罪自投南海而死,帝怜之,使其子居南海而祠之。"袁珂先生指出:"据近人研究,讙头、讙兜及讙朱,皆丹朱一名之异称。郭注所谓'讙兜尧臣'者,实丹朱尧子也。"④ 其实,丹朱既是尧之子,又是与盟"诸侯",本身自为联盟最高领导人的臣下。显然,作为唐虞联盟的核心共同体之一,尧族群本身早已经实行首领世袭之制了,其古国共同体本身也是联盟的"诸侯",世系长期传承以至于商周时期,其中之一在周初因是帝尧之后而被"褒封"于蓟。另外,从尧的身世看,则尧不仅有《尧典》中"文祖"云云反映其世代为君的传说记载,《史记》记尧与帝挚皆帝喾之子,"帝喾崩而挚代立,帝挚立,不善而弟放勋立,是为帝尧。"⑤《尧典》之后,尧以帝王之子继大统的记载,过去只见于战国晚期以后成书的《世本》和《大戴礼记》的《五帝德》《帝系》等篇⑥。而在近年发现的出土文献中,成书更早的《唐虞之道》也明确指出:"古者尧生于天子而有天下。"⑦ 现在看来,这些传说应有一定来历,至少是以长期口耳相传的史闻为素材,并非纯然无根之谈。

许多先秦文献反映,五帝时代诸"帝"及其重要"大臣",其族群共同体长期繁衍延续,后裔历夏商周一直为"诸侯"。这是五帝时期以来,"天下"林立的邦国中已经有不少实行首领世袭制度的又一旁证。如《左传·襄公二十五年》:"昔虞阏父为周陶正,以服事我先王。我先王赖其利器用也,与其神明之后也,庸以元女大姬配胡公,而封诸陈,以备三恪。"三恪,杜注即夏商周三代之后。而《礼记·郊特牲》孔疏引古《春秋左氏》云:"周封黄帝、尧、舜之后,谓之三恪。"则其"三"

---

① 按《山海经·海内南经》"帝丹朱葬于阴"条下郭璞注云:"今丹阳有丹朱冢也。《竹书》亦曰:'后稷放帝朱于丹水。'与此义合。"(袁珂:《山海经校注》,上海古籍出版社,1980年,第273—274页注引)但《史记·高祖本纪》张守节《正义》引《汲冢纪年》为"后稷放帝子丹朱于丹水",与《五帝本纪》之《正义》引《汲冢纪年》同,则郭璞注所引似为隐括之误。但《海内南经》的记载应有所据。且据《竹书纪年》曰:"后稷放帝子丹朱于丹水。"《汉学堂丛书》辑《六韬》《吕氏春秋·召类》等亦说"尧战欲丹水之浦",则丹水之丹与丹朱应有关,其地应为丹朱族群所居。
② 《史记·高祖本纪》张守节《正义》引。
③ 《汉学堂丛书》辑。转引自袁珂:《山海经校注》,第273—274页。
④ 袁珂:《山海经校注》,第274—275页。
⑤ 《史记·五帝本纪》。
⑥ 见《世本八种》,商务印书馆,1957年;[清]王聘珍:《大戴礼记解诂》,中华书局,1983年。
⑦ 荆门市博物馆编:《郭店楚墓竹简》,第157页。

可能并非确指，乃古语备言其多的习惯用法，故三恪实通指"古圣王之后"，于周初纷纷被重新"褒封"：

> 封商纣子禄父殷之余民……武王追思先圣王，乃褒封神农之后于焦，黄帝之后于祝，帝尧之后于蓟，帝舜之后于陈，大禹之后于杞。①

所谓"褒封"，就是对那些长期存在，并认同周人新的共主地位的古国予以正式承认，将之纳入新的邦国联盟或曰共主政治秩序。而这些古国后来有的与周王室还有了政治婚姻等重要联系，如《国语》云：

> 夫婚姻，祸福之阶也，由之利内则福……昔挚、畴之国由大任，杞、缯之国由大姒，齐、许、申、吕由大姜，陈由大姬，是皆能内利亲亲者也。②

据韦注，"挚、畴二国任姓，奚仲、仲虺之后，大任之家也"；"杞、缯二国姒姓，夏禹之后，大姒之家也"；齐、许、申、吕"四国皆姜姓也，四岳之后，大姜之家也"。据清人所辑《世本》残文统计，这些异姓古国数量颇可观③。而周人以小邦君临天下后，姬姓封国虽然往往地处战略要冲，但数量有限，据《左传·昭公二十八年》《荀子·儒效》等追记不过数十④。其时邦国林立，姬姓封国之于天下格局，犹如大海中的若干岛屿而已。

如上所述，数量可观的异姓古国，不少是五帝甚至更早时代的"帝王"或其"大臣"（实即与盟邦国之君长）之后。按照邦国联盟和相应的共主政治体制，这些古国一般都会长期保存下来。所谓改朝换代，只是更换共主亦即联盟最高领导者，天下邦国林立的格局总体上依旧不变。此种状况，从五帝以来长期保持。进入三代，仍有相当的延续性，如商革夏命，夏人的若干共同体仍存续下来；而周灭商后，依然封商纣子禄父统殷之余民；东征平乱之后，商之宗庙祭祀，仍有宋国承续。至少从五帝时代就延续下来的传统之一，就是即使在战争中，非迫不得已，不真正毁灭对方宗国，故有大量古国得以长期保存。此种传统及其古老意识观念在先秦长期流传，以致深怀历史情结的孔子在春秋晚期传统价值体系崩解之时，仍大声呼吁"兴灭国、继绝世"。另一方面，春秋时期变相的共主，齐曾救邢存卫，楚灭陈、蔡、蓼诸国后又一再让其复国⑤。这并非只是出于大国争霸之战略考虑，也是古老传统深刻影响下的惯常做法。像所谓"三恪"等从远古历经沧桑保留下来的古国，其君主的

---

① 《史记·周本纪》。
② 《国语·周语中》。
③ 详见《世本八种》；赵伯雄：《周代国家形态研究》，湖南教育出版社，1990年，第52页。
④ 《左传·昭公二十八年》："昔武王克商，光有天下，其兄弟之国者十有五人，姬姓之国者四十人，皆举亲也。"《荀子·儒效》："（周公）兼制天下，立七十一国，姬姓独居五十三人焉。周之子孙苟不狂惑者，莫不为天下之显诸侯。"
⑤ 《左传》之《闵公二年》《文公五年》《宣公八年》等。详何浩《楚灭国研究》，武汉出版社，1989年，第319页等。

世袭承续往往也一以贯之，并在其他一些文献中也留下了遗迹或线索。如《墨子·尚贤中》云：

> 故古圣王唯以审以尚贤使能为政，而取法于天。虽天亦不辩贫富、贵贱、远迩、亲疏，贤者举而尚之，不肖者抑而废之。然则富贵为贤，以得其赏者，谁也？曰：若昔者三代圣王尧、舜、禹、汤、文、武者是也。……然则亲而不善，以得其罚者，谁也？曰：若昔者伯鲧，帝之元子，……然则天之所使能者，谁也？曰：若昔者禹、稷、皋陶是也。何以知其然也？先王之书《吕刑》道之曰："皇帝清问下民，有辞有苗。曰：群后之肆在下，明明不常，鳏寡不盖，德威维威，德明维明。乃名三后，恤功于民，伯夷降典，哲民维刑。禹平水土，主名山川。稷隆播种，农殖嘉谷。三后成功，维假于民。"

此处云"伯鲧，帝之元子"与儒家《大戴礼记·帝系》"颛顼产鲧"之说一致。而所引《尚书·吕刑》中"三后"之职掌，也与《尧典》《唐虞之道》及《大戴礼记·五帝德》的记载类同。但墨家既以舜为出身低下而以贤被举的典范，这里却说他与尧、禹、汤、文、武一样，是"富贵为贤，以得其赏者"的榜样，显然前后矛盾，可知墨学确实有疏漏之处。但此条中有一点很值得注意，即文中的"群后""三后"之"后"，孙诒让《墨子间诂》引伪孔《传》云："群后，诸侯之逮在下国。"即"后"当是邦国一类共同体之君长，文中皋陶与禹、稷、伯夷"三后"亦然。可见"三后"至迟是从唐虞时代一直世代传袭下来的。至周朝时，稷之后为"天子"，禹后有杞缯、皋陶之后有六蓼等为诸侯国。这些与前述"三恪"等一样的古国，今天虽然不能像《史记》里夏商周三朝本纪那样确切地历数其首领传袭的世系，但在当日这些资料却是存在的。夏商周三朝之本纪即是根据这些口头和文字传说资料写成的。东周时期，谱牒之学颇为流行，由今所见《世本》残本仍可略窥其盛况。徐中舒先生曾指出：根据《世本》写成的《史记·夏本纪》世系应是可靠的，"因为在统治阶级中，从传子局面产生以后，谱牒学以口耳相传一直是很发达的……正如现在彝族的头人，他们可以背诵自己的世系至数十代以上"①。这里所说的黑彝的家支组织，实与五帝以来华夷族群的情况非常相似，他们把对头人世系的背诵追溯视作维系父系宗法血统的特殊和神圣手段。由此可推，周朝流行的谱牒，能追溯"数十代以上"者，绝不止夏商周三朝的王室世系。而且，既然三者都可上溯至建朝以前直到五帝时代，则周初"褒封神农之后于焦，黄帝之后于祝，帝尧之后于蓟，帝舜之后于陈，大禹之后于杞"，此诸国也当如同三代王族一样，有世代记诵珍藏的世系见诸载籍。由此可见，我国上古"天下"共主或曰"天子"为一姓氏所世袭之制形成的时间，固然始于夏朝之初，却明显晚于"天下"各共同体（包括苏秉琦先生

---

① 徐中舒：《论尧舜禹禅让与父系家族私有制的发生和发展》，载《徐中舒历史论文选辑》，中华书局，1998年，第971—993页。

等学者所说的古国、邦、方等）之首领世袭其位之制的产生。易言之，其时君主（或曰共同体首领）世袭制度的发生发展相当早，惟其所循路径为从下至上而已。

倘再从人类学、民族学视角，综合各种资料考察，对远古先民共同体首领继承制度风习做一些纵向的考察，即可大致看到共同体首领世袭继承制度源起、发展的粗略情形。如乌丸共同体之大人和邑落各小帅均"不世继"的记载，当属相对较为早期状态的反映。在原始时代晚期，所谓"邑落"，通常为社会的基层自治单位，多数仍为氏族、部落一类血缘组织，或以血缘为主要纽带。但随着史前晚期社会经济的长足进步，家族私有制出现，而且发展不平衡，一些富有强大的家族逐渐掌控了"邑落"组织的领导权。一般说来，善于通过各种途径拥有经济强势的家族，通常在社会上也拥有政治、文化上的优势，因而容易在这样的家族中产生"勇健能理决斗讼相侵犯者"，并形成家族性威望。长此以往，这些家族遂成为氏族部落或基层"邑落"酋长地位的世袭拥有者。其实，在历史上很多地方的土著中，可以看到酋长世袭制度发生很早，甚至在典型的推举制时代即可省察其萌芽。如摩尔根就调查发现，即使在世系按女性下传的印第安人部落中，虽然首领职位因父子不同氏族而不能通过推举达成亲子相继，但选出的新首领仍"通常是已故首领的兄弟或其姊妹的儿子，尤其是死者的亲兄弟或其亲姊妹之子最容易被选上"。在其书中的另一处，他又指出："在世系由女性下传的地方，如在易洛魁人中，通常选出已故酋长的一位亲兄弟来继任其位；而在世系由男性下传的地方，如在鄂吉布瓦人和奥马哈人中，则选举他长子来继任。"虽然这一切都出现在选举过程中，但已足以说明史前晚期酋长世袭制的萌生确实由来甚久、并非偶然①。史前晚期酋长世袭制的发生不仅很早，而且长期延续而司空见惯。据报道，当今非洲赞比亚的一个名为Mukuni酋长村落，始建于17世纪，一直过着原始的土著生活，但迄今仍存的酋长世袭制度已经保持着了十九代②。这类世袭酋长的家族，无一例外地都世为氏族部落或族群中的强者。

对于原始共同体领导人转变为世袭君主的过程，恩格斯有过精辟的论述：

> 掠夺战争加强了最高军事首长以及下级军事首长的权力；习惯地由同一家庭选出他们的后继者的办法，特别是从父权制确立以来，就逐渐转变为世袭制，人们最初是容忍，后来是要求，最后便僭取这种世袭制了；世袭王权和世袭贵族的基础奠定下来了。③

在我国史籍尤其关于少数民族酋长制度的记载中，前述乌丸、契丹、巴郡南郡

---

① ［美］路易斯·亨利·摩尔根：《古代社会》，杨东莼等译，商务印书馆，1997年，第58、201页。
② 唐宁：《走进非洲酋长村》，《新民晚报》2006年9月5日。
③ ［德］恩格斯：《家庭、私有制和国家的起源》，《马克思恩格斯选集》（第四卷），人民出版社，1977年，第160—161页。

蛮和华夏族群的尧舜联盟等部酋长推举制度，明显有发展程度之别。《魏书》中记载乌丸社会当时族群邑落各有之小帅虽"不世继"，显然已多由强势家族产生，并以逐渐向世袭过渡为必然趋势。巴郡南郡蛮原本虽"未有君长"，亦即诸姓之上的共同首领，但所谓"巴氏子务相"和"四姓之子"，当实际已是强势族系共同体的世袭头领。《魏书》中说乌丸族群之邑落各小帅之上，逐渐产生了更高级的共同体组织及其首领"大人"；"巴氏子务相"也通过竞技推选而成为"五姓"共同之君长，这种跨越和凌驾于诸邑落或诸姓之上的首领，亦即新的联盟或曰更高级的共同体首领，其接下来的走向，历史证明就是逐步发展为世袭君主制度。尽管现存史籍也反映，酋长和首领推选制度在原始社会有着深厚的经济根源和广阔的社会文化基础，因而为当时全体社会成员所认同。但史籍同样反映，后来随着社会条件的转变，其制遂发生了质的变化。如《魏书·宕昌羌传》云：

> 宕昌羌者……姓别自为部落，酋帅皆有地分，不相统摄，……国无法令，又无徭赋，惟战伐之时，乃相屯聚，不然，则各事生业，不相往来。……俗无文字，但候草木荣落记其岁时，三年一相聚，杀牛羊以祭天，有梁勤者，世为首帅，得羌豪心，乃自称王焉。

显然，宕昌羌各部落酋帅虽然皆不相统摄，但在各部之内已逐渐形成"世为酋帅"之制，然后在此制和三年一相聚之制的基础上，进而出现一"得羌豪心，乃自称王焉"的梁勤，由此不但形成诸部联盟，而且形成联盟首领亦即"王"的父系世袭制度。又如契丹早期的历史也经历了类似过程：

> 某部大人遥辇次立。……八部之人，以为遥辇不任事，选于其众，以阿保机代之……汉人教阿保机曰："中国之王无代立者。"由是阿保机益以威制诸部而不肯代。其立九年，诸部以其久不代，共责诮之。阿保机不得已传其旗鼓，……用其妻述律策……尽杀诸部大人，遂立，不复代。①

这是古代共同体最高领导人由推举产生向终身制和世袭制转变的一个有确切记载的个案。这一转变是在周边汉族先进制度文化影响下发生的，不免带有次生性质，但从宏观历史的进程而言，它却是必然的，因而仍然予以我们甚多启发。

相比较而言，尧舜禹时期联盟首领继承情况的发展变迁，则具有无可争议的原生性和典型性。司马迁根据先秦流传下来的史料整理写成的夏商周三个《本纪》，都以包括建立王朝之前诸先祖先公在内的世系为主线，殷墟卜辞已经证明，《殷本纪》世系确为信史，则我们有理由推知其余二《本纪》世系的可信。从《殷本纪》《周本纪》及各方面的资料可知，商、周在成为天下共主前即已经进入文明时代，则其至迟自尧舜时期以来的世系，无疑为其国族首领父系世袭继承制度的记录。那么《夏本纪》从启向上追溯的世系如何呢？司马迁已经为我们列出了从黄帝到启的父系

---

① 《新五代史·契丹传》。

继承的清晰关系，其中至少从鲧到禹、启三代，肯定是亲子世袭继承的君主。《墨子·尚贤中》云："昔者伯鲧，帝之元子。"即认为伯鲧是帝颛顼的长子，这大约是其称"伯"的由来。鲧虽然据传说"不得在帝位，为人臣"①，却仍然贵为尧舜时代的"诸侯"，为著名的有崇国之君，故先秦文献又称之为"有崇伯鲧"②，而其子禹也被称位"崇禹"③，而他们世代为君的崇国作为夏王朝兴起的根基，也有"融降于崇"的神圣传说④。虽然这个崇国和崇山前文已经指出起初是在晋南，但禹子启生于崇山、其母神异地化身为石的传说表明，启与其父、祖一样，在成为夏王朝的创始之王亦即中国早期文明时代的第一个天下共主之前，仍是崇国之君，其世袭的情形已颇为清楚。当时联盟之下各主要共同体之君世袭继承之制看来已经早已司空见惯。也许正是在此种时代背景下，颇有意思的是，古文献反映鲧受命治水不成，其子禹又受命继之。另外，史籍记载，禹也效法尧舜，曾先后举皋陶和益为继位者。如《史记·夏本纪》云："帝禹立而举皋陶荐之，且授政焉，而皋陶卒。……而后举益，任之政。……以天下授益。"《容成氏》也说："禹有七子，不以其子为后，见皋陶之贤也，而欲以为后。皋陶乃五让以天下之贤者，遂称疾不出而死。禹于是乎让益。"文献反映，皋陶和益是父子。如《尚书·尧典》"益哉"下伪孔传云："益，皋陶子也。"《世本》张澍稡集补注本也引"《史记正义》云：《列女传》'陶子生五岁而佐禹'。曹大家注：'陶子者，皋陶之子伯益也'。"⑤ 皋陶在传说中属于东夷族群，先秦文献中皋陶、益相继被华夏族群的禹举为继位者，大约与当时两大族群力量的对比变化和联盟的巩固发展之需有关。他们又是父子的传说虽始见于汉朝文献，但他们父死子继、接连被禹举为禅替者的传说，应可大致视为虞夏之际天下各主要族群共同体中，君主或首领世袭继承制度已经普遍存在这一史实的反映。易言之，在当时社会主要共同体首领职位已普遍世袭的现实情形下，禹既然已经确定"天子"之位由身为与盟诸侯的皋陶继承，则皋陶死去之后，这一资格和责任，似乎自然就应由继承了其父诸侯之位的益来延承。这一安排虽然一度成了启由崇国诸侯之位跃迁为"天子"的障碍，但其深厚的社会史实背景，却为接下来"启攻益"后正式建立起中国古代文明社会第一个王朝的王位世袭制度奠定了基础。

---

① 《史记·夏本纪》。
② 《国语·周语下》。
③ 《逸周书·世俘》。
④ 《国语·周语上》。
⑤ 《世本》张澍稡集补注本，载《世本八种》，第120页。

《春秋》"鼷鼠食郊牛角"新解

彭　华　李佳喜（四川大学古籍整理研究所）

摘　要：《春秋·成公七年》所载"鼷鼠食郊牛角"，其实应当是"鼷鼠食郊牛嘴"，与《春秋·宣公三年》所载"郊牛之口伤"同义。改释"郊牛角"为"郊牛口"，有来自语文学（文字）、文献学（文本）、历史学（事例）的证据，也合乎常理与学理。反观历代经学家所阐发的"微言大义"，实际上属于"郢书燕说"。进一步而言，"经"与"史"确实大有区别（如刘敞等人所说），而由"小学"入"经学"、入"史学"，确实属于正途（如张之洞所说）。换句话说，如果"不把基本的材料弄清楚了，就急着要论微言大义，所得的结论还是不可靠的"（如陈寅恪所说）。

关键词：《春秋》；鼷鼠；郊牛角；经学；史学

在《春秋》经文之中，有三处言及"鼷鼠食郊牛"。为便于讨论，现将其文本迻录如下：

> 《春秋·成公七年》："春，王正月，鼷鼠食郊牛角，改卜牛。鼷鼠又食其角，乃免牛。"

> 《春秋·定公十五年》："春，王正月，邾子来朝。鼷鼠食郊牛，牛死，改卜牛。"

> 《春秋·哀公元年》："春，王正月，公即位。……鼷鼠食郊牛，改卜牛。夏，四月辛巳，郊。"

与《春秋》定公十五年、哀公元年笼统而言"鼷鼠食郊牛"不同的是，《春秋》成公七年明确指出了鼷鼠所食郊牛的部位是"角"（"鼷鼠食郊牛角"），并且是一食再食（"鼷鼠又食其角"）。这是值得注意的现象。

众所周知，孔子"笔削"《春秋》[①]，秉持"春秋笔法"，灌注"微言大义"，可

[①] 司马迁《史记·孔子世家》："（孔子）至于为《春秋》，笔则笔，削则削，子夏之徒不能赞一辞。弟子受《春秋》，孔子曰：'后世知丘者以《春秋》，而罪丘者亦以《春秋》。'"（[汉]司马迁撰，[宋]裴骃集解，[唐]司马贞索隐，[唐]张守节正义：《史记》（修订本），中华书局，2013年，第2341页。）

谓"一字之褒,荣于华衮;一字之贬,严于斧钺"(《幼学琼林·文事》)①。《春秋》一而再,再而三记录"鼷鼠食郊牛",恐怕并非等闲之笔,其中当有"微言大义"。

不出所料,历代注疏家、经学家多有阐释"微言大义"者,是为"旧说"。在笔者看来,历代"旧说"实不可信,故有"新解"之必要。进而言之,通过这一"个案"(case)的考察,笔者觉得可以"见微知著",故有"余论"之申说。

旧　　说

《春秋》"三传"之与《春秋》本经,相待而成、相辅而行②。《春秋》成公七年经文所录"鼷鼠食郊牛角",只有《穀梁传》有传文,而《左传》和《公羊传》均无传文,但二传的注疏家则有所阐释。

先看《左传》之注、疏。

杜预(222—284)注:"称牛,未卜日。免,放也。免牛可也,不郊,非礼也。"③ 注文的着力点在于名物和礼制,行文平实而客观。值得注意的是,注文没有解释"牛角",或许是因为"牛角"字义直白而无须解释。

与杜预注文如出一辙的是,孔颖达(574—648)的疏文解释了作为名物的"鼷鼠"和作为礼制的郊祀;而与杜预注文大为不同的是,孔颖达的疏文解释了"牛角",并且阐发了《春秋》"笔法"。孔颖达说:

> "改卜牛"下重言"鼷鼠又食其角",不重言"牛"者,何休云:"言角牛可知。后食牛者,未必故鼠,故重言鼠。"改卜被食角者,言"乃免牛",则前食角者亦免之矣,从下"免"省文也。④

孔颖达所解释的《春秋》"笔法",着眼点主要还是"叙事"(narrative),即《春秋》何以如此"写作";并没有言及"鼷鼠食郊牛角"的"微言大义"(内容),或者说"鼷鼠食郊牛角"的"隐喻"(metaphor)之义。

再看《穀梁传》的解释。《穀梁传》云:

> 七年,春,王正月,鼷鼠食郊牛角。不言日,急辞也,过有司也。郊牛日展斛角而知伤,展道尽矣,其所以备灾之道不尽也。改卜牛,鼷鼠又

---

① 参看范宁《春秋穀梁传序》:"一字之褒,宠逾华衮之赠。片言之贬,辱过市朝之挞。"([晋]范宁集解,[唐]杨士勋疏:《春秋穀梁传注疏》卷十三,北京大学出版社,1999年,第7页。)
② 桓谭(前40—23)说:"《左氏传》于《经》,犹衣之表里,相待而成。经而无传,使圣人闭门思之,十年不能知也。"(《新论·正经》),[汉]桓谭撰,朱谦之校辑:《新辑本桓谭新论》,中华书局,2009年,第39页。
③ [晋]杜预注,[唐]孔颖达等正义:《春秋左传正义》卷二十六,北京大学出版社,1999年,第726页。
④ [晋]杜预注,[唐]孔颖达等正义:《春秋左传正义》卷二十六,第726页。

食其角。又，有继之辞也。其，缓辞也。曰亡乎人矣，非人之所能也，所以免有司之过也①。

《穀梁传》既有"叙事学"的解释（如"急辞""缓辞"等），也有"历史学"的解释（如"郊牛日展觓角""备灾之道""有司之过"等）。这似乎没有什么特异之处。

需要注意的是，范宁（339—401）在解释"鼷鼠又食其角"时，揭示了其"隐喻"之义，"至此复食，乃知国无贤君，天灾之尔，非有司之过也，故言其以赦之"②。范宁的这一阐释，后为唐人杨士勋所继承，"至此郊牛复食，乃知国无贤君，非人所不能也。谓国无贤君之故，为上天之所灾，非人力所能禁，所以免有司之过也"③。

由"鼷鼠又食其角"这一"现象"，一下子跳跃到"乃知国无贤君"这一"结论"。在作为"他者"的西方人看来，这是"隐喻"；而在作为"我者"的中国人看来，这其实是"天经地义"的。因为"经学思维"统治、支配下的传统中国，"经"是凌驾于"史"之上的。

往前追溯，《穀梁传》注疏者范宁、杨士勋的"大义"阐发、"经学"路数，实际上早已见诸《公羊传》注释者何休（129—182）及其前人京房。再往前追溯，其先驱者是董仲舒（约前179—约前104）、刘向（前77—前6）者流。

何休、京房云：

> 鼷鼠者，鼠中之微者。角生上指，逆之象。《易京房传》曰："祭天不慎，鼷鼠食郊牛角。"书"又食"者，重录鲁不觉寤，重有灾也。不重言牛，独重言鼠者，言角，牛可知；食牛者未必故鼠，故重言鼠。
>
> 言角在牲体之上，指于天，亦是上逆之象。④

在何休看来，牛之"角"、"角"之附生（"角在牲体之上"）、"角"之指向（"角生上指"），都具有"微言大义""隐喻"之义。套用经学家的思维与话语，可谓"某者，某之象也"。惜乎京房、何休之语过于简略，无缘得其细节。相对而言，董仲舒、刘向之语因详载班固（32—92）《汉书》，故可一窥其详。

《汉书·五行志中之上》：

> 成公七年"正月，鼷鼠食郊牛角；改卜牛，又食其角"。刘向以为，近青祥，亦牛祸也，不敬而傋霿之所致也。昔周公制礼乐，成周道，故成王

---

① [晋]范宁集解，[唐]杨士勋疏：《春秋穀梁传注疏》卷十三，第221页。
② [晋]范宁集解，[唐]杨士勋疏：《春秋穀梁传注疏》卷十三，第221页。
③ [晋]范宁集解，[唐]杨士勋疏：《春秋穀梁传注疏》卷十三，第221页。
④ [汉]何休解诂，[唐]徐彦疏：《春秋公羊传注疏》卷十七，北京大学出版社，1999年，第384页。

命鲁郊祀天地，以尊周公。至成公时，三家始颛政，鲁将从此衰。天愍周公之德，痛其将有败亡之祸，故于郊祭而见戒云。鼠，小虫，性盗窃；鼷，又其小者也。牛，大畜，祭天尊物也。角，兵象，在上，君威也。小小鼷鼠，食至尊之牛角，象季氏乃陪臣盗窃之人，将执国命以伤君威而害周公之祀也。改卜牛，鼷鼠又食其角，天重语之也。成公怠慢昏乱，遂君臣更执于晋。至于襄公，晋为澳梁之会，天下大夫皆夺君政。其后三家逐昭公，卒死于外，几绝周公之祀。董仲舒以为，鼷鼠食郊牛，皆养牲不谨也。京房《易传》曰："祭天不慎，厥妖鼷鼠啮郊牛角。"①

董仲舒之说，又可参看《春秋繁露·顺命》："至于祭天不享，其卜不从，使其牛口伤，鼷鼠食其角。或言食牛，或言食而死，或食而生，或不食而自死，或改卜而牛死，或卜而食其角。过有深浅薄厚，而灾有简甚，不可不察也。"

相对而言，董仲舒、京房阐释的"微言大义"要简略一些。董仲舒认为，"鼷鼠食郊牛"是因为"养牲不谨"；京房认为，"鼷鼠啮郊牛角"是因为"祭天不慎"。而刘向对"微言大义"的阐释，则非常详细、非常系统，涵盖了从"物"到"事"到"象"。刘向认为，"鼷鼠食郊牛角"所预之"象"是陪臣执国命、伤君威、害法统（"象季氏乃陪臣盗窃之人，将执国命以伤君威而害周公之祀也"）。刘向甚至认为，鲁成公七年的"鼷鼠食郊牛角"，所预之"象"是"其后三家逐鲁昭公、卒死于外"②。刘向的"经学思维"和"经学路数"，可以概括为以下两种表达："某物者，某之象也"，"某事者，象某之义也"。

汉、晋、唐人对"鼷鼠食郊牛角"所阐发的"微言大义"，后为元、明、清所继承而发扬。比如，宋人许翰（？—1133）继续刘向之说，认为"鼷鼠食郊牛角""鼷鼠又食其角"，是"小害大，下贼上，食而又食，三桓子孙相继之象也"③。宋人洪咨夔（1176—1236）认为，"鼷鼠食郊牛角"预示着鲁国国运的本年长久，"鼷鼠食郊牛角，牛死。夫角之见食居上者，已失其为尊，况举体皆食非一处，且至于死，是大为小所吞也。国命其能永乎？"④凡此种种，不一而足，但大致不出汉唐间经师之藩篱。

上面的梳理显示：如何诠释《春秋·成公七年》的经文"鼷鼠食郊牛角""鼷鼠又食其角"，历代的注疏家、经学家们所恪守的是"经学家法"，所遵循的是"经学思维"；而所揭示的"隐喻"之义、预示之"象"，则由"兽"（鼷鼠、郊牛）而

---

① ［汉］班固撰，［唐］颜师古注：《汉书》，中华书局，1962年，第1372页。
② 唐刘知幾《史通》卷十九："七年鼷鼠食郊牛角，刘向以其后三家逐鲁昭公、卒死于外之象。"（［唐］刘知幾著，姚松、朱恒夫译注：《史通全译》（下），贵州人民出版社，1997年，第405页。）
③ ［宋］胡安国：《胡氏春秋传》卷十九引，文渊阁四库全书本。
④ ［宋］洪咨夔：《春秋说》卷二十八，文渊阁四库全书本。

及"人"(鲁君、三桓),由"近"(郊祭)而及"远"(国运)。

在笔者看来,历代注疏家、经学家对《春秋·成公七年》经文"鼷鼠食郊牛角""鼷鼠又食其角"的解释与阐发,虽然"头头是道",但实属"郢书燕说"。

新　　解

历代注疏家、经学家"旧说"之不可信,首先在于其有悖于"常理"(日常经验),也有悖于"学理"(生物学规律),即与鼷鼠的生活习性不合。

在古代文献中,鼷鼠是一种体型很小、带有螫毒、敢于食人及兽畜而又能不被察觉的动物。《说文解字·鼠部》:"鼷,小鼠也。"《尔雅·释兽》李巡注:"鼱鼩鼠,一名鼷鼠。"孙炎注:"有螫毒者。"① 《尔雅·释兽》郭璞注:"有螫毒者。"《博物志》:"鼠之类最小者。食物当时不觉痛。世传云亦食人项肥厚皮处,亦不觉。或名甘鼠。俗人讳此所啮,衰病之征。"《玉篇·鼠部》:"鼷,小鼠也。螫毒,食人及鸟兽皆不痛,今之甘口鼠也。"李时珍《本草纲目》引唐陈藏器曰:"鼷鼠极细,卒不可见。食人及牛马等皮肤成疮,至死不觉。"②

由此可知,鼷鼠身小如虫而有螫毒,以啃噬人、牛、马之皮肤为食,同时行毒,被食者不知其痛,故至患恶疮而不知,严重者可致死亡。如此看来,《春秋·定公十五年》说"鼷鼠食郊牛,牛死",应该是"历史事实"。杨伯峻(1909—1992)说"此及明年云食郊牛,则食其肤与肉"③,其理解是可信的。

现代生物学的观察与研究显示:鼷鼠(Mus musculus),又叫小家鼠,或称小鼠(图一)。鼷鼠是家、野两栖的啮齿类动物。鼷鼠头体总长6—9厘米,在啮齿类中是比较小的一种。毛呈灰黄色或褐色,有的呈棕黄色,依地区而异。尾细,较头体的总和还长,尾尖有长而密的尾毛。嘴鼻尖锐④。百度百科说:"鼷鼠栖居于住宅、仓库、田野及山地,分布于中国各地。洞道短,食性杂,主食粮食和草籽。昼夜活动,不仅在住宅、仓库等处咬坏家具、衣物、盗食食物、粮食,危害农作物,也传染多种疾病,为主要害鼠之一。繁殖力强,几乎一年四季均可生殖,年产3—8次,每胎4—8仔。"⑤ 两相对照,古人和今人对鼷鼠的认识,其差别还是比较大的。在理解《春秋》经文之时,还是当以古人对鼷鼠的认识为准。

---

① [晋]杜预注,[唐]孔颖达正义:《春秋左传正义》卷二十六,第726页。
② [明]李时珍:《本草纲目》,人民卫生出版社,1982年,第2912页。
③ 杨伯峻:《春秋左传注》(修订本),中华书局,2009年,第1598页。
④ 孙桂芳:《关于鼷鼠》,《生物学通报》1957年第12期。
⑤ 百度百科,https://baike.baidu.com/item/%E9%BC%B7%E9%BC%A0/5428278?fr=aladdin。

图一　鼩鼠

比对古代文献和科学文献，可以发现：鼩鼠之性，乃以皮肤为食，非以牛角为食；若以角为食，则人马皆无角，又何食焉；且鼩鼠甚小，不能啃食坚硬之牛角，亦不能行毒于牛角而令其生恶疮。

因此，笔者怀疑："鼩鼠食郊牛角"之"角"，本当作"嘴"。也就是说，鼩鼠所食者非"牛角"，而是"牛嘴"。下面，笔者将从语文学（文字）、文献学（内证）、历史学三个角度对此予以论证。

"角"是象形字，指的是动物头顶或鼻前长出的骨状突起物，前端较尖，用于攻击或防卫。其初文像动物头部的犄角形①（图二）。《说文解字·角部》："兽角也。象形，角与刀、鱼相似。凡角之属皆从角。"引申之，凡外凸者皆可谓之"角"。比如，发髻凸起谓之"角"。《诗经·卫风·氓》："总角之宴，言笑晏晏。"《礼记·内则》："男角女羁。"再如，两墙边沿相接而有棱凸起谓之"角"。《易·晋》："晋其角，维用伐邑。"唐李贺《莫愁曲》："城角栽石榴。"复如，鸟嘴外凸谓之"角"，兽嘴外凸亦谓之"角"。又如，人额骨为角部位亦谓之"角"。南朝梁刘峻《辩命论》："龙犀日角。"章太炎（1869—1936）更进一步从声韵、训诂角度揭示，角可孳乳为触、舩、鯃、隅、桷、觳②。

1《合集》3306。2《合集补编》5067。3、4《金文编》292页。5、8《甲金篆》281页。6《说文》93页。7《睡甲》65页。

图二　"角"字形

按照这一思路推论，牛之嘴部（唇、吻、口）亦属于外凸者，故"牛口""牛嘴"亦可称为"牛角"（图三）。

---

① 李学勤主编：《字源》，天津古籍出版社、辽宁人民出版社，2012年，第385页。
② 见章太炎《文始》卷六侯东类，《章太炎全集》（七），上海人民出版社，1999年，第318页。

图三　牛首

古无"嘴"字,借"角"为之。《诗经·召南·行露》:"谁谓雀无角,何以穿我屋。""角"即鸟喙,而非兽角。吴仁杰、何楷、俞樾、于鬯、薛蛰龙皆主此说,而闻一多更从语根、古字形、古谚、本系孳乳字、旁系孳乳字五方面证成之①。鸟喙者,鸟嘴也。《说文解字·口部》:"喙,口也。"鸟嘴称"角",兽嘴亦得称"角"。

"角"后孳乳为"觜",后累增为"嘴"。闻一多(1899—1946)说:"角孳乳为觜,后世用为鸟觜专字。"闻说是。《说文解字·角部》:"觜,鸱旧头上角觜也。一曰觜,觿也。从角,此声。"段玉裁(1735—1815)注:"角觜,萑下云'毛角'是也。毛角,头上毛有似角者也。觜犹柴,锐词也。毛角锐,凡羽族之味锐,故鸟味曰觜。俗语因之,凡口皆曰觜。"徐灏云:"觜之本义为角之锐者,因之为毛角之称,又为鸟味也。凡物隅而锐者谓之觜觿。"《文选·潘岳〈射雉赋〉》:"裂膆破觜。"注:"觜,喙也。"《集韵》:"嘴,本作觜。"按:"嘴"是后起的累增字②。

至此,我们基本上可以推断:《春秋·成公七年》所说"鼷鼠食郊牛角""鼷鼠又食其角",即鼷鼠食郊牛嘴边之皮肤以至溃烂成疮,故不可用而改卜之,与宣公三年"郊牛之口伤,改卜牛"同义。因"角"字后世弃用口、嘴之义,故先儒皆误以为兽角之"角"也。

由此,我们可以反观《春秋·宣公三年》所说"郊牛之口伤,改卜牛。牛死,乃不郊"。经文虽未明言"牛口"为何物所伤,"改卜"之"牛"又因何而死,但结合《春秋》成公七年、定公十五年、哀公元年"鼷鼠食郊牛角""鼷鼠食郊牛"之例,似可推测:此处之"牛口"亦当为鼷鼠所伤,而"改卜"之牛亦被鼷鼠啃噬而死。

类似《春秋》所记"鼷鼠食郊牛"之事,亦有见于后世典籍者。比如,宋人洪迈(1123—1202)《夷坚志》戊卷七"鼷鼠蚁虎"条即记录了一件亲眼所见之事:

---

① 闻一多:《古典新义》,商务印书馆,2011年,第70—72页。
② 王力:《同源字典》,中华书局,2014年,第112—113页。

鼷鼠为郊牛孽,书于《春秋》。后来书传,鲜或纪载。而十年以来,吾乡忽有之。姓(侄)孙份家,一黄牯在栏,不食水草,但定立不动。往视之,皮肉多剜缺成窍。见两鼠与常异,其形绝小,腾跃左右,距牛被啮嚼,驱之不去,搏之不得。乃徙于他处,鼠复来。凡三徙避之,皆不免,竟死。两角已穿空,肉亦垂尽,仅存躯干尔。方牛遭害时,似不觉痛,唯极痒。

经由上文的综合论证,笔者以为:我们的"新解"是站得住脚的。

余 论

古中国有"七科"之学、"四部"之学,而不管是"七科"之学抑或"四部"之学,"经"和"经学"都是榜上有名,而且都是位居榜首;因此,古中国有浓郁的"尊经意识"、强烈的"尊经思想",而行文与行事则必须"征圣""宗经"。诚如南朝梁刘勰(约465—约532)所说,"三极彝训,其书曰经。经也者,恒久之至道,不刊之鸿教也"(《文心雕龙·宗经》),"圣哲彝训曰经,述经叙理曰论"(《文心雕龙·论说》),"是以论文必征于圣,窥圣必宗于经"(《文心雕龙·征圣》)。

另一方面,古人也认识到:《春秋》虽然为"经",但实则出自"史";《春秋》虽然由"经"而"史",但不能掩盖"经史有别"这一基本事实。诚如宋人刘敞(1019—1068)所说,"故《春秋》一也,鲁人记之,则为史;仲尼修之,则为经。经出于史,而史非经也。史可以为经,而经非史也。譬如攻石取玉,玉之产于石,必也,而石不可谓之玉;披沙取金,金之产于沙,必也,而沙不可谓之金。鲁国之史,贤人之记,沙之与石也;《春秋》之法,仲尼之笔,金之与玉也。金玉必待拣择追琢而后见,《春秋》亦待笔削改易而后成也。谓《春秋》之文皆旧史所记,无用仲尼者,是谓金玉不待拣择追琢而得,非其类矣"①。

清代中期以后,章学诚(1738—1801)提出"六经皆史"说,认为"古人未尝离事而言理,《六经》皆先王之政典也"(《文史通义·易教上》)。打破"尊孔""尊经"的独断论迷雾,有助于学人心平气和地阅读、客观公正地解读"经书"。通过本文的"个案分析"(case analysis),在很大程度昭示乾嘉学派古典学研究路数的可靠性与可取性。

王引之(1766—1834)说:"……至于经典古字声近而通,则有不限于无字之假借者,往往本字见存而古本则不用本字,而用同声之字,学者改本字读之,则怡然理顺;依借字解之,则以文害辞。"(《经义述闻》卷三十《通说下》"经文假借"条)这是广大学人耳熟能详的话语,也是诸多学者恪守的信条。

而张之洞(1837—1909)由小学入经学、由经学入史学的古训,依然萦绕耳际:

由小学入经学者,其经学可信;由经学入史学者,其史学可信;由经

---

① [宋]刘敞:《春秋权衡》卷四,文渊阁四库全书本。

学、史学入理学者，其理学可信；以经学、史学兼词章者，其词章有用；以经学、史学兼经济者，其经济成就远大①。

不通小学，其解经皆燕说也；不通经学，其读史不能读表志也；不通经史，其词章之训诂多不安，事实多不审，虽富于词，必俭于理。故凡为士，必知经学、小学。……要其终也，归于有用。天下人材出于学，学不得不先求诸经。②

今年，正好是史学大师陈寅恪（1890—1969）逝世50周年。在此，本文谨以陈寅恪关于文字训诂、微言大义的教导结束小文。陈寅恪的清华同事、语言学家赵元任（1892—1982）在回忆文章中写道③：

第二年到了清华，四个研究教授当中除了梁任公注意政治方面一点，其他王静安、寅恪跟我都喜欢搞音韵训诂之类问题。寅恪总说你不把基本的材料弄清楚了，就急着要论微言大义，所得的结论还是不可靠的。

陈寅恪的这一席话，可谓语重心长！

---

① ［清］张之洞著，范希曾补正：《书目答问补正》附二《国朝著述诸家姓名略总目》，上海古籍出版社，2001年，第258页。说明：所引文字系笔者重新标点。
② ［清］张之洞：《四川省城尊经书院记》，转引自胡昭曦《四川书院史》，四川大学出版社，2006年，第354页。
③ 杨步伟、赵元任：《忆寅恪》，《清华校友通讯》（台北），新32期，1970年4月。转引自蒋天枢《陈寅恪先生编年事辑》（增订本），上海古籍出版社，1997年，第62页。

说"东方物所始生，西方物之成熟"

沈长云（河北师范大学历史文化学院）

"东方物所始生，西方物之成熟"，语出《史记·六国年表》，乃是司马迁针对秦人兴起而发的感慨。其前后还有不少相关语句，录之于后：

> 秦始小国僻远，诸夏宾之，比于戎翟，至献公之后常雄诸侯。论秦之德义不如鲁卫之暴戾者，量秦之兵不如三晋之强也，然卒并天下，非必险固便形执利也，盖若天所助焉。

> 或曰"东方物所始生，西方物之成熟"。夫作事者必于东南，收功实者常于西北。故禹兴于西羌，汤起于亳，周之王也以丰镐伐殷，秦之帝用雍州兴，汉之兴自蜀汉。

司马迁对于秦人何以能兼并天下想不明白。他说秦人既不讲德义，兵力亦不如三晋，也非必是因为它占有了险固的地利形势，然而却"卒并天下"，这只能归结于天命，是天帮助秦人得到了天下。既而他又想起了神秘的五行说，说根据五行理论，东方乃是万物始生之地，西方则是万物成熟之地，所以许多事情的发起必定是在东南，而最终收到功效的地方却在西北。譬如历史上的夏、商、周、秦、汉几个王朝的基业全都是在西方打下的。

五行说在总体上可以归结为历史循环论一类唯心主义杂说。司马迁谓东方物所始生，大约是他想到了东方于五行属木，因而可以与四时中的春季相配，而春季正是万物始生的季节；谓西方物之成熟，也是想到西方于五行属金，可以与四时中的秋天相配，而秋天正是万物收获的季节。此说法应当是一种主观唯心主义的附会之辞，没有任何科学依据。尽管如此，"东方物之始生，西方物所成熟"这两句话还是给人以许多联想。

一、说"东方物之始生"

从某种意义上说，东方确实可以称得上是物所始生之地，因为我们许多文物的发明创造确实是在东方。何以如此？乃是因为东方具有相对于西方来说优越得多的自然地理环境和气候条件，能够吸引更多的人前来居住，从事开发，并从事各种经济文化事业，所以它的物质文化与精神文化的创造力总的来说要大大高于西方。就目前考古发现的我国与文明产生有关的众多发明创造而言，它们多数确实是首先出现在东方。如我国农业的发明（粟、稻的种植）、陶器的发明（江西万年仙人洞）、家畜饲养业的出现（河北磁山鸡犬豕的饲养）、纺织与缫丝养蚕技术（浙江余姚河姆渡、湖州钱山漾）、木结构房屋的建造（河姆渡）、夯土墙的建造（河南汤阴白营、郑州西山）、水井的发明（河南驻马店谢老庄、河姆渡），等等。精神文化方面，我国最早的乐器出现在东方（河南舞阳贾湖骨笛），玉器的制作也首在东方（内蒙古兴隆洼、浙江良渚），尤其最重要的文字的发明和使用，有资料证明同样是在东方（山东大汶口文字、江苏吴县澄湖陶文等）。

由此，我想到，我国的制度文明，亦即最早的国家，也应产生在东方。因为国家制度乃是在高度的物质文明与精神文明的基础上产生的。在座学者大多了解，我个人长期坚持的一个基本主张，即我国历史上的第一王朝——夏朝便是在东方的古河济之间建立起来的。我以为，不仅文献所载夏的都邑及有关诸侯的地名皆在古河济之间（王国维说），也不仅禹治洪水的地域在古河济一带（徐旭生说），即今考古发现也可证明夏兴起在这一带（袁广阔发掘）。这几个方面互为补充论证，组成了一个证据链，使我们无论在理论上，还是在具体史实上，都可以对夏代国家在古河济之间的产生做出比较好的阐释。

夏代之后的商朝，其实也是建立在东方的。春秋时的叔夷钟铭对此说得很清楚。叔夷是宋人，他称自己的祖先，也就是商汤"删伐夏司（祀）"，"处禹之堵（土）"，是商代国家的地域基本与夏重合。过去王国维说我国虞夏商皆起源于东方，唯周人起源于西方，我认为是完全正确的。此亦证明东方物所始生的道理。

二、说"西方物之成熟"

以下，再谈谈所谓"西方物之成熟"的问题。这其实是司马迁谈论的重点。不过他并不是一般泛泛地谈论西方物之成熟的道理，而是将它纳入古代政治组织的建立这个话题之下，把"物之成熟"与在政治上获取成功（即所谓"收功实"）挂上钩来，说历史上几个在政治上取得成功的典型全都在西北，包括"禹兴于西羌，汤起于亳，周之王也以丰镐伐殷，秦之帝用雍州兴，汉之兴自蜀汉"，等等。

然而他所举的这几个"收功实者在西北"的例子却并非都是事实。如称"禹兴于西羌"，便不可信（此当是抄自汉初陆贾《新语·术事》篇"文王生于东夷，大禹出于西羌"一语，其说明显有误）。称"汤起于亳"亦有问题，汤所都西亳地在河南偃师，不得指为"京兆杜县"的"亳亭"（《集解》引徐广说）。然则司马迁所说并不完全可信，所谓"西方物之成熟"还有什么意义吗？

有的。如果我们对"成熟"二字的理解放得更开一点，将它理解为中国大一统政治制度的建立，那么，说"西方物之成熟"还是有几分道理的。虽然夏、商、周、秦、汉几个王朝不是全都在西方兴起的，但其中最重要的周、秦两个王朝的基业确实是在西方打下的，汉朝的建立也和西方有一定的关系。这几个王朝的建立对于中国的大一统局面的成立皆具有决定性的意义。从对整个中国上古历史发展进行总结这个意义上讲，它们确也称得上是"收功实者"。

先讲周朝。上面我们已经提到王国维在《殷周制度论》中所讲的那句著名的论断："自五帝以来，虞夏商皆居东土，周独起于西方。"虞、夏、商与周的区别，其实并不仅仅是一个居住地域各在东西的问题。虞不得称之为一个朝代，这里且不去管它。就夏、商两个朝代而言，无论是其规模还是各项制度，其实是根本没法与西周王朝相比拟的。首先，夏、商两朝的规模就难以与西周王朝相提并论。夏地处古河济之间，实际也就占有古九州的一州之地（兖州）。商控制的地域比夏也大不了多少，这从"商都屡迁，前八后五"，所迁之处均在距黄河两岸不远的冀、豫、鲁三省交界一带，便可以得知。只是到了周朝，周人才以其崛起于陕北黄土高原之资质，率领西土之人，东向而伐灭商朝，继之讨伐东土诸夷，南向则征服江汉一带诸苗蛮，东南直将势力伸展到江南太湖流域（建立吴国），北边直达燕山脚下（建立燕国）。如詹桓伯所言："我自夏以后稷、魏、骀、芮、岐、毕，吾西土也。及武王克商，蒲姑、商奄，吾东土也；巴、濮、楚、邓，吾南土也；肃慎、燕、亳，吾北土也。"是周人所建国家已基本囊括九州，实现了华夏的一统天下。这还不算周人在制度上与思想文化上对华夏一统的贡献。司马迁称周人为在西北的"收功实者"，是并不为过的。

秦人是在周人大一统之后的再次统一。众所周知，西周灭亡后，其所分封的诸侯便各自为政，天下出现分裂，历经春秋与战国，赖秦人再次以所据雍州之地，席卷天下，统一六国。而秦人所建之统一国家，更不同于西周朝的统一，乃是在消除封建基础上的统一，不仅实现了专制主义中央集权的郡县制，而且实现了对所有居民按编户进行的严格控制。此制度转瞬即为汉王刘邦所建立的西汉王朝所继承，一直维持到今天。汉与西方也有一定的关系。

现在回到司马迁一开始提出的问题：何以周、秦两个起于西方的王朝能实现对天下的大一统？何以周人、秦人能够成为真正的收功实者？排除前贤所做出的各种解释，我认为最根本的一条，是他们都出自西北戎狄之族。历来西北戎狄族人对中原内地之民构成强势民族，此于先秦时期亦不例外。秦人号称秦戎，周人出自白狄，前者有书为证，后者则是我国先秦史专家徐中舒先生提出的著名论点。当然在下亦是此论点的鼓吹者。何以西北戎狄族人对中原内地之人屡屡构成强势？盖内地之民生在富贵之乡，安土重迁，善因循而较守旧；西北之民生在苦寒之地，多忍饥耐劳、坚韧不拔而富于侵掠，亦不惮迁徙以寻求更适合栖息发展之地。兼之西北广漠，可任由当地之民往来并结合成较大的共同体组织。我们看周人由陕北至周原而至丰镐，秦人由陇西至汧渭之会而至咸阳，正一步步地向东迁徙，也一步步地壮大着自己的势力。如果他们继续东向发展，东方之人是很难抵挡得住的。此为我一人之臆想，供大家批评讨论可也。

三、说世界上古史上的东方与西方

其实,不仅中国上古社会,就是世界上古史上的各个国族,也可以分作东、西两大区系,并且这两大区系的差别与联系,也可以用司马迁的"东方物所始生,西方物之成熟"来加以概括。

最早划分世界为东、西两大区系的是居住在地中海东岸的腓尼基人,这个从事海上贸易,足迹踏遍当时世界大部分地区(没有远东)的民族称自己所处在的地中海东岸及其以东地区为"亚细亚",意为太阳升起的地方;称爱琴海以西,包括古希腊、古罗马,为"欧罗巴",意为太阳落入之处。此概念旋为古希腊人所接受,《荷马史诗》便想象人类所居住的大陆四周环绕着一条大洋河。太阳每天从大洋河的东边升起,沉没于西方的河水中。他们对于东方的了解当然还十分有限,但已隐约感到东方具有很悠久的文明和历史,因为他们中不少人常因旅行或商贸到过东方一些地方。作为西方第一部史书《历史》的作者、号称古希腊"历史之父"的希罗多德就认为,东方民族具有比希腊更古老、更高的文明。

以后,"亚细亚"的内涵逐渐扩大,成为整个东方的代名词。古代东方,包括古代两河流域、地中海东岸、波斯、古代印度以及古代中国的各个古文明也渐次被更多的人所了解。地处非洲东北角的古埃及虽然处在地中海南岸,但由于它与地中海东岸连在一起,人们习惯上也把它视作东方的一部分(属近东)。这些地方文明产生的时间在总体上都要比古希腊早,可以说是人类历史上最早出现的一批文明古国。其中最为国人所称道的所谓"四大文明古国",便是指其中的古代两河流域、古代埃及、古代印度和古代中国这四个地方的文明古国。这个提法现在有些争议,其实,从它们分别作为古代西亚、北非、印度、东亚地区最早的原生文明,又都生长在古代大河流域的特殊地理位置看,这个命题还是比较科学的。

包括"四大文明古国"在内的古代东方各国为世界文明做出了巨大的贡献,如文字、字母的发明,金属器(包括青铜、铁器)的使用,工艺及建筑技术,宗教、哲学和艺术的成就,数学(例如十进位制)与几何学知识,天文历法知识(十二星辰、太阴历、星期),等等,都是人类文明史上的重要发明创造。不过最重要的文明表现,我认为还是东方涌现出来的一系列早期政治组织。按照"国家是文明的集中表现"这一马克思主义原理,东方确实是文明最早产生的地方。太阳从东方升起,正象征着文明最早在东方的产生。所有这些,都非常生动地诠释了"东方物所始生"的道理。

作为整个西方文化发源地的古希腊、古罗马,应是世界文明发展史上的又一个高峰。把古希腊、古罗马的文明成就归结为"西方物之成熟",亦大致符合情理。首先,古希腊的文明成就的取得,很大程度上就是它汲取了古代西亚(尤其是两河流域)和古埃及文明精华的结果。即如古希腊文化最早的发源地——古代米诺斯文明

（可早到公元前2500年），也公认是在古代西亚和古埃及文化的影响下发展起来的。有学者甚至称它是"苏美尔人的卫星国"（威廉·麦克高希）。当然，我们并不能据此认为古希腊文明只是古代东方文化的简单摹集。实际上，古希腊罗马文明乃是在东方文化基础上发展而来的世界文明史上下一个阶段更高水平的文明的结晶。古希腊文化在科技、建筑、数学、医学、哲学、文学、艺术等方面所取得的成就，是前一个阶段任何东方古国都不可比拟的。尤其在制度文明方面，他们创立并为之实践的民主政治制度，包括公民权利、直接民主、权力制衡等有关内容或思想主张，都深深影响了整个西方的社会历史。继希腊社会之后的古罗马同样在制度文明方面为人类做出了贡献，著名的罗马法至今仍是西方法律制度的基石。至于古希腊罗马文化在当时的势力范围，想必了解亚历山大大帝东征及罗马帝国扩张之事的人们对之也都有些基本的估计，这也是古代社会任何一种势力范围未曾企及的。如今，搞社会形态研究的学者将整个世界上古史皆归为奴隶制社会的范畴，但称古代东方为早期奴隶制或不发达的奴隶制社会，称古希腊罗马为发达的奴隶制或成熟的奴隶制社会。所有这些，也都可以作为"东方物所始生，西方物之成熟"的注脚。

由清华简《封许之命》释春秋金文的
"天命""大命"

苏　辉（中国社会科学院历史研究所）

摘　要：秦公簋等器铭有称"天命"者，原先学者多认为是秦人僭越的表现。其实"天"应该按照《尔雅·释诂》训解为"君"，"天命"就是"君命"，指的是周天子对秦的锡命，即襄公被平王封为诸侯之事，从有关器铭也无法得出秦国僭越的结论。通过与《诗经·大雅·韩奕》、晋公蠆铭文等的联系，可知这些文献中的"大命"，含义等同于秦器铭中的"君命"，也指的是始封君立侯建国的锡命，器铭中引述的多为锡命册文上的语句，这一点从清华简的《封许之命》也可得到印证。这些器铭中追述先祖功业的内容，尤其是对于"君命""大命"的推重，表现出铸器君主的一种政治期许，同时也和当时各国势力发展息息相关。

关键词：天命；君命；始封君；锡命

在古籍和金文材料中，常常见到周文王和武王"受天命"，这是周人对于祖宗能够取代殷商的一种政治合法性论述，所以主要讲的都是周王受命。其实，除此之外还有诸侯的受命，《清华大学藏战国竹简（伍）》收录一篇《䛑（封）鄦（许）之命》[①]，是周成王时封吕丁为许侯时的册命文书，本有九支简，第一简和第四简佚失，其文也有提到"大命"：

……雩（越）才（在）天下，古（故）天蘁（劝）之乍〈亡〉斁，向（尚）厝（纯）叀（厥）惪（德），雁（膺）受大命，眈（允）尹三（四）方。则隹（惟）女（汝）吕丁，肇佑玟（文王），詘（悊）光叀（厥）剌（烈），□司明型（刑），鼇叀（厥）猷，祇事上帝，□□□□（桓桓）不苟，严将天命。亦隹（惟）女（汝）吕丁，捍辅珷（武王），攼敦殷受，咸成商邑。……，命女（汝）侯于鄦（许）。女隹（惟）臧耆尔猷，虔血（恤）王家。柬朕（乂）三（四）方不□□（格），以堇（勤）余一人。

---

① 清华大学出土文献研究与保护中心编、李学勤主编：《清华大学藏战国竹简（伍）》，中西书局，2015年，第118页。

简文是从先祖谈起,与金文的记载相互印证,从礼制上讲符合"锡命必祖"的原则①。在册命吕丁为侯的文书中谈到"天命"和"大命",自然都是些格式套语,不仅常见于西周金文,在春秋时代的金文中也有出现,显然金文中的相关语句都是从册命文书中摘录,正如《礼记·祭统》所云:

> 夫鼎有铭,铭者,自名也。自名以称扬其先祖之美,而明著之后世者也。为先祖者,莫不有美焉,莫不有恶焉,铭之义,称美而不称恶,此孝子孝孙之心也。唯贤者能之。铭者,论譔其先祖之有德善、功烈、勋劳、庆赏、声名,列于天下,而酌之祭器;自成其名焉,以祀其先祖者也。显扬先祖,所以崇孝也。身比焉,顺也。明示后世,教也。夫铭者,壹称而上下皆得焉耳矣。是故君子之观于铭也,既美其所称,又美其所为。

都是为了称扬先祖的功烈,显示作器者要不忘前人事业,赓续荣光之意。剖析其中的内涵,对于理解相关历史背景不无益处。

值得注意的是,秦器铭中有好几件讲到"天命",详见下文所列:

(1) 1978年宝鸡太公庙出土秦公钟一(图一)、二和秦公镈铭:

> 秦公曰:'我先祖受天命,赏宅受国。剌剌昭文公、静公、宪公不坠于上,卲合皇天,以虩事蛮方……秦公其畯龏在位,膺受大命。

(2) 1919年天水西南乡出土秦公簋铭(图二):

> 秦公曰:丕显朕皇祖受天命,鼏宅禹迹,十又二公,在帝之坏,严龏夤天命,保乂厥秦,虩事蛮夏。余虽小子,穆穆帅秉明德,剌剌桓桓,万民是敕。

> 咸畜胤士,趫趫文武,镇静不廷,虔敬朕祀。乍喌宗彝,以卲皇祖,其严征各,以受纯鲁多釐,眉寿无疆,畯疐在天,高引有庆,肇囿四方。宜。

图一

图二

(3) 宋代出土的盄和钟铭(图三,部分摹本):

---

① 齐思和:《周代锡命礼考》,《燕京学报》第三十二期,1947年。

秦公曰：丕显朕皇祖受天命，鼐宅禹迹，十又二公，不坠在上，严龏
夤天命，保乂厥秦，虩事蛮夏。……

(4) 陕西省考古研究院藏石磬残铭（图四）：

恪天命，曰：肇勇蛮夏，极事于秦。即服。①

图三　　　　　　　　图四

对"十又二公"的理解各家也分歧明显，至今没有取得共识，但此点与年代直接关联，且秦公各器之年代学者讨论已久，未能统一。因此对于秦公簋、盉和钟等器的器主就有种种的意见，不过大体都限在春秋时期。

郭沫若先生已指出："铭文格调词句与晋邦相同。"② 他在《两周金文辞大系》中谓："余今得一坚确之证，知作器者实是秦景公，盖器与齐之叔夷镈，花纹形制，如出一范，叔夷镈作于齐灵公中，秦景公于灵公六年即位，年代正相同，知所谓十又二公实自襄公始。"伍士谦先生《秦公钟考释》认为：

> 簋铭云："受天命靡宅禹盛。"盉和钟铭云："受天命蠠有下国。"秦公钟铭云："受天命赏宅受国。"意义皆相同，即受周天子之命获得封地。正如黄伯思所谓"虽曰附庸，盖亦国也"。③

陈昭容先生通过铜器铭文及文献资料论证"受天命"特指始封之君，所谓"天命"一词通常指国祚、帝位而言，故秦金文中"受天命"的对象都是秦开国国君襄公④。伍、陈两位先生对于秦金文中"受天命"的解释非常合理，足以解惑。

目前看铜器铭文中说诸侯一级"受命"的还有梁带村所出西周晚期的毕伯鼎（图五），铭文中有"丕显皇祖受命毕公"（图六），以及晋公盠（图七）：

---

① 王辉、程学华：《秦文字集证》，艺文出版社，1999 年，第 94 页，图版 63、64。
② 郭沫若：《秦公簋韵读》，载《两周金文辞大系》，上海书店出版社，1999 年。
③ 伍士谦：《秦公钟考释》，《四川大学学报》（哲学社会科学版）1980 年第 2 期。
④ 陈昭容：《秦系文字研究：从汉字史的角度考察》，历史语言研究所，2003 年，第 180 页。

佳（唯）王正月初吉丁亥，晋公曰："我皇且（祖）鄾（唐）公，□受大命，左右武王，□□百蛮，广司四方，至于大廷。莫不来［王］。［王］命唐公，宀宅京师，□□［晋］邦。"（图八）

再联系秦公钟（镈）铭文：

"我先祖受天命，赏宅受国"，"秦公其畯龢才（在）立（位），膺受大令（命）。"

图五　　　　　　　　　　　图六

图七　　　　　　　　　　　图八

三者共同之处在于都是始封君受（大）命。这些先祖（始封君）所受之命应即命服之命，大者，王命之故。因此，从晋公䥽器铭也看不出特别违反礼制之处，秦器的"天命"其实也是讲先祖受赏得以起家。

当然也有学者以为铭文中的受天命是秦僭越之证。张政烺先生以为"末世诸侯之僭妄也"[1]，臧知非先生力主之，并联系《史记·封禅书》以及《六国年表》的评

---

[1] 张政烺著，朱凤瀚等整理：《张政烺批注〈两周金文辞大系考释〉》（下册），中华书局，2011年，第124页。

论，作为印证①。

笔者认为，秦铜器铭文的称天命却并非僭越，两者不可一概而论。秦器中的"天命"之"天"并非一般理解的上天，而是训为"君"，《尔雅·释诂》："林、烝、天、帝、皇、王、后、辟、公、侯，君也。"郝懿行《义疏》："天与帝亦训为君者，天、帝俱尊大之极称，故臣以目君焉。《易·说卦》云：'干为天，为君。'《左氏·宣四年传》云：'君，天也。'《鹖冠子·道端篇》云：'君者，天也。'是皆以君为天之证。古者称君，或言昊天，或言天王，或言天子，其名异，其实同也。"春秋时期天子又称天王，也是同理。君又可释为大，故"天命"即天子之命，也就是君命，所以亦可称大命。明白了天的所指，秦公诸器铭文的内涵也就随之而涣然冰释了，所言均是其先祖承天子之赐命，得到赏宅立国，非但不是僭越，反倒是以王命为尊宠，字里行间的推崇之意不言而喻。晋公器铭与毕伯鼎的表述，也当作如此观。

文献中可以举出类似的语句。《诗经·大雅·韩奕》："奕奕梁山，维禹甸之。有倬其道，韩侯受命。"毛传："受命，受命为侯伯也。"《韩奕》下文有："以先祖受命，因时百蛮。"孔疏："僖二十四年《左传》曰：'邗、晋、应、韩，武之穆也。'是韩侯之先祖，武王之子也。以言先祖受命，故本之始封之君。言初为韩君者，受此侯伯之命也。"《唐风·无衣》孔疏："诸侯者，天子之所建，不受命于天子则不成为君，故不得衣则不安也。必请衣者，文元年，天王使毛伯来锡公命，《公羊传》曰：'锡者何？赐也。命者何？加我服也。'是王命诸侯，必皆以衣赐之，故请衣也。案《大宗伯》云：'王命诸侯则傧。'庄元年《穀梁传》云：'礼有受命，无来锡命。锡命，非正也。'然则诸侯当往就天子受命，此在国请之者，天子赐诸侯之命，其礼亡。案春秋之世，鲁文公、成公、晋惠公、齐灵公皆是天子遣使赐命，《左传》不讥之。则王赐诸侯之命，有召而赐之者，有遣使赐之者。《穀梁》之言，非礼意也。"《韩奕》中"受命"的对象同样是韩侯的先祖，这是与上述几件器铭的相同之处。因此，他们受命的内涵也是可以互证的，就指所受天子锡命，受土封为诸侯。秦器铭之"虩事蛮夏"、晋公的"□□百蛮"、《韩奕》"因时百蛮"，属于相似的内容，应该是命书中的一项要求，或是格式语句，意思也相近。通过与《诗经·大雅·韩奕》、晋公蠚铭文等的联系，可知这些文献中的"大命"，含义等同于秦器铭中的"君命"，也指的是始封君立侯建国的锡命。器铭中引述的多为锡命册文上的语句，不过是记功自励，秦公诸器上这些内容，同样属于周人册命秦君的文字，与史墙盘的内容也被器主的后代在金文中反复引用是同一个道理。

锡命的具体仪式、内容见于《左传·定公四年》，所记鲁、卫、唐、蔡封国时的

---

① 臧知非：《秦人的"受命"意识与秦国的发展——秦公钟铭文探微》，《秦文化论丛》（第八辑），陕西人民出版社，2001年。

命项和赐品，叙述尤详：

> 分鲁公以大路、大旂，夏后氏之璜，封父之繁弱，殷民六族，条氏、徐氏、萧氏、索氏、长勺氏、尾勺氏，使帅其宗氏，辑其分族，将其类丑，以法则周公，用即命于周。是使之职事于鲁，以昭周公之明德。分之土田陪敦、祝、宗、卜、史，备物、典策，官司、彝器；因商奄之民，命以伯禽，而封于少皞之虚。
>
> 分康叔以大路、少帛、綪茷、旃旌、大吕，殷民七族，陶氏、施氏、繁氏、锜氏、樊氏、饥氏、终葵氏；封畛土略，自武父以南，及圃田之北竟，取于有阎之土，以共王职。取于相土之东都，以会王之东蒐。聃季授土，陶叔授民，命以《康诰》，而封于殷虚，皆启以商政，疆以周索。
>
> 分唐叔以大路、密须之鼓、阙巩、沽洗，怀姓九宗，职官五正。命以《唐诰》，而封于夏虚，启以夏政，疆以戎索。
>
> 三者皆叔也，而有令德，故昭之以分物。……（蔡叔）其子蔡仲，改行帅德，周公举之，以为己卿士，见诸王，而命之以蔡。其命书云："王曰：胡！无若尔考之违王命也！"

以上所引可与《周礼·春官·大宗伯》的记载正相印证，"以九仪之命正邦国之位：一命受职，再命受服，三命受位，四命受器，五命赐则，六命赐官，七命赐国，八命作牧，九命作伯"，为之作了最贴切的注脚。《春官·司几筵》"凡封国、命诸侯"，均指同一件事。《典命》也记：

> 掌诸侯之五仪、诸臣之五等之命。上公九命为伯，其国家、宫室、车旗、衣服、礼仪，皆以九为节。侯伯七命，其国家、宫室、车旗、衣服、礼仪皆以七为节。子男五命，其国家、宫室、车旗、衣服、礼仪皆以五为节。王之三公八命，其卿六命，其大夫四命；及其出封，皆加一等，其国家、宫室、车旗、衣服、礼仪亦如之。凡诸侯之適子，誓于天子，摄其君，则下其君之礼一等；未誓，则以皮帛继子男。公之孤四命，以皮帛视小国之君，其卿三命，其大夫再命，其士壹命，其宫室、车旗、衣服、礼仪各视其命之数；侯伯之卿、大夫、士亦如之。子男之卿再命，其大夫壹命，其士不命，其宫室、车旗、衣服、礼仪各视其命之数。

所述更是详备。高青引簋即齐卿受命于周天子以领齐师①，可知周代受命之礼，自中等国之上卿以达于诸侯，无不从之。

齐国叔夷钟虽不是诸侯的祭器，但一样历数先祖的功业：

> 尸（夷）曰（典）其先旧及其高昇（祖）。余（虩）余（虩）成唐（汤）。又（有）敢（严）才（在）帝所。尃（专）受天命。剗伐頿

---

① 李学勤：《高青陈庄引簋及其历史背景》，《文史哲》2011年第3期。

（夏）后。毁氒麤（灵）䰒（师）。伊少（小）臣隹（唯）楠（辅）。咸有九州。虎堣之堵（土）。

周生春、孔祥来《田齐"高祖黄帝"考辨》分析了陈侯因齐敦铭文，认为铭中出现"高祖黄帝"的原因是春秋时期随着诸侯争霸的发展，诸侯大国出现了王天下的政治要求，为了实现王天下的战略，齐国用"高祖黄帝"之名争取政治优势①。

春秋金文提及受命的还有淅川下寺所出楚国的"新命楚王"戈，淅川下寺楚墓的主人是䣂子倗，叔夷是齐灵公时人，均到了春秋晚期前段②。戈铭为："新命楚王，雁（膺）受天命，倗用燮不廷"，这个"天命"才是僭越，因为楚王并非周天子所命，故与秦公器铭所指迥异，其中隐含的是楚国问鼎的野心。

上引秦公诸器、晋公盨、齐叔夷钟，好引述先祖受命之事以自励，再加上有僭越之嫌的新命楚王戈，可见当时的风气如此。晋公盨是晋平公为嫁女于楚国所作铜器③，事见于《左传·昭公四年》，之间的过程颇有些起伏，晋楚双方都在暗地较劲，但最终为了各自的利益都做了一定的妥协。铭文开头就直陈先祖功业，后面一段则表明自己的政治抱负："公曰：余唯（虽）今小子，敢帅井（型）先王，秉德秩秩，固燮万邦，□莫不曰顿□。余咸畜胤（俊）士，作□左右，保辪（乂）王国。"晋国此时虽已在衰落阶段，但平公并没有忘记重振晋国霸业，通过讲述先祖的荣光，如受命征讨四方等事迹，他自己也希望能"固燮万邦"。

下面从当时背景来讨论一下，东周时期国家形态逐渐发生转换，投射到国家之间的关系上，影响最直接的是政治格局的蓝图。春秋并国无数，从原来的二百多个国最后剩下十几个，对于后期的政治版图来说显得更加明晰。周王室卑微，已无力干涉诸国事物，能否保有自身都很成问题，且内部也是争权夺利，更进一步加剧了衰弱的趋势。外部各个大国不时还插手，使形势更趋复杂，晁福林先生认为东西周分治有赵、韩背后推手的影子④。与王室日渐陈暮的情形成对比的是，诸侯国争强图霸，通过国内的一系列革新，竞相加强军备，积极扩大实力，并不断在舆论上进行造势，从金文中也可见一端倪。《国语·郑语》记郑国君臣对于西周败亡之后的国家形势进行讨论，着重提到四个诸侯：

"蛮芈蛮矣，唯荆实有昭德，若周衰，其必兴矣。姜、嬴、荆、芈，实与诸姬代相干也。"……公曰："若周衰，诸姬其孰兴？"对曰："臣闻之，武实昭文之功，文之祚尽，武其嗣乎！武王之子，应、韩不在，其在晋乎！距险而邻于小，若加之以德，可以大启。"公曰："姜、嬴其孰兴？"对曰：

---

① 周生春、孔祥来：《田齐"高祖黄帝"考辨》，《浙江社会科学》2012 年第 12 期。
② 邹芙都：《楚系铭文综合研究》，巴蜀书社，2007 年，第 85—87 页。
③ 李学勤：《晋公盨的几个问题》，《出土文献研究》，文物出版社，1985 年。
④ 晁福林：《论平王东迁》，《历史研究》1991 年第 6 期。

"夫国大而有德者近兴，秦仲、齐侯，姜、嬴之隽也，且大，其将兴乎？"

秦、晋、楚、齐四国，乃郑武公与史伯所论有潜力的诸侯，皆好论"天命""大命"，虽为弘扬始封君之荣光，亦有傲然自处、隐然自得之意。不仅《国语·郑语》有这样的预言，还可参照《左传》论霸的事实，正相印证。

查《左传》可知，时人明确以霸相许的共有四人："齐桓、晋文、晋襄、秦穆。"如庄公十五年说齐桓，"始霸也"；僖公二十七年说晋文，"取威定霸""一战而霸"；昭公三年追述晋文、晋襄说，"昔文、襄之霸也"；文公三年说秦穆，"遂霸西戎"。如果再加上实际称霸的楚庄王，恰好涵盖晋、齐、楚、秦，可见，这四人都应属"五霸"之列无疑。《左传·僖公九年》："王使宰孔赐齐侯胙，曰：'天子有事于文、武，使孔赐伯舅胙。'"此在齐桓之时。杜注："尊之比二王后。"胙肉本只分给同姓，还有二王之后。以胙肉赐齐、秦，皆以其强大，足以令诸侯。《国语·郑语》提到"幽王八年而桓公为司徒，九年而王室始骚，十一年而毙。及平王之末，而秦、晋、齐、楚代兴，秦景、襄于是乎取周土，晋文侯于是乎定天子，齐庄、僖于是乎小伯，楚蚡冒于是乎始启濮"，四国金文中所透露出的心志可与之对照，以显示实力与强大的必然，同时也是对本国在未来政治格局的一种期许，从客观上讲是奠定了战国时期诸雄并峙的局面，不再有高高在上的天下共主，而是政治中心分化的势态，带来了多元化的风气与思潮。

古周原与大东嵎

——从扶风岐山发现㠱国铭文谈起

孙敬明（潍坊市博物馆） **李宝垒**（潍坊市文物局）

摘 要：㠱国历史久远，最早见于殷商甲骨文。传世商周青铜器之铭文铸"㠱"者数量较多，而新中国成立以来有明确出土地点者如河南、陕西、辽宁、河北、北京、山东等地。这些铜器大都是某历史时期㠱国生存迁徙交往活动的珍贵记录。近年陕西岐山发掘出土了与㠱国密切相关之青铜器，正可比对诠释山东半岛地区历年所见㠱、莱、纪、过、单、芮与周原王室及贵族密切交往之关系。

关键词：古周原；大东嵎；㠱国

首先，本文所谓"古周原"是指位于函谷关之西，以西周京畿为核心的一个大的文化区域范畴，而"大东嵎"则如《诗经·鲁颂·闷宫》云："奄有龟蒙，遂荒大东。"龟山、蒙山在今鲁南，而所谓"大东"则指今海岱区域；《左传·昭公九年》曰："我自夏以后稷、魏、骀、芮、岐、毕，吾西土也。及武王克商，蒲姑、商奄，吾东土也。巴、濮、楚、邓吾南土也。肃慎、燕、亳，吾北土也。"陈梦家称："《逸周书·大匡篇》'管叔自作殷之监，东嵎之侯咸受赐于王'。东嵎之侯当指嵎夷等。《尧典》曰'宅堣夷曰旸谷'，《传》云'东表之地称嵎夷'，《释文》引马云'嵎、海嵎也，夷、莱夷也'。《说文》'嵎夷在冀州旸谷'，《玉篇》'嵎夷，日所出'。海嵎在极东海角，传说为日出之地，是在成山。《史记·封禅书》述齐之八神，'七曰日主，祠成山，成山斗入海，最居齐东北隅'，《集解》引韦昭曰'成山在东莱不夜，斗入海'，今之成山头。自成山而西至黄县，是古莱夷莱国所在，今黄县东南二十里有莱子城。《史记·齐世家》说'营丘边莱，莱人夷也，会纣之乱而周初定，未能集远方，是以与太公争国'。此莱是东夷，而前述之旅鼎记伐反夷而器出于黄县莱阴，是周初伐反夷曾至于黄县，事平之后乃有周族封于该地，因有属于周初铜器的随葬物。"①

登莱海角文化发达，既是今日联通辽东、日、韩的陆津；亦是海东通往中原的必经之地。早在新石器时代此地与内陆文化交往即渐频繁，降之三代则更为密切。

---

① 陈梦家：《西周铜器断代》，中华书局，2004年，第21页。

仅以商周为例，清代以来此地即出土师𣪘簋、旅鼎、禹鼎、禹甗、莱伯鼎、启尊、启卣、包监鼎、芮公叔簋、单簋与陈、蔡、邓、齐、𣪘、纪国以及见于著录的过伯簋等铸铭青铜器。由此揭示出当地在商代、西周时期与中原王朝和诸侯国之间的关系，而春秋时期则与江汉淮海列国之间的频频交往为之主流。

𣪘国历史久远，最早见于殷商甲骨文①。传世商周青铜器之铭文铸"𣪘"者数量较多，而新中国成立以来有明确出土地点者，此前如河南、陕西、辽宁、河北、北京、山东等地②。这些铜器大都是某历史时期𣪘国生存迁徙交往活动的珍贵记录。而对𣪘国的历史研讨著述篇章，从清代以来约见数十种。而对某个历史时期𣪘国青铜器出土地，或者有关𣪘国活动区域、都邑地望之所在，则有河南、河北、北京、陕西、辽宁与山东诸说。我们三十年前亦曾对𣪘之历史试做探寻③。之后又结合新发现资料撰写发表多篇论文。洎今，殊可欣喜者在膴膴周原，沉沉王陵发现有关𣪘国青铜器铭文，故其意义非同一般。躬逢西北早期区域史学术研讨会暨中国先秦史学会第十一届年会之盛，拟就周原先秦时期与东方海嵎之间的文化交流以𣪘国为例稍作条疏，敬请赐正。

一、𣪘与周室

西周时期，载录𣪘国与周王室的青铜器铭文，以传世者为主，出土时间地点明确者极少。若出土地点明确，且有相应的器物组合，则其内涵信息自然丰富，彼此相关的器群、铭文、人物、时间、事件等，即可藉之作综合探讨。陈梦家早在半个多世纪前就曾指出："西周铜器的组合与联系。过去因没有正式发掘，对于铜器只是作为单个的存在的。最多只传说某器出于某地或某一个坑出了哪些器。这些传说的出土地和同出土物，对于断定铜器的年代和相互关系，也还有过不少的用处。今天研究这些铜器，还得尽力寻求这些线索。但除此以外，一些整坑开掘的和正式发掘的结果，是尤其重要的。"④

（一）扶风齐镇出土铜鼎

1971年陕西扶风齐镇村一号周墓出土铜鼎、铜鬲各一件，其中铜鼎铸有铭文曰："𣪘母尊彝。亚矣。"⑤（《海岱》430）时代为西周早期，与辽宁喀左出土的𣪘国青

---

① 孟世凯：《甲骨学辞典》，上海人民出版社，2009年，第539—540页。
② 孔华、杜勇：《𣪘国地望考辨》，《西周金文与西周史研究暨第十届中国先秦史学会年会论文集》，三秦出版社，2018年，第20页。
③ 孙敬明：《考古发现与𣪘史寻踪》，《东夷古国史研究》（第一辑），三秦出版社，1988年，第163—186页；后收入孙敬明《考古发现与齐史类征》，齐鲁书社，2006年，第418—429页。
④ 陈梦家：《西周铜器断代（一）》，《考古学报》1955年第1期。
⑤ 陈青荣、赵缊：《海岱古族古国吉金文集》，齐鲁书社，2010年，第403页。以下简称《海岱》与页码数字。

铜器时代相当。因同墓出土铜鬲无铭文，未能判明墓葬属于王室抑或诸侯，故附在此。说明早在西周早期，眞国就与周室或诸侯有交往。

（二）岐山贺家村出土铜器

2014 至 2015 年，周原考古队科学发掘陕西岐山贺家村 M11，出土青铜器 17 件，其中带铭文者 7 件，是出土铭文最多的墓葬之一。根据墓葬的形制及其随葬青铜器之铭文，发掘者认为墓主昔鸡属殷代举族，其入周王室担当小臣类似职责。"此墓是 1949 年以来周原遗址出土青铜容器最多的墓葬之一，是西周早中期之际规模最大、保存最完整、随葬品最丰富的墓葬。经初步清理，在多件铜器上发现铭文。铭文显示，墓主人昔鸡很可能来自殷代的举族。武王克商之后，其国族尚在，但部分支族可能被迁至周原地区，因此这座墓葬具有较浓郁的商文化风格。从墓葬规模和随葬器物看，昔鸡可能仅是士级贵族，但他却与周王朝的高级贵族交往。两件铜簋的铭文显示昔鸡曾受周王后的派遣去谒见韩侯的夫人，并受到韩侯的赏赐。铜卣和铜尊的铭文也表明昔鸡曾经受到眞侯（敬明案：铭文称'眞伯'）的赏赐。据此可知，昔鸡应是小臣一类的职官。"①

据网络发表的诸家论文并铭文图片，M11 出土的昔鸡簋两件，铭文相同，曰："王姻（后）呼昔鸡遣芳姞于韩，韩侯宾用贝、马，敢扬王休，用作尊彝。"即记载昔鸡受西周王后之派遣，远离王畿媵送芳姞于韩，得到韩侯的赏赐；还有昔鸡尊与卣铭文相同，曰"唯三月乙酉，眞伯赐昔鸡贝朋。对眞伯休，用作父丁尊彝"。记载昔鸡（到眞国公干）受到眞伯赏赐。

昔鸡为周王室小臣，"小臣"之职习见于殷周卜辞与金文，但职司与地位因时代而变化。小臣之职习见于殷周卜辞与金文，但职司与地位因时代而变化。学者指出："西周铭文中有不少小臣，这些小臣有的地位较高，有的地位则较低，也须要作具体的分析……在西周铭文中，小臣受到周王赏赐得到礼器、奴隶、贝的材料为数相当不少。这些小臣地位都不低……从金文资料看，小臣在西周早期和中期出现的次数较多。在西周几十条关于小臣的材料中，属于西周晚期的只有两三条……《周礼·夏官》序官讲'小臣上士四人'，小臣之职文讲：'小臣掌王之小命，诏相王之小法仪，掌三公及孤卿之复逆，正王之燕服位，王之燕出入则前驱，大祭祀朝觐，沃王盥，小祭祀宾客飨食宾射，掌士如大仆之法，掌士大夫之吊劳，凡大事佐大仆。'以上所记载的小臣的地位和职事，大多与西周铭文不合，只有'掌王之小命''掌三公及孤卿之复逆'等几句还有点相贯通的地方……其余则难以置信。"②

M11 的时代为西周早中期，而所随葬的簋、尊、卣的时代应该还早。当时王室中小臣的地位还是较高的，这从簋、尊、卣的铭文所记载昔鸡的职责，与韩侯、眞

---

① 周原考古队：《陕西宝鸡市周原遗址 2014—2015 年的勘探与发掘》，《考古》2016 年第 7 期。
② 张亚初、刘雨：《西周金文官制研究》，中华书局，1986 年，第 44—45 页。

伯的优渥礼遇即可看出。如此昔鸡王室之职官,奉王后之命媵送芳姞到韩国,而得到韩侯的赏赐,遂铸造两簋彰显荣耀;而眞伯所赐之缘由虽未曾载述,但揆诸当时小臣之职司,应是昔鸡受王室之命,与眞伯通好,得到赏赐,而铸造两件尊卣,以为纪念。簋铭称"敢扬王休";尊、卣铭曰"对眞伯休",由此可见这位眞伯的地位亦不低,并且与周王室的关系密切。

(三) 传世青铜器

传世商周眞国青铜器数量较多,但是记载与周王室交往关系者不多见。殷商甲骨、金文与西周早期金文中,殷王朝和眞国自身都称眞之首领为"眞侯",西周中早期称眞伯,两周之际称眞侯,春秋中晚期复称眞伯或眞公,当然亦有特例,但这也是基本规律。

如西周中期繁簋铭文:"唯十又一月初吉,辛亥,公令繁伐于眞伯,眞伯蔑历,宾柀廿、贝十朋。繁对扬公休,用作祖戊宝尊彝。"(《集成》4146)研究者指出:"铭文中的'伐'与阀通,具有功状等级之意。'公'可能是周初的召公,因眞国居处燕地,召公派繁去表彰眞伯功勋,是很自然的。"① 西周中期的公贸鼎铭文:"唯十又二月初吉,壬午,叔氏使安眞伯,宾马、嚳、乘,公贸用牝休爵,用作宝彝。"(《海岱》467)②

如西周中期的作册䰭卣,铭文:"唯十又九年,王在斥,王姜令作册䰭安夷伯。夷伯宾䰭贝、布。扬王姜休,用作文考宝尊器。"陈梦家认为铭文大致相同的作册䰭卣与作册䰭尊,为成王时期。"王姜令作册所安之夷伯乃是姜姓之夷国"。而夷国在濮阳③。唐兰认为作册䰭卣、尊为西周昭王时期。"桓公十六年记'卫宣公蒸于夷姜',可见夷为姜姓,王姜因同姓而命作册䰭去安夷伯……只有闵公二年齐人杀哀姜于夷是属于齐国的。看来姜姓的夷国,春秋时已经并于齐国,或是齐国的附庸了"④。我们认为:"贲鼎与䰭卣时代相当,所记非一事,但所安乃一国,即眞国,铭同称伯,别在眞、夷。金文中夷是一种概念,而东夷、南夷或淮夷、嵎夷为另一种概念,确切的概念则明称国族名而缀夷字,如莒夷、莱夷、徐夷、舒夷等均是其例。故䰭卣于种则称'夷伯',贲鼎于名则谓'眞伯'。眞为姜姓,其女嫁于周王为

---

① 孔华、杜勇:《眞国地望考辨》,《西周金文与西周史研究暨第十届中国先秦史学会年会论文集》,三秦出版社,2018年,第24页。
② 董莲池:《释公贸鼎铭中的"牝"》,《中国文字研究》(第十八辑),上海书店出版社,2013年。
③ 陈梦家:《西周铜器断代》,中华书局,2004年,第61、62页。
④ 唐兰:《论周昭王时代的青铜器铭刻》,《古文字研究》(第二辑),中华书局,1981年,第91页。

妇，故称王妇。㠱之被称夷，因处夷地之故。商周至春秋或战国初年称夷并无敌忾意。"①

再如西周晚期王妇㠱孟姜匜，铭文曰："王妇㠱孟姜作旅匜，其万年眉寿用之。"（《海岱》461）铭文"王妇"应是周王夫人，㠱孟姜则是㠱国公侯的长女，嫁归周王为夫人者。西周一代，周王室与海岱区域的齐、纪、㠱等国通婚，凡此在青铜器铭文或文献中有记载。

还如西周晚期㠱甫人匜，铭文："㠱甫人余，余王宽㠱孙。兹作宝彝子子孙孙永宝用。"（《海岱》466）"㠱甫人"即"㠱夫人"，而"王宽㠱孙"则为周王之孙。凡此证明㠱国与王室互为姻娅。

关于公贸鼎铭文："唯十又二月初吉，壬午，叔氏使安㠱伯，宾马、觷、乘，公贸用牡休鑫，用作宝彝。"（《海岱》467）与同时期的作册罾卣、尊铭文："唯十又九年，王在斥，王姜令作册罾安夷白。夷白宾罾贝、布。扬王姜休，用作文考宝尊器。"三器铭文中的"安"，陈梦家称："西周初期（约康王时）公贸鼎曰'叔氏吏贾安㠱伯'，西周初期罾卣'王令（敬明按：应是"王姜令"，此手民之误）作册罾安夷白'，孟爵'王令孟宁邓伯'，皆是安抚异姓诸侯或裔邦。"②

杨树达认为："安今言问安，宁与安同义，故经传皆言宁。《诗·周南·葛覃》云：'归宁父母。'毛传云：'宁，安也，父母在则有时归宁耳。'孔疏云：'此谓诸侯夫人及王后之法。《春秋》庄二十七年，杞伯姬来。《左传》曰：凡诸侯之女，归宁曰来，是父母在得归宁也。父母既没，则使卿归宁于兄弟。襄十二年《左传》曰：楚司马子庚聘于秦，为夫人宁，私也。是父母没不得归宁也。《泉水》有义不得往，《载驰》许人不嘉，皆为此也'。树达案彝铭记王姜令作册罾安夷伯，据古礼言之，知王姜之父母既没，故使罾往宁，与《左传》襄公十二年楚司马子庚为夫人秦嬴宁秦为一例，然则夷伯当为王姜兄弟或兄子之类，孙仲容谓为王姜之母党，（《拾遗》下卷贰葉）是也。又知王姜之称，知夷国为姜姓。"③

㠱国不但与周王室及其诸侯国姻娅通好，而且还参与周室的军事行动。如师㠱簋铭文称："王命师㠱率领齐师、㠱、莱、尼、左右虎臣征淮夷。"（《集成》4313）其他登莱海角出土的如旅鼎、禹鼎、禹甗、启尊、启卣、以及见于著录的过伯簋、史密簋等，亦记载当地国族遵从王命而参与征战。

二、㠱同诸侯

考古所见与传世著录金文资料中，㠱国与倗国、芮国都有密切的交往关系。而

---

① 孙敬明：《考古发现与㠱史寻踪》，《东夷古国史研究》（第一辑），第180页。并见孙敬明《考古发现与齐史类征》，第426页。
② 陈梦家：《西周铜器断代》，中华书局，2004年，第332页。
③ 杨树达：《积微居金文说》，科学出版社，1959年，第185页。

山西绛县横水与陕西韩城梁带村遗址墓地的发掘，出土众多文物资料，不仅使人们对眚国与外交往的历史有深入认识，而且还能使旧所著录的铭文资料得到科学诠释。

（一）倗国

山西绛县横水西周墓地，2004年被盗时发现。2004至2007年发掘西周时期墓葬1299座，其中M2158体量较大，墓底面积20.6平方米，深达14.3米。该墓随葬器物1935件（组），有铜、（原始）瓷、陶、玉、石、骨、蚌（贝）器等。发掘简报介绍带有铭文铜器15件：铜鼎7件，其中圆鼎（M2158：150）1件，腹内壁铸铭文："伯作鼎。"圆鼎另一件（M2158：171）腹内壁铸铭文："倗伯作旅鼎。"分裆鼎（M2158：138）1件，器盖与腹内壁铸铭文："鲁侯作宝尊彝。"（以下称"鲁侯鼎"），温鼎（M2158：160）1件，内底铸铭文"倗姬作宝彝。"铜鬲2件，其中1件（M2158：139），腹内壁铸铭文："大保铸。"（以下称"大保鬲"），铜甗（M2158：173）1件，其上部甑内壁铸铭文："芮白拜稽首敢作王姊甗，其暨倗伯万年用享。王逆舟（覆）。"铜簋2件（M2158：148、149），内底同铭曰："芮白作倗姬宝媵簋四。"铜尊（M2158：115）1件，内底铸铭文："伯作宝彝。"提梁卣（M2158：117）1件，器、盖同铭："作宝彝。"觯2件，其中1件（M2158：83），器盖同铭："伯作宝彝。"提梁壶（M2158：90）1件，器、盖对铭："亚高父甲。"铜盘（M2158：84）1件，内底铸铭文："芮伯拜稽首敢作王姊盘，其暨倗伯万年用享。王逆舟。"铜盉1件编号M2158：81，盖内铸铭文："芮伯稽首敢作王姊盉，其暨倗伯万年用享。王逆舟。"铜戈13件，其中1件（M2158：93）援后部铸铭文："用戈。"

发掘简报称"鲁侯鼎"与"太保鬲"时代为西周早期。墓主为西周倗国一代国君；并由铭文推断当时有西周王姊嫁归倗伯，芮伯作为西周同姓而为之作媵器。"鲁侯鼎和太保鬲的年代较早，但不排除王姊出嫁时鲁侯和太保家族致送媵器的可能，当然这2件器物也可能是通过其他渠道流转到倗国。"①

早在20世纪70年代，辽宁的喀左、凌源就出土眚、孤竹、史、倗、义、冉、鱼、鬲等国族青铜器，并且出土大都在相近的区域，埋藏形式也近似，证明西周早期这些古国族之间就有密切关系②。

西周中期，眚仲觯铭文："眚仲作倗生饮壶。匄三寿懿德万年。"（《海岱》459）绛县横水墓地属于倗国的王室贵族，出土青铜器铭文包括王姊、鲁侯、召公（燕）、芮伯等，揭示西周王室嫁女与倗国，有关诸侯国与王室大臣等参与媵送等事宜。周王室从西周早期到晚期接续与眚国通婚，西周早期还与倗国互为姻娅，由此关系则

---

① 山西省考古研究所、运城城市文物工作站联合考古队：《山西绛县横水西周墓地M2158发掘简报》，《考古》2019年第1期。
② 孙敬明：《考古发现与眚史寻踪》，《东夷古国史研究》（第一辑），第170—176页；并见孙敬明《考古发现与齐史类征》，第421—424页。

異国与倗国也是亲戚还得通婚。異仲辥铭文"倗生"即"倗甥",意为倗国外甥。而且很有可能"異仲"即"倗甥",其为自己铸造铜辥,以祈祝"三寿懿德万年"。

(二)芮国

1980年,山东黄县(今龙口市)石良镇庄头村发现一座西周早期墓葬,出土铜器17件,计:鼎三、甗一、簋二、壶一、爵二、盘、盉、卣、觚、盂、勺、戈各一件,还有一件碎片,不明器形。其中簋二、壶、卣凡四件均有铭文。两件簋形制、铭文相同。铭文曰:"芮公叔作旅宫宝簋。"铜卣铭文为:"小夫为父丁作宝旅彝。"①

传世清代咸丰年间出土的芮公壶铭文:"芮伯肇作鼄公尊彝。"(《三代》12.9.1-2、《海岱》58)。文献如《史记·秦本纪》载秦德公元年(前677):"梁伯、芮伯来朝。"《索隐》:"梁,嬴姓,芮,姬姓。梁国在凤翔夏阳。芮国在凤翔临晋。"《正义》:"《括地志》云:'南芮乡故城在同州朝邑县南三十里,又有北芮城,皆古芮国。郑玄云周同姓之国,在畿内,为王卿士者。《左传》云桓公三年,芮伯万之母芮姜恶芮伯之多宠人,故逐之,出居魏。'今按:〔陕〕州芮城县界有芮国城,盖是殷末虞芮争田之芮国是也。"再如《逸周书·芮良夫毖》,更如《国语·周语上》《史记·周本纪》记载芮良夫进谏厉王。《正义》谓芮良夫:"芮伯也。"还有新见清华简载录《芮良夫毖》。出土金文、简牍与文献互证,正可补苴西周至春秋时期芮国之历史。

芮国历史悠久,大概殷商时期即已立国,西周时期再新加封;或者旧国尚存,新国初封。但是西周时期的芮国,应如郑玄所言为周同姓。传世不少芮公所作器。新中国成立以来发现大量芮国青铜器,尤其是2005至2007年调查发掘的陕西韩城梁带村遗址墓葬,出土数量众多的两周青铜器,其中不少带有铭文,经研究初步推断大致为西周至春秋芮国墓地。梁带村芮国墓地出土铜器铭文有:"芮公""芮太子""芮太子白",还有仲姜作桓公尊、簋、甗,毕公克为皇祖作宝鼎、虢季作尊鼎等②。

在今山东的西周春秋时期古国如齐、纪、異等与周王室通婚,而文献记载之"芮姜",与墓葬出土铜器铭文之"仲姜",亦有可出自齐、纪或異。再征之黄县出土的芮公叔簋,可知異、莱等国不仅参与周王室的军事征战,而且还与王畿之内的

---

① 李步青、王锡平:《建国来烟台地区出土商周铭文青铜器概述》,《古文字研究》(第十九辑),中华书局,1992年。

② 陕西省考古研究所、渭南市文物保护考古研究所、韩城市文物旅游局:《陕西韩城梁带村遗址M26发掘简报》,《文物》2008年第1期;张懋镕:《芮国铜器初探——附论陕西韩城梁带村墓地国别》,《中原文物》2008年第2期;陕西省考古研究院、渭南市文物保护考古研究所、韩城市文物旅游局:《陕西韩城梁代村墓地北区2007年发掘简报》,《文物》2010年第6期;陕西省考古研究院、渭南市考古所、韩城市文物局:《陕西韩城梁代村芮国墓地西区掘简报》,《考古与文物》2010年第1期。

重要侯国有密切交往。还可补征 2014 年岐山贺家 M11 出土昔鸡所作 2 件带有"眞伯"的铜器，可知西周时期莱、眞、纪、齐等与周王室以及贵族卿大夫均有交往关系。由文献与出土铜器铭文互证，可知芮国中有："芮伯""芮良夫""芮公""芮公叔""芮太子""芮太子白"等称呼。

（三）单国

1986 年，山东黄县（今龙口市）石良镇东营周家村西周早期墓葬出土铜簋两件，形制、铭文均相同，铭文曰："作朕簋，其万年永宝用。单。"① 单为大国，西周早期应属于王畿之内国，后来有东封今山东单县者。这两件铜簋应该属于西周王畿单国所作器。单为西周王畿内大国，"单氏家族封地眉，是一处战略要地。眉在先周及文王时代，居于广义的岐周南缘……眉及其周围是重要据点……所以，文王在灭殷之前封支族单公于邻近眉县的单，是万千可以理解的。"② 东周时期仍很活跃。单伯之称屡屡见于《春秋》经传。不但文献里多所记载，而且出土铜器铭文更是资料丰富无比。2003 年，陕西眉县杨家村发现青铜器窖藏，出土带铭文铜器 27 件，其中 26 件为单国人逨所铸造，这是青铜器发现史上一次出土带铭文数量最多，达 4000 余字；一人所作铜器数量最多达 26 件，实属空前，体现出单国之地位重要。其中逨盘铭文："记述了单氏家族从皇高祖单公到逨八代人的历史，可以说是一部完整的家族史。逨盘及四十二年鼎、四十三年鼎记述了单氏家族辅佐文王、武王兴周灭纣，建立周邦；受命北伐戎狄、猃狁，南征荆楚；协助周王治理天下、管理山林，因功接受册封赏赐等重要历史活动和实事迹。"③

山东龙口市区南郊有归城，上所揭列许多带有铭文的青铜器，即在此或附近出土。如 1951 年黄县归城出土一批青铜器，其中六件（四簋与盘匜各一件）带有铭文，属于眞国铸造者。这就是著名的"眞伯子安父"器群，（《海岱》295—310）时代为两周之际。2004 年龙口石良镇集前赵家村西，集前赵家砖厂取土发现一座墓葬，出土鼎 3、卣 2、簋 2、爵、尊、觯、壶、甗、盘、钟各一件。其中两件完整铜鼎，一件铭文"鳌父作尊彝"，一件铭文"作鼎"；另一件铜鼎残片尚留"眞侯"等残字，还有两件簋同铭"伯应父赐弟索金，用作宝簋"④。从文章所见器物图与铭文拓

---

① 李步青、王锡平：《建国来烟台地区出土商周铭文青铜器概述》，《古文字研究》（第十九辑），中华书局，1992 年。
② 王辉：《逨盘铭文笺释》，《考古与文物》2003 年第 3 期。
③ 陕西省考古研究所、宝鸡市考古工作队、眉县文化馆：《陕西眉县杨家村西周青铜器窖藏》，《考古与文物》2003 年第 3 期。
④ 王锡平、孙进：《烟台上夼所出眞器之眞非纪国辨析》，《新果集（二）——庆祝林沄先生八十华诞论文集》，科学出版社，2018 年，第 282 页。

片，时代为西周中期。或以为㠱国之都在龙口、莒县，我们则认为在今即墨一带①。

山东黄县莱国境内出土西周早期禹鼎、禹甗、启尊、启卣以及传世的过伯簋、师㠱簋，以及陕西安康出土的史密簋记载莱国军队参与王师东伐。铭文记载西周时期禹、启、过伯、莱伯、㠱等国或随同王师南征荆楚、淮夷之役。而单逨之祖上亦曾参与南征，其与同时南征的莱国人物会有交往，亦在情理之中。史密簋在陕西安康出土，芮国、单氏铜簋在莱地出土，等等，统统证明当时西周王畿世家大族与东方㠱国、莱国之间密切交往的关系。证明西周早到中晚期㠱国、莱国与周王室关系一直密切。自古陕西与东方海岱区域古国族以及周原王室即有密切关系，同为中华文明多元一体构成格局做出重大贡献。

---

① 孙敬明：《考古发现与㠱史寻踪》《东夷古国史研究》（第一辑），第179页；后收入孙敬明《考古发现与齐史类征》，第425页。

红山文化正坐造像与欧亚大陆的早期中西交通

田广林　周　政　任妮娜（辽宁师范大学历史文化旅游学院）

摘　要：人类的正坐姿态，是文明社会礼仪制度和等级秩序的产物。中国传统的正坐姿式是两膝着地，脚掌朝上，臀部附着其上的跪坐。近年红山文化遗存中大量跪坐、盘坐、高坐人形造像的发现，不仅把带有文明因素的跪坐礼容造像传统直接向前延展到距今5500年之前的红山文化晚期，同时也确切地证明，远在赵武灵王胡服骑射和佛教传入中国之前的3000多年，屈腿盘坐和垂脚高坐这两种正坐姿态，就已经在中国北方的辽海地区客观存在并长期流行，古代中国远在张骞"凿空"西域数千年之前的红山文化时代，就与遥远的西方世界有着客观存在的交通往来关系。

关键词：红山文化；正坐造像；早期中西交通

现代科学考古学的精彩之处在于它能够以惊人的全新发现来不断地向前延展人类的文明历史，从而随时刷新人们的史学视域，纠正人们既往的认识误区和史学偏见。西方学术界在公元14—16世纪的文艺复兴时，认为世界文明肇源于古代的希腊和罗马，正是在这样的认知基础上，形成了根深蒂固的以欧洲或西欧为中心的文明史观。历史进入19世纪以后，由于罗塞达碑的成功破译和对于古代埃及、古代印度、古代苏美尔等亚洲古代文明中心的大规模发掘，人们得以清楚地看到，亚洲才是地球上第一批原生文明的发祥地，古希腊与古罗马的文明成就，均植根于古老的亚洲文明。20世纪70年代以来，伴随中国考古黄金时代的到来，有关中国史前考古的一系列重大新发现相继公布，特别是长城地带东段红山文化"坛庙冢"遗址的发现，确切地证明了古代中国不仅拥有与古代的西亚北非、南亚次大陆差不多同样悠久的文明开化历史，而且远在张骞"凿空"西域的数千年之前，就与遥远的西方世界有着十分密切的交通往来关系。

最早注意到红山文化时期的古代中国与外部世界存在着人群互动与文化交流的是苏秉琦先生。1983年，苏先生就曾明确地指出，以燕山南北、长城地带为重心的我国北方地区是联结中原与欧亚大陆北部广大草原地区的中间环节，这里的红山文化、夏家店下层文化和燕文化，三者在空间上大致吻合，在文化传统上若断若续，在我国古文明缔造史上具有特殊地位或作用[①]。1992年苏先生又进一步指出："北从

[①] 苏秉琦：《燕山南北地区考古：1983年7月在辽宁朝阳召开的燕山南北长城地带考古座谈会上的讲话（摘要）》，《文物》1983年第12期；龙源：《燕山南北、长城地带考古专题座谈会纪要》，《文物》1983年第12期。

贝加尔湖起,南至渤海湾,是东亚考古一大课题。"① 1993年3月26日,苏先生在向笔者讲授赤峰市阿鲁科尔沁旗出土的一件彩陶器表面所施花纹的文化内涵时指出,这件红山文化彩陶罐上同时绘有来自西亚大陆的菱形方格纹、中原地区的玫瑰花纹和中国北方的龙纹三种图案,这意味着五六千年以前,这里是西亚和东亚文化的交汇地带和熔炉②。

近年来,随着考古新发现的不断增多和相关研究的日益深入,红山文化时代世界东西、中国南北的文化互动与交流,渐成学术界密切关注的科研课题,观察的视点集中聚焦在石质容器、权杖头、人形造像等领域③。本文拟在目前已有的研究基础上,试就红山文化遗存中发现的人形正坐造像与中西早期交通问题,进行再讨论。

一、盘腿坐姿塑像

盘腿而坐的基本体态姿势是臀部着地,两腿交叠盘屈。目前见于报道的红山文化盘腿坐姿塑像有泥塑和陶塑两种形式。

(一) 泥塑盘腿坐像

红山文化的泥塑盘腿坐姿造像发现于牛河梁遗址第一地点。该地点被称作"女神庙"的第一建筑址(N1J1),是一组由北侧的多室和南侧的单室构成的高规格土木结构复杂建筑,室内堆积有大量草拌泥质地的人形和动物形塑像。由于该建筑址尚未全面揭露,这批塑像的全部数量尚不清楚。已经出土的人形塑像均为头、肩、臂、乳、手、腿等残块,约分别属于6—7个人形个体,其体量有相当于真人3倍、2倍和原大三种规格。相当于真人3倍的一尊出土于北侧多室的中室(主室)中央位置;相当于真人2倍的一尊出土于北侧西室;其余相当于真人原大者,分别出土于北多室的中室西侧、东侧和其他各室,主次分明,尊卑有序④。

---

① 田广林:《苏秉琦先生与赤峰古文化研究》,宿白主编:《苏秉琦先生纪念集》,科学出版社,2000年。

② 苏秉琦:《论西辽河古文化——与赤峰史学工作者的谈话》,《苏秉琦论文集》(三),文物出版社,2009年,第226—229页。

③ 参见朱永刚《燕山南北地区发现的史前石容器及相关问题》,《中原文物》2008年第6期;李水城:《赤峰及周边地区考古所见权杖头及潜在意义源》,《赤峰学院学报·第五届红山文化节高峰论坛专辑》2011年第二辑;郭大顺:《从世界史角度研究红山文化》,载赤峰学院红山文化研究院编《第八届红山文化高峰论坛论文集》,辽宁大学出版社,2014年;田广林、周政、周宇杰:《红山文化人形坐像研究》,《辽宁师范大学学报》(社会科学版)2015年第5期;田广林、梁景欣:《红山文化时期欧亚大陆交流显著》,《中国社会科学报》2016年3月18日第5版;张思琪、田广林:《草原丝绸之路的史前中外交通新证——以考古发掘所见石质容器为例》,《史志学刊》2017年第1期。

④ 辽宁省文物考古研究所:《牛河梁:红山文化遗址发掘报告》,文物出版社,2012年,第17—25页;辽宁省文物考古研究所:《辽宁牛河梁红山文化"女神庙"与积石冢群发掘简报》,《文物》1986年第8期。

其中，出土于北多室中室西侧的泥塑玉睛女神头部残块（N1J1B：1），所代表的是一尊贴塑在神庙墙壁之上、与真人大小相当的高浮雕造像，头顶以上部分缺失，额顶处戴有箍形冠帽，沿两侧鬓角部位见有竖向垂系的缨带，眼窝内嵌以片状圆形玉石表示眼球，口唇部位可见有表现牙齿的疑似蚌壳质地贴物痕迹，保存完好的右耳垂部位见有佩戴耳饰的穿孔（图一·1）①。另一件同样贴塑在室内墙壁之上的高浮雕与圆雕结合塑像的上臂残块（N1J1B：3），表面压光，内呈空腔，腔内还保留有经火焚烧过的灰白色骨骼残片（图一·2）。

在"女神庙"中室（主室）和中室与北室连接处，还同时出土有两件比例也相当于真人大小的人体左手泥塑残块。其中一件（N1J1B：2），手指微蜷，腕部扁圆而中空，手下残断面齐平（图一·3）；另一件（N1J1B：4）五指细长，作伸张按压状，手下部的残断面也较平（图一·4）。发掘者注意到，这两件手部塑件残块的共同特征是"下部都有一平面塑块作依托，手都作按附状，这种动作形态往往与人像的坐式姿态相一致，而不是立式姿态所应有的"。此外，在打破"女神庙"的西侧自然冲沟中采集到自该庙址流出的大腿和小腿残块多件，发掘者指出："从大腿和小腿部分的弯曲形状分析，可以肯定为坐式，且以双腿盘坐为主要姿态。另在发掘南单室时，也发现大型人像盘坐的迹象，其旁并有特塑的方形土台残块。"发掘者孙守道和郭大顺先生还进而根据东山嘴祭坛发现的中型造像皆为"盘坐式"断定，盘腿坐姿"是当时流行的一种固定的坐式"②。

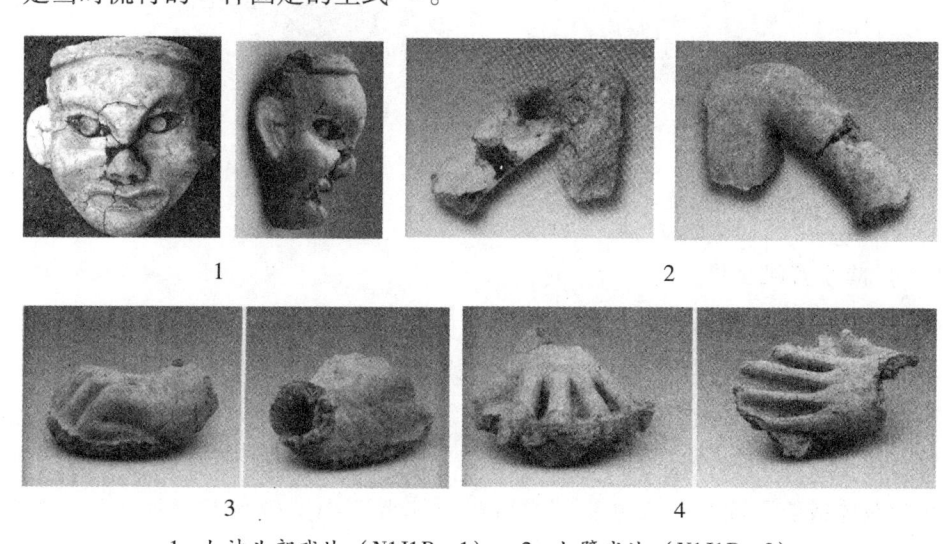

1. 女神头部残块（N1J1B：1） 2. 上臂残块（N1J1B：3）
3、4. 左手残块（N1J1B：2、N1J1B：4）

图一　牛河梁第一地点第一建筑址出土泥塑残件

---

① 辽宁省文物考古研究所：《牛河梁：红山文化遗址发掘报告》，第17—25页；辽宁省文物考古研究所：《辽宁牛河梁红山文化"女神庙"与积石冢群发掘简报》，《文物》1986年第8期。
② 孙守道、郭大顺：《牛河梁红山文化女神头像的发现与研究》，《文物》1986年第8期。

迹象表明，牛河梁"女神庙"中已经出土的数尊神像以及尚在埋藏状态中的大量神像，其基本体态姿势，都应以盘坐为主。

除了第一建筑址，1986年，辽宁省文物考古研究所还曾在该地点的第二建筑址（N1J2）北部山台北侧的红烧土堆积中，清理出与发现于第一建筑址相类的仿木建筑构件残块，并采集到分别属于两个泥塑个体的手臂、耳部残块各一件。其中的耳部残块（N1采：1），其体量约当真人的3倍。残长16、宽9.6、厚4.4厘米（图二）①。迹象表明，第二建筑址很可能与第一建筑址一样，也是一处神庙殿堂遗址。如果确实如此，则安放在这里的神像体态姿势，也应以盘腿坐姿为主。具体情况如何，尚有待于今后的全面揭露确认。

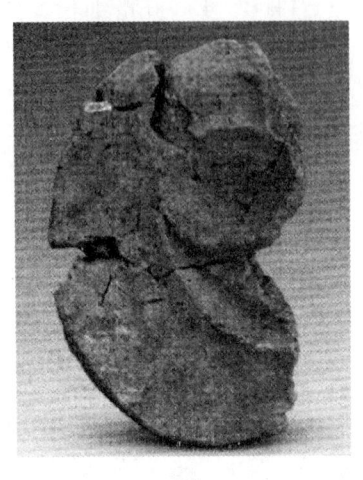 

1. 正面　2. 反面

图二　牛河梁遗址第一地点第二建筑址出土泥塑耳部残块（N1采：1）

（二）陶质盘腿坐像

红山文化遗存中发现的盘腿正坐陶像，目前见于正式报道者已有2尊，均为发掘品，分别出土于辽宁喀左东山嘴和内蒙古赤峰敖汉兴隆沟。

东山嘴陶塑发现于辽宁喀左东山嘴遗址，该遗址为红山文化晚期一处最高规格的大型石构祭坛遗址。1982年在南部的圆坛周围发掘出土红陶人形塑像残块20余件，均为肢体或躯干残存，未见头部，可辨形体者有小型鼓腹女像和大型盘坐造像两类。

这里发现的大型盘腿坐姿塑像，数量至少在2尊以上。其中之一为同一个体的上身和下身残块（图三．1）。据发掘简报，此像的塑造工艺技法与牛河梁"女神庙"泥塑相类，也为腔体中空塑像，体量大小约当真人的二分之一。残存的上身为手臂

---

① 辽宁省文物考古研究所：《牛河梁：红山文化遗址发掘报告》，第38—39页、图版三一．1。

和胸腹部分，左臂残缺，仅存贴痕，右臂肘以下部分保存完好，双手交叠于胸腹之间，左手指蜷曲，右手握在左手腕部，俨然礼容。下身残块为交叠盘屈正坐的双腿部分，底部平齐，满饰席纹。左膝部有一通入空腔的圆孔，左足残缺，右腿平搭在左腿之上，足趾裸露，不着鞋袜，也未见着衣迹象。此外，在东山嘴遗址南侧石构圆形神坛附近，还发现有其他同样呈盘腿正坐姿态的上、下身陶塑残块，其中之一为腰部佩系绳索状腰带的人体残块，发掘者据以明确地指出，"可知这种盘腿正坐、双手交叉于腹部的形象"，在红山文化晚期的陶塑造像中，"是一种特定的姿态"[①]。

兴隆沟陶塑发现于内蒙古赤峰市敖汉旗兴隆沟遗址第二地点，该地点为一处文化性质单一的红山文化晚期环壕聚落遗址。2001年由中国社会科学院考古研究所首次试掘，2003年正式发掘，揭露面积1500余平方米，清理红山文化房址4座、灰坑31座及位于遗址东南角的一段环壕。2012年夏季，又在该遗址的一座遭到严重破坏的房址居住面上，抢救性清理发掘出属于同一陶塑个体的残块、残片数十件，经室内整理拼合，复原为一尊目前国内仅见、十分完整的红山文化盘腿坐姿全身塑像。此像通高55厘米，与牛河梁、东山嘴的同类发现一样，也为空腔塑像。头颅、胸腹、肢体内侧皆为空腔，上身挺直，体态端正，下身屈腿盘坐，头戴饰有类似后世帽正的单梁冠帽，双眼圆睁，开口作讲话状，两侧耳垂部，均见有佩戴耳饰的穿孔，右手搭握于左手腕部，膝部和脐下位置，留有贯通腔体内部的孔洞（图四）。有关研究者认为是同期相类发现中形体最完整、形象最生动、表情最丰富的人像，正是因为此像的发现，才使我们得以看到红山文化盘腿坐姿塑像的完整面貌，因此有着独一无二的学术价值。

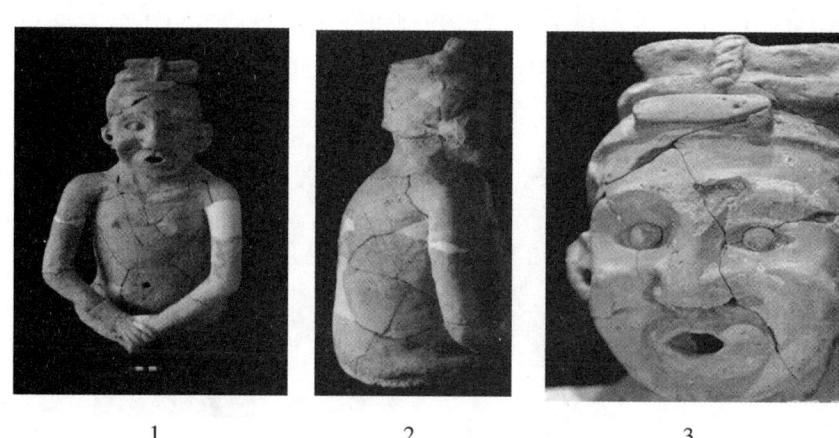

1. 正视图　2. 侧视图　3. 头部特写

图四　兴隆沟遗址第二地点出土红山文化陶质盘坐塑像

---

① 郭大顺、张克举：《辽宁省喀左县东山嘴红山文化建筑群址发掘简报》，《文物》1984年第11期。

二、高坐与跪坐造像

这里所说的高坐，又作垂脚高坐，是指小腿下垂，双足着地，臀部附着在高出地面的坐具之上的体态姿势。而所谓跪坐，是指两膝着地，臀部附着于脚掌之上的坐姿。目前见于公开报道的红山文化高坐人形造像，有准确出土地点者已有两起，分别出土于辽宁喀左东山嘴大型石构祭坛遗址和内蒙古巴林右旗那斯台遗址，前者为考古发掘品，后者为考古采集品。此外，在北京故宫博物院和赤峰博物馆均收藏有征集品。跪姿坐像，仅见一例，出土于那斯台遗址。表现形式有陶塑、石雕和玉雕三种。

(一) 东山嘴高坐陶像

辽宁喀左东山嘴大型石构祭坛遗址 1982 年出土的红山文化人形陶塑残块共有 20 余件，除了形体较大的盘腿坐姿陶像外，还有一高一矮两件缺失头部的小型女像。其中较矮的一尊编号为 TD9②：7，出土于圆坛东侧，体态肥硕，鼓腹翘臀，头部及右侧手臂缺失，左侧手臂前曲，左手贴抚于上腹，小腿至足部尖圆呈水滴状，残高 5 厘米 (图五.1)；较高的一尊编号为 TD8②：5，出土于圆坛东北侧，上体前倾，下肢弯曲，鼓腹翘臀，残高 5.8 厘米 (图五.2)。这两尊小像，在原发掘简报中称之"为裸体立像"①。简报发表后，发掘者之一的郭大顺与孙守道两位先生又根据进一步的观察和研究结果，对其体态姿势的判定做出了重新修正，指出东山嘴出土的这两尊小型孕妇形象陶塑的姿态相同。从正面看，易误读为站立的姿势，但从侧面观察，则可看到其上身微向前倾，膝部稍有弯曲，背面突起的臀部和大腿的后部，各形成一个平面，两个平面夹角近于 90°，并有附着的支撑物留下的痕迹，这显然证明这两尊小像原来是坐在某类支撑物上的。由此判定，东山嘴遗址出土的这两尊小型塑像并不是立式，而是一种"倚坐式"造像②。

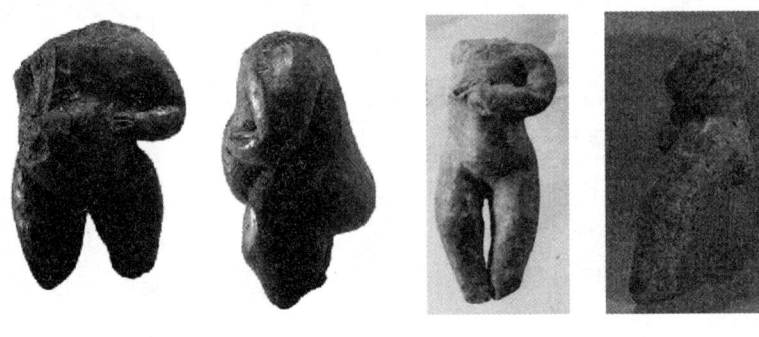

1. TD9②：7　2. TD8②：5

图五　东山嘴出土红山文化小型陶像

---

① 郭大顺、张克举：《辽宁省喀左县东山嘴红山文化建筑群址发掘简报》，《文物》1984 年第 11 期。
② 孙守道、郭大顺：《牛河梁红山文化女神头像的发现与研究》，《文物》1986 年第 8 期。

（二）那斯台高坐石像

巴林右旗那斯台遗址是一处位于西拉木伦河北岸的大型红山文化环壕聚落遗址。1981年，巴林右旗博物馆在对此遗址实施考古调查过程中，采集到一件通高35.5厘米的人形圆雕石像（图六）。此石雕造像自眉心正中沿前额向上有一渐次隆起的凸脊，至头顶正中形成向上立起的两个状若乳钉的凸起物，上身挺直，双手合拢于胸前。发现者在调查报告中称此像"呈蹲踞状"①。但细审附图，便不难看出，此像挺直而立的上身与平行前伸的大腿形成的夹角近于直角，小腿自然下垂，双脚着地，臀部明显附着于低平的坐具之上。通常所说的蹲踞，是一种双膝上耸，臀部向下悬空而两脚着地的体态姿势。通过图六，我们可以清楚地看到，那斯台石像的双膝前伸，臀部和脚部都同时着地，这种体态姿势，属于十分明显的垂脚高坐，而不是"蹲踞"。

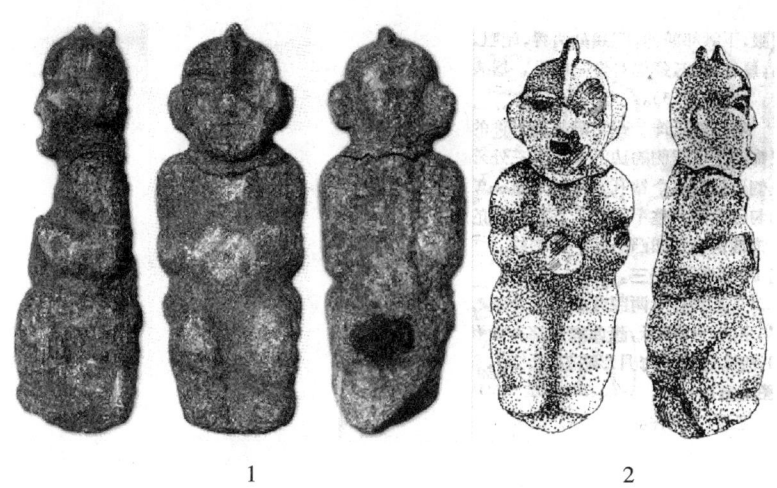

1. 照片　2. 线图

图六　那斯台遗址出土红山文化高坐石雕

（三）赤峰市博物馆与北京故宫博物院倚坐造像

红山文化高坐人形造像材料还见于内蒙古赤峰市博物馆和北京故宫博物院收藏的石质圆雕和玉质片雕。这两件标本均为征集品，经有关专家鉴定，确认为红山文化遗物。其中的赤峰市博物馆藏品为灰色凝灰岩质地，其造型特征是光头圆脸，圆领服衫，两手合拢于腹前，小腿垂直向下，倚坐于带有高靠背的座椅之上。通高38、宽22、厚20厘米（图七.1）②。北京故宫博物院藏品采用东北地区特有的暗绿色玉

---

① 巴林右旗博物馆：《内蒙古巴林右旗那斯台遗址调查》，《考古》1987年第6期。
② 见刘冰主编：《赤峰博物馆文物典藏》，远方出版社，2006年，第12页。

材制成，整体作长方形片状透雕，高22.7、宽11.7厘米①。其造型特征是头戴"山"字形三叉高冠，两鬓飘垂长发，身着圆领窄袖饰以菱形方格锦纹的华丽服衫，双手拄杖，合拢于胸前，屈腿跣足，倚坐在带有龙形装饰的高靠背座椅之上（图七.2）。二者的造型特征有两大共同之处：一是均垂脚倚坐于带有高靠背的椅式高级坐具之上，彰显出与众不同的身份与气质；二是均着圆领衣衫，特别是故宫玉雕造像的华美盛装，愈能彰显出中国传统文化的章服之美，礼仪之大，这一点与通常所见的红山文化裸体造像明显有别。

1. 赤峰市博物馆倚坐石雕　2. 北京故宫博物院倚坐玉雕

图七　赤峰市博物馆与北京故宫博物院所藏红山文化倚坐雕像

（四）那斯台跪坐石像

1981年与前文所及高坐石雕同时出土于巴林右旗那斯台红山文化大型环壕聚落遗址，通高19.4厘米。这是目前国内仅见公开报道的一尊十分标准的红山文化跪姿坐像。其基本造像特征是通体抛光，裸体跣足，面部造型十分奇特，巨鼻大耳，眉眼夸张，极度下斜，颏下留有浓密的胡须，头顶长发依次盘绕叠起，呈三重圆饼状发饰。上身挺直，两手交握，合拢于胸腹之间，双膝及小腿附着圆形席垫，臀部叠压在双脚之上（图八）②。

在古代中国，曾长期流行以两膝着地，臀部附着其上的跪坐为中国传统正坐的观念。《左传·昭公二十七年》："执羞者坐行而入。"杜预注曰："坐行，膝行。"③宋儒朱熹曾著《跪坐拜说》，系统论述从上古迄于南宋，中国传统的正坐姿态是"两

---

① 张广文：《玉人·玉兽》，《紫禁城》1989年第1期。
② 巴林右旗博物馆：《内蒙古巴林右旗那斯台遗址调查》，《考古》1987年第6期。
③ ［晋］杜预注，［唐］孔颖达等正义：《春秋左传正义》，［清］阮元校刻：《十三经注疏》，中华书局，1980年，第2116页。

膝着地，以尻著跖而稍安者为坐"①。通过那斯台红山文化跪坐石雕的发现，使我们可以清楚地看到，早在红山文化时代，这种带有文明因素的礼容造像，就已经出现在中国北方长城地带的辽西一带。

1. 照片　2. 线图

图八　那斯台遗址出土红山文化石质跪坐雕像

三、问题讨论

坐，是人类最基本的止息方式之一。人类社会通常所见的坐姿，除了前文列举的盘坐、高坐和跪坐这三种较为端庄的体态姿势外，还有较为懒散随便的蹲踞和箕踞等。除了人类，某些动物——如猿猴类和犬类动物的止息，也常常采用坐姿。所不同的是，人类的坐姿，由于受到礼仪制度等文明因素的规范，在不同的社交场合，须相应地采用或保持与其身份地位相符的坐姿，因有正坐和非正坐之别，而动物则没有这种区分或限制。又由于受到不同的生存环境、不同的生活方式等因素的影响，不同地区、不同国度的人群在不同时期所流行的正坐概念也并不完全一致。

以往的文化史常识是，上古以来，中国传统的正坐姿式是两膝着地，脚掌朝上，臀部附着其上的跪坐。至战国中后期的赵武灵王胡服骑射之后，随着胡床的传入而流行的垂脚高坐，尽管逐渐取代了跪坐而成为正坐，但在汉代以前，中国却始终没有椅式坐具。汉代以后，伴随佛法西来，佛教称之曰结跏趺坐的屈腿盘坐又继而在中国获得了正坐地位。如清代著名学者王鸣盛曾说："古人所坐，皆席布于地，故不疑据地致敬，知汉无椅式也。"② 清代另一著名学者赵翼在《陔馀丛考》卷三十一《古人跪坐相类》也曾说，"佛家盘膝而坐，则谓之趺坐，皆非古人常坐之法也"。随着20世纪80年代以来，红山文化遗存中屈腿盘坐和垂脚高坐人形造像的大量发

---

① ［宋］朱熹：《晦奄先生朱文公文集》卷六八《跪坐拜说》，载《四部丛刊初编》集部，第137册，上海印书馆，1919年。
② ［清］王鸣盛：《十七史商榷》卷二四"箕踞"条，广文书局，1960年，第2页。

现,遂使这种说法归于颠覆。

据《牛河梁红山文化遗址发掘报告》,可以从整体上把红山文化可划分为前后两个大的时期。牛河梁遗址则可以统一区分为三期,分别对应着三个发展阶段:第一期为下层遗存阶段,第二期为下层积冢阶段,第三期为上层积石冢阶段。其中的下层遗存相当于红山文化的前期晚段或可以延续到后期早段。下层冢和上层冢都属于红山文化的后期遗存。"女神庙"的筑造年代,介于下层冢与上层冢之间,结合碳十四测定年代数据,牛河梁"女神庙"的绝对年代距今约5500年[1]。东山嘴遗址和兴隆沟遗址第二地点也都同属于红山文化晚期遗存,其中东山嘴的石构神坛建筑基址的碳十四测定年代数据为4895±70年,树轮校正为5485±110年,与女神庙的测年数据大体吻合[2]。兴隆沟第二地点出土的红山文化晚期遗存整身陶塑,表现风格与制作技法与牛河梁、东山嘴的同类发现高度相似,可以肯定,其年代也应与之接近。这就是说,辽西一带发现的红山文化晚期正坐造像,均属于距今5500年前后的产物。这批早期正坐造像的发现和识别,确切地证明远在赵武灵王胡服骑射和佛教传入中国之前的3000多年,屈腿盘坐和垂脚高坐的正坐姿态,就已经在中国北方的辽海地区客观存在并长期流行。

1　　　　　　　　　2　　　　　　　　　3

1. 古埃及第五王朝前期的书吏雕像　2. 古代苏美尔乌尔皇家军旗上的高坐造像

3. 古埃及第三王朝左塞王雕像

图九　古代西亚地区发现的早期盘坐与高坐造像

在欧亚大陆的西部,年代最早的屈腿盘坐造像见于古代埃及第五王朝前期的彩绘石灰岩书吏雕像(图九.1),距今约4500年。在南亚次大陆的古代印度,尽管文明开化的历史较早,但鲜见早期造像,直到公元前1500年雅利安人进入后,才有了造像传统。而这种盘腿坐姿造像在印度的出现,甚至要晚到佛教创立之后。至于垂脚高坐造像,在西亚地区较早的发现见于古代苏美尔的乌尔皇家军旗(图九.2),

---

[1] 辽宁省文物考古研究所:《牛河梁:红山文化遗址发掘报告》,第469、479页。
[2] 郭大顺、张克举:《辽宁省喀左县东山嘴红山文化建筑群址发掘简报》,《文物》1984年第11期。

距今约4700年。在古代埃及,则见有第三王朝时期的左塞王彩绘石灰岩雕像(图九.3)年代距今约4600年。相形之下,其年代较中国古代的同类发现均要晚得很多。

因此,有关这两种正坐姿态的造像传统,究竟是西方影响东方还是东方影响西方问题,目前尚需进一步研究论证。如果以上认识不误,则对于传统的中西交通知识体系,也应根据新的考古发现,予以重新改写。

西周金文"京宫""周庙""康宫"考辨

——西周宗庙制度研究之一

王 晖（陕西师范大学历史文化学院）

摘 要：西周金文中所见"京宫"并非像唐兰所说包含太王、王季、文王、武王、成王的宗庙。周武王时初应包括二宗庙：太王、王季，因为这时周文王之"周庙"建成后，"京宫"只含两座宗庙：太王、王季，周康王之后"京宫"不再出现，应是太王、王季之庙被祧入太庙之中，"京宫"也就不再出现了。周初武王取得天下后立文王之庙为"周庙"，成王时"周庙"含有文王、武王二庙，康王时含有文王、武王、成王三庙，到穆王时则形成仅有文武二庙的"周庙"并成为周代世世不毁的太祖太宗之庙。唐兰"康宫说"没有"周庙"的内容是一大缺陷。西周金文中"康宫"并非唐兰所说的含康、昭、穆、夷、厉五王的宗庙，其说不仅不合西周宗庙制的祧庙原则，而且他说"康宫"五庙加"京宫"五庙而成的"十庙制"亦不见于任何古文献之中，同时又把昭王、穆王名号中的"昭""穆"和宗庙排序的昭穆混为一谈。唐兰所说"太王"和"康王"分别是这两座宫庙中的"始祖"，是错误的，周代不会在始祖后稷之外还有两位"始祖"：太王和康王。据伊簋及新出宰兽簋铭可知，"康宫"的性质是西周王宫之名，大概是康王时所建并以之命名的王宫。其中含有"康庙""昭宫""穆宫""𢕫（夷）宫""剌（厉）宫"等，同时还含有文武王的"周庙"。西周中晚期的是文武王"周庙"加近亲父祖曾三庙而五庙，加始祖后稷及"所自出之帝"的帝喾共有七庙。西周晚期"康庙""昭宫""穆宫"当祧入太庙而未祧的现象是另有其因。

关键词：西周金文；康宫；京宫；周庙；宗庙制度；唐兰

西周金文中有不少"周康宫"、"周康邵宫"（或"周康宫邵宫"）、"周康穆宫"（或"周康宫穆宫"）、"周康𢕫大室"（或"周康𢕫宫"）、"周康剌宫"等的资料，对此学术界形成两种完全不同的观点。以唐兰为代表的学者认为"京宫"是祭太王、王季、文王、武王、成王的宗庙；"康宫"即康王之庙，"康宫"里有"邵公""穆宫""剌宫",是昭王、穆王、厉王的宗庙,"𢆶大室"是夷王宗庙中的太室①。而以郭沫若为代表的学者则认为"康宫"并非康王之宫或康王之庙,"余意京(原注'大也')、康、华、般(原注'亦有大义')、邵、穆、成、剌,均以懿美之字为宫室之名,如后世未央宫、长杨宫、武英殿、文华殿之类,宫名偶与王号相同而已"②。

自唐兰《西周铜器断代中的"康宫"问题》(下简称《"康宫"问题》,并把唐兰关于"京宫""康宫"的说法概括为"康宫说")发表之后,考古学和史学界讨论青铜器及铭文的断代问题,绝大多数学者都尊奉唐兰"康宫说"来断代,连唐兰"康宫说"论文在1962年第1期《考古学报》上发表后,郭沫若先生十多年竟未写论文回应此文,以至于一些学者认为郭老默认了唐氏之说。后来尽管也有不少学者如陈梦家③、白川静④、周法高⑤、杜勇⑥等,从20世纪60年代、70年代一直到90年代不断有质疑唐兰"康宫说"的声音,不过质疑之声并未影响学者们以"康宫说"去进行断代。

笔者认为,郭沫若先生所说"周康邵宫""周康穆宫""周康剌宫"等皆是以懿美之字而为宫室之名,诚然有误,但说"康宫"非康王宗庙却是对的;唐兰所说"邵宫""穆宫""大室""剌宫"是昭王、穆王、夷王、厉王宗庙是对的,但他的"康宫说"中竟不提西周金文常见"周庙",说"康宫"是康王宗庙且为世世不祧之庙,内含康、昭、穆、夷、厉五王宗庙;"京宫"内含太王、王季、文、武、成王五宗庙。这不仅完全违反了宗法、宗庙制度,而且也与许多西周金文内容相触忤。这些问题是需要进行专题讨论。

一、西周"京宫"问题

唐兰先生1934年根据作册令方彝铭中"京宫"与"康宫"并称,著文认为"'京宫'者,太王、王季、文、武、成王之宫也","康宫者,康王之宫也。康王为始祖,故昭王曰昭,其庙曰康邵宫……穆王曰穆,其庙曰康穆宫。……共王更为昭,则懿王为穆。孝王为昭,则夷王为穆。……厉王为昭,则宣王为穆。……是康宫所

---

① 唐兰:《西周铜器断代中的"康宫"问题》,《考古学报》1962年第1期;又见《唐兰先生金文论集》,紫禁城出版社,1995年,第115—167页。
② 郭沫若:《两周金文辞图录大系考释》(下简称《大系考释》)下册,上海书店出版社,1999年,第7页上至第8页下。
③ 陈梦家:《西周铜器断代》,中华书局,2004年。
④ 白川静:《金文通释》第1册第6辑,25《令彝》,白鹤美术馆,2004年,第296—299页。
⑤ 周法高主编:《金文诂林》第15册卷一四下,香港中文大学出版社,1975年,第8098—8099页。
⑥ 杜勇、沈长云:《金文断代方法探微》,人民出版社,2002年,第38—124页。

祀，凡有九世矣"①。后来唐兰先生在1962年第1期《考古学报》发表《"康宫"问题》，"京宫"仍沿用旧说，而对"康宫"则作了修改，认为是包含有五庙，除康王之庙外，还有"邵宫"祭昭王，"穆宫"祭穆王，"𢉖宫"祭夷王，"剌宫"祭厉王；认为"京宫""康宫"共有十庙制，并坚持认为周康王是"始祖"，而"康宫"（康王之庙）是世世不毁之庙。

周代真正不毁之庙是文武之庙，古文献已有明言。因此唐兰把康王之庙作为不毁之庙是错的。西周金文也常见"周庙"，我们根据小盂鼎铭文可知周康王时"周庙"含有文王、武王、成王三庙，西周中期穆王后出现在金文中的"周庙"应只含文武二王之庙，成王之庙已从"周庙"中祧去。但令人不解的是，唐兰《"康宫"问题》一文竟完全未讨论"周庙"的问题，并把文武王周庙纳入"京宫"之中，并且说"根据金文资料，文王、武王并不是作为永远存在的两个祧庙②，而是属于'京宫'里面的"③。他还认为"京宫""康宫"是并列的，"每一宫内实际都包含五宫，两昭两穆"④。并且否定了古代"七庙"说以及自己曾经提出的"九庙之说"，认为西周金文中实际并列存在着"京宫""康宫"十庙制。

这肯定是不对的。首先，唐兰先提出的周代天子"九庙制"和后来提出的"十庙制"从未在先秦文献中出现过，《礼记·曾子问》《礼器》《祭法》《王制》《荀子·礼论》《穀梁传》等古文献，皆言天子七庙、诸侯五庙。其次，按唐兰之说把文王、武王归于"京宫"，"京宫"一词自作册令方彝之后再也不见于西周金文中，那岂不就说明周人不再祭祀文、武王了吗？同时他明确地否定了文、武王之庙作为"不祧之庙"的传统说法，谓"文王、武王并不是作为永远存在的两个祧庙，而是属于'京宫'里面的"⑤。实际上周人后来不再祭祀古公亶父⑥和季历，但从周初一直到战国周王朝灭亡，文、武王则一直作为太祖、太宗进行祭祀，此即《国语·鲁语上》《礼记·祭法》所说周人"祖文王而宗武王"。西周金文中不仅屡见"丕显文武，膺（膺）受大令（命），匍（敷）有四方"的追忆，在春秋战国时还常以祭祀了文武王的胙肉赐诸侯霸主作为赏赐；而祭祀文武王的活动是在"周庙"中进行的，这一点我们下文再作专门讨论。因此周王室世世不祧之庙只能是文武王之庙，不可能是康王之庙。唐氏所说"康宫"是康王之庙，且认为"康宫为总名，而昭穆以下

---

① 唐兰：《国立北京大学国学季刊》第4卷1期，1934年；后又收入《唐兰先生金文论集》，第6—14页。
② 唐兰先生此语可能表达有误，"两个祧庙"应是"两个不祧之庙"的误用。
③ 唐兰：《西周铜器断代中的"康宫"问题》，见《唐兰先生金文论集》，第132页。
④ 唐兰：《西周铜器断代中的"康宫"问题》，见《唐兰先生金文论集》，第132页。
⑤ 唐兰：《西周铜器断代中的"康宫"问题》，见《唐兰先生金文论集》，第132页。
⑥ 古公后来是周人"报"祭的对象，见《国语·鲁语上》，但"报"祭则不如《鲁语上》所说"禘郊祖宗"的祭祀活动那么重视、频繁。

各为宫附于康宫"之说是错误的。

作于周康王时代①的作册矢令方彝铭云："既咸令（命），甲申，明公用牲于京宫。乙酉，用牲于康宫。咸既，用牲于王。"（《集成》9901）从作册矢令方彝铭文中可见，既然在"京宫"和"康宫"中都可"用牲"，说明二者之中有宗庙是可肯定的。

周初成王时何尊铭文云："隹（唯）王初迁宅于成周，复禀珷（武）王豊（礼），祼自天。才（在）四月丙戌，王龏（诰）宗小子于京室。"（《集成》6014）周初甲戌方鼎②铭文云："隹（唯）四月甲戌，才（在）成周。丙戌，王才（在）京宗，赏方安□□□贝，用乍（作）宝尊彝。"③ 李学勤先生曾指出，甲戌方鼎与何尊铭文所记时间相同（皆在"四月甲戌"）、地点相同（皆在"成周"）、所在宗庙也相同，"京室"即"京宗"，其时代应该相同④。这是对的，甲戌方鼎的时代也应在周初成王时。从名称看，甲戌方鼎中"京宗"与作册矢令方彝"京宫"、何尊铭"京室"名称相近，但作为宗庙的性质更为清楚。尽管西周金文中除了作册矢令方彝铭文之外"京宫"就不再出现了，我们不好判断；但从"康宫"在西周金文中屡屡出现的情况看，诚如下文所说，"康宫"是西周康王时期所修建的西周中后期一直沿用的王宫之名，因此尽管具有像四十三年逨鼎铭所述那样，作为周王室世世不毁之庙之"周庙"也在"康宫"之中；但也是周王后宫甚至大臣居住之所。这些问题我们下面再作分析。

从古文献和西周金文中看，周初到康王时代"京宫"是存在的。那么"京宫"中有哪些周人先公先王宗庙呢？唐兰先生所说"京宫"之"京"就是周人先公公刘所建豳都之"京"⑤，这是对的。《诗经·大雅·公刘》歌颂公刘："乃觏于京……于京斯依。"《诗经·大雅·大明》叙述来自殷商贵族的太任来嫁于季历，云"挚仲氏任，自彼殷商，来嫁于周，曰嫔于京，乃及王季"，此述王季之妻太任从殷商嫁到周

---

① 笔者认为郭沫若《大系考释》、陈梦家《西周铜器断代》等论著把作册矢令方彝置于周成王时代，显得时代太早；唐兰《"康宫"问题》等把此器置于周昭王时代则又显得时代太晚；笔者认为此器应该在周康王中后期。近年来尹盛平把此器断在周康王时期，见尹盛平《周文化考古研究论集》，文物出版社，2012年，第440页；杜勇等把此器断在周成王后期，见杜勇、沈长云《金文断代方法探微》，第76—88页。笔者认为，根据字体，明、保总领百官在召公之后，任作册之职的冘亦见新近出土冘鼎铭文（《补编》424）中，矢令方彝应是西周康王中后期之器。
② 甲戌方鼎形制与周公方鼎（《集成》2268）、康侯丰方鼎（《集成》2153）形制相似，时代应在西周初期。
③ ［清］王杰等编纂：《西清续鉴甲编》卷一，商务印书馆据内府写本缩小影印本，1910年，第36页。
④ 李学勤：《何尊新释》，《中原文物》1981年第1期。
⑤ 唐兰：《西周铜器断代中的"康宫"问题》，见《唐兰先生金文论集》，第118—120页。

方的时候,曾"嫔于京";为何"嫔于京"呢?因为周人在古公亶父时迁徙到岐周,但宗庙还在豳地的"京",新婚之妇在进行婚礼之前,首先要庙见先祖,"嫔于京"就是说太任在婚礼前先到豳"京"去庙见先祖。《大雅·思齐》亦谓季历之妻太任"思齐太任,文王之母,思媚周姜,京室之妇","周姜"是指古公亶父之妻,其儿媳太任则媚顺周姜,为"京室之妇"。这些古文献说明古公亶父、季历是属于"京宫"之中的,其妻子也可称之为"京室之妇"。《吕氏春秋·古乐》云:"武王即位,以六师伐殷,六师未至,以锐兵克之于牧野,归乃荐俘、馘于京太室。""京太室"与"京宫""京室"很可能是分名与总名的关系。

周人自古公亶父时迁徙到岐山一带的"周"(《史记·周本纪》),但为什么还以"京"相称呢?愚以为这种情况大概就相当于今日的"籍贯",古公亶父、季历大概都自幼就生活在豳地之"京",周人迁岐至少应该在古公亶父中年之后,季历青年娶妻之后,所以他们去世之后所建宗庙尽管在宗周和成周(见作册夨令方彝),但仍然以出生之地来进行命名。但"京宫"等名称之中没有唐兰所说"季历"之后的"文王、武王、成王",因为周文王应是在岐周出生的,故小盂鼎铭中就直接称他为"周王",武王克商后所作《逸周书·世俘》篇中的"周庙"就是文王之庙。所以"京宫"中不仅没有武王、成王的宗庙,也没有文王的宗庙。此说在西周金文中是可以找到证据的。

作册夨令方彝铭云:"既咸令(命),甲申,明公用牲于京宫。乙酉,用牲于康宫。"(《集成》9901)夨令方彝铭中"京宫""康宫"是对立的,此器作于周康王时期,其中"京宫"亦含有大王(太王)、王季二庙,则是以始建岐周的太祖、太宗宗庙出现的;文王、武王、成王之庙则置于近亲父祖曾三庙之中,而且这三庙在周康王时期的小盂鼎铭文中被称之为"周庙"。到周穆王时期,周王室已为文王、武王建立世不毁的"周庙",成王、康王、昭王则为近世父祖曾三庙①。《逸周书·祭公》篇及清华简《祭公之谋父》对此均有记述:"王曰:'公称丕显之德,以予小子扬文武大勋,弘成、康、昭考之烈。'"(《逸周书·祭公》)按:近出清华简《祭公之顾命》这几句异文作:"王曰:'公禹(称)不(丕)显惪(德),以余少(小)子飑(扬)文武之剌(烈),飑(扬)城(成)、康、邵(昭)宝(主)之剌(烈)。'"②说明周穆王之时"京宫"中先祖已经从五庙的庙制中祧去了,而大王(太王)和高圉只作为"报"祭的先公出现在周人的祭祀制度之中:《国语·鲁语上》:"高圉、大王,能帅稷者也,周人报焉。"不过"报"祭与五种典祀中其他的

---

① 西周春秋时近亲父祖曾三庙制见于雍城马家庄秦国春秋遗址以及西周金文、古文献资料之中,战国秦汉以来后儒所说近亲四庙制是错的。请参看拙作《西周春秋宗庙制度研究》,待刊。
② 清华大学出土文献研究与保护中心编、李学勤主编:《清华大学藏战国竹简(壹)》,中西书局,2010年,上册"放大图版"第102页,下册"释文"第173—174页。

"禘、郊、祖、宗"皆建有宗庙不同。《国语·鲁语上》云："凡禘、郊、祖、宗、报，此五者国之典祀也。"这五种典祀中，只有禘、郊、祖、宗四种是建有宗庙进行祭祀的，"报"祭是不建宗庙的。

总的看来，西周时期内涵宗庙的"京宫"是存在的，但它含有的内容即存在的时间与过去唐兰所说的完全不同。从内容方面来看，如果说上述武王时期的"京宫"内含有大王（太王）、王季二庙，大概因太王、王季是最后具有在豳地之"京"生活经历的人，从下文所见《逸周书·世俘》可知周武王时期已为其父文王建有"周庙"。从"京宫"存在的时间来看，它所在时间仅为武王到康王时期，康王之后则随着朝代的推移，曾具有豳都之"京"生活经历的先公先王——太王、王季，在宗庙中重新排列组合，太王、王季逐渐被祧去进入"太庙"之中。而且从周康王之后"京宫"也就不再出现了，因此唐兰先生所说"京宫"含有太王、王季、文王、武王、成王的说法，不仅不合西周宗庙制度也从未出现过，而且西周中期以后"京宫"也就不再存在了①，可见唐氏"京宫"说肯定是不对的。

早期的"京宫""京室""京宗"在何地？古文献似乎还没有确切的记述。但从西周金文资料看，成王建都成周洛邑后，便在此地修建了"京宫（京宗）"。上引作册夨令方彝铭云：

> 隹（唯）十月月吉癸未，明公朝至于成周，徣（诞）令（命）舍三事令，眔（暨）卿事寮、眔（暨）者（诸）尹、眔（暨）里君、眔（暨）百工，眔（暨）者（诸）侯：侯田（甸）男，舍四方令。既咸令（命），甲申，明公用牲于京宫。乙酉，用牲于康宫。咸既，用牲于王。（《集成》9901）

作册夨令方彝说在十月癸未的早晨到了成周，"令（命）三事令"并"舍四方令"完毕之后，"甲申，明公用牲于京宫。乙酉，用牲于康宫"，甲申、乙酉是前"十月月吉癸未"的第二天和第三天，这两日明公用牲于京宫和康宫，很显然这两宫是修建在成周之中的。周初成王时的何尊铭和甲戌方鼎铭也证明"京室""京宗"是在成周之中的：何尊铭说"隹（唯）王初迁宅于成周……才（在）四月丙戌，王龏（诰）宗小子于京室"（《集成》6014），甲戌方鼎铭说"隹（唯）四月甲戌，才（在）成周。丙戌，王才（在）京宗，赏方安□□□贝，用乍（作）宝尊彝"，这两件器的时间、地点是完全一致的，不仅证明"京室"就是"京宗"，也证明二者就是"京宫"且在"成周"之中——甲戌方鼎中"甲戌"距"丙戌"也只有12天。

---

① 西周穆王时班簋铭文中有"班拜稽首曰：乌（呜）虖（呼）！不（丕）（显）叴皇公，受京室懿釐，毓（后）文王孙圣孙，登于大服广成厥工（功）"（《集成》4341），铭文中"京宗"应是指"京宫宗庙"。毛班的始封祖"皇公"是文王之子，如上文所言，周文王在成王为之建"周庙"前古属"京宫"，故称"受京室懿釐"。

所以成王修建成周之后，周王宫中便有"京宫"及"京宗""京室"。

二、西周"周庙"问题

西周金文和西周春秋古文献中皆有"周庙"的资料，但对"周庙"一词的解释却存在分歧。杜预注《左传》襄公十二年"周庙"是"文王之庙"，是对的却又是不完善的。唐兰在他的《"康宫"问题》中竟然完全不提及"周庙"问题，不能不说是一大疏漏和缺陷，也是他的"康宫说"不能成立的最主要证据。

"周庙"一词最早出现是周初之时。西周时最早也是最可靠的文献《逸周书·世俘》云：

> 维四月既生霸越六日庚戌，武王朝至燎于周［庙］。［曰］："维予冲子绥文［考］。"①……武王在祀，大师负商王纣县首白旂，妻二首赤旂，乃以先馘，入燎于周庙。若翼日，辛亥，祀于位用篇于天位。越五日，乙卯，武王乃以庶国祀馘于周庙，［曰］②："翼予冲子。"断牛六，断羊二，庶国乃竟。告于周庙曰："古朕闻文考修商人典，以斩纣身，告于天于稷。用小牲羊犬豕于百神、水、土（社）于誓社。"曰："维予冲子绥文考，至于冲子，用牛于天于稷五百有四，用小牲羊豕于百神水土社二千七百有一。"

《汉书·律历志下》引《武成》篇亦有武王伐商后在"周庙"中进行燎祭和献俘的记载："惟四月既旁生霸，粤六日庚戌，武王燎于周庙。翌日辛亥，祀于天位。粤五日乙卯，乃以庶国祀馘于周庙。"上见《逸周书·世俘》中"周庙"有四处，这些"周庙"应是周武王伐商之后为周文王所建宗庙，因为在周庙祭祀之时皆有武王祝告其父考文王祝词："维予冲子绥文［考］""翼予冲子""古朕闻文考修商人典，以斩纣身，告于天于稷……""维予冲子绥文考，至于冲子……"，这些祝词中的"冲子"是周武王的自称，而"父考"即指周文王，而并未涉及其他先公。可见武王时所建"周庙"也只是周文王之庙而无其他。

陈逢衡、刘师培、顾颉刚等以《吕氏春秋·古乐》等书篇中的"京太室"解释《世俘》中的"周庙"。陈逢衡引《吕氏春秋·古乐》"武王归，乃荐俘、馘于京太室"，谓与《世俘》篇"武王在祀，大师负商王纣县首白旂，妻二首赤旂，乃以先馘，入燎于周庙"记述同。刘师培曾引《蔡邕集·明堂论》云："《乐记》曰：'武王伐殷荐俘馘于京太室。'所云京太室即周庙也。"顾颉刚也有相似的说法③。笔

---

① 今本上两句中"庙""曰""考"三字，此据俞樾、孙诒让、顾颉刚之说补。见黄怀信、张懋镕、田旭东《逸周书汇校集注》上册，上海古籍出版社，1995年，第463—464页引诸家之说。
② 此"曰"原文无，是笔者根据上下文补漏。因为此处若无"曰"字，"翼予冲子"则显得唐突而无着落；而且此语是周武王之语是十分明显的。
③ 黄怀信、张懋镕、田旭东：《逸周书汇校集注》上册，第464、467、468页引诸家之说。

认为这些说法是不对的。如前所说,"京太室"是指大王之庙。

《世俘》记述武王在"周庙"中祝词所云"维予冲子绥文[考]""古朕闻文考修商人典""维予冲子绥文考",显然"周庙"之时对武王的"文考"文王而言,并没有涉及其他先公。所以《世俘》所记周武王时期的"周庙"只是周文王之庙。

西周早期成王时塱方鼎铭云:"隹(唯)周公征东尸(夷),丰白(伯)、尃(薄)古(姑)、咸弋。公归,彝于周庙。"(《集成》2739)这一件青铜器铭文时代十分明确,是成王初年"周公征东夷"时期,周公归来在"周庙"中进行祭祀。虽然"周庙"中有哪些先王并未明言,笔者认为这时的"周庙"应是包含文王、武王两个宗庙。

周康王时期小盂鼎铭不仅数次提到"周庙",而且还涉及在"周庙"举行献俘礼的情况,对我们了解"周庙"的所含范围很有帮助:

(1)隹(唯)八月既望,辰才(在)甲申,昧丧(爽),三左三右多君入服酉(酒),明,王各(格)周庙……王乎(呼)聋白(伯)令盂以人馘入门,献西旅,□□入燎周庙。……□□大采,三周入服酉(酒),王各(格)庙,祝祉(延)□□□邦宾,不(丕)祼,□□用牲奝(禘)周王、珷(武)王、成王,□□卜有臧,王祼,祼述,赞邦宾。……雩若翌日乙酉,□三事□□入服酉(酒),王各(格)庙,赞王邦宾。(小盂鼎,《集成》2839)

从小盂鼎铭文可见,盂伐鬼方获取俘馘归来,周康王亲自主持的献俘礼是在"周庙"中举行的,从"王各(格)周庙""□□入燎周庙"两处可知。下文"王各(格)庙"之"庙"是"周庙"的省略,"□□用牲奝(禘)周王、(武)王、成王"则是周康王在"周庙"中禘祀周王、武王和成王。"周王"自陈梦家《西周铜器断代》以来皆以"文王"释之①,是对的。《诗经·大雅·棫朴》有"周王于迈,六师及之","周王寿考,遐不作人",《诗序》谓此诗颂"文王能官人也",以其诗有"周王寿考"来看,《诗序》所说诗中"周王"为"文王"是可信的。但唐兰先生说"周王包括太王、王季、文王"②,笔者以为是不对的。

这就说明周康王时的"周庙"中是有文王、武王、成王三父祖曾的宗庙;而且康王时文王庙直接以"周王"相称,也就是说,这时"周庙"虽含文、武、成三庙,但是是以文王为主的。我们也要看到,"周庙"在西周晚期宣王时还存在,西周金文中有:

(2)唯八月初吉,王各(格)于周庙,穆公右盠,立于中廷,北卿(向)。(盠方彝,西周早期后段或中期前段,《集成》9899)

(3)隹(唯)十又二年正月初吉丁亥,虢季子白乍(作)宝盘。……

---

① 陈梦家:《西周铜器断代》,中华书局,2004年,第111页。
② 唐兰:《西周青铜器铭文分代史征》,中华书局,1986年,第188页注㊾。

王孔加（嘉）子白义，王各（格）周庙宣厩，爰卿（飨）。（虢季子白盘，西周晚期，《集成》10173）

（4）隹（唯）九月既望甲戌，王各（格）于周庙，灰（馈①）于图室。（无叀鼎，西周晚期，《集成》2814）

（5）王在周康宫穆宫，旦，王格周庙即立（位）。（四十三年逑鼎，西周晚期宣王时，《铭图》2503）

例（2）到例（4）是从西周早期后段到西周晚期的几件青铜器铭文中皆有"周庙"；特别是例（5）四十三年逑鼎是周宣王四十三年器，铭文说宣王居住在周康宫穆宫，晨旦宣王来周庙即位，这说明"周庙"就在"康宫"之中，也说明周宣王晚期"周庙"仍存在。不过这时的"周庙"就不是康王时小盂鼎中"周庙"内含文武成王三庙了，而应只含文王、武王二庙了。而成王之庙应从"周庙"中祧去，而文王、武王二位先王之庙就成了周王室世世不毁、世世祭祀的太祖太宗之庙。

文王、武王同时被立为太祖、太宗庙，是周王室世世不毁之庙，而周成王庙在三世后的周共王时，按照宗法制被祧去只存神主在周庙之中。所以西周中期共王后的"周庙"只有文王、武王两位开国先王。杜预注《左传》襄公十二年"周庙"云"文王庙也"；而《尚书·多士》云："王若曰：尔殷多士，今惟我周王，丕灵承帝事，有命曰：'割殷，告敕于帝。'"伪孔传谓"周王，文武也"，唐孔颖达进一步解释说"文王受命，武王伐纣，故知'周王'兼文武也"。笔者认为伪孔传、孔颖达的解释是对的。尽管康王时小盂鼎铭文中的"周王"是指周文王，但成王时期的《多士》中"周王"下言"丕灵承帝事，有命曰：'割殷，告敕于帝'"，此句中"周王"不含"武王"在内就无法解释了。因此杜预注之说是不全面的，春秋时"周庙"也一定是包括武王庙在内。因为西周金文中常常可见文王武王一起"受命""受天命"，一起被后人祭祀并为祈福求佑的对象。

（6）王若曰：师克，不（丕）显文武，膺（膺）受大令（命），匍（敷）有四方。（师克盨，西周晚期前段，《集成》4467）

（7）王若曰：逑，不显文武，膺（膺）受大令（命），匍（敷）有（佑）四方。（逑盘，西周晚期宣王，《新收》757）

（8）王若曰：父厝，不（丕）显文武，皇天猒（厌）厥德，配我有周，膺（膺）受大命，率褱（怀）不廷方，亡（无）不闲（捍）于文武耿光，唯天赍（将）集厥命……（毛公鼎，西周晚期，《集成》2841）

（9）王肇遹省文武堇（勤）疆（疆）土。（㝬钟，西周厉王时，《集成》418）

---

① 王晖：《从西周金文看西周宗庙"图室"与早期军事地图及方国疆域图》，《陕西师范大学学报》（哲学社会科学版）2012年第1期。

(10) 不（丕）显文武，孚受天命。（师询簋，西周中期，《集成》4342）

(11) 王若曰：芈白（伯），朕不（丕）显且（祖）玟（文）珷（武），膺（膺）受大令（命）。……（芈伯簋，《集成》4331）

(12) 䰙（申）宁天子，天子鬹（格）䌈（缵）文武长剌（烈），天子沬（弥）无匄（害）……（史墙盘，西周中期前段，《集成》10175）

西周春秋时文献中也有不少文王、武王受命，并以文王、武王为楷模，效法并承继其功业的记述：

(13) 王若曰："公，明保予冲子。公称丕显德，以予小子扬文武烈，奉答天命，和恒四方民，居师。……旁作穆穆迓衡，不迷文武勤教，予冲子夙夜毖祀。"……诞保文武受民乱，为四辅。……惟周公诞保文武受命，惟七年。（《尚书·洛诰》）

(14) 敢敬告天子，皇天改大邦殷之命，惟周文武，诞受羑若，克恤西土。（《尚书·康诰》）

(15) 王若曰："……父义和，汝克绍乃显祖，汝肇刑文武，用会绍乃辟，追孝于前文人。"（《尚书·文侯之命》）

这些金文和文献表明，西周春秋时期文王、武王是周王朝的一面旗帜，是受天命而称王的太祖太宗，西周春秋嗣位周王常把文王、武王作为周王朝建国立业的象征，因此周王朝专门建立文王、武王宗庙并进行祭祀。这种情况不仅在西周周王朝强盛时期是如此，即使春秋战国周王朝王权衰落之时也是如此：

(16) 王使宰孔赐齐侯胙，曰："天子有事文武，使孔赐伯舅胙。"（《左传·僖公九年》）

(17) 四年，周天子使卿大夫辰来致文武之酢（胙）。（秦封宗邑瓦书，战国晚期，《古文字研究》（第十四辑），第178—179页）

例（16）是记述春秋时鲁僖公九年（前651），周襄王派遣使臣宰孔，把祭祀文武王之后的胙肉送给时为诸侯霸主齐桓公作为珍贵的赏赐。例（17）秦封宗邑瓦书记述战国中期后段秦惠文王四年（前334），周显王派遣卿大夫辰赠给秦惠文王祭祀过文武王的胙肉作为赏赐。很有意思的是，《左传·僖公九年》所记是春秋周王室权力开始衰落、诸侯开始称霸之时，秦封宗邑瓦书则是周王室势力大衰、诸侯纷纷称王之时，但周王仍派人把祭祀文武王之后的胙肉赠给诸侯霸主，表明文武王作为护佑神的威望、影响还是存在的；而且表明这时的周王也一直在周庙里祭祀周文王和武王的①。这两条也证明《国语·鲁语上》《礼记·祭法》所说周人"祖文王而宗武王"是可信的，周王朝从西周早期建立的含有文王、武王宗庙的"周庙"，从西周到

---

① 参看拙作《西周春秋宗庙制度研究》，待刊。

战国是一直存在的。而且文武王宗庙也绝不可能像唐兰所说的那样,是置于"京宫"之中的。

三、西周"康宫"问题

1. 唐兰"康宫"为康王始祖庙辨非

前已说过,周代真正不毁之庙是文、武之庙,《国语·鲁语上》《礼记·祭法》已有明言:"周人禘喾而郊稷,祖文王而宗武王。"因此周代的不毁之庙不会既有文王、武王,又另外再建一个"康宫"——周康王之庙作为不毁之庙。

但令人不解的是,唐兰《"康宫"问题》一文竟完全未讨论"周庙"的问题,并把文王、武王周庙纳入"京宫"之中,并且说"根据金文资料,文王、武王并不是作为永远存在的两个祧庙,而是属于'京宫'里面的"①。他还认为"京宫""康宫"是并列的,"每一宫内实际都包含五宫,两昭两穆"②。并且否定了过去的"七庙九庙之说",认为西周金文中实际并列存在着"京宫""康宫"十庙制。唐兰把康王之庙作为不毁之庙是错的。西周金文也常见"周庙",我们根据小盂鼎可知周康王时"周庙"含有文、武、成王三庙,西周中期穆王后出现在金文中"周庙"应只含文武二王之庙,成王之庙已从"周庙"中祧去。

这肯定是不对的。试想"京宫"一词自作册矢令方彝之后再也不见于西周金文中,那岂不就说明周人不再祭祀文武王了吗?实际上西周金文中不仅屡见"丕显文武,膺(膺)受大令(命),匍(敷)有四方"的追忆,在春秋战国时还常以祭祀了文武王的胙肉赐诸侯霸主作为赏赐。因此周王室世世不祧之庙只能是文、武王,不可能是康王。唐氏所说"康宫"是康王之庙,且认为"康宫为总名,而昭穆以下各为宫附于康宫"之说是错误的。

唐兰先生不仅认为"京宫"中有五庙:太王、王季、文王、武王和成王,"康宫"中有五庙:康王、昭王、穆王、夷王、厉王;而且认为"京宫"中太王是"始祖","康宫"中康王是"始祖"。他说:

> 我们可以看见京宫里是五庙:太王、王季、文王、武王和成王,是一个始祖和二昭二穆。但康王以后,忽然改了,变为昭王为昭,穆王为穆了。这就证明了康王的庙必然是独立的,不在"京宫"以内的,证明了康王在周王朝的宗庙里面是作为始祖的。……康王以后列入康宫,但在宣王时,康宫里也是五庙,即:康宫、昭公、穆宫、夷宫、厉宫……两周祭祀可能还有更远的始祖,如后稷、公刘,在金文里没有见到,但就是"京宫"和"康宫"的并列,每一宫内实际上都包含五宫两昭两穆,而没有什么九庙七

---

① 唐兰:《西周铜器断代中的"康宫"问题》,见《唐兰先生金文论集》,第132页。
② 唐兰:《西周铜器断代中的"康宫"问题》,见《唐兰先生金文论集》,第132页。

庙之说，这都是汉朝以来学者所不知道的。①

上述说法存在三个问题。首先，按照唐兰先生的说法，他认为两宫制中各有五庙，"京宫"五庙里有太王、王季、文王、武王和成王，"康宫"五庙里有康宫、昭公、穆宫、夷宫、厉宫，共有十庙。但古代都没有这种十庙制，他也担心难以取信于人，在否定了古代七庙制、九庙制后，就说"这都是汉朝以来学者所不知道的"，似乎这些说法是汉人的创造。但是查阅文献可知，先秦到汉初，一般都说的是"七庙制"，如《礼记·曾子问》《礼器》《祭法》《王制》《荀子·礼论》《穀梁传》等古文献，其中除了《礼记·王制》成书于汉武帝时代，其余皆成书于先秦时期。这些古文献皆言天子七庙、诸侯五庙，不仅没有"九庙制"，更没有"十庙制"。而依《礼记·明堂位》的说法，"成王以周公为有勋劳于天下……命鲁公世世祀周公以天子之礼乐"，西周春秋时鲁国享有"准天子级宗庙制"，考察《诗经·鲁颂·閟宫》《春秋》及三传可知，而且太王之前，鲁国祭祀礼仪中实行近世父祖曾三代宗庙，加上周公太庙、鲁公伯禽世室，以及帝喾、后稷二庙——《鲁颂·閟宫》"皇皇后帝，皇皇后稷"、《国语·鲁语上》"周人禘喾而郊稷"，正是七庙制；而从古文献和西周金文资料看，周王室七庙制则是由近亲父祖曾三代宗庙，加文、武王之太祖、太宗庙，再加帝喾、后稷二庙组成，表明战国学者天子七庙制的说法是对的②。而唐兰两宫十庙制的说法在西周春秋时期是不存在的。

其次，唐兰先生所说"京宫"五庙和"康宫"五庙的创立很大因素是来自他所理解的昭穆制度，但他说的昭穆制度是有问题的。他说：

> 首先，分昭穆是周民族原有的习惯，在周初已经应用。
>
> 《尚书·酒诰》说："成王若曰：明大命于妹邦，乃穆考文王肇国在西土。"《酒诰》是用成王的名义对康叔说的，文王是康叔的父亲，成王说是"乃穆考"，可见文王的次序是"穆"。《周颂·载见》说："率见昭考，以孝以享，以介眉寿。"《诗序》说："载见，诸侯始见于武王庙也。"《毛传》："昭考武王也。"可见武王的次序是"昭"。《尚书·金縢》说："既克商二年，王有疾，弗豫。二公曰：我其为王穆卜。周公曰：未可以戚我先王。"过去都不懂得"穆卜"是什么意思，其实就是说要卜武王的"穆"。二公认为武王的病已经好不了了，所以要卜下一代。周公阻止了他们，自己来告太王、王季、文王，请求替武王的死，所以说"其勿穆卜"。因为武王的次序是"昭"，那末，卜他的下一代，就应该是"穆卜"了。《洛诰》里周公说："考朕昭子刑乃单文祖德"。这里的"昭子"，过去也讲不清楚。其实《洛诰》所谓"王命周公后"是为周公立后，"昭子"就是周公旦的

---

① 唐兰：《西周铜器断代中的"康宫"问题》，见《唐兰先生金文论集》，第132页。
② 拙作《西周春秋宗庙制度研究》，待刊。

儿子。周公为第一代，是始祖，他的第二代当然属于"昭"的一辈了。

《左传·僖公五年》宫之奇说："太伯、虞仲，太王之昭也，……虢仲、虢叔，王季之穆也。"是说太伯虞仲是太王下一代，跟王季一样都是"昭"的一辈，而"虢仲""虢叔"是王季下一代，跟文王一样都是"穆"的一辈。僖公二十四年富辰说："管、蔡、郕、霍、鲁、卫、毛、聃、郜、雍、曹、滕、毕、原、酆、郇，文之昭也。邘、晋、应、韩，武之穆也。"定公四年说："曹文之昭也，晋武之穆也。"《国语·晋语》说："康叔，文之昭也，唐叔武之穆也。"可见管叔、蔡叔等都是文王后一代，和武王一样，都是"昭"的一辈，而邢侯、晋侯等是武王后一代，和成王一样，都是"穆"的一辈。由此可证明太王是始祖，王季是昭，文王是穆，武王又是昭，成王又是穆。……

关于宗庙数字的说法，汉朝以后，分歧很多，这里不去讨论。从上文已经说过的，我们可以看见京宫里是五庙：太王、王季、文王、武王和成王，是一个始祖和二昭二穆。但康王以后，忽然改了，变为昭王是昭，穆王是穆了。这就证明了康王的庙必然是独立的，不在"京宫"以内的，证明了康王在周王朝的宗庙里面是作为始祖的。①

我们之所以详细引述唐兰先生上述几段文字，是因为这是唐氏以昭穆制度来建立他所说的"二宫（'京宫''康宫'）十庙制"的主要根据。且不说他所引《尚书·金縢》"我其为王穆卜"中"穆卜"与《洛诰》中"昭子"存在解释上的问题②，他把所谓周代宗庙里的昭穆次序问题和"昭王""穆王"等名号中的"谥号"（或"尊名美号"）混为一谈，是不对的。这二者的来源、用意及制作方式都是不同的，是不应混同起来的。

根据《左传》等资料，先周及周初先公先王宗庙的确存在"昭穆"制度。也正

---

① 唐兰：《西周铜器断代中的"康宫"问题》，见《唐兰先生金文论集》，第129—132页。
② 唐兰先生把《金縢》中"我其为王穆卜"中"穆卜"解释为，二公要为身为昭辈的武王"卜他的下一代"，这个理解是有问题的。一是武王的嫡长子是成王，是嫡长子继承制下的法定继承人，这还需要占卜吗？"穆卜"之"穆"放在"卜"前，大概是个形容词作状语。伪孔传曰："穆，敬也。"释玄应《大唐众经音义》卷十引此句作"睦"字，段玉裁推测旧本盖作"睦"（臧克和：《尚书文字校诂》，上海教育出版社，1999年，第270页），是有道理的。另外唐氏还把《洛诰》"考朕昭子刑乃单文祖德"中"昭子"解释为"周公旦的儿子"，并说"周公为第一代，是始祖，他的第二代当然属于'昭'的一辈了"。这也是把"昭"当作昭穆之"昭"来理解了，这是有问题的。于省吾先生曾对此句进行了解释："按'考朕'乃'朕考'之倒文。……'朕考'周公自言，谓文王也；'文祖'谓成王之文祖，亦文王也。昭，示也。言我之考昭示子以仪型，汝须克尽文祖之德也。"（于省吾：《双剑誃群经新证 双剑誃诸子新证》，上海书店出版社，1999年，第102页）笔者认为于氏的解释是对的，唐氏的解释是错的。

如唐氏所引《左传》僖公五年、二十四年、定公四年、《国语·晋语四》所说，太伯、虞仲是太王之子，与季历都是昭字辈；虢仲、虢叔，是王季之子，与文王都是穆字辈；管、蔡、郕、霍、鲁、卫（初封康）、毛、聃、郜、雍、曹、滕、毕、原、酆、郇等国受封始祖，都是文王之子，与武王都是昭字辈；邘、晋（初封唐）、应、韩等国受封始祖，都是武王之子，与成王都是穆字辈。从太伯、虞仲、季历到成王时期，的确是按一昭一穆的方式排列。

但是成王之后的周王宗庙昭穆制的排列情况，古文献中根本没有记载。按照之前的方式推论，康王应是"昭"，昭王应是"穆"，穆王应是"昭"，共王应是"穆"，等等。西周宗庙里的昭穆制度是否继续这样排列，因没有古文献资料记载，我们也不大清楚。但唐兰先生却说从周康王时期改了"昭穆制"，意思是昭王本该是"穆"，却变成了"昭（王）"；穆王应是"昭"，却变成了"穆（王）"。他显然是把周代宗庙里昭穆制和周王名号相混起来。

我们知道，周代昭穆制的来源与目的，学术界说法很多，在此我们不想深究；但它的作用应只是宗庙里一昭一穆的排列次序，确是清楚的。但是昭王之"昭"和穆王之"穆"，过去学术界认为是依谥法而命名的称号。《逸周书·谥法》说周公旦葬文王之后"乃制作谥"，古代学界向来无疑。近代王国维根据青铜器铭文中有诸如"穆王"的名称，认为古说的谥法不可全信，提出成王、昭王、穆王、共王、懿王等称号应为生时的"美名"，而非"谥号"①。但不管是"谥法"的死后之名号，还是生称的"美名"，似乎皆与宗庙里昭穆的排列顺序无关。而且从西周到战国各个诸侯国以"昭""穆"命名的国君甚多，大致翻阅一下《史记》中的各个"世家"，就会发现几乎每个诸侯国都曾经用"昭""穆"命名过自己的君主，但这些很难说与宗庙的昭穆有什么关系。以《史记·晋世家》为例，晋穆侯死后，其弟殇叔即位，晋文侯袭杀殇叔而自立，晋文侯死后，其子晋昭侯即位。如果按照唐兰先生宗庙昭穆次序和称号混同的说法，晋穆侯和殇叔是穆辈，晋文侯是昭辈，晋昭侯本应是穆辈，却被称为"晋昭侯"，一定是晋文侯时改变了昭穆的班次，才造成这种昭穆班次混乱的情况。可见，西周春秋周王和诸侯称号很难都用宗庙里的昭穆次序来解释。而且按照周代宗庙昭穆次序一昭一穆地排列下去，是不能随意改变的。而唐兰先生说到周康王时突然可以改变昭穆次序，就更让人怀疑唐兰随意改变宗庙昭穆次序并把昭王、穆王称号与宗庙昭穆次序混同起来，这就不对了。

再次，唐氏所说"京宫"里的太王是"始祖"，"康宫"里的康王是"始祖"，不仅完全否定了《国语·鲁语上》《礼记·祭法》等文献所说"周人禘喾而郊稷，祖文王而宗武王"的传统说法，而且突然多出了两位"始祖"：太王和周康王。按照《鲁语上》和《祭法》及汉唐礼学家的说法，帝喾是周人所自出之帝故而禘祀，后

---

① 王国维：《遹敦跋》，见《观堂集林》第3册，中华书局，1984年，第895页。

稷是周人始祖，故而郊祀，文王是周人太祖，武王是太宗，故而立"周庙"世世不毁。周代始祖只有一位，此即后稷。《白虎通·宗庙篇》云："周以后稷文武特七庙，后稷为始祖，文王为太祖，武王为太宗。"《公羊传·成公六年》何休解诂亦云："周家祖有功，尊有德，立后稷、文、武王庙，至于子孙以下而七庙。"称后稷为"始祖"虽然始建于汉代文献，但从《春秋》经文看，鲁国年年郊祀后稷，汉人之说法是有道理的。但若按唐兰说法，加上"太王""康王"，那岂不是就有三位"始祖"？而且"太王""康王"为什么是始祖？唐兰先生也没有进一步给一个说法。

不过是按照周代还是后世的宗法宗庙制度，一个时代只有一位"始祖"，不会有几位"始祖"同时存在，因此可见唐兰之说是错误的。同时只有文王、武王的宗庙是世世不毁且常常要祭祀的，其他周王宗庙则是超过三世要祧去而放入太庙之中的；有的宗庙即使由于一些特殊原因不毁，但也不可能是周王常去祭祀的，这一点后面再作分析。

2. 西周金文"康宫"所含宗庙及其时代问题

下面我们先看看西周金文中有关"康宫"的资料：

器 名	时 代	与"康宫"相关的金文内容	著录书编号
作册夨令方彝	西周前期	乙酉用牲于康宫,咸既,用牲于王	《集成》9901
申簋盖	西周中期前段	王在周康宫,格大室即位	《集成》4267
夨簋	西周中期前段	王在周康宫卿(飨)醴	《新收》1958
狱簋甲	西周中期前段	王格于康大室	《铭图》5315
古盨盖	西周中期	王在康宫,格[于]大室	《铭图》5673
古鼎	西周中期前段	王在康宫,格于大室	《铭图》2453
师遽方彝	西周中期	王在周康寝,卿(飨)醴	《集成》9897
康鼎	西周中期	王在康宫	《集成》2786
敔簋盖	西周中期	王在康宫,格齐伯室,召敔	《新收》671,《集成》10166
师道簋	西周中期	王在康宫,格于大室	《新收》1394
走马休盘	西周中期	王在周康宫,旦,王格大室	《集成》10172
君夫簋盖	西周中期	王在康宫大室	《集成》4178
卫簋丙	西周中期	王客(格)于康宫	《集成》4211
扬簋	西周中期	王在周康宫,旦,王格大室	《集成》4294
望簋	西周中期	王在周康宫新宫	《集成》4272
辅师嫠簋	西周中期后段	周康宫即位	《集成》4286
即簋	西周中期后段	王在康宫,格大室	《集成》4250
楚簋	西周中期后段	王格于康宫	《集成》4246
伊簋	西周晚期	王在周康宫,旦,王格大室即位	《集成》4287

续表

器 名	时 代	与"康宫"相关的金文内容	著录书编号
师𩛥簋	西周晚期	王在周康宫,旦,王格大室	《集成》4312
南宫柳鼎	西周晚期	王在康庙	《集成》2805
元年师兑簋	西周晚期	王在周,格康庙即位	《集成》4274
颂鼎	西周晚期	王在周康邵(昭)宫,旦,王格于大室	《集成》2829
趞鼎	西周晚期	王在周康邵宫,格于大室	《集成》2815
袁鼎	西周晚期	王在周康穆宫,王格大室	《集成》2819
善夫克盨	西周晚期	王在周康穆宫	《集成》4465
吴虎鼎	西周晚期	王在周康宫穆宫	《近出》364
酅攸比鼎	西周晚期	王在周康宫徲(夷)大室	《集成》2818
此鼎甲	西周晚期	王在周康宫徲(夷)宫,旦,王格大室	《集成》2821
四十二年逨鼎	西周晚期宣王	王在周康穆宫,旦王格大室即位	《铭图》2501
四十三年逨鼎	西周晚期宣王	王在周康宫穆宫,旦王格周庙即位	《铭图》2503
克钟	西周晚期	王在周康剌(厉)宫	《集成》204
克镈	西周晚期	王在周康剌(厉)宫	《集成》209

如前所述,唐兰《"康宫"问题》,认为"康宫"包含有五庙,除康王之庙外,还有"邵宫"祭昭王,"穆宫"祭穆王,"徲宫"祭夷王,"剌宫"祭厉王。但是为何西周金文"康宫"中只有昭、穆、夷、厉王五王之庙,却不见共、懿、孝诸王之庙?唐氏解释说"孝王是共王的弟弟,他和共王同是昭,而不能单独作为一世",又说"显然由于共、懿等王已为祧庙,附如昭穆两宫了。可见西周后期,还是五庙制度的"。唐氏此说是严重违背周代宗庙制度的。如果说孝王是共王之弟而不能独为一世还勉强说得通,而后面说共王、懿王已为祧庙就使人大为怀疑了!为何之前的康王、昭王、穆王不入祧庙,而让晚得多的共王、懿王进入祧庙呢?这还有什么章法吗?西周晚期宣王时的四十二年与四十三年逨鼎有"周康宫穆宫",宣王距康王已有八世,距穆王已有六世;西周晚期颂鼎、趞鼎中有"周康邵宫",不管这二器是厉王还是宣王,距昭王也有七世或八世了。我们曾著文认为所见金文和古文献中都是三世之上的先祖均入祧庙①:

> 子越又恶之,乃以若敖氏之族,圄伯嬴于轑阳而杀之,遂处烝野,将攻王。王以三王之子为质焉,弗受。师于漳澨。——杜注云:"烝野,楚邑。三王:文、成、穆。"(《左传·宣公四年》)

楚人恶君之二三其德也,亦来告我曰:"秦背令狐之盟,而来求盟于

---

① 拙作《西周春秋宗庙制度研究》,待刊。

我，昭告昊天上帝、秦三公、楚三王，曰：'余虽与晋出入，余唯利是视。'"——杜注云："（秦）三公，穆、康、共。（楚）三王，成、穆、庄。"（《左传·成公十三年》）

《左传·宣公四年》记载楚庄王灭若敖氏之事，"三王之子"是指楚文王、成王、穆王的子孙，楚穆王是楚庄王之父，楚成王是楚庄王之祖父，楚文王是楚庄王曾祖父，楚庄王以三位父祖曾的子孙作人质，实际上这正是"王族"的子孙们，尚未从王族分化出去。但这里未提到楚武王，应说明楚武王已经从近亲"三庙制"中祧去了。同样，《左传·成公十三年》中的楚王是楚共王，所以杜预注说楚"三王"是楚成王、楚穆王、楚庄王，分别是楚共王的曾祖父、祖父、父亲。可知这是楚国已经把楚文王从近亲"三庙制"中祧去了，而新增的则是楚共王的父考庙。而这时秦国的国君是秦桓公，而《左传·成公十三年》所说的"秦三公"是秦穆公、秦康公、秦共公，分别是秦桓公的曾祖父、祖父、父亲。

不仅春秋时诸侯国是如此，西周周王室也是如此。《逸周书·祭公》云："王曰：'公称丕显之德，以予小子扬文武大勋，弘成、康、昭考之烈。'"近出清华简《祭公之顾命》这几句异文作："王曰：'公禹（称）不（丕）显悳（德），以余少（小）子飏（扬）文武之剌（烈），飏（扬）城（成）、康、邵（昭）宔（主）之剌（烈）。'"① 可见周穆王时代的近亲宗庙之主也是父、祖、曾三位。这种情况在战国时期才发生变化，如战国后儒所说那样，近亲宗庙有三位变为四位。根据西周金文和古文献资料，西周中期以来，皆是以近亲父祖曾三庙制加上文武太祖太宗庙形成五庙制，近亲三庙之前的先祖一般都祧入太祖庙中；战国以来才有近亲四庙之前的远祖庙祧入太祖之庙的现象②。但按照唐兰所谓的"康宫说"，"康宫"中有康王、昭王、穆王、夷王、厉王五庙，西周晚期周宣王时金文出现的穆宫、邵宫及康宫已达到六至八世了，哪一种宗法、宗庙制度还有这种情况呢？还不说单单祧去共王、懿王之庙，却不祧去更早的康王、昭王、穆王之庙的现象，就已经既不合理也不合法。而且唐氏对这种不合理现象也未作任何解释。

按照周代宗法宗庙制度，这些西周晚期金文中的康、昭、穆三庙皆近亲宗庙的三世之前，已在祧庙之中，不可能像唐兰先生所说那样和夷王、厉王之庙组成"康宫"五庙，但为何在西周晚期金文中仍然存在？似乎不可理解。我们认为，这还得对西周晚期金文中犹有"康庙"（九年师兑簋）"邵宫"（颂鼎、趞鼎）"穆宫"（裘鼎、善夫克𤰶、吴虎鼎、四十二年与四十三年逨鼎等）的特殊现象作些分析。不过我以为观察一下鲁国《春秋》中有关祧庙复立或当毁而未毁之例，则思过半矣。春

---

① 清华大学出土文献研究与保护中心编、李学勤主编：《清华大学藏战国竹简（壹）》，上册"放大图版"第102页，下册"释文"第173—174页。
② 拙作《西周春秋宗庙制度研究》，待刊。

秋时鲁国庙制有两种非常规现象。一是祖庙已毁而复立。如鲁成公六年复立武公之庙，《春秋·成公六年》"二月辛巳立武公"。鲁武公是伯禽玄孙敖，距成公已有十一世，是因特殊原因而复立。二是祖庙当毁而未毁。此有鲁桓公、僖公为例。《春秋·哀公三年》："五月辛卯，桓宫、僖宫灾。"鲁桓公是哀公八世祖，僖公则是哀公六世祖。为什么呢？元明之际的学者汪克宽曾提出春秋宗庙不尽毁之说："然考成之十八年，晋悼公朝于武宫，昭之十七年，当晋顷公之世，而中行穆子献俘于文宫。晋武公至悼公，文公至顷公，皆已十世。而其宫犹存。则当时诸侯之庙，亲尽不毁者，不特鲁矣。"① 杨伯峻先生也有同样的看法②。其实春秋鲁、晋如此近亲三世亲缘已尽但宗庙并不全毁，即就周王室亦如此。《左传·昭公二十六年》："（十一月）癸酉，王入于成周。甲戌，盟于襄宫。……十二月癸未，王入于庄宫。"杜预注"襄宫"云"襄王之庙"，注"庄宫"云"庄宫在王城"。按鲁昭公二十六年为周敬王四年，则周襄王为敬王之前的七世祖，庄王则为敬王前十世祖，皆应是当毁之祖庙而未毁。以此看来"康庙""邵宫""穆宫"出现于西周晚期金文中，也提供了周王庙未毁的现象。

这些当毁而未毁之庙，除了一些特殊原因复立的之外，还有的是因为其后世子孙贵为王朝或诸侯卿士权臣，他们以这位先王或先公为"所自出"之太祖，于是他们的这位"太祖"就成了世世不毁的宗庙。但我们应认识到，这些卿士权臣的世世不毁之"太祖"庙，实际上是性质发生了变化：它们与其说是周王朝或鲁、晋等公室的远祖庙，不如说是王朝或公室卿士权臣的太祖庙。如鲁桓公、僖公之庙，在春秋晚期哀公时犹未毁，但正如学者所说，桓公是后来鲁国执政大臣"三桓"的"所自出"之"太祖"，僖公是始受封之"太宗"的嫡长之兄，故他们的宗庙世世不毁③。西周晚期金文中犹有七八世之前的"康庙""昭宫""穆宫"，原因可能也在于此。这样看来，这些特殊的现象形成自有原因，不能以其特殊性否定西周宗法、宗庙制度。这也证明唐兰"康宫说"所含康王、昭王、穆王、夷王、厉王五座宗庙是不能成立的。

---

① ［清］姚彦渠《春秋会要》引述，中华书局，1998年，第69页。
② 杨伯峻：《春秋左传注》（修订本）第4册，中华书局，1995年，第1620页。
③ 春秋时期，《左传·宣公十八年》等所记鲁有"三桓"之族（"欲去三桓，以张公室"），郑国有"七穆"之族（《左传·襄公二十六年》："叔向曰：'郑七穆，罕氏其后亡者也。子展俭而壹。'"杜注云："郑七穆，谓子展公孙舍之，罕氏也；子西公孙夏，驷氏也；子产公孙侨，国氏也；伯有良霄，良氏也；子大叔游吉，游氏也；子石公孙段，丰氏也；伯石印段，印氏也。穆公十一子，谓子良，公子去疾也；子罕，公子喜也；子驷，公子騑也；国，公子发也；子孔，公子嘉也；子游，公子偃也；子丰也；子印也；子羽也；子然也；士子孔也。子然、二子孔已亡，子羽不为卿，故止七也。"）宋国有戴、庄、桓等族。这些为诸侯卿士且为权臣者，为其所自出之祖鲁桓公、郑穆公、宋戴公、庄公、桓公立庙且为其始祖之庙，世世不毁。如此看来，这些宗庙的存在自然不是诸侯公室不毁祖庙的问题了。

3. 西周金文中"康宫"性质考辨

笔者以为,从西周"康宫"金文资料可见,郭氏、唐氏"康宫说"皆存在一些问题,然亦皆有可取之处。

郭沫若认为"康宫"之"康"与其他"京""华""般""邵""穆"等均为懿美之字而为宫室之名,此则完全否认这些宫室中有一些具有的宗庙功能,就不对了。因为从西周晚期南宫柳鼎"王在康庙"、元年师兑簋"王在周,格康庙即位","康庙"无疑是宗庙,可见"康宫"中含有宗庙是可肯定的,但"康宫"也并不完全等同于"康庙"。

笔者以为"康宫"中确有康王之庙,"康宫邵宫"、"康宫穆宫"、"康宫徲宫"(或"徲大室")、"康宫剌宫"等名称中邵、穆、徲、剌之宫应即昭王、穆王、夷王、厉王之庙。但为什么要在这四王之庙前附以"康宫"呢?我认为"康宫"应是周康王时所修王宫之名。这一点唐兰先生也有此设想,不过他接着有否定了这一设想。唐兰先生曾根据庚嬴卣"王竹各庚嬴宫"并有"王蔑庚嬴历"、尹姞鬲"王各于尹姞宗室谧林"并有"君蔑尹姞历",说"庚嬴和尹姞都是妇女,作器时她们还都生存,但尹姞鬲又明确说'穆宫作尹姞宗室于谧林',显出尹姞的宗室在生前就已建成了",接着说"那末,'康宫'也可能是生前就建立(了)"①。我以为唐氏这个推论是有道理的,但需要指出的是,周康王在生前建立的应是整个王宫,不是唐氏所说的仅为康王宗庙。

从这个意义上说,郭沫若所说"康宫"为周王宫之名是对的。"康宫"不仅含有众多的宗庙:不仅有"康庙",也有昭王、穆王的宗庙,而且还有文武王的"周庙",四十三年逨鼎说"王在周康宫穆宫,旦,王格于周庙即位",可见不仅"穆宫"是在"康宫"之中,连"周庙"也是隶属于"康宫"之中的。"康宫"是周王居住办公之处:这在西周金文中是有充分证据的。西周晚期伊簋铭文云:"隹(唯)王廿又七年正月既望丁亥,王才(在)周康宫,旦,王各(格)穆大(太)室,即立(位),䗬(申)季内(入)右伊,立中廷,北卿(向),王乎(呼)命尹封册令(命)伊:䣍官(管)嗣(司)康宫王臣妾、百工。"(《集成》4287)陈梦家也曾就伊簋铭指出:"康宫之内有臣妾百工。由此知康宫为时王所居之王宫,亦是朝见群臣之所。"② 但唐兰《"康宫"问题》反驳说:

> 但如果"康宫"是时王所居住的"王宫",那只要司"臣妾百工"就完了,为什么还要在"臣妾百工"上再加一个"王"字呢?难道在"王宫"里的"臣妾百工"还不是属于"王"吗?就因为"康宫"是一座规模宏大的宗庙,那里有王的"臣妾百工",也还有低级的奴隶,而伊的职务是

---

① 唐兰:《西周铜器断代中的"康宫"问题》,见《唐兰先生金文论集》,第140页。
② 陈梦家:《西周铜器断代(二)》,《考古学报》1955年第2期,第134页。

管理比较高级的"王臣妾百工"的。①

唐兰先生仅因为伊簋铭文中"臣妾百工"之上冠有一个"王"字,便认为这些"臣妾百工"应是宗庙里的,而不是陈梦家所说"王宫"里面的。笔者认为陈氏之说是而唐氏之说非。新近出土的金文资料可以证明这一问题。

1997年出土于陕西扶风县段家镇大同村西周墓的宰兽簋,是西周中期后段器,其铭文云:"王乎(呼)内史尹中(仲)册命宰兽曰:昔先王既命女(汝),今余唯或(又)龘(申)曇(就)乃命,更(賡)乃且(祖)考事,叡嗣(司)康宫王家臣妾,奠臺(墉,郭)外入(内),母(毋)敢无闻曆(知)。"(《近出》490)依宰兽簋铭看,"康宫"为"王宫"的性质十分明显。如果说伊簋铭文中的"康宫王臣妾、百工",唐兰先生也可以解释为宗庙里的"臣妾百工";但宰兽簋铭的"康宫"中明确说"王家臣妾",因为有"王家"的修饰限制,说明"臣妾"是"王家"所有,不是"宗庙"所有。因此"康宫"的性质也就很明晰:不仅王室在"康宫",臣妾也在"康宫"。

而且作为宰臣的兽,主管宫郭外内的命令和报奏,对外传达王令,对内传递大臣奏报。可见西周"康宫"完全相当于后世皇宫,宰兽则相当于后世传达皇宫内外消息的职官。宰兽簋铭周王命令宰兽"奠臺(墉,郭)外入(内),母(毋)敢无闻曆(知)",其中"臺"字就是《说文》臺部"臺"字,许慎解云:"臺,度也。民所度居也。从回,象城臺之重,两亭相对也。"段玉裁注云:"按城臺字今作郭,郭行而臺废矣","内城外臺,两亭相对"。而"臺"除城郭之义外,还有城墙之义。《说文·土部》:"墉,城垣也。从土,庸声,臺,古文墉。"《尔雅·释宫》:"墙谓之墉。"《诗经·大雅·皇矣》:"以尔钩援,与尔临冲,以伐崇墉。"毛传云:"墉,城也。"段注《说文》"墉"字云:"城者,言其中之盛受。墉者,言其外之墙垣具也。毛统言之,许析言之也。"② 依段玉裁之说,臺、墉及后起字"郭"统言之可以说是"城郭";但析言之则臺、墉和郭是外城,"城"内城。宰兽簋铭中"臺"是城郭之"郭"的本字,其字像城郭之上两亭相对之状。而且其用法是"统言"的城郭之义。"奠"是主管的意思,即让宰兽主管城郭内外,亦即王宫外报告的信息和王宫内向外传达的命令,"母(毋)敢无闻曆(知)",不能不让王及时了解知晓。这就把"康宫"作为宰职主管王宫的性质十分确切地定位了,不可能再解释成周王宗庙之类了。

这也说明西周王家臣妾在"康宫",连"百工"也在"康宫"之内。其中宰兽簋铭文是唐兰先生所未曾见到的资料,但就是这一簋铭也足以证明唐氏"康宫说"是错的。

---

① 唐兰:《西周铜器断代中的"康宫"问题》,见《唐兰先生金文论集》,第142页。
② [汉]许慎撰,[清]段玉裁注:《说文解字注》,上海古籍出版社,1981年,第688页下。

4. "康宫"所修建之地小考

上面曾引作册矢令方彝铭文指出西周早期康王时，成周之中建有"京宫"和"康宫"。从前面西周金文中"康宫"的列表可见，西周中期前段申簋盖之后，大凡"康宫"、"康宫邵（昭）宫"（或称"康邵宫"）、"康宫穆宫"（或称"康穆宫"）、"康宫㝨（夷）宫"（或称"周康宫㝨（夷）大室"）、"康剌（厉）宫"等，其前皆可加一个"周"字。这说明西周中期前段以来，作为周王宫的"康宫"是建在"周"地。但"周"在何地呢？学术界说法甚多，笔者认为岐周说是对的。这一问题应另属文详之，在此仅简述其略。从西周金文看，有两条资料可证"周"即"岐周"。一是史墙盘铭文云："青（清）幽高且（祖），才（在）微霝（灵）处。雩（于）武王既𢦏殷，微史剌（烈）且（祖）迺来见武王，武王则令（命）周公舍圖（宇），于周卑（俾）处。"（《集成》10175）"舍圖"之"圖"，同出土窖藏的30号㝬钟乙（76FZ1∶30）是其子㝬所作，其铭云"武王则令周公舍寓"，说明"圖"可通"寓"，其字可读作"宇"。《广雅·释诂二》："宇，居也。""宇"是指所居之地，而这个所居之地也就是下文所说的"周"。史墙盘及其同出土的103件铜器，是1976年在陕西省扶风县法门乡庄白村一号青铜器窖藏出土的。这可说明史墙家族的封地就在这一带，而这一带也就是"周"地①。

另一件器是西周晚期的小克鼎（庚）铭文云："隹（唯）十又六年九月初吉庚寅，王才（在）周康剌（厉）宫，王乎（呼）士曶召克。王亲令（命）克：'遹泾，东至于京（师）。'"（《三代吉金文存》4·30·2）从"王在周康剌宫"，命令克"遹泾，东至于京师"，"遹"通"越"，义即"越过"；"泾"即泾水，"京师"应是指豳地：即《诗经·大雅·公刘》"京师之野，于时处处，于时庐旅，于时言言，于时语语"中的"京师"。周王在岐周的周康剌宫，越过泾水，向东行进就到了豳地的"京师"。这一器物也正好能说明"周"即岐周。

四、小结

综上所述，本文所讨论的问题可以概括为以下几点：

1. 唐兰所说西周时"京宫"含有太王、王季、文王、武王、成王五庙，"康宫"含有康王、昭王、穆王、夷王、厉王五庙，共建有"十庙"，"太王"和"康王"分别是这两座宫庙中的"始祖"。这种"十庙制"在西周时期并不存在，此说既不合西周宗庙制度，而且周代也不会在始祖后稷之外，还另外有两位"始祖"：太王和康王。

2. 西周金文中的"京宫"，周武王初年应包括太王、王季、文王三座宗庙，从武王到康王时一直存在；康王之后不再出现，应是依宗庙制度被祧入太庙之中。

---

① 尹盛平先生也有此看法，见尹盛平《周文化考古研究论集》，第372—383页。

3. "周庙"是周武王为其父文王修建的宗庙，成王时"周庙"含有文王、武王二庙，康王时含有文王、武王、成王三座宗庙，穆王之时"周庙"则仅含文、武二王之庙且为世世不毁的太祖太宗之庙。武王、成王时"周庙"应是建在"京宫"之中，康王修建了"康宫"后便在其中修建了"周庙"且一直西周晚期。唐兰"康宫说"没有"周庙"的位置且把文武王之庙纳入"京宫"之中是其重大缺失。

4. 西周金文中的"康宫"并非唐兰所说的含康、昭、穆、夷、厉五王的宗庙，其说不仅不合西周宗庙制的祧庙原则，而且他说"康宫"五庙加"京宫"五庙而成的"十庙制"亦不见于任何古文献之中，同时他把昭王、穆王名号中的"昭""穆"和宗庙排序的昭穆混为一谈，尤为错误。唐兰所说"太王"和"康王"分别是这两座宫庙中的"始祖"，是错误的，周代不会在始祖后稷之外还有两位"始祖"：太王和康王。

5. 据伊簋、宰兽簋铭可知，"康宫"的性质是西周王宫之名，大概是康王时所建并以之命名的王宫。其中含有"康庙""昭宫""穆宫""𤔲（夷）宫""剌（厉）宫"等，同时还含有文武王的"周庙"。西周中晚期的是文武王"周庙"加近亲父祖曾三庙而五庙，加始祖后稷及"所自出之帝"的帝喾共有七庙。西周晚期"康庙""昭宫""穆宫"当祧入太庙而未祧的现象是另有其因。

李希霍芬中国陆路边疆商道考察奠定"丝绸之路"基础

——以《李希霍芬中国旅行日记》为中心

王 健（江苏省社会科学院历史研究所）

摘 要："丝绸之路"是李希霍芬最早命名的东西方交通线路，已经得到国际学术界的公认。通过研究新出版的《李希霍芬中国旅行日记》等资料可知，李希霍芬通过对中国东北、华北、西北、西南四大陆路边疆地区与内陆和国际交通线路或联系相关线路的中枢城市的系列考察，描述了从陆路通往俄国及欧洲、中亚、印度、缅甸等国际商道的状况，从历史和现实中认识到从西安经新疆到中亚这条国际交通线路的特殊价值，为后来提出"丝绸之路"概念奠定了基础。

关键词：李希霍芬；丝绸之路；陆路边疆；商道考察

长期以来，人们对李希霍芬（1833—1905）这样一个没有亲自走过从西安到喀什这段东西方面交通商道的德国人，能够提出"丝绸之路"这个今天基本上为国际学术界公认的学术命名表示疑惑，甚至有人说这是他的臆想。

丝绸之路思想的孕育应该是李希霍芬在1868—1872年七次中国旅行之中形成的，这是解开他没有亲临丝绸之路却能够何提出这样富有深远影响力学术问题之谜的关键。新出版的《李希霍芬中国旅行日记》等资料显示①，李希霍芬的旅行始终将自己的地理地质专业考察与为资助方进行商业交通线路考察两者紧密结合进行的，正是具有丰富的专业知识和商业地理考察的实践，才使他能够在中国东北、华北、西北、西南四大陆路边疆地区与内陆和国际交通线路或联系相关线路的中枢城市的系列考察中游刃有余，从而对内陆经边疆通往俄国及欧洲、中亚、印度、缅甸的国际商道的状况深入了解，最后从历史和现实的比较中真正认识到从西安经新疆到中亚这条丝绸之路的重要价值。

---

① ［德］费迪南德·冯·李希霍芬著，［德］E. 蒂森选编：《李希霍芬中国旅行日记》，李岩、王彦会译，华林甫、丁景涛审校，商务印书馆，2016年。

一、李希霍芬"丝绸之路"的提出

近代德国与清政府正式打交道是在咸丰十一年（1861），比英、法晚了20年。当时德国还没有统一，主要是普鲁士（《清史稿·邦交五》译作"布路斯"）。德语，译成邪马尼。这一年，以艾林波伯爵为团长的外交使团于1861年3月抵达上海，要与清政府签订通商条约，一体均沾《天津条约》利益。但直到德国建立了贴现协会和德国银行领导下的在华建造铁路的金融和工业大财团，于1886年该财团派出三名代表前往中国，实地考察"铁路问题及其他国情"。回国后写了出色的报告，促进了德国工商业在中国的发展①。这已经比艾林波伯爵外交使团来华又晚了25年，李希霍芬于1860—1862年随普鲁士远征团到亚洲东部考察，1861年第一次到中国，但因战乱等原因受困于上海，并没有在中国旅行考察②。李希霍芬应当是最早来华的德国人之一。其后，在得到美国加利福尼亚银行和上海西商会的经费资助下，李希霍芬从1868年9月至1872年5月期间，以上海为中心对中国进行了七次地质考察和旅行，这些考察，无疑是以他的地质地理专业为主，如对中国的山川地理、气候、物产、矿产，特别是煤矿资源的考察，取得了许多开创性的成就。除此之外，还包含着他为赞助商进行的商业考察，目的是为欧美在中国开拓贸易服务。显然，他真正的考察活动并不代表德国官方，自然也非过去批评的是德国侵华的急先锋。当然，他对商道交通线路、商道枢纽中心城市、商业贸易等的经济地理考察也是整个考察活动的一项重要内容，搜集了大量情报，同样取得了可观成果。这些情报为后来德国在华开辟市场和占领山东起了重要作用。

李希霍芬特别重视东北、北部、西部、西南商道枢纽与蒙古、新疆、陕甘、四川、云南、西藏等边疆民族地区的贸易联系，及其与俄国、中亚、印度、缅甸等国家的商业贸易交通线路，在此基础上，才能够提出"丝绸之路"的概念，以此命名东西方陆路交通线路，成为一项举世闻名的学术成果③。

李氏是近代最早系统考察中国的外国人，其考察成果对后世影响很大，1896年10月8日，日本驻杭州领事馆在一份报告中刊登了一篇译文，介绍了20年前李希霍

---

① ［德］恩司诺著：《清末商业及国情考察记》，［美］熊庆、李国庆译，国家图书馆出版社，2014年，作者前言、译者前言。
② 吴凤鸣：《李希霍芬其人及宏著〈中国〉——为纪念李希霍芬逝世100周年而作》，中国地质学会：《首届"地球科学与文化"研讨会暨地质学史专业委员第17届学术年会论文集》，2005年；［德］费迪南德·冯·李希霍芬著，［德］E. 蒂森选编：《李希霍芬中国旅行日记》，李岩、王彦会译，华林甫、丁景涛审校。按：日记中有几处提及他第一次到上海的事。显然，这只是一张根据地图画出的线路，并非真实的丝绸之路，至少还没有详细论证丝绸之路。
③ 详见拙作《"近代丝绸之路"：从"丝绸之路"到一带一路"历史跨越的重要节点》，《南京社会科学》2017年第3期。

芬考察浙江各地地理、风俗之后向上海外商商会提交的长篇报告，其中有关钱塘江部分的梗概，还阐述了将杭州辟为通商口岸的建议及其理由。该报告刊登在《通商汇纂》中①。1903年，鲁迅曾经在著作中提及早期欧洲、日本人对中国的踏查活动，计有德国人利忒何芬1871年的中国踏查，匈牙利人式奚尼1880年的中国踏查，俄国人阿布佉夫1884年的中国踏查，法国里昂商业会议所1887年的中国踏查，以及此后日本人神保、巨智部、铃木的辽东踏查，西和田的热河踏查，平林、井上、斋藤的中国南方踏查等。揭露这些外国人"入吾内地，狼顾而鹰睨"，怀着掠占中国的用心②。

我们从《李希霍芬中国旅行日记》中注意到他的旅行线路和计划线路，从这些专业与商业考察相结合而形成的考察线路及其所涉及的中外商贸关系来探索丝绸之路概念形成的来龙去脉，因为无论如何，并没有亲身考察过丝绸之路的他，能够提出"丝绸之路"这样一个得到世界公认，并具有强大生命力的概念，绝不是凭空想象或杜撰的，而是立足现实商业交通线路的考察。

二、中国内陆通往边疆及国外的商业交通线路

清代以来，中国陆路通往边疆地区乃至联结东西方的交通线路主要从四个方面延伸，一是东北南部，以辽东为中心，从辽东的牛庄营口及锦州向朝鲜或蒙古东部地区辐射，更远可达满洲里、瑷珲（爱辉）等口岸。较晚又向乌苏里江以东的俄罗斯方向发展，如珲春等口岸。特别是俄国修建穿越东北的中东铁路修成之后，东北通往西伯利亚和俄国欧洲的交通线路才真正打通。最终形成了绥芬河、牡丹江、长春、哈尔滨、满洲里的北满铁路与长春、沈阳至大连的南满铁路，成为东西方新的通道。二是以北方（往西北）的张家口、归绥（今呼和浩特）为中心，经蒙古的乌里雅苏台、科布多沿阿尔泰山到新疆，或直接从恰克图到西伯利亚，之后到俄国欧洲或西行到中亚、西亚。或由内蒙古往西，从河套、鄂尔多斯或阿拉善往宁夏、甘肃的商道。三是西部（西北），以西安为中心，沿关中渭水或泾水河谷往西，经甘肃兰州等往河西走廊，出嘉峪关到新疆，再往喀什、伊犁、塔城往俄国及中亚。四是以西南的成都为中心的，经蜀道往陕西关中，经番道往西藏、青海、甘肃、新疆，经云南往缅甸、印度的商道。这些线路中，以西安为起点的商道就是后来被李希霍芬所命名的丝绸之路，可谓狭义的"丝绸之路"，而其他两个方向的各条线路，都被

---

① 李少军编：《晚清日本驻华领事报告编译》第一卷，李少军等译，社会科学文献出版社，2016年，第88页。
② 鲁迅《中国地质略论》当时说："中国者，中国人之中国，可容外族之研究，不容外族之探险；可容外族之赞叹，不容外族之觊觎者也。"《鲁迅全集》第8卷，人民文学出版社，1981年，第4页。

包括在广义的"丝绸之路"中,或谓草原丝绸之路(分大草地、小草地),或谓西南丝绸之路。这些线路,又都是自古形成的,广义的古丝绸之路线路。如果对照一下今天公布的"一带一路"国家战略规划,这些线路所联系的口岸大多涵盖在内。

由于得到美国加利福尼亚银行的资助,李希霍芬1868年8月初从美国出发,经日本的短暂逗留后于9月到达上海,开始对中国的系统地理地质考察。"我是第一个在这个广阔国度考察的地理学家,我的发现引起了同行们很大的兴趣"①,"1868年初,我在加利福尼亚计划对中华帝国进行一次地理考察","加利福尼亚银行承担了考察所需的经费。他们的条件是,必须把考察的实际用途放在首位,这虽然多多少少地限制了我的自由,但是比起获得进行如此大规模考察的机会来说这只是小小的代价"②。从登陆中国伊始,他就特别关注商业与交通的关系。例如,他到天津就察觉到天津正处在凋敝状态,"天津城里欧洲租界死气沉沉。房子建得十分坚固,街道也宽阔,'外滩'也比其他港口漂亮,但是路上看不到一个人。这里的贸易在1860年后很快就凋敝了,主要原因是大运河不能使用了。所以现在大部分房产已经转到了中国人手中"③。1855年,黄河改道,冲断山东境内的大运河,时值南方太平天国起义和北伐,北方捻军起义,战乱不已,黄河故道难归,京杭大运河无法通航,直接影响了运河漕运和商业运输,诸多原因导致了天津在一时衰落。

后来,他又得到设在上海的西商会的资助,商业考察的需求更加明确。之后直至1872年5月,将近4年,他以上海为中心,沿主要交通线路走遍了大半个中国,内地18省中的江苏(上海)、直隶(京津冀)、浙江、山东、江西、安徽、湖北、湖南、广东、山西、陕西、四川、甘肃,以及辽宁、内蒙古等边疆地区。例如,他考察了镇江,这是当时长江下游仅次于上海的商埠。考察宁波、山东沿海,太湖流域,长江中游的汉口,内陆贸易的中心,从鸦片战争前唯一指定的开放口岸广州,他穿越广州到北京的南北古代交通线路,等等,都带有考察内地与沿海口岸城市及与海外商业贸易的目的。在汉口,这个内陆商贸城市中"最重要的一个","聚集了难以计数的商人","我打听很多货物都是从什么地方运来的以及会运往哪里"④。如他认为九江开埠选址有问题,不如湖口适宜,因为从鄱阳湖出入的中国木帆船不容

---

① [德]费迪南德·冯·李希霍芬著,[德]E. 蒂森选编:《李希霍芬中国旅行日记》,李岩、王彦会译,华林甫、丁景涛审校,第159页。
② [德]费迪南德·冯·李希霍芬著,[德]E. 蒂森选编:《李希霍芬中国旅行日记》,李岩、王彦会译,华林甫、丁景涛审校,第1页。
③ [德]费迪南德·冯·李希霍芬著,[德]E. 蒂森选编:《李希霍芬中国旅行日记》,李岩、王彦会译,华林甫、丁景涛审校,第14页。
④ [德]费迪南德·冯·李希霍芬著,[德]E. 蒂森选编:《李希霍芬中国旅行日记》,李岩、王彦会译,华林甫、丁景涛审校,第63、66页。

易驶入长江边的九江①。

　　李希霍芬始终在专业考察与商业考察、个人兴趣与赞助商利益之间徘徊和选择，1869年3月，曾放弃了上海商会邀请他溯江考察重庆的机会，因为他觉得行程长，时间太短，对自己的计划和目标不会有太大的裨益，"虽然长江沿岸地方对于贸易是十分重要的，但对于我的地理学研究就远不如另外一个地方了。这个地方就是山东，于是我最终决定去山东"②。考察完山东之后，他立即转向东北，开始了环绕中国陆路边贸口岸交通线路的考察，这又带有很强的商业目的。李希霍芬最后一次，也是距离最长的考察是1870年到1872年间，他计划从北京出发，由张家口经蒙古到俄国前往欧洲。这也是他考察中外陆路商道的首选线路，因为相较其他线路这是一条更便捷、也更繁荣的东西交通线路。显然，这是一次带有浓郁国际商业目的的交通经济地理考察。但由于战乱等原因，从张家口到蒙古再到新疆的线路中断，不得不改变计划，绕道山西，前往西安，这才有了对西安作为东西商道枢纽城市的认识，也有了对丝绸之路国际商道的了解。然而，还是西北战乱的原因，他无法从西安前往新疆，只能再次改变计划，翻越秦岭，从汉中前往四川。到达成都后，他再次为成都这个西南商业中心所吸引，对成都的商道枢纽地位有了全新的认识，萌发了从成都经西昌前往云南丽江、大理，由云南到腾冲，再到缅甸八莫，探查中缅商道的计划。但这次仍然没有遂愿，因为云南同样发生回民起义，加之法国主教的不支持，他只能再次修改计划，从乐山至宜宾，沿长江而下返回上海，结束了中国之旅。

三、对中国四大边疆区域商道交通线路的考察

　　日记记述了李希霍芬不断修改调整旅行线路，从其中的轨迹清楚可知，他是在"奉命"寻找海路之外，通往西方的陆路商道线路，从东北到北方，从西部到西南，正好是环绕中国陆路的一个星月形线路，这正是中国内地与边疆民族地区的结合部和商业贸易的交会点，广义的丝绸之路各条线路的枢纽起点，正是在考察实践中，李希霍芬发现了从西安到中亚的这条商道的特殊价值，奠定了他命名"丝绸之路"这条自古以来就形成的最重要的东西商贸交通线的基础，但应当指出，他从未忽视更没有排斥其他线路的存在和价值。

　　我们重点看看他对东北的辽东（营口、丹东、锦州、新民），北方张家口，西北西安，西南成都几个与边疆及国际陆路商道有关的城市所辐射的商道线路情况，这些线路后来被纳入广义的丝绸之路的范围。

---

① ［德］费迪南德·冯·李希霍芬著，［德］E. 蒂森选编：《李希霍芬中国旅行日记》，李岩、王彦会译，华林甫、丁景涛审校，第76页。
② ［德］费迪南德·冯·李希霍芬著，［德］E. 蒂森选编：《李希霍芬中国旅行日记》，李岩、王彦会译，华林甫、丁景涛审校，第107页。

（一）东北边疆线路的考察

东北及与朝鲜的交通状况，当代学者有过深入研究，已经比较清楚①。1869 年 5 月，他在芝罘（烟台）给家人的信中谈到自己的计划，从辽东到满洲，前往朝鲜边境，之后到沈阳，再到蒙古。"先乘中国的帆船到辽东半岛的最南端，然后至朝鲜边界，沿此去满洲的沈阳，从那里到永平府附近的海岸，之后在蒙古绕一个大弯后预计在 6 月底回北京。下一个目的地是彼谢德，此地位于朝鲜边境，北纬 43 度，被俄国占领。由于夏天那里非常火热，所以我打算往北走，从北京经恰克图去伊尔库茨克。然后再由此前往尼布楚，沿黑龙江向南，再沿乌苏里江——黑龙江南部的一条支流向北。……到 10 月份才会经宁古塔、吉林、沈阳，穿过整个满洲到牛庄，然后由此回到芝罘。"② 彼谢德，或称彼谢得，即彼谢德湾，以彼得大帝名字命名，今称彼得大帝湾。该湾战略地位十分重要，海参崴（符拉迪沃斯托克）就建立在彼谢得湾，为沙俄远东重要军事基地，东方出海口。

李希霍芬部分实现了自己的计划，1869 年 5 月 18 日至 7 月 18 日，他到满洲南部（东北南部）旅行，之后到北京。他坐船到牛庄（今营口北），这是当时东北联系内陆沿海的重要港口。然后前往辽宁东部，在丹东的凤凰城附近，走上了"通向著名的'高丽门'"的道路。这里是中朝互市之地，位于鸭绿江西岸，属于今丹东市振兴区。中朝"两国经过长时间的龌龊才签订了条约"，双方在边界设置一处方圆100 里到 200 里的真空地带，任何人都不能在那里居住，没有允许也不能跨越。"任何情况下都不能渡过鸭绿江，江面则属朝鲜。'高丽门'由中国官员和朝鲜官员共同看完，只有在交易时间才会有大约 300 个朝鲜人带着货物进入，当然不能带武器。"他正好赶上了贸易赶集日，记录了双方贸易的物品。朝鲜卖牛皮、野货，质量很好的纸张，还有铅、海参和丝绸。只买中国货物，不买欧洲货。"他们的丝绸都是野蚕产的，但是比辽东出产的质量要好。"一年有三次交易时间。朝鲜还每年派两次使团前往北京。中国也会派使团前往朝鲜③。凤凰城是一处重要的贸易地，从那里有一条大路通往营子口，还有一条通往沈阳，一条通往新阳，还有一条通往大孤山④。他经本溪前往沈阳，之后返回北京，完成了辽东之行。在新民屯，他注意到，虽然只是一个集镇，"但却是一个相当大的贸易地。两边紧挨着的商铺延绵 3 千米长，其中还有一些非常大的货仓，从开着的大门望进去，可以看到两到三个大院子，用来存放

---

① 王绵厚、朴文英：《中国东北与东北亚古代交通史》，辽宁人民出版社，2016 年。
② ［德］费迪南德·冯·李希霍芬著，［德］E. 蒂森选编：《李希霍芬中国旅行日记》，李岩、王彦会译，华林甫、丁景涛审校，第 161 页。
③ ［德］费迪南德·冯·李希霍芬著，［德］E. 蒂森选编：《李希霍芬中国旅行日记》，李岩、王彦会译，华林甫、丁景涛审校，第 180—181 页。
④ ［德］费迪南德·冯·李希霍芬著，［德］E. 蒂森选编：《李希霍芬中国旅行日记》，李岩、王彦会译，华林甫、丁景涛审校，第 182 页。

货物。大概一共有300多个大商号。锦州府和营子口的商品汇集到这里之后再发往蒙古部落——这里距蒙古部落边界处只有50里,或者是发向东北部。商铺中间分布着很多客栈,院子里满满当当地停着些车辆和马匹,还不断有新的客人进来"①。东北边疆是当时东西贸易商道中比较冷僻的通道,在中东铁路修成之前,还处于原始状态。俄国1860年才通过《北京条约》强占中国黑龙江以北、乌苏里江以东领土,远东的海参崴等口岸贸易还没有发展起来,满洲里的贸易在清初是主通道,雍正签订《恰克图条约》之后,中俄贸易口岸转移到俄国与蒙古边界的恰克图②。十多年后,1886年,英属印度军官荣赫鹏和詹姆斯、福尔福德三人同行,前往中国东北旅行,刺探军事情报,后来詹姆斯写了《长白山》一书,荣赫鹏则在《帕米尔探险记》中追述了他的东北见闻,了解到珲春的中俄口岸贸易刚刚开始,主要为军事服务。珲春是个军事基地,"珲春是一个单纯的军人小镇,几个部队大约3000人的军队驻扎在这里,小小的镇子充其量起到供给部队军需品的作用。从邻近的俄国车站进口的欧洲商品随处可见,手表、点心、肥皂、水果罐头及其他很多消费品在这里都能买到,而且价格并不太高。我们用一先令买了一听菠萝罐头。"③ 在俄国的新基弗斯库,"没有找到俄国人的酒店和旅店,还必须投宿在中国人开的旅店里。俄国人开的店有两个,中国人的店有四个,比较起来,虽然中国人的店强一些,但也只和印度驻扎地拜火教徒的二流小店差不多"④。即使在俄国境内,也没有俄国的服务设施,中国人的商店数量比俄国多,虽然规模不大。按:中俄边界形成后,珲春就逐渐兴旺起来,当地的边贸活动很繁荣,主要供给军队,可以说,珲春是由为边防军事基地服务而发展而来的边境城市。当时的商品主要是从俄国进口(走私)的,产地主要是欧洲而不是俄国。

甲午战争前夕,聂士成曾率人前往东北考察。聂士成,安徽合肥人,淮军将领。时任山西太原镇总兵,官留直统武毅等营,驻芦台,1893年10月至1894年5月,奉李鸿章之命,率武备堂学生考察东北三省边境地区,作《东游纪程》调查报告⑤。随行学生中有张祖佑,任测量,鄢玉春任绘图,冯国璋任注说⑥。报告虽然篇幅不长,但基本上包括了黑龙江、乌苏里江两岸、朝鲜及东北各地地理、交通、驿站、

---

① [德]费迪南德·冯·李希霍芬著,[德]E. 蒂森选编:《李希霍芬中国旅行日记》,李岩、王彦会译,华林甫、丁景涛审校,第193页。
② 刘远图:《中俄早期东段边界研究》,中国社会科学出版社,1993年。
③ [英]扬哈斯本著:《帕米尔历险记》,任宜勇译,新疆人民出版社,2001年,第26—27页。
④ [英]扬哈斯本著:《帕米尔历险记》,任宜勇译,第32页。
⑤ [清]聂士成著:《东游纪程》,中华书局,2007年。近代史料笔记丛刊,另黄山书社亦有点校本。
⑥ [清]聂士成著:《东游纪程》,第49页。按:冯国璋后来是袁世凯麾下北洋将领,担任过民国总统。看来北洋起于淮军,有的是聂士成的部下。可惜聂在1900年就战死,不然肯定是北洋重要历史人物。

驻军、防御要地、人文、物产等方面的记载,特别是此行为中国人对东北地区的首次实地勘探并测量绘图,意义重大。考察所见,从山海关往东北的铁路线正在修建,俄国铁路交通也开始向远东扩展,俄国边界一侧已经修建道路,得到开发,中俄贸易仍然没有兴盛起来。东北边疆国际通道的真正发展,要到1903年穿越东北的中东铁路通车之后。

所以,对中朝边界贸易的考察,原本不在计划之内,几乎原始的边贸状况令李希霍芬非常失望,所以他抱怨道:"途经牛庄和沿着辽东半岛的西岸向中国和朝鲜边境去的旅程打乱了我的计划。路上耽误的时间太多了,我的恰克图—黑龙江—彼谢德一线的计划前途渺茫了。但是没有办法,有如此不遂人意。"①

(二) 以张家口为中心的华北主要商道

计划中的最后一次大旅行,李希霍芬说:"我想从北京到北部的山西,然后再到陕西、甘肃,冬天的时候越过一座高山向四川进发。从那里,我制订了去西部边疆的一套完整的计划。然后我打算经长江乘船回到上海。"②

第一步前往张家口,这里是北部方向内地与蒙古边疆、西北甘肃、宁夏直到新疆的贸易中心,也是通往与俄罗斯、中亚的贸易国际贸易商道枢纽之一。他走的不是直接从昌平、南口越八达岭长城往宣化、张家口的线路,而是为考察北京西部山地煤矿而从西南出京,过卢沟桥,溯永定河西进,从房山、门头沟一线,到大安山、斋堂。从位于北京约150里的斋堂有一条路可直接去南口,从那里再去独石口、西湾和张家口。但要越过浑河还几乎不能通过,至少要花11天时间。他选择了一条"从斋堂据说有一条直达张家口的路,280里。"这条路从河北涿鹿、怀来的太行山区行进,越过桑干河、洋河(桑干河上源之一),"来到了从北京至张家口的大路上,路上十分繁忙"。走了15里后到达宣化府③。

归化(今呼和浩特)、宣化和大同,甚至太原、河北的获鹿(正定府,今属石家庄),都是张家口往各地的辐射节点。进入张家口往山西、北京的一个节点宣化城,立刻感受到了张家口作为华北与边疆贸易中心的气氛。在西门,"恰好有骆驼、骡子、驴子和车子成群结队地从张家口来到这里。高高的柳树下队伍浩浩荡荡,俨然一幅美丽别致的画。驼队里有很多蒙古人"④。这些是从蒙古长途跋涉而来的喀尔喀

---

① [德] 费迪南德·冯·李希霍芬著,[德] E. 蒂森选编:《李希霍芬中国旅行日记》,李岩、王彦会译,华林甫、丁景涛审校,第199页。
② [德] 费迪南德·冯·李希霍芬著,[德] E. 蒂森选编:《李希霍芬中国旅行日记》,李岩、王彦会译,华林甫、丁景涛审校,第520页。
③ [德] 费迪南德·冯·李希霍芬著,[德] E. 蒂森选编:《李希霍芬中国旅行日记》,李岩、王彦会译,华林甫、丁景涛审校,第532页。
④ [德] 费迪南德·冯·李希霍芬著,[德] E. 蒂森选编:《李希霍芬中国旅行日记》,李岩、王彦会译,华林甫、丁景涛审校,第532页。

蒙古人。很快到了张家口。张家口是通往蒙古地区的交通枢纽,"从这里有好几条路通往蒙古。北面和东面的路是现在的贸易大道,而西面和西北面的路却封了。货物直达归化城,而要到宁夏府现在只有经西安和兰州方可;通过科布多和乌里雅苏台的路完全废弃了。作为偌大一个地区——包括西伯利亚和俄国在内——唯一的中转地,张家口当然十分重要;这里的往来交通也相应如此。"人口很多,但主要是商旅过路客人,常住居民不多。"人口也很可观,但非常大的一部分是过路人,这里的居民中很少有人举家在此。"生活富庶,来自各方的商品应有尽有,而且物产便宜。"这里富裕、宜居,生活必需品都很便宜,奢侈品如精制的欧洲糖、牛羊肉等应有尽有,而且很便宜。黄羊肉每块 600 文,这里 400 文一担的土豆比欧洲的还好。另外还有绿色的蔬菜、大个的萝卜、胡萝卜和其他当地丰富的物产。马、驴、骡和骆驼都很多。……在我知道的中国各地方当中,除了北京,哪个地方的日子也不比这里花钱少又过得更好。"各地的物产都运到张家口出售,"葡萄来自矾山、保安或怀来,并且整个冬天都有。苹果很好,梨不好。鱼在冬天冷冻了以后从黄河经归化城往外运。从蒙古来的狐皮、野猫皮、山羊皮、绵羊皮、松鼠皮之类的毛皮,也有去毛的牛皮、绵羊皮、山羊皮和骆驼皮,另外骆驼毛、毡、一种黄油和所谓的乳酪。"还有产自甘肃省西宁府压缩水果制成的纸,沙漠旅行很适用,"里面是压缩储存的果汁,十分有营养,是欧洲没有的。它的味道微酸,只要吃上半盎司就觉得像饱餐了一顿水果一样。"[①] 这些物产明确指示了所来自的地方及通往张家口的贸易商道。张家口贸易的辐射范围,整个蒙古地区、西北的甘肃、宁夏和青海。内地除了北京附近,还有山西、河北等广大区域。边疆以外,有俄罗斯和欧洲。出了张家口,到崇礼的西湾子,有往蒙古高原的商道,"一直走下去必定能走到恰克图的路上。"他到了张北西北的西巴尔台,这里是往恰克图大路上的一站,有许多客栈。张家口自然成为"中俄贸易枢纽的边境重镇"[②]。

张家口也是宗教之路,西方传教士被逐出北京后,很长时间一直以张家口为传教中心,地点在崇礼的西湾子。李希霍芬到达之后有专门记述。早在 1844 年法国传教士古伯察与秦噶哔在原青海三川县土族喇嘛萨木丹净巴(桑巴钦巴)的陪同下,从黑水或咧咧沟出发,前往西藏。他们出发时化装成西藏喇嘛,这样受到尊重,减少麻烦。古伯察的考察行程超过一万千米,有 6000 千米骑马、骆驼,1000 千米乘轿子,另外的至少 4000 千米乘船。乘船主要是从澳门到湖北,溯珠江,过大庾岭,沿赣江至长江。返回时,从四川、湖北至江西,再回到广州、澳门。这一路,走长江、

---

① [德] 费迪南德·冯·李希霍芬著,[德] E. 蒂森选编:《李希霍芬中国旅行日记》,李岩、王彦会译,华林甫、丁景涛审校,第 535—536 页。
② [德] 费迪南德·冯·李希霍芬著,[德] E. 蒂森选编:《李希霍芬中国旅行日记》,李岩、王彦会译,华林甫、丁景涛审校,第 546 页。

赣江、珠江，与北上时线路大致相同。他们从这里前往蒙古东部绕了一圈后折转往西，从河套、鄂尔多斯前往甘肃、青海，后从青藏线进入西藏的①。

张家口也是蒙古地区乃至俄国西伯利亚地区往来内地的重要枢纽，文献记载极为丰富②。除了军事政治、贸易活动之外，也是喇嘛信徒朝圣之路的枢纽。蒙古地区往山西五台山朝圣，必经张家口。李希霍芬由此道前往五台山。在丰镇，"我们看到一个富裕的蒙古人带着自己卖了800只羊、150匹马等挣到的钱去五台山的寺庙，这样虔诚的信徒在蒙古人中很常见，所以受他们供奉的寺庙都很富有。"③

大同是内地和西北的一个重要辐射城市。"大同府的城墙十分气派，进城之前先要穿过五六个城门。此城建得很好：房子都有漂亮的门和富丽的屋顶，街道垂直交通，宽敞而兴旺，远胜过宣化府。"④

从大同往太原或五台山的路上，"路上很热闹，人们从口外运芥末和亚麻油到南方去。我们遇到好多中国人跟我用俄语打招呼，我要是没听懂，他们就觉得诧异。他们说他们是途经张家口去恰克图的，从湖北、湖南运茶过来。所有的交通终点通常都是太原府和张家口。有好一部分人是运山西人的遗体返乡的。路上也可见蒙古人。"本来荒凉的路上出现了许多专为供旅客服务的客栈，"路边的村子几乎都是成排的客栈，此外就不见有多少村子了。客栈十分简陋；这整个地区实际几乎就是个不毛之地，唯其有一条往来兴旺的大路才显得有了些生机。"他们还碰到了拥有100—500头骆驼的规模不等的驼队，蒙古的，他们从五台山出发。驼队里有男人、女人和儿童相随。他们很高兴遇到我们，把我们当成"俄罗斯"（俄国人），乐于跟我们交谈⑤。显然，蒙古人与俄国商人经常交往，都是活跃在这条商道上的旅行者。

在雁门关，甚至还遇到了2000头从南到北驮货的牲口经过。一个大约由300头骆驼组成的驼队载着中国的棉织品经过，他们从获鹿县到归化城去的。好几百头骆驼载着去五台山朝圣的蒙古人回来。然后有骆驼载着砖茶和其他茶去张家口；产自忻州的原木和方木、车轮、轴承等被运到北方各地。长队的驴子载着太原府的水果、糖、铁器等，但没有外国货。从北方来的有产自口外的亚麻油和芥末油、产自岱岳的芥末和苛性碱、大量产自通城和归化的盐。一群公牛犊从喇嘛庙到太原去，几乎每个运货的商队里都跟着产自口外的骡驹。往南去的还有绵羊和猪。归化城和张家

---

① [法]古伯察著：《鞑靼西藏旅行记》，耿昇译，中国藏学出版社，2012年。
② 毕奥南整理：《清代蒙古游记选辑三十四种》（上下册），东方出版社，2015年。
③ [德]费迪南德·冯·李希霍芬，[德]E. 蒂森选编：《李希霍芬中国旅行日记》，李岩、王彦会译，华林甫、丁景涛审校，第553页。
④ [德]费迪南德·冯·李希霍芬，[德]E. 蒂森选编：《李希霍芬中国旅行日记》，李岩、王彦会译，华林甫、丁景涛审校，第555页。
⑤ [德]费迪南德·冯·李希霍芬，[德]E. 蒂森选编：《李希霍芬中国旅行日记》，李岩、王彦会译，华林甫、丁景涛审校，第559页。

口是这一地区商队北行的终点,还有喇嘛庙也是;南行的终点是太原府和获鹿①。从获鹿运输的商品,还有很多英国的棉产品。运往太原,从平山县穿越太行山,绕道五台县东南,目的是逃避厘金。

从山西往张家口的贸易如此发达,也与山西商人(晋商)的经营分不开。他们是口外贸易的主导者。"山西人是中国最厉害的商人","忻州的商人在远及西部直至伊犁的贸易中独成一派。即便现在那里的穆斯林闹乱子,他们依旧赶去贸易。……然而或许是西部的贸易量减少,把伊犁人赶到了蒙古。归化城的贸易也把持在山西人手中"②。

从大同往西行,本来有好几条线路可以到达内蒙古、宁夏、甘肃和新疆方向。一条是从大同到太原,然后西行过黄河,从陕北到甘肃、宁夏。一条是从大同出偏关,渡过黄河,进入陕西北部的榆林,由于张家口往北、西北的商道已经封闭。或是从右玉的杀虎口(走西口的主要商道)进入河套,或渡黄河进入鄂尔多斯(秦称"河南地"),由东胜往西,前往宁夏、甘肃。或走阴山南麓,沿河套的归化、包头、五原一线,往内蒙古的磴口入宁夏,或直行往阿拉善、额济纳,沿弱水到河西走廊。这些,都是前往新疆的重要通道,古代丝绸之路的分支道路。李希霍芬从张家口折转往山西大同。他本想从大同"直接西行穿过陕西去甘肃的,但这不可能,因为那里到处都是叛军匪众。我也找不到人和牲口跟随我去那里,所以只好沿着大道去西安府,然后去四川"③。

(三)以西安以中心的西北主干商道

从山西出发,李希霍芬基本上沿着汾水的交通线路而行,从临汾、运城渡黄河进入潼关,由此到达西安。西安的外围因战乱已经受到很大的毁坏,但西安城基本上保持完好。西安无愧于西北的商贸中心。"西安府是我在中国见到的仅次于北京的最雄伟的城市","街道笔直,热闹非凡,商店云集,店里商品琳琅满目,大量的野鸡、锦鸡、野鸭、兔子、上好的蔬菜和水果(汉中府的橘子)、甜点和极好的糕饼,……"客栈很多,但多是人满为患④。"西安府是个大城市,周围环绕着高大的城墙和雄伟的城门。有一百多万人,非常繁华。它现在只是陕西行省的治所,过去曾是三朝的帝都,其中最先是公元前3世纪秦朝的帝都。这个朝代的皇帝最先令中国名

---

① [德]费迪南德·冯·李希霍芬著,[德]E.蒂森选编:《李希霍芬中国旅行日记》,李岩、王彦会译,华林甫、丁景涛审校,第560—561页。
② [德]费迪南德·冯·李希霍芬著,[德]E.蒂森选编:《李希霍芬中国旅行日记》,李岩、王彦会译,华林甫、丁景涛审校,第578页。
③ [德]费迪南德·冯·李希霍芬著,[德]E.蒂森选编:《李希霍芬中国旅行日记》,李岩、王彦会译,华林甫、丁景涛审校,第550页。
④ [德]费迪南德·冯·李希霍芬著,[德]E.蒂森选编:《李希霍芬中国旅行日记》,李岩、王彦会译,华林甫、丁景涛审校,第603页。

声大振，他们声名远播，直达罗马人那里。"① 但本地（陕西）并没有什么出口商品，"只有谷物和棉花被运往山西换来铁和煤"，其他只有大黄等几种药材远销广州。"与中亚和经中亚的贸易所得定然大部分用于平衡收支。"② 显然，西安利用自身的地理优势，主要做转口贸易，四面八方的商品汇集到西安，从这里运往新疆和中亚，乃至更远的地方。西安通过贸易活动获得收入。

关于西安与甘肃及新疆、中亚的交通，李希霍芬逐渐有所了解。他在1871年10月到1872年5月的日记"最后一次大旅行直隶—山西（蒙古）—陕西—四川—沿长江而下"一章中就指出，从西安出发，到咸阳，"从这里岔出一条通向乾州并远及甘肃的路，现在是条军事大道，而沿山谷而上的那条路则小得多"③。至少从唐朝以后，这条沿泾水西行的线路就是通往河西走廊的主要交通线路。这是因为该线路地势较渭水河谷平缓易行，而当吐蕃势力控制渭水沿线时，也比较安全。此后就一直延续下来。而从中亚到甘肃的交通，就是他后来命名的丝绸之路，这里有一个初步的描述："长期以来，这里一直是民族大迁徙的现场，与欧洲一样，所不同的是欧洲的民族迁徙是从东往西，这里是从西往东。连绵的昆仑山像一堵巨大的、几乎不可逾越的墙，构成了民族迁徙的南部的自然界限。沿着山的北坡有一条民族交往的大道，从中亚出发穿越沙漠和高山，经甘肃到广袤富饶的西安府的大道。这里曾多次发生高级的文化，艺术与科学十分繁荣。"④ 尽管没有出现"丝绸之路"的命名，这应该是他对丝绸之路比较完整的叙述，奠定了《中国》第二卷专论丝绸之路的基础。从中亚到西域，受到昆仑山脉的阻挡，西方民族迁徙的脚步停滞了，主要通过昆仑山北坡的交通线路往来。显然，昆仑山北坡，应当是塔克拉玛干沙漠的南缘，这是西汉张骞所开辟的丝绸之路主线路，当时分布着许多沙漠绿洲国家，穿越这些西域国家，从罗布泊附近的阳关、敦煌经河西走廊前往西安。

东西交通线路继续发展，出现了以天山为分界的南北通道。西北及新疆的"叛乱之前，中国经北路跟俄国、经南路跟土耳其斯坦有着重要的贸易往来。主要的贸易品是苏州的丝绸，湖北、湖南等地的茶叶，还有糖。西安府是这些商品的堆货场。你在这里问西安府与哪里有贸易联系，得到的回答首先是苏州和杭州，其次是汉口。""西安府这里平时会集了来自东南各省（包括广东）、也有来自富饶的汉中府

---

① ［德］费迪南德·冯·李希霍芬著，［德］E.蒂森选编：《李希霍芬中国旅行日记》，李岩、王彦会译，华林甫、丁景涛审校，第614页。
② ［德］费迪南德·冯·李希霍芬著，［德］E.蒂森选编：《李希霍芬中国旅行日记》，李岩、王彦会译，华林甫、丁景涛审校，第550页。
③ ［德］费迪南德·冯·李希霍芬著，［德］E.蒂森选编：《李希霍芬中国旅行日记》，李岩、王彦会译，华林甫、丁景涛审校，第618页。
④ ［德］费迪南德·冯·李希霍芬著，［德］E.蒂森选编：《李希霍芬中国旅行日记》，李岩、王彦会译，华林甫、丁景涛审校，第618页。

和来自四川的商品,然后从这里把商品运往陕西和整个西部各地,因此这个城市才如此繁荣。"通过西安往新疆、中亚贸易的物品来自整个东南沿海,内地有汉口,范围之大,物品之多,都是其他几个区域所无法比拟的。例如其中的生丝及丝绸贸易,来自太湖流域的苏、杭、湖诸州。他从湖州往太湖,穿过洞庭诸岛,看到这里的人们,除了渔业外,"当地还有很多人从事丝织业"。村落景观,"不由让人想起了意大利。相似性不止如此,村外的景色也似曾相识,到处种满了桑树,形成了一道道树墙,狭窄的小路就从树底下穿来穿去。树下还种着很多蔬菜和豆类植物。但是没有玉米和葡萄,如果有的话,那么这里的景色和伦巴第很相似。"① 伦巴第是意大利北部以米兰为中心的富饶地区,临近阿尔卑斯山脉地区,湖泊多,山水好,适宜蚕桑,所以也是意大利产丝区,丝织业发达。1906年,康有为游历意大利,还是这样的观感,"概而论之,北欧各国,皆胜于我。意国与我国平等相类。特意人少茅屋而多一楼。近者田野亦治,葡萄盈望,桑果铺菜,胜吾北方,而与吾江浙广相仿佛者也。民之贫富亦相若。吾国求进化政治之序,亦可比拟意大利,采其变法之次序而酌行之。他国则新旧贫富皆不相类,骤难仿拟也。"② 在李希霍芬考察之时,中国生丝和丝绸在国际上还占举足轻重地位,但后来逐步衰落,被法国、意大利和日本赶上。1905年在意大利"丝都"米兰举办世界渔业博览会,中国人前往考察③。意大利丝绸贸易中心在米兰,生产中心在科莫湖周围,这一带山清水秀,有点像中国的江南。那里丝厂林立,产量巨大。中国的太湖流域,盛产高质量的生丝。如著名的湖丝,在国际上极有竞争力。近代米兰街头到处是丝绸商店,品种繁多,工艺精巧,价格标的很高,以南京、苏州、杭州为代表的江南城市,明清为丝绸生产中心,清代有三大织造局,江宁织造以盛产高档云锦著称,大量运到西北民族地区。他到浙江金华一带考察,"东阳主要生产火腿,在中国国内如同威斯特法伦地区的火腿在德国那样有名。东阳火腿大量出口外地,连在中国最边远的地区,如哈密和伊犁,都广受美食者的欢迎。"④ 特别指出,然而,由于1865年至1867年间的战乱,城市受到围攻,"这两年贸易和交通停滞,出现聚众抢劫现象。"⑤ "去伊犁的贸易——和平时期才有可能——从这里出发主要用车运,很少用骆驼。可在西安府租一辆两驾的车到

---

① [德]费迪南德·冯·李希霍芬著,[德]E.蒂森选编:《李希霍芬中国旅行日记》,李岩、王彦会译,华林甫、丁景涛审校,第49页。
② 康有为:《欧洲十一国游记二种》,钟叔河主编:《走向世界丛书》,岳麓书社,1985年,第73页。
③ 戴鸿慈:《出使九国日记》,岳麓书社,1986年,第504页。
④ [德]费迪南德·冯·李希霍芬著,[德]E.蒂森选编:《李希霍芬中国旅行日记》,李岩、王彦会译,华林甫、丁景涛审校,第471页。
⑤ [德]费迪南德·冯·李希霍芬著,[德]E.蒂森选编:《李希霍芬中国旅行日记》,李岩、王彦会译,华林甫、丁景涛审校,第604页。

伊犁。"经过嘉峪关往西域,"租车走全程总是很容易,因为赶车人总能预料到会有往回运的货物,他们于是带着从西部来的药品、俄罗斯商品、哈密著名的干果特别是干瓜。我的消息人,去过很多地方的中国教士皮乌斯说,整个南路和北路以及直到那里的人们都很善良友好。现在要是能从这里乘车穿过那广袤的陌生的地区回到欧洲该是件多么美的事啊!那帮叛匪要是多等10年,我可能现在已经租车上路了!"①"对我而言,这场战争来得真不是时候。从我来到中国开始,就一直计划着穿过甘肃和伊犁回到欧洲,这样至少可以粗略地漫游一回这些巨大而陌生的区域。"他说,有一位真正高贵的中国神父,曾游历过所有这些地区,"他那时候可以从这里乘一辆两头骡子拉的车,经停80站(日行5—7里)到达俄国边界附近的伊宁。到处都有食物,价钱便宜至极,一路上的人据他说都很善良。"②所谓北路和南路,就是通常说的西域南北道路,在汉代与唐代,南北路所指是不同的,汉代主要指塔克拉玛干南缘与天山南路,以楼兰为中枢还有个中道,出喀什到中亚。到了隋唐朝以后,除了上述南道和中道(北道)之外,又兴起了天山北麓的线路,即从乌鲁木齐到伊犁或塔城一线,到伊犁河流域,伊塞克湖以北,到中亚的线路。也可以从伊犁、或塔城一线往俄罗斯。这些变化,当时李希霍芬可能并不太清楚。他所指的南北路,都是由河西走廊出嘉峪关、经哈密到新疆,分别前往俄罗斯和中亚的线路,一条是从天山南麓经喀什(旧称喀什噶尔)噶尔往中亚的线路,一条是从北疆,经乌鲁木齐通往伊犁划塔城前往俄罗斯的线路。显然没有包括从敦煌出阳关由婼羌、且末、和田往喀什的古道。从他所指的贸易线路的情况看,也并非局限在汉代。他所指延伸到近代,至少在回民起义之前,仍然还很繁荣。西安是中国境内的起点,但西安的货源,来自长江流域的各个省份,特殊是<u>生丝</u>和<u>丝绸</u>,以苏州为主,其次是杭州,湖广、四川也是货物供应地。河南鲁山,虽然盛产柞蚕丝织造的茧绸,是全中国重要的贸易地,欧洲人近年来十分喜欢这种纺织品,但质量不高,外销不大,将来只能卖给中国人③。贸易内容中,的确突出了<u>丝绸</u>贸易,这种情况,始终是存在的,但货物除了丝绸之外,还有茶叶、糖等。有时候,丝绸并不多。而贸易对象包括中国的西北地区,经新疆出境,主要是中亚及西亚伊斯兰国家、俄罗斯及欧洲诸国。

(四)以成都为中心的主要商道

之后的旅行李希霍芬没有一直往西,而是沿渭水到宝鸡,翻越秦岭往汉中,南下四川,到成都。这是因为,通往西北的国际商道已经不能通行。"我想从北京到北

---

① [德]费迪南德·冯·李希霍芬著,[德]E.蒂森选编:《李希霍芬中国旅行日记》,李岩、王彦会译,华林甫、丁景涛审校,第610页。
② [德]费迪南德·冯·李希霍芬著,[德]E.蒂森选编:《李希霍芬中国旅行日记》,李岩、王彦会译,华林甫、丁景涛审校,第616页。
③ [德]费迪南德·冯·李希霍芬著,[德]E.蒂森选编:《李希霍芬中国旅行日记》,李岩、王彦会译,华林甫、丁景涛审校,第338页。

部的山西，然后再到陕西、甘肃，冬天的时候越过一座高山向四川进发。从那里，我制订了去西部边疆的一套完整的计划。然后我打算经长江乘船回到上海。"① 由于当时中国西北地区爆发了大规模的回民起义并波及新疆，新疆民族分裂势力发动叛乱，中亚阿古柏军队乘机入侵南疆，并以喀什噶尔为中心建立了伪政权，进而侵犯北疆，攻占乌鲁木齐，俄国乘虚抢占伊犁，边疆危机十分严重。内地去西北和新疆的道路基本上被封死，李希霍芬没有能够实现穿越丝绸之路的计划，他只是从北京、张家口南下山西，折转到陕西西安，再由关中翻越秦岭，沿蜀道经汉中阳平道（金牛道）到四川。

在四川平原，李希霍芬作了重点描述。"这里产丝绸、茶、糖、大黄、鸦片、烟叶，盛产盐，产一种非常珍贵的制造清漆的油和一种用昆虫炼制的精致的蜡，还有许多其他重要价值的东西。"他对成都赞不绝口。"成都府是个又大又美的城市，令我十分惊讶。它直径有1千米，有80万人。成都府绝对是中国最美的城市。街道笔直宽阔，用大块方形砾石铺成，中央凸起。有一条大街叫东大街，有一小时的路那么长，笔直笔直的，格外热闹，到处都美丽如画。所有的街道两旁都挤满了商店，到处人群熙攘。"② 在成都附近，他了解到作为中国西南区域性交通枢纽中心地位，以成都为中心的四川及边疆地区，甚至国外的商贸交通情况。

1. 北方：即陕西方向，就是他从陕西西安进入四川的蜀道，有过详细的记述。他骑马走了33天，"穿越连绵的山区，先越过高山脉，然后越过柔和的丘陵地。这条道路是连接中国北部和四川省的唯一一条路。"③ 这是一条主要通道，川陕间大量的商贸由此道进行。线路共计24站。书中描述了大致走向：西安—咸阳县—兴平—扶风—太白山—虢镇（今陈仓区）—渡渭河至南岸—马营镇—煎茶岭—清姜河—嘉陵江—凤县—紫柏山—南星—榆林铺—三岔驿—留坝厅—马道—青桥铺—褒城—黄沙镇—菜园子—新铺湾—太安驿—太安驿（大安驿）—宽川铺—选将坪—五丁关—较场坝—神宣驿—朝天关—龙房口—广元—大木树—剑门关—剑州—武连—梓潼河—上亭铺—梓潼县（山路结束）—绵州（绵阳）—罗江—白马关—黄许镇—孟家店—汉州（广汉）—新都—成都府。由这条线路可直接与关中通往河西走廊的丝绸之路相连接。

2. 西及西北方向："附近重要的贸易地点是灌县和雅州府。后者乘船可达，前者不行，因为水流太猛没有船只经过成都到那里。两地主要贸易品是四川的砖茶。

---

① ［德］费迪南德·冯·李希霍芬著，［德］E. 蒂森选编：《李希霍芬中国旅行日记》，李岩、王彦会译，华林甫、丁景涛审校，第520页。
② ［德］费迪南德·冯·李希霍芬著，［德］E. 蒂森选编：《李希霍芬中国旅行日记》，李岩、王彦会译，华林甫、丁景涛审校，第653页。
③ ［德］费迪南德·冯·李希霍芬著，［德］E. 蒂森选编：《李希霍芬中国旅行日记》，李岩、王彦会译，华林甫、丁景涛审校，第658页。

从灌县出发的贸易是往西北的西番国去的,据说是用上好的骡子运输。另一个重要的出发点是松潘厅,那里的独立部落(西番)当中居住的几乎都是穆斯林。砖茶从那里经极为艰险的山路部分运达西宁府。从西番国运出去的主要是羊皮、羊毛、鹿角还有一些大黄及其他药物。灌县也从西番国进口羊毛,还有最重要的大黄贸易。最好的大黄产自穆坪,它生长在最高最险的高山上,例如大雪山上。从龙安府出发也有往北去的贸易,即穿过解州地区经风水岭到甘肃,都是又窄又陡、牲口根本没法走的山路。雅州府的贸易尤其针对西藏。松潘,特别是灌县据说除了大黄之外还有一种格外重要的产自高山区里的药材的贸易。在灌县附近山陡然升高,一条岩石道路沿着河流通向茂州,从那里有一条颇为舒适的道路通往龙安府。这个城市从绵州也可到达。我们一路在谷底里上行,路边并没有高山。龙安府附近产石煤。从那里到松潘有一条颇为难走的山路,要走四天。"① 灌县和雅安成都外围两个贸易次中心,辐射川西以外的今雅安、阿坝乃至西藏(经打箭炉,即康定—巴塘—昌都—拉萨)的广大民族地区。作为更次一级的辐射点,松潘(今阿坝),可远达西宁及青海甘肃,或直接往敦煌、南疆或往河西走廊;从灌县、茂州到龙安府(今绵阳的江油到平武一带),从阴平道往甘肃文县,进入陇南地区,至天水、定西、甘南,往兰州及河西走廊。西番,应当就是四川的羌族聚居区。"西番在灌县之后紧接着出现,生活在岷江两边,江边的汉族地方除外。茂州、杂谷厅、松潘厅都是在西番地区里的移民区,西番居住在这些地方以西和以北的全部地区。在懋功厅和打箭炉附近他们与蛮子接触,在理塘和巴塘地区与茂人接触。"②

3. 西南方向:"宁远府据说是个穷地方,但盛产铜和银,也产金和铁。经宁远到云南省的大理府的道路尽管极为难走,但在叛乱前似乎曾有几分重要性。经这条路运来的甚至有八莫的贸易品,其中有英国货。大理府据说到现在的英国货源都很充足。经东川府和会理州到大理府的路大些,走的人要比宁远府的多些。"③ 宁远府,即今四川凉山州,治所在西昌。会理在今攀枝花市以东。其与盐源,都有通往金沙江至云南丽江大理的交通线路,也是西南丝绸之路的古道。由此可从保山、腾冲通往缅甸八莫。当时大理已被回民起义杜文秀占领,作为政权首府。英国人与之有联系。

这些线路,自古以来,都是由中国内陆通往边疆少数民族,再由内陆通往国外如缅甸、印度、阿富汗,或间接前往俄国、中亚的商道,今天也都是丝绸之路的主

---

① [德] 费迪南德·冯·李希霍芬著,[德] E. 蒂森选编:《李希霍芬中国旅行日记》,李岩、王彦会译,华林甫、丁景涛审校,第651—652页。
② [德] 费迪南德·冯·李希霍芬著,[德] E. 蒂森选编:《李希霍芬中国旅行日记》,李岩、王彦会译,华林甫、丁景涛审校,第662页。
③ [德] 费迪南德·冯·李希霍芬著,[德] E. 蒂森选编:《李希霍芬中国旅行日记》,李岩、王彦会译,华林甫、丁景涛审校,第653页。

要线路，如西南丝绸之路，西北有青海道。西北、西南的茶马古道。

在成都，他又萌发了新的更大的旅行计划，"我原先的计划是经过打箭炉到巴塘，然后奔宁远府去。因为这么走需要很长时间，我想直奔宁远府，经盐源县去丽江，然后去永昌府，可能的话去腾越县，从那里去云南府、贵阳府、重庆府。我希望在百日之内完成这次大规模、彻底的旅行。"① 从宁远府（西昌）到云南大理，"我很想从那儿往西南再走几天，以便解决一个大的或曰被视作重要的问题，那就是研究伊洛瓦底江畔的八莫和大理府之间的交通。"因为，"那里自远古就有一条贸易大道，英国人很想探明它，以便从乘汽轮可达的八莫开辟一条印度产品和英国贸易通往中国的道路。他们已经多次探索考察，但都失败了。最终于1868年由斯莱登少校从八莫挺进到中国的腾越州。因此我只需要到这个地方即可，这样那条通道就搞清楚了。"这应在从甘肃到新疆道路不通后的新计划，如果实现，就是考察后来被称之为"西南丝绸之路"的线路。从川西康定到西昌（康定到巴塘是往西藏的线路，不到宁远、盐源），南下木里、盐源，渡金沙江到丽江，然后经保山到腾冲，出境到缅甸的八莫，之后可往密支那或曼德勒，最后到仰光。

英国人的确花费了巨大的努力，斯赖登探路队试探滇西：英国人优越条件，先是控制了印度，后又扩张到缅甸，使中印、中缅边界成了中国与英属印度、印属缅甸边界。分别从西藏、云南向中国境内渗透。英国人曾经为清朝拟定了一个详细的铁路网络，计划在西南建设铁路，从印度、缅甸通往云南，沟通四川，打通整个长江流域②。然而，当时这条路线的商贸几乎停止了，什么原因？英国决定派遣探路队进入云南调查此事。看看，究竟是缅王垄断还是云南回民起义。英国探路队由驻曼德勒的英国政务官斯赖登少校任队长，随从有英国人威廉斯、安得生等及护卫五十人。1868年1月18日，斯赖登等由曼德勒溯江北上，22日到八莫。后循北路（盘岭路）向东，前往云南，走的是大盈江线路。这一带，即南甸与蛮允（曼允）地界，当时由土著将领李珍国（1827—1887）控制。后来的马嘉理事件与他关系密切③。4月18日，到达盘西。6月初到达腾冲。当时这里是回民起义军杜文秀的控制范围，并没有对英国人的联系积极应对。杜文秀直到1871年才派儿子去英国寻求帮助，但遭到冷遇④。7月13日，斯赖登由中路返回八莫。"斯赖登探路队是英国派遣的第一个探路队，跨越中缅边界，进入云南。它沿途测绘险要，记录气象，调查城镇人口，考察风俗人情，充分证明了八莫商路是行得通的。他在报告中说，'现在一项重要事

---

① ［德］费迪南德·冯·李希霍芬著，［德］E. 蒂森选编：《李希霍芬中国旅行日记》，李岩、王彦会译，华林甫、丁景涛审校，第650页。
② 宓汝成编：《中国近代铁路史资料（1863—1911）》第一册，中华书局，1963年。
③ 陆安：《李珍国与马嘉理事件》，《文史春秋》2012年第6期。
④ ［英］R. F. 约翰斯顿著：《北京至曼德勒——四川藏区及云南纪行》，黄立思译，云南人民出版社，2015年，第104页。

实是,在八莫、腾越之间的路上,修筑一条长达一百三十英里的公路或铁路,就能有效地开发云南的资源,且使我们与中国西南的财富和资源能发生直接联系。'其次,探路队确定了云南边界贸易中断的原因,并建议种种补救办法。回民起义是主要的原因,而缅王的垄断政策只不过是增加商务的困难。"① 流产的柏郎探路队。1873年,大理政权被镇压,清军收复了大理城。但商贸活动并没有兴旺起来,这样,英国积极组织第二次赴云南探路队,希望打开与云南贸易的新局面。1876年英国派出柏郎探险队,希望勘探从缅甸通往云南的铁路交通线路,探路队的组成:前任驻撒亚谬副政务官柏郎上校担任探路队总管。曾参加斯赖登探路队的安得生任医务官兼采集博物标本,1872—1873年探测黄河的额利亚专管地形研究。费尔得带领旁遮步兵第二十八团十五名西克兵士,配有施奈德枪,保护探路队到中国边界,或按艾登的意思,前往腾越②。柏郎、安得生前往八莫的线路:英国政府原来选择的是曼德勒—兴尼—腾冲线路,因为这条线路还没有探险过。但后来没有实现,仍然走的是曼德勒—八莫—腾冲的线路。柏郎和安得生的线路:加尔各答—仰光—乘船伊洛瓦底江—曼德勒—八莫。曼德勒至八莫,250英里,因江水浅,走了12天。1875年1月16日,到达八莫。与额利亚会见。额利亚正在准备经过克钦族地区(野人山)的运输事项。马嘉理前往八莫线路:英国外交官马嘉理专程从上海前往云南配合此次行动,"马嘉里须在11月30日以前到达永昌或腾越,此时应动身到汉口,而在9月1日后,开始长途旅行。他于1874年8月22日夜间,静悄悄地离开了上海"③。马嘉理从上海出发,经汉口到八莫与柏郎会合,走了4个多月。当时的线路有两条:(1)汉口—四川—重庆—云南;(2)汉口—湖南—贵州—云南。马嘉理选择取道了湖南、贵州的线路,即:汉口—湖南—镇远—贵阳—昆明—大理—永昌—腾越—蛮允—野人山—八莫。后来马嘉理从八莫前往腾冲路上被土著杀害,这就是著名的马嘉理事件,结果导致柏郎探路队流产。这条线路中的打箭炉经木里、盐源到丽江一段极其艰难,直到1906年英国人庄士敦曾走过,他自称是第一个从这条路探险的英国人④。上述线路,都被人们纳入了丝绸之路的研究范围。

计划是美好的,但或是受到了法国传教士的阻挠,毕盛"主教是想推行法国政策,将其他外国人——特别是德国人——排除在该省之外"。他"只讲旅途的凶险、

---

① 王绳祖:《马嘉理案和〈烟台条约〉》,载《中英关系史论丛》,人民出版社,1981年,第76页。
② 王绳祖:《马嘉理案和〈烟台条约〉》,载《中英关系史论丛》,第86页。
③ 《马嘉里游记》,第101页。转引自王绳祖《马嘉理案和〈烟台条约〉》,载《中英关系史论丛》,第86页。
④ [英]R. F. 约翰斯顿著:《北京至曼德勒——四川藏区及云南纪行》,黄立思译,第1页。

强盗劫匪、涉水之艰等,而中国西部和西南部的确如此"①。考虑到法国与普鲁士刚刚进行了一场生死大战,法国惨败,割地赔款的情况,这也是可以理解的。但最主要的原因是云南发生了杜文秀领导的回民起义,大理成了割据统治的中心,所以没有办法前往。最后,从成都前往雅安,从荥经往打箭炉和建昌(西昌,明设建昌卫)的路上,之后又转到嘉定府(今乐山),到宜宾,乘船而下,往重庆、宜昌。经汉口返回上海。

李希霍芬的旅行计划和行程因情况发生变化而变化,灵活多变,但他始终在探寻从中国陆路通往边疆和国外的各个贸易交通线路。而从西安到新疆的线路,只是其中的一条,当然,也是他最向往的一条国际商道。在当时,他对经河西走廊到新疆这段丝绸之路的认识,只停留在计划和初步认识阶段。这条商路,即后来的"丝绸之路"并非局限在汉代,贸易内容也并非仅是丝绸。

综上所述,李希霍芬1877年提出了"丝绸之路"一名,但没有论述,1882年在《中国》第二卷中正式加以论述,但相关思想却早在1868—1872年期间逐渐萌生,他是在现实的地理考察及其比较中产生了源于中外陆路国际商道的"丝绸之路"想法,后来在整理研究中得到升华而论证了"丝绸之路",最初的思想并不像后来学者所阐发的"狭义丝绸之路"那么有时间和线路的严格限定,其线路也是宽泛和动态的。他的论述证明,从古代到近代,至少在因西北战乱中断之前,以西安为起点,后来被称之为丝绸之路的商道仍然是通畅的,贸易非常繁荣。这说明,李希霍芬的思想可能更接近于今天人们所定义的"广义丝绸之路"概念。他多次提及马可·波罗在这条商道上的旅行,就说明他从来没有将丝绸之路局限在汉代。从这个意义上说,将丝绸之路时间限定在汉代或隋唐,线路限定在西安至河西走廊—新疆到中亚一条线路上都不符合李希霍芬最初的思想。正因如此,他的思想和概念才能够与"广义丝绸之路"契合,至今经久不衰,充满活力。

---

① [德]费迪南德·冯·李希霍芬著,[德]E.蒂森选编:《李希霍芬中国旅行日记》,李岩、王彦会译,华林甫、丁景涛审校,第649页。

禹都阳城与天下第一都

王　琳（郑州大学历史学院）

摘　要：河南登封王城岗遗址应是中国历史上最早的都城，根据历史文献和考古发掘资料的相互印证，登封王城岗遗址应为禹都阳城。我们不能以王城岗遗址规模的大小来否定其作为中国早期都城存在的价值。

关键词：禹都阳城；登封王城岗；最早都城

一

20世纪70年代末至80年代初，考古工作者在河南郑州地区的登封王城岗发掘了一座城址。该城址位于河南登封市告城镇西北约500米的五渡河与颍水交汇处的岗地上，雄踞于中岳嵩山南麓和豫中名川颍水之滨。王城岗龙山文化古遗址东西两城并列，东城的西墙就是西城的东墙，西城所在地势略高于东城。东城破坏严重，仅存的南墙西段残长约30米，西墙残长约65米。二者相交处的角度为88°，近乎直角。西城保存的情况较好，城垣的长度为：南墙82.4米，西城92米，北墙西段残长29米，西墙南段残长约65米，西南城角为直角，西北城角为89°，也近似直角。这两个城角建筑形制，均与东城的西南角相同，即内角呈凹弧形。东南两城的面积，共约1万平方米，都是在王城岗龙山文化二期修筑和使用的。东城始建时间略早于西城。两城修筑之所以有早晚，可能是由于东城被五渡河西移冲毁后，才利用东城的西墙作为西城的东墙而又修筑起西城①。

对于王城岗遗址的性质问题，学术界曾展开过热烈讨论，以安金槐先生为代表的发掘者提出："登封告城镇的王城岗龙山文化中晚期城址，可能是'禹都阳城'或'禹居阳城'的夏代阳城遗址。"② 林沄先生指出："王城岗古城所保护的可能只是中心邑之中的一群重要的祭祀建筑（城内只发现夯土基址和祭祀坑）。……这样的中心

---

① 河南省文物研究所、中国历史博物馆考古部：《登封王城岗与阳城》，文物出版社，1992年，第28页。
② 安金槐：《试论登封王城岗龙山文化城址与夏代阳城》，《中国考古学第四次年会论文集》（1983年），文物出版社，1985年，第1—6页。

邑，便具备'都'的雏形，是形成国的核心。"① 严文明先生也指出："王城岗则发现有用多人奠基的情况，应也是宫殿或宗庙一类礼制性建筑的遗址。"② 许宏先生认为王城岗的种种迹象表明："城内居民的成分已较为复杂，有了较大的阶层分化，已形成多层次的社会结构。修筑数百米乃至上千米长的夯土城垣这样庞大的工程，绝对不是该聚落自身所能完成得了的，这些城邑的人们为其筑城。筑城者不是该城邑使用和受益者，正反映了这类城邑作为统治权力象征的实质。方正的城圈等显出较强的规划性，说明中国初期城市不是随着经济发展自然形成的，而是政治行为、军事设防的结果。"③ 马世之先生又认为："在王城岗龙山文化二期之时，已经出现了原始城市与礼仪性建筑，三期有了文字，四期发现了金属器具。尽管在时间上有早晚之别，它却表明了以王城岗遗址为代表的中原龙山文化时期，已经步入城邑文化阶段，进入文明时代。"④ 以上说明王城岗遗址很可能就是夏代的都邑——禹都阳城。

二

文献上夏都的所在地应在何处？《汉书·地理志》说："颍川郡阳翟，夏禹国。"这是大禹始封于夏较早的记载，《史记·夏本纪》张守节《正义》引《括地志》说："阳翟又是禹所封，为夏伯。"傅振伦先生说："考《汉书·地理志》于偃师云殷汤所都，于朝歌则云纣所都，惟于故侯国则皆称为国。今阳翟不云夏禹所都，而曰夏禹国，可知阳翟是禹的封国而不是禹都。《汉书》注阳翟，应劭曰：'夏禹都也。'臣瓒曰：'《世本》言禹都阳城，汲郡古文亦云居之，不居阳翟也。'《水经注·颍水》篇也说夏禹始封于阳翟为夏国。这些说法是正确的。"⑤

从上古以至清代，禹都阳城已成定论。故《世本·居篇》曰："禹都阳城。"《孟子》说："舜荐禹于天，十有七年舜崩。三年之丧毕，禹避舜之子于阳城，天下之民从之。"《史记·夏本纪》与此也略同，这一传说接近历史事实，金鹗在《求古录·礼说·夏都考》也据《夏本纪》立论说："盖即所避之处以为都也。"唯《通志·都邑略》注独云："禹在阳城者避商均之地，而非都也。"此说傅振伦先生说："似欠考究。"傅先生的批评应是正确的。以阳城不为夏都之说，是不符合历史实际的。禹居（都）阳城，古无异说，故古本《竹书纪年》曰："夏后氏，禹居阳城。"此居乃都也。故《史记·封禅书》记："三代之居皆在河洛之间。"阳城在何处？虽

---

① 林沄：《关于中国早期国家形式的几个问题》，《吉林大学社会科学学报》1986年第6期。
② 严文明：《东方文明的摇篮》，《农业发生与文明起源》，科学出版社，2000年，第148—174页。
③ 许宏：《先秦城市考古学研究》，燕山出版社，2000年，第34页。
④ 马世之：《王城岗遗址再探讨》，《中原文物》1995年第3期。
⑤ 傅振伦：《文献上的夏都所在》，《史学月刊》1984年第1期。

然说法很多，唯颍川阳城最为可靠，刘熙以为在汉颍川阳城，此说见《史记集解》。韦昭《国语注》则笼统地说"禹都阳城，伊洛所近"。应劭注《汉书》，以为在阳翟。赵岐注《孟子》则以为在嵩山下。今案《史记·夏本纪》裴骃《集解》引《括地志》云："嵩山在阳城县西北廿三里。"可知阳城当在嵩山之东南，即今河南登封市境，这一看法应是比较接近历史实际的。故《史记·夏本纪》曰："禹辞辟舜之子商均于阳城。"《集解》引刘熙曰："今颍川阳城是也。"《水经·颍水注下》载："（颍水）东合五渡水，迳阳城县故城南，盖舜禅禹，禹避商均，伯益避启，并于此也。亦周公以土圭测日景处。"颍川阳城即今之登封市告城镇，从镇西门出200余米即北—南方向奔流的五渡河，出南门约500米，即西—东方向奔流的颍水，五渡河在镇之西南与颍水相汇合。地理位置与历代文献所记符合无疑。

王城岗遗址的西城平面基本呈方形，面积近1万平方米，发现多处夯土基址遗存，对其同期灰坑木炭进行碳十四测定绝对年代距今约4000±65年，属于龙山文化中晚期城址。这一遗址的所在地理位置与有关文献记载的"夏代阳城"地望正相吻合。再加上该城址与五渡河之隔的告城镇附近又发现了一座战国时期的"阳城"遗址和印有"阳城仓器"戳记的战国陶器（共计13件，其中战国早期10件，战国晚期1件，汉代2件）。可以证实，这里应是战国时代韩国的阳城遗址。当然，我们不能拿战国时代的"阳城"当成夏禹的夏都阳城，但是从地名学来看，地名是历史文化现象的重要标志之一，它具有牢固的历史继承性。因此，王城岗龙山城址和战国韩阳城遗址的发现，为我们寻找"禹都阳城"至少说是可以提供一条重要线索。从已发表的《登封王城岗和阳城》一书的资料分析，完全可以确定龙山文化晚期的小城堡，应是属先夏文化的范围，我们不能因东城范围较小就否认它的原生形态，其为禹都阳城的一部分应属无疑。故李伯谦先生说："我们不能排除禹受禅之前阳城已经存在的可能。如果允许做这样的推断，那么将王城岗古城使用期的晚期遗存作为最早的夏文化，便不无道理。"① 至于夏代的积年，我们同意赵芝荃先生的意见，认为龙山文化晚期和新砦二里头文化为夏代的早期文化。发现新砦期的重要学术意义，在于填补河南龙山文化与偃师二里头遗址第一期之间的空白，将河南龙山文化晚期与偃师二里头遗址第一期之间的缺环联系起来，这是非常重要的②。由此看来，禹都阳城在今登封告城镇王城岗遗址。这一结论，从考古和文献资料都可以得到证实。

有的学者提出春秋郑国阳城和战国韩国阳城是有区别的，这个意见应也是正确

---

① 李伯谦：《关于早期夏文化——从夏商周王朝更迭与考古学文化变迁的关系谈起》，《中原文物》2000年第1期。
② 赵芝荃：《试论二里头文化的源流》，《考古学报》1986年第1期。

的①。在告城镇东北发现的阳城遗址为战国韩国阳城遗址，在八方村东部王城岗一带发现大量的春秋文化遗存，特别是最近发现有春秋时期的大壕沟，为寻找春秋郑国阳城提供了重要资料。1995年考古工作者发现一处东周墓地，其中三号墓是一座春秋前期的中型墓葬，从其中两件铜鼎上的铭文看来，墓主人应是郑伯公子子耳②。值得注意，该墓地距八方王城岗遗址的直线距离约200米，由此可以看出八方王城岗有可能就是春秋郑国阳城之所在③。所以在该报告中研究人员明确指出："假如春秋郑国阳城市位于八方王城岗一带，那么所谓'禹都阳城'说明阳城当指春秋郑国之阳城，在王城岗发现龙山文化晚期大城为禹都阳城的推测，也从另一方面说明春秋郑国阳城的证实，禹都阳城的确定提供有力的支持。"④ 值得注意的是，在这个区域内，我们发现春秋时铸有阳城铭文的铜戈，这就更证实了阳城的存在，而郑国阳城与禹都阳城有着非常紧密的渊源关系，这一点绝对不能否定。

在这里有一问题，值得深入讨论，王城岗阳城遗址究竟是军事性质的城堡还是禹都阳城所在地呢？我们在登封王城岗遗址内发现有祭祀的建筑。在西城内较高处的夯土建筑基址下面，发掘出王城岗龙山文化二期奠基坑13个，坑内填埋完整的人骨架17具，不完整的人骨1具，人头骨6个以及部分肢解的盆骨和下肢骨等，仅1号奠基坑（WT48H760）内，就填埋人骨架7具，死者为男女青年和儿童等。已知这些坑上的建筑基址共10处，其中有的大型建筑基址面积达150平方米左右。关于这些基址的性质，可能与祭祀有关，由此，我们不能简单地把王城岗阳城遗址看成是军事性质的城堡，故有的学者说："王城岗古城堡所保护的可能只是中心邑之中的一群重要的祭祀建筑（城内只发现夯土基址和祀坑）。"⑤ 说明这时已经有一定的祭祀礼仪。这种祭祀礼仪的出现绝对不是偶然的，如果我们在王城岗龙山文化四期灰坑（H617）内，出土一件铜鬹的腹与袋状足的部分残片，残宽6.5厘米，残高5.7厘米，壁厚0.2厘米，器表锈蚀严重，经北京科技大学冶金史研究室用原子发射光谱、金相和扫描电子显微镜检验，断定此铜器残片系由锡铅青铜铸造而成。"王城岗为构造复杂的容器鬹，用复杂的合范芯固定要求都较高，必须准确、紧合、稳定；其次，器壁很薄，要在极狭的0.17—0.28厘米的范腔中使铜液畅通而均匀，除了高温溶

---

① 李京华：《许由箕山阳城考》，《文物考古论集》，中州古籍出版社，2006年。
② 郑州文物考古研究所、登封文物局：《河南登封告城镇东周墓地三号墓》，《文物》2006年第4期。
③ 北京大学考古文博学院、河南省文物考古研究所：《登封王城岗考古发现与研究（2002—2005）》（下），大象出版社，2007年，第793页。
④ 北京大学考古文博学院、河南省文物考古研究所：《登封王城岗考古发现与研究（2002—2005）》（下），第794页。
⑤ 马世之：《王城岗遗址再探讨》，《中原文物》1995年第3期。

解外，还要掌握浇注技术的冷热度。"① 故马世之先生认为："要铸造鬶这种复杂的青铜容器，没有达到高超的冶铸技术是办不到的，与该鬶同一灰坑出土木炭测定的年代数据为距今3555±150年，树轮校正年为3850±165年，正好在夏代积年范围之内。"② 近来有学者根据考古发掘材料与文献记载提出："王城岗小城有可能为'鲧作城'，而王城岗大城有可能是'禹都阳城'。"③ 不管怎样，它都说明王城岗遗址为禹都阳城的说法是不能否定的，也无法否定的历史事实。

值得重视在王城岗遗址的北边正是古观星台即古"周公测景台"，测景台建筑于何时？文献记载是在唐开元十一年（723）。《新唐书·地理志》"河南府河南郡"阳城条下的记载："有测景台，开元十一年，诏太史监南宫说刻石表焉。"这说明我们现在见到的石表的确建立于开元十一年。

除此之外，《通典·职官》也载："仪凤四年五月，太常博士、检校太史姚玄辩奏于阳城测影台，依古法立八尺表，夏至日中，测影有尺五寸，正与古法同。"这说明，不仅在南宫说刻立石表之前，而且在唐仪凤四年（679）之前，阳城即建有测影台。至于这座测影台是不是早到周公的时代，是否就是周公的原物，可以讨论，也可以怀疑。但北京大学东方文学研究中心王邦维先生认为"如果说，姚玄辩提到的阳城测影台，是南宫说'刻石表'的基础，也就是今天我们见到的'周公测景台'的前身，我想应该可信。支持这一点的，还有一个证据。《周礼注疏》的作者贾公彦对上引《周礼·地官·大司徒》测影以定地中"的一段话以及郑司农注④。

这段话见于《周礼·地官·大司徒》，且被反复征引，"以土圭之法，测土深，正日景，以求地中。日南则景短，多暑；日北则景长，多寒；日东则景夕，多风；日西则景朝，多阴。日至之景，尺有五寸，谓之地中"。郑玄注则引郑司农的话作一步的说明："土圭之长，尺有五寸。以夏至之日，立八尺之表，其影适当与土圭等，谓之地中。今颍川阳城地为然⑤。郑司农云："颍川阳城地为然者，颍川郡阳城县是。周公度景处，古迹犹存。"⑥ 这里"古迹犹存"四字，无疑是指姚玄辩提到的阳城测景台。贾公彦撰《周礼注疏》约在唐高宗永徽年间（650—655），时间比姚玄辩阳城测影还稍早一点。贾公彦和姚玄辩的时代，都比南宫说早。

---

① 黄盛璋：《中国青铜时代最早形成的地域和年代初论》，《传统文化与现代化》1994年第1期。
② 马世之：《王城岗遗址的再探讨》，《中原文物》1995年第3期。
③ 方燕明：《登封王城岗城址的年代及相关问题探讨》，《考古》2006年第9期。
④ 王邦维：《"洛州无影"与"天下之中"》，《四川大学学报》（哲学社会科学版）2005年第4期。
⑤ ［汉］郑玄注，［唐］贾公彦疏：《周礼注疏》，［清］阮元校刻：《十三经注疏》，中华书局，1980年，第704页。
⑥ ［汉］郑玄注，［唐］贾公彦疏：《周礼注疏》，［清］阮元校刻：《十三经注疏》，第704页。

测影台又叫"测景台",学名"八尺表",俗称"无影台"。即是我国古代立八尺表土圭测影的遗址,同时又是测量日影验证时令季节的仪器,周文王四子(周公姬旦)为营建洛阳曾在此测验日影。唐开元十一年(723),太史监南宫说等人仿以周公土圭之制换以石圭石表,意思是当年周公测影就是在这个地方,故在南宫说"刻石表"之前,这个地方应当有表,有遗迹可寻,因此我们我们相信,在南宫说建石表和石台时,如果没有特殊的理由,是不会选择新址的,这些古代的遗制都明确说明周公"地中""天下之中"就在这个地方——颍川阳城。今观星台正在古王城岗遗址的北边,且与王城岗遗址都在一条中轴线上,这绝非历史的偶然巧合。这同时也说明中华第一都"禹都阳城"遗址在这里绝对不是偶然的。

中国自古以来即以豫州即洛阳一带为天下之中,如果从建表观天而言,阳城则更被认为是中心的中心。正因为古人以阳城为"地中",所以禹建都于此,绝对不是偶然的巧合。所以《吕氏春秋·审分览·慎势篇》云:"古之王者,择天下之中而立国。"《周礼·地官·司徒》云:"地中,大地之所合也,四时之所交也,风雨之所会也,阴阳之所和也,然则百物阜安乃建王国焉。"远古时代的王城是国家权力的象征,城在国在,城亡国亡,这里所说的"建王国"实际就是指的都城。所以王城岗阳城遗址是我国进入阶级社会以后建立的第一座王城。所以后来叫王城岗,不能因为其城址规模小一些,就否认其王都地位的。故《新书·属远》云:"古者,天子地方千里中之而为都。"而为什么要建都天下之中?《周礼》说得很清楚,"因阴阳之所和也,然则万物阜安"。班固《白虎通》说是"处中以领四方"。谯周《法训》说是"顺天地之和而同四方之统"。左思《魏都赋》说"庄中图大"。《五经要义》说是"总天地之和,据阴阳之正,均统四方,以制万国"。关键是一个"中"字,居"中"一句话就是便于统治天下,使国泰民安。

正因为古人以阳城为"地中",阳城的日影一尺五寸,土圭于是也就设计为同样的尺度。但让"测景台"在夏至正午整体看来是"无影台"古人确是费了一番心思与考究的,可见当时天文知识的丰富与发展。

2004年6月21日,北京大学东方文学研究中心王邦维先生和河南省文物局孙英民副局长及文物处张斌远副处长专程到河南登封市告城镇的古观星台,实地观测"无影"的情况。天公作美,是日万里晴空,是观察"无影"的最好机会。虽然气温高达37度,王先生亲自观察到了"无影"的奇景。"无影台"为什么称为"无影",此时终于得到验证。王先生在文中还特别提出观察"无影"的同时,还发现一个现象,在正午时分,阳光照射下的这座观星台的主体建筑,也是"无影"[①]。

---

① 王邦维:《"洛州无影"与"天下之中"》,《四川大学学报》(哲学社会科学版)2005年第4期。

对于古人在阳城建立"测影台",王先生说:"无论最早是不是周公,在当年都不是随意所为,而且这在历史上自然还会有一个前后继承的关系。在这个地方测过日影的,我们知道的,唐代至少有姚玄辩、南宫说和一行,元代有郭守敬。既然阳城自古以来就是测影的重要地点,同时唐初就有明确记载,在这里已经建有测影台,我们又没有其他的理由,为什么不可以相信,在唐以前,阳城的测影台也是建在现在观星台的这个位置的呢?"① 因此,我们完全可以认为王城岗就是古阳城,其应为禹都的所在地,其应是中国历史上最早的都城。我们不能以今天的眼光去看待中国早期历史上的都城,王城规模的大小,是不能否定其作为都城存在的价值的。

---

① 王邦维:《"洛州无影"与"天下之中"》,《四川大学学报》(哲学社会科学版)2005年第4期。

两汉时期青海羌人牧业生活述论

王 梅（青海师范大学历史学院）

摘 要：本文依据地理环境在一定时期内的相对稳定性以及闭塞的内陆高原地区游牧生活演进的缓慢，借助文献、考古资料和近代民族志资料①就西羌的牧业生活从畜产的构成、草场的分布、放牧的方式、影响其牧业生活的因素等做出分析，勾勒出西羌牧业生活的概貌。

关键词：两汉；青海；羌人；牧业生活

商周秦汉时期羌人在中国西部的分布很广泛，青海地区是古羌人聚居的中心地区。两汉时期青海地区的羌人，种落繁杂，人口众多，以"产牧"为其主业。在具体讲到青海羌人的牧业生活时，我们先来大致理出其活动范围。位于青海东部的河湟谷地是青海羌人活动的中心区域。该区海拔 2500 米左右，是青海地势最低的地方，气候温和②，宜农宜牧，地理条件优越。只是该地区作为地理上的优势地区，其承载力有限，《后汉书·西羌传》有部族之间争夺东部河谷地区，失利的部族远徙或因汉王朝势力的延伸而迁徙的记载，如"羌乃去湟中，依西海、盐池左右"，还有西汉时期，汉宣帝为"隔绝羌胡"，欲派兵攻打河湟羌人，酒泉太守辛武贤主张从张掖、酒泉同时出击，"掳掠羌人畜产和老弱在青海湖边不能远徙者"的记载③，西羌的活动区域以东部河谷为中心，处在一个向境内的青海湖周围、西北方向的柴达木盆地还有西南部的高寒山地一带拓展的状态。

《后汉书·西羌传》中记载羌人"所居无常，依随水草。地少五谷，以产牧为业"，青海羌人所居地，地貌上河谷、山区、盆地并存，有水草丰美的草场，但没有像北方草原一样可供任意驰骋的草场，还有根据史书记载，羌人部落有相对固定的活动范围，即羌人有从事农业生产的记载，不可能和自己的农田离得太远。因此，

---

① 关于近代民族志资料的运用是基于王明珂先生《游牧者的抉择：面对汉帝国的北亚游牧民族》中"高原河谷游牧的西羌"的行文和英国历史学家汤因比在《历史研究》中把游牧生活称之为"虽然存在但无生长的停滞的文明"说法的启发。再加上从各区域人类社会文化进化来看，青海处于高原地区、交通闭塞，发展进程相对又更为缓慢，基于以上考虑对同一地理环境下，近代的民族志材料加以使用。
② 陈新海：《历史时期青海经济开发与自然环境变迁》，青海人民出版社，2009 年，第 4 页。
③ 周伟洲编：《西北少数民族地区经济开发史》，中国社会科学出版社，2008 年，第 263 页。

羌人的畜牧业应分为定居或半定居与游牧的两种形式①。

在对青海羌人活动区域以及其游牧生活整体做出概述后，下文就从青海羌人畜产的构成、畜牧草场的分布及其特点、放牧方式、影响其牧业生活的因素等做出具体分析，勾勒出青海羌人牧业生活的概貌。

一、畜产的构成

畜群的主要构成为马、牛、羊，在《后汉书·西羌传》中有大量汉和河湟羌人作战后，俘获马、牛、羊的记载。此外，他们还驯养了驴、骡等大型家畜以及猪、狗等。这些家畜既是他们的生产资料、运输工具，也是他们的衣食之源。

以"西戎牧羊人"著称的河湟羌人，其畜产方面，"羊"具有一定代表性。在特殊的地理环境下，河湟羌人驯化了古盘羊，羌人放牧的羊为藏系羊。藏系绵羊是高原古老的土著品种，由于长期生活在高寒地区的草原上，形成了特有的体质和性能，生长能力强，宜远牧，行动敏捷善攀登，体质外貌上一般头呈三角形，公母均有角（母羊无角者极少），公羊角大，向左右伸展作螺旋状……四肢长善跳，尾小为楔状……具有小尾羊的特点②。被学术界称为羌人早期文化典型代表的卡约文化中的阿哈特拉山遗址普遍以羊作为随葬品，有的多达2000只，而有的墓中随葬羊角有100多个③。这些羊角非常大且弯曲，是藏绵羊的角。近现代青海的草原上奔跑的大部分还是这种藏系绵羊。

除绵羊外，也存在一定数量的山羊。《青海畜牧》一书就提到山羊由羖羊驯化而来。青海有一种野生岩羊（俗称石羊），色灰青，有尾有角有须，可能是羖羊的变种。山羊多牧养于农业区即干旱的柴达木盆地及其他温暖地方④。而山羊的畜养在近世青海游牧民族中依然存在，南文渊在其《青海藏族生活考察》中提到牧民的生活中除藏系羊外还有山羊⑤。

二、羌人畜牧草场的分布及其特点

文献中河湟羌人的牧场以"水草丰美"一带而过，而基于地理环境相对的稳定性，结合近代青海草场资源分布情况，我们对羌人的牧场做一类似描述。羌人游牧的区域以东部河谷为中心，处在一个向境内的青海湖周围、西北面的柴达木盆地、西南部的高寒山地一带拓展的状态。

---

① 周伟洲编：《西北少数民族地区经济开发史》，第263页。
② 雷达亨：《青海畜牧》，青海人民出版社，1987年，第80—81页。
③ 徐新国、格桑本：《卡约文化阿哈特拉类型初探》，《青海考古学会会刊》1981年第12期。
④ 雷达亨：《青海畜牧》，第35页。
⑤ 南文渊：《青海藏族生活考察》，《青海民族研究》1999年第1期。

湟水谷地是青海诸羌最主要的聚居中心，在此地羌人农牧兼营，整体上还是以牧业为主。此地属于向黄土高原的过渡地带，海拔大约2000以上，质地疏松的红色地层，沉积较厚，疏水侵蚀作用猛烈，地面割裂破碎，形成峡谷和山间盆地。属于灌丛草甸草场型，这个草场的特点是气候寒冷、潮湿、日照短、土壤为山地灌丛草甸土，有机质分解慢。

史籍中有羌人在环湖地区畜牧的记载，还有依盐池左右的记载，草场的分布上应包括环湖草原和分布在柴达木东部地带的半荒漠草原。因所处地理位置不同，草场特点也不同，环湖草原分布于环湖周围的低平地区，雨量较多，冬季雪少，牧草生长期较长，草原较湿润，耐牧性强，为优良的冬春草场。该地区自古以来，为游牧部落必争之地，历史上号称"羌人乐土"；羌人"依盐池左右"，该草场分布在柴达木东部地带，属于半荒漠草原，植物为旱生型，在盐池附近多盐渍草。此地干旱，草短小①。这里也是西羌从事牧业的重要场地。

三、放牧方式

（一）基于混合牧养下，常态牧业生产对牲畜习性的掌握

关于牧养方式，翟松天在《青海近代经济史》中提到青海畜牧业虽历史悠久，但受社会经济条件的制约，生产经营方式落后，马牛羊混合组群②；此外，当代生态学家对青海湖地区草场资源进行研究后认为："一块草地上，单纯养一种家畜，牧草利用率很低，浪费很大。实行牛、羊、马混合放牧，则能收到较好效果。"③ 基于以上，根据青海羌人所居地生存空间相对紧张，单独为畜群开辟牧场似不可能，应该多在同一片草地上混合牧养。

在混合牧养时，根据动物习性做出调配。青海羌人作为牧羊人的代表，拥有马、牛、羊的头数很多，表明其畜牧业相对发达。而发达的畜牧业又与经验的积累和饲养技术的提高分不开。这些当然以羌人对动物习性的深入了解为前提。青海羌人在放牧时考虑动物习性似乎可以理解，即在混合牧养时，根据海拔高度和动物进食先后做适度调配。马毛短，一般在相对平缓处、低海拔处山地附近的草场；牛、羊可以依次增高，通过海拔可以做到动物的分群。此外，在相对平缓的草场上，正如巴菲尔德在《危险的边疆——游牧帝国与中国》中提到的："在利用统一地块时大牲畜必须在绵羊、山羊之前放牧。山羊和绵羊吃草时比其他牲畜咬得深，因此它们可以在牛马吃过的地方放牧，但是羊刚吃过的地方牛马却不能再吃，羊更能适应贫瘠的

---

① 雷达亨：《青海畜牧》，第39—40页。
② 翟松天：《青海经济史（近代卷）》，青海人民出版社，1998年，第67页。
③ 南文渊：《青海藏族生活考察》，《青海民族研究》1999年第1期。

牧场"①，根据牲畜进食的先后，在混合牧养时做出调配。

（二）瞭牧及其他

在畜牧业生产的长期演进中，曾先后经历过三种放牧形式，即天牧、瞭牧和监牧。天牧：简言之，对经过较长时间群居驯养的牲畜，随意游弋采食、繁衍生息；瞭牧：当人类发展到依靠狩猎已经不敷食用，放牧的牲畜已经成为主要生活资料的来源时，就在放牧管理方面进行某种形式的改进与加强。如逐渐选择气候温暖、水草丰盛的草场专事放牧；因畜牧易于逃失和被野兽侵害，需要时间去做一些料理，有远离者被赶回，发现有害野兽则被驱逐，等等，但在家畜的生殖、疫病的治疗等方面，仍任其自然。这种方式叫做瞭牧。监牧：始于奴隶社会晚期，有专门的奴隶用来放牧、照管牲畜，人类自觉强化管理②。以上阶段的划分以人类在畜牧过程中的不作为到有意识的作为以及作为的程度如何来划分，羌人的牧业方式可以归结为瞭牧阶段。原因在于两汉时期，河湟一带的羌人以"产牧为业"，而且羌人对河谷地带的争夺，体现出他们对牧场的人为选择。尤其对水草丰美、自然条件优越的大、小榆谷的争夺中可略见一斑③。此外，羌人畜牧业的发达，又从侧面反映出羌人在放牧管理方面进行了改进和加强。而在管理过程中，两汉时期河湟羌人社会内部虽出现了阶级分化，但因羌人从来没有形成一个统一的部落联盟或国家④。因此，还是部落集团集体放牧，并没有出现用专门的奴隶来放牧的情况。

放牧中的移动性是游牧经济的一大特点，而具体到放牧的移动方式，基于地理环境的限制，放牧有在丘陵平缓地区的水平的移动，还有沿着山地的垂直移动的放牧方式。羌人的游牧，以沿着山地的垂直移动为多。如河湟谷地，特别是祁连山地一线，由一系列西北—东南走向的平行山脉与谷地组成。山脉与谷地相对高差很大，海拔3000—4000米是辽阔的放牧区域，在这一地区的放牧是沿着祁连山山脉的垂直移动。青海湖边草场为冲积平原，地势广阔，水平移动的方式则被采取。

此外，羌人是按季节进行轮牧的，即有夏牧场和冬牧场之分。《汉书·赵充国传》记载："是时（汉宣帝初年），光禄大夫义渠安国使行诸羌，先零豪言愿时渡湟水北，逐民所不田处畜牧。"就"愿时渡湟水北"进行畜牧，著名的民族学家马长寿先生认为此话意为：在一定时期到湟水北岸肥美的牧地上游牧一个季节，季节一过

---

① ［美］巴菲尔德：《危险的边疆——游牧帝国与中国》，袁剑译，江苏人民出版社，2011年，第28页。
② 雷达亨：《青海畜牧》，第47—48页。
③ 先住在大、小榆谷之内的是先零羌和卑湳羌，他们在那里垦田畜牧。东汉初年，居住在大允谷（今青海省共和县东南一带）的烧当羌，其首领滇良召集附近部落，进攻先零、卑湳羌，掠夺了他们的财富，占领了大、小榆谷。
④ 青海省文化厅、青海省文物考古研究所编：《青海考古五十年文集》，青海人民出版社，1999年，第128页。

又回到湟水以南。这也正符合游牧部落定期游牧的常态①。直至近现代,西北地区的游牧民族仍按季节进行轮牧即有夏牧场和冬牧场之分。夏季沿着山地,由低海拔向高海拔垂直移动,寻找夏季牧场。冬季牧场的选择,则如《汉书·赵充国传》中记载的:"欲至冬,虏皆当畜食,多藏匿山中,依险阻……"② 转入山中的冬场。冬场沿山势分布,避风向阳③,一来可以抵御寒风的侵袭,二来可以充分接受阳光的照射,再者也可以充分利用地形避免汉人的进攻,在这里熬过寒冷的冬季。

四、影响牧业生活的因素

(一)自然灾害对青海羌人牧业生活的影响

游牧生活的脆弱性是一种常态,作为区域内游牧生活所具有的固有特性,河湟地区羌人的游牧生活也是如此,自然灾害对羌人牧业生活的冲击非常大。雪灾、干旱等灾害的发生会造成牲畜的大量死亡。《后汉书·西羌传》有"羌人堪耐寒苦,虽妇人产子,亦不避风雪"④ 的记载,间接提到了羌人所居地高寒的气候状况,雪灾亦青海地区所常见。此外,位居西北内陆腹地的青海远离海洋,降水稀少,唯有青海省东部处于黄土高原与青藏高原的过渡地带,能承接季风余泽,相对湿润,但也有年蒸发量大的缺点。因此,青海地区极易发生旱灾。两汉时期的文献中就有多次发生旱灾的记载:东汉永元元年(89)"三辅、并、凉少雨,麦根枯焦,牛死日甚"⑤;东汉永初二年(108),湟中旱,饥;东汉永和三年(138)"凉州旱,大饥,人相食"⑥。

(二)青海羌人内部组织结构对其牧业经济的影响

《后汉书·西羌传》中记载羌人"不立君臣,无相长一,强则分种为酋豪,弱则为人附落,更相抄暴,以力为雄"。呈现出强凌弱,众暴寡,强弱大小差不多的部落又转相抄盗的局面。对河湟羌人的内部组织王明珂先生提出了"分裂性结构"的概念并进一步解释汉代河湟羌人分裂性社会结构为:"几个家庭,组成一个牧团;许多牧团,构成一个次部落;许多次部落又构成部落。因此,中国文献中以大豪、中豪、小豪,来称不同层级的羌人领袖。在分裂性结构中,每个牧团都可以自由地加入或

---

① 马长寿:《氐与羌》,广西师范大学出版社,2006年,第177页。
② [汉]班固:《汉书·赵充国传》,中华书局,1975年,第2980页。
③ 如王建新在《中国北方草原地区古代游牧文化考古研究中若干问题的探讨》一文中指出的:"游牧民族对于冬季营地的选择条件应该是古今一理的,即沿山分布,避风向阳。所以在现代牧民的冬季营地附近,往往就会发现古代游牧民族的遗址,有些古代游牧文化的居住遗迹,往往会被叠压在现代牧民的居住场所之下。"参见王建新《中国北方草原地区古代游牧文化考古研究中若干问题的探讨》,《西部考古》2006年第1辑。
④ [南朝·宋]范晔:《后汉书·西羌传》,中华书局,1975年,第2869页。
⑤ [南朝·宋]范晔:《后汉书·卓鲁魏刘列传》,第877页。
⑥ [北齐]魏收:《魏书·列传第八十七》,中华书局,1975年,第2200页。

退出一个部落。他们缺乏中央化领导，部落首领的权威十分有限；除了战时，没有上级领袖能指挥下级领袖……在这样的社会结构中，'决策权'分散在每一个牧团中，甚至在每一个游牧家庭之中。"① 因此，羌人没有像汉初匈奴一样形成强有力的帝国。

分裂型的社会组织结构，加之青海地区优质草场资源的稀缺和分布不平衡，决定了各部落之间为争夺优质牧场资源、财富甚至人口，展开了不断的混战。西汉初年，赵充国在给汉宣帝分析对付西羌对策中就提出："羌人所以易制者，以其种自有豪，数相攻击，势不壹也。"② 西汉时期，烧当羌贫弱，受到先零羌的欺凌。东汉初年，烧当羌的首领滇良召集附近部落，进攻先零、卑湳二羌，掠夺财富，占领他们的居地——大、小榆谷③。组织形式上的分散和长期互相斗争的状态不利于畜牧业经济的稳定发展。

（三）王朝外部势力的延伸对羌人牧业生活的冲击

河湟地区作为两汉王朝体系下的一个地方系统，对其的经略、开发，有助于大一统国家的形成，有助于地方经济的开发，促进民族融合。但河湟地区纳入王朝体系的这一过程，是伴随着战争和强制迁徙的。青海羌人在与汉交战失败后被大量迁至内地，如永平元年（58），"窦固、马武等击败滇吾于西邯，滇吾远引去，余悉散降，徙七千口置三辅"④。原有的很多从事畜牧的人群被迫迁徙，使从事牧业的人口大量减少，是人力上的流失。

两汉时期在河湟一带有郡县的设置，郡县体制下，羌人被迫参与王朝事宜，有守塞羌、保塞羌的记载，还有从事屯田的，称"屯羌"。还有大量羌人被调征充任"边兵"和"羌骑"，用于对内对外战争的记载⑤。而被迫参与王朝事宜的羌人在数量上并不少，仅中元二年（57），有陇西守塞诸羌曾随滇吾起兵，马援击败先零羌后，守塞羌八千余人投降的记载。和帝永平九年（97）秋，"迷唐率八千人寇陇西……征西将军刘尚将北军五营……三辅积射及边兵羌胡三万人讨之"⑥。从事王朝安排的其他事宜，这对保持独立的、原有的牧业生活也有很大的影响。

再者，两汉时期大规模的屯田和内地移民对羌人畜牧空间形成竞争和侵夺。屯田一般设在气候温暖，地理条件比较好的地方，这使游牧不得不向高寒、牧草稀少，条件相对恶劣的西部高地拓展。如西汉时期，赵充国在河湟屯田，耕种了西起临羌

---

① 王明珂：《华夏边缘：历史记忆与族群认同》，允成文化实业股份有限公司，2005年，第70页。
② [汉] 班固：《汉书·赵充国传》，第2972页。
③ 马长寿：《氐与羌》，第95页。
④ [南朝·宋] 范晔：《后汉书·西羌传》，第2881页。
⑤ 冉光荣等：《羌族史》，四川民族出版社，1985年，第74页。
⑥ [南朝·宋] 范晔：《后汉书·西羌传》，第2883—2884页。

东至浩亹的两千余顷西羌和汉族移民开垦的土地外,还在"地势平易"的河湟两岸"肥饶之地"① 开垦了大量的荒地。东汉时期,原居于大小榆谷(今青海黄河南岸贵德、尖扎、贵南、同德等县一带)的烧当部落,因汉军多次讨伐,只得放弃原地,向西方的河曲以西迁徙,最后达到河源一带,与原来分布在那里的发羌错居。而这一带便成为东汉王朝屯田地。永和十四年(102),金城西部都尉曹凤在青海湖地区和大、小榆谷屯田戍守②。屯田戍守侵夺了羌人的耕地和牧场,恶化了河湟羌人的生存空间。

伴随汉王朝的屯田和行政、军政设置的拓展,是大量内地移民的迁入,如武帝时期,"时先零羌与封养、牢姐⋯⋯与匈奴通,合兵十余万,共攻令居塞,汉派李息、徐自为平之⋯⋯羌乃去湟中","汉遂因山为塞,河西地空,稍徙人以实之"③(河西地包括青海东部地区。去湟中之后的迁徙,移民应包括湟中地区);另西汉末年,安汉公王莽遣遣中郎将平宪带大量财宝到西海(即青海湖),用大量财物威胁利诱卑禾羌首领良愿献地称臣。良愿等人慑于西汉武力。同意让出鲜水海、允吾(即大允谷,今共和县东南部地区)、盐池(今青海茶卡盐湖)等地,率领本部落12000多人迁到高山险阻处为汉藩蔽。王莽得到西海地区后,设西海郡。并徙内地犯法者"以千万数"④。外来人口的大量迁入无疑对西羌生存空间有所挤压。

此外,汉王朝对河湟羌人的战争中,汉族官吏虏获的大量马牛羊数目惊人,如有《后汉书·马援传》及《后汉书·西羌传》记载,东汉时期每每击破河湟诸羌后,所掠得的马牛羊等牲畜,动辄以万计,甚或有一次掳掠所得竟多至20余万头。更多的是,护羌校尉段颎征伐先零羌的战事,掠得牲畜427500多头⑤。这使"以畜产为命"⑥ 的羌人损失了大量财产,对其畜牧生活造成很大的破坏。

结　语

从上述看,青海羌人作为从事畜牧业的民族,既有牧业民族所具有的常态的特征,又基于河湟地区特殊的地理、气候条件,其牧业生活又有其自身特点,并在其内部又根据所居地不同,其游牧方式在个别地方也有不同,并不是整齐划一的。

青海羌人的畜产以马、牛、羊为主。放牧的草场以河湟谷地为中心,又有向青海湖滨、盐池,甚至更偏远的青南方向拓展的情势。放牧方式是在混合牧养下,通过对牲畜习性的掌握又加以适度调配。放牧的阶段处在瞭牧阶段。而就放牧的移动

---

① [汉]班固:《汉书·赵充国传》,第2986页。
② 崔永红等:《青海通史》,青海人民出版社,1999年,第58页。
③ [南朝·宋]范晔:《后汉书·西羌传》,第2786页。
④ [汉]班固:《汉书·王莽传》,第1027页。
⑤ [南朝·宋]范晔:《后汉书·段颎传》,第2153页。
⑥ [汉]班固:《汉书·赵充国传》,第2977页。

方式而言，则根据地理环境的不同，有垂直移动和水平移动之分。再者按季节轮牧，有夏季和冬季牧场之分。

此外，就影响牧业生活的因素而言，河湟羌人各部落间"强凌弱，众暴寡，强弱大小差不多的部落又转相抄盗"，部落间的不停地混战和劫掠，对自身的畜牧业的发展产生了负面冲击。再者，汉朝势力的延伸，客观上讲对羌人的牧业生活造成了极大地破坏。大规模的屯田和移民的迁入，占据了羌人大量土质肥美的牧场，使他们不断向贫瘠的地方迁徙。而长期汉羌之间的战争也使河湟一带人口大为减少（以金城郡、陇西郡的户口数为例，东汉永和五年（140）只及西汉元始二年（2）的10%①，土著民西羌流徙甚至死亡者众多，羌人势力遭到冲击。以至到四世纪，从辽东迁徙而来的慕容鲜卑的一支——吐谷浑成为当地游牧民的主体，羌人作为河湟流域的土著民，其畜牧文化已不再作为当地畜牧经济的主体文化而被提及。

---

① 崔永红等：《青海通史》，第70页。

夏商之际史事新认识

——清华简《尹至》《尹诰》补释

王 青（苏州大学社会学院）

摘 要：清华简《尹至》《尹诰》记载了伊尹从夏往亳与汤谋划裁夏之事，可与多种典籍对读。本文对简文做了补释，并在此基础上重新认识夏商之际的重要史事，如：伊尹归汤的具体过程，《尚书·汤誓》"是日曷丧，予及汝皆亡"的问题，商汤伐桀、夏桀的败逃路线，等等。简文所载内容弥补了传世文献的相关记载，是弥足珍贵的历史资料。

关键词：清华简；伊尹；《尹至》；《尹诰》

近来面世的清华简①，对于《尚书》和古史研究意义重大。其中的《尹至》《尹诰》两篇，李学勤先生筚路蓝缕进行了整理考释，为以后的研究开辟了道路。后来迭经专家研究，简文之意已经基本可通，然而，还有一些问题尚待进一步研究。本文拟从夏商史事的角度对这两篇简文进行探讨，提出新见，敬请专家教正。

一、《尹至》简文补释

为了方便讨论，我们主要依据李学勤先生的释文并参照诸家卓见②，以及个人拙见，把这篇简文抄写如下③。《尹至》篇：

---

① 清华大学出土文献研究与保护中心编、李学勤主编：《清华大学藏战国竹简（壹）》，中西书局，2010年。
② 专家卓见除了李学勤先生的原考释以外，还有廖名春《清华简与〈尚书〉研究》（《文史哲》2010年第6期）及《清华简〈尹诰〉研究》（《史学史研究》2011年第2期）；沈建华《清华楚简〈尹至〉释文试解》（《中国史研究》2011年第1期）；以及复旦大学出土文献与古文字研究中心研究生读书会和黄怀信、单育辰、郭永秉、张崇礼、宋华强、孙飞燕、黄人二、赵思木、沈培、王宁等先生发表在网站上的文章。下面讨论《尹诰》篇时，仿此。
③ 为简明计，简文有些字常用若某字者，径以某字写出，如"亓"写作"其"、"才"写作"在"、"又"写作"有"、"隹"写作"惟"、"氒"写作"厥"等。括号中的字多为诸家所肯定的通假字。

惟尹（伊）自夏薦（徂）白（亳）①，䍽（祓），至在汤。汤曰："各（格）！女（汝）其有吉志？"尹（伊）曰："句（后）！我逨（来）趆（越）今旬（旬）。余覍（微）② 其有夏众（以上第1简）□（不？）吉。好其有句（后），厥志其倉（爽）③。龙（宠）二玉，弗虞（虞）④ 其有众。民沈（谌）曰：'余返（及）女皆𠚥（亡）。'惟哉（哉）！虐悳（德）⑤、暴动（以上第2简）、亡箕（典）⑥。夏有恙（祥）在西、在东⑦，见章（彰）于天。其有民，銜（率）曰：'惟我棘（速）褐（祸）。'咸曰：'懓（曷）今东恙（祥）不章（彰）？'⑧ 今（以上第3简）其女（汝）紿（台）？"汤曰：

---

① 《尹至》简文的两个"尹"字，皆指伊尹。疑其为"伊"的省写。作为人名，伊尹的"伊"为其私名，"尹"则为其官名。陈梦家曾据甲骨卜辞的资料指出此点（见《殷虚卜辞综述》，中华书局，1988年，第383页），简文"尹"，当是伊字的省写。春秋时期齐器叔夷镈铭文曾谓"伊少（小）臣惟辅，咸有九州，处禹之堵（土）"，称伊尹为"伊"，是为其证。战国竹简文字，每有以"亻"作为羡划者，本简亦为其一例。简文"薦"字，诸家异说甚多，兹从晁福林先生《试释战国竹简中的"薦"字并论周代的薦祭》（《中国史研究》2010年第2期）一文的说法。本篇的简文"薦"字，读若"徂"，往也。
② "覍"，简文中多读为"美"，这种读法依专家所说，意即伊尹给夏桀"灌迷魂汤"，让其骄傲。黄怀信先生读为"微"，指伺机而察，合其间谍身份。这两种读法，皆比读为"闵"为优。就简文之意看，读作"微"更好。
③ 简文"倉"，除读"爽"之外，专家尚有读"丧""戕"两说，另有释为"寒"，读为"涣"者。
④ 或读为"恤"，以与《汤誓》"不恤我众"相合。按不必求战国文字一定合于今本文字。简文从吴，所以读为"虞"为优。
⑤ 诸家多将简文"悳（德）"径指德行，疑未妥。简文这个字读为"德"是可以的，但非指德行，而是指夏桀得到的上天的恩赐。"德"的观念在先秦时期有一个历史发展过程，说详晁福林先生《先秦时期"德"观念的起源及其发展》（《中国社会科学》2005年第4期）。在较早的时期，德多指天之赐予。
⑥ 简文"亡典"意即不守典章传统。上博简《容成氏》第35简谓"傑（桀）不述其先王之道"（马承源主编：《上海博物馆藏战国楚竹书（二）》，上海古籍出版社，2002年，图版第128页，释文第278页），与本简的"亡典"之说可以相互印证。
⑦ 简文"在东"，疑衍。或当与下句"见章于天"连讯，指西方的氛祥彰显于西方、东方之天空，人皆可见。下文言"东恙不章"，指东方无彰显的氛祥。按，祥，《说文》训为"福也"，指的是其引伸义。其实，"祥"字本意应是征兆，段玉裁说："凡统言之，则灾亦谓之祥。析言则善者谓之祥。"（《说文解字注·第一篇上》，上海古籍出版社，1988年，第3页）《国语·楚语》上有"氛祥"之词，韦注"凶气为氛，吉气为祥"，本简的"恙（祥）"当与"氛祥"意近，指预见吉凶的氛祥。
⑧ 简文此句意指，夏民谓西方的氛祥彰显于天而招致（"速"）祸灾，为什么东方的氛祥没有彰显于天而招祸呢？表明夏民向往东方的商。

"女（汝）告我夏甍（隐），銜（率）若寺（是）？"① 尹曰："若寺（是）。"汤盟慎（誓）②返（及）尹，孳（兹）乃柔大萦（禜），汤往（以上第4简）延（征）弗雋（服）③。执（挚）尾（度），执（挚）德不譖（僭）④，自西戠（裁）⑤西邑，夸（戡）其有夏，夏翠（播）民内（入）于水⑥，曰：畧（战）。帝曰："一（殪），勿遗！"⑦（以上第5简）

《尹至》篇简文可以意译如下：伊尹从夏往亳，先进行了祓祭，然后到达汤那里。汤说："来！你带来了什么好消息？"伊尹说："后，我来到这里已有十天，（应当向你报告我所见到的情况啦），我暗中观察到夏桀所拥有的夏的民众情况不好。（夏的民众）本来是拥护他们的君主的，但现在他们的认识却有所变化。（夏桀）宠幸琬、琰二女，不体恤夏的民众，他还欺诈民众说：'我会跟你们一起灭亡。'真是有这种情况呀！（夏桀的罪行：）残害上天所赐、行为粗暴、做事不循典章。夏本来有氛祥，彰显于西方和东方的天空。这本来是征兆，但夏的民众却都说：'氛祥只会给我们招惹灾祸。'都说：'为什么东方的氛祥没有彰显于天而招祸呢？'（对于这种情况）如今你该如何呢？"汤说："你告诉了我夏的隐情，果真是这样的吗？"伊尹

---

① 专家或据《吕氏春秋·慎大》读若"诗"，虽然很有根据。然竹简文字"时""志""寺（诗）"等皆形近易混，《慎大》作者有可能将"寺"写作"诗"。用简文此字解释《慎大》"诗"字之源甚好，但若反过来据《慎大》而释简文则似不大妥当。
② 原释为"慎"，为"誓"的误字。是可信的。简文作为偏旁的"纟"与"忄"，常形近而无别，说简文"慎"是"誓"之误是可以的。另外，"慎"与"誓"声组相同，皆为正齿音的禅纽，古音一为真部，一为月部，亦相距不远。因此"慎"以音近而通假为"誓"，是可以的。上博简《中弓》第20简"竭其情，尽其慎"，慎即读为"誓"。是为其例。另外，"盟质"之辞极罕见，仅《国语·晋语四》有一例，不若"盟誓"习见于文献。
③ 简文这个字专家或隶作"鳥"，认为即"兔"字，原考释读为"服"，专家或读为"附"，亦通。
④ 两"执"字均当读为"挚"，指伊尹，此处指伊尹在伐夏中的两事，一是由他谋划征夏之事，此即简文"执（挚）宅（度）"之意，一是他在伐夏的过程中清正无私，此即简文"执（挚）德不僭"之意。简文表明伊尹在征夏时亲自参加指挥，起了重要作用。
⑤ 原考释读为"捷"，专家或读为"翦"。按，简文"戠"，疑其音与"戡"相近，可能读为"裁"。"戠（裁）西邑"意为制裁、讨伐西邑。整理者指出《吕氏春秋·慎大》"故令师从东方出于国，西以进"，与本简"自西"之文相合，是正确的。这里言明了进军路线。
⑥ 简文中这个字，专家或释为"料"，不如原释"播"为优。"播民"，犹《尚书·大诰》之"逋播臣"，即残兵败将。简文"入于水"，当即《墨子·三辩》"汤败桀于大本（别本作水）"。夏桀逃走路线，原考释者曾指出《太平御览》卷八十二引《帝王世纪》云："桀未战而败绩，汤追至大涉，遂禽桀于焦，放之历山，乃与妹喜及诸嬖妾同舟浮海，奔于南巢之山而死。"此逃跑路线，专家曾经有研究，指出是从水路辗转到"南巢"。
⑦ 专家或读为"殪"，当是。《尚书·武成》"血流漂杵，一戎衣（殷），天下大定"。《礼记·中庸》谓"壹戎衣（殷）而有天下"。两处的"一""壹"，皆读为殪。朱熹曾指出"《中庸》'一戎衣'，解作'殪戎殷'，亦是不见今《武成》'一戎衣'之文"（《朱子语类》卷七十九，中华书局，1988年，第2060页）。按，朱说是，本简的"一"类此，当读若"殪"。

说:"是这样的。"汤和伊尹进行盟誓,于是多次举行了隆重的禜祭(以攘除旱灾)。汤这才出发征伐不服从于商者,伊尹为汤谋划,伊尹的谋划清正无私。商从西边出兵制裁西邑夏,夏的溃败之人从水路逃跑。夏人虽然败逃,但还叫嚷着要战斗到底。汤就命令说:"统统杀掉,不要遗留!"

简文中有些字的考释比较重要且多歧义,需要多加一些探讨,今分别讨论如下。

第1简的"彔"字。简文这个字,原考释者释为"逯",信从者较多,另辟蹊径提出新说者亦不少。诸家新说有读为㯟(表夜时)、禄、麓、旅、暮、从等说,虽然皆可为释,但尚有再讨论的余地。若以为它是动词,则即表示伊尹归汤之词,简文已有"荐"字(读若徂),似无必要再有一个类似的动词。若以为它为名词而读为"麓",则亳地从无称麓之例,则亳麓之地无从落实。若以为它是表时之词,从上下文意看,实无必要。总括上说,我觉得尚可补充一说,以备专家采择。简文"彔"字,疑非从"夕"之字,它的"录"字之上的部分与习见的"夕"旁字形不同,而是同于"多""外"所从的"夕",它实即一个表意形符,如外字本义系借卜兆别内外,以竖形兆干为中界,横形的兆枝所向为内,另一面为外。后来这个指事形符又作为声符使用,即以"月"为声。"多"字就是一个例子。"多"字古音属歌部,系因阴入对转而由月部转入的结果。"肉"字上古音为觉部,"夕"字为铎部,距离月部皆甚远,原因即在于这个意符读音的不同。外、多两字所从的"夕",和肉、以及表时的夕字皆无关系①。简文这个字所附加的"夕",表示其声为"月"声,情况与"外"字相同。以声类求之,当读为"祓",是为除灾求福的祭仪。简文"彔(祓)",当一字为句,指为伊尹举行祓祭。《管子·小匡》篇载齐桓公命鲍叔救管仲至齐事,谓"至于堂阜之上。鲍叔祓而浴之三。桓公亲迎之郊,管仲诎缨捷衽,使人操斧而立其后。公辞斧三,然后退之",这是对于管仲的祓祭。这种仪式应当是一种渊源有自的祭礼。伊尹归汤时,盖有这种除灾的祓祭,以除却伊尹从夏可能带来的不祥。《吕氏春秋·本味》篇有"汤得伊尹,祓之于庙,爝以爟火,衅以牺猳"的记载。如果我们关于"彔(祓)"的理解尚无大误的话,那么,《本味》篇的作者很可能是根据当时流传的《书》,即《尹至》篇的这样的记载,而加以发挥的结果。

第2简的"沇"字,专家或读为率、遂、均、允等。原考释读为"噂",谓"与从允得声的'㕙'字等皆精母文部。《诗·十月之交》:'噂沓背憎',《说文》:'噂,聚语也。'"② 按,这个说法信而有征,于简文之意也甚合,但有可进一步探讨之处,那就是允古音属文部,读为同文部的"噂"字,应当是没有问题的。但"沇"之音与"允"并不相同,"沇"字已经从"允"字的文部转归元部,《说文》

---

① 季旭昇:《说文新证》,福建人民出版社,2010年,第573页。
② 清华大学出土文献研究与保护中心编、李学勤主编:《清华大学藏战国竹简(壹)》,释文第129页。

引"沇"字古文作"㕣",段玉裁说它"隶变作兖,此同义而古今异形也"①。朱骏声说"㕣、沇、兖,本一字"②。我觉得"沇"字在简文里读为"何"字,当从"沇"所属的元部求之,而不应当从"允"字所属文部求之,当读若"谖"。《说文》训谖之意为"诈也",《广雅·释诂二》谓其为"欺也"。简文"民沇(谖)",当是宾语倒置,意即谖民,欺诈民众。关于宾语前置,这里可多说几句。先秦文献中有些前置宾语并不需要条件和附加标志,如《诗经·小雅·节南山》"民具尔瞻"、《庄子·德充符》"诸御不爪翦"、《尚书·牧誓》"惟家之索"等皆其例,杨树达先生早就指出这种宾语前置的现象,并举多项甲骨文例予以说明。他说:"吾国文法外动字与宾辞之次序,常先外动后宾辞,然亦有与此相反取宾辞先置者。"③ 本简简文"民沇(谖)",也是这方面的一个例证,究其用意,应当是对于某种意蕴的强调,"民谖"读为"谖民",即强调了夏桀的恶行。

第2简的"裁"字,或读为"兹"。按,简文这个字从肉从戈,它的古音在之部,虽然读"兹"音是可以的,但从戈之字多读为精纽之字,如载、裁、截等,简文这个字疑当即读为表语气的"哉"。简文"隹",通作"惟",薛综注《文选·东京赋》曰:"惟,有也。"《尚书·酒诰》"我闻惟曰",王引之谓其意是"我闻有此语也"。黄侃先生谓"'惟'之训'有',本字亦但作'又'"④。因此可知简文"隹(惟)",可以训为"又(有)"。简文"惟哉"犹言有哉,意谓夏桀果有此言辞。简文以下皆二字为辞(虐德、暴动、亡典),皆指夏桀之恶,进一步强调了夏桀果有此不恤民之事。

第4简的"柔大縈"。原考释训"柔"为"安",读"縈"为"倾"。简文"柔"当读若"㴱",㴱和復字互训⑤,为多次重复之意。简文"縈"当读若禜,《说文》云:"禜,设绵蕝为营,以禳风雨、雪霜、水旱、疠疫于日月星辰山川也。"⑥ 为攘除水旱之灾的祭祀,《左传·昭公元年》载"山川之神,则水旱疠疫之灾,于是乎禜之。日月星辰之神,则雪霜风雨之不时,于是乎禜之"。文献屡载汤之时大旱,商汤曾经"以身祷于桑山之林"⑦,以祈雨止旱。《吕氏春秋·慎大》篇云:"商涸旱,汤犹发师,以信伊尹之盟。"如何对待严重的旱灾呢?本简简文所载"柔(㴱)大縈(禜)"(意即多次举行隆重的禜祭),对此作了具体说明。关于禜祭的具

---

① [清]段玉裁:《说文解字注·第十一篇上》,第528页。
② [清]朱骏声:《说文通训定声·屯部》,中华书局,1984年,第791页。
③ 杨树达:《积微居甲文说》,中国科学院出版,1954年,第89页。
④ 黄侃、杨树达批本:《经传释词》卷三,岳麓书社,1985年,第55页。
⑤ [汉]许慎:《说文解字》,中华书局,1963年,第43页。
⑥ [汉]许慎:《说文解字》,第8页。
⑦ 《淮南子·修务》(何宁:《淮南子集释》,中华书局,1998年,第1317页),《吕氏春秋·顺民》亦载"汤乃以身祷于桑林"(陈奇猷:《吕氏春秋校释》,学林出版社,1984年,第479页)。

体情况，略可推测。大致当是以草木围绕成一个大圈（"绵蕝"），在这个大圈内筑土坛，巫师站立坛中央，巫师的助手（或参加祭典的人们）围绕绵蕝随巫师颐指而动，其舞蹈形式盖类似今日少数民族之锅庄舞。

二、《尹诰》简文补释

我们再来讨论清华简的《尹诰》篇。先将简文写定如下：

> 惟尹（伊）既返（及）汤咸有一德。尹（伊）念天之败西邑夏①，曰："夏自憿（衒）其有民。亦惟厥众，非民亡与戵（守）邑(以上第1简)。厥辟复（作）悬（怨）于民，民𨒌（复）之甬（用）䕻（离）心。我戠（裁）② 减（灭）夏。今句（后）曷（曷）不蓝（监）？"执（挚）告汤曰："我克协我（友），今(以上第2简) 惟民远邦遹（归）志。"汤曰："於虗（乎）！虗（吾）可（何）复（作）于民③，卑我众勿章（违）朕言？"执（挚）曰："句（后）其𢼸（赉）之！其有夏之(以上第3简) 金玉田邑，舍之，吉言（焉）。"乃至众于白（亳）审（中）邑(以上第4简)。

《尹诰》篇简文可以意译如下：伊尹和汤已经同心同德。伊尹考虑到上天要败亡西邑夏，说："夏桀自己炫耀其拥有民众。（这是可以理解的），拥有其民众（才是根本），假若没有民众便没有人给他守邑。夏的君主结怨于民，民众回报他的就是跟他离心离德。这正是我们裁灭夏的时机。如今，国君您为何不鉴于此而伐夏呢？"伊尹还告诉汤说："我们能够协调团结友邦，如今远处邦国的民众都有归服于商的愿望。"汤说："啊！我要给民众做些什么，才能够使我们的民众不违背我的命令呢？"伊尹说："君主，希望您能够多赏赐民众！夏国的金玉田邑皆可赐予，这是好事情呀。"于是汤就召集民众到亳都的中邑（部署灭夏之事）。

本篇简文需要多加探讨的内容如下：

第1简的"既"，疑为已经、即之意。"既及"，意谓已经到了汤这里。今本《礼记·缁衣》"惟尹躬及汤"，郭店简和上博简"躬"字皆作上允下身之字，裘锡圭先生释为"允"④，甚确。"允"与"既"皆有已经、诚然之意。《尹诰》篇原考释者训"既"为"已"，是业已之意，这是正确的。伪古文《尚书·咸有一德》"惟

---

① 简文"败"，今本《礼记·缁衣》篇作"见"，疑因音近（见为元部见纽，败为月部并纽）而致误。简文"念"，廖名春先生认为今本以古音相近而通假读为"躬"，今本是假借字，而清华简才是正字（见《清华简与〈尚书〉研究》，《文史哲》2010年第6期），"念"为思虑之意。
② 原考释读为"捷"，专家或读为"翦"。按，当和《尹至》篇简5的用字同例，读为"裁"较优。
③ 简文"何作"，专家或谓系宾语前置，意谓"作何"。
④ 荆门市博物馆编：《郭店楚墓竹简》，文物出版社，1998年，第132页。

尹躬暨汤"、《礼记·缁衣》引书作"惟尹躬及汤"。为什么会有一个"躬"字呢？或以为简文之"既"，后来讹为"躬"，汉初古文《尚书》承之而作"躬"。简文"既"字之意在于说明伊尹归汤有一个过程，《孟子·万章上》篇曾记载商汤曾经三次派臣持币往聘伊尹。而伊尹曾经往来于桀、汤之间，"五就汤，五就桀"①。简文"既"表示伊尹在桀、汤之间往来已经结束，彻底归依于汤。

　　第1简的"慌"字，原考释者读作"绝"。诸家异释甚多，如释读为虔、捐、贤等。此简字从弦得声，疑当读为"衒"。"衒"有炫耀、夸耀之意，《墨子·公孟》篇"行而自衒，人莫之取也"，《战国策·燕策一》"舍媒而自衒，敝而不售"，皆为其例。简文"自衒其有众"，是说夏桀自夸其拥有民众。

　　第4简的"金玉田邑"。简文"田"，原考释者隶定为"日"，并且据《释名》"日，实也"，认为本简的"日"字，当读为"实"。此说虽亦可通释简文。但细审原简图版，这个字作"田"形，似以释"田"为优。并且此说可取之处还在于它和下文邑联系为"田邑"一词，使简文更加通畅。金、玉、田、邑，应当是并列的四项，皆为伊尹所建议的赏赐商的民众之物。商代的田与邑有联系，又有区别，依陈梦家先生的说法，"邑是聚族而居之处，田是耕田"②，然而田与邑似乎还没有严格的区分，这种情况直到春秋时期还有遗存。鲁桓公元年，郑伯曾经用璧交换"许田"。为什么称"许田"呢？《公羊传·桓公元年》解释说："田多邑少称田，邑多田少称邑。"本简简文所说"田邑"，应当是商汤赏赐给商的邦族的伐夏后所得的田地和田地上的民众，在强大的氏族制度下，商王朝时期还没有个体农民出现，所以田邑只能是赏赐给氏族而非个人。

　　第4简的"言"字，应当读若"焉"。"言"与"焉"古音同属元部，"言"为齿音的疑纽，"焉"为喉音的影纽，喉音字每与影音字相通转③，言与焉古音非常接近，有假借的条件。《诗经·小雅·大东》"睠言顾之"，《荀子·宥坐》引言作"焉"，是为其例证④。

　　第4简的"宋（中）邑"，战国竹简文字"宋"为中字异体。简文"亳中邑"，当指亳都地区中间的城邑。可能类似于周代的"宗邑"。可以推测，如果《尹诰》篇写定于春秋战国时期，那么，写定者以今律古，以亳中之邑作为"宗邑"也是可能的。"中"与"宗"古音同冬部，分别为知纽、精纽，这两个声纽的字常相通转⑤。因此简文"中邑"，也有可能读为"宗邑"。是否如此，尚难判断，当存疑待考。

---

① 《孟子·告子下》。杨伯峻：《孟子译注》，中华书局，2005年，第284页。
② 陈梦家：《殷虚卜辞综述》，第322页。
③ 参见黄焯《古今声类通转表》，上海古籍出版社，1983年，第135—157页。
④ 参见高亨纂著，董治安整理《古字通假会典》，齐鲁书社，1989年，第176页。
⑤ 参见黄焯《古今声类通转表》，第193页。

三、夏商之际史事的新认识

清华简《尹至》《尹诰》两篇对于认识夏商之际史事很有意义,可以分为以下几项申述。

其一,关于伊尹归汤的具体过程。

关于伊尹归汤,《史记·殷本纪》记载了两个说法,一是伊尹扮作"有莘氏媵臣,负鼎俎,以滋味说汤,致于王道"。一是伊尹就是普通的"处士,汤使人聘迎之,五反然后肯往从汤,言素王及九主之事"。古史传说渺茫,虽然难辨是非,但还是透露出一些珍贵的信息。作为伊尹族属的有莘氏,又称有侁氏,是居住于雒邑以南的伊水流域的部落。《吕氏春秋·本味》篇曾经记载了伊尹出世及归汤的神奇故事:

> 有侁氏女子采桑,得婴儿于空桑之中,献之其君。其君令烰人养之。察其所以然,曰:"其母居伊水之上,孕,梦有神告之曰:'臼出水而东走,毋顾。'明日,视臼出水,告其邻,东走十里,而顾,其邑尽为水,身因化为空桑。"故命之曰伊尹。此伊尹生空桑之故也。长而贤。汤闻伊尹,使人请之有侁氏。有侁氏不可。伊尹亦欲归汤。汤于是请取妇为婚。有侁氏喜,以伊尹为媵送女。

夏商之际有莘氏部落是在夏、商两大势力间游移,最终在伊尹的时候归汤。许多古史传说应当都由这个基本事实而衍生①。

伊尹归汤的时候,从至亳到见到汤中间有十日之久。这十天里面,伊尹做了什么呢?我们从古代文献记载里,可以看到一些信息。《书序》载:"(伊尹)复归于亳,入自北门,乃遇汝鸠、汝方。作《汝鸠》《汝方》。"孔颖达曰"不期而会曰遇"②,然汝鸠、汝方既是汤之贤臣,如果理解为汤命令这两位大臣先来接待伊尹可能更好。《汝鸠》《汝方》这两篇文章,如果真有的话,其内容就应当是伊尹和这两位大臣的谈话。

清华简《尹至》简文表明,这十天内,商还为伊尹举行了祓祭。祓祭为禳除灾祸的仪典。祓祭的具体仪节,据古代文献记载,大致有如下几项:一是"秉蕳"祓

---

① 关于伊尹的形象以及伊尹归汤之事,战国时人多有说法,如《韩非子·难言》载伊尹说商汤"七十说而不受",然后才"身执鼎俎为庖宰"终至成功。儒家学派多将伊尹作为"仁人"的代表,如子夏说:"汤有天下,选于众,举伊尹,不仁者远矣。"(《论语·颜渊》)孟子说:"伊尹,圣之任者也。"(《孟子·万章下》)荀子说伊尹为"圣臣"(《荀子·臣道》),《庄子·让王》篇说伊尹"强力忍垢"。

② [唐]孔颖达:《尚书正义》,上海古籍出版社,2007年,第279页。

除不祥①，谓用兰草挥拂，以兰之香味除去不良气息；二是多次沐浴②，洗去不祥；三是扫除居处，使得环境清净③；四是食用"蓬饵"（蓬蒿和米粉做成的糕饼），以去体中之邪④；五是用火熏烤。据《吕氏春秋·本味》篇所说，伊尹归汤时，"祓之于庙，爝以爟火，衅以牺豭。明日，设朝而见之，说汤以至味"。所说"爝以爟火"，就是以火熏烤之⑤。所谓"衅以牺豭"，即涂抹牺豭之血以驱邪。总之，据《本味》篇的记载，伊尹归汤时所进行的祓禳的仪节，就是烟火熏烤与涂抹牲血两项。夏商时期，鬼神迷信观念浓厚，祓禳灾祸的方式亦应有多种多样。伊尹曾多次在夏，商族恐其归汤时带来灾祸而举行隆重的祓祭，事属必然。本简简文所载的"祓"，正与《本味》所记相吻合，实为一个重要材料。

其二，关于《尚书·汤誓》的"是日曷丧，予及汝皆亡"。

清华简《尹至》《尹诰》和《尚书·汤誓》关系较为密切，其内容为解决《尚书·汤誓》"是日何丧"的句意理解问题，有较大作用。《尚书·汤誓》为商汤伐桀时的誓师之辞，其中历数夏桀的罪恶时说道："有众率怠弗协，曰：'时日曷丧？予及汝皆亡！'"这是汤所说的夏桀的一项重罪，在此语之后，商汤即谓"夏德若兹，今朕必往"，意即夏桀恶德如此，所以我必定要前往诛伐之。这是夏桀的一项什么罪恶呢？对于《尚书·汤誓》这句话的理解，自来就有不同认识。一是认为这句话是夏民之言，反映了民众对于夏桀暴政的不满。如，伪孔传谓："众下相率为怠惰，不与上和合。比桀于日，曰：'是日何时丧？我与汝俱亡！'欲杀身以丧桀。"⑥民众指着太阳咒骂夏桀，虽系指桑骂槐，但却突出了民众的不满情绪。这样来理解，颇为符合阶级斗争的相关理论，所以在阶级斗争理念占据统治地位的时期，这是一个比较流行的说法。

---

① 《诗经·郑风·溱洧》载"士与女，方秉蕳兮"，即是指郑国三月上巳节男女"秉蕳"祓除不祥。《初学记》卷四"岁时部"下引《韩诗章句》"郑国之俗，三月上巳，于溱洧两水上，执兰招魂续魄，祓除不祥也。"孙诒让说此水上祓禊之事，"其礼最古"（《周礼正义》卷五十，中华书局，1987年，第2076页）。
② 《管子·小匡》篇记载管仲被鲍叔救回，"至于堂阜之上，鲍叔祓而浴之三"，然后才被齐桓公接见。
③ 《国语·周语》中："净其巾幂，敬其祓除。"韦注："犹扫除也。"
④ 《西京杂记》卷三载"正月上辰出池边盥濯，食蓬饵以祓妖邪"，表明当的祓包括了盥濯与食蓬饵两项。
⑤ 《风俗通义·祀典》引《吕氏春秋》云"汤始得伊尹，祓之于庙，熏以萑苇"，今《本味》篇脱"熏以萑苇"四字。此四字盖正补足"爝以爟火"之意。《本味》篇高注"火者所以祓除其不祥，置火于桔皋烛以照之"。按，此火非必置于高高的桔皋之上，也可能是手持火把以熏。陈奇猷先生说"以苇烧火薰之"（《吕氏春秋校释》，第748页），当近是。
⑥ [汉]孔安国传，[唐]孔颖达等正义：《尚书正义》卷八，[清]阮元校刻：《十三经注疏》，中华书局，1980年，第160页。

另一种说法谓"时日曷丧"为夏桀所云。《尚书大传》载:"伊尹入告于桀曰:'大命之亡有日矣。'桀侧然叹,哑然笑曰:'天之有日,犹吾之有民也,日有亡哉?日亡吾乃亡矣。'是以伊尹遂去夏适汤。"① 此类记载亦见于《韩诗外传》卷二、《新序·刺奢》等。孔颖达《尚书正义》引郑玄注云:"桀见民欲叛,乃自比于日,曰:'是日何尝丧乎?日若丧亡,我与汝亦皆丧亡。'引不亡之征,以胁恐下民也。"② 郑玄以"时日曷丧"为夏桀所云,但又认为桀"自比于日"。甲骨卜辞以及先秦古籍中没有以"日"喻指君主的,《尚书大传》中,夏桀以"天"自比,"日"所喻指的应该是民众。在夏桀看来,"天"才是拥有一切的最高尊神,"日"则是出于从属地位的。夏桀滥用"天"的威严,是对"天"的大不敬,汤必须对夏桀"致天之罚"。汤把"时日曷丧"作为夏桀的一大罪状,正与《汤誓》中汤所陈述"夏罪"相合③。

此外,对于"时日曷丧"还有一种解释是,"时日"释为"这个时候","曷"即"盍","何不","亡"即"逃亡"。"时日曷丧,予及汝皆亡"的意思是:"这个时候,怎么还不逃亡啊,我和你们一起跑吧。"④ 然而,如果这样理解的话,"时日"与"曷"语意重复,且在先秦秦汉的典籍里,"时日"连用多解释为时间、日子。如,《国语·晋语四》载公子重耳所娶姜氏女之语:"齐国之政败矣,晋之无道久矣,从者之谋忠矣,时日及矣,公子几矣。"《韩非子·亡征》:"用时日,事鬼神,信卜筮而好祭祀者,可亡也。"这样的例子很多。所以"时日"的解释还是以"是日"(这个太阳)为好。

《尹至》简文载桀"弗愳(虞)其有众。民沇(谄)曰:'余迟(及)女皆芒(亡)。'惟哉(哉)!虐德、暴动、亡箎(典)。"夏桀"弗愳(虞)其有众""虐德、暴动、亡典",与《尚书·汤誓》中汤所言"夏罪其如台""夏德若滋"相合。而最为关键的"民沇(谄)曰:'余迟(及)女皆芒(亡)。'"为我们理解《汤誓》中"时日曷丧",提供了宝贵的参照资料。"民沇(谄)"宾语倒置,即"谄民",欺诈民众。"余迟(及)女皆芒(亡)"乃夏桀"谄民"之语。通过简文,我们可以看出,《尚书·汤誓》的"是日曷丧,予及汝皆亡",确是夏桀之语,而非民众之语。伊尹曰"惟哉",犹言有哉,意谓夏桀果有此言辞。此外,《尹诰》简文有"夏自惔(衒)其有民",是说夏桀自夸其拥有民众。这与《尚书大传》"天之有日,犹吾之有民也,日有亡哉?日亡吾乃亡矣"相合,夏桀自夸其拥有民众,不相信"日亡",

---

① [清] 王先谦:《皇清经解续编》(第二册) 卷三五四,上海书店,1988年,第408页。此外,此类记载亦见于《韩诗外传》卷二、《新序·刺奢》、《史记》。
② [汉] 孔安国传,[唐] 孔颖达等正义:《尚书正义》卷八,[清] 阮元校刻:《十三经注疏》,第160页。
③ 参见晁福林《"时日曷丧"考》,《群众论丛》1981年第1期。
④ 参见殷伟仁《〈尚书〉"时日曷丧,予及汝皆亡"新释》,《人文杂志》1988年第2期。

所以欺诈民众说"余迖（及）女皆芒（亡）"。这也为正确理解"是日何丧"，提供了旁证。

其三，对于商汤伐桀的路线问题提出了新的证据。

关于商汤伐夏桀的路线，因为受到桀都地望的影响，素有分歧。传统的观点认为桀都在今晋南的夏县（古安邑），所以鸣条、郕等汤伐桀的主要战场也在晋南。后来随着考古学的发展，学术界普遍认同"西亳"偃师商城就是商汤灭夏之后所建的都城，也即位于伊、洛之间的桀都。

关于夏、商的方位问题，一直有两种说法，夏居西方说与夏居东方说，其中夏居西方说占据主流。清华简《尹至》篇载："自西戡（栽）西邑，夲（戡）其有夏。"《尹诰》简文载："尹（伊）念天之败西邑夏"。简文所说的"西邑""西邑夏"，即桀都。从地理方位上看，当时商汤的亳都在今郑州、商丘一带，而桀都是在其西边的，所以称夏都为"西邑""西邑夏"。"西邑夏"亦见于文献记载，《礼记·缁衣》："尹吉曰：'惟尹躬天见于西邑夏，自周有终，相亦惟终。'"这一条记载是确切可信的。清华简文"西邑""西邑夏"，明确夏在商的西面。既然亳都在东，桀都在西，如果以亳都为中心叙述战事，就没有必要说"自西戡（栽）西邑，夲（戡）其有夏"，所以简文是以桀都为中心而叙述的。"自西"，当即自桀都之西。简文记载简略，本来并不足以解决桀都的地望问题，但是我们可以推测汤进军的路线是自西向东。

桀都在洛阳、偃师一带，郕、鸣条当在今河南开封附近，这是学界较为普遍的说法，然而郕、鸣条等地望在豫东地区却于史无征。除此之外，我们还可以具体分析一下简文所谓"自西戡（栽）西邑，夲（戡）其有夏"的可能性问题。汤从亳都出发，从豫东向豫中进攻，在开封附近与桀所率军作战，不符合简文"自西戡（栽）西邑"的记载。桀都安邑本来是不被学界认可的说法，但是清华简简文所云与《书序》和《殷本纪》的记载却颇为吻合，这让我们想到自战国秦汉以来的传统的说法还是有一定的道理的。

《书序》谓："伊尹相汤，伐桀，升自郕，遂与桀战于鸣条之野"，伪孔传："桀都安邑，汤升道从郕，出其不意。郕在河曲之南。"[1] 汤所率军为什么要"升自郕"呢？孔颖达疏谓："郕在河曲之南，盖今潼关左右。河曲在安邑西南，从郕向北，渡河乃东向安邑。鸣条在安邑之西，桀西出拒汤，故'战于鸣条之野'。"[2] 这些说法

---

[1] ［汉］孔安国传，［唐］孔颖达等正义：《尚书正义》卷八，［清］阮元校刻：《十三经注疏》，第160页。
[2] ［汉］孔安国传，［唐］孔颖达等正义：《尚书正义》卷八，［清］阮元校刻：《十三经注疏》，第160页。

与简文所谓"自西裁西邑"是一致的。"陑"的地望在今山西永济一带,当为黄河南岸的一个渡口,由此渡河以后,即可向东偏北方向进发,直攻夏桀之都安邑(今山西夏县)。关于鸣条的地望,《史记·殷本纪》张守节《正义》引《括地志》云:"高涯原在蒲州安邑县北三十里南坂口,即古鸣条陌也。鸣条战地,在安邑西。"①"陑"和"鸣条"的地望,使我们可以推测汤进军的路线是自西向东,从桀都安邑来说,则是桀率军西出安邑迎战。

我们据简文推测汤进军的路线是自西向东,采用的是迂回路线。汤从亳都出发,原可以自东向西直接发起攻击,可是他选择的是"自西"向东路线。整理者已经指出《吕氏春秋·慎大》"故令师从东方出于国,西以进",与本简"自西"之文相合,是正确的。至于为何采用自西向东的迂回路线,《吕氏春秋·慎大》篇载伊尹"听于末嬉,末嬉言曰:'今昔天子梦西方有日,东方有日,两日相与斗,西方日胜,东方日不胜。'伊尹以告汤。商涸旱,汤犹发师,以信伊尹之盟,故令师从东方出于国,西以进"。陈奇猷先生校释:"以上文伊尹告汤东西日斗、西方日胜、东方日不胜之文观之,亦可知东方指桀之国,而汤国在西方也。"② 此说固然可以为释,但是也可以解释为汤都在东方,桀都在西,为了与"西方日胜,东方日不胜"之说相适应,汤才采用迂回战术,从西向东攻打桀都。

其四,夏桀的败逃路线的确认。

夏桀与商汤决战失利,随即出逃,历尽周折,最后南逃,死在南巢。这是汤伐桀的大概过程,然而,关于夏桀的败亡路线,典籍有不同的记载。总结起来大致可分为两种说法,一种是陆路说。《尚书·汤誓》、《史记·殷本纪》、今本《竹书纪年》等典籍记载,商汤伐夏桀,夏桀败亡路线所经过的地点,大致有陑、有娀之虚、鸣条、三朡、南巢等。上博简《容成氏》篇也有类似的记载③。虽然,诸书对于夏桀逃亡所到之地的先后顺序有不同的记载,我们对于这些地名的地望理解也有较大的差异,但能看出,上述记载是按照夏桀败亡走的是陆路线路叙述的。第二种说法是水路说。《墨子·三辩》"汤败桀于大本(《道藏》本作水)"。《帝王世纪》:"桀未战而败绩,汤追至大涉,遂禽桀于焦,放之历山,乃与妹喜及诸嬖妾同舟浮海,奔于南巢之山而死。"④《列女传·孽嬖传》"夏桀末喜":"汤受命而伐之,战于鸣

---

① [汉]司马迁:《史记》,中华书局,1982年,第96页。
② 陈奇猷:《吕氏春秋校释》,第852页。
③ 《容成氏》简39简—41载汤"升自戎遂,入自北门,立于中,桀乃逃之鬲山氏。汤或(又)从而攻之,降自鸣条之述(遂),以伐高神之门,桀乃逃之南巢氏,汤或(又)从而攻之,遂逃,去之桑(苍)梧之野"。马承源主编:《上海博物馆藏战国楚竹书(二)》,释文第280—282页。
④ [晋]皇甫谧:《帝王世纪》,《丛书集成初编》,中华书局,1985年,第18页。

条，桀师不战，汤遂放桀，与末喜、嬖妾同舟，流于海，死于南巢之山。"① 《史记·夏本纪》张守节《正义》引《淮南子》云："汤败桀于历山，与末喜同舟浮江，奔南巢之山而死。"《尚书大传》曰："汤放桀也，居中野。士民皆奔汤，桀与其属五百人南徙千里，止于不齐。不齐士民往奔汤。桀与其属五百人徙于鲁。鲁士民复奔汤。桀曰：'国，君之有也。吾闻海外有人。'与五百人俱去。"以上这些记载无论是说桀浮海，或者浮江，都可以视为桀败亡走的是水路。

　　清华简《尹至》简文："自西戬（哉）西邑，岑（戡）其有夏，夏翌（播）民内（入）于水，曰：罟（战）。帝曰："一（殪），勿遗！"简文"播民"，犹《尚书·大诰》之"逋播臣"，即残兵败将。简文"夏翌（播）民入于水"，明确说明夏桀逃走路线是从水路辗转到"南巢"。考之古地理，黄河以南，淮水流域，绝大部分河流都是从西北流向东南，夏桀顺水而逃，可能是最快速的逃亡路线了。虽然夏桀败亡水路路线的具体行程有待进一步研究，但上述的陆路与水路两说的比较，却因清华简的记载而可以说水路说为优。

　　总的来看，清华简《尹至》《尹诰》尽管文字不多，但内容却颇丰富，其史料价值弥足珍贵。简文所载印证和丰富了传世文献的相关内容，对于我们重新认识夏商之际的诸多史事有重要意义。

---

① 张涛：《列女传译注》，山东大学出版社，1990年，第254页。

卜辞"登人"与商代户政关系新探

王少林（安徽师范大学历史与社会学院）

摘　要：传统看法认为，甲骨卜辞"登人"可证商代存在人口查计或名籍制度，进而认为商代存在成熟的户籍制度。这种观点是有问题的。卜辞"登人"主要存于武丁时期，"登人"本义为战前告庙，进而引申为征集兵员，并不能推导出商代存在成熟户籍制度的结论。

关键词：登人；名籍；人口查计；告庙

一

户政制度是国家统治管理制度的重要构成部分，它的主要内容是国家对人口的控制与支配。追溯户政制度的渊源一直是学者们研究的重要课题。由于战国之前的户政材料格外稀少，学者在考证户政制度源头时，只能依据零星的散见材料来进行研究。传世文献关于早期户政制度的材料主要见于《帝王世纪》《周礼》等书，但近代以来的学者多不信《帝王世纪》记载人口数字的真实性①，而《周礼》中的户政制度在传统史学中一般被认为是西周户政制度的真实反映，但随着研究的深入，这种认识也被打破。《周礼》户政制度内容更多地被认定为是一种理想化的设计，并未真正执行过。晚近以来的学者在重构先秦户政制度时，更多地将注意力放在甲骨文、金文这些更为可靠的材料中。首次把殷卜辞"登人"与商代人口管理联系起来的是著名社会经济史学家梁方仲。二十世纪六七十年代，梁方仲指出甲骨卜辞所见的"登人"可能与商代的人口计算相关。这一观点最终呈现在1980年出版的梁氏遗著《中国历代户口、田地、田赋统计》之《总序》中。梁先生在文中论述中国古代户籍编制和演变过程时，提出虽然卜辞是零星片段，但仍有不少材料可供参考，其中卜辞"登人"被特别强调②。之后，梁氏"登人"与商代人口管理的可能性关联被逐步发展为商代人口查计制度、名籍制度等观点。

（1）登人为人口查计制度。宋昌斌认为"登人"是一种人口登记制度③。人口

---

① 赵文林、谢淑君：《中国人口史》，人民出版社，1988年，第14页；王育民：《中国人口史》，江苏人民出版社，1995年，第45页。
② 梁方仲：《中国历代人口、田地、田赋统计》，上海人民出版社，1980年，第3—4页。
③ 宋昌斌：《中国古代户籍制度史稿》，三秦出版社，1991年，第24页。

史学家杨子慧、张庆五、葛剑雄提出卜辞"登人"为商代的人口清查统计制度①。甲骨学家宋镇豪认为"登人"即人口登记,人口清查统计,进而推论"殷商时期的人口清查统计,已渐趋定期化和制度化"②。

(2) 登人名籍制度。杜正胜在论及"登人"时,推测商代武丁时期已有士卒名籍的存在③。此外,日本学者池田温在讨论中国古代籍账源流时,对于卜辞中出现的人口数字作出解释,认为"可以设想在其背后有名簿类的存在"④。池田温氏虽未以"登人"为据,但其提出晚商名籍制度的存在,可与杜正胜的观点相互参证。

综合以上,不管是"登人"的人口查计制度说还是名籍制度说,事实上都承认晚商时期已经存在着对个体人口的清查、登记制度,二者并无轩轾,可统一称呼为"登人"人口查计制度说。笔者考察卜辞"登人"为商代人口查计制度说的生成源流,发现该说的形成经历了一个不断增益、延伸、激进的过程。早期的学者只是将卜辞"登人"作为商代户政制度的重要材料而提及,但并未言说"登人"与人口查计的关系;之后的学者尽管将二者对应,也多持疑猜推测之言,而未有言之凿凿者;遽以将二者直接对等的论点,实为20世纪90年代之后才发生的现象。然该论点于史并无充分材料以资证明,实由研究者附会增益而成。《国语·周语上》仲山甫言"先王不料民而知其少多",盖西周晚期之前未有人口调查制度,商代更在西周之前,卜辞"登人"未可遽以论证商代人口查计制度的存在。

二

"登人"主要见于武丁时期的典型宾组卜辞,早期也有见于师宾间组卜辞的,但数量较少。如下:

(一) 师宾间组

　　(1) 登人三千伐……(《合集》06835)

(二) 典型宾组

　　(2) 癸巳,卜,㱿,贞登人。(《合集》06093 正)

　　(3) 贞登人五千乎见……

　　　　贞勿登人五千……(《合集》06167)

　　(4) 贞登人三千乎伐舌方受㞢又?(《合集》06168)

　　(5) 登人乎伐?(《合集》06180)

---

① 杨子慧、张庆五:《中国历代的人口与户籍》,天津教育出版社,1991年,第14—15页;葛剑雄:《中国人口史》第一卷,复旦大学出版社,第215—217页。
② 宋镇豪:《夏商社会生活史》,中国社会科学出版社,1994年,第94—97页。
③ 杜正胜:《编户齐民:传统政治社会结构之形成》,联经出版事业股份有限公司,1990年,第3—4页。
④ [日] 池田温:《中国古代籍账研究》,龚泽铣译,中华书局,2007年,第22页。

(6) ……登人三千乎伐土方？（《合集》06407）

(7) 勿登人乎伐羌。（《合集》06619）

(8) 贞令□登下危人，乎尽伐，受㞢又？（《合集》07311）

(9) 贞勿登人五千？（《合集》07315）

(10) 贞登人三千？（《合集》07318）

(11) 贞登人三千，乎……（《合集》07319）

(12) 贞登人三千。二告。（《合集》07320）

(13) 庚寅卜，韦，贞登人三〔千〕。（《合集》07329 正）

(14) □□〔卜〕，□，贞登〔人〕

　　□寅卜，宕，贞登千……

　　甲寅卜，宕，贞勿登……

　　登人。（《合集》07330）

(15) □□〔卜〕，㱿，贞……登人……（《合集》07331）

(16) 己巳卜，㱿，贞〔登人〕……（《合集》07332）

(17) □□〔卜〕，□，贞登〔人〕。（《合集》07333 正）

(18) 贞勿登人。

　　贞登人。（《合集》07335）

(19) ……曰小羌其登人羊，允……（《合集》07339）

(20) 贞勿登人。

　　登人。（《合集》09824）

(21) □□〔卜〕，宕，贞登人伐下危，受㞢又。（《合集》10094 正）

(22) ……登人……舌……（《合补》1790）

(23) ……登人……先……（《合补》1814）

以上所列大致为卜辞所见"登人"的材料，大约有三种基本类型：一是"登人"连用，后无其他语词，如（2）、（14）、（18）；二是"登人+数字"，如（10）、（11）、（12）、（13）"登人三千"，（3）、（9）"登人五千"；三是"登人+动宾词组"，"登人"紧跟最常见的动宾词组是"乎伐"+表示某个方国或族群的语词，如（7）"登人乎伐羌"、（21）"登人伐下危"等。其他是三种基本类型的变形、简略或复杂，如第一种类型，在"登"与"人"之间加表明"人"族属的语词，如（8）"登下危人"；或是第二种类型+第三种类型，成为"登人+数字+动宾词组"，如（3）"登人五千乎见"、（6）"登人三千乎伐土方"。

除了上述"登人"连用，或"登人"后加数字与动宾词组的类型外，同样属于武丁时期的宾组一类卜辞中，还有一种"登+数字+人"这样的用法，如下：

(24) 己未卜，㱿，贞王登三千人，乎伐……（《合集》06639）

(25) 己未卜，㱿，贞王登三千人，乎伐……（《合集》06640）

(26) 己未卜，殻，贞王登三千人，乎伐……（《合集》06641）

(27) 己未卜，殻，贞王登三千人，乎伐……（《合集》06642）

(28) 〔己〕未卜，殻，〔贞〕王登〔三〕千〔人〕，乎伐……（《合集》06643）

以上五例用法相同，可视为同一种类型。这种类型当与"登人+数字"的意义相同，其用法与（4）、（6）的文例相同，都是属于登一定数量的人去伐某个方国的卜辞。

具体到"登人"，属于动宾结构的构词，"登"属动词，"人"是"登"的对象。为确知"登人"的含义，我们需先对"登"在卜辞中的用法做一探讨。

登，《说文》："上车也"，"象登车形"。许慎此解晚出，非"登"字本义。比较早期的字形，从𠬞从豆，如🔣（登串父丁觯，商代晚期，《集成》6443）、🔣（亚登簋，西周早期，《集成》3105）、🔣（卯父簋，西周早期，《集成》3464）。另有从𣥂从豆，如🔣（《合集》28180）、🔣（《合集》8564），𣥂即双趾。另有一种比较复杂的字形，从𠬞从豆从𣥂的，如🔣（《合集》10896）、🔣（《合集》4641）、🔣（登鼎，西周早期，《集成》1491）等。《说文》籀文"登"字收有从登从収的"登"字字形，作🔣，与前例同。孙诒让认为登为𤼪之省，罗振玉认为𤼪即登，叶玉森则认为𤼪为𤼪之繁文。案：学者对登、𤼪、𤼪三种字形的演进序列认识不一。通过分析，我们认为，𤼪这种字形当为最早，陈梦家认为"𤼪为登之初字"的观点当是最合理的，"象双手奉豆，豆所以盛荐祭之物者，故其谊为进"①。"登"字形当是𤼪字形的异化，早期文字构件位置不一，在上的𣥂，在下的収，都是双手之形的不同写法。而𤼪这个字形，当是登字的繁构，从収的同时也从𣥂，但并不影响意义。从字形构造来看，"登"字的本义就是双手捧举豆的动作，考虑到豆在商周时期的礼器性质，"登"的本义当为双手捧举盛于豆中之祭品进献神灵之义。徐中舒指出，登即"会捧豆升阶以敬神祇之义"②，最得"登"字本义。由此出发，"登"字延伸出后来的诸多义项。但进献、上升之语义，当为"登"字最原始的义项。"登"的进献本义在甲骨刻辞中有很多体现，卜辞中有大量的"登"+祭品的用例，如：

(29) 贞，其登牛御于唐。（《合集》13390 正）

(30) 登羊三百……（《合集》08959）

(31) 癸亥卜，□，贞其登鬯。

贞其登鬯在祖乙。（《合集》22925）

(32) 甲午卜，登黍高祖乙。（《合集》32459）

从以上用例来看，进献给商人先公先王的祭品有牛、羊、鬯、黍等多种，包含

---

① 陈梦家：《古文字中之商周祭祀》，《陈梦家学术论文集》，中华书局，2016 年，第 1—56 页。
② 徐中舒：《甲骨文字典》卷二，四川辞书出版社，1989 年，第 139 页。

牲畜、粮食和酒类等。另外，在甲骨卜辞里还能看到用羌人祭祀的场景，也使用"登"字。如：

(33) 贞，登王亥羌。(《合集》00358)

(34) 贞，登王亥羌。(《合集》00475)

(35) 登，父乙十羌。勿登。(《合集》00914反)

这三条卜辞，即在占卜是否用羌人献祭王亥与父乙。这种用法还有一种省略的表达，即"登"后不显示祭品，直接跟祭祀对象。如：

(36) 贞，登唐祖。(《合集》01333)

(37) 勿登祖乙。(《合集》01598正)

这种"登"+祭祀对象的用例，更能显示"登"用作进献的语义。此外，"登"字在甲骨文中还有一种更为繁构的字形，从示从登，作禒。其从示，更能表示"登"字与祭祀的关系。如：

(38) 叀癸禒朵王受又 (《屯》0618)

(39) 禒邑二卣王受又 (《屯》0766)

(40) 禒新邑若同龟至王受又 (《屯》0766)

"登"字的进献语义在后世的文献中也有例证。《玉篇·癶部》云："登，进也。"《礼记·月令》："农乃登麦"，郑玄注云："登，进也。"《吕氏春秋·仲夏》："农乃登黍"，高诱注云："登，进；植黍熟，先进之。"这都保留了"登"字的原始用法。

卜辞"登人"中的"登"字当作何解呢？杨树达云："余以声类求之，登盖当读为征。"又引《说文》"征，召也"，又因登、征韵部同在登部，声纽同在端组，故以二字得通假，进而推论"殷时兵制度殆由于临时之召募矣"。杨先生又见卜辞中有"收人乎伐某方"的辞例，认为与"登人"用法同，但因"收"无征召之义，音又与"登"字远，故认为"收"为"登"之省写[1]。基于杨氏的观点，李孝定认为"收"当读作"供"，义为"与之众使伐某方也。"[2] 因"登人""收人""共人"在卜辞习见，对于三者之关系，在杨氏等人观点的基础上，郭旭东进一步指出，"共"也有可能是"登"之省文[3]。

案：以上所列大致为目前所见对"登人""共人""收人"三者关系认识的代表性观点。杨树达以音韵通假寻求"登"字语义，虽可解释"登人"意义，但似嫌曲迂。李孝定认为"收"作"供"，则纯属臆断，无任何论证。郭旭东所言"共"为"登"之省文，则更无理据支撑。"登人""供（共）人""收人"在卜辞用例中的

---

[1] 杨树达：《积微居甲文说·释登》，上海古籍出版社，2013年，第37—38页。
[2] 李孝定：《甲骨文字集释》第二卷，历史语言研究所，1960年，第465—470页。
[3] 郭旭东：《殷墟甲骨文所见的商代军礼》，《中国史研究》2010年第2期。

相似性，表明他们具有近似的语义内涵，理解为征集兵员是无不可的。但这并不能支撑三者互相省繁的观点，也无法解释"登"字"征召"意涵与原始本义"登进为祀"之间的语义链接。而只有在搞清楚"登人"的语义之后，才能进而讨论它与共人、收人语义之间的关系。

在以上讨论的基础上，我们认为，"登人"的"登"字字义属于"登"字本义衍生而来，是与殷代军事文化的宗教背景相关的。《礼记·王制》云："天子将出征，类乎上帝，宜乎社，造乎祢。"尽管《王制》这段文字晚出，所述对象又是"天子"，但其所记述的内容在先秦时代却具有普遍意义。其中"类""宜""造"都是祭祀祖先、神灵的专有名词，它反映出古代先民在军事出征之前要告祭祖灵的文化现象。《左传》记载，闵公二年，梁余子养也总结当时的军事礼仪云："帅师者，受命于庙，受脤于社。"定公四年，有文曰："君以军行，祓社衅鼓"。杜注："师出，先事祓祷于社，谓之宜社。"孔颖达疏云："军师将出，必有祭社之事也。"甲骨卜辞中也有这一现象的辞例：

（41）贞，令卓伐东土，告于祖乙于丁。八月。（《合集》7084）

除了在战争前要告祭祖先神灵之外，授兵也在大庙中进行。《左传·隐公十一年》记载："郑伯将伐许，五月，甲辰，授兵于大宫。"杜注："授兵，赋车马也。大宫，郑祖庙也。盖授兵车于祖庙也。凡出师必告于祖庙，而奉迁庙之主以行。"此段记载虽然是春秋时期的事情，但却具有历史的延续性和普遍性。在战争前，不但要告祭祖先神灵，还要集合兵众在太庙中誓师。杜注所言"授兵，赋车马"是正确的，在大宫内授兵、誓师具有双重的含义，一方面是振奋士气，提升兵士出征的信心；另一方面则是希望得到祖先神灵的庇佑，在战争中取得胜利。我们认为正是这种战前告庙之礼使得"登人"之"登"与"登进"的义项链接起来。"登进"是"登"字的原始本义，取奉物以祀神灵之意。而军事告庙，主祭之人将兵士之战争命运告祀于神灵，从而在形式上与登物祀神之礼等同起来。我们认为这是"登人"的原始意思，即战前军事首长在太庙里告祷祖先护佑兵士之义。商代的军事征集正是通过"登人"最后完成的，从而让"登人"具有了征召、征集兵员的性质，但这已经脱离了登人的原始义项，属于引申义的范畴了。

因此，除了登人，在卜辞中我们还可以看到各种"登"某种兵种的辞例：

（42）登射三百。一二三四（《合集》00698正）

（43）勿登射三百。一二三四（《合集》00698正）

（44）丙午，卜，永，贞登射百，令……（《合集》05760正）

（45）登妇好三千，登旅万，乎伐……（《合集》39902）

以上四条卜辞所见"登射""登旅"，其中射，在卜辞中常见有多射，射百、三百射这样的辞例，陈梦家以为是武官①，王宇信认为是"射手"，严一萍主张"射"是"执弓矢志士兵"②。林沄认为"射"可能是商代征集制军队中的一个重要特殊兵种③。从卜辞内容来看，这里的射当从王宇信、严一萍说，作弓箭兵讲更为合理。对于"旅"的认识，学者们虽然在其具体构成与属性上仍有争议外，认为"旅"是一种武装组织上却是一致的④。这就说明"登射""登旅"与文前所见"登人"性质相同。

这里仍有必要说说登人与供人、收人的关系问题。从上文我们可知，登人的原始意义是军事首领在战前告庙时，告祷祖先神灵护佑将要参战的兵士，进而引申出征集兵士而来的意义。而供人、收人虽然有相似的意义，但它们与"登人"仍是有区别的。区别在于，"登人"的行为者是军事首长，进而可以泛称上位者，即处于上位等级的统治者征集兵员。但"供人""收人"的行为者则是下位者，即兵士的来源群体。在卜辞中，有大量的"共（供）某"的辞例，都表示下位者向上位者进献某物的意义。如：共马（《合集》7350 正）、乎吴共牛（《合集》8937）、乎共羊（《合集》8949）等。从"共"与"收"在字形上的关系，我们可以知道，二者当是繁、省关系，即"收"当是"共"的省写。

综合上文，登人由战前告庙，祭祀祖先神灵，告祷祖灵护佑兵士的本义，进而引申出征集兵员的含义。但无论如何，都无法推导出商代已经有人口查计制度这个观点来。

---

① 陈梦家：《殷虚卜辞综述》，中华书局，1988 年，第 511—514 页。
② 王宇信、杨升南：《甲骨学一百年》，社会科学文献出版社，1999 年，第 494 页。
③ 林沄：《商代兵制管窥》，《林沄学术文集》，中国大百科全书出版社，1998 年，第 148—156 页。
④ 王宇信、杨升南：《甲骨学一百年》，第 492—493 页。

雩祭与作土龙探微

卫崇文（长治职业技术学院）

摘 要：人与自然的关系是一个永恒的话题。本文通过人类应对旱灾时的雩祭和作土龙的分析，说明传统的灾害救助思想是人们在长期灾害救助活动中不断总结、归纳而形成的集体智慧的结晶，它既蕴含着一个民族特定的文化内容，也体现了人类社会发展的一般规律。

关键词：雩祭；作土龙；救灾思想

自周秦以来，农业生产逐渐成为中国古代社会物质财富的最主要来源。由于中国大部分地区属于亚洲季风区，受海陆分布、地形、季风等因素的影响，降水量的区域分布差异明显，年内季节分配不均衡，年际之间变化亦大。凡此种种的不确定因素，使得一个地区的降水量可能时多时少，变数极大，从而导致水灾、旱灾的频繁发生。为了应对包括水旱在内的种种自然灾害，适应农业生产模式需要，保证农业生产活动的正常进行，中国古代的历代统治者不仅制定了诸如"重农抑商""尚农"之类的行政政策，同时还采取了多方面的举措和策略以应对农业生产中的水旱问题。"雩祭与作土龙"就是一种常见的祈雨方式。

传统的灾害救助思想是人们在长期的救助活动中经过不断总结、归纳而形成的集体智慧的结晶，其中不仅蕴含着某个民族特定的文化内容，也必然体现人类社会发展的一般规律。就中国上古社会而言，阴阳五行堪称当时人们所持种种救灾措施、救灾观念的主要指导思想，这可以说是人类早期社会思维特点在中国历史与文化中的独特体现。本文仅就先秦秦汉时期人们应对旱灾的非理性主义手段即雩祭与作土龙进行考察。

一、雩祭

雩祭，又称大雩，是中国古代一种以舞蹈为主要表现形式的求雨仪式。既名"雩祭"，则以祭祀祈祷为主要特色，而与强迫性、暴力型的巫术有所不同（原因详后）。何休注《公羊传·桓公五年》"大雩者何？旱祭也"条曰："君亲之南郊，以六事谢过，自责曰：'政不一与？民失职与？宫室崇与？妇谒盛与？苞苴行与？谗夫倡与？'使童男女各八人舞而呼雩，故谓之雩。"《说文》曰："雩，夏祭乐于赤帝，以祈甘雨也。"《荀子·天论》："雩而雨，何也？曰无何也，犹不雩而雨也。"《礼记·月令》:"仲夏之日,大雩帝,用盛乐……雩祀百辟夕即土有益于民者,以祈谷实。"似乎在不同的时候,雩祭的内容又各有不同。唐杜佑撰《通典》卷四十三载:

> 周制,《月令》:建巳月,大雩五方上帝。其坛名雩禜,于南郊之傍。
> 配以五人帝,命乐正习盛乐,舞皇舞。……若国大旱,则司巫帅巫而舞雩;
> 若旱暵,则女巫舞雩。①

据此,则雩祭似乎是指用奏乐、巫舞娱神。从《论语·先进》所载孔子与弟子讨论"舞雩"的对话中,也多少可以看出雩祭的一些更为详细的内容。曾晳说:"暮春者,春服既成,冠者五六人,童子六七人,浴乎沂,风乎舞雩,咏而归。"东汉王充解释说:

> 冠者、童子,雩祭乐人也。浴乎沂,涉沂水也,象龙之从水中出也。
> 风乎舞雩,风歌也。咏而馈,咏歌馈祭也,歌咏而祭也。②

据《尔雅·释训》记载:"舞,号雩也。"郭注云:"雩之祭,舞者吁嗟而请雨。"由此可知,雩祭是伴之以舞是有传统的。何休在《公羊传·桓公五年》条下注云:"使童男女各八人,舞而呼雩,故谓之雩。"从中可以看出先秦雩祭仪式的影子。《诗经》中《大田》《甫田》等篇应该都是雩祭仪式时的歌咏之词③。但总的看来,雩祭时所跳之舞的具体内容今已不得而知,从以上描述我们还是大致可以看出舞蹈、歌咏均在此仪式中发挥了主要作用。

雩祭祈雨仪式在先秦出土与传世文献中并见。殷商时期旱灾频仍,求雨是较为常见的国家重要活动。甲骨文中卜辞云:"癸卯卜,今日雨。其自东来雨。其自西来雨。其自北来雨。"(《合集》12870甲)盖商代为王者服务的巫师向上天祈福求雨的占验之辞。由《甲骨文合集》所载以下甲骨卜辞中,也可看出当时的雩祭祈雨仪式:

> 自今庚子〔至〕于甲辰帝令雨。至甲辰帝不其令雨。(《合集》900正)
> 丙寅卜,争,贞今十一月帝令雨。贞今十一月帝不其令雨。(《合集》5658正)

---

① [唐]杜佑:《通典》,中华书局,1988年,第1200页。
② [汉]王充著,张宗祥校注:《论衡校注·明雩篇》,上海古籍出版社,2010年,第313页。
③ 《周礼·大司乐》载:"大司乐掌成均之法……以乐舞教国子。舞《云门》《大卷》《大咸》《大韶》《大夏》《大濩》《大武》,以六律、六同、五声、八音、六舞大合乐以致鬼神示,以和邦国,以谐万民,以安宾客,以说远人,以作动物。乃分乐而序之,以祭、以享、以祀。……乃奏大蔟,歌应钟,舞《咸池》,以祭地示。乃奏姑洗,歌南吕,舞《大韶》,以祀四望。乃奏蕤宾,歌函钟,舞《大夏》,以祭山川。"《大田》:"有渰萋萋,兴雨祈祈。雨我公田,遂及我私。彼有不获稚,此有不敛穧。彼有遗秉,此有滞穗。伊寡妇之利,曾孙来止。以其妇子,馌彼南亩。田畯至喜,来方禋祀。以其骍黑,与其黍稷。以享以祀,以介景福。"《甫田》:"自古有年,今适南亩。或耘或耔,黍稷薿薿。攸介攸止,烝我髦士。以我齐明,与我牺羊。以社以方,我田既臧。农夫之庆,琴瑟击鼓。以御田祖,以祈甘雨。以介我稷黍,以穀我士女。……曾孙之稼,如茨如梁。曾孙之庾,如坻如京。乃求千斯仓,乃求万斯箱。黍稷稻粱,农夫之庆。报以介福,万寿无疆。"

>庚戌〔卜〕，争，贞雨，帝不我〔萋〕。(《合集》10165 正)
>
>辛未卜，争，贞生八月帝令多雨。贞生八月帝不其令多雨。(《合集》10976 正)
>
>□午卜，方帝三豕㞢犬，卯于土羍，㞢雨。(《合集》12855)

在有些殷墟卜辞中，我们甚至可以发现以舞求雨的记载，这很可能意味着雩祭在商代即已经出现。如商代甲骨文中有从雨从于的"雩"字和从雨从舞的"䨼"字，前者当为祭名或人名，后者则为雩舞的舞字。商人以雩祭祈雨的情况，下引卜辞可证：

>甲申卜，贞䨼丁亡贝。贞䨼丁其㞢贝。(《合集》11423 正)
>
>贞舞㞢雨。(《合集》5455)
>
>贞舞㞢雨。贞舞亡其〔雨〕。(《合集》7690)
>
>丙辰卜，贞今日㞢舞，从雨。(《合集》12818)
>
>辛巳卜，宁，贞乎舞，㞢从雨。贞乎舞，㞢从雨。(《合集》12831 正)

总之，商代应都有雩祭帝、祈雨之俗，大致无误。

西周以来尤其是春秋时期，大雩之祭在《春秋》三传等材料中十分普遍。《周礼·春官·女巫》说："旱暵则舞雩。……旱，则舞雩……凡邦之大灾歌哭而请。"同书《春官·司巫》说：

>司巫，掌群巫之政令，若国大旱，则帅巫而舞雩。①

《地官·舞师》说：

>掌教兵舞，帅而舞山川之祭祀；教帗舞，帅而舞社稷之祭祀；教羽舞，帅而舞四方之祭祀；教皇舞，帅而舞旱暵之事。②

这是说周代的司巫、舞师负责在国家发生大规模旱灾的时候率领群巫以舞蹈求雨。《左传》记载，桓公五年秋，"大雩，书不时也。凡祀，启蛰而郊，龙见而雩，始杀而尝，闭蛰而烝。过则书"③。《公羊传》说："大雩者何？旱祭也。……何以书？记灾也。"鲁国于九月行大雩之祭，《春秋》经文书之，《左传》认为这是因为不当祭而祭，是为失时。《公羊传》则认为这是表示发生了旱灾，似乎并无非议祭祀不时的含义。成公七年《春秋》经文："冬，大雩。"《穀梁传》："雩不月而时，非之也。冬，无为雩也。"由《左传》和《穀梁传》的上述记载可知，秋、冬二季似乎不宜举行大雩之祭。关于这点，我们还可以由以下材料得知。《春秋》经文："定公元年九月，大雩。"《穀梁传》的观点是：

---

① ［清］孙诒让：《周礼正义》，中华书局，1987 年，第 2062 页。
② ［清］孙诒让：《周礼正义》，第 911 页。
③ 杨伯峻注："雩有二，一为龙见而雩，当夏正四月，预为百谷祈雨，此常雩。常雩不书。一为旱暵之雩，此不时之雩。《春秋》书雩者二十一，《左传》于此年云，'书不时也'；于襄五年、八年、二十八年，昭三年、六年、十六年、二十四年、皆曰'旱也'；昭二十五年再雩，则曰'旱甚'；余年无传。首言不时而后皆言旱，互文见义，皆以旱而皆不时也。"《左传》共记载雩或大雩九次。

> 雩月，月之正也。秋，大雩，非正也。冬，大雩，非正也。秋，大雩，雩之为非正，何也？毛泽未尽，人力未竭，未可以雩也。雩月，雩之正也。月之为雩之正，何也？其时穷，人力尽，然后雩，雩之正也。何谓其时穷人力尽？是月不雨，则无及矣。是年不艾，则无食矣。是谓其时穷人力尽也。雩之必待时穷人力尽何也？雩者，为旱求者也。求者，请也。古之人重请，何重乎请？人之所以为人者，让也。请道去让也。则是舍其所以为人也，是以重之，焉请哉？请乎应上公。古之神人有应上公有者，通乎阴阳，君亲帅诸大夫道之而以请焉①。

详绎传义，九月之所以被认为不适合于举行大雩之祭，原因在于此时"毛泽未尽，人力未竭"。邵氏解释说："凡地之所生谓之毛。《公羊传》曰：'锡之不毛之地'是也。言秋百谷之润泽未尽也。人力未尽，谓耕耘之功未毕。"似乎主要是从理性主义角度加以考量，并认为大雩之祭有助于"通乎阴阳"。所谓"通乎阴阳"，其实就是利用阴阳五行相生相克的关系，顺应自然之道，助阴而抑阳。对此，汉代儒生董仲舒在《春秋繁露·精华》中以答难者的方式解释说：

> 大雩者何？旱祭也。难者曰："大旱雩祭而请雨，大水鸣鼓而攻社，天地之所为，阴阳之所起也，或请焉、或怒焉者何？曰：大旱者，阳灭阴也，阳灭阴者，尊压卑也，固其义也，虽大甚，拜请之而已，敢有加也。大水者，阴灭阳也，阴灭阳者，卑胜尊也，日食亦然，皆下犯上、以贱伤贵者，逆节也，故鸣鼓而攻之，朱丝而胁之，为其不义也，此亦《春秋》之不畏强御也。故变天地之位，正阴阳之序，直行其道而不忘其难，义之至也。是故胁严社而不为不敬灵，出天王而不为不尊上，辞父之命而不为不承亲，绝母之属而不为不孝慈，义矣夫。"②

是说按照阴阳五行理论，旱灾之所以发生乃是阳胜于阴，这种情况虽然导致灾难，但由于阳强阴弱符合"自然之理"，因此人们所能做的就是通过祈求的方式（而非恐吓的方式）调整阴阳关系，即所谓"变天地之位，正阴阳之序"。说到底，大雩之祭还是应用了传统非理性主义哲学的基本原理，以期抗旱求雨的一种救灾方式。

二、作土龙

再说作土龙。龙是中国古代神话传说中的一种长于隐现无常、登天潜渊、兴云致雨、兼利万物的神异之物。近年的考古发现为人们提供了不少关于龙的生动形象：20世纪70年代，内蒙古赤峰出土"C"型玉龙，后经考古勘查确认其属于距今5000多年的红山文化遗物；1987年，河南濮阳西水坡遗址45号墓发现了蚌塑龙虎，考古

---

① ［晋］范宁集解，［唐］杨士勋疏：《春秋穀梁传注疏》，［清］阮元校刻：《十三经注疏》，中华书局，1980年，第2443页。
② 苏舆：《春秋繁露义证》，中华书局，2005年，第85—87页。

和碳十四测定墓葬的年代在距今6500年前左右;1978—1980年襄汾陶寺遗址出土了彩绘龙盘。这些"龙"的相继出土,对于我们理解它的属性具有一定参考价值①。

实际上,根据许进雄先生的研究,我们可知:"龙是现今不存在的动物。但它应是源于人们见过的实实在在的动物,后来其形象慢慢变化,又被神化,才终于脱离实际,成为虚构的动物形。商代的人很熟悉龙的形象……甲骨文的龙字是个头有角冠,上颌长,下颌短而下曲,身子卷曲的动物形。其同时代的铜器花纹,描画的比较详细,前躯有短脚,有的后躯还有短脚,应是较完整的形象",甲骨文的"龙字是描写有短足的爬虫动物形。从流传的文物,可看出龙的形象最先是较为写实的,后来为了夸张其神奇,就选择其他九种不同动物的特征加以修饰"②,"至于认为龙能飞翔和致雨,可能和栖息于长江流域的小鳄鱼的生活习惯有关,扬子鳄经常是在雷雨之前出现,又有秋冬隐匿、春天复醒的冬眠习惯。所以古人常常看见扬子鳄与雷雨同时出现,而雨自空中而降,因此想象它能飞翔。许先生又认为龙能致雨的能力也可能来自龙卷风。由于龙卷风的威力特大,而且经常有雨相伴。风卷曲的形状好像细长的龙,故容易让人意识到它与爬虫的化石联想起来,误认为龙能大能小、飞翔、致雨,是威力无边的神物③。在《山海经》一书中,颛顼、帝喾、夏后启、蓐收、句芒等都具有"乘两龙""乘龙至四海""帝喾春夏乘龙"的生动形象。春秋时鲁昭公时期郑、晋等诸侯国中先后发生多起"见龙"事件。如《左传·昭公十九年》载:

> 郑大水,龙斗于时门之外洧渊。国人请为禜焉,子产弗许,曰:"我斗,龙不我觌也。龙斗,我独何觌焉?禳之,则彼其室也。吾无求于龙,龙亦无求于我。"乃止也。④

这是说龙出现于大水之后。《左传·昭公二十九年》又云:

---

① 高炜、李健民:《1978—1980年山西襄汾陶寺墓地发掘简报》,《考古》1983年第1期;孙守道、郭大顺:《论辽河流域的原始文明与龙的起源》,《文物》1984年第6期;方酉生:《濮阳西水坡M45蚌壳摆塑龙虎图的发现及重大学术意义》,《中原文物》1996年第1期;吉成名:《龙崇拜起源研究述评》,《中国史研究动态》1997年第12期;何星亮:《中国龙文化的特征》,《思想战线》1999年第4期;段勇:《从考古发现看龙的起源及早期面貌》,《北方文物》2000年第1期;吴生道:《浅谈龙的起源》,《中原文物》2000第3期;周崇发:《论中华龙的起源》,《江汉考古》2000年第4期;翁旗:《"中华第一龙"出土揭秘》,《神州》2003年第9期;刘宗迪:《华夏上古龙崇拜的起源》,《民间文化论坛》2004年第4期;徐永安:《"龙崇拜起源"研究述评》,《长江大学学报》(社会科学版) 2007年第3期;谢瑞琚:《五千年前中国原始龙》,《天水师范学院学报》2008年第1期;蒋明智:《作为巫术信仰的龙》,《长江大学学报》(社会科学版) 2008年第5期;李书敏:《红山文化与龙》,《辽宁政治学院学报》2008年第6期。
② 许进雄:《中国古代社会——文字与人类学透视》,台湾商务印书馆股份有限公司,1988年,第492页。
③ 许进雄:《中国古代社会——文字与人类学透视》,第493—494页。
④ 杨伯峻:《春秋左传注》,中华书局,1981年,第1405页。

秋，龙见于绛郊。魏献子问于蔡墨曰："吾闻之，虫莫知于龙，以其不生得也，谓之知，信乎？"对曰："人实不知，非龙实知。古者畜龙，故国有豢龙氏，有御龙氏。"①

襄公二十一年亦云：

初，叔向之母妒叔虎之母美而不使，其子皆谏其母。其母曰："深山大泽，实生龙蛇。彼美，余惧其生龙蛇以祸女。女，敝族也。国多大宠，不仁人间之，不亦难乎？余何爱焉！"②

又，《庄子·列御寇》曰："千金之珠，必在九重之渊，骊龙颔下。"《说文》："龙，鳞虫之长，能幽能明，能细能巨，能短能长，春分而登天，秋分而潜渊。"是以深山渊泽为龙之当然居所。《礼记·礼运》："鳞、凤、鱼、龙，谓之四灵。"《广雅》："有鳞曰蛟龙，有翼曰应龙，有角曰虬龙，无角曰螭龙，未升天曰蟠龙。"值得注意的是，《周易》中所见不少的卦、爻辞都提到了"龙"，卦象中以龙作为比喻对象者亦不鲜见。其中最典型的如乾坤二卦：

乾：

初九——潜龙勿用。

九二——见龙在田，利见大人。

九四——或跃在渊，厉，无咎。

九五——飞龙在天，利见大人。

上九——亢龙有悔。

用九——见群龙无首，吉。

坤：

上六——龙战于野，其血玄黄。

这些卦爻辞，向人们展示的同样是龙静动有常、往来天地、矫健刚强的形象。

以上文献和出土材料所反映的龙，给人们留下的最突出印象包括：其一，龙自很早时期就已形成于中国古人的观念之中；第二，龙与云、水、雨具有紧密的联系，如《左传·桓公五年》载："秋大雩。书不时也。凡祀，启蛰而郊，龙见而雩，始杀而尝，闭蛰而烝。过则书。"正因为如此，当发生旱灾的时候，人们便利用了弗雷泽所谓"模拟巫术"的基本原理，利用泥土造成龙的形象，模仿传说中龙行云致雨的动作，以期望促使自然界降下甘霖。《淮南子·墬形训》载："土龙致雨。"高诱注："汤遭旱，作土龙以像龙，云从龙，故致雨也。"据高诱之说，以土龙致雨的做法最早可以追溯至商汤时期。此说及注解均出现在东周之后，所说是否确为商代的真实情况，无法断言。然而商代甲骨卜辞中有："其乍龙于凡田，雨。"（《合集》29990）

---

① 杨伯峻：《春秋左传注》，第1500页。
② 杨伯峻：《春秋左传注》，第1061页。

据此，我们至少可知商代确实有以龙祈雨的习俗。东周时期，利用狗、人、龙等现实或传说动物的模拟物实施祈祷或诅咒，已成为一种比较常见的做法。故而《老子》第五章说："天地不仁，以万物为刍狗；圣人不仁，以百姓为刍狗。"刍狗即草做成的狗，用于祭祀。这段话的意思是说，天地和圣人无所谓仁慈偏爱，它对待万物百姓就如同对待刍狗一样任其自生自灭、自作自息。也就是说，天地是自然的、客观的，不感情用事，对待万事万物都一视同仁，不偏不倚。《庄子·天运》："夫刍狗之未陈也，盛以箧衍，巾以文绣，尸祝斋戒以将之；及其已陈也，行者践其首脊，苏者取而爨之而已。"此处"刍狗"之义同上，也是指祭祀时用草做成的狗，即魏源解释的那样："结刍为狗，用之祭祀，既毕事则弃而践之。"《孟子·梁惠王上》引孔子的话说："始作俑者，其无后乎。"认为用泥人作为祭祀之物，不符合人道精神。关于龙的模型，《山海经·大荒东经》记载道："旱而为应龙之状，乃得大雨。"郭璞注云："今之土龙本此。"这是"模拟巫术"与"接触巫术"两项原理的典型运用。

西汉时期，阴阳五行之说盛行，以土龙求雨的模拟巫术不仅更为流行，而且仪式更趋丰富。董仲舒在《春秋繁露》中记载了汉代祈雨巫术的具体方式，这是研究当时宗教、习俗，尤其是用龙巫术十分珍贵的资料，其主要内容和观点有先秦时之影，当无所疑。今择要摘录于下：

> 春旱求雨，……以甲乙日为大苍龙一，长八丈，居中央；为小龙七，各长四丈，于东方。皆东向，其间相去八尺。小童八人，皆斋三日，服青衣而舞之；田啬夫亦斋三日，服青衣而立之。
>
> 夏求雨，……以丙丁日为大赤龙一，长七丈，居中央；又为小龙六，各长三丈五尺，于南方。皆南向，其间相去七尺。壮者七人皆斋三日，服赤衣而舞之；司空啬夫亦斋三日，服赤衣而立之。……季夏祷山陵以助之。……以戊己日为大黄龙一，长五丈，居中央。又为小龙四，各长二丈五尺，于南方。皆南向，其间相去五尺。丈夫五人，皆斋三日，服黄衣而舞之。老者五人，亦斋三日，衣黄衣而立之。
>
> 秋暴巫尪至九日，无举火事，无煎金器……以庚辛日为大白龙一，长九丈，居中央。为小龙八，各长四丈五尺，于西方。皆西向，其间相去九尺。鳏者九人，皆斋三日，服白衣而舞之。司马亦斋三日，衣白衣而立之。
>
> 冬舞龙六日，祷于名山以助之。……以壬癸日为大黑龙一，长六丈，居中央。又为小龙五，各长三丈，于北方。皆北向，其间相去六尺。老者六人，皆斋三日，衣黑衣而舞之；尉亦斋三日，服黑衣而立之。……四时皆以水日，为龙，必取洁土为之，结盖，龙成而发之。四时皆以庚子之日，令吏民夫妇皆偶处；凡求雨，大体丈夫藏匿，女子欲和而乐。①

---

① 苏舆：《春秋繁露义证》，第426—437页。

以上详细记述了一年四季不同情况下以作龙方式求雨的具体细节。从中不难发现，和先秦时期的情况有所不同，尽管汉代的求雨巫术依然是以"龙"作为载体，但它要求人们必须选择与五行相应的时日，龙也要选择与五行相配的苍、赤、黄、白、黑五色，参与者的衣服颜色也必须与之相应。这些都与五行学说的发展具有直接关系。由此可以清晰地看出，汉代祈雨巫术虽沿用了远古祈雨巫术的主要礼仪，但已经彻底地将祈雨巫术纳入阴阳五行学说的框架之内。新的哲学思想的注入，为远古巫术增添了新的生命力。王充在《论衡·乱龙篇》中也认为："董仲舒申《春秋》之雩，设土龙以招雨，其意以云龙相致。《易》曰：'云从龙，风从虎。'以类求之，故设土龙，阴阳从类，云雨自至。"关于汉人以土龙祈雨的观念，东汉桓谭《新论》中有所阐述："刘歆致雨，具作土龙，吹律，及诸方术无不备设。谭问：'求雨所以为土龙何也？'曰：'龙见者，辄有风雨兴起，以迎送之，故缘其象类而为之。'"

由此可知，汉人设土龙是利用它具有的与云雨相同的水属性来招雨，这正是典型的模拟巫术在祈雨仪式中的应用。从这个意义上讲，作土龙即是雩祭方式的一种演变之一。

通过巫术控制雨水是早期人类普遍存在的观念，是那些具有调节"天水"供应的巫师为完成其职责而采用的方法，当是运用顺势或模拟巫术的原则。如果他们要降雨，就通过洒水或用蒸汽制造假云来模仿[1]。弗雷泽举例说：

> 在普罗斯卡村，为了结束干旱促使甘霖降临，妇人和少女们在夜里光着身子来到村子边界上把水泼到地上。在新几内亚西边一个名叫哈尔马赫拉或基罗罗的大岛上，男巫求雨的方法是把一根特殊的树枝浸在水中，然后挥动滴着水的树枝把地面浸湿；在新不列颠，祈雨法师把红的绿的爬藤缠绕在香蕉叶上，用水将它浇湿再埋入土中，然后他嘴里发出模仿下雨的哗哗声。[2]

> 澳大利亚中部的迪埃里人，在严重干旱时节……祈求那些他们称之为"穆拉穆拉"的远祖们赐给他们力量促成一场大雨，他们相信通过"穆拉穆拉"的影响，由于他们或他们临近部落所举行的巫术仪式，天上的云层可以降下雨水来。他们从云彩里引出雨来的方法是这样的：挖一个长约12英尺，宽为8至10呎的坑，在坑上用木头和树枝搭好一个圆锥形的小屋。两位据认为从"穆拉穆拉"那儿获得神灵的男巫让一位德高望重的老人用燧石把他们胳臂肘下皮肤划破，并把血滴在挤坐在小屋中的其他男人身上。与此同时这两位流血的人撒出满把羽毛，一些羽毛就粘在他们那些满身是

---

[1] [英] 詹姆斯·乔治·弗雷泽著：《金枝》，徐育新、张泽石、汪培基译，大众文艺出版社，1998年，第95页。
[2] [英] 詹姆斯·乔治·弗雷泽著：《金枝》，徐育新、张泽石、汪培基译，第96页。

血的同胞们身上,而另一些羽毛还飘浮在空中。血被认为可代表雨,而羽毛则代表云。在仪式进行过程中两块大石头被搬来放在小屋中间,它们立在那里是为了收集云和兆示雨。然后那两位被放了血的男巫把这两块大石头带往大约10或15哩外的远处,并将它们尽可能高地放在一棵最高的树上,在此同时,其他的男人就收集石膏,把它们敲得粉碎,然后撒到水坑中去。当"穆拉穆拉"看见这一切之后,他就会立即让乌云出现在天空。①

三、小结

英国文化人类学家拉德克利夫·布朗在《安达曼岛人》的《前言》中曾说:

> 正如词语具有含义一样,文化中的其他事物也如此——惯用的手势、仪式活动及回避行为、象征性物品、神话,都是意味深长的符号。一个词、一个手势、一项仪式的含义,在于它要表达什么,而这是由它与观念、感情和思想方法之间的联系所决定的。②

通过上述关于祈雨雩祭巫术仪式化过程的讨论,我们大致可以看出中国古代应对旱灾过程中先后形成的诸多具有非理性主义特色的宗教和巫术仪式也完全符合拉德克利夫·布朗所说的这种情况。这些仪式的基本原理既包括基于弗雷泽所谓"相似律""接触律"的交感巫术,也包括具有中国特色的阴阳五行观念。实际上,战国中后期形成的阴阳五行的基本原理是:从冬至到夏至的方向,即由阴到阳;从夏至到冬至的方向,即由阳到阴。一年中阴阳的消长,交替是以连接子月(旧历十一月)与午月(旧历五月)的子午线为轴进行的。这个包含冬至的旧历十一月,在十二支中属于最初的"子"。"子"的意思是"孳",表示生命的增殖,万象经历了万物枯死的旧历十月,即经过"全阴"之月以后,即万象以冬至为契机,一点一点地走向"阳"的方向。旧历十一月,即所谓子月,就是具有这样意思的月份。联结子月、午月的"子午线"在划分一年阴阳的轴中就是最重要的轴。这样就把一年分为两个部分,即阳轨和阴轨③。在阳轨上要做助阳抑阴的事就可以促使自然顺利发展,在阴轨上要做助阴抑阳的事就能促使自然顺利发展,否则就出现灾害警告人间。

总的看来,中国古代的救灾活动和思想中体现了人类社会发展的辩证法,本文所讨论的"雩祭与作土龙"救灾巫术就隐藏了人类思维的辩证法,即阴阳五行学说以及巫术运用的丰富理论。

---

① [英]詹姆斯·乔·弗雷泽著:《金枝》,徐育新、张泽石、汪培基译,第98—99页。
② [英]拉德克利夫·布朗著:《安达曼岛人》,梁粤译,广西师范大学出版社,2005年,第1页。
③ [日]吉野裕子:《阴阳五行学与日本民俗》,雷明群等译,学林出版社,1989年,第36—38页。

《庄子·天下篇》与《荀子》的学术批评之比较

魏建震（河北省社会科学院哲学所）

摘　要：在中国学术批评思想史上，《庄子·天下篇》与《荀子》是具有开创意义的著作。两者从道的整体性出发，对先秦诸子的学术进行了批评。由于两者对道的定义不同，因此其学术批评的路径便产生了根本性差异。《天下篇》的学术批评相对比较客观公允，《荀子》的学术批评主观色彩则显得更浓厚一些。

关键词：《天下篇》；荀子；道；学术批评

战国末年的诸子争鸣中，对诸子学术进行比较系统的批评者，要数《庄子·天下篇》①与《荀子》。韩非虽在《显学》中对儒墨二家进行了批评，但从批评的深度与广度看，都无法与《天下篇》和《荀子》相比。因此我们将《天下篇》和《荀子》的学术批评进行比较②，以期揭示战国末年儒道之间两种截然不同的学术批评路径，为中国学术批评史的研究提供一些借鉴。

一、学术批评标准的确立与学术批评思想之比较

战国时期学术争鸣的发生，其根源在于战国时期深刻的社会变革。各家从自己对社会变革的思考出发，根据自己对战国学术思想的整体认知，对其他学派的学术进行批评与讨论。《天下篇》与《荀子》可以说是战国时期学术批评的代表性著作。关于《天下篇》与《荀子》的学术批评的具体标准，安世民先生认为，《天下篇》批评诸子以道为标准，《荀子》批评诸子以礼为标准。这种"以道为绳"或"以礼为衡"的标准是庄、荀批评诸子的内在依据；二者的批评态度是其外在表现。究其实，二者的批评标准源于他们所追慕的理想人格③。我们认为，从根本上来说，二者

---

① 关于《天下篇》的作者问题，学者们存有不同意见。王夫之、梁启超等著名学者认为是庄子本人所作，现代许多学者认为是庄子后学所作。笔者倾向于后一说法。因此我们文中讨论的仅是《天下篇》的学术批评，而非庄子的学术批评。
② 关于荀子对诸子的批评与《天下篇》的关系，何志华先生认为荀卿评论诸家学说多据庄周（何志华：《庄荀考论》，香港中文大学中国文化研究所刘殿爵中国古籍研究中心，2015年，第66—72页）；严灵峰认为《天下篇》乃荀子晚年所作（《老庄研究·论庄子天下篇非庄周所自作》，中华书局（台北），1966年，转引自何志华著作71页）。二说多有可商之处，不敢采信。
③ 安世民：《庄、荀批评诸子之标准考辨》，《天中学刊》2018年4期。

的学术批评,都是立足于道的角度,都是以道的整体性为标准。其根本的不同之处是二者对道的内涵的理解根本不同(详下文)。

《天下篇》与《荀子》之所以对诸子学术进行全面的批评,因为在他们看来,各家的学说都违背了道的整体性与统一性。荀子从认识论的角度,提出各家错误产生的原因在于违背道的整体性与唯一性,各蔽于一曲而生。《荀子·解蔽》云:"凡人之患,蔽于一曲,而暗于大理。治则复经,两疑则惑矣。天下无二道,圣人无两心。今诸侯异政,百家异说,则必或是或非,或治或乱。乱国之君,乱家之人,此其诚心莫不求正而以自为也,妒缪于道而人诱其所迨也。私其所积,唯恐闻其恶也。倚其所私,以观异数,唯恐闻其美也。是以与治离走而是己不辍也。岂不蔽于一曲而失正求也哉!"在荀子看来,各家学说产生,与"天下无二道,圣人无两心"相违背。各家虽诚心求正,但蔽于一曲,因此产生错误的说法。《荀子·天论》云:"百王之无变,足以为道贯。应之以贯,理贯不乱。……故道之所善,中则可从,畸则不可为,匿则大惑。……治民者表道,表不明则乱。礼者,表也;非礼,昏世也;昏世,大乱也。故道无不明,外内异表,隐显有常,民陷乃去。万物为道一偏,一物为万物一偏,愚者为一物一偏,而自以为知道,无知也。"愚者蔽于一偏,不以礼为表,自以为知道,因此产生错误的认知。《天下篇》与《荀子》的认识有相似之处,都认为后世学术出现偏差的原因在于违背了道的整体性原则。《天下篇》认为,各家学说产生的原因,在于学者没有学道术,而是治方术。"天下之治方术者多矣,皆以其有为不可加矣。"诸子的出现,是因诸子各执一词的缘故:"天下大乱,贤圣不明,道德不一,天下多得一察焉以自好。譬如耳目鼻口,皆有所明,不能相通,犹百家众技也,皆有所长,时有所用。虽然,不该不遍,一曲之士也,判天地之美,析万物之理,察古人之全,寡能备于天地之美,称神明之容,是故内圣外王之道,暗而不明,郁而不发。天下之人,各为其所欲焉以自为方。悲夫,百家往而不返,必不合矣。后世之学者,不幸不见天地之纯,古人之大体。道术将为天下裂。"诸子治方术,多得一察以自好,因此造成了内圣外王之道不明,道术为天下裂的混乱局面。

从整体视角对战国诸子的学术进行批评,是《天下篇》与《荀子》学术批评的共同之处。这一学术批评思想,是非常深刻的。整体性认知,是认识世界的最有效途径。雅思贝尔斯说:"我们如何看待历史,再也不是无关紧要的了。我们如何在整体中去认知,这一方式决定了我们自己生命的意义,从整体之中我们获得历史的基础和目标。"① 从学术思想的整体上去批评诸子学说,奠定了《天下篇》与《荀子》学术批评的学术价值。

尽管《天下篇》与《荀子》均以道的整体性为学术评判的标准,但二者形上定义

---

① [德]雅思贝尔斯:《论历史的起源与目标》,李雪涛译,华东师范大学出版社,2018年,第309页。

的用于学术评判的道的内涵,却有着很大的不同。《天下篇》所言之道,又称内圣外王之道,是无所不在的天地之道。《天下篇》云:"古之所谓道术者,果恶乎在?曰:'无乎不在。'曰:'神何由降?明何由出?'圣有所生,王有所成,皆原于一。"原于一,即表达了道的整体性。荀子的道,主要是指儒家所称的圣王之道,治民之道,君子之道,此道以礼为其表。《荀子·儒效》云:"道者,非天之道,非地之道,人之所以道也,君子之所道也。"此道以圣王之制为标准,为天下之极,《解蔽》云:"故学也者,固学止之也。恶乎止之?曰:止诸至足。曷为至足?曰:圣也①。圣也者,尽伦者也;王也者,尽制者也。两尽者,足以为天下极矣。故学者以圣王为师,案以圣王之制为法,法其法以求其统类,以务象效其人。"荀子以其道为标准来评判各家学说,只有孔子的学说无蔽。《解蔽》云:"孔子仁知且不蔽,故学乱术足以为先王者也。一家得周道,举而用之,不蔽于成积也。故德与周公齐,名与三王并,此不蔽之福也。"

如果仅从语言表达来看,《荀子》学术批评使用的以圣王为道的评判标准,与《天下篇》的内圣外王之道很是相似。仔细研究文本,其实二者有着很大的差异,《荀子》至足之足的标准是圣王,提出学者以圣王为师,以圣王之制为法,"法其法以求其统类,以务象效其人"。圣王本人和圣王之法,成为学者学习和模仿一个标准模式。《天下篇》所表述的"内圣外王",是道的功能性特征,后世一曲之士所不见的"天地之纯,古人之大体",才是道的根本。《天下篇》作为学术评判标准的道,更具有形上性。

学术批评的目的,最能彰显学术批评的思想旨趣。《天下篇》学术批评的目的,是为了继承各家学说的优点,弘扬各家学说道之所在,纠正各家学术的偏颇之处,整合被分裂存在于诸子之中的道,使之重新形成整体的道。重新统合各家学术,结束"道术为天下裂"的局面,在学术建设上充分恢复道术的标准。《天下篇》对诸子学术的论述,首先肯定其学术成就,然后分析其不足与偏执之处。通过对诸子学说的吸收与整合,形成自己具有整体观念和道术特征的学术体系。

《荀子》学术批评的目的,是消除诸子学说的影响,维护其心中儒家的治民之道,维护儒家学说的神圣不可侵犯性,根据自己所主张的儒家理论建立一套理想的社会政治制度。《荀子·非十二子》:"今夫仁人也,将何务哉?上则法舜禹之制,下则法仲尼、子弓之义,以务息十二子之说。如是则天下之害除,仁人之事毕,圣王之迹著矣。"荀子将十二子之说视为天下之害,认为仁人之责任便是消灭十二子之说,其学术批评的目的,在于一统天下学术,同己者存,异己者灭。谭宇权先生云:"由《非十二子篇》可知,荀子评论其他各家的思辨方法,是希望建立一个以礼为中心的思想系统。反之,若不合此系统者,一概批评。"② 冢田虎认为:"《非十二子》

---

① 伯兄曰:"'也',当为'王',字之误也。"梁启雄:《荀子简释》,中华书局,1983年,第305页。
② 谭宇权:《荀子学说评论》,文津出版社,1994年,第186页。

之文势，类乎《庄子·天下》篇论十子者。而庄子之论，则文体可爱也，荀卿之非，则苛酷可恶也。方其才量，似颇有优劣矣。"① 仅从批评对象的异同，显然不能深刻理解《天下篇》与《荀子》学术批评间的根本不同。其学术批评的最终目的，才是判断其学术批评价值的重要标准。

荀子学术批评的目的与出发点，是为了利用儒家学术建立一套理想的社会政治制度，也就是大一统的儒家政治制度。在荀子看来，诸侯异政，天下大乱，诸子的学说是负有一定责任的。荀子的学术批评，具有很强的社会实用性。为了实现自己学术批评的目的，荀子还主张借助政权的力量介入学术批评领域，以强权遏制不同的言论。《正名》云："明君临之以势，道之以道，申之以命，章之以论，禁之以刑。故民之化道也如神，辩说恶用矣哉？"唐君毅先生在《中国哲学原论·导论篇》中评价说，荀子"因以势以刑临人而禁人之言，正为下开李斯。韩非之以政摄教之说，导致焚书坑儒之祸者"②。

二、《天下篇》与荀子对诸子学说的批评

荀子从"天下无二道，圣人无两心"的基本判断出发，以儒家圣王思想和礼为标准，使用不加逻辑分析，直下断语式的批评方法，对诸子思想进行了全面的批评。在荀子看来，儒家之外的诸子的思想都是错误的。因为他们的说法违背了天下之道、圣人之心。荀子对儒家之外的诸子，几乎没有一句肯定之辞。在《非十二子》篇中，荀子开篇便说："假今之世，饰邪说，文奸言，以枭乱天下，矞宇嵬琐，使天下混然不知是非治乱之所在者有人矣。"③ 十二子学说，在荀子眼中几乎没有任何价值可言。

在《非十二子》中，荀子对它嚣、魏牟的批评："纵性情，安恣睢，禽兽行，不足以合文通志。"对陈仲、史鰌的批评："忍情性，綦谿利跂，苟以分异人为高，不足以合大众，明大分。"对墨翟、宋钘的批评："不知壹天下建国家之权称，上功用，大俭约，而僈差等，曾不足以容辨异，县君臣。"对慎到、田骈的批评："尚法而无法，下修而好作，上则取听于上，下则取从于俗，终日言成文典，反紃察之，则倜然无所归宿，不可以经国定分。"对惠施、邓析的批评："不法先王，不是礼义，而好治怪说，玩琦辞，甚察而不惠，辩而无用，多事而寡功，不可以为治纲纪。"对子思、孟轲的批评："略法先王而不知其统，犹然而材剧志大，闻见杂博。案往旧造说，谓之五行，甚僻违而无类，幽隐而无说，闭约而无解。案饰其辞，而祗敬之曰：

---

① 转引自王天海《荀子校释》，上海古籍出版社，2005年，200页。
② 唐君毅：《中国哲学原论·导论篇》，东方人文学会，1974年，第276页，转引自东方朔《权威与秩序的实现——荀子的"圣王"观念》，《周易研究》2019年1期。
③ 安世民《庄、荀批评诸子之标准考辨》认为，《非十二子》中的"其持之有故、言之成理"，这表明荀子在某种程度上对十二子是持肯定态度的。其实荀子批评诸子，认为其"其持之有故、言之成理"是具有欺骗性的，这并非是荀子对诸子的肯定，而是引起荀子严厉批评的原因。

此真先君子之言也。子思唱之，孟轲和之。世俗之沟犹瞀儒嚾嚾然不知其所非也，遂受而传之，以为仲尼子弓为兹厚于后世：是则子思孟轲之罪也。"①

在对十二子的批评中，除了批评子思、孟轲的学说外，其他各家，荀子均说他们"其持之有故，其言之成理，足以欺惑愚众"。这是对各家学说共同的否定。《非十二子》的学术批评，采用的方法主要是不加论述直接下结论进行批评。在《非十二子》中，荀子只是对子思、孟轲的五行说进行了一些介绍，然后对其进行了批评。荀子这种不加分析论述而直接下结论的学术批评方式，对学术批评的理论贡献不是很大。至于其批评它嚣、魏牟"禽兽行"，则有谩骂之嫌疑。尽管有学者认为应从它嚣、魏牟的学术主张来理解荀子的批评，但从荀子对诸子直下断语的批评的方式看，这一批评的谩骂之嫌实在难以撇清。谭宇权先生评论荀子的批评方法时说："他以个人思考所得，以自己的学说如礼，提升到最高处，以作为批评的'根本法则'。"②

在对十二子的批评中，其理论深度最深、相对比较切中要害的，是对儒家学说中的子思、孟轲的批评。荀子继承发展孔子思想，他对孔子思想的理解有一定深度，而对子思、孟轲思想与孔子思想的差异性也比较敏感，因此从其学术主张看，他对儒家自身的批评反而比较深刻，尽管他的思想在我们看来也不能说就与孔子的思想完全吻合。

荀子对孟子的批评，除了五行说之外，还有孟子的性善论。荀子从自己主张的性恶说③出发，对孟子的人性论进行了批评。《论衡·本性》篇："孟子作《性善》之篇，以为人性皆善，及其不善，物乱之也。"《论衡·本性》篇又云："孙卿有反孟子，作《性恶》之篇，以为'人性善，其善者，伪也。'"某种程度上可以说，荀子的性恶论是为了批评孟子的性善论而提出的。郭沫若在《十批判书·荀子的批判》中说："大抵荀子这位大师和孟子一样，颇有些霸气。他急于想成立一家言，故每每标新立异，而有些地方处于勉强。他这性恶说便是有意地和孟子的性善说对立的。"④

荀子的性恶论，受到学者的诸多批评，程颐说："荀子极偏颇，只一句性恶，大本已失。"⑤ 至于其在中国人性论学说方面的建树，其高度并没有超越孟子的性善说。徐复观先生在《中国人性论史·先秦卷》中评价说："荀子性论的结构，是以人性另一面的知与能作桥梁，去化人性另一面的恶，去实现客观之善。他性论中性无

---

① 《荀子·非十二子》指责子思、孟子的"五行"说时，讲到其说始于子游为学者伪托。根据新出土的战国简，子游同思孟学派这一系确实存在密切联系。这样荀子的说法也就站不住脚了。参见杨博《战国楚竹书史学价值探研》，上海古籍出版社，2019年，第326页。
② 谭宇权：《荀子学说评论》，文津出版社，1994年，第180页。
③ 关于荀子的人性论是性恶论，还是性朴论，学术界目前还存在争议。从我们自己的理解，还是更倾向传统的性恶说。
④ 郭沫若：《郭沫若全集·历史编》第二卷，人民出版社，1982年，第223页。
⑤ ［宋］程颢、［宋］程颐：《二程集·伊川先生语五》，中华书局，1981年，第262页。

定向的想法，正指人性中官能的能力这一方面而言，正要留此以开出化性而起伪之路。但性恶的判断，又破坏了他性无定向的观点。所以从理论上说，他的性恶说，实在不及告子的性无善恶说完整。"①

在《非十二子》中，荀子对诸子的批评，基本上是直接下断语式。对诸子学说的论证逻辑与论证过程，并没有进行详细的批评。在《天论》《正名》等篇，荀子对诸子的批评也是如此。在《天论》篇，荀子阐说了诸子学说产生错误的根源在于诸子蔽于"万物为道一偏，一物为万物一偏，愚者为一物一偏，而自以为知道，无知也"。进而对慎到等几家学说进行了批评："慎子有见于后无见于先。老子有见于诎，无见于信。墨子有见于齐，无见于畸。宋子有见于少，无见于多。有后而无先，则群众无门。有诎而无信，则贵贱不分。有齐而无畸，则政令不施。有少而无多，则群众不化。"在《解蔽》篇，荀子对诸子学说也有批评："墨子蔽于用而不知文，宋子蔽于欲而不知锝。慎子蔽于法而不知贤，申子蔽于埶而不知知，惠子蔽于辞而不知实。庄子蔽于天而不知人。"

荀子讨论各家学说产生弊病的原因，可以说有一定的道理，但对各家的批评，许多并没有切中要害。例如对老子的批评，说他"有诎而无信"。老子学说贵诎，荀子看到这一点，而老子学说贵诎的目的，是为了达到信（读为伸）。这一点荀子并没有真正理解，因此荀子批评老子的说法，是因为没有真正理解老子而发，其偏颇就不言而喻了。研究者或信奉荀子之说，认为老子"有诎而无信"，就彻底受了荀子的误导。

至于其对庄子的批评，也有误解庄子本义之嫌。荀子说庄子是"蔽于天而不知人"（《解蔽》），初看似乎很对。仔细研究，也有可商之处。司马迁说庄子是"散道德放论，要亦归之自然"（《史记·老庄申韩列传》）。《庄子·大宗师篇》说："知天之所为，知人之所为者至矣。"又说："庸讵知吾所谓天之非人乎？所谓人之非天乎？"前者是"因言遗言"，意谓假设有天人之分的话，则必要既知天之所为，又知人之所为。后者是破世俗天人之分，意谓本来是"一"，那有天人的分别？所以你以为是天，也许是人；你以为是人，也许是天。说庄子"蔽于天而不知人"，便多少误解了庄子的意思②。

在《正名》篇，荀子对名家的一些主张进行了批评："'见侮不辱。''圣人不爱己。''杀盗非杀人也。'此惑于用名以乱名者也。验之所以为有名而观其孰行，则能禁之矣。'山渊平。''情欲寡。''刍豢不加甘，大钟不加乐。'——此惑于用实以乱名者也。验之所缘无以同异而观其孰调，则能禁之矣。'非而谒，楹有牛，马非马也。'此惑于用名以乱实者也。验之名约，以其所受，悖其所辞，则能禁之矣。故明君知其分而不与辨也。"荀子批评的名家，基本上属于逻辑名家，因为其没有对逻辑

---

① 徐复观：《中国人性论史·先秦卷》，九州出版社，2014年，232页。
② 罗根泽：《诸子考索》，人民出版社，1958年，第306页。

名家的逻辑论证过程进行深入的批评，因此其批评名家所下断语的学术价值也就值得进一步研究了。荀子对名家学者的批评，遭到当今学者的批评，谭宇权先生说："但荀子为何要去批评另一位理智主义呢？此可见，他是一位偏见很深的人。也因此，荀子反变成一位帮助孟子来打击异己的人了。其结果，对中国后世知识的建立，便产生了负面的功能。"①

荀子除了直下断语式的批评外，荀子评论诸子理论的方法，还有以实践检验的方法。《正名》篇荀子对名家三种理论的评论，便使用了这一方法。在批评孟子性善论时，荀子曰："凡论者贵有辨合，有符验。故坐而言之，起而可设，张而可施行。今孟子曰：人之性善，无辨合符验。坐而言之，起而不可设，张而不可施行。岂不过甚矣哉？故性善，则去圣王，息礼义矣。性恶，则与圣王，贵礼义矣。"用可行性对理论预设进行检验，是荀子批评诸子时颇有创造性和可行性的学术贡献。

与荀子对诸子批评相比较，《天下篇》对诸子的批评，则显得较为深刻。在批评诸子学说之前，《天下篇》首先举出诸子学说所包含的道之一面的合理性，并对这种合理性予以充分的肯定。《天下篇》对诸子的批评，主要是对诸子思想中的不足之处以及其学说论证过程中的不足进行批评。在批评过程中，《天下篇》对诸子学说都进行了比较详细的介绍，以此为根据，用带有理性的逻辑语言，对诸子学说的不足之处进行评论。《天下篇》对诸子的批评，成为先秦学术批评史上最有价值的文献。从保存先秦遗失文献的角度看，《天下篇》的思想史史料价值要高于《荀子》。

关于《非十二子》与《天下篇》所批评诸子的分类，《非十二子》分为六类：它嚣、魏牟、陈仲、史䲡、墨翟、宋钘、慎到、田骈、惠施、邓析、子思、孟子，《天下篇》也分为六类：墨翟、禽滑、宋钘、尹文、彭蒙、田骈、慎到、关尹、老聃、庄子、惠施、桓团、公孙龙。对批评对象的分类，荀子以圣王法制为标准，根据自己对诸子的理解与判断进行分类批判，《天下篇》对诸子的评论，主要是根据诸子的思想内容来分类。二者分类相同的，是慎到与田骈一类，分歧较大的是宋钘，荀子将其与墨翟归为一组，而《天下篇》则将其与尹文归为一组。从分类的合理性来说，《天下篇》比《非十二子》要高出些许。

三、余论

通过对《荀子》与《天下篇》学术批评进行比较，我们可以看出，尽管两者都从道的整体性出发来评价战国诸子，但由于两者对道本身含义的理解差异较大，且两者在学术批评的目的和方法上都存在较大不同，因此二者对战国学术批评史的贡献便产生较大差异。至于两种学术在各自学术体系中所占的位置和所发挥的作用，则是另一个需要认真研究的问题。

---

① 谭宇权：《荀子学说评论》，文津出版社，1994年，第196页。

从司法权不统一看先秦时期
"议事以制"的随意性

魏晓立（安阳师范学院法学院）

摘 要：先秦时期的"议事以制，不为刑辟"制度，表现为极大的随意性。与西周时期相比，春秋时期已经有了比较固定的司法官，但其并不享有专职司法权，仍然未能摆脱"公卿审判"的传统。这表明，虽然各个诸侯国的设置和职责不尽相同，但都表明司法权和行政权并无分离。

关键词："议事以制，不为刑辟"；司法权；司法官；随意性

一、司法权不统一

在周初分封之初，并没有采用统一的法律制度，其后也没有形成统一的制度。《左传·定公四年》中，子鱼说得很明白，让鲁国殷民六族"以法则周公，用即命于周"，杜预注："用，因也。即命，受命也。"让卫国"皆启以商政，疆以周索"；让晋国"启以夏政，疆以戎索"。而这些内容，都如践土之盟之载书中所说，"藏在周府，可覆视也"①，因此是确信无疑的。《尚书·康诰》说，让卫国"蔽殷彝，用其义刑义杀"②。伪孔传："其刑法断狱，用殷家常法。"曾运乾注："蔽殷彝者，以殷常法当罪也。义，宜也。刑罪相报，谓之义刑义杀。"就封之后，他们的做法也不尽相同，鲁国"变其俗，革其礼"，所以三年后才"报政周公"③；而齐国与鲁国正好相反，"因其俗，简其礼"④，五月之后就报了，因此周公提出，为政的原则是"简易"，也就是齐国的做法"因其俗"，所以，"政不简不易，民不有近；平易近民，民必归之"⑤。索隐："言为政简易者，民必附之。近谓亲近也。"到了春秋时期，宋国尚保持着殷人"父死子继，兄死弟及，天下通义也"⑥的旧传统。虽如《左传·

---

① 杨伯峻：《春秋左传注》（修订本），中华书局，2009年，第1536—1540页。
② 曾运乾：《尚书正读》，华东师范大学出版社，2011年，第174页。
③ ［汉］司马迁：《史记·鲁周公世家》，中华书局，1959年，第1524页。
④ ［汉］司马迁：《史记·齐太公世家》，第1480页。
⑤ ［汉］司马迁：《史记·鲁周公世家》，第1524页。
⑥ ［汉］司马迁：《史记·宋微子世家》，第1622页。

昭公二年》所说"周礼尽在鲁矣"①,可叔牙说鲁国的继承制度为"一继一及,鲁之常也"②,这是对王国维认为最具周人特征的"立子立嫡之制"③ 的改变。因此,连最为恪守传统的鲁国尚有与宗周不同者,其余国家就可想而知了④。《左传·闵公二年》说,齐国因哀姜与庆父私通,危及鲁国统治,所以"取而杀之于夷,以其尸归"⑤。《左传·僖公元年》中,其作者也认为"女子,从人者也",齐国处死哀姜"也为已甚矣"⑥。杨伯峻注:"古人谓女子有三从之义,未嫁从父,既嫁从夫,夫死从子,若然,哀姜既嫁于鲁,在夫家有罪,则非其父母家所宜讨。"这表明刑罚权不仅及于国内,还可及于已嫁女,这是司法权不统一的表现。

因此,西周时代的法律渊源有多样性,真正具备法律含义的渊源大概可分为三类,即君主的命令、因袭的习俗和盟誓后的载书⑦,但由于其并无有机的联系,因此尚未形成一定的"法律体系"⑧,即成文法。如"君命"并不是大一统之后的政令统一,因为不仅仅天子称为"君",卿大夫、诸侯、家子等也称为君。周天子的命令,是以几部分来发生效力的:一部分为《尚书》中所记载的诸"诰",一部分为传世文献所记载的"有亡荒阅""誓命"等,再一部分则为青铜器铭文中所显示的,如诸多"王令""毋敢"之类的一些命令。再者,君命不统一还表现在,在王畿之外,天子之命和各自的"王伯之令"同样有效,如铭文中显示有:西周春秋之际戎生编钟说,晋国之属国对其宗主国"盥[绍]匹晋侯,用龚[恭]王命"⑨,李学勤认为:"绍,辅佐之意";周厉王时器禹鼎说,禹氏家族"赐恭朕辟之命"⑩,表示对其家主井国武公毕恭毕敬,恭顺地执行其家主的法令。其他两类,因袭的习俗即礼和口头盟誓,随意性就更严重,后文将会详细说明。

二、司法官员不独立

《左传》记载虽有"李""士""理""司寇"等官职,但多处例子表明,国君、执政等均有处死犯人之权,因此,独立于王权之外的专司治安与审判的国家机构,

---

① 杨伯峻:《春秋左传注》(修订本),第 1227 页。
② [汉] 司马迁:《史记·鲁周公世家》,第 1532 页。
③ 王国维:《殷周制度论》,载氏著《观堂集林》(外二种),河北教育出版社,2003 年,第 232 页。
④ 王沛:《黄老"法"理论源流考》,上海人民出版社,2009 年,第 20 页。
⑤ 杨伯峻:《春秋左传注》(修订本),第 263 页。
⑥ 杨伯峻:《春秋左传注》(修订本),第 279 页。
⑦ 徐进:《战国前法的形式、生成及其时代特点》,《吉林大学社会科学学报》1997 年第 6 期。
⑧ 王沛:《黄老"法"理论源流考》,第 26 页。
⑨ 李学勤:《戎生编钟论释》,《文物》1999 年第 9 期。
⑩ 李先登:《禹鼎集释》,《中国历史博物馆馆刊》1984 年第 6 期。

尚未形成。许倬云在《求古编》一书的《春秋政制略述》篇中，认为因《周礼》被认为"乌托邦之作"，所以以此为据得出有成文法、司法与分立的结论并不可靠。并认为，即使各国有负责刑罚的司寇或司败，但地方上仍然司法、行政不分，也未出现"专理司法"的官员，例如"大夫"即地方官就有权兼理诉讼①。因此，可以得出，尚未产生"专职法司"，这些司法官员只能称作"兼职法司"②。在早期雅典和罗马，也是如此：雅典的执政官、阿雷奥帕古斯元老院、克利斯提尼创立的一年一届的五百人大会，都可以在主持行政时，也执行"司法权"，即"判断曲直，解决纠纷，审讯罪案"，作出"判处刑罚"的决定，甚至连将军也有一定的审讯权。尽管有寥寥几条律令对他们加以限制，但由于任何人不得上诉，因此必然会导致官员专横、贪污腐化行为增加，出现压迫人民的虐政，使人民感到非常痛苦；那些罗马的"王"以及在未设置监察官以前的"罗马执政官"，都是行政权、司法权不分③。法国学者涂尔干在《社会分工论》中也指出，在日耳曼－罗马民族中，这种情况同样存在，司法权力也是"由特权等级和专职行政官把持着的"④。

1. 殷代和西周时期

从司法机关的设置来说，殷代尚未独立设置。郑玄在对《礼记·曲礼下》中"天子之五官，曰司徒、司马、司空、司士、司寇"作注时，认为"此亦殷时制也"，可甲骨文中未见"司寇"官职之名，所以并不能确定其有无。《周礼》中将中央司法机关分为大司寇、小司寇，所反映的也不是西周而是春秋战国时期的情形。

传世文献中，记载周初曾设司寇一职。周武王时，苏忿生"以温为司寇"，《尚书·立政》说："太史，司寇苏公式敬尔由狱，以长我王国。"⑤ 曾运乾："盖苏公治狱之书藏于太史，故公令出之也。"《左传·成公十一年》说："刘子、单子曰：'昔周克商，使诸侯抚封，苏忿生以温为司寇，与檀伯达封于河。'"⑥ 杜注："苏忿生，周武王司寇苏公也；周成王时，康叔以卫侯而兼司寇。"《左传·定公四年》说："武王之母弟八人，周公为大宰，康叔为司寇，聃季为司空，五叔无官。"⑦ 周公平定三监之乱后，将康叔封于卫地，并向其交代了要遵守的司法原则⑧。郭沫若据此认

---

① 许倬云：《求古编》，新星出版社，2006年，第278—279页。
② 范忠信：《专职法司的起源与中国司法传统的特征》，《中国法学》2009年第5期。
③ 吴于廑主编：《格罗特〈希腊史〉选》，郭圣铭译，商务印书馆，1964年，第9—10页。
④ [法] 埃米尔·涂尔干著：《社会分工论》，渠东译，生活·读书·新知三联书店，2013年，第40页。
⑤ 曾运乾：《尚书正读》，第270页。
⑥ 杨伯峻：《春秋左传注》（修订本），第854页。
⑦ 杨伯峻：《春秋左传注》（修订本），第1541页。
⑧ 曾运乾：《尚书正读·康诰》，第166—181页。

为康叔封卫后还在以诸侯身份兼任周王室的司寇①,伪孔传也说,"司寇第五,卫侯为之"②。因此,周初的司寇并不是专职司法官员。而《国语》中所记载的几处史料,显示司寇只是"刑官",即行刑之官:《国语·周语上》说:"土不备垦,辟在司寇。"韦昭注:"辟,罪也。在司寇,司寇行其罪也。"③《国语·周语上》中,在周宣王要料民于太原时,仲山父劝谏时说:"司寇协奸。"韦昭注:"司寇,刑官,掌合奸民,以知死刑之数也。"④《国语·周语上》说:"郑厉公见虢叔,曰:'吾闻之,司寇行戮,君为之不举。'"⑤ 所以,在周初,司寇看起来是重要的朝廷大臣,位列"司徒、司马、司工、司寇、太宰、公族"⑥ 六卿之一。有学者认为以"重臣兼职",只能说明其级别更低,因此司寇不可能是卿⑦。但是,周代的卿,只是周王身边一种谋臣贵族的"身份标识",即荣誉职位,并无官位,也无固定的职守,卿士作为卿的"执事者",也不是官职之称⑧。因此,即使司寇为六卿之一,也只不过是以公或侯来兼职的,同样说明并无出现专职的司法官员。西周中期以后,司寇一职的地位便更加下降了,不再列于六卿之中⑨。

西周铜器铭文中有3条言及司寇,但记载简单,因此也无法据此全面地弄清其"地位和职掌"⑩。周共王时器庚季鼎记载:"王易(赐)赤雍市、玄衣黹屯(纯)、銮旗,曰:'用左右俗父司寇。'"⑪ (《集成》2781)周厉王时器扬簋记载:"王若曰:'扬,作司工,官司量田典,遹司位、遹司乌、遹司寇、遹司工司(事)。赐汝

---

① 郭沫若:《中国史稿》(第1册),人民出版社,1976年,第224页。
② 伪孔传:"此先后六卿次第,冢宰第一,召公领之。司徒第二,芮伯为之。宗伯第三,彤伯为之。司马第四,毕公领之。司寇第五,卫侯为之。司空第六,毛公领之。召、芮、彤、毕、卫、毛皆国名,入为天子公卿。"见曾运乾:《尚书正读》,第274页。
③ 徐元诰撰,王树民、沈长云点校:《国语集解》,中华书局,2002年,第20页。
④ 徐元诰撰,王树民、沈长云点校:《国语集解》,第24页。
⑤ 徐元诰撰,王树民、沈长云点校:《国语集解》,第28页。
⑥ 杨宽:《西周王朝公卿的官爵制度》,载氏著《先秦史十讲》,复旦大学出版社,2008年,第71页。
⑦ 王贻梁:《周官"司寇"考辨》,《考古与文物》1993年第4期。
⑧ 晁福林:《先秦社会形态研究》,北京师范大学出版社,2003年,第191页:"其一,卿最初只是周王左右的部分谋臣贵族的身份标识。它与'公'并无多少区别,有些贵族既是公,又是卿……其二,卿从一开始就没有固定人数,可依形势需要及周王好恶而随时增减。其三,卿并没有官位,它没有固定的职守。卿士只不过是卿之执事者,也不是官职之称。作为特定的身份标识,卿可以说是后世爵称的滥觞。其四,文王、武王时期选卿的范围比较大,成康以后范围逐渐缩小,主要由王室中人及其近亲担任。"
⑨ 杨宽:《西周王朝公卿的官爵制度》,载氏著《先秦史十讲》,第71页。
⑩ 张亚初、刘雨:《西周金文官制研究》,中华书局,1986年,第24页。
⑪ 刘海年、杨升南主编:《中国珍稀法律典籍集成甲编第一册·甲骨文金文简牍法律文献》,科学出版社,1994年,第300页。

赤雍市、銮旗，取徵五寽。"①（《集成》4294）周王册命扬"作司工"而兼任一系列职务，司寇也是其兼职的一种，负责"讯讼"，兼理牢狱之事，对此郭沫若认为，本来古代三事大夫就只有司徒、司空和司马，并无司寇一职，更何况以司空来兼职司寇，更证明司寇一职的低下②。司寇良父壶记载更加简略，"司寇良父作为卫姬壶，子子孙孙永保用"③（《集成》9641）。所以更看不出司寇的级别和职掌。金文中也有"司士"一职，牧簋中的"司士"，主要"掌管对百官群吏的考察、任免、刑赏诸事"，来协助周王对官吏的治理，可以看出，其虽负有一定的刑狱职责，但也是兼职的：一方面告诫其"毋敢［弗帅］先王作明刑用，乃训庶右邻，不敢不中不井（刑）"，要负责大大小小的各种诉讼案件；一方面又告诫其要"乃毋（贯）政史（事），毋敢不尹不中不井（刑）"，也要处理办理好政事④。所以，同样可以看出，西周时期的官职有临时派遣的性质，而且兼职现象特别多，因此职责并不是太明确⑤。

有学者认为，司寇可从两方面来理解，既可称为审判官，又可称为司法机构⑥。但除了那几个直接有司寇的铭文外，其余涉及诉讼的铭文，有学者经统计后指出，只有天子、太子或一些王官，并不见有司寇来主审的⑦。穆王时器趞鼎记载"冢司马"可"讯小大友邻，取徵五寽"，有审讯之权；师旂鼎记载伯懋父有审判权，也未担任司寇一职；曶簋记载，"命女司成周里人、遆诸侯、大亚、讯讼罚，取徵五寽"，成周里人也可"取徵五寽"。还有像毛公、番公这样的高级贵族也可以"取徵卅寽"（毛公鼎，《集成》2841）或"取徵廿寽"⑧（番生簋，《集成》4326）。周厉王时器禹攸从鼎记载周王派遣虢旅去处理⑨，周共王时器五祀卫鼎记载周王派遣五名执政大

---

① 刘海年、杨升南主编：《中国珍稀法律典籍集成甲编第一册·甲骨文金文简牍法律文献》，第301—302页。
② 郭沫若：《周官质疑》，载氏著《郭沫若全集·考古编·金文丛考》（第5卷），科学出版社，2002年，第65页反面。
③ 陈佩芬：《夏商周青铜器研究·东周篇》，上海古籍出版社，2004年，第73页。
④ 刘海年，杨升南主编：《中国珍稀法律典籍集成甲编第一册·甲骨文金文简牍法律文献》，第346—349页。
⑤ 温慧辉：《〈周礼·秋官〉与周代法制研究》，法制出版社，2008年，第142页。
⑥ 冯卓慧、胡留元：《西周金文中的司寇及其官司机构》，《考古与文物》1988年第2期。
⑦ 王贻梁：《周官"司寇"考辨》，《考古与文物》1993年第4期，有学者经统计后指出，无论是记载具体讼案的，如五祀卫鼎、师旂鼎、五年琱生簋、曶鼎、卫盉等铭文；还是记载负责狱讼的，如大盂鼎、毛公鼎、蔡簋等铭文，其主审者或为周王自己，或为太子，或为一些王官，都不见有司寇。
⑧ 刘海年、杨升南主编：《中国珍稀法律典籍集成甲编第一册·甲骨文金文简牍法律文献》，第304—309页。
⑨ 刘海年、杨升南主编：《中国珍稀法律典籍集成甲编第一册·甲骨文金文简牍法律文献》，第334—335页。

臣去处理①。㣆匜记载，由行政官伯阳父来处理和牧牛发生的诉讼②。综合文献和铭文材料来看，充分说明西周时期司法机关并未与行政机关脱离，并不存在专职的司法官，其特点是行政官兼理司法，一身而二任③。

2. 春秋时期

到春秋时期，见于文献与刑罚有关的有司寇、士、大士、理、司败等。司寇的记载增多，还出现了大、少、野司寇的区分，如《左传·成公十五年》说："（宋国）华元为右师，鱼石为左师，荡泽为司马，华喜为司徒，公孙师为司城，向为人为大司寇，鳞朱为少司寇。"④ 学者们或认为，春秋战国以后，文献记载各国制定法律条文，以法治讼，设专职管理⑤；或认为，东周以后，司寇一职专司审判并进一步分化出大小司寇⑥。但是，司寇一职虽在各国普遍设立，职能并不是专司审判，仍有兵、刑不分的特点⑦。如《荀子·王制篇》说："抃急禁悍，防淫除邪，戮之以五刑，使暴悍以变，奸邪不作，司寇之事也。"⑧ 孔子曾做过鲁国的司寇，《史记·孔子世家》说："定公十四年，孔子年五十六，由大司寇行摄相事，有喜色。……于是诛鲁大夫乱政者少正卯。与闻国政三月，粥羔豚者弗饰贾；男女行者别于途；途不拾遗；四方之客至乎邑者不求有司，皆予之以归。"⑨ 后来孔子失去司寇一职，"昔者夫子失鲁司寇"⑩。孔颖达《礼记正义》引崔灵恩的说法，认为诸侯的司徒、司马、司空三卿分别兼任冢宰、宗伯、司寇。可知，至春秋时期，鲁国的司寇仍是兼职的。《左传·文公十一年》记载，宋武公时，鄋瞒伐宋之役，司寇牛父"驷乘"也参加了战争⑪。而且级别仍然不高，如《左传·文公十六年》中，司寇一职排在最后："于是华元为右师，公孙友为左师，华耦为司马，鳞鱹为司徒，荡意诸为司城，公子朝为司寇。"⑫ 从《左传》所有的例子中，看出其能分为两类，即负责治安和刑罚。负有治安职能的有，《左传·文公十八年》说："季文子使司寇出诸竟，曰：

---

① 刘海年、杨升南主编：《中国珍稀法律典籍集成甲编第一册·甲骨文金文简牍法律文献》，第316页。
② 刘海年、杨升南主编：《中国珍稀法律典籍集成甲编第一册·甲骨文金文简牍法律文献》，第327页。
③ 王玉哲：《中华远古史》，上海人民出版社，2000年，第637页。
④ 杨伯峻：《春秋左传注》（修订本），第874页。
⑤ 张亚初、刘雨：《西周金文官制研究》，第39页。
⑥ 李力：《〈九刑〉、"司寇"考辨》，《法学研究》1999年第2期。
⑦ 温慧辉：《〈周礼·秋官〉与周代法制研究》，第146—154页。
⑧ [清] 王先谦撰，沈啸寰、王星贤整理：《荀子集解》，中华书局，1988年，第170页。
⑨ [汉] 司马迁：《史记》，第1917页。
⑩ [清] 孙希旦撰，沈啸寰、王星贤点校：《礼记集解·檀弓上》，中华书局，1989年，第217页。
⑪ 杨伯峻：《春秋左传注》（修订本），第583页。
⑫ 杨伯峻：《春秋左传注》（修订本），第620—621页。

'今日必达。'"①《左传·襄公二十一年》说:"子为司寇,将盗是务去,若之何不能?"②《左传·昭公十八年》说:"使司寇出新客,禁旧客勿出于宫。……司马、司寇列居火道……明日,使野司寇各保其征。"③杜注:"野司寇,县士也。"显示负有行刑职能的有,《左传·庄公二十年》说:"夫司寇行戮,君为之不举,而况敢乐祸乎!"④《左传·襄公三年》说:"臣之罪重,敢有不从以怒君心?请归死于司寇。"⑤杨伯峻注:"司寇,国之司法官。"《左传·昭公二年》说:"子产曰:'印也若才,君将任之;不才,将朝夕从女。女罪之不恤,而又何请焉?不速死,司寇将至。'"⑥

从文献来看,"士""大士""士师""理"虽名称不一,但看起来已经有固定设置,且掌握有一定的司法审判职能。《左传·僖公二十八年》记载,卫国士荣作为大士负责审理卫侯与元咺之间的狱讼,卫侯因未取胜,杀死了士荣,刖鍼庄子,认为宁俞忠心而免去刑罚⑦。杜注:"大士,治狱官也。"《左传·襄公十年》记载,晋国士匄"听"审了周灵王王叔之宰与伯舆之大夫瑕禽之间的狱讼⑧。《左传·昭公十四年》记载,因士景伯"如楚",所以叔鱼"摄"即代理理官之职,审理久而无成的晋国邢侯与雍子争夺鄐田的纠纷⑨。杜注:"士景伯,晋理官。摄,摄代景伯。"可以看出,既然"摄"即代理,说明理官是固定的职务,但又能代,又说明其又不那么严格,随意性明显存在。但士看起来又与司寇一样,也担任掌刑官的职务。《左传·成公十八年》说:"齐侯使士华免以戈杀国佐于内宫之朝。"孔颖达正义:"士者为士官也,官掌刑。"⑩杨伯峻注:"士为掌刑之官,故使之杀国佐。"《左传·襄公二十六年》说:"卫侯如晋,晋人执而囚之于士弱氏。"杜预注:"士弱,晋主狱大夫。"⑪《论语》和《孟子》中,都记载有明显掌管狱讼的"士师"。《论语·子张》篇说:"孟氏使阳肤为士师,问于曾子。"皇疏:"士师,狱官也。"⑫《孟子·公孙丑下》篇说:"为士师,则可以杀之。"赵岐注:"为士官主狱,则可以杀之矣。"⑬但是,执政也有司法权,如昭公元年子产作为执政就处理了中的公孙楚、公

---

① 杨伯峻:《春秋左传注》(修订本),第633页。
② 杨伯峻:《春秋左传注》(修订本),第1056—1057页。
③ 杨伯峻:《春秋左传注》(修订本),第1396页。
④ 杨伯峻:《春秋左传注》(修订本),第215页。
⑤ 杨伯峻:《春秋左传注》(修订本),第930页。
⑥ 杨伯峻:《春秋左传注》(修订本),第1230页。
⑦ 杨伯峻:《春秋左传注》(修订本),第472页。
⑧ 杨伯峻:《春秋左传注》(修订本),第983页。
⑨ 杨伯峻:《春秋左传注》(修订本),第1366页。
⑩ 杨伯峻:《春秋左传注》(修订本),第907页。
⑪ 杨伯峻:《春秋左传注》(修订本),第1116页。
⑫ 程树德撰,程俊英、蒋见元整理:《论语集释》,中华书局,1990年,第1330页。
⑬ [清]焦循撰,沈文倬点校:《孟子正义》,中华书局,1987年,第289页。

孙黑的夺室纠纷①，昭公二年又迫使屡次作乱的公孙黑自尽②。

三、评价

总之，与西周时期相比，春秋时期已经有了比较固定的司法官，但其并不享有专职司法权，仍然未能摆脱"公卿审判"③的传统。这表明，虽然各个诸侯国的设置和职责不尽相同，但都表明司法权和行政权并无分离。

"议事以制，不为刑辟"以维护整个贵族的利益为出发点，"议"事而后"断制"的过程，因带有非常"浓重的情感色彩"④，被称之为人治或心治。因此，受个人的感情所左右、任其好恶来处理案件，必然会"随心而定，没有客观标准"⑤，导致标准不一、同罪异罚、轻重随意的现象随之发生。正如《韩非子·诡使》篇所言，"顺意从欲"者大行其道，就会使"据法直言，名刑相当"的原则不容易保证，无法保证做到"循绳墨诛奸人"⑥。自然法学派认为，"人们依据自然法来决定自己的行动，但自然状态下缺少成文法、执法官和固定的奖惩办法，使得自然法的公平实施常常受到影响"⑦。加拿大学者帕特里克·格伦认为，用礼的原则来审理案件则导致法的性质改变，因为即使明显严厉的犯罪与制裁却能够通过减轻情节得以减免。因此，正式的审判程序就演变成非正式的"争端解决过程"，导致只关注"具体事件和具体关系的特定性"，并不特别关注"任何人际关系之上的规范性"⑧。

---

① 杨伯峻：《春秋左传注》（修订本），第1212—1213页。
② 杨伯峻：《春秋左传注》（修订本），第1230页。
③ 温慧辉：《〈周礼·秋官〉与周代法制研究》，第170页。
④ 高鸿钧、李红海主编：《新编外国法制史》，清华大学出版社，2015年，第9页：在古代社会，先民们的直觉经验与对自然的神秘感，使其很少对原因与结果、动机与效果以及成本与效益等，进行理性考量和逻辑分析。正如中世纪早期的日耳曼人生活在"习惯的荆丛"之中，古代社会的人们，也很大程度上生活在"情感的荆丛"之中。因此，古代法律具有浓重的情感色彩。
⑤ 刘泽华：《中国政治思想通史》（先秦卷），中国人民大学出版社，2014年，第308页。
⑥ [清]王先慎撰，钟哲点校：《韩非子集解》，中华书局，1998年，第412页。
⑦ 王光贤：《禁止酷刑的理论与实践：国际和国内监督机制相结合的视角》，上海人民出版社，2007年，第2页。
⑧ [加]帕特里克·格伦著：《世界法律传统：法律的持续多样性》，李立红、黄英亮、姚玲译，北京大学出版社，2009年，第365—366页。

甲骨文 "亯" 与 "𣂑" 为一字异体补说

吴丽婉（清华大学出土文献研究与保护中心）

摘　要：甲骨文隶定为 "亯" 和 "𣂑" 的两个字在卜辞中的用法基本相同，下部所从偏旁 "高" 或 "京" 在甲骨文中亦有通用之例，两者当为一字异体。

关键词：甲骨文；考释；异体字

甲骨文中有隶定为 "亯" 和 "𣂑" 的字，李孝定先生在《甲骨文字集释》"亯" 字下说道："从重宮，说文所无，字在卜辞为地名，与𣂑同意，象重屋形，或竟为同字。"[①] 笔者在整理相关卜辞的过程中，亦认为两者可能为一字异写，由于现有的甲骨文工具书均将二字分列，李先生之说似乎未引起大家的关注，故笔者拟对李先生之说加以申述，下面分别从用法及字形结构两方面试加分析。

一、"亯" 与 "𣂑" 用法基本相同

卜辞中 "亯" 字（以下用〇表示）较少见，其所在卜辞如下所列[②]：

(1) 贞：于〇酌匚一。十月。（《合集》15690+15348[③][宾三]）

(2) 丙午卜，贞：𦫵尊岁羌十，卯□羊，于〇用。八月。（《合集》340 [宾三]）

(3) 贞：于〇用。（《合补》4148 [宾出]）

(4) 于〇宜。（《合补》10226 [历二]）

(5) ……在〇。（《合集》13911 [典宾]）

(6) □寅卜，贞……田〇，往……（《合集》37648 [黄组]）

(7) 壬申卜，贞：王田〇，往来无灾。（《合集》37662 [黄组]）

(8) ……〇……（《合集》17143 [宾出]）

(9) ……〇女……（《屯南》3700 [历一]）

其用法可归纳为：祭祀场所，(1) —(4) 辞；地名或田猎地名，(5) —(7) 辞；(8)、(9) 二辞由于卜辞残缺，不知其义。表示祭祀场所的 "〇" 也有可能是

---

① 李孝定：《甲骨文字集释》第四、第五卷，历史语言研究所，1970 年，第1857 页。
② 《合补》6445、《村中南》94 两辞有一残字，可能为 "〇" 字之残，由于字残，卜辞亦残，未列入其中。
③ 蔡哲茂主编：《甲骨缀合汇编》，花木兰出版社，2011 年，第 1004 组。

地名，表示在某个地方进行祭祀活动。从完整的辞例来看，可以笼统地说，"○"字的用法均与地点有关。

"毫"字（以下用△表示）在卜辞中多见，下面选取辞例比较完整的代表性例子加以说明：

（10）乙酉卜，贞：于△祷。（《合集》8085［宾出］）

（11）丁卯卜：祷于△亚𠭯其步十牛。（《合集》32987［历一］）

（12）己亥，贞：庚子酚宜于△羌三十，十牢。（《合集》32051［历一］）

（13）于△燎。（《合集》32691［历二］）

（14）贞：其由王事。在△。（《合集》5491正［典宾］）

（15）贞：不允涉。一月。在△。（《合集》8084［宾出］）

（16）辛卯卜，贞：王𪠗于△，往来无灾。（《合集》37474+37767①［黄组］）

（17）丁未卜，贞：王迩于△，往来无灾。（《合补》11114［黄组］）

（18）壬寅卜，贞：王田△，往来无灾。（《合集》37590［黄组］）

（19）丁酉卜，贞：王田△，往来无灾。（《合集》37591［黄组］）

（20）己未卜：其侑于子△。（《合集》32776［历无］）

（21）……子△禛晋牡三……。（《合集》3140［典宾］）

（22）癸□……旬无忧……有……𪻐己卯大采……日大骤风……雨，△𨒅……（《合集》13377+18792+18795+《合补》2294②［典宾］）

其用法可归纳为：祭祀场所，（10）—（13）辞；地名或田猎地名，（14）—（19）辞；"子△"，可能为祭祀对象和人名，（20）、（21）辞；（22）辞意思不明。

可见，"○""△"二字用法基本一致，如果说是不同的两个字，似乎难以讲通。而且《合集》37648先占卜去戱地田猎，接着占卜去○地田猎；《合集》37474亦先占卜去戱地田猎，而下一个田猎地则变为△地。《合集》37662先占卜去曹地田猎，接着占卜去○地田猎，《合集》37660、《英藏》2547亦先占卜去曹地田猎，而下一个田猎地则变为△地。○、△确有可能为一地。朱德熙先生认为△应如前人所释，为"就"字，卜辞用为地名，应读为"戚"，是公孙敖与晋襄公相会的"戚"，卜辞及春秋的戚大概在河南省濮阳市（开州）附近，濮阳离殷墟不远，所以商代的君王常去田猎③。

二、卜辞中"言"与"京"通用之例

就目前材料来看，"○""△"基本均见于宾组、历组及黄组，用法亦相同，不

---

① 门艺：《殷墟黄组甲骨刻辞的整理与研究》，郑州大学博士学位论文，2008年，第265页。
② 黄天树主编：《甲骨拼合续集》，学苑出版社，2011年，第458则。
③ 详参朱德熙《释毫》，《朱德熙文集》第5卷，商务印书馆，1999年，第1—2页。

存在类组差异、异体分工的情况。在同一组类里，用不同的形体来记录语言中的同一个词，能否讲得通？其实卜辞是有这种现象的。如在封闭的花东卜辞里，表示"登"这个词的可以有""（《花东》39）、""（《花东》48）等形体①。又如在典宾类里，"陷"字作""（《合集》10657）、""（《合集》3222 正）、""（《合集》7363 正）等形体，下旁可从"凵"，可从"口"，可从"井"②。揆其原因，概因这些偏旁的意思相近，在作意符时可通用。

对于"亯""京"二字的关系，王光镐先生是这样说的："甲文'亯''京'同为象形字且形状相近，上古'亯（享）''京'同阳部平声，声纽接近，音亦可通，古宗庙大率皆在因自然高势又人为加筑的台地上（即考古学的夯土台基），而'京'，亦'人所为绝高丘也'（《说文》），二是义也相属。"③ 此说颇有理。

正因二者关系密切，所以在卜辞中，"亯"和"京"不管是在作偏旁，还是独体字时都有互用的现象。

"敦"字常见的写法上旁从"亯"，但也有以下从"京"的形体④：

《屯南》1581　　　《合集》339

从卜辞的"京"字作"□"（《屯南》232）、"□"（《合集》33221）等形，可证上举二字上旁从"京"。从"敦"的不同写法可看出，"亯"与"京"在作偏旁时有时可互换。

历组卜辞有"磬⑤亯"一词，见于以下卜辞：

（23）癸卯，贞：大，宜于磬亯伐。（《合集》32262［历一］）

（24）于磬亯伐。（《合集》33136［历一］）

（25）甲午卜：乙未于磬亯，易日。（《合集》33137［历一］）

宾组卜辞有"磬京"一词，比较完整的卜辞有：

（26）贞：翌辛亥呼妇姘宜于磬京……（《合集》8035［典宾］）

（27）贞：其宜于磬京，不……（《合集》8034［典宾］）

---

① 详见沈培《殷墟花园庄东地甲骨"皀"字用为"登"证说》，《中国文字学报》（第一辑），商务印书馆，2006年，第40—52页。

② 赵鹏：《释"陷"及其相关问题》，《甲骨文与殷商史》（新六辑），上海古籍出版社，2016年，第82—93页。

③ 王光镐：《甲文"楚"字辨——兼论正、足不同源》，《江汉考古》1984年第2期。

④ "敦"字尚有"□"（《合集》8046）、"□"（《合集》33123）的写法，上旁为"□"，可能为"亯"字省刻下端横画，也可能为"京"字或"高"字省刻。

⑤ 历组卜辞"磬"的写法为"□""□"等形，李宗焜先生释为"磬"，可从，参李宗焜：《释磬声》，《第三届国际中国古文字学研讨会论文集》，香港中文大学，1997年10月15日—17日，第205—210页。

(28) ……于磬京羌三十，卯……牛……（《合集》317［典宾］）

"磬㐭""磬京"均表示祭祀场所，所指当为同一个地方。陈梦家先生早已指出"武丁之殷（引者按：即本文"磬"字，后同）京于武文作殷㐭"①；《新甲骨文编》（增订本）、《甲骨文字编》等字编亦将（25）辞的"磬㐭"归在"磬京"之下，《甲骨文字编》亦将（24）、（25）两辞释为"磬京"②。可见，学界基本认为"磬㐭""磬京"为同一地点。"㐭""京"二字表示的意思相同。

有一条历组卜辞为：

(29) 辛未卜：焚③矢于同㐭，壬申。（《合集》32289［历一］）

（29）辞的"㐭"很可能等同于"京"，裘锡圭先生在引用该辞时将"同㐭"释作"𠅷（凡京）"④（引者按："同"字旧释"凡"，现改释为"同"），可见裘先生认为此处的"㐭"与"京"同义。这是正确的，"同㐭"即"同京"，是占卜在"同京"这个地点焚烧"矢"这种人⑤，这与卜辞习见在"某京"举行"焚"的活动是一致的：

(30) 甲子卜：焚𠅷京，有从雨。（《合集》1138［宾出］）

(31) 甲申，贞：焚𦥑，雨。
　　　在𠅷（"柚京"⑥）焚𦥑。（《合集》32299［历二］）

(32) 乙亥，贞：焚𠅷于𠅷，雨。（《合集》32291［历二］）

(33) 贞：焚……𠅷……（《合集》1134［宾出］）

(34) 于又邑𠅷，有雨。
　　　惠戊焚，有雨。
　　　惠庚焚，有……（《合集》29990+30130+30174⑦［无名］）

（30）—（34）辞分别占卜在𠅷京、𠅷（柚京）、𠅷（疋（?）京）、𠅷（乩京）进行"焚"的活动。

又有一条历组卜辞为：

(35) 甲申卜：舞楚㐭。（《合集》32986［历草］）

---

① 陈梦家：《殷虚卜辞综述》，科学出版社，1956年，第268页。
② 刘钊主编：《新甲骨文编》（增订本），福建人民出版社，2014年，第885页。李宗焜：《甲骨文字编》，中华书局，2012年，第1463页。
③ 此字字形象"屰"在"火"上之形，裘锡圭先生认为应该是用于"焚巫尪"的"焚"字异体，详参裘锡圭《说卜辞的焚巫尪与作土龙》，载氏著《裘锡圭学术文集·甲骨文卷》，复旦大学出版社，2012年，第194—205页。为排印方便，本文直接隶定为"焚"。
④ 裘锡圭：《说卜辞的焚巫尪与作土龙》，载氏著《裘锡圭学术文集·甲骨文卷》，第201页。
⑤ 从《合集》21565"田于同"，可知"同"字有作地名的用法。
⑥ 王子杨先生认为"𠅷"即"柚京"，参见王子杨《释甲骨文中的"柚"》，《甲骨文字形类组差异现象研究》，中西书局，2013年，第287—306页。
⑦ 黄天树主编：《甲骨拼合四集》，学苑出版社，2016年，第891则。

陈梦家先生曾指出："楚亯可能就是楚京、楚丘。"① 王光镐先生在此基础上认为"'🀄亯'地名未必能混同于'楚丘'，因为丘与亯甚至丘与京的本义尚有些根本的区别，但陈梦家认为它可通'楚京'则是颇有道理的。"② 王先生之说有理，"楚亯"应相当于"楚京"。

(36) 其舞（雩）于🀄京，有雨。（《屯南》108[无名]）

"雩"是古代用乐舞以求雨而举行的一种祭祀。(36)是占卜在"🀄京"举行雩祭，与(35)占卜在"楚亯"进行舞祭的意思是相类的。

卜辞中有从丮从亯的"🀄"字，裘锡圭先生释为"埶"，读为"墊"，是可以举行仪式的场所③。又有从丮从京的"黥"字，除了出现在上举(33)、(34)两辞以外，辞意比较明确的尚有：

(37) 延于黥圉。（《合集》5976[典宾]）

(38) 壬子卜：子其告狄既匪丁。子曾告曰：丁族盗宅，子其作丁雔于狄。（《花东》294[花东]）

(37)、(38) 两辞的"黥圉"指黥之监狱，"黥宅"指黥之房宅。(34)的"又邑黥"从卜辞看，是举行焚烧的场所，可能是在"又邑"之"黥"进行焚烧的活动。"🀄""黥"的用法均与地点有关，表示的可能也是同一种场所，彼此间的关系尚待进一步研究。

本文为国家社科基金重大委托项目"清华大学藏甲骨的综合整理与研究"（16&ZH017A4）阶段性成果。

---

① 陈梦家：《殷虚卜辞综述》，第268页。
② 王光镐：《甲文"楚"字辨——兼论正、足不同源》，《江汉考古》1984年第2期。
③ 裘锡圭：《释殷墟卜辞中与建筑有关的两个词——"门墊"与"自"》，载氏著《裘锡圭学术文集·甲骨文卷》，第299—304页。

清华简《摄命》撰作时代及相关问题探微

吴毅强（四川大学历史文化学院）

摘 要：从《摄命》命辞的篇章结构与行文格式，词汇、语句风格及字形结构，以及西周晚期的政治形势等方面综合分析，指出该篇具有较多的西周晚期文本特点，并推定当是厉宣时的命书。但篇中的王为何王，目前尚缺乏更进一步论证的条件。

关键词：摄命；王子；王曰

清华简《摄命》是新近公布的一篇重要文献，全篇主体部分为周天子册命"摄"之命辞，文句与《周书》、西周中晚期铜器铭文相类。目前，学界已在字词文句、篇章结构及性质等方面，对该篇进行了深入研讨。笔者亦曾撰文[①]。目前，关于该篇的撰作时代，学界还有不同看法，笔者就个人的思考，略作论证，以祈方家指正。

一、主要观点

1. 孝王

马楠、王宁持此说。

整理者马楠推测简文之"摄"或即懿王太子夷王"燮"，摄、燮皆叶部，书母心元音近可通，篇中天子为孝王，故全篇为孝王命懿王太子摄，即夷王燮之命辞[②]。其说云：

> 全篇主体部分为周天子册命"摄"之命辞，文句与《周书》、西周中晚期铜器铭文相类。册命对象"摄"，篇末称"伯摄"，为嫡长，篇中称"王子"，又有王曰"高奉乃身"等语，推测"摄"或即懿王太子夷王燮，而篇中周天子则为孝王辟方。孝王，《史记·周本纪》以为共王弟，《史记·三代世表》《世本》以为懿王弟，后说较可信。而《书序》云"穆王命伯冏为周太仆正，作《冏命》"，《尚书大传》《史记·周本纪》等作"伯礜"，"礜"字为此篇"臩（摄）"字之讹；上博简《纺衣》"摄以威仪"

---

① 吴毅强：《清华简〈摄命〉字词补论》，《清华简〈摄命〉研究高端论坛论文集》，上海大学，2019 年 5 月 31 日—6 月 2 日，第 32—45 页。
② 马楠：《清华简〈摄命〉初读》，《文物》2018 年第 9 期。

字作"囧",似即"冏"字所本。《书序》以为穆王命太仆,《史记·周本纪》更指为穆王即位初年所作,当系今文《尚书·书序》相承旧说。①

马楠结合西周的册命制度,引韩巍等学者之说,认为:"从共王开始,西周王朝逐渐形成完整、复杂的'册命体制',廷礼册命仪节趋向完备,典型的册命铭文(包含时间地点、册命礼仪、册命内容等)也在穆共之际出现,共王时期成熟,共懿之际基本定型。"还结合篇尾所记历日"唯九月既望壬申",指出:"检《中国先秦史历表》,公元前889年九月丁巳朔,十六日壬申既望。值得考虑的是师虎簋(《集成》4316)'元年六月既望甲戌',曶鼎(《集成》2838)'元年六月既望乙亥',朱凤瀚以为夷王元年器,公元前884年六月己未朔,十六日甲戌,十七日乙亥。而公元前884年六月己未朔前推59个月正是公元前889年九月丁巳朔。"②

王宁同意马楠的意见③。

2. 穆王

李学勤、贾连翔、程浩、赵争等先生持此说。

李学勤最早提出清华简里有《囧命》,但没有详细论说④。2017年,在《清华大学藏战国竹简(柒)》成果发布会上,李先生指出:"还有一篇属于《书》类的'命'体,受王命的人物名'㝅',我个人曾猜想这个字可能被误读为'䭾',那么篇文或者与古文《尚书》的《囧命》有关?"⑤

贾连翔在此基础上,结合郭店简所引《缁衣》作"㝅"、上博简作"囝",今传本作"摄",进一步论证,认为"䭾"乃"㝅"之讹,"囧"乃"囝"之讹,即《周本纪》之《䭾命》,《书序》之《囧命》,其实都是指清华简之《摄命》。并指出:"至于《摄命》篇的年代问题,已有学者做了很深入的讨论,如果本文的说法可以成立的话,我们自然应当优先考虑《书序》《周本纪》的记载,将其看作穆王时期的作品。"⑥

程浩通过人物系联的方法将《摄命》定为穆王的作品。他认为篇中"𢀓"应读为"祭",即"祭公","作册任"即《逸周书·史记》所载的"左史戎夫",皆为穆王时期的大臣。而"伯摄"很可能即西周中期的铜器摄簋(《集成》04098)的作

---

① 清华大学出土文献研究与保护中心编、李学勤主编:《清华大学藏战国竹简(捌)》,中西书局,2018年,第109页。
② 马楠:《清华简〈摄命〉初读》,《文物》2018年第9期。
③ 王宁:《由清华简八〈摄命〉释〈书序·冏命〉的"太仆正"》,复旦大学出土文献与古文字研究中心网站论文,2018年12月6日。
④ 李学勤:《清华简与〈尚书〉〈逸周书〉的研究》,《史学史研究》2011年第2期。
⑤ 李学勤:《在〈清华大学藏战国竹简(柒)〉成果发布会上的讲话》,《出土文献》(第十一辑),上海古籍出版社,2017年,第1—2页。
⑥ 贾连翔:《"摄命"即《书序》"䭾命""囧命"说》,《清华大学学报》(哲学社会科学版)2018年第5期。

器者"摄"。再结合《摄命》篇首称伯摄为"劼侄"来看,伯摄很可能是昭王别子的长子,也就是穆王的侄子①。

赵争认为"目前的证据对《摄命》记事'穆王说'较有利,即历日、右者、王命宣读情形三方面证据。其中历日证据相对明确:据《三千五百年历日天象》,西周只有前951年中历九月为丁巳朔,壬申既望。"②

3. 共王

王少林持此说,论证方法主要有两点:

一是通过简文32所记"王在镐京,格于大室","王呼作册任册命伯摄",与西周册命金文中该两句句型出现的年代作为判断标准,进而推定《摄命》的年代上限。通过比较,可知《摄命》的册命命书与册命铭文比较成熟的形态(主要是共王、懿王时期)更为接近,故《摄命》简32所记的内容不得早于共王世。

二是从《摄命》所记"作册"职官出发,比较金文"作册"一词出现的历史时段,推定《摄命》的时代下限。主要依据陈梦家说,"共王元二年之间,作册与内史互用,自此以后作册废而但称内史","内史"取代"作册"当为共王世之事,故《摄命》"作册任"的年代不当晚于共王时。

由以上两点得出册命铭文与《摄命》册命简文比较所确定的时间上限,与作册职官所确定的时间下限,皆为共王时,故《摄命》的年代最大可能指向共王③。

4. 宣王

李世佳通过对周幽王多重称谓、西周青铜器册命铭文文体结构与诸具体语词及"伯摄"年龄、司职等方面分析,推测该篇中时王为周宣王,"伯摄"或为宣王太子幽王"湦(宫湦)"④。则认定该篇为宣王时所作。

5. 平王

子居通过篇首政治形势、泄聂通假、文辞等方面分析,认为《摄命》属春秋早期作品,"伯摄"当为周平王太子"泄父"⑤。

此外,刘光胜认为《摄命》是西周中晚期册封伯摄的命书⑥。

---

① 程浩:《清华简〈摄命〉的性质与结构》,《清华大学学报》(哲学社会科学版)2018年第5期。
② 赵争:《略议清华简〈摄命〉记事年代问题》,《清华简〈摄命〉研究高端论坛论文集》,第177—182页。
③ 王少林:《册命金文、作册职官与〈摄命〉史事的年代问题》,《清华简〈摄命〉研究高端论坛论文集》,第159—176页。
④ 李世佳:《清华简〈摄命〉"伯摄"身份总论》,《清华简〈摄命〉研究高端论坛论文集》,第140—151页。
⑤ 子居:《清华简八〈摄命〉首段解析》,中国先秦史网站,2018年12月7日。
⑥ 刘光胜:《从清华简看商周时期的命书体例》,《清华简〈摄命〉研究高端论坛论文集》,第153—158页。

关于《摄命》年代的诸种观点，李世佳、王少林、赵争等先生，已从不同方面对诸说的优缺点进行了精彩的评析①。本文无意对以上诸说进行评判，只是从自己的思考角度，谈谈《摄命》所记史事可能的撰作时代及相关问题。

二、《摄命》的撰作时代

从该篇命辞的篇章结构与行文格式，词汇、语言及字形风格，以及西周晚期的政治形势等方面综合分析，《摄命》具有较多的西周晚期文本特点，下面就从这几方面进行分析。

1. 篇章结构与行文格式

《摄命》整体篇章结构由十组"王曰"的训诰命书，外加记录本次册命过程的一段文字两部分组成②。这种以"王若曰"和"王曰"为主体结构的文例③，西周金文中多集中出现在中晚期，尤其是晚期为多，基本上是册命类金文。下面就总结金文中这种例子④：

据金文材料可知，单独带有"王曰"的金文，虽然西周昭王时期即已出现，分别是令鼎（《集成》2803）和中觯（《集成》6514），包括共王时期的师𩛥鼎（《集成》2830）和孝王时期的匡卣（《集成》5423），但皆非册命性质的铭文。而带有"王曰"的册命金文，最早的是孝夷时期的𢆶簋（《集成》4255）⑤，孝夷之际到夷王晚末共4件，分别是𢆶簋（《集成》4255，孝夷时期），恒簋盖（《集成》4199、4200，夷王时期），豆闭簋（《集成》4276，夷王晚期），善鼎（《集成》2820，夷厉时期）；厉王时期有3件，分别是吕服余盘（《集成》10169），五年师簋（《集成》

---

① 李世佳：《清华简〈摄命〉"伯摄"身份总论》，《清华简〈摄命〉研究高端论坛论文集》，第140—151页；王少林：《册命金文、作册职官与〈摄命〉史事的年代问题》，《清华简〈摄命〉研究高端论坛论文集》，第159—176页；赵争：《略议清华简〈摄命〉记事年代问题》，《清华简〈摄命〉研究高端论坛论文集》，第177—182页。

② 程浩先生将文中三次出现的"又曰"和两次单独出现的"曰"引领的部分，也单独成段，将训诰分成十五段。参氏著《清华简〈摄命〉的性质与结构》，《清华大学学报》（哲学社会科学版）2018年第5期。

③ 有的册命类金文会将"王曰"之"王"省略，如宰兽簋（《近出殷周金文集录》490，厉王时期）："唯六年二月初吉，甲戌，王在周师录宫，旦，王格大室，即位，司徒荣伯佑宰兽，入门，立中廷，北乡，王呼内史尹中册命宰兽，曰：昔先王既命汝，今余唯申就乃命……"；无叀鼎（《集成》2814，宣王时期）："王呼史翏册命无叀，曰：官嗣穆王……"；伯晨鼎（《集成》2816，宣王时期）："王命䣝侯伯晨曰：嗣乃祖考侯于䣝，赐汝秬鬯一卣……"比照同时代的册命金文，曰就是"王若曰""王曰"之省。

④ 相关青铜器铭文的断代，主要参考彭裕商《西周青铜器年代综合研究》，巴蜀书社，2003年，第249—251，511—517页；刘雨：《商周金文总著录表》（以下简称《总表》），中华书局，2008年。以及笔者自己的判断。

⑤ 《总表》定为西周晚期。

4216—4218）, 默簋（《集成》4317）；宣王时期有7件（组）膳夫山鼎（《集成》2825）, 颂鼎、簋、壶（《集成》2827—2829, 4332—4339, 9731、9732）, 虤簋（《集成》4215）, 鄀簋（《集成》4296、4297）, 师嫠簋（《集成》4324、4325）, 塑盨（《集成》4469）, 虢季子白盘（《集成》10173）。带有"王曰"的册命类铭文, 虽然西周中期孝夷时即已出现, 但流行期在厉宣二世。

其次, 除上引金文外, 同篇带有"王若曰"和"王曰"的金文共有21件（组）, 其中康王时有2件, 分别是大盂鼎（《集成》2837, 康王二十三年）, 小盂鼎（《集成》2839, 康王二十五年）；夷王时2件, 趞簋（《集成》4266）, 扬簋（《集成》4294、4295）；厉王时7件, 智鼎（《集成》2838）①, 师虎簋（《集成》4316）, 牧簋（《集成》4343）, 单伯昊生钟（《集成》104）②, 询簋（《集成》4321）, 㝬伯簋（《集成》4331）, 蔡簋（《集成》4340）；宣王时8件（组）, 大克鼎（《集成》2836）, 毛公鼎（《集成》2841）, 师寰簋（《集成》4313、4314）, 师询簋（《集成》4342）, 师克盨（《集成》4467、4468）, 逨盘（《新收》757）, 四十二年逨鼎（《新收》745—746）, 四十三年逨鼎（《新收》747—756）；厉宣时2件, 录伯簋（《集成》4302）, 师颖簋（《集成》4312）。可见这种带有"王若曰"的句型, 主要是流行于西周晚期的厉宣时期。

前贤已指出"王曰"是"王若曰"的省称③, 笔者赞同此说。一般情况下, 在记录王所说的内容时, 首先用"王若曰", 再次出现时即可省略成"王曰"。大量金文的例子可证明这一点。这种以"王若曰""王曰"起首的行文格式, 张怀通已先指出："是史官在记录王的讲话时所作的标记文字, 表示王的讲话已经开始, 下文所记都是实录。除此之外, 别无深意"④。这种看法应该是正确的。《摄命》全篇有十段"王曰"起首的文字, 每段主旨亦不同, 史官所加的"王曰", 同时也起到了突出王所说的不同内容的层次性。结构类同于毛公鼎, 全篇由"王若曰……王曰……王曰……王曰……王曰……"五段组成。

在讨论毛公鼎的年代问题时, 彭裕商师曾云："学者均已指出, 本器铭文内容显为宣王初即位时的口吻。铭文的格式和措辞也带有很明显的西周晚期的特色。如铭文以'王若曰'开头, 以后每段开首用'王曰', 这种'王若曰……王曰……'的格式, 同于师询簋、《书·文侯之命》等宣世至两周际的器铭和文献。在措辞上, 本器也多有类同师询簋以及《书·文侯之命》《诗·召旻》《雨无正》等西周晚期到春

---

① 按：智鼎记载了三段不同的内容, 第一段是册命铭文。
② 按：该套钟已残, 结合另外两件（《集成》82、105）同人所作器, 从其形制、纹饰、铭文字体、用词及内容看, 应是西周晚期厉宣时器。
③ 参张怀通《"王若曰"新释》,《历史研究》2008年第2期。
④ 张怀通：《"王若曰"新释》,《历史研究》2008年第2期。

秋早年金文和文献材料的语句……"① 马楠先生已注意到《摄命》简文最末"历叙册命时间、场所、右者、作册",可与同一时期询簋、师询簋篇尾相互参照②。

此外,铭末缀以时间,亦常见于西周中晚期铜器,尤以晚期为多,如:

西周中期:趞觯(《集成》6516)铭末有"唯王二祀"。

孝夷时期:五祀卫鼎(《集成》2832)铭末有"唯王五祀"。

夷王:大师虘簋(《集成》4251—4252)铭末有"唯十又二年"。

厉王:㝬簋铭末有"唯王十又二祀"③;五祀㝬钟(《集成》358)铭末有"唯王五祀";吴方彝盖(《集成》9898)铭末有"唯王二祀";询簋铭末有"唯王十又七祀,王在射日宫,旦,王格,益公入佑询"④。

宣王:元年师询簋铭末"唯元年二月,既望庚寅,王格于大室,荣入右询"。

《摄命》将册命的时间地点等仪式性内容放在篇末,这种情况在册命类金文中极罕见,仅见于询簋及元年师询簋。也可从一方面说明,这种情况可能有其时代性。

从以上金文数据分析,不难得出,以"王若曰""王曰"为主体结构的命书,多出现在西周厉、宣世。要注意的是,除外毛公鼎等少数器物,多数册命铭文,仅仅是简单摘录王的话,应该省略了不少王训告的内容,重点是记录所册命的职官、赏赐的物品,毕竟这部分才是受命者最值得夸耀的地方。而《摄命》重点是强调王的训告,故而不惜笔墨,长篇大论。从《摄命》篇的体例来看,很可能是西周厉宣时期所撰。

2. 词汇、语句风格及字形结构

首先,词汇方面,《摄命》篇的很多用词,多见于西周晚期的金文,下面简要举例:

简2、20"若否",金文、典籍常见。最早出现在毛公鼎:"虩许上下若否零四方。"清华简《芮良夫毖》:"龏天之威,载听民之謠,间隔若否。"⑤《诗经·大雅·烝民》:"邦国若否,仲山甫明之。"毛公鼎为宣王时器。芮良夫为厉王时大臣,仲山甫为宣王时大臣。《烝民》传为宣王大臣尹吉甫所作⑥。《摄命》简2"我邦之若否",可与《烝民》"邦国若否"相对应。简20"乃亦无知无闻于民若否",亦可与

---

① 彭裕商:《西周青铜器年代综合研究》,第466—467页。
② 马楠:《清华简〈摄命〉初读》,《文物》2018年第9期。
③ 引到的每一件铜器,首次出现时标注《集成》号,特此说明。
④ 彭裕商师指出:"本器与师询簋为一人所作,后者年代在宣王元年,本器作于其初袭职时,为厉王十七年器。"参彭裕商《西周青铜器年代综合研究》,第411页。
⑤ 清华大学出土文献研究与保护中心编、李学勤主编:《清华大学藏战国竹书(叁)》,中西书局,2012年,第145页。
⑥ "若否"一词春秋战国仍在沿用,如晋公盨(《集成》10342):"以严虩若否";中山昊王鼎(《集成》2840):"今余方壮,知天若否"。

上引《芮良夫毖》相对照。

简7、13、20—21"毋敢",最早见于夷王时期的谏簋(《集成》4285)、虎簋盖(《近出》491),厉王时期的卯簋盖(《集成》4327)、蔡簋、牧簋、宰兽簋(《新收》663、664),宣王时期的膳夫山鼎、毛公鼎、四十三年逨鼎等。彭裕商师指出"毋敢……"这种类型的句子主要流行于厉宣时期①。

简4、22"有𢿨",最早见于西周中期的親簋(《铭图》5362)"谏讯有𢿨。"此外还见于夷王时期的趞簋:"讯小大有隌。"厉王时期的牧簋:"讯庶有𢿨。"宣王四十三年的逨鼎:"讯庶有。"

简10"酓明",最早见于共王时期的史墙盘(《集成》10175):"子□酓明。"师𩽾鼎:"用型乃圣祖考隌明,黔辟前王。"夷王时期的虎簋盖:"丕显朕烈祖考酓明,克事先王。"孝夷时期的尹姞鬲(《集成》754、755):"穆公圣酓明。"②宣王时期的逨盘(《新收》757):"酓明厥心。"逨钟(《新收》772—774):"克酓明厥心。"𢿨、酓、𢿨、隌、酓等,皆为同字之异体。

简10、16"夙夕",亦多见于西周中晚期铜器③,尤其是晚期铭文,如大盂鼎:"夙夕绍我一人烝四方。"夷王时期的虎簋盖:"夙夕享于宗。"恒簋盖:"夙夕勿废朕命。"厉王时的梁其钟(《集成》187、189、192):"梁其肇帅型皇祖考秉明德,虔夙夕,辟天子。"癲钟(《集成》246):"夙夕圣趠。"癲钟(《集成》247—250):"不敢弗帅祖考秉明德,恪夙夕佐尹氏。"癲钟(《集成》252):"今癲夙夕,虔敬恤厥死事。"癲簋(《集成》4170—4177):"不敢弗帅用夙夕。"元年师旋簋(《集成》4279—4282):"敬夙夕用事。"𠭯伯簋:"享夙夕。"蔡簋:"敬夙夕。"牧簋:"敬夙夕";宣王时的毛公鼎:"虔夙夕,助我一人""恪夙夕,敬念王",追簋(《集成》4219—4224):"追虔夙夕,恤厥死事。"师克盨:"敬夙夕。"塑盨:"敬夙夕。"逨盘:"虔夙夕,敬朕死事。"四十三年逨鼎:"虔夙夕……敬夙夕,勿廢朕命",逨钟:"虔夙夕,敬厥死事。"

简11"龥龥",见于厉王时期的癲钟(《集成》246、247、248、249、250)、㝬钟(或称"宗周钟",《集成》260)、井人佞钟、梁其钟(《集成》188、190);宣

---

① 彭裕商:《西周青铜器年代综合研究》,第366页。
② 彭裕商师认为"明"是流行于西周中期的词语。参彭裕商《西周青铜器年代综合研究》,第385页。陈剑将"酓"读为"崇""讼",参氏著《试为西周金文和清华简〈摄命〉所谓'粦'字进一解》,《出土文献》(第十三辑),中西书局,2018年,第29—39页。这种读法,从词义上来讲,是比较通顺的。
③ "夙夕"一词,西周早期即已出现,但较少。西周早期的应公鼎(《集成》2553、2554)"用夙夕鼐享",历方鼎(《集成》2614)"用夙夕鼐享",叀卣(《集成》5401)"夙夕享尔百婚媾",麦盉(《集成》9451)"夙夕赞御事",西周中期的伯百父簋(《集成》3920)"用夙夕享",服方尊(《集成》5968)"服肇夙夕明享",西周早中期的齍方尊(《集成》6005)"用夙夕配宗"。

— 457 —

王时期的虢叔旅钟、晋侯苏钟、善夫克盨（《集成》4465）、逨钟、逨盘、四十二年逨鼎、四十三年逨鼎等。此外，夷厉时期的善鼎，厉王时期的询簋、西周晚期的师酉簋（《集成》4288—4291）也单独出现了该字。

简12"退进"，相似的词，西周仅有宣王时的塑盨作"进退"。此外，只有中山王兆域图（《集成》10478）出现过，作"进退兆窆者"。

简17、19"威仪"，最早见于西周晚期金文，厉王时期的禹簋（或称"叔向父禹簋"，《集成》4242）："肇帅型先文祖恭明德，秉威义。"癲钟："胥尹叙厥威仪。"癲簋："皇祖考司威仪。"觐宣王时的虢叔旅钟（《集成》238—242）："旅敢肇帅型皇考威仪。"① 凡十八见。

若否、毋敢、夐夐、退进、威仪这五组词汇皆是最早见于西周厉、宣时期的金文。毋敢、夙夕虽然在西周早中期即已出现，但流行时代仍在西周晚期。有昝、昝明主要见于夷王至宣王世。综上，核心的六组词汇，都是流行于西周晚期，尤其是厉王、宣王二世。

其次，语句风格方面，该篇亦多呈现西周晚期的特色。

简3"肇出纳朕命"，类似的语句，金文中仅见于厉王时的师望鼎（《集成》2812）："出纳王命。"蔡簋："出纳姜氏命。"宣王时的大克鼎："出纳王命……昔余既命汝出纳朕命。"

简7"虔恤乃事"，见于厉王时期的癲钟："今癲夙夕，虔敬恤厥死事。"宣王时期的师寰簋："夙夜恤厥墙事。"追簋："追虔夙夕，恤厥死事。"逨钟："虔夙夕，敬厥死事。"

简10"毋敢惰"，类似的例子最早见于西周早期荣作周公簋（《集成》4241）："对不敢惰。"共王时期的史墙盘："夙夜不惰。"西襄周中期趞觯："毋敢惰。"宣王时期的克钟（《集成》205、207）："克不敢惰。"（宣王十六年器）毛公鼎："汝毋敢惰。"师寰簋："虔不惰。"逆钟（《集成》63）："毋惰乃政。"逨盘："不惰□服。"逨钟："不敢惰。"厉宣时期的录伯䜌簋："汝肇不惰。"等。

简10—11"汝亦毋不夙夕经德，用事朕命"，类似的句型见于宣王时的大克鼎："敬夙夜用事，勿废朕命。"伯晨鼎"用夙夜事，勿废朕命。"四十三年逨鼎："敬夙夕，勿废朕命。"

简16"汝毋敢朋酗于酒"，类似的例子最早见于大盂鼎："酒无敢？……我闻殷坠命，唯殷边侯、甸雩殷正百辟，率肄于酒，故丧师巳。"毛公鼎："毋敢湛于酒。"

简21"毋敢橐橐"，简9"恫瘝寡鳏"，毛公鼎："毋敢龏龏橐橐，乃妷鳏寡。"

---

① 春秋时期仍有沿用，如沈儿钟（《集成》203）"淑于威仪"，王孙遗者钟（《集成》261）"淑于威仪"，王子午鼎（《集成》2811）"淑于威仪"，蔡侯尊、盘《集成》6010、10171）"威仪优游"。

四十三年逨鼎："毋敢龏彙彙，唯又宥从，乃敖鳏寡。"毛公鼎、四十三年逨鼎皆宣王时器。

简32"唯九月既望壬申，王在镐京，格于大室，既位，咸，士疌佑伯摄，立在中廷，北向，王呼作册任册命伯摄，虘。""王在□□，旦，王格太室，即位，□□佑□□入门立中廷，北向，王呼□□册命□□"，这种册命形式，彭裕商师曾指出也主要见于夷厉宣三世之器而以厉宣之器为多①。说明其流行的时代在厉宣时期。

不难看出，上引七种语句形式，主要是流行于厉宣时期。

此外，在字形结构上，该篇虽然大部分是楚文字，但也有很多字形，和常见的战国文字不同，反而与西周金文相合。石小力曾将《摄命》中的早期字形列表，与西周中晚期金文和战国中晚期楚简文字进行对比，列举了39个字，通过对比，其中有10个字仅见于西周中晚期金文，分别是：象、卻、圂、安、竈、服、彔、酱、肇、臀。有33个字，字形与西周中晚期金文相合，而与战国中晚期楚文字有明显差异②。故可认为，《摄命》虽是战国中期的抄本，但仍使用了比较早的西周文字，说明在抄写过程中，抄写者一方面使用了自己比较熟悉的楚文字，另一方面，仍比较忠实地保存了底本原有的字形。进一步说明了《摄命》虽是战国抄本，但较多地保存了底本原貌。

从以上分析不难看出，特殊的字形、词汇、句式最能反映一时代的语言特征，在判断文本的时代性上应具有明显的作用。

3. 西周晚期的政治形势

厉王时期，内有国人暴动，在外东有东夷、南有徐戎、淮夷，西北有玁狁入侵，战事频仍，内外交困，一系列事件使王室处于动荡之中，最终导致厉王出奔，共和行政，在传世文献及金文、战国竹书中已有不少这方面的记载。今将厉宣时期描写这种危难的金文列举如下：

禹鼎（《集成》2833、2834）："呜呼哀哉！用天降大丧于下国"。（厉王后期）

师詢簋："王曰：'师詢，哀哉！今日天疾咸降丧，首德不克画，故无承于先王享。汝彶纯恤周邦，绥立余小子，卻乃事，唯王身厚□。'"（宣王初年）

毛公鼎："王若曰：'……肆皇天亡斁，临保我有周，不巩先王配命，旻天疾畏，司余小子弗彶，邦甾曷吉，䰝册四方，大从不静。乌虖！禋余小子，圂湛于艰，永巩先王。'……乃唯是丧我国"。（宣王）

---

① 彭裕商：《西周青铜器年代综合研究》，第367页。
② 石小力：《清华简〈摄命〉与西周金文合证》，《清华简〈摄命〉研究高端论坛论文集》，第20—31页。

㝬盨："则唯辅天降丧，不□唯死"。（宣王）

不管是否是套语，但金文反映出厉宣时期，时人喜言王朝的艰难处境。《摄命》开头一段，"王曰：'嘉荏㦰摄，无承朕享，余弗造民康，余亦窀窘，无可使，余一人无昼夕艰恤㦰（湛）圂在忧……'"将其与上引金文对比，"无承朕享"可与师询簋"故无承于先王享"对照，"余一人无昼夕艰恤（湛）圂在忧"可与毛公鼎"圂湛于艰"对照。再结合禹鼎、师询簋、毛公鼎所描写的"天降大丧""天疾威降丧""旻天疾威"，正反映王朝遇到了空前的危难。

通过以上几点分析，笔者认为，有理由相信，《摄命》当是西周晚期厉宣时期的命书。至于篇中的王为何王，目前尚缺乏更进一步论证的条件。

三、余论

目前，学界基本肯定了清华简《摄命》即《尚书》中失传已久的《冏命》（今传本《尚书》之《冏命》系"伪古文"）①，《书序》中的"伯臩""伯冏"即此篇中的"伯摄"之讹，笔者亦倾向于这种看法。但要注意的是，除《书序》说《冏命》是穆王时事外，并无其他证据能证明这一点。

《书序》："穆王命伯冏为周太仆正，作《冏命》。"

《史记·周本纪》："穆王闵文武之道缺，乃命伯臩申诫太仆国之政，作《臩命》。"

比较二者记载可知，除所记的人物相同外，穆王命伯摄，核心内容差异很大，一是命伯冏为"周太仆正"，一是命伯臩"申诫太仆国之政"。正如马楠指出的："《书序》所谓'穆王命伯冏为周太仆正'，司马迁更指为周穆王即位初年所命，于简文中并无内证，恐为伏生以来《尚书》学者相承之说。"② 我们有理由相信，太史公所看到的《书序》，当和今传本《书序》有差异，今传本的《冏命·序》也非真正的《书序》。故我们不能仅仅依据《书序》的说法，就将《摄命》看作是穆王时所作。

关于《书序》的年代，彭裕商师结合清华简，认为《书序》的年代较早，至迟当成于秦焚书以前，但具体能早到何时，由于典籍记载孔壁古文《尚书》中没有《书序》，且清华简中类似《尚书》的篇章也未发现《书序》一类的文字，因此不能断定其时是否已有《书序》。《说命序》不见于《史记》所引，但其所述《说命》的

---

① 刘光胜有不同看法。参氏著《从清华简看商周时期的命书体例》，《清华简〈摄命〉研究高端论坛论文集》，第153—158页。
② 马楠：《清华简〈摄命〉初读》，《文物》2018年第9期。

篇数却与清华简相合,不能说是晚出的补充之作①。

笔者认为,现存的《书序》,多数是根据《尚书》各篇内容归纳出来的。应该是在编订尚书时,编者所加②。囿于现有材料,很难对这一问题做深入研究。但《摄命》的刊布,无疑对正确认识《尚书》的编纂过程,以及《书序》的相关问题都带来了新的契机。

---

① 彭裕商:《孔传本古文〈尚书〉新考》,四川大学历史考古青年沙龙第七期(上)论文,2017年11月11日。
② 从《左传》征引《尚书》篇章,涉及《夏书》《商书》《周书》等七十余条文句来看,《尚书》的编订应该不会太晚。一般认为《左传》至迟在战国中期即已编订,《尚书》当早于《左传》。

近出昔鸡簋铭文及相关史实考论

谢乃和（东北师范大学历史文化学院）

摘　要：昔鸡簋是近年出土于陕西岐山的西周早期青铜器，对其铭文的释读，学者存有争议。本文认为，铭文中判断人物身份的"㫃"字，应隶定为"㫃"，从㫃得声，读如"偃"，为传世文献中的姞姓燕国；关涉史事性质的"遱"字，应释为"御"，训作"迎"，为迎娶、迎迓之意。铭文内容主要为周王后派昔鸡前往姞姓燕国为王朝大夫芳氏迎迓夫人，昔鸡受到燕侯赏赐作器颂扬王休。铭文既是有关西周贵族芳氏及南燕国弥足珍贵的史料，也反映出周王后通过对贵族夫人的支配来控制地方贵族，是西周王朝政治运行机制中命妇制的金文佐证。

关键词：昔鸡簋；南燕国；王后；命妇制

近年新出金文昔鸡簋甫经面世即引起学界热烈讨论。诸家在文字考释、史事探究方面互相攻驳[1]，由于其铭文关键性疑难字未得到合理考释，直接影响到铭文人物关系及相关史实性质的解读。细绎其铭，昔鸡簋铭文涉及周王、王后、内服王朝大夫及外服诸侯之间的交互关系，是研究西周王权控制地方贵族的重要新出材料，尤其是以周王后为中心展开的政治活动，揭橥了西周封建政体下内外服地方贵族这一分权式的静态性政治结构之外，西周王权尚有命妇制作为王朝动态性政治运行机制的有效补充，与通过军事手段监控引导诸侯的命卿制等典制一样[2]，西周王朝通过婚姻等柔性方式以达到王权对内外服地方贵族控制的目的。有鉴于时贤于此尚关注不

---

[1] 昔鸡簋铭文正式刊布之前已有学者着手研究，较早如徐伯鸿于2015年3月15日在新浪博客发表《岐山县贺家村殷商遗民墓葬M11昔鸡簋铭文考释》，http：//blog. sina. com. cn/s/blog_4d399bba0102vq4r. html，公布并分析了铭文内容。此后，王宁于2017年2月13日在简帛网发文《岐山县贺家村墓葬M11出土昔鸡簋铭笺释》，http：//bsm. org. cn/show_ article. php? id =2728。付强：《昔鸡簋铭文新释》，简帛网，2017年6月18日，http：//www. bsm. org. cn/show_ article. php? id =2823。吴镇烽：《昔鸡簋铭文补释》，简帛网，2017年7月3日，http：//www. bsm. org. cn/show_ article. php? id =2832。黄锦前：《岐山贺家村M11出土昔鸡簋、卣铭文读释》，《陕西历史博物馆馆刊》（第24辑），三秦出版社，2017年，第73—77页。何景成：《新出昔鸡簋与甲骨文"害"字考释》，《新出土文献与古文字考释青年学者学术研讨会论文集》，东北师范大学，2017年9月。黄益飞：《略论昔鸡簋铭文》，《中国国家博物馆馆刊》2018年第3期。

[2] 参见谢乃和《高青陈庄〈引簋〉与周代军制》，《管子学刊》2015年第3期；谢乃和：《西周官制中王与后分治制度考论》，《东北师大学报》（哲学社会科学版）2009年第1期。

多,本文在对昔鸡簋铭文重新考释的基础之上,试对铭文所反映的人物关系及相关制度史实进行重新考察,为深入探究命妇制这一西周王权运转机制提供一个新的材料线索。

一、昔鸡簋铭文人物之身份

昔鸡簋出土于陕西岐山贺家村北西区 M11 墓葬,器出两件,形制及铭文相同,器内底部铸铭文四行 24 字(含重文 1 字)①。器口微侈、窄沿方圆唇、束颈,下腹外鼓、腹外有对称的半环状耳、下有钩珥,平底、圈足微外侈。颈部及圈足中部饰以凸棱分隔边界弦纹的细云纹带,耳上端为圆雕牺首,体饰云纹②。属 I 型Ⅲ式双耳圈足簋,形制与御正卫簋、段簋相似,作器时间大致在西周中期以前康昭时期③。为便于讨论,兹列铭文于下:

王姒乎(呼)昔奚(鸡)遣(御)芳姞于匽(燕),匽(燕)侯宾用贝、马,敢扬王休,用乍(作)䵼(尊)簋。

《陕西金文集成》著录的昔鸡簋及其铭文

昔鸡簋铭文虽只有短短 24 字,但涉及人物众多。除器主昔鸡作器颂扬对象但并未实际参与相关史事的周王外,昔鸡簋中相关活动的直接参与者有王姒、昔鸡、芳姞、匽侯。欲正确释读昔鸡簋铭文,人物身份的辨析是关键,兹以铭文中称谓出现的先后为序分别加以探讨。

---

① 周原考古队:《陕西宝鸡市周原遗址 2014—2015 年的勘探与发掘》,《考古》2016 年第 7 期。下文简称"发掘报告"。
② 昔鸡簋器型、纹饰、铭文相关信息刊布于《陕西金文集成》(下文简称《陕金》),铭文据本文研究成果稍作改释,为行文便,除关键字外,铭文采用宽式隶定。参张天恩主编《陕西金文集成》(1),三秦出版社,2016 年,第 48—51 页。
③ 断代依据的标准器主要参考王世民、陈公柔、张长寿《西周青铜器分期断代研究》,文物出版社,1999 年,第 62 页。

首先,"王姒"一称金文习见,如保侃母壶铭文记"王姒赐保侃母贝"(《集成》9646)①,叔像方彝铭文载"叔像赐贝于王姒"(《集成》5962),都是记贵族受到王姒的赏赐。又寓鼎铭文曰"寓献佩于王姒,赐寓帽丝"(《集成》2718),记周王后"王姒"因作册寓献佩而赏赐之②。其中"姒"字构形"𡥘",隶定作"姛",裘锡圭指出,从卜辞"姛"的各种写法及所包含的表音成分来看,用作女性称谓的"姛"当读为"姒",是商周时期对地位尊贵的贵族女性的一种称呼③。"王姒"为周王后之称,根据刘启益研究,习见于西周早期中段器物铭文中的"王姒",其身份应是成王王后④。

其次,"昔鸡"是作器者器主自名,昔氏为周大夫氏号,"鸡"为贵族私名。《风俗通义·佚文》载"周大夫封昔,因氏焉"⑤。贵族昔鸡的身份,应该属于殷遗民。首先从考古文化类型看,昔鸡簋所出土墓葬为普通"居址—墓葬区",墓葬中普遍带有腰坑、殉狗,符合殷文化特征。其次从铭文字形特点看,铭文中"王姒"的"姒"(姛)字形"𡥘"一般见于殷代器物⑥。最后从出土的青铜器组合看,同出器物昔鸡尊有铭文"唯三月乙酉,龏伯赐昔鸡贝,用对龏伯休,作父丁尊彝","龏族"是著名的殷遗贵族,昔鸡与龏伯关系密切⑦。可见,M11墓葬的墓主人昔鸡当是殷遗民。

再次,"芮姞"为嫁到芮氏的姞姓女子。"芮"应为氏族名或地名,"姞"为女子之姓。"芮"字即"囗",或作"芮",金文中数见。如师旂鼎铭文云:"唯三月丁卯,师旂众仆不从王征于方雷,使厥友引以告伯懋父,在芮。"(《集成》2809)唐兰引《诗经·云汉》序云"云汉,仍叔美宣王也",认为"芮"与"仍"通,并以静簋铭文"迨豳、芮师、邦君射于大池",认为"仍叔当时食采于芮",地在宗周附近⑧。根据静簋铭文,豳、芮二地相近,"豳"多见于西周金文,地当在今陕西彬州,芮地在宗周附近,唐说当属可信。黄益飞则引《左传》等经传古注旧说以"仍"为风姓任国,但未考辨春秋时期大夫"仍叔"与诸侯任国之别⑨。按,《左

---

① 中国社会科学院考古研究所编:《殷周金文集成》(修订增补本),中华书局,2007年,下引《殷周金文集成》(修订增补本)简称为《集成》。

② 谢乃和:《金文中所见西周王后事迹考》,《华夏考古》2008年第3期。

③ 裘锡圭:《说"姛"》,《裘锡圭学术文集·甲骨文卷》,复旦大学出版社,2012年,第523—526页。

④ 刘启益:《西周金文所见的周王后妃》,《考古与文物》1980年第4期。

⑤ [汉]应劭撰,王利器校注:《风俗通义校注》附《佚文》,中华书局,1981年,第557页。

⑥ 参见裘锡圭《说"姛"》,《裘锡圭学术文集·甲骨文卷》,第523—526页;章宁:《近出昔鸡簋铭文考释》,《石家庄学院学报》2017年第2期。

⑦ 张天恩主编:《陕西金文集成》(1),第52页。

⑧ 唐兰:《西周青铜器铭文分代史征》,中华书局,1986年,第324—329页。

⑨ 黄益飞:《略论昔鸡簋铭文》,《中国国家博物馆馆刊》2018年第3期。

传》《路史》所言风姓任国，据顾颉刚考证为有仍氏之后，在今山东境内，而"仍叔"杜预注为"世为周大夫"，两者显非同一国族。《春秋·桓公五年》"夏，天王使仍叔之子来聘"①，自公元前707年的鲁桓公五年上推至周宣王末年的公元前782年已逾七十年，及宣王初年的公元前827年，则已历百余年，可见仍叔家族任职周室历经宣王、幽王、平王、桓王四代天子而未绝，如周王室有周公、昭公、尹氏、武氏、荣叔、仍叔、家父等，或称公、称氏、称叔、称父，皆为世称，可知仍氏在周王朝延绵历久②。西周早期的仍叔，身为王朝的卿大夫，食采于"芳"，掌管着捍卫宗周门户的"芳"师，足见其地位的尊盛。昔鸡簋铭中的芳姞，一说以"芳"为其父家，另有一说则以"𨚕"为父家。前者如王宁、吴镇烽认为"芳姞即芳国姞姓女子，犹南燕之女曰燕姞、雍氏之女曰雍姞然"；后者如黄锦前、何景成认为芳姞来自𨚕国。根据昔鸡簋铭文语境，后说更为合理③。首先，铭文由昔鸡追述，由下文考证可知作器时芳姞已为人妇，理应从夫家氏称之，其辞例类同于《诗经·大雅·韩奕》嫁予韩侯的"韩姞"、噩侯簋铭文中夷王后妃"王姞"等无疑。再者，簋铭中"主语（昔鸡）+谓语（御）+宾语（芳姞）+地点状语（于𨚕）"的句式结构也可类比于《春秋·襄公十五年》"刘夏逆王后于齐"等辞例④。据之，芳姞应以嫁到芳氏的姞姓女子之说为妥切。

最后，昔鸡簋铭文中的第四个人物则是"𨚕侯"。"𨚕"字，学者多释读为"韩"，认为是西周武王之后的姬姓韩国，此说有待斟酌。章宁曾指出此字或非"韩"字，何景成也指出"𨚕"字形尚属首见，未成定论。按，"韩"的古文字字形多作"𩏑"形，释作"倝"，破读为"韩"⑤。而"𨚕"字字形明显不同，"𨚕"字的右部构件

---

① ［晋］杜预注，［唐］孔颖达等正义：《春秋左传正义》，［清］阮元校刻：《十三经注疏》，中华书局，1980年，第1747页。
② 《穀梁传》称"仍叔"为"任叔"，顾颉刚提出"仍"是诸侯国号，即《春秋》经传中的"任"国。陈槃也以"仍"与"任"音通，认为所指应为一国，其故地在今山东济宁。但顾氏与陈氏所言的任国与金文所载宗周附近的"芳"，殊非一地，"芳"应是世为王官食采于王畿的仍氏，并非地望为山东的任国。顾、陈氏之说详参陈槃《春秋大事表列国爵姓及存灭表撰异》，上海古籍出版社，2009年，第596、1252—1255页。
③ 王宁：《岐山县贺家村墓葬M11出土昔鸡簋铭笺释》，简帛网，2017年2月13日，http://bsm.org.cn/show_article.php?id=2728。吴镇烽：《昔鸡簋铭文补释》，简帛网，2017年7月3日，http://www.bsm.org.cn/show_article.php?id=2832。黄锦前：《岐山贺家村M11出土昔鸡簋、卣铭文读释》，《陕西历史博物馆馆刊》（第24辑），第73—77页。何景成：《新出昔鸡簋与甲骨文"害"字考释》，《新出土文献与古文字考释青年学者学术研讨会论文集》，东北师范大学，2017年9月。
④ ［晋］杜预注，［唐］孔颖达等正义：《春秋左传正义》，［清］阮元校刻：《十三经注疏》，第1959页。
⑤ 古文字诂林编纂委员会编纂、李圃主编：《古文字诂林》（第5册），上海教育出版社，1999年，第708—709页。

"𦘒"相近字形可见于旖伯盘、太保罍、𩰋伯丰鼎、斿鼎和曾子斿鼎等铭文。细勘两字相关字形不难发现,"𦘒"字与"韩"字古文字字形有着很大差异,可列为以下二表。

表一 "韩"(倝)字相关字形①

时代	西周晚期	春秋	战国	战国	战国	战国	说文
倝							
器物	戎生钟《铭图》15239	攻敔王光韩剑《铭图》17921	鷹羌钟《集成》00157	《侯马盟书》1:45	《包山楚简》131	《古玺汇编》2363	

表二 "𦘒"字相关字形

西周早期	西周早期	西周早期	西周早期	西周早期后段	春秋早期
昔鸡簋《陕金》0028	旖伯盘《铭图》14365	太保罍《铭图》13831	𩰋伯丰鼎《铭图》2426	斿鼎《铭图》1810	曾子斿鼎《集成》2757

表二中所列五则与昔鸡簋"𦘒"右半部构件"𦘒"相关字形,学者常释作"倝"②,然对照字形结构可知,旖伯盘及太保罍铭中字形下半部分虽与另三则稍异,但与表一"倝"字字形显有不同。𩰋伯丰鼎的"𩰋"字,吴镇烽隶定为"𩰋",但"𩰋"右半部构件与昔鸡簋铭"𦘒"字右半部构件"𦘒"相同,只是多了两点为饰笔,其与西周早期的𩰋作父癸尊(《集成》5906)铭文中的"𩰋"也应为一字。近似字形又如斿鼎、曾子斿鼎铭中的"𦘒""𦘒",两字下半部为古文字"子"字或"子"的省形,与甲骨金文"子"的常见字形"𢀈""𢀉""𢀊"相同③,均与"倝"字从日不

---

① 参见山西省文物工作委员会编:《侯马盟书》,文物出版社,1976年,第89页;湖北省荆沙铁路考古队:《包山楚简》,文物出版社,1991年,第136页;故宫博物院编:《古玺汇编》,文物出版社,1981年,第231页。
② 表二中字形,曾子斿鼎相关字形《集成》释为"倝";太保罍、斿鼎相关字形,高明、涂白奎以为"倝"字;𩰋伯丰鼎,亦有学者读为韩(倝)伯丰鼎。详参高明、涂白奎《古文字类编》(修订版),上海古籍出版社,2008年,第550页;谢明文:《商周文字论集》,上海古籍出版社,2017年,第265—270页。
③ 参见古文字诂林编纂委员会编纂、李圃主编《古文字诂林》(第10册),上海教育出版社,2004年,第1065—1070页。

同,并非一字,故不宜释为"执"字。昔鸡簋铭中"㝢"字也应如此。首先,"㝢"字形从"乚"旁,如"建""廷"等字①,与下文论述的"匽"字相同。其次,其字形右半部构件的上半部分"𣎴",像旌旗之杠形,应从"认",下半部分为"子",是"认+子"的字形结构,故与斿鼎、曾子斿鼎铭一样读作"斿"更为合理,应隶定为"遊",从认得声,读作"偃"。偃是认的异体字,《说文》:"认,旌旗之游……读若偃。古人名认字子游。"古人多用作人名,段注云:"晋有籍偃、荀偃;郑有公子偃、驷偃;孔子弟子有言偃,皆字游。"秦汉以后经传皆变作偃,由是偃字取代了认②,周代青铜器铭文中,上述斿鼎、曾子斿鼎等器主人名"斿",即为明证。

"㝢"可读作"偃",用作地名或诸侯名号"㝢"或"㝢侯"时,则应读为"燕"。可与此相对照的是,金文中常见的"匽"字,从乚、妟声,训读为"匽",即燕国之"燕"字,如北京房山琉璃河出土的太保罍"令克侯于匽"(《铭图》13831③)、匽侯旨鼎铭"匽侯旨初见事于宗周"(《集成》02628)、传世器匽侯盂铭"匽侯作旅盂"(《集成》10303)等"匽"字皆为"燕",学界已为定论。文献中所称的燕国,春秋以前的金文作"匽",战国增"邑"旁为"郾",秦汉以后皆改为"燕"④。比较"㝢"与"匽"两字字形,皆以乚为形旁,前者以妟为声旁,后者以乚为声旁,两者都是影纽元部字、于幰切,双声叠韵⑤。可见,两字形符相同、声符音同,"㝢"字也读为"燕"当无疑义。

"㝢侯"虽是燕侯,但周代有姬姓燕国,又有姞姓燕国,昔鸡簋中的燕地与燕侯应是姞姓燕国,也就是文献中的南燕国,姞姓,昔鸡簋铭文中的国名及族姓皆与传世文献相吻合。《世本》载"东郡燕国侯,伯修子卒,葬此"⑥,《路史·国名纪》"伯爵伯修国后稷妃南燕姞氏也,亦尝曰东燕"⑦,《汉书·地理志》"东郡燕"本注"南燕国,姞姓,黄帝后"⑧。《左传·隐公五年》"卫人以燕师伐郑",杜预注:"南燕国,今东郡燕县。"孔疏云:"南燕国,姞姓,黄帝之后也。始祖为伯修。小国无世家,不知其君号谥。"⑨《左传·庄公二十年》有"燕仲父",因助王子颓伐周,故

---

① 详见裘锡圭《释"建"》,《古文字研究》(第十七辑),中华书局,1989年,第206—209页。
② [汉]许慎撰,[清]段玉裁注:《说文解字注》,中华书局,2013年,第311—312页。
③ 吴镇烽:《商周青铜器铭文暨图像集成》(下文简称《铭图》),上海古籍出版社,2012年。
④ 陈梦家:《西周铜器断代》,中华书局,2004年,第50页。
⑤ 王辉:《古文字通假字典》,中华书局,2008年,第700—701页。
⑥ [汉]宋衷注,[清]秦嘉谟等辑:《世本八种》,商务印书馆,1957年,第250页。
⑦ [宋]罗泌:《路史》卷二四,景印文渊阁四库全书本,第383册,台湾商务印书馆,1986年,第270页。
⑧ [汉]班固:《汉书》,中华书局,1962年,第1557页。
⑨ [晋]杜预注,[唐]孔颖达等正义:《春秋左传正义》,[清]阮元校刻:《十三经注疏》,第1727页。

为郑国所执①。杜预注为"南燕伯",正义引服虔注也称之为"伯",而《世本》称"燕国侯",《左传》称"燕人""燕师""燕仲父",不称"侯伯",概因南燕僻小,有轻视之意,类如郕国。昔鸡簋铭称"侯",这种称呼差异与爵制不完善、爵无定称有关。关于南燕地望,陈槃据《大清一统志》,记南燕国都在"今河南卫辉府东南三十五里废胙城县"②。杨伯峻考之认为"在今河南省延津县东北约四十五公里,俗呼为城上,去成周不远,毗邻卫国、宋国、郑国"③。可见,南燕在西周政区地理中占据着重要的地位。

综上,昔鸡簋铭文中,王姒为周成王王后,昔鸡为任职于周王朝的殷遗民,芳姞为王朝大夫芳氏的夫人、来自姞姓燕国,侯为南燕国君。人物身份既已明确,簋铭的断读也基本无碍。

二、昔鸡赴南燕之使命

昔鸡簋铭文中,昔鸡出访南燕究竟所为何事,一直是学者争论之处。史事解读的关键在于对簋铭中表示行为动作的"遣"字的认识。"遣"字,从辵害声,字形、词例在卜辞、金文中较为常见,诸家解读各异,其说可分以下三类。

其一,《陕金》读为"会",取会见之意。章宁同意此观点,并以"会、合音近",指出与史墙盘铭中的"迨受万邦"(《集成》10175)义相通,认为铭文中昔鸡此行的任务是受王姒派遣"会芳姞于韩"④。

其二,释为"致、送",意为护送芳姞。付强曾认为"遣"当释为"达",读为"如",训为"致、送",意思为昔鸡送芳姞回韩。并推测韩侯夫人芳姞可能到周王室参加活动,故此王姒派昔鸡护送芳姞回国⑤。吴镇烽基本同意其解读,同时提出,将"遣"读为"介"。"遣"字从害声,害与介、匄、割、曷古相通用,在此铭文中取"相助之义"。"昔鸡遣芳姞于韩"则是昔鸡佐助芳姞到达韩国,也就是昔鸡护送芳姞回到韩国⑥。

其三,释为"迎、御",意为迎娶芳姞。黄锦前认为"遣"字应读为"匄",并

---

① [晋]杜预注,[唐]孔颖达等正义:《春秋左传正义》,[清]阮元校刻:《十三经注疏》,第1773页。
② 陈槃:《春秋大事表列国爵姓及存灭表撰异》,第338—341页。
③ 杨伯峻:《春秋左传注》,中华书局,1990年,第16页。
④ 张天恩主编:《陕西金文集成》(1),第48—51页;章宁:《近出昔鸡簋铭文考释》,《石家庄学院学报》2017年第2期。
⑤ 付强:《昔鸡簋铭文新释》,简帛网,2017年6月18日,http://www.bsm.org.cn/show_article.php?id=2823。赵平安:《达字两系说》,《新出简帛与古文字古文献研究》,商务印书馆,2009年,第77—96页。
⑥ 吴镇烽:《昔鸡簋铭文补释》,简帛网,2017年7月3日,http://www.bsm.org.cn/show_article.php?id=2832。

据《玉篇》训"乞也,行请也,取也",铭文记述的是王姒命昔鸡至韩国迎娶芍姞之义①。黄益飞释读为"遏",取送嫁之意。认为偪国嫁女于韩②,昔鸡同姓往媵者,然其言"芍姞"为未嫁之称,昔鸡作器表明此铭乃追述之辞,婚礼应已结束,此其自相矛盾之处。

上述诸说皆是对"遧"字不同层面意思的释读,虽各有一定的依据,但都无法对甲骨金文中相关辞例做出合理疏通。何景成考察了自甲骨文到金文"害"与"遧"的字形与通假关系,结合学者的不同视角,指出"遧"字应读为"御"字。"遧"字所从之"害"用鱼部读音,读为"御","御"字古音属疑母鱼部字,读为鱼部字的"害"以"古"为声符,古音属见母,两者古音相近。此说亦有金文材料作补证,如毛公鼎铭"扞吾王身"(《集成》02841)、师询簋"干吾王身"(《集成》04342),即"捍御",师克盨作"干害"(《集成》04467),可证③。而"御"应训为"迎",《诗经·召南·鹊巢》"之子于归,百两御之",郑笺"御,迎也"④;《礼记·曲礼上》"大夫士必自御之",郑玄注"御当为讶。讶,迎也"⑤。所以,昔鸡簋铭中的"遧"字读"御",训为"迎、讶",为迎娶之意。此说与黄锦前不谋而合,于字形、音韵、训诂、辞例方面甚为允当,可从。

缘此,"遧"字应释读为"御",在昔鸡簋铭中取"迎讶之义",为娶妇迎亲之事,其通婚对象应为王朝大夫芍氏与南燕国的姞姓女子。《左传·宣公三年》记载:"郑文公有贱妾曰燕姞","燕姞"即南燕之女。又载石癸言曰:"吾闻姬、姞耦,其子孙必蕃。姞,吉人也,后稷之元妃也。"⑥ 可见,姬、姞二姓有密切的婚姻关系。又传世器噩侯簋铭载"噩侯作王姞媵簋"(《集成》3928),据学者研究,王姞为夷王后妃⑦。综上,不仅两姓诸侯国之间常有婚姻,而且姞姓与周王室也存在姻亲关系,据曹兆兰的统计,姞姓女子在金文女性称谓中的数量比例为7.70%,仅次于姜

---

① 黄锦前:《岐山贺家村M11出土昔鸡簋、卣铭文读释》,《陕西历史博物馆馆刊》(第24辑),第73—77页。
② 黄益飞认为"芍"字应读为"偪",偪姞为偪国之女。见于黄益飞《略论昔鸡簋铭文》,《中国国家博物馆馆刊》2018年第3期。
③ 何景成:《新出昔鸡簋与甲骨文"害"字考释》,《新出土文献与古文字考释青年学者学术研讨会论文集》,东北师范大学,2017年9月。
④ [汉]毛亨传,[汉]郑玄笺,[唐]孔颖达等正义:《毛诗正义》,[清]阮元校刻:《十三经注疏》,中华书局,1980年,第283页。
⑤ [汉]郑玄注,[唐]孔颖达等正义:《礼记正义》,[清]阮元校刻:《十三经注疏》,中华书局,1980年,第1253页。
⑥ [晋]杜预注,[唐]孔颖达等正义:《春秋左传正义》,[清]阮元校刻:《十三经注疏》,第1868—1869页。
⑦ 郭沫若:《两周金文辞大系图录考释》第108页,收于《郭沫若全集·考古编》(第8册),科学出版社,2002年,第233页。刘启益:《西周金文中所见的周王后妃》,《考古与文物》1980年第4期。

姓和姒姓,是周王室以婚姻为纽带着重笼络的"贵姓"①。

征诸传世文献辞例,芳姞不仅是来自姞姓燕国,且应为国君之女。如《春秋经》记载,桓公八年"祭公逆王后于纪"②,襄公十五年"刘夏逆王后于齐"③,桓公三年"公子翚如齐逆女"等④,句式结构皆为"主语(卿大夫)+谓语(迎迓)+宾语(某女)+地点(于某国)",即所娶为国君之女,地点均为本国国名。若所娶女子如非国君之女,则不应冠之以国名,如襄公二十三年"臧宣叔娶于铸"⑤,昭公四年"(叔孙穆子)适齐娶于国氏"⑥,昭公十九年"子游娶于晋大夫"等⑦,直言其娶于某地、某族氏、某官爵。而昔鸡簋铭文中周王后派昔鸡迎迓,地点直接称国名"匽",昔鸡本人又受到燕侯赏赐,可知芳姞为燕侯之女。

综上所考,昔鸡簋铭文所载史事已明确,即周王后派遣昔鸡,到姞姓南燕国为王朝大夫芳氏迎迓妻子芳姞,燕侯以礼宾赐昔鸡贝及马,昔鸡颂扬王的恩德。有周一代,姞姓与西周王室及内外服贵族的联姻本属常事,但周王后的参与乃至主导,则为这一次联姻赋予了特殊的政治含义。

三、昔鸡簋铭文中的命妇制

昔鸡簋铭文所载史事是芳氏与姞姓燕国的联姻,但昔鸡迎迓的任务却是由周王后派遣,且昔鸡受赐于燕侯,竟然不赞颂燕侯而是称扬王休,说明昔鸡乃受王命出使的王臣,昔鸡簋对周王及王后地位的突出,揭示了周王室在这一历史事件中的关键作用,一方面体现了"后掌内治"模式下王后对周代贵族婚姻的督导,另一方面也可窥见西周王权通过命妇制对内外服地方贵族的控制。

根据《仪礼》《周礼》等礼书记载,周王朝为了控制地方贵族,在国家典制中设置了以王后统帅内外服贵族命妇的制度。如《仪礼·丧服》经"大夫命妇",郑

---

① 曹兆兰:《金文女性称谓中的古姓》,《考古与文物》2002年第2期。
② [晋]杜预注,[唐]孔颖达等正义:《春秋左传正义》,[清]阮元校刻:《十三经注疏》,第1754页。
③ [晋]杜预注,[唐]孔颖达等正义:《春秋左传正义》,[清]阮元校刻:《十三经注疏》,第1959页。
④ [晋]杜预注,[唐]孔颖达等正义:《春秋左传正义》,[清]阮元校刻:《十三经注疏》,第1746页。
⑤ [晋]杜预注,[唐]孔颖达等正义:《春秋左传正义》,[清]阮元校刻:《十三经注疏》,第1978页。
⑥ [晋]杜预注,[唐]孔颖达等正义:《春秋左传正义》,[清]阮元校刻:《十三经注疏》,第2036页。
⑦ [晋]杜预注,[唐]孔颖达等正义:《春秋左传正义》,[清]阮元校刻:《十三经注疏》,第2078页。

玄注曰："命者加爵服之名，自士至上公凡九等，君命其夫，则后夫人亦命其妻矣。"① 又《周礼·内宰》载："凡丧事，佐后使治外内命妇，正其服位。"② 可见，自公侯夫人至于庶士之妻，这一庞大的女性贵族系统，在周王室有"丧事"等礼典时也承担着一定职事，且为周王后所统帅。不仅如此，根据礼书记载，由于王后掌内治，故也有为诸侯大夫等贵族选妻室的权力。如《周礼·内小臣》载："后有好事于四方，则使往；有好令于卿大夫，则亦如之。"③ "好"，《说文·女部》训其本义为"美也"④。按，《说文》之说当为"好"字本义"匹配相称"的引申。甲骨文、金文中"好"作"𡥀""𡥆"等字形，"子""女"两字左右部居不定，子为男子通称，其字乃从女子会意，男女相配应是"好"的本义。《诗经·关雎》"窈窕淑女，君子好逑"⑤、《常棣》"妻子好合，如鼓琴瑟"⑥，相关诗文"好"为男女相匹配之义，皆可为证⑦。因此，在先秦文献中常以"好"直接指代男女婚姻嫁娶。如《诗经·木瓜》"永以为好也"⑧，《礼记·昏义》"合二姓之好"⑨ 等，均为其例，上文《周礼·内小臣》中的"好事""好令"也当如此，为婚姻嫁娶相关事务，其实质在于王后通过安排内服卿大夫、外服诸侯的婚姻事宜，实现其对各地方贵族的掌控。昔鸡簋铭文中周王后参与芍氏的婚姻安排，为礼书所载相关制度提供了金文实证，弥足珍贵。

昔鸡簋铭文主要史实乃成王王后王姒命昔鸡至外服诸侯南燕迎亲，其铭文所记成王后王姒角色可以施令外服诸侯的职权与礼书所记相符。如《周礼·内小臣》载："后有好事于四方，则使往。"⑩ 所谓"四方"即指外服诸侯。金文如禹鼎铭"克夹绍先王克四方"（《集成》02833），大克鼎铭曰"保辪周邦，眈尹四方"（《集成》02836），大盂鼎言"瀍保先王，匍有四方"（《集成》02837），皆为其例。传世文献

---

① ［汉］郑玄注，［唐］贾公彦疏：《仪礼注疏》，［清］阮元校刻：《十三经注疏》，中华书局，1980年，第1109页。
② ［汉］郑玄注，［唐］贾公彦疏：《周礼注疏》，［清］阮元校刻：《十三经注疏》，中华书局，1980年，第685页。
③ ［汉］郑玄注，［唐］贾公彦疏：《周礼注疏》，［清］阮元校刻：《十三经注疏》，第686页。
④ ［汉］许慎：《说文解字》卷十二《女部》，中华书局，1963年，第261页。
⑤ ［汉］毛亨传，［汉］郑玄笺，［唐］孔颖达等正义：《毛诗正义》，［清］阮元校刻《十三经注疏》，第273页。
⑥ ［汉］毛亨传，［汉］郑玄笺，［唐］孔颖达等正义：《毛诗正义》，［清］阮元校刻《十三经注疏》，第408页。
⑦ 参见李平心：《释好》，收于《中华文史论丛》（第1辑），中华书局，1962年，第170—209页；古文字诂林编纂委员会编纂、李圃主编：《古文字诂林》（第9册），上海教育出版社，2004年，第708—709页。
⑧ ［汉］毛亨传，［汉］郑玄笺，［唐］孔颖达等正义：《毛诗正义》，［清］阮元校刻《十三经注疏》，第327页。
⑨ ［汉］郑玄注，［唐］孔颖达等正义：《礼记正义》，［清］阮元校刻：《十三经注疏》，第1680页。
⑩ ［汉］郑玄注，［唐］贾公彦疏：《周礼注疏》，［清］阮元校刻：《十三经注疏》，第686页。

亦不乏其例，如《诗经·下武》"受天之祜，四方来贺"①，《左传·襄公二十六年》"楚多淫刑，其大夫逃死于四方"②，《论语·子路》"使于四方"③，皆为其证。又《易·姤传》云"后以施命诰四方"④，清俞正燮指出"后"为周王后⑤，即周代王后可以施令四方诸侯。从昔鸡簋铭文看，王姒派人前往姞姓南燕国迎娶燕侯之女，就是《周礼》"后有好事于四方"的具体例证。

据昔鸡簋铭文，成王王后王姒不仅因婚姻"好"事可施令诸侯，而且也可为内服贵族芍氏安排妻室，与礼书所载同样一致。《周礼·内小臣》载："后……有好令于卿大夫，则亦如之。"⑥ 据之，周王后对卿大夫同样有安排婚姻的权力。而昔鸡簋记载，王姒专门为芍氏迎娶妻室，就是周王后为大夫置"命妇"的金文例证。南燕侯之女嫁到芍氏之后，即为芍氏夫人，也就是礼典所称的"命妇"。如《周礼·内宰》记载"后帅外内命妇"⑦，《仪礼·丧服》传云："命妇者，其妇人之为大夫妻者也。"⑧ 据昔鸡簋铭文，芍姞正式嫁入芍氏之前，已受到王后的迎迓，其为芍氏命妇后无疑更在王后的掌控范围之内，足见礼典中对王后管理"命妇"职权的记载有着充分史实的依据。

不唯如此，礼书记载，王后施令内外服地方贵族是通过遣使"内小臣"来实现的，这也可与昔鸡簋铭文中成王王后王姒呼命昔鸡作为婚姻之"好"的使者相互印证。但是，昔鸡是否就是《周礼》中地位较低的内小臣呢？上文已考，昔鸡的墓葬有浓郁的殷文化特征，而从M11墓葬的规制及随葬品的数量来看，墓主人昔鸡应当是士一级的贵族，故发掘者推测其很可能为小臣一类的职官⑨。根据《周礼》的记载，"内小臣"一职为"奄上士四人，史二人，徒八人"，在内宰掌率下受王后差遣⑩。因此，从墓葬等级及簋铭中使令于王后的史实看，昔鸡应为《周礼》内小臣角色。尽管如此，并不意味着昔鸡就是身份低下的阉士，虽然春秋战国时期小臣类

---

① ［汉］毛亨传，［汉］郑玄笺，［唐］孔颖达等正义：《毛诗正义》，［清］阮元校刻：《十三经注疏》，第526页。
② ［汉］杜预注，［唐］孔颖达等正义：《春秋左传正义》，［清］阮元校刻：《十三经注疏》，第1997页。
③ ［魏］何晏等注，［宋］邢昺疏：《论语注疏》，［清］阮元校刻：《十三经注疏》，中华书局，1980年，第2507页。
④ ［魏］王弼、［晋］韩康伯注，［唐］孔颖达等正义：《周易正义》，［清］阮元校刻《十三经注疏》，中华书局，1980年，第57页。
⑤ ［清］俞正燮：《癸巳类稿》卷一《大象传后义》，辽宁教育出版社，2001年，第2页。
⑥ ［汉］郑玄注，［唐］贾公彦疏：《周礼注疏》，［清］阮元校刻：《十三经注疏》，第686页。
⑦ ［汉］郑玄注，［唐］贾公彦疏：《周礼注疏》，［清］阮元校刻：《十三经注疏》，第685页。
⑧ ［汉］郑玄注，［唐］贾公彦疏：《仪礼注疏》，［清］阮元校刻：《十三经注疏》，第1109页。
⑨ 周原考古队：《陕西宝鸡市周原遗址2014—2015年的勘探与发掘》，《考古》2016年第7期。
⑩ ［汉］郑玄注，［唐］贾公彦疏：《周礼注疏》，［清］阮元校刻：《十三经注疏》，第642页。

职官常用阉宦，但在西周早期并非如此①。如西周早期的小臣守簋，载"王使小臣守事于夷"（《集成》04179），小臣夌鼎铭"王遥于楚麓，令小臣夌先省楚应"（《集成》02775），可见西周早期的小臣职位有的颇为显赫，但也不应过分拔高②，昔鸡的身份等级也当如此。从商周金文来看，西周早期作为职官的小臣还常由殷遗民来担任，如西周早期的小臣宅（《集成》04201），据学者研究即是在商王朝任职的作册宅③，而昔鸡殷遗民的身份，也符合西周小臣的来源状况。要之，昔鸡应是西周早期的小臣类职官，在昔鸡簋铭文所记之事中扮演着《周礼》中赞佐王后的"内小臣"角色。

综上所述，昔鸡簋铭文虽是周王室内服大夫与外服诸侯的政治联姻的记录，却体现了西周早期王权通过婚姻加强对地方贵族控制的制度史实。从昔鸡簋铭文看，西周王朝不仅设置了宏大的宗法分封体制来纲维早期王权，也通过婚姻这种柔性政治文化来实现对内外服地方贵族的软控制，昔鸡簋铭文对礼书所载命妇制的金文佐证就是西周王朝相关政治运行机制史实的反映。

---

① 关于"臣"与"小臣"的起源及其地位，古代学者多宗汉代许慎《说文·臣部》"牵也，事君也，象屈服之形"之说，认为传世文献中商周时期与"臣"相关的"小臣"源于奴隶，地位颇低。近代以来学者颇受《说文》的影响，也不乏类似之说，如郭沫若《释臣宰》就曾以商周甲骨彝铭中"臣"字的字形补证《说文》，认为"臣"字乃象竖目之形，因俘虏奴隶俯首目竖的缘故，所以《说文》说"象屈服之形"。臣虽为奴隶，但其使用场合多有区别，例如"多臣"即为商人使用的"奴隶兵"，郭说实隐含小臣地位颇低的结论。（详见［汉］许慎《说文解字》卷三《臣部》，第66页。郭沫若：《甲骨文字研究》，收于《郭沫若全集·考古编》（第1册），科学出版社，2002年，第65—76页。）究其实质，商代的"臣"与"小臣"主要有奴隶与职官两个类别，而"小臣"属于后者职官类，意为"臣正"，其地位虽高低不一，但不能等同于奴隶。（详参陈梦家《殷虚卜辞综述》，中华书局，1988年，第505—507页；又参见于省吾《释小臣的职别》，收于《甲骨文字释林》，中华书局，1979年，第308—311页。）至于周代，赵诚曾注意到西周时期的小臣地位也有高有低，有的是贵族，有的则是普通战俘奴隶中选拔出来的，因此不宜直接用传世文献中的小臣比附西周金文的记载。张亚初、刘雨也指出无论是西周早、中、晚期的金文中，小臣都有高与低两类身份，所处地位不同，且从西周到春秋早期小臣类铭文的趋势看，其在周代政治中的地位有着逐渐卑微化的历史过程，而《周礼》中小臣阉士身份应是东周以后类似群体史实的反映。详参赵诚《金文的"臣"》，载《探索集》，中华书局，2011年，第128—129页。张亚初、刘雨：《西周金文官制研究》，中华书局，1986年，第43—45页。
② 高去寻：《小臣𫊭石簋的残名和铭文》，《历史语言研究所集刊》第28本《庆祝胡适先生六十五岁论文集》下册，1957年，第598页。
③ 详参吴镇烽编著《金文人名汇编》（修订本），中华书局，2006年，第28—29页。王进锋：《臣、小臣与商代社会》，上海人民出版社，2018年，第246页。

天人之际：先秦儒家天人关系论

谢耀亭（山西师范大学历史学院）

摘　要：郭店楚简《穷达以时》的出土，对梳理先秦儒家天人关系论极具意义，"天人相分"与"天人合一"并非彼此对立，"天人合一"更有着不同的模式。儒家对"时""遇"问题的思考，当与孔子一生的际遇有关。《穷达以时》的主旨是"敦于反己"，其在"天人有分"视野下，以"命运之天"来解决"大德未必受命"等现实问题，是儒家"天人合德"理论走向成熟的一大关键。可以说，只有加入"天人有分"，才使"天人合德"这一"天人合一"模式无论在理论上、还是实践上，臻于完善，使人们追求"天人合德"，有了动力和信心，不再困惑于现实中的得失成败。孟子将"德"根植于人心，完成了"天人合德"理论的最后建构，为"天人合德"如何成为可能、以及为之追求的价值所在，找到了理论根据。"天生人成"是荀子对天人关系的基本认识，他以"明于天人之分"为基点，建构新的天人关系论。"自然之天"意义上的"天人相分"，断绝了孔孟"天人合德"的可能。天有常道，应之则吉、逆之则凶的认识，明确了人应循着、顺着"天"而行，开启了一种"人合天德"的"天人合一"模式。

关键词：《穷达以时》；先秦儒家；天人相分；天人合一

天人关系，是中国思想史上一个历久弥新的话题，钱穆先生生前最后遗稿，即是讨论"天人合一"问题，且说道："中国文化中，'天人合一'观，虽是我早年已屡次讲到，惟到最近始彻悟此一观念实是整个中国传统文化思想之归宿处。"① 郭店楚简《穷达以时》的出土，使学人对天人关系的认识有了新一轮的反思与探讨②。

---

① 钱穆：《中国文化对人类未来可有的贡献》，《中国文化》1991年第4期。
② 相关研究文章参见张立文《〈穷达以时〉的时与遇》，《中国哲学》（第20辑），辽宁教育出版社，1999年；黄人二：《郭店竹简〈穷达以时〉考释》，《古文字与古文献》1999年试刊号；庞朴：《天人三式》，《郭店楚简国际学术研讨会论文集》，湖北人民出版社，2000年；梁涛：《竹简〈穷达以时〉与早期儒家天人观》，《哲学研究》2003年第4期；杨朝明：《从〈穷达以时〉看孔子的"时遇"思想》，《易学与儒学国际学术研讨会论文集》（儒学卷），山东大学易学与中国古代哲学研究中心，2005年；陈荣庆：《从命运天定到修正命运——从〈郭店楚墓竹简·穷达以时〉看先秦儒家对时运观的一种解读》，《太原理工大学学报》（社会科学版）2006年第1期；李加武、欧阳祯人：《郭店楚简〈穷达以时〉天人关系新探》，《南昌大学学报》（人文社会科学版）2015年第4期。

近年来，余英时先生也指出："我们也可以说，'天人合一'是中国思想史上一个重要的基调。'天人冲突'或'天人分途'的假定虽然也时时出现，但大体言之，都始终处于相当边缘的位置。"① 天人关系，是中国古代思想家建构思想体系的基本起点，追求"天人合一"是中国文化的基本特征之一。司马迁写《史记》的宗旨之一，便是"究天人之际"，宋代思想家邵雍谓："学不际天人，不足以谓之学。"（《皇极经世·观物外篇》）本文拟在前辈时贤研究的基础上，结合郭店楚简《穷达以时》，对先秦儒家天人关系提出一些思考，以就教于方家。

在原始思维模式中，"天人合一"是天人关系的常态，此是原始的"天人合一"模式。在此天人关系中，"天"占据着绝对的主动与权力，人处于被控制、屈从、迎合、讨好的地位。此模式的天人关系经历了两个阶段，从"家为巫史"走向巫觋专职化、王为群巫之首，其分界便是《国语·楚语下》所载颛顼时期的"绝地天通"。商周剧变，使中国文化及先民的思维方式都发生了重大的变化②。周初人文精神的觉醒与商周替代紧密相关，商王的"我生不有命在天"（《尚书·西伯戡黎》）思想显然已不能解释周人取代商王朝的原因，周人需要在理论上做出调整。周人对天人关系有了进一步的思考，原始的"天人合一"受到质疑。周人从克商的过程中认识到"天命靡常"（《诗经·大雅·文王》），从而提出"天惟时求民主"（《尚书·多方》），认为天命会转移，而转移的条件是"德"。周人提出"皇天无亲，唯德是辅"（《左传·僖公五年》），从而形成"以德配天"的思想。人文精神的觉醒、人性的回归，使"天人合一"模式走向了新的阶段，"天"成为"道"的蕴含者、德的生发者，人不再屈从于天，而是主动追求"与天合德"。此时，"天人之分"以及"天人有分"视野下的"天人合一"，也就出现在思想家的讨论中。

一、"敦于反己"：《穷达以时》的思想主旨

郭店楚简《穷达以时》云："有天有人，天人有分。察天人之分，而知所行矣。有其人，亡其世，虽贤弗行矣。苟有其世，何难之有哉。"（第1—2简）③ 这是《穷达以时》对天人关系的基本认识。庞朴先生指出："'天人有分'和'天人之分'的'分'字，读去声，用如名分、职分之'分'。"④ 庞朴先生所言甚确，郑玄在《礼记·乐记》"男有分"注中言"分，犹职也"，《穷达以时》中的"分"应是职分的意思。《穷达以时》认为天、人各有自己的职分，只有明白了天、人的这种区分，才

---

① 余英时：《论天人之际：中国古代思想起源试探》，中华书局，2014年，第153页。
② 王国维：《殷周制度论》，《观堂集林》，河北教育出版社，2003年。王晖：《商周文化比较研究》，人民出版社，2000年。
③ 为行文方便，采用李零先生释文，略有改动。李零：《郭店楚简校读记》（增订本），中国人民大学出版社，2007年，第111—120页。
④ 庞朴：《天人三式》，《郭店楚简国际学术研讨会论文集》，湖北人民出版社，2000年，第31页。

清楚人在现实中应如何去做。同时认为人所处之现实环境——"世",对人之行事的成功与否有着决定性的作用,因为即使是贤人,在没有成事的环境,也不能成其事。

对于现实中人的穷困、荣达、显贵、成功等问题,《穷达以时》认为"遇"同样有着非常关键的作用。《穷达以时》云:

> 舜耕于历山,陶拍于河浒(浦),立而为天子,遇尧也。邵繇衣枲盖,冒经蒙緷,释板筑而佐天子,遇武丁也。吕望为臧棘津,战监门来地,行年七十而屠牛于朝歌,举而为天子师,遇周文也。管夷吾拘繇束缚,释械柙而为诸侯相,遇齐桓也。百里转鬻五羊,为伯牧牛,释板而为朝卿,遇秦穆。孙叔三射恒思少司马,出而为令尹,遇楚庄也,初韬晦,后名扬,非其德加。子胥前多功,后戮死,非其智衰也。骥厄张山,骐塞于邵来,非无体状也,穷四海,致千里,遇造故(父)也。(第2—11简)

舜、皋陶、管夷吾、百里奚等人的荣达显贵,是遇到了能使其才能得以发挥的君主。而孙叔敖、伍子胥等人在人生中表现出的先后不同境遇,并不是因为他们的德行、才智等因素在前后有变化,而是因所"遇"之人前后不同而导致。千里马也是因为遇到了造父,才充分发挥了其本有的能力。可见"遇"对现实中人的穷困、荣达、显贵、成功等有着非常关键的作用。"遇不遇"是属于天的问题,所以《穷达以时》云"遇不遇,天也"(第11简)。人在实际社会中是穷困,还是显达,取决于时势,并非个人所能掌控,所以简文云"穷达以时"(第14—15简)。

《穷达以时》提出"天人之分",认为天与人各有自己的职分。现实中人的穷困、荣达、显贵、成功等取决于所处社会提供的环境(世)、个人的机遇(遇),这是时势(时)的问题,也即是"天"的问题,并不是人为便可掌控。既然天、人各有职分,人应该做好自己分内之事,不应该对属于"天"的事有所作为。那么人应该如何做?《穷达以时》云:

> 动非为达也,故穷而不〔怨。学非〕为名也,故莫之知而不吝。〔芝兰生于幽谷〕,〔非以无人〕嗅而不芳。无荟堇,逾宝山,石不为〔开,非以其〕善负己也。穷达以时,德行一也。誉毁在旁。听之弋母,缁白不厘。穷达以时,幽明不再。故君子敦于反己。(第11—15简)

这是明确了"天人之分"后,人应该所做之事。人在现实中的行动,并不是为了荣达、显贵,所以即使处于穷困之时,也不会抱怨,不会痛苦。人并不是为了得到名誉才学习,因此所学不为他人得知也不会感到遗憾。《穷达以时》通过对"天人有分"的论述,强调的是人应该如何,正如其所说"察天人之分,而知所行矣"(第1简),最终得出的结论是人应该"敦于返己"。

以上是《穷达以时》全篇逻辑演进结构,其中引人注目的是"天人有分"视野下的"时""遇"问题被作者强调。"时""遇"问题是现实存在的问题,学人也较早认识到"时"在儒家思想中的重要性,如金景芳先生曾指出:"据我看,孔子的思想,如果说得全面、具体些,不妨说它有两个核心:一个是'时';另一个是'仁义'。"① 吕绍纲先生进一步申说:"仁与义也是孔子思想的核心之一。不过,这个核心是第二位的,它要受前一个核心实时观念的制约。"② 朱渊清先生结合《穷达以时》,再一次指出,"时"是儒家命运论思想的核心观念③。《穷达以时》出土后,黄人二先生曾进行了详细考释,认为整篇《穷达以时》便是在解释《论语·卫灵公》"在陈绝粮"章④。儒家对"时""遇"问题的认识,当与孔子有着不可分割的关系。孔子在临终前所言:"天下无道久矣,莫能宗予。"(《史记·孔子世家》)。由此可以看出,孔子认为以自己的德行和思想学说足以承担起治世的重任,但当时却没有实践其学说的环境,因为他所处的天下是一个"无道"的天下。这与《穷达以时》"有其人,亡其世,虽贤弗行矣"(第1—2简)所表达的思想是一致的。《论语》载:

> 子畏于匡,曰:"文王既没,文不在兹乎?天之将丧斯文也,后死者不得与于斯文也;天之未丧斯文也,匡人其如予何?"(《论语·子罕》)

> 伯牛有疾,子问之,自牖执其手,曰:"亡之,命矣夫!斯人也而有斯疾也!斯人也而有斯疾也!"(《论语·雍也》)

> 子曰:"道之将行也与,命也;道之将废也与,命也。"(《论语·宪问》)

> 司马牛忧曰:"人皆有兄弟,我独亡。"子夏曰:"商闻之矣:死生有命,富贵在天。君子敬而无失,与人恭而有礼。四海之内,皆兄弟也。君子何患乎无兄弟也?"(《论语·颜渊》)

上引内容反映的是孔子对"命运之天"的认识。"斯文"丧与否、"道"之行与否、以及人的生死富贵,这些都属于"天",非能以个人之力可扭转。孔子对此有清醒的认识,他说:"吾十有五而志于学,三十而立,四十而不惑,五十而知天命,六十而耳顺,七十而从心所欲,不逾矩"(《论语·为政》),"不知命,无以为君子也"(《论语·尧曰》)。对于孔子所说的"五十而知天命"所指为何,历来有不同的理解。史华兹认为:"当孔子告诉我们说在他五十岁的时候知道了'天命',或者说,他知道了对于他来说是天所注定了的东西。他的意思也许是说,他对于力所不能及

---

① 金景芳:《论孔子思想的两个核心》,《历史研究》1990年第5期。
② 吕绍纲:《〈周易〉的人生论》,《〈周易〉的哲学精神——吕绍纲易学文选》,上海古籍出版社,2005年。
③ 朱渊清:《"时":儒家运命论思想的核心概念》,《知识的考古:朱渊清自选集》,上海人民出版社,2012年。
④ 黄人二:《郭店竹简〈穷达以时〉考释》,《古文字与古文献》1999年试刊号。

的东西，以及真正属于他的自主行动领域内的东西有了清楚的理解。"① 梁涛先生结合《穷达以时》也对此问题进行了探讨，他赞同史华兹的观点，认为"五十知天命"就是"知道什么是自己所不能控制的，什么是自己控制范围内的"②。史华兹和梁涛先生对孔子"五十知天命"的理解是正确的。"知天命"就是对"命运之天"有了清醒认识，对人世的穷困显达等问题有了正确看法，进而知道人应该如何去做，相当于《穷达以时》所说"有天有人，天人有分。察天人之分，而知所行矣"（第1简）。

正因为对"命运之天"有了清醒认识，所以在孔子的言论中处处表现出对人事的重视，如"子不语怪、力、乱、神。"（《论语·述而》）"未能事人，焉能事鬼？""未知生，焉知死？"（《论语·先进》）"务民之义，敬鬼神而远之，可谓知矣。"（《论语·雍也》）"怪、力、乱、神"等内容，并非人力所能掌控，所以相对于鬼神而言，孔子把目光更多地投向人事。既然属于"命运之天"的事，人力无法掌控，那么人应该如何，孔子说"君子求诸己"（《论语·卫灵公》），这与《穷达以时》所说"故君子敦于返己"（第15简）是完全相同的。"求诸己"的结果是要与"天道"相沟通，这里的"天"应是"道德之天"。在五十岁"知天命"之后，孔子又说到了六十岁便"耳顺"，到了七十岁便会达到"从心所欲，不逾矩"的境界。这种境界是一种与"天道"相沟通的境界，这里的"天"也只能是"道德之天"。孔子的人生际遇，以及孔子对"命运之天""道德之天"的认识，刺激着儒家对天人关系进行不断思考，也成为《穷达以时》产生的动力来源和思想来源。

郭店楚简《穷达以时》的主旨，学者多谓是"天人之分"，笔者认为其所要表达的主旨，是最后一句"故君子敦于返己"，"天人之分"是简文作者表明其主旨思想所遵循的基本逻辑结构。《穷达以时》整理本的"说明"指出其内容与传世文献可资参考者，池田知久先生曾详为比照梳理，诸如《穷达以时》中之"天人有分"，所举事例在上述文献中都有迹可考，唯"故君子敦于返己"在上述文献中皆无③。《穷达以时》虽非完简，但整体意思非常清晰明确。依《穷达以时》文脉，作者提及"天人之分"，并列举大量事例，要说明的是"君子敦于返己"。有行文的逻辑结构，有佐证事例，最后导出结论，此为《穷达以时》的架构。

二、"天人有分"：儒家对"命运之天"理论的完善

《穷达以时》的思想主旨在于强调"敦于返己"，一般而言，要强调"敦于返

---

① ［美］本杰明·史华兹著：《古代中国的思想世界》，程钢译，江苏人民出版社，2004年，第124页。
② 梁涛：《郭店竹简与思孟学派》，中国人民大学出版社，2008年，第452页。
③ ［日］池田知久：《郭店楚简〈穷达以时〉研究》，《池田知久简帛研究论集》，中华书局，2006年，第84—168页。

己",大可在"返己"之重要性及其功用处着手便可,何以花大量笔墨论述"时""遇"问题,而只在结尾处稍嫌轻淡地点出想要说明的主旨呢?此与时代环境所造就的思想认识及文章立意有关。"敦于返己"之功能及其重要性在孔子、曾子的言论中便常见,且被认为是非常重要的修养方法,依孔子、曾子的言论,如一路依"返己"之法修养,最后可得仁成圣,依儒家"内圣外王"之思想体系,又可依此开出"外王"之境。但现实的情况并非如此,人生在世,或穷或达。实际生活中,也并非是贤者必定显达。就儒家的开创者孔子而言,其德行、才能不仅自己予以肯定,也得到了同时代人的称赞。但孔子没有成王,实际遭遇时见凄凉,被逐于鲁,绝粮于陈,遭困于匡,最后竟有人谓其若"丧家之狗"。这样的人生际遇,显然不仅直接破灭了孔子的理想,也间接对儒门后学产生了不良影响,即孔子提倡的修养方法,在理论上是否有可行性?如真如孔子所言,为何孔子竟是如此下场?人还有没有必要加强自身修养?此时就特别需要在理论上对此类问题予以解释,《穷达以时》便是为了在理论上理清此类问题而作,因此其行文重点不同于孔子、曾子对于"返己"的相关阐释,而把目前投向了理论的可行性与现实面临的实际情况上,是以对"时""遇"问题谈的较多。"天人有分""时""遇"等思想资源在《穷达以时》之前便已出现,要在承认"时""遇"等因素存在的前提下,还要说明"敦于返己"的可行性,则"天人有分"理论便显得非常必要。《穷达以时》的出现,是思孟学派在继承孔子思想基础上的理论完善。其在对待"命运之天"时明确提出了"天人之分"的观点,把孔子对待"命运之天"的思想进一步理论化。

《穷达以时》从学派属性来看,应归为思孟学派之作品①。但我们在思孟学派的其他作品,如《五行》与《中庸》等文献中,明显感受到的是人要不断加强自身的修养,最后达到与"天道"相通,实现其"内圣"之目的,这与《穷达以时》在天人关系的问题上似乎存在着矛盾。其实仔细分析文献,我们可以看到《穷达以时》与《五行》《中庸》等文献中的"天"并非是同一个层面的"天"。对不同层面的"天"主张不同的天人关系,是导致上述文献在天人关系的论述上表现出差异的原因。

《穷达以时》中的"天"体现的是"世""遇""时"等,明显属于"命运之天",思孟学派其他作品中,所追求的是与"道德之天"的沟通。郭店楚简《五行》云:

> 五行:仁形于内谓之德之行,不形于内谓之行。义形于内谓之德之行,不形于内谓之行。礼形于内谓之德之行,不形于内谓之行。智形于内谓之德之行,不形于内谓之行。圣形于内谓之德之行,不形于内谓之德之行。德之行五和谓之德,四行和谓之善。善,人道也。德,天道也。(第1—4简)

"五行"为人的五种德行,只有这五种德行"形"于内,才可以称之为"德之

---

① 谢耀亭:《郭店儒简思孟学派作品考论》,《海岱学刊》2014年第1期。

行"。五种"德之行"所"和"才是与"天道"相沟通,"五行"所和,也即实现了"圣"。这里的"天道"明显是属于"道德之天"。《中庸》也表现出于《五行》相同的思想。《中庸》多有关于"天人关系"的探讨,甚至可以认为整篇就是在天道、人道的基础上展开①。此前学人也多认为《中庸》表现出的天人关系是"天人合一",贯通天人的言论在《中庸》屡见:

> 天命之谓性,率性之谓道,修道之谓教。
>
> 诚者,天之道也。诚之者,人之道也。
>
> 诚者自成也。而道自道也。诚者物之终始,不诚无物。是故君子诚之为贵。诚者,非自成己而已也,所以成物也。成己,仁也;成物,知也,性之德也,合外内之道也,故时措之宜也。
>
> 至诚之道,可以前知。国家将兴,必有祯祥。国家将亡,必有妖孽。见乎蓍龟,动乎四体,祸福将至,善必先知之,不善必先知之,故至诚如神。

从上引文献可以看到,天道与人道的贯通是《中庸》所追求的目标,首句"天命之谓性"便把天人的关系紧紧地拉在一起,作为人本质、内核的"性",由天所命,在发生处便与"天"有着千丝万缕的关系。《中庸》虽认为性由天命,但并非一味地依赖于天道,而是同时强调着天道与人道,且极力要贯通二者。是以谓"大哉圣人之道,洋洋乎发育万物,峻极于天"。如贯通二者,达到"至诚"的境界,则可如"神"般可以"前知"。在贯通二者的过程中,《中庸》曰:

> 故君子不可以不修身。思修身,不可以不事亲。思事亲,不可以不知人。思知人,不可以不知天。天下之达道五,所以行之者三,曰:君臣也、父子也、夫妇也、昆弟也、朋友之交也,五者天下之达道也。知、仁、勇三者,天下之达德也。

其认为修身是本,而要真正做到修身,又要事亲、知人、知天。基于血亲关系的儒家家庭伦理,自孔子便非常重视,至曾子更加发扬之,此后的思孟学派也非常重视。何为知人? 何为知天?《中庸》自身有解说:

> 故君子之道:本诸身,征诸庶民,考诸三王而不缪,建诸天地而不悖,质诸鬼神而无疑,百世以俟圣人而不惑。质诸鬼神而无疑,知天也;百世以俟圣人而不惑,知人也。是故君子动而世为天下道,行而世为天下德,言而世为天下则。远之则有望,近之则不厌。

质诸鬼神无疑为知天,百世俟圣人不惑为知人。也即是天道的归诸天道,人道的归诸人道。而其连接处在于"修身"。与《穷达以时》所论思维是相同的,这样的思

---

① 此在朱熹对《中庸》的分析中可以体会到。朱熹在《中庸集注》第二十一章中云:"子思承上章夫子天道、人道之意而立言也,自此以下十二章,皆子思之言,以反复推明此章之意。"

想，是承接了孔子于天命与人事间，有承认天命的思想，但更注重人之现实作为的思想，是一种认识到天人有分基础上的天人合一思想。

虽然《穷达以时》与《中庸》在论述思维上有一致性，以及在具体思想上有相同性，但《中庸》中的一段文字仍跃于我们面前，无法回避。其文曰：

> 子曰："舜其大孝也与！德为圣人，尊为天子，富有四海之内，宗庙飨之，子孙保之。故大德必得其位，必得其禄，必得其名，必得其寿。故天之生物，必因其材而笃焉。故栽者培之，倾者覆之。《诗》曰：'嘉乐君子，宪宪令德。宜民宜人，受禄于天。保佑命之，自天申之。'故大德者必受命。"

李存山先生曾指出，《穷达以时》的思想与《中庸》此段记载是不相符的，二者思想是有差异的，把《穷达以时》说成是孔子之后，孟、荀思想共有的源头似较为合适[①]。如单就此段文字与《穷达以时》相比较，确如李先生所言。此段源于孔子的话，认为德与位、禄、名、寿是相应着的，其间之关系为"必"，明显属于"命定论"。《穷达以时》则认为其间关系并非是"必"，而是"时"与"遇"的问题，属于"命运论"。

如何看待二者之差异，不仅涉及孔子的天人观，也直接指向《穷达以时》的学派归属。就孔子思想中之天人关系而言，孔子对"时""遇"已有关注和讨论，且在实际中更加注重人之现实作为，加之其实际境遇，整体倾向的是"命运论"，正如其自述时云："五十而知天命"。但当其在最危难之际，所流露出的思想，仍能让我们体会到"命定论"的成分在其中。那么我们又应该如何理解《中庸》中出现的"大德者必受命"呢？杨慧杰认为孔子此段话是"就舜而言"，"中庸的重点是在建立大德（圣君）的典范，与周人的重点是在受命不同"[②]。其论说虽极其简略，但我们认为其理解的思路是合适的。自孔子以来，儒者虽对天与人之间的职分有了清醒地认识，且更多地把注意力集中于人事，但那种以秉承天命自居的类宗教情结，仍不时体现于儒者身上，孔子一生汲汲于政治，何尝不是此情结的表现？而此种情结与"时""遇"等思想相结合，更加使儒者对其学术宗旨、学说目标保持坚定的信念。我们认为此种思想只是保存在儒者思想深处的良愿，并不代表儒家思想演进的趋势。

从《穷达以时》的结构来看，主旨思想是强调"君子敦于返己"，属于思孟学派作品。如何合理解释、正确面对"时""遇"问题，是构建"天人合一"理论体

[①] 李存山：《〈穷达以时〉与"大德者必受命"》，《国际儒学研究》（第十一辑），国际文化出版公司，2001年，第24—31页。

[②] 杨慧杰：《天人关系论——中国文化一个基本特征的探讨》，大林出版社，1981年，第161—162页。

系必须要解决的问题。在"天人有分"视野下,以"命运之天"来解决"大德未必受命"等现实问题,是儒家"天人合德"理论走向成熟的一大关键。可以说,只有加入"天人有分",才使"天人合德"这一"天人合一"模式无论在理论上、还是实践上,臻于完善,使人们追求"天人合德",有了动力和信心,不再困惑于现实中的得失成败。

三、天人合德:孟子天人关系论

战国中期的孟子,其思想自然不能完全脱离当时的思想界,是以孟子所言之天,有自然之天,"天油然作云,沛然下雨,则苗浡然兴之矣"(《梁惠王上》);有主宰之天,《孟子·万章上》:"万章曰:'尧以天下与舜,有诸?'孟子曰:'否;天子不能以天下与人。''然则舜有天下也,孰与之?'曰:'天与之。'"《孟子·公孙丑下》:"五百年必有王者兴,其间必有名世者。"这些皆是当时思想界的共有认识和普遍资源。孟子在儒家"天人合一"理论中的重大贡献,是彻底完成了"天人合德"这一理论建构。

《穷达以时》在"命运之天"层面的"天人相分"思想,对孟子产生了影响。《孟子·万章上》曰:"舜、禹、益相去久远,其子之贤不肖,皆天也,非人之所能为也。莫之为而为者,天也;莫之致而至者,命也"。《孟子·梁惠王下》:"苟为善,后世子孙必有王者矣。君子创业垂统,为可继也。若夫成功,则天也。君如彼何哉?强为善而已矣。"此与《穷达以时》所表现出的思想有一致性。《穷达以时》之"天人有分""遇不遇,天也"中的"天"与孟子"莫之为而为者","若夫成功,则天也","吾之不遇鲁侯,天也。臧氏之子,焉能使子不遇哉"(《孟子·梁惠王下》),"天与之"(《孟子·万章上》)的"天"是相同的,皆为"命运之天"。而"遇不遇"其决定权虽归之于"天",但"遇不遇"所形成的事实,对人而言便是"命",相当于孟子"莫之致而至者"。《孟子·公孙丑下》言:"夫天未欲平治天下也;如欲平治天下,当今之世,舍我其谁也?"正是对《穷达以时》"有其人,无其世,虽贤弗行矣"的绝好诠释,梁涛先生说"孟子思想实际是包含着一种天人之分的",是颇具卓识的①。面对"命运之天",君子当何为?孟子认为是"为善",此与《穷达以时》最后提出的"君子敦于返己"若合符节。

在天人关系中,儒家自孔子起,便逐渐发展出一条追求"天人合德"的思路。当理论上"修身成仁成圣"的可能与现实中"大德未必受命"形成矛盾时,"天人有分"这一认识,圆满地解决了儒家这种困扰。"时""遇""世",便成为儒家对"命运之天"最核心和圆满的解释。君子努力之后,在现实中依然穷困的境遇,便得到了合理的解释。当横亘在理论与现实中的困惑一旦被合理解释后,儒家追求与

---

① 梁涛:《竹简〈穷达以时〉与早期儒家天人观》,《哲学研究》2003年第4期。

"道德之天"的"天人合一",无论是理论上,还是实践中,皆畅通无阻。"天人有分"视野下对"命运之天"的深刻认识,使儒家追求与"道德之天"相通时,更加坚信与肯定,更加有动力,同时也能坦然面对现实中的种种困境。"敢于返己""为善"成为儒家努力的目标,人应该不断加强自身修养,追求"天人合德",修身成圣,并开出"外王"。

孟子在"道德之天"层面寻求天人相通的思想,在其言论中表现得非常明显。儒家"天人合德"理论,在孟子思想体系中最终走向成熟与完善。《孟子·告子上》:"有天爵者,有人爵者。仁义忠信,乐善不倦,此天爵也。"赵岐注云:"天爵以德,人爵以禄。"此处的天,显然是"道德之天"。《孟子·公孙丑上》:"夫仁,天之尊爵也。"《孟子·离娄上》:"是故诚者,天之道也。""道德之天"是德、是仁、是诚、是善,是"天人合德"成为可能的根源所在,也是追求"天人合德"的价值所在。

孟子追求"天人合德"的途径,与对人性的认识紧密地联系在一起。《孟子·尽心上》:"尽其心者,知其性也。知其性,则知天矣。""知天"溯之于"尽心",而"心"又为天所"与"者。《孟子·告子上》:"心之官则思,思则得之,不思则不得也。此天之所与我者,先立乎其大者,则其小者弗能夺也。此为大人而已矣。"孟子认为人"心"是善的,其"性善"是以"心善"为基础,而"心善"则是天所赋予,是以《孟子·告子上》云:"恻隐之心,人皆有之;羞恶之心,人皆有之;恭敬之心,人皆有之;是非之心,人皆有之。恻隐之心,仁也;羞恶之心,义也;恭敬之心,礼也;是非之心,智也。仁义礼智,非由外铄我也,我固有之也,弗思耳矣。""四心"非由外铄,根源于"天",内在于"我"。在思孟学派早期作品郭店楚简《五行》中,"德"并非生来就具有,只有得之于"天"而形成于内心,才可以称之为"德之行",而在孟子思想中,"德"已完全根植于人心,是以"天人合德"的理论,至孟子臻于完善。

由尽心而知性,进而知天,是孟子追求"天人合德"的途径,因此其修养方法,便是不断地向内探求。《孟子·离娄上》:"是故诚者,天之道也;思诚者,人之道也。至诚而不动者,未之有也;不诚,未有能动者也。"此与《礼记·中庸》言"诚"的言论,不仅思想上相同,而且文字也相似。孟子在继承《中庸》的思想上,提出了"反身而诚"的修养方法。《孟子·尽心上》:"万物皆备于我矣。反身而诚,乐莫大焉。强恕而行,求仁莫近焉。"孟子认为人性是善,个体与生俱来就具有"善端",所以要不断向内反思,向内体认,把原有的善端进一步扩充,从而达到"诚"的境界,个体进而与天道相沟通。

孔子认为人应该做的是"求诸己",不应该在"命运之天"的层面上寻求作为,而应该在"道德之天"的层面上实现天人相沟通。思孟学派继承了孔子的上述思想,在"命运之天"的层面上,明确提出了"天人有分",使人与"命运之天"的关系理论化。在"道德之天"的层面则寻求与"天道"沟通,最终实现其"内圣"的目标。思孟学派在"命运之天"的层面论天人之间的关系,主要讲"天人有分";在"道德之天"的层面论天人之间的关系,主要讲"天人合一"。"天人合德"理论,由孔子定其方向,见其规模,经过思孟学派学者对理论的不断深化,最终在孟子的思想中臻于成熟完善。

四、天生人成:荀子天人关系论

在天人关系的思考中,荀子较之前的儒家,思考的方向及维度,皆有新的突破,尤其是"明于天人之分",最为学界熟知。荀子在"天人相分"方面走得更远。《荀子·天论》云:

> 天行有常,不为尧存,不为桀亡。应之以治则吉,应之以乱则凶。强本而节用,则天不能贫;养备而动时,则天不能病;修道而不贰,则天不能祸。故水旱不能使之饥,寒暑不能使之疾,妖怪不能使之凶。本荒而用侈,则天不能使之富。养略而动罕,则天不能使之全。倍道而妄行,则天不能使之吉。故水旱未至而饥,寒暑未薄而疾,妖怪未至而凶。受时与治世同,而殃祸与治世异,不可以怨天,其道然也,故明于天人之分,则可谓至人矣。
>
> 天不为人之恶寒也,辍冬,地不为人之恶辽远也,辍广,君子不为小人匈匈也,辍行。天有常道矣,地有常数矣,君子有常体矣。

天的存在与运行,有自己的规律,不为人所改变,此即"天有常道"。虽然天人有分、天有常道,但天人之间并非完全各自独行。人能循着天之常道而行,则吉福常存;反之,则凶祸加身。

《荀子·天论》:"不为而成,不求而得,夫是之谓天职。"这是荀子对"天"的一个基本认识。荀子论天,"自然天"的意味非常浓郁。《荀子·天论》:"列星随旋,日月递照,四时代御,阴阳大化,风雨博施,万物各得其和以生,各得其养以成,不见其事而见其功,夫是之谓神。皆知其所以成,莫知其无形,夫是之谓天。唯圣人为不求知天。"正因明白了"天职",是以圣人不去追寻、探究"天"何以成,何以得。此谓"不求知天"。《荀子·天论》:"如是则知其所为,知其所不为矣;则天地官而万物役矣。其行曲治,其养曲适,其生不伤,夫是之谓知天。"对天道的变化,及"天"的"所为"与"所不为",此谓"知天"。"不求知天"与"知天",看似矛盾,其实不然。"知天",是知"天有常道";"不求知天",是不去探究天何以成、何以得的问题。"不求知天"的态度,使荀子对"自然天"的探究排除在外,丧失了追寻自然宇宙科学的动因。

荀子的"天"并非严格意义上的"自然天",天不仅有创生的意义,且是一个自成善道的系统,此即"不为而成,不求而得。"荀子的"不求知天",不再关注

"天"本身的成因；荀子的"知天"，使人明白了天有常道，不因人改，应之则吉，逆之则凶的道理。因此，人能做的、需要做的，只有循着、顺着"天"，达到避凶趋吉的目的，圣人便是这样的代表。《荀子·天论》云："圣人清其天君，正其天官，备其天养，顺其天政，养其天情，以全其天功。"是以荀子言："天地生之，圣人成之。"（《荀子·富国》）天君、天官、天情等概念，将人的功能前冠以"天"，是将人自身与天进行类比，是"顺天""循天"的具体表现。

"明于天人之分"，既要明白天人不仅有别，天的职分、功能为何，又要明白人应该所持的态度。在"明于天人之分"的前提下，人应做的，不是探求天之何以成、何以得的问题，而是应"参天地"而行，以顺应天之常道，是以《荀子·天论》云："天有其时，地有其财，人有其治，夫是之谓能参。舍其所以参而愿其所参，则惑矣。"人应如何"参天地"？《荀子·天论》云："大天而思之，孰与物畜而制之！从天而颂之，孰与制天命而用之！望时而待之，孰与应时而使之！因物而多之，孰与骋能而化之！思物而物之，孰与理物而勿失之也！愿于物之所以生，孰与有物之所以成！故错人而思天，则失万物之情。""物畜而制之""制天命而用之""应时而使之""骋能而化之""理物而勿失之"，皆是在认清了天的职责、功能后，人努力去遵循、顺应来使自身的生活更加美好，此过程即是"参"的过程。人要充分发挥自身最大的能动性，去理解、明了万物之理，而并非是空思天之何以成、何以得的问题，只有"制之""用之""使之""化之""勿失之"，才是真正的"明于天人之分"，才是真正意义上"应之以治则吉"的具体内容。

天遵循自己规律的变化运行，即是"天德"。"天德"是王者之政之所本。《荀子·不苟》："变化代兴，谓之天德。"《荀子·王制》："贤能不待次而举，罢不能不待须而废，元恶不待教而诛，中庸民不待政而化。分未定也，则有昭缪。虽王公士大夫之子孙，不能属于礼义，则归之庶人。虽庶人之子孙也，积文学，正身行，能属于礼义，则归之卿相士大夫。故奸言奸说、奸事奸能，遁逃反侧之民，职而教之，须而待之，勉之以庆赏，惩之以刑罚。安职则畜，不安职则弃。五疾，上收而养之，材而事之，官施而衣食之，兼覆无遗。才行反时者死无赦。夫是之谓天德，是王者之政也。"王者之政，即要遵循、顺应"天德"，积极于人事，"道"便在于人世间，是以荀子言："道者，非天之道，非地之道，人之所以道也，君子之所道也。"（《儒效》）"道也者何也？曰：礼义辞让忠信是也。"（《强国》）"礼者，人道之极也。"（《礼论》）最终"礼"成为"道"的载体与表现，"礼"蕴含着天地与人世间的秩序与善道，是以荀子言："礼有三本：天地者，生之本也；先祖者，类之本也；君师者，治之本也。无天地，恶生？无先祖，恶出？无君师，恶治？三者偏亡，焉无安人。故礼，上事天、下事地、尊先祖而隆君师。是礼之三本也。"（《礼论》）礼治，便成为荀子治理人世间的主张。

圣人是"全其天功"之人，王政是顺应"天德"之政，而"圣王"正是荀子思想中的理想典范,也是人之为学的内容和目的。《荀子·解蔽》云:"故学也者,固学止之也。恶乎止之?曰:止诸至足。曷谓至足?曰:圣也。圣也者,尽伦者也;王也者,尽制者也;两尽者,足以为天下极矣。故学者,以圣王为师,案以圣王之制为法,法其法以求其统类,以务象效其人。"圣王是"尽伦""尽制"的完美结合。伦,伦理,基于血缘关系的家庭伦理(人伦道德)与基于家庭伦理向外扩展的社会伦理(儒家礼义内涵)。制,制度,治理天下之法则。"伦"与"制",已经完全属于人世间的问题,这也进一步印证着荀子所言,"道者,非天之道,非地之道,人之所以道也,君子之所道也。"这也是在荀子的思想中,"隆礼重法"一再被强调的原因所在。这在荀子看来,是"明于天人之分",是顺应"天德"之举。

荀子对天人关系的思考,是先秦儒家天人关系认识史上的一次重大突破,"明于天人之分",是其天人关系的核心内容。"不求知天",使其思考的目光,转向了人世间。荀子追求的"道",也就成了以成君子的人道,"礼"成为"道"的载体,礼治成为荀子治理人世间的主张。天有常道,应之则吉、逆之则凶的认识,明确了人应循着、顺着"天",这是人应秉持的态度,及努力的方向和目标。人"参天地"的结果,尽伦尽制的"圣王"成了人们学习和效仿的对象。圣王之道,成为荀子思想的特质。能尽伦尽制,便是合于"天德",这是荀子的"天人合一"所指,只是此"人合天德"的"天人合一"模式,在先秦儒家天人关系认识上,是一次重大的变革和创新。

五、结语

"天人合一",是原始思维中天人关系的常态,此与先民的宗教、思维,以及社会发展状况皆有密切关系。此期,人处于屈从、讨好的地位,相对于内心的"敬"而言,内心的"畏"占据着更主要的地位。"绝地天通",虽然对早期宗教与王权有着重要的意义,但就天人关系而言,只是形式发生着变化,由"家为巫史"走向了"人间王"的垄断。直到人文精神的觉醒、人性的回归,中国文化迎来了自己的"轴心时代","天人合一"走向了新的阶段,商周剧变起到了划时代的作用。"天"不再是鬼神世界,而是"道"的蕴含者、"德"的生发者,人不再屈从于天,而是主动追求"与天合德"。

"轴心突破"后的"天",虽然不再是纯粹的鬼神世界,但其在思想家眼中却显得异常复杂,甚至不同的"天"交织在一起。孔子孜孜以求的"仁",最高境界,无疑是聆闻于道、与天合德。但"修德"并不能解决现实中所遇到的穷达祸福问题,孔子一生的际遇,是"大德未受命"的写照。"修德"是否有必要?"与天合德"是否可能?这都是儒家需要解决的理论问题。郭店简《穷达以时》的出土,使我们看到儒家在这一问题上有过深入的思考,且从理论上予以最终解决。穷达祸福,是"时""遇"问题,非人力所能控制,在这一点上,人要有清醒的认识,要看到"天人有分",这是人对"命运之天"的态度。唯有以"天人有分"的态度对待"命运之天",人才能在追求与"道德之天"的"天人合一"时,不再迷茫,也不为人世间所遇到的穷达所困扰。从儒家"天人合德"思想发展历程来看,《穷达以时》非常关键且必不可少,但此问题一旦在理论上得以解决,思想家便把主要目光投入到如何"与天合德"的问题上,这很有可能是《穷达以时》最终湮灭于历史尘埃中的主要原因。孟子思想中,"德"已根植于人心,"天人合德"理论臻于完善。荀子并未在"天人合德"道路上继续前进,他不认同"德由心生",从而断绝了"天人合德"的可能。在"天生人成"的认识下,荀子开启了"人合天德"的"天人合一"模式,这在儒家天人关系论中,是一次重要的变革和创新。

周秦人名解诂二考

熊贤品（湖南师范大学历史文化学院）

摘　要：本文就两则周秦人名进行解诂，包括先秦人名有用"牙"者，如"鲍叔牙"、"伯牙"、齐灵公子"牙"、"易牙"及姜太公"吕牙"等，上述"牙"应读为常见的人名"舆""與"或"虞"，"叔牙"也即常见先秦人名"叔虞"，"鲍叔牙（虞）"和"唐叔虞"正相类似。秦二世之名"胡亥"，应读为"胡耇（耆）"，意为长寿。

关键词：鲍叔牙；王引之；人名；牙；胡亥

从现代的人名用字习惯来看，先秦人名显得很不同，学界曾有专门研究[①]。其中一些先秦人名用字，在当代很少见，比如有用"牙"为名者，包括"鲍叔牙"、"伯牙"、"易牙"、齐灵公子"牙"、鲁庄公异母弟"叔牙"，及齐太公"吕牙"等。但对于上述人名用字"牙"的理解，似乎还有可议之处。近期笔者对此有所思考，现撰为此文，并祈同好赐正。

一、古人名"牙"解训

相关先秦时期人名"牙"资料，主要如下：

（1）鲍叔牙。人名"鲍叔牙"的记载，除相关传世文献外，尚见于上博简第五册《竞建内之》简1、5、6、9，与《鲍叔牙与隰朋之谏》简7、9中，字形隶定为"䜩"，《玉篇》："䜩，古文牙。"据此学界认为本字可读"牙"。目前一般认为，"鲍"为氏，"叔"为行次，而"牙"可能为名，不过也有学者对"牙"是否为人名存疑[②]。

（2）伯牙。在传世文献中多见，如《吕氏春秋·本味》："伯牙鼓琴，钟子期听之。"汉高诱注："伯姓牙名，或作雅；钟氏期名，子皆通称。悉楚人也。"不过值得注意的是，后世名为"俞伯牙"者，实误，系由明冯梦龙《俞伯牙摔琴谢知音》所杜撰伯牙姓俞、字伯牙而来，实不可从。

[①] 相关论著如清王引之《春秋名字解诂》，周法高《周秦名字解诂汇释（补编）》，吉常宏、吉发涵《古人名字解诂》等，此外相关论著甚多，此不详列。
[②] 陈美兰：《战国竹简东周人名用字现象研究——以郭店简、上博简、清华简为范围》，艺文印书馆股份有限公司，2014年，第51页。

（3）齐太公。齐太公名号甚多①，所见名号中有"牙"字者，包括四种情况，即"吕牙"，《孙子兵法·用间篇》："昔殷之兴也，伊挚在夏；周之兴也，吕牙在商。"还有"姜牙"，见于《史记·齐太公世家》："太公望吕尚者，东海上人。"司马贞《集解》引谯周《古史考》："（太公望）姓姜，名牙，炎帝之裔，伯夷之后"。而其自按：

> 后文王得之渭滨，云"吾先君太公望子久矣"，故号太公望。盖牙是字，尚是其名。

还有"姜子牙"，出现时代稍晚，如唐代方干有诗"姓名未及陶弘景，髭鬓白于姜子牙"，后《新唐书·宰相世系表》记载："吕尚，字子牙，号太公望。"

此外，还有"君牙"，在清华简《良臣》中有如下记载：

> 武王有君奭，有君陈，有君牙，有周公旦，有召公，遂佐成王。

其中周公旦、召公都很明确，而君奭即召公保奭。程浩先生曾推测，"君陈"或为曹叔振铎，"君牙"而则可能是太公望②。关于"君牙"为齐太公之推测，应当是合理的。

（4）齐灵公子"牙"。《史记·齐太公世家》载，齐灵公有子，名为"牙"：

> 二十八年，初，灵公取鲁女，生子光，以为太子。仲姬、戎姬。戎姬嬖，仲姬生子牙，属之戎姬。

由此而类推，《孙子兵法·用间篇》中所见的"吕牙"、清华简《良臣》之"君牙"，情况可能都与之同，都是名字为单字"牙"。

（5）易牙。《左传·僖公十七年》记载：

> 雍巫有宠于卫共姬……齐桓公卒，易牙入。杜注："雍巫，雍人名巫，即易牙"。孔疏："此人为雍官，名巫，而字易牙也"。

文献或由通假而作"狄牙"等。同时，"易牙"作为人名，也见于上博简第五册《竞建内之》简10，与《鲍叔牙与隰朋之谏》简6，对应于传世文献中的人名"牙"字，形体也为"䎽"。

学者一般认为"巫"为名、"易牙"为字。不过，也有学者认为应当反过来，应当是"易牙"为名、而"巫"为字。对此，陈美兰认为：

> "易牙"与"巫"若是一名一字，不管何者为名，何者为字，以目前所见，难以推敲此名字之关系。③

我们认为这一看法是比较慎重的，此从之。

（6）鲁庄公异母弟"叔牙"，见于《左传·庄公三十二年》"秋七月癸巳，公子

---

① 相关资料参考仝晰纲、王耀祖辑《姜太公研究资料汇编》，山东文艺出版社，2006年。
② 程浩：《君陈、君牙臆解》，《深圳大学学报》（人文社会科学版）2013年第1期。
③ 陈美兰：《战国竹简东周人名用字现象研究——以郭店简、上博简、清华简为范围》，第59页。

牙卒"等记载,其后人则为"叔孙氏"。

(7)在周代金文中也还有一些以"牙"为名者,目前所见有3条,包括西周晚期的㞋敖簋盖(《集成》4213),有铭文"戎献金于子牙父百车"等。还有春秋早期的叔牙父鬲(《集成》674),其铭文为"吊(叔)牙父作姞氏尊鬲,子子孙孙永宝用";鲁大宰簠(《集成》3987),其铭文为"鲁大宰原父作季姬牙媵簠,其万年眉寿永宝用"。其中鲁大宰簠国别明确属鲁。

此外,包山楚简第107号简中有人物"鄵陵攻尹",其名为单字,或隶定为"忌"①,或隶定为"讶"②,如果隶定为"讶"可信,则不知其是否也是以"牙"为名。

据此,我们梳理上述9条以"牙"为名的先秦人物资料,从地域角度来看,包括齐国4人(鲍叔牙、齐太公、易牙、齐灵公子"牙")、鲁国2人(鲁庄公异母弟"叔牙"、叔牙父鬲中"叔牙父")、楚国1人(伯牙),及国别不详2人。由此,似乎可以得出两个初步印象:(1)以"牙"为名者,齐鲁地区占了绝大部分;(2)齐、鲁、楚等诸国都有以"牙"为人名者,似乎说明作为人名之"牙",在内涵上应当有共同处。

关于上述人名用字"牙"的理解,此前有学者进行了一些讨论。视角之一,是总体性的论证,如:

第一,结合民俗信仰的角度,认为"牙"是猛兽的两大利器之一,受到古人的崇拜,而人们希望自己也能如此坚固。由此,古人也把"牙"作为人名用字。

按,此说较为新颖,但缺乏确证。问题在于,一则古往今来,以"牙"为正式名字者,极其少见。二则从先秦时期的信仰及崇拜来看,古人关于獠牙这一要素的使用,主要有两个方面,包括如大汶口文化葬俗的"手中握牙"习俗,与长江流域等的相关獠牙图案、图像,如石家河文化出现的人面獠牙玉人像等。第三,古人名、字间多有联系,此说也无法解释齐太公名字"尚""牙",与齐"雍巫""易牙"之间名字的关系。因此,我们认为这一解释也是缺乏说服力的。

第二,也有的学者认为,"牙"通"伢",即"小孩子","鲍叔牙就是鲍家的三小子"③。但明显可见,上述9例先秦人物名称的"牙",应当为名或字,而非表示小孩子泛称的"伢"。并且,用后世用"伢"为名者,主要还是用于小名,而非正式的名称。从齐鲁人物如齐太公等,名称多用"牙"的共性来看,若是用"伢"来解释的话,无疑是不妥的。

也有学者就上述人物之名,分别具体进行考述:

---

① 何琳仪:《战国古文字典》,中华书局,1998年,第511页。
② 刘信芳:《包山楚简解诂》,艺文印书馆,2003年,第101页。
③ 谭汝为:《人名春秋——姓名文化古今谈》,商务印书馆,2016年,第48页。

第一，关于伯牙，前引汉代高诱"伯姓牙名，或作雅"，高诱在注解伯牙之名的时候，提出"牙"或可读为"雅"。按，《左传·昭公二年》记载有齐"子雅氏"，据《世本》记载，为"齐惠公之孙公子栾坚之子公孙灶子雅之后"（秦嘉谟辑本）。此外，《后汉书·鲍昱传》记载"子昂，字叔雅，有孝义节行"。上述"子雅"都为古人之字。按，此说有其道理所在，因为目前我们还不知道完备的伯牙名与字。问题在于，同样从古人名、字意义相关的角度而言，若从"牙"读"雅"之说，则齐太公名字中的"尚""牙（雅）"，就没有太密切的关系了。因此，我们认为，"伯牙"之"牙"，或可理解为"雅"，但齐太公名字"牙"不应如此理解。

第二，关于吕牙，清代王引之提出了两种看法，认为"尚之言当也，樘也；牙之言梧也，伍也……伍之为当，犹牙之为尚也"，又推测"尚读为堂，牙读为序"①。肖晓晖先生认为上述论断"似皆较曲折，且缺少类似的名字作为佐证"，而他则结合出土文献的用字习惯，认为"牙"可读为"举"，"尚"与"举"都有"推举"之义，正符合古人名、字用意有联系的习惯②。

第三，关于易牙，主要意见如：（1）方以智认为应当名"亚"，"亚"为"牙"之转音，而"巫"则为"亚"之讹。（2）张澍认为，"易（狄）"为"远"之意，"牙"则应当读为"雅"，其名"易（狄）牙（雅）"者，"盖以巫之所为，远于雅道也"。（3）陶方琦认为，"雍人"为膳夫，"牙在口舌之间，故名巫字牙"③。（4）清代胡元玉认为，易，治疗也；'易牙'盖治牙疾之谓"④。（5）杨树达认为，"狄示其族，牙为其名"。

按，上述诸说也都存在一些问题，如观点（1）认为"巫"是"亚"之讹，缺乏证据，并且也和出土文献中所见"易舀"人名冲突。观点（2）、（4），则似乎是从具体的事项，来反推"易牙"之含义。但从人之名、字的来源看，应当是出生、成年后不久取得，而非追溯成年后的职业而来，因此也缺乏说服力。观点（3）的立论基础是"雍人"为"膳夫"，如有学者解释"雍谓饔人，即职膳厨事"⑤。但是从《左传》"雍巫有宠于卫共姬"的文本来看，此处的"雍巫"也有可能是"雍地之巫"，雍应当为地名，而不表示"膳夫"。此外，从古人名、字关系的对应方面来看，此说将"牙"如字读，在含义上就与"巫"没有直接联系了，也是其尚待论证之

---

① ［清］王引之：《春秋名字解诂》，《春秋战国史研究文献丛刊》（第二册），国家图书馆出版社，2009年，第62页。
② 肖晓晖：《试论名字解诂之原则及方向》，《陕西师范大学学报》（哲学社会科学版）2018年第6期。
③ 周法高：《周秦名字解诂汇释补编》，中华丛书编审委员会（台北），1964年，第115页。
④ ［清］胡元玉：《驳〈春秋名字解诂〉》，《春秋战国史研究文献丛刊》（第二册），国家图书馆出版社，2009年，第285页。
⑤ ［春秋］左丘明著，李梦生注释：《左传今注》，凤凰出版社，2008年，第148页。

处。至于观点（5）杨树达先生的意见，前引陈美兰论著已指出，此说不大合乎战国出土文献中的人名形式。因此，本文认为上述意见大都缺乏确证，无法与先秦文献相呼应。

相较而言，肖晓晖先生结合出土文献用字情况，来分析齐太公之名的思路，是比较可取的。不过系统分析9例先秦"牙"字人名资料，本文的意见有所不同。

笔者以为，这一人名用字"牙"，或可以读为"舆/與/虞"。从古音而言，"舆/與"为喻纽（三等）鱼部，"虞""牙"均为疑纽鱼部，二者韵部相同，就声母而言，上古喻三归匣、而与疑纽同为牙音而旁纽。因此，"牙"和"舆/與/虞"古音是相近的。

同时文献中也有相关用例，如"牙""與"互作用例，郭店楚简《唐虞之道》"先圣牙（與）后圣"，此处的"牙"正读为"與"，而相关的用例在楚简中还甚多①。可见，"牙"确可以读为"與/虞"。

与此相关的是，"舆"从车，舁声；"與"从舁、从牙，舁、牙皆为舆的声符。"牙""舆"古音也是接近的。虽然目前在相关文献中还没有"牙""舆"互作的直接用例，但从前述"牙""與"互作用例来看，"牙""舆"通假也应当是可以成立的。

至于"牙"（疑纽鱼部）、"虞"互作，文献也有相关用例，"虞"从"虍""吴"（疑纽鱼部）声，而段玉裁注《说文》"虞"字的时候指出，"騶虞"，《山海经》《墨子》作"騶吾"，《汉书·东方朔传》作"騶牙"，"皆同音假借字也"②。因此，"牙""虞"通假也是可以成立的。

据此，我们认为，作为人名用字的"牙"，可以根据具体的行文，分别读为"舆""與"或者"虞"。

由此，就鲍叔牙而言，作为人名的"叔牙"（包括"鲍叔牙"，与春秋时鲁庄公异母弟"叔牙"），也就是"叔舆"或者"叔虞"了。而上述人名在先秦时比较常见：

（1）人名"叔舆"，如《说苑》卷六"周内史叔舆闻之曰：'文公其霸乎！昔圣王先德而后力，文公其当之矣'"，此处记载有周代人物"叔舆"。

（2）人名"叔虞"，如"唐叔虞"，《左传·昭公元年》"唐人是因。以服事夏商。其季世曰唐叔虞"，《史记·晋世家》："周公诛灭唐。成王与叔虞戏，削桐叶为珪以与叔虞……于是遂封叔虞于唐。唐在河、汾之东，方百里，故曰唐叔虞。"

而"鲍叔牙（虞）"之名，正可与"唐叔虞"相对应。进而，相关的其余"牙"人名，也可以得到新的解释：

---

① 白于蓝：《简帛古书通假字大系》，福建人民出版社，2017年，第369页。
② [汉]许慎撰，[清]段玉裁注：《说文解字注》，上海书店出版社，1992年，第209页。

（1）齐灵公子"牙""伯牙""易牙"之"牙"，周代人名有单字为"虞"者，如《左传》哀公元年"秋七月辛酉，滕子虞母卒"，此处有"滕子虞"。又如前述"唐叔虞"，"叔"为行次，而"虞"则为名，《潜夫论》卷七《梦列》记载"在昔武王，邑姜方震太叔，梦帝谓己：'命尔子虞，而与之唐。'及生，手掌曰'虞'，因以为名"。同样，周代也有单名为"舆"者，如《世本》"少康子名杼也"，注"宋衷曰'少康之子舆也'"（陈其荣辑本）。同时，周代还有名为"伯舆"者，如《左传·襄公十年》记载，"王叔陈生与伯舆争政。王右伯舆"，《国语·周语》记载"郤至归，明年死难。及伯舆之狱，王叔陈生奔晋"，此"伯舆"为周大夫。因此，齐灵公子"牙""伯牙""易牙"之"牙"，可以读成先秦时期常见的人名用字"舆""与"或"虞"，而对照《左传》《国语》中的"伯舆"人名，则人名"伯牙"似乎也可以读为"伯舆"。

（2）从前引《左传·僖公十七年》的记载来看，"巫"为名、"易牙（舆/虞）"为字。联系到楚申公巫臣、字"子灵"，名字中的"巫""灵"相互关联一样，此处的"巫""牙（虞）"之间应当有联系。按，"虞"为古代之祭祀，既葬而祭叫虞，有安神之意。《礼记·檀弓下》："有司以几筵舍奠于墓左，反，日中而虞。"《释名·释丧制》："既葬，还祭于殡宫曰虞。谓虞乐安神，使还此也。"而"巫"的职责包括从事祈祷、卜筮等，《周礼·春官·司巫》："司巫掌群巫之政令。若国大旱，则帅巫而舞雩；国有大灾，则帅巫而造巫恒。"《史记·魏其武安侯列传》："使巫视鬼者视之。"可见"巫""虞"在祭祀方面有关联。由此，齐国"易牙（虞）"为字、"巫"为名，或正与此有关。

（3）"君牙""吕牙"之"牙"为名，后世称"姜子牙"系由此而来，其中的"子"应当是美称。《左传·成公二年》，有"韩厥梦子舆谓己"的记载，提到有人名"子舆"，《史记·仲尼弟子列传》也记载孔子子弟"曾参，南武城人，字子舆"。此外，春秋时期的晋国士蒍、战国时期的孟子，也都字"子舆"。不过严格来看，上述同字"字舆"之人，他们的字其实还是应当有一些区别，晋国士蒍其实应当字"子舆"，清代俞樾引《管子》"自妾之身，不为人持接也"，尹知章注"为，尤与也"，可见"与"和"蒍（为）"意思接近，从而指出，士蒍之"蒍"读为"为"，而其字"舆"读作"与"①，此说可从。

据此，齐太公之名"牙"，当读为"与"。"与"也有"称赞、赞扬"之意，如《论语·述而》："与其进也，不与其退也。"《汉书·翟方进传》："定陵侯长已伏其辜，君虽交通，传不云乎，朝过夕改，君子与之，君何疑焉？"颜师古注："与，许也。"而"尚"在文献中也有"尊尚""喜好"之意，如《诗经·齐风·著》："尚

---

① ［清］俞樾：《〈春秋名字解诂〉补议》，《春秋战国史研究文献丛刊》（第二册），国家图书馆出版社，2009年，第225—226页。

之琼华乎而。"孔颖达疏:"尚,谓尊尚。"《国语·晋语八》:"刚而尚宠。"韦昭注:"尚,好也。"由此可见,齐太公名尚、字牙(與),正符合古人名、字用意相关联的用法。

由此,结合出土文献中的用字情况,我们认为传世文献中古人名所用的"牙",可以根据具体文本,分别读为常见的人名用字"舆""與""虞"等,并且可以分别相互对比:

(1)读为"虞",如"鲍叔牙(虞)"、春秋时鲁庄公异母弟"叔牙(虞)"之名,似可以和"唐叔虞"相对应;相近的还有名"巫"的齐国"易牙(虞)"。

(2)读为"舆",如楚国的"伯牙(舆)"。

(3)读为"與",如姜太公之名"君牙""吕牙(與)"等。

至于齐灵公子"牙""子牙父"(屖敖簋盖《集成》4213)、"叔牙父"(叔牙父鬲《集成》674)、"季姬牙"(鲁大宰簠,《集成》3987),由于资料有限,无法得知完整的名字资料,目前还不能确定其读法为"舆""與""虞"之一,亦或有其他读法。

而由此似可引出的一个问题是,先秦人名用"牙"者似多见于齐鲁地区。《吕氏春秋》等传世文献,及相关战国楚简,都将上述齐鲁地区人名写作"牙",而没有写作"舆""與""虞"。目前学界多认识到,记载有"鲍叔牙""易牙"等人名的上博简《竞建内之》与《鲍叔牙与隰朋之谏》篇,其底本可能源于齐国①。由此,据传世文献等所体现的人名"牙"字用作"舆""與""虞"现象,是否同样可推测、反映古人整理古书时,其所据底本也源于齐国,似乎还是可以进一步讨论的。

二、"胡亥"解诂

秦二世之名"胡亥",文献所见多与"秦亡于胡"的谶言相联系,如《史记·秦始皇本纪》:"燕人卢生使入海还,以鬼神事,因奏录图书,曰'亡秦者胡也'。始皇乃使将军蒙恬发兵三十万人北击胡,略取河南地。"《集解》引郑玄注说:"胡,胡亥,秦二世名也。秦见图书,不知此为人名,反备北胡。"这里将蒙恬北上逐胡,归结于"秦亡于胡"之谶语。按,学界已经指出此说不可信,因为本事发生于公元前216年,而在此前的公元前220年,秦始皇已经对北地等有巡查,并进行经营②。蒙恬北上逐胡,应当和秦国经营北方有关,而不是源于偶发的"秦亡于胡"之谶。

在一些地方上,也流传着用方言而解释"胡亥"之名的用法,比如认为:(1)胡亥的母亲为平襄县(今甘肃省通渭县)胡人,当地将"祸害"称为"胡亥"。(2)认为"胡亥"就是"胡害"或"候害",是呵斥小孩子不要动的意思。按,我们认

---

① 苏建洲:《〈上博楚竹书〉文字及相关问题研究》,万卷楼图书有限公司,2008年,第245页。
② 李大龙:《汉代中国边疆史》,黑龙江教育出版社,2014年,第20页

为,"亥"为常见的先秦人名,如殷先公"王亥",春秋鲁季公亥,此外,秦汉私印中所见名"亥"者也众多。因此,"亥"似乎不必理解为"害"。

结合古书中的相关资料,我们认为,秦二世之名"胡亥",应读为"胡耇(耈)",意为长寿。"亥"(匣纽之部)可以读为"耇"(见纽侯部),二者声母匣、见同为牙音而旁纽,韵部之、侯旁转,故"亥""耇"读音接近①。

"胡"本就有"长寿"之意,段玉裁《说文解字注》:"《士冠礼》'永受胡福',郑曰:'胡犹遐也。'毛传:'胡,寿也。'《谥法》:'弥年寿考曰胡。保民耆艾曰胡。'皆谓寿命遐远。"《释名·释长幼》:"九十曰鲐背……或曰胡耇,咽皮如鸡胡也。"《诗经·周颂·载芟》:"有椒有馨,胡考之宁。"毛传:"胡,寿也。"《左传·僖公二十二年》:"且今之勍者,皆吾敌也,虽及胡耇,获则取之;何有于二毛?"孔颖达疏:"胡是老之称也。"

"胡亥"也就是"胡耇(耈)",意为长寿。《左传·僖公二十二年》:"虽及胡耇,获则取之,何有于二毛?"杜预注:"胡耇,元老之称。"孔颖达疏:"《谥法》:'保民耆艾曰胡。'胡是老之称也。《释诂》云:'耇,寿也。'"《释名·释长幼》:"〔九十〕或曰胡耇,咽皮如鸡胡也。"也就是金文中的"黄耇",如史墙盘"黄耇弥生",表示长寿之意。《诗经·小雅·南山有台》"遐不黄耇",高亨注:"黄耇,老寿也,年老则发黄"。及金文中常见的"黄耇万年""眉寿黄耇""黄耇万年"等。

因此,我们认为"胡亥"之意,也可能多取"长寿""高寿"之含义。且以"长寿"为名者古今多见。据此,我们认为秦二世之名"胡亥",似可读为"胡耇(耈)",其意为长寿。

2019年郑州中华之源与嵩山文化研究会第六批青年课题《中原地区商周人名新证解诂》的阶段性成果。

---

① 不过,值得注意的是,目前笔者还没有发现"亥""耇"的相关互作用例。

"儒墨互补"视域下孟墨关系研究

薛柏成（吉林师范大学中国思想文化研究所）

摘　要：墨学和儒学的关系是儒墨研究中的重要一环，近代以来，学界从不同角度、不同方面对墨家思想进行了反思、反省，使公允地评价墨子及其学说并比较儒墨的异同有了可能。孟子距杨墨的实质应从人类生存发展的必要条件、墨家"兼爱"理想的超时代性、战国儒墨两家的学派之争去认识，研究孟墨关系问题应该在"儒墨互补"视域下，总结二者的共通性对中华民族精神塑造的作用，同时认识孟墨思想的历史局限性，更好地为今天"文化自觉"及核心价值观的构建提供参考。

关键词：儒墨互补；孟墨关系；文化自觉

历史上儒墨两家学说同是战国显学，声势浩大，两家之间不仅是对立、攻击，还有互相影响和相互吸收。儒家学说的兴盛并不仅仅是靠其本身的优越性，而是吸收了包括墨家学说在内的道家、法家等先秦诸子的学说。历史上唐代韩愈首次明确提出"孔墨相用"。明清学者李贽、焦竑、颜元、汪中、孙诒让等也认为"儒墨相用"。

墨学和儒学的关系是儒墨研究中的重要一环，传统儒家学说的统治地位和孟、荀对墨子的批判，对儒墨关系研究的影响至为深远。在历史上，绝大多数儒者只知紧随孟、荀之后去斥墨，以避"名教罪人"之嫌。极少数有心认真研究墨子及墨家学说者，有的学者则采取隐儒墨之异，显二者之同，尽力融墨于儒，以求取得治《墨子》书的合法地位，这使儒墨关系的讨论步入歧途。近代以来，由于社会剧变，国门开放，西学输入和政体更张，儒学在政治和意识形态领域的统治地位受到极大削弱。这种变化为饱受孟、荀思想禁锢的儒墨关系研究带来了转机，使尽量公允地评价墨子及其学说并比较儒墨的异同有了可能。其中梁启超、章太炎、胡适、鲁迅以及毛泽东等人重视墨家思想与精神的探讨与实践，从不同角度、不同方面对墨家思想与精神进行了反思、反省，这种"儒墨互补"方法论不乏真知灼见，对中国当代的文化自觉不无启迪。

所以，研究孟墨关系问题应该在"儒墨互补"视域下，总结二者的共通性对中华民族精神塑造的作用，同时认识孟墨思想的历史局限性，更好地为今天"文化自觉"及核心价值观的构建提供参考。

一、孟子距杨墨的实质

在孟子时代，真正足以与儒家抗衡并在社会政治舞台上颇有后来居上之势的学派是墨家，因此，孟子把距杨墨当作自己的一项重要使命。《孟子·滕文公下》①载，他的弟子公都子对他说："外人皆称夫子好辩，敢问何也？"孟子曰："予岂好辩哉？予不得已也。……圣王不作，诸侯放恣，处士横议，杨朱墨翟之言，盈天下，天下之言，不归杨则归墨。杨氏为我，是无君也；墨氏兼爱，是无父也。无父无君，是禽兽也。……昔者禹抑洪水而天下平，周公兼夷狄，驱猛兽而百姓宁，孔子成《春秋》而乱臣贼子惧。《诗》云：'戎狄是膺，荆舒是惩，则莫我敢承。'无父无君，是周公所膺也。我亦欲正人心，息邪说，距诐行，放淫辞，以承三圣者。岂好辩哉？予不得已也。能言距杨墨者，圣人之徒也。"孟子这一段批判杨墨的话遂成了历史上孟墨关系对立的证据，后世学者亦推波助澜，贬墨崇儒，那么，孟子距杨墨的实质真是如此吗？笔者认为，此问题应采用一分为二的方法论，辩证地去分析：

首先，应从人类生存发展的必要条件入手来看待这个问题。

《易·系辞下》载："立人之道曰仁与义。"也就是在阶级社会中以仁与义为处理社会问题的根本原则，亦即所谓人类生存发展的必要条件。关于这里仁义的含义，《礼记·中庸》有这样的解释："仁者人也，亲亲为大，义者宜也，尊贤为大。""仁者人也，亲亲为大"是说，首先人不是禽兽，得像人那样生存，讲文明而不是蒙昧，这样有利于人类更好地生存与发展；其次人与人之间要相亲相爱，这是人道之根本，而这种亲爱首先是从家庭亲人之间开始，由此延伸到人群。《孟子》上讲"老吾老，以及人之老，幼吾幼，以及人之幼"，"亲亲而仁民，仁民而爱物"，说的也都是这个意思。墨子"兼爱"显然在阶级社会中是一种理想的大爱，很难实现，即便施行，必将造成社会大乱，所以孟子"无父"的批评是对的；"义者宜也，尊贤为大"，是说处理人与人之间关系要正确合理，这里就有个人道中必须有是非原则、有纪律约束的问题。尊贤为大，实际上是说承认社会分工并遵循由此形成的社会秩序是人道中最基本的是非原则。所以孟子"无君"的批评也是对的。简要地说，孟子距杨墨的实质之一就是围绕着在阶级社会中要不要以父母亲子伦理关系维持基本的家庭结构，要不要以君主为首的统治秩序来维持社会的发展，这是解决社会政治生活问题与经济生活问题所依据的原则或者说基本的指导方针。今天看来，实际上主要都是讲社会分工不可废，由此形成的维护社会运行的秩序不可废，人与人之间的血缘伦常以及政治关系不可废，无政府主义和平均主义不可行。所以，在这一点上，孟子骂墨子骂得对。

其次，应从墨家"兼爱"理想的超时代性来看待这个问题。

《孟子·尽心上》中还记载了这样一句盛赞墨子的话："摩顶放踵，利天下为之。"这又把问题引向了另一方面。"摩顶放踵，利天下为之"充分表达了孟子对墨子的仰慕之意，这与他大骂墨子形成了鲜明的对照。同时代的一些思想家也大大肯

---

① ［清］焦循：《孟子正义》，中华书局，1998年，第447页。

定了墨子心忧天下的"兼爱"理想，《荀子·富国篇》载："墨子之言，昭昭然为天下忧不足。夫不足，非天下之公患也。特墨子之私忧过计也。"《庄子·天下篇》载："不侈于后世，不靡于万物，不晖于数度，以绳墨自矫，而备世之急。"《庄子·天下篇》载："墨子真天下之好也，将求之不得也，虽枯槁不舍也，才士也夫！"《淮南子·泰族训》载："墨子服役者一百八十人，皆可使赴火蹈刀，死不旋踵，化之所致也。"《淮南子·修务训》载："孔子无黔突，墨子无煖席。"可见，在各家看来，"兼爱"思想强调一切人皆应兼相爱是一种崇高的人类理想，这种大爱无私精神足以感天动地，是伟大的，可贵的，用我们今天的话来讲即具有超时代性。

墨家认为："然则兼相爱交相利之法将奈何哉？子墨子言：'视人之国若视其国，视人之家若视其家，视人之身若视其身。'"（《墨子·兼爱中》）墨家兼爱在阶级社会虽然有一定的空想性，它就是要打破家族本位，代之以社会本位；打破人与人之间原有的贫富、贵贱的地位，代之以新的彼此平等的地位。这显然是一种理想主义的爱，它立足于小生产者的道德基础上，但其超时代性更多地表现出人民性、进步性。虽然儒家的差等之爱满足了古代中国社会的普遍需要，但是儒家学派并没有找到解决墨子所指控的那些问题的办法。不管怎样，差等之爱确实会侵蚀社会平等和法律公正的根基，抑制公共利益和公共精神的发育，严重时还可能导致冲突和战争。尽管儒墨之争在以后的中国历史上未能得以延续，但差等之爱和平等之爱之间的紧张状况却一直存在于人们的生活当中。值得强调指出的是，这两种爱之间的紧张关系的模式在今天已经发生了转型，牵涉到更多、更复杂的社会问题，包括公共领域和私人领域的关系问题、政治法律系统和家族系统的关系问题等。实际上，儒家也竭尽全力想解决这些问题，但失败了，因为他们不可能给同一个道德体系放置两块互相矛盾的基石。通观中国历史，差等之爱的道德原则一直占据主导地位，并且有着坚实的本体论理念和强大的文化传统做后盾。相比之下，在中国社会实践平等之爱却极其艰难，因为自从墨学式微之后，平等之爱缺乏来自本体论层面和文化传统上的有力支撑。也许我们可以说，实践平等之爱的困难正是中国人抛弃墨家学说的一个历史代价。如果说墨子时代缺少实践功利主义的条件，封建专制主义盛行，自给自足经济决定了在市场上互利不可能实现，那么今天流行世界的法制、民主、平等精神，则为"兼爱"的推行提供了良好的土壤和气候。英国历史学家汤因比给予墨子学说很高的评价，他说："把普遍的爱作为义务的墨子学说，对现代世界来说，更是恰当的主张，因为现代世界在技术上已经统一，但在情感方面还没有统一起来……只有普遍的爱，才是人类拯救自己的唯一希望。墨子的爱比孔子的爱更为现代人所需要。"所以，在这一点上，孟子骂墨子骂的不对。

第三，应从战国儒墨两家的学派之争来看待这个问题。

首先，墨子作为小生产者的代表，曾先学儒家之术，而后才因思想的分歧而自立学派，庄子认为："非禹之道也，不足谓墨。"《淮南子·要略》记载："墨子……

背周道而用夏政","夏政"即夏道,是讲"亲亲","周道"是讲"尊尊",这是二者最基本的学术之争。作为儒家学派的"亚圣",孟子是维护所谓"周道"的旗手,正如他在《孟子·滕文公下》所讲的:"昔者禹抑洪水而天下平,周公兼夷狄,驱猛兽而百姓宁,孔子成《春秋》而乱臣贼子惧。《诗》云:'戎狄是膺,荆舒是惩,则莫我敢承。'无父无君,是周公所膺也。我亦欲正人心,息邪说,距诐行,放淫辞,以承三圣者,岂好辩哉?予不得已也。能言距杨墨者,圣人之徒也。"可见孟子把"背周道而用夏政"的墨子看成是周公眼中的"夷狄",其学派之争的意味十分明显。虽然孟子骂杨墨是禽兽,主要理由是"无父无君",并未涉及其他学说,也就是说不包括墨家学派的那些具有时代意义的思想内容,从其"我亦欲正人心,息邪说,距诐行",也看出孟子距杨墨主要是属于学派之争,即不是孟墨所有的思想内容都是对立的。

其次,从"杨朱墨翟之言,盈天下,天下之言,不归杨则归墨"一句来看,孟子在此形势下有严重的危机感,他必须要捍卫自己儒家的学派领地,但这并不等于他否认盈天下的墨翟之言有其合理的成分,只是为了维护自己学派的利益而刻意谩骂罢了,换句话说,孟子即使并没有剽窃墨家学说之意,但他要排斥墨家,就必须让当时各阶层知道,墨家那些受人欢迎的思想学说在他所宣扬的儒家学说中同样存在,是很有道理的,从这个意义上讲,孟子在批驳墨子思想的过程中受了墨子思想和价值取向的影响是没有问题的。

二、墨家思想对孟子思想的影响

战国时代以来,周代贵族社会的各种制度全部被破坏。在这种新的历史背景下,儒家学说面临反思和改造,这一项历史使命落在了儒家学派代表人物孟子与荀子身上,在他们对儒学的反思和改造中,吸收了当时不少学派的思想,其中就包括他们曾极力批评的墨家思想,即在批驳墨子思想的过程中也受到墨子思想和价值取向的影响,引入了墨子思想的有关成分,一些学者认为墨子思想与孟子思想有渊源关系,钱穆先生说:"又如孟子辟墨,而其罪战、民贵诸说,实亦渊源墨氏。"[①] 吴龙辉《原始儒家考述》中认为:"在作为孟子核心思想的王道中,墨家学派的那些具有时代意义的进步思想内容基本上都有所体现。虽然孟子也许并没有剽窃举家学说之意",这些看法是很对的,注意到了孟子虽辟墨最力,但是在批驳墨子思想的过程中也受了墨子思想和价值取向的一些影响,并以此丰富了儒家思想的体系这个问题,是可取的。

(一)孟子贵民、重民思想有墨子"利于天下百姓"思想的成分

在墨子的政治伦理中,凡一切从事都要有利于天下百姓和"民",《墨子》一书

---

① 钱穆:《国学概论·先秦诸子》,商务印书馆,1997年,第55页。

中言及"百姓"一词多达 137 处，君王的一切行动的价值取向也在于"利民"，这是墨子思想的一个最重要的特点；《孟子》一书中强调为民之"民"的说辞高达 208 处，充分体现了孟子贵民、重民的思想，顺应了战国时代的社会主题，超出了孔子的思想范围，具有时代意义，其中就明显有墨子思想的成分，比较有代表性的如墨子讲："凡言凡动，利于天鬼百姓者为之；凡言凡动，害于天鬼百姓者舍之。"（《墨子·贵义》）①"昔之圣王禹汤文武，兼爱天下之百姓，率以尊天事鬼，其利人多，故天福之，使立为天子，天下诸侯皆宾事之。"（《墨子·法仪》）"有用之者。于何本之？上本之于古者圣王之事。于何原之？下原察百姓耳目之实。于何用之？废以为刑政，观其中国家百姓人民之利。此所谓言有三表也。"（《墨子·非命上》）

孟子亦讲治理国家，明君圣王的方略也在于"利民"，"诸侯之宝三：土地，人民，政事。宝珠玉者，殃必及身"（《孟子·尽心下》）。"与民同乐也。今王与百姓同乐，则王矣。""保民而王，莫之能御也。"（《孟子·梁惠王下》）在如何富民的措施上，墨家主张以时生财，《墨子·七患》云："凡五谷者，民之所仰也，君之所以为养也，故民无仰则君无养，民无食则不可事，故食不可不务也，地不可不力也，用不可不节也……今岁凶、民饥、道饿，重其子此疚于队，其可无察邪？故时年岁善，则民仁且良；时年岁凶，则民吝且恶。夫民何常此之有？为者疾，食者众，则岁无丰。故曰财不足则反之时，食不足则反之用。故先民以时生财。固本而用财，则财足。故虽上世之圣王，岂能使五谷常收，而旱水不至哉？然而无冻饿之民者何也？其力时急，而自养俭也……桀、纣贵为天子，富有天下，然而皆灭亡于百里之君者何也？有富贵而不为备也。故备者国之重也，食者国之宝也，兵者国之爪也，城者所以自守也，此三者国之具也。故曰以其极赏，以赐无功，虚其府库，以备车马衣裘奇怪，苦其役徒，以治宫室观乐，死又厚为棺椁，多为衣裘，生时治台榭，死又修坟墓，故民苦于外，府库单于内，上不厌其乐，下不堪其苦。"

孟子亦讲不违农时，以时生财："不违农时，谷不可胜食也；数罟不入洿池，鱼鳖不可胜食也；斧斤以时入山林，材木不可胜用也。谷与鱼鳖不可胜食，材木不可胜用，是使民养生丧死无憾也。养生丧死无憾，王道之始也。"（《孟子·梁惠王上》）尤其是孟子的"制民之产"思想更有借鉴墨子思想的地方，《孟子·梁惠王上》说："无恒产而有恒心者，惟士为能。若民，则无恒产，因无恒心。苟无恒心，放辟，邪侈，无不为已。及陷于罪，然后从而刑之，是罔民也。焉有仁人在位，罔民而可为也？是故明君制民之产，必使仰足以事父母，俯足以畜妻子，乐岁终身饱，凶年免于死亡。然后驱而之善，故民之从之也轻。今也制民之产，仰不足以事父母，俯不足以畜妻子，乐岁终身苦，凶年不免于死亡，此惟救死而恐不赡，奚暇治礼义哉！王欲行之，则盍反其本矣。五亩之宅，树之以桑，五十者可以衣帛矣；鸡豚狗

---

① ［清］孙诒让：《墨子间诂》中华书局，2001 年，第 439 页。

彘之畜,无失其时,七十者可以食肉矣;百亩之田,勿夺其时,八口之家可以无饥矣;谨庠序之教,申之以孝悌之义,颁白者不负戴于道路矣。老者衣帛食肉,黎民不饥不寒,然而不王者,未之有也。"这段话与上述墨子《七患》中有关思想极为一致,其中墨子的"则民仁且良;时年岁凶,则民吝且恶。夫民何常此之有?为者疾,食者众,则岁无丰"即孟子的"无恒产而无恒心"之意;墨子的"故民苦于外,府库单于内,上不厌其乐,下不堪其苦。故国离寇敌则伤,民见凶饥则亡"即孟子的"乐岁终身苦,凶年不免于死亡"之意;墨子的"食不足则反之用……故民无仰,则君无养;民无食,则不可事。放食不可不务也,地不可不力也,用不可不节也"即孟子的"五亩之宅,树之以桑""鸡豚狗彘之畜,无失其时""百亩之田,勿夺其时"之意;而孟子的"谨庠序之教,申之以孝悌之义,颁白者不负戴于道路矣。老者衣帛食肉,黎民不饥不寒"又与《墨子·兼爱下》讲的"以兼为正,是以聪耳明目相与视听乎,是以股肱毕强相为动宰乎,而有道肆相教诲。是以老而无妻子者,有所侍养以终其寿;幼弱孤童之无父母者,有所放依以长其身",意义十分相近。

有人认为墨子与民讲"兼爱"下的尚同,孟子与民讲"仁爱"下的王道,这没有问题,但二者的目的是殊途同归,都是为了天下百姓。墨子尚同最终是尚同于天,而天之意志亦在于爱民:"天下既已治,天子又总天下之义,以尚同于天。故当尚同之为说也……今天下王公大人士君子,中情将欲为仁义,求为上士,上欲中圣王之道,下欲中国家百姓之利,故当尚同之说,而不可不察尚同为政之本,而治要也……然则何以知天之爱天下之百姓?以其兼而明之……予之不祥者谁也?则天也。若以天为不爱天下之百姓,则何故以人与人相杀,而天予之不祥?此我所以知天之爱天下之百姓也"。(《墨子·尚同》)孟子讲的"王道"是"保民而王",从这个意义上也可以说明,墨子与孟子的"利于天下百姓"思想是没有原则上的分歧的。不过,孟子更明确地提出了以民为本的"民贵君轻"的思想:"民为贵,社稷次之,君为轻",实际上还是孔子以来儒家"仁学"思想向政治伦理的发展,这与墨子思想是不同的,但是其思路肯定受到了墨子有关思想的影响。

(二)孟子尊贤使能思想有墨子"尚贤"思想的成分

墨子"尚贤"思想与孟子尊贤使能思想是有分别的,墨家基于"兼爱"基础上的尚贤思想,显然较孟子更为彻底,这里与孟子的区别是,孟子虽讲举贤,但基本是限制在和服从于尊尊亲亲的氏族血缘传统范围内,反映着上层贵族们的利益;墨子讲"尚贤"则是要打破这种传统,反对举"骨肉之亲,无故富贵,面目佼好者"。而认为应该不管出身贵贱、血缘远近,唯"贤"是尚,这反映着下层的利益,但孟子尊贤使能思想亦有墨子"尚贤"思想的成分:

首先,墨子与孟子都认为尊贤使能在治理国家中是极为重要的,墨子讲:"今王公大人之君人民,主社稷,治国家,欲修保而勿失,故不察尚贤为政之本也……王公大人为政于国家者,不能以尚贤事能为政也……是故国有贤良之士众,则国家之治厚，贤良之士寡，则国家之治薄。故大人之务，将在于众贤而已。"（《墨子·尚贤》）孟子亦讲："不信仁贤，则国空虚。无礼义，则上下乱。无政事，则财用不足。"（《孟子·尽心下》）"尊贤使能，俊杰在位，则天下之士皆悦而愿立于其朝矣。"（《孟子·公孙丑上》）"天下有道，小德役大德，小贤役大贤；天下无道，小役大，弱役强。斯二者天也。顺天者存，逆天者亡。"（《孟子·离娄上》）

其次，墨子"尚贤"思想与孟子尊贤使能思想均有不拘一格选拔贤能的动意，墨子讲："故当是时，以德就列，以官服事，以劳殿赏，量功而分禄。故官无常贵，而民无终贱，有能则举之，无能则下之，举公义，辟私怨，此若言之谓也。故古者尧举舜于服泽之阳，授之政，天下平；禹举益于阴方之中，授之政，九州成；汤举伊尹于庖厨之中，授之政，其谋得；文王举闳夭泰颠于罝罔之中，授之政，西土服。"（《墨子·尚贤上》）孟子亦讲："舜发于畎亩之中，傅说举于版筑之间，胶鬲举于鱼盐之中，管夷吾举于士，孙叔敖举于海，百里奚举于市。"（《孟子·告子下》）孟子曰："不挟长，不挟贵，不挟兄弟而友。友也者，友其德也，不可以有挟也……士之尊贤者也，非王公之尊贤也。舜尚见帝，帝馆甥于贰室，亦飨舜，迭为宾主，是天子而友匹夫也。用下敬上，谓之贵贵；用上敬下，谓之尊贤。贵贵、尊贤，其义一也。"（《孟子·万章下》）

战国儒家思想为了适应社会大变革的需要，已较孔子时代大大发展了，从而产生了上述孟子等人的说法，甚至是与自己学说相矛盾的观点，这正是思想发展复杂性的反映，而这种与自己学说相矛盾的观点也正是吸收他家思想的一种证明。

（三）孟子有关反战的思想有墨子"非攻"思想的成分

尽管儒墨思想对立，但是孟子对墨子的非攻思想没有异议，《孟子》一书中对战争的危害的描述以及反对战争的态度和理由与墨子文本中的表述大致相似，如《墨子·非攻下》云："今王公大人天下之诸侯则不然，将必皆差论其爪牙之士，皆列其舟车之卒伍，于此为坚甲利兵，以往攻伐无罪之国。入其国家边境，芟刈其禾稼，斩其树木，堕其城郭，以湮其沟池，攘杀其牲牷，燔溃其祖庙，劲杀其万民，覆其老弱，迁其重器，卒进而柱乎斗，曰'死命为上，多杀次之，身伤者为下，又况失列北桡乎哉，罪死无赦'，以憚其众。"孟子亦把不义之战称之为"强战"，加以谴责："君不行仁政而富之，皆弃于孔子者也。况于为之强战？争地以战，杀人盈野；争城以战，杀人盈城。此所谓率土地而食人肉，罪不容于死。故善战者服上刑，连诸侯者次之，辟草莱、任土地者次之。"（《孟子·离娄上》）"今之事君者曰：'我能为君辟土地，充府库。'今之所谓良臣，古之所谓民贼也。君不乡道，不志于仁，而求富之，是富桀也。'我能为君约与国，战必克。'今之所谓良臣，古之所谓民贼也。君不乡道，不志于仁，而求为之强战，是辅桀也。"（《孟子·告子下》）孟子把发动和指挥战争的人称为民贼，斥其是"辅桀"。

另外，墨子虽主张非攻但并不反对正义之战，《墨子·非攻下》云：昔者禹征有苗，汤伐桀，武王伐纣，此皆立为圣王，是何故也？"子墨子曰："子未察吾言之类，未明其故者也。彼非所谓攻，谓诛也。"孟子的战争论与墨子的战争论有着某种明显的对应关系，《孟子·梁惠王下》载："齐宣王问曰：'汤放桀，武王伐纣，有诸？'孟子对曰：'于传有之。'曰：'臣弑其君，可乎？'曰：'贼仁者谓之贼，贼义者谓之残，残贼之人谓之一夫。闻诛一夫纣矣，未闻弑君也。'"可见，墨子讲"诛"，孟子也讲"诛"，二者意义是相同的。

（四）孟子"天意爱民"思想有墨子"天志"思想的成分

墨子与孟子的天命观是不同的，墨子所言之"天"是一个有意志的人格神，孟子所言之"天"具有自然规律的成分。虽然如此，但二者在"天意从民"这一点上有相似之处。

墨子认为天是爱民深厚的，天意即民意的曲折反映，圣王的天下乃是天予之，天子之祭如果天享之，是天受之，百姓才能安之。《墨子·尚贤中》认为："故古圣王以审以尚贤使能为政，而取法于天。虽天亦不辩贫富、贵贱、远迩、亲疏、贤者举而尚之，不肖者抑而废之。然则富贵为贤，以得其赏者谁也？曰若昔者三代圣王尧、舜、禹、汤、文、武者是也。"而且天意爱民深厚："且吾所以知天爱民之厚者，不止此而足矣。曰杀不辜者，天予不祥。不辜者谁也？曰人也。予之不祥者谁也？曰天也。若天不爱民之厚，夫胡说人杀不辜，而天予之不祥哉？此吾之所以知天之爱民之厚也。"（《墨子·天志上》）"然则何以知天之爱天下之百姓？以其兼而明之。何以知其兼而明之？以其兼而有之。何以知其兼而有之？以其兼而食焉。何以知其兼而食焉？四海之内，粒食之民，莫不犓牛羊，豢犬彘，洁为粢盛酒醴，以祭祀于上帝鬼神，天有邑人，何用弗爱也？且吾言杀一不辜者必有一不祥。杀不辜者谁也？则人也。予之不祥者谁也？则天也。若以天为不爱天下之百姓，则何故以人与人相杀，而天予之不祥？此我所以知天之爱天下之百姓也。"（《墨子·天志下》）

孟子也认为圣王的天下乃是天予之："尧以天下与舜，有诸？孟子曰：'否。''天子不能以天下与人。然则舜有天下也，孰与之？'曰：'天与之。''天与之者，谆谆然命之乎？'曰：'否。天不言，以行与事示之而已矣。'"（《孟子·万章上》）同时天意爱民深厚，《万章上》云："天视自我民视，天听自我民听。""昔者尧荐舜于天而天受之，暴之于民而民受之，故曰：天不言，以行与事示之而已矣。曰：'敢问荐之于天而天受之，暴之于民而民受之，如何？'曰：'使之主祭而百神享之，是天受之；使之主事而事治，百姓安之，是民受之也。天与之，人与之，故曰：天子不能以天下与人。舜相尧二十有八载，非人之所能为也，天也。尧崩，三年之丧毕，舜避尧之子于南河之南。天下诸侯朝觐者，不之尧之子而之舜；讼狱者，不之尧之子而之舜；讴歌者，不讴歌尧之子而讴歌舜，故曰天也。夫然后之中国，践天子位焉。而居尧之宫，逼尧之子，是篡也，非天与也'。太誓曰：'天视自我民视，天听自我民听'，此之谓也。"（《孟子·万章上》）可见，在"天予天下"与"天意爱民"等层面上,孟子有墨子思想的成分。

(五)孟子辩论时所运用的逻辑思维和表达方式有借鉴墨子思想的成分

孟子曾说他自己最"好辩":"予岂好辩哉?予不得已也。"从《孟子》书中,可以看得出来他在辩论时所运用的逻辑思维和表达方式,有借鉴墨子思想的成分。《晋书·隐逸传·鲁胜》说:"孟子非墨子,其辩言正辞,则与墨同"。如墨子辩论,好讲类、故、法,多运用归谬式类比推理。孟子的辩论方法,完全与墨子一样。就是在教义以及文章的写作、词句的运用上,他也多师法于墨子。诸如"绝长补短""老弱转乎沟壑""挟泰山以超北海"等语,《墨子·非命》云:"古者汤封于亳,绝长继短,而《孟子·滕文公》篇云:"今滕绝长补短,将五十里也。"《墨子·兼爱下》云:"万民多有勤苦冻馁,转死沟壑中者,既已众矣。"《孟子·梁惠王下》亦载:"凶年饥岁,君之民老弱转乎沟壑,壮者散而之四方者,几千人矣。""然则子之失伍也亦多矣。凶年饥岁,子之民,老羸转于沟壑,壮者散而之四方者,几千人矣。"(《孟子·公孙丑下》);《墨子·兼爱上》云:"虽然,不可行之物也,譬若挈太山越河济也。"《孟子·梁惠王》篇亦云:"挟泰山以超北海,语人曰我不能,是诚不能也。"与此语意相类。另外,孟子在文体上对墨子亦有继承。《墨子》一书频繁使用"焉、哉、乎、也"作语助词,这也为孟子所继承。

三、余论

墨子、孟子思想的共通性是中华优秀传统文化传承体系中最重要的一环,在中华民族精神的塑造中发挥了重要的作用,也为我们今天的文化自觉提供了宝贵的思想财富;在当今社会把墨子、孟子思想最优秀的文化基因与当代文化相适应、与现代社会相协调,对完成文化自信的历史使命具有重要意义。

(一)

墨子侠义精神、"利天下"思想与孟子的大丈夫理想人格模式、"民贵君轻"思想是二者最为显著的共通性。墨家思想自其学派消亡后一直以潜性的方式发挥作用,在中华民族精神的塑造中发挥了重要的作用,其侠义人格是中国人的脊梁。墨家侠义精神中的"兼相爱,自苦以为义""杀己以存天下""有力者疾以助人,有财者勉以分人,有道者劝以教人""兴天下之利,除天下之害"等内容是中国历代的"侠义"精神的源头之一。正如鲁迅先生说的那样:"孔子之徒为儒,墨子之徒为侠。儒者,柔也,当然不会危险的。惟侠老实,所以墨者的末流,至于以'死'为终极的目的。"[①] 从先秦时期的"士为知己者死",到宋明时期的"侠之大者,为国为民",到为了中华民族的兴亡抛头颅、洒热血的牺牲,武侠精神经历了一次次的升华,成为中华民族广大民众意识深处的最高伦理价值和行为标准,积淀成为中华民族精神

---

① 鲁迅:《鲁迅全集》第四卷《流氓的变迁》,人民文学出版社,1957年,第123页。

的一部分，深深植根在中国人的性格当中，而墨家侠义精神的影响功不可没。现代以来，每当中华民族到了最危急的关头，中国人民就向世界展示出天下兴亡、匹夫有责的爱国情怀，视死如归、宁死不屈的民族气节，不畏强暴、血战到底的英雄气概，百折不挠、坚忍不拔的必胜信念。其中必然有墨家侠义精神中的"侠之大者，为国为民"思想，这就是中国的脊梁。鲁迅就曾说过："墨子是中国的脊梁。"

《孟子·尽心上》提出了"大丈夫"的理想人格模式："居天下之广居，立天下之正位，行天下之大道；得志，与民由之，不得志，独行其道；富贵不能淫，贫贱不能移，威武不能屈，此之谓大丈夫。"此人格的造就须以"浩然之气"作为其内在的精神支柱："我善养吾浩然之气……其为气也，至大至刚，以直养而无害，则塞于天地之间。其为气也，配义与道；无是，馁也。"（《孟子·公孙丑上》）这种理想人格模式与墨家侠义精神本质是相通的，它要靠日积月累的长期坚持，还须经受长期而艰苦的磨练，其最高境界是杀身成仁，舍生取义，在中国历史上曾经取得了许多志士的认同，作为一种精神力量一直激扬着中华民族自尊自强的品格，只有懂得"大丈夫"人格及其底蕴，才能真正懂得中国文化和中华民族的真精神。同时孟子"民贵君轻"思想强调治国为政要爱民、保民、利民、安民、富民、与民同忧同乐、获得民心，进而安定社会和统一天下（《孟子·尽心上》），深刻地阐述了人民在社会生活中的重要作用，它潜移默化地影响到后世社会生活的各个方面，从而形成了一种心理积淀，有利于培养热爱人民的思想情感。

可见侠义精神与"大丈夫"人格、"民贵君轻"思想是墨子、孟子给我们中华民族留下的宝贵财富，对我们民族的个性，民族的性格，民族的风度和气质的形成产生了重要的影响。

（二）

墨子、孟子思想的比较研究对当今文化自觉与文化自信具有较大的现实意义。

墨子、孟子思想的比较研究能够在一定程度上深化"儒墨互补"方法论的完善，它的创造性转化和创新性发展不仅可以运用在今天的学术研究中，还可以运用到政治、经济、文化等方面的研究和实践当中，为文化自觉提供来自传统的思想参考。孟子思想有"精英文化"之称，而墨子思想有"平民文化"之称，二者思想展现的思想内容特别着重于大众化的福利取得与平民式的自我超升，这一点尤具有现实意义，其在政治、经济、军事、科技、逻辑学、哲学、宗教领域的影响，不可低估，这实际是一种文化自觉。

当前我们正在解构传统文化，塑造中华民族新的精神文化，特别需要在其中贯彻文化自觉与文化自信的方法论，文化自信是主体对自身文化的认同、肯定和坚守。文化自觉是文化自信的前提，文化自信是建立在文化自觉的基础上的。没有深刻的文化自觉，就不可能有坚定的文化自信。这里我们应坚持两个基本原则：

一是坚持以人民为中心。2017年中共中央办公厅、国务院办公厅《关于实施中华优秀传统文化传承发展工程的意见》中认为："坚持以人民为中心的工作导向。坚持为了人民、依靠人民、共建共享，注重文化熏陶和实践养成，把跨越时空的思想理念、价值标准、审美风范转化为人们的精神追求和行为习惯，不断增强人民群众的文化参与感、获得感和认同感，形成向上向善的社会风尚。"

"以人民为中心"无疑是墨子、孟子思想比较研究的重要内容之一，从当前社会现实的发展看，要成为一种主流文化，必须面对中国的政治现实，必须为民众所接受才能实行。所以以墨子、孟子为代表的儒墨文化互补为例，贯彻"以人民为中心"的理念，把所谓"精英文化"与"平民文化"有机对接，是优化中国文化的内在结构，消融西方文化，为今天经济的发展提供思想文化借鉴的必要方式之一。

二是坚持创造性转化和创新性发展。中共中央办公厅、国务院办公厅《关于实施中华优秀传统文化传承发展工程的意见》中认为："坚持辩证唯物主义和历史唯物主义，秉持客观、科学、礼敬的态度，取其精华、去其糟粕，扬弃继承、转化创新，不复古泥古，不简单否定，不断赋予新的时代内涵和现代表达形式，不断补充、拓展、完善，使中华民族最基本的文化基因与当代文化相适应、与现代社会相协调。"探讨以墨子、孟子为代表的"儒墨互补"问题对于重新阐释中国学术史以及当代建设和谐社会都有着重要意义。在当代中国要去除"平民文化"的空想性、非现实性、矛盾性，把它的功利性、现实性、进步性与"精英文化"的超功利性、道德理想主义、坚信人道正义之价值精神等普适性内容有机整合，深入分析和论述儒墨两家思想的互补性，指出两家有机对接的方法和必要性，将"儒墨互补"这一命题运用到我们当今社会生活的各个方面，这应是"儒墨互补"或者说当前以及今后思想文化建设的主要任务。

周初中原地区贵族墓葬铜礼器器用的二系分途

杨 博（中国社会科学院古代史研究所）

摘 要：器物在特定情境下具有特殊的意义。墓葬青铜器用在组合、位置、现象等方面会反映出不同族群文化之特性。中原地区西周初年墓葬的青铜器用存在着食器分置与食、酒器按大类分置两种情况，分别与殷遗民、周人密切相关。遵循殷人器用位置，而器用组合、族氏铭文方面又倾向周人的器用情况，更体现出殷周兴替之际成周及中原地区地方宗族青铜器用之转变。

关键词：中原地区；青铜器用；区位分析

"礼"是商周贵族阶层的日常生活方式，其通过各种仪式化的行为和器物得以体现，即所谓"礼仪"与"礼器"。不同种类之"礼器"被应用于各种"礼仪"中，即称为"器用"。故孔子曰："唯器与名，不可以假人。"青铜器是商周贵族社会政治、伦理、宗教等一切礼仪制度的器用标志。不同等级身份的贵族在不同的礼仪场合所使用的青铜礼器，在种类、数量上是有差别的，有一整套青铜礼器的组合使用方式[①]，即铜礼器在不同情境下，其器用组合、特色会反映出不同族群文化之特性。

综合器用组合关系与族属判断等问题，笔者近来以"青铜器区位分析"来研究这一问题，提出既要分析青铜器之间的组合关系，又要兼顾青铜器在墓葬中的置放位置，还要考虑如时代、等级、性别、地域等不同因素所造成的差异。这种方法侧重位置与组合分析，试图从当时人的角度来分析青铜器的器用问题，以判断族群之特定文化内涵，继而探讨青铜器用所反映之族群认同与社会变迁等问题。

笔者曾对殷末周初贵族墓葬青铜器用组合做过简单讨论，提出早在西周初期，周人似已建立起较完备的以食器为中心的器用组合关系，但就器用位置而言，存在着按大类分置，食、酒水器分置及酒水器聚置，食器分置等三种情形，前两种情形似体现出周人重食的文化特征，后一种强调酒器的置器方式或与殷遗民有关。青铜器用与族群认同之间的关系密不可分。小文曾举高家堡、2003 年庄李村 M9 及灵台

---

① 朱凤瀚：《〈中原地区两周随葬青铜礼乐器制度研究〉序》，见杨文胜《中原地区两周随葬青铜礼乐器制度研究》，大象出版社，2016 年，第 1 页。

白草坡 M2 的例子，以为其器物摆放方式是食器分置，甒罍相邻的形式①，笔者其后又系统讨论了殷墟时期贵族墓葬青铜器器用的区位特征，亦发现这一规律的较普遍存在②。在2017年郑州会议上汇报时，蒙与会诸先生提点，教以对成周及中原地区周初殷遗民贵族墓葬，如洛阳北窑、襄城霍庄、郑州洼刘、鹿邑太清长子口等典型墓葬青铜器器用情况细作考察，故不惮繁缛再次讨论，以求教于师友同好。

一、洛阳地区贵族墓葬青铜器用

洛阳地区西周初期的典型铜器墓葬，即西周铜器一期③，有洛阳东郊铁路局钢铁厂 M1④、1953年洛阳 3：01号墓⑤、1964—1966年北窑庞家沟 M1⑥、1971年北窑"登"墓⑦、1972年洛阳东郊 M13⑧、1998年洛阳五女冢 M1505、M1519⑨、2002年唐城花园 C3M417⑩、2003年洛阳东车站 M567⑪以及瀍河东岸中窑村 C3M575⑫、2007老城北大街 C2M130 等十一座⑬。下文以发现时间为序将上述十一座典型墓葬之青铜礼器器用情况分别讨论。

（一）洛阳东郊铁路局钢铁厂 M1

M1 墓室面积约4.5平方米，简报并未报道随葬器物具体位置关系，只是介绍说墓底中间放小件器物，其他均平放在墓主头部北端。组合关系为（括号内为器物铭文与器物组成，以下同）：

食器：深腹圜底鼎一、兽面纹分裆鼎一、兽面纹双耳圈足簋一、兽面纹提环射甗一（射作尊）。

酒器：兽面纹丫射尊二（丫射）、兽面纹爵二（丫射爵一、🌣父辛爵一）、兽面纹乍父乙觚一、觯一。

---

① 参见拙作《西周初期铜器墓葬礼器组合关系与周人器用制度》，北京大学出土文献研究所编：《青铜器与金文》（第一辑），上海古籍出版社，2017年，第525—540页；《高家堡墓葬青铜礼器器用问题简论》，邹芙都主编：《商周青铜器与先秦史研究论丛》，科学出版社，2017年，第375—381页。
② 参见拙作《青铜礼器的器用内涵与学术价值》，《中国社会科学报》2018年6月4日第5版。
③ 朱凤瀚：《中国青铜器综论》，上海古籍出版社，2009年，第1229—1232页。
④ 傅永魁：《洛阳东郊西周墓发掘简报》，《考古》1959年第4期。
⑤ 河南省文化局文物工作队第二队：《洛阳的两个西周墓》，《考古通讯》1956年第1期。
⑥ 洛阳文物工作队：《洛阳北窑西周墓》，文物出版社，1999年，第28页。
⑦ 洛阳博物馆：《洛阳北窑西周墓清理记》，《考古》1972年第2期。
⑧ 张剑、蔡运章：《洛阳东郊13号西周墓的发掘》，《文物》1998年第10期。
⑨ 洛阳市文物工作队：《洛阳五女冢西周早期墓葬发掘简报》，《文物》2000年第10期。
⑩ 洛阳市文物工作队：《洛阳市唐城花园 C3M417 发掘简报》，《文物》2004年第7期。
⑪ 洛阳市文物工作队：《洛阳东车站两周墓发掘简报》，《文物》2003年第12期。
⑫ 洛阳市文物工作队：《洛阳瀍河东岸西周墓的发掘》，《文物》2006年第3期。
⑬ 洛阳市文物工作队：《洛阳老城北大街西周墓》，《文物》2010年第8期。

(二) 1953 年洛阳 3：01 号墓

该墓墓室面积约 7.2 平方米，有腰坑、殉狗，随葬铅质器物处在墓室北端墓主头端，组合关系为：

食器：鼎一；

酒器：斝一、尊一、卣一、爵二、觚一、觯一。

(三) 1964 年北窑庞家沟 M1

庞家沟 M1 墓室面积约 6.01 平方米，墓葬被盗掘，盗洞中剩余食器有兽面纹鼎、素面鼎、兽面纹簋及甗各一，酒器邑觯一，铭文为"邑乍（作）宝尊彝"。

(四) 北窑"登"墓（图一）

"登"墓墓室面积约 3.9 平方米，有腰坑、殉狗，随葬器物在椁内北端排列有序，亦是鼎斝相邻在器群一端，簋在器群另一端的置放形式。组合关系为：

食器：兽面纹圆鼎一、兽面纹双耳圈足簋一；

酒器：登斝一（登作尊彝）、登尊一（登作尊彝）、登卣一（登作尊彝）、登觚一（登作尊彝）、爵二（兽面纹：戈父己爵一；弦纹：登作尊彝爵一）、戈觯一。

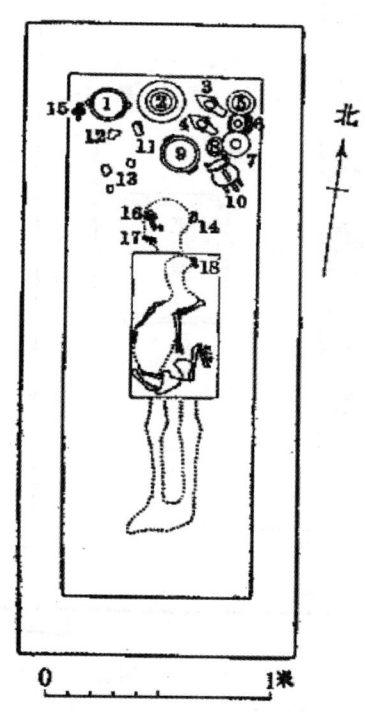

1. 铜簋 2. 陶罐 3. 铜爵 4. 铜爵 5. 铜尊 6. 铜卣 7. 铜觚 8. 铜觯 9. 铜鼎
10. 铜斝 11. 铜锛 12、13. 铜块 14. 玉饰 15. 蚌泡 16. 贝 17. 人齿 18. 狗牙

图一 北窑"登"墓墓底平面图（《洛阳北窑西周墓清理记》第 35 页图一）

（五）洛阳东郊 M13（图二）

M13 墓室面积约 10 平方米，有腰坑、殉狗。墓室被盗掘，椁室内随葬品被盗一空。墓室西壁与椁室之间留有铜礼器，器用位置仍可看作鼎、甗在器群一端，甗、尊相邻，簋在器群另一端的形式。残留器物组合为：

食器：兽面纹圆鼎一、⊠且丁簋一、⊠且丁甗一；

酒器：⊠且丁尊一、凸弦纹爵二、觯二。

值得留意的是该墓有仿铜陶觯一，与铜觯形制相近；另有仿铜陶爵二、陶觚一。

（六）洛阳五女冢 M1505

五女冢 M1505 墓室面积约 5.38 平方米，有腰坑，随葬食器鼎、甗在墓室南端。

（七）洛阳五女冢 M1519

M1519 墓室面积约 5.34 平方米，有腰坑，随葬酒器⊠爵二、觚二在墓室南端。

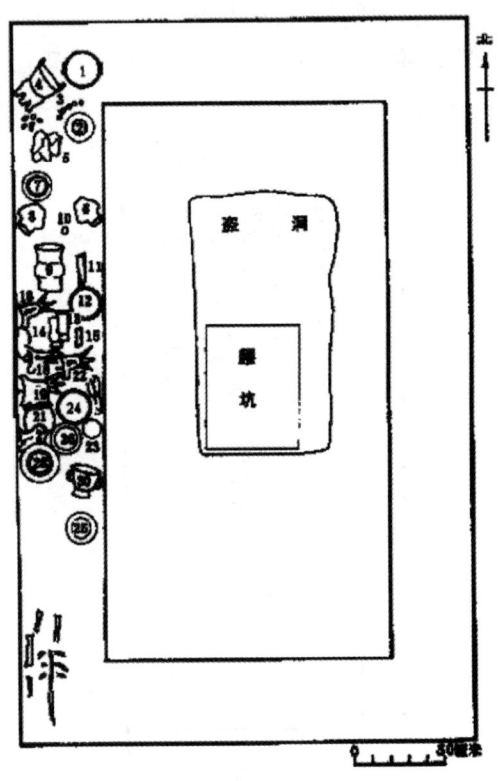

1. 铜鼎　2、6～8、25、28. 陶罐　3. 蚌泡　4. 铜甗　5、15、17、20、27. 陶片　9. 铜尊　10. 铜饰　11. 铜鸭嘴形饰　12、24. 陶簋　13. 铜觯　14. 铜觯　16、22. 陶爵　18、19. 铜爵　21、26. 陶鬲　23. 陶觯　27. 兽骨　28. 陶簋

图二　洛阳东郊 M13 墓底平面图（《洛阳东郊 13 号西周墓的发掘》第 38 页图一）

（八）唐城花园 C3M417（图三）

C3M417 墓室面积约 5.7 平方米，有腰坑、殉狗。铜礼器置于墓主人头部棺椁之间，依稀可辨为食器鼎、鬲分置，鬲与酒器觯、爵相邻置用。组合关系为：

食器：单鼎一（单作父辛宝尊彝）、且辛鬲一；

酒器：兽面纹单爵二（单；生□作□）、交父辛觯一。

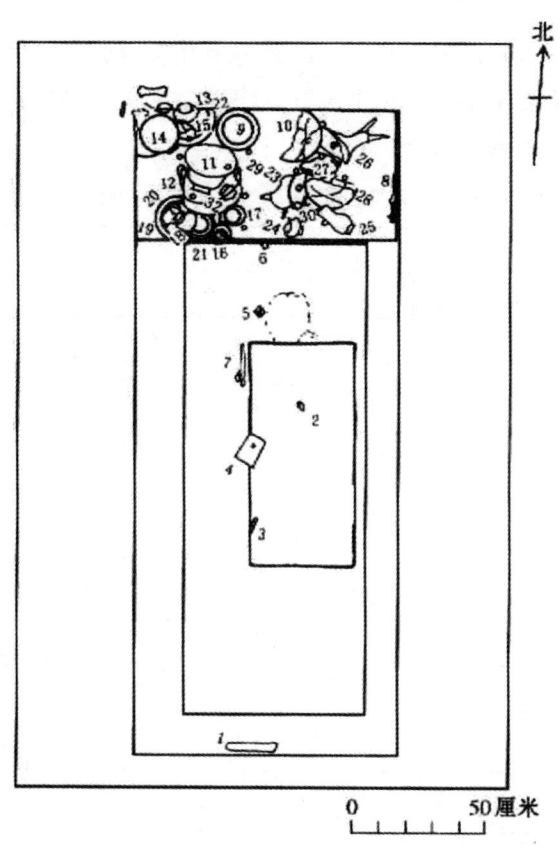

1. 石璋 2. 玉蝉 3. 玉柄形饰 4. 玉钺 5. 玉琮 6. 玉柱形饰 7. 铜戈 8. 铜矛
9、14、19、22. 陶鬲 10、11. 陶簋 12. 铜鼎 13、15～18、20、21、24、30～32. 陶罐
23. 铜鬲 25. 铜觯 26、27. 铜爵 28. 铅器 29. 蚌泡

图三　唐城花园 C3M417 墓底平面图

（《洛阳市唐城花园 C3M417 发掘简报》第 5 页图二）

（九）东车站 M567

M567 墓室面积约 4.06 平方米，有腰坑、殉狗。随葬铜礼器在墓底西端、墓主头部，均为酒器，组合为尊一、爵二、觯一、觚一：

兽面纹尊一、兽面纹爵一、龙纹子卫父己爵一（子卫父己）、兽面纹觚一（亚□，□作□宝尊彝）、歔且己觯一。

（十）瀍河东岸中窑村 C3M575

C3M575 墓室面积约 5.4 平方米，随葬铜器均为酒器，组合为凶父丙爵一、父戊觯一，置于棺内北部与陶尊相邻。

（十一）老城北大街 C2M130

墓葬被严重破坏，形制不明。残余组合为：

食器：绚索耳鬲一；

酒器：云纹尊一、夔纹䚢族卂卣一（䚢族卂作宝尊彝）、云纹爵一、雷纹觯一。

上述墓葬从规模看基本属于小型墓葬，中型墓很少，墓主身份应为中下层贵族。可将上述墓葬器用情况列为表一。

表一　洛阳地区周初墓葬青铜器用情况

墓　号	面积（平方米）	腰坑	青铜器用									位置		现象	
			组合									器类	组合器	族氏铭文	主体
			食器				酒器								
			鼎	簋	甗	鬲	尊	卣	爵	觚	觯	罍				
钢铁厂 M1	4.5		2	1	1		2		2	1	1				2	丫射
洛阳3:01	7.2	√	1				1	1	2	1	1	1				
庞家沟 M1	6.01		2	1	1				1							
北窑登墓	3.9	√	1	1			1	2	1	1	1		鼎罍	尊卣爵觯	1	登
东郊 M13	10	√	1	1	1		1		2		2		甗尊	爵觯	1	凶
五女冢 M1505	5.38	√	1		1											
五女冢 M1519	5.34	√					2		2							凶
唐城花园 C3M417	5.7	√	1			1			2		1		鬲觯	爵觯	1	单
东车站 M567	4.06	√				1			2	1	1			爵觯	2	己
中窑村 C3M575	5.4								1		1					
老城北大街 C2M130						1	1	1	1		1				1	

据表一，可从青铜器用组合、位置与现象三个方面对洛阳地区周初铜器墓葬的规律性情况作一简要总结：

1. 在礼器器用组合上

其一，墓室面积大小与随葬青铜容礼器的数量似并不能形成等比例的对应关系。

其二，食酒水大类组合中不见水器组合，酒器组合器类较食器组合更为发达。

其三，基本组合可总结为：

食器：鼎、簋、甗；

酒器：尊、卣、爵、觯、斝。

食器以鼎为核心器类，酒器则以爵、觯为基本。

其四，似存在食器鼎簋、酒器尊卣、爵觯、爵觚的组合器使用现象，爵觯组合较爵觚组合多见。

其五，食器组合未见明确数量配比关系，酒器组合中爵与觚、爵与觯或爵分别与觚、觯形成了较固定的等量配比。

2. 器用位置上

有明确食酒器类位置关系的三座墓葬中，较一致地体现出食器分置器群，以鼎斝、甗尊相邻为器群一端的置器方式。值得留意的是，存在此种情况的墓葬均带有腰坑及殉狗。

3. 器用现象上

族氏铭文或日名器物加入组合，但是诸多腰坑殉狗墓族氏铭文使用的显著特征是族氏铭文种类一般不会超过三种，且能较轻易理清铭文或日名主体。上述现象与爵觚、爵觯等量的情况相联系，体现出较鲜明的殷遗民器用特点。

综合上述情况，似可对洛阳地区周初铜器墓葬青铜器用特点作一归纳，即组合以酒器为重，爵觯等量配比组合占据上风；有腰坑的墓葬器用位置存在食器分置，鼎斝、甗尊相邻的置用情况；族氏铭文种类较少，主体明确。

二、洛阳地区以外贵族墓葬青铜器用

洛阳地区以外，中原地区西周早期铜器墓葬，典型可举 1933 年辛村 M60、M29、M76 与 M55①、1961 年鹤壁庞村②、1975 年襄县霍庄③、1997 鹿邑太清长子口墓④、1999 年郑州洼刘 M1 等五处墓葬⑤。

---

① 郭宝钧：《浚县辛村》，科学出版社，1964 年，第 19—20、24—26 页。
② 周到、赵新来：《河南鹤壁庞村出土的青铜器》，《文物资料丛刊》（第 3 辑），文物出版社，1980 年，第 35—38 页。
③ 河南省博物馆：《河南省襄县西周墓发掘简报》，《文物》1977 年第 8 期。
④ 河南省文物考古研究所、周口市文化局：《鹿邑太清长子口墓》，中州古籍出版社，2000 年，第 13—16 页。
⑤ 郑州市文物考古研究所：《郑州市洼刘村西周早期墓葬（ZGW99M1）发掘简报》，《文物》2001 年第 6 期；郑州市文物考古研究所：《郑州市洼刘西周贵族墓出土青铜器》，《中原文物》2001 年第 2 期。

（一）浚县辛村

辛村墓葬多遭盗掘，中型墓仅 M60、M29，小型墓 M76、M55 尚存西周初期青铜器，相关情况可略述如下：

1. M60 墓室面积约 4.56 平方米，北二层台自东向西依次随葬青铜容礼器甗、鼎、尊、卣、簋各一，爵在尊北，位置关系为食器分置，甗簋两端、鼎尊相邻。

据铜器看墓葬年代可能晚至西周早期中、晚叶，即约康王、昭王时期。器物组合为：

食器：束父辛鼎一、簋一、❏甗一；

酒器：隩尊一（隹公鼒于宗周，隩从公𠂤阮，格于宫，赏𰉁贝，用作父乙宝尊彝）、𤉸卣一（𤉸作旅彝，亚矣）、父癸爵一。

由铭文看，器物组合来源较为复杂，族氏铭文见❏、束及亚矣等，日名亦有父辛、父乙、父癸等。故此组器当未必为同人所作，可能为不同来源器物拼凑而成。郭宝钧先生怀疑墓主为尊铭之隩，其为父乙作器，当亦为殷人宗族之一员。

2. M29 墓室面积约 8.4 平方米，北二层台有食器鼎一、伯作彝甗一、簋二。

3. M76 墓室面积约 4.48 平方米，北二层台有食器鼎一、簋一。

4. M55 墓室面积约 3.9 平方米，北二层台有食器鼎一。

（二）鹤壁庞村

该墓墓室面积约 15 平方米，随葬青铜容礼器 15 件，组合关系为：

食器：鼎三（涡纹鼎一、兽面纹鼎一、夔纹鼎一）、簋三（伯作宝彝簋一、父己簋一、云雷纹簋一）、友甗一、夔纹鬲一；

酒器：兽面纹尊一、亚雀父己卣一（附斗一）、北𤰇父己爵三、❏父己觯一；

水器：弦纹盉一。

由铭文及组合来看，族氏铭文见友、亚雀、北𤰇及❏等四种，可知器物亦由不同来源器物拼凑而来。酒器爵、觯由不同族氏铭文拼凑，且未保持等量配比，亦未见觚。组合中食器比重提升，伯作宝彝簋与云雷纹簋同形，作器者伯疑为墓主。若然，则庞村墓葬体现出"分器"后周人器用组合之特点。

（三）襄城霍庄（图四）

墓室面积约 4.23 平方米，墓底有腰坑、殉狗。墓地南侧自西向东依次摆放瓷罍、鼎、尊、卣、爵、簋，组合情况为：

食器：𰉁矢父辛鼎一、兽面纹簋一；

酒器：𰉁矢作父辛宝彝尊一、𰉁矢作父辛宝彝卣一、𰉁矢父辛爵二。

霍庄墓葬有腰坑、殉狗，族氏铭文主体明确为𰉁矢，器物摆放方式食器分置、鼎尊相邻，与上述洛阳地区腰坑墓葬的情况相同。

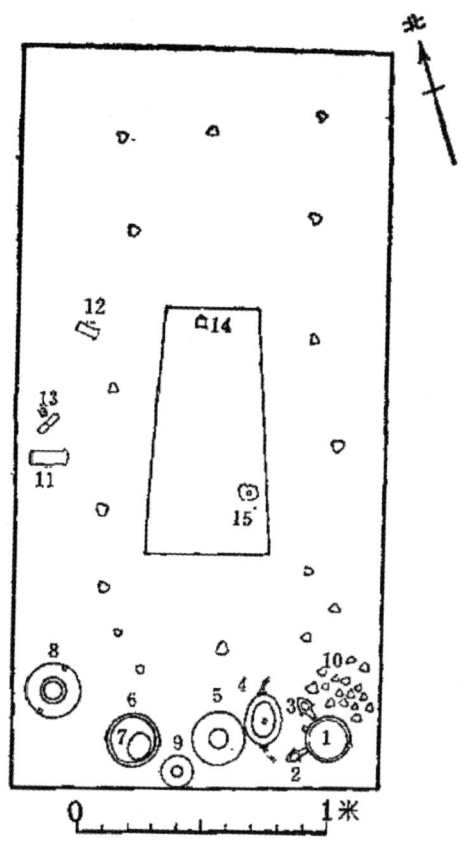

1. 铜簋 2、3. 铜爵 4. 铜卣 5. 铜尊 6. 铜鼎 7、9. 陶罐 8. 瓷罍 10. 蛤蜊壳
11、12. 铜锛 13. 玉刀 14. 铜铃 15. 玉钺

图四 襄县霍庄墓底平面图（《河南省襄县西周墓发掘简报》第 14 页图二）

（四）鹿邑太清长子口墓

1997 年发掘的鹿邑太清长子口墓，发掘报告已报道其分布有一定规律，如北椁室以饮食器为主，西椁室酒器居多，且多为方形器。然细察其器物摆放，似亦食器分置、鼎斝相邻的情况。器群中以 M1：9 大圆鼎居中相邻酒器，特别与 M1：196 戈丁圆斝靠近，食器一端以甗起始，终于酒器一端的罍。此墓形制与商后期殷人大墓近同，所出陶器有显著的地方特征，未见殷墟陶器中最常见的鬲，说明墓主可能为殷末生活于非王畿地区的商人地方贵族。从器物形制来看，M1：9 大圆鼎与前掌大 M11：94 大圆鼎相近，有西周早期偏早之特征，故此墓年代下限似应在西周铜器一期。

其随葬 79 件礼器组合及铭文情况如下（表二）：

— 515 —

表二 长子口墓随葬青铜礼器组合

铜器类别（件数）	器类（件数）		编号、器形、铭文、件数
食器（29）	鼎（22）	圆鼎（13）	M1：9 大圆鼎一
			M1：194 长子口附耳带盖圆鼎一
			M1：6、78、80、91、185 长子口鬲鼎五
			M1：43 子口扁足圆鼎一
			M1：5、12、29、76、93、94 长子口扁足圆鼎五
		方鼎（9）	M1：46、87 冀方鼎二
			M1：190、191 子方鼎二
			M1：44、77、88、95、186 长子口带盖方鼎五
	簋（3）	四耳簋（2）	M1：84、85 子四耳簋二
		双耳簋（1）	M1：158 长子口双耳有盖簋一
	鬲（2）	鬲（2）	M1：89、90
	甗（2）	联体甗（1）	M1：42 长子口联体甗
		分体甗（1）	M1：79 长子口方座分体甗
酒器（48）	爵（8）	方爵（4）	M1：33、134、214、202
		圆爵（4）	M1：198、199、203、223 长子口圆爵四
	觯（5）	垂腹觯（2）	M1：15 长子口觯
			M1：197
		弧腹觯（2）	M1：200、220
		扁圆腹觯（1）	M1：143 觯觯
	觚（8）	方觚（4）	M1：118、211、213、226
		圆觚（4）	M1：83、132 矮体圆觚二
			M1：101、121 父辛长体圆觚二
	尊（5）	圆尊（3）	M1：127、137、221 长子口圆尊三
		方尊（2）	M1：8、25 长子口方尊二
	卣（7）	椭圆腹卣（3）	M1：129、219、224
		椭方腹卣（2）	M1：13、163
		小方卣（1）	M1：120
		长颈圆腹卣（1）	M1：218
	角（2）	角（2）	M1：126、204 长子口角二
	罍（3）	圆罍（1）	M1：196 戈丁圆罍一
		方罍二	M1：130、222 长子口方罍二
	觥（3）	方腹觥（2）	M1：86、225 长子口方腹觥二
		圆腹觥（1）	M1：92 长子口圆腹觥一
	罍（2）	圆罍（1）	M1：248
		方罍（1）	M1：124
	壶（1）	漆腹铜壶（1）	M1：14、52、53
	斗（4）	长直柄方斗（2）	M1：525、526
		长直柄圆斗（1）	M1：217
		短銎曲柄圆斗（1）	M1：30
水器（2）	盘（1）	盘（1）	M1：210
	盉（1）	盉（1）	M1：102

若将墓中所出主体器物,即皆铭有"长子口"的视为一组,则该组合中部分食器与酒器呈现规律的配比关系,如鼎类的带盖方鼎、扁足圆鼎及分裆鼎均为五件,而酒器爵、角、方罍和方觥均各为两件,这种食酒器主要器类五比二的组合数量关系似是有意设计的。若然,则显示出周初鼎类器物地位的上升。再从殷人所重的酒器组合来看,方形酒器中方爵、方觚均为四件,而方罍、方尊、方腹形卣、方觥、方斗均各为两件,显然也经过专门的数量设计,其中基本器物爵、觚数量最多且保持一致,显示出殷人文化的特性。

(五) 郑州洼刘 M1

洼刘 M1 墓葬先已在施工中被破坏,墓主身份与族属不能够确知。墓室面积约 7.7 平方米,残存铜容礼器在椁上北端土台上。铜器及铭文组合为:食器:圆鼎二、分裆鼎一、簋一、甗一;酒器:觚一、罍一、尊一、卣二、壶一;水器:盉一。

其中,M1:7 与 M1:8 两件同形卣与 M1:10 尊皆铭有"陆作父丁宝尊彝",知其是一组器物外,M1:1 圆鼎有铭文"冀父丁",M1:2 圆鼎有铭文"亚其父丁",M1:3 分裆鼎铭"史父辛",M1:4 罍铭"车",M1:6 簋铭"亘攺未",M1:9 长颈圆腹壶铭文"瓶丁父作宝尊彝"①,M1:11 盉铭"其父辛"等,因此可以肯定这批铜器是有不同来源拼合起来的随葬组合。据复原的部分铜器位置,其器物摆放方式为食器分置,罍甗、鼎尊相邻的形式。

三、中原地区周初贵族墓葬青铜器用的同异

上文将目前所见中原地区周初铜器墓葬做了简要梳理,首先可见诸座墓葬在器用上的相近之处亦不少,如器用组合上食器鼎为核心,酒器爵为核心,水器少见,若有则多为盉。较完整的器用组合为归纳为:

食器:鼎、簋、甗;

酒器:尊、卣、爵、觯;

水器:盉。

食器比重逐渐上升,觯较觚多见,体现出殷周兴替在青铜器用上之时代特征。器用位置上多可见鼎簋、爵觯、尊卣等所谓组合器相邻置用的情况。器用现象上最显著特征即是族氏铭文或日名器物加入组合。

其次,尤值得注意的是器用差异亦不少。一般而言,带有腰坑的墓葬,酒器组合中器类较多,多见觚,还可能有罍。爵觯、爵觚或者爵与觯+觚基本保持一比一

---

① 简报报道为卣。目前考古出土的西周早期自铭为"壶"的器物,仅有应侯墓地 M48、叶家山 M65 和 M111 所出之壶,其形制均为母口承子盖、长颈,前二者还具提梁,且西周中晚期及东周时期自铭为壶者均为母口承子盖,因此,笔者赞同张昌平先生提出的以承盖方式判断壶、卣的标准。因而 M1:9 应为壶而非卣。参见张昌平《论济南大辛庄遗址 M139 新出青铜器》,《江汉考古》2011 年第 1 期。

的等量配比。器用位置较多遵循食器分置，鼎斝、甗尊相邻的置用方式。组合中族氏铭文或日名种类大致不会超过三种，且以一种占绝对多数。符合此类情况的墓葬可举如洛阳3：01、北窑"登"墓、东郊M13及襄城霍庄西周墓葬等。此为第一种情况，可初步推断其墓主族属与殷移民密切相关。

另一种情况则是组合上少见爵觚、爵觯等量配比，器用位置多见食器分置，甗、簋等作为器群两端，食、酒器通过罍、甗或鼎、尊相邻。族氏铭文种类三种以上，可见器物组合是拼凑而来，组合中同时有较明确指向墓主宗族的器物存在，如辛村M60、长子口墓即是此种情况，洼刘M1若恢复的器用位置不误，亦可属此。结合学界对长子口墓墓主宗族的推断，此种情况似应与原属殷人地方宗族相关。

最后一种情况是组合中不见爵觯等量配比，组合器物更强调食器鼎；器用位置上亦不见食器分置；族氏铭文多于三种，有明确墓主族属指向的器物是周人宗族所作，如鹤壁庞村西周墓葬，似体现出周人的器用特点。笔者曾提出西周初期叶家山墓葬的器用位置特征为食、酒、水器按大类分置。这里可附带举例的是滍阳岭M242①，年代约在昭王时期，墓葬保存完好。在北侧二层台中部靠近外棺处，放置有食器铜鼎、铜簋各两件，在二层台东北部放有酒器尊、爵、提梁卣各一件，觯两件。综上，可推知周人器用组合中爵、觯数量并非等量配比，位置遵循食、酒器大类分置之原则，族氏铭文器物单纯加入组合，与墓主族属无关。

四、小结

墓葬青铜器用组合、位置、现象等会反映出不同族群文化之特性，将之应用于西周初年中原地区铜器墓葬的讨论中，似亦可见不同族群之器用特点。周初殷遗民墓葬器用特征为组合中多见爵觯等量配比，食器分置，族氏铭文器物作为墓主族属明确指向加入组合。周人墓葬器用特征则为食器比重提升，爵觯不等量配比，食、酒器按大类分置，族氏铭文单纯加入组合。值得留意的是尚有食器分置，族氏铭文器物亦可较明确指向墓主族属的情况，其似与殷末周初原属商人地方宗族集团关系密切，体现出殷周兴替时期不同族群青铜文化因应情况之一斑。

附记：本文为国家社科基金青年项目"西周诸侯墓葬青铜器用与族群认同研究"（17CZS005）的阶段性成果之一，得到国家社科基金重大项目（16&ZH022）和教育部、国家语委甲骨文等古文字研究与应用专项重点项目（YWZ-J020）的资助。笔者有关青铜器墓葬组合与器用位置的研究思路与方法多蒙朱凤瀚、刘绪、雷兴山三位先生启发，郑州会议上又蒙张懋镕、李零、曹玮、陈絜、杨文胜、陈英杰等先生指点，写作中与张天宇兄多有交流，杨文胜、吴伟华两位先生惠赐相关资料，在此谨致谢忱！

---

① 河南省文物考古研究所、平顶山市文物管理局：《平顶山应国墓地Ⅰ》，大象出版社，2012年，第147页。

岐山召伯甘棠图碑考略

杨慧敏　唐少敏（陕西省岐山县文物局）

摘　要：召伯甘棠图碑是后世仰慕者为展现西周初期伟大的政治家召公姬奭清正廉洁史迹而刻制的珍贵石刻，岐山县历史上曾存世至少三通召伯甘棠图碑，笔者试图从召伯甘棠图碑产生的历史背景、各自的历史渊源作一概述，并就甘棠树所在地（召公采邑之地）的地理位置作以探索，同时对召伯甘棠图碑的文化价值和历史意义进行初步的研究与探讨。

关键词：岐山；召伯；甘棠图碑；考略

召伯甘棠图碑是后世仰慕者为展现西周初期伟大的政治家召公姬奭清正廉洁史迹，而刻制的珍贵石刻。岐山县曾存世至少三通召伯甘棠图碑：一为清道光二十七年（1847）岐邑人武澄据家藏的清道光年间岐山县令李文瀚绘制的《召伯甘棠图》刻制，原立于岐山周公庙召公殿前，为三级文物藏品，1981年收藏于岐山县博物馆；二为中华民国四年（1915）岐山县知事贺良成因岐山"城南有亭非召亭耶，亭北有树非甘棠耶，新庙荣于禧而旧碑远在古卷阿。此名实未副而，尔为政者之责也"的缘故，武澄之侄武敬亭取家藏《召伯甘棠图》摹本重刻立于岐山县刘家塬村召公祠西，"文革"中被毁；三为岐山周公庙南北郭村郭村沟拓片制作者王某（生平事迹不详）于中华民国初期（具体年代不详）将周公庙原有"云房"石刻和清代所立"召伯甘棠图碑"合二为一精心雕刻而成，原为北郭村郭益人老先生家藏，后由周公庙管理处征集立于周公庙召公殿前。经笔者多方考证，现就三通召伯甘棠图碑产生的历史背景、各自的历史渊源作一概述，并就甘棠树所在地（周公、召公采邑之地）的地理位置作以探索，同时对召伯甘棠图碑的文化价值和历史意义进行初步的研究与探讨，不妥之处请方家批评指正。

一、召伯甘棠图碑产生的历史背景

关于召伯甘棠图碑的历史背景，先从召公的历史功绩和存活三千年的神奇甘棠树说起。召公，姬姓，名奭，周文王的庶长子（历史上也有认为召公奭为周王室的支族），周武王和周公的庶兄，西周初期的政治家、外交家和德高望重的股肱重臣。因其采邑在召地（今陕西省岐山县西南部刘家塬村一带），位列三公，故称召公。《史记·燕召公世家》载："召公奭与周同姓，姓姬氏。周武王之灭纣，封召公于北燕。其在成王时，召公为三公：自陕以西，召公主之；自陕以东，周公主之。"又因为武王时召公居上公，与周公一起分陕，为东西二伯分治天下，成王时召公位列三公尊为"太保"，与周公一同执斧钺辅佐成王，亦是二伯，故历史上又称召伯。《毛诗郑笺》载："召伯，姬姓，名奭，食采于召，作上公，为二伯，后封于燕。此美其为伯之功，故言'伯'云。"也因为周武王伐纣灭商后封召公于北燕（今天的北京市房山区琉璃河镇一带），历史上也尊称其为燕召公。他功绩卓著，为建立、稳定、巩固西周政权做出了重要贡献。据《逸周书·克殷解》载"周公把大钺，召公把小钺，以夹王"，占领朝歌庆功典礼"召公奭赞采"（即奉币主持）。《诗经·大雅·召旻》追忆其事时写道："昔先王受命，有如召公，日辟国百里。"武王即位后，召公与姜尚、周公旦等一起辅助武王完成了讨伐殷纣的大业，建立起强大的周王朝。成王年幼即位，周公旦代行政事，召公为太保，治理自陕（今河南省三门峡市陕州区）以西的广大区域。营建洛邑时，召公在营建过程中起到了策划与实施的作用。淮夷和奄国发动叛乱，周公、召公带兵讨伐，消灭了奄国，稳定了东方。《史记·周本纪》载："召公为保，周公为师，东伐淮夷，残奄，迁其君薄姑。"成王临终前托付召公、毕公辅佐太子钊。成王死后，召公在先王庙中告诫太子钊要"务在节俭，毋多欲，以笃信临之，作《顾命》"，立太子钊为康王。召公辅佐四朝，史称"成康之际，天下安宁，刑错四十余年不用"，他对上诫成王要广开言路、招纳贤才，对下甘棠树下听讼，廉洁勤政、德化天下，为不扰民，甘棠树下听政，当称仁政爱民的典范。辕固《齐诗》："召公，贤者也，明不能与圣人分职，常战恐惧，故舍于树下而听断焉，劳身苦体，然后了与圣人齐。"又说："为民爱力，不夺须臾，故召伯听断于甘棠之下，为妨农业之务也。"《史记·燕召公世家》载："召公之治西方，甚得兆民和。召公巡行乡邑，有棠树，决狱政事其下，自侯伯至庶人各得其所，无失职者。召公卒，而民人思召公之政，怀棠树不敢伐，歌咏之，作《甘棠》之诗。""太史公曰：召公奭可谓仁矣！甘棠且思之，况其人乎？燕（北）迫蛮貉，内措齐、晋，崎岖强国之间，最为弱小，几灭者数矣。然社稷血食者八九百岁，于姬姓独后亡，岂非召公之烈邪！"司马贞《索隐》述赞："召伯作相，分陕而治。人惠其德，甘棠是思。"

召公为官清廉、勤政爱民的人格魅力和心系百姓、敬德保民的广阔胸襟泽被后世，"甘棠遗爱"的故事传颂千秋。召伯甘棠树是传说中的存活3000多年神奇的古树，岐邑故老乡绅相传，在西周初年，召公因其廉洁惠民，常在其采邑地（现在的岐山县刘家塬村一带）的一棵甘棠树下为民听讼断案，累了就休息在那棵甘棠树下，后世为感念召公奭清正廉洁的高尚作风，细心呵护甘棠树。《诗经·召南·甘棠》篇载："蔽芾甘棠，勿翦勿伐，召伯所茇。蔽芾甘棠，勿翦勿败，召伯所憩。蔽芾甘棠，勿翦勿拜，召伯所说。"朱熹《诗集传》亦载："召伯循行南国，以布文王之政，或舍甘棠之下。后人思其德，故爱其树而不忍伤也。"清道光二十五年（1845）暮春，时任岐山县令李文瀚带领幕僚，前往今刘家塬（当时称召亭村）考察甘棠树，见甘棠树"正及花时，腰围七尺，高约六丈余。老干横斜，着花繁荣"。能书善画的李文瀚于是绘制了《召伯甘棠图》并撰写《甘棠图记》。道光二十七年（1847）夏天，岐山学者，时任凤鸣书院主讲武澄先生拜谒李文瀚，李文瀚向其讲述了他寻访甘棠树的经过，并让武澄观看了自己的画作和题记。武澄见此作文采及画俱佳，精妙绝伦，遂求得此画，并刻碑立石，树立在周公庙召公殿前。自此始，召伯甘棠图碑被文人学者争先赏析，拓片也为人们喜爱而珍藏，随后也产生了中华民国时期的两通召伯甘棠图碑。

二、甘棠树所在地的地理位置

甘棠树所在召地的地理位置自古以来争议颇大，众说纷纭，笔者查阅相关资料，归纳总结出目前具有代表性的观点有"周原说""周公召公二陕分治说""河洛说""江汉流域说"等几类，笔者个人认为"周原说"最接近历史事实，试做如下分析探讨。郑玄《毛诗郑笺谱·周南召南谱》云："周、召者，《禹贡》雍州岐山之阳地名。周之先公曰大王者，避狄难，自豳始迁焉……文王受命，作邑于丰，乃分岐邦。周、召之地，为周公旦、召公奭之采地，施先公之教于己所职之国。"孔颖达《毛诗正义》："《孟子》云：文王以百里而王。则周、召之地共方百里而皆名曰周，其召是周内之别名也。"司马贞《史记索隐》亦云："召者，畿内采地。奭始食于召，故曰召公。或说者以为文王受命，取岐周故墟周、召地分爵二公，故诗有《周》《召》二《南》，言皆在岐山之阳，故言南也。"以上记载均指明周、召二地在岐周古城，要搞清楚召地确切的地理方位，必须首先从"周城"地理位置研究分析，裴骃《史记集解》引谯周云："（周公）以太王所居周地为其采邑，故谓周公。"此认为周公采邑之地为周太王由豳迁岐初居之地。司马贞《史记索隐》更进一步说："周，地名，在岐山之阳，本太王所居，后以为周公之采邑，故曰周公。即今之扶风雍东北故周城是也。谥曰周文公，见《国语》。"明确指出周城即周公的采邑之地。然而《水经注·渭水》载："《淮南子》曰，岐水出石桥山，东南流。相如《封禅书》曰：收龟于岐。《汉书音义》曰：岐，水名也，谓斯水矣。二川并逝，俱为一水，南与横水合，自下通得岐水之目，俗谓之小横水，亦或名之米流川。迳岐山西，又屈迳周城南。城在岐山之阳而近西，所谓居岐之阳也，非直因山致名，亦指水取称矣。又历周原下，北则中水乡成周聚，故曰有周也。水北即岐山矣。"清代学者朱右曾《诗地理征》云："周公之采与太王都邑，周名则同，城地则异。"又明确指出有位于西边的"周城"和位于东边的"成周聚中水乡"的两座都邑，同时指出岐水位于西边的周城附近。近年来曹玮先生通过文献资料和考古发掘的资料两方面研究，在

《太王都邑与周公封邑》一文也认为"成周聚中水乡"与周公采邑所在地"周城"当为二地。唐初《括地志》:"周公故城,在岐山县北九里,召公故城,在岐山县西南十里。此周召采邑也。"雍正《陕西通志·古迹》:"周城,在岐山县西北十五里,亦曰周公邸。邸内有泉,时平则流,乱则竭,号润德泉。"清毕阮《关中胜迹图志》:"周城,在岐山县西北十五里,亦曰周公邸。"这三条资料更进一步确指"周城"位于岐山县凤鸣镇北周公庙景区一带。根据2003年以来凤凰山遗址(周公庙遗址)发掘成果,学界初步认定凤凰山遗址为周公采邑之地。据以上考证可知,甘棠树所在召地的"周城"(周、召二公的采邑)大的地理范围大致在今天的凤凰山和雍水之阳、西至凤翔县横水镇西界、东至岐山县城东南吴邵、北吴邵村东界。杜预《左传注》:"召,采地,扶风雍县东南有召亭。"《魏书·地形志》载:"美阳:二汉、晋属扶风,真君七年罢郡属焉。后属。有岐山、太白山、美原庙、骆谷、邵亭。"唐代《括地志》载:"邵亭古城在岐州岐山县西南十里。"《水经注·渭水》记载:"雍水又东迳召亭南,世谓之树亭川,盖召、树声相近,误耳。亭故召公之采邑也。"《大明一统志》卷三十四载:"召公亭在岐山县西八里召公村,公采邑在此,故后人建亭。"《关中胜迹图志》与此记载基本相类似。明万历《岐山县志》载:"召公亭,县西南八里,即周召公奭亭,遗址尚存,疑公布政憩息之处。"清乾隆《岐山县志》载:"召公亭故址在县西南八里召亭村。"民国《岐山县志》载:"召公祠在县西南刘家塬,清光绪二十六年敕建。"无独有偶,清代光绪二十八年(1902)当时岐山学博(主管教育的官员)在岐山县城西南八里的刘家塬建召公祠,掘土时出土两件太保玉戈,大小相仿,一件有铭文,一件无铭文。无铭文者现下落不明,有铭文者曾归当时的陕西巡抚端方所有,1919年流落海外,现藏于美国华盛顿弗利尔美术馆,其摹本收录于《陶斋古玉图》,传世的全形拓片有二,一为岐山县博物馆收藏的原为武氏后人武敬亭曾孙武宗仁家藏《召公玉刀图》,一为陕西历史博物馆收藏的原为时任咸阳令的杨调元所有的全形拓卷轴,并附有杨调元一千余字的《周玉刀释文题跋》,翔实地记录了出土情况:"右周召公玉刀,为岐山武敬亭茂才建召公祠时掘土所得,凡有二,俱长今营造尺尺二有奇,博三寸。一无铭,一有铭二十九字,横刻柄之上……"李学勤先生在《青铜器与周原遗址》一文中指出:"据《金文分域编》卷十二,玉戈出于墓葬,'他器甚多,皆不能名,又有金冠一枚'。这大概是一座规模较大的西周墓葬。"太保玉戈铭文曰:"六月丙寅,王在丰,令太保省南国,帅汉,遂殷南,令厉侯辟,用(駋)走百人。"这件玉戈的铭文意义很明确,是说召公奉成王之命沿汉水南巡诸侯国。太保玉戈于清代出土于刘家塬村,从考古方面可印证召地当与此地不远或此地就是古代召地的一部分。分析以上古代典籍记载和考古资料可知,"召"之地名历史悠久,自汉魏以来儒家学者、地理学家就认为西周时期的召地在岐周故地的"周城",并作为召公的采邑地,具体的方位应该在"周城"的南部以今天的岐山县凤鸣镇刘家塬村为核心,辐射至今天的凤翔县横水镇东至雍水与横水之间夹角的大片区域以及岐山县城东南吴邵、北吴邵村等区域。

三、甘棠图碑考证与研究

自清代清道光二十七年(1847)岐邑人武澄刻制甘棠图碑以来,至少有三通召伯甘棠图碑曾经存世,笔者就从现有的资料对这三通石碑考证如下:

(一)清代武澄刻制的甘棠图碑

此碑现存岐山县博物馆,通高210厘米、宽74厘米、厚15厘米,青石质,圆首方身,碑首素面。保存较好,碑面风化较为严重。石碑右上部刻有"召伯甘棠图"篆书五字,左上部刻有李文瀚撰写《甘棠图记》一篇,中下部为一甘棠树全形,左下部有武澄题识,右下部有李文瀚"家在江城画里"朱文印一方。石碑左上部《甘棠图记》前有起首印"强项令"白文印章一方,记尾有"文瀚"朱文印及"云生"白文印章各一方。石碑中下部的甘棠树全形,主干上分为三枝,一枝枯折,另两枝枝繁叶茂,正在花开时。综观甘棠树全形,雕刻手法细腻,形态逼真,花繁叶茂,老干横斜,给人一种苍劲雄浑之气。

图记内容如下:

《诗周南召南谱》曰:"周、召者,《禹贡》雍州岐山之阳地名。"《史记索隐》曰:"召者,畿内采地。奭始食邑于召,故曰召公。"《水经注》:"雍水又东迳邵亭,世谓之树亭川。亭,故邵公之采邑也。"岐阳即古周都。邑志:"召亭去城八里,土人谓至今有召伯甘棠树。"余疑或出后人傅会然,恒思一访之。乙巳上巳后一日,春阴去淡,昼永庭闲,偕幕中诸友,策马出西郊,行八里许,至一村,即召亭也。北间,进而西迤,有衡宽计二弓,深约半箭,四周环以墙。中唯一树,正及花时,腰围七尺,高约六丈余。老干横斜,着花繁茂,瓣五出如梅,白而小,如雪之糁树,而枝叶尽为所掩。里人并能名之,谓即《诗》所咏召伯蔽芾之甘棠也。夫由周以来,积三千余载,虽金石之物,莫不剥烂,而一树犹无恙,然耶?否耶?然召亭固即召公旧治,其树亦特异,非凡木可比,且《水经》即有"树亭"之称,或即指此树而言,未可知矣。惜穷乡僻壤,考古者未一经历,遂寂寂徒称于农夫田老也。岂召公之迹,将久而始显,其奇耶?其必有神物扶持而呵护之者。正未可以寻常人事疑也。召公之明德远矣,爰绘斯图以志景仰。

道光二十五年清和下浣宣城云生李文瀚敬绘并记。

石碑左下角有武澄题跋,内容如下:

邑侯李云生师治岐,以循良称。丁未夏,澄谒见,因出此图并所制之记以示,寓意遥深。至其精妙绝伦笔墨之必传,特余事耳。亟请持归。众见皆怂恿勒石以垂久远。碑成,遂建诸卷阿,志爱也。然则吾岐之民,凡览此图者,其有异于爱甘棠乎!

　　道光二十七年秋九月弟子武澄谨识并书。

李文瀚,清代安徽宣城人,生于嘉庆十年(1805),卒于咸丰六年(1856),字云生,号莲舫。道光八年(1828)戊子科举人。历任大荔知县、岐山知县(道光二十三年至二十六年)、鄜州知州、四川夔州知府等职。《岐山县志》称其"工书画、善辞章",李文瀚一生能诗擅画,性耽度曲,诗画皆有一定成就,以传奇创作闻名于世,其《紫荆花》《胭脂乌》《银汉槎》《凤飞楼》四种传奇合称为《味尘轩四种曲》,又称《李云生四种曲》。另有《味尘轩诗集》《味尘轩诗余》《味尘轩曲谱》《画中录》《治岐撮要》等行于世。

武澄,生卒不详,岐山杏园人,清道光二十年(1840)亚元,品行端正,学识渊博,善于诗文,道光二十二年,与凤翔解元郑士范等重修张子(载)祠,编校《张子全书》,编纂了我国第一部《张子年谱》。著有《镜州制艺》《小剑南草》《蔼吉堂诗集》《饮凤集》《杏村诗集》《见所未见录》等诗文集,曾在岐山县凤鸣书院任主讲。

　　补记:现传世的钤"岐山之印"官印一方的拓片是道光年间原拓本。

(二)中华民国四年岐山县知事贺良成刻制召伯甘棠图碑

此碑"文革"中被毁,四川省泸州市图书馆馆藏拓片《召伯甘棠图》属国家二级文物,长161厘米、宽63厘米。中华民国四年(1915)岐山县知事贺良成因岐山"城南有亭非召亭耶,亭北有树非甘棠耶,新庙荣于禧而旧碑远在古卷阿。此名实未副而,尔为政者之责也"的缘故,与武澄之侄武敬亭商议取武家家藏的《召伯甘棠图》摹本,邀请著名碑石镌刻家郭希安重刻《召伯甘棠图》碑立于岐山县刘家塬村召公祠西,增加了周爱谞、王步瀛、贺良成、武文炳等人在原《甘棠图》上作的题跋,使得内容更加丰富、画面更加厚重。拓片的中下部为一甘棠树全形,因仿清代原拓的缘故,正上方有"岐山县印"一方;右上部刻为"召伯甘棠图"篆书五字,道光二十五年李文瀚撰写的387字《甘棠图记》一文;甘棠树右下部为王步瀛光绪辛丑年作的题跋,其下有李文瀚"家在江城画里"朱文印一方;甘棠树左上方为李文瀚作的题跋,其下为民国四年王步瀛作的题跋;甘棠树最左上角为蒲城周爱谞光绪辛丑年作的题识,其下为民国四年岐山知事贺良成作的跋;甘棠树左下部为道光二十七年武澄的109字题识,其左为民国四年武文炳作的题识,最左下部写有"咸宁郭希安镌石"字样。

李文瀚题跋:

　　此召伯甘棠也,余作于道光乙巳年之春,藏之卷筐,为朔传家物。甲午冬为子仙兄传观于外。因补勒石以公同好，余不敢祈笔墨石淹召公。遂允子仙之请切以持赠子仙，子仙勒于石，余聿记于上，凡以彰召公之神物私敢请自留主，泽长大雅望之。

戊申三月云生李文瀚并跋。

贺良成题跋：

《甘棠图》为宣城李君作，旧刻石在卷阿三公祠传世久矣，拓片大都习见之。武君敬亭尊道法而好古者也，余过其家与之推谈，乃述李君摹本自其先世得之藏焉，校图如新，神味盎然，谋余重刊之，余曰："李氏作之，武氏藏之，世间沧桑先而后者以神物呵护而有待也。城南有亭非召亭耶，亭北有树非甘棠耶，新庙荣于禧而旧碑远在古卷阿。此名实未副而，尔为政者之责也。"丐敬亭起之勒于石置祠西偏。嗟乎！南国巡行相去二千有余，迄今郡人士思之爱之，为此权是邦者负土地人民之责，流连树下，蜂集序石，当吏有幡然省凛然思者，岂仅一碑一记供游览资考鉴已耶。

民国四年秋节楚北蒲圻贺良成善弼敬跋。

贺良成，字善弼，生卒不详，清朝最后一科秀才，精通医学，与蔡元培交厚，曾被蔡派往陕西岐山、汉阴两县任县长，并在任上发现一些周朝故都之古迹，政府为此颁给勋章。

王步瀛题跋（民国四年）：

《召伯甘棠图》初刻在卷阿周公庙顷，岐山武敬亭来书邑长楚北贺君善弼拟重刻斯图立召公庙并伐石围护甘棠古树，洵可谓名实相副，及所先务矣。贺君治岐，爱民勤政，盖尔闻召公之风而兴起者乎，他年报于高擢遗爱在人尔，如今日之怀召公图意中事耳。辄回敬亭之属时附缀数语。

时民国四年乙卯七月郿县王步瀛遯斋跋。

题识（光绪辛丑）：

此云生太守《甘棠图》岐山武子仙孝廉曾刻石卷阿。同治初元花门之变树忽中裂，丁丑大饥南枝断折，二年前又横裂一缝，相连仅数寸许。邑人扶以大木束铁固之，已非复斯图旧观。独念召伯去今二千数百载，思其人，敬其树，遗爱不衰尝忆载孔子语云："吾于甘棠见宗庙榛卓有政声。"今其从侄敬亭学博亦复能世其业，出图属题，敬缀数语曷胜榛苓美人之慕。

光绪辛丑中伏郿王步瀛敬题于长安行都。

王步瀛（1852—1927），字仙洲，号白麓，晚号遯遯斋，又署息壤余生。陕西郿县金渠镇河底村人。清代末期关中名士，学富才高，善诗文，工书法，尤擅行楷，书法苍劲有力，别具风格，金石方志无不谙熟，品学兼优，见识极广。光绪二年进士，官至户部河南司主事，后升员外郎，一生清正廉明，政绩卓著。

补记：郭希安（1886—1977），字辅仁，陕西省西安府蓝田县孟村乡姚村人，民国著名碑石镌刻家。奏刀镌石以严谨且迅疾，生动而传神、舒张兼厚重、细致乃精巧著称，为民国关中刻石第一人。著名书法家冯恕赞其镌刻技艺曰"指腕齐力、精入毫芒、弄刀如飞、神合古人、冥入无间"。

（三）民国初年北郭村郭村沟王家仿刻的甘棠图碑

现立于全国重点文物保护单位、国家 AAAA 级旅游景区周公庙内召公殿前檐下西边，碑高 230 厘米，宽 74 厘米，厚 15 厘米，当为墓碑重新磨制复刻的石碑。为岐山周公庙南北郭村郭村沟拓片制作者王某（生平事迹不详）于中华民国初期（具体年代不详）将周公庙原有"云房"石刻和清代所立"召伯甘棠图碑"合二为一精心雕刻而成，原为北郭村郭益人老先生家藏，后由周公庙管理处征集立于周公庙召公殿前。碑头"云房"二字神异俊秀，碑刻与原碑无异且保存完好。"云房"碑横 60 厘米，纵 50 厘米。其上刻狂草仰卧状"云房"两字，意为神仙汉钟离也被召公勤政爱民的高尚作风所倾倒和折服，拜倒在召公面前之意，落款"钟离笔"三字。明万历《岐山县志·古迹篇》又载："云房字在周公庙内，点画奇异，旁注钟离笔三字，乃仙人钟离权书也。"清光绪《岐山县志》载："云房，旧传钟离权，汉之咸阳人，昔游卷阿，曾书'云房'二字于碑额，旁注'钟离笔'。点画神异，人多称之。"清毕沅撰《关中金石记》载："云房二大字移剌松龄草书在临潼县城东门外松龄霖之子自纪，云房，钟离子别号，此盖拟钟离书之者。"钟离子为道家"八仙"之一，姓钟离，名权，字云房，一字寂道，号正阳子，又号和谷子，汉代咸阳人，天下道教主流全真道祖师。历史原型为东汉大将，又称汉钟离，少工文学，尤喜草书，身长八尺，官至大将军，后因兵败入终南山，遇东华帝君授以至道。乃隐于晋州羊角山。道成，束双，衣槲叶，自称"天下都散汉钟离权"，意为"天下第一闲散汉子"。全真道尊他为"正阳祖师"，列为北宗第二祖。今细考之，"云房"二字当为金人移剌临摹汉代钟离权的书法。周公庙"云房"石刻原石先在周公庙北庵山崖间或周公殿西某一石碑后，两种说法，后被邑令某人仿刻一石易之，凿取原石移置县署楼。清嘉庆间邑令段襄亭复移置武功。故光绪《岐山县志》所录"云房"二字，实为仿刻，尚非原石。而今存周公庙者，则又为北郭村郭村沟拓片制作者王某照此仿刻之石所复制。

四、召伯甘棠图碑的文化价值和历史意义

《召伯甘棠图》图文并茂，精美绝伦，《召伯甘棠图》中甘棠树枝干曲盘，虬态刚健，点画有力，笔法自然，时为盛花时节，花如白雪，展现了甘棠树的自然美；召公一生着力推行"敬德保民"理念，甘棠树下听政集中展现了召公的德政思想美和人格魅力；李文瀚撰写的《甘棠图记》共 387 字，文辞清新，考证精详，书写的

字体隽美,实为一篇优秀的散文佳作。民国时期的周爱诹、王步瀛、贺良成、武文炳等人在原《甘棠图》上作的题跋更加锦上添花,以及神奇的"云房"二字又集中展现了中国传统文化美;召伯甘棠图碑每一通都是精雕细刻,展现古代工匠的高超技艺,民国著名碑石镌刻家郭希安重刻召公祠甘棠图碑更是艺术精品,可惜不复存在;召伯甘棠图碑集中展现了甘棠树的自然美、召公的思想美和人格美、中国传统文化美、碑石镌刻美,集书法、绘画、考古为一体,是中国优秀传统文化的代表,对后世产生了积极而深远的影响。

召伯甘棠图碑的核心要义是借甘棠赞召伯,反映了召公朴素的"民本主义"思想,《韩诗外传》卷一载:"召伯曰:'嗟!以吾一身而劳百姓,此非吾先君文王之志也。'于是,出而就蒸庶于阡陌陇亩之间而听断焉。邵伯暴处远野,庐于树下,百姓大说,耕桑者倍力以劝,于是岁大稔,民给家足。"形象生动地展现了召公身体力行、率先垂范,为不扰民甘棠树下听政的勤政、廉政、亲民、爱民的德政思想,要求为政者常修为政之德,常怀律己之心,常思贪欲之害,心里装着人民,常谋民生之利、解民生之忧,维护社会和谐稳定、让人民安居乐业。

陈独秀《实庵字说》及郭沫若对《字说》的"读"、"驳"

张广志（青海师范大学）

摘 要：20世纪30年代发生的陈独秀、郭沫若从古文字角度围绕中国古代社会性质的论争，既是学术讨论，亦有非学术之政治分歧、意气之争成分在，此点在郭沫若于新中国成立前后对自己文章从标题到关键用词的修改上表现得十分突出、明显。此事虽早已过去了，但其中仍不乏可思索、借鉴处。

关键词：陈独秀；郭沫若；中国古代社会性质；政治与学术

1937年上半年，身陷南京国民党狱中的陈独秀在著名的《东方杂志》上分几次陆续刊登了他的《实庵字说》长文。同年三月，尚在日本的郭沫若在仅仅读了该文的前三部分后便匆匆写下《读〈实庵字说〉》（后经修订改题为《驳〈实庵字说〉》，详后），予以驳难。由于陈、郭二人皆为当代政学两界双栖的大名人，所产生的影响自非一般小人物间的普通学术论争可比。现在，此事虽已过去了八十多年，其中仍不乏可议论、回味处，故草此短文，公诸同好，不当之处，敬请批评指正。

一、关于《实庵字说》

陈独秀是新文化运动的倡导者之一，又是中国共产党的创始人和早期主要领导人之一。不过，这个叱咤风云的大人物没多久便从顶巅跌落下来，先是1929年11月被开除出党，复于1932年10月被国民党逮捕，次年7月被判处有期徒刑8年，囚禁于南京江苏省第一监狱，俗称老虎桥监狱。1937年8月23日，因抗日战争全面爆发提前获释。

身陷囹圄的陈独秀是如何打发这些漫长日子的呢？

据云，时国民党当局鉴于陈独秀的巨大影响、声望和已对己不再构成重大威胁，判刑后对陈颇为优礼，"他一人住一个牢房"，"房间里有两个大书架，摆满了书籍，经、史、子、集，每样有一点"①。这些书，有些是学界朋友送、借的，有些则是他从生活费、医药费中硬省下来自购的。有书读，也就有了狱中做学问的基本条件。

---

① 濮清泉：《我所知道的陈独秀》，《文史资料选辑》（第七十一辑），中华书局，1980年，第51页。

陈独秀是一虽身处逆境险途仍勤于思考、敢于思考之坚韧不拔人物，早在五四运动时期，他就在1919年6月8日《每周评论》上发表《研究室与监狱》短文，倡言："世界文明发源地有二：一是科学研究室，一是监狱。……从这两处发生的文明，才是真文明，才是有生命有价值的文明。"想不到十余年后南京老虎桥监狱，还真给他提供了一次践行自己当年豪言壮语的场所、机会。

鉴于当时所处实际政治环境和个人学力所长，陈独秀又自然把著述的主要精力都倾注在传统所谓"小学"（文字、音韵、训诂之学）上。这一时期，陈独秀撰写了一系列文字学方面的论著（详后），《实庵字说》即其一。

《实庵字说》是篇长文，分五次陆续刊登在《东方杂志》1937年第34卷第5、6、7、10、13号上。该文取条目式，诸条目大抵立足传统文献，复吸取近人甲骨、金文研究成果，力图用唯物史观说文论史，实不失为一篇有功力、有新意且通俗易懂的文字学力作。鉴于此文已不大易找，兹将刊于《东方杂志》第34卷第7号《实庵字说》（三）中作为陈、郭论争焦点之《臣民氓宰奴婢隶仆童妾》条之书影附于文末，供有兴趣者参考。

在该条目中，陈独秀于举证诸多文献后认为："按臣、民、宰，初义为俘奴，奴、婢、隶、仆、童、妾（臣妾、童妾，皆男女奴也，非妻妾之义），初亦为俘奴，后犯罪者之家属亦从坐没入之；所执者率为粪弃、舂臼、侍食，及《周礼》所云牛助牵傍、养马、养鸟、搏盗、守宫，《士丧礼》所云涅厕、诸贱役，与古希腊罗马委以全部生产事业者异趣，谓古之中国氏族社会后继之以奴隶社会若古希腊罗马然者，则大误矣，希腊罗马由奴隶制而入封建，中国、印度、日本，则皆由亚细亚生产制而入封建者也。"

由于深陷政治斗争漩涡，在二十世纪二三十年代那场中国社会史大论战中，陈独秀并未介入，但从思想倾向讲，他是主张中国无奴隶社会说的，上引论说，便是明证。而身在日本的郭沫若，虽亦未直接参与那场论战，但这场论战在相当程度上却是由郭的《中国古代社会研究》引发并围绕着郭的这本书进行的，因此，郭实际成了这场论争的中心人物并被视为当时持中国历史有奴隶社会发展阶段说的代表人物、旗手。故陈独秀此说一出，便立即遭到郭沫若的驳难，自是情理中事。

二、关于郭沫若对《实庵字说》的驳难

学术者天下之公器，立说自由，争论正常，陈、郭之争亦当大抵作如是观，惜其中亦间有非学术的意气之争成分在，这也是毋庸讳言的。

单就学术层面言，陈独秀与郭沫若根本不在一个量级。由于《实庵字说》的着眼点在文字学，故陈于《臣民氓宰奴婢隶仆童妾》条目中所持取的中国无奴隶社会说仅仅是提出了问题，虽有一定论据、论证，但远不够坚实。郭沫若在这方面却是下过大功夫的，他出入传统文献、甲骨金文，援引马恩，文章较之陈文厚实多了。

郭十分自信地说:"总之关于奴隶制这个问题,我敢于十二分坚决地主张,中国也和希腊、罗马一样,对于马克思的那个铁则并不是例外。"①

郭沫若一反陈独秀把臣、民、氓、宰、奴、婢、隶、仆、童、妾混一的提法,巧妙地把这些人分为两组,说:"中国古代的奴隶字面,如'奴、婢、隶、仆、童、妾'等,本是服贱役的家内奴隶,这,我是晓得的。仅仅家内奴隶不足以构成一个社会制度,要主要的生产部门均用奴隶为生产工具以从事经营,方能成为所谓'奴隶社会',这,我也是晓得的。""奴、婢、隶、仆、童、妾,这些固然是奴隶;而'臣、民、氓、宰',也同样是奴隶。前者固然是从事家内的贱役,而后者则多从事于生产。后者的数目比前者要占绝对的多数。"并十分得意地说"把一品大百姓的'民'说为奴隶",是自己的"创议"②。其实,郭沫若为构建中国奴隶社会的需要,在此文和其他相关文章中把作为商周社会生产主要担当者、拥有一定人身自由和独立经济的"众人""民""庶人"等一概目为奴隶的做法,是靠曲解史料和篡改经典作家有关"奴隶"的定义立说的,是根本站不住脚的。关于这一点,不少学者已有很好的驳论,笔者亦曾为文③论之,鉴于这是一个事关中国乃至世界史之全局性重大理论问题,短期内也不会有什么结论,限于篇幅,这里就不再展开说了。故单就学术层面言,实难断陈、郭之争的孰是孰非,郭的"十二分"自信,只是他自己的事。因为,诗人气质的郭沫若,惯于使用对自己的见解"毫无可以怀疑的余地","的确是铁案难移"④ 之类的夸饰话语。

下面再谈点学术之争外的事。

郭沫若驳难陈独秀《实庵字说》的文字,目前为大家习见、易找的本子题作《驳〈实庵字说〉》,人民文学出版社1959年版的《沫若文集》第11卷、人民出版社1973年版的《奴隶制时代》、人民出版社1984年版的《郭沫若全集·历史编》第三卷所采用的皆是这个"驳"字头的本子;其实,郭沫若的这篇文章最初为"读"字头,作《读〈实庵字说〉》,1941年香港孟夏书店出版的《羽书集》和1949年7月海燕书店出版的《今昔蒲剑》采用的就是这个本子。两个本子的区别,并非郭沫若在人民出版社1973年版《奴隶制时代》所收《驳〈实庵字说〉》一文文末《追记》所言仅仅"把冗赘的文字删削了一些",而是有了质的改动(虽文字不多),大大提升了批判调门,以致连标题都改了。

在原"读"字头稿中,郭沫若尚能平和地说:"作者(指陈独秀——引者)的

---

① 郭沫若:《驳〈实庵字说〉》,郭沫若:《奴隶制时代》,人民出版社,1973年,第280页。
② 郭沫若:《驳〈实庵字说〉》,郭沫若:《奴隶制时代》,第273—274页。
③ 张广志:《奴隶社会并非人类历史发展必经阶段研究》,青海人民出版社,1988年;张广志、李学功:《三代社会形态——中国无奴隶社会发展阶段研究》,陕西师范大学出版社,2001年;张广志:《中国古史分期讨论的回顾与反思》,陕西师范大学出版社,2003年。
④ 郭沫若:《蜥蜴的残梦——〈十批判书〉改版书后》,郭沫若:《奴隶制时代》,第80、82页。

目的,和一般的文字学者不同,是想凭借文字上的启示,以探求古代的实况。这层是相当成了功的。因为作者的学识本有根底,方法的运用颇为纯熟,而于近人的著述似乎见到的也还不少。根据古音古训,出入甲文金文,一隅三反,逐(触?)类旁通,新旧兼融,头头是道,在作者的自由受着束缚的目前而能有这样勤苦的成绩,是可以令人佩服的。"① 及"驳"字当头,便一改而为"作者的目的,是想凭借文字上的启示,以探求古代社会的实况。根据古音古训,出入甲文金文,似乎十分渊博,然而实在是外行"②。

郭沫若是古文字学大家,在甲骨、金文研究上取得巨大成就,人所共知。陈独秀在甲骨、金文研究上虽不如郭沫若,但在用新方法研究传统文字学方面,还是用力甚勤,收获颇丰的。早在1910年,陈独秀就在《国粹学报》上发表《说文引申义考》,1925年发表《字义类例》,1928年撰写《中国拼音文字草案》,在南京狱中,更撰有《实庵字说》、《中国古代语音有复声母说》(刊《东方杂志》第34卷第20、21号)、《连语类编》(生前未刊)、《古音阴阳入互用例表》(生前未刊)、《荀子韵表及考释》(刊《东方杂志》第34卷第2号)、《屈宋韵表及考释》(未完手稿)、《晋吕静〈韵集〉目》(手稿,生前未刊)、《〈广韵〉东冬钟江中之古韵考》(刊《东方杂志》第36卷第4、6号)、《干支为字母说》(手稿,生前未刊)、《识字初阶》(初稿写于南监狱中,出狱后修改扩充,改题《小学识字教本》,生前未刊)等。对陈独秀在文字学上的造诣、成就,学界早有公论,如蔡元培、钱玄同、高一涵、陈钟凡、魏建功等皆曾对之作过较高评价、认可,认为其文字学造诣不在太炎先生下,著名学者杨树达尝谓:"文学革命时,陈、胡并称,然陈之小学知识在胡适等人之上也。""陈君治小学,时有独见。如谓卧、监、临诸字从目不从臣,至为审谛。惜心不甚细,多武断处耳"③。1995年巴蜀书社出版了经整理的《小学识字教本》,2001年中华书局出版了《陈独秀音韵学论文集》,凡此皆可证陈独秀在文字学方面还是有相当造诣并取得可观成果的。郭斥陈为"外行",殊觉不妥。不过,这也没什么好奇怪的,因为,郭沫若这样做,也不是仅此一次,仅对陈。1933年1月16日,郭沫若于《卜辞通纂·后记》中写道:"承董氏彦堂以所作《甲骨文断代研究例》三校稿本相示,……已反复诵读数遍,既感纫其高谊,复惊佩其卓识,如是有系统之综合研究,实自甲骨文出土以来所未有。……余读此文之快味,固有在寻常欣赏以上也。……如此快事,几令人直欲拍案叫绝。"④ 及1950年2月17日写《蜥蜴的残梦——〈十批判书〉改版书后》,已翻脸变成了:"董作宾却仅仅抓到一两个

---

① 郭沫若:《读〈实庵字说〉》,郭沫若:《今昔蒲剑》,海燕书店,1949年,第364页。
② 郭沫若:《驳〈实庵字说〉》,郭沫若:《奴隶制时代》,第280页。
③ 杨树达:《积微翁回忆录》,北京大学出版社,2007年,第62、131页。
④ 郭沫若:《郭沫若全集·考古编》第二卷《卜辞通纂》,科学出版社,1982年,第19—20页。

字,根据自己的敌忾来随便逻辑一下,便想把臣民是奴隶的本质否定了,把殷代是奴隶社会的说法否定了。这根本就不是学者的态度。就是这种非学者的态度,逼得他在今天跑到台湾去准备殉葬。""不懂就不要假充内行。假充内行的结果,只是表示自己的无知。"① 据说,郭的这篇文章是应时任中国科学院编译局编译赵俪生等的约请而写的。当时,围绕这篇文章,还颇生些波澜、趣闻。下面是当事人赵俪生的相关回忆:

> 另外一件冲突是为了一篇文章。当时,叶丁易和我合编了一个《光明日报》上的副刊,叫《学术》,他管西城集稿,我管东城集稿。有一天,叶说,请你们院长写一篇文章吧。我就找个机会对郭老说了,他反应很痛快,一口答应了。而且没隔几天,就把稿子交给了我。题目是《蜥蜴的噩梦》,文内不点名地骂了董作宾,也不点名地骂了郭宝钧,说这样的人只好到台湾去"殉葬"。这一下,我们犯难了。董已去了台湾,骂他"殉葬"关系不大;郭现在考古所担任研究员,这样骂法合适吗?叶和我商议,郭老是大人物,他的文章我们不宜改,于是叶说:"你就近问一问,是否由郭老自己改一改?"我问了。郭沫若很不客气地说:"你们嫌不好,给我拿回来,别的报刊会要的。"好家伙,大人物的架子我是感受到了。我和叶商量,没有其他办法,"原样照登"就是。

为此,再加上前此为陶孟和遭郭沫若"拍着桌子训斥"鸣不平落败,血气方刚的赵俪生愤而向中科院连着上了三份辞呈,郭沫若亲批:"编译局编译赵俪生三次请辞,碍难再留,应予照准。郭沫若。"② 对此,杨树达亦不禁于1953年9月23日日记中曰:"郭沫若来书……云董某妄人,其说未可尽信。记《卜辞通纂》曾言读董断代研究例,拍案叫绝,今乃斥为妄人,鼎堂真妙人哉!"③

圈子绕得远了点,再绕回郭、陈之争的正题上来。

为了证成陈的外行,郭沫若还举证了陈文中将舀鼎与䍃鼎、传卣与师田父尊这些一器二名的器物"误而为二",以及对某些伪器赝品失察之类的硬伤,这颇足以让陈难堪。可这种事在学界并不罕见,因为,即使是大学问家亦会偶有疏失处,如章太炎就曾认为甲骨文是伪造的,郭自己不也是在《驳〈实庵字说〉》中前面刚讲"臣""从事于生产",没隔几页竟又说"臣是家内奴隶"④ 了吗?

至于郭还曾在《驳〈实庵字说〉》的正文和文末《追记》中两次暗指陈为托派,这是以政治帽子压人,与正当学术讨论无涉,这里就不说了。

---

① 郭沫若:《奴隶制时代》,第82页。
② 赵俪生、高昭一:《赵俪生高昭一夫妇回忆录》,山西人民出版社,2010年,第123—124页。
③ 杨树达:《积微翁回忆录》,北京大学出版社,2007年,第267页。
④ 郭沫若:《驳〈实庵字说〉》,郭沫若:《奴隶制时代》,第273、277页。

附：《东方杂志》第34卷第7号《实庵字说》（三）之《臣民氓宰奴婢隶仆童妾》书影

實庵字說（三）

陳獨秀

臣民氓宰奴婢隸僕童妾

上古氏族社會人皆平等無主奴階級之別，及其末也牧畜日蕃，田野日闢需人為助戰勝之所俘獲以奴易戮，其後俘奴日衆比戶而居，已亂氏族之紀加以私產肇興遂出氏族組織一變而氏族與地域並存之組織再變而單純地域組織，合若干氏族而為圖家，昔之以不平等待遇奴隸者至是則一國中之統治者亦施之於初非奴隸之人民矣。堯典分九族（百姓黎民為三，正言殷商以前氏族社會末年之事也。九族謂諸大部族（tribe）；百姓（曰九族，曰百姓，非一定之數名，傳以上自高祖下至玄孫譯之百族，以百骨譯百姓，是以後世之制釋古事也，非是。）謂諸氏族（Gens）諸胞族（Phratry）；黎民即楚語之九黎亦即被征服之苗民，（命九黎之人曰民，見呂刑鄭注。）小雅天保亦華黎百姓對舉百姓與民對舉以百姓為民族則命之曰民，故其字从亡从民或从亡，聲失其義矣。民在古初有主奴貴賤之別官吏出於百姓俘民以之助牧畜耕種而已。

注云民之言冥言未見仁道也說文云民眾萌也从古文之象𠀉（徐鍇本作頸）古文民按金文民字作[characters]（齊侯鎛鐘）、[characters]（齊侯鎛）、[characters]（鼎）、[characters]（孟鼎）、[characters]（鬲）、[characters]（叔向敦）、[characters]（王孫鐘）、[characters]（秦公敦）諸形篆文小變作民是民字取象於艸木之萌芽其中一為種子，（六書略謂：氏與民同體，𠀉民備首力作之見帥木之萌芽，氏之義起於低首以撫民之地而力作，氏與民有別，民氏二字形體近，而義決於於音，民之義起於萌芽惛昧，氏之義起於低首以撫民之地而力作，不與帝均象萃蒂之形，亦如不奥帝有別，六書略謂：不奥帝均象萃蒂之形近而淆亂其音義也。）諸形篆文小變作民是民字取象於艸木之萌芽其中一為種子，（六書略謂：氏與民同體，氏民備首力作之見，氏之義起於低首以撫民之地而力作，氏與民有別，民氏二字形近，而義決於於音，民之義起於萌芽惛昧，亦如不奥）故說文訓為眾萌有繁生幼稚惛昧無知之義（凡明岷（曰）字皆有惛昧無知惛睡矇見義，如民、痻、惛、昏、昒、睧、懣、涽、緡、睯、敯、盿、莬、涽、珉、蝹、緡、罠、罠。）取以稱俘獲征服之人賤之也後又孳乳為唲亦為賤稱（詩：泯之蟊賊，傳曰：岷，昬也。）謂封建之世自別國或鄰近封邑逃亡來歸之農奴孟子所謂「則天下之民皆悅而願為之岷矣」（岷或作氓，古書混用。）是也。說文所謂形聲字，或云从民或从田或从亡亦聲者，謂義兼聲也，其不云亦聲者，無義可知，鄭樵近儒謂，多妄加聲。

字。按役人妾加，周所不免，然具檢少數，其弄役人妾加又可知。六書爲漢人臆說，古初造字帳係形而已，許書叉云事物之頰亦繁者，其弄是以形也。

雜一文不足者，多文以象之，則聲形可象者，則畢有形狀之物以強之，凡所謂指事、會意、形聲，皆屬之，同聲假借，後世之閒字，更非造字之義也，許書自敘初作字令最二字，乃引伸非假借也，文字非一代一人所造，歷世變無窮，且有無法者。更未聞有人創爲造字之條例，衡千歌武狼之國文拼音字母然也，漢人所謂六書，鹽擔起一文說，皆強爲之說，不可通也。許書所以爲形聲叉求其解之不能故右旁，(古無形聲字，請凡躁音加者)目驚根義根所在之初文爲無義之聲，佞次義相顯，古代字少，一聲之聲又，同聲假借，文字仲非假借，皆屬也。

字之條例，後主要聲複義根相闢之之文關，使右從一部某聲，乃凑殷依許者所依形聲之義，而慾根義根仍爲其右旁（實亦不盡近之數字，即說文事煩，勢不得不如偏旁以爲之別，而聲根義根仍爲其右旁（實亦不
偏旁分別部居，一部凡從一部，亦無一。）目說文不如爲旁以爲之別，而聲同者義亦不甚相通，同聲假借，
劃一部，一部說文乃依牛、羊、大、馬、山、水、神、虫、鳥、魚、金、石、絲、人、手、耳、目、口、內等分類之雜字典，實則二者之繼續，只五十步
百步之間，非一二枝節小失。俗偶每聲敦文而賺賺蘇辭之，當以拾棄六書形聲之說爲入門之編。

在屋下執事者本義皆爲俘奴也。古之俘獲奴隸立行，後漸服之多而勢少
宰從辛，宰爲刑人之具意謂殺戮之餘也故後世用爲屠宰字西周金文
多言錫臣錫若干家或錫小臣若干人，是臣由俘獲得與車馬弓矢貝玉士
田同爲錫品巫史吏職則不如是也；小雅正月民之無辜幷其臣僕；
古者有罪不入於刑則役之以爲臣僕小雅楚茨諸宰君婦廢撒不遲乃
以供奔走徹饌之給事者與執事者具豈同，至春秋時之宰猶爲大夫之家
臣；惟臣宰雖屬俘奴當爲彼中豪右，後或有選以爲役員如後世之士司
皂人也周禮曰：其奴男子入于皂隸女子入于春藁，(周禮秋官司厲交，鄭
甲必丹者其身分似奧助耕牧執賤役之齊民有異。

臯人也周禮曰：其奴男子入于皂隸女子入于春藁，(周禮秋官司厲交，鄭玄曰：奴，從坐而沒入縣官者，男女同名。)隸附庸也。(益謂附隸於主人，九經字様及祁孟氏文縣，王純陸，均作

罪書篆之役，從業，新執事以者除也；左旁之秦成與，爾木前丹者以有於神，周禮秋官繇鄭注云：隸，給勞導之役者；畢隸，遊閒之家罵奴者；征南夷所获，此其選以作事，征東夷所获，等也；凡誤來突，著於丹者。

周隸，南蠻之類；夷隸，征束所获；
(事在魯二十三年左傳)，乃殺資哉，
送隸民之數言衆裳。(從夷所获)

專者右文作喋；
(甲文有聲字，手表葉擧之美，姜卸禦字，銳卻臣押喫，或加人作俺，公伐鄢釐作俺，是也；毛公鼎作擇，吳大澂確爲撲勤，是也；)

事之本義爲襲勤之初交，於事煞事後篆作僕，召伯虎歆作宰庫契事作僕。義不正，其繼不首萋萋始也。

童男有辠曰奴奴曰童女曰妾，
(童，奴隸戮名，男曰童女曰妾，易重童之人，從東、從土，謂地上來禾，史前以來禾，奴於作僕，古无童字，或如人作僮，後加辛，毛公鼎童字作重，鼠爲僕墮，童爲僕之本義爲奴墮，移行之則爲動、知重一字，古無是也，其讀籀糒爲始乃由之後二字。)姜有皂

女子給事之得接於君者從辛從女。按臣民宰、初義爲俘奴婢隸僮童妾、(臣妾、童妾、皆男女姿，奴也、幷妻姿之義。)初亦爲俘奴後犯罪者之家屬亦從坐沒入之所
執者率爲糞棄春藁侍食及周禮所云牛馬羞鳥搏盜守宮廷
之中國氏族社會後繼之以奴隸社會猶古希臘羅馬然者則大誤矣希
喪禮所云涅刷諸賤役興古希臘羅馬委以全部生產事業者異趣謂古
胞羅馬由奴隸制而入封建中國印度日本則皆由亞細亞生產制而入
封建者也。

奚 雞 谿 墾

周禮天官酒人，女酒三十人，奚三百人，鄭注云：女酒，女奴曉酒者，古者從坐男女沒入縣官爲奴其少才智以爲奚按奚字從縻省，(系，繫也。

清华简《尹至》"夏有祥，在西在东"新解

张 卉（安阳师范学院历史与文博学院）

摘 要： 清华简《尹至》曰"夏有祥，在东在西"，其中"祥"为吉兆，"东""西"并非指代商汤和夏桀，而是指夏之二都，东为斟寻，西为安邑。《尹至》称桀之时"东祥不彰"，《吕氏春秋·慎大》称夏桀梦到"东日不胜，西日胜"，都是夏桀为西迁安邑而故意制造的舆论。其背后折射出的是夏朝末年，商汤和夏桀势力的消长。

关键词：《尹至》；祥；东；西

清华简《尹至》是《尚书》中《夏书》或《商书》的逸篇①，公布后，引起学界极大关注。为方便讨论，现将简文摘录如下：

> 惟尹自夏徂亳，逯至在汤。汤曰："格！汝其有吉志。"尹曰："后！我来，越今惄惄。余闵其有夏众不吉好，其有后厥志其丧。宠二玉，弗虞其有众。民允曰：'余及汝偕亡。'惟灾虐，德暴，僮亡典。夏有祥，在西在东，见彰于天。其有民率曰：'惟我速祸。'咸曰：'曷今东祥不彰？今其如台？'"汤曰："汝告我夏隐率若兹？"尹曰："若兹。"汤盟誓及尹。兹乃柔，大萦。汤往征弗附。挚度执德不僭。自西翦西邑，戡其有夏。夏播民入于水，曰："战！帝曰'一勿遗。'"②

简文记载了伊尹自夏返亳，向商汤提供夏桀情报，最终灭夏之事。但目前学界对简文中一些问题的认识仍存在分歧，笔者拟就"夏有祥，在西在东"句进行重新解读，进而探讨夏商之际的相关史事。

一、《尹至》"夏有恙（祥），在西在东"的争论

据简文记载，伊尹向商汤汇报夏桀情报，提及天有异象，曰："夏有祥，在西在东，见彰于天。其有民率曰：'惟我速祸。'咸曰：'曷今东祥不彰？今其如台？'"这一情报不仅对商汤伐桀意义重大，对我们理解此次战争也极为关键。但学者对此段

---

① 参见李学勤《清华简与〈尚书〉〈逸周书〉的研究》，《史学史研究》2011 年第 2 期
② 清华大学出土文献研究与保护中心编、李学勤主编：《清华大学藏战国竹简（壹）》，中西书局，2010 年，第 129 页，释文引文用宽式。

— 535 —

简文的释读仍有较大分歧,主要体现在两处:

1."祥"的含义。目前有两说:(1)吉祥之兆。如整理者认为:"'羕',读为'祥',《左传》昭公十八年注:'变异之气。'《国语·楚语上》注:'吉气为祥。'"①又黄人二、赵思木也认为"祥"在这里是吉祥之气,并引《说文》曰"祥,福也"②。(2)凶恶之兆。如邢文指出:"'祥'有吉祥,也有凶祥。《尹至》所论,即是凶祥。"即"有夏灾虐德暴,天见凶祥,在西在东,民所共见"③。沈建华也认为"上古先民视日有并出,为妖孽不祥,今本《竹书纪年》曰:'天有妖孽,十日并出,其年。'"④王宁认为"夏有祥"是说夏有妖祥,并指出所谓的不祥之兆,应当就是《墨子》里说的"日月不时,寒暑杂至,五谷焦死,鬼呼国,鹤鸣十夕余"之类⑤。

笔者认为,"祥"本身含义可是"凶兆",也可为"吉兆",如《左传·僖公十六年》:"周内史叔兴聘于宋,宋襄公问焉,曰:'是何祥也?'"杜预注:"祥,吉凶之先见者。"又《论衡·异虚》:"善祥出,国必兴;恶祥见,朝必亡。"但在《尹至》篇中,它不可能是中性的。因为简文提及,夏民在观测到"东祥不彰"的时候,对自己的凶吉做了判断,曰"惟我速祸","其如台"。也就是东边"祥"气不彰显,让夏民认为自己会"招致祸患"。至于"祥"到底是凶还是吉,关键得看"东""西"具体所指。

2."东""西"所指,学界主要观点有:(1)汤居东,桀居西。如整理者认为"在西为夏之祥,在东为商之祥"⑥。邢文赞同此说,指出"西邑夏之凶祥见彰于天,商汤所在的东方却是'东祥不彰'"⑦。沈建华引《博物志·异闻》卷七记:"费昌问于冯夷曰:'何者为殷,何者为夏?'冯夷曰:'西夏东殷。'于是费昌徙族归隐。"⑧黄人二、赵思木引《通鉴外纪》卷二:"以费昌为御而伐桀,命师从东方出

---

① 清华大学出土文献研究与保护中心编、李学勤主编:《清华大学藏战国竹简(壹)》,第129页。
② 黄人二、赵思木:《清华简〈尹至〉补释》,武汉大学简帛研究中心网站http://www.bsm.org.cn/show_article.php?id=1383,2011年1月11日。
③ 邢文:《谈清华简〈尹至〉的"动亡典,夏有祥"》,武汉大学简帛研究中心网站,http://www.bsm.org.cn/show_article.php?id=1423,2011年3月25日。
④ 沈建华:《清华楚简〈尹至〉释文试解》,《中国史研究》2011年第1期。
⑤ 王宁:《清华简〈尹至〉〈尹诰〉中"西邑"和"西邑夏"的问题》,简帛研究网,http://www.jianbo.org/admin3/2011/wangning001.htm,2011年1月19日。
⑥ 清华大学出土文献研究与保护中心编、李学勤主编:《清华大学藏战国竹简(壹)》,第129页。
⑦ 邢文:《谈清华简〈尹至〉的"动亡典,夏有祥"》,武汉大学简帛研究中心网站,http://www.bsm.org.cn/show_article.php?id=1423,2011年3月25日。
⑧ 沈建华:《清华楚简〈尹至〉释文试解》,《中国史研究》2011年第1期。

于国西以进。"李宝泫注:"东方,汤国东。国西,桀国西。"① 也认为简文"在东在西",指的分别是商汤和夏桀。(2)桀居东,汤居西。王宁据《尹至》"(汤)自西翦西邑,戡其有夏",《吕氏春秋·慎大》"今昔天子梦西方有日,东方有日,两日相与斗,西方日胜,东方日不胜","故令师从东方出,于国西以进",《墨子·非攻下》"天命融隆火于夏之城间西北之隅。汤奉桀众以克有[夏]",认为"汤自西面来翦伐西邑夏,很明显,西邑夏应该是在汤都亳之东而非在其西。"②(3)暗示商汤出征的路线,如陈民镇认为:结合《尹至》《慎大》下文所叙商人自西攻入夏都,可知所谓"东祥不彰",所谓"西方日胜,东方日不胜",是对出师克敌路线的暗示,并不能说明商居于夏之东③。

需要注意的是,对简文"东祥""西祥"解读分歧,其源头可追溯到《吕氏春秋·慎大》篇的"两日相与斗"的争论。

二、《吕氏春秋·慎大》"两日相与斗"的争论

学者在解读《尹至》篇时,认为此段简文可以和传世文献《吕氏春秋·慎大》"二日相斗"相对应,所载为一事。如整理者指出:"以上参看《吕氏春秋·慎大》:'末嬉言曰:今昔天子梦西方有日,东方有日,两日相与斗,西方日胜,东方日不胜。伊尹以告汤。'"④ 黄人二、赵思木认为:"东祥、西祥,在《吕览》中作东日、西日,可能是古代兵法家一种视日、以卜吉凶的方法。"⑤ 黄怀信认为简文"夏有祥,在西在东,见章于天"之说较为可信,《吕氏春秋·慎大》之说当由传闻演绎⑥。为了便于讨论,现将《吕氏春秋·慎大》相关文字摘录如下:

  汤乃惕惧,忧天下之不宁,欲令伊尹往视旷夏,恐其不信,汤由亲自射伊尹,伊尹奔夏三年,反报于亳,曰:"桀迷惑于末嬉,好彼琬、琰,不恤其众,众志不堪,上下相疾,民心积怨,皆曰:'上天弗恤,夏命其卒。'"汤谓伊尹曰:"若告我旷夏尽如诗。"汤与伊尹盟,以示必灭夏,伊

---

① 黄人二、赵思木:《清华简〈尹至〉补释》,武汉大学简帛研究中心网站,http://www.bsm.org.cn/show_article.php?id=1383,2011年1月11日。
② 王宁:《清华简〈尹至〉〈尹诰〉中"西邑"和"西邑夏"的问题》,简帛研究网,http://www.jianbo.org/admin3/2011/wangning001.htm,2011年1月19日。
③ 陈民镇:《清华简〈尹至〉集释》,复旦大学出土文献与古文字研究中心网站,http://www.gwz.fudan,2011年9月12日。
④ 清华大学出土文献研究与保护中心编、李学勤主编:《清华大学藏战国竹简(壹)》,第129页。
⑤ 黄人二、赵思木:《清华简〈尹至〉补释》,武汉大学简帛研究中心网站,http://www.bsm.org.cn/show_article.php?id=1383,2011年1月11日。
⑥ 参见黄怀信《清华简〈尹至〉补释》,武汉大学简帛研究中心网站,http://www.bsm.org.cn/show_article.php?id=1416,2011年3月17日。

尹又复往视旷夏,听于末嬉,末嬉言曰:"今昔天子梦,西方有日,东方有日,两日相与斗,西方日胜,东方日不胜。"伊尹以告汤。商涸旱,汤犹发师,以信伊尹之盟,故令师从东方出于国,西以进,未接刃而桀走,逐之至大沙,身体离散,为天下戮①。

上述文字记载了伊尹间夏,商汤伐夏桀的过程,和《尹至》极为相似。其中伊尹向商汤汇报了夏桀之梦,曰"西方有日,东方有日,两日相与斗,西方日胜,东方日不胜",这里的"东日""西日"的含义是什么,前代学者也有不同解释,主要有两说:

1. 东日为汤,西日为桀。如王利器在《吕氏春秋注疏》中引李宝洤曰:"东方,汤国东。西国,桀国西。"② 但是如果认为"东日为汤",文中曰"西方日胜,东方日不胜"就意味着夏桀获胜,商汤不胜,这和商汤灭夏的历史事实相抵牾。故学者多对商汤伐桀的路线做了重新解释,认为是商汤从东方出发,绕道夏桀之国的西边,打击夏桀。如吕思勉先生将《吕氏春秋·慎大》所载和《墨子·非攻篇下》:"言天命融隆火于夏之城间西北隅"相结合,指出"汤都在桀东,用兵顾出桀西之证"③。李玉洁对《吕氏春秋》此句的解释是:"这段话的意为,在夏都,伊尹知道夏王朝内部的混乱情况,并与夏桀的元妃末嬉已经结为比党,听说夏桀做了一个梦:东西皆有日,二日相斗,西方日胜,东方日不胜。商汤于是制造假象,派大军从夏王朝国东出,绕道国西攻伐夏朝,夏朝灭亡。"④

2. 西日为汤,东日为桀。如陈奇猷在《吕氏春秋校释》中指出:"以上文伊尹告汤东西日斗,西方日胜、东方日不胜之文观之,亦可知东方指桀之国,而汤国在西方也。中国古代民族本系自西向东推进,商起于西以迫东方之夏,周起于商之西以迫东方之商,征之《吕氏》此两日相斗之说,尤可取信……此文谓汤令其师从国都之东出,伐桀还从西方之西方进,盖以应东方日不胜,西方日胜之兆也。"⑤

笔者认为,对《吕氏春秋·慎大》和清华简《尹至》两篇文献内容的解读分歧,主要源于学者们都有一个预设,即认为《尹至》中的"东祥、西祥",《吕氏春秋》的"东日、西日",分别代表着商汤和夏桀。同时,由于《吕氏春秋·慎大》称东西二日斗的结果是"西方日胜,东方日不胜",所以商汤一方必须出现在西方,才能和商汤胜夏桀的历史事实相吻合。因此,学者相应就进一步对文献做了两种不同的阐释:(1)把商汤都城放在夏桀都城的西边。但是,关于汤都和桀都的相对位

---

① 许维遹:《吕氏春秋集释》,中华书局,2009年,第354—356页。
② 王利器:《吕氏春秋注疏》,巴蜀书社,2002年,第1616—1617页。
③ 吕思勉:《先秦史》,上海古籍出版社,2016年,第93页。
④ 李玉洁:《从〈清华简·尹至〉质疑"商族源于西方说"》,《中原文化研究》2017年第1期。
⑤ 陈奇猷:《吕氏春秋校释》,上海古籍出版社,2001年,第859页。

置,《礼记·缁衣》引古逸文《尹吉》曰:"惟尹躬天见于西邑夏。"郑玄注:"《尹吉》亦《尹诰》也。'天'当为'先'字之误……伊尹始仕于夏,此时就汤矣。夏之邑在亳西。"清华简《尹诰》也有"西邑夏"的记载,可知汤亳位于夏都以东,已经是学界的共识,故此种阐释并不可取。(2)把商汤伐桀路线重新设定。此说认为商汤都城虽然在夏都东边,但是商汤采取迂回的战术,带领军队绕道桀都西边,由西向东攻打夏桀。我们认为此种解释,也没有充分证据。《吕氏春秋·慎大》称商汤伐桀路线是"故令师从东方出于国,西以进",即从东方出发,向西征伐。此外《尹至》记载商汤"自西翦西邑",这里的"自"应解释为"在"或"于",如《周易·小畜》:"密云不雨,自我西郊。"《诗经·小雅·正月》:"不自我先,不自我后。""自西翦西邑"也就是商汤在西边翦灭了夏桀。

综上所述,前辈学者对《吕氏春秋·慎大》"东日""西日"和《尹至》"东祥""西祥"的解读皆有可商之处。笔者认为这里的"东""西"所指,并非商汤和夏桀,而是当时夏桀的东西二都。

三、夏桀之东、西二都

夏桀之都,传世文献有载,主要内容有:(1)王畿范围。《战国策·魏策一》:"夫夏桀之国,左天门之阴,而右天谿之阳,庐睪在其北,伊洛出其南,有此险也,然为政不善,而汤伐之。"① 又《史记·孙子吴起列传》曰:"夏桀之居,左河济,右泰华,伊阙在其南,羊肠在其北,修政不仁,汤放之。"② 可知夏桀时期王畿范围较大,东至"河济",河为黄河,济为济水,源于王屋山,于温县附近入河;西至"泰华",《集解》引郑玄曰:"《地理志》太华山在弘农华阴南。"③ 北有"羊肠",《集解》引皇甫谧曰:"壶关有羊肠阪,在太原晋阳西北九十里。"④ 南有"伊阙",《集解》曰:"在洛州南十九里。伊阙山今名钟山。郦元注《水经》云:'两山相对,望之若阙,伊水历其间,故谓之伊阙。'"⑤ 大致而言,包括今豫西、陕东、晋南之地。(2)桀都斟寻。古本《竹书纪年》曰:"太康居斟寻,羿亦居之,桀又居之。"⑥ 可知夏王太康曾都于此,夏末桀亦居之。但斟寻地望所在,文献记载不一,大体有三说:一曰山东莱州。《史记·夏本纪》张守节《正义》引张敖《地理记》云:"济南平寿县,其地即古斟寻国。"又引《括地志》云:"斟寻故城,今青州北海县是

---

① [汉]刘向集录,范祥雍笺证,范邦瑾协校:《战国策笺证》,上海古籍出版社,2006年,第1252页。
② [汉]司马迁:《史记》,中华书局,1982年,第2166页。
③ [汉]司马迁:《史记》,第68页。
④ [汉]司马迁:《史记》,第2166页。
⑤ [汉]司马迁:《史记》,第165页
⑥ 方诗铭、王修龄:《古本竹书纪年辑证》,上海古籍出版社,2005年,第16页。

也。"二曰豫西洛阳一带。《汉书·地理志》北海郡平寿县条下颜师古注引臣瓒曰："斟寻在河南，不在此也。"此河南即今黄河以南，洛阳一带，如《尚书序》云："太康失邦，昆弟五人须于洛汭。"《国语·周语上》："昔伊洛竭而夏桀亡。"可知太康和桀所居之斟寻皆在洛地。三曰豫东北濮阳一带。《史记·夏本纪》张守节《正义》引《帝王纪》云："帝相徙于商丘，依同姓诸侯斟寻。"又《水经注·巨洋水》引《帝王世纪》云："夏相徙商邱，依同姓之诸侯斟灌、斟寻氏。"《汉书·地理志上》东郡濮阳条下曰："卫成公自楚丘徙此，故帝丘。"考之以文献所载"夏桀之居"，山东莱州、河南濮阳皆不在其范围之内，唯豫西洛阳合之。（3）桀都安邑。《书序》孔传曰："伊尹相汤，伐桀……遂与桀战于鸣条之野。"孔安国传："桀都安邑。"又曰："（鸣条）地在安邑之西。"孔颖达疏曰："桀都安邑，相传为然。"《太平御览》卷一六三引皇甫谧《帝王世纪》云："禹自安邑都晋阳，至桀徙都安邑。"此后《水经注》《太平寰宇记》等书皆沿用其说。安邑地望，《汉书·地理志》河东有安邑县，《史记正义》引《括地志》云："安邑故城在绛州夏县东北十五里，本夏之都。"可知其在今山西省南部运城市夏县，亦在文献所载夏桀王畿范围之内。

近现代考古学的发展和对夏文化研究的深入，为我们廓清夏桀都城问题提供了更为直接的证据。二里头文化是夏文化①，在河南全省，山西、河北两省南部，陕西省东部都有发现②，其中两个地区最为集中。（1）豫西偃师二里头遗址。其文化层堆积丰厚，文化内涵丰富，遗址规格高，发现有大型宫殿、大墓、铸铜作坊遗址，精美玉器、铜器和陶器，曾是一处经缜密规划、布局严谨的大型都邑③。年代涵盖了夏代中晚期，夏商周断代工程结项成果中有关二里头遗址一至四期的年代确定在公元前1880年至1521年之间④。二里头遗址的地理位置地望与文献记载斟寻豫西说相符，故学界多认为偃师二里头遗址即太康和桀之都斟寻⑤。（2）晋南二里头文化遗

---

① 此观点最早由邹衡先生提出，参见邹衡《试论夏文化》，载氏著《夏商周考古学论文集》，文物出版社，1980年。现已为学界共识。
② 赵芝荃：《试论二里头文化的源流》，《考古学报》1986年第1期。
③ 中国科学院考古研究所洛阳发掘队：《河南偃师二里头遗址发掘简报》，《考古》1965年第5期。
④ 夏商周断代工程专家组：《夏商周断代工程1996—2000年阶段成果报告》（简本），世界图书出版公司，2000年，第76—77页。
⑤ 参见黄石林《关于探索夏文化问题》，《中原文物》1978年第1期；李民：《简论夏代国家的形成——从二里头遗址看夏代国家的出现》，《历史教学》1979年第11期；黄盛璋：《所谓"夏虚都"三玺与夏都问题》，《中原文物》1980年第3期；谭继和：《桀都与鸣条地望新考》，《西南民族学院学报》（社会科学版）1986年第1期；赵芝荃：《论二里头遗址为夏代晚期都邑》，《华夏考古》1987年第2期；傅淑敏：《我对二里头文化的看法》，《山西大学学报》（哲学社会科学版）1987年第2期；方酉生：《论二里头遗址的文化性质——兼论夏代国家的形成》，《华夏考古》1984年第1期；郑杰祥：《二里头二期文化与后羿代夏问题》，《中原文物》2001年第1期；张国硕：《〈竹书纪年〉所载夏都斟寻释论》，《郑州大学学报》（哲学社会科学版）2009年第1期。

存。中国社会科学院考古研究所山西工作队自 1959 年以来,在涑水流域和盐池、伍姓湖周围、汾河下游(限于临汾以南)和它的支流浍河、釜河流域发现"二里头文化"遗址有 35 处①。其中以夏县东下冯遗址面积最大,内涵极丰富,包括城址、建筑基址、墓葬等遗址,还有铜器,陶器,卜骨等遗物。经碳 14 测定,绝大部分年代在公元前 21 至公元前 16 世纪之间,与夏代纪年相符,其位置亦处于古安邑范围之内②。孙华认为:"今山西夏县西北仍有山曰鸣条岗,岗东东下冯村有一处总面积约 25 万平方米、文化层厚度达 3 米的二里头文化遗址,在二里头文化层上尚叠有二里岗期商文化的堆积,根据这处遗址的情况和文献记载分析,桀都安邑有可能就在这附近。"③

夏桀时期都于斟寻和安邑,不仅有文献和考古证据④,近年来战国竹书的整理和公布,也为夏桀二都提供了新线索。上博简《容成氏》曰:"[启]王天下十又六世而桀作。桀不述其先王之道,自为……不量其力之不足,起师以伐岷山氏,取其两女琰、琬,伙北去其邦,葺为丹宫,筑为璇室,饰为瑶台,立为玉门。其骄泰如是状。"⑤ 竹书所记之事,又见于古本《竹书纪年》,曰:"后桀伐岷山,岷山女于桀二人,曰琬、曰琰,桀受二女,无子,刻其名于苕华之玉,苕是琬,华是琰,而弃其元妃于洛,曰末喜氏,末喜氏以与伊尹交,遂以间夏。"(《太平御览》卷一三五《皇亲部》)从上述两段文字可知,夏桀曾征伐岷山氏得二女琬、琰,遂"弃其元妃于洛",并携带琬、琰二女"伙北去其邦"。李零指出:"似桀都本在伊、洛一带,至此始北徙,移居安邑一带……北去亓邦,是弃其南都,所破则是北都。"⑥ 由此可知桀有二都,分称南北,南为斟寻,北为安邑。斟寻和安邑相对地理位置,一在东南,一在西北,故不仅可称"南""北",亦可称"东""西"。因此笔者认为清华简《尹至》之"东祥""西祥",《吕氏春秋·慎大》之"东日""西日","东""西"

---

① 中国社会科学院考古研究所山西工作队:《晋南二里头文化遗址的调查与试掘》,《考古》1980 年第 3 期。
② 参见东下冯考古队《山西夏县东下冯遗址东区、中区发掘简报》,《考古》1980 年第 2 期;中国社会科学院考古研究所山西工作队等:《晋南二里头文化遗址的调查与试掘》,《考古》1980 年 3 期;中国社会科学院考古研究所、中国历史博物馆、山西省考古研究所:《夏县东下冯》,文物出版社,1988 年,第 18—148 页。
③ 孙华:《夏代都邑考》,《河南大学学报》(社会科学版)1985 年第 1 期。
④ 有学者对夏都安邑地提出质疑,参见金鹗《桀都安邑辨》,《求古录礼说·八》,《清经解续编》卷六百七十(第三册),第 293—294 页;邹衡:《夏商周考古学论文集》;谭继和:《桀都与鸣条地望新考》,《西南民族学院学报》(社会科学版)1986 年第 1 期。对此李民先生则从我国上古都邑制度的角度出发,对桀都安邑的存在进行了详尽的考证,参见李民《试探夏族的起源于播迁》,《郑州大学学报》(哲学社会科学版)1985 年第 2 期。
⑤ 马承源主编:《上海博物馆藏战国楚竹书(二)》,上海古籍出版社,2002 年,第 277—283 页。
⑥ 马承源主编:《上海博物馆藏战国楚竹书(二)》,第 280—281 页。

所指也是桀之二都，东为斟寻，西即安邑。

综上所述，桀有二都，一曰斟寻，一曰安邑。清华简《尹至》称桀之时"东祥不彰"，《吕氏春秋·慎大》称夏桀梦到"东日不胜，西日胜"，都是说夏桀时期，西都有祥瑞，东都不吉利。这是夏桀为西迁安邑而故意制造舆论，其背后折射出的是夏朝末年，商汤和夏桀势力的消长，即商汤在东部迅速崛起，势力不断扩张，夏桀企图遏制商汤的措施失败后，最终被迫西退，迁都安邑，进行战略防御①。

四、商汤的扩张和夏桀的防御

夏朝末年，商汤从一东方小国，迅速崛起。《战国策·楚四》："汤以亳……皆不过百里以有天下。"②《管子·地数》："汤有七十里之薄而用有余。"③《吕氏春秋·审应览·具备》："汤尝约于郼薄矣。"④ 高诱注："郼，汤所居也。岐，武王所居也。"⑤ 郼即殷，郼薄即殷亳。商汤虽兴起于"七十里"或"百里"之地，但居亳期间，为政以德，诸侯归附，如《逸周书·商誓》称汤能"克用三德"⑥，唐大沛云："三德，刚、柔、正直也。"⑦《墨子·非命上》："古者汤封于亳……诸侯与之，百姓亲之，贤士归之，未殁其世而王天下，政诸侯。"⑧《吕氏春秋·仲冬纪·异用》："汉南之国闻之，曰：'汤之德及禽兽矣。'四十国归之。"⑨

随着势力的强大，商汤开始征伐"不服"。清华简《尹至》："汤往征弗。"整理者读为"服"⑩，复旦大学出土文献与古文字研究中心研究生读书会读为"附"⑪。此句意为商汤征伐不顺服，或者不归附的国家。《孟子·滕文公下》称"汤载十一

---

① 《容成氏》称夏桀"取其两女琰、琬，伙北去其邦"，即因夏桀迷恋岷山氏之女，抛弃妹喜，迁都安邑，此说只是后人把夏桀作为暴君而添加的一项罪恶，并非夏桀迁都的真实意图。
② 张清常、王延栋笺注：《战国策笺注》，南开大学出版社，1993年，第398页。
③ ［清］戴望：《管子校正》，《诸子集成（三）》，上海书店，1986年，第382页。
④ ［战国］吕不韦：《吕氏春秋》，《诸子集成（六）》，上海书店，1986年，第233页。
⑤ ［战国］吕不韦：《吕氏春秋》，第240页。
⑥ 黄怀信、张懋镕、田旭东：《逸周书汇校集注》，上海古籍出版社，2007年，第461页。
⑦ 黄怀信、张懋镕、田旭东：《逸周书汇校集注》，第461页。
⑧ ［清］孙诒让：《墨子间诂》，《诸子集成（四）》，上海书店，1986年，第165—166页。
⑨ ［战国］吕不韦：《吕氏春秋》，第102—103页。
⑩ 清华大学出土文献研究与保护中心编、李学勤主编：《清华大学藏战国竹简（壹）》，第130页。
⑪ 复旦大学出土文献与古文字研究中心研究生读书会：《清华简〈尹至〉〈尹诰〉研读札记（附：〈尹至〉〈尹诰〉〈程寤〉释文）》，复旦大学出土文献与古文字研究中心网站，http：//www.gwz.fudan.edu.cn/SrcShow.asp? Src_ID=1352，2011年1月5日。

征,而无敌于天下"①,古本《竹书纪年》曰:"汤有七名而九征。"② 可知商汤在伐桀之前进行过多次征伐,故称"九征""十一征"。文献记载商汤征伐的国族有:(1) 葛国。《孟子·梁惠王下》:"《书》曰:'汤一征,自葛始,天下信之。'"③ 又《史记·殷本纪》曰:"汤征诸侯。葛伯不祀,汤始伐之。"《集解》引《地理志》曰:"葛今梁国宁陵之葛乡。"即今河南省商丘市宁陵县一带。(2) 有洛氏。《逸周书·史记》:"宫室破国,昔者有洛氏,宫室无常,池囿广大,工功日进,以后更前,民不得休,农失其时,饥馑无食,成商伐之,有洛以亡。"潘振云:"有洛,近洛水也。"可知这是洛水一带小国。又陈汉章曰:"郑氏环谓有洛即葛国。"④ 洛、葛音近可通,可为一说。(3) 韦、顾、昆吾。《诗经·商颂·长发》:"武王载旆,有虔秉钺,如火烈烈,则莫我敢曷。苞有三蘖,莫遂莫达。九有九截,韦顾既伐,昆吾夏桀。"⑤ 毛传曰:"有韦国者,有顾国者,有昆吾国者。"《诗经地理考》:"《左传注》曰东郡白马县有韦城","《通典》曰滑州韦成县,古豕韦国","《郡县志》:顾城,在濮州范县东二十八里,夏之顾国",又"《郡国志》:东郡濮阳县,古昆吾国。《通典》:濮州濮阳县,即昆吾之墟,亦曰帝丘"⑥。可知韦、顾、昆吾在今河南省滑县一带。(4) 密须。《战国策·魏四》:"王不闻汤之伐桀乎?试之弱密须氏,以为武教,得密须氏,而汤知服桀矣。"⑦《左传·僖公十七年》有"密姬",杨伯峻注:"《路史·国名纪》引《史索》云:"密西,今河南密县。"⑧ 在今河南省新密市一带。

商汤以亳为根据地,励精图治,已将斟寻以东的许多地区据为己有,其至势力已经到达夏都斟寻附近,对夏王朝统治构成极大威胁。对此夏桀采取了一系列措施,遏制商汤势力的发展。(1) 囚禁商汤。《楚辞·天问》:"汤出重泉,夫何罪尤。不胜心伐帝,夫谁使挑之。"⑨《尸子·卷下》:"汤复于汤丘,文王幽于羑里,武王羁于王门,越王栖于会稽,秦缪公败于殽塞,齐桓公遇贼,晋文公出走。故三王资于

---

① [汉]赵岐注,[宋]孙奭疏:《孟子注疏》,[清]阮元校刻:《十三经注疏》,中华书局,1980年,第2712页。
② 方诗铭、王修龄:《古本竹书纪年辑证》,第21页。
③ [汉]赵岐注,[宋]孙奭疏:《孟子注疏》,[清]阮元校刻:《十三经注疏》,第2680—2681页。
④ 黄怀信、张懋镕、田旭东:《逸周书汇校集注》,970—971页。
⑤ [汉]毛亨传,[汉]郑玄注,[唐]孔颖达疏:《毛诗正义》,[清]阮元校刻:《十三经注疏》,中华书局,1980年,第625页。
⑥ [宋]王应麟撰,张保见校注:《诗经地理考校注》,四川大学出版社,2009年,第238—239页。
⑦ 张清常、王延栋笺注:《战国策笺注》,第637页。
⑧ 杨伯峻:《春秋左传注》,中华书局,1990年,第373—374页。
⑨ [战国]屈原、宋玉等:《楚辞》,《四部丛刊》本,第97册。

辱,而五伯得于困也。"①《韩非子·难四》:"汤身易名,武身受詈,而海内服。"② 《韩非子》称"汤身易名",王先慎解此事为:"桀杀关龙逢,汤闻而叹,士人哭之,桀怒囚汤于夏台,已而得释。"③ 以上三条材料说汤被囚之事,但是汤被囚的地点,所说不同,称汤丘、重泉或夏台,后又释之。(2)讨伐商汤。《归藏·郑母经》:"昔者桀伐唐而枚占,荧惑曰:'不吉。不利出征,唯利安处。彼为狸,我为鼠,勿用作事,恐伤其父。'""唐"即商汤,枚占即枚卜,《左传·哀公十七年》:"王与叶公枚卜子良,以为令尹。"杜预注:"枚卜,不斥言所卜以令龟。"此段应该是夏桀准备伐商汤,但是占卜曰出征不利。由于夏桀试图打击商汤举措均以失败而告终,故夏桀被迫采取了战略防御,迁居安邑。

夏桀选择退居安邑的原因之一,晋南是夏朝重要统治区域,多个夏王曾都于此地。(1)大禹之都。《史记·夏本纪》裴骃《集解》引皇甫谧曰:"禹都平阳,或在安邑,或在晋阳。"④ 又《史记·封禅书》张守节《正义》引《世本》云:"夏禹都阳城,避商均也。又都平阳,或在安邑,或在晋阳。"⑤ 晋阳在今山西临汾市境内,安邑在今山西夏县境内,皆在晋南。又《吕氏春秋·古乐篇》:"禹立,勤劳天下,日夜不懈。通大川,决壅塞,凿龙门,降通漻水,以导河。"龙门,在晋西南,今山西省河津市一带。(2)胤甲居西河。古本《竹书纪年》:"帝廑,一名胤甲,胤甲即位,居西河。"《史记·夏本纪》将其称为"厪",是夏代第十三代王,又《史记·仲尼弟子列传》张守节《正义》云:"西河郡,今汾州也。"可知西河也在晋南,今山西省汾阳市境内。(3)晋南一带被后人称为大夏或夏墟。《左传·昭公元年》称"迁实沈于大夏",杨伯峻注:"服虔以为'大夏在汾、浍之间',则当今山西翼城、隰县、吉县之区。"⑥ 又《左传·定公四年》:"分唐叔……命以《康诰》而封于夏虚。启以夏政,疆以戎索。"杨伯峻注:"顾炎武《日知录》三十一则云'窃疑唐叔之封以至侯缗之灭,并在于翼(今山西翼县东二十里)。'洪亮吉《诂》亦是从此说。"⑦ 清顾栋高《春秋大事表》卷七解释:"夏墟,今为山西解州之平陆县……县东北四十里有古虞城。"这里是说周初封唐叔虞于"夏虚","唐"亦在今晋南地区。《战国策·楚策一》云:"陈轸,夏人也,习于三晋之事",陈轸三晋人而谓之夏人,足证晋封夏墟之说。可知,后人称晋南为大夏或夏墟,说明这里曾是夏王朝的重要统治区域。

---

① [清]孙星衍辑:《尸子》,《四部备要》本。
② [清]王先慎:《韩非子集解》,《诸子集成(五)》,上海书店,1986年,第292页。
③ [清]王先慎:《韩非子集解》,《诸子集成(五)》,第292页。
④ [汉]司马迁:《史记》,第82页。
⑤ [汉]司马迁:《史记》,第1371页。
⑥ 杨伯峻:《春秋左传注》,第1218页。
⑦ 杨伯峻:《春秋左传注》,第1539页。

夏桀退居安邑的另外一个原因，是因为这里有山川之险，易守难攻。（1）从外部来看。东边有太行山，南边有王屋山、中条山，西边有黄河环绕，还有汾河构成外围屏障。特别是从豫西进入晋南，只有轵关陉一个关口，起点在河南省济源市东的轵城镇，终点在山西省侯马市南峨嵋岭和绛山（紫金山）相交处的铁刹关。《战国策·赵策》苏秦说赵王曰："秦下轵道则南阳动。"这里所说的南阳，指济源至新乡一带的黄河以北、太行山以南地区。轵道在当时诸侯相互征伐中的战略地位，从苏秦之说中可见一斑。（2）从内部来看。安邑位于山西腹地，这里山河错综复杂，有中条山、绛山，其间有发源于中条山的两大水系六条峪（河流），里册峪、磨里峪、续鲁峪从县城以东注入浍河，浍河再向西经曲沃、侯马、新绛注入汾河；陈村峪、紫家峪和冷口峪（洮河）从县城以南合流成涑水河，然后向西经闻喜、夏县、运城、临猗、永济伍姓湖注入黄河。因此还形成了一些在军事重镇和重要关隘，面向不同的防线，使得这些区域具有不同的战略意义。因此构成成了一种极为有利的作战地位，形势有利可出击，形势不利可凭险而守。

结　语

清华简《尹至》"夏有祥，在西在东，见彰于天。其有民率曰：'惟我速祸。'咸曰：'曷今东祥不彰？今其如台？'""祥"为吉祥之意，"东""西"所指即桀之二都，斟寻和安邑。《吕氏春秋·慎大》记载夏桀之梦，"西方有日，东方有日，两日相与斗，西方日胜，东方日不胜。"东日，西日也代表夏桀东西二都。这两则材料都是夏桀为迁都制造舆论，从东南的斟寻迁居西北的安邑，是夏桀防御商汤的重大举措，但是在商汤和周密部署之下，并没有起到很大作用，夏王最终朝土崩瓦解。

本文为国家社科基金项目"战国竹书所见东周列国史料整理与研究"（19BZS031）阶段性成果。

先秦赵国封君封邑地望考

张润泽（邯郸学院文史学院）

摘　要：本文对先秦赵国19个封君的封邑地望进行了考证。认为其中15个可以确认具体地名；长安君、武襄君等封邑地望待考；安国君是出土发现的玺印资料，传世文献或缺。并对战国四公子在赵国封邑进行了探讨。

关键词：先秦；赵国；封君；封邑；地望

随着战国兵器、钱币、玺印等资料的发现和地名研究的进展，对一些以前未知赵国封君的封邑地望有了探讨的可能。本文就赵国封君的封邑地望进行考证，请方家给予批评指正。

一、赵国封君与封邑背景

战国时期盛行的封君制度是春秋时期分封卿大夫的继续，"君"是卿大夫的一种新爵号。《仪礼》郑玄注："天子、诸侯及卿、大夫有地者皆曰君。"[1] 刘泽华先生认为："直到春秋末，在正式名号上卿大夫没有称'君'者。卿大夫称'君'有个发展过程。在'卿大夫'这个名号外，最先加的是'公'号，到了春秋末年才出现'君'号"，"受封卿大夫冠以'君'号者，最早也出现在楚国"[2]。中原诸国最早称卿大夫为君者，是卿大夫的家臣称其主子为君，如鲁国季孙氏的家臣称季氏为"君"[3]。中原列国晋国赵氏在这方面也是开先河的，《国语·晋语》中晋国史墨称赵简子为"君"，"中原最先封臣子以君号者不是诸侯，而是赵襄子"[4]。《史记·赵世家》记载，公元前457年襄子杀代王，以代地封其兄伯鲁子周为代成君。封君在各国的普遍出现，是在战国中期各国君主称王之后的事情，普遍称王时期是公元前340年，赵国封君只有代成君、番吾君，其余封君是公元前340年以后的事情。战国封

---

[1] 唐文治编纂：《十三经读本》第二册《仪礼读本·丧服第十一》，上海人民出版社，2015年，第1345页。
[2] 刘泽华、刘景泉：《战国时期的食邑与封君述考》，《北京师范学院学报》（社会科学版）1982年第3期。
[3] 杨伯峻：《春秋左传注》，中华书局，1990年，第1364页。
[4] 刘泽华、刘景泉：《战国时期的食邑与封君述考》，《北京师范学院学报》（社会科学版）1982年第3期。

君的条件有两个：一是计功分封，如《管子》中所说的"臣之能谋厉国定名者，割壤而封；臣之能以车兵进退成功立名者，割壤而封"①；二是亲亲受封，像苏秦所言"贵戚父兄，皆可以受封侯"。战国各国还有因为名望和色幸受封的，如赵国因色侍奉君主的建信君。

这里我们讨论一下有封邑的赵国封君的封邑地望。战国封君的封邑，一种是将封邑的行政权与征收赋税和徭役的权力给了受封的封君，这是一种与郡县制并行的制度；另一种是封邑的行政权仍由君主任命地方官管理，受封者不临土不治民，仅是食赋税，作为俸禄。第二种居多。白国红认为："赵武灵王之前可以确知的封君只有三位。在此之后，随着各诸侯国封君浪潮的涌起，赵国也开始大量封君。赵国封君最多的是赵惠文王和赵孝成王时期。"② 有关赵国封君的情况，杨宽先生在其著作《战国史》（上海人民出版社，1998年第3版）一书中曾有过考察，他所列赵国封君27位，而白国红所列赵国封君21位③。由于地下出土文献如青铜器、钱币、玺印、封泥、简帛等地名资料的不断发现，这些封君的地望可以做进一步探讨。笔者就以上先秦赵国有封邑的封君地望重新做一些梳理。

二、赵国封君封邑考辨

1. 番吾君

赵烈侯时有史载，"番吾君自代来"。此封君是赵武灵王之前的封君。其封邑在番吾，"番吾君自代来"，这个番吾难道在代地吗？《韩非子·外储说左上》作"播吾"④，《史记·六国年表》作"鄱吾"："秦拔我狼孟、鄱吾，军邺。"《史记索隐》云："县名，在常山。"⑤《史记·赵世家》："番吾君自代来，谓公仲曰：'君实好善，而未知所持。今公仲相赵，于今四年，亦有进士乎？'公仲曰：'未也。'番吾君曰：'牛畜、荀欣、徐越皆可。'公仲乃进三人。"《史记集解》："徐广曰：'番音盘。常山有番吾县。'"《史记正义》曰："《括地志》云：'番吾故城在恒州房山县东二十里。'番蒲古今音异耳。"《赵世家》"番吾君自代来"，传统认为番吾在代地，今河北平山县东南。即裴骃《集解》引徐广曰"番音盘。常山有番吾县"。有人指出"今河北平山县的'番吾'，为汉代'蒲吾'，非战国时期番吾君的封邑'番吾'"。"蒲吾"成为番吾君封邑"番吾"似在清代王先慎作《韩非子集解》、王先谦《汉书补注》时才把平山的"蒲吾"误作战国的"番吾"，之后以讹传讹。《史记》卷七十

---

① [唐]房玄龄注，[明]刘绩补注：《管子》，上海古籍出版社，2015年，第446页。
② 白国红：《试论先秦时期赵国的封君制度》，《河北师范大学学报》（哲学社会科学版）2002年第1期。
③ 沈长云、魏建震、白国红等：《赵国史稿》，中华书局，2000年，第305、306页。
④ [清]王先谦：《韩非子集解》，中华书局，1998年，第262页。
⑤ [汉]司马迁：《史记》，中华书局，1959年，第754页。

《张仪列传》:"秦赵战于河漳之上,再战而赵再胜秦;战于番吾之下,再战又胜秦。四战之后,赵之亡卒数十万,邯郸仅存,虽有战胜之名而国已破矣。"① 《史记》卷八十一《廉颇蔺相如列传》:"赵悼襄王元年,廉颇既亡入魏,赵使李牧攻燕,拔武遂、方城。居二年,庞煖破燕军,杀剧辛。后七年,秦破杀赵将扈辄于武遂,斩首十万。赵乃以李牧为大将军,击秦军于宜安,大破秦军,走秦将桓齮。封李牧为武安君。居三年,秦攻番吾,李牧击破秦军,南距韩、魏。"② 《战国策》卷十九《赵策二》:"秦甲涉河逾漳据番吾,则兵必战于邯郸之下矣。"③ 上述史料中的"番吾"的记载,与"河""漳""邯郸"相近,且与秦赵战争的平阳也相近。缪文远《战国策新校注》关于"秦军渡河逾漳据番吾"注曰:"番吾,赵邑,故城今河北磁县境。"④ 林献忠认为:"番吾应是今河北磁县的九龙口古城。"⑤ 所以,番吾并不在河北平山中山国范围,应该在赵国南部武城、平阳附近,今河北省磁县南。"烈侯和番吾君'自代来',都是临时外出的性质"⑥。番吾君自代来,可能是出使代地,并不影响番吾在邯郸南的事实。此说可从。

2. 代安阳君

赵武灵王在惠文王三年封长子赵章为安阳君,田不礼为相。《史记》卷四十三《赵世家》:"三年,灭中山,迁其王于肤施。起灵寿,北地方从,代道大通。还归,行赏,大赦,置酒酺五日,封长子章为代安阳君。"⑦ 赵章于公元前296年被封安阳君,次年因夺君位作乱,被杀。封地在东安阳。《史记正义》曰:"《括地志》云:'东安阳故城在朔州定襄县界。'《地志》云东安阳县属代郡。"⑧ 东安阳在今河北省蔚县东北。

代成君,赵周,赵襄子时期曾封长兄伯鲁之周为安阳君。即赵国代地。今河北省蔚县东北。赵国钱币和玺印皆有"代",也可证。可见,有两个代地封君。

3. 安平君

赵成,即公子成的封君,当在平定公子章叛乱之后。《史记》卷四十三《赵世家》:赵惠文王四年,"公子成为相,号安平君"⑨。安平为公子成的封邑。《史记索隐》:"县名,属涿郡。"《史记正义》引《括地志》云:"泽州安平县,本汉安平

---

① [汉]司马迁:《史记》,第2295页。
② [汉]司马迁:《史记》,第2450、2451页。
③ 诸祖耿:《战国策集注汇考》,江苏古籍出版社,1985年,第940页。
④ 缪文远:《战国策新校注》(修订版),巴蜀书社,1998年,第565页。
⑤ 林献忠:《战国时期赵国两"番吾"地望探析》,《历史地理》(第三十二辑),2015年第2期。
⑥ 孙继民、郝良真:《先秦两汉赵文化研究》,方志出版社,2003年,第129页。
⑦ [汉]司马迁:《史记》,第1813页。
⑧ [汉]司马迁:《史记》,第1813页。
⑨ [汉]司马迁:《史记》,第1815页。

县。"其地应在今河北省安平县。从赵钱币安平地名看，有赵国兵器记载相对应。《殷周金文集成》11671 有"六年安平守铍"①，上海博物馆藏，铭文为"六年，安平守𢌳疾、左工师赋（戡）哲、冶余执（撻）齊（劑）"。杨宽、李晓杰认为赵国设置安平郡。此剑铭文中的"六年"为赵武灵王六年（前319），如此，赵成的封地时间或在沙丘宫变之前。安平郡领地在以安平为中心的区域，在今河北省安平县一带②。后晓荣认为"安平守"不一定就是郡守，也可能是县守。

4. 平原君

名赵胜，赵惠文王弟，封于东武城，赵惠文王晚年和赵孝成王时期为相。《史记》卷七十六《平原君虞卿列传》："平原君赵胜者，赵之诸公子也。诸子中胜最贤，喜宾客，宾客盖至者数千人。平原君相赵惠文王及孝成王，三去相，三复位，封于东武城。"《史记集解》引徐广曰："属清河。"《史记正义》曰："今贝州武城县也。"③ 公孙龙曾劝平原君不要就封："此甚不可。且王举君而相赵者，非以君之智能为赵国无有也。割东武城而封君者，非以君为有功也。而以国人无勋，乃以君为亲戚故也。"④ 平原君的"平原"是号，不是封地名称。武城，才是其封地名称，在今山东省平原县附近。方足布"平备"（见《货系》1807，重5.4克，上海博物馆藏）。读"平原"，被称为赵平原君封地。平原君封地东武城，并不称"平原"。吴良宝认为：此布定位为山东省平原县，并广为泉界所接受，但"关于平原君的封地，据《赵世家》是在东武城而非平原。虽然战国晚期赵国占领了今山东平原一带，但在今山东境内至今也没有出土过方足小布，因此，币文'平原'的地望到底在何处，还有待进一步研究"⑤。笔者认为平原君的封地在东武城，见赵惠文王时期的武城相邦戈⑥，内铸铭文为："七年武城相邦畋□□工师啬夫口口冶妾执剂。"此东武城地望在今山东省武城县西北⑦。

5. 望诸君

乐毅原为燕将，因破齐有功封为昌国君。后因燕惠王猜忌，改用骑劫为将，他

---

① 中国社会科学院考古研究所：《殷周金文集成》（修订增补本），第8册，中华书局，2007年，第6398页，下文简称《集成》。

② 杨宽：《战国史》（增订本）附录一《战国郡表》、附录二《赵国设置的郡》，上海人民出版社，1998年；周振鹤、李晓杰：《中国行政区划通史·总论、先秦卷》，复旦大学出版社，2009年，第427页。

③ ［汉］司马迁：《史记》，第2365页。

④ ［汉］司马迁：《史记》，第2369页。

⑤ 吴良宝：《东周时期金属货币研究》，社会科学文献出版社，2005年，第179页。

⑥ 台北古越阁编印：《古越阁商周青铜兵器》，1993年。裘锡圭序："戈铭之武城，其长官不称令而称相邦，疑为孟尝君或平原君封邑时之东武城。封邑之长官称相邦，与汉代侯国之长官称相同例。"

⑦ 张润泽等：《赵国武城戈及其地望辨析》，《邯郸学院学报》2018年第1期。

就出奔赵国，赵惠文王时封他为望诸君。其封地在观津。观津地望，见《史记》卷八十《乐毅列传》："当是时，齐湣王强，南败楚相唐眛于重丘，西摧三晋于观津，遂与三晋击秦，助赵灭中山，破宋，广地千余里。"①《史记索隐》曰："《地理志》观津，县名，属信都，汉初属清河也。"《史记正义》曰："在冀州武邑县东南二十五里。地望今河北武邑县东南。"

乐毅望诸君的封号，或许封地在望都。或与三孔布的"王夸"（现藏首都博物馆）有关。何琳仪认为"王夸"作为地名典籍未见。"王夸"可能是望诸的音转。《战国策》卷三十《燕策二》："乐毅奔赵，赵封以为望诸君。"②赵国望诸君乐毅的封号，与望诸泽有关，望诸在齐国境内。《战国策》卷三十《燕策二》有"望诸相中山"③，此与乐毅同号，未必是同一人。何琳仪认为，"王"与"望"古音均属阳部，音近可通。"夸"与"诸"古音同属鱼部，音近可通。"王夸"读"望诸"似无疑义。有望诸君为中山相，而《汉书·地理志》中山国有望都。《左传·昭公三年》有"国之诸市"，《晏子春秋》作"国之都市"可以佐证。所以，"都""诸"相通，望诸即望都。鲍彪注《战国策》卷三十三《中山策》："中山，汉为国，有卢奴、北平、北新城、唐、深泽、苦陉、安国、曲逆、望都、新市。"④《一统志》："望都古城在今保定府望都县西北，本战国时赵庆都邑。""庆"与"望"古音均属阳部，音近可通。所以，望都即庆都。望都地望在今河北省望都县西北15千米⑤。

6. 平阳君

赵豹，赵惠文王二十七年封，赵惠文王母弟。《史记》卷四十三《赵世家》：赵惠文王"二十七年，徙漳水武平南。封赵豹为平阳君。河水出，大潦"⑥。《战国策》曰赵豹，平阳君，惠文王母弟。赵国境内"平阳"有两个。《史记》卷六《秦始皇本纪》："十三年，桓齮攻赵平阳，杀赵将扈辄，斩首十万。"此即司马彪《郡国志》"邺有平阳城"在今河北省临漳县西南。另一个平阳原为韩国都城，后可能属赵国。即山西省临汾市西南的尧都平阳。董珊认为：桓齮所攻、赵豹所封的平阳应该是在漳水流域的平阳。《赵世家》："（惠文王）二十七年，徙漳水武平南，封赵豹为平阳君"，此"徙"是在漳水流域建立新的军事政治中心，该地跟魏国壤地相接，是为了限定赵国在南方的门户。同时封赵豹于此，用意是相同的⑦。

---

① ［汉］司马迁：《史记》，第2428页。
② 诸祖耿：《战国策集注汇考》，第1612页。
③ 诸祖耿：《战国策集注汇考》，第1591页。
④ ［汉］刘向集录：《战国策》，上海古籍出版社，1985年，第1169页。
⑤ 何琳仪：《王夸布币考》，见其论著《古币丛考》，安徽大学出版社，2002年，第151—156页。
⑥ ［汉］司马迁：《史记》，第1821页。
⑦ 董珊：《战国题名与工官制度》，北京大学博士学位论文，2002年，第19页。

7. 长安君

赵孝成王母弟。《史记》卷四十三《赵世家》："三十三年，惠文王卒，太子丹立，是为孝成王。孝成王元年，秦伐我，拔三城。赵王新立，太后用事，秦急攻之。赵氏求救于齐，齐曰：'必以长安君为质，兵乃出。'太后不肯，大臣强谏。太后明谓左右曰：'复言长安君为质者，老妇必唾其面。'左师触龙言愿见太后，太后盛气而胥之。"①《史记正义》曰："长安君者，以长安善，故名也。"《史记索隐》曰："孔衍云：'（长安君）惠文后之少子也。赵亦有长安，今其地阙。'"《战国策》也有此段记载。长安君封地长安，"赵亦有长安，今其地阙"，现在不见记载。"长安"方足布（见《货系》1535，1963 年山西省阳高县出土，山西省博物院藏）。第一个字"丠"，左从"立"，右从"长"，为"长"的繁文。第二字是"安"。《史记·赵世家》有赵孝成王元年"长安君为质"。《史记索隐》引孔衍云"惠文后少子也。赵亦有长安，今其地阙"。赵国的封君，多数是实有封地的。长安君封地，待考。

8. 李侯

邯郸保卫战后封，封地在李城。秦围邯郸，赵平原君传舍吏之子李同与三千人赴秦军，力战而死。封其父为李侯，封地李城。《史记正义》记载在怀州温县（今河南省温县）。这里位于战国早期交通要冲，向西北可进入山西上党，东北可通邯郸。

9. 华阳君

赵孝成王时封冯亭为华阳君。《史记》卷七十三《白起王翦列传》："赵受之，因封冯亭为华阳君。"②《史记正义》曰："常山一名华阳，见《赵世家》。"《史记》卷四十三《赵世家》："（武灵王）二十一年，攻中山。赵袑为右军，许钧为左军，公子章为中军，王并将之。牛翦将车骑，赵希并将胡、代。赵与之陉，合军曲阳，攻取丹丘、华阳、鸱之塞。"③《史记正义》曰："《括地志》云：'北岳有五别名，一曰兰台府，二曰列女宫，三曰华阳台，四曰紫台，五曰太一宫。'按：北岳恒山在定州恒阳县北百四十里。"中国国家博物馆藏"家阳司寇"印，家阳，也见《货系》2457 "三孔布"有"家阳"，何琳仪认为是华阳，认为在今河北省唐县西北，或与冯亭的封邑有关。

10. 武阳君

郑安平，秦降将，不知何时受封。赵孝成王十年死，收其地。《史记》卷四十三《赵世家》："十一年，城元氏，县上原。武阳君郑安平死，收其地。"④ 武阳戈

---

① ［汉］司马迁：《史记》，第 1822 页。
② ［汉］司马迁：《史记》，第 2333 页。
③ ［汉］司马迁：《史记》，第 1811 页。
④ ［汉］司马迁：《史记》，第 1827 页。

(《集成》10908),有"武阳"二字①;武阳右库戈(《集成》11053),有"武阳右库"四字②。山西省博物院藏战国晚期武阳左戈③,上有"武?左"三字,应该是赵国兵器。三晋玺印有"武阳司寇"④;战国赵国有三孔布"武阳"布⑤。武阳,燕国城邑,后属于赵国。赵孝成王十九年,燕赵易土,《史记》卷四十三《赵世家》:"燕以葛、武阳、平舒与赵。"⑥ 武阳,应为郑安平的封地,其地在今河北省易县东南。

11. 信平君

廉颇为赵国名将,官至相国。赵孝成王十五年封他为信平君,封于尉文。《史记》卷四十三《赵世家》:"十五年,以尉文封相国廉颇为信平君。"⑦《史记索隐》曰:"尉文,盖地名。或曰,尉,官;文,名。谓以尉文所食之地以封廉颇也。古文质略,文省耳。"《史记正义》曰:"尉文,盖蔚州地也。信平,廉颇号也,言笃信而平和也。"尉文,应该在今河北省蔚县一带。

12. 平都君

赵悼襄王二年有史载。"十八年平国君铍"现存三件,一件藏在多伦多安大略博物馆,黄盛璋先生曾考证过⑧;一件见于《集成》11710;还有一件为邢台出土⑨。公元前248年即赵孝成王十八年,"秦拔我榆次三十七城"。同年,"秦庄襄王二年,使蒙骜攻赵,定太原。攻赵榆次、新城、狼孟,取三十七城。"与秦的战事,使得同是相邦的春平君和平国君连续被质于秦,所以任职时间都很短暂。文献记载赵悼襄王二年,秦王政四年,即公元前243年,"太子从质秦归"⑩,即指春平君从秦归赵。《史记》卷四十三《赵世家》悼襄王二年(前243):

> 秦召春平君,因而留之。泄钧为之谓文信侯曰:"春平君者,赵王甚爱之而郎中妒之,故相与谋曰'春平君入秦,秦必留之',故相与谋而内之秦也。今君留之,是绝赵而郎中之计中也。君不如遣春平君而留平都。春平君者言行信于王,王必厚割赵而赎平都。"文信侯曰:"善。"因遣之⑪。

---

① 中国社会科学院考古研究所:《殷周金文集成》(修订本)第7册,第5806页。
② 中国社会科学院考古研究所:《殷周金文集成》(修订本)第7册,第5886页。
③ 钟柏生等编:《新收殷周青铜器铭文暨器影汇编》,艺文印书馆,2006年,第1030页。
④ 萧春源:《珍秦斋古印展》,澳门市政厅画廊,1993年,第3号,裘锡圭释文。转引自后晓荣《战国政区地理》,文物出版社,2013年,第140页。
⑤ 黄锡全:《先秦货币研究》,中华书局,2001年,第1889页。
⑥ [汉]司马迁:《史记》,第1829页。
⑦ [汉]司马迁:《史记》,第1828页。
⑧ 黄盛璋:《关于加拿大多伦多市安大略博物馆所藏三晋兵器及其相关问题》,《考古》1987年12期。
⑨ 赵福寿、吴佩英:《邢台发现十八年相邦平国君铍初议》,《文物春秋》2006年第5期。
⑩ [汉]司马迁:《史记》,第751页。
⑪ [汉]司马迁:《史记》,第1830页。

此条亦见于《战国策》卷二十一《赵策四》，内容略同。董珊也认为，春平侯、平国君先后去相而入质于秦，当与《赵世家》记载孝成王十八年"秦拔我榆次三十七城"之事有关。平国君，也极有可能是赵孝成王的亲子，但目前还缺乏确证。赵悼襄王二年（前243）春平君与平都侯均曾为质于秦，因此才有了秦人对他们二人留遣的议论，二人均是赵国贵族无疑。"平都"一名，《战国策》作"平都侯"。细审全文，尤其是"君不如遣春平君而留平都"一句，与春平君对称的应是一人名，显然《战国策》作"平都侯"为是。关于平国君的封号和封邑，对于"十八年平国君铍"的"平国君"，吴振武结合《史记》与《战国策》的记载认为："'平都'，《赵策》作'平都侯'。多年前，许进雄先生在研究十八年相邦平国君铍时，曾考虑过平国君可能即平都侯，但最终又怀疑可能是信平君廉颇。我们认为，由于记守相廉颇和记守相信平君的兵器都已发现，平国君即信平君的可能性，实已微乎其微，倒是平都侯的说法，或许还值得重新考虑。"① "就目前所能见得到的资料而言，平国君可能即平都侯的说法，或许还不失为一个有价值的推测"②。董珊认为"平都侯当即铍铭所见的'平国君'"。"以'都'换'国'字的情况"，文献与铍铭相类似③。如《孟子》："在国曰市井之臣。"赵岐注："谓都邑也。""国"与"都"可相通。"平国君"即"平都侯"④。钱穆先生《史记地名考》认为赵国平都即今山西省和顺县仪城村。笔者曾实地考察，认为平都君的封地在平都，即赵简子城，地望在今山西省和顺县横岭镇的仪城村⑤。

13. 武安君

李牧实封地武安。武安是赵国城邑，武安君白起封武安并非赵国武安，《史记》卷五《秦本纪》记载："二十九年，大良造白起攻楚，取郢为南郡，楚王走。周君来。王与楚王会襄陵。白起为武安君。"⑥《史记正义》认为"武安君"得名由来是"言能抚养军士，战必克，得百姓安集，故号武安"。却接着说明战国武安"故城在（潞）（洺）州武安县西南五十里。七国时赵邑，即赵奢救阏与处也"⑦。唐李吉甫《元和郡县图志》卷十五《河东道四》泽潞节度使磁州武安县条："武安故城，在县

---

① 吴振武：《赵武襄君铍考》，《文物》2000年第1期。文中提到的许进雄文，笔者未见，此文见许进雄《十八年相邦平国君铜剑——兼谈战国晚期赵国的相》，《中国文字》（新17期），艺文印书馆，1993年。
② 董珊：《论春平侯及其相关问题》注释，北京大学考古文博学院编：《考古学研究》（六）：《庆祝高明先生八十寿辰暨从事考古研究五十年论文集》，科学出版社，2006年。
③ 董珊：《论春平侯及其相关问题》，北京大学考古文博学院编：《考古学研究》（六）：《庆祝高明先生八十寿辰暨从事考古研究五十年论文集》。
④ 既然铍中有平国，平都之名也曾称平国。
⑤ 张润泽、孙继民：《赵简子平都故城考》，《中国史研究》2011年第1期。
⑥ [汉]司马迁：《史记》，第213页。
⑦ [汉]司马迁：《史记》，第216页。

西南五里。六国时赵邑也。"① 战国武安不是现在武安市西南五里,而是今武安市西南五十里的固镇故城遗址②。

刘泽华认为,武安君苏秦、白起皆非实封。李牧的封邑才是赵国武安城。

14. 安国君

1971年在山西省榆次县王湖岭四号墓出土一方三晋古玺"安国君"印③。见施谢捷《古玺汇考》"安国君"④。张颔释读"安国君"为汉前遗物,"安国"地望在今河北蠡县南,是楚汉相争之时赵国之地。出土地在战国榆次,公元前514年晋国分祁氏为七县置涂水县,安国君为当时赵国的封号,其人为一介武夫,是战时赏功空授的爵位⑤。因为出土地在山西榆次,这里战国属赵,可以判断为战国赵封君印。《汉书·地理志》中山国有安国,地望在今河北省安国县,战国属赵。《史记》卷九十五《樊郦滕灌列传》"降曲逆,卢奴、上曲阳、安国、安平"中就有"安国"⑥。

15. 武襄君

乐乘,赵国名将。《史记》卷四十三《赵世家》记赵孝成王"十六年,廉颇围燕。以乐乘为武襄君。十七年假相大将军武襄君(乐乘)攻燕"⑦。《史记正义》曰:"襄,举也,上也。言乐乘功最高也。"吴振武有《赵武襄君铍考》一文⑧。武襄,今地无考。

16. 长安君(与前一个时间不同)

公元前239年,秦王政弟弟长安君降赵,赵悼襄王封长安君以饶。饶,《史记·赵世家》:"(悼襄王)六年,封长安君以饶。"⑨《史记正义》曰:"即饶阳也。瀛州饶阳县东二十里饶阳故城,汉县也,明长安县是号也。今地河北饶阳东北。"

17. 孟尝君

田文,封地,赵国武城,应该不是东武城。田文原为齐相,封孟尝君。后又入魏为相。赵惠文王曾封田文以武城,《战国策》卷八《赵策一》:"赵王封孟尝君以武城。孟尝君择舍人以为武城吏。"⑩ 因为杨宽在《战国史》附录二战国封君表上标平原君封地为东武城,所以,孟尝君封地应为武城。此武城为赵国的西武城,位于

---

① [唐]李吉甫:《元和郡县图志》,中华书局,1983年,第436页。
② 张润泽:《战国的武安君与武安城》,王晖主编:《西周金文与西周史研究暨第十届中国先秦史学会年会论文集》,三秦出版社,2018年。
③ 王克林:《山西榆次古墓发掘记》,《文物》1974年第12期。
④ 施谢捷:《古玺汇考》,安徽大学博士论文,2006年,第93页。
⑤ 张颔:《"安国君"印跋》,《中国历史博物馆馆刊》1980年第2期。
⑥ 后晓荣:《悠悠集——考古文物中的战国秦汉史地》,中国书籍出版社,2015年,第67页。
⑦ [汉]司马迁:《史记》,第1828页。
⑧ 吴振武:《赵武襄君铍考》,《文物》2000年第1期。
⑨ [汉]司马迁:《史记》,第1831页。
⑩ 诸祖耿:《战国策集注汇考》,第932页。

今河北省磁县讲武城村附近①。

18. 春申君

黄歇，封地灵丘。原为楚的令尹，封春申君。公元前259年秦围攻赵都邯郸，赵为了争取楚出兵来救，以灵丘封给春申君。《史记》卷四十三《赵世家》："七年，廉颇免而赵括代将。秦人围赵括，赵括以军降，卒四十余万皆坑之。王悔不听赵豹之计，故有长平之祸焉。王还，不听秦，秦围邯郸。武垣令傅豹、王容、苏射率燕众反燕地。赵以灵丘封楚相春申君。"② 公元前259年秦围攻赵都邯郸，赵为了争取楚出兵来救，以灵丘封给春申君。《史记正义》曰："《括地志》云：'灵丘，蔚州理县也。'"灵丘，在今山西省灵丘县，距代地近。

19. 信陵君

魏公子无忌为魏相，魏安釐王封他为信陵君。因救窃符赵，无法归国，赵以鄗为其汤沐邑。《史记》卷四十四《魏世家》："二十年，秦围邯郸，信陵君无忌矫夺将军晋鄙兵以救赵，赵得全。无忌因留赵。"③ 《史记》卷七十七《魏公子列传》："赵王以鄗为公子汤沐邑，魏亦复以信陵奉公子。公子留赵。"④ 《史记索隐》曰："鄗，音臛，赵邑名，属常山。"鄗，在今河北省柏乡县西北，城址犹存。

三、结语

综上，赵国封君的封邑地望，15个可以确认，其中，长安、武襄地望待考。安国君是出土发现的玺印资料，传世文献或缺。战国四公子的其中三位在赵国有封邑，封君名号为其本国所封，封君名称与地名并不对应。对于这种赐邑，是否归为赵国封君封邑，可能还存在不同看法。本文所考，可能存在片面和错讹之处，敬请学界同仁批评指正。

---

① 张润泽等：《赵国武城戈及其地望辨析》，《邯郸学院学报》2018年第1期。
② ［汉］司马迁：《史记》，第1826页。
③ ［汉］司马迁：《史记》，第1862页。
④ ［汉］司马迁：《史记》，第2382页。

先秦都城视域下中原区域文化的考古学观察

张新斌（河南省社会科学院历史与考古研究所）

摘　要：本文在对中原地区先秦历史与考古研究线索梳理后，提出中原地区早期区域文化的发展表现为断接式与多样性，先秦时中原文化无法以特定的古国进行表述，夏商时期以主干王朝为主线，两周时期尤以郑、卫、宋、韩、魏等国最具代表性，先秦诸国的研究，是早期中原文化的重点。中原文化与其他区域文化的差别，就是历史上以中原为中心的核心文化与周边文化的差别。

关键词：先秦都城；中原文化；考古学

中原地区在早期文明发展的进程中占据有特殊的地位，在确定列国地域文化的研究时，遇到了一些困难，其关键表现为两个方面：一是在地域文化的发展系列时表现为断接式，即没有一以贯之的单一文化系列；二是与周边文化的交流与交叉，使地域文化表现为多样性。因此，在研究中原区域文化的特征时，明显与燕赵文化、齐鲁文化、吴越文化等有所不同。现将有关情况提出，并望得到同仁指正。

一、关于两周时期中原代表性古国文化的选择与比较

1. 韩魏与中原文化

以韩魏两国作为中原古国的代表性文化，其缺陷表现为以下三个方面：

一是韩魏是由三家分晋后形成的中原大国，在时间上较短，不具代表性，如从晋国最后一个诸侯晋静公元年，为公元前377年，三家灭晋的时间为公元前376年。而从三国实际上被列为诸侯的时间，为公元前403年，以此为界标，至韩灭亡的时间公元前230年，韩国仅有173年的历史；秦灭魏的时间为公元前225年，魏国也仅有178年的历史。两国的历史距战国起始年的公元前475年，相距较远；距春秋始年亦即东周始年的公元前770年，距离更远。所以韩魏从时段上不具代表性。

二是韩魏在地域上也不具代表性。韩魏早期的政治中心在山西。如韩都平阳，地点在今山西临汾，时间在公元前419年前后；而真正在河南建都的时间是都阳翟（今禹州）29年（前403—前375），都新郑146年（前375—前230），而此时韩所统治的中心，也仅在豫中、豫西与豫北的一部分。魏早期都安邑，在今山西夏县；而定都大梁（今开封）的时间是公元前365—前225年，仅141年时间，而这个时候，魏的中心区域也仅有豫中、豫东与豫北的一部分。

三是韩魏从文化的源头上讲，为晋文化的分支，属三晋文化，文化的主源头在山西。定都中原后，虽然吸纳了大量的中原文化，但总体而言，文化的构成较为复杂。因此，无法从文化的系列上寻找到一个主枝脉络。而这种情况，与吴、越、楚、齐、燕、秦的文化发展，有着较大的差异，这也是在对中原地区列国文化研究时，所遇到的较大难题。

2. "两周诸国与中原文化"与"中原诸国与东周文化"

在讨论以河南为主体的中原地区时，首先要搞清楚，中原有广义与狭义之分。广义的中原是指以河南为代表的黄河中下游地区；而狭义的中原，也即今天的河南省。因此，我们所罗列的诸国也即以今河南省为主体。

在讨论先秦时期的河南的文化时，以两周时段为主体，以夏商文化为导线，以中原的史前文化为源头，从而形成完整的中原文化线索①。

在对两周时段中原诸国的研究时，包含有郑、宋、卫、陈、许、蔡、虢、应、黄、息、苏等国，也包含有战国时位列七雄的楚、魏、韩、赵等大国。在整个两周时段，则以郑、卫、宋、韩、魏为重点。

在对这两个题目比对时，两周诸国与中原诸国，前者讲的是两周时段的列国，后者更多强调的是中原地域的古国。中原文化与东周文化相比，中原文化从学理研究上，可以涵盖古与今，时段跨度较大；而东周文化，不但有明确的时间限制，也因东周的中心在河南，即东周都邑在河南，因此从时间与地域看具有一定代表性。但从更宏观的角度分析，应为先秦诸国与中原文化。

二、关于中原两周诸国史实与考古发现的主要线索

1. 卫国

卫国，西周初年，周武王之弟康叔受封在殷商旧地，以朝歌为都，以后又以漕邑、楚丘、帝丘、野王为都，至秦二世时，卫君角正式被废为庶人，可以说卫国是两周时期列国延续时间最长的诸侯国。卫国在朝歌与帝丘为都时间较长，也是卫国历史发展进程的两个重要时期。卫国的疆域主要在豫北地区，为商畿内地区所设立的最大国家，在齐晋争霸史上处于缓冲作用，为中原地区较大的诸侯国。卫国历史上的大义灭亲、共和行政、郑卫之声、懿公好鹤、戚城之盟、铁丘之战、百工暴动等，都具有典型意义。

从考古发现看，不但有河南淇县的卫国故城，也于今鹤壁辛村②发现有15余万平方米的卫国贵族墓地，发现有贵族墓葬82座，车马坑2座，以及属于卫国贵族的

---

① 张新斌主编：《品读中原》，河南科学技术出版社，2018年，第6页。
② 郭宝钧：《浚县辛村》，科学出版社，1964年，第3—5页。

青铜器。2006年,在河南濮阳发现了卫国晚期都城帝①的考古遗存,总面积达916万平方米。另外在卫辉的山彪镇与辉县的琉璃阁②,也发现春秋时期有可能属于卫国的贵族墓地。

2. 宋国

宋国,为殷商灭亡后,周公承成王之命,而将纣王庶兄微子启封于商族旧地。宋国主要处于今豫东及邻近地区,都于宋(今商丘),为春秋时的五霸之一,至公元前286年,被齐所灭,立国时间长达800余年。宋国时期的襄公争霸、守株待兔、揠苗助长、朝三暮四、临危不惧、相思连理等都已成为广为流传的典故。

商丘地区,由于处于黄淮海平原,黄河长期泛滥使大量的文物湮没于地下,从中美联合考古队对商丘地区所做的考古勘探情况来看,宋国故城有的深埋于地下10余米③。因此,其他遗存的发现尚有待于时日。但在地面上还保留有微子祠、三陵台等相关遗存④。

3. 郑国

郑国,周朝姬姓国。《史记·郑世家》:"郑桓公友者,周厉王少子而宣王庶弟也。宣王立二十二年,友初封于郑。"郑初封的时间为公元前806年,地点先后在今陕西凤翔与渭南市华州区一带。郑桓公随平王东迁,初居于虢、郐之间,即今河南荥阳一带,后将国都正式建于新郑。郑国主要分布在豫中的郑州与许昌的北部。郑庄公时称霸中原,曾盛极一时。在春秋末期,国势渐衰,至战国初期的公元前375年,被韩所灭,建国时间长达431年⑤。

郑国故城,由东西二城并列而成,西城为内城,东城平面略呈长方形。西城内分布有郑国的周庙、大宫、西宫与北宫。地面上还保留有"郑女嫁齐"的"梳妆台",武公的"交印台"与庄公的"望母台"。东城则主要分布有手工业作坊。在新郑境内的唐户发现有春秋时的郑墓;在李家楼发现的春秋郑公大墓,出土有传世之宝之称的莲鹤方壶,而郑国带有车马坑的贵族墓葬,以及郑国祭祀遗址多分布在东城之内⑥。

---

① 袁广阔、张相梅、张文延:《河南濮阳发现东周时期卫国都城》,《中国文物报》2006年6月16日。
② 郭宝钧:《山彪镇与琉璃阁》,科学出版社,1959年,第51页。
③ 中国社会科学院考古研究所、美国哈佛大学皮保德博物馆中美联合考古队:《河南商丘县东周城址勘察简报》,《考古》1998年第12期。
④ 尚起兴、尚骥:《商丘史话》,新华出版社,2001年。
⑤ 杨福平、杜维夏:《郑国史话》,中州古籍出版社,2008年,第001页。
⑥ 河南省文物研究所编:《河南考古四十年(1952—1992)》,河南人民出版社,1994年,第231—234页。

4. 陈国

陈国，周朝妫姓国。开国之君为帝舜之后陈胡公满，于周武王时正式受封。陈国，位于今豫东的周口一带，定都于宛丘，即今河南淮阳。自周初胡公受封，到公元前479年楚惠王兴兵北伐，杀死陈闵公，陈国共传20世、26代君王，共历588年。陈国历史上最重要的事件是厉公的儿子完，因内乱而逃到齐国，以"陈字为田氏"，称田完，他受命任工正。他的后代逐渐势大，代齐而立，称为"田齐"政权，"田氏代齐"为东周时最有影响的事件。

陈国故城在今淮阳，城址平面略呈方形，周长4500余米。陈国墓地，除在县城东南有胡公铁墓外，因这里多为黄淮平原，因此考古发现不多。在淮阳的东泥村、堌堆李等地发现有属于陈国的青铜器①。

5. 蔡国

蔡国，周姬姓国。武王之弟叔度受封于蔡。春秋时，蔡国处于晋、齐与楚争霸的夹缝之中，蔡国服楚最早，从楚最坚，但受楚祸亦最深。蔡最早都于上蔡，公元前531年被楚所灭。蔡平侯于三年后复国，迁都于吕亭，改称新蔡；至公元前493年迁都州来（今安徽寿县），称为下蔡；其后又迁于湖北襄阳西南的群山之中，称为高蔡；至公元前343年左右，彻底灭国②。

在上蔡还保留有蔡国故城，城垣保存基本完好，有的仍高达11米。城内有二郎台等宫殿建筑。在新蔡发现有东周城址，很可能为蔡迁新蔡之都城所在。在潢川县高稻场③、固始县万营山④发现有带有蔡氏铭文的青铜器，而级别较高的蔡侯墓葬，仅在安徽寿县有所发现。

6. 许国

许国，周朝姜姓国。西周初年，炎帝、四岳之后文叔受封于许，许初都于今许昌。平王东迁后，在许之北境建立郑，故又受郑之欺凌，在楚、齐、晋等大国之间周旋。公元前576年许迁于叶（今河南叶县），此后多次迁徙，长期以来处于楚国的保护之中，并沦为楚国的附庸，直到公元前373年至前371年之间，终被楚国所灭。

在许昌发现有许故城⑤，虽现存有内外二城，但外城应为东汉时扩建而成，内城有许由台等宫殿基址。在今叶县旧县也保留有东周时的叶县故城⑥，亦为许之叶都所在。尤其是在其附近发现了许国诸侯的大墓，出土了一批许国青铜器。许国器物，除传世者外，在湖北当阳等地也有发现。

---

① 马世之：《中原古国历史与文化》，大象出版社，1998年，第286—291页。
② 张新斌：《蔡文化初论》，《中华文化论坛》2006年第1期。
③ 信阳地区文管会等：《河南潢川县发现黄国和蔡国铜器》，《文物》1980年第1期。
④ 欧潭生：《信阳地区楚文化发展序列》，《楚文化觅踪》，中州古籍出版社，1986年。
⑤ 陈有忠：《许昌城址考》，《中原文物》1985年第1期。
⑥ 马世之：《叶邑新探》，载《叶姓溯源》，中州古籍出版社，2000年。

7. 黄国

黄国，周朝嬴姓国。黄的历史可以早到商代，周初又将少昊之后重新分封，其疆土大致包括淮河之南，大别山以北的潢川、光山、罗山等地，公元前648年，被楚灭掉。

潢川保留有黄国故城，城址呈长方形，城内中南部有"黄君台"等宫殿建筑基址。在潢川发现有黄国青铜器。在光山宝相寺发现了黄君孟夫妇墓；在其附近又发现有黄季佗父墓，说明这里应为黄国贵族墓地。在罗山、信阳等地也发现有黄国贵族的青铜器，反映了黄国遗存在豫南有广泛的分布①。

8. 应国

应国，周朝姬姓国。依《左传》："邗、晋、应、韩，武之穆也。"应国始君，应为周武王的儿子，建立于西周初年。为周王朝南部屏障之一，其地点在今平顶山附近，春秋时为楚国所灭。

在今平顶山市薛庄乡的滍阳岭上，发现了应国贵族墓地②。已发掘墓葬30余座，分属于西周、春秋晚期与战国初期。其中，M1为长方形竖穴土坑墓，出土有陶礼器、车马器，以及玉器，墓主为西周晚期下大夫一级的贵族。而M95，出土随葬品400余件，铜礼器上有"应伯"之类的铭文，应为西周宣王时期应伯的墓葬。

9. 虢国

虢国，周朝姬姓国。虢国有西、东、南、北、小之分。西虢，为周文王之母弟封在关中，后东迁至三门峡市陕州区一带称之为南虢，都上阳。虢公在西周时即为周王室卿士，《左传》有"假虞伐虢"的史实，这不仅是东周时的经典战役，也是"唇齿相依"典故的由来，反映了在公元前655年，虢国为晋所灭的历史真相。

虢都上阳③，位于三门峡市李家窑，除发现城垣基址外，还发现有宫殿基址及相关遗存。在上村岭，1956—1957年发现了虢国贵族墓地和车马坑④，发现了属于虢国太子的M1052墓葬。1990年代以来，又发现属于虢国国君的第2001号大墓，出土各类珍贵文物3200余件。M2009，仅出土的铜礼器就有200余件，玉器有800余件套。被评为1990、1991年两个年度的全国十大考古新发现。

10. 东周

平王东迁至周景王、周赧王等13个周王所居之东周王城，位于西周初年周公奉命所作洛邑的西边不远，平面近于方形，不规则，在城内西南部发现有宫殿区，北部有手工业工场与作坊区，在城外今中州路发现有大量的东周墓葬，尤其是近年来

---

① 马世之：《中原古国历史与文化》，大象出版社，1998年，第389—397页。
② 河南省文物研究所：《河南考古四十年（1952—1992）》，第243—245页。
③ 《三门峡虢都上阳城》，载《中国考古学年鉴（2002）》，文物出版社，2003年。
④ 中国科学院考古研究所：《上村岭虢国墓地》，科学出版社，1959年，第25—30页。

发现的"天子驾六"反映了东周君王的天子气概。自周敬王至周慎靓王，有9个周王居住在成周城，这个城址是在西周洛邑的基础上建成的①。

在春秋时期，周天子似乎还保留有天子名号，尽管其威势已大不如前，但仍具有王者风范。到战国时期，周天子已沦落为封邑小侯，形成了西周与东周的对立，西周为周考王之弟揭之所居，为西周桓公，其城邑应在东周王城一带。西周始建国于公元前440年，至公元前256年被秦所灭。东周的开国君主有可能为西周惠公之弟，建国于公元前367年，其地点在今巩义，即旧巩邑建国，至公元前249年被秦所灭。姬姓周朝，由统一大王朝，变为分裂小王朝，又变为分封小国君，尽管在这个时期已没有了王者风范，但在当时的象征意义还是不言而喻的②。

11. 楚国

楚为南方大国，楚国最强盛时，都于郢（今湖北荆州），中心在江汉，但却始终以中原为北界，并在中原地区灭掉郐、西蓼、申、吕、邓、鄀、息、应、樊、曾、黄、蒋、番、东蓼、江、陈、蔡、许等中原诸国。战国后期，楚国在秦的压迫下，于公元前278年将都城迁于陈，号称"陈郢"，并以此为都达38年之久③。

在豫中与豫南地区，发现有大量的楚墓，如1957—1958年在信阳长台关发掘了两座楚国大墓，出土了一套13枚的完整编钟。1976—1979年，在淅川下寺发掘了春秋楚国贵族墓葬与车马坑，出土了由失蜡法铸造的铜禁及其他数量较多的随葬品。1991—1992年，在淅川丹江库区，发掘了两座楚国贵族墓葬，出土了铜鼓架等珍品。1978年在固始侯古堆发掘了春秋晚期的句敔夫人墓，还在淮阳马鞍冢发掘了两座楚国晚期大墓，并发掘埋葬22辆车的车马坑④。另外，在新蔡葛陵也发现了大型的楚国贵族墓，墓主为楚国悼王时的平夜君成⑤，这些都是中原楚文化的最好例证。

12. 赵国

赵国，为三晋之一。赵国最后定都在邯郸，在此之前，曾以晋阳、中牟为都。其中，赵献侯即位徙治中牟，在中牟历献侯、烈侯、武公，敬侯元年迁都到邯郸，自公元前423年至公元前386年，在中牟共历38年。中牟的地点有多种说法，但学术界在研讨后公认应在鹤壁市的牟山之侧。而赵国在中原定都时，亦即公元前403年，韩、赵、魏正式受封为诸侯⑥。

在今鹤壁市的鹿楼一带发现有与城邑有关的冶铁作坊遗址，在后营发现有同时期的墓葬，这些为赵都中牟提供了大量有用的线索。在辉县周围村发现的中原地区

---

① 蔡运章等：《洛阳，中华文明圣地——洛阳历史文化图典》，内部发行，第65页。
② 李学勤：《东周与秦代文明》，文物出版社，1991年，第15页。
③ 马世之：《中原楚文化研究》，湖北教育出版社，1995年，第223页。
④ 河南省文物研究所：《河南考古四十年（1952—1992）》，第256—272页。
⑤ 河南省文物考古研究所：《新蔡葛陵楚墓》，大象出版社，2003年，第181—184页。
⑥ 张新斌：《赵都中牟在鹤壁研究》，《中州学刊》2005年第6期。

级别最高的贵族墓葬，亦有可能为赵都中牟时的王陵所在①。

13. 韩国

韩国，为三晋之一。韩国的根基在今山西，其早期都于平阳，在此之前，韩宣子在晋文公"始启南阳"后，曾以今河南温县的州邑为封地。以平阳为都后，仅十余年，韩景侯（前408—前400）时都于阳翟，即今河南禹州。韩哀侯二年（前375）正式定都新郑，至公元前230年被秦所灭，韩都新郑长达145年②。

与韩国有关的宜阳故城③、阳翟故城④均有发现，宜阳故城还保留有据传为韩国国君的大墓。但新郑的郑韩故城保留最为完整，在郑韩故城还发现有180余件青铜兵器，大部分带有铭文，其铸造时间当在前310年至前231年之间。在城内宫殿区发现有战国晚期的地下冷藏设施。在城外西南发现有战国晚期的大型陵墓与车马坑⑤。在温县州城遗址所出土的东周盟书，主盟者为韩简子，时间当在公元前497年⑥。这些都为了解韩国文化，提供了第一手的资料。

14. 魏国

魏国，为三晋之一。魏国的根基亦在今山西，魏的最早封地为魏，在今山西芮城，魏都安邑近二百年，地点在今山西夏县。魏惠王时，正式徙都大梁（今开封），自公元前362年至公元前225年，魏都大梁长达138年之久。魏的统治中心，在今豫中与豫东地区。

魏都大梁，因黄河泛滥早已不知所踪。但在西晋时期的汲冢⑦，发掘的有可能属于魏襄王的大墓中，出土了大批竹简，学者们后来整理出版了《竹书纪年》这部对上古史研究颇有意义的古书，汲冢遗址在今卫辉市的汲城村附近。离此不远，1935年发掘的山彪镇1号大墓⑧中，不但出土器物达1447件，所出的水陆攻战纹铜鉴，亦成为战国时期最具代表性的器物。此外，在辉县的琉璃阁⑨，汤阴的五里岗⑩均发现有可能属于魏国的墓地，五里岗墓葬多达4000余座，有可能是与魏信陵君"窃符救赵"有关的阵亡将士墓地。

---

① 张新斌：《辉县固围村战国墓国别问题讨论》，《中原文物》1994年第2期。
② 曹维选、朱春堂：《韩国史话》，中国文联出版社，2006年，第001—002页。
③ 赵安杰：《战国宜阳故城调查简报》，《中原文物》1988年第3期。
④ 刘东亚：《阳翟故城的调查》，《中原文物》1991年第2期。
⑤ 河南省文物研究所：《河南考古四十年（1952—1992）》，第231—234页。
⑥ 河南省文物研究所：《河南温县东周盟誓遗址一号坎发掘简报》，《文物》1983年第3期。
⑦ 张鸣珂《〈汲冢书〉〈竹书纪年〉和汲冢遗址》，《平原大学学报》1989年增刊。
⑧ 郭宝钧：《山彪镇与琉璃阁》，第3—46页。
⑨ 郭宝钧：《山彪镇与琉璃阁》，第53—76页。
⑩ 河南省文物研究所：《河南考古四十年（1952—1992）》，第265页。

三、先秦诸国与中原文化研究的对接

1. 关于中原列国文化的早期源头

在追根溯源时,要对中原地区史前文化的基本地理特征与文化特点进行描述。

中原的地理特征为天下之中,四通八达。在当时的地理单元中具有核心优势。一方面可以成为文化的中心区,另一方面也可能成为大的区域文化与势力的相互侵袭之地,从而有可能被相关文化所肢解,这便是在中原板块上与其他区域文化的最大差异。

中原的史前文化特征,表现为文化的连续性。如1万年以来,裴李岗文化、仰韶文化、河南龙山文化,以及进入夏商时期的二里头文化、二里岗文化、殷墟文化,成为一个文化发展的完整的链条,这种链条构成了当时的核心文化,这种情况在其他地方极为少见。

2. 关于夏、商为主干的中原早期文化的发展阶段

夏、商两个王朝为中国历史上最早的国家政权形式。夏王朝与商王朝是青铜文化发展由初创走向高峰的关键阶段,代表了中国青铜王朝的最高水平。

夏的中心统治地区在豫西与晋南。禹都阳城,在登封有王城岗城址。启居钧台,不但保留有传说的遗存,还有启母阙等物证,尤其是在新密发现的新砦遗址,为启居钧台提供了更多的选择。帝宁居原,在济源有庙街遗址。而桀都斟鄩,为偃师的二里头遗址已得到学术界的公认。二里头遗址经过考古工作者的数十年发掘,总面积达375万平方米,古都面貌得以较全面的展示,为我们了解夏代文明,提供了更多的实物证据。无论是宫殿建筑的辉煌,还是贵族墓葬的气概,以及青铜礼器的大量出土,均代表了当时最高的成就[①]。

商代是继夏代之后的又一个奴隶制王朝,商的疆土较夏有了更大的扩展,物质与精神的创造也达到了新的高峰。商代的政治中心有"前八后五"等多次迁徙,但主要都城与最核心的发现在河南。如属于汤都亳的郑亳在郑州,郑州商城内城垣周长近7千米,商代遗存面积不少于25平方千米。发现有宫殿基址、手工作坊,青铜窖藏以及居民点遗址,并发现了外郭城墙的基槽。在偃师发现的尸乡沟商城,其时代基本与郑州商城相近,已发现有城门、宫殿区、府库和纵横的大道,尤其是在城内发现的小城面积达81万平方米,反映这个商城的完善的城郭分制制度。虽然对偃师商城的性质有较多争议,但对其重要性则是令人毋庸置疑。在郑州小双桥发现夯土建筑基址、青铜建筑构件,使得其为隞都的说法成为重要观点。至于安阳殷墟,经过考古学家数十年的努力,大型宫殿基址、大型王陵、手工业作坊以及甲骨坑等重要遗存的发现,尤其是15万片甲骨的发现,记载了大量的商王朝相关的历史,使

---

① 河南省文物研究所:《河南考古四十年(1952—1992)》,第163—177页。

我们对晚商王都与文化有了较多的直观的认识①。

3. 两周时期中原的古国与文化

西周时期,中原地区作为中心地区,尽管不是王都所在地,但洛邑的位置是一般诸侯国所无法比拟的。中原地区的卫、郑、宋、陈均属于中等较大的国家。他们与其他小国的文化,构成了中原文化的主轴。

东周时期中原古国可以分为两个阶段:春秋时期与战国时期。

春秋时期,中原诸国可以形成一个群体,这个群体包括了卫、郑、宋、陈、许等国,也包含有东周王室文化,当然也包括其他小国,如应、虢、苏、黄、息、蒋、番等,形成了多元一统的绚丽文化。他们与西周列国,构成了中原古国的完整系统。

战国时期则以中原文化与晋文化的结合体韩、魏、赵为主,尤其是韩、魏以中原为中心,形成了中原文化由传承到发展的新的阶段,中原文化的发展达到了新的高度,为中原的政治中心地位的强化,以及经济发展与社会进步,奠定了较好的基础。

总之,中原的地域文化,是由夏商的主干文化为主线,西周时期周天子将小国分封在中原,这些都是与周关系密切的同姓和异姓侯国,所体现的仍然是以夏商为主干的华夏文化传统,到了东周时期周天子东迁,以及晋、齐、楚文化因素的进一步融合,新的华夏文化渐趋形成,中原地区依然保持了地域文化与主干文化合二为一的特点,中原文化的特色实际上就是华夏核心文化的体现,这是中原文化与其他地域文化的本质区别。

---

① 河南省文物研究所:《河南考古四十年(1952—1992)》,第177—218页。

周代军用乐器考

赵东玉（辽宁师范大学历史文化学院）

摘　要：根据文献的记载和考古发现，周代战时被经常使用的乐器，主要有鼓、铎、镯、铙和錞于等几类。除了形制、原料等方面的不同之外，这些乐器在军事行动中的功能也各有不同。

关键词：乐器；鼓；铎；镯；铙；錞于

军事和音乐作为两种社会现象，是早在原始社会时期就已经出现了的。人类学学者早就已经正确指出，在原始社会时期，战争曾经是人们"经常性的工作"。而中外石器时代的考古发掘中屡见残缺臂膀、腿脚的尸骨化石，即应是其确凿的证据。而音乐作为一种社会事象，其出现同样久远，"它的最初形式是为了协调劳动时的动作、减轻疲劳而创作的劳动号子"。至于乐器的发明，据说"与狩猎生产有着直接的联系"[1]。从考古发掘的情况来看，在我国南北各地的新石器遗址中，都发现有各种成型的吹奏和敲击乐器[2]。至于战争与音乐的结缘，也很早就已发生。据《史记·五帝本纪》说："轩辕之时，神农氏世衰，诸侯相侵伐，暴虐百姓。"在这样的纷乱之时，"黄帝令伶伦作为律"[3]。《管子·五行》也指出："黄帝以其缓急作五声，以政五钟。"而作此乐的目的，照《管子》的说法，正是为了平息人世之乱。所谓"五声既调，然后作立五行以正天时，五官以正人位"。《管子》的说法自然有溢美的成分，但远古战争中用乐来鼓舞士气、协调步骤，应当是不容置疑的。《国语·晋语五》中也说："宣子曰：'大罪伐之，小罪惮之。袭侵之事，陵也。是故伐备钟鼓，声其罪也；战以錞于、丁宁，儆其民也。'"这说明，音乐在此时还有警示敌方的作用。惜其时无记谱之学，战时所奏的乐典已不可稽考。不过，战时所用的乐器，则赖有文献的确切记载而得以为后世知晓。这里，试就周代战时所用的乐器，略加考原。

对于周代战时所用的主要乐器，《周礼·夏官·大司马》有一段文字作了较为集中的说明。其文云：

---

[1] 宋兆麟等：《中国原始社会史》，文物出版社，1983年，第418—419页。
[2] 参见李纯一《原始时代和商代的陶》，《考古》1965年1期；吴苏：《圩墩新石器时代遗址发掘简报》，《考古》1983年4期等。
[3] 《吕氏春秋·古乐》。

> 中春，教振旅，司马以旗致民，平列陈，如战之陈。辨鼓、铎、镯、铙之用：王执路鼓，诸侯执贲鼓，军将执晋鼓，师帅执提，旅帅执鼙，卒长执铙，两司马执铎，公司马执镯。

与现代战争的临时应变不同，古代的战前训练应等同于实战。由这段文字来看，在战阵之中，至少有四种乐器是被经常使用的，这便是：鼓、铎、镯、铙。此外，见于文献的还有錞于这种军用乐器。下面，结合其他史料来对这几类乐器加以进一步的考察。

一、鼓

鼓，照《释名·释乐器》的说法，就是"郭也，张皮以冒之，其中空也"。今人解释说，鼓"其实就是以木为外部，两面系皮的打击乐器"。从考古学的角度来看，这里所说的鼓，应属于"木框鼓"。考古学者指出，"商周时期流行的木框鼓，形体扁圆，两端均张蒙皮革，置鼓座上，成'建鼓'"①。鼓作为军用乐器，在周代的战争过程中最为常见，先秦诸书中屡见记载。如《左传·庄公十年》中有"一鼓作气，再而衰，三而竭"的著名说法。同书成公二年记鞌之战，是时郤克为晋中军将，他"伤于矢，流血及履"，但坚持击战鼓，"未绝鼓音"。同年，齐侯率军围龙，"齐侯亲执鼓"。《论语》中也有"小子鸣鼓而攻之可也"的话。总的来说，鼓声是战争过程中进攻的信号和象征。正如《荀子·议兵》所说"闻鼓声而进"，《管子·兵法》所谓"鼓，所以任也，所以起也，所以进也"。《国语·晋语三》中也指出："君揖大夫就车，君鼓而进之。"于此可见，鼓作为军事乐器，其在战时的作用是极为重要而不可或缺的。甚至可以说，在当时作战中如果没有"鼓音"激荡，是不可想象的。正是由于战鼓的作用重要，故战鼓往往被安排在中军之侧，有时甚至由中军将帅亲自击鼓。这一点，在前引《周礼·夏官·大司马》说得最为清楚明白。《国语·齐语》也明确指出："三军，故有中军之鼓，有国子之鼓，有高子之鼓。"《国语·晋语九》也记载说："铁之战，赵简子曰：'郑人击我。吾伏弢呕血，鼓音不衰。今日之事，莫我若也。"从考古发现的情况来看，所发掘的木框鼓均为东周时器，在"安徽舒城，河南信阳，湖北随县、江陵、荆门和湖南长沙等地都有出土"。其中，"以安徽舒城九里墩春秋晚期墓为最早，木框皮面已残朽不能复原，仅存铜铸鼓座。作圆圈形，无底，外围有四个铺首衔环。衔环之间饰以虎头、盘龙纹。直径80厘米、残高29厘米，重49公斤，座上刻铭150字，自名'建鼓'"②。

战争中用鼓为号为必不可少，而在周代这样一个等级的社会中，战鼓也同样是有其具体的类别区分的。从古书所记来看，战鼓大致可以分为如下五类：路鼓、贲

---

① 黄展岳：《考古纪原——万物的来历》，四川教育出版社，1998年，第250页
② 黄展岳：《考古纪原——万物的来历》，第250页。

鼓、晋鼓、提和鼙。

先来看路鼓。据《周礼·地官·鼓人》说："以路鼓鼓鬼享。"《周礼·夏官·大司乐》也记载说："凡乐……路鼓……于宗庙中奏之。"两说皆谓路鼓用于祭祀，与前引《大司马》说有所不同。而清人孙诒让认为："据此经，是路鼓、晋鼓亦军事所用，彼各举一端为义，文不具也。"① 联系到当时森严的等级制度，路鼓、贲鼓用于身份不同的贵族，则是可以确信的。至于路鼓的形制，东汉人郑玄于《周礼》之《鼓人》一节注释云："路鼓四面。"而郑司农则在《大司乐》一节注云"路鼓两面"。未详何者为是。

再看贲鼓。《诗经·大雅·灵台》有云："贲鼓维镛。"毛传释"贲鼓"为"大鼓也"。而《周礼·地官·鼓人》则有"以贲鼓鼓军事"的话语。孙诒让解释说："贲贲坟，声类同故并有大义。"今人钱玄亦云"贲鼓……亦做鼖鼓"。其说应有所据。至于其形制，郑玄认为"鼓长八尺"；贾公彦疏云："此唯两面而已。而称其大者，此不对路鼓已上，以其长八尺，对晋鼓六尺六寸为大耳。"

还有晋鼓。《周礼·地官·鼓人》有云："以晋鼓鼓金奏。"据前引《周礼·夏官·大司马》可知，在战时晋鼓是由军将执之。至于其形制，照郑玄的说法，就是"晋鼓长六尺六寸"。

再就是"提"。提为战时之鼓，是较为独特的。照郑玄的说法，"提读如摄提之提，谓马上鼓。有曲木提持鼓，立马髦上者，故谓之提"。看来，提这种战鼓，是各种战鼓中的小弟弟，在战时，它由"帅师执之"。

最后是鼙。所谓鼙，照古人的注解，其实就是一种军用的"小鼓"。据前引《周礼·夏官·大司马》云，此种小鼓在战时由"旅师执之"。由《仪礼·大射义》可知："建鼓在阼阶西，南鼓。应鼙在其东，南鼓。……朔鼙在其北。"郑玄注云："应鼙，应朔鼙也。先击朔鼙，应鼙应之。"由此可知，鼙这种小鼓也有两种分类，这便是"应鼙"和"朔鼙"。按照《礼记·投壶》的记载，鼙鼓主要是与前面几种大鼓相间而击，从而形成必需的节奏。

这里需要指出的是，由于路鼓、贲鼓和晋鼓的形制较大，古注家已经发现：如果鼓置战车之上，"则击者几无立处"；故认为《周礼·夏官·大司马》所云不过"为司战之礼"，"王侯等不必亲登车击鼓。若临战，则王侯军将所建而击者，亦不过提、鼙等小鼓"。对此，清人孙诒让也认为："此经师帅执提以下，其鼓较小，皆是亲执；其军将以上职位较崇，所用三鼓，广长之度绝侈将车，不易建，当别以车载之；则三鼓不必亲执。经以与下提、鼙等牵连并举，故通言执耳。"联系上文所引《左传·成公二年》记"齐侯亲执鼓"及郤克"未绝鼓音"的文字，可知公侯等职位较高的人士亲执鼓的事件较为少见，故特为记载。又《周礼·夏官·大司马》也

---

① ［清］孙诒让：《周礼正义》，中华书局，1987年，第2305页。

说道:"中军以鼙令鼓,鼓人皆三鼓。"可见,职位较高者只是以提鼙等小鼓发出号令,真正击鼓者是专职的鼓人。

另外,当时敲击军鼓所用的工具为"枹"。如《国语·齐语》云:"执枹鼓立于军门。"根据《字林》解释说:枹,"击鼓槌也"。而《国语·晋语五》记晋将郤献子受伤却仍然"左并辔,右援枹而鼓之"。足见枹为击军鼓所用的必备工具。

二、铎

铎为战时的乐器。如《国语·吴语》:"行头皆官师,拥铎拱稽……"至于其具体的作用,照《周礼·地官·鼓人》的说法,乃是:"以金铎通鼓。"据郑玄注得知:"铎,大铃也,振之以通鼓。"至于负责振铎的人,照《周礼·夏官·大司马》的说法,是"司马振铎"。贾公彦进一步疏解说:"此是金铃金舌,故曰金铎。在军所振,对金铃木舌者为木铎,施号令时所振。"至于"通鼓"之说,贾疏认为"两司马振铎,军将以下即击鼓,故云通鼓"。而按《说文》的注解,"通,达也"。孙诒让认为:"以鼓者非一人,故振铎令一人先鼓,众人遍鼓之。"① 无论如何,从《周礼·夏官·大司马》的记载来看,击鼓与振铎的确应当是紧密相连的。如"三鼓振铎";"鼓人皆三鼓,两司马振铎"云云,均可显见此点。

不过,这种振铎以通鼓的规则,在春秋末期似乎不再流行,如《国语·吴语》有云:"王乃秉枹,亲就鸣钟,鼓丁宁、镦于,振铎,勇怯皆应,三军皆哗,扣以振旅,其声动天地。"从这段文字来看,似乎是各种战鼓乐器和喧哗之声一齐发动,并无先后之别。或者,这乃是"礼崩乐坏"的表现也未可知。

三、铙

铙作为军用乐器,从金尧声,同样是由金属制成。铙的形制,郑玄认为"铙如铃,无舌有秉"。《说文》也说:"铙,小钲也。"又说:"镇,铙也。似铃,柄中上下通。"关于铙的作用,《周礼·地官·鼓人》说是以"金铙止鼓"。郑注解释说:"执而鸣之,以止击鼓。"《周礼·夏官·大司马》也说:"乃退鼓,鸣铙且却。"郑注云:"铙所以止鼓,军退,卒长鸣铙以和众,鼓人为止之也。"《左传》等书中也有"闻鼓进,闻铙退"之说,可为佐证。

四、镯

镯也从金,蜀声,可见同样是金属类乐器。《周礼·地官·鼓人》云:"以金镯节鼓。"郑注认为"军行,鸣之,以为鼓节"。这与《周礼·夏官·大司马》所云

---

① 这种说法,与上节所引《周礼·夏官·大司马》的"中军以鼙令鼓,鼓人皆三鼓"的说法有所出入。何者为是,不易确定。

"鼓行鸣镯，车徒皆行"的说法是一致的。至于其形制，郑玄认为："镯，钲也，形如小钟。"《说文》也认为："镯，钲也。"而《诗经·小雅·采芑》则有"方叔率止，钲人伐鼓"之说。毛传解释说："钲以静之，鼓以动之。"由此可见，其与镯的用途完全一致。而今人钱玄则认定"《周礼》无钲字，即用镯字"①。

又，《左传》《国语》等书中屡见军用乐器"丁宁"。如《左传·宣公四年》云："著于丁宁。"晋人杜预注认为："丁宁，钲也。"而《国语·吴语》也有"亲就鸣钟，鼓丁宁"之语。韦昭注也认为："丁宁，钲也。"今人钱玄也认为"丁宁或为钲之合音"（按：钲应为丁宁之合音）。另外，《说文》认为："钲，铙也。似铃，柄中，上下通。"其实前引《说文》中已指出："铙，小钲也。"可见，钲与铙在形制上有大小的区别，在用途上也有固定的区分。正如段玉裁《说文解字注》所说："钲、铙一物也，而铙较小。浑言不别，析言则有辨也。"

从考古发掘的情况来看，各地陆续发现了一些东周时期的钲。在三门峡虢国墓地的虢季墓中发现有一件兽面钲，通高25.6厘米，重2.8千克，器有长柄，可安装木把；在太子墓中则发掘一件素面钲②。此外，在湖南宁乡等地，也发掘出土了一些钲，有的通高竟达103厘米③。

五、錞（錞于）

錞就是錞于。关于此种乐器，《周礼·夏官·大司马》未见记载。但前引《国语·吴语》云战时要鼓"錞于"；另，《国语·晋语五》中也有："是故伐备钟鼓，声以罪也；战以錞于、丁宁，敬其民也。"可见，錞于乃是一种常见的军用乐器。至于其用途，《周礼·地官·鼓人》说："以金錞和鼓。"而所谓"和鼓"，照郑注的理解，就是"乐作，鸣之与鼓相和"。贾疏也认为"军事所用，金錞亦以和乐"。至于其形制，郑注认为："錞，錞于也。圜如碓头，大上小下。"《国语》韦昭注也认为"錞于，形如碓头"。至于"碓"，《说文》解释为"碓，舂也，圜大上小下"。

錞于作为军用乐器，在山东、安徽、江西、浙江、湖北、湖南、广东、广西、贵州、四川、山西等地的考古发掘中均有发现，可见流行区域甚广，并被人们广泛使用。如1985年江苏丹徒王家山出土一套三件錞于，从形制上看，上部呈倾斜状圜顶，顶上有一兽纽。下部垂直，器表勾连云纹、螺旋纹相间，近顶处有一人面纹，近底鸟纹，腰部有一兽形扉棱。三件錞于大小相次，分别高56.5厘米、49.5厘米、43厘米，属春秋晚期器物。又如1955年在安徽寿县蔡侯墓发掘出土了一件錞于，呈

---

① 钱玄：《三礼通论》，南京师范大学出版社，1997年，第262页。
② 河南省文物考古研究所等：《三门峡虢国墓地》，文物出版社，1999年，第78页、第240页。
③ 钱玄：《三礼通论》，第261页。

椭圆形，素面，有纽，通高约46厘米，也属春秋晚期器物①。考古学者指出："年代最早的出土实物是春秋时器，出土最多的是战国时器。"② 也就是说，目前未见春秋以前的錞于出土。所以，关于錞于的发明，目前学术界尚存争议，一般认为是由山东半岛的东夷人或长江下游的越人发明，后来才传入中原地区和各地③。

另外，周代反映军事行动的文字中还屡见"钟"这种乐器。这在前引《国语》等书中已有反映。又如《左传·庄公二十九年》云："凡师有钟鼓曰伐，无曰侵，轻曰袭。"可见，正常的军事行动中都要用到钟。但确如论者所说：军事中所用的钟，其实就是铙、钲之属，"钟只是其泛称而已"。

---

① 安徽省文物管理委员会：《寿县蔡侯墓出土遗物》，科学出版社，1956年，第11页。
② 黄展岳《考古纪原——万物的来历》，第253页。
③ 参见黄展岳：《考古纪原——万物的来历》，第254—255页。

先秦中国与古代希腊

赵世超（陕西师范大学历史文化学院）

先秦中国与古代希腊既有强烈的可比性，又有明显的差异。本文试图通过比较，表明自己对中国传统文化的看法，并就如何建设社会主义文化提出建议。

一、先秦中国文明的早熟

论及影响中国历史进程的长时段因素，便不能不考虑喜马拉雅山的隆起。这是一座相对年轻的山脉。在距今 240 万年前，整个青藏高原的平均海拔只上升到 2000 米；而到距今 110 万—70 万年的时候，则已达到 3500 米；大约是在距今 15 万年前，喜马拉雅山的高度开始与现在的水平相接近；目前仍以每年 5—10 毫米的速率继续增高，其主峰珠穆朗玛峰更以海拔 8844.43 米而成为世界第一高峰。

这一变化所带来的后果是严重的。来自西南印度洋上的暖湿气流被群山阻挡，使中国中西部变成了干旱半干旱气候；在青藏高原东北，近地的西北风因"狭管效应"而更加强劲，将蒙、新地区的碎屑物质裹挟起来，向东南吹送，最终使当地只剩下了不能携带的砾石；由于随着风力的递减，体积和比重较大的沙粒会率先落下，于是，自蒙、新至秦岭，就出现了石漠（戈壁）、沙漠、黄土由北而南、自西向东依次排列的自然景观。

由上述情况可知，黄土本是一批被风力搬运得最远的物质，直至受到秦岭的阻隔，才吹不动了，填塞了谷地，停积在山坡上，将原来的地形覆盖了大半，使先前的地面起伏变得平缓。这就意味着黄土必然具有两个最基本的优点——细和轻，而且，离秦岭越近，两大优点就显得愈加突出。土壤团粒结构细微，必然带来土质疏松、易于耕垦的好结果，使用较为原始的生产工具，即能顺利地进行挖掘和播种。而造成轻的原因则是土中所含腐殖质成分多，土地有自我加肥的能力，可供连续种植[①]。同时，含磷量也较高，涵水性能好[②]。加之干旱半干旱气候所造成的草灌及蒿类植物分布广泛，砍伐起来较为省力，垦辟的难度远比山林或南方热带雨林地区小，所以，先民选取耐旱的粟和黍作为种子，在黄土地带较早地发展了原始农业，过上

---

① 何炳棣：《中国文化的土生起源：30 年后的自我检讨》，何炳棣：《读史阅世六十年》，广西师范大学出版社，2005 年，第 408 页。
② 史念海：《论两周时期黄河流域的地理特征》，《河山集·二集》，生活·读书·新知三联书店，1981 年，第 347 页。

了村落定居生活，形成了长期居住的邑和邑群，并以此为基础，产生了古代最早的国家。人们常说，黄河是中华民族文明的摇篮。实际上，中原文明的发祥地都分布在秦岭、小秦岭北麓。从某种意义上看，黄河文明未尝不可以称之为秦岭文明。或者说，在称颂黄河母亲的哺育之恩时，我们也不应忘记秦岭在中华古文明形成中所起到的巨大作用。

但是，任何事物都有两面性，中国古代的先民也不能得天独厚，恰恰相反，他们在向大自然进军时，所面临的环境是复杂的，所遇到的困难是超乎想象的。从地势上看，黄土的覆盖虽使原来的地形发生了改变，但仍有许多高昂的岩石山岭兀然突出在平缓的黄土地上。除两岸高崖崩坠、壅阻水流会使河谷扩展为泽薮外，在黄河中下游的冲积扇上，由于古代河水的漫流，更形成了许多以交接洼地或碟形洼地为特征的湖泊。据谭其骧先生统计，即使到了春秋时期，这样的大湖在鸿沟、颍汝以东，济泗以西，长淮以北，大河以南，仍有140多个[1]。河济之间为兖州，古注释家以陷泥地、渥地释兖，显然不适于人类居住，很可能直到商代才将此处辟为猎场。综括上述可知，最早被垦殖起来的土地实际上仅限于高平的原和原下近水的隰，特别是黄河支流和其他河流上的小盆地，如渭水河谷、伊洛河河谷、汾水河谷及泰山丘陵下的"汶阳之田"等，而山林川泽则是人们尚无法利用的禁区。后来，人口增加，黄土高原和泰山丘陵的人们从东西两个方向进入中间的低地区进行开发，起初也只能选取高爽的丘、陵、阜、堌堆作为落脚点。

再来谈一下土壤。湿度过大的烂泥地被称为"涂泥"，当然不利于耕种。难于垦辟的土地可能还有坚硬板结的垆土。真正算得上好地的最初只有"黄壤"和一种被叫作"坟"的喧土。故《禹贡》别九州之壤，即以雍州黄壤为上上，徐州赤埴坟为上中，青州白坟为上下，豫州下土坟垆为中上，冀州白壤为中中，兖州黑坟为中下，梁州青黎为下上，荆州涂泥为下中，扬州涂泥为下下。今日沃野千里的华北平原、江淮平原和荆楚大地，当时却因泛碱或常年积水而不为所重。

另外，干旱半干旱的气候会使黄土地带不像多雨的南方那样森林繁茂，但林地的分布却远较今日为多。故史念海先生认为，"历史时期黄河中游的天然植被应大致分成森林、草原及荒漠"三种，"森林地带中兼有若干草原，草原地带中也间有森林茂盛的山地"[2]。他所说的草原实指以草、灌植物为主的台原。而从《禹贡》谓兖州"厥草惟繇，厥木惟条"，《左传》谓楚之先祖"筚路蓝缕，以启山林"来看，黄河中游以外的地区更是一幅草木畅茂的自然景观。

自然植被的相对繁盛不仅带来了土地始辟时砍伐的难度，而且为野生动物的生存和繁育提供了场所。徐中舒先生早年写《殷人服象及象之南迁》，其中说道：殷周

---

[1] 谭其骧：《黄河与运河的变迁》，《地理知识》1995年第8期。
[2] 史念海：《河山集·二集》，第232—233页。

象尚在黄河流域，春秋已迁到长江流域，秦时才迁到岭南，故秦始皇于岭南置象郡①。证以《左传·定公四年》楚昭王"使执燧象，以奔吴师"，等等，可知徐先生的看法是一个完全正确的判断。除了象，常见于记载的还有犀、兕、虎、豹、豺、狼、野猪等，这些对人类为害较甚的野兽，今日北方即有留存，也只活动于深山区，而在先秦，它们却可以在平野上自由往来，狼奔豕突。草食类动物中，比较典型的是麋鹿，"野有死麕，白茅包之"，"林有朴樕，野有死鹿"，"呦呦鹿鸣，食野之苹"，"瞻彼中林，甡甡其鹿"等诗句，均可视作人兽共处的真实记录。

通过对地形、土壤、植被、野生动物四种因素的分析，我们已大致可以了解先秦自然环境的原始性和相当险恶的一面。不仅如此，当时给人们带来巨大威胁的还有灾害。"中国位于世界最大的大陆——欧亚大陆的东南部，濒临世界最大的海洋——太平洋。由于海陆之间的热力差异而造成季风气候特别显著"②，所以，作为世界上受季风影响最大的国家之一，中国的气候特征既具有强烈的大陆性，又具有变化的剧烈性和复杂性，其表现是降水集中，洪涝多发，在漫长的缺雨期，大片内陆地区又有旱魃肆虐。与之相伴，还会有风灾、雹灾、霜灾、雪灾、冻灾，以及蝗灾时时来袭。在地质方面，漂移的几大板块在中国交接，造成地震相对多发。不仅"夏大雨水""冬大雨雪""正月不雨，至秋七月""沙麓崩""梁山崩"之类的记载频繁出现在最早的编年史书中，而且，有统计数字表明，"自西周至清末约3000年间，共发生大灾荒5168次，平均每年发生1.723次"③。我们完全可以肯定，中国自古就是一个多灾的国家。

在环境险恶、灾害频发的情况下，人们拿什么向大自然开战呢？过去曾有人认为殷和西周时期已使用铁器，现在不大这样讲了。一般说来，铁器出现于春秋后期，到战国开始普遍化，连农具也用铁制了，所以，在《孟子》中，就有了"铁耕"一词。可以断言，战国以后才是"铁耕"时代，以前不是。那么，当时会不会大量使用青铜农具呢？有的学者做出了肯定的回答，并大力予以宣扬④，其实此说根本站不住脚。最重要的原因是用作青铜原料的铜、锡、铅丰度都很低，分别是0.007%、0.004%和0.0016%，而铁却高达5.6%，是铜的800倍、锡的1400倍和铅的3500倍。由此就造成了一个不容忽视的客观事实，即红铜和青铜的冶炼虽然为时较早，但难于获得普及，而人们一旦掌握了冶铁技术，铁器却可以迅速应用到各个生产领域。正因为如此，殷周虽处在青铜时代的高峰，但目前已知的青铜制品中，数量最多的是兵器，总重量最大的是礼器，一部分属于手工工具，极少量被确定为青铜农

---

① 徐中舒：《殷人服象及象之南迁》，《徐中舒历史论文选集》上册，中华书局，1998年，第51页。
② 林之光：《中国的气候及其极值》，商务印书馆，1996年，第4—5页。
③ 萧国亮：《皇权与中国社会经济》，新华出版社，1991年。
④ 陈振中：《殷周的铚艾——兼论殷周大量使用青铜农具》，《农业考古》1981年第1期。

具者，或"形制很大"，或有"精美纹饰"，显然也只适用于礼仪场合。假如我们不取把"时贯殷周、地兼南北"的发掘品、传世品加以累计的办法，而是着重综合分析较早时期的典型遗址，便不难发现，殷周直接生产者所普遍利用的，仍主要是木、骨、石、蚌器，只是金属手工工具有所增加，可以使原始农具加工得更好而已。虽然有了"畟畟良耜"，殷周时期却未超越耒耜时代，这才是比较符合实际的结论。恩格斯说："青铜可以制造有用的工具和武器，但并不能排挤掉石器，这一点，只有铁才能做到。"① 中国的情况恰恰为智者的名言提供了最有力的佐证。春秋、战国期间，礼乐制度崩坏，青铜生产脱出主要为宗庙祭祀服务的旧轨道，开始朝实用化方向发展，滕器、行器、符节、印玺、度量衡器、带钩、铜镜等日用之物，如雨后春笋，纷纷涌现，风气所及，在我国铜、锡矿藏较为丰富的东南和西南地区，开始出现了"人自为镈""不须国工"的情况，在考古发现中青铜农具的出土也相对集中。但此种发展趋势很快即被铁器时代的到来所掩没，它的影响既是局部的，也是短暂的，列举分明属于东周的实物来证明殷和西周时期已大量使用青铜农具，实有鱼目混珠之嫌。

生产工具的落后充分反映了上古早期生产力水平的低下，人们可以利用耒耜垦辟松软肥沃的黄土，从事农业种植，却很难突破环境的制约，向生产的深度和广度进军。通过辛勤劳作，能够积累"千斯仓""万斯箱"的粮食，足以催生和维持最初的国家，但这种国家却如老一辈历史学家所说的那样，只能算是"带有早熟性"的国家②。

所谓早熟，说穿了就是早产，原始社会的躯壳尚未退去，国家就出现了，它虽然代表着文明的初曙，但仍不免是一个"不健全的儿童"，我们依照国际上已流行的说法将其称为早期国家。早期国家就是指最早的、原始类型的国家，它属于人类历史发展的新阶段，构成了这一地区或那一地区、或长或短的国家发展链条中的第一环。从这个意义上说，早期国家既完全不同于现代国家，也与发展得相对成熟的古代国家有明显差异。在中国先秦，夏、商、西周都是在不同地区各自独立进入文明的，三代朝廷的建立无不与此前的原始社会相接续，故而，也都应划入早期国家的范畴。平时总说一代比一代先进，那仅仅指的是最终发展结果，事实上，商灭夏，周灭商，都是落后打败先进，而要在消化被征服者文化的基础上提升到一种新水平，往往需要较长的过程。

夏、商、西周既然同为早期国家，当然便在政治、经济及文化上具有较多的一致性。我们尝试归纳出以下几个方面：

---

① ［德］恩格斯：《家庭、私有制和国家的起源》，《马克思恩格斯选集》第4卷，人民出版社，1972年，第157页。
② 嵇文甫：《中国古代社会的早熟性》，《新建设》1951年第1期。

第一，在向大自然进军的过程中，由于能力微弱，个人就像蜜蜂离不开蜂房一样离不开一个更大的集体——族。所以，不仅以土地私有为前提的个体家庭在文明初始阶段无从产生，甚至连劳动也是集体进行的，"一个家族就是一个生产队"。直到战国，才出现了认为"公作则迟""分地则速"的经济理论和提倡"农分田而耕"的政治主张[1]，一些国家推出了"民有二男以上不分异者倍其赋"的强制分家措施[2]，而"五口之家""八口之家""数口之家""一夫挟五口治田百亩"等纪录和"夫妇""夫家""匹夫匹妇"之类的词语也纷纷出现于载籍。这正说明夏、商、西周的社会细胞仍是一种血缘团体，原始社会的血缘关系不仅得以保留，而且继续在社会生活中发挥作用，甚至因被视为神圣而受到崇拜。而地缘关系较为充分的发展则是东周时期个体劳动和个体家庭普遍化才造就的新格局。

第二，原始的农业种植与渔猎经济不同，起码经过一年才能看到结果，必须深谋远虑，而战胜各种不虞之灾更须凭借经验。这便使族中老人普遍具有备受尊敬的崇高地位，作为家族核心的父家长，更具有不容置疑的绝对权威。他不仅是家族生产的组织者和领导者，而且很快变成了家族财产及妻妾子女的支配者。家族成员都必须屈从他的意志，甘心接受按性别、辈分、长幼相区别的族内分层。随着时间的推移，这种"有事弟子服其劳"式的族内分层扩大成大宗统治小宗，又通过建立"仿族组织"等办法，强加于被征服的各族团。最高统治者对下的剥削统称为服，主要包括劳役和贡纳，其特点是分工具体，指定某族专服某役或专供某物，且世代相传，长期不变。上至高级贵族，下至皂隶牧圉，人皆有服，但所司职事贵贱不等，相差悬殊。不是别的，正是服，即社会分工和人在劳动组织中所占的地位，把初始形态的族内依附和族间奴役变成了"天有十日、人有十等"式的序列化的等级。用以规范等级的工具主要是由传统习俗演化而成的礼。礼的本质是别异，让"名位不同"的人"礼亦异数"，就是要建立"上下有章"的秩序型社会，以便实现"治政安君"。

第三，夏、商、西周的社会细胞仍是血缘性团体，已如上言，即使是所谓的"国"，也不过是"家"的转化。"王室"本意是王之家室，"公室"则是公的家室，现在却成了公共权力机关，王公子弟或亲信以接受"服"的形式分掌各类重要职事，已类似于担任公职，但却没有脱去"奔走于王家""奔走于公家"的私人性质，根源于"有事弟子服其劳"。故王者有所教诲，辄呼"伯父、伯兄、仲叔、季弟、幼子、童孙，悉听朕言"。统治和剥削并不针对个人，而是针对家族集体，被称为"以大家达厥庶民及厥臣"。这些情况说明，血缘关系不仅制约地缘关系的发展，也使政

---

[1] 《吕氏春秋·审分篇》，见陈奇猷《吕氏春秋校释》，学林出版社，1984年，第1029页；《荀子·王霸篇》，见梁启雄《荀子简释》，中华书局，1983年，第147页。
[2] ［汉］司马迁：《史记·商君列传》，中华书局，1982年，第1227页。

治关系处在一种刚刚起步的不成熟状态。

第四,古人相信万物有灵和灵魂不灭,认定显赫人物和家长死后为鬼为神,仍能控制地上的一切,"实照临子孙而祸福之"。周人从众神中抽象出有别于祖先神的天或帝,为自己代替商统治各族树立了新权威。每逢祭天、祭祖,王或各级宗主在极为肃穆庄严的氛围中"与神明交","如亲听命"一样,将"天命""神旨"向下转达,众人焉敢不从。所以,通过"明命鬼神,以为黔首则",以便使"百众以畏、万民以服","听且速也",通过使人人皆"畏天之威",来确定上下"相畏"的统治秩序,便成为早期国家最重要的政治传统。

上述四点是我们同古代希腊进行比较的基础。

二、希腊城邦民主制度的形成

希腊位于巴尔干半岛的南部,海岸线长达15000千米,具有港口多、岛屿多的特点,在海上航行,前后左右都有可以望见的小岛指示航程。同时,地中海是陆间海,潮汐变化小,相对平静。就有利于航行而言,世界上任何一个地区都无法与之相比。

希腊还是个多山的国家,品都斯山、奥林匹斯山和其他小山、丘陵、地峡,将全境分成相对独立的小单元。平原面积不超过20%,土地多含石块、沙砾,相对较为贫瘠。地中海式气候使降雨集中在秋冬,夏季雨量极少。

受地理和土壤条件影响,粮食作物仅有越冬且根系发达的大麦和小麦,橄榄、葡萄也因根须可以深深扎入地下而具有种植传统。据推断,公元前4世纪时,雅典城邦"仅有1/4至1/5的谷物是本地产的",不足部分依赖外部输入,主要来自意大利、西西里、埃及等处[①]。

古希腊人穿的是毛织物和亚麻织物,但本地羊毛不够用,需要从吕底亚、夫利基亚和黑海沿岸进口。亚麻原料全靠小亚细亚、埃及供应。另外,虽然希腊本土有银、铁、铜矿,却都产得很少,冶金所需原料多来自腓尼基、塞浦路斯(铜)、小亚细亚(铁)和欧洲市场(锡)。

要进口就得拿自己的产品去换,即以出口的形式来支付。古希腊输出的产品主要有橄榄油、葡萄酒、陶器、金属细工、奢侈品和武器。

这就等于说,希腊人重视手工业和商业,完全是生计所需,不得不然。优越的航海条件只是为贸易的发展提供了便利而已。于是就形成了古希腊经济上的三元结构:不甚发达的农业、发达的手工业、极为活跃的商业,尤其是海外贸易。三者相互影响,相互促进,相得益彰。这与中国古代以农立国的情况形成鲜明对照。

---

① 李学智:《古典文明中的地理环境差异与政治体制类型——先秦中国与古希腊雅典之比较》,《天津师范大学学报》(社会科学版)2013年第2期。

希腊城邦制度及城邦文化的形成既有经济方面的原因，更是历史演变的结果。因而，我们还得粗略回顾一下希腊史。

以前研究古希腊，主要依靠《荷马史诗》中的《伊利亚特》《奥德赛》和希西阿德的《神谱》及《劳动与时令》等诗作，还有长期搜罗起来的碑铭和文物。在19世纪的疑古空气中，诗被看作文学作品或无法证实的传说。故英国著名希腊史家格罗特干脆把希腊的信史时代定在有碑铭可据的第一届奥林匹克大会，即公元前776年，此前都归入传说时代。恩格斯的《家庭、私有制和国家的起源》在言及希腊时，也只从提秀斯王讲起，其用意与格罗特相近。

但是，从19世纪末到20世纪，在克里特岛发掘了克诺索斯古城，找到宏大的宫殿遗址、壁画、精美的陶瓶、人像及刻有线形文字的黏土板。在迈锡尼，发掘了被认为是阿伽门农都城的古城址，传说中的特洛伊古城也被发掘出来了。这不仅使《荷马史诗》中的某些记录得到证实，而且把古希腊的历史大大提前。

克里特文明大约开始于公元前3000年，极盛于公元前1600年。公元前14世纪，克里特文明衰落了，迈锡尼文明又兴盛起来。迈锡尼文明第一期的创造者来自克里特岛，似乎也处在克里特王朝的控制之下。但在公元前13世纪中期，阿卡亚人走上了历史的前台，他们从北方南下，不仅占领了迈锡尼，而且控制了克里特和整个南部希腊，还渡海攻打过埃及、巴勒斯坦，向东北进攻小亚细亚的特洛伊，此次战役就是《荷马史诗》的主题。根据《伊利亚特》中的船舶目录，战役的统帅阿伽门农有自己直接指挥的军队，同时他又是阿卡亚人的"万民之王"，总共有二十几个国家的船舶和军队随他远征。

可是，特洛伊战争之后，约在公元前12世纪时，随着多利亚人和其他北方民族所掀起的新的南迁浪潮，迈锡尼王朝也急剧衰落了。多利亚人占领了迈锡尼王国所在的地区，即伯罗奔尼撒半岛东北部的阿尔哥斯地区，破坏了各地的交通联系，焚毁了迈锡尼、梯林斯、科林斯和港口城市科腊古，迈锡尼旧壤被一块一块割裂开来，建立起多利亚人、爱奥尼亚人诸邦，希腊集团化整合的进程被打断，凌驾于诸小国之上的最高王权——万民之王，从此消失，再也恢复不起来了。从多利亚人征服到公元前8世纪的三四百年间，经考古发掘证明，这一阶段没有豪华建筑，没有精美工艺品，陶器的装饰也从富丽的瓶绘退化为朴素的几何图案，故西方史家称之为"黑暗时代"。

多利亚人的南侵除了使希腊本土在政治上碎片化和在文化上进入黑暗时代外，还大大推动了早已存在的海外殖民进程。迈锡尼诸邦旧民除屈从和避入山区外，多选择奔向海岛和海外。早在迈锡尼时代，在战胜特洛伊的基础上，小亚细亚沿岸就建有希腊人的移民城邦，加之亚洲内陆能够控制这一地区的赫梯王国此时已经衰落，波斯帝国尚未兴起，出现权力真空，所以就成为迁徙者的首选之区。希腊人不仅采取"分裂繁殖"的办法在这里建立殖民城市，安定二三代之后，自己又成为母邦，派遣其成员再到邻近甚至更远的地方去建立新邦,而且利用小亚细亚地处欧亚结合部的有利条件,使以手工业和商业为主的经济部门迅速得到发展。同时也使古希腊文化重新复苏,使小亚细亚取代本土成为希腊文化的中心。一般认为,《荷马史诗》即写成于公元前9世纪的小亚细亚,然后才传入希腊本土,在此期间,小亚细亚还出现过其他一些著名的诗人和哲人。

跨海迁移造成了不同族类的大混合。大家抱着到异乡寻梦的愿望会聚于港口,一艘大船或一个船队所装载的可能是来自不同地方的人,船一满立即出发,与茫茫大平原上整个血缘家族的男女老幼连同装在牛车上的家什杂物一起缓缓移动、随行随止的中国式迁徙完全不同。这种迁徙使以血缘为基础的原始社会制度大大衰落,人和人的关系简化为在洋流风波中"同舟共济"的伙伴关系。同时,蒙在某些人身上的神圣外衣也被彻底剥去,他们与大家同乘一条船来,吃喝拉撒,七情六欲,与众无异。在新的社会关系中,既无家族做后盾,也无君权神授做凭借,王权便失去了存在的基础。所以,小亚细亚诸殖民城邦,即使存在过王政,也很快被贵族政体取代了。通常的情况是:外来的希腊人构成贵族,统治和剥削本地人。议事会是城邦的管理中心,采取合议制议决大事,并发展出一套贵族内部的民主惯例,积累成为较完整的规章制度。这些规章制度就是法律、法典的源头。从贵族个人的意志不能超越规章或法典之上来看,城邦贵族政体虽是少数人的专制,但却已经是法治,而不是人治,更不是一个人的专制。这与先秦中国把族规变为国家制度、把王公的言行当作人人必须恪守的法式相比,也很不一样。

小亚细亚城邦与母邦之间联系紧密,小亚细亚新的政体模式和经济、文化的繁荣迅速回传,产生强大的反推力①。于是,在小亚细亚快速发展的刺激和影响下,希腊本土也发生了重大变化。第一,以血缘家族和君权神授为依据的王政纷纷让位于以规章制度为基础的贵族政体。希腊本土王政消失的过程在公元前8世纪前后基本完成。汤因比认为,取代王政的贵族政体正是从小亚细亚传布过来的。第二,城邦间的海上贸易迅速使希腊本土的自然经济转化为货币经济,由于贸易可以满足粮食和原料的需要,所以,工商业迅速扩大,农业中经济作物的种植面积增加,油、酒及手工业制品大量出口。第三,工商业的繁荣使非贵族出身的自由民可以因善于经营而成为暴发户,但政权却掌握在贵族手里,新富人与旧贵族的矛盾更加突出;守旧的土地贵族在商品货币的刺激下加重剥削,普通劳动者与贵族的矛盾也更加突出;向海外移民又造成了劳动人手不足,劳动力价值的提高使下层人民摆脱受压迫地位的愿望空前强烈。阶级力量对比与政治权利分配相脱节,社会矛盾激化,常常引发群众骚动。第四,面对社会动荡,希腊各邦普遍依靠强有力的僭主,通过改革和立

---

① 本文第二部分重点参考了顾准《希腊城邦制度——读希腊史笔记》,中国社会科学出版社,1982年;厉以宁:《希腊古代经济史》,商务印书馆,2013年。特此说明,并向作者致谢。

法，来调整社会关系。在没有产生僭主的地方，则推出一个"民选调解官"充当立法者。僭主带有个人专制性质，但僭政都很短暂。僭政结束了，僭主的立法却保留下来，并直接催生了希腊城邦民主制。

希腊各邦政治制度演进的道路大同小异，雅典最为典型。而在雅典抛弃王政、经由贵族政体、迈向民主政体的过程中，梭伦、克利斯提尼和伯里克利的改革起了关键作用，必须重点介绍。

公元前594年，在可能出现平民暴动的严峻形势下，梭伦被推为首席执行官，开始推行改革和立法。为了缓和社会矛盾，梭伦在经济上颁布了"解负令"，废除了债务奴隶制，承认公民对私有财产的继承权，并努力振兴工商业。与此同时，他更把精力投放在政治制度的改革上。其主要做法是：

第一，废除贵族血缘世袭，开始以财产多寡确定身份资格和权利义务。他将雅典公民分为四级，收入达到500麦斗者称为五百斗级（每麦斗约合52.3公升），收入约合300麦斗、可以养得起马者称骑士，收入约合200麦斗、能够养一对牛者为双牛级，收入在200麦斗以下者为贫民，又被称为"日佣"。第一等级的公民有资格担任高级官吏，包括执政官和军事统帅，但纳税额最高。第二等级的公民可以担任中级官员和骑兵，纳税额次高。第三等级的公民可以担任低级官员和重装步兵，纳税较少。第四等级的公民不能担任官职，只能做轻装步兵，或担负军中杂役，却被免纳税。梭伦推行的实际上就是等级任职制和累进税制。根据财产确定任职资格，当然并不合理，但相对于以前只有贵族才能担任官职的旧做法，无疑是前进了一大步。至于将收入作为确定税率的基准，也会起到促进公平的好作用。

第二，废除长老会议推举执政官的做法，交由公民大会选举。同时，公民大会还有权对执政官提出质询、指责和惩戒。战争、媾和等国之大事也提交公民大会表决。执政官任满后，先由公民大会对他的表现进行评审，再决定其是否有资格进入长老会议。这样做使公民大会早先曾经享有的权利得到了恢复，使公民权落到了实处，而贵族对政治的操控力则被削弱。

第三，创立四百人会议和陪审法庭。雅典原有四个部落，四百人会议从每个部落选出一百人组成，凡前三个等级之人都有资格当选。四百人会议负责为公民大会准备议程，预审将提交公民大会通过的决议，取代了长老会议的职能，事实上成了公民大会的常设机构。陪审法庭也由选举产生，4个等级的人都可以当选。陪审法庭的职责是审查将送法官处理的所有诉讼案件，对法官已判决的案件，陪审员仍可以提出抗诉。

梭伦改革使雅典的政治权利体系发生了重要变化，"政治上的统治地位不再取决于贵族出身，而是取决于财产资格"[①]。这就打破了氏族血统对社会的束缚，使新致

[①] 吴于廑：《古代的希腊和罗马》，生活·读书·新知三联书店，2008年，第23页。

富的工商业者即便门第不高,也能参加城邦管理。参政权、选举权和被选举权的扩大,实质上是向主权在民迈进了一步。

继梭伦改革之后的克利斯提尼改革发生在公元前509年。其主要做法是:

第一,重新划分选区。他把全阿提卡分为雅典卫城及其近郊、内陆中央地带和沿海区。每个区再分为10部分,名为三分区。三个区域的各一个分区合起来组成一个新部落。各部落之人居地并不毗连,只在公民大会表决时才集合到一起,是一种带选区性质的人为编组。这样做的好处是用10个地区性的所谓部落取代了原来的4个血缘性原始部落,进一步破坏了氏族联系和氏族传统,使族长的势力丧失无余;同时也打破了雅典山居派、平原派和海滨派的界限,使党派竞争失去凭借,减少了僭主复辟的可能。三分区下的基层单位是自治的村社或街区,凡年满18岁的男子都要在名册上登记,并开始服兵役、出席公民大会和参加审判。20岁时,他便成为正式公民。总之,改革后他已按地区来实现自己的义务和权利。

第二,用五百人会议代替梭伦的四百人会议。五百人会议由每个新的地区部落各选出50人组成。选举的办法是抽签,这就排除了氏族贵族利用传统势力影响选举的可能性。议事会同样采用抽签的办法在500人中选出50人,作为议长委员会,这50人又分成10组,每组5人,轮流主持日常政务35—36天。这就等于说,在议事会一年的任期内,每个成员都有机缘成为主持政务的五议长之一。

第三,设立十将军委员会。由新划分的10个区域性部落各推举一位将军,组成十将军委员会,共同指挥雅典的军队。10位将军轮流担任总指挥,每人任期一年,这样做可以防止某一位将军长期掌握军队。

第四,实行陶片放逐法。把政治上的反对派放逐出去,是城邦领导人一向惯用的传统手段。克利斯提尼的改进是将决定权交给公民大会,由公民将各自的意见写在陶器碎片上进行秘密表决。这样做既可防止领导人专断,又避免了用鼓噪和喝彩以定可否的简单化,从而使公民的监督权得到了法律保证。若半数以上的陶片认定某人有罪,他便必须离开雅典,为期10年,但财产不没收,期满回来,以前的一切权利也随之恢复。

综上可知,克利斯提尼是在梭伦改革的基础上向前跨越,通过制度设计,已发展到了"主权在民"和"轮番为治"。这一根本性的变革虽不完善,如奴隶、妇女没有公民权和公民中的男性普通劳动者会因忙于生计而与城邦政治相疏离等,但却已使多数雅典公民的自主意识和潜能得到了充分发挥。克利斯提尼改革后不久,就爆发了希波战争,正是雅典,而不是别的城邦,在抵抗外族入侵中真正起到了主导作用,取得了像马拉松战役、萨拉米海战等多次辉煌的胜利。战后,雅典在经济实力上超过了米利都、科林斯,在军事实力上超过了斯巴达。它不仅被提洛同盟各国奉为盟主,事实上已成为全希腊的楷模。雅典式的城邦民主制度,特别是"主权在民"和"轮番为治"原则,作为各邦效法的榜样流传开来。

再说一下小亚细亚。各种矛盾的交集也催生过这里的僭主政治，但到公元前7世纪，在赫梯王国衰落很久之后，吕底亚王国兴起了，继而是更加强大的波斯帝国灭掉吕底亚，控制小亚细亚。这一地区希腊各殖民城邦的僭主为了自保和对付内部民主派，纷纷投靠外敌，变成了波斯的"儿皇帝"，从而使改革的进程被打断。所以，希腊世界的中心虽一度转到了小亚细亚，但很快又转回到本土。应该说，是雅典的政治制度成了希腊城邦民主制的典型，而不是小亚细亚。实现贵族政体向民主政体伟大转变的舞台主要在本土，不在海外。

如果说梭伦、克利斯提尼通过先后两次改革创设了雅典城邦民主制，伯里克利的改革则使这一制度进一步完善。他首先打破对担任执政官和公职人员的财产资格限制，通过实质性的修改实现了政治机缘上的人人平等，使官员候选人的范围空前扩大。其次，他给陪审员发放政府津贴，使平民有可能参与审判活动，改变了以前几乎由富人包揽诉讼的不合理状态。为了使公民大会制度经常化，他还给参会者及在常设机构中任职者发放津贴。甚至公民观看体育竞赛、戏剧演出、参加公共庆典和其他大型活动，都有津贴可领，这样做有利于宣扬雅典文化和雅典精神，增强了雅典公民的爱国意识及对公共事务的关心。再次，是给服兵役者发放薪酬。该项措施的意义在于能使社会地位低下的公民在经济上脱得开身，可以像别人一样在保卫城邦的活动中展现勇气和才华，最终的结果"等于正式承认政治和战争不再是有闲阶级所独占的领域"①。制度的改进和完善将有碍于城邦民主充分发挥作用的体制障碍逐渐消除，正如亚里士多德评议的那样："当伯里克利成了人民领袖的时候，宪法就变得更加民主了。"② 这主要是指：平民的政治权利进一步扩大，贵族与平民社会地位相近，而由于平民人数众多，贵族在参政方面已无优势或特权可言。"人人都能出人头地并领导人民"，但地位的变更却很迅速，权利、职务、辉煌等，通过努力，"很快就能争取到手，又很快从手中被夺走"③。政治家几上几下、几起几落十分常见，但一切都按民主程序进行。由于公民的政治热情得到了充分焕发，城邦的"软实力"也随之大大提升，加之伯里克利在兴办大型公共工程、扶持工矿业、扩大对外贸易、改进市场管理等方面大都举措得当，所以，在伯罗奔尼撒战争之前的几十年内，曾经出现过雅典城邦史上最令人称道的"黄金时代"。

---

① Wees, Hans Van. "War and Society", edt. Philip Sabin, Hans Van Wees, Michael Whitby. The Cambridge History of Greek and Roman Warfare, Volume I, Greece, the Hellenistic World and the Rise of Rome. Cambridge: Cambridge University Press, 2007, p. 276.
② [古希腊] 亚里士多德：《雅典政制》，日知、方野译，商务印书馆，2009年，第35页。
③ [法] 贡斯当：《古代人的自由与现代人的自由》，闫克文、刘满贵译，冯克利校，商务印书馆，1999年，第297页。

三、比较与反思

中西历史比较研究魅力无穷。这样做不仅可以为认识中国古代提供蓝本和参照,在阐释某些难解现象时获得灵感和启发,更重要的是,只有把中国放在世界大背景下观察,才能定准坐标,判明是非,剥离假象,找到方向。因此,中西历史比较研究不单是个方法问题,更是一个学理问题。

对于中西历史与文化的差异,前贤发言盈庭,论之甚悉。虽云庶或近之,终嫌各得其一偏。若欲抓住本质,切中要害,仍须刨根究底,追踪溯源。

文化是对生活的看法、态度及所取的方式,一旦成为社会共同的经验积累,就会固化为传统,上升为意识形态,以顽强的生命力传之久远。文化的形成与不同群体的生存环境有关,更取决于一定的历史条件。中国文化的源头在夏、商、西周;西方文化的源头在古希腊。中国文化起源的政治背景是秦岭北麓、黄河流域的早熟性国家,西方文化起源的政治背景是以雅典为代表的城邦制度。

中国早熟性的国家与雅典城邦国家千差万别,但最具本质意义的不同却只有一个,那就是雅典不断地通过改革,清理旧的氏族血缘关系的影响,完成了从王政到寡头政治,再到民主政治的过渡,故而,被恩格斯称为"高度发展的国家形态——民主共和国"①,而夏、商、西周的为政者却不仅没有这样做,反而以家为国,在制度建设和统治方式上尽量保留和利用以血缘为纽带的家族共同体。其政体形式实际上始终停滞在王政阶段,并经过不断修正,清理了原始民主制遗存,很早就形成了以嫡长子继承为核心的王位世袭制和以"家天下"为特色的专制主义。

与之紧密相关,雅典公民的身份地位也经历了从取决于血缘到取决于财产,再到实际上完全取消财产资格限制的演变。抽签使每个公民都获得了任职及参与司法审判的机会,彻底颠覆了只有贵族家庭成员及其亲信才能做官的旧传统,也杜绝了通过论资排辈尽量让"年长者"当选的可能性。发放各类津贴及给服兵役者以报酬,使那些并未富到足以自己承担服务费用的人同样会在公民生活中发挥积极作用,不同阶层在政治权利方面的差距急剧缩小,换来的则是对城邦的普遍认同和高涨的爱国热情。伯里克利在著名的阵亡将士葬礼演说中言道:"我们的制度之所以被称为民主制,是因为城邦是由大多数人而不是由少数人管理的。我们看到,法律在解决私人争端的时候,为所有的人都提供了平等的公正;在公共生活中,优先承担公职所考虑的是一个人的才能,而不是他的社会地位,他属于哪个阶级。任何人,只要他

---

① [德] 恩格斯:《家庭、私有制和国家的起源》,《马克思恩格斯选集》第四卷,人民出版社,1972年,第115页。

对城邦有所贡献，绝对不会因为贫穷而埋没无闻。"① 可以肯定，到雅典城邦的鼎盛时期，固有的传统枷锁已尽行打破，公民都是人格独立且地位相近的自由人。

中国则不然。夏、商、西周不过是从"太上以德"的时代进入了"其次亲亲以相及"的时代。由于血缘关系并未打破，个人仍旧淹没在家族之中。家族成员既受族长的庇荫，其命运更由族长所主宰。反之，族长及家族主要成员对外的行为也均由全族代为负责，因此才有"族诛"。族存与存，族亡与亡，直到春秋时期，在普通人的心目中，还是只有家主，而没有国君。随着历史的演进，族团当然也会分化，但却只是由一大群分为若干小群而已，此即所谓的分族或小宗。总之，我们所能见到的是家族成员依附于家长，小宗依附于大宗，被征服各族臣事于周宗，层层依附上去，个人的人格远未独立。如所周知，人性开始被关注、被讨论，则是战国以后的事情，此前只讲族性，不讲人性。

自由精神只会产生于自由人中间。希腊公民是自由的，希腊文化也是自由的、雄伟的、美丽的。人们对神灵的信仰多元，没有一个神取得过高不可仰的地位。同时，地上更没有可以君临一切的绝对权威，"人人都能出人头地并领导人民"，人人都对城邦事务充满热情，并积极地投身其中。全社会崇尚冒险和英雄主义，愿意为城邦做出牺牲。青年人要接受使用武器和格斗的训练，预做保卫城邦的准备，稍长，还要学习文学、修辞学、哲学、历史、几何学等。由于要常常参加公民大会的辩论，所以普遍重视对政治体制和治国方略的研究，并在演讲中发展了逻辑学。祭祀、竞技和戏剧演出吸引大家全身心地投入，不断增强了公民的自豪感。以满足大型公共活动为主的公共建筑纷纷修建，繁荣了建筑艺术。航海、手工业、和商业更时刻刺激着个人技艺和才智的提升。希腊人要求个体解放的自由意志在城邦文化中得到了充分表达。

与此相反，夏、商、西周时期，普通人认识水平尚低，对大自然和社会事务都缺乏科学的了解，灾害的普遍性、危害性和不可预测性又不断强化其恐惧心理，所以，大家普遍的共识是：必须依赖家族集体，依赖家长，依赖政治权威，凭借天佑和神助，才能感到安全，获得生存和发展。正是以此为基础，还在早期国家阶段，中国传统文化的根芽就已破土而出，并苗壮生长为参天大树。这种文化最本质的特征是具有强烈的依附性，是"敬"和"无违"，是"畏天命，畏大人，畏圣人之言"，是"敏于事而慎于言"②，即一切听凭家主或长上安排，照吩咐马上去做就行了。总之，是"抑卑幼以奉长上"，用家族集体扼杀自我。它就像洪水能抹掉地上的

---

① ［古希腊］修昔底德：《伯罗奔尼撒战争史》，徐松岩译，上海人民出版社，2012年，第150—151页。
② 见《论语》《学而》《为政》《季父》等篇，杨伯峻：《论语译注》，中华书局，1980年，第9、13、14、177页。

一切那样，在千余年的时间里，无情泯灭着个人的独立人格。

我们深知，以雅典为代表的希腊城邦民主是直接民主，它原始、粗糙，甚至容易导致暴民政治。但正是这种民主为欧洲文明埋下了一颗很好的种子，并和罗马"法的精神"、日耳曼传统及基督教伦理一起，共同构成了西方文化的支柱。以后又经历了启蒙运动、宗教改革、英法革命、美国独立和普遍推行福利政策，等等，不断以自我改造的形式去适应新变化。今天，存在于欧美等地的民主制度仍很不完美，却是人类探索如何与现代社会相契合的重要成果，因而，便具有鲜明的现代性。

中国也非一成不变。春秋时期的"礼坏乐崩"打乱了三代旧制，孔子抱着救世的情怀，用"以仁释礼"的办法来延续传统，逐渐形成了儒家学说。到了西汉，在董仲舒等人的倡导下实施"变秦""更化"，既为诸子间的百家争鸣画上了句号，也对战国至秦的军事专制做了重大改造。他将儒法结合，用"天人感应"的宇宙图式加以包装，构建了"承天意、明教化、正法度"协调统一的统治模式和以"三纲"为核心的政治传统，并创造性地发明了"诸所受命者，其尊皆天也"的新原则①，这样，君使臣、上使下、父使子、夫使妻便都有了奉天行事的意义，而臣犯君、下犯上、子犯父、妇犯夫，则不仅违制，抑且违天、违阴阳、违五行、违自然。于是，三纲成了中国人长期顶礼膜拜的道德准则，"顺之者昌，逆之者不死则亡。"至于宋、明，天意发展成了天理、人心，但各种理论无不围绕着维护三纲展开，传统道德通过精英们已带上哲学思辨色彩的说教大肆传播，走向普及，变得益发不可摇撼。直到辛亥革命前夜，朝廷重臣张之洞仍坚持说："夫不可变者，伦纪也，非法治也；圣道也，非械器也；心术也，非工艺也"，"所谓道本者，三纲四维是也。若并此弃之，法未行而大乱作矣"②。晚清君臣死守"中学为体，西学为用"的红线不肯逾越，就是因为他们只想利用西方科学技术来延续对自己有利的旧制度、旧文化，压根儿不想将旧的政治传统彻底埋葬。于是，中国人就只能继续生活在既依附于君、父、夫，又依附于各级长官的缧绁中。

新中国的成立为摆脱依附，走向自由、民主开辟了康庄大道，但自由、民主的实现却并不是轻而易举的事情。马克思主义的最高愿景是建立"自由人的联合体"③，鉴于马克思不仅把生命的诸个体的存在作为全部人类历史的前提，而且把个人的解放作为全部学说的最终目的，我们有理由认为，所谓的"自由人"，是指摆脱了依附关系的独立的个体的人。因为民主主义不同于专制主义的地方是坚信普遍沟通的可能性，现代民主制度的实质不过是通过谈判、相互让步、彼此妥协、达成共识，要让这一切付诸实施，则须有一个基本前提，即谈判的双方相互平等，可是，

---

① [汉]董仲舒：《春秋繁露·顺命》，见苏舆《春秋繁露义证》，中华书局，1992年，第412页。
② [清]张之洞：《劝学篇·变法》，中州古籍出版社，1998年，第133、135页。
③ [德]马克思：《资本论》第一卷，人民出版社，2004年，第96页。

只要保留依附关系，真正的平等就无从谈起。这就等于说：民主是现代化的前提，平等是民主的前提，破除和清理依附关系又是实现平等、建立"自由人联合体"的前提。"人民群众对美好生活的向往就是我们的奋斗目标"，只要我们不想让自己的国家和民族在世界上落伍，就应立即行动起来，把历史遗留下来的人身依附和文化中的依附性连根拔除。

中国有数千年的文明史，有素称发达的农业，产生过许多的思想家、科学家、发明家、军事家，有丰富的文化典籍，凡此，都应该加以珍惜。即便是主张等级式依附的礼制和三纲五常，也有可能充当过历史进步的不自觉的工具，如引领人民摆脱野蛮、迈向文明，通过稳定家族来稳定社会，等等。但文化只有与新的历史环境相适应，才能有生命力。我们已经进入21世纪，对在农业社会中形成的旧传统只能"取其精华，弃其糟粕"，"批判地继承"，通过"推陈出新"，来实现"古为今用"。同时还应清醒地意识到，我们所要建设的是"面向现代化、面向世界、面向未来的，民族的、科学的、大众的社会主义文化"，因此，除了继承本民族文化中的精华部分外，还应尽量吸收进步的外国文化，以之作为自己发展的借鉴，尤其是要学习先进国家实现现代化的成功经验。任何排外主义的做法都是错误的。反对历史虚无主义不应成为鼓吹狭隘民族主义的护身符。总之，正如费孝通先生所说：既要"各美其美"，又要"美人之美"，这样，才能"美美与共"，走向"世界大同"[1]。

---

[1] 费孝通：《人的研究在中国》，天津人民出版社，1993年。

美国甲骨学者白瑞华小传①

傅路德（L. Carrington Goodrich）② 作

郅晓娜 译（中国社会科学院古代史研究所）

摘　要：美国甲骨学者白瑞华（1897—1951）因整理出版方法敛的三种甲骨摹本著录书《库方二氏藏甲骨卜辞》《甲骨卜辞七集》《金璋所藏甲骨卜辞》而扬名于甲骨学界。除此之外，白氏还著有《殷虚甲骨相片》《殷虚甲骨拓片》《甲骨五十片》三种著录书，发表了两篇与甲骨有关的论文《俄国之甲骨学研究》《卜骨之涂料》，一篇与金文有关的论文《商代早期的一个问题》。本文翻译了白瑞华的朋友傅路德在他去世后撰写的讣告，简略地回顾了白氏的生平和学术研究。

关键词：白瑞华；生平；甲骨著作表

白瑞华（Roswell S. Britton），1897 年 7 月 3 日在上海出生，父母都是传教士。在苏州完成初级家庭教育后，1912—1914 年就读于北卡罗来纳州马斯山学院（Mars Hill College），1914—1917 年就读于维克森林学院（Wake Forest College），获文学士学位（B. A.）；1921—1923 年就读于哥伦比亚大学新闻学院，获副博士学位（B. Litt.）。1923 年，他获得了梦寐以求的普利策旅行奖学奖，与两年前新婚的妻子尼·布兰奇·马康奈尔（née Blanche Maconnell）一起到北京旅行。在北京，他帮助筹建了燕京大学新闻系，1924—1926 年担任新闻系主席。同时，他在北平华北联合语言学校开始了正式的汉语学习，回到美国后又继续在哥伦比亚大学学习（1929—1931）。很自然地，他把新闻业的起源作为博士论文的研究课题，并为此访问了欧洲

---

① 原文标题是 In Memoriam: Roswell Sessoms Britton (Died February 2, 1951). Artibus Asiae, Vol. 14, No. 1/2 (1951), pp. 190—191（《悼念白瑞华（1951 年 2 月 2 日去世）》，《亚洲艺术》第 14 卷第 1/2 期，第 190—191 页）。文末所附白瑞华著作目录中，论文部分译者增补 1 条，书评部分译者增补 3 条，本文均单独标出。

② L. Carrington Goodrich（1894—1986）：中文名傅路德，或富路特。美国汉学家和中国历史学家。寓华传教士富善之子，1894 年 9 月 21 日生于直隶通州，1986 年 8 月 10 日在纽约去世。1927 年获哥伦比亚大学文学硕士学位，1934 年获哥伦比亚大学哲学博士学位。曾任哥伦比亚大学东亚语言文化系主任，1962 年以丁龙汉学讲座名誉教授退休。傅氏是一位多产的学者，最有名的著作是《明代名人传：1368—1644》（Dictionary of Ming Biography, 1368—1644）。其档案保存在哥伦比亚大学 Rare Book & Manuscript Library，档案编号 MS#0502。

和中国。他的博士论文《中国报纸（1800—1912）》①（*The Chinese Periodical Press, 1800—1912*）1933 年在上海出版，为他赢得了哥伦比亚大学博士学位，以及一系列好评。（参看伯希和教授的评论，《通报》第 32 期，1936 年，第 81—82 页，评论第一句就是："非常好的著作。这是第一部用欧洲语言撰写的研究这个问题的专著。"）

尽管白瑞华对中国新闻史一直保持兴趣（注意他 1934 年在《太平洋事务》[*Pacific Affaires*]上发表的论文《中国新闻关注点》[*Chinese News Interests*]，以及他撰写的能增长知识的王韬[1828—1890]小传，这位中国学者在理雅各[James Legge]翻译一些中国经典文献时为他提供帮助，也是中国现代新闻业的创始人之一），在接下来的十五年里，他的主要兴趣是中国古物，尤其是商周时期的甲骨文和铜器铭文。记得曾经有一次，那是 1931 年他在北京短暂逗留期间，我和他一起逛出售甲骨的古董商店。并且，我知道，在后来几年里他在这方面的积累更加丰富。尤其重要的是，他完成了已故学者方法敛未出版的著作，使得一批珍贵的资料得以问世。如果没有他，这批资料可能会消失。然而，他自己的独立研究也不少，《甲骨五十片》（*Fifty Shang Inscriptions*）就是明证。在这一时期，他与该领域的中国学者尽可能地保持密切联系，积累了令人羡慕的有关甲骨最新研究成果的知识储备，并且他乐意和其他学者进行分享。

在过去这二十多年里，白瑞华的主要任务是在纽约大学教授数学，但他对汉语的兴趣如此浓厚，以至于他利用业余时间开设了基础汉语课程，并用他对出生地语言永远新鲜博学的见解激励他的学生。他在美国、中国和其他国家的朋友，将会怀念这位博学的、谦虚的学者。每一项工作他都完成得那么一丝不苟。

著作：

1. The Chinese Periodical Press, 1800—1912（《中国报纸[1800—1912]》）. Shanghai. 1933.

2. Yin Bone photographs（《殷虚甲骨相片》）. Shanghai. 1935.

3. The Couling—Chalfant collection of inscribed oracle bones（《库方二氏藏甲骨卜辞》）, drawn by Frank H. Chalfant, ed. By R. S. Britton. Shanghai. 1935.

4. Yin bone rubbings（《殷虚甲骨拓片》）. New York. 1937.

5. Seven collections of inscribed oracle bones（《甲骨卜辞七集》）, drawn by Frank H.

---

① 译者按：*The Chinese Periodical Press*：1800 - 1912. By Roswell Britton. Shanghai：Kelly and Walsh, 1933. 151 pages；24 plates. 此书已经出版中译本。白瑞华著：《中国报纸（1800—1912）》，暨南大学出版社，2012 年。此书是中国近代报刊史的权威性著作，集中体现了白瑞华对中国新闻事业的认识及其新闻思想，是关于近现代新闻事业开始而本土报纸消亡时期中国报业的概览。

Chalfant, ed. By R. S. Britton. New York. 1938.

6. The Hopkins collection of inscribed oracle bones(《金璋所藏甲骨卜辞》), drawn by Frank H. Chalfant, ed. By R. S. Britton. New York. 1939.

7. Fifty Shang inscriptions(《甲骨五十片》). Princeton, 1940.

论文：

1. Chinese News interests(《中国新闻关注点》). Pacific AffairsⅦ, 2, June 1934, pp. 181—193.

2. Census in Ancient China(《古代中国人口统计》). Population I, 3, November 1934, pp. 83—94.

3. Chinese Interstate Intercourse before 700 B. C. (《公元前 700 年前中国各国之间的交流》). American Journal of International Law XXIX, 4, 1935, pp. 613—635.

4. Russian Contribution to Oracle – Bone Studies (《俄国之甲骨学研究》). Journal of the North China Branch of the Royal Asiatic Society, LXVII, 1936. "译者增补"

5. Oracle bone color pigments(《卜骨之涂料》), Harvard Journal of Asiatic Studies, Vol. 2, No. 1, March 1937, pp. 1—3.

6. A horn printing block(《角质雕版印刷》), Harvard Journal of Asiatic Studies, Vol. 3, No. 2, July 1938, pp. 99—102, 3 figs.

7. Frank Herring Chalfant, 1862—1914(《方法敛:1862—1914》), Notes on Far Eastern Studies in America, no. 11, June 1942, pp. 13—22.

8. A question of early Shang(《商代早期的一个问题》), Journal of the American Oriental Society 63, Oct. Dec. 1943, pp. 272—278.

9. Biography of Wang T'ao in "Eminent Chinese of the Ch'ing Period", ed. By A. W. Hummel, II 1944, pp. 836—839. (《清代名人传略 1644—1912》"王韬"词条)

书评：

1. Review of "Studies in Early Chinese Culture" by Herrlee Glessner Creel. The American Historical Review, Vol. 44, No. 2, Jan. , 1939, pp. 394—395. 评顾立雅《中国古代文明研究》。"译者增补"

2. Review of "Origin of the Far Eastern Civilizations: A Brief Handbook" by Carl Whiting Bishop. The Far Eastern Quarterly, Vol. 2, No. 3, May, 1943, pp. 299—301. 评毕世博《东方文化起源简介》。"译者增补"

3. Review of "Ritual bronzes of ancint China" by Phyllis Ackerman, The Far Eastern Quarterly, Vol. 6, No. 2, Feb. 1947, pp. 190—191. 评菲利斯·阿克曼《中国古代青铜礼器》。

4. Review of "Chinese Bronzes. A Descriptive and Illustrative Catalogue of Chinese Bronzes Acquired During the Administration of John Ellerton Lodge" by The Staff of the Freer Gallery of Art. "Chinese Bronzes from the Buckingham Collection" by Charles Fabens Kelley, Ch'en Meng – Chia. The Far Eastern Quarterly, Vol. 7, No. 1（Nov., 1947）, pp. 107—110. 评《弗瑞尔美术馆藏中国青铜器图录》和查尔斯·法本斯·凯莱、陈梦家《白金汉宫藏中国青铜器图录》。

5. Review of "The Chinese Language: An Essay on Its Nature and History" by B. Karlgren, Aritibus Asiae XIII, 1950, pp. 1—2. 评高本汉《中国语之性质及其历史》。

6. Review of "China, the Land of Humanistic Scholarship" by Homer H. Dubs. Artibus Asiae, Vol. 13, No. 1/2（1950）, p. 112. 评德效骞《中国:人文主义学术之乡》。"译者增补"

唐嘉弘先生学术论略

周书灿（苏州大学社会学院）

摘　要：唐嘉弘先生是新中国培养的第一代杰出的史学家。在长达四十余年的学术生涯中，先生在先秦史、民族史、科技史、学术史等学科领域，辛勤探索，默默耕耘，为学术界留下了大量精湛的研究成果。先生在学术实践中建立起博涉基础、综贯会通、穷源究委、言必有据、独辟蹊径、务求创新的学术思想体系，并由此奠定了他在当代中国学术史上的崇高地位。唐先生的学术思想正深深根植于四川大学学术思想巨变的关键时期。先生对民族史和西南地方史的浓厚兴趣，直接影响到其在新中国成立后的马克思主义新史学路径和学术研究的基本方向。如在此后数十年的学术生涯中，中国民族史和先秦史始终是唐先生最重要的研究领域，而对藏学的探索和研究，则一直持续到先生去世前夕。自1978年至1986年，经过长期的学术积累，唐先生的中国民族史与先秦史研究呈现出厚积薄发之势。该阶段唐先生的研究，仍偏重于中国民族史，其所作先秦史研究也高度重视文献学、考古学和民族学等的有关理论和资料之间的紧密联系。在此期间，唐先生继续沿着20世纪50年代中期的马克思主义新史学路径，在马克思主义唯物史观的指导下，自觉借鉴并科学实践徐中舒等史学大师建立的古史多重证法，形成颇为独到完善的学术思想体系。据不完全统计，自1987年至唐先生去世前夕，目前能检索到的唐先生的文章共51篇。生前以笔名发表的部分文稿，尚需要一一考证，先生去世后留下的部分遗稿及书信、批注、评语等大量珍贵的资料，迫切需要进行抢救性发掘整理，《唐嘉弘文集》的整理出版只能留待唐门弟子继续做长期的辛勤工作。

关键词：唐嘉弘；民族史；先秦史；新史学

唐嘉弘先生是新中国培养的第一代杰出的史学家。唐嘉弘先生，又名唐家弘、唐嘉鸿（部分论著仅署名嘉弘），1927年9月7日出生于四川省蓬安县地主家庭，早年在家就读私塾，1940年初至1942年12月就读于南充成达初中，1943年2月至1945年6月就读于成都成公高中，1944年2月至1945年6月就读于成都树德中学，1945年8月入四川大学文学院历史系，1949年8月毕业。1949年9月至1953年9月，分别由徐中舒、胡鉴民先生推荐，于四川大学文科研究所（研究机构起初名称分别为四川大学社会科学研究所民族学组、四川大学研究编译委员会民族学组）做助理员、研究生，从事西南民族，尤其是西藏民族和藏语文法研究，编辑《藏汉大字典》。1953年9月至1986年10月于四川大学历史系工作，历任讲师、副教授，1986年10月后任河南大学教授并兼任河南大学先秦文化研究中心主任、河南大学历史系主任、河南大学历史研究所名誉所长、中国先秦史学会常务副会长兼秘书长、中国民族学研究会理事，从1990年起任河南省政协委员、常委，1993年10月被评为国家级突出贡献专家，1998年7月退休，2000年2月24日病逝于成都。在长达四十余年的学术生涯中，先生在先秦史、民族史、科技史、学术史等学科领域，辛勤探索，默默耕耘，为学术界留下了大量精湛的研究成果。先生在学术实践中建立起博涉基础、综贯会通、穷源究委、言必有据、独辟蹊径、务求创新的学术思想体系，并由此奠定了他在当代中国学术史上的崇高地位。他的兼收并蓄、综合研究的治学原则和科学的治学方法与富于个性特征的学术思想是一笔珍贵的精神财富，值得珍视。

一、学术思想渊源与马克思主义新史学路径（1945—1957）

1937年，抗战全面爆发后，众多名家云集四川，迄20世纪40年代，四川大学历史系渐迈入国内史学界的"中心"①。据不完全统计，1940—1947年，曾在川大历史系任教的学者有周谦冲、何鲁之、冯汉骥、徐中舒、祝同曾、束世澂、蒙文通、李思纯、吴天墀、楼公凯、黄文弼、罗志甫、杨人楩、胡殿咸、傅吾康（Wolfgang Franke）、戴番豫、闻宥、缪钺、孙次舟、邓少琴、谭英华、卢剑波等②。另胡鉴民、李季谷、萧一山、吴廷璆、任乃强、杨东莼、周传儒、钱穆、柳诒徵等亦曾在此期间任教③。唐嘉弘先生学术奠基的1945—1949年，正处于不同学术流派，相互交融影响，四川大学历史系发生全新变化的时期。尤其被学术界公认的主流派的新史家徐中舒、冯汉骥入川，加速了四川史学风尚的变化，无论学术观念、研究方法、专业方向和机构设置等，焕然一新。唐先生的学术思想正深深根植于四川大学学术思想巨变的关键时期。

唐先生在《中国古代民族研究》自序中也讲道：

> 早在大学读书时，我和历史系的几个同学向往西南少数民族中的原始公有制社会。大约从1946年开始，我们就经常在一道讨论和研究有关这方面的问题。虽然这是基于青年时代的稚气所致，但却由此导向我研究民族

---

① 王东杰：《学术"中心"与"边缘"互动中的典范融合：四川大学历史学科的发展》，《四川大学学报》（哲学社会科学版）2006年第4期。
② 参见《国立四川大学教职员录》（1940）；《本年度教授阵容一般》，《国立四川大学校刊》第17卷第6期，1945年10月1日；《本年度教授阵容一般》，《国立四川大学校刊》第19卷第1期，1946年10月14日；《本年度教授阵容一般》，《国立四川大学校刊》第20卷第1期，1947年10月15日。
③ 贾大泉、陈世松主编：《四川通史》卷七《民国》，四川人民出版社，2010年，第555页。

史的兴趣。建国后，我先后在四川大学西南民族研究组和文科研究所治民族史和先秦史。我国的不少古代民族通过自己的具体途径，从原始社会向奴隶社会或封建社会过渡；先秦史上的一些重大问题，都和这一过渡密切相关。各个民族社会发展的规律性及其绚丽多彩的演进行程，均有许多贴切生动的材料，可以相互印证，相互补充。很自然的，先秦史和民族史二者结合起来了。①

河南大学档案馆提供的唐先生早年的档案数据中提到，1948年至1949年4月20日止，唐先生曾在成都《西方日报》主办的《中国边疆》副刊写有《苗戎社会组织的比较》（署名：唐家弘。刊1948年2月3日，第5期第4版）、《从理藩院说起——论述边政部的亟待设立》（署名：唐家弘。刊1948年3月18日，第7期第4版）、《万方多难话摆夷》（署名：唐家弘。刊1948年9月23日，第19期第6版）、《关于"三果洛"》（署名：唐家弘。刊1948年10月21日，第21期第5版）、《西藏黑教兴衰史纲》（署名：唐家弘。刊1949年1月16日，第26期第6版）、《西藏的历法》（署名：家弘。刊1949年3月13日，第30期第6版）等短篇论文十余篇，都是介绍国内少数民族情况或专题研究，"没有政治性，是学术性的"。1950年底到1951年在成都《工商导报》做《西南边疆》副刊编辑，写有短篇论文十余篇，都是介绍西南少数民族历史及社会情况的，"现在看来，还不够大众化"。河南大学档案馆所藏唐先生档案中这一数据，在邓少琴先生1982年7月为董其祥先生《巴史新考》一书所作的序中有所反映：

> 成都解放初期，有"四川大学中国边疆研究学会"之成立。君与其友唐家弘君常以有关著作发表于《西方日报》《工商导报》特辟之《中国边疆》专刊内。昔时川大师友，均有所论述发表，而以君与唐君中肯文章为最多，为当时读者所称许。唐君自定研探范围，就宋、元历史记录，并参酌藏籍，制成《西藏历史年表》；而君则以秦汉迄于明清有关地志所载山川城镇，分为若干细目，按其地位所在，及其名称沿革先后次序，贯穿成线，约计千百余条，……继而唐君留川大担任教课，而君则调来重庆，历任西南博物院、重庆市博物馆保管部、历史部主任。②

唐先生对民族史、西南地方史的浓厚兴趣的产生，很明显是受到了徐中舒、冯

---

① 唐嘉弘：《中国古代民族研究》，青海人民出版社，1987年，第1—2页。
② 董其祥：《巴史新考》邓少琴《序》，重庆出版社，1983年。

汉骥、胡鉴民、任乃强等多位名师大家的影响①。其中,徐中舒先生对唐先生的学术影响最大。唐先生在《中国古代民族研究》自序中说:

> 我的老师徐中舒教授经常指出:先秦史距离现代是遥远的,要清楚理解先秦史上的问题,民族志和民族学上的材料不能忽视,应当把它摆在一个十分重要的位置上。徐老还强调了考古学对先秦史研究的重大意义。正如马克思所说:"要认识已灭亡的动物的身体组织,必须研究遗骨的构造。"古代民族社会史料,正是研究先秦史可供借鉴的"遗骨";而我国现存的少数民族及其社会历史,正是研究中国古代史——尤其是研究先秦史的"活化石"或一面镜子。②

唐先生对民族史和西南地方史的浓厚兴趣,也直接影响到其在新中国成立后的马克思主义新史学路径和学术研究的基本方向。如在此后数十年的学术生涯中,中国民族史和先秦史始终是唐先生最重要的研究领域,而对藏学的探索和研究,则一直持续到先生去世前夕。

据不完全统计,1957年前,唐先生先后发表以下一组有一定影响的学术论文:

1.《论商鞅》,《光明日报》1954年6月10日第三版(署名:唐嘉鸿)。

2.《关于西夏拓跋氏的族属问题》,《四川大学学报》(社会科学版)1955年第2期(署名:唐嘉弘),收入白滨编:《西夏史论文集》,宁夏人民出版社,1984年7月。

3.《试论明清封建皇朝的土司制及改土归流》,《四川大学学报》(社会科学版)1956年第2期(署名:嘉弘)。

在此期间,唐先生还在《历史研究》1956年第8期至第10期陆续发表了一组利用档案数据写成的考证类的学术短篇、札记:

4.《四川的义和团》,《历史研究》1956年第8期(署名:嘉弘)。

5.《自立会唐才常等与会党的关系》,《历史研究》1956年第8期(署名:嘉弘)。

6.《刘汉忠与刘仪顺的隐语书函》,《历史研究》1956年第8期(署

---

① 20世纪30年代末至40年代,人类学、民族学日益受到重视。1938年夏,冯汉骥为进行"西南人种学及体质人类学调查",只身前往松潘、里番、茂县、汶川等地考察羌族资料。胡鉴民也在20世纪30年代末至40年代初进行了羌族、苗族的调查工作。自1929年起,任乃强三次考察西康地区,搜集了大量第一手资料,先后完成了《西康诡异录》《西康十一县考察报告》《西康图经》《康藏史地大纲》《吐蕃丛考》等著作。1946年任乃强在川大发起组织了中国第一个专门从事藏学研究的民间学术团体康藏研究社,出版了《康藏研究月刊》,在国际藏学界赢得了极大声誉。抗战时期,巴蜀史的研究一时蔚为风潮。随着徐中舒、蒙文通、缪钺等学者先后加入巴蜀史研究,巴蜀文化与西南地方史研究得到空前发展。参见贾大泉、陈世松主编《四川通史》卷七《民国》,第556—557页。

② 唐嘉弘:《中国古代民族研究》,第2页。

名：嘉弘）。

7.《关于刘仪顺的史料》,《历史研究》1956 年第 10 期（署名：唐嘉弘）。

唐先生的学术奠基与新史学路径的建立时期，正值新中国建立初期。王学典先生曾经对该时期传统学人的窘况作过描述：

> 他们中间不少人，很想积极适应这个对他们来说完全陌生的社会，但又处处感到格格不入；想和过去诀别，以崭新的形象出现在世人面前，但又积重难返，步履维艰；想努力学习新东西，接受新事物，但又总是陷入东施效颦的可笑境地①。

如 1955 年，徐中舒先生在《历史研究》第 2 期发表《试论周代田制及其社会性质》一文，文章第六部分专列《胡适〈井田辨〉的批判》一节，批判"贩卖资产阶级唯心论的胡适"否定井田制这样严重的错误，"都是由于他的资产阶级唯心观点在作祟"。在此期间，徐先生还分别于《四川日报》1 月 11 日第三版，《人民川大》4 月 2 日（第 153 期）先后发表《我对胡适资产阶级观点对历史学界毒害的一点认识》《论胡适对老子年代考证方法的错误》两篇文章。其中前篇结尾说："我们必须加强马克思列宁主义理论的学习，坚决肃清资产阶级的历史虚无主义；至于历史考据和史料搜集，只是研究工作的准备，……这个工作必须在马克思列宁主义指导下才能作出一定的效果来。"

这一现象在唐先生早期新史学路径建立过程中也屡有反映。如河南大学档案馆提供的唐先生该阶段的档案中，记录有先生未出版的《西藏宗教发展概论》一书，先生在"现在你对这著作的意见"栏中写道："对于马列主义社会发展规律和主观能动性的统一性方面，掌握得不够。"在《经过各种学习运动（如三反运动等）以后对自己的认识》中有"受了资产阶级思想侵蚀，在研究学术上，我陷入了'纯学术''超政治'的错误里，把学术看成是无阶级性的"的所谓"思想认识"。1954 年 2 月，四川大学有计划地开展"唯物主义学习和对资产阶级唯心主义思想的批判"②，《人民川大》153 期专门报道中文、历史两系教师拟出专题研究，批判胡适和胡风的资产阶级学术思想，历史系批判胡适思想的专题研究共有十二个，批判胡风的一个。其中提到："李祖桓、唐家弘、唐光沛、李必忠等先生的《胡适〈中国哲学史大纲〉的批判》。"③ 由此可见，和绝大多数新中国培养的学术思想根植于近代新史学的第一代史学家类似，唐先生是在特殊的政治背景下，通过思想改造运动，完成了从中国

---

① 王学典：《痛苦的人格分裂——五十年代初期的史界传统学人》,《读书》1995 年第 5 期。
② 《校党委订出计划并作了布置，全校进一步开展唯物主义的宣传》,《人民川大》1954 年 4 月 2 日（153 期）。
③ 《中文、历史两系教师拟出专题研究，批判胡适和胡风的资产阶级学术思想》,《人民川大》1955 年 4 月 2 日（153 期）第一版。

近代新史学向唯物史观指导下的马克思主义新史学道路的转变。

这一转变在唐先生早期的学术研究中，反映颇为深刻明显。如唐先生于《光明日报》1954年6月10日第三版发表的《论商鞅》一文，已经开始尝试性地运用马克思主义唯物史观基本理论、观点和方法对商鞅变法的背景进行系统考察，并运用阶级分析的方法对作为杰出人物商鞅做出实事求是的恰当评价。唐先生分析商鞅所处时代社会剧烈变动的性质："封建领主制度急剧的趋于崩溃，新兴的地主阶级正在上升"，并从生产力和生产关系的变化两个方面分析"反映新兴地主阶级对社会各方面的要求的"法家思想产生的背景，并指出，法家思想之所以能够支配商鞅的社会政治改革的实践，"是由于他能认清了时代的趋势和春秋战国之交社会经济及其上层建筑发展的方向"。唐先生对商鞅的评价，严格遵循"马克思主义在承认人民在历史上的决定作用时，一点也不否认杰出人物在社会物质生活发展过程的作用"这一原则，充分肯定商鞅"是一位杰出的人物"；同时又结合历史唯物主义原理指出，商鞅"依旧逃不了阶级局限性及历史发展阶段的制约"，"他的观念和思想，还是深深打上了阶级的烙印"。

又如，唐先生在发表于《四川大学学报》1956年第2期的《试论明清封建皇朝的土司制度及改土归流》一文特别强调："本文中提到的'少数民族'这一概念，并不意味着在当时的封建社会已经有近代'民族'的出现，不过是沿用现代论述这一问题的一般提法。"先生在文中反复引用马克思《资本论》，恩格斯《家庭私有制和国家起源》，斯大林《马克思主义与民族殖民地问题》《民族问题与列宁主义》《马克思主义与语言学问题》等马克思主义作家经典文献。唐先生在该文《后记》中说："如何正确运用马克思列宁主义的观点和方法，处理我国历史上有关少数民族的重大问题——土司制及改土归流，对于我来说，还是一个学习的过程。"在我们今天看来，无论先生关于明清土司制度和改土归流的观点能否被历史学家和民族学家所认可，但该文是先生运用马克思列宁主义理论研究中国历史上少数民族的重大问题的开始，则是无可置疑的。

1956年11月9日，唐先生参加四川大学历史系组织的中国古代史分期问题讨论会。唐先生根据西周主要的生产部门——农业的生产技术和单位面积的产量，以及西周、春秋战国和欧洲的同一时期比较，认为西周社会生产力水平是较高的，并不是胡鉴民教授所说的那样原始。他不赞成把生产工具和具有一定生产技术的生产者割裂开来，孤立的考虑生产工具是否铁制的观点。但对西周社会生产力水平，已发展成为封建社会生产力水平表示怀疑。他认为与西周生产力性质相适合的是以农村公社为基础的奴隶制的生产关系。当时的所有制，既不如徐中舒教授所说的是封建主的所有制，也不如胡鉴民教授所说的是国家土地所有制；主要的是农村公社的所有制，加上家长制公社和不彻底的国家土地所有制，就是西周社会所有制的基本面貌。唐先生认为，根据马克思和恩格斯所指出的农村公社的特点，结合中国古代史料，可以肯定，农村公社是广泛存在的。家长制公社所有制，基本上存在于周族内部，并作为周族征服者在政治设施上及宗法上的经济基础。唐先生不同意胡鉴民教授所提出的奴隶集体劳动从事农业生产的观点，认为基于西周社会的基本生产关系，是以农村公社为主的奴隶制关系，从而当时的主要劳动形式，不是集体的，而是分散的个体家庭的经营，这便是先秦文献中所经常提到的"五口之家"或"八口之家"的根据①。1957年2月，四川大学历史系第二次科学讨论会上，提出了十三篇报告资料，其中包括《论周代的农村公社和家长制家庭公社——对"先秦生产形态之探讨"中的基本问题的商榷》②。根据所论可知，《论周代的农村公社和家长制就家庭公社——对"先秦生产形态之探讨"中的基本问题的商榷》显然为唐先生提交的报告。由此可见，在马克思主义社会形态理论的指导下，29岁的唐先生已经结合中国古代史料，对于学术界争讼不止的西周时期的社会形态和古史分期问题，提出了自成一系的独到见解，并初步建立起完善的中国古代社会形态和古史分期论点体系。

综上可见，在新的政治和学术背景下，唐先生通过系统学习马克思列宁主义基本理论，在继承近代新学术的基础上，自觉接收马克思主义唯物史观的基本观点、理论和方法，很快地完成了从中国近代新学术向唯物史观指导下的马克思主义新史学路径的转变。从《论商鞅》到《论周代的农村公社和家长制就家庭公社——对"先秦生产形态之探讨"中的基本问题的商榷》的一组系列学术大作的问世，唐先生已作为一位具备马克思主义史学修养的高水平的专家在国内历史学界和民族学界渐露头角。然而正值先生学术生命力极其旺盛之际，一场轰轰烈烈的反右运动全面展开了。唐先生后来说："本文（按：《论周代的农村公社和家长制就家庭公社——对'先秦生产形态之探讨'中的基本问题的商榷》）完稿于1957年春，因众所周知的原因，虽已排样也未能发表。"③ 唐先生所说的这个"众所周知"的原因，在其20世纪80年代的档案中仅仅一语略过："1958年5月错划为中右，三中全会后改正。"④由于错划为右派，唐先生这篇自成一系的学术力作，一直被束之高阁，湮没不彰，直到1988年6月，河南大学出版社出版《先秦史新探》一书，唐先生才将这篇凝聚

---

① 嘉弘：《四川大学历史系关于中国古代史分期问题的讨论》，《历史研究》1957年第1期。
② 嘉弘：《四川大学第二次科学讨论会历史系分会概况》，《历史研究》1957年第4期。
③ 唐嘉弘：《先秦史新探》，河南大学出版社，1988年，第270页。
④ 艺术评论家、古筝家罗国卿2007年7月5日《漫谈红山魂》有"自古弟子尊于师，有弟子而为师死者也"一语，自注曰："孔子高足弟子颜渊为保卫孔子而死；又有今人伍仕谦、唐嘉弘为其老师徐中舒顶替，甘愿戴上右派帽子，牺牲自己前程，免徐中舒于大难（徐中舒是川大历史系主任，讲师伍仕谦是徐之古文字学助手，讲师唐嘉弘是徐之先秦史助手。时间：1957年，地点：四川大学）。"

着其才智与心血的力作,"只作少许修订"①,易名为《周代的家长制公社和农村公社——兼论中国封建地主制的形成》②,收入书中。然而时光已经过去了31秋,唐先生在学术界的"知名度"也因该文的学术"影响力"和"关注度"大打折扣受到一定的影响。

二、改革开放之学术积累与厚积薄发(1978—1986)

自1957年至1978年,长达21年,唐先生失去了发表文章的机会。在《中国古代民族研究》自序中,唐先生回忆说:

> 从1946年以后的十年期间,我所收集的和整理的关于中国民族史的资料和文稿,因忙于先秦史的教学工作,一直束之高阁;后来又经历了众所周知的恶风"浩劫",……十年动乱,……我和这些材料同样经历了"三灾八难"。③

此后,自1962年起师从著名史学家徐中舒先生读先秦史研究生的谭继和教授回忆说:

> 川大历史系是当时的王牌系,像徐中舒、蒙文通、缪钺、冯汉骥、赵卫邦、胡鉴民、谭英华以及唐家弘、伍世谦、王亚平、周九香等一批名师给我们上课。在北京又有幸接触范文澜、黎澍、蔡美彪等先生。我觉得我一生最幸运的是幸遇明师,而最大的收获是师德、师风和师学的影响。④

自20世纪50年代中期迄80年代初,谭先生心目中的唐家弘这位名师,绝大部分时间基本用在教学上。唐先生在《先秦史新探》后记中说:

> 从50年代中期开始,我给历史专业本科生讲授中国古代史先秦部分,近年来又给本科高年级学生和攻读硕士、博士学位的先秦史研究生讲授专题。⑤

2014年,段渝教授回忆30年前的大学时代说:

> 没有徐中舒、唐嘉弘、童恩正等先生对我的严格要求和热心提携,我很难想象自己的现在。⑥

时隔21年的1978年,唐先生在历经劫难后重新开始发表文章。据不完全统计,1978—1986年,唐先生先后发表以下一组论文:

8.《索桥和牂柯江》,《四川大学学报》(哲学社会科学版)1978年第

---

① 唐嘉弘:《先秦史新探》,第270页。
② 唐嘉弘:《先秦史新探》,第239—270页。
③ 唐嘉弘:《中国古代民族研究》,第2页。
④ 《达人谭继和:七旬开微博粉丝上万》,《华西都市报》2013年7月21日。
⑤ 唐嘉弘:《先秦史新探》,第437页。
⑥ 《段渝:南丝绸之路成都起点的探索者》,《成都晚报》2014年4月28日。

4 期。

9.《试论四川西南地区石墓的族属》,《考古》1979 年第 5 期。

10.《夜郎史迹初探》,《贵州社会科学》1980 年第 1 期(与徐中舒教授联名),收入贵州省社会科学院历史研究所编:《夜郎史探》,贵州人民出版社,1988 年;又收入熊宗仁主编:《夜郎研究选粹——学人见证》,贵州人民出版社,2010 年 10 月。

11.《凉山彝族社会刍论——几个有关理论问题的探讨》,《凉山彝族奴隶制研究》1980 年第 1 期。

12.《凉山土司族属考——兼论土司制下的生产关系》,《四川大学学报丛刊》(第五辑),1980 年。

13.《"昆明"和"靡莫"》,《贵州社会科学》1980 年第 1 期。

14.《铜鼓和苗族》,《贵州社会科学》1980 年第 2 期。

15.《"火长"考辨》,《社会科学研究》1980 年第 4 期。

16.《錞于与铜鼓》,《贵州社会科学》1980 年第 5 期(与徐中舒教授联名),收入中国铜鼓学会编:《古代铜鼓学术研讨会论文集》,文物出版社,1982 年。

17.《"都掌蛮"和"土僚"——四川珙县悬棺族属辨》,《文物》1980 年第 11 期。

18.《川甘边区白马人属古氐族说》(与徐中舒教授联名),《白马藏人族属讨论集》,四川民族研究所 1980 年编印,收入唐先生《中国古代民族研究》,青海人民出版社,1987 年。

19.《论西夏拓跋氏、甲绒、吐蕃和羌人的族源关系》,宁夏银川西夏研究学术讨论会论文,1981 年 8 月,收入唐先生《中国古代民族研究》,青海人民出版社,1987 年。

20.《巴史三题》,《思想战线》1981 年第 2 期。

21.《关于夜郎的几个问题》,《夜郎考》讨论文集之二,贵州人民出版社,1981。

22.《释"祝融八姓"》,《江汉论坛》1981 年第 3 期(按:中国知网标题《越与三苗并不同源》,误)。

23.《中国悬棺葬学术讨论会综述》,《贵州民族研究》1981 年第 3 期。

24.《古代楚蜀的关系》,《文物》1981 年第 6 期(与徐中舒教授联名)。

25.《先秦史》,《中国历史学年鉴1981 年》,人民出版社,1981 年。

26.《春秋时代的戎狄夷蛮》,四川民族研究所编:《民族论丛》第二辑《先秦民族史专辑》,1982 年,又收入《先秦史研究》,云南民族出版社,1987 年及《中国古代民族研究》,青海人民出版社,1987 年。

27. 《论殷周的外服制——关于中国奴隶制和封建制分期的问题》(与徐中舒教授联名),《人文杂志》增刊《先秦史论文集》,1982 年 5 月。

28. 《僰棺、都掌蛮与铜鼓》,《贵州社会科学》1982 年第 3 期。

29. 《谈汉代的赋税制度》,《文史知识》1982 年第 4 期。

30. 《楚与三苗并不同源》,《江汉论坛》1982 年第 11 期。

31. 《宋代斗夷源于楚国令尹子文说》(与徐中舒教授联名),《西南民族研究》,四川民族出版社,1983 年 6 月。

32. 《"畲田制"及其社会形态初探》,《民族学研究》(第五辑),民族出版社,1983 年。

33. 《河姆渡文化的历史地位》(与徐中舒教授联名),《中国古代史论丛》第 8 辑《先秦史专号》,福建人民出版社,1983 年 12 月。

34. 《越国源流初探》,《中国古代史论丛》第 8 辑《先秦史专号》,福建人民出版社,1983 年 12 月。

35. 《一个宋代墓志铭的研究——关于角厮罗的历史》,《青海社会科学》1983 年第 2 期。

36. 《古籍防蠹初考》,《中原文物》1983 年第 2 期。

37. 《井渠法和古井技术》,《农业考古》1984 年第 1 期。

38. 《"巴国"是一个奴隶王国吗?》,《四川文物》1984 年第 1 期,收入徐中舒主编:《巴蜀考古论文集》,文物出版社,1987 年 8 月。

39. 《"汉匈奴为鞮台耆且渠"印考释》,《人文杂志》1984 年第 1 期。

40. 《"莫敖"和"令尹"——楚官探源之一》,《教学与科研》1984 年第 1 期。

41. 《唐代吐蕃赞普的族属新探》,《郑州大学学报》(哲学社会科学版)1984 年第 3 期。

42. 《略论孔子的政治思想》,《历史教学问题》1984 年第 3 期。

43. 《释"莫敖"》,《江汉论坛》1984 年第 11 期。

44. 《论畜牧和渔猎在西周社会经济中的地位》,《人文杂志》丛刊第二辑《西周史研究》,1984 年。

45. 《关于夏代文字的问题》(与徐中舒教授联名),《夏史论丛》,齐鲁书社,1985 年。

46. 《古代社会分工理论及其相关问题(上)》,《史学月刊》1985 年第 3 期。

47. 《古代社会分工理论及其相关问题(下)》,《史学月刊》1985 年第 4 期。

48.《略论夏商周帝王的称号及国家政体》,《历史研究》1985年第4期。

49.《试谈周王和楚君的关系——读周原甲骨"楚子来告"札记》,《文物》1985年第7期。

50.《论青川墓群文化及其木牍田制》,《南方民族研究集刊》1985年创刊号。

51.《〈山海经〉和"黄帝"》(与徐中舒教授联名),《〈山海经〉新探》,四川省社会科学院出版社,1986年1月。

52.《简论春秋战国时期的祭祭及其源流》,《齐鲁学刊》1986年第4期。

53.《僰人悬棺质疑》,《民族与现代化》1986年第3期,收入《民族论丛》第一辑《悬棺葬研究专辑》第1辑,1981年。

54.《尹达同志和中国原始社会史研究》,《先秦史研究动态》1986年第2期。

55.《为什么说黄河流域是中华民族的摇篮》,《文史知识》1986年第6期。

综上可见,自1978年至1986年,经过长期的学术积累,唐先生的中国民族史与先秦史研究呈现出厚积薄发之势。据不完全统计,在此期间,唐先生共发表各类学术论文47篇。1980年7月11日,徐中舒教授称唐先生"在有关民族史和先秦史方面,皆有显著的成绩",并对唐先生代表性论著作如是鉴定意见:"他对先秦典籍涉猎较广,尤其是他对四川边疆上康藏彝苗各族的历史和现状有较为深入的研究,因此,他对中国古代社会经济文化理解得比较深入。"总体而论,该阶段唐先生的研究,仍偏重于中国民族史,其所作先秦史研究也高度重视文献学、考古学和民族学等的有关理论和资料之间的紧密联系。在此期间,唐先生继续沿着20世纪50年代中期的马克思主义新史学路径,在马克思主义唯物史观的指导下,自觉借鉴并科学实践鉴徐中舒等史学大师建立的古史多重证法,形成颇为独到完善的学术思想体系。

三、学术研究的拓展深化与学术思想的继续完善(1987—1998)

1986年10月,唐先生离开其学习、工作长达41年的四川大学,到河南大学先秦文化研究中心工作。

(一)1987年8月,唐先生的《中国古代民族研究》由青海人民出版社出版,书中收录先生30余年研究中国民族史的论文28篇约40万字。其中以下两篇写作背景和发表情况不清楚,但可以肯定为1987年旧作,兹暂将其附于1987年,有关问题留待以后继续考证。

56.《论吐谷浑的源流及其社会形态》,《中国古代民族研究》,青海人民出版社，1987 年。

57. 《论"百越"的源流及其葬制》，《中国古代民族研究》，青海人民出版社，1987 年。

（二）1987 年 10 月，中国先秦史学会秘书处编，唐嘉弘先生主编的《先秦史研究》一书由云南民族出版社出版。书中收入唐先生论文 3 篇，其中《春秋时代的戎狄夷蛮》一文，为 1982 年旧作，前已列举。其余两篇分别为：

58. 《略论春秋时代的变法改制及霸业》（与徐中舒教授联名），《先秦史研究》，云南民族出版社，1987 年。

59. 《越国和"越人"的社会经济形态》，《先秦史研究》，云南民族出版社，1987 年（署名：汤毅），后收入《先秦史新探》一书，文章易名《关于越国的社会经济形态问题》。

该年度，先生在学术期刊发表的论文还有：

60. 《夏代经济形态新探——兼论古史分期问题的奴隶制》，《北京社会科学》1987 年第 2 期。

61. 《西周"高禖"源流考——兼论巫术文化的历史地位》，《人文杂志》1987 年第 6 期。

62. 《〈楚史稿〉序言》，《史学月刊》1987 年第 6 期。

63. 《华夏族——汉族先民的形成》（上），《文史知识》1987 年第 6 期。

64. 《华夏族——汉族先民的形成》（下），《文史知识》1987 年第 7 期。

65. 《简论孔子的教育思想》（与徐中舒教授联名），《教育研究》1987 年第 7 期。

（三）1988 年 6 月，唐先生《先秦史新探》一书由河南大学出版社出版，全书收录先生旧作 25 篇，涉及先秦政治、经济、文化等方面。其中《论黄河文明》一文系 1987 年 9 月唐先生向河南大学举办的黄河文明学术研讨会提交的会议论文，该文尚未来得及发表即被收入《先秦史新探》一书。

66. 《论黄河文明》，《先秦史新探》，河南大学出版社，1988 年。

67. 《周代的家长制公社和农村公社——兼论中国封建地主制的形成》，《先秦史新探》，河南大学出版社，1988 年。

68. 《略论殷商的"作邑"及其源流》，《史学月刊》1988 年第 1 期。

69. 《论赵文化及其历史地位》，《河北学刊》1998 年第 1 期。

70. 《吐蕃族源及相关问题》，《中国藏学》1988 年第 2 期。

71. 《〈左传〉的编次、传授系统及其与〈国语〉的关系》，《河北师院学报》1988 年第 3 期。

1989年至1998年唐先生出版的著作主要有以下几种：

（四）主编：《先秦史论集——徐中舒教授九十诞辰纪念论文集》，中州古籍出版社，1989年4月。

（五）辑校（与冯国定合作）：《养生妙方：食疗本草·本草拾遗》，巴蜀书社，1993年6月。

（六）主编：《先秦简史》，福建人民出版社，1995年5月。

（七）主编：《中国古代典章制度大辞典》，中州古籍出版社，1998年10月。

其中，《先秦简史》为周一良主编大学历史丛书之一种，1989年8月福建人民出版社的《出版说明》中说："丛书选题力求适应高校教材的要求，其中有一部分已列入国家教委教材选编规划。……丛书各选题的作者均经过慎重选择，力求组织一支坚实精干的编写力量。在统一的编写要求下，稿件经过严格审理，列入国家教委计划的稿件并经国家教委有关部门审批，力求反映我国史学研究水平，适应高校教学和学科建设的需要，从学术水平上保持教材的生命力。"

《中国古代典章制度大辞典》时贯上下4000年，面涉纵横全中国，历代各王朝的典制及有关风俗习惯均在收编之列，辞条上万，共分为十九大类：职官、科举、选举、礼制、封建、宗法、教育、法律、兵制、周边民族、田制、货币、财政经济、宗教、乐舞、美术、中医、文书、档案、版本、新闻、天文、宫室、体育。不仅大量收辑文献有关资料，而且收入地下考古资料，博采众说，综合撰著，既明体达用，又循名求实，有图有文，叙述简练，一编在手，可概观中国古代典章文化之全貌。专家称该书"是弘扬民族优秀传统，博览中华文明的最新奉献"[①]。

在此期间，唐先生发表的主要论文有：

72.《东夷及其历史地位——〈东夷古国史论〉序言》，《史学月刊》1989年第4期。

73.《先秦史概论》，《先秦史论集——徐中舒教授九十诞辰纪念论文集》，中州古籍出版社，1989年4月。

74.《关于晋赵文化的共相和特殊相——兼论中国骑马文化的源流》，《赵国历史文化论丛》，河北人民出版社，1989年4月。

75.《再论西夏拓跋氏的族属问题》，白滨、史金波、卢勋、高文德编：《中国民族史研究》（二），中央民族学院出版社，1989年6月。

76.《东周时期山西民族融合鸟瞰》（与徐难于联名），《文史知识》1989年第12期。

77.《论楚王的继承制度——兼论先秦君位传袭的演变》，《中州学刊》

---

① 于希谦：《〈中国古代典章制度大辞典〉即将出版》，《云南民族学院学报》（哲学社会科学版）1993年第1期。

1990 年第 1 期。

78.《黄河文明与中国传统文化导论》,《中原文物》1990 年第 2 期。

79.《源远流长的吴文化》,《文史知识》1990 年第 11 期。

80.《邢台历史文化地位刍议》,杨文山、翁振军主编:《邢台历史文化论丛》,河北人民出版社,1990 年 12 月。

81.《炎帝传说考述——兼论姜炎文化的源流》,《史学月刊》1991 年第 1 期。郑杰祥主编:《炎黄汇典·论文卷》,吉林文史出版社,2002 年 12 月。

82.《张怡荪教授生平简介》,中国人民政治协商会议蓬安县委员会文史资料工作委员会编:《蓬安文史资料选辑》(第一辑),1991 年 8 月。

83.《〈中国古代的平民哲学〉序言——对老子〈道德经〉的新探索》,《人文杂志》1992 年第 1 期。

84.《西周燕国墓"折兵"之解》,《中国文物报》1992 年 5 月 17 日。

85.《古代的悬棺葬》,《文史知识》编辑部编:《古代礼制风俗漫谈》(四),中华书局,1992 年 7 月。

86.《关于诸葛亮的几个问题》,《诸葛亮躬耕地新考》,社会科学文献出版社,1992 年 8 月。

87.《试论日本国家的形成》(与申明联名),云南大学历史系编:《纪念李埏教授从事学术活动五十周年史学论文集》,云南大学出版社,1992 年 9 月。

88.《论洛阳"为天下之中"》,洛阳市地方志编纂委员会办公室编:《洛阳——丝绸之路的起点》,中州古籍出版社,1992 年 10 月。

89.《殷商西周青铜弓形器新解》,《西周史论文集》(上),陕西人民教育出版社,1993 年。

90.《〈叶调国研究〉序》,程爱勤:《叶调国研究》,中州古籍出版社,1993 年 4 月。

91.《江西青铜文化三题》,《南方文物》1994 年第 2 期。

92.《关于江西大洋洲商周遗存性质的问题》,《中原文物》1994 年第 3 期。

93.《民族传统文化的共性与个性——爱国主义教育的深层次反思》,《史学月刊》1995 年第 1 期。

94.《老子三题》,中国鹿邑老子研究会编:《老子故里话老子》(第 3 集),1995 年 3 月。

95.《嵇文甫学术思想刍议》,《史学月刊》1995 年第 6 期,又刊于《河南社会科学》1996 年第 2 期。

96. 《〈周易〉研究中的倾向性问题》，吕绍纲编：《金景芳教授九五诞辰纪念文集》，吉林文史出版社，1996年4月。

97. 《知识分子的楷模》，《马曜先生从事创作活动五十周年纪念文集》，云南教育出版社，1996年12月。

98. 《大禹和会稽》，浙江省博物馆编：《东方博物》，杭州大学出版社，1997年1月。

99. 《海上丝绸之路疏证》，《南方文物》1997年第2期，又刊于北海市政协文史资料委员会：《北海文史》（第9辑），1996年4月。《北海文史》第18辑《合浦与海上丝绸之路》，2004年8月重载。

100. 《论大禹的有关问题》，《菏泽师专学报》1997年第3期。

101. 《评戈路波的铜鼓研究——兼议山东青铜文化的几个问题》，北海市政协文史资料委员会：《北海文史》（第10辑），1997年。

102. 《论唐元时期的吐蕃政制》，《中国藏学》1998年第1期，此前以《唐元时期吐蕃政制述论》为题名，收入《1997年北京藏学讨论会提要集》，1997年8月。

103. 《从徐中舒的治学刊史语所的学风》，杜正胜、王泛森主编：《新学术之路——"中央研究院"历史语言研究所七十周年纪念文集》，"中央研究院"历史语言研究所，（台湾）长达印刷有限公司，1998年。

104. 《论西夏人的宗教信仰》，李范文主编：《首届西夏学国际会议论文集》，宁夏人民出版社，1998年11月。

105. 《诸葛亮家世考略》，《贵州大学学报》（社会科学版）1998年第4期。

106. 《河南大学先秦中心主任、中国先秦史学会副会长唐嘉弘教授致郭成智的信》，收入郭成智编著：《墨子鲁阳人考论》，黄山书社，1999年7月。

据不完全统计，自1987年至唐先生去世前夕，目前能检索到的唐先生的文章共51篇。1998年，唐先生身患癌症，生前以笔名发表的部分文稿，尚需要一一考证，先生去世后留下的部分遗稿及书信、批注、评语等大量珍贵的资料，先生后人没有从事史学研究者，给中国学术界留下深深的遗憾。《唐嘉弘文集》的整理出版只能留待唐门弟子继续做长期的辛勤工作。

文书与春秋时期的国家行政

朱红林（吉林大学考古学院）

摘　要：《左传》所载春秋时期的文书资料非常丰富，大致可分为公文书和私文书两类。公文书有载书、刑书、礼书、命书、丹书、奏书、簿籍等，私文书中主要有卿大夫之间私人往来的信件。各国的文书管理机构，或称盟府，或称故府，或称周府、公府等；公文书撰写者除了史官之外，还提到了"令正"一职；重要的官文书，撰写者都要字斟句酌，集体商定，尤其是诸侯国之间作为盟约而签订的载书，双方参与者在确定文字内容时，彼此之间往往斗智斗勇，竭力为本国争取最大的利益。这一切都说明，在春秋时期文书行政已经在国家行政运作过程中起着越来越重要的作用。

关键词：《左传》；文书；盟府；载书；国家行政

一般都认为文书行政是战国秦汉时期官僚制度的特点，但通过对《左传》中所载文书资料的整理和分析，我们可以看到春秋时期国家行政体系的运行中，文书的作用已经越来越重要。

春秋时期各国国家行政机构运行过程中，文书的使用已成为必不可少的载体。国与国之间及诸侯国内部作为政令而制定的载书、刑书、礼书，国家之间交往而制定的外交文书，都是各国对内实行统治，对外进行交流的政策和法律依据，在当时的国家政治生活中起着不可或缺的作用。各国都设置了专门的文书管理机构，或称盟府，或称故府，或称周府、公府等；专门的文书撰写者除了史官之外，《左传》还提到了郑国的"令正"；重要的官文书，撰写者都要字斟句酌，集体商定，尤其是诸侯国之间签订的载书，参与者在确定文字内容时，彼此之间往往斗智斗勇，竭力为本国争取最大的利益。这一切都说明，在春秋时期文书行政已经在国家行政运作过程中起着很重要的作用。下面就《左传》中所记载的文书应用谈几点不成熟的看法，敬请专家批评指正。

一、列国对典章文书的重视

春秋列国秉承商周以来"有典有册"的传统，对国家的典章文书都非常重视。

晋国执政卿到鲁国进行国事访问，鲁国接待他的日程安排中，一项活动就是参观本国典章文书的收藏。《左传·昭公二年》："二年春，晋侯使韩宣子来聘，且告为政，而来见，礼也。观书于大史氏，见《易》《象》与《鲁春秋》，曰：'周礼尽在鲁矣，吾乃今知周公之德与周之所以王也。'"这里的"象"不是指《周易》的卦象，而是指国家政令的汇编。杨伯峻注：

> 《易》乃《周易》，其六十四卦与《卦辞》《爻辞》作于西周初，《十翼》则战国至西汉之作品，韩起不及见。人多以"《易》《象》"连读，为一事，今从宋王应麟《困学纪闻》卷六说分读，与《易》为二事。《象》即哀三年《传》"命藏《象魏》"之"《象魏》"，因其悬挂于象魏，故以名之，亦省称《象》。象魏亦名象阙，亦名魏阙，又曰观，为宫门外悬挂法令俾众周知之地。据《周礼·大宰》，正月一日公布政治法令于象魏，此法令谓之治象；地官亦悬《教象》，为教育法令；夏官公布《政象》，秋官公布《刑象》，即军政法令，司法法令。公布十日，然后藏之，此《象》当是鲁国历代之政令。①

《易》《象》与《鲁春秋》是鲁国典章文书中有代表性的三类文书，《易》为鲁国的政治哲学思想的代表性作品，《象》为鲁国政治经济军事司法等制度的汇编，《鲁春秋》则是鲁国发展的实录。这三类文书可以说就是对鲁国国家在文书记录上的全面展示。因此韩起看参观过之后，赞叹"周礼尽在鲁矣"，不仅仅是对周文化的赞叹，更主要的是对对东道主国家政权的赞誉之辞。

鲁国上下对于文书档案的管理也确是十分重视。《左传·哀公三年》载，鲁国发生火灾，各级官员首先强调保护本部门所藏的文书档案。"南宫敬叔至，命周人出御书，俟于宫，曰：'庀女，而不在，死。'子服景伯至，命宰人出礼书，以待命。命不共，有常刑"，季桓子至，"命藏《象魏》，曰：'旧章不可亡也。'"杨伯峻注："此《象魏》可以藏，非指门阙。'象魏'为门阙见庄二十一年《传》《注》及定二年《经》《注》。当时象魏悬挂法令使万民知晓之处，因名法令亦曰《象魏》，即旧章也。"② 御书是进献于国君的书，礼书是关于各种礼仪程序的书。《象魏》是国家各类政令汇编。

火灾发生，救火者都说"顾府"，即先抢救财物，但南宫敬叔却指示周人保护好御书，子服景伯指示宰人保护好礼书，季桓子要求保护好《象魏》，并且说财物不重要，毁了还可以再挣，只要不伤到人就行，但国家的典章文书却不能丢。这与汉初萧何收秦律令图书的行为颇有相似之处。《汉书·萧何传》："沛公至咸阳，诸将皆争走金帛财物之府分之。何独先入收秦丞相御史律令图书臧之。沛公具知天下厄塞，户口多少，强弱处，民所疾苦者，以何得秦图书也。"③ 鲁国对于典章文书的重视是

---

① 杨伯峻：《春秋左传注》，中华书局，1990年，第1226—1227页。
② 杨伯峻：《春秋左传注》，第1622页。
③ [汉]班固：《汉书》，中华书局，1964年，第2006页。

春秋时期列国重视文书的一个缩影。

《吕氏春秋》把国家典章制度的转移视作朝代更替的前兆。《吕氏春秋·先识览》:"夏太史令终古,出其图法,执而泣之。夏桀迷惑,暴乱愈甚,太史令终古乃出奔如商。汤喜而告诸侯曰:'夏王无道,暴虐百姓,穷其父兄,耻其功臣,轻其贤良,弃义听谗,众庶咸怨,守法之臣,自归于商。'殷内史向挚见纣之愈乱迷惑也,于是载其图法,出亡之周。武王大说,以告诸侯曰:'商王大乱,沈于酒德,辟远箕子,爰近姑与息,妲己为政,赏罚无方,不用法式,杀三不辜,民大不服,守法之臣,出奔周国。'晋太史屠黍见晋之乱也,见晋公之骄而无德义也,以其图法归周。"陈奇猷曰:"所谓'图法',实即《汉志·天文类》所列《图书秘记》一类之书。"① 图法不仅仅包括陈奇猷所说的天文图籍,夏商的重要典章制度当都包括在内。把典章制度的转移作为朝代灭亡的前兆,可见战国时期对于国家典章制度的重视。其实,春秋时期,周王室也出现了这种情况。《左传·昭公二十六年》载:"王子朝及召氏之族、毛伯德、尹氏固、南宫嚚奉周之典籍以奔楚。"

二、文书管理机构

《左传》中记载的典籍文书管理职官为大史,所以韩宣子聘鲁,"观书于大史氏"。收藏文书的机构,称为"盟府""故府""周府""公府"等,这些名称很可能是同一类机构的不同称呼。

1. 盟府

《左传》中提到的盟府有属于周王室的,也有属于诸侯国的。《左传·僖公五年》载:"虢仲、虢叔,王季之穆也,为文王卿士,勋在王室,藏于盟府。"杨伯峻曰:"襄十一年《传》亦云,'夫赏,国之典也,藏在盟府,不可废也',则周室及诸侯皆有盟府,主功勋赏赐。盖策勋之时,必有誓辞。僖二十六年《传》又云:'昔周公、太公股肱周室,夹辅成王,成王劳之,而赐之盟,曰:"世世子孙,无相害也。"载在盟府,大师职之。'策勋之策兼其盟誓。并藏于盟府。"②

2. 故府

《左传·定公元年》载:"晋之从政者新,子姑受功。归,吾视诸故府。"杜预注:"求故事。"③ 杨伯峻注:"故府盖藏档案之所,归而查档案以决之。"④ 这里所查的档案指的是践土之盟的盟约。僖公二十六年提到西周时期成王与周公、太公之间的盟约是藏于盟府。因此此处晋国收藏文书档案的故府实际上就是盟府。

---

① 陈奇猷:《吕氏春秋新校释》,上海古籍出版社,2002年,第957页。
② 杨伯峻:《春秋左传注》,第308页。
③ [晋]杜预:《春秋经传集解》,上海古籍出版社,1998年,第1607页。
④ 杨伯峻:《春秋左传注》第1524页。

3. 周府

《左传·定公四年》载:"子鱼曰:'晋文公为践土之盟,卫成公不在,夷叔,其母弟也,犹先蔡。其载书云:"王若曰:晋重、鲁申、卫武、蔡甲午、郑捷、齐潘、宋王臣、莒期。"藏在周府,可覆视也。'"① 此处的周府当指周室之盟府。

4. 公府

《左传·昭公四年》:"使杜泄舍路,不可。曰:'夫子受命于朝而聘于王,王思旧勋而赐之路,复命而致之君。君不敢逆王命而复赐之,使三官书之。吾子为司徒,实书名;夫子为司马,与工正书服;孟孙为司空以书勋。今死而弗以,是弃君命也。书在公府而弗以,是废三官也。若命服,生弗敢服,死又不以,将焉用之?'乃使以葬。"② 叔孙氏出使周王室受到赏赐,回国后将周王赏赐上交鲁昭公,鲁昭公遵承周王的意愿重新把赏赐赐予叔孙氏,并使三官共同记录此事,季孙氏以司徒身份"书名",叔孙氏以司马身份"书服",孟孙氏以司空身份"书勋",这三份文件组成一份完整的档案藏于"公府"。"公府"本为官府的另一个通称,这里当指文书管理机关。

《左传》所记载的文书管理机构可与《周礼》《管子》中的相关记载,进行比较研究。

《周礼》作为一部记载先秦职官制度的典籍,其中有关文书收藏管理的职官有两个。一个是大史,《周礼·春官·大史》:"掌建邦之六典,以逆邦国之治。掌法以逆官府之治,掌则以逆都鄙之治。凡辩法者考焉,不信者刑之。凡邦国都鄙及万民之有约剂者藏焉,以贰六官,六官之所登。"③ 另一个是司书,《周礼·天官·司书》:"掌邦之六典、八法、八则、九职、九正、九事邦中之版,土地之图,以周知入出百物,以叙其财,受其币,使入于职币。凡上之用财用,必考于司会。"④ 大史所藏文书档案主要是用于存档的,司书所藏文书档案则是用于实践,即司会对各级部门进行年度审核,就要调用司书所掌握的各类簿籍。这就是说,春秋时期国家的文书管理机关是一个,也就是大史所管理的盟府,但战国时期由于文书行政的不断发展,原来的大史已经不足以应对越来越繁重的文书管理任务,于是作为专门管理各种实践性文书的机构司书就应运而生,而大史则侧重于档案储藏的功能。

《管子·立政》也记载了太府作为文书管理机关的职能,太府的长官就是太史。国家重要法律法令的原本都保留在太史所主持的太府中。国君在首次颁布法律时,都要由太史来进行宣读,然后誊抄下发到各级地方行政机关。"正月之朔,百吏在

---

① 杨伯峻:《春秋左传注》,第1541—1542页。
② 杨伯峻:《春秋左传注》,第1259页。
③ [清]孙诒让:《周礼正义》,中华书局,2015年,第2501—2503页。
④ [清]孙诒让:《周礼正义》,第581—583页。

朝，君乃出令布宪于国。五乡之师，五属大夫，皆受宪于太史。大朝之日，五乡之师，五属大夫，皆身习宪于君前。太史既布宪，入籍于太府，宪籍分于君前。"地方各级部门在执行政令的过程中，必须严格按规定行事，"考宪而有不合于太府之籍者，曰侈专制，不足曰亏令，罪死不赦。"

睡虎地秦简提到秦国设有"书府"。《内史杂》篇："毋敢以火入臧（藏）府、书府中。吏已收臧（藏），官啬夫及吏夜更行官。毋火，乃闭门户。令令史循其廷府。节（即）新为吏舍，毋依臧（藏）府、书府。"整理小组注："收藏文书的府库。"① 这种书府是设于基层县道的文书管理机关，职能与《周礼》中的司书相当，是文书行政的体现之一。

5. 司典

《左传·昭公十五年》载，周王对晋国的籍谈说："且昔而高祖孙伯黡司晋之典籍，以为大政，故曰籍氏。及辛有之二子董之晋，于是乎有董史。"② 籍氏司晋之典籍而不称"史"，晋国却另有"董史"，我们认为，春秋时期的晋国似乎存在着两套文书管理机构。

《左传·昭公十六年》载，韩宣子向郑国商人买玉，子产不同意。原因之一就是郑国政府曾与商人集团签订过盟约，内容是："尔无我叛，我无强贾，毋或丐夺。尔有利市宝贿，我勿与知。"③ 意思是，郑国政府不对商人集团强买强卖，进行掠夺，商人也保证不背叛国家，维护国家利益。结合春秋时期其他国家类似的情况来看，这样的盟约是具有法律约束力的，而不仅仅是双方诚信的问题。

三、文书种类

《左传》中所记载的文书种类，初步可分为载书、刑书、命书、信件。

1. 因具体事务而签订的协定

郑国用许田交换鲁国的祊田，结成了越之盟。《左传·桓公元年》："元年春，公即位，修好于郑。郑人请复祀周公，卒易祊田。公许之。三月，郑伯以璧假许田，为周公、祊故也。夏四月丁未，公及郑伯盟于越，结祊成也。盟曰：'渝盟无享国。'"④

楚国送给郑国铜，但又怕郑国用以铸造兵器，通过盟约对这批铜的用途加以限制。《左传·僖公十八年》："郑伯始朝于楚，楚子赐之金，既而悔之，与之盟曰：'无以铸兵。'故以铸三钟。"

---

① 睡虎地秦墓竹简整理小组：《睡虎地秦墓竹简》，文物出版社，1990年，释文第64页。
② 杨伯峻：《春秋左传注》，第1373页。
③ 杨伯峻：《春秋左传注》，第1380页。
④ 杨伯峻：《春秋左传注》，第82页。

郑国和鲁国签订的换地盟约及郑国和楚国签订的输铜盟约，都是双方对某一事务而作的协议，与建立同盟关系的盟约还是有所不同的。

2. 诸侯国为形成同盟关系而签订的载书

多国共同签订的国际性盟约，对协调盟国之间的关系，确立新的国际秩序影响深远。春秋时期最著名的会盟有两个，一个是葵丘会盟，另一个是践土会盟。

先说葵丘会盟。《左传·僖公九年》："秋，齐侯盟诸侯于葵丘，曰：'凡我同盟之人，既盟之后，言归于好。'"这是强调齐国领导下的诸侯国集团的团结。但这显然不是葵丘会盟盟约的全部。《孟子·告子下》云："葵丘之会诸侯，束牲载书而不歃血。初命曰：'诛不孝无易树子，无以妾为妻。'再命曰：'尊贤育才，以彰有德。'三命曰：'敬老慈幼，无忘宾旅。'四命曰：'士无世官，官事无摄；取士必得，无专杀大夫。'五命曰：'无曲防，无遏籴，无有封而不告。'曰：'凡我同盟之人，既盟之后，言归于好。'"① 这五项内容对同盟国各成员国的内政和外交做了统一的规范，强调了政治上的团结和经济上的互通有无。《穀梁传》云："葵丘之盟，陈牲而不杀，读书加于牲上，壹明天子之禁，曰：'毋雍泉，毋讫籴，毋易树子，毋以妾为妻，毋使妇人与国事。'"② 《孟子》和《穀梁传》所载，当为葵丘会盟盟约具体内容在后世的流传。

再说践土会盟。践土之盟确立了晋国的霸主地位。《左传·僖公二十八年》："（夏四月）癸亥，王子虎盟诸侯于王庭，要言曰：'皆奖王室，无相害也。有渝此盟，明神殛之，俾队其师，无克祚国，及尔玄孙，无有老幼。'君子谓是盟也信，谓晋于是役也能以德攻。"践土之盟的签订，正式形成了以晋国为首的中原诸侯集团与和以楚国为首的南方集团之间的对抗。

盟约对于成员国是具有约束力的。

鲁国据齐鲁两国盟约退齐师。《左传·僖公二十六年》载，齐国征伐鲁国，鲁国派展喜前往应对。文曰："齐侯未入境，展喜从之，曰：'寡君闻君亲举玉趾，将辱于敝邑，使下臣犒执事。'齐侯曰：'鲁人恐乎？'对曰：'小人恐矣，君子则否。'齐侯曰：'室如悬磬，野无青草，何恃而不恐？'对曰：'恃先王之命。昔周公、大公股肱周室，夹辅成王。成王劳之，而赐之盟，曰："世世子孙无相害也！"载在盟府，大师职之。桓公是以纠合诸侯，而谋其不协，弥缝其阙，而匡救其灾，昭旧职也。及君即位，诸侯之望曰："其率桓之功。"我鄙邑用不敢保聚，曰："岂其嗣世九年，而弃命废职，其若先君何？君必不然。"恃此以不恐。'齐侯乃还。"展喜在应对齐侯的时候，征引了齐鲁之间的两个盟约，一个是成王时期由成王主持下的周公与大公姜尚签署的齐鲁盟约，约定"世世子孙无相害也"；另一个是齐桓公主持的葵丘会

---

① ［清］焦循：《孟子正义》，中华书局，1987年，第843页。
② ［清］钟文烝：《春秋穀梁经传补注》，中华书局，1996年，第283页。

盟，约定"凡我同盟之人，既盟之后，言归于好"。这两个有影响的历史性盟约都让齐国在法理上和道义上无话可说，只能退兵。

晋国两次据践土之盟的盟约命宋国承担同盟义务。

一次是命宋国为周王室输粟。《左传·昭公二十五年》："宋乐大心曰：'我不输粟。我于周为客，若之何使客'？晋士伯曰：'自践土以来，宋何役之不会，而何盟之不同？曰"同恤王室"，子焉得辟之？子奉君命，以会大事，而宋背盟，无乃不可乎？'右师不敢对，受牒而退。"杨伯峻注："牒，简札。书宋输粟具戍之事。"① 晋国要求同盟国向周王室输粟、具戍人，准备帮助周敬王返周。但宋国代表乐大心却以宋是殷之后裔于周为客为理由，不愿承担自己的义务，遭到晋士伯的驳斥。士伯驳斥的理由是宋国是践土之盟的成员国，而践土之盟盟约的主旨之一就是"同恤王室"，宋国没有理由不遵守盟约的规定。

另一次是命宋国为城成周承担徭役。《左传·定公元年》："孟懿子会城成周，庚寅，栽。宋仲幾不受功，曰：'滕、薛、郳，吾役也。'薛宰曰：'宋为无道，绝我小国于周，以我适楚，故我常从宋。晋文公为践土之盟，曰："凡我同盟，各复旧职。"若从践土，若从宋，亦唯命。'仲幾曰：'践土固然。'薛宰曰：'薛之皇祖奚仲居薛，以为夏车正，奚仲迁于邳，仲虺居薛，以为汤左相。若复旧职，将承王官，何故以役诸侯？'仲幾曰：'三代各异物，薛焉得有旧？为宋役，亦其职也。'士弥牟曰：'晋之从政者新，子姑受功。归，吾视诸故府。'仲幾曰：'纵子忘之，山川鬼神其忘诸乎？'士伯怒，谓韩简子曰：'薛征于人，宋征于鬼。宋罪大矣。且已无辞，而抑我以神，诬我也。"启宠纳侮"，其此之谓矣。必以仲幾为戮。'"

卫据践土盟约在召陵之盟中先蔡而歃血。《左传·定公四年》载："子鱼曰：'晋文公为践土之盟，卫成公不在，夷叔，其母弟也，犹先蔡。其载书云："王若曰：晋重、鲁申、卫武、蔡甲午、郑捷、齐潘、宋王臣、莒期。"藏在周府，可覆视也。'"杨伯峻引杜注："践土、昭陵二会，经书蔡在卫上，霸主以国大小为（'为'本作'之'，据金泽文库本改）序也。子鱼所言，盟歃之次也。"② 召陵之盟，卫国提出要排在蔡国之前，理由是践土之盟的盟辞中，卫国就排在蔡国之前，这一理由为作为盟主的晋国所采纳。

弭兵之会。

诸侯国之间因政治军事斗争暂时妥协而形成的载书，以晋楚弭兵之会最为有名。

《左传·昭公元年》："楚令尹围请用牲读旧书加于牲上而已，晋人许之。"杨伯峻注："旧书即宋之盟约。正本已埋于宋盟之坎，此所读者盖宋盟诸国所藏之副本

---

① 杨伯峻：《春秋左传注》，第1459页。
② 杨伯峻：《春秋左传注》，第1541页。

也。"① 这次盟会是重申弭兵之会的精神,巩固诸侯国之间的和平。但是会议期间,鲁国却对莒国采取了军事行动。"季武子伐莒,取郓。莒人告于会。"作为盟会主导国之一的楚国很愤怒,"楚人告于晋曰:'寻盟未退,而鲁伐莒,渎齐盟,请戮其使。'"鲁国参会的使者叔孙豹几乎性命不保。寻盟就是重温巩固以前宋弭兵盟会的精神。

楚国据弭兵之会盟约召集诸侯。《左传·昭公四年》:"(楚)使椒举如晋求诸侯,二君待之。椒举致命曰:'寡君使举曰:日君有惠,赐盟于宋,曰:"晋、楚之从交相见也。"以岁之不易,寡人愿结驩于二三君,使举请间。君若苟无四方之虞,则愿假宠以请于诸侯。'"楚国与晋国争霸称雄,于鲁襄公二十七年在宋国签订弭兵之会的盟约,规定双方控制下的诸侯国交互朝拜于两个大国。因此在鲁昭公四年的时候,楚王提出了召集诸侯大会的倡议,晋国尽管内部不情愿,但一方面国力衰落,另一方面又碍于盟约条文的规定,只得答应。

3. 诸侯国之间及国内各派政治势力在彼此斗争中形成的载书

诸侯国内各派政治势力在政治角逐中,通过盟约达成协议,维持暂时的政治平衡。

城濮之战前,卫国国内对于从晋还是从楚,意见不一,卫侯因主张从楚而被迫逃亡国外。城濮之战结束后,卫侯返国,国内很多人因曾经反对过卫侯而感到惶惶不安。在这种情况下,宁武子代表卫侯与国内卫人在宛濮订立盟约,表示不会追究曾反对卫侯者的责任,国家局势这才安定下来。《左传·僖公二十八年》载:"宁武子与卫人盟于宛濮,曰:'天祸卫国,君臣不协,以及此忧也。今天诱其衷,使皆降心以相从也。不有居者,谁守社稷?不有行者,谁扞牧圉?不协之故,用昭乞盟于尔大神以诱天衷。自今日以往,既盟之后,行者无保其力,居者无惧其罪。有渝此盟,以相及也。明神先君,是纠是殛。'国人闻此盟也,而后不贰。"

郑国大夫子孔主政,通过盟约的形式制定了一系列有利于自己专权的措施,遭到了郑国众贵族的强烈反对,子孔则准备对反对派采取强硬措施,双方剑拔弩张。在这种情况下,子产劝子孔把这份书面文件烧掉,以平息众怒。《左传·襄公十年》载:"子孔当国,为载书,以位序、听政辟。大夫、诸司、门子弗顺,将诛之。子产止之,请为之焚书。子孔不可,曰:'为书以定国,众怒而焚之,是众为政也,国不亦难乎?'子产曰:'众怒难犯,专欲难成,合二难以安国,危之道也。不如焚书以安众,子得所欲,众亦得安,不亦可乎?专欲无成,犯众兴祸,子必从之。'乃焚书于仓门之外,众而后定。"② 子孔称"为书以定国",可见他所制定的这份载书已经是一部成文法了,而且已经公布于众。法典公布于众,就会以国家强制力保证实施,

---

① 杨伯峻:《春秋左传注》,第1202页。
② 杨伯峻:《春秋左传注》,第981页。

因此利益受到损害的卿大夫们纷纷反对。在双方都不肯让步的情况下，子产出了一个调和的主意，就是劝子孔表面上把这部法令烧掉，没有了法律的明文约束，反对派的利益得到了保全，子孔算是退让了一步。另一方面，子孔虽然烧掉了载书，但实际上仍可以自行其是，照样专权，反对派也就不再反对执政卿，也退让了一步，郑国一触即发的政治冲突暂时得到了平息。

鲁昭公出奔，从人举行盟誓以增强凝聚力。《左传·昭公二十五年》："臧昭伯率从者将盟，载书曰：'戮力壹心，好恶同之。信罪之有无，缱绻从公，无通外内。'以公命示子家子。子家子曰：'如此，吾不可以盟。羁也不佞，不能与二三子同心，而以为皆有罪。或欲通外内，且欲去君。二三子好亡而恶定，焉可同也？陷君于难，罪孰大焉？通外内而去君。君将速入，弗通何为，而何守焉？'乃不与盟。"① 臧昭伯企图利用盟誓，把随从昭公出奔的卿大夫们团结在一起对抗国内执政的三桓，誓词中要求同盟者不能与国内互通消息。这一内容遭到子家子的反对，他认为昭公最终还是应该回国，那么就不得不与国内的三桓谈判，因此拒绝参与盟誓。

宋景公死，大尹欲专权，诱使逼迫宋六卿盟，签订了支持公室的盟约。但事后六卿联合起来消灭了大尹，又通过盟誓的形式达成共掌政权的协议。《左传·哀公二十六年》："大尹兴空泽之士千甲，奉公自空桐入如沃宫，使召六子，曰：'闻下有师，君请六子画。'六子至，以甲劫之，曰：'君有疾病，请二三子盟。'乃盟于少寝之庭，曰：'无为公室不利！'大尹立启，奉丧殡于大宫，三日而后国人知之。司城茷使宣言于国曰：'大尹惑蛊其君而专其利，令君无疾而死，死又匿之，是无他矣，大尹之罪也。'得梦启北首而寝于庐门之外。已为乌而集于其上。咮加于南门。尾加于桐门。曰：'余梦美。必立。'大尹谋曰：'我不在盟，无乃逐我？复盟之乎！'使祝为载书。六子在唐盂。将盟之。祝襄以载书告皇非我，皇非我因子潞、门尹得。左师谋曰：'民与我，逐之乎？'皆归授甲，使徇于国：'大尹惑蛊其君，以陵虐公室；与我者，救君者也。'众曰：'与之！'大尹徇曰：'戴氏、皇氏将不利公室，与我者，无忧不富。'众曰：'无别！'戴氏、皇氏欲伐公，乐得曰：'不可。彼以陵公有罪；我伐公，则甚焉。'使国人施于大尹，大尹奉启以奔楚，乃立得。司城为上卿，盟曰：'三族共政，无相害也！'"②

晋国为保持政局稳定，以盟书形式限制卿大夫内斗。《左传·定公十三年》："荀跞言于晋侯曰：'君命大臣，始祸者死，载书在河。今三臣始祸，而独逐跞，刑已不均矣。请皆逐之。'"晋国内乱，范氏、中行氏攻击赵氏，赵简子逃出国都，跑到其采邑晋阳。荀跞援引先君之命说大臣中首先挑起祸乱的必须处死，要求把范氏、中行氏也一起驱逐。

---

① 杨伯峻：《春秋左传注》，第 1465—1466 页。
② 杨伯峻：《春秋左传注》，第 1730—1731 页。

各国代表在确定载书具体内容过程中的斗争。

诸侯国之间的盟书,是对缔约国国家权利和义务的分配,因此各国代表对盟书内容无不字斟句酌,可以说是只字不让,为本国争取最大的利益。

《左传·襄公九年》:"十一月己亥,同盟于戏,郑服也。将盟,郑六卿,公子騑、公子发、公子嘉、公孙辄、公孙虿、公孙舍之及其大夫、门子皆从郑伯。晋士庄子为载书,曰:'自今日既盟之后,郑国而不唯晋命是听,而或有异志者,有如此盟。'公子騑趋进曰:'天祸郑国,使介居二大国之间。大国不加德音而乱以要之,使其鬼神不获歆其禋祀,其民人不获享其土利,夫妇辛苦垫隘,无所厎告。自今日既盟之后,郑国而不唯有礼与强可以庇民者是从,而敢有异志者,亦如之。'荀偃曰:'改载书。'公孙舍之曰:'昭大神,要言焉。若可改也,大国亦可叛也。'"晋国代表在盟约中提出,从今往后郑国必须对晋国唯命是从。郑国代表则在盟约条款中补充说郑国只对能庇护自己的国家唯命是从,言外之意,如果今后晋国不能保护郑国,郑国完全有可能另投他国。晋国代表要求修改这一条款,遭到郑国的坚决反对。盟约签订后,晋国代表发现这样的规定实际上并没有达到使郑国屈服的目的。

正因为如此,晋国为了达到迫使郑国就范的目的,再次纠集十二国诸侯结盟,对郑国进行政治施压。《左传·襄公十一年》:"秋七月,同盟于亳。范宣子曰:'不慎,必失诸侯。诸侯道敝而无成,能无贰乎?'乃盟。载书曰:'凡我同盟,毋蕴年,毋壅利,毋保奸,毋留慝,救灾患,恤祸乱,同好恶,奖王室。或奸兹命,司慎司盟,名山、名川,群神、群祀,先王先公,七姓、十二国之祖,明神殛之,队命亡氏,踣其国家。'"杨伯峻引姚鼐《左传补注》云:"此有监于戏之盟,载书不慎,为郑所侮故也。"[①]

齐鲁夹谷之会,孔丘有礼有节。《左传·定公十年》:"齐人加于载书曰:'齐师出竟而不以甲车三百乘从我者,有如此盟!'孔丘使兹无还揖对,曰:'而不反我汶阳之田,吾以共命者,亦如之!'"这也是齐鲁双方代表在确定盟书具体内容过程中相互斗争的记录。

除了在双边或多边签订盟书的过程中锱铢必较,在一国对另一国发出的国书中,各国统治者也非常注重遣词造句,追求情理并茂,以求达到打动对方,从而达到本国的政治经济目的。这一点在处于晋楚两大集团夹缝中生存的郑国,表现得特别明显。郑国处于晋楚两强之间,在双方针锋相对的斗争中,谁也不敢得罪,唯有靠巧妙的外交手段在双方之间取得平衡,因此文辞巧妙得体就显得尤为重要。

《左传·襄公二十六年》载,郑国的印堇父和皇颉被楚国俘虏后转交给秦国。郑国为了救回这两个人,派使者携带国书和一批财物到秦国去交涉。这封国书在初稿讨论时,子产认为措辞有问题,那样说会让秦国感觉到是为了贪图郑国的一点财货

[①] 杨伯峻:《春秋左传注》,第989页。

而释放郑囚,而这样做无疑会得罪楚国,这样做因小失大,秦国是不会答应的。但子大叔作为文书的主稿人,没有采纳子产的意见。使者到秦国呈上国书之后,秦国果然拒绝释放郑囚。郑国不得已按照子产的建议重修一封国书,派使者出使秦国交涉,秦国顺利答应了郑国的请求。文曰:"印堇父与皇颉戍城麇,楚人囚之,以献于秦。郑人取货于印氏以请之,子大叔为令正,以为请。子产曰:'不获。受楚之功,而取货于郑,不可谓国,秦不其然。若曰"拜君之勤郑国。微君之惠,楚师其犹在敝邑之城下",其可。'弗从,遂行。秦人不予。更币,从子产,而后获之。"修改的国书,是把秦国摆在了郑国救助者的位置上,不是感谢秦国释放郑囚,而是感谢秦国解了郑国之围,这样就把秦国放在了郑国同盟国的位置上,秦国因此在群雄争霸的格局中得到了郑国的政治依附,获得了角逐中原的战略前哨,因而也就不惜得罪潜在的竞争对手楚国了。

子产当政之后,在外交文书中更加注重措辞,从主要内容到文采辞令,都充分吸收各方面的意见。郑国的国书,可以说是集体智慧的结晶。《左传·襄公三十一年》:"子产之从政也,择能而使之:冯简子能断大事,子大叔美秀而文,公孙挥能知四国之为,而辨于其族姓、班位、贵贱、能否;而又善为辞令。裨谌能谋,谋于野则获,谋于邑则否。郑国将有诸侯之事,子产乃问四国之事于子羽,且使多为辞令;与裨谌乘以适野,使谋可否;而告冯简子使断之。事成,乃授子大叔使行之,以应对宾客,是以鲜有败事。"

《论语》对于郑国国书的撰写,特别予以关注。《论语·宪问》:"为命,裨谌草创之,世叔讨论之,行人子羽修饰之,东里子产润色之。"这段话实际就是对于《左传·襄公三十一年》郑国这段文字的理解。程树德说:"裨谌以下四人皆郑大夫。草,略也。创,造也。谓造为草稿也。世叔,游吉也,《春秋传》作子大叔。讨,寻究也。论,讲义也。行人,掌使之官。子羽,公孙挥也。修饰,谓增损之。东里,地名,子产所居也。润色,谓加以文采也。郑国之为辞命,必更此四贤之手而成,详审精密,各尽所长,是以应对诸侯,鲜有败事。孔子言之,盖善之也。"[1]

另外,晋国对秦国发出的《绝秦书》也是一篇文辞犀利、气势夺人的声讨檄文。《左传·成公十三年》:

> 夏四月戊午,晋侯使吕相绝秦,曰:
>
> 昔逮我献公及穆公相好,戮力同心,申之以盟誓,重之以昏姻。天祸晋国,文公如齐,惠公如秦。无禄,献公即世,穆公不忘旧德,俾我惠公用能奉祀于晋。又不能成大勋,而为韩之师,亦悔于厥心,用集我文公,是穆之成也。
>
> 文公躬擐甲胄,跋履山川,逾越险阻,征东之诸侯,虞、夏、商、周

---

[1] 程树德:《论语集释》,上海古籍出版社,1990年,第960页。

之胤，而朝诸秦，则亦既报旧德矣。郑人怒君之疆场，我文公帅诸侯及秦围郑。秦大夫不询于我寡君，擅及郑盟。诸侯疾之，将致命于秦。文公恐惧，绥静诸侯，秦师克还无害，则是我有大造于西也。

无禄，文公即世，穆为不吊，蔑死我君，寡我襄公，迭我殽地，奸绝我好，伐我保城，殄灭我费滑，散离我兄弟，挠乱我同盟，倾覆我国家。我襄公未忘君之旧勋，而惧社稷之陨，是以有殽之师。犹愿赦罪于穆公。穆公弗听，而即楚谋我。天诱其衷，成王陨命，穆公是以不克逞志于我。

穆、襄即世，康、灵即位。康公，我之自出，又欲阙翦我公室，倾覆我社稷，帅我蟊贼，以来荡摇我边疆。我是以有令狐之役。康犹不悛，入我河曲，伐我涑川，俘我王官，翦我羁马。我是以有河曲之战。东道之不通，则是康公绝我好也。

及君之嗣也，我君景公引领西望曰："庶抚我乎！"君亦不惠称盟，利吾有狄难，入我河县，焚我箕、郜，芟夷我农功，虔刘我边垂。我是以有辅氏之聚。

君亦悔祸之延，而欲徼福于先君献、穆，使伯车来，命我景公曰："吾与女同好弃恶，复修旧德，以追念前勋。"言誓未就，景公即世。我寡君是以有令狐之会。君又不祥，背弃盟誓。白狄及君同州，君之仇雠，而我之昏姻也。君来赐命曰："吾与女伐狄。"寡君不敢顾昏姻，畏君之威，而受命于吏。君有二心于狄，曰："晋将伐女。"狄应且憎，是用告我。楚人恶君之二三其德也，亦来告我曰："秦背令狐之盟，而来求盟于我：'昭告昊天上帝、秦三公、楚三王曰："余虽与晋出入，余唯利是视。"不榖恶其无成德，是用宣之，以惩不壹。'诸侯备闻此言，斯是用痛心疾首，昵就寡人。寡人帅以听命，唯好是求。君若惠顾诸侯，矜哀寡人，而赐之盟，则寡人之愿也。其承宁诸侯以退，岂敢徼乱？君若不施大惠，寡人不佞，其不能以诸侯退矣。敢尽布之执事，俾执事实图利之！"

这篇檄文写得可谓理直气壮，慷慨激昂，有的地方甚至是没理也能辩三分，把晋国说的是宽容大度、仁至义尽，而秦国方面则是忘恩负义，得寸进尺。这一檄文传阅于诸侯国，晋国在列国形成的国际舞台上，获得了极大的政治道义上的优势。晋国素有集体讨论政事的传统。如《左传·文公十三年》载："夏，六卿相见于诸浮。赵宣子曰：'随会在秦，贾季在狄，难日至矣，若之何？'中行桓子曰：'请复贾季，能外事，且由旧勋。'郤成子曰：'贾季乱，且罪大，不如随会。能贱而有耻，柔而不犯；其知足使也。且无罪。'乃使魏寿余伪以魏叛者。"当时六卿讨论的结果，就是设计把随会从秦国召回。现在这篇讨秦檄文可能也是晋国统治阶级高层集体讨论的结果。

4. 周天子或霸主策命诸侯及卿大夫的命书

《左传·僖公二十八年》："王命尹氏及王子虎、内史叔兴父策命晋侯为侯伯，赐之大辂之服，戎辂之服，彤弓一，彤矢百，玈弓矢千，秬鬯一卣，虎贲三百人。曰：'王谓叔父，敬服王命，以绥四国，纠逖王慝。'晋侯三辞，从命。曰：'重耳敢再拜稽首，奉扬天子之丕显休命。'受策以出，出入三觐。"

《左传·昭公七年》："卫齐恶告丧于周，且请命。王使郕简公如卫吊，且追命襄公曰：'叔父陟恪，在我先王之左右，以佐事上帝。余敢忘高圉、亚圉？'"

《左传·定公四年》："昔武王克商，成王定之，选建明德，以蕃屏周。故周公相王室，以尹天下，于周为睦。分鲁公以大路、大旂，夏后氏之璜，封父之繁弱，殷民六族，条氏、徐氏、萧氏、索氏、长勺氏、尾勺氏，使帅其宗氏，辑其分族，将其类丑，以法则周公。用即命于周。是使之职事于鲁，以昭周公之明德。分之土田陪敦、祝、宗、卜、史，备物、典策，官司、彝器；因商奄之民，命以《伯禽》，而封于少皞之虚。分康叔以大路、少帛、綪茷、旃旌、大吕，殷民七族，陶氏、施氏、繁氏、锜氏、樊氏、饥氏、终葵氏，封畛土略，自武父以南及圃田之北竟，取于有阎之土以共王职，取于相土之东都以会王之东蒐。聃季授土，陶叔授民，命以《康诰》，而封于殷虚。皆启以商政，疆以周索。分唐叔以大路、密须之鼓、阙巩、沽洗，怀姓九宗，职官五正，命以《唐诰》，而封于夏虚。启以夏政，疆以戎索。"

《左传·僖公三十三年》："襄公以三命命先且居将中军，以再命命先茅之县赏胥臣，曰：'举郤缺，子之功也。'以一命命郤缺为卿，亦未有军行。"

《左传·庄公二十七年》："王命召伯廖赐齐侯命，且请伐卫，以其立子颓也。"

《左传·宣公十六年》："晋侯请于王，戊申，以黻冕命士会将中军，且为大傅。"

这些策命文书都存放在盟府这类专门的文书管理机关保存，是具有法律效力的。

5. 春秋时期的刑书

春秋时期各国都有刑书。"刑书"一词的出现，与当时刑法已具有成文法的特点密切相关。《左传·昭公六年》："三月，郑人铸刑书。"杨伯峻注："杜注：'铸刑书于鼎，以为国之常法。'孔疏：'二十九年《传》云："晋赵鞅、荀寅赋晋国一鼓铁，以铸刑鼎，著范宣子所为刑书焉"，彼是铸之于鼎，知此亦是鼎也。'"① 这说的是郑国的刑书。《左传·昭公十四年》："仲尼曰：'邢侯之狱，言其贪也，以正刑书，晋不为颇。'"这说的是晋国的刑书。晋国的刑书屡有修改。《左传·昭公二十九年》："冬，晋赵鞅、荀寅帅师城汝滨，遂赋晋国一鼓铁，以铸刑鼎，著范宣子所为刑书焉。"范宣子所作刑书只是晋国刑书的版本之一。《左传·定公四年》："卫子鱼曰：'臣展四体，以率旧职，犹惧不给而烦刑书，若又共二，徼大罪也。'"这说的则是卫国的刑书。铸刑鼎、铸刑书，只能是说执政的统治者更加自信。只能表明成文法的

---

① 杨伯峻：《春秋左传注》，第1274页。

公开面向社会。

子产铸刑书，引起了晋国大夫叔向的强烈反对，也引起了后世学术界的热烈讨论。从《左传》的记载看，春秋时期各国都有自己的刑书，而且法令的公开发布似乎也是很正常的现象。鲁国的象魏就是公布国家政令的地方。《左传·哀公三年》："季桓子至，御公立于象魏之外。命救火者伤人则止，财可为也。命藏《象魏》，曰：'旧章不可亡也。'"杨伯峻注："此象魏可以藏，非指门阙。'象魏'为门阙见庄二十一年《传》《注》及定二年《经》《注》。当时象魏悬挂法令使万民知晓之处，因名法令亦曰《象魏》，即旧章也。服虔主此说。"① 子产铸刑书何以引起叔向如此激烈的反对，其中原因还值得进一步探讨。

铸刑鼎、铸刑书的出现，被认为是春秋时期成文法最先出现的领域②。其实，成文法的出现可能出现得要更早。郑铸刑鼎、晋铸刑书，其意义更多在于法律的公开与普及。

6. 系列政令文书

《左传·文公六年》："宣子于是乎始为国政，制事典，正法罪，辟狱刑，董逋逃，由质要，治旧污，本秩礼，续常职，出滞淹。既成，以授大傅阳子与大师贾佗，使行诸晋国，以为常法。"杨伯峻注："事典犹言办事章程或条例，《周礼·太宰》'六曰事典，以富邦国，以任百官，以生万民'是也。制，制定。""孔疏曰：'正法罪者，准所犯轻重，豫为之法，使在后依用之也。'则若后代之制定刑罚律令。"③ 这就是说，赵盾执政之初，制定了一系列政策法规，这些政策法规都是有书面材料的，所以才说"既成，以授大傅阳子与大师贾佗，使行诸晋国，以为常法"。

赵盾制事典的行为与鲁襄公十年郑子孔为载书的行为，有些相似，都是执政伊始所发布的执政措施。不同的是，赵盾制定的政策政令得到了晋国上下的支持而得以贯彻执行，而子孔所制定的政策却遭到郑国上下的激烈反对，几乎酿成内乱，最后只能以焚载书的形式作为妥协。

7. 单项政令文书

《左传》中所载的单项国家政令文书包括鲁三桓分公室书、楚蒍掩庀赋书及斐豹丹书。

鲁三桓分公室书属于鲁国军政改革文书。《左传·昭公五年》："五年春，王正月，舍中军，卑公室也。毁中军于施氏，成诸臧氏。初，作中军，三分公室，而各有其一。季氏尽征之，叔孙氏臣其子弟，孟氏取其半焉。及其舍之也，四分公室，

---

① 杨伯峻：《春秋左传注》，第1622页。
② [日]池田雄一：《论中国古代法制的发展——中国古代的法和国家》，张中秋编：《中国法律形象的一面》，法律出版社，2002年，第150页。
③ 杨伯峻：《春秋左传注》，第545页。

季氏择二，二子各一，皆尽征之，而贡于公，以书，使杜泄告于殡，曰：'子固欲毁中军，既毁之矣，故告。'杜泄曰：'夫子唯不欲毁也，故盟诸僖闳，诅诸五父之衢。'受其书而投之，率士而哭之。"杨伯峻注："施氏为公子施父之族，臧氏为公子子臧之族。毁中军于施氏者，于施氏之家讨论此谋也。成之于臧氏者，立约于臧氏之家也。"①

楚蒍掩庀赋书，属于楚国赋税征收文书。《左传·襄公二十五年》："楚蒍掩为司马，子木使庀赋，数甲兵。甲午，蒍掩书土田，度山林，鸠薮泽，辨京陵，表淳卤，数疆潦，规偃猪，町原防，牧隰皋，井衍沃，量入修赋。赋车籍马，赋车兵、徒兵、甲楯之数。既成，以授子木，礼也。"蒍掩对楚国全国土地人口做了大规模的调查，形成了征收兵役赋税的征收数据登记在簿籍文书中。所谓"既成，以授子木"，就是把征收兵员赋税的簿籍交给子木。

斐豹丹书，属于晋国奴隶名籍文书。《左传·襄公二十三年》："初，斐豹隶也，著于丹书。栾氏之力臣曰督戎，国人惧之。斐豹谓宣子曰：'苟焚丹书，我杀督戎。'宣子喜，曰：'而杀之，所不请于君焚丹书者，有如日！'"杨伯峻注："杜注：'盖犯罪没为官奴，以丹书其罪。'丹书，以红色书于简牍。"② 我们认为，这里所谓的"丹书"，指的是奴隶名籍之类的文书。

8. 卿大夫之间往来文书

郑子家与晋赵宣子书。《左传·文公十七年》："郑子家使执讯而与之书，以告赵宣子，曰：'寡君即位三年，召蔡侯而与之事君。九月，蔡侯入于敝邑以行。敝邑以侯宣多之难，寡君是以不得与偕。十一月，克减侯宣多，而随蔡侯以朝于执事。十二年六月，归生佐寡君之嫡夷，以请陈侯于楚，而朝诸君。十四年七月，寡君又朝，以蒇往事。十五年正月，陈侯自敝邑往朝于君。往年正月，烛之武往，朝夷也。八月，寡君又往朝。以陈、蔡之密迩于楚，而不敢贰焉，则敝邑之故也。虽敝邑之事君，何以不免？在位之中，一朝于襄，而再见于君。夷与孤之二三臣相及于绛，虽我小国，则蔑以过之矣。今大国曰："尔未呈吾志。"敝邑有亡，无以加焉。古人有言曰："畏首畏尾，身其余几。"又曰"鹿死不择音。"小国之事大国也，德，则其人也，不德，则其鹿也。铤而走险，急何能择？命之罔极，亦知亡矣。将悉敝赋以待于儵，唯执事命之。文公二年六月壬申，朝于齐。四年二月壬戌，为齐侵蔡，亦获成于楚。居大国之间，而从于强令，岂其罪也？大国若弗图，无所逃命。'"杜预注："执讯，通讯问之官。"③

郑子产与晋范宣子书。《左传·襄公二十四年》："范宣子为政，诸侯之币重。郑

---

① 杨伯峻：《春秋左传注》，第1261页。
② 杨伯峻：《春秋左传注》，第1075页。
③ [晋] 杜预：《春秋经传集解》，第515页。

人病之。二月，郑伯如晋，子产寓书于子西，以告宣子，曰：'子为晋国，四邻诸侯不闻令德，而闻重币，侨也惑之。侨闻君子长国家者，非无贿之患，而无令名之难。夫诸侯之贿聚于公室，则诸侯贰。若吾子赖之，则晋国贰。诸侯贰则晋国坏。晋国贰，则子之家坏。何没没也！将焉用贿？夫令名，德之舆也。德，国家之基也。有基无坏。无亦是务乎！有德则乐，乐则能久。'《诗》云："乐只君子，邦家之基。"有令德也夫。"上帝临女，无贰尔心"，有令名也夫！恕思以明德，则令名载而行之。是以远至迩安。毋宁使人谓子，"子实生我"，而谓"子浚我以生"乎？象有齿以焚其身。贿也。'宣子说。乃轻币。"

晋叔向与郑子产书。《左传·昭公六年》："叔向使诒子产书，曰：'始吾有虞于子，今则已矣。昔先王议事以制，不为刑辟，惧民之有争心也。犹不可禁御，是故闲之以义，纠之以政，行之以礼，守之以信，奉之以仁，制为禄位以劝其从，严断刑罚以威其淫。惧其未也，故诲之以忠，耸之以行，教之以务，使之以和，临之以敬，莅之以强，断之以刚。犹求圣哲之上，明察之官，忠信之长，慈惠之师，民于是乎可任使也，而不生祸乱。民知有辟，则不忌于上，并有争心，以征于书，而徼幸以成之，弗可为矣。夏有乱政而作《禹刑》，商有乱政而作《汤刑》，周有乱政而作《九刑》。三辟之兴，皆叔世也。今吾子相郑国，作封洫，立谤政，制参辟，铸刑书，将以靖民，不亦难乎？《诗》曰："仪式刑文王之德，日靖四方。"又曰："仪刑文王，万邦作孚。"如是，何辟之有？民知争端矣，将弃礼而征于书。锥刀之末，将尽争之。乱狱滋丰，贿赂并行，终子之世，郑其败乎！肸闻之，国将亡，必多制，其此之谓乎！'复书曰：'若吾子之言，侨不才，不能及子孙，吾以救世也。既不承命，敢忘大惠？'"

这三封书信虽然是卿大夫私人之间的通信，但讨论的都是国家大事。郑子家与晋赵宣子书、郑子产与晋范宣子书都是郑国卿大夫为了本国利益，向霸主晋国据理力争，陈述利害，后者甚至减轻了同盟国很多成员国的贡赋负担，足见当时文书外交的重要作用。

9. 卿大夫上国君书

魏绛上晋悼公书。《左传·襄公三年》："晋侯之弟扬干乱行于曲梁，魏绛戮其仆。晋侯怒，谓羊舌赤曰：'合诸侯，以为荣也。扬干为戮，何辱如之？必杀魏绛，无失也！'对曰：'降无贰志，有罪不逃刑，其将来辞，何辱命焉？'言终，魏绛至，授仆人书，将伏剑。士鲂、张老止之。公读其书，曰：'日君乏使，使臣斯司马。臣闻师众以顺为武，军事有死无犯为敬。君合诸侯，臣敢不敬？君师不武，执事不敬，罪莫大焉。臣惧其死，以及扬干，无所逃罪。不能致训，至于用钺，臣之罪重，敢有不从，以怒君心？请归死于司寇。'公跣而出，曰：'寡人之言，亲爱也；吾子之讨，军礼也。寡人有弟，弗能教训，使干大命，寡人之过也。子无重寡人之过也，敢以为请。'"

季武子上昭公书。《左传·襄公二十九年》:"公还,及方城。季武子取卞,使公冶问,玺书追而与之,曰:'闻守卞者将叛,臣帅徒以讨之,既得之矣,敢告。'公冶致使而退,及舍,而后闻取卞。""玺书"即加盖了印章的保密信件。公冶送信,事先并不知道信的内容,鲁襄公打开看了之后,公冶才从襄公或他人口中得知。

由于文书的广泛应用,文书证据也受到了春秋时期各国的普遍重视。正是在这种情况下,在政治军事活动中,伪造文书,达到打击敌对的国家或政治对手的现象也就屡见不鲜。如《左传·僖公二十五年》:"秦人过析,隈入而系舆人,以围商密,昏而傅焉。宵,坎血加书,伪与子仪、子边盟者。"杨伯峻注:"掘地为坎,杀牲于其上,取血以告神,歃血,加盟书其上。详见隐元年《经》《注》。子仪、子边实不知此事,更未与盟,故宵为之,免为城中人识破。"① 昭公六年:"宋寺人柳有宠,大子佐恶之。华合比曰:'我杀之。'柳闻之,乃坎,用牲,埋书,而告公曰:'合比将纳亡人之族,既盟于北郭矣。'公使视之,有焉,遂逐华合比。"杨伯峻注:"挖坑,杀牲,置盟书于牲上而埋之,伪为盟处。"②

综上所述,《左传》中有关文书资料的记载表明,春秋时期文书在各国政治经济生活中的应用越来越广泛,文书的法律证据受到重视,从内容书写、保存整理都形成了制度。中国历史由春秋时期以采邑制、世卿世禄制为特点的国家向战国时期的官僚制国家的演变过程中,文书制度的进步在其中起到了重要作用。

---

① 杨伯峻:《春秋左传注》,第435页。
② 杨伯峻:《春秋左传注》,第1277页。

论甲骨文中之"河"与河神

朱彦民（南开大学历史学院）

摘 要：甲骨卜辞中"河"作为祭祀对象，商人对之有较为隆重的祭典。其神性与商族先公有诸多相混之处，分析其神职权能并比较与先公的差别，个人认为，"河"虽然兼备一些祖先神的性质，还是被称为自然神为宜。

关键词：甲骨卜辞；河；先公；自然神

甲骨卜辞中有一些与商族先公性质相似的神祇，也被商人隆重祭祀，地位非常之高。这些神祇往往被称作自然神，如"河""岳""土""昌"等，尤其以"河"的辞例最为突出与典型。甲骨文中的"河"或被称为高祖，也能令风致雨，或与先公共祭，享受与先公先王一样的尊崇。"河"与商族先公有无关系？是否为商族先公？若是先公之一，他又是商族先公世系中的哪一位？等等，都是一些未解之谜。

一、甲骨文"河"字考辨

"河"字在甲骨文中作"𝌀""𝌁""𝌂""𝌃""𝌄""𝌅""𝌆"等形。孙诒让先生最早释为"人乙"①；而罗振玉先生释为"妣乙"②；王国维从罗氏也释为"妣乙"，对另外一个字形则释为"汏"③；王襄依照此字的不同字形分别释为"斤""汈"和"伏"字④；叶玉森先从罗、王之说而释为"妣乙"，又释为"沘水"之"沘"字⑤；李旦丘释为"没"，认为没水在河南省北部⑥；商承祚承王襄之说而释为"汈"字，也认为是水名⑦；朱芳圃也释为"汈"字⑧；唐兰释为"汙"⑨；等

---

① ［清］孙诒让：《契文举例》下编，齐鲁书社，1993年点校本，第50页。
② 罗振玉：《殷虚书契考释》上卷，东方学会，1927年增订影印本，第9页。
③ 王国维：《戬寿堂所藏殷虚文字》考释，邹安编：《艺术丛编》，1917年石印本，第21页上、第23页上。
④ 王襄：《簠室殷契类纂》（增订本），天津博物院，1929年石印本，"正编"第十四卷第61页上，"存疑"第53页上、下。
⑤ 叶玉森：《殷虚书契前编考释》，大东书局，1934年，第一卷第106页下，第二卷第48页下。
⑥ 李旦丘：《铁云藏龟零拾》，中法文化出版委员会，1939年影印本，第29页上、第38页下。
⑦ 商承祚：《殷契佚存考释》，金陵大学，1933年石印本，第84页。
⑧ 朱芳圃：《甲骨学文字编》第十一卷，商务印书馆，1933年，第5页上。
⑨ 唐兰：《古文字学导论》（增订本）下编，齐鲁书社，1983年，第14页上。

等,均非的释。

郭沫若先生首先释为"河"字,认为:"汅字习见,旧多释为'匕乙'或谓即简狭以言鸟故事为说。案匕形不类,疑是河之初文,从水丂声也卜辞从水之字多与乙形相混。"① 又云:"浇(𣲗)即河字,旧或释沈,非是。它辞言'岳眔酒,王受又又'(《通》七七七,《后上》二〇·一〇),岳河连文,正其确证。"② 之后于省吾先生又对"河"字的形、音、义等作了极好的阐释③。此后,孙海波、杨树达、陈梦家、李孝定、李学勤、饶宗颐、屈万里、张秉权、姚孝遂、白玉峥、贾平等甲骨学家,均对此字续有考证④。至此,学术界对"河"字的认识已渐成定论。

不过也有异样的声音,如岑仲勉先生就强烈反对释"汅"为"河"字,认为甲骨文中只有从水从乃的"汅"字(见孙海波《甲骨文编》一一),而无从水从可的"河"字。认为商周言文不一,周代有"河"字,商代未必有;黄河在商代可能不称为"河";《尚书·盘庚》中的"河",乃是周人以自家言语表达异族的行动;金文中只有一个从"河"的"洄"字而未见"河",证甲骨文中的"汅"为"河"实属冒险;即使认"汅"为"河",但"河"字直至后世还常常用作通名,不一定指黄河⑤。

我们认为甲骨文中的"河"字可以肯定,不容置疑。详见下文。

二、甲骨文中"河"字的本义用法

"河"字在甲骨文中有不同义项,首先是用其本义,即指今之黄河。如卜辞云:

(1) 庚子卜,㱿贞:令子商先涉羌于河?庚子卜,㱿贞:勿令子商先涉羌于河?(《合集》536)

(2) 甲戌卜,亘贞:呼往见于河侑至?(《合集》4356)

(3) 壬辰王其涉河……易日?(《合集》5225)

(4) 癸巳卜,古贞:令师般涉于河东?(《合集》5566)

(5) 虎……方其涉河东沘其……(《合集》8409)

(6) 贞:往于河有雨?(《合集》8329)

(7) 贞:翌日丁卯呼往于河有来?(《合集》8332反)

(8) 呼毕往于河?(《合集》8330正)

(9) 出虹自北饮于河。(《合集》10405反、13442正)

---

① 郭沫若:《卜辞通纂》,科学出版社,1983年,第259片考释。
② 郭沫若:《殷契粹编》,科学出版社,1965年,考释第111页上。
③ 于省吾:《释河岳》,《双剑誃殷契骈枝》三编,大业书局,1944年,第9页上至第11页上。
④ 以上诸位甲骨学家的考证文字,详见于省吾主编《甲骨文字诂林》第二册,中华书局,1989年,第1281—1291页。
⑤ 岑仲勉:《黄河变迁史》,人民出版社,1957年,第82页。

(10) 王其寻舟于河，亡灾。(《合集》24609)

(11) 弜衣荡河，亡若。(《合集》20611)

(12) 王令毕供众伐，在河西北。(《屯南》4489)

(13) 至河，毕其戎飨方。(《屯南》1009)

(14) 贞：呼往见于河有来……(《英藏》1165)

(15) 丁卜，在𢀛，其东狩？其涿河狩至于聂？不其狩？丁卜，其［狩］？不其狩？入商在𢀛。丁卜，不狩？丁卜，其涉河狩？(《花东》36，原出土片号为H3：126＋1547)

以上这些辞例中的"河"，有言"在河""至河"，也可以看出来，"河"确实指的是一条水的名字。由"涉河"及"寻舟于河"等辞例来看，皆用其字本义，指商代确实存在的可以荡舟行船的自然河流。又从"涉河东"等辞来看，在商都之东的河，只有黄河能当之。非常有趣的是，甲骨卜辞中称"河"，还有"出虹自北饮于河"这样的辞例。"饮"字作 形，像一人两手捧尊饮水之形。"虹"字作 形，一端像从河中升起，乃是河中水汽上升，经日照而出虹的自然现象，人们不解虹的成因和性质，以为神物，因一端于河而以为是饮水。甲骨文"虹"字两端皆画成龙首形，是商人认为虹是有生命之物。虹到河里饮水的传统说法，直到现在有些农村地区还保留着。虹所饮水的河，当指一条规模较大的河流，一般小的河流或小溪是不会有"虹饮水"的景象出现的。

至于能够"涉"过的"河"能否指一条大河？杨升南先生有非常精彩的解说："涉河的涉字，像两足跨过河之形。涉字的本义虽是徒步涉水，但在古文献中也泛指渡水。《尔雅·释诂》'涉，渡也'，《尚书·微子》'若涉大川'，《诗·匏有苦叶》'招招舟子，人涉卬否'，《周易》中'利涉火川''用涉大川''不可涉大川'，对'大川'言'涉'，称'舟子'言'涉'，皆是用舟渡水之意。《吕氏春秋·异宝》伍员'至江上，欲涉，见一丈人，刺小船，方将渔，从而请焉，丈人度（渡）之'，此乃明为船渡而言涉，故涉包括用舟船渡水之义，非仅指徒步涉水而渡。虹饮其水、可以行舟、需要舟船涉渡的河，当然是指流经地上的河流。"①

所以，在甲骨文中，作为地名的河，不是河流的泛称，而是专指流经商代晚期王都之东而向北去的一条大河，这条大河就是指商代之时流经殷墟都城东边不远处的大水系——今天被称之为"黄河"的商时河道而言。

作为一条重要的河流之专用名词的"河"，不仅甲骨文中的如此，在古代文献中就是指今天的"黄河"。在先秦文献《左传》中，单言"河"就是指今黄河，如僖

---

① 杨升南：《殷墟甲骨文中的"河"》，《殷墟博物苑苑刊》创刊号，中国社会科学出版社，1989年。在此段文中，杨氏也引用了台湾学者屈万里的说法，屈万里：《河字意义的演变》，《历史语言研究所集刊》第30本上册，1959年。

公十五年,晋惠公"赂秦伯以河外列城五",宣公十二年,楚庄王"将饮马于河而归"等文中之"河",皆指今日的黄河。同样,《尚书·禹贡》中的"河"毫无例外地都指后世的黄河。之所以在"河"之前加上"黄"字而称之为"黄河",是因为黄河之水从清变浊、由白变黄的缘故。《史记·高祖本纪》田肯说齐地形势谓:"东有琅邪、即墨之饶,南有泰山之固,西有浊河之限,北有勃海之利。"《集解》引晋灼云:"河水东北过高唐,高唐即平原也。孟津号黄河,故曰浊河。""黄河"之名最早见于古文献的是《汉书》,在《高惠高后文功臣表》中载汉初高祖封功臣时的"封爵之誓"中,有这样几句话:"使黄河如带,泰山若厉,国以永存,爰及苗裔。"《汉书》成于东汉初年。而这同样的几句话在西汉司马迁《史记·高祖功臣侯者年表》中则作:"使河如带,泰山若厉,国以永宁,爰及苗裔。"可见西汉时尚称"河"而不称"黄河",而最早加"黄"字于"河"字之前而称"黄河",最早应是在东汉初年。《晋书·地理志》也还称黄河为"浊河",不称黄河,"昔大禹观于浊河而受绿字(按:'绿字'指传说的河图洛书),寰瀛之内可得而言也"。到北魏时,在正史中才称河为黄河,《魏书·成淹传》有"黄河浚急,虑有倾危","黄河急浚,人皆难涉"等语。"黄河"变名,而将"河"作为河流的通称,这大约是魏晋以后之事。《北史·刘库仁传附刘嵩传》记刘嵩请"疏黄河以通船漕",但仍有一些记载以河名黄河,如《隋书·炀帝纪上》"引沁水南达于河,北通涿郡",此中之河即指黄河。

黄河在古代是一条巨大的河流,也是一条经常改道的河流。据胡渭《禹贡锥指》统计,黄河自古以来有5次大改道。第一次改道是在春秋时期,《汉书·沟洫志》载大司空掾王横语云:"禹之行河水,本随西山东北去,《周谱》云'定王五年河徙',则今所行非禹之所穿也。"周定王五年为公元前602年。而这次改道前的商周时期的黄河故道,据《尚书·禹贡》记载,是自今河南省武陟县东北流,至浚县西折而北行,经河北省平乡县东,再东北分为"九河",其最北的一支为主干,在今天津附近入海[1]。学者对天津地区成陆年代的地质考察,也在一定程度上印证了这一结论[2]。也就是说,商代的黄河从今河南省武陟县折而北行,经浚县、内黄县进入河北省曲周县,过巨鹿县,经深县、安新县、霸县到天津汇入渤海[3]。

所以说,商代的黄河正好经过殷墟都城的东部而向北流过,这与甲骨卜辞所记载的辞例内容是非常吻合的。

---

[1] 谭其骧:《〈山海经〉河水下游及其支流考》,《中华文史论丛》(第7辑),1978年。
[2] 韩嘉谷:《天津平原成陆过程试探》,《中国考古学会第一次年会论文集》,文物出版社,1980年;又《论第一次到天津入海的古黄河》,《中国史研究》1982年第3期。
[3] 杨升南:《殷墟甲骨文中的"河"》,《殷墟博物苑苑刊》创刊号,中国社会科学出版社,1989年。

文献记载中多有殷商人与黄河有关的内容，如《国语·鲁语》："冥勤其官而水死。"《礼记·祭法》郑玄注："冥，契六世孙也，其官玄冥，水官也。"《左传·昭公十八年》"禳火于玄冥回禄"，杜注："玄冥，水神，回禄，火神。"今本《竹书纪年·少康十一年》："使商侯冥治河"，帝杼十三年"商侯冥死于河"。是言早在先商时期，商族的先公"冥"（或即甲骨文中的"季"①）就曾受命治理河水而因公殉职，并被后世纪念为水神。

另据《山海经·大荒东经》："有困民国，句姓而食。有人曰王亥，两手操鸟，方食其头。王亥托于有易、河伯仆牛。有易杀王亥，取仆牛。"郭璞注引《竹书纪年》："殷王子亥宾于有易而淫焉，有易之君绵臣杀而放之，是故殷主甲微假师于河伯以伐有易，灭之，遂杀其君绵臣也。"今本《竹书纪年·帝泄十二年》："殷侯子亥宾于有易，有易杀而放之。"十六年："殷侯微以河伯之师伐有易，杀其君绵臣。"由以上所引文献记载可知，早期商族在王亥、上甲之时，也曾与"河"发生影响重大的关系，曾经是打败有易部族的同盟军。关于此处"河伯"的身份和地位，我们认可清儒顾炎武所说"国居河上之伯"的观点。详见下文。

《尚书·盘庚》篇中有"盘庚作，惟涉河以民迁"，是说盘庚时渡过黄河而迁徙到殷地；《国语·楚语》中有"昔殷武丁能耸其德，至于神明，以入于河，自河徂亳，于是乎三年，默以思道"，则讲了武丁即位后渡过黄河来到了圣都亳城，凭吊先王寻找治国方策的故事。

又据《国语·周语上》所云："伊洛竭而夏亡，河竭而商亡。"这更是说明了黄河的水流情况与殷商王朝的命运关系密切，休戚攸关。正是因为有黄河这样的大河及其众多支流流经殷商王朝的腹地，所以才使得这里当时的水土湿润，一度形成了极为丰富的水文环境。

因为黄河对于商王朝的重要，所以在以农业为主要经济命脉的商代，"河"的地位和作用是非常明显的。以至于作为祭祀对象的"河神"，在甲骨文中有着超乎一般自然神的职责和权能。

三、甲骨文中作为祭祀对象的"河"神

"河"字在卜辞中有两种用法，其一是祭祀的对象"河"神，其二是作为其本义的黄河。

甲骨文涉及"河"字的卜辞达500多条，除了少数辞例是作为地名黄河之外，绝大多数是作为商代人们心目中的神灵以祭祀对象的面目出现的。或以为是祖先神，

---

① 王国维：《殷卜辞所见先公配偶考》，王国维：《观堂集林》卷九，中华书局，1959年。

或以为是自然神，或以为是兼具祖先神和自然神双重神格的神灵，迄无定论①。

甲骨卜辞中关于祭祀河的辞例，兹引征数例如下：

(1) □□卜，今日……舞河眔岳……从雨？（《合集》34295）

(2) 癸巳贞：既燎于河……于岳……（《合集》34225）

(3) □子贞：岳燎眔河……（《屯南》4397）

(4) 岳眔河酒王受又（有）又（佑）？（《合集》30412）

(5) 戊午卜，宾贞：酒，求年于岳、河、夔？（《合集》10076）

(6) 辛巳卜，贞：来辛卯酒河十牛，卯十牢？王亥燎十牛，卯十牢？上甲燎十牛，卯十牢？辛巳卜贞：王亥、上甲即宗于河？（《屯南》1116）

(7) 辛巳卜，贞：王亥、上甲即于河？（《合集》34294）

(8) 辛未贞：叀上甲即宗于河？（《屯南》2272）

(9) 燎于河、王亥、上甲十牛，卯十牢？五月。（《合集》1182）

(10) 癸巳卜，又于河？不用。癸巳卜，又于王亥？癸巳卜，又于大乙？（《合集》34240）

(11) 庚子卜，争贞：其祀于河氏大示至于多后？（《合集》14851）

(12) 辛未贞：求禾于高眔河？（《屯南》916）

(13) 壬申贞：求年于夔？壬申贞：求年于河？……庚午燎于岳，又从才雨？燎于岳，亡从才雨？……（《合集》33273）

(14) □卯［贞］，河□高祖□蚩禾？（《合集》33339）

(15) 庚申卜，㱿贞：取河，有从雨？（《合集》14575）

(16) 癸巳……巫宁……土河岳？（《合集》21115）

(17) 酒河五十牛？（《合集》672正）

(18) 御于河，羌三十人？（《合集》26907正）

(19) 癸丑，贞：率求年于河？癸丑，贞：［率］求年［于］高祖？（《合集》32286）

(20) 辛未，贞：求禾下高祖，燎五十牛？辛未，贞：求禾于河，燎三牢沈三牢宜牢？辛未，贞：求禾于高祖？辛未，贞：求河于岳？辛未，贞：

---

① 郭沫若：《卜辞通纂》，第259、458、777片考释；郭沫若：《殷契粹编》，第73片考释；陈梦家：《古文字中之商周祭祀》，《燕京学报》第19期，1936年；陈梦家：《殷虚卜辞综述》，中华书局，1988年，第343—344页；董作宾：《五十年来考订殷代世系的检讨》，《学术季刊》第一卷第3期，1953年；［日］岛邦男：《殷墟卜辞研究》（中译本），鼎文书局，1975年，第219—223页；彭裕商：《卜辞中的土河岳》，《四川大学学报》丛刊第十集《古文字研究论集》，1982年；饶宗颐：《说河宗》，张永山编：《胡厚宣先生纪念文集》，科学出版社，1998年；罗琨：《殷墟卜辞中的高祖与商人的传说时代》，《全国商史学术讨论会论文集》，《殷都学刊》增刊，1985年；姚孝遂、肖丁：《小屯南地甲骨考释》，中华书局，1985年，第16页。

求禾于河？辛未，贞：求禾于高祖、河，于辛巳酒、牢？(《合集》32028)

在这些祭祀"河"的卜辞中，一些是向"河"求年的，一些则是向"河"求雨的；所使用的祭祀方法有燎祭、有侑祭、有御祭、有酒祭、有取祭、有舞祭等，所使用的牺牲有牛、有羊、有牢、有宰，还有人牲。一些是将"河"与"岳""土"等自然神一起祭祀的，也有一些是将"河"与祖先神一起祭祀的，情况比较复杂。以至于学术界对于这个作为祭祀对象的"河"，究竟是自然神还是祖先神，长期以来一直争论不休。

一部分学者坚持认为"河"只是指黄河神或上甲微假师以伐有易的河伯，属于自然神。郭沫若先生曾云："岳之名上已屡见。此与河并举，河是黄河。可无疑，盖有事于山川也。"① 陈梦家先生认为："河于卜辞为大河、河水、黄河之河"，"大河而受祭祀者，盖认大河为水源之主宰。以年丰雨足为河神所赐，而灾咎由河神所祟"，"河为水神，而农事收获首赖雨水与土地，故河又为求雨求年之对象"②。董作宾③、岛邦男④、彭裕商⑤、饶宗颐⑥、詹鄞鑫⑦等先生也均持此论。

另一些学者认为，"河"是由自然神演变而成的祖先神，或"河"作为商人崇拜祭祀的神祇，兼具自然神和祖先神的双重性质。陈梦家就有"河"集合自然神与祖先神的意思，所以他说"由于当时未曾体会到人王与神帝，历史人物与神话人物的转化关系，因此对于卜辞的祭河或是执着于自然崇拜，或是执着于与典籍先公的对照，这种看法是要纠正的"，"似乎卜辞之汚为大河之河。但此与以河为其先世的想法并无冲突。"⑧ 罗琨先生认为："尽管卜辞中的河有比夒更为重要的地位，他不仅是有势力的自然神——大河之神，还兼有祖神的性质，具有双重性格，但是没有卜辞能证明他被商人奉为高祖。"⑨ 姚孝遂、肖丁等人也如此立说⑩。

还有一部分学者则认为"河"就是商族先公之一，是祖先神。郭沫若先生虽曾称"河""岳"为自然神，但又多次言称："此言'求年于汚'与'求年于夒'为对贞，知汚亦必殷之先世，无可考。""岳亦习见，当是殷之先人。""岳与河与夒每同见于一片，今更同见于一辞，而以次相比，夒既为帝喾，则岳与河亦必为殷之先

---

① 郭沫若：《卜辞通纂》，第 777 片"岳眔河酒，王受又又（有侑），于辛酉酒"考释。
② 陈梦家：《古文字中之商周祭祀》，《燕京学报》第 19 期，1936 年。
③ 董作宾：《五十年来考订殷代世系的检讨》，《学术季刊》第一卷第 3 期，1953 年。
④ [日] 岛邦男：《殷墟卜辞研究》（中译本），第 219—223 页。
⑤ 彭裕商：《卜辞中的土河岳》，《四川大学学报》丛刊第十集《古文字研究论集》，1982 年。
⑥ 饶宗颐：《说河宗》，张永山编：《胡厚宣先生纪念文集》。
⑦ 詹鄞鑫：《神灵与祭祀——中国传统宗教综论》，江苏古籍出版社，2000 年，第 67 页。
⑧ 陈梦家：《殷虚卜辞综述》，第 343—344 页。
⑨ 罗琨：《殷墟卜辞中的高祖与商人的传说时代》，《全国商史学术讨论会论文集》，《殷都学刊》增刊，1985 年。
⑩ 姚孝遂、肖丁：《小屯南地甲骨考释》，第 16 页。

人无疑，惜终未能明也。"① 胡厚宣先生等也持此论②。

同意"河"为商族先公的学者，对河为何世先公也有不同的看法。陈梦家先生曾认为甲骨文中的"河"有可能是文献中的"帝喾"："古音'丂''告'是相同的，所以河可能转化为帝喾（帝俈）。帝喾本来是天帝而转化为人帝的，而帝与河都是令雨的主宰，则以河为其先祖，亦是可能的。"③ 与此相近似的，杨树达先生曾认为见于甲骨卜辞中的"岳"即"喾"（详下），而以"河"为假师于上甲以伐有易的河伯，"余疑河为殷之先人，而实为河伯之嫡祖。上甲与河伯族属虽或疏远，要有同族之谊，故上甲从之乞师，而河伯亦遂假之以师，使得杀绵臣报父仇也"④。于省吾先生认为"河"为"根国"的合音，遂以甲骨文中的"河"当商代先公报圉即曹圉⑤。史学家翦伯赞先生认为，所谓"河伯"就是商族的先公"冥"⑥。与此颇相类似的是，杨升南先生也认为甲骨文中作为祭祀对象的"河"不可能是作为自然神祇的河神，而是商王的直系血缘先祖⑦。根据甲骨文对河祭祀的隆重，结合古文献记载，认为河即是《史记·殷本纪》中的冥、《楚辞·天问》和卜辞中的季，河、冥、季为一人，也是商族先公中颇有作为的一代人物，故被尊称为"高祖"，而享有专祭之日的隆重礼遇⑧。而王晖先生则认为文献记载中有殷人先祖与河伯交往的历史传说，可以推测河伯是与殷人世代通婚的外"高祖"，故卜辞中有"高祖河"的称呼⑨。

不同意"河"为商族先公的学者，所持的理由更是大相径庭。

《山海经·海内北经》说河伯是"人面，乘两龙"。《尸子》《酉阳杂俎·诺皋记》也说他是"人面鱼身"。《庄子·秋水》《楚辞·九歌》也都将河伯描绘成神的形象。可见古人多不认为河伯是某个部族实际存在的先公祖先。但顾炎武在《日知录》卷二十五"河伯"条中考述河伯本事曰："《竹书》帝芬十六年，洛伯用与河伯冯夷斗；帝泄十六年，殷后微以河伯之师伐有易，杀其君绵臣。是河伯者，国居河上而为之伯，如文王之为西伯，而冯夷其名尔。"则将河伯视为同周文王一样的历史

---

① 郭沫若：《卜辞通纂》，第259、458片考释。但同时郭氏在考释第777片"岳眔河酒，王受又又（有侑），于辛酉酒"时则称："岳之名上已屡见。此与河并举，河是黄河。可无疑，盖有事于山川也。"《殷契粹编》第73片之考释也是如此观点，是知郭氏又称河是自然神，自相矛盾，不知究竟何所适从。
② 胡厚宣：《〈战后宁沪新获甲骨文集〉自序》，北京来薰阁书店，1951年。
③ 陈梦家：《殷虚卜辞综述》第十章"先公旧臣"，第344页。
④ 杨树达：《释汙》，《积微居甲文说》卷下，《杨树达文集》第五卷，上海古籍出版社，1986年。
⑤ 于省吾：《释河岳》，《双剑誃殷契骈枝》第三编，第9页。
⑥ 翦伯赞：《中国史纲》第一卷，生活·读书·新知三联书店，1950年，第166—167页。
⑦ 杨升南：《殷契"河曰"说》，《殷都学刊》1992年第2期。
⑧ 杨升南：《殷墟甲骨文中的"河"》，《殷墟博物苑苑刊》创刊号，中国社会科学出版社，1989年。
⑨ 王晖：《商周文化比较研究》，人民出版社，2000年，第34页。

上存在的古代帝王之一。但这些观点都不认为"河"（河伯）是商族的先公。

今人学者郑慧生先生不认为"河""岳""土"为商之先公。"王国维虽曾说过卜辞里的'土'就是相土的话（《先公先王考》），但不久这话就为一片武乙卜辞'亳土'（《粹》20）所推翻。因为亳土就是亳社，若'宅殷土茫茫'（《诗·商颂·玄鸟》）里的殷土。土就是社，与先公相土无干。""河、岳、凶、夭，也不是商人的祖先。"他说："卜辞中有河、岳（茜，又释羔）、凶（或曰茜）、夭（罗振玉释矢，丁山释吴。卜辞一作王夭），旧以为商之先公，但考证不出他们的世系。商人祭祖，均按辈分先后依次进行，但祭祀他们就不是这样，时而岳、夭、山、凶（《续》1·49·4），时而土、凶、河、岳（《粹》23），次序不一，说明他们不像是宗亲关系，可能是地祇、山灵、河伯之属衍化成的先公。"①

甲骨文中祭祀河与其他祖先神的占卜辞例（《合集》32028）

伊藤道治先生也注意到了"河""岳""土"等作为神祇性质的复杂性，为了考察问题的方便，他把它们归并作先公，但他认为上甲以前的这些"先公"，本不是商人的先祖。河、岳、土等加上未出现于世系中的诸神，在神格上跟先王不同，更具有自然神的性质。他们本是各地的地方神以及当地的族神，是农业或气候的灵鬼，祭祀的方法是燎、沉、埋为主，即祭毕后或将祭品烧掉、或沉入水中、或埋入地下。

---

① 郑慧生：《从商代的先公和帝王世系说到他的传位制度》，《史学月刊》1985年第6期。

这与传统的祭祖后将祭品分给有血缘关系的同族人吃掉的处理方式大异。祭后祭品不分给同族人食用，就是所祭对象与祭者没有血缘关系之故。在卜辞第一期这些"先公"与先王的区别还是明显的，第二期这些"先公"就与先祖相混，到第三、四期时他们就完全被整理成商人的先祖系列。商人把一些地方的族神纳入自己的先祖神，是商人已经占领了这些地方，为了便于对所占地方进行统治的政治需要①。

另外，甲骨文中也有称"河"为高祖的现象，如：

辛未贞：求禾于高祖，燎五十牛？辛未贞：求禾于河，燎三牢，沉三牢宜牢？辛未贞：求禾于高祖？辛未贞：求河于岳？辛未贞：求禾于河？辛未贞：求禾于高祖、河？于辛巳酒、牢？（《合集》32228）

对于卜辞中的'高祖、河'，学术界认识也有歧义。对"高祖河"的断句方法不同，直接影响到"河"是否为商族先公的判断。有些学者认为应当连读，如于省吾以为读作'高祖河'②。胡厚宣先生也称："言'高祖河'，知河为商先祖之名。"③杨升南先生认为"河"是商族的先公之一，既然"高祖夒""高祖王亥""高祖上甲""高祖大乙"等可以连读，"高祖河"也可以连读④。而有些学者认为该辞应该断开分读，如陈梦家举例说明甲骨文中河岳总是与高祖相对而贞，"凡此诸例，似乎高祖与河岳总是对立的，亦即高祖不包括河岳等。"河不可能是高祖，而当读作"高祖、河"⑤。罗琨先生亦作如是观⑥。

四、作为祭祀对象的"河"是自然神

我们认为，河、岳、土等皆是自然神，而不是商族血亲的直系先公祖先。"高祖河"应当分读而不当连读。这就如同甲骨卜辞中祭祀对象经常并列出现的情况，如"癸巳卜，囗贞：大乙、伊其……"（《合集》27134）"甲辰卜，贞：王宾求祖乙、祖丁、祖甲……庚……祖丁、武乙衣，亡尤？"（《合集》35803）不是一个同位的词，而是并列的关系。我们再就上引《合集》32228一辞分析之。这是一版第四期的祭祀卜辞。从辞例内容来看，它是在同一天"辛未"进行的连续占卜。前几条卜辞分别是向高祖、河、岳求禾，并分别以丰厚的牺牲向高祖及河进行了燎祭，最后

---

① [日]伊藤道治：《祖灵观念的变迁》，载氏著《中国古代王朝的形成》，中华书局，2002年。
② 于省吾：《双剑誃殷契骈枝》第三编，第8页。
③ 胡厚宣：《〈战后宁沪新获甲骨文集〉自序》，北京来薰阁书店，1951年。
④ 杨升南：《殷墟甲骨文中的"河"》，《殷墟博物苑苑刊》创刊号，中国社会科学出版社，1989年。
⑤ 陈梦家：《殷虚卜辞综述》第十章"先公旧臣"，第343页。按：这也与陈氏自己认为"河"即帝喾说相矛盾。
⑥ 罗琨：《殷墟卜辞中的高祖与商人的传说时代》，《全国商史学术讨论会论文集》，《殷都学刊》增刊，1985年。

一条又贞问向高祖、河求禾,并打算将在下一个辛日"辛巳"继续进行酒祭和燎祭。那么最后一条卜辞当是对前面几条占卜的总结,所以"高祖河"应当是前几条中所出现的"河""高祖"的并列,而不会是突然又冒出的另一个先祖神。在甲骨卜辞中,除此条卜辞之外,确实有一些辞例可以表明"河"与"高祖"是经常相对而言的。如"癸丑贞:寻求禾于河?癸丑贞:寻求禾于高祖?"(《合集》33286)这是一对对贞卜辞,对贞卜辞一般是在两种可能之间进行选择,非此即彼。"河"与"高祖"对贞,即表明两者不同,不能相属。"辛未贞:求禾于高祖河?"(《屯南》916)"□卯贞:河□高祖□它禾?"(《合集》3339)亦即其证。其中"高"是"高祖"之省略,"高祖河"的结构,说明河与高祖分属,河明显不是殷人的高祖。

另外,"辛巳卜,贞:王亥、上甲即于河?"(《合集》34294)"辛未贞:叀上甲即宗于河?"(《屯南》2272)也就是说,商人为了某个同祭王亥、上甲与河的目的,把王亥、上甲庙主牌位也一并置于"河宗"之中,就享于河神之庙。但甲骨文中从未见"河即宗于王亥、上甲"的辞例。这些辞例也表明,"河"是与王亥、上甲等商族先公并非同一种类的神祇。虽然如此,但河、岳、土等自然神祇由于有着与某些商族先公同样的神职权能,如司风掌雨、福祸年成,所以他们常与一些商族著名先公共组享受商代君臣的隆重祭祀。而且在甲骨卜辞中,"上甲以前诸先公'夒''王亥''河''夔''岳'均有'宗',唯先祖始有宗,此点应无可怀疑。"① 以至于让人们以为,他们就像是商族的先公一样。这也难怪有些学者将其视为祖先神。

河与其他自然神的不同之处在于,它与一些著名祖先神一样,享受人祭。"癸卯卜,彀贞:于河三羌卯三牛燎三牛?"(《合集》1027正)"丙辰卜,彀贞:御羌于河?"(《合集》6616正)"己巳卜,彭贞:御于河,羌三十人?在十一月。"(《合集》25970正)祭祀河用羌人为牺牲,一次竟达三十人之多。可见,河作为商族神灵地位甚高,非一般天神地祇人鬼所能比拟。

另外,至于甲骨文中有所谓"河妾"(《合集》658)、"河妻"(《合集》686)、"河女"(或"河母")一说,论者认为是先公河的配偶,对此我们持否定的意见,详见另文,兹不一一②。

---

① 姚孝遂、肖丁:《小屯南地甲骨考释》,第18页。
② 朱彦民:《殷卜辞所见先公配偶考》,《历史研究》2003年第5期;朱彦民:《商族的发展》,《商族的起源、迁徙与发展》,商务印书馆,2007年。